MÜNCHENER UNIVERSITÄTSSCHRIFTEN

KATHOLISCH-THEOLOGISCHE FAKULTÄT

MÜNCHENER THEOLOGISCHE STUDIEN

IM AUFTRAG DER
KATHOLISCH-THEOLOGISCHEN FAKULTÄT
HERAUSGEGEBEN VON
WINFRIED AYMANS, GERHARD LUDWIG MÜLLER,
MANFRED WEITLAUFF

II. SYSTEMATISCHE ABTEILUNG

59. BAND

EOS VERLAG ERZABTEI ST. OTTILIEN

Michael Stickelbroeck

Christologie im Horizont der Seinsfrage

Über die epistemologischen und metaphysischen Voraussetzungen des Bekenntnisses zur universalen Heilsmittlerschaft Jesu Christi

2002

EOS VERLAG ERZABTEI ST. OTTILIEN

Meinen Eltern

Gedruckt auf alterungsbeständigem Papier.

Als Habilitationsschrift auf Empfehlung der Katholischen-Theologischen Fakultät der Ludwig-Maximilians-Universität München gedruckt mit Unterstützung der Deutschen Forschungsgemeinschaft.

Bibliografische Information Der Deutschen Bibliothek

Die Deutsche Bibliothek verzeichnet diese Publikation in der Deutschen Nationalbibliografie; detaillierte bibliografische Angaben sind im Internet über http://dnb.ddb.de abrufbar.

ISBN 3-8306-7133-4

Gesamtherstellung: EOS Druck, D-86941 St. Ottilien

Vorwort

Die vorliegende Arbeit wurde im Sommer 2001 von der Katholisch-Theologischen Fakultät der Ludwig-Maximillians-Universität München als Habilitationsschrift angenommen.

Ich danke besonders meinem verehrten Lehrer, Herrn Professor Dr. Gerhard Ludwig Müller, der diese Arbeit die ganze Zeit hindurch mit großer Aufmerksamkeit und vielen Anregungen begleitet hat. Ihm und Herrn Professor Dr. Winfried Aymans gilt mein Dank für die Aufnahme in die Reihe der "Münchener Theologische Studien". Ebenso möchte ich mich bei dem Korreferenten der Arbeit, Herrn Professor Dr. Gerhard Rottenwöhrer, für die Erstellung des Zweitgutachtens bedanken.

Den Kollegen aus dem Oberseminar danke ich für den fruchtbaren theologischen Austausch. Für die stete Gesprächsbereitschaft über philosophische Themenbereiche, die das Projekt meiner Studie berühren, möchte ich vor allem auch Herrn Professor Klaus Hedwig aus Kerkrade danken, genauso meinen Freunden DDr. Imre von Gáal und Pater Richard Schniertshauer SJ †. Viel Arbeit mit der kritischen Durchsicht des Manuskriptes hatten Frau Dr. Hilda Steinhauer und Herr Dr. Josef Wieneke. Ihnen sei ebenfalls recht herzlich gedankt. Herrn Bernhard Gottenöff danke ich, daß er die Fertigstellung des Drucks durch seinen Computer und seine geduldige Hilfe erleichtert hat.

Ein großer Teil der Druckkosten wurde von der Deutschen Forschungsgemeinschaft übernommen, bei deren Mitarbeitern ich mich ebenfalls herzlich bedanke. Für einen weiteren Zuschuss danke ich dem H. H. Bischof von St. Pölten, Dr. Kurt Krenn, der mir auch großzügig erlaubte, das Habilitationsstudium in München aufzunehmen.

München, im Oktober 2002

Michael Stickelbroeck

INHALTSVERZEICHNIS

TEIL 1
CHRISTOLOGIE UND SEINSFRAGE BIS ZUM KONZIL VON CHALCEDON

Thema, Zielsetzung und Gang der Arbeit

Daß die klassische dogmatische Christologie infolge mancher Umbrüche im philosophischen Denken in einer schwerwiegenden Plausibilitäts- und Akzeptanzkrise[1] steht, die sich nicht nur auf die personale Präexistenz Christi, sondern überhaupt auf den Glauben an seine definitive Heilsmittlerschaft erstreckt, muß spätestens seit dem Aufkommen der sogenannten "Pluralistischen Religionstheologie" für die Theologie als Problem und zugleich als Aufgabe zur Erkenntnis genommen werden.[2]

Diese Studie will der Krise in der Christologie auf den Grund gehen, indem sie die epistemologischen Voraussetzungen einiger Typen gegenwärtiger Christologie freilegt und den inneren Zusammenhang von Christologie mit einer metaphysischen Wirklichkeitssicht herausstellt. Als Grundthese könnte man formulieren: Ohne eine metaphysische Grundlage (die eine realistische Epistemologie einschließt) können die auf dem neutestamentlichen Bekenntnisglauben (Paulus, Synoptiker, Johannes) basierenden dogmatischen Aussagen der frühen Kirche, wie sie auf den ersten Konzilien von Nicäa bis Chalcedon formuliert worden sind, nicht mehr eingeholt werden. In der Entfaltung dieser These geht es mir folglich nicht darum, eine materiale Christologie zu schreiben, deren Gestalt sich an einer bestimmten Metaphysik orientiert. Vielmehr ist die Absicht der folgenden Ausführungen insofern eine destruktive, als aufgezeigt werden soll, wie die antimetaphysische Option für den (Kantischen) Erkenntnisskeptizismus, der mit innerer Folgerichtigkeit zur Ablehnung jeder "natürlichen Theologie" führt, für eine positivistische Deutung von Welt und Geschichte oder auch für den postmodernen Agnostizismus, der alles Absolute im Raum menschlicher Erfahrung negiert, eine Defizienz in der Christologie zeitigt: Entweder leiden diese Entwürfe an fehlender Konsistenz oder sie können ihrem eigenen erkenntnisleitenden Interesse im Letzten nicht gerecht werden oder sie bieten eine Christologie, die zwar mit den herrschenden Plausibilitäten versöhnt ist, aber relativistisch bleibt, weil sie ohne den Anspruch auf

---

1 Vgl. Laufen, 10.

2 Von den Vertretern der Pluralistischen Religionstheologie wird die geschichtliche Christus-Offenbarung als eine von den vielen Manifestationsweisen des Absoluten gesehen. Auf das Problem einer Christologie, die der Offenbarung in Christus die Einzigkeit und Endgültigkeit abspricht, indem sie den Christusglauben mit der inneren Überzeugung in den anderen Religionen gleichsetzt, geht die Erklärung "Dominus Jesus" der Kongregation für die Glaubenslehre vom 6. August 2000 ein. Darin wird die Fülle und Endgültigkeit der Offenbarung Christi und die Universalität seines Heilsmysteriums in Erinnerung gerufen. Vgl. ebd., nr. 5–8; 9; 13–15.

eine universale Wahrheit auskommt. Wenn hier also der Tatbestand bedacht wird, daß ein Irrtum in der Sicht der natürlichen Erkenntnis notwendig eine Verfälschung des Glaubens und gerade auch des christologischen Glaubens nach sich zieht, so greife ich damit ein Thema auf, das den zentralen Inhalt der Enzyklika "Fides et ratio" bildet.

In positiver Hinsicht geht es darum, nach den epistemologischen und metaphysischen Voraussetzungen für eine am realistischen Offenbarungszeugnis der hl. Schrift festhaltende und an der Aussageintention der frühen Konzilien orientierte Christologie zu fragen. Welches sind also die Bedingungen der Möglichkeit dafür, daß der Mensch als Subjekt des Glaubens die absolute Selbstoffenbarung Gottes in der Geschichte vernehmen und die tatsächliche Koinzidenz von Gott und Mensch in der Person Jesu Christi denken kann? Was muß an natürlichen Prämissen schon vorausgesetzt sein, damit Glaube möglich wird und der Mensch seine Zustimmung zu dieser tatsächlichen Koinzidenz des Absoluten mit einer einmaligen geschichtlichen Person als dem Mittler und Medium dieser Selbstoffenbarung geben kann?

Gott vergegenwärtigt sich in seiner Offenbarung dem endlichen, in seinem Verstehen, seiner Sprache und seinem Denken den verschiedenen geschichtlichen, kulturellen und gesellschaftlichen Bedingungen unterworfenen Menschen in Worten, Zeichen und im Handeln von kontingenten Personen, letztlich vermittelt Gott die Mitteilung seines ewigen Wortes durch eine geschaffene Realität – die Menschheit Christi, die er sich selbst zueignet. Daß der denkende Mensch seine Zustimmung zu der Identifizierung des Mediums der Offenbarung, dem ewigen Wort, mit dem konkreten geschichtlichen Mittler dieser Offenbarung, vollziehen kann, verlangt eine prinzipielle Offenheit für das unvordenkbar Neue dieser Selbstbezeugung Gottes, die auf der Möglichkeit einer vernehmenden Seinserkenntnis beruht. So setzt sich denn diese Arbeit das weitere Ziel, die Offenheit der menschlichen Vernunft für die Erkenntnis der Wirklichkeit der Dinge und das Ereignishafte der Geschichte zu thematisieren.

Ein solches Vorhaben verlangt notwendig nach einer Auseinandersetzung mit den Positionen der neuzeitlichen Erkenntniskritik: Kant hat die spekulative Vernunft des Menschen auf den Bereich und die Gegenstände möglicher Erfahrung eingeengt. Durch diese sensualistische Grenzziehung hat er die ihm vorliegende Schulphilosophie, in der sich bereits eine Verbegrifflichung des Seins vollzogen hatte, destruiert und die schon bei Descartes auszumachende Wende zur Subjekt- und Bewußtseinsphilosophie radikalisiert. Damit paart sich bei ihm die Kritik am Beweis der Existenz Gottes, wie er in der rationalistischen Metaphysik der Neuzeit geführt wurde: An der Unübersteigbarkeit der Grenzen menschlicher Erfahrung scheitert jeder Versuch, eine Erkenntnis der Wirklichkeit Gottes zu erreichen. Kant hat die Erkenntnisfähigkeit des Menschen an die Möglichkeit apriorischer Begriffe in bezug auf die Gegenstände möglicher Erfahrung gebunden. Ein schlecht verstandener Kant führt darüber hinaus nicht selten zu projektionstheoretischen Modellen der Gotteserkenntnis, nach denen das mit dem Wort "Gott" Gemeinte nur die Synthese aus Begriffen menschlicher Sprache (Kategorien) und immer neuer Bilder darstellt, die auf eine schlechthin unbekannte Wirklichkeit appliziert werden.[3] Die Auseinandersetzung mit Kant soll dahingehend weitergeführt werden, daß – ausgehend von Thomas von Aquin[4] – einige Versuche zu einer Erkenntnislehre geboten werden, die nicht nur die Wirklichkeit als solche in den Blick treten läßt, weil sie innerhalb einer metaphysischen Gesamtkonzeption liegt, sondern auch eine realistische Interpretation der christologischen Glaubenssätze möglich macht.

Um diese Zielsetzung verfolgen zu können, muß als erstes der schriftgemäße Befund über die Identität der Person Jesu erhoben werden (Bibeltheologische Hinführung). Ohne Anspruch auf integrale Vollständigkeit soll das Neue Testament über den Vollmachtsanspruch, die soteriologische Einzigkeit (eschatologische Heilsmittlerschaft), die Offenbarungsidentität Jesu mit dem Vater und seine reale Präexistenz befragt werden. Da es aber nicht möglich ist, nach der aus dem Offenbarungszeugnis der Heiligen Schrift zu erhebenden Bedeutung der Person Jesu zu fragen, ohne sich über die Hermeneutik der Textauslegung vergewissert zu haben, werden einige hermeneutische Überlegungen (1.1.–1.5.) vorausgeschickt, in denen – in bewußter Absetzung von R. Bultmann – einige Prinzipien der Schriftauslegung entwickelt werden.

Der erste Teil dieser Studie bietet einen Abriß über die Christologie bis zum Konzil von Chalcedon, wobei die Frage nach der Identifizierung des in Schöpfung, Bundesschluß und Christusoffenbarung handelnden Gottes mit dem "Gott der Philosophen" eine besondere Berücksichti-

---

[3] Als symptomatisch für diese Auffassung können die Beiträge von R.G. Cote ("Christologie und österliche Imagination"), P. Gisel ("Die Grenzen der Christologie oder die Versuchung der Absolutheit") und J. Moingt ("Die Christologie der jungen Kirche – und der Preis für kulturelle Vermittlungen") sowie mit Einschränkung auch die übrigen Beiträge aus Concilium 33 (1997) mit dem Generalthema "Für wen haltet ihr mich?" gelten.

[4] Warum es gerade die Metaphysik des Thomas ist, die eine tragfähige Basis für eine realistische Erkenntnistheorie abgeben kann, wird unten, in der Einleitung zu Teil 3, näher begründet. Vgl. unten, 489.

gung erfahren soll. Auf diese Weise wird dem Sachverhalt Rechnung getragen, daß die christliche Gotteslehre begründungstheoretisch von der Seinslehre abhängt. Als Formalaspekt dieses Durchgangs dient die auch in der Christologie immer virulent bleibende Frage nach der Aussagbarkeit Gottes mit den Mitteln menschlicher Begriffe und Sprache. Das Ringen der Vätertheologen soll vor allem von der Frage her in den Blick kommen, wie die universale soteriologische Relevanz der Person Christi in der Begegnung mit der griechischen Philosophie, d. h. insbesondere mit der Seinsfrage, begründet wurde.

Der zweite Teil befaßt sich mit den christologischen Entwürfen von E. Schillebeeckx, E. Jüngel und J. Hick, deren Denken in ganz verschiedener Hinsicht von einer Distanz zur Metaphysik geprägt ist. Wie sich dies im Einzelnen auf die Begründung der bleibenden Relevanz und der Identität Jesu, auf die Bestimmung des Verhältnisses, in dem er zu Gott selbst steht, auswirkt und wie man – von einem je anderen philosophischen Apriori her – zu den unterschiedlichsten Interpretation gelangt, diese Frage bestimmt den Gesichtspunkt der Darstellung und der kritischen Anfragen. Dabei soll aufgewiesen werden, daß sich auch Theologen, die vorgeben, ohne Philosophie auszukommen, ganz bestimmter philosophischer Vorentscheide bedienen, um ihrem leitenden Interesse gerecht zu werden. Die Schwierigkeiten mit dem Personbegriff der neuzeitlichen Bewußtseinsphilosophie, mit einem rein offenbarungstheologisch zu vermittelnden Gottesbegriff und vor allem ungeklärte erkenntnistheoretische Grundlagen sollen als Hauptdefizite einer Christologie ohne Metaphysik in den Blick kommen.

Den Einstieg in den dritten Teil der Arbeitet bildet im Anschluß an eine allgemeine Belichtung der gegenwärtigen Bewußtseinslage (1.1.) eine Erörterung der Schwierigkeiten, die sich dem im Szientismus der modernen Wissenschaften beheimateten Subjekt bieten, wenn es darum geht, eine metaphysische Wirklichkeitssicht zu erwerben (1.2.). Eine der Wurzeln für die Metaphysikvergessenheit der Moderne – mit dem Szientismus der Wissenschaften als einem ihrer augenscheinlichsten Folgen – wird im Descart'schen Dualismus geortet (1.3.).

Wegen der Rückbindung vieler heutiger Theologien an die gnoseologischen Grundoptionen Kants stellt sich als vornehmliche Aufgabe des dritten Teils dieser Studie, gegen den Kantischen Erkenntnisskeptizismus (2.1.–2.3.) Perspektiven für den Vollzug einer Seinserkenntnis zu eröffnen. Dabei wird bewußt auf die Metaphysik des Thomas von Aquin zurückgegriffen, die sich als eine Metaphysik des Seinsaktes von jeder rationalistischen Begriffsmetaphysik abhebt. Den metaphysischen Hintergrund für die Erkenntnistheorie bildet bei Thomas immer die Lehre vom Sein als Aktgrund der Dinge und des personhaft Seienden, als *actus omnium actuum*, der nicht im Geschaffenen untergeht, sondern auf den Grund alles Gegründeten, auf Gott als das *ipsum esse*, verweist.[5] Da die Darstellung der Thomasischen Seinslehre aber eine eigene Studie verlangen würde, wird diese Lehre immer nur implizit zur Sprache kommen, besonders dort, wo es um die Fundierung des logischen "ist", der Kopula, im Seinsakt der Dinge geht.

Obwohl zunächst nach der Möglichkeit einer Wesenserkenntnis gefragt wird (3.1.), wobei auch die Grenzen der klassischen Ontologie für die adäquate Interpretation heutiger, von technischen Realitäten geprägter Lebenswirklichkeit Thema (3.1.4.) sind, liegt der Focus der Erkenntnistheorie auf dem wahren Urteil, in dem der menschliche Verstand das Sein der Dinge erreicht (3.2.). Menschliches Erkennen, das fundamental auf die Sinneserkenntnis verwiesen ist und bei ihr seinen Anfang nehmen muß, braucht nicht bei dieser stehenzubleiben, sondern drängt auf die Erfassung von intelligiblen Strukturen, die es aus den aufgenommenen sinnlichen Eindrücken als "Wesensgehalt" der Dinge abstrahiert, um damit intentional eins zu werden. Die Wahrheitsfähigkeit der menschlichen Vernunft wird im Kontext der im urteilenden Denken sich vollziehenden Erkenntnis des "ist" der Dinge behandelt. Das Urteil ist gerade deshalb der Ort der Wahrheit, weil es die Angleichung des Verstandes mit seinen Begriffen *(conceptus)* an das, was in Wirklichkeit so "ist", bewirkt.

Nach B. Lonergan, dessen Erkenntnislehre ein eigener Exkurs (3.2.6.) gewidmet ist, beinhaltet das rationale Urteil den abschließenden Akt im Vollzug einer Intentionalität, die, weil von unbegrenzter Tragweite, eine Transzendenz der Erkenntnis möglich macht. Durch die Wahrheit vermag das vielfach bedingte Subjekt sich intentional zu transzendieren: Es gelangt im Urteil zu einem Unbedingten, das von seiner eigenen Zeit, von den psychologischen, gesellschaftlichen, historischen Bedingungen unabhängig ist.

Weil das Problem der Gotteserkenntnis sich in den vorgestellten modernen christologischen Ansätzen als virulent erwiesen hat, sollen einige Überlegungen zur Möglichkeit, Notwendigkeit und zu den Grenzen einer natürlichen Theologie (3.3.) geboten werden, um einer vorherrschenden Tendenz zur Vernunftautonomie in den neuzeitlichen Philosophien, die Gott und seine Offenbarung auf menschliche Bewußtseinsfunktionen zurücknehmen, entgegenzutreten: Nur eine – nicht dem Ag-

5 Vgl. Siewerth, Schicksal, 335.

Agnostizismus verfallende – negative Theologie, die die Transzendenz und Geheimnishaftigkeit Gottes wahrt, vermag auch Gott als den am geschichtlichen Menschen souverän Handelnden zu denken, der bei allem Offenbarungs-Engagement nicht auf die endliche Geschichte angewiesen ist, da er als absolutes Sein und in sich selbst begründete Freiheit immer zugleich über der Geschichte steht. Und nur ein Denken, das mit der je größeren transzendenten Wirklichkeit Gottes rechnet, kann den Verstehenshorizont für eine entsprechende Auffassung der Christusoffenbarung abgeben. Mit der philosophischen Gotteslehre wird also die erkenntnistheoretische und erkenntnismetaphysische Möglichkeitsbedingung der göttlichen Offenbarung in Christus thematisch.[6]

Wie denn der Mensch überhaupt von Gott reden könne, ist nur auf dem Hintergrund einer analogen Prädikationsform, die in der Partizipation des Seienden gründet, zu klären: Im Gleichnis des Seins kann der Mensch Gott als die Ursache des Seins in den Dingen erkennen, die aber *tamquam ignotum* bleibt – unausschöpfliches Geheimnis. Wo das Sein nicht nur (wie bei Kant) eine Modalbestimmung[7] bzw. die bloße Position des Gegenstandes ist, sondern als die innerste, wesenseigene und aktuierende Vollkommenheit der Dinge erfaßt wird, dort ist das Sein auch der ersterkannte Grund für die Erkenntnis des Seienden. Die Seinserkenntnis und die darin erhellende Möglichkeit der analogen Prädikation von Begriffen[8] läßt verstehen, wie Gott sich im Medium menschlicher Sprache, die ihre Begriffe aus der konkreten Erfahrungswelt entwickelt, zur Darstellung bringen kann, ohne auf das Maß menschlichen Denkens und Begreifens depotenziert zu werden (3.3.3.).

Die darin sich anschließenden Überlegungen zur Wirklichkeitsfülle Gottes als Grund seines Mitleidens mit dem Menschen (3.3.4.) stehen im Horizont des bei E. Jüngel reichlich bedachten Problems der Leidensfähigkeit Gottes. Erlösung aus der Todverfallenheit des Daseins kann nur von einem Gott erwartet werden, der nicht selbst der Dialektik des "Stirb und Werde" unterliegt, sondern sich aus der Positivität seines Seins heraus, das Liebe ist, als stärker als der Tod erweist.

Man kann nicht von "unten" her, mit den Mitteln philosophischen Denkens, die Möglichkeit der heilsökonomischen Sendung deduzieren. Daß Gott sich in Christus geoffenbart hat, kann nur im Glauben erkannt

---

[6] Vgl. M. Schulz, 2.

[7] Vgl. KrV B 272/A 225ff.

[8] Vgl. Siewerth, Analogie, 53–68.

werden. Glaube als menschlich-personale Freiheitsantwort auf die von Gott ergehende Selbstmitteilung im Raum der Geschichte hat es mit einer neuen, vom natürlichen Denken aus nicht zu erschließenden Realität zu tun, die durch Offenbarung zugänglich wird. In der geschichtlich-gnadenhaften Offenbarung kommt die natürliche Gotteserkenntnis in Jesus Christus an ihr Ziel, indem Gott sich in seiner Menschlichkeit definitiv für uns ins Bild setzt und zu erkennen gibt. Die Art der Erkenntnis, die aus dem Glauben erwächst, ist wesentlich von dieser der natürlichen Vernunft erreichbaren – philosophischen – Gotteserkenntnis verschieden. Daß aber der Glaube eine wirkliche Erkenntnis vermittelt, ist Gegenstand von Abschnitt 3.4., wo auf der Grundlage des Thomanischen Ansatzes nach dem Wesen, der Ursache und der Gewißheit des Glaubens gefragt wird. Konkret wird eine Antwort auf die Frage versucht, warum der Glaube es nicht nur mit praktischer Lebensbewältigung (funktionalistisches Religionsverständnis), sondern mit propositionaler Wahrheit zu tun hat. Vornehmlich soll dabei bedacht werden, daß der Glaube den Erkenntnishorizont des Menschen erweitert und durch die Vermittlung des inkarnierten Logos – *per speculum et in aenigmate* – zur Teilnahme an der Selbsterkenntnis Gottes befähigt.

Der vierte Teil widmet sich in enger Anlehnung an Thomas v. Aquin einem trinitätstheologischen (und ontologisch relevanten) Personbegriff, der aus der Wechselwirkung von Philosophie und Theologie entspringt und der sowohl für eine Applikation auf die Christologie mit ihrem Begriff von "Hypostase" als auch für die Anthropologie offen ist (1.1.–1.5.). Hier zeigt sich einmal mehr, daß es die Trinitätstheologie ist, durch die bestimmte Facetten der Ontologie – z. B. das Verhältnis von Identität und Differenz – erst aufgedeckt werden: Wenn im vierten Teil ein trinitätstheologischer Zusammenhang hergestellt wird, so geschieht dies in dem Bewußtsein, daß man Selbstmitteilung Gottes im realen Sinn nur denken kann, wenn man in Jesus den Sohn erfaßt, dessen Sendung im innertrinitarischen Leben Gottes seinen Ursprung hat, und daß die Trinitätslehre darum der Schlüssel für das Verständnis des Christusereignisses ist. Nicht, daß eine vorgegebene, spekulativ in Lehrsätzen konstruierte Trinitätslehre das begrifflich-abstrakte Raster abgäbe, in dem die Christus-Offenbarung einzutragen wäre, sondern so, daß die Trinitätstheologie als der ermöglichende Grund der Christologie[9] geltend gemacht wird, wobei jene aber nur über letztere zu erschließen ist. Tri-

---

[9] Wie der Verzicht auf die Präexistenz- und damit zugleich auf die Trinitätstheologie etwa bei E. Schillebeeckx dazu führt, "die Einmaligkeit und universale Bedeutsamkeit Jesu" nicht mehr einlösen zu können, hat W. Löser in seinem Beitrag "Jesus Christus – Gottes Sohn, aus dem Vater geboren vor aller Zeit", 31–45, hier: 34, gezeigt.

nität ist die transzendentallogische Ermöglichung der Menschwerdung des Sohnes.

Die Schlußreflexion, die zunächst einige Bemerkungen zur Verbum-Theologie bietet (2.1.), soll noch einmal dazu dienen, das in der Relation des Sohnes zum Vater und des Vaters zum Sohn zu Wort kommende ontologische "Voraus" des Sohnes zur Schöpfung, die in ihm in sein Gegenüber zum Vater hineingenommen ist, in den Blick zu nehmen.

Bibeltheologische Hinführung: Die Einzigkeit Jesu Christi im Zeugnis der Heiligen Schrift

1. Hermeneutische Überlegungen

Die hier vorausgeschickten Bemerkungen dienen als methodologische Richtungsweisung für die Erhebung des neutestamentlichen Zeugnisses, die den Einstieg für die Vergleiche und Reflexionen in dieser Studie bildet.

1.1. Die Einheit in der Verschiedenheit der christologischen Modelle

Die neutestamentlichen Texten zeigen eine große Verschiedenheit an christologischen Konzepten, die das Ergebnis einer längeren Reflexion und Entwicklung sind. Von der Einfachheit konzentrierter Homologien, die den Tod und die Auferstehung Christi proklamieren, bis hin zu reflektierteren Christologien bei Paulus und vor allem Johannes mit einer ausdrücklichen Annahme der schöpferischen Präexistenz des Wortes, seiner Gottheit, seiner Inkarnation, des heilbringenden Todes Christi und seiner Erhöhung, lassen sich zahlreiche Beispiele geben. Aber muß die Vielzahl der verschiedenen Anwege zum Geheimnis Christi nicht auf Kosten der Kontinuität in der Entwicklung und der Integrität dieses Geheimnisses selbst gehen?

Es gibt bei aller Verschiedenheit doch eine gemeinsame Basis für alle neutestamentlichen Konzepte, die einen bestimmenden Einheitspunkt darstellt: Die Erfahrung der Identität des geschichtlichen Jesus mit dem auferstandenen und zur Rechten des Vaters erhöhten Herrn. Diese Erfahrung und nicht etwa vorgängig zum Ereignis gebildete christologische Theorien, ist der Ausgangspunkt aller Christologie, wie sie in der Vielschichtigkeit der Überlieferung und ihrer Ausgestaltung vorliegt. Auf der einen Seite führt dies zu einer unübersehbaren Differenz der neutestamentlichen Konzepte, auf der anderen Seite bringt die Aufnahme ältester Bausteine aus der urkirchlichen Verkündigung in das Zentrum der entwickelteren Theologien eine nicht von der Hand zu weisende Kontinuität mit sich.[10]

Die große Bandbreite der Formulierungen und die fortschreitende Entwicklung zu expliziteren Christologien erklärt sich aus den unterschiedlichen Erfahrungen, aus der Verschiedenheit der Kategoriengefüge, die bereitstanden, um das, was von Jesus Christus ausging, in den ersten christlichen Gemeinden zu fassen und auszudrücken. Nicht nur das konkrete Erleben des historischen Jesus vor Ostern, sondern auch die Begegnung mit dem Auferstandenen, die Erfahrung der Geistsendung zu Pfingsten und der liturgischen Anamnese[11] in Taufe und Eucharistiefeier sowie das Bekenntnis des Glaubens bis hin zum Martyrium ließ die ersten Christen zu vertiefter Einsicht gelangen, die so aus dem rein Historischen unableitbar war. Dies führte zur Entdeckung der eigentlichen Relevanz des Christusereignisses und lieferte auch neue Deutungskategorien, um das konkret mit Jesus Erlebte in den eigenen Verständnishorizont zu übersetzen.

Auch die jeweiligen Kulturkreise, in denen das Christusereignis formuliert wurde, waren verschieden: Es gab das hebräisch-palästinische, das hebräisch-hellenistische und das rein hellenistische Umfeld, denen eine je besondere Art, die Dinge aufzufassen und den Glauben auszudrükken, eigen war. Daher finden sich auch in der neutestamentlichen Theologie verschiedene Ausdrucksmodelle. Da gibt es auf der einen Seite ein Konzept mit zwei Stadien: irdischer Jesus und erhöhter Christus (messianisches Schema von Erniedrigung und Erhöhung), und andererseits ein solches von drei Stadien: Das Modell der schöpferischen Präexistenz des Sohnes, das der Offenbarung (irdisches Leben und Auferstehung als Manifestation der Herrlichkeit des Vaters) und das der priesterlichen Funktion Christi, der in die Welt gekommen ist, um den Willen des Vaters zu erfüllen, und der dann in das himmlische Heiligtum ein-

---

[10] Vgl. G.L. Müller, Lehre von Jesus, 146: "Schon in der Logienquelle Q finden sich Hinweise auf die Transzendenz Christi (Jesus als Christus, Herr, Weisheit, messianischer Sohn Gottes, Menschensohn). Die urkirchliche Überlieferung wird nicht zugänglich, wenn man die unterschiedlichen christologischen Ansätze (Pascha-Christologie, Pneuma-Christologie, Sohn-Gottes-Christologie; Logos-Christologie u. a.) völlig verschiedenen, hermetisch gegeneinander abgegrenzten Gemeinden zuordnet."

[11] Vgl. Schnelle, 67; vgl. auch Bittner, 151–169 u. Gese, Herkunft, 107–127. Besonders bei der Abfassung der johanneischen Offenbarungsreden dürfte die liturgische Meditation der Passahaggada und die Deutung der einzelnen Exodusereignisse im Lichte Christi, des wahren Passa, wie sie besonders die quartadecimanische Paschapraxis Kleinasiens im zweiten Jahrhundert prägte, eine Rolle gespielt haben.

geht, nachdem er alles ein für allemal durch sein Blut versöhnt hat. Natürlich lassen sich auch noch andere Modelle und Schemata aufweisen.

Stellt man die Vielheit der miteinander nicht deckungsgleichen Rezeptionsmuster für die Sicht auf Christus in Rechnung, so wird klar, daß der Reichtum seiner Person und seiner Sendung nicht durch ein einziges Schema adäquat zum Ausdruck gebracht werden kann. Alle Denkschemen, die ein geschlossenes System darstellen, versagen vor dem Anspruch, der Offenbarung Gottes in Jesus Christus gerecht zu werden. Sie müssen darum aufgebrochen werden, wenn sie das aus historischen Bedingungen unableitbar Neue, das *Novum* der Christusoffenbarung nicht einseitig vereinnahmen, sondern *als Novum* anerkennend gelten lassen wollen.[12] Die neutestamentlichen Modelle[13] sind keine geschlossenen Systementwürfe, sondern sie sind offen für weitere Aspekte und verhalten sich zueinander komplementär. Mit anderen Worten: Um dem Christus des NT verstehend gerecht zu werden, braucht es keine vorschnellen "Übersetzungen" in einen ganz bestimmten Zeithorizont oder in ein festgelegtes System, sondern eine offene Philosophie.

1.2. Die Notwendigkeit einer philosophischen Hermeneutik

Die Notwendigkeit einer Hermeneutik ergibt sich aus der Angewiesenheit des Menschen auf geschichtliche Kategorien und vor allem auf einen sprachlichen Kontext, wenn er das ihm objektiv Vorgegebene interpretieren will. In diesem Vorgang der Interpretation des objektiv Vorgegebenen hat die Hermeneutik ihren Ort. Was dem interpretierenden

---

[12] Über das Auftreten des "Novum" in Zeit und Geschichte hat D. Hattrup eine beachtenswerte Studie angestellt. In seiner "Theologie der Erde" heißt es S. 99: "Die Existenz eines Novum zu beweisen, das nicht auf eine Novität reduziert werden kann, ist unmöglich. Einstein glaubte bis an das Ende seines Lebens an verborgene Parameter. Möglich ist es, das Umgekehrte zu zeigen: Die Gründe für die Reduktion sind nicht mehr stark und waren es eigentlich nie. Zum einen ist deutlich geworden, daß die metaphysischen Motive, die besonders dort mächtig waren, wo die Wissenschaft von der Metaphysik befreit werden sollte, um ein objektives Weltbild zu ermöglichen, selbst nicht sehr objektiv waren und im wesentlichen die Selbsterhaltung des Endlichen zum Ziel hatten." Vgl. ebd., 95: "Auf dem Grund der Tragik des Endlichen zeigt sich das Novum, das unableitbar neue Ereignis. Die Universalisierung des Endlichen ist der Versuch, das Novum auf eine im voraus gewußte Novität zu reduzieren. Das Novum läßt den Spannungsbogen des Parmenides zwischen Denken und Sein stets von neuen einstürzen. ... Ein Novum soll ein Ereignis heißen, das vor seinem Eintreten nicht gewußt war, weil es nicht gewußt sein konnte."

[13] Die Entwicklung dieser Modelle im NT und in der Väterzeit – der Übergang von einer funktionalen zu einer mehr ontologisch geprägten Christologie mit ihrer Auffassung der Präexistenz und Gottheit Jesu – geht mit der Entdeckung des Persongeheimnisses Christi Hand in Hand, wie es in seinem heilschaffenden Wirken hervorleuchtet.

Subjekt aus der Tradition zur Verfügung gestellt wird und was die jeweilige Situation ihm an Erfahrungen anbietet, kommt darin zur Synthese.[14] Dabei verstehe ich hier unter Tradition den Versuch, das Ursprüngliche bleibend gegenwärtig zu setzen, d. h. in die Gegenwart zu vermitteln oder zu tradieren.

Sucht man nach Bausteinen für eine auf die hl. Schrift und ihre Aussage anwendbare Hermeneutik, so werden immer philosophische und theologische Gesichtspunkte ineinander verwoben sein. Nun hat gerade die philosophische Hermeneutik Kriterien für das Verstehen eines tradierten Sachverhaltes, einer Erfahrung oder auch eines Textes entwickelt, die sich unter theologischer Rücksicht als ausgesprochen fruchtbar erweisen können, gibt es doch – trotz der notwendigen Unterschiedenheit von philosophischer und theologischer Betrachtungsweise – manche Entsprechungen zwischen philosophischer und theologischer Hermeneutik. Ich zähle hier nur – in formaler Allgemeinheit – auf: die Geschichtlichkeit der Wahrheitserkenntnis, die auf die Notwendigkeit einer sozialen Vermittlung aller Erkenntnisse hinausläuft, die Relevanz der dem Individuum vorgängigen Sprachgestalt, der hermeneutische Zirkel zwischen Vorverständnis und explizitem Begriff, der Zusammenhang von Erfahrung und Deutung, die Horizontverschmelzung, die Notwendigkeit translogischer Kategorien zur Wahrheitserfassung (die Sympathie mit dem Gegenstand, moralisches Verstehenwollen, phänomenologische Objektivität).[15]

In der Theologie finden die allgemeinen hermeneutischen Kategorien, wie sie für jede Text- oder Geschichtsinterpretation gelten, ihre konkrete Anwendung: Vorgängigkeit der Tradition, des Sozialverbandes und seiner Sprache vor dem Einzelbewußtsein, Interpretation der relevanten Schriften nur im Kontext dieser Glaubensgeschichte des Ganzen.[16] Diese Geschichte umfaßt den Alten und Neuen Bund: Nur dieses Ganze ist das Wahre. Alles in ihm kann nur innerhalb dieses Großkontextes verstanden werden. Das Primärsubjekt des Glaubens und seiner Deutung ist für das AT das Volk Israel, für die Gesamtbibel die Kirche vom NT her.[17]

---

[14] Auch die Dogmatik bewegt sich innerhalb dieser Spannung von Tradition und Situation, denn ihr ist ja die Aufgabe gestellt, die Dogmen der Tradition in das Heute hinein verstehbar zu machen.

[15] Vgl. dazu ausführlicher Pieper, Interpretation, 213–218.

[16] Vgl. ebd., 217.

[17] Vgl. dazu Stobbe, 128; vgl. auch Ratzinger, Prinzipienlehre, 22-27. Ratzinger stellt das "Wir" der Kirche als primäres Subjekt des Glaubens heraus.

Eine für die theologische Fragestellung offene Hermeneutik wird diese Grundkriterien zu beachten haben. Der innere Zusammenhang von Sein und Geschichte, Dogma und Historie und – für die Christologie – von Transzendenz und Geschichtlichkeit Jesu Christi kann nicht im Rahmen einer dualistischen Erkenntnislehre, sondern nur in einer seinsgeschichtlichen Konzeption der Wirklichkeit[18], die einen universalen Wahrheitshorizont[19] bietet, sichtbar gemacht werden.[20] Dies soll im folgenden – gerade in Auseinandersetzung mit dem Neukantianismus R. Bultmanns – entfaltet werden.

1.3. Theologische Applikation

Das Wort, das Gott zu uns spricht, wird von der Subjektivität des Menschen rezipiert. Dessen Aussagen über Gott aufgrund der Offenbarung sind daher a priori immer schon von subjektiver Interpretation eingefangen. M. a. W.: Gott begegnet uns nicht mit seiner eigenen Stimme, in seinem An-sich-Sein, er spricht nur vermittelt zu uns, indem er in Jesus Christus zur Welt kommt und für das Formalobjekt unseres Verstandes greifbar wird. Mithin bedient sich Gott der Geschichte des menschlichen Bewußtseins, einer von ihm selbst inszenierten Vermittlung durch Propheten, Jesus Christus und der Kirche, in der sich diese Vermittlung fortsetzt.

---

18 Vgl. Lehmann, 682f: "Wenn die *theologische* Rede an einem 'Ansichsein' festhalten muß, das die universale geschichtliche Bewegung u. Bedingtheit wechselnder Weltverständnisse einschränkt, zusammenhält u. übertrifft, dann kann sie nicht unbedenklich die in der modernen H. anerkannte Basis der *nachkantischen* Ontologie übernehmen. Die Krise der Metaphysik läßt sich nicht durch den Rückzug auf H. lösen. H. als einzige universale Ontologie ist derzeit noch eine Aporie oder schlechtes Surrogat für Metaphysik. ... Die Universalität des hermeneutischen Problems einmal zugegeben, bleibt doch die Frage, ob die gegenwärtige H. den wirklich universal gültigen Boden jeglichen Seinsverständnisses (einschließlich des Handelns u. der religiösen Wirklichkeit) abgibt u. ob die Sprache als universales hermeneutisches Medium alles verstehen läßt, was wirklich verstanden werden kann ..."

19 Vgl. Pieper, Interpretation, 226f.

20 Vgl. dazu Ratzinger, Prinzipienlehre, 17: "Die Grundentscheidung über unsere Frage fällt nicht im materialen Disput über einzelne christliche Inhalte, sondern hier, im Bereich ihrer philosophischen Voraussetzungen. Die inhaltlichen Diskussionen bleiben zusammenhanglose Rückzugsgefechte, wo diese Frage nicht angegangen wird: Gibt es im Wandel der geschichtlichen Zeiten eine erkennbare Identität des Menschen mit sich selbst? Gibt es eine menschliche 'Natur'? Gibt es die Wahrheit, die unbeschadet ihrer geschichtlichen Vermittlung in aller Geschichte wahr *bleibt*, weil sie wahr *ist*? Die Frage der Hermeneutik ist letztlich die ontologische Frage als Frage nach der Einheit der Wahrheit in der Verschiedenheit ihrer geschichtlichen Offenbarungen."

Gottes Wort muß so zur Sprache gebracht werden, daß es im Horizont des heutigen Menschen verstanden wird. Von daher ist die Hermeneutik ein unentbehrliches Moment in der dogmatischen Vermittlung des tradierten Glaubens. Die Hermeneutik sucht die Relevanz der Glaubensaussagen zu sichern, ohne jedoch ihre Identität preisgeben zu wollen. Gerade dadurch, daß Offenbarung Gottes sich im Horizont menschlicher Glaubenserfahrung, menschlichen Bewußtseins ereignet, was auch bedeutet, daß Gnade stets im Apriori unserer Subjektivität erfahren wird, erweist sich Hermeneutik als notwendig.

Die Zeitgenossen Jesu, etwa die Jünger, erleben die ereignishafte Wirklichkeit um Jesus Christus als historisches Faktum. Diese Erfahrung ist aber immer schon subjektive, interpretierende Erfahrung, insofern sie im Kontext der Heilserwartungen Israels, wie sie in jener Zeit konkret lebendig waren, steht.

Gottes Offenbarung, sein Wort, ist der geschichtlichen Entwicklung unterworfen, weil es nur vermittelt, in der "Schale" der menschlichen Sprache zu uns kommt. Nur im Medium einer Sprache, d. h. vermittelt in einer bestimmten Form, die wiederum abhängig ist von einer bestimmten Denkweise, gelangt der eigentliche Inhalt der Botschaft zum heute verstehen wollenden Menschen. Aufgrund seiner Leib-Seele-Konstitution ist der Mensch auf die Komplementarität von Form und Inhalt angewiesen: Den Zugang zum Wesen hat er nur in Vermittlung einer Form oder eines Symbols – der Sprache.

1.3.1. Die christologische Ursynthese und die Zusammengehörigkeit von Geschichte und Kerygma

Die auf Bultmann zurückgehende klassische Formgeschichte zerreißt den Zusammenhang von historischem Geschehen im Leben Jesu und dem urkirchlichen Kerygma, von historischem Jesus und dem geglaubten Christus.[21] Demgegenüber soll hier von einem ursprünglichen und genetischen Zusammenhang zwischen dem Ereignishaften der Geschichte Jesu und seiner im Glauben erfaßten Stellung und Heilsbedeutung ausgegangen werden. Nach dieser von mir vertretenen These ist das Kerygma die Umwendung, Übersetzung des objektiv Geschehenen um Jesus in das "für uns". Alle dogmatischen Aussagen über Jesus sind nur von Bedeutung in ihrer soteriologischen Relevanz, in ihrem "pro nobis".

[21] Vgl. Stuhlmacher, Bd 1, 15–22; 42–46.

Die ersten Bekenntnisformeln als "Urform" apostolischer Überlieferung stellen nicht bloße Bezeugungen eines historischen Vorgangs dar, sondern sie sind die schriftliche Gestaltwerdung des Offenbarungsereignisses im menschlichen Zeugnis, wie es sich im apostolischen Kerygma vergegenwärtigt hat. Das älteste Zeugnis dieser Art, das seiner sprachlichen Fassung nach der ursprünglichen Ostererfahrung zeitlich sehr nahekommt, liegt in 1 Kor 15,3–5 vor:

> "Christus ist für unsere Sünden gestorben gemäß der Schrift, und ist begraben worden. Er ist am dritten Tag auferweckt worden gemäß der Schrift, und erschien dem Kephas, dann den Zwölfen."

Die Jünger Jesu bezeugen damit, daß der Gott der Väter Israels sich zu dem am Schandpfahl des Kreuzes zu Tode gebrachten Jesus bekannt hat. Gott hat also an Jesus, seinem Sohn, gehandelt, als er ihn von den Toten auferweckte und er hat ihn als den Herrscher und Retter zu sich erhoben (vgl. Apg 2,30–36).

Aufgrund dieser kohärenten Überzeugung der Jünger kommt es sehr schnell zu der Bekenntnisformel: "Gott hat ihn von den Toten auferweckt."[22] Nicht viel später findet sich in der Bekenntnisbildung auch die Überzeugung von der Präexistenz Jesu, der der Sohn des ewigen Vaters ist, von seiner Sendung in der Gestalt des Fleisches, von seinem stellvertretenden Sühnetod und von der Erwartung seiner Wiederkunft als Richter und Vollender am Ende der Zeiten.[23]

Die Auferweckung kommt einer Bestätigung des Anspruchs Jesu gleich, in seiner Verkündigung und seinem Wirken die Herrschaft Gottes auf Erden zu verwirklichen, und zwar vollzieht sich diese Bestätigung jetzt von seiten Gottes selbst, der damit bezeugt, in der Person Jesu menschlich gegenwärtig zu sein. So ist denn der neue Name Gottes, wie er sich im Horizont des Gottesglaubens Israels – "Gott" als Schöpfer und als Gott des Bundes – mitteilt: "der Jesus von den Toten auferweckt hat".[24] Jesus ist der "Sohn Gottes in Macht seit der Auferstehung von den Toten" (Röm 1,4). Um die Jünger von dieser Machttat Gottes zu überzeugen, d. h. ihren Osterglauben an ihn als den verheißenen Messias und

[22] Vgl. Röm 4,24; 10,9; Apg 2,32; Mt 28,7.

[23] Davon sprechen die vorpaulinischen Hymnen und Bekenntnisformeln, wie sie z. B. in Röm 1,3f., 8,3; Phil 2,6–11; 1 Kor 11,23–26; Gal 4,4; 1 Thess 4,14–18; 5,9 vorliegen.

[24] Vgl. Gal 1,1; Röm 4,24; 8,11; 2 Kor 4,14; Eph 1,20; Kol 2,12.

Kyrios zu erwecken, bedarf es eines ereignishaften[25] Selbsterweises, durch den der Auferstandene sich ihnen als der Lebende mitteilt.[26]

Und doch haben die Jünger die geschichtlich sich an ihnen ausweisende und dennoch über die Kategorie des Geschichtlichen hinausreichende Realität des Auferstehungsereignisses nur in einem "Urteil". Wie ist es möglich, daß sie zu dem Glaubensurteil kommen, Jesus, den sie in seinem Wirken und Auftreten erlebt hatten, der gekreuzigt worden war, sei auferweckt worden und lebe? Sie identifizieren ja den auferweckten und erhöhten Herrn mit Jesus, wie sie ihn als Künder und Bringer des Gottesreiches vor seinem Tod erlebt haben, dessen ganze Sendungsautorität aber mit seinem gewaltsamen Tod vernichtet schien.

Wie kommt es also zu dieser ursprünglichen Urteilssynthese der Jünger, die das Geschichtliche und das den Raum des Geschichtlichen Transzendierende an der Person Jesu zur Identität brachte: der Gekreuzigte ist der Auferstandene? Von dieser Frage soll hier – im Sinne einer hermeneutischen Reflexion – ausgegangen werden. Das Bekenntnis der Jünger reflektiert die Erfahrung von der Identität des Auferstandenen mit dem geschichtlichen Jesus, in dessen Lebensgemeinschaft sie einbezogen waren, und der ihnen jetzt als der Kyrios neu begegnete. Hier liegt der Ursprung des Glaubens der Kirche, wie er nach Ostern verkündigt wurde. Das Glaubensurteil über diese Identität kann aber nur durch ein *Ereignis* evoziert worden sein.

Ist diese Synthese des Glaubens nun rein aus geschichtlichen Daten abzuleiten, die in ihrer Faktizität einfachhin gegeben sind, oder resultiert sie umgekehrt bloß aus einer synthetischen Setzung mit Hilfe eines menschlichen Kategoriensystems, so daß man Christologie rein ideell vom Kerygma[27] her konstruieren könnte?[28]

---

[25] Anders: die These H.J. Verweyens, daß der Osterglaube an sich im irdischen Leben Jesu in der Weise hinreichend begründet sei, daß der Osterglaube nicht erst mit der Auferweckung eine objektive Grundlage bekommen habe. Vgl. Verweyen, 446ff.

[26] Vgl. H. Kessler, "Auferstehung", 1186: "Diese Ostererfahrungen haben Voraussetzungen in den Jüngern: ... Doch *ergab* sich nicht schon daraus der Glaube an die Auferstehung Jesu, vielmehr setzte sich in den (keineswegs suspendierten) psych. u. kommunikativen Prozessen der Jünger eine – nicht von Ihnen selbst erzeugte, sondern ihnen (in den Zeichen der sog. Erscheinungen *begegnende* – Wirklichkeit (die sie unmittelbar als die des v. Gott her lebendigen gekreuzigten Herren identifizierten) durch u. veränderte ihren Erfahrungshorizont u. ihre Existenz grundlegend. ... In ihr haben sie ihren Meister als den lebendigen wiedererkannt u. hat sich Jesus *als* der auferstandenen zu gesch. Erfahrung gebracht."

[27] Vgl. die Frage Verweyens (mit Bezug auf Käsemann, 49: "Was die *material-inhaltliche* Seite der Bultmannschen Position betrifft, so steht seine Reduktion des theologischen Interesses am historischen Jesus auf das bloße 'Daß seines Gekommenseins' zunächst

Es würde genauso hinter diese ursprüngliche Glaubenssynthese zurückführen, wollte man in der Christologie allein beim Kerygma ansetzen und dabei den geschichtlichen Aspekt der Sendung Jesu vernachlässigen[29], wie wenn man die pure Faktizität des historischen Jesus empirisch festschreiben würde, ohne dem Tatbestand Rechnung zu tragen, daß Jesus seinen eigenen Selbstanspruch in einem transempirischen und transzendentalen Horizont verstanden hat, und daß erst die Auferwekkungstat[30] Gottes für die Jünger die Möglichkeit eröffnete, die Person Jesu endgültig aus der Relation zu Gott zu verstehen.[31]

Wer unter Verkennung der historischen Dimension Jesus nur ins "Kerygma hinein auferstanden" wissen will, der vergißt, daß Christi Auferstehung, obwohl sie in eine transempirische und transzendente, weil übergeschichtliche, Sphäre führt, an einem bestimmten Zeitpunkt und Ort der Geschichte ansetzt[32], und das Kerygma letztlich auf apostolischer Zeugenschaft beruht.

---

einmal in der Konsequenz formgeschichtlichen Methodenbewußtseins: Jesu Worte und Werke begegnen uns auch bei radikalster Analyse der neutestamentlichen Schriften immer nur im verkündigenden Wort der Gemeinde: in der 'kerygmatischen Erscheinung' jenes von der Rückfrage nach dem historischen Jesus gesuchten 'Dings an sich'. ... Besteht bei der von Bultmann aufgerichteten Kluft zwischen einem nackten historischen 'Daß' und dem 'Was' und 'Wie' des Kerygmas nicht die Gefahr, 'daß wir mit dem Prädikat *christlich* ein Existenz- und Weltverhältnis decken, für das Jesus nur der auslösende Faktor und Christus nur die mythologische Chiffre bildet.'" Vgl. Verweyen, 380.

28 Ohne ein Osterereignis hätten die Jünger nicht aus vorgegebenen Interpretationsschemen heraus, wie es eine These will, dem Leben und Sterben Jesu eine seine Geschichte überdauernde Bedeutung zuschreiben können, um diese dann in der Metapher "Auferstehung" zu fassen. Vgl. G.L. Müller, Lehre von Jesus, 24.

29 Hier liegt die Bedeutung der "Rückfrage nach dem irdischen Jesus". Vgl. unten, 26 Anm. 58.

30 Vgl. Kessler, "Auferstehung", 1186.

31 Vgl. G.L. Müller, Lehre von Jesus, 24f: "Die transzendente, d. h. in Gottes Wirklichkeit hineinreichende Dimension der geschichtlich-realen Begegnung der Jünger mit Jesus als dem 'Sohn Gottes in der Gestalt des Fleisches einer menschlichen Existenz' (vgl. Röm 8,3; Joh 1,14; 1 Joh 4,2; 2 Joh 7; 1 Tim 3,16), eben in seiner Gottheit und Menschheit, seiner Transzendenz und Geschichte, kann von den Jüngern freilich nicht im Rahmen einer natürlichen, auf die sinnlich vermittelte materielle Welt eingeschränkten Wirklichkeitssicht erkannt werden, wenn nicht Gott den transzendentalen, aber in sich unbestimmten Erkenntnishorizont der Jünger inhaltlich bestimmt und auf das Offenbarungsereignis hin öffnet. ... Darum ist die christologische Ursynthese nicht von einer eigenmächtigen Interpretation der Jünger her erreichbar, sondern nur durch den im Ereignis der Auferstehungserscheinung Jesu sich selbst bezeugenden eschatologischen Heilsmittler von Gott her."

32 Vgl. Hünermann, 112: "Die Osterwiderfahrnisse können als Initialgeschehen einer ungeheuren Wirkungsgeschichte durchaus als geschichtliche Ereignisse bezeichnet wer-

Gerade die Auferweckung, die die Jünger als Hereinbruch einer anderen, der göttlichen Dimension in ihre zeitliche Existenz erlebten, und in der Gott den zum Kreuz führenden Lebensweg Jesu vollendet und in seiner Heilsbedeutung bestätigt, zeigt, daß sich der Glaube verbindlich auch auf den irdischen Jesus in seiner Geschichte zu beziehen hat. Wenn die Auferstehung aber die eigentliche Vollendung Jesu darstellt, in der seine irdische Geschichte bestätigt wird, dann hat auch sein Menschsein – in seiner konkreten Faktizität – nicht nur vorübergehende, sondern bleibende Bedeutung.[33]

Wer umgekehrt – im Sinne der früheren Leben-Jesu-Forschung – einen rein geschichtlichen Jesus rekonstruieren möchte, für den gilt, was Paulus den Korinthern schreibt: Ohne die Auferstehung Jesu wäre die "Verkündigung leer" und der "Glaube sinnlos" (1 Kor 15,14). Sie bildet die Mitte des Glaubens. Das Kyrios-Sein Jesu und seine Auferstehung sind die zwei Seiten der einen Glaubensrealität, die nach Ostern bekannt wird. Die Auferstehungsformeln und Bekenntnisrufe, die diesen Glauben ausdrücken, schließen immer ein "Wir" des Glaubens ein: "Wir glauben, bekennen oder bezeugen", daß Jesus der Herr ist. Dies bedeutet, daß diese Sätze jeweils ein "Ja" zu einem Sachverhalt, ein Einvernehmen mit dem "Wir" des Glaubens der Kirche, einschließen. So kann der Jesus, wie er sich in seinem eigenen Selbstverständnis dem neuen, nachösterlichen Verstehenshorizont der Jünger erschlossen hat, gar nicht anders als im Glauben dieser Kirche erfaßt werden.

Zugang zu ihm gibt es nur über das geschichtlich vermittelte Zeugnis der Jünger, das selbst auf jener Ursynthese von Transzendenz (als Übergeschichtlichkeit) und Geschichte Jesu beruht, die das nachösterliche Bekenntnis der jungen Kirche ausmachte. Anders erreicht man vielleicht einen archäologischen Torso oder einen "mich" existentiell in Anspruch nehmenden Christus des Kerygmas, aber nicht die Personidentität Jesu als des von Gott geretteten, lebendigen und in seiner Mittlerschaft für das eschatologische Gottesreich erwiesenen Sohnes.

---

den, die allerdings nicht in ihrem inneren Gehalt durch 'Spurensicherung' historisch überprüfbar sind."

33 Vgl. Kessler, Christologie, 427; vgl. auch Scholtissek, Ursprünge, 188:" Gerade am Beispiel des Markusevangeliums als dem ersten Evangelium ließe sich das hermeneutische und theologische Potential der Gattung Evangelium, nämlich die Integration von Jesusüberlieferung und urchristlichem Christuskerygma, detailliert aufzeigen." Vgl. auch Söding, Glaube, 102–124.

1.3.2. Kontinuität der Überlieferung gegen Diskontinuität

Gegenüber der durch eine dualistische Philosophie[34] aufgeworfenen Diastase, in der geschichtliches Ereignis und deutendes Wort auseinandertreten, bietet die aufgrund der Auferstehungsbegegnungen gebildete Glaubenssynthese die Möglichkeit, von einer fundamentalen Kontinuität zwischen vorösterlich und nachösterlich[35], genauso wie zwischen Faktum und Glaube bzw. Ereignis und Wort auszugehen. Was im Anfang des Glaubens der Kirche liegt, ist nicht ein strukturloses Amalgam von Daten, sondern personale Begegnung mit dem Auferstandenen, der sich den Seinen selbst zu erkennen gibt[36] und sich ihnen in seiner personalen Identität erschließt. Dieser unableitbare Ereignischarakter der Begegnungen kann nicht als eine Deutung, d. h. eine dem Wort entspringende Setzung der transzendentalen Subjektivität betrachtet werden, sondern ist der Deutung, die sich selbst neuer Kategorien bedienen muß, vorgängig.

Für eine Position freilich, die das Historische an Jesus auf das bloße "Daß seines Gekommenseins" reduzieren möchte, kann diese originäre Bedeutung des Ereignisses der personalen Selbsterschließung nicht in den Blick kommen.

Oft erschweren an den positiven Wissenschaften gebildete Denkmuster den Zugang zur biblischen Begriffswelt, wenn sie unreflektiert auf das Schriftwort übertragen werden. Was in den experimentellen Naturwissenschaften – wo das Faktum als solches keinen Sinn macht – als me-

---

34 Der Dualismus in der Philosophie wurde maßgeblich von R. Descartes begründet und von I. Kant erkenntnistheoretisch weitergeführt. Ins Historische gewendet besagt der Dualismus vor allem, daß der Sinn eines Ereignisses sich erst dadurch ergibt, daß ein bloßes Faktum im nachhinein durch Kategorien des Bewußtsein überformt wird. In einer solchen Konzeption kann das als Faktum vorliegende historische Datenmaterial nie selbst Träger von "Sinn" sein, da dieser immer nur durch das Wort zu haben ist, das die menschliche Vernunft dem Faktum gibt.

35 H. Schürmannn spricht hier von einer "Bekenntniskontinuität": vgl. Schürmann, Versuch, 392. Damit will er einen nachösterlichen Beginn der Logienüberlieferung zurückweisen. Die Überlieferung der Logien Jesu habe vorösterlich bei Jesus selbst begonnen, was insbesondere bei der Aussendung der Jünger auszumachen sei. Vgl. ebd., 393: "Ob es nicht überhaupt nur darum ein nachösterliches Christusbekenntis geben konnte, weil es schon – bei aller Unterschiedenheit – ein vorösterliches im Jüngerkreis gab?"

36 Vgl. Potterie, Genesi della fede pasquale secondo Gv 20, in: Ders., Studi di cristologia, 191–216. Die typische Theophanieformel ὤφθη begegnet in 1 Kor 15,5 und Lk 24,34 (vgl. Ex 3,2) und weist in ihrer grammatikalischen Form (Aorist Passiv) auf den Vorgang hin: Der Auferstandene steht nicht einfach wie jeder normale Gegenstand dem sinnlichen "Sehen" offen, sondern er muß sich selbst zu erkennen geben, sich in seiner neuen Seinsweise den Jüngern erschließen.

thodisches Prinzip seine Berechtigung hat, kann nicht ohne weiteres auf geistige Zusammenhänge angewandt werden, ohne banal bis verzerrend zu wirken. Daß Erklärungen, die diesem Denken verpflichtet sind, heute für viele eine hohe Evidenz besitzen, mag in dem Erfolg gründen, mit dem die technische Welt sich heute ihre eigenen Plausibilitäten geschaffen hat, weist aber nicht schon deren Richtigkeit aus.[37]

1.3.3. Der Text in seiner Aussage

Die erste Sorge jeder echten und authentischen Hermeneutik muß es sein, die – aus kulturellen, historischen, soziologischen Bedingtheiten entspringenden – Vorurteile zu überwinden, um den "Zeugen" selbst aus dem Text sprechen zu lassen und die Wahrheit des Zeugnisses zu erfassen.[38] Dies gilt insbesondere für die Christologie.

Aber wie ist dies möglich? Durch welche Prinzipien kommt eine methodische Hermeneutik dazu, die Bedeutung eines Textes selbst zu erfassen? Jede Interpretation ist der Ausdruck der Bedeutung eines anderen Ausdrucks.[39] Das interpretierende Subjekt muß sich von sich selbst weg in die zurückliegende Geschichte bewegen, um sich dann, konfrontiert mit dem Text als Ausdruck dieser Geschichte, zu sich selbst zurückzubringen. Dabei kann nicht von seinem eigenen Horizont, der durch zeitgeschichtliche Erfahrungen, kulturelle Bedingtheiten und philosophische Vorentscheide bestimmt ist, abgesehen werden.

Eine Interpretation will Bilder und Deutungsmuster liefern, von denen der Interpret glaubt, daß sie dem Inhalt der ursprünglichen Aussage entsprechen. Durch einen unterschiedlichen Verstehenshorizont verschiedener Interpreten kommt unweigerlich eine Relativität ins Spiel, und zwar besteht diese Relativität sowohl hinsichtlich des Interpreten und seiner Adressaten, als auch im Hinblick auf Orte und Zeiten, Schulen und Gruppierungen, die den jeweiligen Horizont bestimmen. Um der unendlichen Vielzahl von Möglichkeiten einer Interpretation zu entgehen, bedarf es eines "Universalgesichtspunktes", wie es B. Lonergan nennt, der in dem transzendierenden Streben der Erkenntnis nach

---

37 Vgl. Hattrup, 191, vgl. auch ebd., 189: "Der Gegensatz von Glaube und Wissen, von Theologie und Naturwissenschaft, wird auf eine überraschende und unerwartete Weise gelöst. Weder läßt sich die Theologie mit der Rationalität der Wissenschaften begründen, noch läßt sie sich darauf reduzieren, sondern umgekehrt gilt, daß das rationale Ideal der Objektivität in der Wissenschaft nicht zu halten ist."

38 Vgl. Pieper, Interpretation, 222.

39 Vgl. Lonergan, Einsicht, Bd. 2, 661; vgl. dazu auch Pieper, ebd., 212.

dem Sein überhaupt eröffnet ist.[40] Die unmittelbaren Quellen der Bedeutung entstammen den Bedeutsamkeitskategorien, die dem Interpreten immanent sind. Wegen dieser subjektiven Immanenz der Quellen verbleibt jede Interpretation zunächst einmal im Status einer Hypothese. Eine sachgerechte Hermeneutik wird dann eine sich an epistemologischen Prinzipien orientierende Kritik an die Hypothese herantragen: *Ein* solches Prinzip ist die Wahrheit als Ziel des Erkennens. Dabei versteht sich Wahrheit von einem Unbedingten her.[41]

Aus der Tendenz des Erkennens auf das Sein als unbedingtes erklärt es sich, daß das Subjekt des Erkennens nicht damit zufrieden ist, festzustellen, wieviele Leute es gibt, die einer Hypothese zustimmen würden, d. h. welches Ansehen sie besitzt, sondern wissen will, welche Evidenz die Hypothese für sich hat. Die Evidenz aber setzt die Kohärenz der Hypothese mit dem Universalgesichtspunkt voraus.

Für die Schriftauslegung bedeutet dies: Es gibt eine Aussage des Textes, die von einem Textzeugen intendiert ist, und nach dieser Aussageintention des Textes läßt sich fragen.[42] Dabei wird sich der Ausleger nicht mit

---

40 Vgl. Lonergan, ebd., Bd. 1, 405–433 ("Die Notion des Seins").

41 Das virtuell Unbedingte hängt mit der allgemeinen Form reflektierender Einsicht zusammen. Vgl. ebd., 386: "Der Verstehensfortschritt wird unausweichlich durch die Kontrolle des Urteils unterbrochen. ... Wenn wir darauf bestehen, daß die moderne Wissenschaft eine unbestimmte Zukunft wiederholter Revisionen vor Augen hat, so bedeutet das nicht, daß wir den Tatsachen gegenüber gleichgültig sind. Im Gegenteil, es ist die Tatsache, welche jede Revisionen erzwingen wird. ... Was aber ist eine Tatsache? ... Jede Philosophie hat ihre Sicht in bezug auf das, was eine Tatsache ist, und ihre daraus folgende Theorie über die präzise Natur unserer Tatsachenerkenntnis. Hier können wir bloß versuchen, zu sagen, was wir selbst unter der Erkenntnis einer Tatsache verstehen. ... Die Tatsache ist intelligibel: Wenn sie auch von aller zweifelhaften Theorie unabhängig ist, ist sie doch nicht unabhängig von dem bescheidenen Einsehen und Formulieren, das notwendig ist, um ihr Präzision und Genauigkeit zu verleihen. Die Tatsache ist schließlich virtuell unbedingt: Sie hätte nicht sein können; sie hätte anders sein können, als was sie nun ist; so wie die Dinge aber sind, besitzt sie eine bedingte Notwendigkeit, und nichts kann sie nun verändern. Die Tatsache kombiniert also die Konkretheit der Erfahrung, die Bestimmtheit der sorgfältigen Intelligenz und die Absolutheit des rationalen Urteils. Sie ist das natürliche Zielobjekt des menschlichen Erkenntnisprozesses." Vgl. ebd., 330f.: "Die Funktion des reflektierenden Verstehens ist, die Frage nach Reflexion aufzugreifen, indem es das prospektive Urteil vom Status eines Bedingten in den Status eines virtuell Unbedingten überführt; und das reflektierende Verstehen bewirkt diesen Übergang, indem es die Bedingungen des Bedingten und ihrer Erfüllung erfaßt."

42 Gerade J. Pieper hat herausgestellt, daß jeder sinnvolle Text seine Aussage hat, die auf Realität verweist. Diese Aussage als das primär Gemeinte gilt es zu hören. Vgl. ders. Interpretation, 222: "Diesen Realitätsbezug also muß auch der Interpretierende vornehmlich ins Auge fassen; er muß ihn nachzuvollziehen suchen; man kann das auch so ausdrücken: er muß den Wahrheitsanspruch der zu interpretierenden Äußerung be-

einer beliebigen Vielzahl von einander widersprechenden Hypothesen über den Text zufrieden geben, sondern den intelligiblen Gehalt der Aussage selbst zu erfassen suchen.

Oft hat man versucht, sich den Ereignissen des Lebens Jesu aus einem Systemzusammenhang anzunähern, der von der neuzeitlichen Naturwissenschaft bestimmt war. Wenn man sich nach dem Modell der Naturwissenschaft auf begriffliche Weise der Geschichte und ihren Ereignissen nähern will, um zu wissen, wie es wirklich gewesen ist, stößt man nicht leicht bis zu einem letzten *punctum mathematicum* vor. Als Wirklichkeit bestimmt diese Art historischer Methode ein in Raum- und Zeitkategorien meßbares Geschehen. Welches ist der Maßstab? Dieser darf ausdrücklich nicht durch das Ereignis selbst gesetzt sein; er wird aus vorgängigen Bedingungen gewonnen. Hieraus entsteht immer μετάβασις εἰς ἄλλο γένος: Was Jesus selbst getan oder über sich gesagt hat – auf der Ebene des Schrifttestes – bedarf zu seiner Erklärung anderer Umstände und kann keinesfalls als es selbst in seiner ureigenen Bedeutung aufgefaßt werden.[43]

Der Historismus kann dasjenige, was unaustauschbar und unverwechselbar als es selbst dasteht, nicht in der Objektivität als Ereignis festhalten. Der Jesus des Glaubens und der Geschichte, der nur durch die Zeugenschaft der urkirchlichen Verkündiger für die menschliche Intentionalität zu erreichen ist, kann nicht vor das Visier des Historismus treten, denn dieser Jesus des Glaubens ist eine bezeugte Gestalt.[44]

---

denken. (...) Schlicht gesagt: Der Interpretierende muß der zu interpretierenden Äußerung und dem Sich-Äußernden wahrhaft 'zuhören'. Das klingt vielleicht allzu selbstverständlich. In Wirklichkeit jedoch findet im durchschnittlichen Fall des Umgangs gerade mit bedeutenden philosophischen und dichterischen Äußerungen der Vergangenheit eher das Gegenteil von 'Zuhören' statt: Man nimmt sie zwar mit großer Aufmerksamkeit zur Kenntnis, *ohne* aber die darin eingekörperte Hinweisung auf Realität zu beachten, das heißt, ohne das von dem Sich-Äußernden primär Gemeinte zu bedenken ..."

[43] Vgl. ebd., 226: "Wer die in der Geistesgeschichte anzutreffenden sinnhaltigen Äußerungen ausschließlich unter dem 'historischen Aspekt' betrachtet, der ist im gleichen Maße unfähig zu echter Interpretation."

[44] Vgl. Hattrup, 229: "Nicht, was die Schrift sagt, kann für eine an der Exegese orientierten Theologie mehr maßgeblich sein, sondern nur was eine saubere Exegese sagt, die sich auf ausgewählte Teile der Schrift stützt, insbesondere auf den irdischen, vorösterlichen Jesus. Deshalb kann man den Versuch unternehmen, den historischen Jesus als Kanon im Kanon für den Glauben zugrunde zu legen. Aber auch dieser Jesus scheint schon mit griechischer Kultur in Berührung gekommen zu sein. ... Auch der historische Jesus muß am Ende enthellenisiert werden, wenn man einmal mit der Dogmengeschichte den Anfang gemacht hat."

Das säuberlich herausdestillierte Ereignis – als zeitlicher Ablauf verstanden – ergibt keinen sich mitteilbaren Sinn. Die inhaltliche Leere des Ursprünglichen, die sich unmittelbar daraus ergibt, muß dann nachträglich durch die herrschenden Plausibilitätsstrukturen aufgefüllt werden. Demgegenüber sind patristische Autoren und auch die Großen des Mittelalters der Auffassung, daß im Leben Jesu auch die Ereignisse einen eigenen Sinngehalt offenbaren, genauso wie seine Worte nicht nur Worte sind, d. h. Benennungen für Dinge, sondern Taten, sofern sie genau das bewirken, was sie bezeichnen. Die Herrenworte besitzen eine sakramentale Kreativität. So läßt sich der Zusammenhang von Wort und Ereignis mit Augustinus auf die Formel bringen: "Die Taten des Herrn sind Worte, und seine Worte sind Taten."[45] Selbstoffenbarung gibt es also auch im Vollzug des Tuns, das mit zur Aussage des Textes dazugehört. Und diese Selbstoffenbarung setzt an auf dem Niveau der Geschichte, der sie die eigene innere Ziel- und Sinnhaftigkeit verleiht.[46] Wenn das Wort Gottes immer auch bewirkt, was es bezeichnet, dann kann es keine durch das Wort legitimierte Trennung zwischen Tun und Wort geben.[47]

Die frühneuzeitliche Philosophie hat mit der Natur der Dinge auch ihre innere Teleologie in den Hintergrund treten lassen, so daß auch alle in der Natur initiierten Ereignisse leere mechanische Vorkommnisse ohne inneres Telos sind.[48] Geschichtliche Abläufe gehören zur *res extensa*, das Bewußtsein davon zur *res cogitans* – beide sind ohne jede Zuordnung aufeinander auseinandergerissen. Anstatt eine naturhafte Bewegung von der Handlung her zu verstehen, wird Handlung auf Bewegung zurückgeführt, Bewegung aber von den angeblich objektivierbaren diskreten Sinnesdaten her. Jedes Geschehen verliert damit seine innere Kohärenz und löst sich in eine Reihe von instantanen Einzelereignissen auf. Der Atomisierung aller Handlungsabläufe korrespondiert der Verlust ihrer teleologischen Identität. Handlungen ergeben *keinen* Sinn mehr, sie sprechen nicht.

Für Thomas von Aquin waren handlungssetzende Subjekte in sich selbst Zentren von Bedeutsamkeit, weil sie durch eine *Natur* als innere Einheit verfaßt sind. Und zu dieser Natur gehört auch die in sinnfälligen Zeichen sich mitteilende Leiblichkeit. Wesen, die eine Natur besitzen, sind

45 Vgl. Augustinus, In Ioa. 24,2 (CChr 36,244): "Nam quia ipse Christus Verbum Dei est, etiam factum Verbi, verbum nobis est."

46 Vgl. Arias-Reyero, 85; 106f.

47 Vgl. ebd., 102.

48 Vgl. Spaemann, Frage Wozu, 97–112; vgl. auch ebd., 114ff.

Wesen, die – nach Aristoteles[49] – von sich her auf etwas aus sind, die also nach einem inneren Telos ihre Wesensmöglichkeiten zu entfalten suchen. Wenn man mit Thomas diese naturale Verfaßtheit des Menschen erst nehmen will, muß man (1) den Dualismus von Geschehen und Sinn, Ereignis und Wort, Leib und Bewußtsein überwinden, und (2) dem geschichtlichen Ereignis selbst eine sinnhafte Struktur, einen Aussage-Charakter zuerkennen. Damit erhält auch das deutende Wort allererst seine "sinnvermittelnde Kraft"[50], weil es nicht auf bloßes Datenmaterial, sondern auf sinnvoll gestaltete Zusammenhänge trifft.

Eine Christologie, die dies nicht gewahrt, gleitet in den Doketismus ab, weil sie an der konkreten Leiblichkeit des Menschen im Allgemeinen und Christi im Besonderen, die immer auf Aussage abzielt, vorbeisieht. Was die Auslegung des Schrifttextes angeht, so wird die Anerkenntnis von alttestamentlicher Schöpfungstheologie und dem naturhaften Sein des Menschen dazu führen, statt von einer totalen Diskontinuität aller Teile von einer sinnstiftenden Analogie der Schrift auszugehen, die dem "mechanischen Prinzip ein teleologisches" entgegenstellt.[51] Wird die Schrift nicht von der "Ereignismitte Christus"[52] her gelesen, dann zerfällt ihre Einheit.[53] Es gibt keine Kontextunabhängigkeit des Wortes. Auch Jesus Christus steht in seinem Dasein im Kontext der jüdisch-zeitgeschichtlichen Überlieferung.[54] Darum ist es wichtig, Texte in ihrem geschichtlichen Kontext zu situieren und von diesem Ort aus zu deuten.

Daneben muß aber auch eine den einmaligen Zeitpunkt des Verfassers transzendierende und in diesem Sinne kontextunabhängige Auslegung möglich sein. "Sinn" kann jeweils dann ermittelt werden, wenn die stimmige Zuordnung von ereignishaftem Geschehen und aussagbarem Sinn

---

49 Vgl. Aristoteles, Physik II,1, 192b, 13–15.

50 Vgl. Ratzinger, Schriftauslegung, 39.

51 Vgl. ebd., 40; vgl. auch Serentha, 50: "È in Lui, soprattutto nella sua pasqua, che si realizzano definitivamente e insuperabilmente le promesse di salvezza e di vita fatte da Iahvé agli antichi padri. L'AT diventa pienamente intelligibile in Gesú di Nazaret; et questi non é adeguatamente comprehensibile se non sullo sfondo di quello."

52 Vgl. Ratzinger, ebd.

53 Vgl. Schierse, 85: "Die Diskussionen um den sogenannten historischen Jesus haben gezeigt, daß es für den christlichen Glauben, soll er nicht in Mythologie absinken, ganz entscheidend auf Jesus, auf sein Wort, sein Wirken und Leiden ankommt."

54 Hier liegt auch der Grund, weshalb immer eine "relecture" des Schrifttextes möglich ist. Vgl. Serentha, 49: "È comunque evidente il profondo radicamento anticotestamentario del primitivo annuncio degli Apostoli: abbiamo visto quanto frequenti fossero in esso i rimandi scritturistici. La prima comunità cristiana è indotta da un lato a rileggere l'AT alla luce del fatto nuovo rappresentato da Gesù; dall'alto a rivolgersi all'AT per approfondire la comprensione di questo stesso fatto nuovo."

in ihrem gegenseitigen Verwiesensein gesehen wird. Dies soll zugunsten des Prinzips "Kontinuität" und "Analogie" an dieser Stelle gesagt sein.

1.3.4. Der Text als Niederschlag von Kerygma und Reflexion

Das Fehlen biographischer Einzelerzählungen darüber, wie Jesus gelebt hat, zusammen mit der auf einer pneumatische Gegenwartsweise des Herrn in seiner Kirche hinauslaufenden Aussagen des Paulus: "Wenn wir auch ehedem Christus dem Fleische nach gekannt haben, so kennen wir ihn doch jetzt nicht mehr so" (2 Kor 5,16b), könnte zu der Vermutung Anlaß geben, für das früheste Kerygma, wie wir es bei Paulus finden, sei der historische Jesus unwichtig. Zu bedenken ist aber: Zwar ist die neue Gegenwart Christi in der Zeit der Kirche durch den Geist vermittelt, Paulus will aber nicht sagen, Jesus sei in der Weise ins Pneuma übergegangen, daß er einfachhin "Geist" geworden sei und das Irdische abgestreift habe.[55]

Wenn es auch zutrifft, daß Paulus nicht einzelne Etappen der Lebensgeschichte Jesu belichtet, wie es die Synoptiker tun, und bei der Reich-Gottes-Verkündigung des irdischen Jesus stehenbleibt, so bedeutet dies doch nicht, daß der historische Jesus für ihn gar keine Bedeutung hat.[56] Bei Paulus läuft die theologische Bewegung von der Verkündigung des Auferstandenen zum Präexistenten und dient der Erhellung dessen, was in seiner Person zum Heil der Menschen geschehen ist und in seiner Wirklichkeit die Geschichte umfaßt. Dabei geht es nicht darum, das, was Christus auf Erden vollbracht hat, aufzulösen. Gerade die christologischen Hymnen enthalten eine Berufung auf das "Fleisch" Christi, besonders auf seinen menschlichen Gehorsam bis zum Tod am Kreuz.[57]

Die paulinische Theologie, so soll weiter unten ausgeführt werden, hält sich im Horizont des "Jesus ist der Sohn" oder "der Sohn ist Jesus", um von hier aus die Implikationen seiner konkreten Gestalt zu entfalten. Kann die in der Verkündigung erfolgende Weitergabe des Osterereignisses "Christus ist auferstanden" von der Weitergabe aller anderen Geschehnisse um die Person Jesu dispensieren? Bedarf es des "Erzählstoffes" der Evangelien etwa überhaupt nicht? Offenbar gab es zu Pauli Zeiten einige christliche Enthusiasten, die der Auffassung waren, man

---

[55] Bei Joachim v. Fiore wird das Reich des Sohnes durch das Reich des Geistes abgelöst.

[56] Diese These wird von R. Bultmann vertreten, und zwar aufgrund der von ihm vertretenen systematischen Optionen. Vgl. ders., Bedeutung des geschichtlichen Jesus, 188–213.

[57] Besonders das διὸ καὶ von Phil 2,9 wirft den Akzent auf das Konkret-Historische im Leben Jesu.

könne, vorausgesetzt, daß man sich einmal mit "Ostern" und dessen Weitergabe identifiziert habe, von der Passionsgeschichte des Auferstandenen absehen. Dagegen setzt Paulus die pointierte Aussage: "Der Auferstandene ist *der Gekreuzigte*." Und an diesem Punkt findet – in hermeneutischer Entsprechung – "die christologische Überlieferung von ihren enthusiastisch usurpierbaren und isolierbaren christologisch-eschatologischen Hymnen – und *mit* diesen! – zur erzählbaren Geschichte des irdischen Jesus und damit zugleich zur alttestamentlichen Überlieferung zurück", und Geschichte wird wieder bedeutsam.[58] So kreisen die Evangelien, indem sie ältesten Erzählstoff verarbeiten, um das Persongeheimnis Jesu im Spiegel seiner historischen Wirksamkeit.[59] Weil das in den Evangelien entfaltete christologische Bekenntnis seine Begründung im kontingenten Christus-Ereignis findet, in dem es zur Identifikation des absoluten Heilswillens Gottes mit dem kreatürlichen Mittler kommt, handelt es sich dabei um "alles andere als eine Ideenmontage aus alttestamentlichen Traditionen"[60]. Gegenüber allen idealistischen Deduktionen muß man betonen, daß Gott das freie Subjekt seines geschichtlichen Offenbarungshandelns bleibt. In diesem Handeln Gottes in der menschlichen Geschichte gibt es eine Steigerung: Klaffte in der Geschichte des alten Bundesvolkes das göttliche Heilsmedium und der menschliche Mittler des Heils (Mose, Könige, Propheten) auseinander, so bedeutet das eschatologische Heilsereignis des Neuen Bundes gerade die Identifikation von beiden, so daß es einerseits legitim scheint, die Kategorie der überbietenden Erfüllung anzuwenden, und damit die neutestamentlichen Schriften als Weiterführung der Geschichte Israels zu lesen. In ihr hat Gott sich als das initiierende Subjekt der menschlichen Geschichte mit seinem Volk offenbart.

Andererseits verbietet es das "Neue" der Offenbarung in Christus, die Jesus-Geschichte der Evangelien einfach als ein Konstrukt aus alttestamentlichen Vorgaben anzusehen. Obgleich die Evangelien keine psychologisch-biographische Lebensdarstellung (als *itinerarium vitae*) bieten, liegt doch so viel historisches Interesse bei der Redaktion vor,

---

58 Vgl. Jüngel, Gott als Geheimnis, 419.

59 Vgl. Scholtissek, Ursprünge, 194: "Die Verkündigung Jesu (nämlich: die in seinem Wirken schon jetzt Platz greifende Gottesherrschaft) und ihre Implikationen sind der maßgebliche Grund und der gestaltbildende Ursprung der Jesusüberlieferung. In der vorösterlichen Verkündigung Jesu, in der Jüngergemeinschaft und in ihrer verkündigenden Mitarbeit ist der Prozeß der Jesusüberlieferung präformiert."

60 G.L. Müller, Lehre von Jesus, 83. Auch G.L. Müller gebraucht für die Kontingenz der Christus-Offenbarung, die eine Ableitung aus der Geschichte des Gottesvolkes verbietet, den Begriff "absolutes Novum". Vgl. ebd.

"daß uns in den Evangelien die entscheidenden und für unseren Glauben bemerkenswerten Seiten des Wirkens und Redens Jesu erhalten geblieben sind".[61]

Der Text als solcher ist aber nicht bloß kerygmatisches Bekenntnis und auch nicht bloß erzählte Geschichte, sondern der Ausdruck einer eingehenden Reflexion der ersten Christen, die aus der Perspektive des auferstandenen und *jetzt* in seiner Kirche gegenwärtigen Christus auf das Leben Jesu zurückblickten und es neu zur Sprache brachten.[62] Die Reflexion, die den Redaktor – unter Verwendung früherer Quellen unter der Inspiration des Heiligen Geistes – zur Abfassung eines Schrifttextes veranlaßt, bringt eine neue Ebene der Bedeutung mit sich, die mehr ist als die Summe der Intentionen einzelner Quellen. Sie führt zu einer "Ganzheit" des Textes, der seinen Ort im Ganzen der hl. Schrift einnimmt.

"Offenbarung" ist das theologische Prinzip, das eine – wie J. Ratzinger es nennt – "Selbsttranszendierung der einzelnen Schrifttexte ins Ganze hinein"[63] gewährleistet, sind die biblischen Schriftsteller doch Zeugen der Selbstoffenbarung Gottes.[64] Rechnet man mit einer Offenbarung als kommunikativer Selbstmitteilung Gottes, dann ist der Schrifttext nicht nur Menschenwort in dem Sinne, daß er eine jedem offenstehende alltägliche Erfahrung wiedergibt, sondern er weist über sich hinaus auf eine Realität, die nicht durch die kategoriale Erfahrungswelt des Verfassers begrenzt ist. Offenbarung führt zum Gotteswort im Menschenwort. In diesem Sinne sagt Paulus: Wir danken Gott unablässig dafür, daß ihr mein Wort "angenommen habt als das, was es in Wahrheit ist: Gottes Wort" (1 Thess 2,13). Damit gewinnt jedoch der Ausleger die Möglichkeit, in seiner Deutung nicht nur nach den einzelnen Intentionen der verschiedenen Quellenschichten und deren Verfasser – in ihrer historischen Bedingtheit – zu fragen, sondern das Ganze der Schrift oder des Kanons und d. h. die Schrift als *ein* Buch in den Blick zu nehmen.[65]

---

61 Vgl. Gnilka, Jesus, 25.

62 Vgl. ebd., 26: "Indem der irdische in den Glanz des erhöhten Christus eingetaucht werden kann, verschafft sich der die Gemeinde tragende Glaube Ausdruck, daß der gekreuzigte Christus auferweckt worden ist und lebt. Die Evangelien sind darum nicht bloß die Erinnerung an das Gewesene, sondern auch Zeugnis für den lebendigen Christus, sie sind Bericht und Kerygma zugleich, sie sind die Geschichte von einem Lebenden."

63 Ratzinger, Schriftauslegung, 40.

64 Vgl. G.L. Müller, Katholische Dogmatik, 55.

65 Hierbei ist der Schriftkanon von ausschlaggebender Bedeutung. Vgl. Ratzinger, Schriftauslegung, 41: "Deshalb hat die Ganzheit der Schrift ihren eigenen Rang; sie ist

Schriftwerdung des ursprünglichen Kerygmas in der Glaubensgemeinschaft der Kirche ergibt sich da, wo der definitive Mittler im Osterereignis die Glaubensgemeinde mittels der apostolischen Verkündigung neu konstituiert.[66]

1.4. Exkurs 1: Systematische Implikationen der Theologie R. Bultmanns

1.4.1. Gibt es systematische Vorentscheidungen bei Bultmann?

Jede vergleichende Analyse und Untersuchung eines Gegenstandes wird nicht nur durch den bisherigen Erfahrungshorizont des urteilenden Subjektes, sondern vor allem auch durch dessen bewußtseinsimmanente Apriori bestimmt, die als Voraussetzung mit in die Untersuchung eingehen. Könnte dies etwa auch für die von R. Bultmann angewandte Methode gelten, oder muß man sagen, daß es hierbei um die rein empirisch-historische Sondierung eines vorliegenden Testmaterials geht, die als solche keine apriorischen Interpretationsmuster kennt? Wer dieser Frage nachgeht, der wird bei Bultmann selbst auf einige Schlüsseltexte stoßen, in denen gewisse Voraussetzungen seines Denkens sichtbar werden.

Bemerkenswert in seiner formkritischen Arbeit an den Evangelien und seinem religionsgeschichtlichen Werk, in dem das NT im Kontext des hellenistischen Synkretismus betrachtet wird, ist die einheitsstiftende Gesamtschau Bultmanns, durch die philosophische Reflexion, historische und exegetische Forschung und eine synthetisierende Theologie zusammenfinden. Zwei miteinander nicht harmonisierbare Tendenzen waren es, die zunächst einen Einfluß auf das Denken des frühen Bultmann gewannen, da sie doch im geistigen Klima seiner Zeit miteinander konkurrierten:

Für den aufklärerischen Rationalismus, der bei R. Descartes beginnt, trägt die äußere sinnliche Welt zur Vergewisserung der Bewußtseinsge-

---

mehr als der zusammengestückelte Teppich dessen, was die einzelnen Autoren an ihrem jeweiligen geschichtlichen Ort selbst intendieren konnten." Vgl Vatikanum II, Dei Verbum 12. Der "Kanon" ergibt sich aus dem kirchlichen Ursprung der Schrift. Fällt der Kanon weg, weil man ihn – wie etwa A. v. Harnack – aufgrund seiner inneren Einheit von apostolischer Glaubensregel und apostolischem Amt der Bischöfe ablehnt, so geht mit der Glaubensregel als hermeneutischem Konzentrationspunkt auch die Möglichkeit zur "intégration des divers membres ... en un tout" verloren. Vgl. Ziegenaus, Kanon, 245.

[66] Vgl. G.L. Müller, Katholische Dogmatik, 56.

halte, die eine ideale Struktur besitzen, nichts bei. Die immer bezweifelbare Gewißheit der kontingenten Ereignisse der Geschichte steht unvermittelt neben den idealen Gehalten der Vernunft, die durch Reflexion auf sich selbst gewonnen werden.[67] Der Widerspruch, den der Rationalismus zum christlichen Glauben darstellt, konnte von der Kirche nicht aufgearbeitet werden und hat das geistige Klima des frühen 20. Jahrhunderts entscheidend mitgeprägt. Auch Bultmann konnte sich ihm nicht entziehen.[68]

Auf der anderen Seite setzt sich Bultmann in einen scharfen Gegensatz zur liberalen Theologie des 19. Jahrhunderts, der ihn mit Theologen wie K. Barth und F. Gogarten zusammenbrachte, für deren dialektische Theologie alles auf einen festen und authentischen Glauben an das Wort Gottes ankam, betonten sie doch vor allem die vertikale Dimension der christlichen Lebenshaltung.[69] Bultmann ist auf der Suche nach der Bedeutung Jesu für den Menschen, die er jenseits des gnostischen Mythos vom menschgewordenen und auferstandenen Sohn Gottes aus dem NT situieren möchte. Wichtig wurde für Bultmann aber auch die Begegnung mit der Marburger Schule.

1.4.2. Elemente einer neukantianischen Erkenntnislehre

Die Entwicklung der für sein Denken fundamentalen Erkenntnislehre geschieht gerade in dieser wesentlichen Opposition gegen den neuzeitlichen Szientismus, der sich in einem Gewaltakt der Vernunft zum *maître et possesseur de la nature* aufschwingt und sich der empirischen Welt bemächtigen will.[70]

Man findet diesen Versuch, der äußeren Naturdinge durch die mathematisch ordnende und in logische Gesetze fassende Vernunft habhaft zu werden bei Bacon und Descartes.[71] Fortgesetzt wird die rationale Konzeptualisierung der Naturwirklichkeit von Kant, bei dem der Gegenstand zu einem an sich unerkennbaren "Ding an sich" verblaßt, das eine amorphe Masse von sinnlichen Erscheinungen hervorruft. Im Erkenntnisakt wird das "Objekt der Erkenntnis" mittels apriorischer Kate-

---

67 Zu den Christologien in diesem rationalistischen Kontext vgl. ders., Lehre von Jesus, 38–40.

68 Dieser Rationalismus äußert sich bei Bultmann in der Schrift "Neues Testament und Mythologie", 12–28.

69 Ein deutlicher Einfluß findet sich bei Bultmann in "Die liberale Theologie", 1–25; vgl. auch ders., "Die Bedeutung der 'dialektischen Theologie'", 114–133.

70 Vgl. A. Bultmann-Lemke, 11–12.

71 Vgl. Descartes, Discours de la méthode, Teil 6, 63ff; vgl. Spaemann, Personen, 144.

gorien, die im Verstand bereitliegen, von diesem selbst produziert. So stellt sich die extramentale "äußere" Naturwirklichkeit als Resultat der ordnenden Verstandestätigkeit dar. Die Wirklichkeit an sich, das sinnliche Erscheinungsmaterial, ist ohne Form, unbestimmt, amorph, und die Verstandeskategorien sind – ohne Erscheinungen – gegenstandslos. Damit ist ein unüberbrückbarer Hiatus zwischen der Welt der empirischen Erscheinungen und jener der Verstandesurteile festgeschrieben.[72] Für Bultmann wird diese Kantische Erkenntniserklärung mittels einer "Machtstruktur" (der die Wirklichkeit konstruierenden Vernunft) in Hinblick auf sein eigens Denken wichtig.[73] Bultmann begegnet dem Dualismus der Kantischen Erkenntniskritik im Neukantianismus der Marburger Schule, deren Vertreter W. Hermann, H. Cohen und P. Natorp mit ihm in Marburg in Verbindung waren.[74]

Die Erkenntniskritik Kants erfährt bei den Neukantianern eine beachtliche Radikalisierung, indem die fundamentale Voraussetzung, Erkenntnis sei eine Konstruktion des setzenden Verstandes, der von außen durch Erscheinungen affiziert wird, die von einem "Ding an sich" ausgehen, dahingehend verstärkt wird, daß der Verstand allein nunmehr zur einzigen Ursache der wissenschaftlichen Erkenntnis wird, ohne dabei irgendwelcher äußerer Einwirkungen zu bedürfen.[75] Die Erkenntnis folgt der konstruierenden Tätigkeit der Vernunft, die sich ihr Objekt, die objektivierte Welt, anhand ihrer eigenen rationalen Matrix erbaut. Wissen besteht in der Konstruktion von Objekten, und diese Objektivierung geschieht nach Maßgabe von Gesetzesregeln, deren formales Muster in der Mathematik vorliegt.

Das "Ding an sich" der "Kritik der reinen Vernunft"[76] wird eliminiert: "Jetzt erst ist die Illusion, die uns zum 'absoluten Objekt' hinführt, durchschaut. Wir hypostasieren in ihm nur den Zusammenhang und die objektive Verknüpfung der Bewußtseinsinhalte überhaupt", schreibt E. Cassirer in seiner Interpretation zu Kant.[77]

So sehr die Marburger Schule auf der einen Seite die Vernunftkritik Kants zu einer quasi mathematischen Konstruktion der Realität verschärfte, so sehr tendierte sie auf der anderen zu einer tief empfunde-

72 Vgl. Cassirer, 672ff.

73 Waldstein, 120.

74 Vgl. Johnson, 38–86.

75 Vgl. Cohen, 11; vgl. Waldstein, 121: "To know is to construct objects, to *objectify*, according to a principle of law, and the primary pattern of law is mathematics."

76 Kant, KrV § 8 I, A42–A49.

77 Cassirer, 749; vgl. ebd. 742.

nen Religiosität, die sie aber dem spontanen individuellen Gefühl, dem nicht-rationalen Bereich des Menschen, zuordnete.[78] Daraus entsteht ein krasser Dualismus zwischen der Welt der rationalen Wissenschaft, die den selbstentworfenen formalen Gesetzmäßigkeiten, wie sie für die mechanische Naturwissenschaft die Mathematik liefert, ihren Fortschritt verdankt, und der Welt der affektgeladenen religiösen Erfahrungen und nebulosen Empfindungen.[79] Es ist dieser Dualismus, der für Bultmanns Programm der Entmythologisierung fundamental ist.

Die Anwendung der rationalen Methode in der biblischen Textkritik sollte geradezu zu einer naturwissenschaftlichen Gewißheit führen, mit der die eigenen Interpretationen vorgetragen werden konnten. Das naturwissenschaftliche Modell von Wissenschaft wurde leitend auch für die Untersuchung von historischen Texten.[80] Ihre Methoden sollten auch auf dem Feld der Geschichte zur Geltung gebracht werden. War es in der religionsgeschichtlichen Schule in erster Linie das Paradigma der Evolution, das eine "kausale" Entstehungserklärung von Texten möglich machte, so erhielt für Bultmann das sogenannte Weltbild der Naturwissenschaft einen geradezu dogmatischen Charakter. Es lieferte, so vage und unreflektiert es auch war, in seiner Sicht *absolute Kriterien* für das, was sich in der Geschichte ereignet haben könnte und was nicht. Was demnach in der "heutigen" Erfahrungswelt nicht vorkommt, was öffentlich unplausibel scheint, die Wundergeschichten der Bibel, waren damit apriori obsolet.[81]

---

78 Vgl. Natorp, 56.

79 Vgl. Johnson, 65f; vgl. Waldstein, 122.

80 Das Programm der "Entmythologisierung" wird von diesem unbdingten Vertrauen in die moderne Naturwissenschaft und ihre Ergebnisse geleitet. Von philosophischer Seite gibt es heute – von einer eher skeptischen Position aus – den Einwand, die Naturwissenschaft habe selber *mythische Züge*, vor allem in ihrer kosmologischen Begrifflichkeit. "Im Vergleich mit den großen biblischen Gestalten wirken die wissenschaftlichen Phantasien rund um das mathematische Formelwerk und den technischen Titanismus, wirkt die ganze Begrifflichkeit des Größten und Kleinsten, Fernsten und Nächsten, vom Big Bang über die Black Holes bis zu den Quarks und Squarks, vollkommen kindisch." Vgl. Strasser, 37.

81 Vgl. Gese, Theologie, 202–222, bes. 205ff.; vgl. auch R. Blank, 137: "In seiner Analyse reduzierte Bultmann die einzelnen Wundergeschichten zu einem 'gereinigten Stück' und gelangte auf diese Weise zu einer Urform mit den 'typischen Zügen einer Wundergeschichte'. Ihm kam es darauf an, stilgemäße Züge und typische Motive zu isolieren. So ließen sich die sogenannten Urformen zwar in einen größeren Rahmen literaturgeschichtlicher Parallelen einordnen, aber nur unter Verlust ihrer überlieferten synoptischen Form. Er katalogisierte die Geschichten nach Motiven, Varianten und Steigerungen; die Steigerungen waren evolutionistisch gedacht, und er glaubte diese im Sinne seiner Quellenhypothese verfolgen zu können: von Q über Markus, Matthäus, Lukas

Kant hat eine Wende vollzogen, die im Konstruktivismus der Neukantianer, aber auch in der inneren Systematik der Methode Bultmanns überall präsent ist: Nur durch die Postulate der praktischen Vernunft kann der Mensch etwas von seiner eigentlichen Berufung und Bestimmung erfassen. Der ganze kategoriale Bereich dagegen gehört der empirischen Vernunft, die ihrerseits in ihren inhaltlich bestimmten Urteilen auf diesen Bereich festgelegt ist und in das transzendentale Sein nicht mehr vordringen kann. Alles, was sich sonst noch hervortut, mit der exakten empirischen Wissenschaft aber nicht erfaßt werden kann, jedes unvordenklich "Neue" in der Geschichte, das eine direkte Selbstbekundung des Göttlichen und Transzendenten sein will, gehört dem Bereich des Mythos an, der nach Maßgabe ableitbarer Entwicklungsgesetze erforscht werden kann, obwohl er für das Selbstverständnis des Menschen keineswegs bedeutungslos ist.

Offenbarung als von einem göttlichen Subjekt getragene Selbstmitteilung kann es nicht geben. Was von der Offenbarung bleibt, hat eine strenge Entsprechung zu dem, was der Mensch bei Kant in den Imperativen und Postulaten der praktischen Vernunft vernehmen soll.[82]

1.4.3. Objektivierung bei Bultmann

Für den Bereich der Wissenschaft gibt es so etwas wie "objektive" und "universal gültige" Wahrheit, aber es gibt sie nur um den Preis der Inauthentizität, als ein korruptes Derivat der "eigentlichen Wahrheit", die nur im nicht objektivierbaren "Widerfahrnis" zu finden ist. Und doch gibt es diese Tendenz des Wissens – als Versuch der Bewahrung und Absicherung –, sich außerhalb des widerfahrenden Augenblicks zu stellen, eine Position, aus der die objektive Welt in Sicht kommt.[83] Auf diese Weise entsteht die Subjekt-Objekt-Relation, die für das wissenschaftliche Denken konstitutiv ist – eine Objektivierung, die zu den "zeitlosen" Wahrheiten der Wissenschaft führt.

Hier gelten die universalen Gesetze, die ein kausales System ausmachen, das nicht Abbild einer real existierenden Naturwirklichkeit ist, sondern das selbst die Welt der Natur darstellt. Bultmann denkt die wis-

---

bis Johannes. Die Ungeschichtlichkeit der Wundergeschichten war für ihn keine Frage mehr, sondern lediglich Anlaß, ihren Ursprung zu eruieren."

82 So sagt Bultmann in "Religion und Kultur", 19: "Religion ist nicht in objektiven Formationen präsent wie die Kultur eine ist, sondern in dem, was dem Individuum widerfährt. Das Werden und Leben des Individuums sind ihre Bedeutung." Zu den Postulaten der praktischen Vernunft im Kontext der Erkenntniskritik vgl. unten, Teil 3, Abschn. 2.3.1.

83 Vgl. ders., Enzyklopädie, 44.

senschaftliche Welt als ein menschliches Artefakt, hinter dem aber keine zu entdeckende reale Weltwirklichkeit steht. Natur ist ein *factum*, ein Produkt der Wissenschaft, der gefrierenden Objektivierung, die die einzig wirkliche Wahrheit, d. h. die Wahrheit des Augenblicks, konservieren will.[84] Wissenschaftliche Wahrheit ist Sicherstellung. Während nun aber die objektivierende Wissenschaft für die Neukantianer einen positiven Wert ausmachte, hat die objektivierte Realität für Bultmann etwas wesentlich Negatives: Sie ist "Abfall" von der einzig möglichen authentischen Existenz.

1.4.4. Begegnung mit dem Denken M. Heideggers

Was unter der eigentlichen Wahrheit zu verstehen ist, wie sie der authentischen Existenz des Menschen entspricht, ist nicht ohne die Berührung mit M. Heidegger zu verstehen, dessen Philosophie der "Daseinsanalyse" einen Interpretationsrahmen für den durch das Wort Gottes zu einem neuen Selbstverständnis gelangten Menschen darstellt.[85] Das Dasein des Menschen ist ein In-der-Welt-Sein und ist damit zeitliches Dasein. Es hat sich fortwährend durch Freiheitsentscheidungen als geschichtliches Dasein zu realisieren.[86] Daß authentisches Wissen um die Wahrheit für Bultmann nur mit Begriffen der Freiheit zu verstehen ist, hängt wesentlich an der Erkenntnislehre, die diesem existentialistischen Prinzip verpflichtet ist[87]:

Wegen der radikal geschichtlichen Verfaßtheit menschlicher Existenz[88] kann es da, wo es um die wirklich bedeutsame (religiöse) Wahrheit

---

[84] Vgl. ebd., 107.

[85] Vgl. Waldstein, 122: "Still, it was Heidegger who gave to Bultmann the existentialist conceptual instruments for fully formulating this program." Vgl. Bultmann, Neues Testament und Mythologie, 41f.

[86] Vgl. Bultmann, Von Gott zu reden, 35: "Denn in wissenschaftlichen Sätzen, d. h. in allgemeinen Wahrheiten von Gott reden, bedeutet eben, in Sätzen reden, die gerade darin ihren Sinn haben, daß sie allgemeingültig sind, daß sie von der konkreten Situation des Redenden absehen. Aber gerade indem der Redende das tut, stellt er sich außerhalb der tatsächlichen Wirklichkeit seiner Existenz, mithin außerhalb Gottes, und redet von allem anderen als von Gott. In diesem Sinne aber von Gott reden, ist nicht nur Irrtum und Wahn, sondern ist Sünde." Vgl. ders., Allgemeine Wahrheiten, 170f.

[87] Vgl. ders., Enzyklopädie, 35f.; vgl. auch ebd., 49: "Der ursprüngliche Sinn der Frage: Was ist Wahrheit? als nach dem Anspruch des Augenblicks, ist aber die Frage: Was soll ich tun? Von der Voraussetzung, daß es je jetzt um mich geht, daß ich durch mein Tun zu etwas werde. Die *ganze* Wahrheit, *meine* Wahrheit steht in Frage. Ich will mich verstehen."

[88] Vgl. ders., Bedeutung der dialektischen Theologie, 129; vgl. auch ders., Wesen der Geschichte, 141: "Entwicklung gibt es, weil das menschliche Leben zeitlich ist, weil keine Gestaltung des Erlebnisses endgültig ist, sondern alles vergänglich. Jede Objektivation

geht, keine bleibende Unveränderlichkeit geben. So ist denn Wahrheit selbst zeitlich oder radikal geschichtlich. Sie ist Wahrheit im Anspruch des Augenblicks, des Hier und Jetzt, und auch nur gültig für diesen Augenblick.[89] Nur in seinem existentiellen Selbstverständnis kann der einzelne die Wahrheit haben, wenn sich nämlich in einem konkreten Moment, in einer bestimmten Tat "für mich" lichtet, wie ich meine Existenz zur Entscheidung bringen soll.[90] Weil es hierbei um die Erhellung des Selbstverständnisses geht, setzt existentielle Wahrheit keine Subjekt-Objekt-Differenz voraus. Wegen der sündigen Verfaßtheit des Menschen[91] ist es jedoch gar nicht anders möglich, als sich je zugleich auf beiden Ebenen der Erkenntnisgewinnung zu bewegen: nämlich der objektivierenden und der existentiellen. Man kann der Dialektik von objektivierendem Denken und existentieller Erschlossenheit nicht entkommen.[92]

1.4.5. Folgerungen für die Theologie des Wortes Gottes

Die formgeschichtlichen Arbeiten Bultmanns hat R. Blank in Hinblick auf ihre zugrundeliegende Methodenlehre eingehend untersucht und dabei ihre innere Systematik freigelegt.[93] Ähnlich wie M. Dibelius stellt sich Bultmann die Frage nach dem Historischen. Dabei suchen beide anhand streng literarischer Kriterien den Entstehungsprozeß der neutestamentlichen Texte evolutiv zu erklären und jeweils die Frage nach "früher" oder "später", "historisch" oder "unhistorisch" zu entscheiden.

---

ist nur Symbol einer bestimmten Wendung des Lebens, des Lebens, das immer weitergeht. Was der Mensch ist, läßt sich deshalb nicht inhaltlich bestimmen, denn er ist 'geschichtlich', das heißt, er lebt immer nur im Neugestalten eines Bedeutungszusammenhangs."

89 Vgl. ebd., 50.

90 Vgl. Bultmann/Jaspers, Frage der Entmythologisierung, 59–74, hier: 71: "Wenn Offenbarung wirklich als Gottes Offenbarung verstanden wird, so ist sie keine Mitteilung von Lehren, auch nicht von ethischen oder geschichtsphilosophischen Wahrheiten, sondern die unmittelbare Anrede Gottes je an mich, je mich an den mir von Gott zukommenden Platz weisend, d. h. mich in meine Menschlichkeit rufend, die ohne Gott nichtig ist und nur in der Erkenntnis ihrer Nichtigkeit für Gott offen ist. Es kann daher für die Wahrheit der Offenbarung nur ein einziges 'Kriterium' geben, nämlich dieses, daß das mit dem Anspruch Offenbarung zu sein, begegnende Wort den Menschen in die Entscheidung stellt, – in *die* Entscheidung nämlich, wie er sich selbst verstehen will: aus eigener Kraft, Vernunft und Tat sein Leben, seine Eigentlichkeit gewinnend, oder aus Gottes Gnade."

91 Bultmann, Neues Testament und Mythologie, 16.

92 Vgl. unten, 36, Anm. 99.

93 Vgl. R. Blank, Analyse und Kritik der formgeschichtlichen Arbeiten von Martin Dibelius und Rudolf Bultmann.

Beide gehen von der Prämisse aus, wenn das Entstehen des Textes erst einmal geklärt sei, dann könne auch seine Aussage verstanden werden.[94] Führt man jeden vorliegenden Text auf seine Entstehungskomponenten zurück, die wiederum nach einer ursprünglicheren Form analysiert werden, taucht schließlich die Frage nach dem originären Anfang auf. Interessant ist nun die Annahme, dieser Anfang liege nicht in einem Ereignis X, sondern durchaus im "Wort": Es gibt eine absolute Priorität des Wortes vor jedem möglichen Ereignis. Alles, was Handlung und Geschehen ist, wurde vom Wort erzeugt und gehört dem Bereich des Mythos an.[95] Diese logische wie zeitliche Vorrangstellung der Predigt gegenüber dem wirklichen Geschehen hängt bei Bultmann mit der doppelten Bedeutung von "historisch" zusammen, wie sie in folgendem Text zum Ausdruck kommt:

> "In der uneigentlichen Existenz versteht sich der Mensch aus der verfügbaren Welt, in der eigentlichen Existenz versteht er sich aus der unverfügbaren Zukunft. Dem entsprechend kann er die Geschichte der Vergangenheit sowohl objektivierend betrachten, wie auch als Anrede, sofern aus ihr die Möglichkeiten menschlichen Selbstverständnisses vernehmbar werden und zur verantwortlichen Wahl herausfordern. Man wird das Verhältnis der beiden Weisen des Selbstverständnisses als ein 'dialektisches' bezeichnen müssen."[96]

Es kann also etwas in der Weise historisch sein, daß es als ein objektiviertes Ereignis der Vergangenheit und damit als Objekt für die wissenschaftlich-historische Kritik gilt, oder so, daß es "mir" in einem Augenblick als Anspruch begegnet.[97] In der Dialektik der menschlichen Existenz ist aber die objektivierende wissenschaftliche Weltbetrachtung ein unausweichlich notwendiges Moment des Daseinsvollzugs, auch wenn

---

94 Vgl. ebd., 72.

95 Vgl. ebd., 97; vgl. auch Ratzinger, Schriftauslegung, 25.

96 Bultmann, Problem der Entmythologisierung, 131f; vgl. auch Neues Testament und Mythologie, 54: "Seine Geschichte, sein Kreuz, ist nicht auf die historischen Gründe hin zu befragen; die Bedeutung seiner Geschichte ergibt sich aus dem, was Gott mir durch sie sagen will."

97 Ders., Jesus Christus und die Mythologie, 94: "Dieses lebendige Gotteswort ist nicht von Menschengeist und Menschenklugheit erfunden; es entsteht in der Geschichte. Sein Ursprung ist ein geschichtliches Ereignis, durch welches das Sprechen dieses Wortes, die Predigt, autoritativ und legitim weitergegeben wird. Dieses Ereignis ist Jesus Christus. Wir können diese Behauptung paradox nennen; denn was Gott in Jesus Christus getan hat, ist nicht eine geschichtliche Tatsache, die geschichtlich bewiesen werden kann. Der objektive Historiker als solcher kann nicht sehen, daß eine geschichtliche Person, Jesus von Nazaret, das ewige Wort, der Logos ist. Aber ausgerechnet die mythologische Beschreibung Jesu Christi im Neuen Testament macht es klar, daß wir Person und Werk Jesu Christi auf eine Weise sehen müssen, die nicht in die Kategorien paßt, durch die der objektive Historiker die Weltgeschichte versteht, wenn anders Person und Werk Christi als die göttliche Heilstat verstanden werden müssen."

sie auf die sündige Seite des Menschen, die durch das "Fleisch" bestimmt ist, gehört. In ihr greift der Mensch nach der Selbstbestätigung und Selbstversicherung eigener Macht.[98] Da der Mensch – nach der Vorgabe Luthers – aber immer Sünder und Gerechter zugleich (*simul iustus et peccator*) ist, muß er diese unausweichliche Dialektik zwischen Sünde als ein Verfallensein an das Objektive und an ein nichtauthentisches Dasein annehmen.[99]

Zwischen diesen beiden Gegensatzpolen ist das menschliche Dasein hin und her gerissen: auf der einen Seite der nicht objektivierbare existentielle Anspruch, auf der anderen die Flucht vor diesem Anspruch in eine Welt objektivierender Aneignung, die Welt der substantiellen Sünde.[100]

Alles hängt am Wort-Ereignis. Hierin gründet die Autorität der Schrift: Gott – das mich im Augenblick betreffende Wort, ist die Offenbarung der Schrift.[101] Das Wort Gottes ist Jesus Christus.[102] Von dieser Aussage muß aber jede "objektive" Versicherung ausgeschlossen werden. Der Jesus des Glaubens ist nicht eine Person mit bestimmten objektiven Eigenschaften, seien sie göttlicher oder anderer Art. Was zählt, ist nur der Jesus des Kerygmas, der gepredigte Jesus. Er ist das Wort Gottes, während der Jesus der historisch-kritischen Untersuchung für den Glauben irrelevant bleibt.

Einem solchen Glaubensbegriff widerspricht die traditionelle – in der lutherischen Orthodoxie und im Katholischen beheimatete – Auffassung, nach der Jesus objektiv göttliche Prädikate zukommen. Die traditionelle Sicht konkurriert vielmehr mit dem existentiellen Glauben, ver-

---

98 Vgl. Johnson, 194.

99 Vgl. Bultmann, Neues Testament und Mythologie, 24: "Vor allem aber ist die Kritik dadurch herausgefordert, daß ein eigentümlicher Widerspruch das Neue Testament als ganzes durchzieht: einerseits kosmische Determiniertheit des Menschen, andrerseits der Ruf zur Entscheidung; einerseits gilt die Sünde als Verhängnis, andrerseits ist sie Schuld; neben dem paulinischen Indikativ steht der Imperativ usw. Kurz: einerseits ist der Mensch als kosmisches Wesen verstanden, andrerseits als ein selbständiges Ich, das in der Entscheidung sich verlieren oder gewinnen kann."

100 Vgl. ders., Enzyklopädie, 50.

101 Vgl. ebd., 169. Gott ist nicht ein real und zeitlos existierendes Seiendes. Bultmann situiert Gott zwischen der Bedeutungslosigkeit der Negation seiner Existenz und der Sünde: Die Affirmation "Gott existiert" ist ein Rückfall in den sündigen, weil objektivierenden Existenzbereich. Damit bringt er Gott in die Nähe des verschwindenden Nichts. Vgl. Bultmann, Von Gott zu reden, 28–35; vgl. Waldstein, 140: "For Bultmann claims that the general definition of God as the challenge of the moment is objectively true; it attains the real God. he does not sufficiently reflect about this fatal invasion of objective truth into the sphere of God."

102 Vgl. Bultmann, Enzyklopädie, 95; vgl. ders., Christologie des Neuen Testaments, 267.

sucht sie doch, das Göttliche im Bereich einer objektiven Welt, und d. h. in der Welt der Sünde, zu lokalisieren. Aber Gott kann sich nach Bultmann selbst in seinem Heilshandeln in dieser Welt niemals vergegenwärtigen.

1.4.6. Das Prinzip der Diskontinuität

Die dialektische Auffassung des menschlichen Daseins reißt einen Hiatus zwischen den historischen Daten des Lebens Jesu und dem verkündigten Jesus Christus auf, wie er im Glauben der Kirche präsent ist.[103] Was verkündigt wird, findet eigentlich keinen Anhaltspunkt mehr in der Geschichte, das Prinzip der totalen Diskontinuität regiert die Forschung. Vorösterliche und nachösterliche Überlieferung, der Jesus von vor Ostern und die sich bildende Gemeinde sind auseinandergerissen, das "Ursprünglichere" ist vom Späteren getrennt.[104]

Die einzelnen Entwicklungsstadien des Textes werden nach einer reinen Form des Anfangs bemessen, die Bultmann im Apophthegma sah.[105] Was komplizierter ist, stellt keine Entfaltung des Ursprungs dar, sondern steht zusammenhanglos, eben in Diskontinuität, daneben, und markiert notwendig ein späteres Stadium.

Für die Textanalyse werden verschiedene Gegensatzpaare verwendet, die sich aus dem Prinzip der Diskontinuität ergeben: Wort steht gegen Kult, Eschatologie gegen Apokalypse, jüdisch gegen hellenistisch, das Prophetische gegen das Gesetzliche.[106] Da der Schrifttext nicht mehr in seiner eigenen Aussage gelesen werden kann, sondern in die divergierenden Elemente der jeweils früheren Struktur – im Sinne einer *decompositio* – zerlegt wird, ergibt sich für den biblischen Jesus ein im voraus festgelegter Rahmen: Nur das, was streng jüdisch ist, hat in ihm Platz, während die hellenistischen Kompositionsteile aus seinem Bild entfernt

---

103 Über den Übergang von der Verkündigung Jesu von Nazaret zur Verkündigung der frühen Kirche heißt es klar: "Die Urgemeinde hat ... die Verkündigung Jesu wieder aufgenommen und weiterverkündigt. Und sofern sie das getan hat, ist Jesus für sie der Lehrer und Prophet. Aber er ist für sie mehr: er ist *zugleich* der Messias; und so verkündigt sie ... zugleich ihn selbst. Er, früher der *Träger* der Botschaft, ist jetzt selbst in die Botschaft einbezogen worden, ist ihr wesentlicher *Inhalt. Aus dem Verkündiger ist der Verkündigte geworden*." Vgl. ders., Theologie des Neuen Testaments, 35.

104 Vgl. R. Blank, 154.

105 Vgl. ebd., 98.

106 Vgl. Bultmann, Urchristentum, 199: "Die Gestalt Jesu erscheint bald im Gewande der jüdischen messianischen und apokalyptischen Vorstellungswelt, bald als der kultisch verehrte 'Herr', als Mysteriengottheit, bald als der gnostische Erlöser, der präexistente, aus der Himmelwelt gekommene Gesandte."

werden müssen. Seine Verkündigung hat im Grunde nichts Inhaltliches enthalten, denn Jesus trat als streng "eschatologischer" Prophet auf, der sich in unmittelbarer Naherwartung vor das Ende der Welt gestellt sah, und die Menschen zur Wachheit für das absolut transzendente Ganz-Andere aufrief.

Demgegenüber laufen im Urchristentum, das den Jesus des Schrifttextes gebildet hat, jüdische Eschatologie, stoische Philosophie und Mysterienreligionen synkretistisch zusammen.[107] Im Zusammenhang damit steht die Hellenisierungsthese, die Bultmann im Anschluß an die religionsgeschichtliche Schule entwickelt. Für Bultmanns Forschungsmethode führen ganz bestimmte philosophische Voraussetzungen zu den immer wieder neu vorgetragenen Ergebnissen. Die Bedeutungslosigkeit des nur Historischen für den Glauben fußt auf dem Dualismus Kants, während die Wahrheit des Wortes existentialistisch interpretiert wird.

1.5. Die Erweiterung der formgeschichtlichen Methode in Absetzung von R. Bultmann

Vorab muß die Berechtigung und Wichtigkeit der Frage nach dem irdischen Jesus betont werden. Es kann dem interessierten Leser der Evangelien und auch dem Forscher nicht gleichgültig sein, ob es sich mit dem geschichtlichen Jesus, wie er in seiner Zeit gelebt hat, tatsächlich so verhält, wie es die Christen in ihrem Glauben bekennen.[108] Wenn man nach dem Jesus der Geschichte zurückfragt, muß die dogmatisch relevante Differenz zwischen dem historischen Jesus und dem irdischen Jesus berücksichtigt werden: Der Glaube gründet sich auf den Selbsterweis Gottes in den geschichtlichen Taten des irdischen Jesus, nicht auf die wechselfälligen, der steten Revision unterliegenden Jesusbilder der wissenschaftlichen Exegese (historischer Jesus). Trotzdem kann sich die Theologie nicht von der Frage nach dem irdischen Jesus dispensieren, "um

[107] Vgl. ders., ebd., 196f: "Aufs Ganze gesehen ist der Hauptunterschied des hellenistischen Christentums von der palästinischen Urgemeinde der, daß sein Charakter nicht schlechthin durch die eschatologische Erwartung und das mit ihr gegeben Selbstverständnis geprägt ist, vielmehr durch die sich herausbildende *Kultusfrömmigkeit* ... vor allem aber wird 'kyrios' (Herr) zum beherrschenden Titel. Er charakterisiert Jesus als die im Kultus verehrte Gottheit, deren Kräfte im Gottesdienst der Kultgemeinde wirksam werden. ... Der Kyrios Jesus Christos wird nach Art einer Mysteriengottheit verstanden, an dessen Tod und Auferstehung der Gläubige durch den Empfang der Sakramente teil gewinnt."

[108] Vgl. Stuhlmacher, Bd. 1, 49; vgl. oben, 26, Anm. 58.

des biblischen Christus in seiner dem Glauben vorgegebenen Eigenart überhaupt ansichtig zu werden".[109]

Die Frage nach den der Formgestalt "Evangelium" vorausliegenden Traditionen wird von den unterschiedlichen Richtungen in der Exegese ganz verschieden beantwortet: "In der Geschichte der Auslegung der neutestamentlichen Schriften und ihrer Vorstufen spiegelt sich deshalb auch die Geschichte ihrer methodischen Ansätze."[110]

Es stellt sich die hinsichtlich der historischen Zuverlässigkeit und der damit verbundenen Glaubwürdigkeit der Evangelien insbesonders die Frage, ob aus plausiblen Gründen anzunehmen ist, daß Traditionen auf den historischen Jesus zurückgehen. Für die klassische Formgeschichte (K.L. Schmidt, M. Dibelius, R. Bultmann) ist die nachösterliche Verkündigung des Christus-Ereignisses der primäre "Sitz im Leben"[111] der Jesusüberlieferung. Nach diesem Urteil entspringt der große Teil des in den Evangelien überlieferten Traditionsmaterials mit Ausnahme einer Anzahl von ursprünglichen Jesuslogien der nachösterlichen "Gemeindebildung". Daher geht man in dieser Schule methodisch davon aus, daß die Darstellung Jesu in den Evangelien nur fragmentarisch zu erkennen gibt, wer Jesus war.[112]

In kritischer Distanz zu M. Dibelius[113] und R. Bultmann[114] haben H. Riesenfeld[115], B. Gerhardsson[116] und R. Riesner[117] den Sitz im Leben der ersten Überlieferung in die vorösterliche Verkündigung Jesu verlagert[118], nachdem schon J. Jeremias einen Gegenentwurf zu deren ganz

---

109 Vgl. ders., ebd; vgl. auch Jüngel/Käsemann, Sackgassen, 31ff.

110 Scholtissek, Ursprünge, 176.

111 Vgl. Sellin, 311–331.

112 Aus dieser Entscheidung für den insgesamt nachösterlichen Charakter der Jesusüberlieferung resultiert der Versuch, anhand von methodisch brauchbaren Kriterien die Verkündigung des irdischen Jesus freizulegen bzw. das authentische Jesusgut von der späteren nachösterlichen Tradition zu unterscheiden. Es fehlt jedoch an plausiblen "Gegenkriterien", mit denen man verschiedene Jesustraditionen als sicher sekundär erklären könnte. Vgl. Stuhlmacher, Bd. 1, 43: "Die auf der Basis der klassischen Form- und Redaktionsgeschichte arbeitende Jesusforschung ist darum ist heute mit großen methodischen und inhaltlichen Unsicherheiten belastet."

113 Vgl. Dibelius, Formgeschichte des Evangeliums.

114 Hier besonders: Geschichte der synoptischen Tradition.

115 Vgl. Riesenfeld, Gospel Tradition.

116 Vgl., Gerhardsson, Memory and manuscript; vgl. auch ders., Tradition and Transmission.

117 Vgl. Riesner, Jesus als Lehrer.

118 Ihre Positionen werden referiert bei Scholtissek, Ursprunge, 178–185.

am nachösterlichen Kerygma orientierten Theologie vorgelegt hatte.[119] Ich schließe mich dieser Sichtweise hier im wesentlichen an, ohne die Unterschiede zwischen diesen Autoren im Einzelnen genauer mitzuverfolgen.[120]

Nach R. Riesenfeld sah Jesus sich als den Messias, mit der Konsequenz, daß ihm ein voll entwickeltes messianisches Ideensystem vor Augen stand. Daher brauche es nicht zu überraschen, wenn Jesus sich seiner selbst als Offenbarungsbringer, als neuer Gesetzgeber und Lehrer bewußt gewesen sei.[121]

Für B. Gerhardsson, der die Thesen seines Lehrers H. Riesenfeld aufgreift, ist nicht die urchristliche Predigt, sondern der historische Jesus der "point de départ" der Traditionen, die sich nachösterlich gebildet haben.[122] Die Schüler Jesu hätten Sätze memoriert, die Jesus sie gelehrt habe.[123] Dabei stellt Gerhardsson die katalysierende Funktion des nachösterlichen Bekenntnisses der Jünger zu Jesus als dem Messias, Erlöser und Gottessohn heraus.[124] Er ist sich der Relevanz des nachösterlichen Credos bewußt[125], ohne dem Kurzschluß zu verfallen, daß die Jesus-Überlieferung im Milieu der nachösterlichen Gemeinde geschaffen worden seien.[126] Gerhardsson stellt sich gegen die These von M. Dibelius, daß die neutestamentlichen Gattungen nur aus ihrer Verankerung in der urchristlichen Predigt und Paränese zu erklären sind, und nimmt eine ursprünglich vorhandene isolierte Jesusüberlieferung an.[127] Da Jesus die Jünger selbst kunstvolle Texte gelehrt habe[128], die kaum von den

---

[119] Vgl. Jeremias, Neutestamentliche Theologie. Erster Teil: Die Verkündigung Jesu – ein Werk, von dem P. Stuhlmacher sagt: "An wissenschaftlichem Gewicht ist das Buch mit Bultmanns 'Theologie des Neuen Testaments' vergleichbar." Vgl. ders., Bd. 1, 21; vgl. dazu auch Jeremias, Jesus und seine Botschaft, 5–19.

[120] Die Argumentation von Schürmann, Gerhardsson, Riesner und (mit Einschränkung) Riesenfeld wird von P. Stuhlmacher aufgenommen, der u. a. auch die Augenzeugenschaft der Jünger anführt, um die Zuverlässigkeit der apostolischen Überlieferung zu erhärten. Vgl. Stuhlmacher, Bd. 1, 44.

[121] Vgl. Riesenfeld, Gospel Tradition, 28f.

[122] Vgl. Gerhardsson, Memory, 324.

[123] Vgl. ebd., 328ff.

[124] Vgl. ebd., 332.

[125] Vgl. ders., Gospel Tradition, 43: "It is perfectly clear that the preserved Jesus-traditions have been affected by the early Church's conviction that Christ has risen from the dead, and that the Holy Spirit has come ..."

[126] Vgl. ders., Memory, 332; vgl. Scholtissek, Ursprünge, 181.

[127] Vgl. Gerhardsson, Weg, 84; 87.

[128] Vgl. ebd., 93.

Auferstehungsgeschichten des Urchristentums und von der nachösterlichen Christologie beeinflußt worden seien[129], wie gerade das Beispiel von Q zeige, ergibt sich ein starkes inhaltliches und formales "Traditionskontinuum" von Jesus über die Jünger zu den Evangelien"[130]. Dies muß aber zu einer Abwertung der theologischen Eigenleistung der Evangelisten, und hier besonders eines Markus führen, dessen Evangelium – gegenüber diesem Traditionsgut – für Gerhardsson denn auch "kaum einen radikalen Neuansatz"[131] bedeutet.

Von einem auf isolierten Jesusüberlieferungen beruhenden Traditionskontinuum zwischen vorösterlich und nachösterlich geht auch R. Riesner aus: Die Worte Jesu waren von ihm selbst bereits so ausgestaltet, daß die Jünger schon in der Zeit vor Ostern "zu Boten und Zeugen *seiner* Worte wurden".[132] Der historische Jesus ist als prophetischer Lehrer und messianischer Weisheitslehrer Lehrautorität.[133] "Dieses rekonstruierte Jesusbild führt zu der Annahme, daß gerade der Glaube an die Messianität Jesu ein entscheidendes, schon vorösterlich relevantes Tradierungsmotiv gewesen sei."[134] Im Leben des Jüngerkreises und in der Aussendung der Jünger findet man bereits die beiden Bedingungen, die eine zuverlässige Tradierung von auf den historischen Jesus zurückgehenden Überlieferungen möglich macht. Die Jünger sind nach der von Gerhardsson und Riesner entwickelten Auffassung von Jesus unterrichtete Informationsträger, die den "mnemotechnisch" geformten Erzählstoff unbehelligt von einem österlichen Novum an die christlichen Gemeinden weitergeben.[135]

Mit K. Scholtissek müssen an diese Forschungsrichtung einige kritische Fragen gestellte werden: Die genannten Forscher machen – in Opposition zur klassischen Formgeschichte – den "Sitz im Leben" der Jesustradition im Leben des vorösterlichen Jesus aus, und das so ausschließ-

---

[129] Vgl. ebd., 95.

[130] Vgl. Scholtissek, Ursprünge, 183.

[131] Vgl. Gerhardsson, Weg, 100.

[132] Vgl. Scholtissek, Ursprünge, 184.

[133] Vgl. Riesner, 246–352.

[134] Scholtissek, Ursprünge, 184; vgl. Riesner, 352.

[135] Vgl. Stuhlmacher, Bd. 1, 44: "*Die Anfänge der Jesusüberlieferung liegen dann in dem Unterricht, den Jesus selbst seinen Jüngern bzw. Schülern (μαθηταί) erteilt hat.* Die Männer und Frauen in Jesu Umgebung haben seine Worte nach frühjüdischem Muster (auswendig) 'gelernt', (im Gedächtnis) bewahrt und weitergegeben. Da dieselben Männer und Frauen nach Apg 1,13–14 den Kern der Urgemeinde von Jerusalem bildeten, läßt sich die von Schürmann postulierte Traditionskontinuität zwischen dem vorösterlichen Jüngerkreis und der nachösterlichen Gemeinde personal direkt greifen."

lich, daß sie diese der Tendenz nach einfach gegen die nachösterliche Gemeindesituation der Formgeschichtler austauschen. Von daher ist die Frage berechtigt: Bleiben Gerhardsson und Riesner nicht im Grunde bei aller Opposition gegen den klassischen Ansatz der Formgeschichte diesem selbst verhaftet? Verkennt das Postulat einer isolierten Jesusüberlieferung nicht die Relevanz der durch die österliche Begegnung mit dem Auferstandenen evozierte nachösterliche Glaubensreflexion, die erst zum eigentlichen Bekenntnis zu Jesus als "Retter", "Herr", "Sohn Gottes" geführt hat?[136] Welches Maß an theologischer Eigenleistung kann den Evangelisten noch zugestanden werden, wenn eine isolierte Jesusüberlieferung, unbehelligt vom nachösterlichen Glaubensbekenntnis, nach Ostern einfach fortgeschrieben wurde? Hier trifft sich die Einschätzung der Textentstehung wieder mit Bultmann, der etwa für Mk gemeint hatte: "Mk ist eben noch nicht in dem Maße Herr über den Stoff geworden, daß er eine Gliederung wagen könnte."[137]

Um eine gegenüber der klassischen formgeschichtlichen Methode mit ihrer ausschließlichen Fixierung auf das österliche Kerygma und der "skandinavischen Schule" mit ihrer Überbewertung der vorösterlichen Jesustraditionen eigene Position zu beziehen, rekurriert K. Scholtissek auf die Arbeiten über die Traditionsgeschichte synoptischer Herrenworte von H. Schürmann.[138] Dieser stellt eine bemerkenswerte Analogielosigkeit bei der Überlieferung der Herrenworte heraus, die er offenbarungstheologisch deutet.[139] In den vielfältig überlieferten Logien Jesu spricht sich das eine Wort des Vaters in den Raum der Kirche hinein, die es nur im Glauben vernehmen und mit ihrem Bekenntnis beantworten kann. So drückt sich in den Texten der Schrift der breite Strom der Selbstaussage Jesu und zugleich damit auch die Glaubensantwort der Kirche aus, die dieses Wort empfängt und verstehend überliefert.

Daß mit Ostern für die junge Kirche eine Glaubenssynthese möglich wurde, die in das gläubige Bekenntnis zum auferstandenen Herrn alle vorösterlichen Vorstufen zu diesem Bekenntnis sowie die geschichtlich überlieferten Traditionen (Logien) integrierte, bestätigt Schürmann, der die Kompositionsgeschichte der Logien (Herrenworte) form- und

---

[136] Vgl. Scholtissek, Ursprünge, 187: "Bei Gerhardsson findet sich eine gewisse Inkonsistenz: Während er einerseits die Relevanz der nachösterlichen Situation, d. h. des Osterglaubens benennt, fällt andererseits eine Reflexion auf das Osterereignis selbst und dessen hermeneutische Relevanz für die Jesusüberlieferung vollständig aus."

[137] Bultmann, Geschichte der synoptischen Tradition, 375.

[138] Zur Literatur vgl. Scholtissek, Ursprünge, 191.

[139] Vgl. Schürmann, Kompositionsgeschichte, 419.

traditionsgeschichtlich untersucht hat: "Eine Tradition ohne Beauftragung durch den Kyrios und nicht getragen von dem Pneuma (2 Kor 3,6), würde der rabbinischen Tradition zumindest ähnlich sein. Eine Tradition hingegen, die ausschließlich im Oster- und Pfingstereignis begründet wird und die nicht auf den historischen Jesus (1 Kor 11,23) und den vorösterlichen Jüngerkreis zurückgeführt werden kann, verliert das factum historicum und ist letztlich nicht mehr von der Gnosis zu unterscheiden."[140]

Die von H. Schürmann stammenden Forschungsbeiträge haben die Engführungen des Ansatzes, der der klassischen Formgeschichte verpflichtet war, aufgesprengt und weisen in eine Richtung, die der *viva vox evangelica* in stärkerem Maße Rechnung trägt. In Anlehnung an Schürmann ergeben sich folgende Thesen, die für die Deutung des Schrifttextes wichtig sind:

Die Jesusüberlieferung hat ihren maßgeblichen Grund und initiierenden Ursprung in der Verkündigung Jesu von der in seinem Wirken anbrechenden Gottesherrschaft und ihren Implikationen.[141]

Dem Osterereignis kommt aber eine katalysierende und die vorliegenden Überlieferungstraditionen transformierende Funktion zu. Diese darf nicht ausgeblendet werden, wenn man eine Einsicht in jene Jesusüberlieferung gewinnen will, wie sie den synoptischen Evangelien zugrundeliegt. "Jesus" ist nicht ein Ereignis der Vergangenheit, sondern er ist der Kraft des Geistes in seiner Gemeinde gegenwärtige Kyrios, und dies, weil die Verfasser des Schrifttextes von Ostern her denken.[142]

Die Ergebnisse der Arbeiten von Schürmann erhärten die Annahme, "daß der Übergang von der mündlichen zur (nunmehr auch) schriftlichen Überlieferung nicht als 'Bruch', sondern im Sinne einer Kontinuität zu verstehen ist".[143] Man wird freilich auch auf die Einheit des Glaubens als fundamentalem Kontinuitätsprinzip rekurrieren müssen, wenn man – über die materiale Verwandtschaft der einzelnen Elemente hinaus – die innere Kontinuität des Überlieferungsprozesses bedenken will. Erst die Bezugnahme auf das die verschiedenen Überlieferungsstränge übergreifende Subjekt dieses Glaubens, die Kirche, ermöglicht ein Verständnis für die Einheit des Geglaubten und in den unterschiedlichen Jesusüberlieferungen Ausgesagten.

---

140 Ders., Versuch, 394f.

141 Vgl. Scholtissek, Ursprünge, 194; vgl. auch ders., Sohn Gottes, 63–90.

142 Vgl. ders., Ursprünge, 195.

143 Vgl. ebd., 196.

Mein Zugang zu den neutestamentlichen Texten ist vom Ansatz J. Jeremias, B. Gerhardssons und R. Riesners, nach dem der Kern der Evangelienüberlieferung von der schon im vorösterlichen Jüngerkreis Jesu gesammelten lebendigen Lehr- und Erzählüberlieferung, die nach Ostern an die Gemeinde weitergegeben wurde, gebildet wird, bestimmt, wobei die formgebende und gestaltende Kraft der von Ostern her auf den irdischen Jesus zurückblickenden Kirche in Rechnung gestellt wird.

Dieser kurze und schematisch gehaltene Abriß des in Absetzung von Bultmann und Dibelius von Schürmann entwickelten und von Scholtissek weitergeführten Neuansatzes und die sich daraus ergebenden Grundthesen über die Entstehung des Schrifttextes vermögen die vorangestellten systematischen Überlegungen über die "christologische Ursynthese" (1.3.1.) und die "Kontinuität" der Überlieferung[144] (1.3.2.) zu erhärten.

2. *Die Identität der Person Jesu Christi bei Paulus und den Synoptikern*

Eingedenk der Warnung M. Hengels, daß "eine dogmatische Betrachtungsweise, die den geschichtlichen Weg der Christologie der ersten Jahrhunderte nicht ernst nimmt, in der Gefahr ist, der abstrakten Spekulation zu verfallen"[145] sollen zuerst einige bibeltheologische Aspekte geboten werden. Will man die Christologie im neutestamentlichen Zeugnis verankern, stellt sich als entscheidende Aufgabe, den Nachweis zu führen, daß die wesentlichen Elemente des Christus-Bekenntnisses die Realität des in der Auferstehung endgültig geoffenbarten Persongeheimnisses Jesu explizieren. Damit ist die Absicht der jetzt erfolgenden Sichtung der neutestamentlichen Texte angegeben, bei der Ergebnisse von Darstellungen aus der Exegese zusammengetragen werden. Ich möchte aber auch Bezug nehmen auf integrale bibeltheologische Erhebungen, die aus dogmatischer Sicht erstellt worden sind, z. B. auf die von L. Bouyer, H. Kessler, G.L. Müller und W. Pannenberg.

Der Schwerpunkt dieser Untersuchung liegt auf dem Christusbild des Johannesevangeliums, in dem die für das NT am meisten entfaltete Christologie vorliegt. Man hat immer wieder versucht, zwischen Johannes und den Synoptikern einen Graben zu ziehen: Demnach habe der Christus des Johannesevangeliums kaum noch etwas gemein mit dem

---

[144] Ähnlich Stuhlmacher, Bd. 1, 45.

[145] Vgl. Hengel, Sohn, 5.

Jesus der Synoptiker, der die Menschen eine neue Ethik lehrte und umherzog, um das gekommene Reich Gottes zu verkünden.

Gibt es nicht doch eine Verbindung des Johannes mit dem frühesten Bekenntnis der Urkirche, wie es sich bei Paulus und den Synoptikern spiegelt? Kann man hier von einer ähnlichen "Absolutheit" Jesu reden wie bei Johannes? Bevor diese Frage im engeren Sinn beantwortet werden kann, müssen die vorangestellten hermeneutischen Überlegungen miteinbezogen werden, denn jede biblische Theologie fußt auf einer Hermeneutik. Es geht also zunächst um die Hauptmomente der paulinischen Christologie und jener der Synoptiker.

2.1. Christologische Kernaussagen bei Paulus

Es ist unmöglich, im Rahmen der hier verfolgen Zielsetzungen die verschiedenen Haupttypen der heutigen Paulusinterpretation zu skizzieren.[146] Was unter 1.4. und 1.5. gegen die systematischen Voroptionen Bultmanns gesagt wurde, sollte in einer Interpretation der paulinischen Christologie darin zum Tragen kommen, daß die Engführung Bultmanns auf die Rechtfertigungslehre, verstanden als die subjektive Rechtfertigung des Individuums, des einzelnen Sünders, aufgesprengt wird und Raum gibt für ein umfassenderes "Sein in Christus", das den Zustand der Rechtfertigung beschreibt.[147]

Um einen Zugang zur Christusverkündigung des Apostels zu finden, muß man immer mitbedenken, daß Paulus vor der Aufgabe steht, eine Synthese zwischen der eigenen Schau des erhöhten Christus vor Damaskus (besondere Berufungssituation) mit der allem später Gehörten vorgängigen Erfahrung der gnädigen Annahme (Röm 15,7) und Berufung zum Aposteldienst (vgl. 1 Kor 15,10; 2 Kor 2,14; Röm 1,5) und der apostolischen Christustradition zu finden, wie er sie in den judenchristlichen Gemeinden vorfand. Seine Christologie trägt den Stempel dieses Bemühens.[148]

Für Paulus gelten drei Ebenen der Vertiefung: Zunächst ist er, wie in 1-2 Thess und im zweiten Teil von 1 Kor, auf die Auferstehung und Parusie Christi konzentriert, in denen jene der Christen vorweggenommen

[146] Vgl. dazu die Darstellung bei Stuhlmacher, nach der in der deutschen Paulusforschung noch immer zwei Grundtypen des Paulusverständnisses miteinander konkurrieren: das soteriologisch-anthropologische (R. Bultmann) und das im Gegenzug dazu entworfene apokalyptisch-christologische (E. Käsemann). Vgl. ders., Bd. 1, 234f.

[147] Vgl. ebd., 236.

[148] Vgl. ebd., 286.

ist.[149] Durch den erhöhten κύριος wird die βασιλεία τοῦ Θεοῦ vollends durchgesetzt.[150] Die aktuelle Wirksamkeit des Todes und der Auferstehung, die sich als ein neues Lebensprinzip geltend macht, bildet das Zentrum seines Interesses in Röm, Gal und 1–2 Kor (2. Ebene)[151], während Eph, Phil und Kol eine christologische Schau bieten, die die Resultate der beiden früheren Ebenen in die zentrale Idee des "Geheimnisses" aufnimmt (3. Ebene): Die heilschaffende Wirkweise Gottes enthüllt eine verborgene Weisheit, die in Christus selbst offenbar wird, der dieses Heil für uns Menschen verwirklicht.[152] Nach P. Stuhlmacher kann man an der Lehre des Apostels erkennen, daß "das Heilsgeschehen im Wirken des einen Gottes in und durch Christus für Juden, Heiden und die Schöpfung insgesamt besteht".[153]

2.1.1. Kreuz und Erhöhung Jesu

Paulus integriert in seiner Schau gewisse Grundelemente der evangelischen Überlieferung. Besonders die allen Menschen eröffnete Gottessohnschaft und die Verwirklichung des eschatologischen Reiches werden von ihm immer wieder angesprochen und mit dem hervorstechendsten Heilsereignis, dem Kreuzestod, in Verbindung gebracht.

Das Kreuz Christi nimmt eine zentrale Stelle ein. Die Christologie des Paulus ist staurozentrisch orientiert. Am Kreuz zeigt sich die freie Selbsthingabe Jesu, die das geschichtlich faßbare Zeichen dafür ist, daß Gott alle Sünde als Widerstand gegen die Gottesherrschaft und allen Tod, den "letzten Feind des Menschen" (1 Kor 15,26), überwunden und Jesus als den eschatologischen Mittler des Neuen Bundes (Hebr 9,15) und der universalen Herrschaft Gottes (1 Kor 15,28) und damit als Gott des Lebens (vgl. Röm 4,17; 1 Tim 6,13) geoffenbart hat. Allerdings blickt Paulus von der Auferstehung her, also rückschauend, auf das Kreuz. Das Wort vom Kreuz gilt Juden und Heiden als "Ärgernis" und als eine "Torheit", denn dem irdischen Denken kann es unmöglich von sich aus einleuchten (vgl. 1 Kor 1,23), daß Gott sich in der Identifikation mit dem, der am Kreuz scheinbar gescheitert ist, mit dem Verfluchten (vgl. Gal 3,13) offenbart. Daß Jesus gerade aufgrund des angenommenen Kreuzes der von Gott bestätigte eschatologische Mittler der Gotesherrschaft sei, konnte den Jüngern nur durch ein unableitbares, ge-

[149] Vgl. Froitzheim, 133f; 141f.

[150] Vgl. Stuhlmacher, Bd. 1, 287.

[151] Vgl. Froitzheim, 142f.

[152] Vgl. ebd., 74ff; 127; vgl. auch Kessler, Christologie, 299f.

[153] Vgl. Stuhlmacher, Bd. 1, 287.

schichtlich kontingentes Ereignis, wie es die Begegnung mit dem Auferstandenen war, beglaubigt werden und einleuchten. So gibt denn Jesus sich den Jüngern in einer von ihm selbst getragenen Offenbarung "im Geiste der Heiligkeit" Gottes, durch den er mit dem Vater verbunden ist, und durch den er vom Vater auferweckt wurde (Röm 1,3f; 6,9; 1 Petr 3,18), zu erkennen. Das Bekenntnis zu Jesus wird erst durch diese neue Offenbarung möglich: "Niemand kann sagen: Jesus ist der Herr!, außer im Heiligen Geist" (1 Kor 12,3). Der Gottessohn, der von den Toten auferstandene Jesus Christus, ist der eigentliche Inhalt seines Evangeliums.[154]

Das Kreuz vermittelt uns die Teilnahme an der eigenen Sohnschaft des Sohnes. Damit ist das erste große Thema angegeben.[155] Im Tod Christi geschieht die Offenbarung der einmaligen Agape Gottes, die uns die Teilnahme am Leben des Sohnes eröffnet. In ihm wurde die Liebe Gottes, die das Wesen Gottes ist (Röm 8,39), geoffenbart, weil "der Sohn"[156] in personaler Identität mit Gott steht. Darin erhält der Mensch die Gabe des ewigen Lebens, das mit Gott identisch ist (Röm 6,23).[157] Gerade weil Jesus der Vermittler der Transzendenz Gottes ist, weil er aus dem "Gottgleichsein" kommt, können wir durch ihn Lebensgemeinschaft mit Gott, dem Vater, dem Sohn und dem Geist haben (2 Kor 13,13; Gal 4,4–6; Röm 8,15.29). Nur so ist er "der einzige Mittler zwischen Gott und den Menschen" (1 Tim 2,5).

"Als aber die Fülle der Zeit gekommen war, sandte Gott seinen Sohn, geboren von einer Frau und dem Gesetz unterstellt, damit er die freikaufe, die unter dem Gesetz stehen, und damit wir die Sohnschaft erlangen" (Gal 4,4). Der "Sohn Gottes" befreit uns dazu, daß wir "Söhne Gottes" werden. Damit ist die ganze Ausrichtung des Textes eine soteriologische. Der Apostel kennt eine Reihe von soteriologischen Christusformeln (z. B. Röm 3,24–26; 8,32; 2 Kor 5,20f), die schon einen Bestandteil des Christusbekenntnisses der vorpaulinischen Gemeinden

---

[154] Vgl. Hengel, Sohn, 20.

[155] Vgl. Bouyer, 269.

[156] M. Hengel, der die titulare Christologie bei Paulus untersucht hat, setzt sich im Hinblick auf den "Sohn-Gottes"-Titel erheblich von der religionsgeschichtlichen Schule ab, wenn er sagt: "So sehr man Bossuet und der religionsgeschichtlichen Schule, wie auch Harnack und Schoeps, in ihrer Betonung der Bedeutung des Sohnestitels für Paulus folgen kann, so wenig überzeugt die Hypothese Bossuets, daß wir es bei ihm 'mit einer selbständigen Schöpfung des Paulus zu tun haben.' Die form- und traditionsgeschichtliche Analyse hat längst gezeigt, daß Paulus den Titel aus älterer Tradition empfing." Vgl. Hengel, Sohn, 23.

[157] Vgl. Joh 17,3; 1 Joh 5,12.20.

ausmachen. "Indem sie bei Paulus an prominenter Stelle wiederkehren, wird erkennbar, daß die soteriologischen Kernsätze des paulinischen Christusevangeliums in *Traditionskontinuität* zum Bekenntnis der vorpaulinischen Gemeinden und der Lehre des irdischen Jesus stehen."[158]

Paulus zieht eine deutliche Parallele zwischen dem ersten Menschen, Adam, und Christus, der der "neue Adam" ist, oder zwischen dem alten und dem neuen Menschen: Beide Existenzweisen lehrt er von Christus her verstehen. Der alte Mensch wird mit in den Tod Christi hineingegeben, damit er diese neue Existenzweise, das Leben aus der Auferstehung, erlangt.[159]

Was bei Mk als Besonderheit Jesu erscheint, Gott mit "Abba, Vater!"[160] anzurufen, kann jetzt auf alle, die in ihm die Sohnschaft erlangt haben, übergehen. Die in Christus zu erlangende Sohnschaft, die allen zugänglich wird, folgt aus der Lehre vom zweiten Adam, wie sie in Röm 5 und vor allem dann in 1 Kor 15 entfaltet wird.

2.1.2. Der vorpaulinische Philipperhymnus

Wenn von der "Präexistenz" Jesu die Rede ist, so ist dabei heute exegetisch weitgehend unbestritten, daß es sich nicht um eine späte Deutungskategorie der Person Jesu handelt, sondern daß der Präexistenzgedanke schon in vorpaulinischen Formeln wie 1 Kor 8,6 und dann später in 1 Tim 3,16 und Hebr 1,2f ausgesprochen ist.[161] J. Habermann hat in seiner Studie überzeugend dargelegt, daß "die Vorstellung von der Präexistenz Christi erheblich weiter verbreitet war, als es die relativ geringe Anzahl der einschlägigen Stellen in den neutestamentlichen Schriften vermuten läßt, und zwar deshalb, weil präexistenzchristologische Aussagen nie kommentierend eingeführt werden, so daß auf eine Vertrautheit bei den Lesern zu schließen ist."[162]

Schon in manchen neutestamentlichen Christusliedern begegnet ein ausdrücklicher Präexistenzgedanke, so im "Philipperhymnus", in dem Paulus den Weg Jesu Christi nach dem biblisch-weisheitlichen Schema von Erniedrigung und Erhöhung deutet, diesen Weg aber in der göttli-

---

158 Stuhlmacher, Bd. 1, 294. Hervorhebung von mir.

159 Vgl. ebd., 271.

160 Mk 14,36.

161 Vgl. Laufen, 12; vgl. Söding, Gottes Sohn von Anfang an, 57–93.

162 Vgl. Laufen, 20; vgl. Habermann, Präexistenzaussagen, 415. Habermann vermittelt in seiner Studie auch einen guten Überblick über die exegetische Forschungssituation. Vgl. ebd., 21–85.

chen Präexistenz, also metahistorisch, beginnen läßt.[163] Seiner Struktur nach läßt sich der in Phil 2,5–11 vorliegende Hymnus in zwei Teile gliedern: Vv. 5–8b ergeben den ersten und Vv. 9–11 den zweiten Teil des Liedes.[164]

Die erste Strophe bezeichnet einen Weg, der von der Präexistenz ("Gottesgestalt", "Gottgleichsein") zum untersten Punkt der Selbsterniedrigung, zum Kreuz, führt. *Stauros* ist nicht nur Endpunkt dieser Bewegung, sondern gibt auch das leitende Motiv an, auf das hin sie ausgerichtet ist.[165] Das Ziel ist soteriologisch bestimmt: Um die Versklavung und Knechtschaft des Menschen aufzubrechen, mußte Christus von jenseits solcher Existenz kommen und doch ganz in sie eingehen. Auf diese Weise wird zwischen der "Gottesgestalt" und dem Zustand der Erniedrigung der größte Kontrast hergestellt. Nach A. Grillmeier ist die darin ausgedrückte Kenose davon bestimmt, "daß der präexistente Christus, der in göttlicher Seinsweise existiert, mit seiner Menschwerdung eine Seinsweise wählt, die sein eigentliches Sein ... verbirgt".[166] Zu seinem Gottsein nimmt dieser Christus die Weise des Knechtseins, der Niedrigkeit, des Abstiegs bis zum Kreuz dazu, ohne die erste ihm eigene Seinsweise aufzugeben.[167]

Der jüdisch-weisheitliche Hintergrund des Liedes bietet nicht den Ort, um den genauen seinsmäßigen Status des Subjektes der Aussagen, Christi, zu fixieren: Über das ursprüngliche Zusammen des präexistenten Christus mit Gott selbst gibt der Hymnus keine Erklärung. Seine Aufmerksamkeit bleibt auf den Weg der Selbsterniedrigung als solchen konzentriert. Wie die erste Strophe den Abstieg angibt, so die zweite den Aufstieg: Sie beschreibt die Erhöhung des Gekreuzigten im Sinne einer feierlichen Inthronisation. Obwohl vorausgesetzt, wird die Auferweckung hier nicht direkt erwähnt. Gott hat den gekreuzigten Christus nicht nur irgendwie beschenkt, sondern ihn über alles hinaus erhöht und zum Herrn und Weltherrscher gemacht.

Wenn man beachtet, daß der Hymnus vorpaulinisch ist, d. h. ältestes urkirchliches Kerygma zusammenfaßt, dann ergibt sich die interessante Feststellung, daß die sogenannte "Deszendenzchristologie" nicht eine spätere Reflexionsstufe darstellt, die dem ursprünglichen Christuske-

---

[163] Vgl. Feuillet, Le Christ, 339–360.

[164] Vgl. Hofius, 52–60.

[165] Vgl. ebd., 56.

[166] Vgl. Grillmeier, Jesus der Christus, Bd. 1, 87.

[167] Vgl. Hofius, 58.

rygma hinzugefügt wurde, sondern – in ihren Leitmotiven – genauso wie die "Erhöhungschristologie" schon im Anfang der kirchlichen Verkündigung präsent ist.[168] Überhaupt läßt sich an der Art, wie die urchristliche Bekenntnisüberlieferung bei Paulus aufgegriffen wird, erkennen, daß es sich dabei für den Apostel nicht einfach um Traditionsmaterial handelt, sondern um eine Überlieferung von normativer Bedeutung.[169]

Die Präexistenz ist aber nicht auf ein vorweltliches Sein des Menschen Jesus oder seiner Seele zu beziehen, sondern meint den "Träger der in Zeit und Geschichte angenommenen menschlichen Natur Jesu"[170]: die Subsistenz[171] des Sohnes beim Vater. Auch an anderen Stellen verwendet Paulus Sendungsformeln, die eine Präexistenz im Blick haben, so in Gal 4,4, wo es heißt: "Als die Zeit erfüllt war, sandte Gott seinen Sohn." Auch nach Röm 8,3 sandte Gott "seinen Sohn in der Gestalt des Fleisches". In diesen Sendungsaussagen liegt in der Weise der Implikation der Präexistenzgedanke vor. Die Zugehörigkeit Jesu zum ewigen Gott ist der Grund für die Erhöhung des Auferstandenen. Hier liegt die Erklärung für das Auftreten von Präexistenzaussagen in den urchristlichen Texten. Bei Paulus findet sich eine solche Aussage auch in der Behauptung der Schöpfungsmittlerschaft Jesu Christi, "durch den alles ist" (1 Kor 8,6) als auch in jener von der Wirksamkeit des Christos in der Heilsgeschichte Israels (1 Kor 10,4).[172] Wird nämlich die Sendung wie in

---

[168] Vgl. Bornkamm, 177–187; vgl. auch Kasper, Christus, 204: "Diese Präexistenzaussagen sind jedoch entgegen einer manchmal vertretenen Auffassung nicht erst das letzte Ergebnis einer schrittweisen Zurückverlegung der Gottessohnschaft Jesu von der Auferstehung über die Taufe und die Empfängnis bis in die Präexistenz. So verstanden würden sie Zeit und Geschichte nach rückwärts verlängern und ins Unendliche ausziehen. Daß eine solche höchst bedenkliche Vorstellung von der Ewigkeit im Neuen Testament in Wirklichkeit nicht vorliegt, geht schon daraus hervor, daß sich die Aussagen vom Abstieg Christi nicht erst am Ende des neutestamentlichen Überlieferungsprozesses als Produkt einer solchen Rückprojektion, sondern schon relativ früh, praktisch gleichzeitig mit der Ausbildung der Erhöhungschristologie, finden. Es geht, wie zu zeigen sein wird, nicht um eine Verlängerung der Zeit in die Ewigkeit hinein, sondern um eine Fundierung der Heilsgeschichte in der Ewigkeit Gottes." Kasper tendiert allerdings zu einer starken Funktionalisierung, wenn er die Existenzaussagen ganz auf die Bedingungen des soteriologischen Kontextes zurückführt. Vgl. ebd., 205. Zum Problemkreis vgl. auch die Studie von M.R. Deichgräber.

[169] Vgl. Stuhlmacher, Bd. 1, 237f.

[170] Vgl. G.L. Müller, Katholische Dogmatik, 312.

[171] Es handelt sich hierbei um einen Terminus, der in der späteren Dogmengeschichte zur Erklärung des göttlichen Zusammenseins von Vater und Sohn herangezogen wird.

[172] Vgl. Habermann, Präexistenzaussagen, 429f.

Gal 4,4 auf den Eintritt in die irdischen Begebenheiten, d. h. auf die Geburt, bezogen, dann ist doch wohl die Präexistenz vorausgesetzt.[173]

Die Jesus aufgrund seines geschichtlichen Handelns durch die Auferstehung geschenkte Postexistenz begründet mit innerer Folgerichtigkeit seine göttliche Präexistenz, denn: "Ein himmlisches Wesen kann man eigentlich nicht werden, sondern man muß es immer schon sein", so der von J. Habermann[174] pointiert ausgesprochene Gedanke.

2.1.3. Der Hymnus im Kolosserbrief

Von besonderem Interesse ist bei Paulus der christologische Hymnus im Kolosserbrief. Christus Jesus, "der (erhöhte) Herr" (Kol 2,6) ist darin "das Geheimnis Gottes, in dem alle Schätze der Weisheit und Erkenntnis verborgen sind" (2,2f). So hat sich also Gott in ihm offenbar gemacht. Diese Offenbarung findet ihren Grund darin, daß das aller Schöpfung vorausliegende präexistente "Bild des unsichtbaren Gottes" in Christus unserer Anschauung zugänglich geworden ist.

Kol 3,16 bringt den Gedanken der Schöpfungsmittlerschaft Christi[175], in dem alle Dinge ihren Bestand haben. Alles leitet sich von Christus her (1. Strophe: 15–17), alles ist in Bewegung auf ihn hin (2. Strophe: 18–20). Im göttlichen Schöpfungsakt selber kommt Christus eine Kausalität zu, die nicht nur exemplarisch ist ("in ihm"), sondern zugleich auch effizient ("durch ihn") und final ("auf ihn hin").[176] 1 Kor 8,6, das Christuslied Phil 2,6–11 und der Hymnus Kol 1,15–20 dokumentieren, "daß die paulinische Christologie einsetzt mit der *Präexistenz und Schöpfungsmittlerschaft Jesu*".[177] Dabei ist das Subjekt dieser Aussagen nicht eine kosmische Kraft oder ein mythisches Himmelswesen: Gerade in der geschichtlichen Gestalt Jesu von Nazaret, in seiner Person, wird Gott selbst

---

[173] Vgl. Hahn, 315f; Anders freilich J. Blank, Paulus und Jesus, 267 und G. Schneider, Präexistenz Christi, 399, die eine Entsprechung zur Sendung der Propheten (vgl. Mk 12,4–6) annehmen.

[174] Vgl. Habermann, Präexistenzaussagen, 421.

[175] Vgl. Kessler, Christologie, 313f.

[176] Vgl. Grillmeier, Jesus der Christus, Bd. 1, 100: "Ein Teil der Väter des 4. Jahrhunderts deutet Kol 1,15b auf den Sohn Gottes, der einer Wesenheit mit dem Vater ist. Der Kol-Hymnus ist aber nicht darauf abgestellt, explizit von der Präexistenz in der reinen Gottheit zu sprechen. Er setzt sie voraus, ohne das Verhältnis zum Vater zu klären. 'Erstgeboren' ist gewählt wegen des πρῶτος und drückt Christi Würde und Herrentum über die ganze Schöpfung aus." Vgl. auch ebd., 103: "Der Kol-Brief setzt gewiß die Präexistenz Christi voraus und entfaltet davon her seine Aussage, ohne sie formell zum Thema zu machen. Der Präexistente ist in seiner menschlichen Wirklichkeit und Wirksamkeit gemeint."

[177] Vgl. Stuhlmacher, Bd. 1, 288.

sichtbar und nahbar.[178] Die gesamte menschlich-geschichtliche Wirklichkeit wird mit Christus in Zusammenhang gebracht. Er besitzt hinsichtlich aller Geschöpfe und aller Geschichte den Primat und die Vorherrschaft, die in seinem *Frühersein* begründet sind. Die Dinge der Schöpfung finden in ihm das Prinzip ihrer Konsistenz und Einheit. Diese einheitsstiftende Wirkweise tritt am deutlichsten bei seinem Pascha hervor, das der Ausdruck des höchsten Aktes der Liebe ist, die ihren Ursprung in Gott hat, und die am Kreuz alle Hindernisse für die Zusammenfassung der ganzen Wirklichkeit unter einem Haupt beseitigt.[179]

Für P. Stuhlmacher bildet die Christologie das Zentrum der paulinischen Theologie.[180] Nimmt man alle christologischen Aussagen zusammen, so läßt sich bei Paulus eine Vertiefung der Erkenntnis des Geheimnisses Christi erkennen, bei der das ungewordene Sein seiner Person – als Grund für seine "Werke" – stärker in den Blick rückt, ohne daß der Sinn für seine konkrete Geschichtlichkeit dadurch verlorengeht. Der Hymnus in Kol 1,15–20 hat bei den Vätern eine ungeheure Wirkungsgeschichte entfaltet, gab er doch immer wieder Anlaß zu theologischen Diskussionen um die Begriffe εἰκών, πρωτότοκος, ἀρχη,.[181]

Gerade für die Entwicklung, die zum Konzil von Nicäa führte, den Arianismus überwand und die nicänische Christologie weiter ausbaute, war der Kolosserhymnus von besonderer Bedeutung. Dabei spielten Theologen wie Irenäus, Clemens v. Alexandrien, Origenes, Athanasius und Gregor v. Nyssa eine wichtige Rolle.[182] Nach detaillierten Untersuchungen über diesen Zeitabschnitt kommt A. Grillmeier zu der Feststellung: "Der Eindruck, der sich uns für das dritte Jahrhundert ergab, gilt auch für das vierte: Kein Wort der Schrift war den Theologen jener Zeit so wichtig wie Kol 1,15."[183]

Das Thema "Präexistenz" ist bei Paulus eng mit dem Sohnestitel verbunden. Für M. Hengel besitzen die Sohn-Gottes-Aussagen bei Paulus zwei "komplementäre Schwerpunkte": Die Sendung des präexistenten Sohnes in die Welt. (a) Seine Dahingabe im Tod am Kreuz. (b)[184]

---

178 Vgl. Grillmeier, Jesus der Christus, Bd. 1, 99; vgl. Feuillet, Le Christ, 163–273.

179 Vgl. Grillmeier, ebd., 101: "Dem Primat Christi in der Schöpfung entspricht sein Vorrang im Geschehen der Versöhnung."

180 Vgl. Stuhlmacher, Bd. 1, 284.

181 Vgl. Grillmeier, Jesus der Christus, Bd. 1, 102.

182 Vgl. ebd., 104–118.

183 Ebd., 118.

184 Vgl. Hengel, Sohn, 26: "Beide Motive begegnen uns auch in dem am Anfang zitierten Philipperhymnus, wo das göttliche Wesen des Präexistenten und der Sklaventod des

Wo es um die Sendung des Sohnes in die Welt geht, ist Gott das Subjekt der Aussage.[185] Das soteriologische Ziel des Handelns Gottes liegt für Paulus in der Befreiung von der Sündenmacht und vom Gesetz, sowie in der Hineinnahme des Glaubenden in das Sohnesverhältnis mit Gott selbst. Auch dort, wo von der Dahingabe des Sohnes in den Tod die Rede ist, läßt sich ein festes Schema ausmachen, das sich auch bei Joh wiederfindet.[186]

Paulus bestätigt also immer wieder in seinen Briefen, daß es eine Einheit von Transzendenz und Geschichte Jesu gibt, die in der Auferwekkung sichtbar wird. Darum ist die Auferstehung Jesu die Vollendung der Offenbarung Gottes des Vaters in der Geschichte und Person Jesu. Gott hat sich für Paulus selbst in der Auferweckung mit dem gekreuzigten Jesus identifiziert. Er wurde als der Sohn geoffenbart – in "der Fülle der Zeit aus einer Frau geboren, dem Gesetz unterstellt, damit er die freikaufe, die unter dem Gesetz stehen, und damit wir die Sohnschaft erlangen" (Gal 4,4–6) und zu Gott aus dem Geist der Sohnschaft heraus "Abba, Vater", rufen können (vgl. Röm 8,15.29).

Diese angeführten, aber auch alle anderen aus dem hellenistischen Judenchristentum stammenden neutestamentlichen Präexistenztexte antworten auf die Frage, ob "das von Jesus gebrachte Heil allein seine Ursache innerhalb der Welt" habe und somit "der Erhöhte zur Rechten Gottes jemals nur einfach ein Mensch sein" konnte, mit Nein.[187]

Für Paulus endet also das Heilswerk Christi nicht mit dem Sühnetod und der Auferweckung Jesu, die sein Lebenswerk vollenden, sondern setzt sich fort im Werk des erhöhten Christus bis zur Parusie (vgl. Röm 1,3–4; 4,25; Phil 2,9–11). Paulus kann sich dabei auf alte Gemeindetraditionen stützen.[188] Gott verwirklicht in den Glaubenden seine βασιλεία, indem er durch den erhöhten Herrn seine Gerechtigkeit durchsetzt. Ohne Christus und an ihm vorbei kann nach dem Apostel niemand die

---

Menschgewordenen verbunden wurden – nur daß dort der Sohn-Gottes-Titel nicht erscheint: Im Schlußakt der Erhöhung wird der Gekreuzigte vielmehr als 'Kyrios' akklamiert, ein Zeichen, wie nahe der Titel 'Kyrios' von der Sache her mit dem 'Sohn Gottes' verwandt ist."

185 Vgl. Röm 8,3 und Gal 4,4. Ähnliche Aussagen, die das gleiche syntaktische Schema verwenden, finden sich mehrfach – parallel dazu – auch im johanneischen Schrifttum, so z. B. in Joh 3,17; 1 Joh 49.10.14. Vgl. Hengel, Sohn, 24.

186 So besitzt Röm 8, 32ff. eine Parallele in Joh 3,16: "Gott hat die Welt so sehr geliebt, daß er seinen einzigen Sohn hingab ...", während die Aussage von Gal 2,20, wo der Sohn das Subjekt der Hingabe ist, in Joh 10,11; 15,13 1 Joh 3,16 wiederkehrt.

187 Vgl. Habermann, Präexistenzaussagen, 429.

188 Vgl. Stuhlmacher, Bd. 1, 305.

βασιλεία erwerben. Darum ist die Mittlerschaft Christi eine notwendige und einzigartige.

Stellt man sich die paulinische Christologie insgesamt vor Augen, so erkennt man drei Hauptmomente, die in einer synthetischen Zusammenschau verbunden sind: Christus ist sowohl das Werk der Schöpfungsweisheit Gottes (1 Kor 1,30; 8,6) als auch der für Israel und die Völker leidende Gottesknecht (Phil 2,6–11; 2 Kor 5,21; Röm 4,25) und schließlich der messianische Menschensohn (1 Kor 15,23–28). Allein damit hält Paulus wichtige Grundperspektiven der Verkündigung Jesu und der vorpaulinischen Christologie durch. So kann man für das Verhältnis von Paulus und Jesus – bei aller ins Auge fallenden überlieferungsgeschichtlichen und theologischen Unterschiede – doch auch eine fundamentale Kontinuität ausmachen: Nach P. Stuhlmacher gibt Paulus "in 1 Kor 11,23–25 und 15,1–11 direkt zu erkennen, daß er mit seiner Lehre vom Herrenmahl und vom Evangelium in einer Lehr- und Traditionskontinuität stand, die zu den vor ihm berufenen (Jerusalemer) Aposteln und von diesen zu Jesus selbst zurückreichte".[189]

2.2. Die soteriologische Einzigartigkeit Jesu

Wenn nun von der narrativen Christologie der Synoptiker zu reden sein wird, muß man sich vor Augen halten, daß ihre Evangelien nicht eine von jeder Theologie absehende historische Biographie des Lebens Jesu darbieten vollen, sondern die irdische Wirksamkeit Jesu in Hinblick auf den christologischen Gehalt des Evangeliums Jesu Christi entfalten. So spielen etwa schon bei Mk die an den Schlüsselstellen eingelassenen christologischen Bekenntnisaussagen eine formgebende Rolle: Schon in der Überschrift wird Jesus als "der Christus" und somit als messianischer Sohn Gottes eingeführt (Mk 1,1). Bei der Taufe und auch bei der Verklärung Jesu auf dem Berg wird Jesus "von oben" als der "geliebte Sohn" ausgewiesen (vgl. Mk 1,11; 9,7). Petrus, der erste Repräsentant der Jüngergemeinde, bekennt: "Du bist der Messias" (Mk 8,29).

[189] Vgl. ebd., 303f.

2.2.1. Die Vollmacht Jesu im Markusevangelium[190]

Was Mk für die hier verfolgte Fragestellung, die die Identität Jesu und seine in seinem Selbstanspruch begründete Absolutheit (Einzigkeit, Unwiederholbarkeit) zu klären sucht, interessant macht, ist die Eigenart der *Exousia*, mit der Jesus vorweg ausgerüstet ist und die sich in seinem Tun offenbart.

Der erste Satz "Anfang des Evangeliums Jesu Christi des Gottessohnes" (Mk 1,1) benennt den Inhalt des Werkes: Es ist die Verkündigung Jesu Christi, des Gottessohnes. Dieses ist kein[191] anderes als das "Evangelium Gottes" (1,14).

Jesus tritt im Markusevangelium auf als derjenige, der die herangekommene Nähe der Gottesherrschaft[192] verkündet, der sich mit dem Verständnis seiner Sendung und Vollmacht die Ablehnung der zuständigen jüdischen Behörden[193], der Schriftgelehrten und Pharisäer, zuzieht, eine Ablehnung, die bis zum Tod am Kreuz führt, aus dem er nach drei Tagen wieder aufersteht. Das Markusevangelium ist Passionsgeschichte mit einem Auferstehungsbericht am Ende und als solches ist es "Evangelium". Dieses hat also wesentlich mit "Passion" zu tun. Für Mk besitzt nämlich der Tod Jesu höchste soteriologische Relevanz. Dies geht schon aus den Deuteworten in Mk 14,22.24 hervor: "Das ist das Blut des Bundes, das für viele (ὑπὲρ πολλῶν) vergossen wird." Hier werden – zumal durch das ὑπὲρ – Tod und Auferstehung Jesu als eschatologisch-soteriologisches Geschehen gesehen, und zwar so, daß sich darin Jesu

---

190 Manche frühere Interpreten sahen in Mk meist eine bloße Stellensammlung ohne Integration in ein eigenständiges theologisches Konzept. Dies Position kann als von der neueren exegetischen Forschung überholt gelten. Zum theologischen Konzept des Markus vgl. Gnilka, Theologie, 151–154; vgl. Scholtissek, Nicht ein Gott der Toten, 73f; vgl. auch Söding, Evangelist in seiner Zeit, 11–62. Zur theologischen Konzeption bei Mk vgl. die Beiträge in dem Sammelband von Söding, Der Evangelist als Theologe.

191 Vgl. Scholtissek, ebd., 81: "Das Evangelium, das Markus als erster urchristlicher Autor schriftlich festhält und zur weiteren Verkündigung bestimmt (vgl. nur 13,10; 14,9), ist (a) das Evangelium Christi (vgl. 1,1; 8,35; 10,29), insofern Jesus verkündigendes Subjekt des Evangeliums ist und zugleich auch verkündeter Inhalt desselben geworden ist, und es ist (b) das Evangelium Gottes, weil in der Evangeliumsverkündigung Jesu Gott selbst handelt und über sein Handeln gehandelt wird."

192 "Gottesherrschaft" meint eine durchaus präsentische Größe. Vgl. ders., Sohn Gottes, 65: "Die Basileia Gottes ist für Jesus keine rein futurische Größe, sie ragt in die Gegenwart hinein und qualifiziert sie als eschatologisch neuen *Kairos* (vgl. Mk 1,15; Lk 12,56)."

193 Vgl. Gnilka, Theologie, 161.

messianische Sendung (Aufrichtung der Gottesherrschaft) erfüllt.[194] Dabei betont Mk die Identität des Auferstandenen mit dem irdischen Jesus. Diese Identität ist eine personale, die auch sein Wirken miteinschließt.

Es gibt von Anfang an eine Auseinandersetzung mit den vielfachen Formen des Bösen (bei Mk von dämonischen Mächten verursacht), in deren Verlauf Jesus sich jeweils als der Stärkere zu erkennen gibt. Um diesen Kampf mit den Mächten, die die Gottesherrschaft aufhalten, anschaulich werden zu lassen, läßt Mk die Reden Jesu zugunsten seines Wirkens zurücktreten.

In Jesu geschichtlicher Sendung offenbart er sich als der Gottessohn, der mit göttlicher Vollmacht (ἐξουσία) und Souveränität ausgestattet ist. Es ist jedoch die ἐξουσία Jesu nicht eine Antizipation seiner in der Auferweckung begründeten göttlichen Machtstellung, auch wenn die Jünger Jesu viele seiner Worte und Taten erst im Licht der Auferstehung in ihrer tatsächlichen Bedeutung erfassen. Nach Mk ist Jesus seit Beginn seines geschichtlichen Wirkens der messianische Gottessohn, der göttliche Vollmacht besitzt.[195] K. Scholtissek hat die verschiedenen Wundererzählungen untersucht, die diese christologische Konzeption erkennen lassen:

Mk 2,1–12 berichtet von einem Gelähmten, dem seine Sünden vergeben werden und der seine Bewegungsfreiheit wieder zurückgewinnt. Die Zusage der Sündenvergebung impliziert aber, daß Jesus sich im Besitz einer Autorität weiß, die es möglich macht, den Willen Gottes in dieser konkreten Situation verbindlich zuzusprechen.[196] An dem Einspruch der Schriftgelehrten wird deutlich, wie die Vollmacht Jesu beschaffen sein muß, um eine solche Sündenvergebung vollziehen zu können, erheben sie doch angesichts seines Vergebungszuspruchs den Verdacht der Gotteslästerung gegen ihn: In der markinischen Christologie ist der so Handelnde der endzeitliche Menschensohn.[197]

> Warum gebraucht Mk neben der Bezeichnung Jesu als "Sohn Gottes" auch noch den Namen "der Menschensohn"? Müßte nicht der eine Titel ausreichen, um die Identität Jesu ein für allemal zu klären? Gegenüber "Sohn Gottes" bietet der Name "Menschensohn" einen entscheidenden Vorteil: Er läßt die durch Leiden und Tod hindurchführende Dynamik des Lebens Jesu erkennen: "Mit dem Titel 'der Menschensohn' gewinnt Markus eine Perspekti-

---

194 Vgl. Scholtissek, Sohn Gottes, 72.

195 Vgl. ders., Vollmacht Jesu, 20–23.

196 Vgl. ebd., 167.

197 Vgl. ebd., 168.

ve, die den Todesweg Jesu in die Verherrlichung durch die Auferstehung münden läßt und den Blick auf das endzeitliche Kommen Jesu frei gibt. Dadurch entsteht eine heilsgeschichtliche Schau, die mit dem Titel 'der Sohn Gottes' noch kaum zutage tritt."[198] Das titulare Verständnis von "Menschensohn", wie es Mk kennt, hängt eng mit der Vollmachtsfrage zusammen in der Weise, daß es die dem "irdischen Jesus verliehene Vollmacht" unterstreicht.[199] Der "Menschensohn" steht aber auch in einer Beziehung zur Niedrigkeit Jesu (vgl. Mk 10,45), mit seiner "Proexistenz" für die anderen, die mit seiner Todeshingabe zur Erfüllung kommt. Mk sieht den Menschensohn also in seiner Hoheit *und* in seiner Niedrigkeit.[200]

Mit dem Menschensohn-Motiv kann der Einwand der Schriftgelehrten zurückgewiesen werden. Die Sündenvergebung als Tat Gottes wird mit dem irdischen Wirken Jesu identifiziert.[201] Überhaupt verbindet Jesus seine Sendung direkt mit der Sündenvergebung: "Ich bin gekommen, Sünder zu rufen, nicht die Gerechten" (Mk 2,17).

Das Wunder hat seine Bedeutung bei Mk darin, die Vollmacht Jesu zu offenbaren.[202] Nach Scholtissek ist "der Sündenvergebung zusprechende und wunderbar heilende Jesus der Menschensohn, der von Gott bevollmächtigt schon hier auf Erden eschatologisch verbindlich handelt".[203] Auch wenn die Erkenntnis, daß der Menschensohn Subjekt der Sündenvergebung ist, erst aus einer nachösterlichen Perspektive gewonnen sein kann, so denkt Mk doch an den irdischen Jesus, wenn er in 2,10 von

---

198 Ebd., 71.

199 Vgl. ebd., 73.

200 Vgl. ebd., 75: "Alle drei Dimensionen der Menschensohn-Vorstellung: sein künftiges machtvolles Kommen, sein Weg durch Leiden und Tod und sein gegenwärtiges Wirken auf Erden sind bei Markus ausgeprägt; aber alles Schwergewicht ruht auf seinem Leiden, Sterben und Auferstehen. Dieses in der Urkirche lebendige Menschensohn-Bild hat Markus aufgenommen, weil es seiner Sicht auf den irdischen und dann erhöhten Menschensohn (14,62) entspricht und den Weg Jesu nachzeichnet."

201 Vgl. Kertelge, 210: "Der irdische Jesus steht damit an der Stelle Gottes, welcher der Gott der eschatologischen Sündenvergebung ist. Gottes Sündenvergebung erfolgt durch Jesus hier auf Erden." Vgl. Schnackenburg, Person Jesu, 71: "Er nimmt also eine Vollmacht in Anspruch, die an sich Gott zusteht. ... Aber das Besondere ist, daß Jesus die Sündenvergebung schon *auf Erden* für sich beansprucht. Es ist die das Mk-Ev beherrschende Sicht, daß die Hoheit Jesu schon in seinem irdischen Wirken durchbricht, in seiner vollmächtigen Lehre (1,22), in seinen Dämonenaustreibungen und Heilungen (1,27.41; 5,1–20 u. a.)."

202 Vgl. Scholtissek, Vollmacht Jesu, 168; vgl. ders., Sohn Gottes, 73: "In seinen Wundern kommen die heilenden (vgl. 1,29ff.32ff.40–45; 2,1–12; 3,1–6.10; 5,21–43; 6,5.53–56; 7,31–37; 8,22–26; 10,46–52), versöhnenden (vgl. 2,1–12) und befreienden (vgl. 1,23–28.32ff.39; 3,11; 5,1–20; 7,24–30; 9,14 29) Kräfte der Gottesherrschaft zum Zuge."

203 Ders., Vollmacht Jesu, 169.

der ἐξουσία des Menschensohnes spricht.[204] Das messianische Vollmachtswirken Jesu gibt es auch vorgängig zu seiner Passion und Auferstehung.[205] Der aus dem AT herstammende Hoheitstitel "Menschensohn" gewinnt bei den Synoptikern eine spezifische Bedeutung: Es geht um eine Selbstbezeichnung Jesu, die das Zentrale seiner Sendung zum Ausdruck bringt.[206]

Nach **Mk 2,23–28** besitzt Jesus auch die ἐξουσία über den Sabbat: "Der Sabbat ist um des Menschen willen *gemacht* (ἐγένετο), nicht der Mensch um des Sabbats willen. Deshalb ist der Menschensohn Herr auch über den Sabbat" (Mk 2,27b–28). Darum ist die Schlußfolgerung hier nicht: Also ist der Mensch Herr über den Sabbat, sondern der, dem die schöpferische Macht zukommt, von der Mensch und Sabbat abhängen. Schon jetzt, in seinem irdischen Wirken, kann Jesus, der Kyrios der eschatologischen Heilsgemeinde, über die mosaische Gesetzesordnung befinden[207], mehr noch: Er löst die pharisäische Halacha ab und begründet "die neue, eschatologische Heilsordnung"[208] Der alte Kanon jeglicher Offenbarung, der am Sinai-Geschehen orientiert ist, wird aufgesprengt. Dieser Anspruch Jesu provoziert die Todfeindschaft der Schriftgelehrten, Pharisäer und Herodianer.

Weil der Weg Jesu – gerade wegen seiner Vollmacht – ans Kreuz führt[209], wo er verworfen wird, und erst die Auferweckung die Bestätigung und erneute Inkraftsetzung seiner Würde als Menschensohn bringt, gibt es im Markusevangelium einen dem "Messiasgeheimnis" zugrundeliegenden Vorbehalt.[210] Vor diesem Hintergrund ist auch das markinische Schweigegebot zu sehen.

In **Mk 11,27–33** wird die Vollmachtsfrage explizit diskutiert. Die ἐξουσία Jesu ist eine von Gott verliehene Sendungsvollmacht. Darin ist sie mit

---

204 Vgl. ebd.: "Passion, Tod und Auferstehung Jesu bilden für Mk allerdings den zentralen und unabdingbaren Wendepunkt, ohne den die Messianität und Gottessohnschaft Jesu nicht adäquat ausgesagt werden könnte. *Erst aus der im Glauben an den Auferstandenen erwachsenden Retrospektive auf die vita Jesu erschließt sich der Anspruch des Irdischen (2,5b) als göttliche Exousia (2,10).*"

205 Vgl. ebd., 210.

206 Vgl. Scheffczyk, Der Gott der Offenbarung, 327: "Er ist der hoheitliche Vollmachtsträger Gottes, der das Kommen der eschatologischen Gottesherrschaft einleitet."

207 Vgl. Mk 1,21–28; 3,1–6 parr; Lk 13,10–17; 14,1–6; vgl. Schnackenburg, Person Jesu, 73.

208 Vgl. Scholtissek, Vollmacht Jesu, 182.

209 Das Leiden Jesu tritt bei Mk schon an sehr früher Stelle (Mk 3,6) in den Blick, als nämlich der Todesbeschluß mitgeteilt wird. Diese Perspektive hält sich im ganzen Evangelium durch.

210 Vgl. das Schweigegebot in Mk 1,44; 5,43; 8,26; vgl. Gnilka, Theologie, 157.

der prophetischen Vollmacht Johannes des Täufers vergleichbar (vgl. Mk 11,30).

Darüber hinaus geht **Mk 12,1–12**: Zwar gibt es eine Berührung mit den Propheten Israels (Mk 6,4) und insbesondere mit Johannes dem Täufer, doch besitzt Jesus eine Vollmacht ganz eigener Art: Als der Sohn ist er der "letzte, definite Vollmachtsträger Gottes", dessen Auftreten und Sendung "eschatologisch irreversibel ist".[211] Mk verwendet den Titel "Sohn Gottes" fünfmal. Die Traditionsgeschichte ist umstritten. Seiner Herkunft kann hier nicht nachgegangen werden. Wie R. Schnackenburg zu zeigen versucht, ist das Markusevangelium "tief vom Gedanken an die Gottessohnschaft Jesu durchdrungen".[212] Der Evangelist verwendet ihn als "Deutungskategorie" für das irdische Erscheinen Jesu und für sein Wirken.[213] Nimmt man den Titel "Messias" mit seiner Assoziation zu Ps 2,7 zum Vergleich, so zeigt sich, daß dieser noch nicht ausreicht, um die besondere Art der Gottesnähe Jesu zu erklären. Der Messias-Titel bleibt ambivalent, könnte er doch im Sinne einer irdisch-politischen Befreiergestalt gedeutet werden. Jesus ist nicht der irdische Befreier, den die Juden erwarteten. So genügt der bloße Titel "der Messias" nicht dem Selbstanspruch Jesu.[214] "Er ist der in der Tat offenbar werdende Sohn Gottes, der in der tiefsten Not seines Menschseins seine verborgene Hoheit und Göttlichkeit enthüllt."[215] Jesus besitzt eine solche Nähe zu Gott, daß sie auch im Tode nicht aufgehoben werden kann. Wer der "Sohn Gottes" in Wahrheit ist, wird sich erst am Ende der Tage im vollen Sinn zeigen. Trotzdem gibt es jetzt eine – aus der Perspektive von Ostern – gültige Erkenntnis des Sohnes: "So sehr es gilt, daß erst mit der Parusie des Menschensohnes (die für Markus mit der vollendeten Gottesherrschaft zusammenfällt) die Identität Jesu als eschatologischer Weltenrichter *allen* Menschen (Glaubenden wie Nichtglaubenden) offenbar wird (vgl. 8,38; 9,1–13.24ff; 14,61f), so sehr betont Markus, daß *den Glaubenden* die Erkenntnis und Teilhabe am Geheimnis des Gottessohnes nachösterlich (vgl. 9,9; 14,28; 16,7) möglich ist."[216]

---

211 Vgl. Scholtissek, Vollmacht Jesu, 210; vgl. Schnackenburg, Person Jesu, 72: "Der Zuspruch der Sündenvergebung (V.5b) gehört noch zur Heilsgeschichte; aber die Deutung auf die Vollmacht des Menschensohnes ist aus dem Jesusbild der Urkirche erwachsen und wird von Markus übernommen. Der 'Menschensohn' ist ein christologischer Hoheitstitel und gehört zu der Gruppe von Menschensohn-Worten, die vor allem in der Logienquelle und im Markusevangelium begegnen und das irdische Wirken Jesu aus seiner ihm verliehenen Vollmacht reflektieren."
Der Würdename des Propheten entspricht aber keineswegs dem Anspruch, den Jesus für sich erhebt. In Mk 8,27–30 ist er mit der Auskunft, die Leute hielten ihn für einen Propheten, nicht einverstanden. Nach R. Schnackenburg "wird Jesus von einer Einschätzung als Prophet" auf der ganzen Linie ferngehalten. Vgl. ders., ebd., 79.

212 Vgl. Schnackenburg, ebd., 58.

213 Vgl. ebd., 59.

214 Vgl. ebd., 75.

215 Ebd., 64.

216 Scholtissek, Sohn Gottes, 84.

Nach eingehender Analyse dieser bei Mk vorkommenden Streitreden kommt Scholtissek hinsichtlich der von Mk intendierten "Vollmacht" zu dem Ergebnis: "Jesus ist nicht nur der eschatologische Prophet, der als Sohn und Erbe in einer besonderen Relation zu Gott steht, er ist eben darin zugleich der messianische *Gottessohn*. Die Exousia Jesu ist nicht nur die Autorität des eschatologischen Vollmachtsträgers Gottes, sie ist eben darin zugleich messianische Exousia."[217] Nicht nur die Vollmacht Jesu wird bei Mk verkündet, sondern zugleich damit wird vor allem auch die sich in seinem Lebensweg realisierende Gottesherrschaft, die das Ziel seiner Sendung angibt, zum Gegenstand der Verkündigung gemacht.[218]

Mk nimmt in 12,1–12 das Thema der Passion und Einsetzung Jesu in Macht vorweg: "Die Einleitung des Gleichnisses von den bösen Winzern, die von der sorgfältigen Pflanzung eines Weinbergs ... erzählt, kann nicht ohne einen Bezug auf Israel gelesen werden. Die durch die Ablehnung der Propheten geprägte Geschichte des Volkes erfährt jetzt einen Abschluß in der Zurückweisung des 'geliebten Sohnes' (12,1ff), der innerhalb des Weinbergs getötet wird."[219] Obwohl das vollmächtige Wirken Jesu zu seiner Verwerfung, zum Mord am einzig-geliebten Sohn, führt, kommt es durch das Verhalten der Führer Israels zum richtenden Eingreifen Gottes, der einen radikal neuen Anfang macht, indem er seinen Sohn auferweckt und erhöht und den Weinberg neu vergibt.[220] Die Sendung Jesu gelangt damit trotz seiner Verwerfung zum Ziel.[221]

Wo liegen die genauen Ursachen jenes Konfliktes, der von Anfang an Jesu Handeln begleitet und der sich gegen Ende hin immer mehr ver-

---

217 Ebd., 210. So ist denn die Tatsache, daß das Verständnis für die Messianität Jesu, das bei Johannes (Joh 1,17) und in der Predigt der Apostel (Apg 2,36; 17,3; 18,5; 1 Kor 15,3) in einem sehr expliziten Sinn da ist, einem Wachstum unterworfen war, kein Beweis gegen die Zuerkennung des messianischen Charakters an den historischen Jesus. Vgl. auch Schnackenburg, Person Jesu, 51.

218 Mit "Gottesherrschaft" ist das endgültige, universale Heil gemeint, das sich durch das Kommen Jesu realisiert.

219 Gnilka, Theologie, 171; vgl. Scholtissek, Nicht ein Gott der Toten, 87: "*Erstens* : Mk 12,1–12 ist im Zusammenschluß mit 11,27–33 und im narrativen Gefälle des Markusevangeliums ein Präludium und eine theologische Interpretation der Passion, des Prozesses und der Rehabilitation Jesu in der Auferweckung durch Gott. *Zweitens*: Mk 12,1–12 ist ein Gleichnis Jesu, das nicht nur ein wesentliches Moment seiner Botschaft expliziert, sondern die Sendung und das Geschick Jesu zusammenfassend deutet."

220 Vgl. Mk 14,28; 16,7; vgl. auch Scholtissek, Vollmacht Jesu, 211f; vgl. auch Schelkle, 207.

221 Vgl. Gnilka, Mk I, 29; Mk II, 147; vgl. auch Schnackenburg, Person Jesu, 50.

dichtet? Man hat versucht, die gegen Jesus aufkeimende Aggression aus der Konstellation sozialpolitischer Umstände zu erklären.[222] Ohne jedoch in Rechnung zu stellen, daß und wie Jesus in unerhörter Weise für sich beansprucht hat, nicht nur den Willen Gottes, sondern auch Gottes Wort, die hl. Schrift, letztverbindlich auszulegen, das eschatologisch neue Basileia-Handeln Gottes in eigener Person zu vollziehen und mithin soteriologisch irreversibel zu sein, kann dieser zum Tod führende Konflikt nicht wirklich verstanden werden.[223]

Wie aber steht es mit der Gottesherrschaft, die aufzurichten Jesus gekommen ist? Jesus übereignet sich vorbehaltlos an den Willen Gottes. Dem entspricht eine ebenso vorbehaltlose Ermächtigung seiner Person von seiten Gottes. Darin übereignet Gott ihm seine eigene Handlungsmächtigkeit. Jesus vollzieht in seinem ganzen Tun den Willen Gottes, so sehr, daß der, der sich ihm widersetzt, sich dem widersetzt, in dessen Vollmacht er gesandt ist.[224] So ist die ἐξουσία im letzten göttliche Machtvollkommenheit. Diese dient bei Mk aber nicht einer göttlichen Selbstprädikation Jesu, sondern stellt die wesentliche Zurüstung für seinen messianischen Dienst, der Verkündigung und Aufrichtung der βασιλεία Gottes, dar.[225] Die Gottesherrschaft ist das Thema der Gleichnisreden Jesu, die den Sinn haben, das Geheimnis vom Gottesreich zu offenbaren (vgl. Mk 4,11). Dabei ist der Glaube das Einstiegstor, um mit der Wirklichkeit des Gottesreiches über das Hören und Sehen und über das Verstehen des Verstandes in Kontakt zu kommen (vgl. Mt 13,16f; Lk 10,23f). Der Glaube "als die entscheidende Gabe Jesu"[226] wird besonders von der evangelischen Theologie stark hervorgehoben, stellt er doch –

---

222 Vgl. Schillebeeckx, Jesus, 266; 277–282.

223 Vgl. Scholtissek, Nicht ein Gott der Toten, 98: "Der Konflikt im Markusevangelium ist gerade als christologischer im Kern ein Konflikt um Gott und sein offenbarendes Handeln selbst. Im Vorwurf der Blasphemie gegenüber Jesus (vgl. in 2,7 εἰ μὴ εἷς ὁ Θεός), der dann ja auch zum endgültigen Todesbeschluß durch das Synhedrium führt (vgl. 14,61–64), spiegelt sich die Brisanz des Konfliktes: 'Die Einzigkeit Gottes steht auf dem Spiel.'"

224 Vgl. ebd., 82.

225 Vgl. Scholtissek, Vollmacht Jesu, 220: "Im Sinne des Markusevangeliums umfaßt diese Exousia Jesu den Auftrag, den authentischen Willen Gottes verbindlich zu lehren (a) und im Namen Gottes, d. h. in göttlicher Souveränität, zu handeln." Vgl. ders., Nicht ein Gott der Toten, 79: "Die Exousia Jesu ist im Markusevangelium Ausdruck und Gestalt seiner singulären Gottesunmittelbarkeit und seiner messianischen Sendung zur Verkündigung und Vermittlung der herangenahten Gottesherrschaft: Im Wirken Jesu, in seiner Sendung und seinem Geschick richtet Gott selbst seine eschatologische Herrschaft auf."

226 Vgl. Ebeling, 203.

im Vergleich zur religionsgeschichtlichen Tradition – etwas schlechthin Neues dar.[227] Dieser Glaube entzündet sich nicht einfach an einer Begegnung mit dem persönlichen Gott, der sich im Zeichen seiner Macht kundgibt, sondern er entsteht in der Begegnung mit Jesus Christus und stellt damit eine Christusbegegnung dar. Er ist die von Jesus her mögliche und "geforderte Antwort auf Gottes Basileia-Handeln".[228] Der von Jesus geforderte Glaube, der Glaube der Jünger, der dem Evangelium gilt, und der ein starkes Vertrauensmoment miteinschließt ("Dein Glaube hat dich geheilt"; Mk 5,34; 10,52; vgl. 5,20), verlangt auch die Bereitschaft zur Nachfolge, durch die sich der Jünger auf Jesu Lebensweg einläßt.[229]

Im Markusevangelium kann keine Präexistenz-Vorstellung ausgemacht werden. Bei Mk kommt es zu einer Integration der Erzählungen vom Verkündiger in den Rahmen des Kerygmas von der Doxologie des Verkündigten.[230] So kreist die Erzählung um das Wirken und Reden Jesu, das in den Paulusbriefen noch kein Interesse gefunden hat. Aus dem Tatbestand, daß der von Christus verkündete und gebrachte Glaube eine neue Relation zu Gott erschließt, kann gefolgert werden, daß Jesus wesentlich in diese Relation hineingehört.

Wenn es in Mk 1,27 heißt: "Hier wird mit Vollmacht eine ganz neue Lehre verkündet", so zeigt dies, daß Jesus weniger ein neues System von Lehren vorgibt, sondern vielmehr als vollmächtiger Verkünder des Heilswillens Gottes auftritt. Hierin begegnet das eigene Selbstverständnis Jesu. Er versteht sich selbst und seine vom Vater her legitimierte Sendung ganz von seiner Aufgabe her, der Verkünder und Vermittler der βασιλεία zu sein.[231]

---

[227] Vgl. Goppelt, 198. Die besondere Eigenart des von Jesus geforderten Glaubens tritt besonders in den Heilungsberichten hervor, in denen der Glaube immer in Beziehung zum tatsächlichen Zustandekommen der Heilung steht (Mk 5,21–24.35-43; 7,24-30; Mt 8,5-13; 9,27-31; Lk 11,19).

[228] Vgl. Söding, Glaube, 552.

[229] Vgl. Gnilka, Theologie, 170; vgl. Scholtissek, Nicht ein Gott der Toten, 95: "Gottes Handeln in Jesus Christus beansprucht, unausweichlich eine neue letztverbindliche Antwort in Umkehr, Glaube und Nachfolge (vgl. 1,15.16–20; 4,12 [ἐπιστρέψωσιν]; 8,38)."

[230] Vgl. Gnilka, ebd., 152.

[231] Vgl. G.L. Müller, Lehre von Jesus, 106: "Wer Jesus ist, entscheidet sich nicht an der Selbstprädikation Jesu durch messianische Titel, sondern an dem in seinem Verhalten gelegenen realen Anspruch, der eschatologische Heilsmittler zu sein, der die Real-Implikate der messianischen Heilbringergestalten (Gottesknecht, Messias, Menschensohn, 'Sohn Gottes') erfüllt."

Die Botschaft ist bei Mk nun aber nicht vom Boten zu trennen, vielmehr ist der Sohn Gottes unauflöslich mit der von ihm verkündigten Königsherrschaft verbunden. Zwischen Vater und Sohn besteht eine singuläre Beziehung. Sie spiegelt sich insbesondere sowohl in den flehenden Gebetsrufen der Ölbergstunde (Mk 14,36) und dem Klageschrei Jesu am Kreuz (Mk 15,34; vgl. Ps 22,2) als auch in jenen Worten, die ein Bekenntnis Gottes zu seinem Sohn (Mk 1,11; 9,7; vgl. 12,6) darstellen. Nicht zuletzt impliziert auch die Auferstehung ein Bekenntnis Gottes zu dem, der von den Bauleuten des Weinbergs verworfen wurde.[232]

Im Zusammenhang der βασιλεία-Verkündigung taucht die Frage nach dem Verhältnis von Verkünder und Botschaft auf. Was ist der genaue Inhalt der Rede vom nahegekommenen Reich Gottes? Jesus kommt eine eschatologisch-definitive Sendung zu, der die Ausrüstung mit Vollmacht korrespondiert – darin liegt auch seine messianische Würde. Darum steht die Person Jesu in einer einmaligen, unverwechselbaren und unwiederholbaren Beziehung zu der Verkündigung der βασιλεία. Jesus bietet darin nicht primär etwas von ihm Unterschiedenes, sondern ist selbst "der bevollmächtigte Mittler der Basileia Gottes".[233] Als solcher kann er auch verbindlich den Rechtsanspruch Gottes an die Menschen vertreten, der sich in den Imperativen von Umkehr, Glaube und Nachfolge konkret artikuliert.

Für Mk existiert eine ständige Brücke zum AT. Hierin kommt das Schriftverständnis von Mk zum Tragen, für den sich die maßgebende Verbindung zum AT schon deshalb nahelegt, weil das Heilshandeln Gottes in Jesus Christus in unmittelbarer Kontinuität zu dem in der Geschichte Israels zutage tretenden Offenbarungshandeln seines Gottes steht.[234]

Es mag andere Weisen des Schriftverständnisses geben. Für Mk ist die Schriftauslegung, wie Jesus sie vorträgt, nicht eine unter anderen, die auch möglich sind, sondern sie ist die aus der Vorgabe des Glaubens an den von Gott ausgewiesenen Messias die einzige, die dem neuen eschatologischen Offenbarungshandeln Gottes in Jesus Christus gerecht wird, und darum die einzig authentische.[235]

Wenn man nach dem Selbstverständnis Jesu bei Mk fragt, so tritt dieses nicht so zutage, daß Jesus permanent über sich selbst betonte Aussagen

---

[232] Vgl. Scholtissek, Sohn Gottes, 63–90, hier: 83; 89.

[233] Ders., Vollmacht Jesu, 221.

[234] Vgl. Mk 1,2f; vgl. Ex 23,20; Mal 3,1; Jes 40,3.

[235] Vgl. Scholtissek, Nicht ein Gott der Toten, 95.

macht oder sich in einer Art Selbstprädikation, wie sie das spätere christologische Bekenntnis kennt, mit Titeln benennt. Vielmehr ist der Inhalt und die zentrale Aussage seiner Predigt allein die Gottesherrschaft. Somit gibt es bei Mk eine innere Verknüpfung von Eschatologie und Christologie. Verfolgt man die christologischen Leitlinien im Evangelium, so zeigt sich, daß die gegenseitige Neuinterpretation von Jesusüberlieferungen mit ihren verschiedenen christologischen Implikationen und dem österlichen Kerygma von Passion, Tod und Auferstehung für die Gestalt Jesu im Evangelium konstitutiv ist.[236] Alle christologischen Titel, die Jesus im Evangelium benennen, erhalten ihre inhaltliche Füllung erst von dieser Synthese her, wenngleich auch die Hoheitstitel selbst gegenüber der Jesusüberlieferung eine vertiefende interpretative Funktion besitzen.[237]

Jesus steht in einer Offenbarungseinheit[238] mit dem Vater, so sehr, daß er selbst die Offenbarung des Geheimnisses der Gottesherrschaft ist.[239] Dies ist der hermeneutische Schlüssel für den Inhalt der Botschaft vom Reich Gottes. In diesem Sinne hat Origenes von der "Autobasileia"[240] geredet: Es geht nicht um eine von ihm selbst verschiedene Sache. Vielmehr gibt es eine unmittelbare Einheit von Gehalt und Vermittlung der βασιλεία, und diese Einheit ist er selbst.

2.2.2. Die "Abba-Anrede":

Daß Jesus als Mittler des Reiches Gottes die Kategorie des Prophetischen übertroffen hat, konnten die Jünger bereits am Wirken des vorösterlichen Jesus erkennen (vgl. Mt 12,41f; Lk 11,31f). "Wir aber hatten gehofft, daß er der sei, der Israel erlösen werde" (Lk 24,21), konnten die Emmausjünger deshalb sagen. Diese seine Sonderstellung Jesu tritt bei Mk dort hervor, wo von seiner sohnhaften Beziehung zu Gott die Rede

---

236 Vgl. ders., Sohn Gottes, 66.

237 Vgl. ebd.

238 Vgl. Gnilka, Theologie, 158: "Als 'der Sohn' ist Jesus das einzigartige Gegenüber des Vaters und gleichzeitig ihm untergeordnet, wenn er es ihm überläßt, Tag und Stunde festzulegen (13,32). Für Markus ist der Gottessohn dann jener, der in seiner Erwählung, Ausrüstung und Gottverbundenheit allein befähigt ist, das mit der Gottesherrschaft gesetzte Heil zu vermitteln."

239 Dagegen steht die Auffassung der religionsgeschichtlichen Schule des vergangenen Jahrhunderts, nach der Jesus dieses Reich als eine rein eschatologische, zukünftige Grösse betrachtet habe. Diese These aufgreifend, meint H. Conzelmann, daß Jesus sich nur als ein *Zeichen* der kommenden Gottesherrschaft verstanden habe. Vgl. Conzelmann, 159.

240 Origenes, Comm. In Mt 14,7 (GCS 40, 289).

ist: Jesus sah sich in einer solchen ständigen inneren Einheit und Beziehung mit Gott, daß er ihn – in einem exklusiven Sinn – als "mein Vater" anredete: eine für seine jüdischen Zeitgenossen äußerst ungewöhnliche und singuläre Gottesanrede.[241] Die aramäische Form ἀββᾶ. kommt im NT als Anrede an Gott den Vater dreimal vor (Mk 14,36; Gal 4,6; Röm 8,15), hat sich also bis zu Paulus hin erhalten, der das Wesen des christlichen Lebens als Teilnahme am Sohnesverhältnis zu Gott versteht.[242] Hierauf beruhte die anfanghafte und langsam immer bestimmter sich einstellende Überzeugung seiner Jünger von der Vollmacht und göttlichen Sendung Jesu, die ihnen an Ostern zur festen Gewißheit wurde. Die Vater-Relation Jesu hat den Charakter des Unvergleichlichen, Einzigartigen und Unwiederholbaren: Im Hinblick auf den Vater ist Jesus "mein geliebter Sohn".[243] Diese Abba-Relation spiegelt sich in dem bedeutenden – johanneisch anmutenden – Logion, das schon in der Q-Quelle vorliegen dürfte, und in dem Jesus, erfüllt vom Heiligen Geist, ausruft:

"Mir ist von meinem Vater alles übergeben worden; niemand weiß, wer der Sohn ist, nur der Vater, und niemand weiß, wer der Vater ist, nur der Sohn und der, dem es der Sohn offenbaren will" (Lk 10,22; vgl. Mt 11,25–27). Weil es ein vollkommenes gegenseitiges Erkennen von Vater und Sohn gibt, besitzen Vater und Sohn auch eine nach außen tretende Offenbarungsidentität.[244]

---

[241] Vgl. Mk 14,36; Mt 7,21–27; 12,50; 15,13; 16,17.27; 18,10.19.35; 25,34; 26,29.39.53; Lk 2,49; 22,29; 23,34.46.49; indirekt in Mk 8,38; Mt 16,27; Lk 9,26. Die Anrede Gottes als "Abba" ist im religionsgeschichtlichen Umfeld zur Zeit Jesu eine Ausnahme. Es gibt hier allerdings auch Gegenstimmen, so meldet z. B. Schelbert, 257–281 Vorbehalte gegen die behauptete Singularität der Abba-Anrede Jesu an. Es läßt sich aber geltend machen: Obwohl die Vaterbezeichnung im Judentum und in der hellenistischen Religiosität bekannt ist, wäre die geradezu intime Art der Anrede für jüdische Ohren als zu unfeierlich und familiär empfunden worden. Die Abba-Anrede scheint der für die Gottesbeziehung Jesu am meisten charakteristische Ausdruck zu sein, weshalb er auch aramäisch überliefert und dann von den Christen übernommen wurde (vgl. Röm 8,15; Gal 4,6). Zum Problemkreis vgl. auch Ernst, Anfänge, 90–99; Kittel, 4ff; Jeremias, Neutestamentliche Theologie, 67–73.

[242] Vgl. Fitzmyer, 15–38; vgl. auch G.L. Müller, Lehre von Jesus, 148: "Die Einheit Jesu mit dem geschichtlich sich durchsetzenden Heilswillen Gottes sowie seine Offenbarungs- und Erkennntniseinheit mit 'seinem Vater' sind der Wurzelgrund seiner Verkündigung und Praxis der Gottesherrschaft."

[243] Vgl. Mk 1,11; 9,6; Lk 3,22; 9,35; Mt 2,15; 3,17; 2 Petr 1,17.

[244] Nun findet sich der Titel "Sohn Gottes" auch schon im AT, wo er den königlichen Messias auf dem Thron Davids bezeichnet (vgl. Ps 2,7; 110,1–3). Nach Röm 1,3f wird Jesus bei seiner Taufe als der messianische "Sohn Gottes" proklamiert und kraft seiner Auferweckung von den Toten in seiner Macht eingesetzt. Zu beachten ist in diesem Zu-

Wenn der Sohn den Vater in der menschlichen Geschichte repräsentiert, dann ist in solcher Repräsentation auch eine innere Relation impliziert, die wesentlich von der Vater-Sohn-Beziehung der Menschen unterschieden ist.[245] Wenngleich alle diese relationalen Aussagen über die Offenbarung Gottes in dem einen definitiven Heilsmittler, der der "Sohn" ist, keine eigentlichen "Wesensaussagen" sind, so weist doch die ganze Selbstvergegenwärtigung Gottes im Leben, im Tod und in der Auferstehung Jesu auf eine tiefere Seinseinheit von Vater und Sohn.[246]

2.2.3. Das Proprium Jesu bei Matthäus

Bedeutete die Briefliteratur des Paulus einen ersten Schritt, um die Aussagen Jesu über sich selbst mit dem Glaubenshorizont der Urkirche zu einem Konzept zu verarbeiten, in dem auch Passion, Kreuz und Auferstehung integriert sind, so konnten die nach Paulus redigierenden Evangelisten diese Aufgabe in einem je eigenen Entwurf fortsetzen, indem sie das von der Kirche bewahrte Traditionsgut aufnahmen und ihm die Struktur des Evangeliums gaben.[247] Für Mt, der von einem judenchristlichen Milieu geprägt ist und sich gleichfalls an Adressaten wendet, die ihre Wurzeln im Judentum haben, d. h. mit dem AT vertraut sind, stellt sich die Aufgabe, eine Brücke vom Glauben der Väter zum NT zu schlagen.[248] Dazu führt er die auch bei Paulus wichtige Kategorie der "Erfüllung" ein, die es erlaubt, Sendung und Person Jesu mit dem AT in Beziehung zu setzen.[249] L. Bouyer hat gezeigt, daß das ganze Mat-

---

sammenhang auch Apg 13,33, wo in Hinblick auf die Auferweckung die messianische Erwählung in Ps 110 erwähnt wird.
So gibt es im NT eine enge Parallelisierung der beiden Titel "Messias" und "Sohn Gottes", denn: "Das messianische Amt des 'Sohnes Gottes' mit der definitiven Vergegenwärtigung der Basileia in der Geschichte kann eben nur von dem ausgeführt werden, dessen personale Identität durch die einzigartige Relation zum Vater bestimmt ist". Vgl. G.L. Müller, Lehre von Jesus, 145. Der Gottessohntitel, der nicht hellenistischen Ursprungs ist, stellt freilich kein zum "Messias" gehörendes Attribut dar, so als wäre er nur eine Bekräftigung des Messiastitels, wie man nach dem Petrusbekenntnis Mt 16,16–19 versucht sein könnte anzunehmen. Darauf hat bereits O. Cullmann hingewiesen: vgl. ders., 283ff.

245 Vgl. Gnilka, Theologie, 139: "Das Mysterium des Sohnes besteht darin, daß sich Gott durch ihn offenbart, und zwar als Vater. Darum ist er der Sohn. Die Erkenntnis des Vaters ist in der des Sohnes aufgehoben."

246 Vgl. Die Entwicklung des Gedankens bei W. Pannenberg, bei mir referiert unten, 108f.

247 Vgl. Bouyer, 292.

248 Vgl. Schnackenburg, Person Jesu, 12. Zu den sogenannten "Erfüllungszitaten" vgl. ebd., 132–134.

249 Vgl. Bouyer, 294.

thäusevangelium auf dem Prinzip ruht, das schon zu Beginn der Bergpredigt genannt wird:

"Denkt nicht, ich sei gekommen, das Gesetz und die Propheten aufzuheben. Ich bin nicht gekommen, um aufzuheben, sondern um zu erfüllen" (Mt 5,17).[250] In Einklang mit der Vorgehensweise der ältesten christlichen Katechese baut Mt alttestamentliche Zitate zu einem "Schriftbeweis" aus.[251] Dabei läßt er sich von der Intention leiten, die Messianität Jesu im jüdischen Sinn zu erweisen.[252] Erst im Tun und in der Unterweisung Jesu kommt der volle Sinn alttestamentlicher Zeugnisse ans Licht. Jesus selbst hat bei Mt eine eindeutige Identifizierung mit dem Messias abgelehnt. Trotzdem kommt es Mt – wie schon Paulus – darauf an, daß Jesus der ist, "der durch die Propheten in heiligen Schriften vorausverkündet worden war ..., dessen Geschick von Tod und Auferstehung sich als 'gemäß den Schriften' erwies (1 Kor 15,3f) und der die Kontinuität des Heiles zwischen dem alten und dem neuen Gottesvolk aufrechterhält".[253] "Messias" ist Jesus nicht wegen einer angezielten irdischen königlichen Herrschaft, sondern wegen seines ganzen Tuns und Leidens.[254]

In Jesus erfüllen sich die messianischen Erwartungen des alten Bundesvolkes. Für Mt ist Jesus und nur er der Messiaskönig, der "aus Davids Geschlecht" verheißen wurde.[255] Aber sein Weg führt durch die freiwillige Erniedrigung in die Königsherrschaft "der Himmel".[256] Messias ist Jesus also als der gedemütigte und zertretene jesajanische Gottesknecht.[257]

---

250 Vgl. ebd., 130: "Der Grundsatz, daß die Schrift 'erfüllt werden muß' (26,54.56) bestätigt sich durch die Schriftzitate in nicht wenigen Einzelheiten und auf der ganzen Linie. Das christologisch akzentuierte πληροῦσθαι kennzeichnet das Matthäusevangelium als Buch schriftbezeugter Vorhersagen."

251 Vgl. Mt 1,22f, 2,5f u. a.

252 Vgl. Kessler, Christologie, 306.

253 Gnilka, Jesus, 266.

254 Vgl. Bouyer, 298. In Mt 1,1.16–18; 2,4; 11,2 u. a. tritt die Messiasbezeichnung "der Christus" stark hervor.

255 Vgl. Kessler, Christologie, 306; vgl. Schnackenburg, Person Jesu, 128.

256 Vgl. Schnackenburg, Person Jesu, 129f.

257 Vgl. Bouyer, 298: "Die Universalisierung des Volkes, die die Heidenpredigt möglich, ja dringlich machte, die damit verbundene Verinnerlichung der Tora sind darin die Folgen der radikalen Eschatologisierung des Reiches und seines Königs, der in den zusammenfallenden Gestalten des erniedrigten Gottesknechts und des übernatürlichen Menschensohnes konkret wird." Vgl. Schnackenburg, Person Jesu, 131f.: "Die christologische Tendenz tritt besonders deutlich in den beiden auf den Gottesknecht gerichteten Zitaten hervor (8,17; 12,17–21), die ein auffälliges Christusbild enthalten: der gegenwärtig mitleidsvolle Krankenheiler und der durch sein stilles, unbeirrtes Wirken den

Wegen der Feindschaft gegen Jesus gewinnt das Erfüllungszitat aus Jes 42,1–4 in Mt 12,18–21 eine zentrale Bedeutung.[258] Die Eschatologisierung des Reiches läßt das Verhältnis Jesu zur Tora, zu den Forderungen in Deuteronomium, wichtig werden: Das mosaische Gesetz erfährt durch Jesus, besonders in den Reichsparabeln (Mt 13,1–52) und in der Bezugnahme auf Dtn 19–25 (Mt 5,21–48) eine abschließende Neuinterpretation, in der Jesus als der mit Vollmacht ausgerüstete, "abschließende Interpret des Willens Gottes"[259] erscheint. In der Bergpredigt ist Jesus darum auch der "neue Mose", der seine Jünger und das ganze Volk vom Berg aus lehrt.[260] Indem alles, was er tut, dem Willen Gottes ganz entspricht, begegnet in Jesus die endzeitliche Erfüllung des Gesetzes. Und diese Erfüllung ist unübertreffbar.[261] Daß Jesus der Erfüller der messianischen Erwartungen ist, will auch die Anfrage des Täufers, ob er denn der Kommende sei (Mt 11,2f), unterstreichen.[262]

Jesus verkündigt eine neue Weise des Gutseins.[263] In dieser neuen Ethik Jesu, die den Legalismus des Gesetzes überwindet, bildet die Liebe den Kern jener neuen Gerechtigkeit wie sie in Jesu Jüngerschaft möglich wird (vgl. Mt 22,37–40).[264] Mit der Tora hängt eng die vorweltliche Weisheit in den späten Büchern des AT zusammen. Mt hat Jesus stark

---

Sieg Gottes Herbeiführende. ... Jesus verkündet das seit der Schöpfung Verborgene; er ist es, der die dem menschlichen Verstehen verschlossenen Ratschlüsse Gottes aufdeckt."

[258] Nach Schnackenburg stellt es eine wichtige Wegmarke im Evangelium dar. Vgl. ders., Person Jesu, 128.

[259] Kessler, Christologie, 307.

[260] Vgl. G.L. Müller, Lehre von Jesus, 102: "Indem Jesus von einem Berg herab seine Jünger und das versammelte Volk lehrt, erscheint er als der neue Mose und der neue Gesetzgeber in der jetzt nahen Königsherrschaft Gottes." Vgl. Schnackenburg, Person Jesu, 137.

[261] Vgl. Schnackenburg, Person Jesu, 139.

[262] Vgl. ebd., 128: "Diese zwischen den Juden und Christen kontroverse Frage beantwortet Jesus mit kombinierten Sätzen aus dem Jesajabuch, die auf sein Heilswirken und die Verkündigung an die Armen zurückschauen. Das christliche Bild des Heilenden und das Heil den Armen und Bedrückten zusprechenden Messias hebt sich empor."

[263] Vgl. ebd., 134: "Bei aller Verkündigung des Heils, das Jesus den Volksscharen zusichert (vgl. die Seligpreisungen), fordert er doch das Tun einer größeren Gerechtigkeit, als sie bisher von den Schriftgelehrten und Pharisäern durch ihre Geboteerfüllung erstrebt wurde (5,20)."

[264] Vgl. Gnilka, Theologie, 191: "Dieses neue Gesetzesverständnis und seine Praktizierung sollte das neue vom alten Gottesvolk abheben (vgl. 5,20). ... Das neue Gottesvolk erhält vom Berg eine neue Weisung, die ihre Zusammenfassung und ihr Kriterium im Gebot der Gottes- und Nächstenliebe besitzt (22,34–40)."

von der Weisheit her begriffen und ihn sogar damit identifiziert.[265] Das Wort der Weisheit (Lk 11,49) ist das Wort Jesu (Mt 23,34). Wenn man berücksichtigt, daß die Weisheit seit Sir 24,23 und Bar 4,1 mit dem Gesetz gleichgesetzt wird, dann erscheint in dem oftmals wiederholten "Ich aber sage euch" die definitive Manifestation des Willens Gottes.[266] Wegen dieser Identifikation mit der – personalisierten – Weisheit[267] ist es Gott selbst, der in Jesus den Menschen begegnet.[268]

Darüber hinaus thematisiert Mt die relationale Einheit zwischen Jesus und dem Vater, dessen "geliebter Sohn" er ist (vgl. Mt 3,17; 12,18; 17,5). Alles, was Jesus vollbringt und was in seiner Macht steht, leitet sich vom Vater her: "Mir ist von meinem Vater alles übergeben worden; niemand kennt den Sohn, nur der Vater, und niemand kennt den Vater, nur der Sohn und der, dem es der Sohn offenbaren will" (Mt 11,27). Durch die Offenbarungseinheit mit dem Vater gewinnt die Prädikation Jesu als "Sohn Gottes" eine alle anderen Bestimmungen (Messias, Davidssohn, inkarnierte Weisheit, Menschensohn[269]) überbietende Bedeutung. Gegenüber den abtrünnigen Söhnen in Jes 1,4; 30,1.9; Jer 3,14; 4,22 erweist sich Jesus gerade im Gehorsam als "der Sohn", der mit dem Vater in unverbrüchlicher Einheit steht. Die Rettung aller geschieht durch die Hingabe seines Lebens (20,28; 26,28).[270] So schließt denn auch nur bei Mt

---

[265] R. Schnackenburg weist auf die Anreicherung des Erzählgutes mit weisheitlichen Gedanken hin, so z. B. in Mt 11,18f. Vgl. ders., Person Jesu, 333: "Gott hat durch die Taten Jesu, nach 11,2–5 vor allem seine Heilungen, seine menschenfreundliche Weisheit kundgetan. Fast wird Jesus mit der Weisheit identifiziert, doch so weit wie im johanneischen Logoslied geht die Identifikation nicht. Immerhin ist es ein Schritt auf das weisheitliche Verständnis der Person Jesu."

[266] Vgl. Wilckens, "sophia" E. Neues Testament, 516f.

[267] Vgl. Christ, Jesus-Sophia, 153f. Nach Hengel war die Verbindung zwischen Jesus und der Weisheit durch seine Verkündigung vorbereitet worden (vgl. Lk 11,31//Mt 12,42). In der Übertragung weisheitlicher Züge auf Jesus durch die palästinische Urgemeinde bestätigt sich für ihn, "daß die Entwicklung der Christologie von Anfang an auf die Synthese angelegt war; anders konnte man die eschatologische Einzigartigkeit der Selbstmitteilung Gottes in dem Menschen Jesus gar nicht zureichend zum Ausdruck bringen". Vgl. Hengel, Sohn, 118.

[268] Vgl. Kessler, Christologie, 307; vgl. auch Suggs, Wisdom.

[269] Vgl. Gnilka, Theologie, 190: "Den Menschensohntitel benutzt Matthäus gern, um den zum Gericht Kommenden zu kennzeichnen. Der Ausblick auf sein Kommen durchzieht nahezu leitmotivisch das Evangelium (10,23; 13,41; 16,27f; 19,28; 24,30.44; 25,31; 26,64) und lenkt den Blick des Lesers auf das erwartete Ende. ... Das 'Zeichen des Menschensohnes', das auch nur er den Menschen vor der Parusie zu schauen in Aussicht stellt (24,30), ist das von den Jüngern erfragte Zeichen der Vollendung der Weltzeit (24,3)."

[270] Vgl. Schnackenburg, Person Jesu, 133: "Was Jesus in seiner Proexistenz für die Menschen vorlebt (20,28), wird zur vollen Zusage durch Gott in der Hingabe seines Sohnes, in der Annahme seines Sühnetodes. Dieses Erlösungsgeschehen ist noch nicht wie bei

das Petrusbekenntnis in den synoptischen Evangelien den Glauben an die Gottessohnschaft ein (Mt 16,16f), die auch von den anderen Jüngern in Mt 14,33 bekannt wird.[271] In der dem Leiden folgenden Auferstehung ist Jesus nur mehr "der Sohn", als der er hier vom Vater bestätigt wird. Er ist den Jüngern jetzt bleibend gegenwärtig und gewährt ihnen Anteil an seiner eigenen Sohnschaft (Mt 5,45; 13,38.43).[272]

Mt bietet eine von den allerersten Zeilen des Evangeliums bis zum Schlußteil durchkonzipierte, auf Jes 7,14 bezug nehmende "Immanuel-Christologie", die so etwas wie einen strukturellen Brückenpfeiler darstellt. Der verheißene Erlöser ist der "Gott mit uns" (vgl. Mt 1,20–23). Er ist aus der Jungfrau Maria geboren und stammt vom Heiligen Geist. Mt Anliegen ist es, die schriftbezeugte einmalige Messianität Jesu nachzuweisen, die schließlich zum Bekenntnis des Sohnes Gottes führt.

So ist es nicht zufällig, wenn Jesus als der Davidssproß den verheißenen Heilskönig darstellt, wie es schon die Genealogie (Mt 1,1–17) nahelegt. Aus dem Davidssohn-Gespräch (Mt 22,41–46) geht hervor, daß dieser auch "der Sohn Gottes" ist. Wenn man die von Mt bevorzugte Immanuel-Christologie im Auge hat, läßt sich unschwer eine Parallele zwischen dem Anfang des Evangeliums und dem Missionsauftrag des Auferstandenen (Mt 28,19) bzw. dem Beistandsspruch am Ende (Mt 28,20b) ausmachen.

Die dem Abraham und König David gegebenen Verheißungen besitzen einen Zug ins Universale, der am Ende des Matthäusevangeliums durch den Missionsbefehl auf alle Völker bis an die Grenzen der Erde ausgeweitet wird.[273] Derjenige, der schon im Anfang des Evangeliums der "Gott mit uns" genannt wird (Mt 1,23), ist von nun an das Mit-Sein und Für-Sein Gottes für sein Volk. So ist der Davidssproß die Vollendung der Heilsgeschichte, die mit der Berufung Abrahams begonnen hat.[274]

Paulus und Johannes durchreflektiert, findet aber bei Mt in seinen Schriftzitaten und -anspielungen eine solide Grundlage."

271 Vgl. Gnilka, Theologie, 188f: "Jesu Gottessohnsein macht sein Geheimnis aus. Ihn als solchen zu erkennen ist nur aufgrund eines Entgegenkommens Gottes, einer Offenbarung möglich. Das gilt in gleicher Weise für Simon Petrus (16,16f) wie für das entsprechende Bekenntnis der Jünger (14,27–33, Ephiphanieszene)."

272 Vgl. Kessler, Christologie, 308.

273 Vgl. Gnilka, Matthäusevangelium II, 508f.

274 Vgl. ebd., 510: "Er ist mit ihnen. Die Zusage des Mitseins hat gleichfalls ihr Vorbild im AT, wo Jahve dem einzelnen, dem von ihm Gesendeten, oder ganz Israel genau dies verheißen konnte (Gn 26,24; Ex 3,12; Dt 20.1.4.; 31,6; Jos 1,9; Ri 6,12.16; Is 41,10; 43,5). Jesus tritt auch hier an die Stelle Jahves und übernimmt dessen Amt im Hinblick auf das neue Gottesvolk."

Bei Mt findet sich Jesus also auf der gleichen Ebene wie der Vater. Diese Gleichrangigkeit mit dem Vater, von der der Gehorsam nichts wegnimmt, ist eine dynamische und funktionale, die aber für die patristische Reflexion der ontologischen Stellung Jesu eine wichtige Basis bieten wird.

2.2.4. Die Christuskonzeption des Lukas

Für Lk ist Christus das Zentrum der Heilsgeschichte wie der ganzen menschlichen Geschichte überhaupt. Er ist die Fülle der Zeit, in der die Heilsgeschichte ihren Höhepunkt erreicht. Johannes der Täufer war der Abschluß des AT. Mit dem lukanischen "von nun an" beginnt eine neue Zeit.

Gott macht mit der vom Heiligen Geist erwirkten jungfräulichen Geburt aus Maria, die die rein menschliche Genealogie durchkreuzt, einen neuen Anfang. Lk unterstreicht nicht nur die volle Menschlichkeit Jesu, sondern auch die aus seiner irdischen Geburt hervorleuchtende unvergleichliche göttliche Sohnschaft. In dieses Konzept gehören die Titel "Sohn Gottes" (Lk 1,35; 4,9.41; 8,28; 22,70; Apg 9,20), "Sohn des Höchsten" (Lk 1,32; 8,28), "Christus" (Lk 2,11.26; 3,15; 4,41; 9,20; Apg 2,30.31.36.38), und "Retter" (Lk 2,11; Apg 5,31; 13,23). "Der Retter wird im jüdischen Kontext als der verheißene Davidssproß gesehen, der sein Volk erlösen soll; er übernimmt damit die rettende Funktion Jahwes, auf den die Frommen ihre Hoffnung setzen (1,47.69f.71.74)."[275]

Lk will ein geschichtlich getreues Bild Jesu zeichnen. Er ist damit "Historiker", auch wenn er die Geschichte seinen kerygmatischen Absichten unterordnet.[276] In diesem Konstruktionsprinzip begegnet wieder der Zusammenhang von Historie und Kerygma, der sich aus der katalysierenden Funktion von Ostern ergibt: Geschichte wird durch die Auferwekkung nicht belanglos.[277]

---

[275] Schnackenburg, Person Jesu, 167. "Retter" ist Jesus wegen der Vergebung der Sünden. Vgl. ebd., 169: "In 5,31 kommt der Gedanke hinzu, daß der Anführer und Retter Jesus Israel den Nachlaß der Sünden geben soll. In dieser Funktion, Buße zu wecken und Vergebung der Sünden zu schenken, wird der 'Erretter' zum Befreier aus der Knechtschaft und Not des menschlichen Lebens. Die Vergebung der Sünden ist der Anfang auf dem Weg zum Leben bei Gott, und diesen Weg hat Jesus erschlossen."

[276] Vgl. ebd., 153. Sein Evangelium ist "eine Sammlung von Ereignissen, Worten und Taten Jesu, die sich im Leben Jesu ereigneten und die ein umfassendes Bild von seinem Wirken und Schicksal geben wollen". Vgl. ebd.

[277] Dieses eingangs entwickelte hermeneutische Prinzip findet hierin seine Anwendung. Vgl. oben, Abschn. 1.3.1.

Für Lk ist Jesus nicht ohne den Heiligen Geist zu denken, der mit ihm in einer engen Wirkeinheit steht. Daß Jesus der von Anfang an mit dem Heiligen Geist Gesalbte ist (Lk 4,18–19), erhält daher gerade bei ihm ein besonderes Gewicht: Das lukanische Kindheitsevangelium versteht schon die Geburt Jesu als den Moment, in dem er öffentlich als Gottessohn eingesetzt[278] ist: "Der Heilige Geist wird über dich kommen, und die Kraft des Höchsten wird dich überschatten. Deshalb wird auch das Kind heilig und Sohn Gottes genannt werden" (Lk 1,35), sagt der Engel bei der Verkündigung zu Maria. "Jesus ist der Sohn Gottes, dem Gott den Thron seines Vaters David geben wird (1,32), und er wird über das Haus Jakob herrschen, seines Reiches wird kein Ende sein (1,33). Auch in der Verkündigung an Maria wird also das messianische Wirken Jesu angesagt, aber doch im Rückgriff auf seine geistgewirkte Geburt."[279] Dieses beginnende menschliche Leben des Sohnes Gottes ist der von Gottes Initiative gesetzte rettende neue Anfang mit der Menschheit.[280]

Jesus ist der mit dem Vater im Gebet verbundene Sohn. Warum zeichnet Lk das Bild von Jesus als dem Beter? In seiner heilsgeschichtlichen Sicht ist Jesus der Erwählte Gottes (Lk 9,35; 23,35). Er hat seit seiner Taufe die Sendung und die Aufgaben vom Vater her zu erfüllen und durchzuführen. Das ganze Heilswirken nimmt bei Gott seinen Anfang. Bis nach seiner Auferstehung, in der Gott ihn zum Herrn und Messias macht (Apg 2,36), ist Jesus ganz von ihm abhängig und muß sich daher immer wieder im Gebet nach ihm ausrichten. Es gibt zwischen Jesus und dem Vater eine innere gegenseitige Erkenntnis. Sie ist dem Sohn verliehen, damit er den Willen des Vaters für die Menschen offenbar macht.[281]

Nach der Versuchungsszene kehrt Jesus "in der Kraft des Geistes" nach Galiläa zurück (4,14). In Nazaret beginnt er seine Predigt mit dem Zitat aus Jes: "Der Geist des Herrn ruht auf mir" (4,18).[282] Auf die besondere

---

[278] Bei Lk gibt es keine vorläufige Geheimhaltung der Gottessohnschaft wie bei Mk. Vielmehr wird sie bei der Taufe Jesu (Lk 3,21f) von Gott selbst öffentlich gemacht. Indes unterliegt das dem Messias eigentümliche Leidensgeheimnis einer aus dem Unverständnis der Menschen kommenden Verborgenheit (vgl. Lk 9,44f; 18,34), bis nach der Auferstehung sein Sinn enthüllt wird (Lk 24,25–27.45–47). Beim Verhör vor dem Hohen Rat fragen die Hohenpriester und Schriftgelehrten ausdrücklich: "Bist du also der Sohn Gottes?", und Jesus bejaht es (22,67f).

[279] Schnackenburg, Person Jesu, 157.

[280] Vgl. Kessler, Christologie, 304.

[281] Vgl. Schnackenburg, Person Jesu, 338.

[282] Vgl. ebd., 335: "Das Problem der Menschheit und Gottheit Jesu stellt sich für Lukas nicht, weil er im Menschen Jesus seine Gottbezogenheit und Gottverbundenheit erfaßt. Selbst in der äußersten Ferne von Gott, in der Ölbergstunde und in der Todesstunde,

Geistbegabung, die mit der Ermächtigung Jesu zu seiner Sendung zusammenhängt, verweist der Messiastitel, der die Vorstellung eines endzeitlichen Propheten konnotiert (vgl. Lk 4,24; 7,16; 13,33).[283] Durch die einzigartige Salbung mit dem Heiligen Geist kann Jesus besonders den Armen, Bedürftigen und Gefangenen das Heil nicht nur zusagen, sondern es auch in Wirklichkeit herbeiführen. Jesus ist der Heilende, der Arzt schlechthin. Als solcher heilt er die Menschen nicht nur von körperlichen Krankheiten, sondern er befreit sie auch aus schuldhafter Verstrickung in das Übel.[284] Die Sohnschaft, wie sie der Geist vermittelt und wie sie vom Sohn her auf die Christen übergeht, stellt für Lk – in Anlehnung an Paulus – das neue, vollkommene Menschsein dar. Darum ist der Geist Jesus in Fülle gegeben, damit der Sohn uns Menschen diese Gabe schlechthin vermittle.[285] So kann die Bitte an den himmlischen Vater um das, was wir brauchen (vgl. Mt 7,11), bei Lk zu dem großen Versprechen werden: "Wieviel mehr wird der Vater im Himmel den Heiligen Geist denen geben, die ihn darum bitten" (Lk 11,36).

Weil Lk seine Christologie insbesondere von der Anwesenheit des Geistes her, also pneumatologisch, konzipiert, bildet der Pfingstbericht der Apg mit der Herabkunft des Heiligen Geistes auf die Apostel (Apg 2,1–13) in der Geburtsstunde der Kirche, "den Schlüssel"[286] zum Verständnis des Ganzen.[287] Die anschießende Rede des Petrus, wie sie Lk an dieser

---

ist er mit dem Willen des Vaters einig (22,42), betet er in der Todesangst inständiger (22,44) und gibt im Sterben seinen Geist mit einem Gebetswort in die Hände des Vaters (23,46)." Vgl. auch den Kontext dieses Zitats auf der Seite.

283 Vgl. Kessler, Christologie, 305; vgl. Schnackenburg, ebd., 156.

284 Vgl. Schnackenburg, ebd., 344; vgl. ebd., 154: "Die ganze Jesuszeit ist eine Heilszeit, die durch die Zurückdrängung des Satans (4,13; 10,18), das Wirken des heiligen Geistes in Jesus (10,21) und die großen Wundertaten und Heilungen gekennzeichnet ist (Apg 10,38). Aber dieses in Jesus sich erfüllende Geschehen muß nach der pfingstlichen Geistausgießung noch weiter gehen und in der Kirche ihre effektiven Wirkungen zeigen." Vgl. auch ebd., 333.

285 Vgl. Kessler, Christologie 305; vgl. Schnackenburg, ebd., 155–161; vgl. auch Bouyer, 307f.

286 Bouyer, 307; vgl. Schnackenburg, ebd., 160.

287 Vgl. Schnackenburg, ebd., 335: "Der Fortschritt über Mk/Mt hinaus zeigt sich in folgendem: Erstens ist Jesus der einzige mit dem Geist Gottes Ausgerüstete, der von seiner Vollmacht freilich auch den Jüngern mitteilt (10,19), aber ihnen noch nicht den Geist mitteilt. Zweitens bestimmt der Geist das ganze Wirken Jesu bis hin zu seinem Tod, wo Jesus seinen Geist dem Vater übergibt (23,46). ... Drittens wird dadurch Jesus als der Messias in helleres Licht gestellt. An ihm erfüllt sich die prophetische Verheißung vom Geistbesitz des Messias (Jes 11,2–4; 61,1f; vgl. PsSal 17,37; 18,7; aethHen 49,3; 62,2). Viertens findet die Geistausrüstung Jesu ihre Fortsetzung in der Geistausgießung über die Kirche, so daß diese wie eine Auswirkung des Jesus verliehenen Geistes erscheint (vgl. Apg 2,33)."

Stelle konzipiert, bietet eine aufschließende Deutung des Pfingstereignisses:

> "Jesus, den Nazoräer, den Gott vor euch beglaubigt hat durch machtvolle Taten, Wunder und Zeichen, die er durch ihn in eurer Mitte getan hat, wie ihr selbst wißt – ihn, der nach Gottes beschlossenem Willen und Vorauswissen hingegeben wurde, habt ihr durch die Hand von Gesetzlosen ans Kreuz geschlagen und umgebracht. Gott aber hat ihn von den Wehen des Todes befreit und auferweckt" (Apg 2,22–24).

Wie das mit dem Messiastitel verbundene Leidensgeheimnis zuerst unverstanden bleibt, so tritt es nach der Auferstehung[288] als verborgener Heilsplan Gottes hervor, der aus der Schrift gedeutet wird (vgl. Lk 24,25–27.45–47). Eine weitere Predigt des Petrus bestätigt dies: "*Den Urheber des Lebens habt ihr getötet, aber Gott hat ihn von den Toten auferweckt. Dafür sind wir Zeugen*" (Apg 3,15). "Die Auferweckung Jesu ist der Ort, wo sich die Gottessohnschaft Jesu in ihrer rettenden Kraft enthüllt. ... Für Lukas besteht kein Widerspruch darin, daß Jesus schon auf Erden Messias war und doch erst durch die Auferweckung zum Herrn und Messias gemacht wurde; das gleiche gilt für die Rede vom Sohne Gottes."[289]

Durch die Gabe des Geistes wissen wir, wie die Predigt des Petrus versichert, daß die Verheißung von Joël erfüllt und das Reich Gottes daher schon jetzt, d. h. "in den letzten Tagen" in der Kirche gegenwärtig ist. Die Gegenwart Gottes ist jetzt, nach der Auferstehung, bei dem neuen Gottesvolk, über das der Geist ausgegossen wurde. Der Geist ist der Beweis dafür, daß die messianische Endzeit eingetroffen ist: Darauf weist der Zusammenhang mit Joël 3,1–5 hin. Und diese Gegenwart Gottes kann nun durch die Predigt der Apostel "bis zu den Grenzen der Erde" hin universalisiert werden (vgl. Apg 1,8).

Allerdings kann sich der Geist Gottes in dieser Weltzeit, die von einem anderen "Geist" beherrscht wird, noch nicht überall durchsetzen. Dies hat seine genaue Entsprechung im irdischen Leben Jesu, das bei Lk von Anfang an in einem totalen Konflikt mit dem gegnerischen "Geist" steht, den Jesus entschlossen auf sich nimmt:

Die sich weigern, Jesu Vollmacht und die souveräne Herrschaft des Geistes in ihm anzuerkennen, verbinden sich angesichts seines Auftre-

---

288 Vgl. ebd., 153: "Die Apostelgeschichte bezieht sich immer wieder auf die Geschichte Jesu zurück, auf die machtvollen Taten, Wunder und Zeichen, die er in der Mitte Israels getan hat, vor allem aber auf die Auferweckung des von Gesetzlosen ans Kreuz geschlagenen Jesus (Apg 2,22–24)."

289 Ebd., 175.

tens zu unheiliger Komplizenschaft gegen ihn, um ihn aus dem Weg zu räumen. Der Höhepunkt des Konfliktes wird in Jerusalem, der Stadt des Alten Bundes und Gottesvolkes, wo er sich entscheiden muß, ausbrechen und einen neuen "Exodus" (Lk 9,31)[290] einleiten, der im Pascha-Geheimnis beschlossen liegt.[291] Das Leiden Jesu wird zum Pascha, zum notwendigen Hinübergang in die Herrlichkeit (vgl. Lk 24,46f; Apg 2,36–38). Lk verkündigt einen Messias, der durch Leiden und Tod zur Auferstehung und zur Erhöhung bei Gott gelangt. Dahinter steht die urkirchliche Tradition vom Menschensohn. Der von Lk aufgegriffene Gedanke vom leidenden Messias ist dem urapostolischen Kerygma entnommen. Im Judentum gibt es dafür keinen Ansatz.[292]

Für Lk hat aber der ganze geistgelenkte Lebensweg Jesu soteriologische Bedeutung[293], was sich darin anzeigt, daß er auch auf seinem Leidensweg den Kranken und Sündern heilend und helfend zugewandt bleibt (Lk 22,51) und für sie eintritt (Lk 22,32; 23,34.42f).[294] Nach der Auferstehung aber kann sich das Heil, das Gott allen gewähren will, unbegrenzt auf alle Menschen ausdehnen: Es wird universalisiert[295], denn Jesus ist von nun an der erhöhte Christos und Kyrios (Apg 2,36).[296] Zu dieser Stellung des Geistes im lukanischen Doppelwerk bemerkt treffend L. Bouyer: "So wird auch in Jerusalem, wo Jesus gestorben und aufer-

---

290 Die Jerusalemer Bibel übersetzt hier mit "Lebens-Ausgang".

291 Lk "streicht aber eigens die kirchengründenden Akte des österlichen Herrn heraus, die Erhebung Jesu zur Teilhabe an der universalen Basileia Gottes öffnet die christologische Reflexion auch für das Thema der himmlischen Heilsmittlerschaft Christi". Vgl. G.L. Müller, Lehre von Jesus, 135. Bei der Auffahrt in den "Himmel" besagt dieser biblische Terminus "die geschichtlich vollendete Relation Jesu zu Gott, seinem Vater. In Jesus Christus ist die Menschheit mit ihrer Geschichte bezogen auf die Basileia von Vater und Sohn". Vgl. ebd.

292 Vgl. ebd., 171; vgl. auch ebd., 177: "Die Wende des irdischen Jesus zum erhöhten Christus ist der Zielpunkt der Evangeliendarstellung."

293 Vgl. Kessler, Christologie, 305; vgl. auch Schnackenburg, Person Jesu, 335: "Jesus führt auf dem Weg über Leiden und Tod in die Herrlichkeit Gottes. Der Weg Jesu wird zum Richtungsweiser für die Erlösung. Nichts ist dafür aufschlußreicher als die Bezeichnung Jesu als 'Anführer' (ἀρχηγός) des Lebens (Apg 3,15), des 'Retters', seit ihn Gott zu seiner Rechten erhöht hat (5,31). Nur bei Lukas findet sich dieses Prädikat, und sein Sinn erschließt sich durch den Gedanken der Errettung."

294 Vgl. Schnackenburg, ebd., 336: "Überhaupt ist die für die hellenistische Welt geöffnete Sprache des Lukas zu beachten. Ein Satz wie Apg 10,38 ist ganz auf die Rezeption im Hellenismus zugeschnitten. Jesus ist der Wohltäter der Menschen und der Arzt, Gott war 'mit ihm', das ist das Jesusbild, das Lukas vorschwebt."

295 Vgl. ebd., 335: "Alle, die Jesus als den Gekreuzigten und Auferweckten annehmen, werden gerettet werden, zuerst das Volk Israel (5,31), dann aber auch die Heiden, für die Jesus zum Licht und universalen Retter bestimmt ist (Apg 13,47f)."

296 Vgl. ebd., 174.

standen ist und von wo er zum Vater auffährt, der Geist von ihm auf die Jünger herabgesandt werden, um das neue Gottesvolk zu den Enden der Welt auszusenden. Das Geist-Motiv, das in der Apostelgeschichte überall offen auftritt, bildet schon das verborgene Leitmotiv des Evangeliums."[297]

2.2.5. Zusammenfassung: Auftreten und Anspruch Jesu

In der Verkündigung Jesu wird, wenn man auf den Anspruch seiner Person achtet, die Gegenwart des Heils nicht nur angezeigt, sondern auch durch ihn realisiert. So läßt sich folgendes bemerken:

Was K. Scholtissek über den Erkenntniszuwachs sagt, den die Jünger gerade in Anbetracht des Auferstandenen gewonnen haben, bestätigt die im hermeneutischen Kapitel vertretene These, daß erst durch Ostern jene Glaubenssynthese möglich wurde, die den irdischen Jesus mit seinen Aussagen und seinem Handeln als den eschatologischen Heilsmittler und erhöhten Herrn begreifen ließ: "Die *Jünger* finden vorösterlich zwar zu einem Christusbekenntnis (Petrus als Sprecher: 8,29), sie begreifen aber nicht wirklich die messianische Sendung Jesu (vgl. 8,29), und scheitern daher allen Beteuerungen zum Trotz (vgl. 14,27–31) in ihrer Nachfolge (vgl. 14,50–52.54.66–72). Nachösterlich begründet der Auferstandene selbst den für die Jünger eröffneten Neuanfang."[298]

Das Geschick des Boten ist für Markus aber nicht nur im Sinne der Glaubwürdigkeit der Basileia-Botschaft (*ad extra*) relevant, sondern zugleich auch – und hier liegt das ungleich größere Gewicht – im Sinne der eschatologischen Irreversibilität und der soteriologischen Universalität der Basileia-Botschaft.

Wenn man die Verkündigung des Apostels Paulus mit der Botschaft des irdischen Jesus vergleicht, gelangt man zu dem sich verdichtenden Eindruck, daß die Botschaft Jesu von der Gottesherrschaft in der Christus-Verkündigung des Paulus ihre nachösterliche Entsprechung findet, die ihr durchaus angemessen ist. Die mehr von der irdischen Lebensgeschichte her konzipierte synoptische Christologie muß auf ganz andere Weise die Herkunft Jesu deutlich machen und sein Persongeheimnis im

---

[297] Bouyer, 310.

[298] Vgl. Scholtissek, Sohn Gottes, 85. Anders Schillebeeckx, Jesus, 344–351, bes. 348; vgl. Scholtissek, ebd., 89: "Erst das Auferstehungskerygma erschließt das '*Geheimnis der Gottesherrschaft*' abschließend als ein in der messianischen Sendung Jesu irreversibel eröffnetes Heilsgeschehen."

Willen Gottes, der sich selbst erschließen will, begründen, als es Paulus, die Deuteropaulinen und das johanneische Schrifttum tun.

Bei Mt und Lk wird die Einheit von Gott und Jesus mit der geistgewirkten Entstehung des Menschseins Jesu begründet, was über die markinische Vorlage hinausgeht. Es ist hier aber zuerst und vor allem die Initiative Gottes, der durch sein schöpferisches Wirken und Pneuma Jesu Menschsein hervorbringt, woraus sich die Besonderheit Jesu ableitet.

Während für Paulus die Identität der Person Jesu in der konstitutiven Vater-Sohn-Beziehung begründet ist, schlagen Mt und Lk, gestützt auf ihre Vorlage, das Markusevangelium, einen anderen Weg ein: In ihrer Sichtweise ist der gottgewirkte Ursprung Jesu von maßgeblicher Bedeutung, denn Jesus zeigt sich bei ihnen als der Messias, der vom Geist Gottes Gesalbte. Der Geist Gottes selbst ist es, der bei ihnen den ewigen Heilswillen Gottes mit seiner geschichtlichen Verwirklichung im Menschen Jesus von Nazaret verbindet und ihm eine unüberbietbare soteriologische Einzigkeit verleiht. Weil Jesus in seinem ganzen Sein von "Gottes Geist und Kraft" (Lk 1,35) getragen ist, kann er Gott selbst als Sohn des ewigen Vaters repräsentieren.

Auf eine bloß titulare Christologie wurde darum verzichtet, weil alle Titel, die im Neuen Testament auf Jesus übertragen werden, allein für sich genommen, ambivalent bleiben, abgesehen davon, daß nicht immer klar ist, ob Jesus selbst sich so bezeichnet hat. So ist z. B. längst nicht ausgemacht, was es heißt, wenn von "Messias" oder – auf der Grundlage des AT – von "Menschensohn" oder "Sohn Gottes" die Rede ist. Es gilt, das Ganze des Christus-Bekenntnisses ins Auge zu fassen, auf dessen Grundlage die Urkirche ihre Christologie entfaltet. Was die Lehre von der Präexistenz sowie von der bei Joh voll entfalteten Sohn-Gottes-Christologie angeht, so hat M. Hengel überzeugend nachgewiesen, daß Anleihen bei einem gnostischen Erlösermythos oder hellenistischen Vorgaben nicht in Frage kommen, wo es um die Entwicklung der Christologie geht. Eine größere Rolle dürfte das alttestamentliche Weisheits-Denken gespielt haben, dessen Prädikate[299] der erhöhte Gottessohn an sich zog. Insbesondere die Präexistenz, die schon im frühesten Kerygma bezeugt ist und dann bei Joh einen wichtigen Grundzug seiner Theologie darstellt, hat sich nicht aufgrund hellenistischer Einflüsse gebildet. Sie ist auch nicht das Ergebnis einer spekulativen Überhöhung des irdischen Jesus. Sie ist vielmehr das Ergebnis einer Reflexion der

[299] Die Weisheit bzw. der Logos mußte immer mit dem Heilsmittler verbunden gewesen sein, wie schon aus Spr 8,22ff. hervorgeht, wo Verben des Geschaffenwerdens und Geborenwerdens verwendet sind. Vgl. Gese, Natus, 138f.

Kirche, die unter dem Einfluß des Heiligen Geistes den Logos aufschließt. Die Präexistenz ist letztlich die Absicherung dafür, daß die Nachfolge-Worte, deren Deutung der Kirche aufgegeben war, nicht ins Leere laufen. "Die Einführung des Präexistenzgedankens in die Christologie geschah so aus innerer Notwendigkeit. ... Mit der Präexistenz erhielt aber auch die Sendungsaussage ihre volle Form. ... Aber auf Grund der Präexistenz setzte die Sendung jetzt – analog zur Weisheit in Sir 24 – den Abstieg aus der himmlischen Sphäre, die Erniedrigung und Menschwerdung voraus, wie sie uns im Philipperhymnus geschildert wird."[300] Unverkennbar ist auch der alttestamentliche Hintergrund: Jesu Worte und sein Heilshandeln erscheinen teils in Anknüpfung an alttestamentlich-jüdische Erwartungen vom Messias und seinem Heilswerk, teils im Widerspruch zu ihnen. Gerade das Bekenntnis zu seinem messianischen Sendungsauftrag und sein Anspruch, daß mit seiner Person die Frage nach Gott und das Heil der Welt auf dem Spiel stehen, macht ihn für die Juden in Jerusalem zu einem von Gott zurecht Verfluchten (vgl. Dtn 1,23), läßt ihn aber vor der Urgemeinde als verheißenen Messias, den Gott zu seiner Rechten erhöht (vgl. Ps 110,1) und zum "Herrn und Christus" gemacht hat (vgl. Apg 2,36), erscheinen. Das alttestamentliche Gottes- und Offenbarungsverständnis kannte schon eine Verbindung zwischen der Weisheit und dem Wort bzw. dem Geist, in denen sich das Sein Gottes nach außen vermittelt, und den Propheten, dem himmlischen Menschensohn und den messianischen Heilsträgern.[301] Bei den Synoptikern wird die Weisheit Gottes andeutungsweise mit der Person Jesu identifiziert (Mk 6,2; Mt 11,19; 12,42; 13,54; Lk 2,40; 11,17; 7,35; 11,31.49). Daß Jesus mit Gott eins ist, wird auch von Paulus ansatzweise im Sinne einer Identität der Weisheit Gottes mit Jesus interpretiert (1 Kor 1,24; 1,30; Kol 2,3). Das NT kann hier an Andeutungen der alttestamentlichen Weisheitsliteratur über eine Art Inkarnation der mit Gottes Sein verbundenen Weisheit anknüpfen. In dem Prozeß, der zur Ausbildung der johanneischen Logoschristologie (im Prolog) führte, wurde der mythologicverdächtige Begriff "sophia" durch einen schärferen ersetzt: "logos" bzw. "Wort Gottes".

Es gibt somit nach der Theologie des NT eine absolute Identifikation des ewigen, zum Seinsvollzug Gottes selbst gehörenden Wortes, in dem Gott die Schöpfung hervorbrachte, mit dem geschichtlichen Heilsmittler, Jesus von Nazaret. Diese Identifizierung sichert die Unüberbietbarkeit und Endgültigkeit der Offenbarung.

---

[300] Hengel, Sohn, 112.

[301] Vgl. Scholtissek, In ihm Sein, 99–104; 125.

Die Verbindung von jüdischem Weisheitsdenken auf dem Hintergrund der Schöpfungsvorstellung[302] mit dem damit gegebenen biblischen Zeit- und Geschichtsverständnis führte mit innerer Konsequenz zur Ausbildung des Gedankens der Präexistenz, wenn man sich der völligen Selbsterschließung Gottes in Jesus von Nazaret vom biblischen Denken her vergewissern wollte.

Es wurde dabei nicht ein schlichter irdischer Jesus, wie er sich – unabhängig von den späteren Projektionen der Apostel, des Paulus und der Urkirche – selbst verstanden hat, mythologisch zu einer Göttergestalt analog dem heidnischen Mythos hochstilisiert, sondern vielmehr eine immer drohende Mythisierung (aus einem sich selbst verabsolutierenden Denken = hellenistische Philosophie oder aus gnostischen Vorstellungen) "durch die trinitarische Radikalität des Offenbarungsdenkens überwunden".[303]

"Präexistenz" freilich bedeutet hier noch nicht jenes ungeschaffene, zeitlos-ewige Sein bei Gott, wie es später im Gefolge der Überwindung des arianischen Streites aufgefaßt wurde, sondern deutet ganz schlicht auf ein Sein *vor* der Weltschöpfung. Der präexistente Gottessohn, wie er uns in der Verkündigung der Urkirche vorgestellt wird, gehört jedoch ganz auf die Seite des Vaters, von dessen Selbsterschließung das Johannesevangelium redet.

3. Der Christus des Johannesevangeliums

Das Johannesevangelium[304] erschließt die Lebensgeschichte Jesu in anderer, reflektierterer Weise als die synoptischen Evangelien. Es ist heute nicht selbstverständlich, bei der Frage nach der Person Jesu in ihrem Selbstverständnis, das uns durch das urchristliche Bekenntnis vermittelt wird, von Johannes auszugehen. Aus den vorangestellten hermeneutischen Überlegungen ergibt sich meine These, die die starke Gewichtung von Johannes in dieser Studie absichern soll: Der Christus des Johannesevangeliums ist nicht das Produkt einer hellenistischen oder gnostischen Überfremdung des synoptischen Jesus. Vielmehr liegt bei Johannes eine stärkere Entfaltung desselben ursprünglichen christlichen Kerygmas vor, wie es auch bei den Synoptikern und bei Paulus zu finden

---

302 Vgl. Wilckens, "sophia" C. Judentum, 497–510.

303 Vgl. Hengel, Sohn, 113.

304 Ich greife dabei vor allem auf die exegetischen Schriften von R. Schnackenburg und I. de la Potterie zurück. Besonders letzterer hat eine Johannes-Auslegung begründet, in der auch die Stimmen von Kirchenvätern berücksichtigt werden.

ist. Die johanneischen Schriften bilden in der gesamten urkirchlichen Christus-Überlieferung den Abschluß und Höhepunkt der christologischen Reflexion. Die Grunderfahrung, die bei Johannes begegnet, ist aber die gleiche wie in den früheren biblischen Schriften: Das messianische Heilswirken Jesu wurde durch die Auferweckungstat bestätigt und er selbst – aus dieser österlichen Rückschau – als der ewige Sohn Gottes offenbart.

Stärker als die synoptische Tradition bildet das johanneische Schrifttum eine Brücke zu den frühchristlichen Konzilien, in denen sich – angesichts gnostischer und hellenistischer Vereinnahmungen – das Ringen der frühen Kirche um den Christus der Offenbarung niederschlägt, und deren Kernaussagen in ihrem wesentlichen Zusammenhang in Teil 1 herausgearbeitet werden sollen.

Das Umfeld, in dem die johanneische Reflexion über Person und Wirken Jesu Christi anhebt, ist das der christlichen Gemeinschaft, wie sie sich bis Mitte des ersten Jahrhunderts, besonders in Kleinasien, entwickelt hatte. In dieser Gemeinschaft suchte eine gnostisch-doketische Häresie sich zu Gehör zu bringen, die dahin tendierte, den historischen Jesus und den pneumatisch-himmlischen Christus auseinanderzureißen.[305] Die frühe Gnosis ist geprägt von einem starken Dualismus zwischen der oberen und unteren Welt, zwischen Geist und Materie, zwischen der Sphäre des Göttlichen und des Menschlichen, Licht und Finsternis. Das Heil des Menschen wird vor allem als Erkenntniserweiterung oder Illumination konzipiert, Erlösung geschieht durch Wissen, während die konkrete Geschichte und Lebenspraxis der Bedeutungslosigkeit anheimfällt. Nach gnostischer Auffassung gibt es zwei koexistente "Welten", die eine himmlisch und die andere terrestrisch, wobei die letztere nur ein Schattenbild der eigentlichen himmlischen Welt darstellt. Sie erscheint als äußerlich, unwesentlich und kann abgetan werden. Dabei ist das irdische Dasein im Sinne einer Seinsminderung aus der oberen Welt herausgefallen, so daß auch die menschliche Geschichte als Verlängerung dieses Abfalls keinen Sinn ergibt. Dagegen erscheint die Erlösung als eine Flucht in die höhere, eigentliche Welt und sie kann sich nur dann ereignen, wenn irgend jemand aus der oberen zu den Menschen absteigt, um sie aus ihrer gefallenen Existenz zu erlösen. Dazu bedarf es keiner wirklichen Berührung der beiden Welten in der Weise, daß der

[305] Vgl. Neugebauer; vgl. Schottroff; vgl. Schnelle, bes. 76–83; vgl. Colpe/Haenchen/ Kretschmar, 1648–1661.

Bote aus der oberen Welt sich konkret in einem geschichtlichen Punkt mit der unteren verbindet, um Mensch oder sogar "Fleisch" zu werden.[306]

Für die junge Kirche war die Auseinandersetzung mit der Gnosis, derzufolge Christus wegen – ihrer dualistischen Voraussetzung – keinen wirklichen Leib angenommen haben konnte, "ein Kampf auf Leben und Tod", wie W. Kasper in seiner Christologie bemerkt.[307] Diese Auseinandersetzung spiegelt sich an nicht wenigen Stellen im johanneischen Schrifttum. So vertreten die christologischen Irrlehrer des ersten Johannesbriefes eine gnostisierende Christologie, die stark zum Doketismus neigt.[308]

3.1. Das Wirken Jesu

Das Johannesevangelium beschreibt, nach dem präludierenden Prolog, der schon die gesamte Grundthematik angibt, den irdischen Lebensweg Jesu als Passionsgeschichte mit einer fortschreitenden Kenose bis ins Leiden und Kreuz, bis zu jener "Stunde" Jesu, die dann zugleich zu seiner "Erhöhung" und "Verherrlichung" wird.[309] Das Pascha-Mysterium steht am Ende, erhellt aber rückwirkend schon alle einzelnen voraufgehenden Etappen des Lebens und Wirkens Jesu.[310]

Ein zentrales Thema des Evangeliums nach Johannes ist die Offenbarung, die Offenbarung Gottes in Jesus Christus.[311] Diese ereignet sich

---

306 Vgl. Segalla, 138; vgl. Kasper, Christus, 233f.: "Von den Rätseln des menschlichen Daseins wird der Mensch erlöst, indem er sich auf seine himmlische Bestimmung besinnt und sich in seinem geistigen Selbst aus der Umklammerung der materiellen Welt löst. Deshalb ist die Gnosis durch einen schroffen Dualismus, einen Gegensatz zwischen Licht und Finsternis, Gut und Böse, Geist und Materie, Gott und Welt, bestimmt." Vgl. Schnackenburg, Johannes I, 435–444.

307 Vgl. Kasper, ebd., 234.

308 Vgl. Schnelle, 231–246.

309 Vgl. Potterie, Vérité, Bd. 1, 195; vgl. auch ebd. 199: "Mais l'expérience essentielle des disciples fut de voir Jésus en union constante avec le Père, dans une soumission parfaite envers le Père. Cette soumission atteignit son point culminant à la Croix, qui devenait par là le sommet de la révélation de Jésus comme Fils de Dieu, donc aussi le moment véritable de sa glorification."
Zur Symbolik des Paschalammes vgl. H.-J. Schulz, 333: "Sie durchzieht das Joh-Ev von den Hinweis- und Deuteworten des Täufers in Joh 1, 29.36 bis hin zum Kreuzestod, in dem sich Jesus definitiv als das neue und wahre Passa erweist, wie es in Joh 19,36 mit deutlichem Verweis auf Ex 12,46 bekundet wird. Diese Passalamm-Soteriologie bildet zugleich das Rückgrat der Leben-Jesu-Darstellung des Joh-Ev, insofern die drei Passafeste im Wirken Jesu laut Joh 2,13; 6,4 und 3,1 außerordentlich betont sind."

310 Vgl. Potterie, Passieverhaal, 14; vgl. Schnackenburg, Johannes I, 446.

311 Vgl. Maggioni, 1342f.

nicht nur im Wort, sondern vor allem auch im Wirken Jesu durch σημεῖα und ἔργα – Ausdrücke, die nicht allein die Wunder im engeren Sinn meinen, sondern das ganze Auftreten Jesu mit seinem Handeln und Predigen umfassen.[312] Darin tritt etwas hervor, das für die Menschen verborgen und verschlossen war: das göttliche Leben, das der todverfallenen Menschheit geschenkt wird (vgl. Joh 12,38).[313] Jesus ist auch in dem, was er tut, der eschatologische Offenbarer.[314]

Um diesen Vorgang zu verstehen, muß man immer den alttestamentlichen Hintergrund gewahr haben, auf dem diese Aussagen erst ihre charakteristische Bedeutung erhalten: "Zeichen", die im AT das wunderbare Handeln Jahwes an seinem Volk während des Exodus (vgl. Ex 4,1–9; Num 14,11) betreffen, stehen für das Große, das der Gott Israels vollbringt, um sich selbst seinem Volk zu offenbaren. In den Zeichen tut sich eine Differenz auf zwischen dem Gegenwärtigen und Zukünftigen, dem Äußeren und Inneren, dem Sichtbaren und dem, für das es Zeichen ist: die verborgene Gegenwart Jahwes.

Wenn Jesus ein "Zeichen"[315] wirkt, so tritt nicht einfach nur eine abstrakte Wahrheit oder ein zukünftiges Geschehnis zutage, sondern es zeigt sich darin, daß Gott selbst um des Heiles des Volkes willen in die Geschichte eingreift. Damit enthüllt das ganze irdische Wirken Jesu, ausgehend von seiner augenscheinlich-sichtbaren Gestalt und seinem Auftreten das definitive Eingreifen Gottes in das Geschick der Menschen. In der Person Jesu, des Eingeborenen des Vaters, eröffnet sich das Geheimnis der Gegenwart Gottes.

Dies gilt in besonderer Weise für die Wunder[316]. Ausgehend von den

---

[312] Vgl. Gnilka, Theologie, 249: "Als Gottes Gesandter ist Christus ein Bote, der nicht – wie es dem antiken Botenrecht entspricht – mit der Erledigung seines Auftrags zurücktritt und überflüssig wird, sondern in seine Herrlichkeit eingesetzt wird (17,1–5; 13,31f). Ebenso hat er nicht nur eine Botschaft auszurichten, sondern auch ein Werk, Werke zu vollbringen. Dem entspricht sein letztes Wort: 'Es ist vollbracht' (19,30). Sein Werk umfaßt gewiß seine Botschaft, greift darüber hinaus und bezieht auch seinen Tod und die von ihm gewirkten Zeichen mit ein."

[313] Vgl. Schnackenburg, Johannes I, 446.

[314] Vgl. Scholtissek, In ihm Sein, 256: "Die *Theozentrik* Jesu ermöglicht es dem Vater, sich selbst ganz und gar im Sohn zu vergegenwärtigen. Jesus repräsentiert nicht den Vater, er *präsentiert* ihn. In der grenzenlosen Offenheit des Sohnes für den Vater entsteht der geeignete Wirkraum der Vergegenwärtigung des Vaters."

[315] Zum Ausdruck vgl. Schnackenburg, Johannes I, 344–354.

[316] Die Frage der Bedeutung und Problematik der Wunder Jesu wird in neueren Christologien u. a. diskutiert bei Kasper, Christus, 104–116; Kessler, Christologie, 271–272; Mondin, 354–358.

Wundern[317] ist es möglich, die Ebene der "Ich-bin-Aussagen", der Selbstoffenbarung Jesu, zu erreichen, denn "die joh. σημεῖα im vollen und tiefen Sinn gehen ganz und gar von Jesus aus, sind untrennbar an sein Offenbarerwirken im Auftrag des Vaters gebunden und können nur im Glauben aufgenommen und verstanden werden"[318]. So heißt bei dem ersten Zeichen, das Jesus wirkte: "So tat Jesus sein erstes Zeichen, in Kana in Galiläa, und offenbarte seine Herrlichkeit" (Joh 2,11).[319]

Ein anderes Vermehrungswunder, die Brotvermehrung, ist ein Zeichen für Jesus als "Brot des Lebens" (vgl. Joh 6), die Heilung des Blinden ist Zeichen für Jesus als "Licht der Welt" (vgl. Joh 9), während die Auferweckung des Lazarus auf Jesus als "die Auferstehung und das Leben" (vgl. Joh 11) weist. Die Zeichen Jesu finden ihren Gipfelpunkt im Geheimnis von Tod und Auferstehung Jesu, dem größten Zeichen von allen.[320]

Aber nicht die Wunder allein, sondern alle seine "Werke", sind Ausdruck der Selbsterschließung seines Persongeheimnisses und seiner göttlichen Sendung.[321] Sie sind charakteristisch für die Handlungsweise Christi, zugleich aber auch für die des Vaters, und deuten darauf hin, daß die Dinge, die Jesus vollbringt, eine letzte Realität darstellen, wie sie nur der Glaube zu entdecken vermag. In Jesu Wirken verdichtet sich das gesamte Handeln Gottes mit den Menschen ausdrücklich, so zwar, daß es in Wirklichkeit der Vater selbst ist, der in Jesus wirkt, denn Jesus ist kein anderer als der Sohn, in dem und durch den der Vater wirkt.[322]

---

317 Zur Bezeichnung der Wunder Jesus steht bei Johannes durchweg der Ausdruck "Zeichen", so in Joh. 2,18.23; 3,2; 4,48.54; 6,2.14.26.30; 7,31; 9,16; 10,41; 11,47; 12,18.37; 20,30.

318 Schnackenburg, Johannes I, 347.

319 Dabei offenbart sich das Geheimnis Christi in dieser Geschichte und ihrer konkreten Faktizität, auf die es aber nicht reduziert werden kann, weil es sie jeweils auch auf seine Person und deren Herrlichkeit hin übersteigt. Vgl. Schnackenburg, Johannes I, 350f; 353.

320 Vgl. Joh. 2,18–21; 12,33; 18,32.

321 Auch hier ist wieder die typische Bedeutung der Ausdrücke im AT zu sehen, wo die "Werke" die heilshafte Gegenwart Gottes bei seinem Volk enthüllen. Vgl. Cerfeaux, 48; vgl. Schnackenburg, Johannes I, 348.

322 Vgl. Cerfeaux, 48: "C'est ici sans doute le pont culminant de la théologie johannique. Les miracles du Fils, ses 'oeuvres', sont en réalité l'activité du Père, son activité essentielle de création et de vivification; en les voyant, nous voyons d'un seul regard le Fils et le Père qu'il manifeste. Les oeuvres de l'Ancien Testament sont devenues les oeuvres de salut opérées par le Christ, tout en restant les oeuvres de Dieu." Vgl. auch Amato, 118.

Während in der synoptischen Tradition der Konflikt um die Einhaltung des Sabbatgebotes[323] stark hervorgehoben ist, da die Herrschaft Gottes auch in einem neuen Verständnis des "Gesetzes" zum Ausdruck kommt, zielt die Polemik bei Johannes mehr auf die Einheit des Sohnes mit dem Vater und gewinnt dadurch eine markanteres christologisches Profil.[324] Dafür kann vor allem Joh 5,19–26 als Beispiel dienen: Das gemeinsame Wirken von Vater und Sohn radikalisiert sich hier sehr deutlich: "Der Sohn kann nichts von sich aus tun, sondern nur, wenn er den Vater etwas tun sieht. Was nämlich der Vater tut, das tut in gleicher Weise der Sohn" (Joh 5,19); oder "Von mir selbst aus kann ich nichts tun; ich richte, wie ich es vom Vater höre, und mein Gericht ist gerecht, weil es nicht um meinen Willen geht, sondern um den Willen dessen, der mich gesandt hat" (Joh 5,30). Hier haben wir den eigentlichen Grund, warum Jesus sich bei den Führern der Juden verhaßt macht, "weil er nicht nur den Sabbat brach, sondern auch Gott seinen Vater nannte und sich damit Gott gleichstellte" (Joh 5,18). Das Herr-Sein über den Sabbat beruht auf seiner göttlichen Sohnschaft. Eine Schlüsselstelle ist Joh 5,17, wo es heißt: "Mein Vater ist noch immer am Werk, und auch ich bin am Werk." Im ganzen Wirken Gottes, das für das AT im Sechstagewerk bei der Erschaffung der Welt und des Menschen anhebt und sich in Vorsehung und Gericht über die Menschen fortsetzt, hebt Jesus bei Johannes die – nicht einmal durch den Sabbat unterbrochene – Kontinuität im Wirken als göttliches Vorrecht hervor: Gott wirkt immer! Jesu Tun liegt nun auf derselben Ebene dieses heilshaften Wirkens Gottes, das keine Arbeitsruhe oder Unterbrechung kennt. Es ist keine Verletzung des Sabbats, einem Menschen das Leben, die Freiheit und die Freude der Selbstbewegung zurückzugeben (Joh 5,1–9), sondern Zeichen für die Gabe Gottes, für die wiedererlangte Freiheit und die eschatologische Ruhe, wie aus dem Streit mit den Juden hervorgeht. Während die Juden Jesus beschuldigen, sich nicht dem Sabbatgebot Gottes zu unterstellen, erweist sich gerade das Gegenteil als wahr: In ihm zeigt sich doch das heilschaffende Wirken Gottes, das keinen Stillstand kennt.[325] Da sie ihre Augen vor der einzigartigen Beziehung zwischen

[323] Das Sabbatgebot schärfte die Sabbatruhe ein (vgl. Ex 20,8–11; Dtn 5,12–15). Sabbatheilungen oder -übertretungen finden sich in den Evangelien an mehreren Stellen: Mk 2,23–28 parr; 3,1–6 parr; Lk 13,10–17; 14,1–6; Joh 5,9ff; 9,14ff.

[324] Vgl. Schnackenburg, Kirche, 94: "Das Hauptinteresse des vierten Evangeliums richtet sich auf die Christologie."

[325] Vgl. Gnilka, Jesus, 222: "Jesus hat keinesfalls im Sinn, den Sabbat abzuschaffen. Was er vorhat, ist, ihm seine gemäße Bestimmung zurückzugeben, die er schon in der Schöpfungsordnung verankert sieht. Daß der Sabbat um des Menschen willen gemacht worden ist, bezeichnet erneut ein Handeln Gottes, hier sein Schöpfungshandeln, das Jesus in der eschatologischen Zeit wiederherstellt. ... Am Sabbat eine Heilung verweigern

Da sie ihre Augen vor der einzigartigen Beziehung zwischen Jesus und seinem Vater verschließen, entgeht ihnen, daß es gerade zu seiner Natur gehört, weswegen sie ihn anklagen, nämlich daß er sich Gott gleichstelle.[326]

Mit dem Thema der "Werke" oder des "Wirkens", die dem Vater und dem Sohn gemeinsam sind, hängt eng der absolute Gebrauch des Sohnestitels zusammen, der für Johannes charakteristisch ist.[327] So kommt für die Gläubigen das Heil aus dem Glauben an den Sohn (vgl. Joh 6,40), während das Gericht Gottes auf den wartet, der nicht glaubt: "Der Vater liebt den Sohn und hat alles in seine Hand gegeben. Wer an den Sohn glaubt, hat das ewige Leben; wer aber dem Sohn nicht gehorcht, wird das Leben nicht sehen, sondern Gottes Zorn bleibt auf ihm" (Joh 3,35f). Genauso bleibt die Erhörung des Bittgebetes im Namen Jesu nicht aus, "damit der Vater im Sohn verherrlicht wird" (Joh 14,13). Jesus ist Sohn in einer einzigartigen, unwiederholbaren Weise, eben der μονογενής θεὸς (Joh 1,18).[328]

Auf der Basis des gemeinsamen Wirkens unterstreicht das Johannesevangelium – selbst da, wo der Ausdruck "Sohn" nicht explizit fällt – die einmalige Beziehung von Vater und Sohn, ihre totale reziproke Immanenz[329] ("daß in mir der Vater ist und ich im Vater bin" [Joh 10,38b]), ihr

---

wollen bedeutete, sich gegen das Heil des Menschen und damit gegen den Willen Gottes richten."

326 Vgl. Maggioni, 1432.

327 Vgl. Schnackenburg, Christologie, 341: "Für Johannes ist Jesus als der Messias und der Sohn Gottes niemand anders als der wesensgleiche Sohn Gottes des Vaters und die absolute Redeweise von 'dem Sohn' erklärt sich eben aus seiner Relation zum Vater. Hier finden wir das Herzstück der joh. Christologie; in dieser Selbstprädikation des joh. Jesus (bes. 5,19–26), die vom Evangelisten aufgenommen und einige Male verdeutlicht wird (I,14.18; 3,16.18; vgl. 1 Joh 4,9) spricht sich für ihn das tiefste Wesen und Geheimnis Christi aus."

328 Auch der Gebrauch des Sohnestitels in Joh. 3,16.18 ist hier zu beachten, der an die alttestamentliche Vorgabe in der Abrahamsgeschichte (Gn 22,2.12.16) erinnert.

329 K. Scholtissek hat alle Aussagen über die reziproke Immanenz, also Aussagen, in denen vom gegenseitigen "Enthaltensein" die Rede ist, wenn das Verhältnis von Personen zueinander beschrieben werden soll, im *Corpus Johanneum* untersucht. Diese Art Aussagen binden je zwei Subjekte zusammen: Wenn zwei im johanneischen Sinn "eins" sind, so sind sie damit keineswegs auch schon identisch, ja müssen nicht einmal den gleichen Rang einnehmen. Es wird vielmehr eine intensive Beziehung formuliert, die die Besonderheit der jeweils anderen Person hervortreten läßt. Reziproke Immanenz-Aussagen anerkennen die Differenz von Personen und ihre personale Identität. Scholtissek zeigt, wie die Struktur der Vater-Sohn-Relation auf die Beziehung zwischen Christus und den Jüngern übertragen wird. Das "Einwohnen" des einen im anderen wird sich in der nach Joh folgenden Diskussion über Person und Dreifaltigkeit als wichtiges Grunddatum erweisen. Vgl. Scholtissek, In Ihm Sein.

Alles-gemein-Haben, das besonders in Joh 17,10a zum Ausdruck kommt, wo es heißt: "Alles, was mein ist, ist dein, und was dein ist, ist mein", und schließlich ihre vollkommene und absolute Einheit: "Ich und der Vater sind eins" (Joh 10,30).[330]

3.2. Das Sein Jesu – die ἐγώ-εἰμι-Aussagen

Der Christus des Johannes hebt sich nicht zuletzt dadurch von dem der Synoptiker ab, daß er sich in "Ich-bin-Aussagen" vorstellt. Dabei geht es weniger um christologische Hoheitstitel, die er sich in einer Selbstprädikation zulegt, als vielmehr um Bilder, die das Selbstverständnis Christi beleuchten können.[331]

3.2.1. Mit einem Prädikat

In der Lazarusperikope sagt Christus zu Martha: "Ich bin die Auferstehung und das Leben" (Joh 11,25) – eine Aussage, die unmittelbar den Vergleich mit Joh 5,26 aufruft: "Denn wie der Vater das Leben in sich hat, so hat er auch dem Sohn gegeben, das Leben in sich (selbst) zu haben."

Damit wird gesagt, der Sohn Gottes habe das Leben genauso in sich wie der Vater und besitze deshalb die Macht, Tote zum Leben zu erwecken, denn "Gott gibt sein Leben nicht äußerlich wie ein Geschenk an den Sohn weiter, sondern gewährt ihm Anteil an seinem eigenen inneren Besitz, ohne selbst etwas vom Reichtum seines Lebens zu verlieren", wie R. Schnackenburg in Anschluß an Augustinus bemerkt.[332]

Augustinus geht bei dieser Stelle der Frage nach, ob der Sohn schon vorher war, als er mit diesem Leben etwas empfing. Er versteht dieses Wort von dem, der nicht schon als Mensch unter Menschen existiert, zeigt es doch den Hervorgang des Sohnes vom Vater: "Er zeugte den Sohn, der das Leben ist."[333] Der Sohn hat das Leben nicht durch Teilha-

---

[330] Zu Joh den Vv. 10, 26–29 und 10,34–36 vgl. Scholtissek, In ihm Sein, 327: "In der Sache laufen beide Entgegnungen Jesu auf den Aufweis seiner christologischen Identität hinaus: Die Einheits- (V. 30) und die Immanenz-Aussage (V. 38) *variieren* und *profilieren* die in den 'ICH-bin'-Worten Jesu (vgl. Vv. 7b–18) reklamierte eschatologisch-universale Offenbareridentität Jesu."

[331] Zu den verschiedenen bildhaft eingekleideten "Ich-bin-Aussagen" vgl. Gnilka, Theologie, 247–254.

[332] Schnackenburg, Johannes II, 142.

[333] Augustinus, De Trin. 2,2 (CChr 50,85), vgl. auch ebd. 1,12 (CChr 50,66); 1,13 (CChr 50,72); vgl. In Ioa. 12, 10 (CChr 36, 229): "Ergo quod dicitur; dedit Filio, tale est ac si diceretur; genuit filium; generando enim dedit."

be, so daß es ihm von außen gegeben wäre: "Nicht von anderswo hat er das Leben, sondern in sich selbst. Denn sein Leben (*vivere*) ist in ihm, es ist nicht von anderswo her, es ist kein fremdes; er nimmt sich nicht sozusagen das Leben als Leihgabe und er wird nicht gleichsam des Lebens teilhaft, eines Lebens, das nicht er selbst ist, sondern 'er hat das Leben in sich selbst', so daß er selbst in sich das Leben ist."[334] Nur darin unterscheiden sich Vater und Sohn, daß der Vater ganz und gar ursprungslos ist, während der Sohn mit dem, was er ist, sich ganz vom Vater her empfangen hat: Der Sohn hat in sich selbst das Leben, das ihm der Vater gegeben hat.[335] Diese Aussage über das Leben ist Teil der Selbstoffenbarung Jesu, d. h. seine Botschaft hat nicht nur den Vater zum Inhalt, sondern auch ihn selbst in seiner Person.[336] Wenn Jesus sich aber in dieser Weise selbst offenbart, so ist diese Tätigkeit ganz auf das Heil der Menschen gerichtet. Es geht darum, den Menschen das wahre Leben zu bringen: Wer an ihn, den Menschensohn oder den Eingeborenen (μονογενοῦς παρὰ πατρός), den endzeitlichen Gesandten Gottes glaubt, der "hat das ewige Leben"[337], denn "er ist der wahre Gott und hat das ewige Leben" (1 Joh 5,20). Darum ist Christus für alle "der Weg" (Joh 14,6), der einzige Zugang zum ewigen Leben (Joh 10,7.9).

3.2.2. In absoluter Prädikation

Für das Johannesevangelium typisch sind auch jene Selbstaussagen Jesu, in denen es um seine Identität geht und in denen die *Existenz* (das "ist") in absoluter Form prädiziert wird, wie sie besonders in Joh 8,24.28.58 vorliegen. Der Vergleich mit dem entsprechenden Gebrauch bei den Synoptikern läßt erkennen, daß sie bei Johannes in einer entschiedenen Weise verwendet werden, die auf eine tiefere Bedeutung und ein größeres theologisches Interesse schließen läßt, das sich damit verbindet.[338]

In Joh 8,24 heißt es: "Ich habe euch gesagt: Ihr werdet in euren Sünden sterben; denn wenn ihr nicht glaubt, daß ich bin, werdet ihr in euren Sünden sterben." Weil das "Ich bin" hier absolut steht, also nichts hinzu-

---

[334] In Ioa. 19,11 (CChr 36, 194).

[335] Vgl. ebd.

[336] Vgl. Gnilka, Theologie, 246: "Der johanneische Christus verkündigt sich selbst. Er ist Subjekt und Objekt der Verkündigung."

[337] Wie in Joh 1,14; 3,15.36; 5,24 u. a.

[338] Der Ausdruck ἐγώ εἰμι findet sich bei Mt 3, bei Mk 3, bei Lk 4 und bei Joh 29 mal, davon 1 mal bei Mt, 2 mal bei Mk und Lk und 29 mal bei Johannes in einem Jesus-Wort. Vgl. Schnackenburg, Johannes II, 59.

gefügt wird, ist es nach Augustinus etwas Großes und Unerhörtes, das Jesus damit nahelegt.[339] Es ist eine Aussage, die bei den Juden Anstoß erregt, denn "es ist die atl. Offenbarungsformel, die der johanneische Jesus als der ntl. Offenbarer für sich in Anspruch nimmt".[340] Der Sohn ist auf den Vater hin transparent (Joh 8,28) und weist in seiner irdisch-sichtbaren Gestalt in die Ewigkeit Gottes hinein. Ein weiterer Konditionalsatz mit einer gleichwertigen Aussage liegt in Joh 8,28 vor: "Wenn ihr den Menschsohn erhöht habt, dann werdet ihr erkennen, daß ich (es) bin."

Um die Bedeutung dieser Aussagen in rechter Weise zu gewichten, muß man die alttestamentlichen Vorgaben heranziehen, aus denen der Bedeutungsgehalt – in anderem Kontext – ersichtlich wird: In dem "Ich bin der Ich-bin"[341] aus Ex 3,14–16 liegt sicher der primäre Bezugspunkt[342] vor: Jahwe offenbart sich in seiner realen Gegenwart und in wirksamer Treue als Herr der Geschichte. Daneben lassen sich auch Worte wie die in Jes 43,10.11 stellen, wo es heißt: "Ihr seid meine Zeugen – Spruch des Herrn – und auch mein Knecht, den ich erwählte, damit ihr erkennt und mir glaubt und einseht, daß ich (es) bin." "Ich bin Jahwe, ich, und außer mir gibt es keinen Retter."[343] In diesen Aussagen gibt sich der Gott Israels als der wahre Gott zu erkennen, der jedes andere Volk und jede menschliche Wirklichkeit transzendiert, und der insbesondere sein eigenes Israel an Treue und heilschaffender Liebe bei weitem übertrifft. Hierin drückt sich der Glaube Israels an die zuvorkommende Treue Gottes aus.

---

339 Augustinus, In Ioa. 38,8 (CChr 36, 341).

340 Schnackenburg, Johannes II, 253.

341 Hier mit Absicht nach Vg. zitiert! Die Einheitsübersetzung bietet hier "Ich bin der 'Ich-bin-da'" – eine Übersetzungsmöglichkeit, die sich vom Hebräischen her nahelegt, wo das Zeitwort "sein" soviel wie "dasein, vorhanden sein, wirksam sein" bedeutet. Die Tradition hat im allgemeinen – der griechischen Übersetzung folgend – ein solches Verständnis des Gottesnamens im Sinn von "Ich bin der, der ist", "ich bin der, der ich bin", angenommen. Auch wenn damit keine Wesensdefinition Gottes gegeben ist, sagt das "Er ist" von Gott dann seine uneingeschränkte Existenz aus, wenn auch das absolute Sein Gottes im Sinn der späteren Philosophie und Theologie hier noch nicht präjudiziert ist. Die anderen Götter sind dagegen eher ein "Nichts" (vgl. Ps 83,19; Jes 42,8).

342 Dies wird bereits von Augustinus erkannt: vgl. In Ioan. 38,8 (CChr 341); vgl. Gnilka, Theologie, 249.

343 Vgl. auch Ez 16,62; 20,42; 23,49. Bei Ezechiel und Deuterojesaja drückt die Formel den Glauben an die unaufhörliche Gegenwart und das ständige Wirken Gottes in der Geschichte aus, die trotz der Untreue des Gottesvolkes bestehen bleiben. Vgl. Feuillet, Les egò eimí, 9.

Johannes greift diese ganze Thematik der ständigen transzendenten Gegenwart Gottes innerhalb seines christologischen Schlüsselkonzeptes auf: Erst in Jesus Christus findet das "Ich bin" des AT seine größtmögliche, unübertroffene Verwirklichung. In ihm ist die rettende Gegenwart des treu zu seinem Volk stehenden Gottes in letztgültiger und uneinholbarer Weise da.

Nun läßt sich im Zusammenhang mit der Formel ἐγώ-εἰμι natürlich fragen, welches "Sein" hier ausgesagt werden soll. Damit ist die Frage nach der Präexistenz gestellt.

3.3. Die Frage nach der Präexistenz

Mit dem Thema "Präexistenz" ist nicht eine unter vielen Einzelaussagen des Evangelisten angeschnitten. Vielmehr ist damit ein Gesichtspunkt angegeben, der sich für die Frage nach der Identität Jesu als bestimmend erweist.[344]

3.3.1. "Ehe Abraham wurde, bin ich."

Von besonders geheimnishafter Bedeutung ist die Selbstaussage Jesu in Joh 8,58, wo es in einem Streit mit den Juden um die mögliche Erkenntnis Abrahams von Jesu Person auf einmal heißt: "Amen, amen, ich sage euch: Noch ehe Abraham wurde, bin ich." Zuvor war es um die Hoffnung Abrahams gegangen, der seine Begrenztheit erkennt und darum jubelnd auf "den Tag" Jesu vorausschaut.[345] Wie R. Schnackenburg bemerkt, spricht Jesus hier – anders als Johannes der Täufer in Joh 1,15.30: πρῶτός μου ἦν – im Präsens und steht damit in der Zeitüberlegenheit und ewigen Gegenwart Gottes.[346] Während Abraham ein Mensch ist, der einmal ins Dasein trat und zu existieren begann, besitzt Jesus reale Präexistenz[347], die ihn über jedes andere endliche Subjekt

[344] Vgl. Schnackenburg, Person Jesu, 273: "Des näheren muß sich für das Johannesevangelium zeigen, ob die Präexistenz-Christologie mit dem fundamentalen Satz 'Und der Logos ist Fleisch geworden' (Joh 1,14) eine unabdingbare Voraussetzung johanneischer Christologie ist, sie trägt und verstehen läßt." Zum Thema "Präexistenz" bei Joh vgl. auch Habermann, Johannesevangelium, 115–142.

[345] Dieser "Tag" wird von Cyrill v. Alexandrien, In Ioa. Evan. 6 (PG 73, 933) und Augustinus, In Ioa. 43, 17 (CChr 36, 380) auf die Menschwerdung und von Johannes Chrysostomus, In Ioa. Homil. 59 (PG 59, 304) und Ammonius von Alexandrien fr. 313/314 (fr. 311 bei Reuss, 275) auf den Kreuzestod gedeutet, während Apollinaris von Laodicea, fr. 47/48 (fr. 48 bei Reuss, 20) ihn auf die ganze Lebensgeschichte Jesu bezieht.

[346] Vgl. Schnackenburg Johannes II, 300.

[347] Zum Präexistenzgedanken bei Johannes vgl. Schnackenburg, Johannes I, 290–302. Schnackenburg geht der Frage nach, ob der Evangelist den Praexistenzgedanken helle-

erhebt und ihm eine wesensmäßige Überlegenheit verleiht. Das Zeugnis des Täufers redet von der absoluten Überlegenheit Jesu im Vergleich zu seiner eigenen Bedeutung, "weil er eher war als ich" (Joh 1,30): Dies schließt eine geschichtlich gefaßte[348] und eine im Vergleich zu anderen hervortretende, weil "ganz reale Präexistenz"[349] ein, die gnostischem Denken völlig fremd ist.[350] Zu den angeführten Stellen kann man noch andere hinzunehmen, so die ausdrücklichen Aussagen im Prolog sowie viele weitere, die die Präexistenz Jesu voraussetzen.[351]

Mit der Präexistenz hängt eng die Vorstellung zusammen, daß der Sohn der Gesandte des Vaters ist (Sendungschristologie). So heißt es in Joh

---

nistischen oder speziell gnostischen Vorgaben entnimmt und kommt zu dem Ergebnis: Die Auffassung von der Präexistenz der Seelen besitzt eine platonisch-hellenistische Wurzel. Sie kann schon in Weish 8,20 angetroffen werden, ist auch bei Philo nachweisbar und findet sich nach Flavius Josephus bei den Essenern. Somit kam bei den davon beeinflußten jüdisch-christlichen Schriften "der Seele des Messias eine reale Präexistenz zu". In einem Midraschwerk aus dem Beginn des 10. Jahrhunderts wurde sie "wie die Seelen aller Menschen am Anfang der Schöpfung ins Dasein gerufen". Für Johannes jedoch muß man den Schluß ziehen: "Aber das sind Spekulationen, die schon aus zeitlichen Gründen, aber auch in theologischer Hinsicht zum Vergleich nicht in Frage kommen, da eine solche, den Logos-Christus anthropologisch zerlegende Betrachtung Joh fremd ist. Immerhin zeigt sich hier die Offenheit des Judentums für verschiedene Präexistenzgedanken." Vgl. ebd., 293f; vgl. hierzu auch Bouyer, 320 und Hengel, Sohn, 108–112.

348 Zur Frage der Geschichtlichkeit der johanneischen Christologie äußerst sich L. Bouyer in Anschluß an O. Cullmann: "Seine Quellen sind biblisch, er zeigt keinerlei Neigung, die geschichtliche Wirklichkeit in zeitlose Symbole zu verflüchtigen." Vgl. ders., 321.

349 Vgl. Schnackenburg, Johannes I, 301.

350 Vgl. ebd.

351 Vgl. Joh 6,33.50f.58; 7,28f; 8,14.23.26; 10,36; 16,28. Die johanneischen Präexistenz-Aussagen dürften in der dem Evangelisten vorausliegenden Sicht des Christus-Geheimnisses, wie sie auch bei Paulus und den Synoptikern da ist, ihren Ursprung haben. Paulus ist die Präexistenz nicht fremd, besonders in Verbindung mit der vorzeitlichen Weisheit: so in 1 Kor 8,6; Röm 10,6f; Gal 4,4. Auch in Hebr 1,3 (vgl. Weish 7,25f: "Sie ist der Widerschein des ewigen Lichtes" gibt es Anklänge an die Weisheitspekulation. Vgl. Schnackenburg, Johannes I, 302. Auch A. Grillmeier sieht bei Paulus bereits eine ähnliche Vorstellung: "Die paulinischen Ausdrücke aber wollen auch in sich selbst und aus sich selbst gedeutet werden; Formeln wie die vom 'Gottgleichsein', von 'Gottes Gestalt' (Phil 2,6) oder selbst Hebr 1,3 ('Abglanz seiner Herrlichkeit', 'Abdruck seines Wesens') weisen schon in die Richtung johanneischer Bezeichnungen und Deutungen Christi und stehen auf derselben theologischen Ebene wie Joh selbst." Vgl. Grillmeier, Jesus der Christus, Bd. 1, 128. Bei Mt und Lk lassen sich Stellen finden, an denen Jesus eine gewisse Identifizierung mit der göttlichen Weisheit vorzunehmen scheint, wie in Mt 11,19 und Lk 7,35. Dazu kommentiert L. Bouyer, 219: "Wenn einmal die Gleichsetzung der Person Jesu mit der Weisheit und der Schekinah vorliegt, braucht man nur noch – und die erste Kirche wird es sogleich tun – in seinem Leben wie in seiner Lehre das Wort Gottes in Fülle zu entdecken, um alle Elemente diesmal nicht des Corpus, sondern des Prologs von Johannes beisammen zu haben."

3,16: "Denn Gott hat die Welt so sehr geliebt, daß er seinen einzigen Sohn hingab, damit jeder, der an ihn glaubt, nicht zugrunde geht, sondern das ewige Leben hat." Jesus redet das, was er vom Vater gehört hat, "in die Welt" (Joh 8,26). Er ist derjenige, der "in die Welt kommen soll" (Joh 6,14). Der Radius seiner Sendung reicht über das Volk Israel und die Samariter hinaus. Seine Sendung hat zum Ziel, alle Menschen zu retten (vgl. Joh 4,42).

"Der Gottgesandte führt durch seine Gabe des Lebens schon in der Gegenwart eine Wende herbei (5,25); durch ihn und ihn ihm wird den Glaubenden eine neue Lebensmöglichkeit erschlossen, ein Zugang zu Gott eröffnet (14,6f)."[352] Mit seiner Sendung stößt Jesus bei den Juden auf Ablehnung – "keiner nimmt sein Zeugnis an" (vgl. Joh 3,32). Diese Ablehnung, die Jesus in einer dualistisch gezeichneten Welt erfährt, impliziert auch die Zurückweisung oder Nicht-Annahme des Sendenden. Er ist nicht nur ein von Gott Gesandter, der einen prophetischen Auftrag zu erfüllen hat, er ist mehr: gleichsam die Verkörperung Gottes selbst. "Er ist so eins und einig mit seinem Vater, daß jeder, der seine Worte nicht annimmt, sich selbst das Gericht zuzieht (12,48)."[353]

Christus ist für Johannes der Gottgesandte. In seinem Wirken wird das Wirken Gottes erfahren, weil es mit ihm in einer bestimmten Identität steht. "Die Sendung impliziert die Präexistenz."[354]

3.3.2. Das μονογενής im Prolog

Ein Zeugnis von besonderer theologischer und philosophischer Dichte stellt der Johannesprolog dar. K. Scholtissek nennt ihn den "Metatext der johanneischen Immanenz-Theologie".[355] Das Johannesevangelium entfaltet narrativ, was in Joh 1,1–18 bereits hymnisch-doxologisch vorweggenommen ist: die "Offenbarung der göttlichen doxa Jesu Christi und die dieser Offenbarung entsprechende reziproke 'Aufnahme' Jesu Christi durch die Glaubenden und der Glaubenden durch Jesus Christus".[356]

In Joh 1,14c wird das fleischgewordenen Wort μονογενής genannt. Die genaue Tragweite des Ausdrucks ist kontrovers.[357] Nach einer ersten

[352] Schnackenburg, Person Jesu, 281.

[353] Ebd., 282.

[354] Ebd., 257.

[355] Vgl. Scholtissek, In ihm Sein, 174.

[356] Vgl. ebd., 194. Zur Struktur des Prologs vgl. ebd., 177ff.

[357] Vgl. Moody, 213–219; Brown, 13; Schnackenburg, Johannes I, 246–247.

Meinung bedeutet er so viel wie "einziger Sohn": Jesus ist der einzigartige Sohn, dem der Sohnestitel in ganz besonderer Weise zukommt.[358] Im Verlauf der antiarianischen Auseinandersetzungen wurde er jedoch zu einem Äquivalent von μόνος γεννηθείς: Dabei wurde die Vorstellung von der einzigartigen Natur des Sohnes in der Weise präzisiert, daß man damit die Idee der ewigen Zeugung aus dem Vater verband.[359] R. Brown, der sich hier J. Moody anschließt, will in dem μονογενής keine einzige Referenz auf die Zeugung des Sohnes und damit auf einen "Hervorgang" in Gott erkennen.[360] Dies läßt die semantische Klärung des Ausdrucks als hilfreich erscheinen.

Etymologisch stellt sich die Frage, ob man den Ausdruck auf γένος (Rasse, Art) oder auf die Wurzel γεν- (konkret in dem Verb γενέσθαι) beziehen soll. Dadurch ergeben sich zwei sehr unterschiedliche Bedeutungsvarianten. Nach der ersten Hypothese wäre der Sinn von μονογενής: einzigartig innerhalb seines γένος, einzig in seiner Art, während das Epitheton nach der zweiten Hypothese grundsätzlich auf das alleinige Hervorgebrachtsein weist und so viel wie "einziges" Kind besagt.[361] I. de la Potterie, der die Etymologie und das semantische Umfeld von Adjektiven auf -γενής im Detail untersucht, die sich auf *γένος* einerseits und auf *γεν* (oder γενέσθαι) andererseits beziehen, stellt im Sprachgebrauch anderer klassischer Autoren und der LXX zwei streng unterschiedene Klassen von Ausdrücken fest: Die Herleitung von *μόνος, γένος* ergibt eine Klasse von Wörtern, die am besten mit "von einziger Art" übersetzt werden können. Hier wird μονογενής von verschiedenen Individuen, die zur selben Kategorie gehören, ausgesagt.[362] Bei der anderen Klasse deutet die Wurzel *γεν-* jedesmal auf den Hervorgang oder die Geburt von irgendwem. Der Sinn des Epithetons wäre dann: allein, als einziger geboren, einziges Kind.[363] Hier zielt die Bedeutung nicht allein auf die "Einzigkeit" irgendeines Seienden, sondern auf dessen Genese bzw. Werden.[364]

---

[358] So wurde der Titel in der alten Kirche, bis zur Mitte des 4. Jahrhunderts, verstanden. Vgl. Potterie, Vérité, Bd. 2, 181.

[359] Vgl. Johannes Damascenus, De fide orth. I 8,135 (PG 94, 816C).

[360] Vgl. Brown, 13.

[361] Potterie, Vérité, Bd. 2, 184.

[362] Ebd., 185: "En emploi de *monogenés* en ce sens, pour une personne isolée, 'seule de son espèce', serait difficile à conçevoir. En fait, il n'en existe pas d'example, semble-t-il."

[363] Vgl. ebd., 186.

[364] In den meisten Fällen wird das Adjektiv nicht zur Bezeichnung irgendeiner beliebigen Person, sondern eines Kindes verwendet. Dies gilt für profane Texte genauso wie für

Daraus ergeben sich folgende Konsequenzen: Das Adjektiv μονογενής ist nicht einfach eine Äquivalent für *μόνος*[365], sondern es wird damit immer die Geburt, die Genese, das Heranwachsen des entsprechenden Subjektes konnotiert. Speziell bei Joh findet sich ein solcher Gebrauch des Ausdrucks wieder, der eine einzigartige Kindschaft meint. So ist denn – abgesehen von Joh 1,14 – das μονογενής auch immer mit υἱός verbunden.[366] In V. 14 heißt es: "Und das Wort ist Fleisch geworden und hat unter uns gewohnt, und wir haben seine Herrlichkeit geschaut, eine Herrlichkeit als des *Eingeborenen vom Vater*, voll Gnade und Wahrheit." Hier wird die Menschwerdung Gottes ganz explizit thematisiert. Allerdings begegnet sie hier nicht als etwas Neues, das vorher noch nie zur Sprache gekommen wäre: Auch in Phil 2,7, daran sei kurz erinnert, findet sich die Inkarnationsaussage. Eine bloße "Gesandtenchristologie", wie sie verschiedentlich bei Joh gesehen wurde[367], kann das Bekenntnis des Thomas: "Mein Herr und mein Gott" (20,28), das in einer strukturellen Parallele zum Bekenntnis des Hauptmanns in Mk 15,39 steht, nicht adäquat einordnen. Wird also der Gedanke der Inkarnation im Prolog zum ersten Mal eingeführt oder in neuer Weise aufgegriffen? J. Gnilka kommt zu dem Schluß: "Die Menschwerdung Gottes wird also durch 1,14 nicht erst eingeführt, aber auf den Begriff gebracht."[368]

Wenn also auch in Joh 1,14 das υἱός fehlt, so ist die Idee der Sohnschaft doch durch den ganzen Kontext indiziert: Das Wort πατήρ ist in V. 14 überhaupt das erste Mal bei Joh erwähnt und wird in V. 18 wiederholt, wie dies auch mit μονογενής der Fall ist, das – nicht zuletzt wegen des strukturellen Parallelismus zwischen V. 14 und V. 18 – an πατήρ heran-

---

die griechische Bibel, insbesondere aber für das NT. Vgl. Potterie, Vérité, Bd. 2, 186; vgl. ebd.: "Or, ce qui distingue un *enfant unique* de toute autre personne unique en son genre (pour sa richesse, sa beauté, son intelligence, etc.), ce ne sont pas ces dons exceptionnels, c'est simplement le fait qu'il est le seul enfant de ses parents, le seul qui leur soit *né*."
Für die richtige Wertung von μονογενής ist auch die semantische Beobachtung wichtig, daß der Ausdruck sich vor allem in Texten findet, die man als "Theogonien" oder "Kosmogenien" bezeichnet, wo er auf eine Genese oder ein Entstehen aus einem anderen deutet. Vgl. ebd., 187.

365 Dieser Ansicht ist u. a. Moody. Vgl. ders., 213.

366 Vgl. Joh 1,18; 3,16.18; 1 Joh 4,9.

367 Vgl. Gnilka, Theologie, 238.

368 Ebd., 239; vgl. Scholtissek, In ihm Sein, 190: "Der Johannesprolog greift hier (wie auch sonst) alttestamentlich-jüdische Theologoumena auf und rezipiert sie mit der Intention, seine Logos-Christologie bibeltheologisch zu explizieren ... So bezieht 1,14 die alttestamentlich-jüdische Schekhina-Theologie konsequent auf den Logos, der als Inkarnierter die *praesentia Dei* vermittelt und inmitten der Menschen 'gezeltet' bzw. 'gewohnt' hat."

gerückt ist. Außerdem besteht zwischen den V. 12 und 14 ein thematischer Parallelismus: "... gab er Macht, Kinder Gottes zu werden ..., die ... *aus Gott geboren* sind. Und das Wort ist Fleisch geworden und wir haben seine Herrlichkeit geschaut ... als des *einzigen Sohnes* vom Vater ..."

Fragt man also danach, was der Titel "der Einziggeborenes" in Joh 1,14 nun eigentlich bezeichnet, so muß man sagen: Sicher ist die vagere und unschärfere Behauptung einer "Einzigartigkeit" darin mitgemeint, sie bezieht sich aber vor allem auf seine Herkunft. Von Joh immer mit dem Thema der Sohnschaft verbunden, bezeichnet der Ausdruck eine Einzigartigkeit des Sohnes, die er gerade dadurch besitzt, daß er *Sohn* ist. Und diese Idee der Sohnschaft steht in Verbindung mit der Zeugung des Sohnes durch den Vater. Gerade von Joh wird diese Idee der Zeugung stark unterstrichen.[369] Man wird daher mit I. de la Potterie jener alten Tradition recht geben, die μονογενής im Sinne von μόνος γεννηθες interpretierte und – bei den Lateinern – aus dem *unicus* der ältesten Symbola ein *unigenitus* werden ließ.[370]

Als besonders tragend erweist sich bei Johannes das Motiv des "Logos im Fleisch" – die Gegenwart des Offenbarers in der Konkretheit des Fleisches: "In keinem Buch des NT ist der christologische Gegensatz von präexistenter Seinsweise und Fleischesnatur so scharf herausgestellt wie bei Joh."[371] So ist denn die vorzeitliche Daseinsweise des Sohnes beim Vater bei Johannes immer im Zusammenhang mit dem Logos des Prologs zu sehen, der Fleisch geworden ist.[372] Dabei besteht auch eine

---

369 Vgl. 1 Joh 5,18; Joh 1,13.18; vgl. Potterie, Vérité, Bd. 2, 190.

370 Der Text erlaubt es jedoch nicht, unmittelbar auf die Ebene der innertrinitarischen Hervorgänge zu gehen, wie es in der antiarianischen Epoche getan wurde. Johannes und die übrigen Jünger schauen diese einzige Sohnschaft in dem fleischgewordenen Wort, das sie in Jesus Christus vor sich haben. Daher sagt I. de la Potterie, daß man die Ebene der Geschichte und der ewigen Zeugung nicht voneinander trennen kann. Vgl. ders., Vérité, Bd. 1, 190: "Cependant, dans S. Jean lui-même, les deux niveaux, celui de l'histoire et celui de la génération éternelle, ne sont pas à séparer: le Fils unique venant d'auprès du Père, Jèsus Christ, est identiquement pour Jean, 'l'Engendré de Dieu' (1 Jn 5,18), 'le Fils unique tourné vers le sein du Père' (Jn 1,18)."

371 Vgl. Scholtissek, In ihm Sein, 185; vgl. Schnackenburg, Person Jesu, 319: "Der Präexistenzgedanke ist für die joh. Christologie wesentlich; die Inkarnation (1,14) ist die Fleischwerdung des präexistenen Logos." Wie Schnackenburg aufgezeigt hat, entstammt der Präexistenzgedanke keiner mythischen oder gnostischen Wurzel, sondern schöpft aus den Vorgaben der jüdischen Weisheitsliteratur. Vgl. dazu auch Grillmeier, Jesus der Christus, Bd. 1, 129; vgl. auch Gnilka, Theologie, 320.

372 Im johanneischen Schrifttum ist das Bekenntnis zu Jesus, dem Christus, vor allem aber gegenüber den Irrlehrern, daß Jesus im Fleisch gekommen ist, daß er der Sohn Gottes ist (1 Joh 2,23; 4,2f; 15) innerhalb des NT am häufigsten.

enge Verbindung zwischen "Logos" und der Offenbarertätigkeit: "Das erste Element, das im johanneischen Logosbegriff gegeben ist, ist die Idee der 'Offenbarung' oder des 'Offenbarers'. Jesus ist das Wort Gottes, das schon vor der Welt existiert und mit der Schöpfung und Inkarnation in die Welt gesprochen wird. Die Aufgabe des 'Offenbarers' ist so eng mit der Person Jesu verbunden, daß sie selbst zur Verkörperung der Offenbarung wird."[373]

Der Evangelist bereitet sich mit dieser engen Verkoppelung des inkarnierten, auf Erden sprechenden Logos mit dem Präexistenten den Boden für die Offenbarungsreden Jesu, die dies weiter ausführen.[374]

3.3.3. Hat die Präexistenz eine bloß funktionale Bedeutung?

In diesem Zusammenhang stellt sich natürlich die Frage, ob die Aussagen, die eine Präexistenz bezeichnen und speziell jene über den Logos des Prologs in einem funktionalen Sinn verstanden werden müssen oder ob sie auf eine Wirklichkeit "an sich" verweisen, d. h.: Zielen sie nur auf das, was der Offenbarer tut, welche Sendung er für die Menschen erfüllt, oder bezeichnen sie auch das Sein Christi in seinem Verhältnis zum Vater?

R. Schnackenburg spricht davon, daß in der Präexistenz "ewig-göttliches Sein beschlossen ist"[375], neigt aber ansonsten eher zu einem funktionalen

---

Vgl. Schnackenburg, Theologie, 321: "Denn der harte Ausdruck 'ist Fleisch geworden' läßt keinen Zweifel daran, daß er an einen wirklichen Menschen von Fleisch und Blut denkt, an diesen Menschen Jesus Christus, der zu geschichtlicher Zeit unter den Menschen auftrat und ihnen den Brunnen der Weisheit Gottes, das Licht des Logos, die Herrlichkeit des einzigen Sohnes vom Vater, erschloß." Der Logos, der vorher bei Gott war, schlägt jetzt – in der vollen Realität des Fleisches – sein Zelt unter den Menschen auf. Vgl. Schnackenburg, ebd., 322f: "Das 'Zelten erinnert an das beständige Wohnen Gottes in Israel, zuerst im heiligen Zelt. Ex 40,34f: 'Die Wolke bedeckte das Zelt der Begegnung, und die Herrlichkeit des Herrn erfüllte die Wohnstätte.' Die Bundeslade galt als Thronsitz Jahwes. Dieses Wohnen Gottes unter seinem Volk wird nun auf den menschgewordenen Logos übertragen."

373 Grillmeier, Jesus der Christus, Bd. 1, 125; vgl. Schnackenburg, Johannes I, 253: "Die ntl. Offenbarung ist nicht nur der atl. überlegen, sondern überhaupt einzigartig, weil sie der einzigerzeugte Sohn Gottes aus der unmittelbaren Kenntnis seines Vaters gebracht hat. Er allein, der vom Himmel auf die Erde herabgestiegen ist, vermochte aus eigener Erfahrung die himmlischen Dinge zu offenbaren (vgl. 3,31f). Schärfer kann der Absolutheitsanspruch der christlichen Offenbarung nicht formuliert werden." Vgl. auch Habermann, Johannesevangelium, 122: "Zwar ist für den Evangelisten der Logos immer schon im Licht des irdischen Offenbarers und göttlichen Gesandten Jesus Christus gesehen, doch spricht er in den Versen 1–4 eindeutig vom Präexistenten."

374 Vgl. Schnackenburg, Johannes I, 256.

375 Ders., Johannes II, 300.

Verständnis.[376] Die Frage wird auch von A. Grillmeier diskutiert, der immer wieder die Einheit von Sein und Sendung Christi betont: Manche Theologen wie J.P. Miranda wollen die Sendung Jesu nicht in erster Linie von der Vater-Sohn-Einheit her verstanden wissen. Die entsprechenden Stellen, die dies nahelegen[377], interpretieren sie als "kerygmatische Sendungsformeln", in denen die Beziehung Gott-Sohn ursprünglich sei: "Das besagt, daß die Sendungsaussage am messianischen Gottessohntitel orientiert war, welcher einen anderen Ursprung hat als der absolute Titel 'der Sohn', da Gottessohntitel und Vater-Sohn-Korrelat traditionsgeschichtlich zu unterscheiden sind."[378] Dagegen fragt A. Grillmeier: "Kann man Joh 3,17 als *kerygmatische* Sendungsformel bezeichnen? Hier wird doch zuviel isoliert, mit der Absicht, auch für Joh eine 'funktionale Gottessohnschaft' nachzuweisen. Daß in Joh 5,18 und 10,33 die 'Wesenseinheit' als Mißverständnis der Gegner Jesu herausgestellt werde, daß ferner bei Joh die Wesensverwandtschaft zwischen Vater und Sohn deshalb nicht in den Vordergrund gerückt sei, weil er nicht auf die Vorstellung von Jungfrauengeburt zurückgreift (...), sind sehr schwache Argumente."[379] Hermeneutisch macht sich hier ein Dualismus zwischen Kerygma und geschichtlicher Selbstoffenbarung Gottes geltend, der es verhindert, den Schrifttext als solchen in den Blick zu nehmen und im Vergleich mit dem Ganzen der hl. Schrift nach den Prinzipien der Analogie zu verstehen.[380] Wenn aber die ganze Geschichte des Menschen, die vergangene, gegenwärtige und zukünftige, ihren Sinn vom Christusereignis her erhält, dann bedeutet dies doch, daß Wort (Kerygma), Wirklichkeit und Geschichte nicht voneinander getrennt werden können. Will man aber im Schriftwort selbst keine Trennungen oder Aufspaltungen vornehmen, so heißt dies, daß im Hinblick auf den "Logos", der uns Gott offenbart, "eine rein funktionale Be-

---

376 So, wenn er im Zusammenhang mit der Abraham-Perikope sagt: "Im Zusammenhang der Rede geht es aber nicht um eine für ihn selbst bedeutsame metaphysische Aussage, eine christologische Aussage 'an sich', sondern um die Voraussetzung seiner Heilszusage für uns." Vgl. ders., Johannes I, 300. Man kann das durch Christi Sendung sich vollziehende Heilsgeschehen aber wohl kaum von dem trennen, der ewig "der Sohn" ist?

377 Vgl. Joh 3,17; Röm 8,3f; Gal 4,4f; 1 Joh 4,9f.

378 Miranda, 39, Anm. 1.

379 Grillmeier, Jesus der Christus, Bd. 1, 124 (Mit Bezug auf Miranda, 44). Vgl. Schnackenburg, Johannes II, 153. Zur Selbstbezeichnung Jesu als "Sohn" bei Johannes vgl. ebd., 150–168.

380 W.G. Kümmel macht z. B. eine unbestreitbar große Zahl historischer Angaben, nimmt aber weitläufige "gnostisierende" Schichten an, die er ganz unverbunden nebeneinander stellt. Vgl. Kümmel, 203, 210. Zum Problem der Gnosis vgl. oben, 80.

stimmung" nicht ausreicht.[381] Was der Sohn "tut", hat seine eigentliche Begründung in dem, was er ist: "Denn die mit 'Logos' verbundene Bezeichnung θεὸς (Joh 1,1–2) und das μονογενὴς θεὸς von 1,18 dienen entscheidend zur Vertiefung und Begründung des dem Logos zugeschriebenen Geschehens in Schöpfung und Inkarnation.[382] Nach Habermann zeigt sich in den Versen 4b–13 des Prologs eine klare Verschiebung in Richtung Inkarnation. Und doch ist die Schöpfungsmittlerschaft für Joh "das unverzichtbare Fundament des Anspruches des Offenbarers gegenüber den Seinen, letztlich dem Universum".[383] "Gehalt und Autorität der Verkündigung haben ihre besondere Quelle in der Verbindung von Offenbarertätigkeit Jesu und seiner Stellung als Sohn Gottes. ... Tatsächlich implizieren aber λόγος, θεός und μονογενής ein einziges Subjekt, das zu verstehen ist als präexistent, überzeitlich und überweltlich, das aber doch im Fleisch in unserer Welt gegenwärtig und wirksam ist. Der Logos ist Gott in Gott, Mittler der Schöpfung und Bringer der Offenbarung, Sohn und Gesandter des Vaters, und dies für uns kraft seines Erscheinens im Fleische. Er *ist* das Wort Gottes im Fleisch".[384]

Dem entspricht die Kenntnis, die die Jünger von Jesus und durch sein Wort von Gott erhalten haben: Es ist eine Kenntnis des göttlichen Namens (Joh 17,11.25–26) und sie ist dadurch vermittelt, daß Jesus vom Vater herkommt und alles von ihm erhalten hat (Joh 17,10). Der Sohn ist das Wort Gottes[385] selbst oder das Wort schlechthin, in dem Gott sich

---

[381] Vgl. Grillmeier, Jesus der Christus, Bd. 1, 125.

[382] Daß an dieser Stelle nicht in erster Instanz die immanente Allgegenwart einer intermediären Größe im Kosmos gemeint ist, unterstreicht K. Scholtissek, wenn er sagt: "... so sehr die joh Sprache zum Oszillieren neigt, so entschieden wehrt die joh Theologie einer kosmologisch-ontologischen Immanenz-Philosophie, die vorgängig und unabhängig von der nachösterlich-reziproken Immanenz zwischen dem Sohn und den Christen, welche wiederum an die Vater-Sohn-Immanenz zurückgebunden ist, bestünde." Vgl. ders., In ihm Sein, 187.

[383] Vgl. Habermann, Johannesevangelium, 124.

[384] Grillmeier, Jesus der Christus, Bd. 1, 126; vgl. dazu Schnackenburg, Johannes I, 257–269 (Herkunft und Eigenart des joh. Logos-Begriffs); 290–302 (Der Präexistenzgedanke); 433–447 (Der gnostische Erlösermythos und die joh. Christologie); vgl. Bouyer, 319f.

[385] Vgl. Schnackenburg, Johannes I, 434: "Aber die Intention der Existenztheologen geht weiter: Sie wollen auch die Person des Erlösers selbst (den geschichtlich gekommenen Jesus von Nazareth) in den Prozeß der Neuinterpretation einbeziehen und seine *personale* (heilsmittlerische) Bedeutung für die 'Erlösung' des Menschen nicht wahr haben, sondern begreifen sein Auftreten und Geschick nur als ein Offenbarungsgeschehen, als das 'eschatologische Ereignis', das auch für den heutigen, für jeden Menschen bedeutsam ist."

selber ausspricht.[386] Joh 17 (das Hohepriesterliche Gebet) betont die innertrinitarische personale Sendung und zeigt das personale Konstitutiv für das "Wort im Fleisch", also für die Menschwerdung Gottes, auf. Später wird das Ephesinum die "Ich-bin"-Aussagen Christi als Ausdruck der personalen Einheit der Gottheit und Menschheit in Christus werten.[387] "Das Johannesevangelium vertritt sowohl im Blick auf die gesamte Christologie als auch speziell im Blick auf die Präexistenzaussagen eine zweckorientierte Ausrichtung. Also nicht Ontologie um der Ontologie willen ist intendiert, sondern Wesensaussagen um eines bestimmten Zweckes, d. h. des Glaubens willen, der ewiges Leben schenkt. Das wahrhaftige Heil ist nicht innerweltlich, sondern extra nos begründet; dies kommt durch die Präexistenz des Offenbarers deutlich zum Ausdruck."[388]

Als dem Offenbarer des Vaters kommt es Jesus zu, die Wahrheit Gottes bekannt zu machen. Jesus Christus macht nicht nur die Wahrheit offenbar, er ist die Wahrheit selbst: "Ich bin der Weg, die Wahrheit und das Leben; niemand kommt zum Vater außer durch mich" (Joh 14,6). Geht es dabei lediglich um eine hyperbolische Formulierung, oder handelt es sich um eine Identifizierung zwischen Jesus, dem fleischgewordenen Wort Gottes, und der Wahrheit?

---

[386] Vgl. Hengel, Sohn, 140: "In dem Bemühen, die von menschlicher Seite her unbegründbare Offenbarung der Liebe Gottes in diesem Jesus so auszusagen, daß sie als Missionsbotschaft, als 'Evangelium' gegenüber 'Juden und Griechen' verkündigt werden konnte, schuf die urchristliche Gemeinde erstaunlich rasch eine Christologie, in der dieser Jesus als der Erfüller der Verheißungen des Alten Bundes, als der einzige Mittler des Heils, ja als der *eine* Vollzieher von Gottes Offenbarung von Anfang an erschien."

[387] Vgl. DS 262.

[388] Habermann, Johannesevangelium, 128; vgl. ebd., 140: "Die Präexistenz Christi ist der unbestreitbare Hintergrund der christologischen Aussagen des Evangeliums. Vom Logos-Hymnus (1.) bzw. dem Eingangsabschnitt (2.) über die Menschensohnworte (3.) bis hin zur Schau des Abraham und Jesaja sowie noch einmal pointiert im Abschiedsgebet vor der Passionsgeschichte (4.) bestehen keine Zweifel am vorinkarnatorischen, ewigen Sein des Logos, der in Jesus Christus die Doxa des Vater erscheinen läßt und doch wahrer Mensch wird. Weniger für die Vater-Sohn-Begrifflichkeit und das abstrakte Sohnsein, aber um so mehr für die Sendung des Sohnes ist die Präexistenz – immer betrachtet vom Standort des Lesers aus, der Christus als Erhöhten und Verherrlichten in dessen Postexistenz weiß – die Herkunft und der Urgrund des gesandten Offenbarers."

3.4. Die Wahrheit und der Selbstanspruch Jesu

3.4.1. Wahrheit im jüdischen Kontext

Das griechische Wort ἀλήθεια bezeichnet im allgemeinen das Nicht-Verborgensein einer Realität, oder, positiv, ihre "Offenbarung", ihr unverhülltes Zutagetreten. In der platonischen Linie der Philosophie wird ἀλήθεια als die wahre, göttliche und ewige Realität begriffen.

Wenn man das NT hernimmt, so wird man sowohl den alltäglichen Gebrauch des Wortes in der hellenistischen Welt als auch sein alttestamentliches Umfeld berücksichtigen müssen. Im AT kommt *ämät*, das soviel wie "Beständigkeit, Solidität, Wahrheit, Treue und Wahrhaftigkeit" bedeutet, ihm am nächsten. Da die LXX *ämät* am häufigsten mit ἀλήθεια wiedergibt, ist es unmöglich, zwischen dem griechischen und hebräischen Konzept von "Wahrheit" eine Diastase anzusetzen. Dabei scheint jedoch der hebräische Kontext ein breites Bedeutungsspektrum zuzulassen und mehr auf das personale Verhalten abzuheben. Die Wahrheit Gottes kommt hier mit seinem Bundesverhalten gegenüber Israel überein, das durch nichts zu erschüttern ist. Der mit dem Volk geschlossene Bund erhält seinen Ausdruck im Gesetz, das gewissermaßen ein Synonym für "Wahrheit" wird.[389]

Für Joh gibt schon der Prolog an, daß bei ihm eine Verbindung zum Wahrheitskonzept des AT besteht: Das fleischgewordene Wort ist "voll der Gnade und Wahrheit" (Joh 1,14). Dabei korrespondiert "Gnade" mit dem hebräischen *chäsäd* und "Wahrheit" mit *ämät*. Es ist nicht mehr das mosaische Gesetz, das die für das Leben maßgebende Wahrheit konstituiert, sondern der Sohn Gottes: "Denn das Gesetz wurde durch Mose gegeben, die Gnade und die Wahrheit kamen durch Jesus Christus" (Joh 1,17).

Der göttliche Anspruch Jesu stützt sich auf das Zeugnis des Vaters, der "wahr" bzw. "wahrhaftig" (ἀλήθες). ist. Wer das Zeugnis Jesu annimmt, "beglaubigt, daß Gott wahrhaftig ist" (Joh 3,33). Die Wahrheit Gottes steht im Gegensatz zur Lüge, die der Satan in die Welt gesetzt hat.[390] Das göttliche Zeugnis aber, das insbesondere in den "Zeichen" Jesu hervortritt, setzt den monotheistischen Glauben voraus, durch den der Vielgötterglaube der Heiden überwunden ist. Der "wahre Gott" ist der Gegensatz zu den Idolen und falschen Gottheiten. Die Wahrheit Gottes

---

389 Vgl Ps 19,10; 119,160; vgl. Schnackenburg, Johannes II, 270 (Exkurs 10: Der joh. Wahrheitsbegriff).

390 Vgl. Joh 8, 44.

ist untrennbar mit der Sendung Jesu Christi verbunden: "Das ist das ewige Leben: dich, den einzigen wahren Gott, zu erkennen und Jesus Christus, den du gesandt hast" (Joh 17,3). Jesus Christus offenbart nicht nur die Wahrheit, er ist die Wahrheit selbst:

3.4.2. Jesus – die Wahrheit

Im Gespräch mit dem Apostel Thomas sagt Jesus: "Ich bin der Weg, die Wahrheit und das Leben" (Joh 14,6). Um zu verstehen, auf welchen Realitätsgehalt die Aussage "Ich bin die Wahrheit"[391] zielt, muß man den ganzen V. 6 in die vorangehenden und nachfolgenden Verse einordnen. Bis hin zu V. 5 ist alles von dem – durch das Futur angezeigten – baldigen Abschied Jesu bestimmt. In V. 6 aber handelt es sich auf einmal nicht mehr um etwas, das sich bald ereignen wird, sondern um eine Realität, die jetzt schon wirklich ist. Jesus ist der Weg zum Vater und dies ab sofort: 'Εγώ εἰμι ... οὐδεὶς ἔρχεται. Darauf weisen die explikativen Wörter ἀλήθεια und ζωη hin.[392] V. 6 weist einen antithetischen Parallelismus auf: Durch Jesus "zum Vater kommen" (V. 6b) heißt, den "Weg", der er selbst ist, zu beschreiten und dabei von ihm "die Wahrheit und das Leben" (V. 6a) zu empfangen.[393] So ergibt sich beim ersten Anweg folgender Sinn: "Jesus ist 'die Wahrheit', insofern er ab jetzt die Offenbarung des Vaters ist; er ist 'das Leben', weil er den Gläubigen von jetzt an das Leben des Vaters gibt."[394]

Bleibt das Leben – im Gegensatz zur Wahrheit – im jüdischen Glauben eine eschatologische Gabe, so wird diese bei Johannes antizipiert, obwohl die Wahrheit dem Leben in gewisser Weise vorausgeht. Jesus ist der Weg zum Vater, er führt uns zu ihm, denn er ist die Wahrheit und läßt uns am Leben des Vaters teilnehmen.[395] Die Frage ist nun allerdings, ob man sich mit einer solchen – rein funktionalen Interpretation

---

[391] Gnilka, Theologie, 252: "Dem johanneischen Verständnis dieses wichtigen Begriffes ist nachzugehen. Bei den Synoptikern so gut wie von keiner Bedeutung, hat ihn der vierte Evangelist zu einem theologischen Kernbegriff erhoben."

[392] Potterie, Vérité, Bd. 1, 264: "Si Jésus dit qu'il est 'le chemin' et que 'nul ne va au Père que par lui', c'est en raison de ce qu'il est pour les croyants dès le moment présent plutôt qu'en uns sens strictement eschatologique."

[393] Vgl. ebd., 264.

[394] Ebd., 264f: "Jésus est 'la vérité', parce qu'il est dès maintenant la révélation du Père; il est 'la vie', parce que, dès à présent, il donne aux croyants la vie du Père." Vgl. auch Léon-Dufour, 469.

[395] Vgl. Schnackenburg, Johannes III, 73: "Dadurch, daß Jesus die zum Leben führende Wahrheit offenbart und dem, der sie im Glauben annimmt und verwirklicht, das wahre Leben vermittelt, führt er jeden, der an ihn glaubt, zum Ziel seiner Existenz, 'zum Vater', und so wird er zum 'Weg'."

– begnügen soll. Dies würde bedeuten, daß Jesus uns einfach die Wahrheit des Vaters offenbarte, ohne etwas über seine eigene Person zu sagen.[396] Wäre Jesus nur Prediger der Wahrheit, so würde er sich nicht wesentlich von den Propheten oder Aposteln unterscheiden.[397] Das Neue der Person Jesu ist aus dem Vorherigen, dem alten Prophetentum, unableitbar. Er ist mehr als ein Prophet, denn er identifiziert sich mit dieser Wahrheit: 'Εγώ εἰμι ἡ ἀλήθεια. Darum macht er nicht nur den Vater offenbar, sondern ist in seiner Person die Offenbarung, und zwar total und definitiv.[398]

Diese innere Eignung Jesu, uns den Vater in seiner Person vollkommen zu offenbaren, enthält einen trinitarischen Bezug.[399] Die Bedingung der Möglichkeit für diese "Funktion" ist sein ewiges Sein beim Vater – seine Präexistenz.

Die folgenden Verse 7–11 haben zum Thema, daß die Erkenntnis des Sohnes zur Erkenntnis des Vaters führt und dies aufgrund des gegenseitigen Ineinanderseins von Vater und Sohn.[400] Um aber schließlich den Vater durch den Sohn zu erkennen, ist nicht einfach ein physisches Sehen, sondern eine Schau des Glaubens[401] verlangt. Darum kann man präziser sagen: "Jesus ist die lebendige Offenbarung des Vaters; und dies ist ihm möglich, weil er im Vater ist und der Vater in ihm (Vv. 10a und 11a) und weil der Vater in ihm bleibt (V. 10c)."[402] In diesem Men-

---

[396] So heißt es etwa bei J. Dupont: "Il est vérité, relativement aux hommes." Vgl. ders., 214.

[397] Vgl. Potterie, Vérité, Bd. 1, 267.

[398] Hierin liegt auch eine Steigerung gegenüber dem Prolog, wo es heißt, daß er "voll der Gnade und Wahrheit" (Joh 1,14) sei. Vgl. Habermann, Johannesevangelium, 124: "Der ewig bei Gott Seiende und nach der Erhöhung wieder bei ihm befindliche Einzigerzeugte, der göttliches Wesen besitzt, ist der wahre Exeget des Vaters." Vgl. auch Scholtissek, In ihm Sein, 256.

[399] Einen ausgefeilten theologischen Kommentar zu der Stelle gibt Cyrill v. Alexandrien in seinem Johannes-Kommentar, indem er sagt, daß er, sofern er Gott ist, aus der Substanz Gottes und des Vaters hervorgeht und ganz eins in ihm existiert (ὅλος ὢν ἐν ἑαυτῷ), ihn selbst in sich hat (ἔχων αὐτὸν ἐν ἑαυτῷ) und uns deshalb den Vater offenbaren kann. Vgl. PG 74, 192A/C.

[400] Vgl. Scholtissek, In ihm Sein, 213: "Dieses 'Erkennen' und 'Sehen' des Vaters im Sohn hat einen im Glauben zu ergreifenden Grund: die reziproke Immanenz von Vater und Sohn (14,10bc.11bc). Die Erläuterung der reziproken Immanenz-Aussage in 14,10d–g schlußfolgert: Die 'Worte' Jesu kommen nicht aus ihm selbst, sondern der Vater, der '*in ihm bleibt*' (V. 10f), wirkt durch ihn 'seine Werke'."

[401] Zum Begriff "Glauben" bei Johannes vgl. Gnilka, Theologie, 256.

[402] Vgl. Scholtissek, In ihm Sein, 335: "Die wechselseitige Einwohnung von Vater und Sohn besteht von allem Anfang an, und sie kennzeichnet das Offenbarerwirken Jesu, das die Herrlichkeit des Vaters bzw. den Vater selbst sichtbar macht (vgl. nur 14,6).

schen Jesus aus Nazaret wird durch den Glauben das Geheimnis seiner Person ansichtig, sein Lebensaustausch mit dem Vater, dem er ewig Sohn ist.[403] So besteht denn die Wahrheit Jesu darin, daß er die vollkommene Entsprechung zu Gott, seinem Vater, ist.[404] Jesus, das fleischgewordene Wort, ist der Weg, die Wahrheit und das Leben. In gewisser Weise nimmt das Wort "Weg" die erste Stelle ein, bezeichnet es doch formell jene Mittlerschaft, die uns die Teilnahme am Leben des Vaters ermöglicht.[405] "Wahrheit" dagegen bringt zwar auch die Mittlerschaft Jesu zum Ausdruck, aber doch unter einem anderen Gesichtspunkt. Der Wahrheit entspricht die Ebene der Offenbarung und Erkenntnis.[406] Das Andere, der "Weg", ist die Ebene der *communio* und des Lebens: Gerade weil Jesus die Wahrheit ist, deshalb ist er für uns das Leben und somit auch der Weg. So ist die Mittlerschaft der Offenbarung hingeordnet auf jene der Gemeinschaft.[407] "Keiner kommt zum Vater außer durch

---

Ohne die Personen ineinander zu verschmelzen (und sie damit auszulöschen), wird in der Willens- und Handlungskonformität zwischen Vater und Sohn eine uranfängliche Beziehung beider zueinander erkennbar, die als wechselseitige Einwohnung bestimmt wird."

Potterie, Vérité, Bd. 1, 269; vgl. Gnilka, Theologie, 254: "In der Tat ist in der christologischen Zuspitzung das Proprium des johanneischen Wahrheitsbegirffes gegeben. Daß sich in Jesus Gott erschlossen hat, ist die Sinnspitze des 'Ich bin'. Jesu Verhältnis zu Gott steht in Rede."

403 Vgl. Potterie, ebd., 270: "La vérité de Jésus, la révélation qu'il apporte, c'est le dévoilement de sa divine filiation."

404 Die Philosophie spricht später von einer ontologischen Wahrheit der Dinge. Diese meint aber nur, daß sie einem Urbild in Gott selbst entsprechen, und bezeichnet damit viel weniger, als hier bei Johannes ausgesagt wird.

405 Vgl. Gnilka, Theologie, 251: "Tür und Weg, zu denen sich der johanneische Christus erklärt, gewinnen im dualistischen Konzept den Sinn der Ausschließlichkeit. Sie haben mit der Orientierung, mit dem ὑπάγειν und damit auch mit der Licht-Finsternis-Metaphorik zu tun. ... Darin übersteigt die johanneische Weg-Metapher sowohl den alttestamentlichen Begriff des Wandels, der auf den rechten Weg bedacht ist, auch die synoptische Nachfolge, daß eben Christus selbst der Weg ist."

406 Für Bultmann, der die johanneische Wahrheit mit der göttlichen Wirklichkeit gleichsetzt, empfängt der Mensch in der Annahme der Wahrheit nicht irgendeine Belehrung. Wahrheit bleibt inhaltslos. Es kommt durch ihre Annahme nur dazu, daß der Mensch sich angesichts des Wortes zur Preisgabe seiner selbst entscheidet, d. h. ein neues Existenzverständnis gewinnt. Vgl. Bultmann, Johannes, 468. Dahinter steht ein gnostisches Verständnis von Wahrheit bei Joh. Demgegenüber betont R. Schnackenbrug, daß der johanneische Wahrheitsbegriff nicht dem gnostischen, sondern jüdischem Denken entspricht. Vgl. Schnackenburg, Johannes III, 73.

407 Vgl. Potterie, Vérité, Bd. 1, 270: "Par là s'explique pourquoi il est si difficile d'interpréter ce verset d'une manière correcte et nuancée; et l'on comprend que beaucoup de commentateurs aient cédé à la tentation de voir dans 'la Vérité' qu'est Jésus, soit uniquement un de ses titres divins, soit au contraire une simple *fonction salvifique* qu'il accomplit dans l'histoire. Mais les deux aspects sont également essentiels. On ne peut les

mich" (Joh 14,6). Es gibt eine Ausschließlichkeit des Weges, der Christus ist. Das Leben zu haben bedeutet, teilzuhaben an dem, was in Gott ist und Gott den Menschen in Jesus mitteilt. Es bedeutet Lebensgemeinschaft mit dem lebendigen Vater und dies über die Gemeinschaft mit dem Sohn, dem der Vater gegeben hat, das Leben in sich selbst zu haben. "In ihm war das Leben" (Joh 1,4) heißt: Er ist die volle Selbstmitteilung Gottes an die Menschen.[408]

Wegen dieser Einordnung in die gesamte Dynamik des Textes will I. de la Potterie das Wort ἀλήθεια hier – anders als Origenes und Clemens v. Alexandrien – von seiner statischen Bedeutung, die es im griechischen Kontext hat, wo es die "ontologische Wahrheit" bezeichnet, d. h. das Sein, sofern es intelligibel ist, wegrücken.[409]

Man muß dazu aber bemerken: Nun besteht Wahrheit im ontologischen Sinn nicht nur in Gott selbst: Auch die Dinge haben eine ontologische Wahrheit, sofern sie einem Plan in Gott entsprechen. Hat nicht Jesus Christus als Mensch auch eine solche Entsprechung, da er doch vor Gott den wahren Menschen repräsentiert, als von Gott gezeugtes Wort aber die totale seinsmäßige Übereinstimmung mit dem Vater ist?

3.4.3. Die Erhöhung[410] Jesu

Der Lebensweg Jesu gipfelt in der Hingabe seines Lebens am Kreuz, in seiner "Stunde", die Leiden, Tod und Verherrlichung als bei Johannes zusammengeschaute Momente ein und desselben Geschehens umfaßt. Das Kreuz ist zugleich Erhöhung und Verherrlichung "des Menschen-

---

séparer. En supprimant l'un des deux, comme le faisait jadis l'arianisme ou le gnostique, ... on supprime d'un coup le mystère de Jésus."

408 Vgl. Scholtissek, In ihm Sein, 188: "Die Aussage der immanenten Gegenwart und Präsenz der Sophia bzw. des Logos in der Schöpfung *wird verlassen*. An ihre Stelle tritt die Grundaussage der Immanenz der göttlichen ζωή im Logos; dieser wiederum eröffnet durch seine Inkarnation, sein Kommen in die Welt, den ihn Aufnehmenden den Weg zur Teilhabe an der ihm immanenten ζωή (vgl. 10,10; 20,31)."

409 Vgl. Potterie, Bd. 1, 276. Für Clemens und Origenes ist der himmlische Christus, der Logos Gottes, die Wahrheit, denn er ist der *intellectus* oder der Gedanke Gottes selbst. Vgl. Clemens v. Alexandrien, Stromateis V, 3,16,1 (GCS II, 336, 1–5). Nach Origens ist Christus in Gott selbst das Wort, die Weisheit und Wahrheit selbst (ἡ ἀυτοαλήθεια): vgl. Contra Cels. III, 41 (GCS, Orig. I, 237, 6–7); vgl. auch In Ioan. VI, 6, 38 (GCS Orig. IV, 114, 22–23). Auch bei Augustinus, der hier ganz im Sinne Platons denkt, findet sich diese Interpretation: Die Wahrheit begegnet am Ende des Weges und ist mit Gott gleichzusetzen. Christus als Mensch führt als "der Weg" zu Christus als Gott, der dann die Wahrheit ist. Vgl. Enarr. in Ps. 123,2 (PL 37, 1640); Sermones 141,4 (PL 38, 777); 123,3 et 142,1 (PL 38, 638 et 778); In Ioa. 34, 9 (CChr 36, 315/316).

410 Zum Themenkreis "Erhöhung und Verherrlichung" vgl. Schnackenburg, Person Jesu, 293–296.

sohnes". Dahinter steht das theologische Konzept von der Selbstoffenbarung der Liebe des Vaters: Wenn der Sohn der Welt das Geheimnis der unvordenklichen Liebe Gottes offenbart und diese Liebe im Kreuz ihren höchsten Ausdruck findet, dann ist das Kreuzesgeschehen auch schon die "Stunde"[411] der "Verherrlichung" – unüberbietbares Sichtbarwerden des Geheimnisses Gottes, das als sich selbstmitteilende Liebe von Vater und Sohn besteht: "Wenn ich über die Erde erhöht bin, werde ich alle zu mir ziehen" (Joh 12,32).[412] Es geht um die königliche Inthronisation Jesu am Kreuz[413], bei der sich auch der Sohn in Fülle offenbart.[414] Gerade indem sie an seiner Kreuzigung mitwirken, tragen die Juden dazu bei, daß sich das vom Vater aufgetragene Heilswerk erfüllt. So werden sie erkennen, wer Jesus in Wahrheit ist. Zur Sendungschristologie des Joh gehört, daß Christus der aus der Transzendenz beim Vater kommende Menschensohn ist, der zunächst hinabsteigt, um die Menschen – auf dem Weg des Glaubens und der Nachfolge – mit sich zu verbinden und durch Leiden, Kreuz und Erhöhung zu der Herrlichkeit hinaufzuführen, die er in der himmlischen Welt besaß.[415]

---

[411] Vgl. Joh 12,23; 17,1; vgl. Potterie, Passieverhaal, 23–25, vgl. Schnackenburg, Person Jesu, 293f. Schnackenburg weist darauf hin, daß zwischen dem Motiv der Verherrlichung Jesu in der "Stunde" des Leidens und der Leidensankündigung in Mk 8,31 ein traditionsgeschichtlicher Zusammenhang besteht: Das "Muß" (δεῖ) von Mk wird zu einem von Gott bestimmten Weg, der zur Erhöhung und Verherrlichung des Menschensohnes führt.

[412] Im Vergleich mit den Synoptikern fällt auf, daß Johannes keine Leidensvorhersage kennt, dafür stehen die drei Stellen von der "Erhöhung" des Menschensohnes, nämlich Joh 3,14–15; 8,28; 12,32. Gemäß Gottes Heilsplan *mußte* dies geschehen, d. h. es wird – genau wie bei den Synoptikern – von einer Notwendigkeit gesprochen. Der Ausdruck "hypsôthênai" findet sich bereits nach LXX in Jes 52,13. Das Leiden, wie es die Synoptiker schildern, wird nicht doketisch übersprungen, es wird jedoch überstrahlt von der Verherrlichung durch den Vater. Vgl. Schnackenburg, Person Jesu, 295.

[413] Während Christus nach dem Kerygma der ganz frühen Kirche sein Reich erst mit der Himmelfahrt in Besitz nimmt (vgl. Apg 2,36; Phil 2,9), wird dieser Aspekt bei Johannes am Kreuz antizipiert. Der am Kreuz thronende Christus ist der König der Seinen. Vgl. Potterie, Passieverhaal, 29f.

[414] Vgl. Maggioni, 1626: "Sulla croce il Cristo appare pienamente obbediente, trasparente al Padre, in tutto e per tutto la sua immagine, capace della più completa donazione: e tutto questo definisce la posizione del Figlio in seno alla Trinità, il suo essere Dio. In altre parole, la croce-risurrezione è la trascrizione storica della gloria posseduta dal Padre e dal Figlio *prima che il mondo fosse*: una realtà di amore reciproco, di communione, di dono da parte del Padre e di incondizionata accoglienza da parte del Figlio. La gloria che appare sulla croce (e che il Figlio domanda: v. 4) non è una realtà nuova, ma una realtà data, nascosta, da svelare."

[415] Welches die Unterschiede dieses johanneischen Konzeptes zu gnostischen Erhöhungsmythen sind, dazu vgl. Schnackenburg, Person Jesu, 299f.

Die Rede vom erhöhten Menschensohn betont einerseits die einzigartige Offenbarung Gottes in Jesu konkretem Menschsein und Leidensweg, und repräsentiert Jesus andererseits in einer für den jüdischen Synkretismus des 1. Jahrhunderts vertrauten Sprache, derart, daß aber nichts vom genuin christlichen Inhalt früherer Traditionen preisgegeben werden brauchte.[416] Für die Verbindung von Christus und Wahrheit läßt sich damit folgendes Fazit ziehen: Gott partizipiert nicht an der Wahrheit, sondern ist – auch nach der hebräischen Auffassung von "Wahrheit" – die Wahrheit selbst. Und somit gilt das gleiche vom ewigen Sohn des Vaters. Wenn auch in Joh 14,6 die 'Εγώ εἰμι-Formel verwendet wird, verweist dies auf das "Ich bin" in der absoluten Form, das für die göttliche Selbstoffenbarung steht.

Man kann am Ende die Frage stellen, in welchem Verhältnis Johannes mit seiner Christologie zu Paulus und zu den Synoptikern steht. Gegenüber diesen markieren die christologischen Aussagen bei Johannes ein spätes Stadium christlicher Verkündigung und setzen ein hohes Maß an theologischer Reflexion voraus. Gibt es hier dennoch eine Kontinuität oder steht Johannes gänzlich abgehoben "über" dem früheren Verständnis Jesu? Wie nimmt sich bei Johannes insbesondere das Verhältnis zum Wirken und zur Verkündigung des vorösterlichen Jesus aus?

Dem Vorwurf, daß Johannesevangelium habe sich vor allem aus gnostischen Quellen gespeist, kann man dadurch gegenüber treten, daß man auf die vielfältige Bezugnahme auf das AT weist. Man könnte – über direkte Zitate hinaus geradezu von einer "Sättigung" der johanneischen Darstellung mit Anspielungen auf das AT sprechen.[417] Das Johannesevangelium setzt die heilsgeschichtliche Gegenwart des Gotteswortes im Alten Israel voraus und steht "ganz unter dem Zeichen der gegenwärtigen 'messianischen' Erfüllung durch die Sendung des Sohnes".[418] Joh demonstriert seine Eigenständigkeit durch das ausschließlich christologische Verständnis der Schrift.[419] Es geht bei Joh immer um den *Christus praesens*, der in der Einheit von Gott-Vater und Gott-Sohn immer am Werk ist, und der den Lesern des Evangeliums durch die Verkündigung in der vom Geist-Parakleten gewirkten Anamnese gegenwärtig ist. Durch die Verkündigung der Zeugen eröffnet der präexistente, fleischgewordene, am Kreuz gestorbene und leiblich auferstandene Gottes-

[416] Vgl. ebd., 300.

[417] Vgl. Stuhlmacher, Bd. 1, 281.

[418] Vgl. Hengel, Schriftauslegung, 288.

[419] Vgl. Stuhlmacher, Bd. 1, 281.

sohn den Glaubenden schon heute und hier das ewige Leben.[420] Der johanneische Christus kann kaum besser charakterisiert werden als durch den Ausspruch Jesu in 10,30 (vgl. 17,11): "Ich und der Vater sind eins." Jesus ist der Sohn nur in Hinbeziehung auf den Vater, "*aber der Vater begegnet auch nur in ihm und durch ihn*".[421]

Bei allen Differenzen zwischen Paulus und Johannes, die mit ihrer ganz unterschiedlichen Berufungs- und Verkündigungssituation zusammenhängen, kann man doch auch manche Gemeinsamkeit erkennen: Für beide steht fest, daß Jesus Christus allein der Herr und Gottessohn ist, daß Gott allein durch ihn das Heil der Menschen bewirkt, welches nur jenen zuteil wird, die an ihn glauben, und daß dieser Glaube seinen Ursprung ganz im Wort Gottes findet. Auch lassen sich Gemeinsamkeiten in der Erwartung der βασιλεία Gottes und seines Christus ausmachen: Der Prozeß gegen die verfinsterte Welt findet bei Joh seine Fortsetzung in der Sendung und Verkündigung der Jünger (vgl. Joh 16,8–11), und auch Paulus geht es darum, die Völkerwelt durch die Heidenmission für das Endgericht zu bereiten (vgl. 2 Thess 2,5–7; Röm 11,25–28; 15,15–29).

Beide kommen auch in der Verwendung von christologischen Sendungsformeln, des Sühnegedankens und der Bewertung der leiblichen Auferstehung als Ereignis von zentraler Bedeutung überein. Ohne zu vorschnellen Harmonisierungen zu greifen, kann man der Bewertung von P. Stuhlmacher zustimmen, "daß man von den Johannesschriften zu den Paulusbriefen übergehen und von diesen zu Johannes wechseln kann, ohne die Glaubensfundamente austauschen zu müssen".[422]

Im Vergleich mit der synoptischen Tradition zeigt sich bei Joh eine gewisse Großzügigkeit im Umgang mit Jesu Worten sowie mit den Daten

---

420 Vgl. Scholtissek, In ihm Sein, 202: "Die joh Christologie denkt inkarnatorisch (mit Einschluß der Todeshingabe), die joh Sakramententheologie von der Auferstehung Jesu her."

421 Vgl. ebd., 225; vgl. ebd., 221: "Die Christologie der Johannesschriften gewinnt ihren Aspektreichtum durch ihre traditionsgeschichtliche Tiefe. Die Leser werden ... vor den mit Gott wesensgleichen Sohn gestellt, der gleichzeitig von Urzeit und Endzeit her betrachtet wird: Von Urzeit her erscheint Jesus als der Sohn und 'Exeget' Gottes (1,18), und von Ostern her stellt er sich schon in seinem irdischen Wirken und auf dem Wege zum Kreuz als der Sieger dar, der die Welt überwunden hat (16,33). ... In dem einen Sohn ist die Geschichte des einen Gottes mit den Menschen von der Urzeit bis zum Ende zusammengefaßt, und in der (vom Geist eröffneten) anamnetischen Begegnung mit ihm (vgl. 14, 26) begegnen die Glaubenden zu jeder Zeit der göttlichen Gnadenfülle und Wahrheit."

422 Vgl. Stuhlmacher, Bd. 2, 286.

der Geschichte.[423] Die *relecture* der von ihm vorgefundenen Überlieferung folgt einer strengen theologischen Integrationskraft.[424] Das österliche und göttliche Moment überstrahlt an vielen Stellen die menschlichen Züge Jesu. "Der johanneische Christus ist Gott und verkündigt statt der (kommenden) Herrschaft Gottes sich selbst."[425] Trotzdem fügt sich das johanneische Christuszeugnis auf all seinen Traditionsstufen nicht einfach in die neuzeitliche Disjunktion zwischen einer neutestamentlichen Hochchristologie und einer beim Menschen Jesus beginnenden "Christologie von unten", die es nur mit einzelnen synoptischen Logien und einer Rekonstruktion des "historischen Jesus" zu tun hat, ein.

Um dem irdischen Jesus in seinem Wirken und Lehren, das er vor Ostern entfaltet hat, Raum zu geben, muß man von Johannes zu den Synoptikern zurückkehren. Ohne sich selbst zu verkündigen, beansprucht auch der synoptische Jesus, der Sohn Gottes zu sein. Mit göttlicher Vollmacht bewirkt er den Anbruch der βασιλεία, verlangt den Glauben und ruft in seine Nachfolge. Es wäre falsch, wollte man den johanneischen Christus "einfach zum theologischen Maßstab des synoptischen machen"[426], vielmehr zeigt der theologische Vergleich, daß die Unterschiede zwischen beiden immer neu zu durchdenken sind und daß das synoptische Christuszeugnis durch das johanneische ergänzt und vertieft wird. Johannes bietet mit seiner Logoschristologie, mit der präsentischen Eschatologie und mit den Ich-bin-Worten einen Zuwachs an christologischer Erkenntnis, ohne den die frühe Kirche kaum mit dem Scheitern der Naherwartung fertiggeworden wäre und wohl auch keine Trinitätslehre hätte ausbilden können.

Wenn man auch Übereinstimmungen finden und Vergleiche ziehen kann, so muß doch klar sein, daß die Einheit des NT nicht material aus dem NT selber entwickelt werden kann, sondern mit einer äußeren Gestaltgebung, die "Kanonbildung" heißt, zusammenhängt. Die Kirche hat sich, indem sie in einem langen und sorgfältigen Entscheidungsprozeß anhand von relevanten Kriterien den Kanon der Schrift festlegte, auch

---

[423] An den Berichten von der Tempelreinigung (2,14–22), von Jesu Dialog mit Nikodemus (vgl. Joh 3,5 mit Mk 10,15), von Jesu Leidensbereitschaft (12,27–33), vom Abschiedsmahl (13,1–17) und an der johanneischen Passionschronologie kann man den Umgang des 4. Evangelisten mit der synoptischen Jesusüberlieferung studieren.

[424] Vgl. Scholtissek, In ihm Sein, 131–139 ("Relecture und réécriture – zwei neue Paradigmen der Johannesforschung").

[425] Stuhlmacher, Bd. 2, 282.

[426] Vgl. ebd., 283.

zur Interpretin der Einheit der Schrift gemacht.[427] Dadurch verfügte sie nicht "über" die "Schrift", sondern fand heraus, was als "Schrift" zu betrachten war.

4. Ausblick

Sowohl Paulus als auch die synoptischen Evangelien und Joh bezeugen, daß in Jesus die heilschaffende Wirklichkeit des souverän handelnden Gottes einmalig und unüberbietbar auf den Plan getreten ist. Die offenbarungsgemäße Aktionseinheit von Jesus und Gott gründet in einer tieferen Seinseinheit.[428]

Diesen Gedanken von der inneren Seinseinheit von Vater und Sohn entwickelt W. Pannenberg in der Explikation seiner These von der "Selbstunterscheidung Jesu als Grund seiner Gottessohnschaft"[429]: Die Beziehung von Vater und Sohn stellt sich nicht nur so dar, daß Jesus in göttlicher Vollmacht handelte, sondern daß Gott schon immer der ist, als den Jesus ihn verkündigte. "Ist aber der Vater in Ewigkeit der, als der er im Verhältnis zu Jesus, seinem Sohn, und durch ihn geschichtlich offenbar ist, dann gehört auch umgekehrt der Sohn in Ewigkeit zum Vater, kann der Vater nicht ohne den Sohn gedacht werden."[430] Als

---

[427] Diese wenigen Andeutungen müssen hier genügen. Zur Bedeutung des Kanons als Einheitsprinzip der Schrift vgl. Ziegenaus, Kanon, 179–189; 244–252.

[428] Vgl. Scholtissek, In ihm Sein, 326: "Zur Unterscheidung der Personen (ad intra) tritt die Ununterschiedenheit ihres soteriologischen Wirkens (ad extra). Genauer: Weil Jesus aus der singulären Einheit mit dem Vater lebt, offenbart sich im Leben und Wirken Jesu der Vater selbst. Die sich offenbarende Heilsgabe des Sohnes ist die des Vaters. Diese Einheit von Vater und Sohn, die Jesus offenbart und beansprucht, ist so eng, daß jede Rede vom Wirken Jesu nicht mehr vom Vater absehen kann und umgekehrt jede Rede vom Vater (seinem Wirken und Zeugnis in der Vergangenheit und in der Gegenwart) nicht mehr von der Sendung des Sohnes absehen kann." Vgl. ebd., 256.

[429] Vgl. Pannenberg, Theologie, Bd. 2, 415–422; vgl. zum ganzen Kontext auch ebd., 406ff: "Die christologische Entfaltung der Einheit Jesu mit Gott."

[430] Ebd., 410. Pannenberg bezieht sich im zweiten Band seiner "Systematischen Theologie" auf K.-J. Kuschel, der es verneint, daß die Wesenseinheit mit Gott "die Teilhabe dieses Menschen auch an der Ewigkeit Gottes" einschließe. Vgl. Kuschel, 528f. Pannenberg wirft Kuschel zunächst vor, das Verfahren der systematischen Theologie zu verkennen, wenn er es auf die Implikationen neutestamentlicher Aussagen für die Sachzusammenhänge der Christusbotschaft reduziere. Die systematische Theologie dürfe nicht mit der Exegese verwechselt werden. Sie sind vielmehr voneinander zu unterscheiden und gerade so aufeinander bezogen. Überdies bleibe Kuschel doch die Antwort auf die Frage schuldig, die sich logischerweise aus der von Kuschel bejahten "notwendigen Zugehörigkeit Jesu als Person zu Gott in seiner Ewigkeit" ergibt: Wie es nämlich möglich sein soll, einerseits die "Zugehörigkeit als Person" in Hinblick auf die Wesensbestimmung des ewigen Gottes für notwendig zu halten, aber den Anhalt dieser Zugehörigkeit, Je-

Mensch fügt sich Jesus – anders als der erste Adam, der das Gottgleich-Sein usurpieren wollte – in die geschöpfliche Abhängigkeit und Unterordnung unter Gott, und gerade diese Unterscheidung vom Vater läßt ihn ganz und vollgültig "Sohn" sein.[431] Jesus geht seinen Weg in Selbsterniedrigung und Selbstentäußerung.[432]

Es gibt also eine Unterordnung unter den Vater, die Jesus als der Menschgewordene, also von seinem Menschsein her oder als Geschöpf, vollzieht. Diese Unterordnung äußert sich, wenn Jesus die Anrede "guter Lehrer" zurückweist mit der Begründung, niemand sei gut also Gott allein (Mk 10,18), wenn er den Zebedäussöhnen zur Antwort gibt, nicht an ihm sei es, die Ehrenplätze an seiner Seite im Himmelreich zu vergeben (Mt 20,23) und auch, wenn er im Garten Gethsemane betet: "Nicht, was ich will, sondern was du willst, soll geschehen" (Mk 14,36). Gerade dadurch, daß Jesus sich nicht selbst göttliche Ehre gibt, sich nicht selbst verherrlicht, sondern den Vater bittet, ihn zu verherrlichen (vgl. Joh 17,1), erweist er sich als der Sohn Gottes.[433]

Was Jesus in seiner Verkündigung der Gottesherrschaft von allen anderen verlangt, dem Anspruch der Gottheit des Vaters zu genügen, erfüllt er mit seiner Sendung in unübertrefflicher Weise und verherrlicht gerade so den Vater.[434] Durch die vollkommene Erfüllung seiner Sendung, durch die der Vater verherrlicht wird, gehört er selbst in der Weise mit dem Vater zusammen, daß Gott gar nicht anders Vater sein kann als in Relation zu ihm, und das seit Ewigkeit.[435]

---

sus als Person selbst, draußen vor der Tür der ewigen Wesensbestimmung Gottes zu belassen. Vgl. Pannenberg, Theologie, Bd. 2, 410, Anm. 126; 413, Anm. 134.

431 Vgl. Scholtissek, In ihm Sein, 263: "Die Immanenz hebt die je reziprok-immanenten Subjekte nicht in ihrer spezifischen Eigenheit auf, die Subjekte werden nicht miteinander identifiziert und folglich auch nicht austauschbar. Im Gegenteil: Die Immanenz-Aussagen tragen gewissermaßen erst zur Bestimmung der jeweiligen Proprietät bei. Der Sohn definiert sich selbst durch seine Immanenz im Vater, seine Theozentrik als Sohn: Er ist genau und nur so als der im Vater Immanente der Sohn. Auch der Vater wird durch seine Immanenz im Sohn ... definiert: Er ist und offenbart sich genau und nur so als der Vater, als der er sich im Sohn offenbart (vgl. 14,6c; 6,45–46.65)."

432 Vgl. Pannenberg, Theologie, Bd. 2, 418.

433 Vgl. ebd., Bd. 1, 336f.

434 Vgl. ebd., Bd. 2, 415; vgl. auch ebd., Bd. 1, 288: Gott ist nicht anders zu verstehen als so, wie Jesus ihn verkündigt hat. "Es bleibt kein Raum dafür, daß etwa ein künftiges Reden von Gott das seinige überholen könnte."

435 Vgl. Scholtissek, In ihm Sein, 339: "Die reziproken Immanenz-Aussagen begründen und bestimmen durchgehend eine uranfängliche (vgl. die Vater-Sohn-Beziehung: 1,1–2; 8,58) oder eine nachösterlich gnadenhaft eröffnete (vgl. die Vater/Sohn-Christen-Beziehung: 1,12–13) personale Identität – eine personale Identität und Stabilität, die aus einer reziprok-immanenten Relationalität erwächst und die dieser bleibend zuge-

Nun kann aber Gottes Gegenüber zu Jesus als dem Sohn nicht als Gegenüber zu einer geschöpflichen Wirklichkeit gedacht werden: Das Gegenüber Gottes zur Welt, zu einem zeitlich geschöpflichen Wesen, kann nicht für das relational bestimmende Personsein des Vaters konstitutiv sein.[436] Gott hat nicht einfach ein endliches Gegenüber, denn sonst würde der unendliche Gott selber verendlicht oder aber würde diese zeitlich-geschöpfliche Wirklichkeit selber ewig, d. h. ihre geschöpfliche Eigenart ginge verloren.

Aus dieser grundsätzlichen Überlegung heraus war es darum notwendig, in Jesus zwei unterschiedene Wirklichkeitsaspekte zu unterscheiden: ein ewiges (relationales) Korrelat zur ewigen Gottheit des Vaters und seine menschliche, geschöpfliche Wirklichkeit. Daß dem Wort "Sohn", als Bezeichnung des genauen Verhältnisses zum Vater eine Ambivalenz[437] eignete, liegt darin begründet, daß die von den Jüngern Jesu erfaßte Identität mit Gott dem Vater keine eindeutige war und daß der Präexistenzgedanke als solcher noch nicht Zugehörigkeit zum göttlichen Wesen ausdrückte, so daß eine lange Reihe theologischer Auseinandersetzungen und Diskussionen nötig war, bis die volle Gottheit des präexistenten Sohnes im 4. Jahrhundert endgültig geklärt werden konnte. Zudem bereitete das konzeptuelle Verhältnis von Trinitätslehre und Monotheismus beim Bekenntnis zur vollen Gottheit des Sohnes erhebliche Schwierigkeiten.

In der Sendung Jesu als des Sohnes, der mit Vollmacht die Herrschaft Gottes verkündet und sich dem Willen des Vaters ganz unterordnet, geschieht die Offenbarung der Liebe jenes Gottes, der damit zugleich als Vater erkennbar wird. Dies stellt einen maßgeblichen Ausgangspunkt der kirchlichen Christologie und Trinitätslehre dar. So hat denn schon Athanasius argumentiert: Der Vater wäre nicht Vater ohne den Sohn und war daher nie ohne den Sohn.[438]

---

ordnet ist und diese bezeugt. Die joh Immanenz-Aussagen belegen in ihrer Anwendung auf die Vater-Sohn- wie davon abgeleitet auf die Vater/Sohn-Christen-Beziehung eine in Gott selbst gegründete und diese mitteilende Personalität, die ihre Identität durch eine *Communio* gewinnt, deren dichtester Ausdruck die wechselseitige *Inhabitatio* ist."

[436] Wenn, um noch einmal Pannenberg zu zitieren, "die Beziehung zu einem Menschen konstitutiv sein soll für die ewige Identität Gottes selbst, dann muß das Korrelat dieser Beziehung selber ewig sein, und daraus ergibt sich die Präexistenz des Sohnes". Vgl. Pannenberg, Theologie, Bd. 2, 414.

[437] Vgl. Hengel, Sohn, 99f.

[438] Vgl. Athanasius, Orationes c. Arian. I,29 (PG 26, 72A/B).

Teil 1
Christologie und Seinsfrage bis zum Konzil von Chalcedon

Die Geschichte der frühkirchlichen Christologie, die zu den dogmatischen Konzilsentscheidungen von Nicäa bis Konstantinopel III geführt hat, ist in diesem Jahrhundert eingehend erforscht und in ihren Grundzügen vielfach dargestellt worden. Eine nochmalige Darstellung der geschichtlichen Bewegung mit allen Linien und Nebenlinien, die zu den Glaubensformeln der ersten Konzilien geführt hat, scheint hier nicht sinnvoll. Es soll eher darum gehen, die innere Gedankenbewegung nachzuzeichnen, der die Vätertheologen folgten, als sie sich durch die Konfrontation mit der griechischen Philosophie und mit den gnostischen Strömungen des hellenistischen Denkens dazu genötigt sahen, den biblischen Christus des Glaubenszeugnisses jenem Kulturkreis zu verkündigen, in dem sich durch die eigene Dynamik des nach den letzten Ursachen fragenden Denkens bereits eine dem jüdischen Monotheismus ähnliche Gottesvorstellung gebildet hatte, an die es in der Predigt des Christusglaubens anzuknüpfen galt.[439] Dabei soll das Gewicht nicht auf historische Einzelheiten gelegt werden, und längst nicht alle wichtigen Theologen können zu Wort kommen. Die Auswahl wird von dem Gesichtspunkt bestimmt sein, unter dem nach der Entwicklung des Glaubensdogmas gefragt wird: Das christologische Ringen der Väter soll vor allem von der Frage her in den Blick kommen, wie die universale soteriologische Relevanz des Christus-Ereignisses in der Begegnung mit der griechischen Philosophie, d. h. insbesondere mit der Seinsfrage, begründet wurde. Welches ist die Bedingung der Möglichkeit einer für den Menschen, der seine Begriffes an der kategorialen Wirklichkeit bildet, adäquaten Gotteserkenntnis? Der Blickwinkel ist damit von einer transzendentalen Fragestellung bestimmt: Gibt es bei den Vätern eine Bewußtheit für die Schwierigkeiten der menschlichen Gotteserkenntnis? Kann der menschliche Geist die göttliche Wirklichkeit in sich selbst erkennen und können Begriffe, die von endlichen Dingen hergenommen sind, Gott in seiner Unbedingtheit gültig aussagen? Oder muß nicht jeder Begriff, sei es nun eine Metapher oder ein Abstraktum, hinter der unendlichen transzendenten Wirklichkeit Gottes total zurückbleiben? Das Problem der Namen Gottes und der Analogie ist damit berührt. Schließlich geht es auch um die Frage, was den Vätern die

---

[439] Ein frühes Beispiel dieser "Übersetzung" in den Raum griechischen Denkens ist die Rede des Paulus auf dem Areopag. Vgl. Apg 17, 16–34.

Absolutheit Christi im Vergleich mit anderen Offenbarungsgestalten bedeutet. Diese Fragen geben den formalen Gesichtspunkt an, unter dem die Vätertexte ausgewertet werden sollen.

1. Die Gottesfrage in der griechischen Philosophie

Durch welche Prämissen die Gottesvorstellung im griechischen Altertum festgelegt wurde, und ob es eine Entwicklung des Gottesgedankens gegeben hat, die zu einer vertieften Einsicht führte, ist der Gegenstand dieses ersten Oberabschnittes.

1.1. Parmenides

Die Schriften des Parmenides sind nur in einzelnen Fragmenten erhalten geblieben, seine Philosophie bildet aber immer wieder einen Referenzpunkt für spätere Philosophen, besonders für Plato. Das große Verdienst des Parmenides liegt darin, das Sein in der absoluten Identität mit sich selbst als das Eine (τὸ ἐν) gedacht zu haben.

Das Eine als Seiendes ist "ungebärlich und unerschüttert, und nichts an ihm bleibt zu vollenden. Weder je war es noch wird es sein, da es jetzt zusammen alles ist"[440]. Alle Vielheit und Differenz treten gegenüber dem Einen zurück[441], so sehr, daß sie ein verschwindendes Nichts sind. Es gibt nur das Eine, das Sein, zeitlos, unteilbar, wesenlos, ungeteilt und unveränderlich; es ist nicht das Viele. Alles andere ist nicht. Nicht-Sein ist nur uneigentlich, es ist auch nicht denkbar.[442] Was ist, ist denkbar: Dasselbe nämlich ist Denken und Sein.[443] Das Denken ist immer schon mit dem Sein identisch, es ist dasselbe wie dieses und darum ist es der Zeit entzogen. So ist dem Sein jedes zeitlich-Vergängliche, Zusammengesetzte, Wandelbare wesenhaft fremd. Dieses totale Identitätsdenken entzieht das endliche Sein dem Gesetz von Entstehen und Vergehen. Parmenides formuliert diesen Spruch gegen die handgreifliche Erfahrung. Die Vielheit, genauso wie das Entstehen und Vergehen, das ganze Werden, ist nur ein Schein. Das Sein muß dahinter liegen, jenseits aller Veränderung.

Alle spätere Metaphysik, die als Ontologie dem Sein nachdenken will, baut auf dieser Intuition des Parmenides auf, indem sie das Sein als die

---

[440] Parmenides, Frg. B8 (Diels/Kranz, 235).

[441] Vgl. ders. Frg. B 8 (Diels/Kranz,335).

[442] Plato knüpft in seinem Sophistes daran an: vgl. Sophistes, 237a.

[443] Parmenides, Frg. B 3 (Diels/Kranz 231).

höchste Einheit denkt. An diesem Punkt tritt das Denken aus dem ungeschiedenen Vielerlei des Mythos heraus und beginnt, onto-logisch zwischen Identität und Differenz, Unbedingtem und Bedingtem, Sein und Werden zu unterscheiden: die Geburtsstunde der Philosophie.

Parmenides begreift das Eine in solcher Identität mit sich selbst, daß jede Prädizierung davon ausgeschlossen werden muß, es bleibt unaussagbar.[444] Im Platonischen 'Parmenides' führt die erste Hypothese des Parmenides zu der Frage: "Wenn das Eine ist, so kann doch wohl das Eine nicht Vieles sein?[445] Nicht einmal das "ist" läßt sich von ihm aussagen, denn der Satz τὸ ἑν ἑστι beinhaltet schon eine Zweiheit: das Eine und das "ist".[446] Für Parmenides selbst bleibt nur zu sagen: Daß das Eine nicht ist und daß es notwendig ist, nicht zu sein.[447] Jenseits all dessen, was gedacht werden kann, ist das Eine damit besser durch Negation zu bestimmen.

1.2. Plato

Die Aporie der gegensatzlosen absoluten Identität des Seins mit sich selbst und der in der Erfahrung gegebenen innerweltlichen Vielheit wird auch bei Plato nicht gelöst, sondern durch die Einführung eines für die materielle Welt zuständigen Demiurgen noch verschärft: Zwei Gegebenheiten menschlicher Erfahrung sind es, die Plato zu seiner Gottesidee hinführen: die unaufhörliche Veränderung der Weltdinge in ihrem dauernden Werden und das Prinzip der feststellbaren sinnhaften Ordnung. Da die Materie wandelbar ist und als passives Substrat der Bewegung von außen unterliegt, kann sie nicht selbst das Prinzip ihrer gestalthaften Form und ihrer Bewegung sein. Dieses muß außerhalb ihrer liegen und wesenhaft von ihr verschieden sein: Geistig, unveränderlich, unwandelbar, ewig, sich selbst bewegend.[448]

> "Nötig ist nach meiner Meinung zuerst folgendes zu unterscheiden: was ist das immer Seiende, das kein Werden hat, und was das immer Werdende,

---

444 Das Sein ist nur als Identität sagbar, da es ja in dem sich aussprechenden Denken ist. Ein Differentes in ihm ist undenkbar und darum auch unsagbar. Vgl. ebd., Frg. 8,34 (Diels/Kranz, 238). Plotin und die späteren Neuplatoniker werden dies dahingehend interpretieren, daß es unmöglich ist, das "Sein" als Prädikat des ersten Prinzips zu betrachten.

445 Plato, Parm., 137c: "εἰ ἓν ἐστιν, ἄλλο τι οὐκ ἄν εἰη πολλα τὸ ἑν;"

446 Vgl. ebd., 141e; vgl. 143b: "Ist nicht notwendig das Sein desselben etwas anderes und es selbst auch etwas anderes, wenn doch das Eines nicht das Sein ist, sondern nur als Eins das Sein an sich hat?"

447 Vgl. ebd., Frg. B 2 (Diels/Kranz, 231).

448 Vgl. Plato, Phaidros, 245; Gesetze X, 893–899.

niemals aber Seiende? Das eine wird vom Denken erfaßt gemäß vernünftiger Rede: das, was immer in gleicher Weise ist. Das andere wird von der Meinung gemeint gemäß vernunftloser Sinnesempfindung: das, was wird und niemals wahrhaft ist"[449]

Plato unterscheidet sich darin von Parmenides, daß die Idee sich als sie selbst durch ein Nicht-Sein gegen eine Andersheit behauptet, wodurch ein negatives Moment eingeführt wird: Nicht-Sein als Anders-Sein. Das Identische weist sich erst als es selbst aus durch die Andersheit.[450]

Der immer seiende Grund der geordneten und geformten Vielfalt der Dinge liegt außerhalb ihrer selbst, abgeschieden und in totaler Einfachheit mit sich selbst identisch.[451] Plato sieht in dem "Einen" das Wesensprinzip der Dinge. Jede Idee muß eins sein.[452]

Für Plato ist Gott die Idee des Guten[453], dessen Unwandelbarkeit und schlechthinnige Unberührbarkeit mit seinem vollkommenen Ruhen in sich selbst zusammenhängen. Im Staat bezeichnet Plato das Gute als das höchste Prinzip. Die Finalität des Guten und seine Vollkommenheit stehen im Zentrum seines Denkens: Durch die Teilnahme an der Idee des Guten sind alle Dinge gut.[454] Gott ist die Idee der Ideen. Von ihr hängt alles andere ab. Sie selbst aber hängt von nichts anderem mehr ab. Sie ist das Absolute[455] und jenseits alles Wesenhaften (ἐπέκεινα τῆς οὐσίας).

Ein solcher Gott kann nicht als Ursache mit der ständigem Wandel unterworfenen Materie in Beziehung gebracht werden, denn jede Veränderung an ihm wäre nur als Wandel zum Schlechteren denkbar. Daher führt Plato zur Erklärung der sinnlichen und veränderbaren Dinge im platonischen Schöpfungsmythos den Demiurgen als Weltbaumeister ein, dem es zukommt, sich mit der Materia abzugeben. Nur darum sind die welthaften Dinge nicht völliges ungeordnetes Chaos, weil der Weltverfertiger sie im Hinblick auf das, was sich immer gleichbleibt, d. h. sinnvoll nach geistigen Ideen, gestaltete.[456]

---

449 Ders., Timaios, 27d.

450 Vgl. Beierwaltes, Identität und Differenz, 9ff.

451 Vgl. Ross, 221.

452 Vgl. Plato, Staat, 507b.

453 Vgl. ebd., 518c; 532c.

454 Vgl. ders., Timaios, 30a: "Der Gott wollte, daß alle Dinge gut sind."

455 Vgl. ders., Staat, 510b; 511b.

456 Vgl. ders., Philebos, 28–30.

1.3. Aristoteles

Was in den platonischen Dialogen mehr intuitiv aufleuchtet, hat Aristoteles in einem stärker von der welthaften Erfahrung ausgehenden metaphysischen Konzept erarbeitet, dem ein konsequentes Seinsdenken zugrundeliegt, das in einer differenzierten Ursachenlehre entfaltet wird. Seine leitende Einsicht ist, daß jedes Bewegte von einem anderen her bewegt wird (*omne quod movetur ab alio movetur*), so daß das vergängliche Seiende[457] ohne das unvergängliche nicht existieren kann. Wegen des Primats der Bewegungslehre folgt die Notwendigkeit Gottes als des Ersten Bewegers aus den Prinzipien der Naturphilosophie: Gott ist der erste Unbewegte Beweger, aus dem allein die stetige, sich immer gleichbleibende Kreisbewegung des "ersten Himmels" erklärt werden kann. Es muß, wenn jede Bewegung von einer "früheren" Bewegung verursacht ist, und wenn man nicht einen regressus in infinitum in Kauf nehmen will, eine erste Ursache geben, die ihrerseits nicht wieder selber verursacht sein kann, sondern die die Bewegung aus sich selbst hat. Bewegung ist aber *actus entis in potentia inquantum in potentia*, d. h. unvollständiger Akt, der bleibende Möglichkeit erst realisiert. Der Unbewegte Beweger muß daher nicht nur von allem Bewegten unabhängig sein, er muß auch aus sich heraus die jede Möglichkeit ausschließende Fülle der Aktualität aus sich heraus verwirklichen. Weil jede Potentialität und die damit verbundene Bewegtheit von sich ausschließend, kann er auch nicht zusammengesetzt bzw. teilbar sein, denn die Teilbarkeit ist Eigenschaft der zerfallenden Materie. So ist denn der Gott des Aristoteles "das, wiewohl es nicht bewegt wird, [das] anderes bewegt, also etwas, das ewig ist, ein Wesen und eine Verwirklichung."[458]

Da der aristotelische Seinsbegriff am Paradigma des Lebens gewonnen ist, ist das Sein des höchsten Seienden im eminenten Sinn geistiges Leben und das heißt, sich selbst denkendes Denken (νόεσις νοέσεως)[459], denn es gilt: *Zu leben ist das Sein des Lebendigen.*[460] Sein ist von "Leben" abgeleitet, ist ein Derivat von Leben. Den Begriff des Seins gewinnt

---

[457] Aristoteles kennt noch nicht den Begriff der Kontingenz. Jedes Seiende ist mit sich in seiner Substanz identisch. Die Substanz ist das erste Seiende schlechthin. In ihr fallen Sosein und Dasein zusammen. Die *ontologische Differenz* zwischen beiden konnte noch nicht thematisiert werden. Dazu fehlte der Schöpfungsbegriff: die Entstehung des Seienden seiner ganzen Substanz nach aus dem Nichts. Für Aristoteles ist es die Form, die das Sein gibt. Die Form, die die Substanz zu dem macht, was sie ist, macht auch, daß sie ist.

[458] Aristoteles, Metaph. XII,7, 1072a.

[459] Vgl. ebd.

[460] Ders., De anima II,4, 415 b13.

Aristoteles durch Subtraktion aus dem des Lebens, und den Begriff des animalischen Lebens durch Subtraktion aus dem des bewußten, geistigen Lebens. Geistiges Leben ist volles Sein. Das Denken ist ein in höchstem Maße lebendiges Geschehen, so wie "Leben" hier seinen reinsten und aktuellsten Vollzug findet.

> "Und auch Leben kommt ihm zu; denn die Verwirklichung der Vernunft ist Leben, jener aber ist die Verwirklichung. ... Wir sagen also, daß der Gott ein lebendiges, ewiges und bestes Wesen sei. Dem Gott kommt demnach ununterbrochenes, fortdauerndes und ewiges Leben zu; denn das ist eben der Gott."[461]

1.4. Plotin und der Neuplatonismus

War die Stoa wesentlich materialistisch – das göttliche "Urfeuer" galt ihr als Prinzip aller Dinge, deren Entstehen mit seiner "Erkaltung"[462] verbunden ist –, so übernimmt der Neuplatonismus dieses selbe Schema vom stufenweisen Abstieg "bis hinunter zum äußerst Erdhaften"[463], in seine eigene Seinslehre.

Anders als im alten Platonismus, der nur eine "Spiegelung" der oberen Seinsstufen in den niedrigeren kennt, diese Seinsstufen aber ontologisch unverbunden nebeneinander bestehen läßt, gehen sie bei Plotin mit Notwendigkeit in einem Emanationsprozeß, der eine "Ausstrahlung", "Aussonderung"[464], fortschreitende Vervielfältigung und Determinierung durch Nicht-Sein bedeutet, auseinander hervor. Nur das Eine (τὸ ἕν) ist im wahrsten Sinne ungeworden. Es ist der Ursprung. Die Ideen sind durch den Ursprung geworden (γενητα,), sie sind jedoch immer, da sie außerhalb der Zeit sind, während der Kosmos in der Zeit wird.[465]

Dabei ist der Nous schon die erste Ausstrahlung[466] des ungeteilten Einen in die Vielheit. Der νοῦς ist vom Gedachten verschieden und

---

461 Ders., Metaph. XII,7 1072b.

462 In der Stoa nimmt das Urfeuer in einem Prozeß der Erkaltung und Erstarrung, der als konzentrische Ausstrahlung begriffen wird, immer deutlichere und festere, damit aber auch "lebensärmere Formen" an. Dieser Prozeß ist Abstieg, Abfall von der ursprünglichen Lebensfülle. Vgl. Ivanka, 72; vgl. ebd.: "Die stark betonte Polarität zwischen dem aktiven und formenden Charakter des Urfeuers und der Passivität der bloß geformten und formbaren, aber selbst nicht Formkraft besitzenden ausgegliederten übrigen Materie, die Behauptung, daß dieses Urfeuer nicht nur lebe, sondern auch plane und denke ..., ermöglicht den Einbau des platonischen Dualismus und Spiritualismus in dieses an sich materialistische und nomistisch gemeinte Weltbild."

463 Vgl. ebd.

464 Vgl. ebd., 73.

465 Vgl. Plotin, Enn. II 9,3,1–14; II 4,5,24–28.

466 Vgl. ebd. I 7,1.

kommt nach ihm.[467] Das Eine ist das vom Geist einzig Gedachte – all das Seine in ihm und mit ihm selbst. Es kann sich von sich selbst unterscheiden, als Denken, aber nicht so, wie das Denken des Geistes.[468] Weil es im Geist Andersheit gibt, relationales Sein – der νοῦς bezieht sich in sich selbst auf sich selbst –, muß "etwas" jenseits des Geistes sein[469]: Im Einen gibt es keine Andersheit, es kann nicht wissen und denken. Will man zu ihm gelangen, muß man alles wegnehmen.[470] Es ist rein negativ. So ist denn das Eine jenseits des Denkens. Es erkennt weder sich selbst, noch die anderen Dinge.[471]

Kosmologisch leitet sich das innerweltliche Vielerlei und das sich Entgegengesetzte durch Abstieg vom Einen ab, denn das Eine ist das Prinzip der Wesen und der Dinge.[472] Zugleich mit diesem Abstieg, in dem das wahrhaft Seiende sich immer weiter depotenziert und dabei die verschiedenen Hüllen der Endlichkeit annimmt, die ihm als stufenförmige Überkleidung dienen, hebt ein in umgekehrter Richtung verlaufender Wiederaufstieg zum Einen an, der die Ausgliederung aufhebt und die aufgebrochene Vielheit wieder im All-Einen versammelt:

Es kommt dazu, "daß das abgestiegene Wesen diese Qualitäten stufenweise wieder ablegt, und zwar dadurch, daß es sich auf sein eigenes Wesen besinnt"[473], und daß es zu dem zurückkehrt, was es in seinem Wesen immer schon war, zu seinem göttlichen Seinskern, indem es die weiteren Determinationen der niedrigeren Seinsgrade als etwas ihm Fremdes und Nicht-Sein-Sollendes wieder zurückläßt. Was das einzelne endliche Seiende von seinem wahren Wesen entfremdet, ist genau jene es aus der unbestimmten Fülle des Seins ins Eigene hinein absondernde Bestimmtheit und Endlichkeit, die es zu überwinden gilt. Dabei führt die Einsicht in die Nichtigkeit des vom wahren Sein trennenden Unterschieds zur Aufhebung des Abfalls und zur Einigung mit dem "Ureinen".[474]

Die große Schwierigkeit des Neuplatonismus besteht in der Negativität des Endlichen[475], die auch die Transzendenz des Göttlichen gefährden

---

[467] Vgl. ebd. V 4,2,12f.

[468] Vgl. ebd. V 4,2,16–20; III 9,6,4; V 3,10,6.

[469] Vgl. ebd. V 3,10.

[470] Vgl. ebd. V 3,17,38.

[471] Vgl. ebd. V 6,3.

[472] Vgl. ebd. V 5,10.

[473] Vgl. Ivanka, 76.

[474] Ins Moralische gewendet, liegt hierin auch die Aufhebung von Schuld und die Erlösung der erkennenden Wesen.

[475] Vgl. ebd., 86f.

muß. Da der Gegensatz von Gott und endlicher Welt nach neuplatonischer Erklärung ein unechter, vermeintlicher Gegensatz ist, der nur innerhalb der ewigen Auskehr und Rückkehr[476] des Einen selbst gesetzt ist, wird sowohl die kreatürliche Eigenständigkeit des Geschöpflichen negiert und entwertet, als auch die wahre Transzendenz Gottes ausgeschlossen. Das Geschöpf, um seinen Eigenstand gebracht, ist gleichzeitig zu hoch und zu niedrig angesetzt. Es verflüssigt sich in seinem Sein immer schon in seinen göttlichen Grund: Nach einem Wort E. v. Ivankas wird die geschaffene Welt dadurch "zugleich vergöttert und verlästert".[477]

So fällt die Antwort auf die im griechischen Denken aufbrechende Frage: "Wie läßt sich das Viele angesichts der Einheit des Einen denken?", die übrigens auch für die gesamte christologische Kontroverse im Vorfeld der ersten Konzilien von grundlegender Bedeutung ist, in der neuplatonischen Identitätsmetaphysik unbefriedigend aus.

Das Sein wird als unterschiedslose Identität mit sich selbst gedacht. Die ihm faktisch entgegengesetzte welthafte Vielheit ist darin aufgehoben und kann darum nicht *als* unterschiedene Vielfalt verstanden werden. Die Einheit in totaler Identität ohne Unterschied erweist sich als Problem.

2. Die Logoschristologie vor Nicäa

Einen ersten Versuch, die platonische und stoische Philosophie in den Dienst des Glaubens zu stellen, stellt die vornicänische Logos-Christologie[478] dar.

2.1. Justin der Märtyrer

Justin sieht in dem Begriffsfeld des mittleren Platonismus und der Stoa einen Anknüpfungspunkt für seine "Verteidigung" des Christentums, in der er seine Christologie entfaltet. Er denkt im Horizont einer heilsgeschichtlichen Offenbarung Gottes, der im AT die Welt und Geschichte in souveräner Freiheit hervorgebracht hat, und in seinem geschichtsmächtigen Wirken sich den Menschen als Gott des Bundes offenbart. So gilt denn sein Interesse im ersten Teil der Apologie (30–35) den alt-

[476] Hervorgang und Rückgang sind im Geist identisch. Vgl. Beierwaltes, Plotin, 16.

[477] Vgl. ebd., 88.

[478] Vgl. Bouyer, 366–380; vgl. Kessler, 325–334; vgl. Grillmeier, Jesus der Christus, Bd. 1, 202–280.

testamentlichen Weissagungen, aus denen er für die Heiden die Gottheit Christi beweisen möchte.[479]

Durch dieses Präsentsein des alttestamentlichen Heilshandelns Gottes werden die von Justin übernommenen Begriffe wie "Logos" und "Nomos" in ein Konzept geschichtlicher Offenbarung aufgenommen und erfahren dadurch eine Umformung, so daß sie nicht mehr nur von ihrem griechischen Bedeutungskontext her verstanden werden können[480]:

Der λόγος ist der Zeit überhoben, vor aller Schöpfung in Gott. Er ist das innere Wort Gottes, der λόγος ἐνδιάθετος[481], der seit Ewigkeit mit Gott ist.[482] In der Schöpfung tritt er als λόγος προφορικός hervor. Es geht Justin darum, die volle Gottheit des in Christus präsenten Logos festzuhalten, und zwar gerade wegen seiner Konzeption einer in der Geschichte fortschreitenden Offenbarung: Der λόγος tritt in der Geschichte der Menschen immer stärker und deutlicher hervor, bis er sich schließlich unwiederholbar einzigartig aufgrund seiner ewigen göttlichen Dynamis aus der Jungfrau eine irdische Existenz zeugt, um darin *ein für allemal* hervorzutreten.[483]

Christus ist derjenige, der der menschlichen Geschichte Ordnung und Zielrichtung verleiht. Durch ihn besitzt sie Anfang, Höhepunkt und Ende. Wenn der λόγος aufgrund seiner fortwährenden Offenbarungswirksamkeit der menschlichen Zeit eine Ordnung verleiht, so ist er zugleich ihr νόμος.[484] Er ist der "königlichste und gerechteste Herrscher".[485] Entschieden wendet Justin sich gegen den Mythos und seine Göttervorstellungen – die Zeussöhne können uns Gott nicht offenbaren, denn sie sind selbst nicht in der Transzendenz des wahren Gottes beheimatet:

> "Denn als diese von der durch die Propheten verkündeten Ankunft Christi ... hörten, brachten sie die Sage auf von vielen dem Zeus geborenen Söhnen in der Meinung, sie könnten es fertig bringen, daß die Menschen die Geschich-

---

479 Der Christus-Glaube stellt das hermeneutische Grundprinzip für die Deutung des AT dar. Vgl. Shotwell, The Biblical Exegesis.

480 Vgl. Andresen, Logos, 312. Nach Gott, dem Vater des Alls, ist der Logos die erste Kraft und er ist sein Sohn. Vgl. Justin, Apol. I 32,1 (Ed. Munier, 76).

481 Theophilus, Ad Autolycum 2,10 (Ed. Grant, PTS 44, 38).

482 Demgegenüber ist der λόγος bei Philo sowie im Mittel- und Neuplatonismus ein δεύτερος θεός, eine abgeleitete Weise des göttlichen Seins, die sich gegenüber der ersten privativ ausnimmt, und die zwischen dessen absoluter Transzendenz und dem kosmischen Sein vermittelt. Hier steht die Logoslehre im Bann des beherrschenden Emanationsgedankens.

483 Vgl. Justin, Apol. I 33,1 (Ed. Munier, 78).

484 Vgl. ebd. 40,1–19 (Ed. Munier, 84–86), 39,1 (Ed. Munier, 84).

485 Ebd. 12,1 (Ed. Munier, 50).

te von Christus für eine Wundermähr und für ähnlich den Erzählungen der Dichter hielten."[486]

Auf dem Hintergrund des alttestamentlichen und platonischen Monotheismus kann der λόγος προφορικός, die Zeugung Christi durch den Vater, die in Zeit und Geschichte offenbar wird, nicht mythologisch in eine Reihe mit den vielen Göttergestalten der Griechen gestellt werden, andernfalls wäre der λόγος nur eine von den Erscheinungsweisen des Vaters. Gegenüber den mythischen Himmelwesen in den jüdisch-modalistischen Spekulationen steht Christus einzigartig da:

> "Sein Sohn aber, der allein im eigentlichen Sinn sein Sohn heißt, der Logos, der vor aller Schöpfung war, der sowohl mit ihm war als auch gezeugt wurde, als er im Anfang alles durch ihn schuf und ordnete, wird Christus genannt, weil er gesalbt wurde und Gott durch ihn alles ordnete."[487]

Nur als der – johanneisch gedachte – einziggeborene Sohn des ewigen Vaters kann Christus wirklich Mittler einer göttlichen Offenbarung sein. Anhand einer mittelplatonisch beeinflußten Teilhabe-Lehre begründet Justin, daß der menschliche Geist für die Erkenntnis der transzendenten Wahrheit prinzipiell offen ist: Der λόγος wirkt als λόγος σπερματικός in jedem Menschen.[488] Mit diesem Gedanken an die Stoa anknüpfend, geht er doch zugleich über deren Spekulation hinaus: Für den Stoiker durchdringt und entläßt der Logos, der wie ein feines materielles Feuer ist, alle Dinge. Der Logos wird hier ganz von seiner Beziehung zur Welt her gesehen und ist "wesentlich monistisch"[489]. Er ist das innere Prinzip jeder Vernunft und damit auch der menschlichen Erkenntnis. Weil alle Menschen irgendwie am λόγος teilhaben, sind sie fähig, Begriffe zu bilden, die auf die moralische und religiöse Wirklichkeit zutreffen.[490] In gleichen Sinne wie die Stoa redet auch Philo vom λόγος. Dieser jüdische Philosoph verfolgte die Intention, die griechisch-heidnische Welt von der Gültigkeit des jüdischen Monotheismus zu überzeugen. Dazu speiste er seine auf dem Hintergrund alttestamentlicher Weisheitslehre betriebene Logosspekulation mit platonischen und stoischen Gedanken.[491]

---

[486] Ebd. 54,1 (Ed. Munier, 104).

[487] Apol. II 6,1 (Ed. Munier, 130). Ähnlich Hippolyt, Contra haer. Noeti 15 (Ed. Nautin, 259, 14–21): "Wer ist also der eigene Sohn, den Gott ins Fleisch geschickt hat, wenn nicht das Wort, das er Sohn nannte, weil es Mensch werden sollte? ... So hat er sich manifestiert als der eine wahre Sohn Gottes."
Es handelt sich nicht um eine authentische Schrift des Hippolyt von Rom: Zur kritischen Beleuchtung der Urheberfrage vgl. J. Frickel, 87–123.

[488] Vgl. Andresen, Logos, 340–343; vgl. Holte, 144f; vgl. Liébart, 28.

[489] Vgl. Grillmeier, Jesus der Christus, Bd. 1, 227.

[490] Vgl. Andresen, Logos, 340–343.

[491] Vgl. Holte, 123.

Bei Philo ist der λόγος ein δεύτερος θεὸς, der außerhalb der Sphäre der absoluten Transzendenz Gottes steht, und der als vermittelnde Instanz zwischen Gott und Kosmos tritt. Darin trifft er sich mit dem Mittel- und Neuplatonismus.

Justin übernimmt nun nicht einfach diese aus der griechischen Philosophie kommende und von Philo mit der alttestamentlichen Offenbarung angereicherte Logoslehre, sondern er integriert sie in einen von der heilsgeschichtlichen Offenbarung abgesteckten Horizont: Während die Platoniker von der "Weltseele" als dem Ordnungsprinzip der Welt sprachen, ist für Justin Jesus Christus der Logos, der auch an die Stelle dieses kosmologischen Prinzips tritt. Was Justin über Philo und die "Griechen" hinausführt, ist der konsequent durchgezogen Gedanke der wirklichen Fleischwerdung des Logos.[492] Damit geht Justin über die ganze zeitgenössische Logoslehre hinaus:

> "Es ist also evident, daß unsere Lehre erhabener ist über jede menschliche Lehre, weil in dem unseretwegen erschienenen Christus das ganze Logosprinzip (τὸ Λογικὸν τὸ ὅλον) Leib, vernünftiger Geist und Seele geworden ist."[493]

Der göttliche Logos war schon längst vor dem Auftreten Jesu in der menschlichen Geschichte am Werk und hat dabei die Keime des Heiles (σπέρμα τοῦ λόγου) in der Welt verstreut. Sie sind eine Teilhabe des menschlichen Geistes am Logos, der in Gott ist. Das Erkennen mittels dieser Teilhabe ist nur ein teilhaftes und unvollständiges, obwohl es den Menschen in seiner Vernunft für die Transzendenz öffnet.[494] In der urzeitlichen Tätigkeit des Logos ist die wahre Erkenntnis der alten Philosophen wie Heraklit oder Sokrates und der alttestamentlichen Propheten begründet, die nach dem Logos gelebt und eine wahre, wenn auch unvollständige und defiziente Auffassung vom Göttlichen besessen haben.[495]

---

[492] Vgl. Grillmeier, Jesus der Christus, Bd. 1, 225f: "Im Lichte dieser substantiellen Ausweitung der Logoslehre gab es von vornherein nur eine beschränkte Möglichkeit für philonische Beeinflussung der Apologeten. Auch die Einflußnahme der Philosophen darf nicht überschätzt werden. Obwohl bei allen Apologeten das Christliche mehr oder weniger in den Blickwinkel der alten Philosophie gerät, so wird die Überlegenheit des Christentums letzterer gegenüber beständig betont, und die Zweite Apologie (oder Teil b [=II] der einen Apologie) schließt für Justin damit, daß er trotz teilweiser Übereinstimmung alle philosophischen Systeme aufgibt, und seinen Wunsch herausstellt, einzig als ein Christ betrachtet zu werden." So verwirft Justin am Ende die natürliche Theologie.

[493] Apol. I 78,1 (Ed. Munier, 136).

[494] Vgl. ebd. 75,1 (Ed. Munier, 134).

[495] Vgl. ebd. 44,1 (Ed. Munier, 90); 77,1–78,1 (Ed. Munier, 136–138).

Was Justin im Hinblick auf die Frage nach der Vermittlung von Transzendenz und Geschichte gegenüber dem Mittelplatonismus interessant macht, ist der Gedanke einer eigentlichen Offenbarung, und dies gerade gegen die vorherrschende Philosophie, deren geschlossenes System stufenförmiger Emanationen den Hereinbruch einer neuen Offenbarung nicht zuläßt.[496] Von seiner geschichtstheologischen Konzeption aus kann Justin auch jene Spekulationen zurückweisen, die den strengen jüdischen Monotheismus so stark betonen, daß in ihnen der Logos lediglich eine Erscheinungsform des Vaters ist, der es zukommt, die göttliche Offenbarung zu vermitteln.[497]

Ausgehend von Johannes und von den Synoptikern entwickelt Justin eine Inkarnationslehre, nach der der λόγος nicht irgendeine Emanationsstufe oder Erscheinungsweise des Göttlichen darstellt, sondern in Identität mit dem fleischgewordenen Logos der beim Vater Präexistente ist und darum auch in Schöpfung und Offenbarung als der Mittler erkannt werden kann. Damit kommt es, wenn der λόγος aus Gott hervortritt, zu einer wirklichen Berührung zwischen der Transzendenz und der Geschichte. Der λόγος ist eben in der Zeit aus der Jungfrau geboren und hat, sich mit den Menschen verbindend, Fleisch angenommen.[498]

Wegen der Anleihen, die Justin bei der mittelplatonischen Philosophie macht, besitzt der Logos eine verminderte Transzendenz gegenüber dem Vater. Dies läßt ein Problem zutage treten, das in der spekulativen Theologie zum Motor einer immer neu ansetzenden Denkbewegung wird: Wie es Justin darum ging, das Novum der christlichen Offenbarung mit dem jüdischen Monotheismus einerseits und mit dem philosophischen Monotheismus der Griechen andererseits zu vereinbaren, so war auch für die anderen Apologeten und die Theologen nach ihnen die entscheidende Frage die, wie die wahre Einheit in Gott mit der echten Unterschiedenheit mehrerer göttlicher Personen zu verbinden sei. Man wollte am strengen Monotheismus festhalten, was eine mythologische Deutung der Menschwerdung ausschloß, auf der anderen Seite aber im Logos den wahren Mittler zwischen der geschöpflichen Endlichkeit des Menschen und der absoluten Transzendenz Gottes sehen. Dazu mußte aber der Logos auf der Seite der Transzendenz Gottes stehen.

Justin vertritt einen funktionalen Subordinatianismus, der daher rührt, daß die genaue Beziehung des λόγος zum Vater noch nicht in Frage

---

496 Vgl. Grillmeier, Jesus der Christus, Bd. 1, 207.

497 Vgl. Apol. I 63,1 (Ed. Munier, 116–118).

498 Vgl. ebd. 33,1 (Ed. Munier, 78) u. a.

steht. Es scheint, daß Justin den λόγος προφορικός erst mit der Erschaffung der Welt aus dem Vater hervorgehen läßt. Dann wäre Gott nur insofern "Vater", als er Schöpfer ist.[499] Trotzdem betont Justin eindeutig die volle Gottheit des in Christus präsenten Logos.[500]

Ich hole das oben Gesagte in einer kurzen Reflexion ein: Wie diese Ausführungen zeigen, gab es eine Bewußtheit dafür, daß Aussagen über dinglich in der Welt vorfindliche Dinge und deren Beziehungen zueinander einen anderen Charakter besitzen als Aussagen über den innergöttlichen Bereich, und daß man dies zu beachten habe, wenn man die Eigenart der transzendenten Wirklichkeit wahren wollte. Die aus dem AT sowie aus der Lebenswelt des Menschen gewonnenen Bilder erweisen sich als inadäquat, wenn es darum geht, die göttliche Wirklichkeit auszusagen. Dies gilt genauso von den spekulativen Begriffen, wenn auch in vermindertem Maße, da sie abstrakter sind und nicht in jedem Fall etwas Materielles bezeichnen. Wo man sich nicht der Bezeichnungsweise dieser Begriffe und ihrer Inadäquatheit für die Offenbarung bewußt war, die nur eine analoge Verwendung zuläßt, dort bestand die Gefahr, diese Offenbarung zu verfälschen, weil man die Eigenart der transzendenten Wirklichkeit nicht ernst nahm.[501]

Für Justin steht bereits fest, daß er nicht eines der philosophischen Systeme (Gnosis, Mittler Platonismus, Stoizismus) seiner Zeit ohne eine korrigierende Veränderung auf das Christus-Ereignis, d. h. auf die Offenbarung, anwenden kann. Er vollzieht eine tiefgreifende Transformation des griechischen Denkens.

2.2. Irenäus: Die Theorie des Tausches und die Gott-Mensch-Christologie

Im Denken des Irenäus, der sich vor allem mit der Gnosis auseinandersetzen muß, nimmt die Frage nach der Gotteserkenntnis, wie P. Smulders gezeigt hat, einen zentralen Platz ein.[502] Der neuplatonisch beein-

---

499 Vgl. Dial. c. Tryph. 61,1 (Ed. Goodspeed, 166). Für Justin steht der Logos dem Vater gegenüber tiefer, auf dem zweiten Platz. Er ist "nach dem Vater", der ihn gezeugt hat. Vgl. Dial. c. Tryph. 56,4 (Ed. Goodspeed, 156); vgl. auch ebd., 61,1 (Ed. Goodspeed, 166–167). An diesen Stellen wird die ganze Macht und Initiative in der Gottheit dem Vater zugesprochen. Dagegen weist Apol. 32,1 (Ed. Munier, 76: ἡ πρώτη δύναμις μετα. τὸν πατέρα) eher auf eine logische Vorordnung als auf eine absolute Subordination hin. Vgl. Courth, Trinität in der Patristik, 45f.

500 Vgl. Dial. c. Tryph. 48,2 (Ed. Goodspeed, 146).

501 Vgl. Grillmeier, Jesus der Christus, Bd. 1, 224.

502 Vgl. Smulders, 408f.

flußten Gnosis erschien aufgrund der Gravitation des All-Einen jede Mannigfaltigkeit und Vielheit als das Nicht-sein-Sollende, als ein Abfall und eine Abspaltung von diesem höchsten Einen. Gott-Mensch-Welt wurden strukturell in einer monistischen Einheit gesehen. Daß der Mensch in diesem Äon an – dualistisch interpretierten – Entzweiungen leide, wurde auf die faktische Mannigfaltigkeit zurückgeführt, die es zu überwinden gelte. Alles kommt aus dem göttlichen ἕν und alles fließt wieder dorthin zurück. Davon war bereits die Rede. Innerhalb dieses gnostischen Einheitsdenkens ist Erlösung nur möglich durch die Aufhebung und Rückführung der endlichen (materiellen) Mannigfaltigkeit und des damit verbundenen Unheilszustands in den göttlichen Urgrund.[503]

Dadurch hatte die Gnosis ihre eigene Soteriologie: Monistische Überwindung aller Entzweiung durch eine den individuellen Status der Dinge und Menschen auflösende Vergöttlichung auf dem Weg der die Zusammenhänge durchschauenden Erkenntnis.[504] Bei oberflächlicher Betrachtung scheint das neuplatonische Schema eine für die christliche Erlösungslehre geeignete Anschauungsformel zu bieten. Und sprechen nicht auch Athanasius, Clemens und Irenäus von der "Vergöttlichung" des Menschen durch Aufstieg und Erlösung?

Zu beachten wäre, daß Irenäus von einer universalen heilsgeschichtlichen Schau mit ihren Etappen Schöpfung-Sündenfall-Erneuerung in Christus her denkt. Gegenüber den von ihm bekämpften Gnostikern kommt es Irenäus auf die einer freien Initiative Gottes entspringende Geschöpflichkeit des Menschen an, die sich in Bezug auf Gott in einem – nach Analogie einer Spiegelung vorgestellten – *Bildsein* ausprägt. Sein Interesse für die Wirklichkeit der Schöpfung zeigt sich schon in seinen umfänglichen Genesiskommentaren.[505] Ganz im Gegensatz zur Gnosis mit ihrer negativen Einstufung alles Materiellen ist für Irenäus der eine Mensch mit Leib und Seele[506] zur Teilnahme am "Leben" berufen. An zwei Stellen macht Irenäus einen Unterschied zwischen Bild (εἰκών) und Gleichnis (ὁμοίωσις).[507] In beiden Texten kommt unmißverständlich zum

---

503 Vgl. Ivanka, 86.

504 Vgl. ebd., 92: "Es genügt die Tatsache der Kombination des stoischen Seinsschemas mit der spiritualistischen Grundstimmung des traditionellen Platonismus, um zu begreifen, wie eine konsequente Anwendung des Prinzips: 'Begreifen wollen, wie die Vielheit aus der Ureinheit entsprungen ist', zu einer 'gnostischen' Beurteilung des Endlichen, Vielfältigen, Verschiedenen, Determinierten führen muß."

505 Vgl. G.T. Armstrong, 52.60; vgl. auch Benoit, 74–102.

506 Vgl. Kleba, 24–26; vgl. Schwanz, 140.

507 Irenäus, Adv. Haer. V,6,1 (SC 153,76,24–31); V,16,2 (SC 153,216,1–9). Der dt. Text der Bücher 1–4 sowie der Epideixis ist jeweils der Übersetzung von N. Brox entnommen.

Ausdruck, daß das "Bild" im "Fleisch" gegeben ist, d. h. im ganzen Menschen mit Leib und Seele. Gerade weil die Gnostiker das Leibliche als unerlösbar, als eine zu überwindende Eigenschaft ansahen, legt Irenäus hierauf den Akzent.

Das "Bild Gottes" ist zunächst der Sohn, nicht der ewige Logos, sondern der menschgewordene, der in der Inkarnation das Bild wahrhaft zeigt und bestätigt.[508] Ihm gilt es, ähnlich zu werden, da der Mensch schon im Anfang *nach* diesem Bild gemacht wurde.[509] Manche Formulierungen gewinnen erst dann ihren Aussagegehalt, wenn der gnostische Hintergrund beachtet wird, der als eine Kontrastfolie gelten kann: Da für die Gnosis jede Verbindung Gottes mit der Materie undenkbar ist, macht sich in ihr die Tendenz geltend, Christus in verschiedene Subjekte auseinanderzureißen, wobei die Aussagen des Johannesprologs einfach auf verschiedene Träger verteilt werden: Der Logos sei ein anderer als der Eingeborene, Christus ein anderer als der Mensch Jesus. So ist für Marcion, der Christus modalistisch in absolute Nähe zum Vater rückt, Jesus nur von einer Menschengestalt umkleidet. Legt er diese wieder ab, ist er wieder der reine Gott.[510] Gegen solche Auffassungen geht Irenäus in seiner Theologie vor, wenn er es als apostolische Lehre erweist, daß Jesus, Christus, der Sohn Gottes und das Wort Gottes, ein und dasselbe Subjekt[511] bezeichnen, das aufgrund eines wunderbaren Tausches die entgegengesetzten Attribute der menschlichen und göttlichen Natur in sich vereinigt:

> "Das Evangelium kennt also keinen anderen Menschensohn als den, der aus Maria war und der auch gelitten hat. Aber keineswegs kannte es einen Christus, der vor der Passion von Jesus weggeflogen wäre, sondern es kannte Jesus Christus, der geboren wurde als der Sohn Gottes, und daß eben dieser gelitten hat und auferstanden ist, das bezeugt Johannes, der Jünger des Herrn ... (Joh 20,31). So sah er jene blasphemischen Regeln voraus, die den Herrn teilen, so weit sie es können, und ihn aus zwei verschiedenen Substanzen bestehen lassen. ... Sie unterscheiden den Christus, der gelitten hat und

---

508 Vgl. Struker, 82f.

509 Vgl. Epideixis 22 (Brox, 47). Daß ὁμοίωσις einen dynamischen Vorgang meint, in dem der Mensch wieder nach dem Bild und Gleichnis Gottes gestaltet wird, kommt am Ende von *Adversus haereses* klar zum Ausdruck: "Das Geschöpf nimmt auf das Wort und steigt zu ihm empor, indem es über die Engel sich erhebt, und es wird nach dem Bild und Gleichnis Gottes." Vgl. ebd., V,36,3 (SC 153,466,72–74).

510 Vgl. Grillmeier, Jesus der Christus, Bd. 1, 214.

511 Vgl. ebd., 217: "Er gebraucht eine Formel, die sogar siebenmal wieder in der Definition von Chalcedon auftaucht: 'Christus ein und derselbe (εἱς καὶ ὁ αὐτος) ... Um die Identität des Subjekts all der Namen zu betonen, die der Joh-Prolog Christus zulegt, setzt Irenäus gegen das vierfache ἄλλος (ein anderer) der Ptolemäer ein siebenfaches τοῦτον (eben dieser)."

geboren wurde von dem Christus ihres Demiurgen, der gemäß dem Heilsplan kam, oder den aus Josef, den sie als den leidensfähigen dogmatisieren, von dem, der aus den unsichtbaren und unaussprechbaren Regionen herkam, den sie als den unsichtbaren, unbegreiflichen und leidensunfähigen hinstellen. Aber darin irren sie von der Wahrheit ab, weil ihre Lehre den allein wahren Gott nicht kennt, weil sie nicht wissen, daß sein eingeborenes Wort (vgl. Joh 1,1–3.18), das dem Menschengeschlecht immer beisteht, vereint und eingesät in sein Geschöpf, nach dem Willen des Vaters Fleisch geworden ist, daß er Jesus Christus ist, unser Herr ... Gott ist also ein einziger, der Vater, wie wir gezeigt haben, und Jesus Christus ist ein einziger, unser Herr, der durch die ganze Heilsordnung hindurch ging und alles in sich zusammenfaßte. Zu diesem 'alles' gehört aber auch der Mensch, das Geschöpf Gottes; also faßte er auch den Menschen in sich zusammen, indem er, der Unsichtbare, sichtbar wurde, der Unbegreifbare begreifbar, der Leidensunfähige leidensfähig, das Wort Mensch." [512]

In diesem Sinne stellt sich die Vollendung des Menschen als eine Eingliederung in Christus dar, mit dem er "Sohn" sein und so an der Unsterblichkeit Gottes selbst teilhaben kann.[513]

Der heilige Tausch göttlicher und menschlicher Eigenschaften in Christus[514] bedingt eine Idiomenkommunikation, die es möglich macht, ein und demselben Subjekt göttliche und menschliche Prädikate zuzuerkennen. Als der Gottmensch ist Christus der Mittler zwischen dem endlichen Geschöpf und der Unendlichkeit, zwischen Gott und Mensch.[515] Der als gottähnlich erschaffene Mensch[516] wird in Christus nach dem Bild Gottes erneuert und sein schöpfungsgemäßes Bild-Sein (εἰκών) wird zur ὁμοίωσις neugestaltet.[517]

Wenn K.-H. Ohlig in der Lehre von dem einen Mittler lediglich eine annähernde Antwort auf die hellenistische Erlösungssehnsucht als Verschmelzung von Gott und Mensch erblickt[518], kann dem nicht zugestimmt werden, denn in der hellenistischen Philosophie geht es immer

---

[512] Adv. Haer. III,16,5–6 (Ed. Brox, Bd. 3, 196–200).

[513] Vgl. ebd. IV,20,5 (Ed. Brox, Bd. 4, 162); V,1,3 (SC 153,27); V,8,1 (SC 153,95).

[514] Vgl. ebd. III,19,1 (Ed. Brox, Bd. 3, 238).

[515] Vgl. ebd. III,18,7 (Ed. Brox, Bd. 3, 232); V,17,3 (SC 153,229); vgl. 1 Tim 2,5.

[516] Vgl. ebd. V,2,1, (SC 153,29–31).

[517] Vgl. Epideixis 33 (Ed. Brox, 55); vgl. Adv. haer., III 18, 1 (Ed. Brox, Bd. 3, 220); IV 33,4 (Ed. Brox, Bd. 4, 260) et mult. loc. Diese Verähnlichung mit Gott nimmt bei Theologen wie Origenes, Gregor v. Nyssa und Basilius die Gestalt einer "Vergöttlichung" (πρὸς Θεὸν ὁμοίωσις) an. So sagt Basilius: "Aus dem Heiligen Geist stammt eine nie aufhörende Freude, die Verähnlichung mit Gott; Gott zu werden ist aber das Höchste, was man wünschen und verlangen kann." Vgl. Basilius, De Spiritu Sancto 9, 23 (SC 17bis, 328) . Bei Cyrill von Jerusalem ist die dies weniger eindeutig. Vgl. ders., Myst. Cat. 4,3 (Röwekamp, 136). Zu Origenes und Gregor vgl. Merki, 62; 92–123.

[518] Vgl. Ohlig, 154.

darum, die Differenz zwischen dem unendlichen Sein und der endlichen Geschöpflichkeit aufzuheben, während doch nach Irenäus aus der soteriologischen Absolutheit Christi des Mittlers gerade folgt, daß der Mensch seine eigene Identität und d. h. sein Bild-Sein neu gewinnt und darin seine Endlichkeit und Leiblichkeit bestätigt findet.[519]
"Verähnlichung" besagt bei Irenäus nicht die monistische Einebnung des Unterschieds von Gott und Mensch – dies verbietet schon seine überall dominierende schöpfungstheologische Sicht, die bei Philo, in der Gnosis und im Hellenismus fehlt –, sondern die Heimführung des Menschen in ein Gottesverhältnis, das der Sohnschaft des Sohnes entspricht.

Irenäus entfaltet eine beachtenswerte Sensibilität für die Frage der Gotteserkenntnis. Wenn Gott der transzendente Schöpfer der Dinge und des Menschen ist, wie kann dann der Mensch, der – auch in seinem Inneren – nicht mit Gott identisch ist, diesen Gott erkennen, und zwar in seinem Selbstsein erkennen? Irenäus gibt die Richtung für die Antwort auf die Gottesfrage an, wenn er sagt: In dem menschgewordenen Wort wurde an einem geschichtlichen Punkt der absolut transzendente Gott für uns greifbar, denn in Christus ist Gott selbst, der Unsichtbare, sichtbar geworden.[520] Darum ist das glaubende Gotterkennen für Irenäus nicht das Resultat einer aufsteigenden Denkbewegung des Menschen[521], die sich schließlich eigenmächtig einen Begriff von ihm bildet, sondern es setzt die freie Initiative Gottes voraus, der eine Geschichte mit dem Menschen eingeht, um sich darin mitzuteilen.[522] Ohne daß Gott

---

[519] Ohlig macht die mit Irenäus ansetzende Entwicklung in der Christologie zu einer notwendigen Funktion der ideengeschichtlich bedingten kulturellen Entwicklung, wenn er sagt: "Deswegen ist es kulturgeschichtlich zwangsläufig gewesen, ihn als den (nicht geschichtlichen, sondern 'naturalen') Vermittler zwischen Endlichkeit und Unendlichkeit, zwischen Gott und Mensch zu verstehen." Vgl. ebd., 155.

[520] Vgl. Adv. Haer. III,16,6 (Ed. Brox, Bd. 3, 200f): "In omnibus autem est et homo plasmatio Dei; et hominem ergo in semetipso recapitulatus est, invisibilis visibilis factus, et incomprehensibilis factus comprehensibilis, et impassibilis passibilis, et verbum homo, universa in semetipsum recapitulans ..."; vgl. ebd. IV,20,11 (Ed. Brox, Bd. 4, 174): "Igitur si neque Moyses vidit Deum neque Helias neque Ezechiel, qui multa de caelestibus viderunt, quae autem ab his videbantur erant 'similitudines claritatis domini' et prophetiae futurorum, manifestum est quoniam pater quidem invisibilis, de quo et dominus dixit: 'Deum nemo vidit unquam', verbum autem eius, quemadmodum volebat ipse et ad utilitatem videntium, claritatem monstrabat patris et dispositiones exponebat."

[521] Dagegen endet die Gnosis für Irenäus, weil sie sich nicht an die vorgegebene Heilsgeschichte bindet, bei einer Spielart des heidnisch-philosophischen Gottesglaubens. Vgl. Escribano-Alberca, 34.

[522] Die inkarnatorische Präsens Gottes in Christus wird durch Gott selbst vorbereitet. Fortgeführt wird sie durch den Heiligen Geist, der "uns an Gott anpassen sollte". Vgl. Adv. Haer. III,17,2 (Ed. Brox, Bd. 3, 212: "Unde et dominus pollicitus est mittere se

selbst zum Menschen kommt, ohne das Novum des Christusglaubens, gibt es keine eigentliche Gotteserkenntnis.[523] Irenäus' Theologie ist eine Theologie des offenbarenden Logos. Erst durch die Wirksamkeit des Logos in der Heilsgeschichte, die in der Inkarnation gipfelt, haben wir ein eigentliches Wissen von ihm. Trotzdem läßt Gott sich für Irenäus auch schon aus der Schöpfung erkennen.[524]

Dem menschlichen Geist ist es möglich, aus den Ursachenfolgen in der Welt und den darin antreffbaren Vollkommenheiten auf Gott zurückzuschließen. Dabei können ihm bestimmte Attribute zuerkannt werden wie "Schöpferkraft, Güte, Weisheit" – Begriffe, die auf dem Weg der Kosmotheologie gewonnen werden:

> "Deshalb haben auch einige Heiden ... trotzdem umgedacht, so daß sie sagten, daß der Schöpfer dieser Welt der fürsorgliche Vater aller sei."[525]

> "Da zeigt sich Plato frömmer als sie, indem er ein und denselben Gott als gerecht und gut bekennt und ihm die Macht über alles zuspricht."[526]

Man kann Irenäus aber nicht vorwerfen, daß er diese aus der Schöpfungswirklichkeit gebildeten Begriffe naiv auf Gott übertrage. Dazu ist er viel zu sehr auf die absolute Transzendenz Gottes bedacht, für die in seiner Begrifflichkeit die "Unsichtbarkeit" steht.[527] Immer, wenn von der Gotteserkenntnis die Rede ist, macht sich die Dialektik von Unsichtbarkeit-Sichtbarkeit Gottes, des Vaters, geltend.[528] Irenäus unterscheidet deutlich zwischen Prädikaten, die nur metaphorisch von Gott ausgesagt werden, und solchen, die ihm, weil sie Negativbestimmungen sind, "analog" und d. h. im eigentlicheren Sinn zukommen.[529] Die Bibel und

---

Paraclitum, qui nos aptaret Deo. Sicut enim de arido tritico massa una fieri non potest sine humore neque unus panis, ita nec nos mulit unum fieri in Christo Jesu poteramus sine aqua quae de caelo est."

523 Vgl. Adv. Haer. IV,28,2 (Ed. Brox, Bd. 4, 228):"Quemadmodum enim in novo testamento ea quae est ad Deum fides hominum aucta est, additamentum accipiens filium Dei, ut et homo fieret particeps Dei." Vgl. ebd. III,16,6 (Ed. Brox, Bd. 3, 198–202); vgl. IV,6,3.4 (Ed. Brox, Bd. 4, 46–49).

524 Vgl. ebd., II,30,9 (Ed. Brox, Bd. 2, 265–267); V,20,2 (SC 153,259,44–49). Über die Kosmostheologie des Irenäus schreibt I. Escribano-Alberca, 36: "Sie ist keine selbständige Theodizee, die von unten nach oben führt: was sie aber vom Schöpfungsbericht übernimmt, versucht sie auch logisch zu ergründen."

525 Vgl. Adv. Haer. III,25,1 (Ed. Brox, Bd. 3, 300).

526 Ebd., III,25,5 (Ed. Brox, Bd. 3, 304).

527 Selbst den Propheten war es in ihrer Schau nicht gegeben, Gott selbst zu schauen. Sie sahen nur seine Anordnungen und Gleichnisse. Vgl. Adv. Haer. IV,20,10 (Ed. Brox, Bd. 4, 170–172).

528 Vgl. ebd.

529 Vgl. Mansfeld, 113ff.

manche Schriftsteller legen es nahe, über Gott positive und deskriptive Aussagen zu machen, seien sie bildhafter oder abstrakter Art. Zwei wichtige Texte aus *Adv. Haer.* können dafür als Beispiel dienen:

> "Denn was er denkt, vollbringt er, und was er will, das denkt er; er denkt, wann er will, und will, wann er denkt, da er ja ganz Verstand, ganz Wille, ganz Vorstellung, ganz Auge, ganz Ohr ist und in allem die Quelle aller Güte."[530]

Irenäus wendet sich an anderer Stelle gegen jene anthropomorphe Gottesvorstellung, die kritiklos menschliche Leidenschaften und Affekte auf Gott überträgt oder den Hervorgang des Logos in Gott ganz entsprechend zu jenen inneren Bewegungen im Seelenleben faßt, die dem äußeren Sprechen vorausgehen. Ihnen sagt er in dem zweiten, verwandten Text, daß "Gott nicht wie ein Mensch ist" (vgl. Num 23,19):

> "Einfach ist er und nicht zusammengesetzt, in allen Teilen und im Ganzen sich selbst ähnlich und gleich, weil er ganz Auffassung und ganz Geist, ... ganz Gehör und ganz Auge, ganz Licht und die Quelle aller Güte ist."[531]

Dies ist die eine Weise, von Gott zu reden. Und sie ist religiösen und frommen Seelen angemessen.[532] Daß sich Irenäus aber der Problematik dieser Aussageform bewußt ist und es für ihn eine bessere, höhere gibt, kommt sofort anschließend zum Ausdruck, wenn er sagt: "Gott ist aber über all das hinaus und deshalb unaussprechlich."[533]

Gott ist in seinem Licht und seinem Verstand total verschieden von der Auffassung des Menschen. Hier kommt das negative Moment in der Gotteserkenntnis stark ins Spiel, die *via negationis*. Sie besitzt gegenüber der ersten Aussageweise den Vorrang und läßt genauere Aussagen über Gott zu. Sie ist aber nicht rein negativ, da sie Gott als ursächliches Prinzip faßt und dadurch *analoge* Aussagen zustande bringt: Gott ist der "Vater aller Dinge", der alles hervorgebracht hat. Wer aber auf dem ersten Niveau verbleibt und Gott qualifizierend als "ganz Sehen und ganz Hören" beschreibt, der sündigt nicht, bringt allerdings *weniger* damit zum Ausdruck.[534]

---

[530] Adv. Haer. I,12,2 (Ed. Brox, Bd. 1, 214): "... ὅλος ἔννοια ὤν, (...) ὅλος νοῦς, ὅλος φῶς, ὅλος ὀφθαλμός, ὅλος ἀκοη,, ὅλος πηγὴ πάντων τῶν ἀγατῶν."

[531] Ebd. II,13,3 (Ed. Brox, Bd. 2, 94ff): "... et simplex et non compositus et similimembrius et totus ipse sibimetipsi similis et aequalis est, totus cum sit sensus et totus spiritus (...) et totus auditus et totus oculus, etc."

[532] Vgl. ebd. (Ed. Brox, Bd. 2, 96): "... quemadmodum adest religiosis ac piis dicere de Deo."

[533] Vgl. ebd., II,13,4 (Ed. Brox, Bd. 2, 96): "... est autem et super haec, et propter hoc *inenarrabilis*." Übersetzung leicht modifiziert.

[534] Vgl. ebd., II,13,8 (Ed. Brox, Bd. 2, 102): "... Minus quidem adhuc de Patre omnium sentiet."

Unsere Begriffe, die verschiedene Vollkommenheiten bezeichnen, konvergieren, wenn sie auf den Schöpfer angewandt werden, zu einer Einheit, auf die sich aber, ausgehend von der Vielgestalt der Schöpfungswirklichkeit, schließen läßt. Somit ist die Einheit Gottes – wegen der Offenbarung – nicht mehr namenlos wie bei Plotin und den Neuplatonikern. Die Bildhaftigkeit der Dinge und des Menschen besitzt einen Verweischarakter auf ihre göttliche Ursache. Weil der Grund der Schöpfung die Mitteilung der göttlichen Fülle[535], also die sich verschenkende Liebe Gottes ist, deshalb läßt sich über Gott nicht nur (griechisch) in negativen Bestimmungen (wie Apathie, Impassibilität, Bedürfnislosigkeit, Unbewegtheit) reden. Eine positiv-attribuierende Prädikation ist möglich, weil Gott die Welt als eine relational mit ihm in Verbindung stehende und auf ihn hin entworfene Schöpfung hervorbringt.

Über sein Verhältnis zum hellenistischen Denken läßt sich abschließend sagen: Obwohl Irenäus mit der hellenistischen Gottesidee vertraut gewesen ist, scheint die griechische Philosophie bei ihm in äußerster Gebrochenheit durch. Was er aufgrund der biblischen Offenbarung aussagen will, stellt im Einheitsdenken griechischer Seinslehre und Logik als ein großes Paradox dar: die wirkliche Fleischwerdung des Logos, der Gott ist.

2.3. Göttliche Prädikate bei Clemens von Alexandrien

In ähnlicher Weise wie Irenäus stellt sich Clemens v. Alexandrien dem Problem der Prädikation im transzendenten göttlichen Bereich. Gott ist in seiner Transzendenz größer als unsere menschlichen Begriffe. Er läßt sich darin nicht einfangen, sondern übersteigt sie. Er ist schlechthin ἀνωνόμαστον.[536] Clemens bietet ein wertvolles Beispiel negativer Theologie, in der die Gotteserkenntnis in dem Maße größer wird, als man endliche Bestimmungen von ihm negiert. Daneben kennt Clemens aber auch einen defizienteren, weniger eigentlichen (οὐ κυρίως) Modus, um über Gott Aussagen zu machen:

A.H. Armstrong und R.A. Markus (vgl. dieselb., 9) haben gezeigt, daß die frühen christlichen Denker die negative philosophische Theologie aufgearbeitet haben, ohne zu leugnen, daß die positive Redeweise der hl. Schrift eine passende Art darstellt, über Gott Aussagen zu machen, wenngleich sie auf den symbolischen und analogen Charakter der menschlichen Begriffe insistierten. Der Schöpfungsbegriff führt über die rein negative Prädikation der paganen Philosophen hinaus, bedeutet er doch Ähnlichkeit in Unähnlichkeit.

535 Vgl. Adv. Haer. IV,14, 1–2 (Ed. Brox, Bd. 4, 104–106).

536 Vgl. Clemens, Stromateis V 81.5–6. (SC 279, 158–160).

"Und wenn wir ihm einen Namen geben, indem wir es, ohne den eigentlichen Sinn zu treffen, entweder Eines nennen oder das Gute oder Geist oder das Seiende selbst oder Vater oder Gott oder Schöpfer oder Herrn, so bringen wir mit solchen Worten nicht seinen Namen vor, sondern verwenden in unserer Hilflosigkeit nur schöne Ausdrücke, damit unsere Vorstellung sich darauf stützen kann und nicht auf anderes abirrt. Denn nicht jede einzelne dieser Bezeichnungen kann das Wesen Gottes deutlich machen, sondern alle zusammen geben einen Hinweis auf die Macht des Allmächtigen. Denn alle Dinge, von denen man spricht, kann man nach den ihnen anhaftenden Eigenschaften bezeichnen oder nach dem Verhältnis, in dem sie zueinander stehen; aber nichts von dem kann man bei Gott anwenden."[537]

Begriffe, die von der kategorialen Wirklichkeit her differenziert gebildet sind, bezeichnen im Bereich kategorialer Prädikation verschiedene Dinge, während sie, übertragen auf das göttliche Sein, ein einziges identisches Objekt bezeichnen. "Es ist nicht der Fall, daß die einzelne Benennung uns Gott offenbart, eher beziehen sie sich auf die Macht des Allmächtigen, wenn sie (die Namen) alle verbunden werden."[538]

Nur über die Offenbarung haben wir ein authentisches Wissen von Gott. Clemens betont die Einzigartigkeit Christi als "Sonne der Offenbarung des Vaters".[539] Sie allein bringt uns das wahre Licht zur Erkenntnis Gottes.[540] Für den Logos[541] in seiner offenbarenden Tätigkeit kennt Clemens verschiedene Ausdrücke, die die Art dieser Offenbarung verdeutlichen: Er ist zunächst das πρόσωπον des Vaters[542], dessen Schau über das bloße Vernehmen des Logos hinausführt zu einer Schau des Göttlichen, die γνῶσις heißt. Eine besondere Bedeutung kommt dem Fleisch des Logos zu, das Clemens als "Fenster" (θυρίς) bezeichnet, durch das der menschliche Geist einen Blick in die göttliche Wirklichkeit tun kann.[543] "Der Logos ist Fleisch geworden, um geschaut zu wer-

---

[537] Ebd. 82.1–2. (SC 278, 160–162; Übersetzung nach Stählin).

[538] Ebd. V 81.2 (SC 279, 159).

[539] Daneben läßt sich bei Clemens auch eine Tendenz wahrnehmen, der griechischen Philosophie eine gewisse Erkenntnis Gottes zuzubilligen. Vgl. Escribano-Alberca, 54.

[540] Vgl. Protr. 113,3 (SC 2, 181).

[541] Der Logos bleibt für Clemens nicht auf der Ebene eines metaphysischen Prinzips, sondern weist einen Bezug zur Geschichte auf. Er spielt eine Rolle bei der Erkenntnis der Philosophie, aber auch in den Prophetien des AT. Nach A. Grillmeier wirkt der Logos für Clemens aber vor allem "durch Jesus Christus in der Geschichte." Vgl. Grillmeier, Jesus der Christus, Bd. 1, 261.

[542] Vgl. Paed. I 57,2 (SC 70, 212): "Πρόσωπον δὲ τοῦ Θεου ὁ λόγος, ῷ φωτίζεται ὁ Θεὸς καὶ γνωρίζεται. ("Das Prosopon des Vaters ist der Logos, wodurch Gott sichtbar und offenbar wird.") Vgl. Stromateis V 34,1 (SC 278, 80); VII 58,3 (SC 278, 118).

[543] Paedag. I 23,1 (SC 70, 150).

den."[544] Hiermit berührt Clemens die Inkarnation, durch die der Sohn den Schritt in die Sichtbarkeit tut.[545] Clemens lehnt die Vielfalt der vermittelnden Logoi und Erlösergestalten, wie sie die Gnosis kennt, strikt ab: "Ein und derselbe ist es, der in Ewigkeit vom Vater gezeugt wird und der Fleisch angenommen hat."[546]

Indem Clemens eine Identifizierung zwischen dem – personal gedachten – präexistenten Logos mit dem irdischen Jesus vornimmt, was nach dem im ersten Teil Gesagten gut johanneisch ist, hebt er sich wesentlich von all jenen Logos- und Pneumalehren ab, die nicht auf der christlichen Offenbarung fußen.

Problematisch bleibt bei Clemens die Art und Weise, wie er in Christus die Einheit von Logos und Fleisch versteht: Der stoische Gedanke vom "führenden Prinzip", das alle motorischen, sensitiven, kognitiven und volitiven Bewegungen im Menschen leitet, wird in der Weise beherrschend, daß Clemens dieses ἡγεμονικόν also den "inneren Menschen" in Christus, mit dem Logos identifiziert. Dabei muß die Rolle der menschlichen Seele gänzlich in den Hintergrund treten. Die Autonomie der aus einem menschlichen Aktzentrum hervorgehenden Handlungen scheint aufgelöst.[547]

Die Apologeten und jene christlichen Autoren, die das biblische Christentum in die heidnisch-griechische Welt hinein übersetzen wollten und dazu das Gespräch mit der in diesem Kulturraum beherrschenden Philosophie aufnahmen, sind aufgrund der Absolutheit des metaphysischen Identitätsgedankens (das Sein ist unterschiedslos mit sich identisch) und der zu wahrenden Transzendenz des einen Gottes in ihrer Christologie nicht über einen Ansatz hinausgekommen, den man als gemäßigten Subordinatianismus[548] bezeichnen könnte. Die mittelplatonische Philosophie konnte eben doch nicht ohne tiefgreifende Differen-

---

544 Escribano-Alberca, 55; vgl. Stromateis, V 16,5 (SC 278, 50).

545 Vgl. Stromateis V 39,2 (SC 278, 88); 16,5 (SC 278, 50).

546 Grillmeier, Jesus der Christus, Bd. 1, 262.

547 Vgl. ebd., 226: "Die menschliche Seele Christi kann zu keiner echten theologischen Bedeutung in solch einem Christusbild mehr kommen ..."

548 Das gleiche gilt sicher auch für Origenes, der eine subordinative Struktur innerhalb der Gottheit annimmt. Vater und Sohn können für ihn nicht ὁμοούσιος sein. Der Sohn befaßt in sich die idealen Formen der Dinge und gehört in dieser Hinsicht zu den Geschöpfen. Vgl. Origenes, De princ. 4,41 (GCS 22,1/2, 349;13); vgl. Williams, Arius, 141. Der Sohn ist δημιούργημα und muß deshalb dem Vater untergeordnet werden. Vgl. C. Cels. V 37 (GCS 2,41,23). Er partizipiert am Vater und macht diesen nach außen hin offenbar. Vgl. In Joh. II 2 (GCS 40, 54,29–55,4). Zur Christologie des Origenes vgl. Liébart, 47–49.

zierungen, die eine wesentliche Veränderung in der Lehre über den Logos, über das Gott-Welt-Verhältnis und die namenlose Transzendenz Gottes mit sich brachten, zur Aufarbeitung der Offenbarung in der griechischen Welt herangezogen werden. Auch wenn den Apologeten in einem ersten Anlauf eine große Leistung gelungen war, so beschwor doch die Hereinnahme des mittelplatonischen Seinsgedankens in die christliche Spekulation eine Krise herauf, die in der Gestalt des Arius aufbricht, aber die nach A. Grillmeier nur "das Ausbrechen des Fiebers in einem Prozeß"[549] darstellt, dessen Virulenz schon mit jenen Keimen gegeben war, die die Apologeten selbst in den Boden des Christentums eingestreut hatten.

3. Christologie im Gewande hellenistischen Identitätsdenkens: Arius

Arius ging vom christlichen Kerygma aus, das er in der neutestamentlichen Botschaft von Jesus vorfand, wollte aber zugleich eine versöhnte Synthese mit den Maßstäben des Denkens und mit dem jüdischen Monotheismus zustandebringen. Wenn der vornicänische Subordinatianismus, wie er bei verschiedenen Logostheologen und vor allem bei Origenes zutage tritt, eine Spannung zwischen der Transzendenz Gottes und ihrer gott-menschlichen Vermittlung in Christus aufgerissen hat, so geht seine Intention dahin, diese Spannung nicht mehr einfach hinzunehmen, sondern eine "Lösung" zu suchen, in der sie aufgehoben scheint.[550] Während der gemäßigte Subordinatianismus dem göttlichen Logos – gegenüber der einzigen Monarchie des Vaters – eine verminderte Transzendenz zuspricht, um dessen wirkliche Vereinigung mit dem Menschen denk-möglich zu machen, geht Arius dazu über, dem Logos die Göttlichkeit überhaupt abzusprechen. So kommt der Logos eindeutig auf die Seite des Geschöpflichen zu stehen[551], nicht als emanierte, aus dem göttlichen einen Sein hervorgehende und damit letztlich wieder in ihm einbehaltene Seinsstufe (wie im mittleren Platonismus), sondern als ein durch einen freien Schöpfungsakt gesetztes Seiendes, das unter und außerhalb der göttlichen Monas steht.[552] Die Philosophie des mittleren

[549] Vgl. Grillmeier, Jesus der Christus, Bd. 1, 227.

[550] Zur Forschungsgeschichte sowie zu den Problemen der Arianismusforschung vgl. Böhm, 4–15.

[551] Vgl. Grillmeier, Jesus der Christus, Bd. 1, 362; vgl. Kelly, doctrines, 223ff.

[552] Nur die Monas ist wirklich Gott. Sie ist absolut einfach und unteilbar. Daneben gehört alles andere dem außergöttlichen Bereich an. Vgl. Grillmeier, Jesus der Christus, Bd. 1, 367: "Der Vater ist bei Arius darum auch der *eigentliche und wesenhafte Logos*, die *we-*

und neueren Platonismus spielt aber insofern eine entscheidende Rolle, als sie den Hintergrund für die Gottesidee des Arius abgibt und zu einer Übersteigerung der Transzendenz Gottes, mithin auch der negativen Theologie[553] führt, so daß sich gegenüber den zuerst besprochenen Theologen und auch im Vergleich mit der Logoslehre eines Origenes erhebliche Unterschiede ergeben:

Analog zu der strengen philosophischen Auffassung, die das platonische ἕν und die δύας, die beiden Urprinzipien, noch einmal auf das schlechthin Eine übersteigt, dem jede Zweiheit, die ja Teilung besagen müßte, fremd ist, und das deshalb auch nicht die δύας aus sich entlassen kann[554], denkt Arius das göttliche Sein, den Ursprung aller Dinge, in totaler Identität mit sich selbst, ohne jede "strukturierte" Differenz[555], derart, daß es in absoluter Transzendenz monadenhaft von jedem anderen Seienden abgehoben ist.[556] Wegen der totalen Abgeschlossenheit des ersten Ursprungs des Vaters, der allein, ungeworden und ungezeugt[557] (ἀγέννητος) in sich selbst besteht, ist dieser Gott des Arius schlechterdings unerkennbar, unaussprechlich (ἄρρετος) und unvermittelbar. Er kann von keiner geschöpflich-geistigen Stufe aus erkannt werden, nicht einmal dem Logos kann er sich mitteilen. Auch für ihn bleibt er in wesenloser Unerreichbarkeit.

> "Er ist unsagbar, so daß der Sohn keine der Aussagen, die Gottes Wesen erfassen, auszusprechen weiß."[558]

---

senhafte Weisheit und Macht. Schon der Sohn – und alles übrige durch ihn – hat Existenz, Weisheit und Kraft nur *per participationem*, und zwar per *creationem*. Der Sohn entsteht nicht von Ewigkeit *in* Gott, wie nach Origenes, sondern *draußen*." Vgl. auch Böhm, 218f.

[553] Vgl. dazu unten, Abschn. 4 (Exkurs).

[554] Vgl. Stead, 19.

[555] Vgl. Grillmeier, Jesus der Christus, Bd. 1, 363.

[556] So besteht denn keine Brücke mehr zur Welt des zeitlich Gewordenen und Vielfältigen. Dieser Gottesbegriff entspricht natürlich nicht mehr wirklich dem Monotheismus des Alten Testamentes, in dem Jahwe unbeschadet seiner Weltüberhobenheit doch ein an und in der Geschichte wirkender Gott ist, dessen Transzendenz eher als "Geschichtsmächtigkeit" denn als monadenhafte, Zeit und Geschichte des Menschen unberührt lassende Aseität bezeichnet werden kann.

[557] Wie F. Ricken dargelegt hat, unterschied man vor Nicäa nicht zwischen ἀγέννητος = ungezeugt und ἀγένητος = ungeworden. Beides würde sich demnach auf dieselbe Sache beziehen: die ungewordene und unvergängliche Seinsweise Gottes. Für die Apologeten war nur der ewige Vater ohne Ursprung und unvergänglich, d. h. ἀγέννητος. Wurde dieser Begriff auf die Monas angewendet, so konnte man nur diese als "ungeworden" betrachten. Damit war aber auch jede "Zeugung" in Gott ausgeschlossen. Vgl. Ricken, 326f.

[558] Vgl. Athanasius, De Decretis Nicaenae Synodi 15,3 (Opitz A.W. 2/1,9; 242.243).

Jede über sich hinausdrängende Bewegung des Geistes muß damit an der Grenze des Geschöpflichen mit seinen innerweltlichen Ursachen zum Stillstand kommen. Es gibt keine Brücke, die den Überstieg in das monadische Sein Gottes ermöglichen könnte. Im Arianischen System[559] ist der endliche Geist gegenüber dem Sein Gottes verschlossen und damit restlos auf sich selbst in seiner Endlichkeit verwiesen, weil wesentlich auf den Bereich des Kategorialen beschränkt, wie es die spätere Kantianische Philosophie ausdrücken würde. Gott ist nicht das Subjekt von bestimmten Prädikaten.[560]

Der als eindeutig geschaffen und geworden angesehene endliche "Sohn", der "später" ist als der Vater, kann nicht der Mittler einer Offenbarung Gottes nach "außen", in Zeit und Geschichte, sein. Seine Offenbarungsfunktion fällt weg. Was bleibt, ist eine kosmologische Schöpfungsmittlerschaft, die sich am Schema der gestuften kosmischen Ordnung der Mittelplatoniker orientiert, in der zwischen dem obersten Hen und der untersten Hyle der Nous als Mittleres zwischengeschaltet ist. Athanasius hat ein Fragment überliefert, in dem diese Funktion des Logos hervortritt:

> "Er (der Logos) ist das erste der Gewordenen und eine der intelligiblen Naturen. Und wie die Sonne im sichtbaren Bereich nur einer der leuchtenden Körper ist, aber der ganzen Welt leuchtet nach der Anordnung dessen, der sie gemacht hat, so scheint und leuchtet auch der Sohn, der eine unter den intelligiblen Naturen ist, allen im Noetos Kosmos."[561]

Was die Christologie angeht, so vertritt Arius, entgegen früheren Auffassungen in der Forschung, keinen platten Adoptianismus des Men-

---

[559] Der Sammelbegriff "Arianismus" bezeichnet historisch keine einheitliche Gruppe von konsensfähigen Theologen oder gar ein geschlossenes System von Lehren. Die Verteidiger des nicänischen Glaubensbekenntnisses wenden ihn jedoch unterschiedslos auf alle an, die das Credo von Nicäa nicht unterschreiben wollten. Vgl. Williams, "Arius/ Arianismus", 984. Allerdings gibt es eine Reihe von Theologen, die ähnliche Positionen wie Arius vertreten oder sich überhaupt in seinem Kielwasser bewegen, wie z. B. Eunomius und Eudoxius. Vgl. Löhr, 978–979; vgl. Risch, 989–990. Dabei ist natürlich auch zu beachten, daß die Theologie des Arius von anderen mitvorbereitet worden und nicht als Ereignisblitz vom Himmel gefallen ist. Zu nennen sind vor allem: Eudoros (Grillmeier, Jesus der Christus, Bd. 1, 362), Asterius der Sophist (Grillmeier, ebd., 345–355) und Eusebius v. Nikomedien (Grillmeier, ebd., 390; Luibheid, 3–23).

[560] Vgl. Grillmeier, Jesus der Christus, Bd. 1, 368: "Wohl finden sich negative Gottesprädikate und die Terminologie der Mittelplatoniker auch bei den Apologeten des zweiten Jahrhunderts, ferner bei Origenes und bei Eusebius v. Caesarea. Arius aber übersteigert die negative Theologie: Die Kluft zwischen der Schöpfung und dem transzendenten Gott ist unüberbrückbar, weil auch der 'Sohn' diesseits der Kluft ist und darum den Vater nicht erkennen kann, wie er in sich ist, sondern so, wie es ihm zusteht (ὡς θέμις ἐστίν), d. h. also nur mit kreatürlicher Erkenntnis."

[561] Vgl. Bardy, Lucien, 343. Übersetzt bei F. Ricken, 331.

schen Jesus durch Gott, sondern geht vielmehr davon aus, daß der "präexistente" Logos, zunächst zeitlich und wandelbar mit der Möglichkeit des *posse peccare* geschaffen, aufgrund seiner von Gott vorausgeschauten "Bewährung" erwählt worden und daraufhin durch seinen treuen Gehorsam zur Unveränderlichkeit und Leidenslosigkeit gelangt sei.[562] Die These von der Bewährung und Annahme ergibt sich innerlich folgerichtig aus der Voraussetzung, daß der Logos im Anfang geschaffen worden sei. So heißt es in einem Brief des Alexander v. Alexandrien an Alexander v. Thessalonich, worin er auf die erste Generation der Arianer abzielt:

> "Nicht weil er nämlich etwas von Natur aus und als besonderen Vorzug vor den anderen Söhnen voraushabe (habe er ihn erwählt). (Denn, so sagen sie, es gibt keinen natürlichen Sohn Gottes noch einen, der eine nahe daran herankommende Eigenschaft besitze.) Vielmehr sei auch er wandelbarer Natur; weil er aber wegen seiner Sorgfalt im Wandel und seiner Askese sich nicht dem Schlechten zugewandt habe, habe er (Gott) ihn erwählt."[563]

Dagegen schied eine Bewährung des Menschen Jesus, die dessen Adoption zur Folge gehabt haben könnte, allein aus dem Grunde aus, weil er über kein eigenes psychisches Aktzentrum mehr verfügte. Und hier tritt neben der Geschöpflichkeit des Logos der zweite bedeutende Aspekt der Christologie zutage: Die *naturale* Verbindung des Logos mit dem Menschen, die man auch als eine "Systasis" bezeichnen kann, durch die aus zwei Wesensprinzipien eine einzige Wesenheit wird. Der Logos selbst kann, weil er geschaffen ist, selbst an die Stelle der Seele Christi treten[564] und sein "Fleisch" durchformen, ohne daß die göttliche Transzendenz dabei angetastet wird.[565]

Wenn auch aus der substantiellen, d. h. naturalen Verbindung von Logos und Sarx ein Argument gegen die seinshafte Einheit des Sohnes mit dem Vater gewonnen werden kann, so läßt dies doch nicht den Schluß zu, daß die Gotteslehre des Arius durch die übersteigerte Logos-Sarx-

---

[562] Vgl. Athanasius, Orationes contra Arianos I 5 (PG 26,21C) u. Ep. ad ippos Aeggypti et Libyae (PG 25,564BC); vgl. Bardy, Lucien, 265f; vgl. auch Grillmeier, Jesus der Christus, Bd. 1, 377.

[563] Alexander v. Alex., Ep. ad Alexandr. Thessal 324 (Opitz A.W. 3/1, Urk. 14, p. 21).

[564] Bei Eudoxius, einem Arianer der zweiten Generation, wird diese Aussage, daß der Logos "Fleisch", aber nicht "Mensch" geworden sei, da er keine Seele angenommen habe, zur Hauptformel des Arianischen Systems. Die Väter von Nicäa sind jedoch nicht auf die Leugnung der Seele Christi eingegangen, da diese Problematik noch nicht im Blickfeld stand. Vgl. Grillmeier, Jesus der Christus, Bd. 1, 380f.

[565] Anders verhält sich die Sache bei Apollinaris, dessen Monophysitismus eine Gefährdung der Transzendenz darstellt, und der darum eine im System "denkunmöglichere", logisch weniger konsistente Theologie vertritt. Vgl. ebd., 384.

Christologie bedingt sei, die bei ihm zutage tritt. Vielmehr muß man doch umgekehrt sagen: Aus der nicht vorhandenen Offenheit für eine Trinität ergibt sich ein solche Christologie der "naturalen Einigung": In dem monadenhaften Gott des Arius, der streng mit sich identisches Sein ist, kann es keinen Anhaltspunkt für eine andere Art der Einigung als die "naturale Verbindung" zweier Wesenskomponenten geben.[566]

Wenn der Logos Gott ist und wenn es eine wirkliche Inkarnation gibt – die beiden Grundprämissen der "Antiarianer" –, ohne daß dies die Transzendenz des monotheistisch gedachten Gottes irgendwie verringert, so muß dies in Gott selbst begründet sein, der in Einheit und Differenz von Vater und Sohn (und Geist) ist. Die ontologische Bedingung der Möglichkeit für die Vereinigung des unversehrten Menschen mit Gott liegt in der aus Liebe hervortretenden Urverschiedenheit von Vater und Sohn, jener innertrinitarischen Differenz, die unauslotbare Verschiedenheit und unüberbietbare Einheit und Nähe bedeutet: Darin, daß der Sohn das gleiche göttliche Wesen in derselben Fülle wie der Vater besitzen kann, liegt eine gewisse "Selbstzurücknahme" Gottes als Vater, der dem Sohn einräumt, das eine göttliche Wesen auf unterschiedliche Weise, nämlich als empfangenes, zu besitzen. Erst eine solche innergöttliche, in der Liebe begründete Hingabe und ein solches Sich-Empfangen im gleichen göttlichen Sein, ermöglicht auch eine kenotische Entgegennahme einer geschaffenen Natur, des ganzen Menschen, durch den göttlichen Logos, durch die eine Vereinigung zustande kommt, die im Bereich der naturhaften Dinge *kein Analogon* hat und über jede "Zusammensetzung" hinaus ist. Diesen Ansatz vertraten damals verschiedene Theologen gegen Arius:

Obwohl es auf seiten der die Gottheit des Sohnes gegen Arius und seine Anhänger verteidigenden Theologen noch keine Spekulation über das "Wie" der Vereinigung von Gott und Mensch in der Inkarnation gab, so hielten sie sich doch die Möglichkeit offen, daß aus der Offenbarung eine neue, andere Art der Einigung zweier Verschiedener[567] abgeleitet

[566] Vgl. ebd., 383: "Die Frage hat tiefe Hintergründe. Hinter diesem Wort ('Wenn er wahrer Gott von Gott war, wie konnte er Mensch werden?'), steckt der Gedanke, daß eine wirkliche Menschwerdung nur dann zustande komme, wenn das vom Himmel kommende Wort wirklich eine seinshafte Zusammensetzung mit dem Fleisch eingeht und dessen Lebensprinzip wird. Für einen wahrhaft 'göttlichen' Logos war das Eingehen einer solchen Verbindung undenkbar."

[567] Für K.-H. Ohlig entsteht die Trinitätslehre mit der in ihr implizierten inneren Differenzierung in Gott nicht aus einer neuen Offenbarung, sondern entwickelt sich – gemäß seinem kulturhistorischen "Konstruktivismus" – aus dem "Zusammentreffen des jüdischen und christlichen Monotheismus mit dem hellenistischen Monismus". Vgl. Ohlig, 165f.

werden könne, als es für die damalige, am Paradigma innerweltlicher Veränderungen sich ausrichtende Philosophie, plausibel war. Arius jedenfalls war es, der das Problem, das sich auf dem Hintergrund von "Stufungen" zwischen Gott und Welt eigentlich erst dann stellte, wenn man von der Annahme eines wahren Sohnes Gottes ausging, so recht hat bewußt werden lassen. Sein Seinsbegriff, aus der Gegenüberstellung von Monas und Dyas geboren, ließ ja in der obersten Monas keinerlei Differenzierung zu.

Die Stärke der Arianischen Christologie ist zugleich auch ihre Schwäche: Da der geschaffene Logos – unter Ausschaltung eines menschlichen Aktionsprinzips – in die "Hülle des Fleisches Christi"[568] eintritt, wahrt er mit seiner Person gegenüber allen geschaffenen Wesen eine unüberschreitbare Transzendenz, die ihn aus dem gesamten geschaffenen Kosmos heraushebt. Arius unternimmt mit seiner Konzeption einer Logos-Sarx-Christologie, in der die menschliche Seele Christi durch den geschöpflich gedachten und doch überweltlichen Logos ersetzt ist, den Versuch, die Transzendenz Christi zu retten und so in Einklang mit den neutestamentlichen Aussagen zu bleiben. Dabei läuft sein Versuch jedoch auf eine starke Mythisierung des Christus-Bildes hinaus: Der Logos, der durch moralische Anstrengung und Bewährung den Status der Unveränderlichkeit erhalten hat, lenkt als Aktionsprinzip alle Lebensäußerungen und Handlungen im "Menschen" Jesus, der dadurch einen übermenschlichen Charakter gewinnt.

Anders als K.-H. Ohlig, der die innerste Motivation des Arianischen Systems in der ausgleichenden Vermittlung zweier Denkrichtungen – der antiochenischen und alexandrinischen Christologie – sieht, durch die Bewährungs- und Seinschristologie zusammenfinden sollen[569], stellt m. E. der philosophische Seinsbegriff – totale Einheit als unterschiedslose Identität –, der mit dem Anspruch des in der Kirche verkündeten geschichtlichen Jesus Christus in Einklang gebracht werden soll, insofern die Kernsubstanz seines Systems und das eigentliche Movens seiner gedanklichen Entfaltung dar, als dieser Seinsbegriff und die damit implizierte Philosophie, unangetastet von den Aussagen des Glaubens, ohne Einschränkungen in Geltung bleiben sollte. Umgekehrt: Die vom Glauben her zu bildenden Aussagen müssen – entsprechend der Arianischen Logik – Sätze sein, die sich nach der Grundprämisse der seinshaf-

[568] Vgl. Ps. Athanasius, Contra Apollinarium Liber Secundus 2,3 (PG 26, 1136C/1137A).

[569] Vgl. Ohlig, 207. Es stellt sich hier natürlich schon die Frage, ob mit dem Ausdruck "Bewährungschristologie" die antiochenischen Denkbemühungen um die Person Jesu zutreffend charakterisiert sind.

ten *identitas absoluta* richten, die die Philosophie vorgibt. Hier bleibt die griechische Philosophie die *norma normans* des Glaubens. Ihre Begriffe behaupten sich in strenger Selbsterhaltung gegen das Neue der Offenbarung.

In diesem Sinne kann man bei Arius von einer akuten Hellenisierung der Christologie sprechen.[570] Unter Aufnahme platonischer Sprache und Kosmologie sowie aristolischer Logik hatte ja ein philosophisches System Gestalt angenommen, in dem ein zuhöchst unmitteilbares, weil unteilbares, vollkommen jenseitiges Eines am höchsten Punkt der Seinshierarchie steht, das kein zweites ebenbürtiges Prinzip kennt. Arius nimmt auch einen nur durch jüdisch-christliches Schöpfungsdenken korrigierten Mittelplatonismus auf, der den Kosmos als kontinuierliche Abstufung und Vermittlung des obersten Seins bis hin zu dessen entferntesten und schwächsten Abschattungen konzipiert.

K.-H. Ohlig, der in Arius' Theologie keine Hellenisierung sehen will, vertritt die These, eine solche Hellenisierung mache sich eher bei jenen Theologen geltend, die aufgrund ihres soteriologischen Interesses an der wahren Gottheit des inkarnierten Logos festhielten, und zwar macht er die Hellenisierung[571] von der Verwendung des "Tauschmotivs" abhängig, demzufolge Erlösung nur als Vergöttlichung des Menschen vorgestellt werden könne. Hierin erkennt Ohlig die Antwort auf eine nur im Hellenismus zu findende Erlösungssehnsucht, die sich nicht mit dem integralen Glück des Menschen zufriedengibt, sondern immer eine Vereinigung mit dem Göttlichen intendiert.[572] Abgesehen davon, daß es nach Ohlig – veranlaßt durch das Zusam-

---

570 Vgl. Scheffczyk, Der Gott der Offenbarung, 239.

571 Vgl. Ohlig, 177f.: "Die Eigentümlichkeit der soteriologischen Raster verlangte nach dem zwischen Endlichem und Unendlichem vermittelnden Gott-Menschen (Jesus). So blieb die hellenistische-christliche Theologie eine 'Gefangene' der eigenen kulturimmanenten Begrenzungen."

572 Vgl. Ohlig, 155f.: "Wenn Jesus für die neue Kultur 'der Christus' werden sollte, setzte dies voraus, daß er für die Vermittlung des von ihr erwarteten Heils eine unverzichtbare Funktion wahrnehmen konnte. Deswegen ist es *kulturgeschichtlich zwangsläufig* gewesen, ihn als den (nicht geschichtlichen, sondern 'naturalen') *Vermittler zwischen Endlichkeit und Unendlichkeit, zwischen Gott und Mensch* zu verstehen. Damit der Mensch durch Jesus 'Gott' werden kann, muß zuvor schon der Mensch Jesus Gott *sein*. Diese Christologie hat in der alten Kirche ihren klassischen Ausdruck gefunden, einmal *funktional*, in der schon im Neuen Testament angelegten, bei *Ignatius* in philosophischen Antithesen verschärften, bei *Irenäus* dann ausdrücklich formulierten *Theorie des Tausches*. ... Diese christologische Soteriologie konnte nur durch den Gottmenschen, den θεός und ἄνθρωπος, erfüllt werden. Die Gott-Mensch-Christologie wurde in der Folgezeit zum beherrschenden theologischen Topos, jedes Abweichen von dieser Norm wurde nach heftigen Kämpfen schließlich von der hellenistischen Majorität verurteilt." Vgl. auch ebd., 209; vgl. ebd. 629: "Selbst die profiliert hellenistische Christologie gebraucht die Zwei-Naturen-Lehre *instrumental*, d. h. um die Vermittlung der ersehnten Vergöttlichung natural zu begründen."

mentreffen einer griechischen Erlösungshoffnung mit entsprechenden kulturbedingten Deutungsmustern – zu einem autonom und eigendynamisch ablaufenden Entwicklungsprozeß gekommen ist, so daß es angeblich keiner eigenen Selbstmitteilung Jesu in seinen Taten und Worten (mit seiner exklusiven "Abba"-Beziehung) bedurfte, um das Zustandekommen der wesentlichen christlichen Glaubensaussagen zu erklären, scheint es doch zumindest fraglich, ob es nicht jene transzendentale Tendenz in allen Kulturen und Religionen gibt, die – mehr oder weniger explizit – die Frage nach Gott und nach einer Erlösung aufkommen läßt, und die Erfüllung der menschlichen Hoffnungen in der Vereinigung mit diesem Gott gelegen sieht.[573] Ist der Selbstüberstieg des Endlichen in das Absolute Gottes eine spezifisch hellenistische Vorgabe?[574]

Schon Paulus redet auf dem Areopag von einer allen Menschen gemeinsamen Sehnsucht nach dem "unbekannten Gott" (Apg 17,23). Ist nicht bei den Theologen vor aller – von manchen griechischen Vätern entworfenen – Theorie des Tausches bzw. der personal zu verstehenden Vergöttlichung des Menschen ein Bemühen zu erkennen, dem Anspruch Jesu, wie er in der Urverkündigung sich geltend macht, daß nämlich er selbst in seiner historischen Singularität mit dem geschichtlich-endzeitlichen Mittler des Heils von Gott her identisch ist, und daß gerade in der geschichtlichen Immanenz Jesu der transzendente Gott selbst gegenwärtig wird und dem Menschen begegnet, gerecht zu werden, wenn sie die wahre Göttlichkeit dieses Mittlers betonen? Und liegt nicht schon hier im Kern der Botschaft eine Selbstentäußerung Gottes zugunsten einer personalen Vereinigung mit dem Menschen begründet, die auch die Selbsttranszendenz des Menschen auf Gott hin an ein Ziel kommen läßt? Die Zeugen des Wirkens und der Auferstehung des Gekreuzigten jedenfalls standen für die Überzeugung ein, daß das ewige Heil nur dann soteriologisch absolut mit diesem geschichtlich einmaligen Menschen Jesus v. Nazaret identifiziert werden kann, wenn es Tatsache ist, daß "Gott in seiner ganzen Fülle in ihm wohnt, um durch ihn alles zu versöhnen, was im Himmel und auf Erden ist" (Kol 1,19f.).[575]

---

[573] Freilich ist eine solche Vereinigung mit dem Göttlichen meistens keine Potenzierung einer dem endlichen Subjekt eigenen Seinsmöglichkeiten, sondern führt nicht selten, wie im Buddhismus, zu der Auflösung des Endlichen. Heil im Buddhismus, der ohne personale Gottesvorstellung auskommt, wird in der Aufhebung der Konkurrenz alles endlichen Lebens, mithin auch der Person und ihres strebhaften Begehrens, angezielt. Auch wenn das Endliche mit dem Unendlichen dadurch zusammengeht, daß sich das endliche Sein wie ein Tropfen Wasser im Weltmeer des Unendlichen auflöst, so rechnet die Vorstellung von Erlösung hier doch mit einer – sich im Tod des Selbst vollziehenden – Einigung. Vgl. Nishitani, Religion, 133f; 139; 189; vgl. ders., Existenz, 386f.

[574] Vgl. G.L. Müller, Lehre von Jesus, 5: "Die eschatologische personale Identität des Menschen kann angesichts des Todes nur im Horizont seiner transzendentalen Verwiesenheit auf das abgründige Geheimnis des Lebens, des Sinnes und der Liebe, das wir Gott nennen, definitiv gewonnen oder verloren werden."

[575] Für Arius jedoch bleibt der Mensch immer in einem außergöttlichen Bereich stehen. Es gibt keine wirkliche Selbsttranszendenz des Menschen, denn Gott tritt nicht in seine Geschichte ein.

Innerhalb des in seinem Entstehen durch nichts motivierten Kosmos läßt Arius den Logos eine wichtige Mittelstellung einnehmen, denn aus der höchsten Monas Gottes erklärt sich keine Schöpfung. Und auch durch die Einführung der seinshaft vermittelnden Funktion des Logos behält das "Daß" der geschaffenen Welt ein im Letzten willkürlich-irrationales Moment, wenn Gott nicht bereits in sich selbst sich mitteilendes Leben ist. Muß nicht durch den zeitlichen Beginn eines noch dazu vom Willen des Vaters abhängigen Logos ein kontingentes "Ereignis" in die ungeschaffene und immerseiende Monas eingeführt werden?[576] Wegen der absoluten Unmitteilbarkeit des höchsten Seins bleibt Gott der Vater in schlechthinniger Verborgenheit und Unerkennbarkeit, und dies gilt selbst für den Sohn, so daß es weder eine Selbst-Mitteilung Gottes nach außen, die durch den Sohn vermittelt wäre, noch eine Offenheit des endlichen Geistes für die transzendente Seinsfülle Gottes geben kann. Gott der Vater bleibt eigenschaftslos, d. h. nicht durch (nicht-negative) Prädikate aussagbares und in diesem Sinn absolutes Geheimnis. Dies ist der Gegenstand des nun folgenden Exkurses.

4. Exkurs 2: Bemerkungen zur apophatischen und kataphatischen Theologie: das Problem der Prädikation im göttlichen Bereich auf dem Hintergrund des neuplatonischen Denkens

Die Weisen, in denen man sich denkend auf Gott in seinem Geheimnis beziehen kann, lassen sich grundsätzlich nach zwei Wegen unterscheiden: Die positive, affirmative oder kataphatische Theologie ergeht sich überschwenglich in vielfältigen Aussagen über Gott und bedient sich dabei jener Bilder und Konzepte, die dem irdischen Seinsbereich entstammen. Sie zielt darauf ab, durch ursprungsbezügliche Benennungen von dem höchsten Wesen auszusagen, was es positiv ist[577], weiß jedoch darum, daß noch so viele Namen das absolut Unendliche und deshalb Unaussagbare nicht restlos benennen können. Von der kataphatischen ist die apophatische, verneinende oder negative Weise der Gotteserkenntnis zu unterscheiden, die zu einer adäquateren Erkenntnis des Göttlichen gelangen will, indem sie ihm alle Benennungen, die etwas Bestimmtes zum Ausdruck bringen, abspricht.

---

[576] In der Beurteilung der Entstehung des Sohnes aus dem Willen des Vaters zeigt sich eine deutliche Differenz zu Plotin. Dieser lehnt nämlich eine willentliche Entstehung des νοῦς aus dem ἕν entschieden ab. Damit ist zugleich auch ein Unterschied zur Konzeption der Ewigkeit bei Plotin gegeben. Vgl. Böhm, 218.

[577] Vgl. Kaltenbrunner, 1143.

Die negative Theologie kennt eine breite Tradition: Für Ps.-Dionysius Areopagita, der den Neuplatonismus mit dem Christentum verband und die christliche Philosophie und Theologie bis ins 20. Jahrhundert beeinflußte, ist Gott über alles Sein und über jede Einheit erhaben: "Der Ursprung des Universums wird das Eine genannt, und in eben diesem höchsten und adäquatesten Namen, der eher sagt, was das Göttliche nicht ist, als was es ist, gründet und gipfelt die negative Gotteskunde ...".[578]

Für Dionysius sind aber beide Wege der Prädikation dialektisch miteinander verbunden: Einerseits will er alle Verneinungen und Abstraktionen übersteigen und alle denkbaren Bestimmungen vom Göttlichen entfernen, angefangen von dem, was ihm am entferntesten ist, bis zu jenen höheren Prädikaten, die immer noch etwas Umschreibbares und genau Bestimmtes besagen.[579] Andererseits will er aber von diesem "Allursprung" reden und ihm nicht jedes Leben, jede Vernunft, jeden Geist absprechen.[580] Die große Leistung des Dionysius ist die Verbindung der positiven Theologie mit der negativen, des absteigenden mit dem aufsteigenden Weg. Sie stellt gegenüber dem Neuplatonismus ein Novum dar, das von Thomas v. Aquin aufgegriffen wurde.[581]

Zuletzt hat die Negative Theologie eine wichtige Rolle gespielt in der Diskussion um den angemessenen Ansatz für eine Theologie der Religionen.[582] Vertreter des pluralistischen Ansatzes berufen sich, wie im 2. Teil am Beispiel von J. Hick ausführlicher gezeigt werden soll, auf das Transzendenzargument der Negativen Theologie.[583] Wegen der ständigen Virulenz dieser Thematik im Kontext der hier verfolgten Problematik sollen an dieser Stelle einige Bemerkungen über die apophatische Theologie, deren innere Zielrichtung im 3. Teil in Abschn. 3.3.3 ("Analoge Gotteserkenntnis") systematisch aufgegriffen wird, vorausgeschickt werden.

4.1. Plotin und die Analogie

Bei Plotin wird "Teilhabe" oder "Teilgabe" im Zusammenhang mit dem Hervorgang aus dem Einen gebraucht. Dies stellt eine Modifizierung

---

578 Vgl. ebd., 1149.

579 Vgl. Ps.-Dionysius, De myst. Theol. 3 (PG 3,1033C/D).

580 Vgl. ebd., 4 (PG 3,1040C).

581 Vgl. Kaltenbrunner, 1193.

582 Vgl. Hochstaffl, 724f.

583 Vgl. unten, Teil 3, Abschn. 3.1.3.

gegenüber Platon dar.[584] Der νοῦς ist das Bild des Einen. Aber dieses Bild ist, was das Eine nicht ist. Das Eine selbst kann nicht ausgesagt werden. Dagegen bietet die Abstraktion (ἀφαίρεσις), die alles Fremdbestimmende wegnimmt, einen schlechthin negativen Zugang zum Einen.[585]

Eine größere *similitudo* der Seienden zu ihrem Ursprung findet sich bei Proklus. Diese Ähnlichkeit führt Proklus darauf zurück, daß das Andere aus dem Einen hervorgegangen ist. Dabei wird es in der Rückkehr (πιστροφη,) zu diesem Einen ihm wieder ähnlich.[586] Da das ἑν als Ursprung aller Dinge gedacht ist, der als Hervorgang (πρόοδος) das Verschiedenartige aus sich gebiert, hat in der Analogie vor allem die Negation ihren Ort. Dieser Ursprung, weil er Grund der Rückkehr – das Worumwillen jeder Bewegung – ist, bildet auch den Grund der Analogie.[587] In der Auskehr und Rückkehr ist eine *similitudo* begründet, die eine Aufwärtsbewegung des denkenden Geistes auf den – negativ zu erschließenden – einen Ursprung möglich macht. Wegen der ontologischen Differenz zwischen dem Einen und dem Seienden ist dies jedoch nur als eine Annäherung zu verstehen, hinter der der Ursprung selbst verborgen und damit auch letztlich unsagbar bleibt. Das Eine ist absolut ἐπέκεινα.[588]

Das Eine, obwohl jeweils im Anderen seiend, entzieht sich zugleich immer dem Anderen und muß von ihm verneint werden. Daher hat die Analogie bei Proklus immer zugleich mit der Unähnlichkeit zu tun.[589] Analogie enthält die Unähnlichkeit als ihre eigene Negation. Die Ablehnung einer "natürlichen Theologie" etwa bei K. Barth berührt sich mit der negativen Analogieauffassung des Proklus.[590]

4.2. Die nur-negative "Analogie" des Arius

Der einzig ursprunglose Vater, der bei Arius die Stelle des Einen, über das Nichts gesagt werden kann, einnimmt, ist allein, unendlich. Alle ab-

---

584 Für Platon üben die Ideen keine direkte Ursächlichkeit auf die körperlichen Dinge aus, ihnen kommt nur eine exemplarische Kausalität zu. Die Ideen, obwohl in gewisser Weise den Dingen immanent, bestehen außerhalb von ihnen und gehören zu einer eigenen Seinssphäre. Vgl. Elders, Metaphysik, Bd. 1, 176.

585 Vgl. Plotin, Enn. I 2,4,6.

586 Vgl. Proclus, Theol. Plat. II 5 (Saffrey/Westerink, 38); vgl. auch Beierwaltes, Proklus, 329f.

587 Vgl. Theol. Plat. II 6 (Saffrey/Westerink, 40).

588 Vgl. ebd., II 6 (Saffrey/Westerink, 41).

589 Vgl. Beierwaltes, Proklus, 332.

590 Vgl. G.L. Müller, Sola-fides-Prinzip, 59–96.

geleiteten Seinstypen sind endlich. Sie können für das Unendliche kein eigentliches Gegenüber bilden. Nun steht der Sohn auf dieser Ebene des geschaffenen, kontingenten und endlichen Seienden. Daher kann sich der Vater nicht durch diesen Sohn selbst aussagen. Auch wenn eine Relation Vater-Sohn besteht, kann doch dieser Sohn nicht die vollkommene εἰκών des überwesenhaften Vaters sein. Das Eine spiegelt sich nicht eigentlich im Anderen. Aus diesem Grund scheint es kaum möglich, wie es Th. Böhm versucht hat, die Analogie bei Arius zu retten.[591] Böhm geht von der κατάχρησις aus, die eine Übertragung der göttlichen Attribute auf den Sohn im Sinne einer Metapher meint.[592] Vom Sohn kann man daher nicht in gleicher Weise die Weisheit aussagen wie vom Vater. "Der Sohn kann weise heißen, *ist* jedoch nicht Weisheit."[593] Solche Namen können im Hinblick auf den Sohn nur metaphorisch gebraucht werden. Die *similitudo* als je größere Unähnlichkeit in der Ähnlichkeit, wie die spätere Analogielehre sagen wird, ist aber erstens mehr als eine metaphorische Redeweise, und zweitens besteht wegen des Ausfalls der schöpfungstheologisch zu begründenden *imago* keine partizipative Vermittlung der Vollkommenheiten Gottes zur geschöpflichen Wirklichkeit. "Analogie" kann man für Arius nur im Sinne jener "unähnlichen Ähnlichkeit" in Anspruch nehmen, wie sie Plotin und Proklus vertreten.[594] Dies ist allerdings eine zu schwache Basis, um von Gott transzendentale Eigenschaften zu prädizieren und damit die strikte *via negativa* zu verlassen.[595]

5. Die Reaktion auf den Arianismus als Umwandlung des griechischen Seinsdenkens – das Konzil von Nicäa

In der Arianischen Kontroverse, die dem Nicänum vorausging, war es vor allem Alexander v. Alexandrien, der sich in einer schriftgemäßen Widerlegung des Arius hervortat. Die von seiner Hand stammenden Dokumente, die *Depositio Arii*[596] und sein Schreiben an Alexander v.

---

[591] Vgl. Böhm, 213ff.

[592] Vgl. Porphyrius, In Arist. Catech. 1a 2–6 (Busse 67,5).

[593] Böhm, 216.

[594] Vgl. ebd., 217.

[595] Diese Aufgabe haben manche Väter in Angriff genommen. Das Programm wird von Gregor v. Nazianz, Orat. 28,9 (SC 250, 118) formuliert, wenn er sagt: "Entsprechend soll man auch hier, wenn man die Natur 'dessen, was ist' (Ex 3,14) untersucht, nicht an dem Punkt stehen bleiben, daß man nur sagt, was er nicht ist, sondern man muß der Aussage, was er nicht ist, auch hinzufügen, was er ist ..." Gregor stellt sich damit in einen nicht zu übersehenden Gegensatz zu Basilius. Vgl. unten, 161, Anm. 674.

[596] Alexander v. Alexandrien, Depositio Arii (Opitz A.W. 3/1, Urk. 4b)

Thessalonica (oder Byzanz)[597] lassen in wichtigen Zügen die Theologie erkennen, deren man sich im Streit mit Arius bediente. Eine herausragende Rolle spielten dabei einige johanneische Stellen.[598] In seinen Briefen greift Alexander die verschiedenen christologischen Aussagen des Arius auf und konfrontiert sie jeweils mit diesen Schriftstellen.[599] Dabei diskutiert Alexander besonders eindringlich die Weise, in der Vater und Sohn eins sind, und welche Bedeutung dem Begriff μονο-γενής zukommt.

1. Die Einheit von Vater und Sohn ist eine solche von Urbild und Abbild. Die Stellen Joh 10,30 und Kol 1,15 bzw. Hebr 1,3 werden zusammengelesen: "Wenn das Bild Gottes (Kol 1,15) nicht immer war, so ist klar, daß auch der, dessen Bild es ist, nicht immer war. Genauso, wenn behauptet wird, die "Ausstrahlung der Wesenheit" Gottes habe nicht existiert, so wird auch derjenige weggenommen, der dadurch ausgedrückt wird."[600] Was hier mehr metaphorisch über die Einheit von Vater und Sohn anhand der Begriffe "Bild, Ausdruck, Ausstrahlung" gesagt ist, gewinnt in Joh 10,10 und 14,9 eine größere Direktheit. Wie das Licht nicht ohne seine Ausstrahlung sein kann, so kann auch Gott nicht sein ohne den Sohn. Beide sind also gleich ewig.[601] So argumentiert Alexander in Hinblick auf die Einheit im Wesen, von der sich die personale Eigentümlichkeit abheben läßt. Es kommt ihm darauf an, daß die Personeigentümlichkeiten "ungeboren – gezeugt", die eine verschiedene Dignität angeben, keine wesentliche Verschiedenheit und damit auch keine wesenhafte Inferiorität oder Posteriorität anzeigen. Im Wesen sind Vater und Sohn vollkommen eins, nur dem Ursprung nach sind sie verschieden.

Diese Unterscheidung konnten die Arianer aufgrund ihres Seinsverständnisses nicht nachvollziehen. Alles, was vom höchsten Gott irgendwie verschieden ist, das muß für sie auch außerhalb seines Wesens fallen. Für Alexander zeigen schon die Stellen Joh 14,9; Hebr 1,3 und Kol 1,15, daß der Sohn dem Wesen des Vaters vollkommen gleichen muß: "Wie ist jener, der sagt: 'Wer mich sieht, sieht den Vater', vom Wesen des Vaters verschieden, der doch das vollkommene Bild (εἰκών) und die Ausstrahlung (ἀπαύγασμα) des Vaters ist?"[602] Bei der Erkenntnis des Va-

[597] Ders., Epistola ad Alexandr. Thessal, (Opitz A.W. 3/1, Urk. 14).

[598] Angeführt werden: Joh ,11 (2x); 1,1–3 (2x); 1,7; 1,8 (2x); 5,23, 10,15 (2x); 10,30 (2x); 8,9; 14,9; 14,10; 14,23; 14,28.

[599] Wie er dabei vorgeht, hat T. E. Pollard im Einzelnen herausgearbeitet. Vgl. ders, 147–164.

[600] Vgl. Alexander v. Alexandrien, Epistola (Opitz A.W. 3/1, Urk. 14, 24,2–6).

[601] Vgl. Pollard, 154.

[602] Alexander, Depositio Arii (Opitz A.W. 3/1, Urk. 4b, 9,3f).

ters durch den Sohn kann es sich nur dann um eine reale Offenbarung handeln, wenn der Sohn dem Vater gleich und aus dem Wesen des Vaters ist.[603]

2. Joh 1,18 und 3,16.18 macht Alexander gegen die These von der Geschaffenheit des Sohnes geltend: der "Einziggeborene" Sohn und das Wort, "durch das alle Dinge geworden sind". Wie kann der Sohn einer von diesen Dingen sein, die durch ihn selbst gemacht worden sind? Oder wie kann er der Einziggeborene sein, wenn er in eine Reihe mit den anderen Kreaturen gestellt wird, fragt Alexander.[604] Die Art der Verbindung dieser beiden Joh-Stellen, wie er sie vornimmt, läßt hinsichtlich der Deutung von "μονογενής" einen erheblichen Unterschied zu den Arianern erkennen: Die Arianer verstehen den Ausdruck in dem Sinne, daß allein der Sohn unmittelbar von Gott geschaffen wurde, während alle anderen Dinge *durch ihn* hervorgegangen sind. Alexander dagegen versteht das "μονογενής" in jenem Sinn, der sich, wie in Teil I,3b gezeigt, aus dem Johannesevangelium erheben läßt: Allein, als einziger geboren, gleich dem es keinen anderen gibt, μόνος γεννηθείς. Er ist von allen durch ihn geschaffenen Dingen wesentlich verschieden. Ihn zeichnet eine einzigartige Kindschaft aus. Aus der ganzen Argumentation gegen Arius geht schon hervor, wie sehr man sich in der Verdeutlichung seiner eigenen Position auf das johanneische Schrifttum berief, das eine sichere Basis für jene Theologie abgeben sollte, die die spätere Konzilsentscheidung gegen Arius möglich machte.[605]

Überhaupt bereitet die ganze Auseinandersetzung mit der Theologie des Arius inhaltlich die Definition des Nicänums vor. Dieses Konzil verwirft die "einfache" Lösung des Arius, indem es den Sohn mit dem Vater für wesensgleich erklärt und damit objektiv die Notwendigkeit aufzeigt, die ganze Thematik der "Einheit" in Gott von der Heilsökonomie her einer neuverstehenden *relecture* zu unterziehen. Umgekehrt galt es, diese Heilsökonomie im inneren Leben Gottes zu verankern. Wenn der Logos mit dem ewigen Vater identisch ist, wird die Verbindung der Sendung mit dem ewigen Hervorgang in Gott hergestellt.

---

603 Vgl. Pollard, 159: "The Arians, in asserting the Son's essential difference and distinction from the Father, ignore the strong Johannine emphasis on the essential identity of the Father and the Son."

604 Vgl. Alexander, Depositio Arii (Opitz A.W. 3/1, Urk. 4b, 7,21–3).

605 Vgl. Pollard, 146: "From the very beginning of the controversy it was St John's Gospel, the pre-eminent New Testament witness to the divine Father-Son relationship, which provided Arius' opponents with their most powerful arguments."

Die Konzilsväter legten ihrer Erklärung über das innergöttliche Verhältnis von Vater und Sohn ein altes Taufsymbolon zugrunde[606], dem sie vier antiarianische Präzisierungen als Einschübe hinzufügten. Die im ursprünglichen Bekenntnis enthaltene Formel "Sohn Gottes, geboren aus dem Vater, als Eingeborener, Gott von Gott, Licht vom Licht, durch den alles geworden ist"[607], dürfte nämlich auch für die Arianer akzeptabel gewesen sein, da sie keine Sperren gegen eine Interpretation im Sinne ihrer eigenen Logos-Theorie enthält. Vorab definiert der Text den Sohn als den "Einziggeborenen", der aus dem Vater "gezeugt" (γεννηθείς) ist. Indem ihm so deutlich das Gezeugtsein zugeschrieben wird, ist es jetzt nicht mehr möglich, das für den Sohn gebräuchliche γεννητός mit "geworden" zu übersetzen.[608] Hier besteht eine genaue Übereinstimmung mit dem, was über Joh 1,18 erhoben wurde.[609]

Welches sind die für die Arianer "sperrigen" Einschübe?

(1) ἐκ τῆς οὐσίας τοῦ Πατρὸς. Mit diesem ersten Einschub richteten sich die Väter gegen die Arianische Vorstellung, daß der Sohn dem Vater wesensfremd, also von einer anderen οὐσία oder ὑπόστασις als der Vater sei, und behaupteten das genaue Gegenteil.[610] Ebenso wird eine Erschaffung des Logos aus dem Nichts, d. h. seine Kreatürlichkeit, mit der Formulierung ausgeschlossen, daß er aus der zeitlich anfangslosen οὐσία des Vaters hervorgehe.

(2) Der Sohn ist Θεὸν ἀληθίνον ἐκ Θεοῦ ἀληθινοῦ – wahrer Gott vom wahren Gott. Dieser Einschub stellt eine Sperre gegen die von Arius vertretene Auffassung dar, nur der Vater sei "wahrer" Gott im eigentlichen, der Logos nur in einem verminderten und abgeleiteten Sinne. Bezugspunkt ist der "einzig wahre Gott" aus Joh 17,3, dem der Sohn, eben auch in Rückbezug auf diese Schriftstelle, in allem gleichgestellt wird.

(3) Das γεννηθέντα οὐ ποιηθέντα – gezeugt, nicht geschaffen – grenzt die ewige Zeugung in Gott scharf gegen eine Geburt im geschöpflichen Bereich ab. Vom Sohn wird gemäß dem Johannesprolog

606 Welches Symbolon genau vorgelegen hat, ist umstritten. J.N.D. Kelly hält dafür, daß es sich um ein syrisch-palästinisches Taufsymbol gehandelt habe. Vgl. Kelly, Glaubensbekenntnisse, 216–229; vgl. Grillmeier, Jesus der Christus, Bd. 1, 406.

607 Vgl. DH 125.

608 Vgl. Skarsaune, 34–54.

609 Vgl. oben, 94.

610 Wenn man damit den im Kanon (DH 126) aufgestellten Anathematismus vergleicht, so hat man hier die gegenteilige Auffassung: ἐξ ἑτέρας ὑποστάσεως. Vgl. Athanasius, Orationes contra Arianos I 9 (PG 26,29).

die ewige Zeugung ausgesagt.[611] Mitteilung der Natur des Vaters ist hier ausgesagt. Gott ist nicht eine ewige göttliche "Natur", sondern er ist *Vater,* der von Ewigkeit her einen Sohn zeugt, den er aus seinem Wesen hervorbringt.[612] Dagegen hatten die Arianer von einem "Geborenwerden" gesprochen, daß einer Erschaffung gleichkommt, weil sie die entsprechenden griechischen Ausdrücke nicht unterschieden.[613]

(4) ὁμοούσιον τῷ Πατρι – eines Wesens mit dem Vater – heißt die letzte antiarianische Sperre, die in das Symbolon eingefügt wurde.[614]

Daß ein lebendiges Seiendes einem anderen "wesensgleich" sei, besagt dann nichts Ungewöhnliches, wenn "Wesen" für die Natur einer Sache steht, die genau durch die δεύτερα οὐσία des Aristoteles bezeichnet wird.[615] In diesem Sinne sind "Alexander" und "Petrus" als Exemplare der gleichen Gattung wesensgleich. Die οὐσία in der nicänischen Formel muß aber – in der systematischen Auswertung als die πρῶτη οὐσία[616] des Aristoteles verstanden werden: als die in ihrem Sein verwirklichte individuelle Substanz.[617]

---

[611] Gerade das "Sein des Sohnes aus dem Wesen des Vaters" macht nach Athanasius klar, daß es beim Hervorgang des Sohnes nicht um unser Geschaffensein geht. Vgl. dazu Stead, 85–92.

[612] Schon Origenes hatte von der ewigen Zeugung des Sohnes durch den Vater gesprochen. Vgl. ders., In Jeremian 4 (GCS 6,70) Das hindert ihn jedoch nicht, anzunehmen, die Ewigkeit des Sohnes sei von der des Vaters distinkt. Vgl. Böhm, 161.

[613] Für die Arianer war das Entstehen des Sohnes abhängig von einem (kontingenten) Willensakt des Vaters. Wenn man – in ihrem System verbleibend – die Kontingenz der Schöpfung aufrechterhalten und ein *notwendiges* Emananationsgeschehen ausschließen wollte, blieb ihnen nichts anderes übrig. Vgl. Grillmeier, Jesus der Christus, Bd. 1, 369f.

[614] Zum Problem des homousios vgl. Ricken, 333–399; vgl. Kelly, Glaubensbekenntnisse, 240–251. Vier Gründe, die gegen das "homoousios" geltend gemacht werden können, führt Hünermann, 145 an:
"(1) οὐσία bedeutet Substanz. Für Ungebildete legte sich durch den Ausdruck ὁμοούσιος die Vorstellung nahe, daß Vater und Sohn als trennbare Mengen einer konkreten Substanz zu betrachten seien.
(2) Wenn Vater und Sohn von einer Substanz sind, ergibt sich dann nicht konsequenterweise ein Sabellianismus oder Modalismus?
(3) Bei der Verurteilung des Paul von Samosata auf der Synode von Antiochien (268) war das Wort von der Homoousie verurteilt worden, allerdings in einem etwas anderen Kontext.
(4) Das Wort ὁμοούσιος ist kein biblisches Wort. Ist damit nicht die biblische Tradition verraten?" Vgl. Hünermann, 145.

[615] Vgl. Aristoteles, Kategorien 5,2a; 7,8a.

[616] Vgl. ders., Metaph., IV,11, 1019b.

[617] Im Osten scheint dies längere Zeit anders aufgefaßt worden zu sein, so daß L. Scheffczyk sagen kann: "Auch zeigte sich darin ein Ungenügen, daß das 'homoousios to patri'

Die Hinzufügung des "homoousios" zum Symbolon erweist sich bei genauem Zusehen nicht als überflüssige Überfremdung mit einer unbiblischen Begrifflichkeit. Vielmehr ging es den Vätern um eine von der Sache her notwendige Präzisierung, die dazu diente, jedes neuplatonisch-emanatistische Verständnis der innergöttlichen Zeugung auszuschließen. Ein solches hätte sich ja von den übrigen Zusätzen her leicht ableiten lassen.[618]

Was der Begriff "homoousios" nicht zu leisten vermochte, war eine vernunftgemäße Erhellung dessen, wie in Gott Einheit und Verschiedenheit ohne Widerspruch zugleich ausgesagt werden müssen.[619] Das Konzil reflektierte nicht das philosophische Problem, wie Vater, Sohn und Heiliger Geist wirklich verschieden und doch mit der einen und ungeteilten οὐσία Gottes identisch sein konnten.[620] Der Weg dazu wurde erst frei, als man – mit den drei Kappadoziern – begann, die synonyme Bedeutung von οὐσία und ὑπόστασις aufzugeben und ihren Begriffsgehalt klarer zu unterscheiden.

---

noch einer verschiedenartigen Deutung offenblieb. So konnte man im Westen darunter eine strenge numerische Identität der göttlichen Substanz verstehen, während im Osten die Neigung weiterbestehen konnte, die Homoousie als artgemäße Einheit oder als gemeinsame Qualität zu deuten." Vgl. Scheffczyk, Der Gott der Offenbarung, 240; vgl. auch die von meiner Deutung abweichende Darstellung von Ohlig, 183.

Die begriffliche Bestimmung von "Wesen" als "erster Substanz" ist dem ganzen Kontext des Streites, besonders aber dem Brief des Eusebius v. Caesarea an seine Gemeinde (Opitz A.W. 3/1,2, Urk. 22, 42–47) und verschiedenen Berichten des Athanasius zu entnehmen. Für Athanasius vgl. Decr. Nic. Syn. 20 (Opitz A.W. 2/1, 16–17), ebd. 45 (Opitz A.W. 2/1, 269–271) und ep. Ad Afros 6 (PG 26,1040AC). Die Väter selbst fügten keine Erklärung hinzu, wie sie den Begriff selbst verstanden wissen wollten, und blieben damit im Rahmen des Taufkerygmas.

Nach Eusebius zeigt der Sohn Gottes "keinerlei Ähnlichkeit zu den gewordenen Geschöpfen" und ist allein dem Vater, der ihn gezeugt hat, "auf jegliche Weise ähnlich". Er sei nicht aus einer anderen Hypostase oder Ousia, sondern aus dem Vater. Vgl. Eusebius, ebd., 45f. Das Konzil übernimmt freilich nicht die subordinatianischen Begründungen des Eusebius, schließt es doch jede "Stufung" in der Seinshöhe von Vater und Sohn kategorisch aus.

618 Die Nicäner sahen sich später veranlaßt, die Unkörperlichkeit des Logos und die Unteilbarkeit der οὐσία hervorzuheben, um das Mißverständnis abzuwehren, der Hervorgang des Sohnes impliziere ein quasi körperliches Geschehen. Vgl. Kelly, doctrines, 244.

619 K.-H. Ohlig meint: "Das Symbol von Nizäa konnte die Denkschwierigkeit der hellenistischen Christologie nicht aufheben." Vgl. ders., 182. Die Aussage ist richtig, doch lag dies auch gar nicht in der Absicht des Konzils, das sich gerade für eine "schwierigere" Lesart des Verhältnisses von Vater und Sohn entschied und diese der glatteren "Lösung" des Arius, die dieser, vom Neuplatonismus her hellenisierend entwickelte, als das tatsächlich von der Offenbarung Gemeinte, gegenüberstellte.

620 Vgl. Grillmeier, Jesus der Christus, Bd. 1, 408.

Immer wieder wurde von verschiedener Seite gegen das "homoousios" vorgebracht, daß mit der Einführung dieses philosophischen Begriffs eine unzulässige Hellenisierung der Christologie, die schon im NT eingesetzt habe, zementiert worden sei.[621] Speziell im Hinblick auf den Begriff der Homoousie läßt sich dagegen einwenden: Zwar hat sich das Konzil eines nicht-biblischen Ausdrucks bedient, um seine Lehre darzulegen. Aber die verwendete Terminologie gibt noch keinen Aufschluß darüber, ob das Christus-Bekenntnis einem geschlossenen philosophischen Denken angepaßt worden ist oder nicht.[622]

6. Die Tragweite der Entscheidung von Nicäa

6.1. Heutige Kritik an Nicäa

Die Kritik an Nicäa, wie sie für modernes Denken signifikant ist, hebt an mit Forschern wie Ferdinand Christian Bauer und Adolf von Harnack. Sie wurde in diesem Jahrhundert durch die Thesen R. Bultmanns entscheidend verstärkt:[623]

Harnack repräsentiert in seinem "Das Wesen des Christentums" (1900) das liberale Denken des vorigen Jahrhunderts. Darin verfolgt er die Absicht, das Christentum von allerlei zeitgebundenen Elementen zu befreien und die Sicht auf einen "reinen Jesus" des Anfangs freizulegen: einen Jesus des ausschließlichen Predigtunterrichts, der das Reich Gottes[624], ein Reich der Vorsehung, der Kindschaft und der höheren Gerechtigkeit verkündigt habe.[625]

Bemerkenswert ist die Reduktion des Evangeliums auf einige wenige Wahrheiten, die das Leben des Menschen zu inspirieren haben. Für Harnack und alle "Liberalen" kommt es an erster Stelle darauf an, sich Jesu Unterricht zu eigen zu machen. Christologische Fragen über seine Person hätten demgegenüber in den Hintergrund zu treten: "Nicht der Sohn, sondern allein der Vater gehört in das Evangelium, wie es Jesus

---

[621] Dazu ausführlich bei Hünermann, 151ff., der einen kurzen Abriß über die Entwicklung der Hellenisierungsthese bietet. Vgl. dazu auch Böhm, 259–271.

[622] Die Frage, ob und inwieweit der Ousia-Begriff, unabhängig von seiner Herkunft, überhaupt sinnvoll ist, soll an anderer Stelle diskutiert werden. Vgl. dazu den Versuch über "Wesenserkenntnis" in Teil III, Abschn. 3.1.3./3.1.4.

[623] Vgl. Hünermann, 151ff.

[624] Vgl. Harnack, Wesen des Christentums, 36.

[625] Vgl. ebd., 44.

verkündigt hat, hinein."[626] Weit davon entfernt, eine exklusive Gottessohnschaft für sich selbst zu beanspruchen, habe Jesus durch seine Predigt das Bewußtsein der allgemeinen Kindschaft Gottes wachrufen wollen. Der Unterschied zu uns bestehe allein darin, daß Jesus sich auf explizite Weise als Sohn Gottes gewußt habe.[627] Erst eine spätere Gemeindebildung habe, unter Aufnahme von antibiblischen, jüdischen, vor allem aber hellenistisch-philosophischen Begriffsdichtungen[628] zu einem ausschließlich apokalyptisch und eschatologisch denkenden Jesus geführt. Den Beginn dieser Fehlentwicklung macht Harnack bei Paulus aus, der die Grundlage der späteren Dogmatik geschaffen habe. Nach Harnack hat die Ontologie/Kosmologie den biblisch-heilsgeschichtlichen Glauben destruiert. Die Frage ist aber, ob jedwede Ontologie zu einer solchen Destruktion führen muß.

Eine andere Frage an Harnack bleibt: Warum bedarf es denn der Rückbindung gerade an Jesus, wenn es letztlich nur darum geht, was er gepredigt hat?[629] Kann nicht die bloße "Lehre" ohne ihren Lehrer tradiert werden?

Daß die in Nicäa festgelegte Glaubenslehre nicht in Kontinuität und Entsprechung zu den Aussagen des NT steht, wird auch von R. Bultmann als sichere Überzeugung ausgesprochen. Aufgrund seiner dualistischen Voraussetzungen ist für ihn jede Fundierung des Kerygmas im historischen Jesus unmöglich. Auf das Kerygma in seinem je-jetzigen Anspruch kommt es an. Die neutestamentlichen Aussagen, die auf eine Offenbarungsidentität von Vater und Sohn schließen lassen, insbesondere die Präexistenz-Aussagen, führt er auf gnostische Ursprünge zurück, die sich mythologisierend in das Kerygma hineingedrängt haben.[630]

---

626 Ebd., 42.

627 Vgl. ebd., 43.

628 Vgl. Harnack, Dogmengeschichte, 115.

629 Diese Frage läßt sich auch P. Gisel und J. Moingt stellen, die in Concilium 33 (1997) die These vertreten, daß der Preis für die kulturelle Vermittlung des biblischen Jesus in den griechischen Kulturraum eine Verfremdung des ursprünglichen biblischen Jesus und seiner Botschaft bedeutet habe. Demnach ließ man sich durch die genaue Fixierung der Gottessohnschaft und durch den Präexistenzgedanken von dem ablenken, "was heute für uns die Historizität Jesu Christi, der Offenbarung und des Heils ausmacht". Vgl. Moingt, 61f. P. Gisel sieht sogar die Gefahr eines "Gottesersatzes" gegeben, wenn man die Identität Jesu ganz von Gott her definiert und damit seine Absolutheit festschreibt. Zum Ganzen vgl. Gisel, 63–73; vgl. Moingt 56–62.

630 Vgl. Bultmann, Theologie, 166–186; vgl. auch Neues Testament u. Mythologie, 15–48. Zur Kritik der Auffassung von der mythologischen Bedingtheit der Präexistenzaussagen vgl. Hünermann, 152–153.

6.2. Das NT und die Kommunikabilität Gottes

Für die Väter der Synode und für alle anderen Theologen, die das nicänische Glaubenssymbol gegen Abschwächungen des Glaubens verteidigten, stand ein großes soteriologisches Anliegen, nicht ein in erster Linie spekulatives Interesse an der griechischen Philosophie, im Vordergrund: Der von Arius ohne Einschränkung verwendete Seinsbegriff entrückt Gott in eine unmitteilbare Transzendenz und macht ein "Zwischen" notwendig, den Logos, der – als geschöpfliches Zwischenwesen konzipiert – den absoluten Dualismus von überweltlichem Sein Gottes und der geschaffenen Welt nicht zu überbrücken vermag. Die fehlende innere Verbindung des in absolut monadenhafter Abgeschlossenheit existierenden Vaters zu seinem Logos läßt ein soteriologisches *Vakuum*[631] entstehen: Durch irgendwelche subordinierten Mittlergestalten, die nur *extra essentiam Dei* gesetzt sind, kann eine innere Selbstzusage Gottes zur Welt hin niemals vermittelt werden. Nicht nur durch die Handhabung des sogenannten Tauschmotivs[632] wird den Vätern gerade in der Auseinandersetzung mit Arius deutlich: "Der Sohn, der selbst den Vater nicht kennt, kann auch den Menschen keine Erkenntnis des Vaters bringen und damit keine Erlösung bewirken."[633] Gott und Menschen kommen so niemals zusammen.

Wenn demgegenüber in Nicäa durch die in der Einheit des göttlichen Wesens einbehaltene Beziehung zwischen Vater und Sohn in Gott selbst ein Kommunikationsgeschehen anerkannt wird, so stellt dies – gerade vor dem Hintergrund des jüdischen und philosophischen Monotheismus – ein großes Wagnis dar und bedeutet eine Aufsprengung der starren Identität des griechischen Seinsbegriffs. Die Väter sahen sich dazu bewogen, eben weil sie die in den neutestamentlichen Aussagen hervortretende Offenbarungsidentität des Sohnes mit dem Vater gegen die Geschlossenheit des griechischen Seinsdenkens behaupten wollten.

Die neutestamentlichen Schriften lassen den Anspruch Jesu vernehmbar werden, mit Gott, dem Vater, in einer inneren seinshaften Verbindung zu stehen. Wie im ersten Teil dargelegt wurde, sind auch die Präexistenzaussagen im NT in diesem Zusammenhang zu sehen.[634] Die Definition von Nicäa, so meine These hier, steht damit in wesentlicher

---

[631] Vgl. Scheffczyk, Der Gott der Offenbarung, 235.

[632] Zur Interpretation von Ohlig vgl. oben, 139.

[633] Scheffczyk, ebd., 235.

[634] Vgl. oben, 95ff.

Kontinuität[635] zum NT, in dem Christus der eschatologische Mittler zu Gott nur sei kann, weil er mit ihm in einer Offenbarungsidentität steht, die den Zeugen durch die Auferweckung und Erhöhung Jesu aufgeht.[636] Wenn das Konzil die reale Zeugung des Sohnes aus dem Vater anerkennt, nimmt es die Offenbarungseinheit von Vater und Sohn beim Wort, bindet sie an eine Seinseinheit in Gott zurück[637] und geht damit über den griechischen Seinsbegriff, den es dabei aufnimmt, hinaus: Indem die bei Joh ausgesprochene Zeugung des Sohnes durch den Vater als reale Hervorbringung in Gott bestimmt wird, gibt es eine wirkliche Selbstmitteilung des göttlichen Seins innerhalb der Einheit des göttlichen Wesens. Und dies ist der innere Grund für die Kommunikation Gottes nach "außen", wo er sich – in den Sendungen – dem geschöpflichen Geist erschließt. Damit wird für den Menschen die Möglichkeit einer viel eigentlicheren Erkenntnis und Prädikation Gottes behauptet, als es der philosophische Anweg je sein kann, durch den der Mensch gewissermaßen von unten einen "Aufstieg" zu Gott versucht. Es kann sich eben Gott selbst – in seinem eigenen Wort – der Welt mitteilen.[638]

Das Konzil macht deutlich, daß der christliche Monotheismus anders zu fassen ist als der jüdische, vor allem aber anders als es durch den hellenistischen Seinsbegriff nahegelegt wird. Dagegen stellt das Arianische System selbst eine akute Hellenisierung dar. In diesem Sinne schreibt L. Scheffczyk: "Im Vergleich zur Formel von Nikaia darf der Arianismus selbst als eine Form der Hellenisierung des Christentums ausgegeben werden, weil in ihm das neuplatonische Abstiegsschema auf den christlichen Gottesglauben übertragen und diesem auch inhaltlich übergestülpt wurde. Der subordinatianische Logos war ein platonisches Mittelwesen, was man vom 'unigenitus filius ... de substantia patris' des Konzils von Nikaia nicht sagen kann."[639]

Wurden durch das Konzil die dogmengeschichtlichen Weichen so gestellt, daß der Weg zurück in die subordinatianistische "Lösung" nicht

---

635 Kritisch zu dieser These steht K.-H. Ohlig; vgl. ders. u. a. 159: "Wenn alles auch auf der Ebene des Naturalen abläuft (statt geschichtlicher Sendung metahistorische Zeugung des Logos, Konstitution des Kosmos durch den Logos sowie seine Inkarnation), wird doch – in griechischem Gewande – die Überzeugung vom Heilshandeln Gottes in der Geschichte und – eschatologisch – in Jesus aufgegriffen und versucht, sie in sicher unangemessenen, *wohl aber damals einzig möglichen Begriffen* hellenistischen Christen zugänglich zu machen." Vgl. auch ebd., 628.

636 Vgl. Hünermann, 153; vgl. auch Ricken, 335.

637 Vgl. Pollard, 156.

638 Eine andere Frage ist die, wie der Mensch der Empfänger dieser Mitteilung sein kann.

639 Scheffczyk, Der Gott der Offenbarung, 239.

mehr möglich war, so bot es doch selbst keine denkerische Bewältigung der Fragen, die sich angesichts des biblischen Monotheismus durch die dogmatische Festlegung der wahren Gottheit Christi nun in aller Schärfe stellten.[640] Der Logos von Nicäa kann sich der Welt mitteilen. Der fleischgewordene Logos des Evangeliums ist mit dem Vater wesensgleich. Gegenüber der vornicänischen Logoschristologie ist damit eine weitere begriffliche Explikation gegeben, insofern klar wird, daß der in der Geschichte auftauchende Logos ewig in Gott hervorgeht.

Es bleibt der Rezeptionsgeschichte von Nicäa und auch der späteren Konzilien bis hin zu Konstantinopel (381) vorbehalten, eine weitere begriffliche Klärung zu bringen, die das Augenmerk stärker auf die Einheit des Logos mit seiner Menschheit (Inkarnationslehre) und auf die Person des Heiligen Geistes lenkt, der das innergöttliche Mitteilungsgeschehen allererst abrundet und für den Menschen öffnet. Der Geist ist es, der den Menschen – über die Mitteilung des Logos an eine menschliche Natur hinaus – am Leben Gottes selbst teilhaben läßt, d. h. ihn als "diesen" fleischlichen, sündigen, geschichtlich verfaßten, in der Zeit stehenden Menschen in die Kommunikation mit Gott hineinnimmt.[641]

---

640 Vgl. Grillmeier, Jesus der Christus, Bd. 1, 386: "Die *fides Nicaena* forderte durch ihre Thesis von der wahren Gottheit des Sohnes (und des Pneumas) eine erneute Anstrengung der theologischen Reflexion, und zwar für die Deutung sowohl des Verhältnisses von Vater und Sohn im einen Gott als auch des göttlichen Logos zu seinem Fleische. Denn wie Eusebius und Arius zeigen, war die Inkarnation eines völlig transzendent oder göttlich verstandenen Logos schwerer anzunehmen, als die eines subordinatianisch oder geschöpflich verstandenen 'Sohnes'. Mit dieser verschärften Problematik trat die Kirche des vierten Jahrhunderts nach Nicäa einen weiten Weg an."

641 Vgl. Hünermann, 149. Damit ist die gott-menschliche Vereinigung, die der Glaube von Nicäa absichern will, gerade nicht einfach als "*naturale*" Einigung zu verstehen, wie K.-H. Ohlig gerne will. Sie ist personale Mitteilung und liegt auf der Ebene des Freiheitsvollzugs geistiger Subjekte. Zur wachsenden Prävalenz hellenistisch-christlicher Soteriologie, die in ihrer Tendenz zu Nicäa führt, bemerkt Ohlig: "Die Heilshoffnung richtet sich also darauf, daß ... der Mensch ... sich mit dem Göttlichen verbindet. *Der naturalen Wendung der menschlichen Unheilserfahrung entsprach eine ebensolche Sicht der Erlösung im Sinne wenigstens tendenzieller monistischer Vergöttlichung* (sic). ... Das Christentum hat diese Herausforderung angenommen. ... Gott als Anfang und Ende der Erlösungsbewegung wird immer mehr mit den Assoziationen des hellenistischen Gottesbegriffs verbunden." Vgl. ders., 154; vgl. auch ebd., 131; 629.

7. Athanasius

Der große Verteidiger des nicänischen Glaubens in den theologischen und kirchenpolitischen Auseinandersetzungen[642], die dem Konzil von Nicäa folgten, ist Athanasius. An ihm wird vor allem deutlich, wie sehr die Fragestellungen von einem soteriologischen Interesse an der Absolutheit Christi bestimmt waren. Es geht nicht zunächst um die Einführung "hellenistischer" Kategorien in das Bekenntnis des Glaubens, sondern um die Sicherstellung der Erlösung.

In seinen Erwiderungsreden gegen die Arianer geht Athanasius von dem aus, was die hl. Schrift, besonders das Johannesevangelium, über Christus sagt. Weniger auf einzelne Ausdrücke und Titel fixiert, ist er um eine Einordnung in das Ganze der Schrift, in ihren σκοπός, bemüht.[643] In seiner Widerlegung der Arianischen Thesen betreibt er eine detaillierte Exegese der verschiedenen johanneischen Stellen. Dies zeigt, wie sehr die biblischen Vorgaben sein christologisches Anliegen bestimmt haben.[644]

Wenn Athanasius von "Erlösung" spricht, dann geht es ihm um das Bild Gottes im Menschen, das durch die Sünde entstellt wurde, um die verlorene Gottebenbildlichkeit, die nur durch einen Erlöser wiedergebracht werden kann, der selbst vom Wesen her das wahre Bild Gottes ist: der göttlichen Logos.[645] Die Bedingung der Möglichkeit von Erlösung ist, daß dieser Gott wesensgleiche Logos das wirkliche menschliche Sein mit einem menschlichen Leib und einer menschlichen Seele annimmt.[646] Damit der Mensch wahrhaft erlöst werden könne, war es notwendig, daß das Wort wirklich Fleisch wurde:

> "Deshalb hat eine solche Verbindung stattgefunden derart, daß jener, der durch seine Natur Mensch ist, dem verbunden wurde, der seiner Natur nach Gott ist; und so konnte das Heil und die Vergöttlichung des Menschen selbst fest gesichert werden. ... Tatsächlich hätte es für uns Menschen keinen Gewinn gebracht, wenn das Wort nicht wahrhaft und der Natur nach Sohn Gottes und zugleich wahres, von ihm angenommenes Fleisch gewesen wäre."[647]

---

642 Das Credo von Nicäa führte zu einer einschneidenden Krise innerhalb der Kirche, in deren Verlauf "erst die reale Aussage dieses Bekenntnisses ihn ihren verschiedenen Aspekten eingeholt werden konnte". Vgl. G.L. Müller, Lehre von Jesus, 184.

643 Vgl. Athanasius, Orationes contra Arianos III 29 (PG 26,385).

644 Vgl. Pollard, 222ff.

645 Vgl. Athanasius, Orationes contra Gentes 32–34 (PG 25,781–85C).

646 Der Gedanke an den Logos als allein lebengebender und allbewegender Kraft ist bei Athanasius so bestimmend, daß die Eigentätigkeit der menschlichen Seele Christi nicht wirklich systematisch integriert erscheint. Vgl. Grillmeier, Jesus der Christus, Bd. 1, 465f.

647 Ders., Orationes. contra Arianos II 70 (PG 26,296C).

Die ungeschaffene und die geschaffene Wirklichkeit sind so weit auseinander, daß der Mensch nicht aus sich heraus finden und zu Gott gelangen könnte, wenn Gott nicht in Christus eine Brücke zu ihm hin gelegt hätte:

> "Der Mensch, weil strikt an die geschaffene Wirklichkeit gebunden, könnte nicht vergöttlicht werden, wenn der Sohn nicht wahrhaft Gott wäre, noch könnte er sich zur Rechten des Vaters setzen, wenn der, der den menschlichen Leib annahm, nicht von Natur aus das Wort des Vaters wäre. Und genauso wären wir nicht von der Sünde und dem Bösen befreit worden, wenn das Fleisch, mit dem sich das Wort bekleidet hat, nicht von Natur aus menschliches Fleisch gewesen wäre (tatsächlich haben wir nichts Gemeinsames mit dem, was uns fremd ist), wie auch der Mensch nicht vergöttlicht worden wäre, wenn der, der Fleisch geworden ist, nicht der Natur nach das wahre und eigene Wort des Vaters gewesen wäre."[648]

Ein Geschöpf könnte, so argumentiert Athanasius, dem Menschen niemals Unsterblichkeit verleihen oder ihn retten. Was selbst ein Teil der Schöpfung ist, kann nicht Mittler der Erlösung sein, bedarf es doch selbst der Erlösung.[649] Nun teilt sich aber der ewige Logos[650] in seiner ganzen Fülle der Menschheit Christi mit, so sehr, daß er ihr konkret "einwohnt", d. h. in ihr anzutreffen und als er selbst gegenwärtig ist.[651] Athanasius spricht hier von ἐναντρώπησις. Trotzdem bewahrt der Logos, der auch in der übrigen Welt seine Wirkkraft entfaltet, seine göttliche Transzendenz.[652] Der Begriff des "*organon*" dient dazu, die Transzendenz abzusichern. Dies wird deutlich, wenn Athanasius sagt:

> "Er wurde Mensch, darum gebrauchte er auch den Leib als menschliches Organon."[653]

Ist die leibliche Realität[654] Jesu Werkzeug, dann waltet zwischen dem Träger der leiblichen Handlungen und diesem eine Differenz, obwohl der Logos heilswirksam in konkreten Akten seine Absichten realisiert.

---

648 Ebd. II 70 (PG 26,296B).

649 Vgl. Pollard, 215.

650 Wie T.E. Pollard in seiner Untersuchung gezeigt hat, ist das Logos-Konzept des Athanasius durchwegs johanneisch, "Sohn" und "Logos" sind, anders als bei Arius, identisch. Vgl. Pollard, 197.

651 Über die Leidensunfähigkeit des Wortes und das christologische System des Athanasius vgl. J. Liébart, 71–75.

652 Vgl. Athanasius, De incar. 17 (SC 199,326).

653 Ebd. 44 (SC 199,424f.).

654 Neben dem konkreten Leib kennt Athanasius auch noch eine erweiterte Bedeutung: der Leib der ganzen Menschheit, mit dem sich Christus – der Möglichkeit nach – vereinigt hat. Vgl. Bouyer, 385: "Der 'Leib Christi', dieser 'Leib der Menschheit', den Christus angenommen hat, ist für Athanasius immer der Leib, dessen Glieder zu werden wir berufen sind ..."

Auch die Einheit des Subjekts in Christus wird durch diese Terminologie – trotz des Unterschieds zwischen der göttlichen und menschlichen Natur – gewahrt. Es gibt ein gemeinsames Trägersubjekt, von dem sowohl die Eigentümlichkeiten der leidenslosen göttlichen Natur als auch die Zuständlichkeiten der menschlichen Natur, die Leiden miteinschließen, ausgesagt werden.[655] Athanasius betont die Untrennbarkeit der Naturen, nachdem die Vereinigung zustandegekommen ist. Dabei sieht er die Spannung, welche die Einheit in Christus durchzieht: Einheit und Zweiheit in Christus sind unter je verschiedener Rücksicht zu suchen. Diese Rücksicht kann er aber mit seinen begrifflichen Mitteln noch nicht deutlich machen.[656] Die ganze Menschwerdung zielt indes darauf, dem Menschen an der ewigen Sohnschaft Anteil zu geben. Gott wird in seinem Sohn Mensch, um die Menschen am Leben Gottes teilhaben zu lassen. Am Leben Gottes teilzuhaben meint aber, in die Sohnschaft des einzigen Sohnes Gottes einzutreten: Die Kurzformel dafür lautet: "Der Sohn wollte Mensch werden, damit wir Gott würden."[657] Weit davon entfernt, damit eine "physische" Erlösungslehre zu vertreten, derzufolge allein die Verbindung des Logos mit einem Menschen schon alle geheiligt hätte, betont Athanasius die vermittelnde Funktion des Heiligen Geistes, um alle Menschen in das Erlösungsgeschehen einzubeziehen:

> "Denn wenn wir des Geistes teilhaftig sind, haben wir die Gnade des Logos und in ihm die Liebe des Vaters."[658]

Die Abwehr der Arianischen Christologie veranlaßt Athanasius, über die Voraussetzungen der Erlösung zu reflektieren. Dies führt ihn zum Ansatz einer Trinitätslehre: Es wird deutlich, daß die Einheit Jesu mit seinem Vater tiefer gedacht werden muß, als es die Arianer taten, m. a. W. daß sein Anspruch und seine Offenbarungsidentität mit dem Vater in einer innergöttlichen Vater-Sohn-Relation verankert werden müssen, wenn man dem im NT bezeugten und in der frühen Kirche lebendig gehaltenen Glauben gerecht werden will. Diese Relation kann nicht auf einer Selbstentgegensetzung Gottes in seiner Schöpfung beruhen, denn Gott hat nicht einfach ein endliches Gegenüber, sondern sie muß in der Wesenseinheit Gottes einbehalten bleiben.

---

[655] Vgl. Athanasius, De incar. 18, 1–3 (SC 199,328–330).

[656] Vgl. Grillmeier, Jesus der Christus, Bd. 1, 478.

[657] Vgl. Athanasius, Orationes c. Ar. I 39 (PG 26,92C); vgl. De incar. 54 (SC 199,456–460).

[658] Ders., Ep ad Serap. III 6 (PG 26,633).

8. Die Prosopon-Lehre des Nestorius und das Problem der Einheit in Christus

Nestorius gehört zu den Gestalten der Theologiegeschichte, an denen deutlich wird, wie stark das von begrifflichen Konzeptionen geprägte Christusbild und seine soteriologischen Implikationen von einer zugrundeliegenden Metaphysik bestimmt wird. Welche Metaphysik – als Lehre von der Konstitution des natürlichen Seienden – hat Nestorius als Ausgangspunkt seiner christologischen Reflexionen verwendet und wie wurde er durch diese Ontologie zu seiner Lösung" geführt? Dies soll hier als Leitfrage dienen. Zunächst aber ist Nestorius in der geistesgeschichtlichen Konstellation zu Beginn des 5. Jahrhunderts zu situieren:

Es haben sich mehr oder weniger zwei christologische Traditionsströme herausgebildet, von denen der eine, alexandrinischem Denken entspringend, von einem Logos-Sarx-Modell[659] ausgeht, während der andere, mehr vom antiochenischen Denken beeinflußt, eine Christologie nach dem Logos-Anthropos-Konzept[660] hervorgebracht hat. Beide Traditionsströme sind durch das Gedankengut ihrer namhaften Vertreter angereichert worden: Apollinarios v. Laodicea und Cyrill v. Alexandrien stehen für die erste, Diodor v. Tarsus, Theodor v. Mopsuestia, Johannes Chrysostomos, Theodoret v. Cyrus für die zweite Richtung. Natürlich hat auch der Westen mit seinen herausragenden Theologen Tertullian, Augustinus und Leo d. Großen einen eigenen Beitrag zur Formulierung einer begrifflich klaren Christologie geleistet.[661]

Für die antiochenische Richtung hat vor allem Theodor v. Mopsuestia die entscheidende begriffliche Arbeit vollbracht. Sein Anliegen ist es, die Leidenslosigkeit der göttlichen Natur herauszustreichen. Es ist der – vom Logos angenommene – Mensch, der gelitten hat und auferweckt wurde. In ihm wohnt der Logos wie in einem Tempel.[662]

[659] Es handelt sich dabei um eine von der Logostheologie her konzipierte Christologie: Das Logos-Sarx-Schema des Johannesprologs wird darin zum Strukturprinzip der Menschheit Jesu, der Logos zum Lebensprinzip des Menschen Jesus gemacht. Zu den Schwierigkeiten dieser Lösung siehe Studer, Gott und Erlösung, 117–122. Eusebius v. Cäsarea ist der erste Theologe, der seine Inkarnationslehre ausschließlich auf diesem Schema aufgebaut hat. Vgl. Liébart, 55.

[660] Nach dieser Auffassung behauptet sich die menschliche "Seele" Jesu als eigenständige Entität neben dem Logos als Trägersubjekt.

[661] Vgl. Studer, Gott und Erlösung, 238–249.

[662] Theodor v. Mopsuestia, Hom. Cat. VIII 5 (Ed. Tonneau, 193): "Und Gott ist der Einwohnende, der Mensch aber sein Tempel, den er vollendet und zu seiner Wohnstatt gemacht hat." Vgl. Hom. Cat. III 5 (Ed. Tonneau, 599). Übersetzung nach Bruns.

Theodor weist die stoische Vorstellung vom *Logos hegemonicon*, deren sich manche Alexandriner bedient hatten, entschieden zurück, weil er es notwendig findet, die Transzendenz des Logos in der Inkarnation unbedingt zu wahren. Dieser kann nicht zum psychischen und geistigen Aktionsprinzip im Menschen Jesus werden. "Inkarnation" kann darum nur bedeuten, daß der Logos einen vollständigen und integren Menschen angenommen hat.[663]

Bei seinem Bemühen, die Verbindung von Gottheit und Menschheit in Christus zu erklären, wird Theodor von einem soteriologischen Motiv[664] beherrscht: Es geht ihm um eine wirkliche Teilhabe des Menschen an Gott. In Christus muß eine unausdenkbare "Synthese zwischen Transzendenz und Immanenz Gottes in uns und in Christus" zustande kommen.[665] Um sowohl die Immanenz des Logos in Christus als auch die Integrität von göttlicher und menschlicher Natur widerspruchslos zusammenzudenken, greift Theodor zu Kategorien wie ἐνοικήσις (Einwohnung) und συνάφεια (Verbindung), die nicht ganz glücklich gewählt waren, mußten sie doch den Verdacht nahelegen, daß es sich bei der Annahme der menschlichen Natur um eine bloß äußere Zusammenfügung der Gottheit mit einem schon vorweg in sich bestehenden und zur Existenz gelangten Menschen handelte. Theodor spricht denn auch von zwei Hypostasen in Christus (*Hypostasis* hier allerdings synonym mit *Physis* genommen), denen das eine Prosopon gegenübersteht, das die Einheit garantieren soll.[666] Theodor geht von einer realen Einheit der beiden Naturen in einem einzigen Prosopon aus. Ob dieses Prosopon das Ergebnis der Vereinigung der beiden Naturen und ihrer Bewährung in einer geschichtlichen Aktionseinheit ist, oder ob diese Einheit mit der Person der Logos zusammenfällt, die die Einheit der beiden Naturen ontologisch trägt, bleibt unklar. Was Theodor aber erreicht, ist, daß jede Gefahr einer Vermischung des Schöpfers mit einem geschaffenen Menschen vermieden wird. Für einen Alexandriner muß eine solche Christologie, die die Wirklichkeiten in Christus so stark trennt, im Hinblick auf die zu begründende Einheit unbefriedigend bleiben.

Im Spannungsfeld dieser Auseinandersetzungen ist auch der Konflikt um Nestorius anzusiedeln, dem es darum ging, die Einheit in Christus auf seine Weise, und das bedeutet mit antiochenischen Vorgaben, genauer zu begründen. Der Streit entzündet sich am θεότοκος-Titel, von dem Nestorius

[663] Vgl. Grillmeier, Jesus der Christus, Bd. 1, 620.

[664] Vgl. Studer, Soteriologie, 183.

[665] Vgl. Grillmeier, Jesus der Christus, Bd. 1, 617.

[666] Vgl. ebd., 634.

annahm, daß ihn nur die Arianer und Apollinaristen gebrauchten, während "die heiligen und allen Lobes würdigen Väter des Konzils von Nicäa nichts anderes über die hl. Jungfrau gesagt haben, als daß unser Herr Jesus Christus durch das Wirken des Heiligen Geistes aus der Jungfrau Maria Fleisch geworden sei", wie er in einem Brief an Papst Cölestin (429) sagt.[667] Erst recht spreche die hl. Schrift nur von der Mutter Christi und nie von der Mutter Gottes oder des Logos.

Wer wie die Arianer und Apollinaristen in der Inkarnation eine physische Natureinheit zwischen dem Logos und dem von ihm belebten "Fleisch" annahm, der mußte in Kauf nehmen, daß derselbe Logos auch in das naturhaft-leibliche Werdegeschehen von Geburt, Leiden und Tod hineingezogen wurde.[668] Nestorius will den Theotokos-Titel also nur deshalb abschaffen, weil er in seinen Augen eine unzulässige Vermischung von Göttlichem und Menschlichem, wie sie gleichfalls leicht aus der μία-φύσις-Formel Cyrills herausgelesen werden konnte, insinuierte.[669] Dabei bildet das nicänische Glaubensbekenntnis für Nestorius genauso wie für seine Gegner einen Bezugspunkt, hinter den man nicht mehr zurück kann. Wegen der für seine Zeit charakteristischen Ungeklärtheit vieler Begriffe konnte Nestorius jedoch die im Sinne des Nicaenum logisch mögliche Idiomenkommunikation noch verwerfen. Dadurch verlagerte sich das System der christologischen Aussagen bei ihm auf zwei unterschiedliche Subjekte. Wie A. Grillmeier gezeigt hat, muß man zum richtigen Verständnis der Aussageintention bei Nestorius sehr genau auf die Unterscheidung der semantischen und der ontologischen Aussageebenen achten.[670] Wenn Nestorius die Namen "Sohn", "Logos", "Christus" und die Titel "Theotokos", "Anthropotokos" und "Christotokos" unterscheidet und darauf achtet, daß solche Namen, die für die göttliche Natur stehen, nicht mit menschlichen Eigenschaften verbunden werden, so geht es ihm um die richtige Prädikation, nicht um Metaphysik.[671] Nestorius nimmt durchaus ein einziges (prädikatives) Subjekt

---

[667] Vgl. ACO I 2, 13,21.

[668] Vgl. Grillmeier, Jesus der Christus, Bd. 1, 647. Zur Christologie des Apollinaris vgl. Hübner, Schrift, 209–229.

[669] Cyrill hatte den Ausdruck von Apollinaris v. Laodicea übernommen, wenn er ihn auch rechtgläubig, nämlich im Sinne der Idiomenkommunikation, verstand, durch die von ein und demselben Subjekt zugleich Göttliches und Menschliches ausgesagt werden konnte. Vgl. Grillmeier, Jesus der Christus, Bd. 1, 486f.; vgl. auch ebd. 648.

[670] Vgl. ebd., 650.

[671] Vgl. Nestoriana, 312–313.

in Christus an, wie die Forschung gegenüber früheren Mißdeutungen herausgestellt hat[672], so daß er sogar sagen kann:

> "Dies aber sage ich, damit ihr lernt, wie sehr eine Verbindung bestand zwischen der Gottheit und dem im Kinde sichtbaren Fleisch des Herrn. War doch derselbe sowohl Kind wie auch Herr des Kindes."[673]

Das Einzige, was seine Lehre von der Verbindung von Gott und Mensch in der Einheit eines Subjektes (Christus) problematisch macht, ist der Tatbestand, daß er diese Einheit, um die er sich mit allen Mitteln tatsächlich müht, rein prosopologisch zu begründen sucht. Die Schwäche seines Ansatzes liegt in der *Ontologie*. Um zu verstehen, wie Nestorius sich diese Einheit im Prosopon denkt, muß man sich die Seinsanalyse der kappadokischen Metaphysik, die er zugrundelegt, vergegenwärtigen: Die Kappadokier hatten für die Trinitätslehre erstmals eine genaue Unterscheidung von *Ousia* und *Hypostasis* vorgenommen – Begriffe, die Athanasius noch synonym gebraucht hatte. *Ousia* bedeutet die allen Wesen der gleichen Art gemeinsame Natur und Substanz, während mit *Hypostasis* die konkrete individuelle Einzelexistenz gemeint ist, zu der das allgemeine Wesen durch bestimmende Merkmale individuiert wird.[674] Angewandt auf die Einheit und Differenz in der Trinität bedeutete dies: Es gibt eine individuelle und numerisch eine Natur, die den Personen unterschiedlich – gemäß den personbildenden Proprietäten – zu eigen ist.[675] Die göttlichen Hypostasen gehen ohne Trennung aus dem göttlichen Wesen hervor. Sie werden durch heilsgeschichtliche Relationen unterschieden. Die Kappadokier nehmen allerdings noch keine Übertragung der trinitätstheologischen Terminologie in die Christologie vor. Sie verstehen unter "Hypostasis" das je Eigentümliche, so daß dieser Terminus damit zur Bezeichnung der Einheit von Göttlichem und Menschlichem in Christus ungeeignet ist. Dies gilt auch für Gregor v. Nyssa, der zwar von einer Hypostase und zwei *Ousiai* in Christus redet, trotzdem aber "keinen echten Gegensatz von Hypostase und Physis" ge-

---

[672] Vgl. ebd., 330–331.

[673] Nestoriana, 292, 1–4, zit. nach Grillmeier, Jesus der Christus, Bd. 1, 653.

[674] Vgl. Basilius, Ep. 236,6 (Ed. Courtonne, Bd. 3, 53); Gregor v. Nyssa, Or. catech. 3 (PG 45,17–20). Die Aussagen das Basilius über Gottes Wesen stehen unter dem gnoseologischen Vorbehalt, daß wir doch von Gott nie wissen können, *was er ist*. Vgl. Ep. 234,2 (Ed. Courtonne, Bd. 3, 43): "Der Glaube genügt, um zu wissen, daß Gott ist, nicht, was er ist." Vgl. ders., Ep. 263,4,17 (Ed. Courtonne, Bd. 3, 125); vgl. Hübner, Der Gott, 19.

[675] Vgl. Courth, Trinität in der Patristik, 168; 176–178.

funden hat, da er das, was die Hypostase ausmacht, zu sehr von den individuellen Einzelmerkmalen her bestimmt.[676]

Folgt man dem Aufbau des geschöpflichen Seienden nach der Analyse der Kappadokier, so lassen sich hier – analog zum göttlichen Sein – eine allgemeine Wesensnatur und verschiedene Eigenschaften und Charakteristika ausmachen, die diese zur Singularität determinieren[677] und die zu seinem formalen quidditativen Seinsgrund gehören. Für Gregor v. Nyssa machen die ἰδιόματα das *Koinon* zur *Hypostasis*. Damit sind im Falle eines Menschen alle seine inneren und äußeren Eigentümlichkeiten gemeint: von seinen sittlichen Qualitäten bis zu seinem Aufenthaltsort.[678] Daneben gibt es noch näher bestimmende Akzidentien, von denen die Individualität nicht abhängt, denen sie vielmehr vorausliegt.[679]

Diese Lehre von den individuellen Eigentümlichkeiten entwickeln die drei kappadokischen Theologen, besonders Gregor v. Nyssa, zu einer Personlehre[680] weiter, an die Nestorius anknüpft, wenn er seine Unterscheidung von Wesenheit/*physis* – Prosopon/*hypostasis* entfaltet. Gerade von der Unterscheidung der kappadokischen Seinsebenen her, die er auch in Christus genau auseinanderhalten will, läßt sich seine Prosopon-Lehre am besten fassen: Als erstes zu determinierendes, unvollständiges Prinzip nimmt Nestorius die Natur an – ein unbestimmtes Substrat –, die zunächst durch eine dazukommende Form zu einer vollständigen Hypostase determiniert und individuiert wird.[681] *Hypostase* meint also eine letztheitliche Bestimmung zum individuellen Sein, das allerdings wieder washeitlich verstanden wird. Dabei gibt es nun einen ganzen Komplex von individuierenden Eigenschaften, die die Natur im Sinne einer letzten Differenz zu einer vollbestimmten Hypostase determinie-

---

676 Vgl. Grillmeier, Jesus der Christus, Bd. 1, 295; vgl. Gregor v. Nyssa, Ad Theophil. adv. Apol. (Ed. Jäger, Bd. 3/1, 126–127).

677 Form und Natur sind also bei Nestorius nicht identisch. Die Stoiker hatten von der allgemeinen Wesenheit gesprochen, die zuerst durch die κοινὴ ποιότες, die allgemeine Beschaffenheit bestimmt wird, um dann durch die zu einer bestimmten Spezies (κοινὸς ποιός) zu werden. Erst die ἰδία ποιότες machen sie zu einem konkreten Individuum, für das ein Name steht, wie z. B. "Sokrates". Hier wird die Lehre von den *proprietates individuales* zur Personlehre. Vgl. Grillmeier, ebd., 542f.

678 Vgl. Basilius, Ep. 38 (Ed. Courtonne, Bd. 1, 81–92). Der Brief wurde fälschlicherweise Basilius zugeschrieben, stammt aber von Gregor v. Nyssa. Vgl. Cavallin, 71–81.

679 Vgl. Gregor v. Nazianz, Or. 42,16 (SC 384, 84); Or. 39,11 (SC 358, 170); Basilius, Ep. 236,6 (Ed. Courtonne, Bd. 3, 53).

680 Vgl. Grillmeier, Scandalum oecumenicum, 266.

681 Nestorius, Liber Heraclidis (Ed. Bedjan, 284,5; 302,12). Der *Liber Heraclidis*, der eine ausführliche Darstellung der Christologie des Nestorius enthält, ist die Frucht der langen Jahre, die er im Exil verbracht hat.

ren. Und diesen Komplex von Eigenschaften nennt er das *Prosopon.*[682] Es bildet den letzten Seinsbereich, der über die Natur hinausgeht, ist aber nicht *accidens*, da es mit in die Konstitution des konkreten individuellen Seienden eingeht. Hier endet die Seinsanalyse, die Nestorius von den Kappadokiern her übernimmt. Bei der Begründung des Person-Seins kommt er nicht über die Individualität hinaus, die doch, durch Eigenschaften geprägt, eine letzte Washeitlichkeit darstellt. "Es ist die äußerste Grenze des Seins, welche die damalige Metaphysik kennt."[683]

> "Prosopon" heißt aber auch die Erscheinung oder Darstellung einer Wesenheit. Diese wird durch das Prosopon bekannt.[684]

Auf die christologische Problematik übertragen, bedeutet dies: Ausgehend von der antiochenischen Integrität zweier vollständiger Naturen/Wesenheiten muß man für jede dieser Naturen ein eigenes Prosopon annehmen.[685] Daneben gibt es auch noch ein "Prosopon der Einheit", in dem sich die Verbindung der beiden vollständigen Naturen spiegelt, die unvermischt je für sich bleiben, d. h. keine gemeinsame Hypostase bilden.[686] Wie die Einheit des nach außen zum Vorschein tretenden Prosopon zustandekommt, erklärt Nestorius mit dem Prosopon-Tausch (die Eigenschaften der natürlichen Prosopa werden ausgetauscht) und mit der Perichoresis der göttlichen und menschlichen Natur und ihrer Prosopa.[687] Auch wenn Nestorius nicht an eine Verbindung von zwei voll konstituierten Personen denkt, liegt in der Weise, wie er die Einheit in Christus spekulativ begründen will, der Schwachpunkt seiner Christologie. Die Verbindung der beiden Naturen in Christus kommt durch συνάφεια zustande, die auf der Einheit des πρόσωπον[688] beruht.

Nestorius dringt in seiner Metaphysik eben nicht bis zu einer tieferen Seinsebene durch, auf der das personale Sein im Sinne einer selbständigen Existenz (καθ' ἑαυτὸν εἶναι)[689] und letzten Unmitteilbarkeit (incommunicabilitas) angesiedelt ist, sondern er bleibt da, wo es um das Eigen-

---

682 Ebd., Liber Heraclidis (Ed. Bedjan, 111; 195; 197; 279; 284; 364).

683 Grillmeier, Scandalum oecumenicum, 272.

684 Vgl. Nestorius, Liber Heraclidis (Ed. Bedjan, 231,9–10).

685 Vgl. ebd. (Ed. Bedjan, 240; 431,18–432,4).

686 Vgl. ebd. (Ed. Bedjan, 250,3–4).

687 Vgl. Grillmeier, Scandalum oecumenicum, 273; vgl. 274: "Die Inkarnation geschieht also nach Nestorius in der Weise, daß das göttliche Wesen des Sohnes das Prosopon der Menschennatur Christi benutzt als seine Darstellung oder Gestalt, während die Ousia der Menschheit die göttliche Gestalt der Doxa bekommt."

688 Vgl. Nestoriana 176,15–17.

689 So Leontius von Byzanz, Contra Nestorianos et Eutychianos I (PG 86,1280A).

ste der Person geht, bei individuellen Eigenschaften, d. h. letztlich im quidditativen Bereich, stecken. "Person" und "Natur" wurden in seiner Zeit noch nicht hinreichend unterschieden, obwohl es in der Trinitätslehre[690] Ansätze dazu gab. Ihre Unterscheidung ist das Ergebnis eines langen Ringens, in dem der Streit mit Nestorius und das Konzil von Ephesus einen Meilenstein bildet.

Was die Christologie seines Gegenspielers, Cyrill v. Alexandrien, anbelangt, so hält sich dieser an Texte, die ein deutliches Apollinaristisches Kolorit zeigen. Viel stärker als die Antiochener ist er an der wirklichen Einheit und Einigung von Gott und Mensch interessiert und nimmt die Formel von der einen Natur des göttlichen λόγος, der Mensch geworden ist, zu Hilfe. Die μία φύσις τοῦ λόγου σεσαρκωμένη ist die Hauptformel der Apollinaristischen Christologie. Dabei will er – und darin setzt er sich von Apollinaris[691] ab – in der Seele Christi ein eigenes menschliches Aktionsprinzip erkennen.[692] Doch diese beseelte, Menschheit Christi ist nicht Person, denn dann gäbe es zwei Subjekte. Nun ist aber der λόγος für Cyrill das einzige Subjekt, von dem alle göttlichen und menschlichen Eigenschaften prädiziert werden können.[693] Da er das "Wie" der Einigung in Christus nicht erklären kann, greift Cyrill einfach zu einer unklaren Terminologie, indem er die Bedeutung von φύσις verdoppelt. Doch dies bringt keine Lösung der Schwierigkeiten. Die eigentliche Leistung Cyrills für die Entwicklung des Personbegriffs besteht jedoch darin, die Begriffe *hypostasis* und *physis* aus ihrer Synonymität befreit und in ein Verhältnis der Zuordnung gebracht zu haben: Der Gott-Logos ist der Träger der göttlichen Substanz, die in der Formel Cyrills genannt

---

690 Zwischen οὐσία und ὑπόστασις in der Trinität genauer zu unterscheiden, war das Verdienst der drei Kappadokier. Vgl. Courth, Trinität in der Patristik, 168; 171f. Basilius betrachtet "Prosopon" gegenüber "Hypostasis" als den seinshaft leereren Begriff, den man von der Hypostase her ontisch füllen müsse. Vgl. ebd. 172; vgl. ebd. 187: "Die geistesgeschichtliche Bedeutung dieser neu gefaßten Begrifflichkeit liegt in der Überschreitung der Aristotelischen Metaphysik mit ihrer Unterscheidung von Substanz und Akzidenz; dieser wird die Kategorie des hypostatischen Seins hinzugefügt, das weder substanzhaft noch akzidentell ist. Damit wird es möglich, das Einzelne, eben das Personale, in seinem unvertauschbaren Eigenstand deutlicher hervortreten zu lassen und es nicht nur als Schatten des Allgemeinen zu verstehen." Vgl. Hübner, Schrift, 257–268.

691 Apollinaris hatte der menschlichen Seinsweise Christi die Möglichkeit genommen, als "Natur" bezeichnet werden zu können. Vgl. Grillmeier, Jesus der Christus, Bd. 1, 677: "Der Cyrill der nestorianischen Kontroverse kennt eine echte menschliche Psychologie Jesu Christi."

692 Vgl. ebd., 676.

693 Vgl. ebd., 678.

wird: φύσις τοῦ θεοῦ λόγου. Die Menschennatur Christi hat ihre Existenzgrundlage im Logos, der für sie Hypostase[694] ist.

Wegen seiner unvollständig durchreflektierten Begrifflichkeit kann Cyrill jedoch kein klares Konzept von "Person" präsentieren. Doch seine Formel tendiert ihrer Aussagerichtung nach auf die Vorstellung der Personeinheit. Ohne den personalen Seinsbereich begrifflich klar von der *physis* zu unterscheiden, setzt Cyrill von der Sache her die Einheit in Christus auf der Ebene der Person an und wird damit ein Wegbereiter des Konzils von Chalcedon. Die im Streit zwischen Nestorius und Cyrill zutage tretende Sachsproblematik führte 431 zur Einberufung eines Konzils in Ephesus durch Kaiser Theodosius II.

9. Das Konzil von Ephesus und seine Relevanz für die Nachgeschichte

Das Konzil von Ephesus hat keine neue Glaubensformel verabschiedet, sondern in drei Akten eine dogmatische Entscheidung getroffen[695]: Das Glaubensbekenntnis von Nicäa wurde bekräftigt. Darauf wurde der zweite Brief Cyrills an Nestorius[696] verlesen und die Übereinstimmung seines Inhaltes mit dem Symbolum von Nicäa festgestellt, während dem Antwortschreiben des Nestorius, das im Anschluß ebenfalls verlesen wurde, die Nichtübereinstimmung mit Nicäa attestiert wurde. Die Abstimmung über den Inhalt dieser beiden verlesenen Briefe war bereits der entscheidende dogmatische Akt des Konzils.

In diesen drei Akten, die das Konzil vornimmt, scheint sein ganzer dogmatischer Gehalt beschlossen zu sein. Der dritte Brief des Cyrill mit seinen zwölf Anathematismen[697] gegen Nestorius, der auch noch verlesen wurde, besaß für die Väter eine viel geringere dogmatische Relevanz. Er wurde zu den Akten gelegt, ohne daß darüber abgestimmt worden wäre. Ephesus fand eine wichtige dogmatische Fortsetzung in jener "Unionsformel" von 433, die eine vermittelnde Vereinbarung zwischen Nestorius und Johannes von Antiochien[698] sanktioniert.

---

[694] Vgl. ebd., 683: "Die Grundbedeutung von Hypostasis aber, von der Cyrill ausgeht, ist: existente, wirkliche Substanz."

[695] Wie sich der äußere Ablauf des Konzils vollzog, ist übersichtlich dargestellt z. B. bei Grillmeier, Jesus der Christus, Bd. 1, 688–690; Hünermann, 164–166; vgl. G.L. Müller, Lehre von Jesus, 199–201.

[696] Vgl. DH 250.

[697] Vgl. ACO I 2, p. 36,19–20.26.

[698] Dieser hatte während der Synode zu Ephesus am selben Ort mit den ihn begleitenden Bischöfen ein Gegenkonzil einberufen. Das dort erarbeitete Glaubensbekenntnis bilde-

Der theologische Gehalt der Konzilsentscheidung hängt ganz an den Aussagen, die im zweiten Brief Cyrills getroffen werden. In ihrem Kerngehalt befassen sie folgenden Inhalt:

> Derjenige, der vom Vater aus seinem Wesen gezeugt wurde als sein eingeborener Sohn, der wahrer Gott vom wahren Gott, Licht vom Licht ist, durch den der Vater alles geschaffen hat, ist derselbe, der hinabgestiegen ist und Fleisch angenommen hat, der gelitten hat, am dritten Tage auferstanden und in den Himmel aufgefahren ist.
>
> (...) Denn wir sagen nicht, daß die Natur des Wortes verwandelt wurde und Fleisch geworden ist; aber auch nicht, daß sie in einen ganzen Menschen aus Seele und Leib verwandelt wurde. ... Vielmehr dies, daß der Logos auf unsagbare und unausdenkbare Weise ein beseeltes Fleisch und eine vernünftige Seele der Hypostase nach (...) mit sich selbst verbunden hat. Er ist Mensch geworden und wurde Menschensohn genannt. Und dies nicht allein dem Willen oder dem Wohlgefallen nach und auch nicht durch die Annahme des bloßen Prosopons. So bekräftigen wir, daß die Naturen, die sich in einer wahren Einheit vereinigt haben, verschieden sind, daß aber aus beiden ein einziger Christus und Sohn resultiert, nicht so, als ob aufgrund der Einheit die Verschiedenheit der Naturen eliminiert wäre, sondern weil Gottheit und Menschheit, in einer unsagbaren und unaussprechlichen Einheit verbunden, für uns den einzigen Herrn und Christus und Sohn ergeben.
>
> (...) Und die Tatsache, daß der Logos Fleisch geworden ist, bedeutet nichts anderes als daß er wie wir teilhat am Fleisch und Blut und seinen Leib zu dem unseren gemacht hat und wie ein Mensch geboren wurde aus einer Frau, ohne sein Gottsein und sein Geborensein aus dem Vater zu verlieren, vielmehr so, daß er auch in der Annahme des Fleisches der blieb, der er war. Dies verkündigt wo auch immer die Lehre des wahren Glaubens. So haben auch die heiligen Väter gedacht, wie wir befinden. Deswegen haben sie den Mut gehabt, die heilige Jungfrau als Mutter Gottes zu definieren. Nicht weil die Natur des Logos, das heißt seine Gottheit, begonnen hätte, wegen der Geburt aus der heiligen Jungfrau zu bestehen, sondern insofern aus ihr der heilige Leib, der durch eine vernünftige Seele belebt war, geboren wurde, der gemäß der Hypostase mit dem Logos vereint war, sagen wir, daß der Logos dem Fleisch nach geboren wurde. [699]

Die durch die Inkarnation zustande gekommene Einheit in Christus hebt den Unterschied der Naturen nicht auf, sondern bildet ein einiges Subjekt, Jesus Christus. Es gibt keinen Dritten, der aus der Vereinigung der beiden Naturen entsteht, es gibt nicht zwei Subjekte, die je für sich als Träger der Naturen fungieren, sondern es ist ein und derselbe: εἷς καὶ ὁ αὐτός, der die Vereinigung trägt. Der Logos selbst ist das Subjekt der Einheit, das die ungeteilte Wirklichkeit der Person Christi darstellt. Damit kanonisiert Ephesus die Einigungschristologie des Cyrill, die eine

---

te die Grundlage zur Versöhnung zwischen Alexandrien und Antiochien und wurde in Chalcedon verwendet, als man den dort zu verabschiedenden Text formulierte.

[699] DH 250–252.

Einheit καθ' ὑπόστασιν zwischen dem Logos und dem Fleisch intendierte, ohne daß dabei die Integrität zweier vollständiger Naturen angetastet würde. Genau dies führt auch zur Bejahung der *communicatio idiomatum*:

Im Hinblick auf das eine Trägersubjekt können die Prädikate und Eigentümlichkeiten der beiden Naturen miteinander ausgetauscht werden. Der Person Jesu kann ein Attribut nicht abgesprochen werden, das ihr kraft einer seiner beiden Naturen eignet. So kann man z. B. nicht sagen, daß der göttliche Logos nicht mit der menschlichen Natur aus Maria geboren worden sei und nicht gelitten habe.

Aus diesem Grunde wird auch der Theotokos-Titel zum Prüfstein der Rechtgläubigkeit, wie es im ersten Anathem gegen Nestorius[700] zum Ausdruck kommt. Im Hintergrund der Entscheidungen des Konzils von Ephesus steht ein betont soteriologisches Motiv, das man nicht außer Acht lassen darf: Nur durch die Behauptung der wirklichen Vereinigung von Gott und Mensch in einem einzigen Subjekt steht fest, daß es Gott selbst ist, der das Heil des Menschen wirkt, und nicht ein von ihm beauftragter, durch besondere Gnade aufs Engste mit ihm verbundener Mensch, der von ihm gesandt wurde.

Mit dem Ephesinum waren noch nicht alle Spannungen beseitigt und die Weise der Verbindung der beiden Naturen in Christus noch nicht hinreichend deutlich geklärt, denn auch der verwendete Begriff "Hypostase" besaß für die Väter nicht jenen philosophisch eindeutigen Gehalt, den eine spätere Reflexionsstufe damit verband, und konnte nicht genau zum Ausdruck bringen, daß Einheit und Zweiheit in der Person Christi auf zwei verschiedenen ontischen Ebenen angesiedelt sind. So blieb eine weitere Klärung des Sachverhaltes einem späteren Konzil überlassen.

Die Unionsformel von 433

Bischof Johannes v. Antiochien, der zu Ephesus das Gegenkonzil einberufen hatte, dessentwegen es zu einer gegenseitigen Exkommunikation der Alexandriner und der Antiochener gekommen war, zeigte sich im nachhinein versöhnungsbereit und sandte Paul v. Emessa 433 mit einem Brief an Cyrill, in dem er die Hoffnung aussprach, daß dieser die Uneinigkeit im Hinblick auf seine Anathematismen beseitigen würde. Dieser Brief enthielt nun aber die – nach Ausarbeitungen in Ephesus (431)

---

[700] DH 252.

zustande gekommene – Formel, die als Grundlage zur Einigung dienen sollte.[701] Sie war im wesentlichen antiochenisch geprägt[702]:

"Wir bekennen also unseren Herrn Jesus Christus als den Sohn Gottes, den Eingeborenen, vollkommenen Gott und vollkommenen Menschen, mit Geistseele und Leib, vor den Zeiten aus dem Vater geboren der Gottheit nach, am Ende der Tage derselbe unsertwegen und um unseres Heiles willen (geboren) aus Maria der Jungfrau der Menschheit nach, derselbe wesenseins dem Vater der Gottheit nach, uns wesensgleich der Menschheit nach. Denn die Einigung zweier Naturen ist geschehen. Deshalb bekennen wir einen Christus, einen Sohn, einen Herrn. Entsprechend diesem Verständnis der unvermischten Einigung bekennen wir die heilige Jungfrau als Gottesgebärerin, da der Gott Logos aus ihr Fleisch angenommen hat und Mensch geworden ist; mit der Empfängnis hat er sich dem aus ihr genommenen Tempel geeint. Was die evangelischen und apostolischen Aussagen über den Herrn betrifft, so wissen wir, daß die Theologen die einen zusammennehmen wie auf eine Person, die anderen aber verteilen wie auf zwei Naturen, die einen, die sich auf Gott beziehen, auf die Gottheit Christi, die Niedrigkeitsaussagen aber auf seine Menschheit."

Tatsächlich konnte man Cyrill damit zu einem Einlenken bewegen. Indem er in seinem Brief diese Formel als ganze übernahm, anerkannte er ihre Rechtgläubigkeit. Allerdings mußten ihm manche Ausdrücke gegenüber einer solchen Interpretation, die die Eigenschaften auf zwei Subjekte verteilen will, als zu ungesichert vorkommen. Er fügte deshalb in seiner weiteren Erklärung einige sprachliche Änderungen an.[703] Die beiden nebeneinandergestellten Nominative "vollkommener Gott" und "vollkommener Mensch" wandelt er ab in "(ein und) *derselbe* vollkommen in der Gottheit und vollkommen in der Menschheit", so daß auf jeden Fall keine Umgehung der Subjekteinheit in Christus mehr möglich blieb. So kann Cyrill die antiochenische Formel übernehmen, sie aber auf seine Weise deuten. Damit hält er seine christologische Linie durch und verschärft sie in gewisser Weise sogar noch.[704]

Die Formel beinhaltet einen strengen Parallelismus der Prädikate, die dem einen und selben Subjekt, Jesus Christus, zukommen. In ihrer Struktur weist die Formel schon auf den Text des Konzils von Chalcedon hin. Die in der Inkarnation zustandegekommene Einheit wird nicht

---

701 Diese war im August 431 in Ephesus von den Orientalen entworfen und in Antiochien 432 leicht redigiert worden. Für die erste Version vgl. den Brief der Orientalen an Kaiser Theodosius II, in: ACO I 1,7, p. 17–22; für die zweite vgl. den Brief Johannes' v. Antiochien an Cyrill, in: ACO I 1,4, p. 8–9. Cyrill selbst nahm diese Fassung in seinen Laetentur-Brief hinein. Vgl. ACO I 1,4, p. 17, 4–5.

702 Hier zitiert nach Grillmeier, Jesus der Christus, Bd. 1, 704.

703 Vgl. Cyrill, Ep. ad Ioann. Ant. De pace (Laetentur: ACO I 1,4 p. 18,22–19,1).

704 Vgl. Grillmeier, Jesus der Christus, Bd. 1, 706.

eigentlich erklärt, wenn auch bekräftigt. So werden die von Nestorius aufgeworfenen Fragen nicht eigentlich positiv beantwortet.

10. Das Konzil von Chalcedon

Auf welch verschlungenen Wegen es wegen der Uneinigkeiten zwischen dem Kaiser, dem Papst und den Bischöfen des Ostens dazu kam, in Chalcedon ein großes Konzil, das bedeutendste in der Geschichte der frühen Kirche, abzuhalten, soll hier nicht diskutiert werden. Es geht mir hier um die Frage nach der begrifflichen Leistung des Konzils, besonders im Hinblick auf den Personbegriff und auf das in Christus konkret werdende Gott-Welt-Verhältnis.

10.1. Das Zustandekommen der Definition

Es war Eutyches, ein älterer Mönchspriester ohne besonderes theologisches Format, der mit seinem betont einseitigen Monophysitismus zum Auslöser der ganzen Kontroverse wurde, die in der Definition von Chalcedon zu einem vorläufigen Abschluß kam. Eutyches war es gelungen, durch ein geschicktes politisches Manöver seiner Position die Anhängerschaft eines Großteils der östlichen Bischöfe zu sichern: Wie das Menschsein Christi und dessen Verhältnis zu der in Nicäa definierten, dem Vater wesenseinen Gottheit, zu bestimmen sei, war auch nach dem Konzil von Konstantinopel (381) ungeklärt geblieben. Es gab keine allgemein akzeptierte Anthropologie, auf die sich die Väter bei der Diskussion dieser Frage hätten stützen können. Eutyches lehnte sich ganz an den auf der Synode von Alexandrien verurteilten Apollinarismus[705] an und spitzte die von Cyrill vertretene Einheitschristologie zu einer Einnaturenlehre zu, in der die Bedeutung der menschlichen Realität in Christus gegen Null konvergiert. Eutyches wurde unter Patriarch Flavian 448 ein kanonischer Prozeß gemacht. Dies war für Flavian ein Anlaß, seine eigene Formel in einem Glaubensbekenntnis vorzubringen:

> "Wir bekennen, daß Christus *aus zwei Naturen* nach der Menschwerdung besteht, in einer Hypostase, in einer Person bekennen wir einen Christus, einen Sohn, einen Herrn."[706]

Eutyches hingegen wiederholt nur die alte Formel Cyrills (Jesus Christus besteht aus zwei Naturen", nach der Menschwerdung aber sei er "eine Natur" = μία φύσις, nämlich die des menschgewordenen Gott-

---

[705] DH 146.

[706] ACO II 1,1, 114, 8–10.

Logos). Da er auf seiner Formel beharrt, wird er von den seinetwegen zusammengekommenen Bischöfen mit dem Anathem belegt.

Flavian war sich wohl nicht bewußt, daß seine Formel "aus zwei Naturen" auch ganz falsch, nämlich genau im Sinne des Eutyches, verstanden werden könnte, und daß er diesem damit selbst einen für seine Propaganda bestens geeigneten Slogan lieferte. Eutyches wollte das "aus zwei Naturen" jedenfalls so verstanden wissen, daß Christus "vor der Einigung" aus zwei Naturen bestand, daß aber nach der Einigung nur noch "eine Natur" zu bekennen sei.[707] Demnach wäre Christus bloß aus zwei Naturen *geworden* (genetischer Sinn), die dann unter der Präponderanz der göttlichen zu einer einzigen verschmolzen seien. Die Unterscheidung von φύσις und ὑπόστασις[708] war bis dahin noch nicht Gemeingut der griechischen Bischöfe geworden[709], so daß die Zurückhaltung gegenüber der "einen Hypostase", die sie an den Tag legten, verständlich ist.

Der zurechtgewiesene Eutyches begab sich daran, all seinen Einfluß am Hof des Kaisers Theodosius geltend zu machen. Auf diese Weise erzwang er auf einer von Theodosius 449 in Ephesus einberufenen Reichssynode, auf der es turbulent zuging, seine Rehabilitation und konnte darüber hinaus sogar die Absetzung Flavians erwirken, während die päpstlichen Gesandten nicht angehört wurden. Das ihnen von Papst Leo I. mitgegebene dogmatische Schreiben (*Tomus ad Flavianum*) konnte nicht verlesen werden, so wie es der Papst zur Klärung der dogmatischen Schwierigkeiten beabsichtigt hatte.[710] Die im Sinne des Eutyches angezettelte Kampagne, die vor allem von Dioskur, dem monophysitischen Nachfolger Cyrills als Patriarch von Alexandrien, geführt wurde, gipfelte in der sogenannten "Räubersynode" von Ephesus (449). Hier wurde Eutyches rehabilitiert, während man die Führer der Antiochener und auch Flavian verurteilte und die Union von 433 rückgängig machte.

10.2. Leos Tomus ad Flavianum

Eine Übersicht über den Aufbau des *Tomus* gibt Grillmeier, der sich hier auf die Ausgabe von C. Silva-Taroucas stützt.[711] Einige wichtige

---

[707] Vgl. ACO II 1,1, 143, 10–11.

[708] Für die Unterscheidung der beiden Begriffe hatte Proclus, der Patriarch von Konstantinopel und Vorgänger Flavians, wichtige Vorarbeit geleistet. Vgl. seinen Tomus ad Armenios (ACO IV 2, 187–195; PG 65, 856–873).

[709] Vgl. Grillmeier, Jesus der Christus, Bd. 1, 733.

[710] Vgl. ebd., 736.

[711] Vgl. TD ser. Th. 9 (PUG, Rom 1932).

theologische Gesichtspunkte[712] sind:

1. Leo optiert für eine enge Verknüpfung von Christologie und Soteriologie. Die Menschwerdung dessen, der von Ewigkeit aus dem Vater geboren ist, war notwendig, um den Tod, das Werk des Teufels, zu vernichten. Die Menschennatur Christi, kraft ihrer jungfräulichen Geburt über jede Sünde erhaben, konnte nicht vom Feind überwältigt werden. Es gibt eine echt menschliche Geburt Christi in der Zeit, die auch die "Wahrheit" des Leibes anzeigt. Interessant ist, daß Leo die Rettung des Menschen an die Konstitution Christi aus zwei Naturen bindet, indem er sagt, die erlösende Wirkung des Sterbens Christi hänge daran, daß "derselbe, der wahrer Gott ist, zugleich wahrer Mensch ist", "weil das eine ohne das andere uns nicht hätte zum Heile gereichen können" (Vv. 57–60). Leo bringt die wichtige Aussage:

> "Die Eigentümlichkeit jeder der beiden Naturen wird gewahrt, auch im Zusammenkommen zu einer Person (et in unam coeunte personam); von der Majestät wurde das Niedrige angenommen, von der Kraft die Schwachheit, von der Ewigkeit die Sterblichkeit" (Vv. 54–56).

Gottheit und Menschheit haben sich in Christus so vereint, daß ein Parallelismus beider Naturen gewahrt bleibt, der auch die sprachliche Struktur der christologischen Aussage leitet. In erster Linie ist Leo an der Erlösung des ganzen Menschen interessiert, deren Durchführung er nur dann gewahrt sieht, wenn Christus wirklich einer von uns war und das Menschsein ohne Abstriche mit uns geteilt hat: Schon im Sein Christi, das die zwei Naturen umfaßt, nicht erst in seinem Handeln, leuchtet der erlöste, neue Mensch auf. Es gilt: "*Quod non est assumptum, non est sanatum.*"[713] Christus wird als der *mediator Dei et hominum* gesehen, der in der ganzen Theologie Augustins eine wichtige Rolle spielen soll.[714]

2. Drei Größen sind es, die die Wirklichkeit Christi ausmachen: die *göttliche und menschliche Natur*, in deren Mitte die Einheit der *Person* steht. Dabei resultiert die Person nicht als drittes Etwas aus der Vereinigung der beiden Naturen, sondern nimmt als von Ewigkeit beim Vater existierende die menschliche Natur auf, welche erst in der Zeit entsteht. Gegenüber Nestorius fällt der Akzent darauf, daß es durch die Aufnahme der Menschennatur nicht zu einer Verdoppelung des Subjektes kommt. Bei Eutyches aber ist diese notwendige Spannung im Christus-Bild dahin, da das Menschsein bei ihm ganz in der Gottheit verschwindet. Nach Leos Verständnis dagegen ist in der menschlichen Natur

---

[712] Vgl. Kessler, 349f.

[713] Vgl. Gregor v. Nazianz, ep. 101 ad Cledonium (SC 208, 36–95).

[714] Vgl. Grillmeier, Jesus der Christus, Bd. 1, 741.

Christi ein eigenständiges Wirkprinzip angelegt, so daß die gottmenschliche Seinseinheit in ihrer Spannung auch die Handlungsebene bestimmt:

> "Jede der beiden Naturen tut das Eigene in Gemeinschaft mit der anderen: Das Wort tut, was des Wortes ist, das Fleisch führt aus, was dem Fleisch zu eigen ist"(V. 94). [715]

Deutlich wird dies etwa im Ölbergleiden Christi, in dem sich nach Leo der niedrigere Wille dem höheren fügte.[716] Jesus war also – dies kommt darin zum Ausdruck – seiner Menschheit nach, d. h. in dem, was ihn uns gleich macht, mit einer wirklichen Freiheit begabt. Prägnant sagt A. Grillmeier: "Aber der Christus Leos steht als Mensch in freier Entscheidung vor Gott."[717]

3. Die symmetrische Parallelisierung von Gottheit und Menschheit in Christus führt, zusammen mit der Einheit der Person, in der sie bestehen, zu einer sicheren Anwendung der Idiomenkommunikation. Das Konzil von Chalcedon sollte darauf zurückkommen und genaue Regeln für die Prädikation möglich machen.

10.3. Die Definition des Konzils

Da die übergroße Mehrheit der Konzilsteilnehmer Cyrillisch dachte, konnte nicht damit gerechnet werden, daß für die neue Festschreibung der Glaubenslehre einfach nur Leos Tomus genügen würde, noch, daß die Erarbeitung einer Konsenserklärung zwischen Ost und West ausreichte, um die anstehenden Schwierigkeiten zu klären.

So einigte man sich nach langen Debatten auf ein dreiteiliges Dokument, in dem neben einer Einleitung das Glaubensbekenntnis von Nicäa, die Zustimmung zum zweiten Brief Cyrills sowie zu dessen Unionsbrief von 433, zum Tomus Leos und die eigentliche Definition[718] enthalten sind. Den Abschluß bildet ein Anathematismus gegen alle, die einen anderen Glauben lehren. Die symmetrisch konstruierte Definition sei hier nach DH 301f. wiedergegeben:

---

[715] Diese Axiom sollte sich gerade in den späteren monotheletischen Streitigkeiten als von größter Bedeutung erweisen. Vgl. Grillmeier, ebd., 773.

[716] Vgl. Leo d. Große, Sermo 56,3 (SC 74bis, 220–222).

[717] Grillmeier, Jesus der Christus, Bd. 1, 745.

[718] In seiner Untersuchung hat A. de Halleux aufgewiesen, daß die zuständige Kommision einen schon fertig vorliegenden Text übernommen und in diesen Text eine Passage aus dem *Tomus* eingefügt hat. Der Verfasser des ursprünglichen Textes ist wahrscheinlich Basilius v. Seleucia, ein genauer Kenner des Ephesinums und der Cyrillischen Theologie. Vgl. Halleux, 5–23.155–170.

Nachfolgend den heiligen Vätern
lehren wir alle und bekennen uns einstimmig zu
ein und demselben Sohn
unserem Herrn Jesus Christus,
derselbe ist

vollkommen der Gottheit nach	und vollkommen der Menschheit nach

derselbe ist

wahrer Gott	*und wahrer Mensch* bestehend aus einer Vernunftseele und einem Leib
dem Vater wesensgleich der Gottheit nach	*uns wesensgleich* seiner Menschheit nach, in allem uns gleich, die Sünde ausgenommen (Hebr 4,15)
er ist vom Vater gezeugt vor aller Zeit der Gottheit nach	in den letzten Tagen aber für uns und um unseres Heiles willen geboren aus der Jungfrau Maria, der Theotokos, seiner Menschheit nach.

Er ist
in zwei Naturen
unvermischt und unverwandelt, ungeteilt und ungetrennt.

Der Unterschied der Naturen wird keineswegs aufgehoben durch die Vereinigung; vielmehr bleiben die Eigenschaften einer jeden Natur bewahrt, in dem sie zusammenkommen
in einer Person oder Hypostase
nicht geteilt oder getrennt in zwei Personen,
sondern *ein und derselbe*
eingeborene Sohn,
Gott,
Logos,
der Herr Jesus Christus.

10.4. Die Rolle der Begriffe in der Definition

Das lange Ringen der Theologen um die genaue Formulierung der christologischen Aussage hatte den Erfolg, daß man begann, den Unterschied zweier Wirklichkeitsbereiche, nämlich der personalen Subsistenz und der washeitlichen Bestimmtheit, klarer zu erfassen und begrifflich einzuholen. Die Einheit des Subjektes in Christus war auf einer anderen Wirklichkeitsebene anzusiedeln als die bleibende Unterschiedenheit der beiden Naturen. Beides wurde in die Aussage hineingefaßt. An der formalen Struktur des Bekenntnisses ersieht man, daß ein weiter Rahmen aufgespannt wird, der die verschiedensten Christologien möglich machen, zugleich aber deutliche Grenzen markieren soll, deren Überschreitung ein reduktionistisches oder die Einheit der Person zerreißendes (Nestorianisches) Christusbild zur Folge haben würde: So fällt denn die Definition selbst recht spannungsreich aus:

1) Es vermittelt den alexandrinischen und antiochenischen Ansatz der Christologie miteinander: Die alexandrinische Insistenz auf der Subjekteinheit findet genauso Beachtung wie die antiochenische Zweinaturenlehre. Indem die Definition einerseits die Einseitigkeit der alexandrinischen Theologie, die die Gefahr einer Reduktion der menschlichen Natur in sich birgt, meidet, und andererseits dem antiochenischen Modell mit seiner großen Eigenständigkeit der beiden Naturen Rechnung trägt, stellt es eine entwickeltere Fortführung des Nicänums und Ephesinums dar.

2) Dem Konzil gelingt seine synthetisierende und um die Person des Logos zentrierte Ausdrucksgestalt des Glaubens durch die Anwendung der aus der Trinitätstheologie gewonnenen distinkten Begriffe von "*ousia*" und "*hypostasis*" auf das Problem der widerspruchslos zu konzipierenden Vereinigung der göttlichen und menschlichen Natur in Christus. "Hypostase" bezieht sich, wo es um die Menschwerdung geht, eindeutig auf die Person des Logos, die das Subjekt bezeichnet, das nach der Inkarnation in zwei bleibend verschiedenen Naturen oder Wesenheiten (οὐσίαι) existiert. Neben der ihm von Ewigkeit eignenden göttlichen Natur macht dieses göttliche Subjekt sich die endliche menschliche Natur zu eigen.

Damit bringt das Konzil die begriffliche Klärung um ein gutes Stück voran: Strittig war die Begriffsdifferenzierung in der Auseinandersetzung zwischen Cyrill und Nestorius, die im Vorfeld des Konzils spielte: Nestorius setzte *ousia* mit *physis* gleich und unterschied diese von *hypostasis*. Cyrill dagegen rückte *physis* auf die Seite von *hypostasis* und unterschied beide von *ousia*. Wegen der verlagerten Bedeutung der Begriffe, deren gegenseitige Zuordnung unklar blieb, erhielt die von Cyrill postulierte *mia-physis* Christi für Nestorius einen höchst problematischen Charakter, da dieser dabei – nach seinem Verständnis – an eine Wesenheit denken mußte.

Indem das Konzil den *physis*-Begriff für die Zweiheit der Naturen, "*hypostasis*" aber für die Einheit der Person gebraucht, löst es dieses Problem auch für die Christologie. Auf diese Weise gelangte der Begriff der "Person" oder der "Hypostase" über die Trinitätslehre in die Christologie. Obschon nun klar gesagt wird, auf welcher Ebene die Einheit in Christus und auf welcher die im Bereich der Naturen bestehende Zweiheit anzusetzen sei, liegt das größte Gewicht doch auf der ungeschmälerten Verschiedenheit der beiden Naturen, während die Einheit der Hypostase keine Betonung erhält, sondern einfach nur konstatiert wird.[719] Dies hat seinen Grund darin, daß man zur Zeit des Konzils die Begriffe "Natur" und "Hypostase" noch nicht *spekulativ* zu deuten wußte.[720] Die Begriffshülsen[721] lagen bereit und wiesen in die Richtung einer zufriedenstellenden Lösung, ihre metaphysische Einlösung mußte noch erfolgen, war doch die Metaphysik der Vorkonzilszeit jene der Kappadokier[722], die sich aber für die Erfassung der genauen Bedeutung jener Begriffe als völlig unzureichend erwiesen hätte.

Erst im 6. Jahrhundert gelingt es, die Begriffe metaphysisch zu verankern. Weil die kappadokische Ontologie die ὑπόστασις zu einer letzten, durch die ἰδιότη oder Eigentümlichkeiten geprägten washeitlichen Bestimmung macht, die die φύσις zu einem bestimmten Individuum kontraktieren, liefe die Definition von Chalcedon auf einen Widerspruch hinaus, wenn man dieses Vorverständnis zugrundelegen würde.[723]

---

719 Vgl. Grillmeier, Jesus der Christus, Bd. 1, 762.

720 Vgl. ebd., 768.

721 Vgl. ebd., 762f: "Die Väter wollten sagen: obwohl hier ein realer Unterschied zwischen den Naturen von Gottheit und Menschheit besteht, so ist Christus doch 'einer', 'eine Person oder Hypostase'. Diese Aussage kann sogar gemacht werden ohne die exakte Definition des metaphysischen Gehaltes dieser Begriffe. Es ist nicht Aufgabe von Konzilien, Metaphysik zu lehren, sondern der Verkündigung der Kirche zu dienen, welche die Offenbarung Gottes in Christus und dem Heiligen Geist zum Inhalt hat. Die Konzilsformel bietet nur das Wesentliche von dem, was notwendig war, um die Schwierigkeiten der damaligen Zeit zu lösen, die freilich wiederum das Resultat einer langen Entwicklung waren. Es war nicht die Absicht der Konzilsväter, aus der klaren Unterscheidung der Naturen in Christus schon alle Konsequenzen zu ziehen."

722 Vgl. oben, 161.

723 Darauf macht A. Grillmeier aufmerksam. Vgl. ders., ebd., 768.

Die Aussage: "vielmehr wird die Eigentümlichkeit jeder der beiden Naturen bewahrt, auch im Zusammenkommen zu einer Person oder Hypostase" (Vv. 20.21), wäre in dem Fall nicht mehr nachvollziehbar. Im ersten Satz würden zwei Hypostasen behauptet (denn jede Natur behält genau das, was sie zur Hypostase macht), während im Nachsatz gerade das Gegenteil behauptet wird. Daraus kann der Schluß gezogen werden, daß die Hypostase eben nicht das Resultat einer washeitlichen Letztbestimmung der Natur durch "Eigentümlichkeiten" sein kann, sondern auf einer anderen Ebene des Seins zu suchen ist. Erst mit einer anderen, neuen metaphysischen Bestimmung von Hypostase und Prosopon wird man zu einer spekulativ vertretbaren Rezeption von Chalcedon gelangen, das an sich schon über die Kappadokier und über Nestorius hinausgeht.

3) Die symmetrische Anordnung der Aussagenelemente verleiht dem Bekenntnis ein austariertes Gleichgewicht zwischen "vollkommen in der Gottheit" – "derselbe vollkommen in der Menschheit". Durch bestimmte Zusätze wird der Weg in Richtung einer antiochenischen Christologie gewiesen: "und wahrhaft Mensch, aus vernunftbegabter Seele und Leib" (Vv. 7 u. 8) ... "in allem uns gleich, außer der Sünde" (V. 11). Dem Konzil kommt es, was den Status der beiden Naturen nach der Vereinigung angeht, auf einen betonten Antiapollinarismus an: Beide Naturen bleiben unversehrt und ganz in voller Integrität erhalten. Ihnen fehlt in *statu unionis* nichts von dem, was ihnen wesenhaft zu eigen ist, und sie zu einem vollbestimmten "dieses Etwas" macht.

4) Um die Spannung im Christusbild so weit wie möglich zu machen, ohne dabei die Einheit zu zerreißen, verwendet der Text vier Adverbien, die den Modus der Vereinigung von göttlicher und menschlicher Natur näher bezeichnen: ἀσυγχύτως, ἀτρέπτως, ἀδιαιρέτως, ἀχωρίστως – unvermischt, unverwandelt, ungeteilt, ungetrennt. Die erste und die letzte dieser Negativbestimmungen bilden die Eckpfeiler für den damit vorgegebenen Spannungsbogen. Jede zukünftige Christologie wird sich mit ihren Aussagen zwischen diesen Extremen von unvermischt (gegen den Eutychianismus) und ungetrennt (gegen den Nestorianismus) bewegen müssen, will sie nicht das Geheimnis der Menschwerdung Gottes auflösen. Dazu am Ende eine interpretierende Bemerkung:

Gott nimmt eine in allen ihren Eigenschaften perfekte Menschennatur an, dergestalt, daß dies nicht eine zu überholende Phase in einem sich in der Geschichte realisierenden Gang Gottes in die Welt darstellt, sondern eine immer bleibende Verbindung mit einer endlichen menschlichen Natur bedeutet. Man wird die Inkarnation nicht zugunsten irgendeines erst herzustellenden höheren Zieles "aufheben" können: Gott will für immer Mensch sein. Damit ist eine bleibende Relation Gottes zur Welt mitausgesagt, in der fürderhin jede andere Beziehung der Menschen zu Gott wird eingeborgen sein können: "Damit wir dem Bild seines Sohnes gleichgestaltet werden" (Röm 8,29) und in ihm die Sohnschaft erlangen.

Noch näher kann das Verhältnis der Immanenz Gottes zur Welt, zu einem endlichen geschichtlichen Einzelwesen, nicht beschrieben werden, ohne zugleich die geschöpfliche Eigenart und Eigenständigkeit, die in dem "unvermischt" zum Ausdruck kommt, sowie die Transzendenz des geschichtsmächtigen Gottes aufzugeben, jedenfalls nicht, wenn man an der in der Transzendenz Gottes begründeten unhintergehbaren Differenz von Gott und Mensch und an der relativen Eigenständigkeit geschöpflichen Seins festhalten will. In monistischen Modellen des Gott-Welt-Verhältnisses ist ja genau dies der Fall, daß Gott in die Endlichkeit der welthaften Dinge eingeht, und deren Endlichkeit in Gottes grenzenlosem Sein verflüssigt wird.

Gottheit und Menschheit bleiben unter der Voraussetzung des Chalcedonense für sich, was sie sind – unverwandelt –, und doch ungetrennt auf unübersteigbare und unüberholbare Weise verbunden in einer Einigung, die so in dieser Welt kein Analogon findet, da es keine Verbindung wie die zwischen Leib und Seele ist, sondern hypostatische Union zweier – auch in sich selbst vollkommener – Wirklichkeiten.

10.5. Die Frage nach der Einheit der Person

Es ist offensichtlich, daß ohne die Bezeichnung der Hypostase als Prinzip der Vereinigung sich sofort der Verdacht des Nestorianismus erheben mußte. Die Reaktionen auf Chalcedon, wie sie seitens der radikalen Alexandriner erfolgte, macht dies denn auch deutlich.[724]

Die systematisch interessante Frage ist die, ob die Definition ein Nestorianisches nebeneinander-Existieren von menschlicher und göttlicher Seinsweise in Christus zuläßt. Die Antwort darauf soll hier aus einem Augustinischen Denkansatz versucht werden, die auch den schöpfungstheologischen Gesichtspunkt mit einbezieht: Schon die vornicänischen Väter haben in der Menschwerdung des Sohnes einen schöpferischen Akt gesehen. Tatsächlich wäre bei einem zeitlich früheren *substantiellen* Eigenstand der menschlichen Natur vor der Vereinigung mit der Hypo-

---

[724] Vgl. Kessler, Christologie, 354; vgl. ebd.: "Hinter den monophysitischen Tendenzen steckte das tiefe Verlangen nach einer innigen Verbindung mit Gott; dieses drängte auf einen möglichst konkreten, lebensnahen Ausdruck der Einheit Christi."

stase des Sohnes diese Einheit beider nur als ein nachträgliches Nebeneinander denkbar, was auf eine Trennungschristologie hinauslaufen würde. Eine bereits vor der Annahme durch das göttliche Wort ins Dasein getretene menschliche Natur würde ihren eigenen Seinsakt ausüben, durch den sie in sich selbst subsistierte.[725] Diese vollständige Substantialität müßte der menschlichen Natur wieder genommen werden, wenn die Vereinigung nicht auf eine bloße Zusammenfügung zweier für sich seiender Substanzen hinauslaufen soll. Im Falle einer Einigung mit einer bereits ins Dasein getretenen menschlichen Natur, also eines zeitlichen Nacheinanders ihrer Erschaffung und ihrer Vereinigung mit der Hypostase des Wortes hätte man es sogar mit einem adoptianistischen Modell zu tun. Um diesen Schwierigkeiten aus dem Weg zu gehen, hat bereits Leo auf Augustinus zurückgegriffen.

Für Augustinus gehört Christus seiner Menschheit nach durchaus zu den geschaffenen Wesen. Das "Laßt uns den Menschen machen" aus Gen 1,26 gilt aber nicht von der göttlichen Person. Darum gehört die Menschwerdung nicht einfach zu den Werken der Schöpfung. Vielmehr sind die Erschaffung der Menschheit Christi und die Inkarnation so aufeinander hingeordnet, daß der ewige Sohn in dieser Menschheit sichtbar wird und es zwischen ihrer Entstehung und Annahme kein wie auch immer geartetes Nacheinander gibt: "(Die Menschheit Christi) ist nicht zuerst geschaffen und dann angenommen worden, sondern wurde in der Annahme selbst erschaffen."[726]

Mit dem von Augustinus vorgezeichneten Verständnis ist jede adoptianistische Relation eines schon existierenden Menschen zum "Sohn" sowie jede Nestorianische Deutung der Formel von Chalcedon, die in zwei verschiedene Subjekte trennt, ausgeschlossen. Obwohl in sich zum vollen Individuum, zum konkreten Menschen bestimmt, kommt der menschlichen Natur Christi vorgängig zu ihrer Annahme durch die Person des Wortes keine Existenz zu, vielmehr gelangt sie im Augenblick ihrer Erschaffung zur Subsistenz im göttlichen Logos. Es geht ihr also durch die Vereinigung mit der Natur des fleischgewordenen Wortes nichts Wesenhaftes oder individuell Eigentümliches verloren, das durch

[725] Wenn der Seinsakt eine individuell bestimmte Wesenheit zur konkreten Substanz aktuiert, so subsistiert diese Wesenheit in sich selbst. "Subsistere" bezeichnet demnach dieses eigenständige Verwirklichtsein einer konkreten Natur.

[726] Vgl. Augustinus, Contra Serm. Arian. 8,6 (PL 42, 688): "... nec sic assumptus est ut prius creatus post assumeretur, sed ut *ipsa assumptione* crearetur." Hervorhebung von mir.

die göttliche Natur ersetzt würde, sondern sie gewinnt durch die Vereinigung mit Gott ihre personale Subsistenz in der Hypostase des Logos.

Indem Gott Christus seiner Menschheit nach erschafft, verfügt er so "über das Sein des Menschen Jesus ..., daß es zur personal eigenen Existenz des wahren Sohnes Gottes wird"[727]. Seine Relation zu Gott als dem seinsverleihenden Grund der weltlichen Wirklichkeit ist damit aber von Anfang an vom Verhältnis der anderen Geschöpfe zu Gott verschieden. Der Mensch Jesus ist, weil in *ipsa assumptione creatus*, hineingenommen in die seinshaft subsistierende Relation von Vater und Sohn. Diese Relation gewinnt in seiner menschlichen Natur neben der ewigen auch eine zeitliche Subsistenz. Es geht dem Konzil um eine hypostatische Einheit im strengen Sinn. Terminologisch wird dies allein schon in der mehrfachen Betonung des ἕις καὶ ἀυτός sichtbar.

10.6. Die soteriologische Relevanz des Chalcedonense – eine Interpretation

Daß die Gleichwesentlichkeit Christi mit uns Menschen so sehr betont wird, sichert die methodische Möglichkeit einer "Christologie von unten" oder einer anagogischen Christologie, die vom menschlichen Vorbildcharakter Jesu ausgeht, um sich von dort – über die Stationen seines irdischen Lebensweges – den "Aufstieg" zu seinem trinitarisch vollzogenen Sein oder seinem "Persongeheimnis" zu bahnen. Dabei brauchen seine menschlichen Züge und Charakteristika nicht vorschnell übersprungen oder wegspiritualisiert zu werden, spiegelt sich doch in ihnen wieder, was der Mensch von Gott her sein soll, wie er – als Ebenbild Gottes – seit der Schöpfung eigentlich gemeint ist. Auf der Ebene des Verhaltens, der Worte und Werke, tritt uns in Jesus eine von Gott eröffnete neue Daseinsweise entgegen: gelungenes und als *kreatürliche* Hinbezogenheit auf Gott gelebtes Menschsein. Denn er ist in seiner Personalität reines sich Empfangen und reine Rückwendung zum Vater, der ihn in sein eigenes Selbstsein entläßt und freigibt.

Im Hinblick auf sein Menschsein aktuiert er eine jedem Menschen mögliche Relationalität zu Gott, die in dem kreatürlichen "Sein von" angelegt ist, hat er doch seine personale Identität darin, der Sohn des himmlischen Vaters zu sein. Als solcher kommt er ganz vom Vater her und existiert ganz auf ihn hin. In diesem Sinne sagt W. Pannenberg: "So hatte sein menschliches Dasein seine personale Identität nie in ihm selber, sondern immer nur in der Relation zum Vater und also darin, der Sohn

[727] Vgl. Grillmeier, Jesus der Christus, Bd. 1, 772.

dieses Vaters zu sein."[728] Indem Christus in der Menschheit die "Stelle" des Sohnes einnimmt, findet der Mensch in ihm das durch die Sünde entstellte Ebenbild wieder und seine wahre Ebenbildlichkeit mit Gott zurück. Er hatte sie verloren. In Christus wird sie ihm neu gezeigt. Dies hat seinen Grund darin, daß Christus – in seiner sohnlichen Selbstunterscheidung vom Vater – der neue eschatologische Mensch ist. In seiner kreatürlichen Freiheit, in der er mit uns ein Gegenüber des Vaters ist, vollzieht er als einer von uns die sohnliche Liebe als totale Hingabe an den Vater. Damit kommt in ihm die Gottebenbildlichkeit des Menschen, wie sie in seiner Schöpfung angelegt ist, an ihr Ziel. So ist dem Menschen allein schon in der Nachahmung des Lebensvollzugs Jesus durch den Hingabecharakter seines echt "menschlichen" Lebens die Möglichkeit gegeben, das eigene Leben "menschlicher" zu gestalten, d. h. das zu tun, was dem Menschen angemessen ist.

Darüber hinaus können wir, wie es Paulus sagt, Christus in der Weise gleichgestaltet[729] werden, daß wir in jene sohnliche Relation zu Gott einbezogen werden, die sein ganzes Menschendasein trägt.[730] Auf dieser Ebene der personalen Angleichung an Christus ist der Mensch zur Teilnahme an seinem eigenen Leben und an seiner eigenen trinitarischen Sohnschaft gerufen. So bedeutet die Gleichgestaltung mit dem Bild des Sohnes Gottes im Letzten eine Teilgabe am Leben des dreifaltigen Gottes.[731] Hier wird die geschöpflich-personale Selbsttranszendenz des Menschen aufgenommen in die totale Hingabebewegung des Sohnes zum Vater, die in seinem Lebensvollzug geschichtlich real hervortritt. In diesem Sinne heißt es im Galaterbrief: "Weil ihr aber Söhne seid, sandte Gott den Geist seines Sohnes in unsere Herzen, den Geist, der ruft: Abba, Vater. Daher bist du nicht mehr Sklave, sondern Sohn; bist du aber Sohn, dann auch Erbe, Erbe durch Gott" (Gal 4,6–7).

Manche Theologen neigen zu der Auffassung, daß sich die reine und uns in allem solidarische Mitmenschlichkeit Jesu von Nazaret erst dann gewinnen lasse, wenn man seine Gestalt aus dem Dogma von Chalcedon herauslöse, das ihm ja gerade ein gott-menschliches Sein zuschreibe.[732] Die Frage ist aber, ob man wirklich ein "reineres", unkomplizierte-

---

[728] Pannenberg, Theologie, Bd. 2, 433.

[729] Vgl. 1 Kor 15,49; 2 Kor 3,18.

[730] Vgl. Gal 4,47; Röm 8,14–17.

[731] Vgl. Röm 8,29.

[732] Gegen eine metaphysische Interpretation der Inkarnation richtet sich J. Hick – ein Autor, dessen Christologie im zweiten Teil noch ausführlicher besprochen werden soll: Nach seiner Auffassung kann nur ein metaphorisches und mythisches Verständnis dem

res Menschsein erhält, wenn man es aus der hypostatischen Vereinigung mit Gott herausnimmt, oder ob es nicht vielmehr "einfacher" ist, mit Gott Mensch zu sein, als getrennt von ihm. Letzteres muß m. E. gerade deshalb der Fall sein, weil der Mensch Jesus durch seine Aufnahme in die Hypostase des Sohnes genau das realisiert, was Gott im Anfang mit dem Menschen wollte, den er im Angesicht seines Sohnes und in diesem Sohn geschaffen hat. Das heißt, in Jesus ereignet sich gerade durch die Hineinnahme seiner geschaffenen Menschennatur in die Person des Logos die vollkommene Identifikation von Urbild und Abbild.

Auf der anderen Seite garantiert das in Chalcedon ausgedrückte Miteinander von Gott und Mensch eine wahre Mittlerschaft Christi, die den nach Gott verlangenden Menschen nicht in der Immanenz der weltlichen Geschichte einschließt, sondern ihm den Überstieg in die Transzendenz Gottes ermöglicht. Jesus ist die endgültige Form der Gegenwart Gottes in dieser Welt. Die Formel von Chalcedon trägt dem Rechnung, indem sie von der definitiven, untrennbaren, durch nichts aufzulösenden Vereinigung Gottes mit dem innergeschichtlich sich vergegenwärtigenden und handelnden Jesus ausgeht.[733]

Wer die Glaubensaussage von Chalcedon ernst nimmt, der kann davon ausgehen, daß er in Jesus Christus sich Gott selbst gegenübergestellt findet, und zwar so, wie er sich in seiner ins Kategoriale hineinreichenden Selbstmitteilung für uns faßbar macht. Das heißt nicht, der Mensch könne nun, nachdem Gott sich in Jesus selbst gegenwärtig gesetzt habe, in einen unvermittelten Kontakt mit ihm treten. Das Erkenntnisvermögen des Menschen ist nämlich auf die sinnliche Erfahrungswelt angewiesen und kann nur durch die Vermittlung konkreter Dinge die Wirklichkeit als solche erreichen. Und diese Verfaßtheit des menschlichen Verstandes wird auch in der Begegnung mit der Person Jesu nicht aufgehoben. Trotzdem braucht man in Jesus nicht nur den Katalysator für irgendeine unbestimmt bleibende Gotteserfahrung zu sehen, deren inhaltliche Füllung der eigenen Imagination überlassen bleibt.[734] Weil die menschliche Natur Christi nur im Logos subsistiert, ist sein menschliches Antlitz die Vermittlung in die Unmittelbarkeit zum Leben Gottes

gerecht werden, was man als die Fleischwerdung des Göttlichen bezeichnet. Hicks Angriff richtet sich zuerst und vor allem gegen die chalcedonensische Definition der Koexistenz göttlicher und menschlicher Eigenschaften in Christus. Vgl. ders., The Logic of the Incarnate, 409–423, bes. 423.

[733] In diesem Punkt holt sie aber genau jenen Selbstanspruch Jesu ein, wie er sich in den Evangelien artikuliert.

[734] So will es Richard G. Cote in seinem Aufsatz "Christologie und österliche Imagination", 74–82.

selbst, so daß es bei Joh heißt: "Wer mich gesehen hat, hat den Vater gesehen" (vgl. Joh 14,9). Darum hängt unser ganzmenschlicher Kontakt mit Gott von ihm allein ab.

Eine den Menschen in seinen eigenen Möglichkeiten und in seiner Freiheit unterfassende Erlösung verlangt eine letztgültige Offenbarung und Selbstmitteilung Gottes. Eine solche sich als unüberholbar und definitiv erweisende Selbstartikulation Gottes, in der Gott als er selber für uns zugänglich werden soll, ist aber nur für den Fall denkbar und als wirkliche Selbst-Mitteilung gegeben, wenn die offenbarende und auf Gott hin transparente Menschheit Jesu die Menschheit Gottes selbst ist. Nur wenn die Formel von Chalcedon aufgeht, nach der in Jesus Christus Gott und Mensch, göttliches und menschliches Sein, unvermischt und ungetrennt, weil in der Einheit einer Person verbunden, konkurrenzlos und in aller Einfachheit beieinander sind, ist der Mensch Jesus die authentische Gegenwart und Sichtbarkeit Gottes. Jedes nur geschaffene Medium göttlichen Handelns könnte eine solche Gegenwärtigsetzung Gottes in Zeit und Geschichte nie und nimmer leisten, und wäre es auf eine noch so hohe Seinsebene gerückt. Dies wußten Platon und die Griechen nur zu gut. Gott bliebe dahinter immer der mit einem letzten Vorbehalt Verborgene und darum sich total Entziehende.

Im ersten Teil wurde deutlich, daß Jesus mit dem Anspruch auftritt und handelt, die vollgültige und unüberbietbare Offenbarung Gottes des Vaters und damit zugleich der eschatologische Heilsmittler zu sein. Dieser Anspruch Jesu, daß in seiner konkreten Gestalt der unendliche Gott selbst in die kategoriale und geschichtlichen Bedingungen unterworfene Gegenstandswelt der Menschen, ja in ihre Lebensgemeinschaft, d. h. in einen bestimmten historischen, sozialen und sprachlichen Kontext, eingetreten sei und sich darin ihrer Erkenntnis seinsmäßig erschlossen habe, ist in reflektierter Weise nur innerhalb des Modells der Hypostatischen Union, der Einigung beider Naturen in der Einheit der Person des Logos, denkmöglich.

Umgekehrt: Eine Verneinung der Aussage von Chalcedon löst die seinshafte kreatürliche Eigenart des Menschen zugunsten der absoluten Übermacht des göttlichen Seins auf oder macht nicht ernst mit der übergeschichtlichen Transzendenz Gottes, oder verwirft – mit Arius und den subordinatianischen Modalisten – eine eigentliche Selbstoffenbarung Gottes. Unter der Voraussetzung, daß wir es in Jesus Christus nicht mit Gott selbst zu tun hätten, weil er nicht tatsächlich in ihm Mensch geworden wäre, würde uns die Begegnung mit Jesus Christus nicht in die Unmittelbarkeit zu Gott stellen. Sein Reden und heilschaffendes Tun an den Menschen, sein Leiden und seine Selbstübergabe bis in den Tod hätten keine – im eschatologischen Sinn – heilbringende Bedeutung, weil sie uns eben Gott nicht bringen würden. Gott bliebe hinter allen seinen Erscheinungsweisen in der Ferne. Darum fand das ganze Ringen der frühen Kirche um die rechte Formulierung der Glaubensaussage vor allem unter heilstheologischer Rücksicht statt.

11. Wegmarken der Christologie im 6. Jahrhundert

Die auf das Konzil von Chalcedon folgende Epoche war im Osten von tiefgehenden Streitigkeiten gekennzeichnet, deren Motor aber vor allem in kirchenpolitischen Rivalitäten der Patriarchenstühle zu suchen ist. Man berief sich häufig auf die cyrillische Christologie, die an sich in Übereinstimmung mit Chalcedon gelesen werden kann, da sie ja die Einheit in Christus als die Einheit einer μία φύσις oder μία ὑπόστασις geltend macht, die aber trotzdem dazu herhalten mußte, den Anhängern von Chalcedon Nestorianismus vorzuwerfen.[735] Dagegen bezichtigt die orthodoxe Seite ihre Gegner, dem Eutychianismus anzuhängen.

Die monophysitische Richtung gewinnt am Ende des 5. Jahrhunderts im Osten die stärkste Position: 490 sind die Patriarchate von Alexandrien, Jerusalem und Antiochien monophysitisch besetzt. In der Mitte des 6. Jahrhunderts zählen zu ihnen die Jakobiten, die Kopten[736] und die armenische Kirche. Dieses geistige Spannungsfeld war für die spekulative Vertiefung der Christologie nicht ungünstig. Es standen ja Schwierigkeiten im Raum, die engstens mit der Bestimmung der Begriffe "Hypostase = Person" und "ousia = Wesen" zusammenhingen. Gerade in diesem Punkt setzte eine verstärkte Reflexion ein, die einige vertiefte Ansätze zu einem über die klassisch-griechische Philosophie hinausführenden Personverständnis hervortreten ließ. Neben Johannes Grammaticus, für den die menschliche Natur Christi niemals selbständig vor der Henosis mit der göttlichen Natur, in hypostatischer Selbständigkeit, bestanden hat, sondern nur aufgrund der Vereinigung mit der göttlichen Natur ihre konkrete individuale Wirklichkeit gewinnt[737], waren vor allem

[735] Vgl. G.L. Müller, Lehre von Jesus, 210: "Wenn *hypostasis* und *ousia* in völlig identischer Wortbedeutung die konkrete Einzelexistenz einer Substanz meinen, dann gibt es auch keine Wesensnatur ohne Person. Dann ist die menschliche Natur Christi, die auch nach der Vereinigung weiterbesteht, notwendigerweise eine Person. Daraus folgt nach der Meinung der Verbalmonophysiten, daß es in Jesus zwei Personen gebe."

[736] Daraus entwickelt sich die ägyptische Nationalkirche, die späteren "Kopten".

[737] Vgl. G.L. Müller, ebd., 211: "Sie existiere so in der Person des Logos. Hier legt sich erstmals der Gedanke der *Enhypostasis* der menschlichen Natur in der Person des Logos nahe."

zwei Theologen federführend, die sich, beide aus einem verschiedenen Blickwinkel, der Verteidigung des Chalcedonense widmeten: Leontius v. Byzanz und Leontius von Jerusalem.[738]

11.1. Leontius von Byzanz

Hauptgegner für Leontius v. Byzanz[739] ist Severus v. Antiochien, der nach seinem Verständnis einen Nestorianischen Ansatz vertritt. Die besondere Herausforderung der Theologie seiner Zeit ist es, für den chalcedonisch verstandenen Christus, "dem einen und selben, vollkommen in der Gottheit und vollkommen in der Menschheit", nicht nur zu behaupten, sondern auch zu zeigen, wie es möglich sei, daß es in ihm um die Einheit in der Hypostase und die Zweiheit in den Naturen geht. Wie bestimmt Leontius das Subjekt der Menschwerdung? Welchen Begriff von Hypostase verwendet er? Wie unterscheidet er "Hypostase" von "Physis" und wie deutet er die Einheit in Christus? Diese Fragen können gestellt werden, wenn es darum geht, die innovative Leistung des Leontius gegenüber der Christologie eines Cyrill und der prosopologischen Personauffassung der Nestorianisch denkenden Theologen in den Blick zu bekommen.

Jesus Christus, wie ihn die Jünger vor sich gehabt haben, ist für Leontius weder schlicht menschlich noch einfachhin göttlich, wenn er auch ganz als Gott und ganz als Mensch handelt. Aber diese Eigenschaften sind etwas durch die Natur Bestimmtes, sie hängen nicht direkt mit der Hypostase zusammen. Es verdient Beachtung, daß Leontius niemals explizit die "eine Hypostase" mit dem Logos als Logos identifiziert.[740] Er ist sehr darum bemüht, seinen "Christus" in symmetrischer Weise zu präsentieren: Die menschlichen Attribute werden jeweils "Christus", dem "Herrn" oder dem "Erlöser", aber nie einer Person aus der göttlichen Dreifaltigkeit zugeschrieben. Das läßt aber nicht den Schluß zu, als habe Leontius Christus gewissermaßen als ein "tertium quid", nämlich als neue "Wesenheit" aus der unendlichen Gottheit und der geschaffenen Menschheit vorgestellt. Eine solche Konstruktion, die auf eine Natur-

---

[738] Nach St. Otto sind es vor allem Denker wie Johannes Maxentius, Johannes Grammatikus v. Caesarea und Leontius v. Byzanz, "die auf der Basis des chalkedonischen Dogmas die Leitsätze einer Metaphysik der Person entwerfen". Vgl. ders., Person und Subsistenz, 17. Man sollte aber auch die Leistung des Leontius v. Jerusalem entsprechend würdigen.

[739] Zur biographischen Identifikation vgl. Grillmeier, Jesus der Christus, Bd. 2/2, 195.

[740] Vg. Grillmeier, Jesus der Christus, Bd. 2/2, 197.

synthese hinausläuft, wäre reiner Theopaschismus und würde eine Verletzung der göttlichen Transzendenz bedeuten.[741]

Die Frage nach der Einheit des Subjekts wird berührt, wo es um die Anbetung der Menschheit in Christus geht. Während die Nestorianer mit der Annahme zweier Hypostasen in Christus einer Anthropolatrie das Wort reden, geht es Leontius immer um die Anbetung der *einen* Hypostase in Christus.[742] Wie ist bei Leontius die Differenz zwischen Physis und Hypostasis anzusetzen? Die Tradition von Cyrill bis Severus vermied es, die Menschheit Christi mit "physis" zu bezeichnen und sie mit der "einen Natur des fleischgewordenen Wortes", die sie wohl dynamisch-geschichtlich faßte, zu parallelisieren. Aber verdiente denn nicht die Menschheit Christi, die doch aus Maria geboren war, die Bezeichnung "physis"? Die Antwort des Leontius orientiert sich bei der Bestimmung der chalcedonischen Grundbegriffe an der Kategorienlehre[743] des Aristoteles:

"Natur" und "Hypostase" können nicht synonym gebraucht werden. Ihre Unterscheidung wird anhand von mehreren Beispielen entwickelt. Leontius läßt den Gebrauch von "mia physis" auch bei wesensgleichen Dingen gelten und bewegt sich damit auf der logischen Ebene. Die "eine Hypostase in zwei Naturen" sieht er auch beim Menschen gegeben, denn dieser habe zwar zwei *physeis* – Leib und Seele –, sei aber dennoch eine Hypostase.

> "Was die Natur charakterisiert, stellt das Wesen dar; was die Hypostasis bezeichnet, hat die ratio von Akzidentien, seien es trennbare, seine es untrennbare. ... Wie es sich mit dem Menschen verhält, so auch mit seiner Definition: Sie kennzeichnet sein Wesen (οὐσία) als lebendig, vernünftig, sterblich, empfänglich für gegensätzliche Aussagen. Das enthält der korrekte Begriff seines Wesens. Die Hypostase aber kennzeichnen Form, Farbe, Größe, Zeit, Ort, Eltern, Erziehung, Unterricht und was damit gegeben ist."[744]

Wie sehr Leontius auch um eine Unterscheidung von "Natur" und "Hypostase" bemüht ist, es fällt doch auf, daß die Hypostase bei ihm nur ein Sammelbegriff für individuierende Eigenschaften bleibt, die etwa beim Menschen den Lauf seiner Lebensgeschichte prägen und ihn äußerlich

---

741 Ebd.: "Von seiner antiochenischen Vergangenheit her hatte Leontius ohne Zweifel einen scharfen Blick für die Unverletzlichkeit der Gottheit, die keine physische Synthese nach Art des Apolinarismus erlaubte."

742 Vgl. Leontius v. Byzanz, Contra Nestorianos et Eutychianos I (PG 86,1273C); Deprehensio et Triumphus super Nestorianos (PG 86,1380D/1385CD).

743 Vgl. Contra Nestorianos et Eutychianos I (PG 86,1280A).

744 Vgl. Epilyseis (PG 86,1945A/D).

der Persönlichkeit nach von anderen abheben. Leontius sagt: "Die ὑπό-στασις definiert die Person durch charakteristische Merkmale."[745]

"Die ratio der Hypostase fällt zusammen mit der des Individuums."[746] Wie ist es dann aber möglich, daß die Menschennatur Christi, die doch als Individuum ausgezeichnet ist, keine eigene Hypostase darstellt? Ein nur von den individuellen Merkmalen her konzipierter Hypostasebegriff muß doch an diesem Punkt größte Schwierigkeiten bereiten.

Frühere Forscher wie F. Loofs[747] und St. Otto[748] haben angenommen, daß Leontius in der Bestimmung von "Hypostase" ein Durchbruch gelungen sei, da er, veranlaßt durch die Rückfragen seiner Gesprächspartner, die Subsistenz als die eigentliche formale Bestimmung der Hypostase entdeckt habe. Außerdem sei er von einer Insubsistenz der menschlichen Natur in der Hypostase des Logos ausgegangen und habe dafür den Begriff ἐνυπόστατον geprägt. Tatsächlich sagt Leontius in *Contra Nestorianos et Eutychianos*:

> "Hypostasis, meine Herren, und das Hypostatische (ἐνυπόστατον) sind nicht ein und dieselbe Sache. ... Denn die ὑπόστασις bezeichnet jemand Bestimmten, das ev,nupo,staton aber die οὐσία. Die ὑπόστασις definiert die Person durch die charakteristischen Merkmale. Das evnupo,staton dagegen bezeichnet etwas, das sein Sein in einem anderen hat und nicht in sich in Erscheinung tritt und dennoch kein Akzidenz ist. Dieser Art sind alle Qualitäten, sowohl die, welche Wesenseigenschaften, als auch die, welche zum Wesen hinzukommend heißen; keine von diesen (letzteren) ist οὐσία (d. h. ein existentes Ding), sondern wird immer in Verbindung mit der Wesenheit wahrgenommen, wie die Farbe am Körper oder das Wesen in der Seele."[749]

Wenn man aber bedenkt, daß der Terminus ἐνυπόστατον nur soviel besagt wie "in eigener Wirklichkeit", so wird die Deutung von F. Loofs, der

745 Vgl. Contra Nestorianos et Eutychianos I (PG 86,1277C/D). Vgl. Bausenhart, 90f: "Ὑπςστασις als bestimmtes Seiendes zu verstehen, das Träger von Idiomen ist, mittels deren es sich von anderen bestimmten Seienden unterscheidet, steht in der kappadokischen Tradition. ... Dieser kappadokische Begriff der 'Ὑπςστασις als Idiomenträgerin, die die Individuation leistet, ist 'Gemeingut der philosophischen Theologie des sechsten Jahrhunderts'." Vgl. Otto, 25.

746 Grillmeier, Jesus der Christus, Bd. 2/2, 203.

747 Vgl. Loofs, Leontius von Byzanz.

748 Vgl. Otto, 137. Die Subsistenz erfüllt dabei die vereinigende, henotische Funktion, während die Idiome die Diakrisis im Hinblick auf andere Personen leisten. Otto unterscheidet zwei Subsistenzweisen: Naturen- und Hypostasensubsistenz bzw. Naturen- und Hypostasenselbstand. Vgl. ebd., 83f.

749 Contra Nestorianos et Eutychianos 1 (PG 86,1277C–1280B); zitiert nach Grillmeier, Jesus der Christus, Bd. 2/2, 206.

hier die Insubsistenz der menschlichen Natur in der göttlichen Hypostase interpretierte, fraglich.[750]

In den *Epilyseis* nimmt Leontius ein besonderes Verhältnis zwischen dem Logos und der Menschheit Christi an: Sie hat im Logos ihre Existenz oder ihre Subsistenz.[751] Dies weist zwar auf die Idee der Insubsistenz, die auf die Einheit der Hypostase in Christus geht, man muß aber bedenken, daß diese Insubsistenz an die Mitteilung der göttlichen Idiomata an die Menschheit Christi gebunden bleibt und erst durch diese Mitteilung zustandekommt.[752] Darum ist auch hier geboten, nicht zuviel in den Text hineinzulesen.

Leontius erweist sich nicht als ein solch grundlegender Neuerer, daß er weit über die kappadokische Fassung des Hypostasebegriffs hinausdringt. "Hypostase" bleibt auch bei ihm noch auf der Ebene einer qualitativen Letztbestimmung zu einem vollindividuierten Sein, also auf der Ebene der bestimmten "Washeit", wie man später sagen wird. Daß daneben die Subsistenz einer anderen formalen *ratio* bedarf als die der Individualität, rückt bei ihm erst langsam ins Blickfeld. Aber der Gedanke wird nicht ausgeführt. Anders als bei seinen Vorgängern erhält aber die Frage nach der "Weise der Einung" ein besonderes Augenmerk. Damit bekommt auch die Idee der Subsistenz eine neue Chance.[753]

Leontius kommt das Verdienst zu, die Reichweite der Leib-Seele-Analogie für die Vereinigung der beiden Naturen in Christus, aber auch deren Grenzen aufgezeigt zu haben. In seinen Überlegungen spiegelt sich der ganze Weg, den die griechische Philosophie im Bereich der Anthropologie zurückgelegt hat. "Die Einheit und Unterschiedenheit von Seele und Leib im Menschen ergab sich als nächst, ausdrucksstärkste Illustration für die chalcedonische Formel von der Einheit der Hypostase in zwei Naturen."[754] Die Vereinigung der beiden Naturen ist für Leontius nicht anders denn als "wesenhafte Einheit" denkbar.[755] Im Gegensatz

---

[750] Vgl. Grillmeier, Jesus der Christus, Bd. 2/2, 205; vgl. ebd., 207: "Die Idee, den Ausdruck *enhypostaton* mit 'Insubsistieren' zu übersetzen, war auch eingegeben durch die falsche Zuordnung des Schaltsatzes: 'dieses hat sein Sein in einem anderen ...' Er wurde auf das Wort *enhypostaton* bezogen, statt auf σύμβεβηκός was Akzidenz heißt und von dem richtig ausgesagt wird: 'es hat sein Sein in einem anderen'. Gerade das will aber Leontius nicht von *enhypostaton* gelten lassen."

[751] Vgl. Epilyseis (PG 86,1944CD).

[752] Vgl. Grillmeier, Jesus der Christus, Bd. 2/2, 208.

[753] Vgl. ebd., 210.

[754] Ebd., 214.

[755] Vgl. den Terminus οὐσιώδης: Epilyseis (PG 86,1925C).

zu einer bloß akzidentellen oder moralischen Einigung handelt es sich um eine "Einung dem Wesen nach" (ἕνωσις κατ' οὐσίαν).[756] Auf den Namen komme es ihm nicht so sehr an, sagt Leontius, ob man "Prosopon" oder "Hypostasis" oder Hypokeimenon" als Subjekt angebe. Wichtig sei nur, daß eine "echte, substantielle Einheit aus unvermischter Eigenheit von Gottheit und Menschheit" zustandekomme.[757] Jede Nestorianische Lösung, die die Einheit nur auf gleiche Würde oder Autorität von Gottheit und Menschheit in Christus gründe, sei jedenfalls auszuschließen.

Leontius ist ein Theologe, der von der Verschiedenheit der beiden Naturen in Christus herkommt – ein der Cyrillischen Richtung gegenläufiger Ansatz –, der aber in vielfältigen Deduktionen immer mehr zur Einheit der Hypostase durchdringt, die als eine substantielle (οὐσιώδης) Einheit zu begreifen ist. In der substantiellen Fundierung der Einheit nach dem Leib-Seele-Modell liegt der Fortschritt dieses Ansatzes. Den Begriff der wesenhaften Einigung werden Maximus Confessor und Johannes Damascenus noch schärfer fassen.[758]

11.2. Leontius von Jerusalem

In den weiteren Klärungsversuchen, die dem Chalcedonense folgten, taten sich die Chalcedonier, anders als die Anhänger Cyrills, schwer, die Hypostase der Vereinigung mit der präexistenten Hypostase des Logos zu identifizieren. Für den Fall ihrer Identität würde sich eine erkennbare Kontinuität zwischen der Lehre Cyrills und Chalcedon nahelegen. Der Rückzug auf die Position Cyrills blieb als Möglichkeit offen. Aber auch der Nestorianismus erlebte in verschiedenen Variationen eine stets neue Auflage, so daß sich die orthodoxen Theologen jener Zeit veranlaßt sahen, argumentativ darauf einzugehen. Dies brachte eine Vertiefung des Personbegriffs mit sich, wie sich besonders am Beispiel eines Leontius v. Jerusalem zeigt.

Der andere Leontius, der von Byzanz, hatte – ausgehend von einer Origenistischen Anthropologie – sogar die mögliche Präexistenz der menschlichen Natur Christi angenommen. Seele und Leib seien in sich selbst zwei ontologisch vollkommene wirkliche Entitäten, während die

---

[756] Vgl. Contra Nestorianos et Eutychianos I (PG 86,1301C).

[757] Vgl. ebd. (PG 86,1305C).

[758] Vgl. Maximus Conf., Op. Theol. pol. 18: Union.def.: Clavis Patrum Graecorum, Bd. 3, 7697,18 (PG 91,213A–216A); vgl. Johannes Damascenus, Fragm. De unione: Clavis Patrum Graecorum, Bd. 3, 8087,8 (PG 95,232–233). Vgl. Grillmeier, Jesus der Christus, Bd. 2/2, 210.

"*hypostasis*" eine "Existenz in sich" (καθ' ἑαυτο. εἶναι)[759] darstelle. Christus identifiziert er nicht einfach mit dem Logos, und so kann er noch zwei oder mehr Hypostasen in Christus gelten lassen. Ein verwirklichtes naturhaftes Sein stellt nämlich für ihn immer eine Hypostase dar.

Leontius v. Jerusalem konnte mit den Voraussetzungen einer solchen Christologie nicht einverstanden sein. Er unterscheidet klar zwischen einer Natur-Einigung und einer Hypostasen-Einigung.[760] Leontius sah sich vor die Aufgabe gestellt, die Zwei-Hypostasen-Lehre der zeitgenössischen Nestorianer zu überwinden. Seine eigene Deutung der Inkarnation sieht so aus: Der Logos hat am Ende der Zeiten die menschliche Natur in seiner eigenen Hypostase *enhypostasiert*. Der Begriff der Enhypostasie gibt allerdings einige Probleme auf und bedarf einer Erläuterung:

(1) Hypostase

Es scheint, daß Leontius einen neuen Hypostasenbegriff entwickelt habe. Von verschiedenen Seiten nähert er sich der Bedeutung dieses Begriffs, ohne eine vollständige Definition dafür zu geben:

> "Von Hypostase redet man bei einer Natur, sei sie einfach oder zusammengesetzt, sei sie eine besondere oder eine allgemeine, wie die göttliche, sei sie nur eine einzige oder eine aus mehreren (bestehende), sofern sie nur Existenz haben; diese Natur, unter Idiomen stehend oder geeint, seien diese Teilidiome oder ein allgemeines Idiom, gedacht in einem Subjekt: das heißt also Hypostase."[761]

Was die Hypostase ausmacht, ist demnach auf der einen Seite die reale Existenz, zum anderen aber das Zusammenkommen mehrerer Einzelidiomata, die sich in einer einfachen oder zusammengesetzten Natur zu einem Subjekt mit einer unaufhebbaren Absonderung zusammenfügen. Durch die *Idiome* wird also ein ganz bestimmtes, unwiederholbares Eigensein (Subjekt) konstituiert.

---

[759] Vgl. Contra Nestorianos et Eutychianos I (PG 86,1280A): "Die Hypostase ist zwar auch Natur, aber die Natur ist nicht schon Hypostase ... denn 'Natur' hat zum Inhalt den Begriff des Seins, 'Hypostase' aber auch den des Insichstehens. Und erstere hat zudem den Begriff eines Eidos, letztere bezeichnet den eines Bestimmten." Vgl. Epileyseis (PG 86,1945A): "Die Hypostase bezeichnet nicht schlechthin, auch nicht vorzugsweise das Vollständige, sondern das, was in sich steht, erst in zweiter Linie das Vollständige."

[760] Die Unklarheiten der Cyrillischen Mia-Physis-Formel, die auf eine monophysitische Natursynthese hinauslaufen könnte, sind damit erstmals beseitigt.

[761] Vgl. Leontius v. Jerusalem, Adv. Nestorianos II 1 (PG 86, 1529CD); Text zitiert nach Grillmeier, Jesus der Christus, Bd. 2/2, 296. Hervorhebung von mir.

> "Der Hypostase am meisten eigen ist es, die der Natur nach gleichen Einzeldinge für sich von einander zu unterscheiden und in ihrem Eigensein zu erweisen."[762]

Aus diesen Bestimmungen läßt sich unschwer erkennen, daß Leontius an einer konzeptuellen Bindung der Hypostase an die Idiome festhält, obwohl er, wie A. Grillmeier sagt, "die Enge des Basilianischen Hypostase-Begriffs" deutlich fühlt.[763]

Im Hinblick auf die Einigung in Christus läuft seine Auffassung von "Hypostase" darauf hinaus, daß er die Hypostase des fleischgewordenen Wortes mit Hilfe von neuen, aus der Menschheit gewonnenen charakteristischen Eigenschaften beschreibt, die über deren ursprüngliche göttliche hinausgehen. Hypostase ist eine durch partikulare Eigentümlichkeiten determinierte Natur. Durch die Inkarnation stellt sich die Hypostase des Logos als ein *synthetóron* dar, in dem zu den Eigentümlichkeiten der göttlichen Natur jene Beschaffenheiten, die das Menschliche ausmachen, hinzugetreten sind.[764]

(2) Enhypostasie

Leontius entwickelt eine Reihe von Wortneuschöpfungen, um die Weise der *henosis* der beiden Naturen in Christus genauer zu umschreiben. So verwendet er das Verb ἐνυποστάναι[765], das soviel wie "insubsistieren" besagt. Das angenommene Fleisch wird in die Hypostase des Logos hineingenommen und hat darin seine Hypostase.[766] Er rückt "Hypostase" in die Nähe eines in unwiederholbarer Weise subsistierenden, selbständigen Seienden, wenn er sagt, "daß das Menschliche des Erlösers nicht eine eigene Subsistenz habe, sondern von Anfang an in der Hypostase des Logos subsistierte."[767] Damit will er die Insubsistenz der aprosopischen Menschennatur in der Hypostase des Logos terminologisch von jeder Vereinigung in der Natur und gemäß

---

[762] Adv. Nestorianos II 1(PG 86,1532C).

[763] Vgl. Grillmeier, Jesus der Christus, Bd. 2/2, 297.

[764] Adv. Nestorianos II 7 (PG 86,1552D–1553A).

[765] II. Aorist von ἐνυφίστημι.

[766] Vgl. Contra Nestorianos VII 6 (PG 86,1768DC). Zum Begriff der Enhypostasie bei Leontius v. Byzanz und Leontius v. Jerusalem vgl. Bausenhart, 95–100, bes. hier 98: "Daß die ὑπόστασις Christi die des präexistenten göttlichen Logos ist, darin sind sich Johannes von Kaisareia, auch Leontius von Byzanz und besonders Leontius von Jerusalem einig." Für die individuelle Menschennatur fallen Entstehen und Subsistieren zusammen, "nicht aber in irgend einer ihr allein eigenen Subsistenz, sondern in der ihr präexistenten Hypostase des Logos". Vgl. Leontius, Adv. Nestorianos II 7 (PG 86,1552D).

[767] Adv. Nestorianos II 14 (PG 86,1568A); zitiert nach Grillmeier, Jesus der Christus, Bd. 2/2, 299.

der Natur, also von jeder naturhaften Verschmelzung oder Vermischung abheben. In sich selbst besitzt die menschliche Natur Christi deshalb keine eigene Hypostase. Damit stellt sich natürlich die Frage, ob dies nicht zu einem annihilierenden Wirklichkeitsverlust führe. So wirft denn auch der fiktive "Nestorianer" Leontius in einer von diesem selbst angeführten Objektion vor, er lehre, daß der Mensch Jesus existiere, aber keine Realität habe, also *anhypostatisch* sei.[768]

In seiner Antwort trifft Leontius eine in die Zukunft weisende Unterscheidung: Die menschliche Natur Christi ist keineswegs anhypostatisch – im Sinne von "gänzlich nichtseiend".[769] Aber die bloße Realität, mit anderen Worten das bloße *esse essentiae* macht noch keine Hypostase oder eine in sich subsistierende Natur. Es mag zunächst scheinen, daß Leontius den Begriff "enhypostaton", gedeutet als Bezeichnung für "insubsistent" zur Lösung heranzieht, wie es aus der Perspektive späterer mittelalterlicher Konzeptionen zu erwarten wäre. Für die Deutung im Sinne der *Subsistenz* läßt sich folgender Text anführen:

> "Die zwei Naturen, sagen wir, subsistieren in ein und derselben Hypostase, nicht so freilich, als ob eine der beiden anhypostatisch in ihr sein könnte, vielmehr so, daß beide in der einen gemeinsamen Hypostase subsistieren können, und zwar jede der beiden (Naturen) in ein und derselben Hypostase, wobei jede (der beiden Naturen) enhypostatisch ist. Denn um etwas sein zu können, ist es nicht nötig, daß dieses Etwas auch gänzlich für sich sei. Wenn nun die Naturen Sein haben, so müssen sie auch subsistieren (= existieren) und enhypostatisch sein. Weil sie aber nicht für sich unabhängig von einander sind, da ja zugegebenermaßen eine Einung zwischen ihnen stattgefunden hat, muß auch nicht jede von beiden für sich existieren. So ist klar, daß die beiden Enhypostata (= die beiden Naturen) nicht Heterohypostata (= Hypostase neben Hypostase) sein müssen, sondern in ein und derselben Hypostase gedacht werden."[770]

Manche Autoren haben Leontius hier so verstanden, als meine er mit "Hypostase" den Seinsakt, durch den etwas überhaupt in der Natur der Dinge verwirklicht wird und ein eigenes *esse* gewinne.[771] Beachtet man den Kontext des hier angeführten Arguments – die Objektion des "Nestorianers", derzufolge die Menschennatur Christi ohne Existenz oder

---

[768] Vgl. Adv. Nestorianos II 10 (PG 86,1556A).

[769] Vgl. ebd.: "οὐ ταυτὸν ἀνυπόστατον λέγειν καὶ ἰδιουπόστατον." Das heißt nicht, die angenommene konkrete menschliche Natur Christi habe in Wirklichkeit vor der Vereinigung mit dem Logos bestanden. Sie bestand bloß der Möglichkeit nach (δυνάει) und trat erst im Vollzug der Einigung mit dem Logos ins Sein. Vgl. (PG 1797C/D).

[770] Adv. Nestorianos II 5 (PG 86,1561B/C); zitiert nach Grillmeier, Jesus der Christus, Bd. 2/2, 301.

[771] G.L. Müller referiert diese Deutung in seiner Christologie. Vgl. ders., Lehre von Jesus, 211.

anhypostatisch sei, wenn ihr keine eigene Hypostase[772] zukomme –, so hat der Text folgenden Sinn: "Enhypostaton" besagt – im Gegensatz zum Gebrauch bei Leontius v. Byzanz – nicht mehr als real sein, Wirklichkeit haben.[773] Obwohl noch nicht jenes spätere Reflexionsniveau erreicht ist, das ontologisch zwischen den beiden Wirklichkeitsebenen von Natur und subsistentem Eigensein zu unterscheiden weiß, so weisen doch die von Leontius eingeführten Begriffe in die richtige Richtung: "Der eigentliche Fortschritt, der erreicht zu sein scheint, liegt darin, daß nun formal der Begriff der Enhypostasis oder Insubsistenz aufgetaucht ist und zur Erklärung der Subjekteinheit in Christus bei der Zweiheit der Naturen verwendet wird."[774]

Leontius geht es ja darum, zu erklären, wie die ewige Hypostase des Logos die Annahme der menschlichen Natur realisiert, so zwar, daß eine Einigung nach Nestorianischem Modell als Henosis zweier existenter Hypostasen ausgeschlossen wird. Daß er in seiner Lösung nicht sehr viel weiter kommt als seine Vorgänger, liegt daran, daß er "Hypostase" zu sehr als Funktion von qualitativ bestimmenden Idiomen versteht.[775] Auf der Ebene der Idiome spielt sich denn auch die Enhypostase der menschlichen Natur ab:

Bei der Inkarnation wird allein die göttliche Hypostase aktiv, sie erfährt eine Bereicherung durch die Idiome der menschlichen Natur, ohne selbst dadurch verändert zu werden. In Christus findet eine Synthesis statt, in der das, was vorher unverbunden war, in der einen Hypostase (der *einen* von beiden Naturen) zusammengefügt wird. Diese wird zugleich die Hypostase der Verbundenen.[776] Genauso wird der menschlichen Natur in ihren Idiomen der ganze Reichtum der göttlichen Natur zuteil. Es ist eine σύνθεσις τῶν ἰδιωμάτων. Als Hauptidiom der geeinten

---

772 Aufgrund ihrer Idiomata, die ihr hypostatischen Charakter verleihen könnten, besitzt die individuelle Menschennatur Christi durchaus die Tendenz, in sich selbst zur Subsistenz zu gelangen. Es kommt nur nicht dazu, da ihr keine Zeit gelassen wird, Hypostase für sich zu sein. Vgl. Adv. Nestorianos II 14 (PG 86,1568B).

773 Vgl. Adv. Nestorianos II 13 (PG 1560A).

774 Grillmeier, ebd., 304. Vgl. dazu auch Bausenhart, 98: "Zur διάκρισις hätte die kappadokische Konzeption ausgereicht, die von Chalkedon geforderte henotische Funktion kann die ὑπόστασις nur erfüllen, wenn die begriffliche Fassung der Kappadokier gesprengt wird und eine neue Seins-'Ebene' betreten wird. Der neue ὑπόστασις-Begriff wiederum radikalisiert die diakritisch-individuierende Funktion der Hypostase noch einmal: hinter dem Individuum erscheint das Subjekt."

775 Er nimmt damit nur eine weitere Auswertung des bereits vorliegenden kappadokischen Hypostase-Begriffs vor, dessen Paradigma für ihn aber gültig bleibt. Zur Problematik des ὑπόστασις-Begriffs bei Leontius vgl. Bausenhart, 100ff.

776 Vgl. Adv. Nestorianos I 49 (PG 86,1512B).

Menschheit bleibt die Eigenschaft, der Subsistenz nach an das Logos-Subjekt gebunden zu sein.[777] Jede Synthesis der Naturen ist aber ausgeschlossen: "Die Ousiai bleiben unberührt. Nur die Idiome der göttlichen Hypostase teilen sich mit."[778]

> "Die Natur des Logos macht sich den Charakter der Natur des Fleisches nicht zu eigen. Und obwohl die Gottheit später nämlich die Menschheit in der Hypostase auch der göttlichen Merkmale würdigte, unterscheidet sie sich doch ebenso in ihren bestimmten natürlichen Besonderheiten. ... Die eine Natur wurde erhöht, die andere nicht. Die eine gab ihre Eigenschaften, die andere empfing die natürlichen Geschenke. Keineswegs zerstört uns daher die Einheit des πρόσωπον den Unterschied der Naturen." [779]

Also die eigentliche Verbindung von Gott und Menschheit in Christus geschieht dadurch, daß der Logos die Idiomata der menschlichen Natur annimmt. Aus der Inkarnation resultiert für Leontius ein συνθετώρον ἰδίωμα der Logoshypostase. Es kommt zur σύνθεσις ἰδιωμάτων in Christus.[780] Da es aber die Sohneshypostase ist, die eine individuelle menschliche Natur in seinen hypostatischen Selbststand (καθ' ἑαυτο. εἶναι)[781] aufnimmt, wird eine Vermischung oder eigentliche Zusammensetzung ausgeschlossen.[782]

Wegen seines Festhaltens an der kappadokischen Seinsanalyse, die vom *ens concretum physicum* ausgeht, kommt Leontius in der Ausführung seines Modells der Einigung nicht über die Idee eines Austausches von Beschaffenheiten hinaus, die allerdings in der Welt einmalig dasteht und keine Analogon in den höheren Verbindungen wie sie in der Natur vorkommen (z. B. Leib-Seele-Vereinigung oder Zusammenfügung zweier Substanzen zu einer neuen) findet.[783] Der "Nestorianer" dagegen bewegt sich in seinem Denken in einem ganz anderen Horizont, nämlich dem der griechischen Ontologie. "War es überhaupt möglich, auf dem Weg der griechischen Ontologie eine auch noch so zurückhaltende, aber doch einigermaßen beruhigende Erklärung für den kirchlichen Inkarnationsglauben zu finden?", fragt A. Grillmeier.[784] Die griechische Philoso-

---

777 Vgl. Grillmeier, Jesus der Christus, Bd. 2/2, 308.

778 Ebd.

779 Adv. Nestorianos V 25 (PG 86,1748). Übers. nach Bausenhart, 107, Anm. 376.

780 Vgl. Adv. Nestorianos I 20 (PG 86,1485D).

781 Adv. Nestorianos II 1 (PG 86,1532C). Auch Leontius v. Byzanz handhabt diesen Begriff des "Für-sich-Seins". Vgl. Epilyseis (PG 86,1917D).

782 Vgl. Bausenhart, 105: "Das συνθετώρον kann keine einfache parathetische Addition der Idiome meinen. Denn sowohl Leontius von Byzanz als auch Leontius von Jerusalem lehnen ausdrücklich eine nestorianische ἕνωσις κατ' ἀξίαν bzw. παράθεσις oder σχέσις ab."

783 Vgl. Bausenhart, 106.

784 Vgl. Grillmeier, Jesus der Christus, Bd. 2/2, 311.

phie läßt nur solche Verbindungen zu, in der ein Ganzes mit einem Ganzen, ein Teil mit einem Teil oder ein Ganzes mit einem Teil bzw. ein Teil mit einem Ganzen geeint werden. Das läßt für den "Nestorianer" nur den Schluß zu:

> "So ist also der Gott-Logos, da unendlich, nicht mit dem Menschen aus uns geeint; wird er geeint, ist er zusammengesetzt und endlich, was gottlos ist."[785]

Tatsächlich geht es darum, daß der unendliche Gott sich in der Inkarnation mit dem endlichen Geschöpf verbindet. Dies ist etwas für das griechische Denken Unerhörtes. Eine solche Einigung ist nur möglich durch die alles überragende schöpferische Seinsmacht Gottes:

> "... Konnte Gott, der alles Seiende und seine Verbindungen ausgedacht und zum Sein und Sosein geführt hat, sich nicht eine neuere und engere Synthesis als die uns bekannten vornehmen und ausdenken, mit dem Willen, für die Seienden sich mit einem der Seienden zu verbinden, und so eine unerhörte Weise (der Einung) den Seienden zu offenbaren?"[786]

Gott erweist sich gerade darin als geschichtsmächtig, daß er in der Inkarnation eine Verbindung eingeht, in der er, der Unendliche und Transzendente, sich mit dem kontingenten und endlichen Menschen eint, ohne dabei seine Transzendenz oder sein Über-alles-hinaus-Sein aufzugeben. Er ist ein Gott, dessen ganze Größe erst darin sichtbar wird, daß er sich auf die Endlichkeit einläßt.

> "Es ist nichts Großes für das Unendliche, wenn es vom Endlichen nicht begrenzt wird. Wenn es aber in ein Kleineres und von ihm Umschriebenes frei als Ganzes und auf unumschriebene Weise eingehen kann, in keiner Weise beengt, so geschieht dies aus eigennatürlicher Macht, wobei keine Kraft das Unendliche einschließen oder so umschreiben könnte, daß es nicht das wirkte, was er wollte."[787]

Zusammenfassung: Wer bei Leontius eine abgerundete und konsequente Definition von "Hypostase" sucht, der wird enttäuscht. Auch er bleibt in der kappadokischen Ontologie stecken, weist aber an einigen Punkten über sie hinaus, wo es um die Abhebung des Begriffs von "Ousia" geht. Beide sind zwei genau unterschiedene Wirklichkeiten. Im Hinblick auf die Christologie eines Cyrill stellen seine Überlegungen einen Fortschritt dar.

Es ist Leontius ein Anliegen, spekulativ aufzuweisen, daß das Dogma von Chalcedon die Einheit in Christus nicht zerreißt. Wenn auch der

---

[785] Vgl. Adv. Nestorianos I 1 (PG 86,1401B).

[786] Vgl. ebd. (PG 86,1413A/B); zitiert nach Grillmeier, Jesus der Christus, Bd. 2/2, 312.

[787] Adv. Nestorianos I 1 (PG 86,1412A/B); zitiert nach Grillmeier, ebd.

Akzent auf die Göttlichkeit Christi[788] fällt, so bedeutet das Nichtvorhandensein einer menschlichen Hypostase doch nicht, daß die Menschheit ohne eigene existentielle Realität auskommen müßte. Als äußerst wichtig muß hervorgehoben werden, daß es Leontius nicht darum geht zu zeigen, wie ein Denkmögliches Wirklichkeit geworden ist, sondern daß die Wirklichkeit Jesu Christi möglich war und eine eigene Intelligibilität besitzt, die man verständlich machen kann. Christologie hat nicht bei der möglichen Verbindung von Denkschemata, sondern bei der Wirklichkeit anzusetzen. Diesem Ansatz, Begriffe zu finden, die auf die Wirklichkeit der gottmenschlichen Einigung geeicht sind, entspringt auch das Bemühen, klarer auszudrücken, was mit "Hypostase" gemeint ist:

Die Hypostase ist eine von der göttlichen Natur ontologisch verschiedene Entität, die die göttliche Natur *besitzt*, während sie die menschliche Natur annimmt, um sich in ihr zu inkarnieren, in ihr zu sterben und aufzuerstehen. Der Idiomentausch bedingt, daß der Logos seiner Hypostase nach leidet, da er in seine Hypostase eine leidensfähige Natur aufgenommen hat, die außerhalb seiner leidensunfähigen Natur liegt. Was aber von seiner Natur bejaht wird, das kann auch von der Hypostase ausgesagt werden.[789]

Es ist dem abschließenden Urteil G. Bausenharts zuzustimmen: "Besser als die Idiomensynthese des Leontios von Jerusalem ist ein konsequentes Enhypostasie-Modell geeignet, die Idiome den Naturen und ihrer teleio´,thj zu belassen – ihnen kommt ohnehin das καθ' τέλειαν ε῀ιναι zu –, die Hypostase allein durch das καθ' ἑαυτὸ ε῀ιναι zu definieren und mittels dieser konsequenten ontologischen Unterscheidung von φύσις und ὑπόστασις, getreu dem chalkedonischen ἀτρέπτως´ und ἀσυγχύτως, die Integrität der individuellen Menschheit Christi festzuhalten."[790]

11.3. Die Vertiefung der Christologie bei Maximus Confessor

Der Neuchalcedonismus erfährt eine Übersteigerung im Monotheletismus des Patriarchen Sergius I von Konstantinopel.[791] Seiner Auffassung nach erweist sich der Logos in Christus als derart dominant, daß seine menschliche Natur nur noch als ein passives Organ der Logostätigkeit

[788] Leontius berücksichtigt durchaus die kenotische Daseinsweise Christi, geht aber in seinem Christus-Bild stark von der Vergöttlichung der menschlichen Natur aus.

[789] Vgl. Contra Nestorianos VII 9 (PG 86,1768A).

[790] Bausenhart, 108f.

[791] Weitere Vertreter des Monotheletismus waren u. a. Theodor v. Pharan, Cyrus v. Phasis und Pyrrhos v. Konstantinopel.

fungiert. Sie ist ohne eigene menschliche Energie und ohne eigene Willenstätigkeit, wenn auch nicht ohne eigene Existenz. Dies ist die klassische Version des Monotheletismus. In dem Streit mit den Monotheleten legt Maximus eine Lösung vor, die eine einzigartige ontologische Weiterführung und Vertiefung der Entscheidung von Chalcedon bietet. Nicht zuletzt deshalb, weil Maximus' Theologie für die Frage sensibilisiert, welche metaphysische Grundeinstellung für die Christologie notwendig ist, wenn sie dem Anspruch der ersten Konzilien gerecht werden will, sollen seine Gedanken hier in wesentlichen Zügen skizziert werden.

Maximus lehrt in seiner berühmten Disputation mit Pyrrhos, daß Christus – entsprechend seinen zwei Naturen – mit zwei Willen begabt gewesen sei. Bewußtsein und freier Wille sind nicht Eigenschaften, die auf die Seite der Person (Hypostase) gehören, sondern sie gehören zur Natur des Menschen. Damit entzieht Maximus die beiden Begriffe *ousia* und *hypostasis* dem alltäglichen Sprachgebrauch, um sie in einem ganz spezifischen Sinne als auf unterschiedliche Realitäten verweisend zu gebrauchen: Zum Wesen einer Sache gehören alle Eigentümlichkeiten und Vermögen, die sie in der Natur der Dinge determinieren und ihr unter den Seienden einen ganz bestimmten Platz zuweisen, während die Hypostase als die singuläre *Existenzweise* dieser Substanz oder Natur verstanden werden kann. Man darf aber nicht dem Fehler verfallen, die Ordnung der Existenz und die Ordnung der Hypostase zu vermengen – eine Auffassung, die an der Wurzel des Severianischen Monophysitismus zu finden ist. Die Unterscheidung (*distinctio rationis*) von Existenz und Hypostase läßt sich allein aus den trinitarischen Verhältnissen gewinnen. Sie zeigt die logische Unmöglichkeit an, die Personen aus dem Wesen abzuleiten und umgekehrt.

Die Christologie des Maximus bewegt sich um den Begriff der *hypostasis*. Seine wichtigen Unterscheidungen gewinnt er gerade im Rekurs auf innergöttliche Verhältnisse, wo drei real unterschiedene Existenzweisen in der Einheit des göttlichen Wesens einbehalten bleiben und diese Einheit darum nicht sprengen. Maximus faßt den Begriffsinhalt von "Hypostase" nach seiner absoluten Realität auf, d. h. so, wie er im trinitarischen Gott verwirklicht ist. In Gott aber gibt es eine einzige Existenz und drei Hypostasen: Nicht drei Existenzen, sondern eine durch die drei Hypostasen jeweils untrennbar enhypostasierte Existenz. In diesem Zusammenhang prägt er die trinitarische Formel: "wesenhafte Existenz der trinitarischen hypostatischen Monade".[792] Mit Hilfe jener Unterscheidungen, die aus der Betrachtung der göttlichen Einheit und Dreiheit

[792] Vgl. Maximus, Ambigua 1 (PG 91,1036B/C).

gewonnen werden können, öffnet sich auch ein Weg, der in der Christologie aus der monotheletischen Verengung herausführen konnte: "Es mußte sich eine Kategorie finden lassen, die eine Färbung oder Stufung der Existenz gibt, ohne zugleich eine qualitative Verschiedenheit der existierenden Wesenheit mitzusetzen."[793] Es ist die aus der Natur unableitbaren *Weise der Existenz*. "So ist es denn diese 'Weise des so und nicht anders Existierens' (τοῦ πῶς εἶναι τρόπος), diese neue, die Quantität nicht berührende Qualität, die uns den Weg zur gesuchten Einheit weisen mag."[794]

Es ist dieselbe göttliche Existenz (ununterschieden vom Wesen), die gemäß drei verschiedenen Existenzweisen hypostatisch subsistiert.[795] Um hier jedem Mißverständnis vorzubeugen, weist H.U.v. Balthasar in seiner Studie über Maximus darauf hin, daß hier nicht das Existentielle im modernen Sinn, das eine Bewußtseins-Kategorie darstellt, gemeint ist. Maximus bewegt sich auf der Ebene der Ontologie. Nicht die Bewußtseinseinheit begründet die hypostatische Einheit. Damit ist jede Realdistinktion zwischen den Hypostasen der Trinität und dem göttlichen Wesen ausgeschlossen.[796] Um die einzigartige göttliche Existenz gemäß den drei unterschiedlichen hypostatischen Existenzweisen enhypostasiert zu denken, bedarf es gewisser "subsistenter Relationen", deren Unterschiedlichkeit durch den Hin-Bezug aufeinander begründet ist.[797]

Also aus der Trinitätslehre stammt diese Kategorie der subsistenten Relation.[798] In Gott selbst bezeichnet die Hypostase die drei göttlichen Personen[799], also jene Wirklichkeit, die durch die Weise des Bestehens ausgedrückt wird: das Für-sich-selbst-Sein.[800] "Hypostase" bezeichnet dasjenige, von dem die Natur besessen wird, den Träger der Natur: τόν τινα τῆς οὐσίας ἐμφαίνει.[801] Wesensbestimmungen allein, auch wenn sie zur

---

793 Vgl. Balthasar, Kosmische Liturgie, 202f.

794 Vgl. ebd., 203.

795 Vgl. Ambigua 67 (PG 91,1400D–1401A).

796 Vgl. Garrigues, 198.

797 Vgl. Exp. Orationis Dominicae (PG 90,884C). Vgl. dazu auch Garrigues, 198: "Ces relations subsistantes indiquent les personnes dans leur simultanéité trinitaire et sont donc logiquement concues comme le fondement des processions, qui risquent d'introduire une schéma de théogénèse lorsqu'elles sont prises comme l'expression première des personnes."

798 Darauf wird spekulativ noch einzugehen sein. Vgl. unten, Teil 4, Abschn. 2.1 u. 2.2.

799 Vgl. Mystagogia 23 (PG 91,701A).

800 Vgl. Epistula 15 (PG 91,557D); vgl. Bausenhart, 171.

801 Vgl. Opusculum 18 (PG 91,261A); vgl. Bausenhart, 169: "Diese Hypostase wiederum ist absolut frei von positiven inhaltlichen Bestimmungen; diese gehören den Naturen. Sie ist zunächst rein negativ und formal bestimmt als 'nichts' im Sinne des 'nicht etwas'."

Synthese gebracht sind, reichen nicht aus, um die Hypostase zu definieren, was auch eigentlich nicht recht möglich ist, da sie nicht mehr auf individualisierenden Wesenseigentümlichkeiten beruht.[802] Die Hypostase enthält über alle partikularisierenden Merkmale hinaus "jene tätige, wirksame Aneignung, deren Ergebnis erst das Individuelle ist".[803] Im Gott-Logos empfängt die Menschheit Christi ihr Sein und ihre Existenz.[804]

Ist die Vereinigung der beiden Naturen in Christus jener von Leib und Seele im Menschen vergleichbar? Maximus diskutiert diese Frage und kommt zu dem Ergebnis: Die Leib-Seele-Einheit des Menschen ist kein passendes Analogon für die Einheit in Christus. "Die Seele besitzt ihren Leib, ohne es selbst zu wollen, und ist ebenso von ihm besessen; sie schenkt ihm das Leben, ohne es zu wollen, durch ihr bloßes In-ihm-sein, sie nimmt naturhaft an seinem Pathos und seinen Schmerzen teil infolge einer ihr angestammten Passivität."[805] Ganz anders bei Christus: In ihm sind beide Naturen in keiner Weise "gleichzeitig", und seine Hypostase geht aus keinem naturhaften Werden hervor, kommt doch die Einheit beider durch eine souveräne, freiwillige Annahme zustande. Zudem läuft die metaphysische Synthese, wie sie zwischen Leib und Seele besteht, auf ein neues Gattungswesen hinaus, während Christus, obwohl er aus zwei Naturen besteht, zu keiner Gattung gehört, sondern völlig einzigartig ist.[806]

Wenn es nur eine Dimension dessen, was ist, gibt, nämlich die Natur oder das Wesen, dann bleibt dem christologischen Problem nur eine Lösung, die der Trennung zweier Hälften oder der das Eigene preisgebenden Vermischung der beiden Pole der Einheit zu einer neuen Wesenheit gleichkommt. Will man beides vermeiden, muß man die Lösung in Richtung einer weiteren Seinsdimension suchen, die durch die klassische griechische Wesensontologie noch nicht erschlossen ist.[807] Genau dies tut Maximus, wenn er nicht nur die "Natur" in den Blick nimmt,

---

[802] So noch bei den Kappadokiern. Vgl. Bausenhart, 89–94.

[803] Vgl. Balthasar, Kosmische Liturgie, 213; vgl. Opusculum 14 (91,152B).

[804] Vgl. Epistula 12 (PG 91,468A/B). Vgl. Bausenhart, 171: "Die bestimmende ratio der Hypostase ist die des Sohn-Seins, nämlich die Weise ihrer innertrinitarischen Ursprungsbeziehung. ... Das sohnhafte Selbstsein Christi, das göttlich und menschlich gelebt wird, offenbart so in der Geschichte seine ewige Relation zum Vater."

[805] Epistula 12 (PG 91,488D).

[806] Vgl. Epistula 13 (PG 91532B); vgl. Garrigues, 195: "Toute composition de nature a une finalité qui la dépasse et l'inscrit dans l'espace et dans l'ordre de l'univers. La genèse sinmultanée de l'âme et du corps fait de l'homme une nature composée qui, sous cet aspect, n'a 'rien de plus que les autres espèces qui font partie de la nature totale'."

[807] Vgl. Balthasar, Kosmische Liturgie, 199.

sondern possessiv vom "Gehabtwerden" oder "Besessenwerden" der Natur spricht.

Der lebende Mensch ist für Maximus eine personale Existenz, die in der von ihr aktualisierten und damit personal verwirklichten geistigen und freien Natur subsistiert, die ihr zu eigen ist. Als rationales Lebewesen besitzt der Mensch eine *physis*, die mit einem naturhaften Willen begabt ist, d. h. mit einem Selbstbewegungsvermögen (αὐτοκίνησις ἡ αὐτοδύναμις)[808] bzw. freien Willen.[809] Für das christologische Problem der in ihrem aktuellen Vollzug geeinten Willen ergibt sich daraus folgendes: Die hypostatische Vereinigung ist nicht Grund einer Seinsminderung auf seiten des Menschen. Vielmehr wird in Christus die Eigenständigkeit der menschlichen Natur zur Bedingung einer echten hypostatischen Einheit.[810] Maximus' Sorge ist es, Christus nicht zu einer Marionette werden zu lassen, die nur noch von einem ihr äußeren Prinzip bewegt wird. Freiheit geht aus dem Wurzelgrund der Natur hervor, kann aber hypostatisch besessen werden in der Weise, daß der *actus secundus* immer der Person gehört, bzw. von der Person ausgeübt wird.[811] Die Person ist das Zentrum der konkreten Realität, die die Existenzweise jedes Menschen bestimmt und qualifiziert.[812] Spekulativ trägt Maximus sehr viel zur Lösung des Willensproblems bei:

Die hypostatische Vereinigung wird in der Weise vorgestellt, daß der menschlichen Natur die volle hypostatische Existenz fehlt, wenngleich ihr nicht jede Existenz abgesprochen werden kann. Hier greift der Begriff "Enhypostaton", der einen zwischen hypostatischer Existenz und dem bloßen Nicht-Sein gelegener Status bezeichnet.

Maximus kennt keine "naturale" Vereinigung in Christus, die auf der Ebene der Naturen vollzogen würde. Christus ist nicht zusammengesetzt "gemäß den Naturen", sondern "gemäß der Hypostase":

---

808 Vgl. Opusculum 2 (PG 91,60C).

809 "Freier Wille" (*thélema gnomikón*) ist ein Schlüsselbegriff in Maximus' spekulativer Architektonik. Vgl. ders., Ambigua (PG 91,1073C), wo der Begriff jedoch nicht wörtlich vorkommt.

810 Gerade in dem Streit, der wegen der Eigenaktivität des menschlichen Willens in Christus entbrannt ist, bezieht Maximus diese Position. Vgl. Disp. c. Pyrrho (PG 91,297).

811 Vgl. ebd. (PG 91,292D–293A). Maximus unterscheidet das zur Natur gehörige *thélema* von *gnome*, das zur Person gehört. Wenn es in Christus zwei Naturen gibt, dann also auch zwei naturhafte Willen, den göttlichen und menschlichen. Genauso ist es notwendig, wenn es eine Hypostase gibt, daß sich in Christus nur eine *gnome*, eine Selbstbestimmung zu freiem Handeln, findet, ganz in Übereinstimmung mit dem Willen des Vaters. Vgl. Opusulum 16 (PG 91,192C).

812 Vgl. Opusculum 19 (PG 91,276B).

"Das Wort Gottes selbst belehrt uns klar, daß es gemäß dem Wesen und der Natur existiert, durch die es mit dem Vater und dem Geist identisch und konsubstantial ist, unbeschadet der unvermischten personalen Differenz seiner Hypostase, durch die es sich vom Vater und vom Geist unterscheidet. ... Er ist ein vollkommener Mensch geworden, indem er ein Fleisch angenommen hat, das mit einer intelligenten und vernünftigen Seele begabt ist, und das in ihm seine Natur und seine Hypostase, d. h. das Sein und die Subsistenz, empfängt. Von seiner Empfängnis an ist es mit dem Wort vereint, denn das Wort ist selbst die Ursache seiner eigenen freien Inkarnation. Auf diese Weise wurde er zusammengesetzt gemäß der Hypostase, er, der von Natur aus einfach und nicht-zusammengesetzt ist."[813]

Bei der Inkarnation verleiht die Hypostase des Wortes der menschlichen Natur Christi ihre Existenz, indem sie diese in ihre personale Subsistenzweise, die sie im Gegenüber zum Vater und zum Heiligen Geist besitzt, aufnimmt. So begründet die Inkarnation eine "zusammengesetzte" Hypostase, die die menschliche Existenz bei sich entgegennimmt.

Zwischen dem ungeschaffenen Sein des Schöpfers und der geschaffenen Natur, die ihm ihre Existenz verdankt, kommt es zu einer nicht-naturhaften Einheit des Seins. Sie vollzieht sich allerdings nur auf die Weise der dem Wort eigenen Subsistenz, die völlig inkommunikabel ist. Die Hypostase des Sohnes ist zugleich Ursprung und Terminus dieser einzigartigen Einigung.[814]

"Also ist Christus nicht eine zusammengesetzte Natur – gegen die neue Theorie jener, die das Evangelium entleeren –, denn er existiert in einer hypostatischen Weise, die vom Gesetz der zusammengesetzten Natur völlig unabhängig ist. Aber er ist eine zusammengesetzte Hypostase, die keine synthetische Natur zuläßt, die ihr wesenhaft zukäme. Dies ist wahrhaft paradox: eine zusammengesetzte Hypostase, ohne daß ihr gemäß dem Wesen eine zusammengesetzte Natur zugeschrieben wird."[815]

Erst das Einwohnen der Hypostase in der Natur läßt die Hypostase selbst verwesentlicht und die Natur hypostasiert werden. Die Lehre von der Enhypostasie sichert sowohl die Unvermischtheit wie auch die wirkliche Einheit der beiden Naturen. Der Hypostase als der eigentlichen Existenz kommt es zu, die Natur mit ihrer Geistigkeit und ihrem freien Willen zu aktualisieren. Maximus nennt genau diese Weise der Annahme "Enhypostasie", bei der nicht irgendwelche Akzidentien, sondern eine individuelle Natur in einen Existenzakt aufgenommen wird. Die

[813] Epistula 15 (PG 91,553C–556A).

[814] Vgl. die Kritik an H.U. v. Balthasar von Garrigues, 200, Anm. 84: "U. von Balthasar (op.cit. p. 184–185), ne distinguant pas l'existence et le mode d'exister de l'hypostase qu'il ne voit pas comme relation subsistante, ne comprend pas comment l'hypostase du Fils peut être à la fois la source et le terme de sa propre composition."

[815] Littera 13 (PG 91,517C).

menschliche Natur Christi gewinnt ihren ihr entsprechenden Existenzakt in der Hypostase des Wortes, und zwar gemäß der Subsistenzweise, wie sie "Einem aus der Trinität" eigen ist:

> "Also führt die Enhypostasie eine Natur in den Akt der Existenz, d. h. in einen mit einer naturhaften und wesenhaften Existenz begabten Status. Und daß sie auch eine aktive und wirksame Natur trägt, bedeutet: Diese Natur ist mit ihren naturhaften und wesenhaften Vermögen ausgestattet. Von Christus als Subjekt zu bekennen, seine beiden Naturen seien nicht ohne Existenz und ohne 'Energie' heißt nicht, sie zu Hypostasen oder Handlungssubjekten zu machen, sondern ihre Existenzen und naturhaften 'Energien' zu bekennen, um am Geheimnis des inkarnierten und handelnden Wortes Gottes festzuhalten – aus der Natur heraus, in den Naturen und gemäß den Naturen."[816]

Erst das Einwohnen der Hypostase in der Natur läßt die Hypostase selbst verwesentlicht und die Natur hypostasiert werden. Die Lehre von der Enhypostasie sichert sowohl die Unvermischtheit wie auch die wirkliche Einheit der beiden Naturen. Der Hypostase als der eigentlichen Existenz kommt es zu, die Natur mit ihrer Geistigkeit und ihrem freien Willen zu aktualisieren. Maximus nennt genau diese Weise der Annahme "Enhypostasie", bei der nicht irgendwelche Akzidentien, sondern eine individuelle Natur in einen Existenzakt aufgenommen wird. Die menschliche Natur Christi gewinnt ihren ihr entsprechenden Existenzakt in der Hypostase des Wortes, und zwar gemäß der Subsistenzweise, wie sie "Einem aus der Trinität" eigen ist:

So sind denn in Christus der zur Natur des angenommenen Menschen gehörende Wille und der natureigene Wille des Logos aufeinander bezogen. Dabei wird die menschliche Natur mit ihren naturhaften Vermögen nicht mit den zur göttlichen Natur gehörenden Wesensbestimmungen vereinigt, sondern mit der Hypostase des Logos.[817]

Den Höhepunkt der formalen Christologie des Maximus haben wir in der Formel: *Was den Logos vom Vater unterscheidet, unterscheidet sich in der Einigung nicht mehr von dem, was den Menschgewordenen von den übrigen Menschen unterscheidet.*[818] Und dennoch gibt es eine wahre und eigentliche Synthese, denn die eine Hypostase "entsteht" aus dem Zusammenlaufen ihrer Teile.[819]

---

[816] Opusculum 16 (PG 91,205A/C).

[817] So findet u. a. keine "naturale" Vereinigung mit einem göttlichen "Bewußtsein" statt, das die neuzeitliche Philosophie als Konstitutivum der Person betrachtet.

[818] Vgl. Balthasar, Kosmische Liturgie, 239; vgl. Ep. 12 (PG 91,469D): "Καὶ μεταὰ τήν ἕνωσιν σώζεσθαι ἐν ἰδιότητι τῆ κατα φύσιν τῶν συνελθόντων ἑκάτερον." Paraphrase nach Balthasar.

[819] Vgl. Ep. 12 (PG 91,489BC).

Die hypostatische Einheit stellt eine Identität dar, wie es sie vollkommener nicht gibt, wobei unbedingt gilt, daß sie nur durch das unvermindert bewahrte Eigensein ihrer Teile bestehen kann. Individuelle Endlichkeit der menschlichen Natur braucht sich nicht in ein "Höheres" zu verlieren, um in vollkommener Weise mit Gott geeint zu werden. Auch begrifflich ist der unaufgebbare Eigenstand menschlichen Seins im Hinblick auf die Einheit mit Gott gewahrt. Wenn es auch die Person des Logos ist, die das endliche Willensvermögen Jesu aktualisiert, so bedeutet dies dennoch keine Einschränkung der menschlichen Freiheit, sondern deren unvergleichliche Vollendung, da sie sich gerade aus der hypostatischen Einheit heraus aktualisiert.[820]

Daß es sich bei diesen Überlegungen nicht um begriffliche Glasperlenspiele handelt, wird durch die soteriologische Relevanz der Aussagen sofort deutlich: Besäße das menschliche Willensvermögen Christi nicht eine geschöpfliche Eigenständigkeit gegenüber dem Logos, dann würde die Lehre von der heilshaften Stellvertretung Christi, seiner Mittlerschaft und seinem Kreuzesgehorsam zu unserem Heil keinen Sinn mehr ergeben.[821] Das Handeln Gottes verlangt aber eine freie Entgegennahme und Realisierung von seiten des Menschen. Allein die Vereinigung "der Hypostase nach" bewahrt die beiden Naturen vor der Auflösung ihrer Existenz und ihres konkreten Wirkvermögens. Die Proprietäten der Naturen werden in einem ganz konkreten Sinn zu Proprietäten der Hypostase, eben weil die Naturen in ihr enhypostasiert sind. Die vereinigte Hypostase ist darum der Schlüssel, mit dem das Problem des Monoenergismus und Monotheletismus gelöst werden kann.

---

[820] Vgl. Garrigues, 202: "Sa nature humaine trouve ainsi complètement filialisée dans la relation même que le Fils est par rapport à son Père." Man sieht hier auch, wie die chalcedonische Christologie sowohl die johanneische Sicht als auch die der Synoptiker zu intergrieren vermag bzw. einen Ausgleich zwischen der Lehre vom göttlichen Logos und dem irdischen Jesus herstellt. Vgl. Grillmeier, Mit ihm und in ihm, 545 (zu Maximus): "Je klarer die Idee einer hypostatischen Einung von der einer Natur-Synthese abgehoben werden darf, je mehr die hypostatische Aneignung des Menschseins durch den Logos eben dieses 'Menschsein' (und nicht eine naturhafte Vergöttlichung) zum Ziel hat, um so mehr gibt die chalkedonische Christologie den Raum frei für den 'Jesus der Synoptiker' oder eine 'Christologie von unten'. Jesu Menschsein und Mit-Menschsein darf als solches ganz ernst genommen werden. Der Sohn Gottes will nichts anderes sein als Mensch mit uns. Dennoch wird die Bedeutung dieser Mitmenschlichkeit Christi erst dadurch offenbar, daß sie sich enthüllt als Mitmenschlichkeit Gottes, des Sohnes Gottes, mit uns. ... Eine in ihrer letzten Konsequenz verstandene chalkedonische Christologie ermöglicht die Synthese des 'Jesus der Geschichte' und des 'Christus des Glaubens'."

[821] Vgl. Grillmeier, ebd., 194.

Der spekulative Ansatz des Maximus zur Überwindung des die Soteriologie in Frage stellenden Monotheletismus bedeutet einen gewaltigen Schritt nach vorne in Richtung auf eine metaphysische Erhellung dessen, was "Person" meint – ein Begriff, der aus der Trinitätslehre gewonnen und auf das christologische Problem appliziert wurde. Es läßt sich hier am Ende fragen: Nimmt Maximus schon Thomas v. Aquin vorweg, für den das *esse actuale* (*existentiae*) als solches auch die unverwechselbare Personalität verleiht? Existenz hat die menschliche Natur Christi nur im Logos als göttlicher Person, in die sie, ohne selbst Hypostase zu sein, hineingehalten ist. H.U. v. Balthasars Beurteilung fällt entschieden positiv aus: "Trotz aller Anstrengungen aber hat die spätere Scholastik hier kaum Entscheidenderes zutage gefördert. Der monophysitische Kampf hat die Theologie zu einer solchen Anstrengung herausgefordert, daß sie unter diesem Druck den höchsten Gedanken des Christentums zu fassen und festzuhalten vermochte: das ἀσυγχύτως von Chalcedon."[822]

Jedoch findet sich bei Maximus noch nicht die Realdistinktion zwischen *actus essendi* und *essentia*, die in der Thomistischen Schule eine so große Rolle spielen wird. Das hindert Maximus nicht, in Richtung einer tieferen ontologischen Einsichtnahme in die Geschöpflichkeit des Menschen vorzudringen: Neben der griechischen *ousia* stellt die auf dem Hintergrund christlicher Verkündigung in Sicht gekommene *hypostasis* eine eigene und neue Ordnung dar. Maximus' Beitrag zur Vertiefung der Christologie befreit die chalcedonensische Position aus der Doppeldeutigkeit, in die sie sich verwickelt hatte.

12. Schlußbetrachtung: Die innere Verschränkung von Christologie und Trinitätslehre in Schrift und Patristik

Am Beginn dieser Studie stand die Rückfrage nach dem biblischen Befund über die Sendung, den Selbstanspruch und die Identität Jesu, wie sie sich im Glaubensbewußtsein der apostolischen Kirche spiegeln. Dabei wurde nicht zuerst und vor allem nach den "Titeln" Jesu oder nach seiner Selbstprädikation gefragt, sondern – entsprechend dem Grundsatz, daß auch im Handeln Jesu Offenbarung geschieht – vom ereignishaften Vollzug seiner Sendung ausgegangen. Das vollmächtige Handeln und Lehren Jesu läßt ihn als den definitiven eschatologischen Offenbarer Gottes und Heilbringer hervortreten. Nicht, was Jesus nach Art einer "Lehre" über sich selbst gesagt hat, sondern was er als seine Sen-

[822] Vgl. Balthasar, Kosmische Liturgie, 245.

dung gelebt und vollzogen hat, sollte denn auch als Einstiegstor in die Christologie dienen. In dieser Betrachtungsweise wird deutlich, daß Jesus nur von der Geschichte Gottes mit Israel her in seiner Sendung verstanden werden kann.

In Hinblick auf die Vollendung des Offenbarungsgeschehens in Tod, Auferstehung und Erhöhung erweist sich die Glaubenssynthese, die den erhöhten Herrn mit dem irdischen Jesus real identifiziert, als formgebendes Moment für den Erzählduktus der Evangelien. Von Anfang an muß die Überzeugung da gewesen sein: Ohne daß ein erhöhter Herr mit dem irdischen Jesus realidentisch ist, verliert der ganze Glaube jede Relevanz. Daß diese Identität indes wirklich besteht, woraus folgt, daß der geschichtliche Jesus von Nazaret vor einen Glaubensanspruch stellt, kann nicht mehr rein historisch beurteilt werden. Nur durch den Mitvollzug des von den ersten Zeugen bekannten Glaubens an den auferstandenen Herrn erschließt sich der Grund, Jesus in seinem Anspruch zu folgen und ihn mit der frühen Kirche als "den Herrn" zu bekennen. Bei Paulus kann man schon nachlesen, wie sehr man sich dieses Zusammenhangs immer schon bewußt war: "Niemand kann sagen: Jesus ist der Herr, wenn er nicht aus dem Heiligen Geist redet" (1 Kor 12,3).

Sowohl die frühesten Bekenntnisformeln als auch die Evangelien zeigen Jesu Auftreten, seine Verkündigung und sein Wirken in solcher Einheit mit dem Vater, der das Ganze des Lebens Jesu durch seine anfängliche Mitbeteilung an diesem Leben vom ersten Augenblick an und die Auferweckung des Gekreuzigten auch "im nachhinein" bestätigt, daß der Glaubensgemeinschaft klar werden mußte: Jesus selbst gehört mit in das Wesen Gottes hinein. Es läßt sich zeigen, daß die auch in den synoptischen Evangelien zum Ausdruck kommende Offenbarungsidentität zwischen dem geschichtlichen Jesus und Gott für den Glauben der frühesten Kirche in einer Seinseinheit gründet, die dann bei Joh in der Überzeugung von der realen personalen Präexistenz thematisch wird. Nach W. Thüsing ist die Präexistenz eine "Chiffre dafür, daß die Möglichkeit eines absoluten Heilbringers bzw. der Selbstmitteilung Gottes (in diesem qualitativ alles andere übersteigenden Sinn) im Plan Gottes und in Gott selbst begründet sein muß".[823]

Obwohl Joh nicht erstlich auf die Präexistenz als Hauptaussage abzielt – dient sie doch mehr der Vergewisserung der Exklusivität der Person Jesu und der Singularität seiner Offenbarung –, so ist sie doch "der unbestreitbare Hintergrund der christologischen Aussagen des Evange-

---

[823] Vgl. Thüsing, 251.

liums".[824] In Beziehung auf die zentralen Aussagen der neutestamentlichen Botschaft erfüllt die Präexistenz eine Sicherungsfunktion in dem Sinne, daß das den Menschen zugesagte umfassende Heil vor aller menschlichen Geschichte in der Ewigkeit verwurzelt ist: Die Präexistenz steht für die Überzeugung, daß das wahrhaftige Heil nicht innerweltlich, sondern extra nos begründet ist. Trotzdem würde die Präexistenz gerade diese ihre "Sicherungsfunktion" einbüßen, wenn man sie *nur* funktional verstehen wollte. Sie beinhaltet tatsächlich eine Aussage darüber, wer Jesus in seinem ungeschaffenen Gegenüber zu Gott *ist*, und damit letztlich auch eine Aussage über Gottes Sein selbst. Das NT spricht von also "Trinität", insofern sie gläubige Existenz begründet, und nicht spekulativ. Das Heil erfolgt für uns Menschen dadurch, daß wir durch Jesus Christus im Heiligen Geist Zugang zum Vater erhalten. Zwar wird das Geheimnis der Trinität zuerst durch die Offenbarung in Jesus Christus erschlossen, doch andererseits bildet sie die Voraussetzung, von der her die Identität Jesu – seine Offenbarungs- und Seinseinheit mit dem Vater – erst verstanden werden kann. Insofern ist "Trinität" auch Voraussetzung für die Botschaft vom Heil.

Jesus ist immer schon auf den Vater bezogen, von dem er herkommt und von dem her er sich definiert, und zwar in der Weise, daß der Vater seit Ewigkeit auf ihn als den "Sohn" bezogen ist. Gott hat nicht einen geschöpflichen Referenzpunkt seiner Selbstmitteilung, was Gott in ein notwendiges Gegenüber zur Welt setzten würde. Somit hat die Beziehung Jesu zu Gott eine eminent theologische Qualität und ist nicht übertragbar auf jemanden, der seinem Wesen nach ganz im Seinsbereich der geschaffenen Welt bliebe. Mit eindringlicher Schärfe hat W. Pannenberg die innere Konsequenz formuliert, die vom Glauben an die Bindung der Identität von Gott als Vater an die Beziehung zu Jesus als seinem Sohn zur Überzeugung führt, daß Jesus selbst mit in das Wesen Gottes hineingehört.[825]

---

[824] Vgl. Habermann, Präexistenzchristologische Aussagen, 140.

[825] Vgl. Pannenberg, Grundzüge, 159: "Wenn nun die Geschichte Jesu und seine Person zum Wesen, zur Gottheit Gottes gehört, so gehört auch der Unterschied, den Jesus zwischen sich und dem Vater festgehalten hat, zur Gottheit Gottes. Die Beziehung Jesu als des Sohnes zum Vater ... ist deshalb eine Relation, die dem Wesen Gottes selbst eignet. Gott ist nicht nur 'Vater', sondern er ist als der durch die Auferweckung Jesu offenbarte Gott in seinem Wesen auch 'Sohn'." Vgl. ders. Systematische Theologie, Bd. 1, 413f: "Wenn aber die Beziehung zu einem Menschen konstitutiv sein soll für die ewige Identität Gottes selbst, dann muß das Korrelat dieser Beziehung selber ewig sein, und daraus ergibt sich die Präexistenz des Sohnes." Vgl. oben, 108, Anm. 428.

Präexistenz ist vom NT her die Bedingung der Möglichkeit dafür, daß in Jesus Christus die wesentliche liebende Selbstmitteilung Gottes an die Menschen geglaubt werden kann. Sie hat nichts mit einer Vergottung oder Vergötzung des irdischen Menschen Jesus zu tun, denn der Präexistente gehört mit in die Wirklichkeit Gottes hinein, der in seinem Wesen Liebe ist und sein Sein in der Unterschiedenheit von Vater und Sohn (und Heiligem Geist) relational vollzieht.

Diese Überlegung diente als Brücke zur Trinitätslehre und Christologie der frühen Konzilien, die m. E. weit kontinuierlicher mit der Verkündigung des NT verbunden sind, als es oberflächlich scheinen mag, auch wenn sie unter anderen Voraussetzungen formuliert wurde. Beim Durchgang durch den Verlauf der patristischen Konziliengeschichte konnte eine gegenseitige Zuordnung von Trinitätslehre und Christologie bemerkt werden. Dieser innere Zusammenhang von beiden muß auch schon daraus erhellen, daß der Aufweis der Einzigkeit Jesu Christi nicht von einer isolierten Christologie, sondern nur von einer christologischen Theologie aus angegangen werden kann. Wo die Verkündigungsbotschaft des NT in den hellenistischen Kulturraum eindringt, wird zuerst und vor allem die Gottesfrage akut, wie schon an der Areopagrede des Paulus in Athen zu erkennen ist. Darum lag das Augenmerk anfangs auf dem Gottesbegriff der griechischen Philosophie, der für die Vätertheologen den Bezugspunkt für die Aussage von der Zusammengehörigkeit von Gott und Mensch in Jesus Christus bildet.

Die durch die Begegnung mit der griechischen Philosophie, in der man schon eine Logoslehre kannte, einsetzende Reflexion auf das Offenbarungsereignis, die die Bedingung seiner Möglichkeit bis in die vorweltliche Immanenz Gottes zurückverfolgt, hat gut daran getan, für ihre Aussage über die Selbstoffenbarung Gottes keinen mythologischen Bezugsrahmen zu wählen, sondern sich auf Metaphysik einzulassen, als die Frage der Selbstoffenbarung Gottes im Raum stand. Und dies aus verschiedenen Gründen: Es wäre leicht gewesen und lag auch nahe, die Inhalte der christlichen Verkündigung mit mythischen Bildern und Symbolen zu verbinden, die Botschaft vom Sohn Gottes neben die vielen Erzählungen von den Göttersöhnen zu stellen und das Christentum so als eine weitere Religion in den Kosmos der bestehenden Religionen einzureihen. Damit wäre eo ipso die Verträglichkeit gegenüber den vielen Varianten des Polytheismus gesichert gewesen. Zweifellos neigt eine mit dem Agnostizismus liebäugelnde, einseitige *theologia negativa*, die überall die Grenze all unserer Erkenntnis des Göttlichen betont, dazu, dem christlichen Glauben einen Ort im breiten Spektrum der Religionen zuzuweisen. Hat man einmal diese Option getroffen, bleibt das

Göttliche in seiner absoluten hermetischen Transzendenz indifferent gegenüber seinen Erscheinungsformen, in denen es mal als der Gott Abrahams, mal als Vishnu oder Shiva, dann wieder als Virachova oder Zeus für die religiöse Erfahrung ansichtig wird.

Aber wäre damit die Offenbarungsaussage von der einzigen und definitiven Heilsmittlerschaft Jesu Christi nicht übersprungen? Wäre die Aussage von der göttlichen Sohnschaft Jesu nicht mythologisch mißverstanden? Ein universaler Anspruch der Sendung Christi wäre unter diesen Voraussetzungen nicht mehr zu halten gewesen.

Freilich mußte im Gefolge der Konfrontation der frühen Christenheit mit der Götterwelt der Griechen auf der einen und ihrer Philosophie auf der anderen Seite die Frage entstehen, welchem dieser Göttergestalten denn der christliche Gott entspreche. Und die Antwort darauf fiel entschieden negativ aus: keinem von allen. Darum hat sich die frühe christliche Apologetik seit Justin auf die götterkritische und in diesem Sinne entmythologisierende Philosophie des Seins bezogen, ohne den monotheistischen Hintergrund des AT aufzugeben. "Die Wahl, die so getroffen wurde, bedeutete die Option für den Logos gegen jede Art von Mythos, die definitive Entmythologisierung der Welt und der Religion."[826]

Indem man die in sachlicher Parallele zur prophetischen Götterkritik des AT stehende Mythenkritik der alten Philosophen aufnahm, hat man die Varianten des "frommen" Mythos mit ihrer Verabsolutierung der funktionalen, letztlich auch politischen Bedeutung von Religion und Kult beiseite geschoben und sich für die Verehrung des Höchsten entschieden, von dem die Philosophen reden.[827] Zu diesem höchsten und ersten Sein konnte sich der menschliche Geist durch die Transzendierung der endlichen Ursachen aufschwingen. Weil man Vernunftargumente, die das strenge, von Sophismen gereinigte Denken hervorbrachte, gelten ließ, entschied man sich für eine Synthese des Glaubens mit der Wahrheit der Vernunft gegen das Irrationale, das dem Mythos anhaftet: Glaube und Vernunft gehen eine Verbindung ein, die für die ganze Entwicklung des Glaubensdenkens von tragender Bedeutung sein wird.

---

[826] Ratzinger, Einführung, 104.

[827] Vgl. Ratzinger, Wahrheitsanspruch, 6 I: "Und eben deshalb muss es (sc. das Christentum) in der weiträumigen Toleranz der Polytheismen als unverträglich, ja als religionsfeindlich, als 'Atheismus' erscheinen: Es hielt sich nicht an die Relativität und Austauschbarkeit der Bilder, es störte damit vor allem den politischen Nutzen der Religionen und gefährdete so die Grundlagen des Staates, in dem es nicht Religion unter Religionen, sondern Sieg der Einsicht über die Welt der Religionen sein wollte."

Der Gott, der die transzendente (nicht effiziente) Ursache des Endlichen, das absolute Sein selbst ist, konnte jedoch nicht länger so gedacht werden, als sei er reine Apathie, starre Bewegungslosigkeit, totale Identität mit sich selbst, die jede Beziehung zum Veränderlichen und im Werden Befindlichen von sich ausschließt. In der Beleuchtung einiger dogmengeschichtlicher Stationen wurde versucht, einige Meilensteine dieser Entwicklung nachzuzeichnen, die die Verwandlung des Gottes der Philosophen markieren. Dabei habe ich das Problem der Gotteserkenntnis, das bei den Vätertheologen auch in der trinitätstheologischen und christologischen Fragestellung immer virulent blieb, im Auge behalten: Es hat sich ergeben, daß man bei aller Offenheit für eine ereignishafte Selbstzuwendung Gottes in seiner Offenbarung doch immer bemüht war, allzu vermenschlichende Eigenschaften, nach denen Gott mit einem Bewußtsein, ähnlich dem unsrigen, begabt erscheint, aus der Prädikation auszuschließen und auf den unfaßbaren und unbegreiflichen Gott hin zu transzendieren, und dies um der inneren Vernünftigkeit des Glaubens willens. Die Erörterung der Gottesfrage, wie sie sich für die Väter auch in Anbetracht der Selbstoffenbarung Gottes in Jesus Christus stellte, hat ihren Ort innerhalb des durch die *theologia negativa* ausgespannten Horizontes.

Besondere Bedeutung kommt der Logoslehre des neueren und mittleren Platonismus zu, die von den Vätern zu einer Logoschristologie umgestaltet wurde. Mit der Insistenz auf der verschlossenen Transzendenz und dem strengen Für-sich-Sein Gottes radikalisiert sich der in der Logoschristologie implizit angelegte Subordinatianismus zur Arianischen Position, in der der Logos ganz aus dem Wesen Gottes herausgenommen wird. Dagegen betont das Konzil von Nicäa die Notwendigkeit, mit der Jesus seiner Person nach in das Leben Gottes hineingehört. Und obwohl die Konzilstheologen den Wesensbegriff aus der griechischen Philosophie mit in die Definition aufnehmen, hat das "Homoousios" nichts damit zu tun, das "Wesen" Gottes philosophisch auf den Begriff bringen zu wollen. Das Nicänum treibt auch keine Trinitätsmythologie[828], sondern nimmt die Heilsgeschichte mit dem Christusereignis als unübertreffbaren Höhepunkt in ihrer Tatsächlichkeit ernst und behauptet dieses als Selbstmitteilung Gottes im strengen Sinn. Zugleich damit wird aber die Vorstellung einer Vergötterung des Menschen Jesus von Nazaret entschieden abgewehrt.[829]

---

[828] Vgl. Breuning, 193.

[829] Vgl. ebd., 194: "Von dieser Grundvoraussetzung her stellt 'homoousios' Jesus Christus, soweit es sein personales Verhältnis zu Gott angeht, eindeutig auf die Seite der Wirklichkeit, die Gott genannt wird – im klaren Verstand, daß es nicht ein bißchen 'Gott'

Hatte das Nicänum mit dem "Homoousios" einen terminus ante quem non markiert, so suchte die darauf folgende dogmatische Entwicklung das Miteinander von Vater, Sohn und Geist, das zugleich ein Gegenüber ist, in der Weise näher zu bestimmen, daß der Wirklichkeit der Oikonomia, der Selbstmitteilung Gottes, Rechnung getragen wurde und man in der dogmatischen Aussage mit dieser Wirklichkeit übereinstimmte. In der Dynamik dieser Denkbewegung trat das mit "Hypostasis" im Unterschied zu "Ousia" Gemeinte immer deutlicher hervor, wenngleich eine exakte Bestimmung des ersten Begriffs sich für die Vätertheologen als überaus schwierig erwies und man sich, gerade in der Auseinandersetzung mit Nestorius, der Wirklichkeit von "Person" eher asymptotisch näherte. An der Spitze dieser Reflexion stehen die neuchalcedonensischen Theologen mit ihrem vertieften ontologischen Personverständnis.

Die Darstellung hörte bei Maximus auf, ohne die Entwicklung bis ins Mittelalter zu verfolgen. Es sollte gezeigt werden, daß die geschichtliche Entfaltung der kirchlichen Christologie, bei aller Vorsicht, sich nicht von einem bestimmten, geschlossenen philosophischen System vereinnahmen zu lassen, auf einem metaphysischen Denken beruht, das nach neuen Aussageweisen sucht, um der Wirklichkeit der Selbstoffenbarung Gottes verstehend gerecht zu werden. Dabei wurden die wesentlichen Grundeinsichten der griechischen Philosophie von den Vätern aufgenommen und für das Glaubensverstehen fruchtbar gemacht: die Überzeugung von der Fähigkeit des menschlichen Geistes, die Wahrheit zu erkennen und mit seiner Sprache auszusagen, die absolute Transzendenz Gottes, der das Sein selbst ist, die innere Naturbestimmtheit der Dinge und ihre Hinordnung auf ihre ersten Ursache usw.

An dieser Stelle erfolgt nun ein Sprung in die Gegenwart, der von der Fragestellung dieser Arbeit motiviert ist. Mit den Christologien von Edward Schillebeeckx, Eberhard Jüngel und John Hick sollen drei zeitgenössische Entwürfe zur Christologie vorgestellt werden, die je auf ihre Weise von einer Distanz zur Metaphysik geprägt sind. Dabei ist der bestimmende Gesichtspunkt, unter dem die zentralen christologischen Themen der Autoren behandelt werden, wie sich diese Abkehr von der Metaphysik, die immer auch epistemologisch relevant wird, in der Christologie zur Geltung bringt.

---

gibt und auch nichts, was seinem Wesen nach zwischen Gott und Geschaffenem stehen könnte – kein Halbgott nach antikem, kein Übermensch nach evolutivem Verständnis."

Teil 2
Die Einzigkeit Jesu Christi in christologischen Ansätzen der Gegenwart

1. Die Besonderheit und bleibende Aktualität Jesu bei Edward Schillebeeckx

1.1. Das soteriologische Anliegen

Dem flämischen Dominikaner Edward Schillebeeckx geht es darum, daß das von Gott gnadenhaft angebotene Heil seine historische Vermittlungen braucht, durch die es erst den im Kontext einer modernen Gesellschaft lebenden Menschen zur Inspiration und Orientierung werden kann. Dies gilt umso mehr, als das Heilswirken Gottes in Jesus Christus dem Menschen nicht erspart, den Weg einer emanzipativen Selbstbefreiung zu gehen. Ziel dieses Weges ist es, den Menschen aus jenen Zwängen herauszuführen, die aus seiner Ichverfallenheit und vor allem auch aus gesellschaftlichen Mechanismen herrühren, die den einzelnen nicht zu sich selbst kommen lassen.[1] Erlösung durch Christus ersetzt nicht den freien Selbstvollzug Menschen, sondern bringt ihn überhaupt erst in die Lage, selbst Befreiung zu wirken.[2] Die durch das neuzeitliche Selbstverständnis in Gang gesetzte Freiheitsgeschichte, in deren Verlauf das Subjekt sich aus jenen gesellschaftlichen Strukturen erhoben hat, die für eine autonome Selbstbestimmung keinen Raum ließen, eine Geschichte, ist noch nicht an ihr Ende gekommen ist, sondern sie muß – christlich – weitergeschrieben werden, da zu allen Zeiten immer wieder repressive Systeme entstehen. Unterdrückung und Leid prägen die menschliche Geschichte, in der das Humanum, das durch die instinktive Rebellion gegen alles Unmenschliche ipso facto wahrgenommen wird, immer bedroht ist. In dieser Wahrnehmung des eigentlich Humanen liegen für Schillebeeckx die Wurzeln der göttlichen Offenbarung.[3]

Schillebeeckx übersieht dabei nicht, daß der neuzeitlichen Tendenz zu einer die Bedingungen seiner Herkunft sowie der sozialen Verfaßtheit menschlicher Existenz hinter sich lassenden Befreiung, die in erster Li-

---

1 Vgl. Schillebeeckx, Christus, 751.

2 Vgl. Pröpper, 254.

3 Vgl. Becker, 167.

nie die Autonomisierung subjektiver Freiheit intendiert, eine starke Ambivalenz eigen ist. Die theoretische Isolierung des autonomen Subjekts korreliert mit der Negation des anderen als personalen Zentrums von Bedeutsamkeit. In dem Willen zur Macht, der als Triebfeder des aneignungswilligen Bürgertums der Neuzeit gelten kann, werden die Welt und der Andere zum Objektmaterial, über das sich als autonom setzende Freiheit gestaltend verfügen kann.[4] Allerdings wird dies nicht im Sinne einer Kritik an der modernen Gesellschaft weiterentfaltet.

Ohne auf die Aporien der autonomen Selbstkonstitution der Subjektivität, die in der Postmoderne zu einer "Krise der Emanzipation" geführt hat, einzugehen[5], weist Schillebeeckx einen Weg zum "gesuchten Humanum", der über die Anerkennung des Anderen als solchen und der interpersonalen Kommunikationsgemeinschaft führt.[6] "Das Menschsein für den anderen ist eine *Aufgabe*, die in der Struktur unserer 'menschlichen Konstitution' gleichsam vorgezeichnet liegt ..."[7] Mit dem Bedenken des kommunikativen Zusammenhangs, der für den menschlichen Existenzvollzug wesentlich ist, führt Schillebeeckx ein Moment ein, daß sich gegen eine rein selbstbezogene moderne Subjektivität wendet.[8]

---

4 Vgl. Hegel, Philosophie des Rechts, § 44, 107. Hegel glaubt ja, den emanzipatorischen Ansatz beim abstrakten Subjekt korrigieren zu können, indem er es mit der Geschichte seiner Herkunft versöhnt.

5 Vgl. dazu die brilliante Analyse von Th. Pröpper, 146–156.

6 Schillebeeckx greift dabei die Einsichten des jüdischen Philosophen E. Levinas auf, dem es in seinem Werk "Totalität und Unendlichkeit" darum geht, jenseits aller totalitären Vereinnahmungen dem Antlitz des Anderen im Menschen zu begegnen: "Die Erscheinung oder Epiphanie des 'anderen' zerbricht den Anspruch meiner Totalität und Ich-Bezogenheit: Der andere ist wirklich anders, transzendent. ... Es gibt in unseren Erfahrungen eine Dimension, die alle totalitären Forderungen empirischer Wissenschaften durchbricht, nämlich die ethische Erfahrung der nicht ableitbaren Forderung, welche die andere Person an mich stellt. ... In ethischer Weise dem anderen begegnen heißt ... ihm als einem ursprünglichen, einzigartigen transzendenten 'anderen' begegnen, zu dem ich in eine asymmetrische Beziehung gesetzt bin." Vgl. Schillebeeckx, Menschen, 128.

7 Vgl. Schillebeeckx, Jesus, 537. Dieses Hauptwerk zur Christologie wird im folgenden nur noch mit "Jesus" zitiert.

8 Vgl. ders., Menschen, 76: "Das individuelle Ich erscheint in den vorherrschenden westlichen Subjektivitätsphilosophien und folglich auch in den meisten Formen der modernen Soziologie als etwas, was außerhalb der Gesellschaft steht, in einem Innenraum lebt, während andererseits die Gesellschaft, manchmal feindlich, außerhalb der Individuen gestellt wird: als zwei selbständige Größen, die miteinander jedoch einigen Kontakt haben." Gegen diese Tendenz optiert Schillebeeckx, wenn er sagt: "Wir dürfen die modernen 'liberalen' Errungenschaften des menschlichen Subjekts nicht zugunsten einer subjektlosen Welt preisgeben, aber wir müssen uns doch von den Einseitigkeiten der westlichen Subjektivitätsphilosophie befreien. ... Das menschliche Ego ist selbst ein so-

Daß der Sinn menschlichen Daseins in einem "Für die anderen" liegt, geht für Schillebeeckx am Beispiel der Lebenspraxis Jesu auf. In Jesus erreicht der "progressive pädagogische Prozeß menschlicher Befreiung"[9] seinen Höhepunkt. Die Freiheit, zu der Christus den Menschen befreit, bleibt nicht beim *actus interior* stehen, sondern bringt eine Veränderung der gesellschaftlichen Lebensverhältnisse: Zu recht betont Schillebeeckx, daß innere Freiheit "auch auf die Begegnung mit freien Menschen innerhalb gesellschaftlicher Strukturen angewiesen" ist, die der Freiheit einen Entfaltungsraum geben müssen.[10] "Menschliche Freiheit ist keine rein innere Angelegenheit. Sie ist eine leibliche, nach außen gekehrte Freiheit, die erst zu sich selbst kommt in der Begegnung wahrhaft freier Menschen, in Freiheit ermöglichenden gesellschaftlichen Maßnahmen und Strukturen."[11] Unter dem umfassenden Gesichtspunkt der Gottesherrschaft wird neutestamentlich der weltliche Daseinsbereich bedeutsam. Es geht um die *Vermittlung* des Heiles bis in den psychischen, sozialen und politischen Daseinsraum hinein. Wenngleich für Schillebeeckx gilt: "Befreiung oder Heil ist dann Überwindung aller menschlichen, persönlichen und gesellschaftlichen Entfremdungen"[12], so bleibt doch auf der anderen Seite zu sagen, "daß sich die Entfremdung im menschlichen Leben weder persönlich noch gesellschaftlich völlig überwinden läßt; befreite Freiheit oder Heil übersteigt Person und Gesellschaft".[13] Selbst wenn die Strategie der Optimierung gesellschaftlicher Strukturen an ein höchstmögliches Zielmaß heranreichen sollte – wobei noch nicht ausgemacht ist, an welchen Parametern für den einzelnen diese perfekte Gesellschaft ablesbar ist –, kann es immer noch für viele eine lebensbedrohende Entfremdung geben.[14]

Schillebeeckx hat mit seinen Überlegungen zum Problem "Befreiung-Heil" klar herausgestellt, daß emanzipative Selbstbefreiung nicht zum Ziel wahrer menschlicher Freiheit gelangt, wenn nicht Gott als absolute Freiheit und schöpferische Liebe ins Spiel kommt. Letzteres kann aber

---

ziokultureller Prozeß, und das sogenannte innere Leben ist selbst ein lebendiger Teil eines kulturellen Prozesses." Vgl. ebd., 77.

9 So heißt es in der Deutung der irenäischen Paideia-Lehre, die der Autor gibt. Vgl. Jesus, 499.

10 Vgl. ebd., 553.

11 Ebd.

12 Ebd.

13 Vgl. ebd.

14 Vgl. ebd., 554: "... in den besten Gesellschaftsstrukturen kann man noch an Entfremdung zugrunde gehen; optimale Strukturen machen die Menschen nicht automatisch zu guten, reifen menschlichen Menschen."

nicht heißen, daß Heilsgeschichte als etwas gegenüber der realen Geschichte der Menschen Fremdes und Äußerliches erfahren wird. Beide sind aufeinander bezogen, so sehr, daß Gottes Offenbarung sich erst im Prozeß profaner Befreiungsgeschichte ereignen kann: "Niemand kann sich in dem Kampf für das Gute und gegen das Böse über die Parteien stellen, genauso wenig, wie Gott in jeder beliebigen menschlichen Geschichte sein eigenes Wesen offenbaren kann. Nur in einer profanen Geschichte, in der Menschen zu wahrer Menschlichkeit befreit werden, kann Gott sein eigenes Wesen offenbaren."[15] Deshalb muß der Mensch auf das "Heil von Gott her" warten[16], das in Jesus auf ihn zukommt. Damit ist aber die Frage nach Person und Sendung Jesu gestellt: Wer ist er und woher kommt er? Was ist sein Anspruch an uns? Auf welche Weise wird er für uns heute bedeutsam? Wie läßt er sich für uns erkennen? Es soll im folgenden versucht werden, das Verständnis der Person Jesu nach Schillebeeckx, ausgehend von seinem Buch "*Jesus – die Geschichte von einem Lebenden*", zu erarbeiten. Dabei werden die für Schillebeeckx bedeutsamen Aspekte: Verkündigung des Reiches Gottes, Jesus als endzeitlicher Prophet und die Bedeutung Jesu für das *Humanum* herausgestellt (1.2.), um dann vertiefend auf die Besonderheit Jesu und das Handeln Gottes durch ihn einzugehen (1.3.). Da man nach Schillebeeckx der Gestalt Jesu nicht ohne die Glaubenserfahrung der Jüngerschaft und der ersten Gemeinden ansichtig werden kann, müssen die verschiedenen Credo-Modelle im NT behandelt werden, die für ihn einen wichtigen Zugang bieten (1.4.). Mit Absicht ist die Darstellung nicht rein deskriptiv gehalten, sofern immer wieder an Ort und Stelle kritische Rückfragen zu Einzelthemen gestellt werden. Dies gilt auch für Abschnitt 1.5., der das Verständnis der Auferstehung Jesu, wie es Schillebeeckx entwickelt, erarbeiten will und dem wegen der im Osterereignis gelegenen zentralen Heilsbedeutung ("endgültiges Heil in Jesus von Gott her") ein besonderes Gewicht zukommt. Im Anschluß daran soll die Frage nach dem "Zusammen" von Gott und Mensch in Jesus gestellt werden, die die Frage nach der Weise ist, in der Gott sich in Jesus offenbart (1.6), bevor in Abschnitt 1.7. mit Frage nach der Personkonstitution ein wichtiges Thema chalcedonischer Theologie aufgegriffen wird. Da es entsprechend der Fragestellung dieser Studie vor al-

---

[15] Schillebeeckx, Menschen, 29.

[16] Vgl. ebd., 165: "Alle Hoheitstitel im Neuen Testament finden ihren unmittelbaren Ursprung in der Erfahrung von Heil-von-Gott-her in Jesus Christus, durch das Gläubige ihr Leben verändert sahen. Den Zusammenhang zwischen dem Kommen des Reiches Gottes und persönlicher Metanoia oder Lebensumkehr erfuhren die Jünger Jesu in ihrem eigenen, lebenserneuernden Umgang mit Jesus."

lem um die Relevanz eines metaphysischen philosophischen Ansatzes für die Christologie geht, schließen einige Reflexionen darüber, wie bestimmte philosophische Positionen einen maßgeblichen Einfluß auf sein Denken ausüben (1.8.), den Passus über Schillebeeckx' Jesulogie ab.

1.2. Gottes Heilshandeln in Jesus Christus

Das christologische Anliegen von Schillebeeckx konzentriert sich darauf, aus dem Eindruck, den der irdische Jesus gemacht hat, "den theologischen Tenor des kirchlichen Kerygmas besser zu verstehen".[17] Norm und Kriterium des christlichen Glaubens ist für ihn Jesus von Nazaret.[18]

Schillebeeckx bedient sich einer meta-dogmatischen[19], exegetischen und narrativen Methode, um die Glaubwürdigkeit christlicher Glaubensaussagen an ein notwendiges Minimum von historischen Daten zu binden, durch das die Verläßlichkeit der Glaubensbotschaft abgesichert wird. Hermeneutisch ist seine Theorie der "Kontrast-Erfahrung" für seinen Zugang zur Gestalt Jesu bestimmend. Damit ist die Auswertung solcher Erfahrungen gemeint, in denen sich bei aller Negativität und Sinnlosigkeit des Leidensschicksals eine unerschütterliche Hoffnung durchhält.[20] Die Deutung des Todes Jesu als ein fundamental negatives Ereignis, das erst in der Auferstehung überwunden wird, gewinnt auf dem Hintergrund dieser Theorie einer allgemein-menschlichen Erfahrung ihr besonderes Format.[21]

Mit dem, was er "Kontrast-Erfahrung" nennt, verfolgt Schillebeeckx das Anliegen, an eine Grundgegebenheit des Menschseins anzuknüpfen und dem Menschen von heute, der durch den positivistischen Empirismus geprägt ist, die Heilsbotschaft zugänglich zu machen. Die Erfahrungssituation des Menschen bildet darum den entscheidenden Ausgangspunkt, wenn es darum geht, in Jesus Christus die Offenbarung Gottes

---

17 Vgl. Jesus, 429.

18 Vgl. ebd. Die Frage ist allerdings, ob dieser Jesus von Nazaret als geschichtliches Abstraktum, d. h. ohne den Glauben der Kirche, überhaupt erkenntnismäßig zu haben ist.

19 Zur Verdeutlichung des Begriffs vgl. Becker, 176: "... Schillebeeckx insists that it will be necessary to bracket the entire dogmatic tradition since Nicea so that the data of faith do not prejudice the rigorous historical investigation. Far from disproving the New Testament's faith-affirmations about Jesus, such a 'meta-dogmatic' procedure instead will demonstrate their credibility by showing that from a historical point of view the Christian interpretation of Jesus is at least possible."

20 Vgl. Becker, 186.

21 Vgl. ebd.: "... he (Jesus) is *universally* accessible through the 'contrast-experience' which he shared with us, who through faith find the resolution of our own 'contrast-experiences' and the path to our own kindom-praxis in his perosn and his resurrection."

zu gewahren.[22] Daher spielt der Begriff "Erfahrung" eine Schlüsselrolle, wenn es darum geht, auszusagen, wer Jesus Christus ist und welche bleibende Bedeutung ihm zukommt.

> "In unseren menschlichen Erfahrungen können wir erfahren, was unsere Erfahrung übersteigt und was sich in ihnen als unerwartete Gnade verkündet."[23]

1.2.1. Jesus als Verkünder des Reiches Gottes

Für Schillebeeckx steht Jesu Sendung ganz im Dienst des Reiches Gottes, das er verkündet und für das er als Gottes Gesandter mit seinem Wort und Beispiel einsteht. "Reich Gottes" bezeichnet eine irdische Realität, die von einem gewaltfreien Zusammenleben der Menschen, von dem Ende jedes Herr-Knecht-Verhältnisses[24] und vom herrschaftsfreien Diskurs geprägt ist:

> "Reich Gottes ist die von Menschen bejahte oder willkommen geheißene aktive und ermutigende, heilsame Gegenwart Gottes unter den Menschen. Eine von Gott angebotene und von Menschen frei bejahte heilbringende Gegenwart, die vor allem konkret anschaulich wird in Gerechtigkeit und Friedensbeziehungen unter Menschen und Völkern, im Verschwinden von Krankheit, Unrecht und Unterdrückung ... Reich Gottes ist ein bekehrtes, neues Verhältnis (metanoia) des Menschen zu Gott, dessen greifbare und sichtbare Seite ein neuer Typ befreiender Beziehungen zwischen den Menschen untereinander in einem versöhnten Zusammenleben in einer friedlichen natürlichen Umwelt ist. ... Reich Gottes ist die Aufhebung des schmerzlichen Gegensatzes zwischen Herrschern und Beherrschten (auch dort, wo Gott als ein solcher tyrannischer Herrscher angesehen wird)."[25]

---

[22] Jesus, 27: "Als Glaubender will ich kritisch nach der menschlichen *Verständlichkeit* des christologischen Glaubens an Jesus, vor allem in seinem Entstehen, suchen. Auge in Auge mit den vielen realen Problemen ist es mir fast in der Tat sowohl um eine 'fides quaerens intellectum' als auch um einen 'intellectus quaerens fidem' in einem zu tun; das heißt, in der gleichen Ehrfurcht vor dem Glauben und vor der menschlichen Vernunft will ich nach dem verständlichen Sinn des christologischen Glaubens an Jesus von Nazaret für heutige Menschen suchen."

[23] Schillebeeckx, Christus, 71; vgl. auch Becker, 174: "In Schillebeeckx' theology of revelation and experience, then, the objective event (revelation) and the subjective response (experience) are inseparable: the former cannot be abstracted from the latter. There is also a considerable disjunction in his thought between (1) traditional interpretations of the event of revelation and (2) the original experience; the normative value for the theological articulation of the revelatory event lies not in the former, but in the latter itself."

[24] Vgl. Schillebeeckx, Menschen, 157: "Reich Gottes ist eine neue Welt behobenen Leidens, eine Welt völlig heiler oder geheilter Menschen in einer Gesellschaft, in der Frieden herrscht und keine Herr-Knecht-Beziehungen, eine ganz andere Situation also als in der damaligen Gesellschaft."

[25] Ebd., 152. Brambilla zählt als die für Schillebeeckx wesentlichen Momente dieser Reich-Gottes-Verkündigung auf: die Herrschaft Gottes inmitten der Menschheit, die

"Reich Gottes" bezeichnet aber auch die Natur Gottes selbst. Diese Natur Gottes impliziert Menschlichkeit, sofern Gott immer liebend auf die Menschheit bezogen ist.[26] Dieses Reich Gottes ist unlöslich an die Person Jesu gebunden: In ihm ist Gottes Menschlichkeit enthalten.[27]

Jesus stand mit seinem Beispiel umfassend für das Reich Gottes ein, das die Strukturen der Sünde in ungerechten Gesellschaftsverhältnissen und im Verhaltenskodex der Menschen überwinden will. Wegen seines Gesichtspunktes, der die äußeren Lebensbedingungen zum Gradmesser des Befreiungshandelns Gottes an seinem Volk wählt, fällt das Schwergewicht bei Schillebeeckx auf den immanenten Aspekt von Heil. Jesu Interesse und Zuwendung gilt vor allem den Verachteten, Ausgestoßenen, von der Gesellschaft an den Rand Gedrängten oder von ihr Isolierten, den wirklich Armen und Sündern. Ihnen tritt er als der Befreier gegenüber:

"Dadurch können diese Armen schließlich auf den Wertmaßstab ihrer Gesellschaft verzichten, die sie so sehr erniedrigt hatte. Und diese neue, wirklich befreiende Situation ist zugleich der mögliche Beginn einer gesellschaftlichen Selbstbefreiung, denn einem gesellschaftlichen Wertesystem aufgrund der Erniedrigung bejahend anzuhängen, ist gerade die größte Barriere für die Selbstbefreiung von Armen und Unterdrückten."[28] Schillebeeckx hebt die radikale Theozentrik in der Verkündigung Jesu hervor:

> "Jesu Verkündigung der auf Menschlichkeit bedachten Gottesherrschaft, d. h. der Sache Gottes eben als Sache des Menschen, betraf nicht unmittelbar ihn selbst als eine Art zweites Subjekt seiner Botschaft; mit anderen Worten, er predigte nicht sich selbst."[29]

Nur in einem eingeschränkten Sinn hat Jesus sich selbst verkündigt, denn er ist doch ganz in "der Sache Gottes eben als Sache des Menschen" aufgegangen.[30] Daß Jesus über sein Lebensbeispiel und seine

---

Sache Gottes als die Sache des Menschen und das Heilsangebot von Gott her. Vgl. ders., 369.

26 Vgl. Kennedy, 333.

27 Vgl. ebd.: "Moreover, for Schillebeeckx, the kingdom of God is intrinsically tied to the person of Jesus of Nazareth: the humanity of God is disclosed in the humanity of Jesus."

28 Jesus, 153f.

29 ebd., 131.

30 Vgl. Jesus, 131; vgl. auch Brambilla, 370: "Gesù non annuncia se stesso, ma nell'annuncio del Regno dischiude una nuova esperienza e comprensione di Dio." Eine Einschränkung dieser Position ist es, wenn Schilleebeecks an anderer Stelle (ebd., 481) sagt: "Mit ihm, der sich während seines Lebens mit der Sache Gottes, der kommenden Gottesherrschaft, identifizierte, hat sich Gott selbst identifiziert, indem er ihn von den Toten auferstehen ließ; Jesus Christus selbst ist diese Gottesherrschaft. So verkündete Jesus, der nicht sich selbst, sondern die Gottesherrschaft proklamierte, sozusagen ohne

Verkündigung hinaus auch der definitive *Mittler* der Gottesherrschaft[31] ist, wird nicht direkt thematisiert, wenngleich die Praxis Jesu das zukünftige Heil bereits jetzt gegenwärtig macht.[32] Diese definitive Mittlerschaft des Gottesreiches, zusammen mit der an vielen Stellen des NT hervortretenden Offenbarungseinheit von Vater und Sohn hätte es zumindest nahelegen können, in der Person Jesu und seiner geschichtlichen Proexistenz die unmittelbare Einheit von Gehalt und Vermittlung[33] der Basileia zu sehen.[34] Obgleich es richtig ist, daß Jesus nicht mit betonten Aussagen über sich selbst hervortritt, die sein Selbstverständnis auslegen, so ist doch m. E. die Frage, ob es nicht einen realen, in seinem Verhalten gelegenen Anspruch Jesu gibt, der eschatologische Heilbringer zu sein, d. h. in der Weise der Implikation die Gehalte der messianischen Heilbringergestalten (Gottesknecht, Messias, Menschensohn, Sohn Gottes) zu erfüllen. Auch Jesu Verhalten in Hinbeziehung auf Gott, seinen Vater und im Umgang mit den Menschen stellt schon eine Weise der Selbstrepräsentation dar.[35]

Daß Jesus dieser "eschatologische Bote" Gottes ist, zeigt sich vor allem in der Einladung von Sündern und Ausgestoßenen, denen er "die Nähe der kommenden Gottesherrschaft verkündet", und Zöllnern (d. h. Sün-

---

Arg 'sich selbst': Der Verkünder ist der Verkündete." Dies ist aber für Schillebeeckx in einem ganz funktionalen Sinne zu verstehen.

31 Vgl. oben, 62.

32 Vgl. Brambilla, 370. Dieses Problem der Gegenwart des Reiches Gottes in der Person Jesu und seiner Ausständigkeit wird thematisiert von Kennedy, 334: "... the kingdom of God is eschatological, which is to say that it is only fragmentarily present in human history. It follows from this that its approach can only be partially realized and anticipated in history.Hence, the approach of teh kingdom of God is connected with an action that strives to establish the kingdom of converted relationships: 'Jesus makes a connection between the coming of God's rule and *metanoia*, that ist the actual praxis of the kingdom of God.'" Vgl. Jesus, 126: "Sein (Jesu) Leben ist durch seine Erwartung des Reiches Gottes in Hingabe an die Gottesherrschaft ergriffen, steht in deren Bann, so daß sein ganzes Leen einerseits eine 'Feier' dieser Herrschaft war und andererseits ein Vorausgehen in Orthopraxis des Reiches Gottes."

33 Vgl. G.L. Müller, Lehre von Jesus, 111.

34 Dies geht wohl nur in einer Christologie, die auch ältere metaphysische Ansätze aufnimmt und in ihr Konzept intergriert.

35 Nicht allein die Titel sind entscheidend für die Frage "Wer ist Jesus?", sondern vor allem auch sein Handeln. Dieser Gedanke wird von Schillebeeckx stark enfaltet. Vgl. Brambilla, 371: "La connotazione caratteristica è la *priorità ermeneutica e contenutistica della prassi*, cioè di quel comportamento storico che media la realtà della vicinanza benevolente di Dio in Gesù. L'ampia mappa che articola il messaggio del Regno segue due direttrici fondamentali: le parole di Gesù (parabole; beatitudini) e le azioni-gesti di salvezza (...), in cui avviene concretamente l'apparizione della signoria di Dio."

dern) "zur großen eschatologischen Tischgemeinschaft mit Gott".[36] Sein Verhalten steht damit im Gegensatz zu jenem der Pharisäer, denen es eher angelegen ist auszuschließen als einzuschließen. "Die Sünder müssen zu Gottes Tisch und zur Gemeinschaft mit Menschen eingeladen werden, damit sie so aus ihrer Isolierung herausgeholt werden."[37] Mit seinem Wort und in seinem Verhalten eröffnet Jesus eine neue Möglichkeit zu leben – in Übereinstimmung mit seinem Wort und seiner eigenen Geschichte.[38] Gerade in dieser "Tat-Prophetie" ist Jesu Lebenspraxis auch Praxis[39] des Reiches Gottes, wie Schillebeeckx sagt.[40]

1.2.2. Jesus der endzeitliche Prophet

Einer der zentralen und vorrangigsten Gegenstände, die Schillebeeckx im ersten Teil seines Jesus-Buches behandelt, ist der Umstand, daß die Jünger Jesus – entsprechend dem jüdischen Modell des "eschatologischen Propheten" und Jesu eigenem Selbstverständnis – in erster Linie als Propheten erfuhren: derjenige, der da kommen soll, der Prophet, der größer ist als Mose, der mit Gott von Angesicht zu Angesicht geredet hat.[41]

Tatsächlich wurde Jesu Auftreten und seine Verkündigung von vielen seiner jüdischen Zuhörer mit der Unheils- und Heilsverkündigung der alttestamentlichen Propheten in Verbindung gebracht.[42] Wer bedenkt, daß im Spätjudentum die Erwartung eines endzeitlichen Propheten wachgehalten wurde, wofür man in Dtn 18,15–18 als auch in Mal 3,1–23.24 einen *locus theologicus* besaß, den wird es nicht verwundern, wenn auch Jesus selbst als mit den Propheten in einer Reihe stehend eingeschätzt wurde.[43] Schillebeeckx geht in den Abschnitten seines Buches,

---

36 Vgl. Jesus, 187.

37 Ebd.

38 Vgl. Brambilla, 371.

39 Zur Verständnis von "Praxis" bei Schillebeeckx vgl. Kennedy, 277–284.

40 Vgl. Jesus, 193.

41 Vgl. Becker, 180f.

42 Vgl. Mt 21,11: Jesus, der Prophet aus Nazaret in Galiläa; vgl. Mk 8,28; 14,65. Auch J. Auer geht von einer ersten Deutung Jesu als eines Propheten in der Logienquelle aus. Vgl. ders., Jesus Christus, 96: "Zwei Wesenszüge bestimmen dieses Jesusbild: das erste ist: Jesus ist ein Bote der göttlichen Weisheit, ein Prophet im Sinne der deuteronomistischen Aussage über die Propheten (vgl. Nah 9,26f), die Jesus selbst in seiner Rede gegen die Pharisäer und Schriftgelehrten aufgreift (Lk 11,47–52); Jesus ist ein Prophet, ihm nebengeordnet noch Johannes der Täufer (Mt 11,7–11,18), der das Schicksal der früheren Propheten, Verfolgung und Tötung durch die Menschen, zu denen er gesandt ist, erfährt (vgl. Mk 12,1–12: Gleichnis von den Winzern)."

43 Vgl. Ernst, Propheten, 632; vgl. Jesus, 392: "Unmittelbar vor, während und nach dem Exil sehen wir die ersten Zeichen der Hoffnung auf eine kommende Heilsgestalt. Diese

die der Prophetenchristologie gewidmet sind, besonders von der *Q-Tradition* aus – einer der dem NT zugrundeliegenden Schichten, auf deren eigene Christologie er großen Wert legt.[44] Die Q-Tradition sieht Jesus "in der Traditionslinie der Propheten Israels, die ermordet werden".[45]

"Die Überlieferung der Q-Gemeinde enthält Logien, in denen Jesus seine Sendung auf der Linie der Propheten sieht (Mt 23,29–30 und 23,34–36.37 par) und oft im Zusammenhang mit dem eschatologischen Gericht; der irdische Jesus ist für die Q-Gemeinde daher unverkennbar der eschatologische Prophet, aber ohne irgendeinen dynastisch-davidischen Messianismus; der Titel Christus fehlt in dieser ganzen Q-Tradition und ... nicht nur zufällig."[46]

In dieser Tradition der Q-Gemeinde, die nirgendwo vom Tod Jesu spricht, steht das Martyrium des von Gott gesandten Propheten und seine Ablehnung im Vordergrund. Jesus selbst vergleicht sein Lebensschicksal in Mk 6,4 par und Lk 13,33 mit dem eines Propheten: "implizit wird hier angedeutet, daß Jesus sein Leben in prophetischen Kategorien denkt, in diesem Fall: insofern sie Verwerfung und Martyrium einschließen."[47]

Während es für den Judaismus als Vorläufer der messianischen Heilsgestalt zwei Typen eines endzeitlichen Propheten[48] gab – die Gestalt des

---

nahm verschiedene Gestalten an. Einige auf der Linie eines davidischen Messianismus (Jes 11,1–2), andere auf der Linie des Prophetismus, aus dem, noch später, die Erwartung eines kommenden 'eschatologischen Propheten' erwachen sollte."

44 Aber auch für Lk und Joh läßt er die "Identifizierung Jesu mit der Sache Gottes" nach der Prophetentradition gelten. Vgl. Jesus, 422 (für Lk), vgl. ebd., 433: "Auch das ganze Johannesevangelium wird aus einer allerdings hoch-sapientialen Auslegung des eschatologishcen Propheten Gottes verständlich."

45 Vgl. Jesus, 243; vgl. Hahn, Hoheitstitel, 382. Nicht nur in Q, sondern auch bei Johannes gibt es das Motiv vom Propheten. Im Johannesevangelium ist die Anerkennung Jesu als "Prophet" aber nur eine erste Stufe der Begegnung mit ihm (vgl. Joh 6,22–59; 6,14–15; 4,19; 7,40; 9,17).

46 Jesus, 423.

47 Jesus, 422; vgl. auch ebd., 249: "Als Prophet der Endzeit und richtiger Gesetzeslehrer ist Jesus 'das Licht der Welt'. Die Interpretation seines Todes als Mord an dem Propheten Gottes zeugt daher von einer Auffassung vom Tod Jesu, die diesen nicht isoliert, sondern in der Perspektive seines ganzen prophetischen Lebens sieht, das diesem Tod vorausging. Man kann sagen, daß dem Tod Jesu 'an sich' keine besondere Bedeutung zugeschrieben wird, sondern daß er zum Ausdruck bringt, daß die Person und das prophetische Auftreten Jesu selbst das 'Licht der Welt' ist."

48 Was unter diesem Begriff im Judaismus nach Schillebeeckx zu verstehen ist, dazu vgl. Jesus, 397: "Im Judaismus sind eschatologische Propheten Personen, die in der Endzeit einen besonderen Auftrag von Gott erhalten, entweder als Vorläufer der eigentlichen eschatologischen Heilsgestalt oder als die große, einzige Gestalt, die in der Endzeit hervortritt."
Fünf Typen lassen sich davon unterscheiden: a) der eschatologische Propheten-Wundertäter, der mit dem Anspruch auftritt, das Mannawunder, die Teilung des Jor-

Elias redivivus (vgl. Mal 3,23.24), der als "Bote des Gerichts" erscheint, und eines Propheten wie Mose (vgl. Dtn 18,15–19), die vom dynastisch-davidischen Messias scharf unterschieden sind –, erfaßt das NT für Schillebeeckx Christus also insbesondere unter dem Titel dieses endzeitlichen Propheten.[49] Deshalb entwirft er auf dem Hintergrund der exegetischen Forschung bis 1973 eine dezidierte Prophetenchristologie, die mit einer Vielzahl von Belegen über das Auftreten Jesu aus dem NT (und darin in erster Linie aus Q) aufgefüllt wird: "Jesus, der endzeitliche Prophet" ist die grundlegende, allen differenzierteren Glaubensperspektiven vorausgehende "eine identische Personidentifizierung".[50] Diese erste Identifizierung macht das "Grundcredo allen Christentum"[51] aus. Sie ist nicht zu verwechseln mit der im ersten Teil dieser Studie[52] angegebenen "Glaubenssynthese" der frühesten Kirche, denn sie ist "eine vorösterliche Gegebenheit"[53].

Für die früheste Schicht der urkirchlichen Bekenntnisbildung ist der Begriff des endzeitlichen Propheten für Schillebeeckx schlechthin zen-

---

danwassers, die Jesajawunder der Exodustradition zu wiederholen (vgl. Jes 40,4–5; Apg 5,36); b) der Elia redivivus, der als unmittelbarer Wegbereiter Gottes genauso wie als nationalpolitisch verstandener Vorläufer des Messias das Zwölf-Stämme-Volk wiedersammeln soll (vgl. Mal 3,1.23–24; vgl. Sir 48,10; Jes 49,6); c) der messianisch-endzeitliche Prophet, der die Eigenschaften des davidischen Messias und des eschatologischen Propheten auf sich vereinigt; d) Mose als der endzeitliche Prophet (vgl. Dtn 18,15–18; vgl. Hahn, Hoheitstitel, 367); e) der endzeitlich wiederkehrende Mose, der zu Gott entrückt ist als Moses redivivus. Vgl. dazu Jesus, 397–398.

49 Vgl. ebd., 398.

50 Vgl. ebd., 390.

51 Vgl. ebd., 389.

52 Vgl. oben, 16.

53 Vgl. ebd., 390. Die Hypothese, in dieser Namengebung das erste und grundlegende Bekenntnis über die Identität Jesu zu besitzen, wertet Schillebeeckx dahingehend aus, daß die nachösterliche explizite Christologie in der nicänischen Tradition nur einer unter vielen möglichen – jedoch nicht notwendigen – hochchristologischen Auslegungsweisen begegnet. Es scheint, als liege in der kirchlichen Christologie seit Nicäa bereits eine Engführung auf eine ganz bestimmte, hoch-christologische Tradition vor.
Für Schillebeeckx ist die erste, schon vor Ostern mögliche, Namengebung das entscheidende synthetische Moment, das den irdischen Jesus mit den urchristlichen Credos verbindet. Vgl. ebd., 388: "Es geht im Christentum nicht nur um die bleibende Botschaft Jesu und ihre endgültige Relevanz, sondern im Kern um die bleibende, eschatologische Relevanz seiner Person selbst. Das ist die eigentliche christologische Einheit in diesen vier Credo-Modellen." Schon dasjenige, was vorösterlich von Jesus, dem Propheten aus Nazaret, gewußt wird (im Sinne einer *ersten* Identifizierung seiner Person), "kann uns dann deutlich machen, was das Urchristentum genau unter dem Bekenntnis: Er ist der Christus, der Menschensohn, der Sohn Gottes, der Herr, verstanden hat." Vgl. ebd., 390.

tral. Alle anderen Bekenntnisbegriffe sind dem des eschatologischen Propheten untergeordnet. Sie empfangen von ihm her ihren Sinngehalt:

> "Von unserer Arbeitshypothese aus, nämlich daß der historische Jesus für die ersten Christen Norm und Kriterium allen Bekenntnisses, aller Homologie, Katechese und Paränese ist, müssen wir unser zu schnell vorausgesetztes genaues Wissen darüber, was diese Bekenntnisbegriffe beinhalten, beiseite schieben und untersuchen, wie die Identifizierung der Person Jesu als eschatologischer Prophet uns gerade eine Einsicht in das gibt, was die christlichen Gemeinden mit diesen ihren Glaubensbekenntnissen ursprünglich gemeint haben ... ."[54]

Damit zeigt sich, daß Schillebeeckx die Deutung Jesu im Horizont der Prophetenvorstellung auch als das entscheidende Kriterium für das christliche Glaubensbekenntnis ansetzt.

Für Schillebeeckx gilt, daß die kategoriale Deutung Jesu als des endzeitlichen Propheten bereits vorösterlich fixiert ist und durch das Osterereignis keine wesentliche Neuausrichtung erfährt. Deshalb kommt es zu einer nebeneinander liegenden Ordnung der verschiedenen kategorialen – für den irdischen Jesus bereits gegebenen – Deutungselemente, wobei der Titel "eschatologischer Prophet" alle anderen Glaubensbekenntnisse der Kirche in der Form der Implikation schon in sich enthält. Dies muß jedoch zu einer nivellierenden Synonymität der christologischen Titel führen:

> "Daß das Bindeglied zwischen dem irdischen Jesus und dem kerygmatischen Christus die allen Credorichtungen gemeinsame Anerkennung des irdischen Jesus als eschatologischer Prophet ist (der zwar alle Erwartungen übersteigt) und daß diese Identifizierung (*zumindest* als Frage und Vermutung) höchstwahrscheinlich schon vorösterlich ist, hat enorme Konsequenzen. Es deutet auf eine große Kontinuität zwischen dem Eindruck, den Jesus während seiner irdischen Lebenstage gemacht hat, und den augenscheinlich 'hochchristologischen' Kerygmata oder Glaubensbekenntnissen der Kirche nach seinem Tod. Denn traditionsgeschichtlich kann man noch verfolgen, daß all diese Kerygmata im damaligen Judentum mit dem Titel 'eschatologischer Prophet' schon mitgegeben sind."[55]

Nun ist die Existenz einer isolierten Q-Überlieferung durchaus kein gesichertes Datum. Schon allein gegen die zunächst als sicher angenommene Existenz einer Q-Quelle und vor allem einer selbständigen Q-Gemeinde sind immer wieder beachtenswerte Bedenken ins Feld geführt worden.[56]

---

[54] Jesus, 390.

[55] Vgl. ebd., 425.

[56] Vgl. Grillmeier, Jesus der Christus, Bd. 1, 25; vgl. auch Pollaq, Die Christologie der Logienquelle. Daß in Q eine isolierte Jesusüberlieferung vorliegt, die von den Passions- und Auferstehungsberichten des Urchristentums und auch von der nachösterlichen

Aber selbst, wenn man eine solche unabhängige Propheten-Christologie in einer frühen Schicht des NT konzediert, lassen sich gegen eine Reduktion der Gestalt Jesu auf das Moment des Prophetischen bzw. zu dieser ganzen Prophetenchristologie, wie Schillebeeckx sie aus Q und aus anderen Schichten des NT meint destillieren zu können, einige entscheidende Argumente anführen: Liegt in der Logienquelle und in der Jesusüberlieferung wirklich eine geschlossene Christologie vor, in der Jesus eine Deutung im Sinne der alttestamentlichen Propheten erfährt? Sind die prophetischen Worte Jesu mit der Gattung alttestamentlicher Prophetensprüche konform? Kommt der im NT sicher vorhandenen Prophetenchristologie eine formale Eigenständigkeit zu, so daß sie sich scharf von anderen Deutungen Jesu, die das Osterkerygma voraussetzen, abheben läßt?

Die Möglichkeit einer isolierten Behandlung der Prophetenchristologie, die in den ältesten urkirchlichen Überlieferungen tatsächlich vorliegt, hängt natürlich zum großen Teil an der These, daß die Evangelisten und Redaktoren diese ursprüngliche Gestalt der Jesusüberlieferung einfach "überdecken" und nicht eigenständig umgestalten. Demnach würden sie kein eigenes Konzept von "Evangelium" entwerfen, in das vorliegende Erzählstoffe integriert werden, so daß am Ende die alte tradierte Prophetenchristologie unverbunden neben anderen Typen von Christologie vorliegen würde.[57]

Gewiß lassen sich verschiedene Ähnlichkeiten zwischen alttestamentlichen Prophetensprüchen und manchen Logien Jesu ausmachen. Allerdings läßt schon ein formaler Vergleich zwischen der Gattung einer alttestamentlichen "Prophezeiung" und prophetischen Jesuslogien erkennen, daß die "Botenformel" in letzteren jeweils völlig fehlt. Dieser Tatbestand weist schon darauf hin, daß die prophetischen Worte Jesu nicht von höherer Autorität abgeleitet sind, sondern eigener Initiative und Autorität zugesprochen werden, da Jesus nicht durch Berufung auf das

---

Christologie und Soteriologie unbeeinflußt geblieben ist, findet in der neueren Forschung keine Stütze. Vgl. Scholtissek, Ursprünge, 182.

[57] Daß dies aber keine schlüssige Annahme ist, wurde in dem längeren hermeutischen Abschnitt, besonders anhand der neueren Untersuchungen von K. Scholtissek zu zeigen versucht. Vgl. oben, 42. Schon A. Grillmeier macht darauf aufmerksam, daß man das ohne Zweifel vorhandene Prophetenmotiv nicht zunächst isolieren kann, um dann erst "in zweiter Linie seinen Kontext zu betonen", weil es von Anfang an nur "im Kontext der gesamten christologischen Überlieferung der Evangelien und der Apostelgeschichte" zu finden ist. Vgl. Grillmeier, Jesus der Christus, Bd. 1, 26. In einer formgeschichtlichen Betrachtung muß unbedingt beachtet werden, welche Bedeutung die Christolgie des endzeitlichen Propheten im Gesamtkontext oder im "Gestaltganzen" des Evangeliums gewinnt.

Sprechen Gottes autorisiert zu werden braucht.[58] Inhaltlich korrespondiert damit eine Botensituation, die "nicht mehr in den Bereich der Prophetie, sondern in den der Heilserfüllung durch Gott" gehört.[59] Schon in Q läßt sich die "Abhebung von der Prophetie" erkennen, sofern ein besonders vertrautes Gottesverhältnis und auch eine Form besonderen Offenbarungswissens für Jesus geltend gemacht wird.[60] Gerade die Vollmachtsfrage, die im Hinblick auf die Sündenvergebung, die Gesetzesauslegung Jesu und die definitive Mittlerschaft der Basileia aufbricht, muß doch zu der Einsicht führen, daß Jesus jede prophetische Stellung überragt.[61] In dem Logion Lk 7,24–26 über Johannes den Täufer geht Jesus selbst davon aus, daß schon der Täufer nicht mehr einfachhin als Prophet verstanden werden kann. Um so weniger kommt dies dann für Jesus selbst in Frage, der sich ja noch einmal von Johannes deutlich abhebt als der, der die Basileia Gottes kraft eigener Autorität vermittelt und anfanghaft herbeiführt. Diese Abhebung der Prophetie Jesu durch seine Vollmacht blendet Schillebeeckx aus, wenn er z. B. sagt:

> "Das Neue an Jesu Haltung zum Gesetz, zur Tradition, zu den geltenden Gottesbildern entspringt nicht unmittelbar seiner transzendenten Autorität, die sich an die Stelle des Mose setzt. *So* wird das, was an Neuem in Jesus zutage tritt, ohne eine Vermittlung unmittelbar auf seine Göttlichkeit zurückgeführt, und so ist die kritische Kraft seiner menschlichen Entscheidung der Grund auch, warum er verurteilt wurde, völlig bagatellisiert."[62]

Bei vielen Zeichenhandlungen Jesu (wie z. B. der Tempelaustreibung bei Mk 11,15–17/Joh 2,14–17) liegt doch der Bezug zum Handeln Gottes in der Person des Handelnden selbst. Zudem: Der Nachdruck im NT liegt auf der Unüberbietbarkeit und Endgültigkeit des Basileia-Handelns Gottes in Jesus, so daß "Jesus der Prophet" in der Reihe der übrigen Propheten (einschließlich Johannes des Täufers) nur als Analogie zu nehmen ist. Und wenn es in den Prophetensprüchen von Q eine Nähe Jesu zu den Propheten gibt – immer kommt es zur Ablehnung des "Propheten" –, so bleibt doch aufrecht, daß die Ablehnung Jesu eine letzte und unüberbietbare Zurückweisung Gottes selber ist. Dieser Of-

58 Vgl. Grillmeier, ebd., Bd. 1, 27.

59 Vgl. Pollaq, 118.

60 Vgl. Grillmeier, Jesus der Christus, Bd. 1, 31.

61 Vgl. Pollaq, 122.

62 Schillebeeckx, Menschen, 158 (Hervorhebung von mir). Der Autor will hier sagen, daß man den Grund für Jesu menschliche Entscheidung zu seinem Lebensschicksal und den Grund seiner Verurteilung übergehen würde, wenn man das Motiv seines Verhaltens zur jüdischen Tradition einfachhin seiner transzendenten Autorität ("neuer Mose") zuschreiben würde.

fenbarungseinheit Jesu mit Gott in seinem Handeln kommt für Schillebeeckx jedoch keine besondere Bedeutung zu.

Die Synoptiker, die Apostelgeschichte und Johannes leisten eine Auswertung und Integration des Prophetenmotivs, das in je verschiedener Weise bei ihnen wieder aufscheint, jedoch immer in Verbindung mit anderen christologischen Deutungskategorien (Christus, der Gesalbte, der Menschensohn, der Sohn Gottes). Es gibt im NT keine in sich geschlossene Christologie, in der Jesus allein der eschatologische Prophet ist, den Gott gesandt und von den Toten auferweckt hat.[63] Um zum Geheimnis Jesu durchzudringen, reicht sie von sich selbst her nicht aus. Der Anspruch, den Jesus vertritt, macht deutlich, daß er über Abraham und die Propheten zu stellen ist (vgl. Joh 8,52–53).[64]

1.2.3. Die Befreiungstat Jesu

Nicht die Annahme einer ontologisch wesenhaft fest umschriebenen "Natur" des Menschen durch den Logos interessiert Schillebeeckx, sondern die Tatsache, daß Jesus als der Mensch, der ganz von Gott ist, sich radikal mit unserer menschlichen Lebenswirklichkeit, gerade in ihrer sündigen Gebrochenheit oder "Verworfenheit", identifiziert hat.[65] Das hat Auswirkungen auf die Deutung des Todes Jesu: Nicht, weil Gott ein Opfer verlangte, "daß sein Gerechtigkeitsgefühl befriedigt oder besänftigt"[66], und auch nicht, weil Jesus der große messianisch-politische Führer sein wollte, sondern weil er die Grundentscheidung lebte, jede Macht abzulehnen, hat er den Kreuzestod als "die Konsequenz eines Lebens im radikalen Dienst an der Gerechtigkeit und der Liebe"[67] im angenommen. Das befreiende Handeln Jesu angesichts seines in freier

---

[63] Vgl. Grillmeier, Jesus der Christus, Bd. 1, 31.

[64] Anders Schillebeeckx, Jesus, 425: "Außerdem fällt auf, daß das Johannesevangelium sozusagen nach dem prophetischen Mose-Modell angelegt ist: Jesus ist der neue Mose, der eschatologische 'Prophet wie Mose' und ein noch größerer (Joh 1,17) ... Man darf daher schließen, daß Johannes, innerhalb eines hoch-sapientialen Rahmens (drittes Credomodell), eine Theologie Jesu als des eschatologischen Mose-Propheten gibt, der selbst das Volk wirklich in das gelobte Land führt: 'in den Schoß des Vaters' (Joh 1,18)".

[65] Vgl. Schillebeeckx, Menschen, 166: "Wie Gott, identifiziert sich Jesus vor allem mit ausgestoßenen und verworfenen Menschen, mit dem Unheiligen, so daß auch er selbst schließlich zu dem Verworfenen, dem Ausgestoßenen wird. Diese Identifizierung ist radikal. So besteht eine Kontinuität zwischen dem Lebensweg Jesu und seinem Tod, und wegen dieser Kontinuität findet die Heilsbedeutung Jesu ihren Höhepunkt im Kreuzestod und nicht in dem isoliert für sich betrachteten Kreuzestod."

[66] Vgl. ebd.

[67] Vgl. ebd.

Entscheidung bejahten Lebensschicksals (des im Tod endenden Propheten) besteht in erster Linie darin, in vorbildlicher Weise ein gutes, d. h. alle anderen akzeptierendes und jede eigene Macht negierendes Menschsein zu leben und damit für alle anderen der Weg zu werden, auf dem sie zu Heil und Glück finden können.[68]

> "Den Inhalt dessen, was Gott ist, und den Inhalt dessen, was der Mensch sein kann, den Inhalt also auch des menschlichen Heils, lernen wir Christen stammelnd vom Lebensweg Jesu her auszusprechen. Wir werden zu neuen, wahrhaft menschlichen Lebensmöglichkeiten befreit. Aus allem Vorausgegangenen können wir zumindest dies festhalten: Durch Jesu Erlösung erfahren Christen die Freiheit, zu akzeptieren, daß wir trotz Sünde und Schuld von Gott angenommen sind ..."[69]

Aus seinem befreienden Umgang mit Sündern haben die ersten Christen *nach Ostern* die prinzipielle Macht Jesu, Sünden zu vergeben, erkannt und in den Erzählungen des NT festgehalten.[70] Dies ist das Ergebnis einer Erfahrung und Glaubensinterpretation. Der vorösterliche Jesus dagegen zeigt in seinem Verhalten gegenüber den Sündern eine umfassende und uneingeschränkte Solidarität, die sich um ihres Heiles willen "unter die Sünder mischt" und ihnen so Kommunikation ermöglicht.[71] Damit wird er selbst zur sich bis in den Tod verlierenden "Heilsgabe an Sünder"[72], in deren Hände er sich ausliefert, indem er sich unter sie begibt. "Jesu Tod wir damit zur Besiegelung eines Lebens, das sich berufen weiß, Sünder zur Gemeinschaft einzuladen: zur eschatologischen Gemeinschaft mit Gott, schon vorausgreifenderweise darin erfahrbar, daß wir dem Mitmenschen Verzeihung schenken (Mt 11,25; Mt 6,14–15; 18,21–35)."[73] Durch die ihm in Jesu Vorbild vor Augen gehaltene neue Freiheit gewinnt der Mensch die Möglichkeit, sich durch sein eigenes Gutsein, durch die Förderung mitmenschlicher Beziehungen im Sinne von Gerechtigkeit und Friedfertigkeit für eine Befriedung

---

68 Vgl. ebd., 168: "Darin offenbart sich zuhöchst und endgültig die Menschlichkeit Gottes, der Kern der Botschaft Jesu vom Reich Gottes: Gott, der in der Menschenwelt zu seinem Recht kommt, zu Heilwerdung und Glück der Menschen; auch durch Leiden hindurch."

69 Ebd., 174.

70 Vgl. Jesus, 185. Die "explizite Anerkennung der Macht Jesu, während seiner irdischen Lebenstage Sünden zu vergeben", setzt die "ausdrückliche Anerkennung des auferstandenen Jesus als des kommenden, eschatologischen Menschensohnes" voraus." Vgl. ebd., 185f. Trotzdem war diese eschatologische Sündenvergebung als Handeln Gottes schon im irdischen Jesus selbst wirksam. Vgl. ebd., 186.

71 Vgl. ebd., 188.

72 Vgl. ebd., 188.

73 Ebd.

und Befreiung aller Menschen in unseren Gesellschaften einzusetzen. Dies schließt auch ein starkes Engagement zur Beseitigung "systematischer Kommunikationsstörungen wie Sexismus, Rassismus und Faschismus, Antisemitismus, Haß und Groll gegen Gastarbeiter, westliches kulturelles und religiöses Überlegenheitsgefühl ein".[74]

1.2.4. Eine neue Menschlichkeit

Schillebeeckx unterstreicht in seinem gesamten Opus, daß die Sünde des Menschen immer auch zur Sünde der Gesellschaft wird, da die immer schon von fremder Schuld bestimmte Mitwelt des Menschen ja der Raum seines Freiheitsvollzugs ist, so daß er durch die Aktivierung der auf Intersubjektivität gerichteten Kräfte von dieser Schuld entlastet werden muß. Das faktisch existierende Menschenwesen ist dadurch charakterisiert, daß es mehr ein selbstsüchtiges und daher aggressives Gruppenwesen ist, wodurch die Gattung "Mensch" in Gruppen feindlicher Gesinnung zerfällt und zur Selbstisolation neigt.[75] Trotzdem läßt sich in der zwar von der Sünde entstellten, jedoch nicht gänzlich verdorbenen menschlichen Natur mit der Tradition eine gegenläufige Tendenz ausmachen, die den Menschen auf ein geselliges Mitsein mit den anderen und auf Proexistenz ausrichtet:

> "Das Menschsein für den anderen ist eine *Aufgabe*, die in der Struktur unserer 'menschlichen Konstitution' gleichsam vorgezeichnet liegt ..."[76]

Um aber diese das eigene Ich transzendierende Mitmenschlichkeit, die ja immer nur als Potential im Menschen vorhanden ist, tatsächlich realisieren zu können, bedarf es eines Vorbildes, das den "Gesamtsinn" menschlichen Daseins sichtbar macht: Jesus realisiert sein Menschsein auf solche Art, daß er zum Hinweispunkt "für den Gesamtsinn oder den höchst bestimmenden Sinn jedes menschlichen Lebens wird".[77] In Jesu konkretem Lebensvollzug begegnet dem Menschen etwas, das als Besonderes und Einmaliges angesprochen werden kann – ein "universaler Appell an Menschlichkeit".[78] Die "Sache Jesu" ist die "Sache des Menschen", aber als "Sache Gottes", wie Schillebeeckx sagt[79], d. h. Jesus darf nicht in einer abgeschlossenen nur menschlichen Identität gesehen wer-

---

[74] Vgl. Schillebeeckx, Menschen, 175.

[75] Darauf weist auch G. Szczesny in seinem "Ich und die anderen" hin, vgl. ders., 9–13.

[76] Vgl. Jesus, 537.

[77] Vgl. ebd.

[78] Vgl. ebd., 538.

[79] Vgl. oben, 216.

den, sondern immer auch schon in seiner Hinbeziehung auf den Gott, der die radikale Menschlichkeit will.[80]

> "Mit seiner Person und mit seiner Botschaft und seinem Lebenswandel bürgt Jesus für den befreienden, menschenliebenden Gott. Aus dem Lebensweg Jesu wird für den Gläubigen deutlich, daß der Gott Jesu, der Gott Israels, den Menschen ganz annimmt und ihn durch diese Annahme in Beziehung zu sich selbst und zu anderen, in einer menschlich bewohnbaren Welt, zu erneuern sucht. Dies alles setzt voraus, daß Jesus auch selbst aus der Überzeugung lebte, von Gott bejaht und anerkannt zu sein. Das hat die christliche Tradition später mit klareren Worten in der Glaubensaussage formuliert: Jesus steht zu Gott als Vater in einer Sohnbeziehung: Sohn Gottes."[81]

So weist denn das Menschsein Jesu wesentlich auf Gott und das Kommen seines Reiches hin.[82] Wenn aber Jesus gerade in seinem befreienden Umgang mit den Verfemten, Unterdrückten, Benachteiligten, Kranken zum Hinweis auf den menschenfreundlichen Gott wird, dann ereignet sich darin eine "befreiende Vermenschlichung der Religion"[83]: Jesus erschließt uns durch sein Vorbild den wahren, guten und wahrhaft glücklichen Menschen und gibt uns zugleich damit "die Offenbarung des Göttlichen".[84] Dies hängt damit zusammen, daß Schillebeeckx die Erlösungslehre als *paideia*, als Erziehung zu wahrer Menschlichkeit und Freiheit sieht. In Jesus leuchtet ein erzieherisches Ideal auf: "Der Mensch darf Gott gleichförmig werden; diese Gleichförmigkeit ist genau wahre Menschlichkeit, Befreiung und Freiheit."[85]

1.3. Wer ist Jesus Christus?

Der eindeutigen Beantwortung der Frage nach der Identität Jesu Christi steht in Schillebeeckx' Entwurf manches im Wege. Wer nach Jesus fragt, ist zunächst auf das NT verwiesen, in dem er "wie in einem Spiegel, in wesentlichen Zügen geschichtlich" erkundet, wer Jesus war, wie er gelebt hat und welche Absichten er verfolgte.[86] Schillebeeckx gibt sich darüber Rechenschaft, daß der heutige Leser im NT der Versprach-

---

80 Vgl. ebd.

81 Schillebeeckx, Menschen, 160.

82 Vgl. ebd., 161.

83 Vgl. ebd.; vgl. auch Jesus, 135: "Die Verbindung zwischen Gottesherrschaft und Orthopraxis geht deutlich auf Jesus zurück: In seinem 'Wohltaten spendenden Umhergehen', in seiner Parteinahme für Entrechtete und Deklassierte, was vor allem in seinen Parabeln und in seinem Umgang mit Sündern zum Ausdruck kommt."

84 Vgl. ebd.

85 Jesus, 497.

86 Vgl. Schillebeeckx, Menschen, 142.

lichung einer ursprünglichen Heilserfahrung begegnet, die die ersten Jesusgläubigen gemacht haben – ein Tatbestand, der darauf schließen läßt, daß es Jesus als pur historisches Phänomen so für uns nicht gibt.[87] Es ist immer der Jesus, der uns durch die Erfahrung und die Interpretation des Jüngerkreises bzw. der frühen Kirche vermittelt ist. Da "Erfahrung" und "Interpretation" als Schlüsselbegriffe fungieren, resultiert als bestimmendes hermeneutisches Grundprinzip, daß Jesus von Nazaret immer nur im Reflex derer, die in ihm das Heil erfuhren, zugänglich wird. Dabei bleibt aber das, was die unterschiedlichen Menschen jeweils als "Heil" erfahren konnten, wesentlich von ihrer je eigenen Unheilssituation bestimmt, aus der sie herausfinden wollten.[88] Dieser Tatbestand bedingt eine konstitutive Variabilität der Versprachlichung von Glaubenserfahrung bzw. des Jesusbildes, in das immer auch die Heilserwartungen mit eingehen. Methodisch hat dies zur Konsequenz, daß Schillebeeckx die Texte des NT aus zwei unterschiedlichen Perspektiven betrachtet:

Auf der einen Seite gibt es die Glaubensperspektive des NT, die er immer wieder einnehmen möchte: "Die Identität des 'geschichtlichen Menschen Jesus' mit 'dem Christus des Glaubens' oder 'dem Christus der Kirche' ist eine Grundbehauptung des Neuen Testaments."[89] Auf der anderen Seite verläßt er doch auch diese aus der Ganzheit des NT auf Christus freiwerdende Sicht, um zu jenen "Schichten" in der Schrift zurückzukehren, in denen der irdische Lebensweg Jesu und der sich in Hoheitstiteln bekundende Glaube an ihn wieder auseinander treten. Aus dieser – von der historisch-kritischen Fragestellung der Exegese bestimmten – mehr analytischen Sicht gilt die Feststellung:

---

[87] Vgl. ebd.: "Die späteren Jünger suchten für sich selbst zu begreifen, was Jesus für seine ersten Jünger bedeutet hatte und was er auch für ihr eigenes Leben hier und jetzt bedeutete und bedeuten konnte. Dieser erste Interpretationsprozeß schlug sich, zumindest teilweise, in den Schriften des Neuen Testaments nieder." Vgl. auch Jesus, 61, wo Schillebeeckx betont, daß der historische Jesus "an sich" weder von Interesse noch auch überhaupt zugänglich sei. Darum suchten manche Vertreter der sogenannten "New Quest" "in Wirklichkeit nach einem 'Phantom'". Die historische Forschung liefert für Schillebeeckx jedoch eine zutreffende Basis des Glaubens und stellt den Rückbezug auf den "historischen Jesus" dar, den es "an sich" gar nicht gibt. Im Gang seiner Untersuchung bestätigt sich aber, "daß das Neue Testament im Grunde den Jesus, der dem historischen Jesus getreu ist, wiedergibt". "Mit anderen Worten: Schillebeeckx hat die Kontinuität vom historischen Jesus zum Christus des Glaubens und damit auch den echten Bezug des christlichen Glaubens auf Jesus selbst aufgezeigt." Vgl. Iwashima, 239.

[88] Vgl. Jesus, 60; 48f; 49–54.

[89] Schillebeeckx, Menschen, 143.

"Die Tatsache der neuzeitlichen freien, wissenschaftlichen Exegese der neutestamentlichen Texte hat eine latente, irreduzible Struktur der Christologie geoffenbart: die Spannung zwischen dem tatsächlichen Lebensweg, wie er von den vier Evangelien bezeugt wird, und den Hoheitstiteln Jesu, wie sie dieselben Evangelien bekennen."[90]

Wählt man diesen Gesichtspunkt, um der Frage nach Jesu Person nachzugehen, so muß man eine "glatte(n) Kontinuität zwischen dem Jesus der Geschichte und dem Christus des kirchlichen Glaubens" negieren[91], und zwar schon innerhalb der kanonischen Schrifttexte selbst.[92] Die entscheidende Identifizierung Jesu als des eschatologischen Propheten[93] war bereits vorösterlich möglich und wurde von den ersten Jesusgläubigen auch vollzogen. Wenn es im NT auch andere Credo-Modelle[94] gibt, so handelt es sich dabei um Entfaltungen dieses einen Grundcredos. Von daher insistiert Schillebeeckx – gegen Bultmann und die Kerygma-Theologie – mit Nachdruck auf der Kontinuität zwischen dem vorösterlichen Jesusglauben und der nachösterlichen Christologie.

Historische Forschung allein vermag indes nur ein indifferentes Material zutagezufördern, das von verschiedenen Deutungen eingeholt werden kann, auch dann, wenn man "der Kontinuität zwischen dem Selbstverständnis Jesu und dem kirchlichen Verständnis Jesu weiten Raum" gibt "und auch die Kontinuität zwischen dem Glauben der Jünger vor und nach Jesu Tod geschichtlich aufzuzeigen"[95] bemüht ist. Obwohl zwischen dem vorösterlichen Element und der nachösterlichen Verkündigung eine Kontinuität besteht, kommt dem historischen Moment im Leben Jesu für den Glauben nur bezüglich seines Inhaltes, nicht aber für die Verifizierung des Glaubens Relevanz zu:

"Eine historische Erforschung Jesu ist äußerst wichtig, sie gibt dem Glauben auch konkret Inhalt, aber sie kann nie eine *Verifizierung* des Glaubens sein. Ein historisch rekonstruiertes Bild Jesu kann nie mehr als die christliche Interpretation *zulassen* oder offenhalten, es kann diese aus eigenem Standpunkt heraus nicht zwingend fordern. Es ist daher rational möglich, Jesus in jüdischem, nicht-christlichem oder allgemein religiösem Sinn zu interpretieren."[96]

---

90 Ebd. 145.

91 Vgl. ebd., vgl. auch Jesus, 62f.

92 Vgl. Schillebeeckx, Menschen, 145: "Die Spannung zwischen Jesus und Christus ist nicht die Folge der neuzeitlichen historisch-kritischen Annäherung, sondern dem Neuen Testament und aller Christologie strukturell eigen ..."

93 Vgl. oben, Abschn. 1.2.2.

94 Vgl. unten, Abschn. 1.4.

95 Vgl. Jesus, 64.

96 Vgl. ebd., 64; vgl. ebd., 65: "Das Ergebnis der historischen Forschung ist objektiv beobachtetes Material, in dem der Gläubige mehr sieht, eine disclosure mitmacht."

Nach diesen einleitenden Bemerkungen über die Methode der Schriftinterpretation, sofern sie für die Erforschung der Gestalt Jesu wichtig ist, soll jetzt die zentrale Frage nach der "einzigartigen Universalität" Jesu gestellt werden, die für Schillebeeckx ein Hauptproblem der Christologie anzeigt. Es fällt für ihn mit der Frage zusammen, "wie ein historisch-partikulares Geschehen eine universale Bedeutung für alle Menschen" haben kann.[97] Damit eng zusammen, wie Gott in Jesus handelt, um das Heil der Menschen zu erwirken.

1.3.1. Die Einmaligkeit Jesu

Die christologischen Titel können nach Schillebeeckx, dem hier unbedingt Recht zu geben ist, für das, was Christus vor allen anderen Heilsgestalten auszeichnet, nicht das allein Entscheidende sein. Ihnen ist eine gewisse Ambivalenz eigen, da sie "genauso unbedenklich auf Mose, Elija und vor allem den 'Menschensohn-Henoch' angewandt wurden".[98] Will man das an Jesus unterscheidend Einmalige gegenüber diesen anderen Gestalten ausmachen, dann ist allein die Wirkungsgeschichte das Kriterium: "Aus dem gesalbten 'Henoch-Christus' entsteht keine Henoch-Bewegung, genausowenig aus 'Christus-Esra' eine Esra-Bewegung, obwohl ihnen derselbe messianische Name zuerkannt wurde. Mit anderen Worten, ein literarisches Modell als solches entfesselt keine Bewegung. Aus Jesus entstand jedoch eine Christus-Bewegung."[99] Schon vorösterlich gab es die vage Vermutung, daß in Jesus der Prophet der Endzeit Gottes erschienen war. Explizit gemacht wird dies aber erst von der christologischen Jesusinterpretation nach seinem Tod.[100]

Wenn man mit Schillebeeckx auf eine Theorie verzichtet, die die Absolutheit des Christusereignisses begründet, muß die universale und bleibende Relevanz Jesu in erster Linie soteriologisch abgesichert werden[101]: In dem Menschen Jesus begegnet der Mensch dem absoluten und definitiven Sinn, nach dem er immer schon fragt. Daher ist er effektiv die eschatologische Verwirklichung des von Gott her uns Menschen zugesagten Heils, für das die Formel lautet: "Endgültiges Heil in Jesus

---

97 Vgl. Jesus, 534; vgl. auch Brambilla, 533.

98 Vgl. Schillebeeckx, ebd., 428.

99 Ebd., 429.

100 Vgl. ebd.

101 Vgl. ebd., 540: "Die Umschreibung der einzigartigen Universalität Jesu liegt daher eben in dem Akt des Aufbaus einer heutigen Christologie; diese ist nichts anderes als die Christus bekennende Interpretation Jesu von Nazaret, als Heilsangebot Gottes an alle."

von Gott her".[102] Daß Jesus in seiner Lebenspraxis und in seiner Botschaft die universale Menschenliebe Gottes gegenwärtig zu stellen vermag[103], hat seinen tieferen Grund in der Besonderheit seiner Gotteserfahrung. Diese ist "Quelle und Seele" seiner Botschaft und seines Auftretens.[104]

1.3.2. Das Handeln Gottes in Jesus und die Erfahrung aus Glauben

Im AT werden Gottes absolute Transzendenz und Überweltlichkeit sehr stark betont, so sehr, daß eine direkte Einmischung Gottes in die Welt wie im Mythos, wo die Götter in Menschengestalt auf die Erde kommen, als schlechterdings nicht denkbar erscheint. Trotzdem bleibt dieser transzendente Gott gegenüber dem Geschick der Menschen nicht gleichgültig, sondern engagiert sich für ihr Heil. Durch verschiedene Mittlergestalten, die aber nicht mit Gott und dem Offenbarungsmedium identisch sein können, verwirklicht der transzendente Gott sein Heilshandeln in immanenten Wirkungen. Daß es dieses engagierte Heilshandeln Gottes gibt, in dem er in absolut freier Souveränität an den Menschen handelt und in ihrer Geschichte – vermittelt – gegenwärtig ist, und daß dieses Heilshandeln als die primäre Wirklichkeit erfahren und bedacht werden kann, steht außer Frage. Die Bibel kennt ihre eigene Metaphysik, indem sie mit diesem allem menschlichen Räsonieren vorausgehenden Handeln Gottes in der Geschichte rechnet, für das der Mensch eine Offenheit besitzt, die es ihm erlaubt, dieses Heilshandeln durch seine aus der Wirklichkeit gewonnenen Begriffe zur Aussage zu

---

[102] Vgl. ebd., 564 u. a. Zu dieser soteriologischen Fundierung der Einzigkeit Jesu bemerkt zurecht Brambilla, 536: "Ci saremmo aspettati, a questo punto, l'istituzione critica della possibilità di affermare la fondatezza della singolarità universale di Gesù, mediante una teoria che renda ragione dell'assolutezza dell'evento cristologico ... S. però non ci dice nulla in proposito o, più precisamente, egli afferma *che* Gesù è effettivamente l'attuazione escatologica dell'attesa di redenzione, ma, in conseguenza del *preguidiziale divieto* a pensare teoreticamente la struttura di tale attuazione, non riesce a giustificare criticamente *perchè* la realtà di Gesù, come evento storico e assoluto insieme, compia effettivamente l'universale apertura dell' uomo alla ricerca del significato ultimo, assumendo e fornendo attuazione reale alle leggi antropologiche con cui l'uomo accede alla verità definitiva. In una prospettiva apologetica e funzionale, S. si limita a ricordare, sinteticamente, alcune ragioni di plausibilità, capaci di farci intuire il senso della pretesa di universalità inerente alla salvezza cristiana."

[103] Vgl. Schillebeeckx, ebd., 539: "Die tiefste Verantwortung und Fundierung der Universalität einer Religion liegt in der vom religiösen Menschen bekannten Wirklichkeit der universalen Menschenliebe Gottes oder in dem Bekenntnis, daß die Sache des Menschen irgendwie mit der Sache Gottes zusammenfällt. Universal ist dann wirklich jene Religion, welche in der Tat die universale Menschenliebe des einen erschaffenden, nahen Gottes bekennt."

[104] Vgl. ebd., 540.

bringen, auch wenn diese Begriffe mannigfachen kulturellen, geschichtlichen und gesellschaftlichen Kontexten entstammen und ihnen dadurch im Hinblick auf das transzendente Heilshandeln Gottes letztlich eine gewisse Inadäquatheit anhaftet.

Im NT erfährt das geschichtliche Heilshandeln Gottes, in dem er sich als souveränes Subjekt und Herr der Geschichte kundgibt, noch einmal eine unableitbare Steigerung, indem sich jetzt nämlich Gott selbst mit der geschichtlichen Selbstvermittlung in Jesus von Nazaret identifiziert. Daß es zu dieser Identifikation kommt, liegt nicht an irgendwelchen Setzungen menschlicher Subjektivität, sondern findet seinen Grund in einem aus der Geschichte des Gottesvolkes so nicht berechenbaren neuen Initiative Gottes. Dies sei hier vorangestellt.

Wie denkt Schillebeeckx das Handeln Gottes in der Geschichte des Menschen? Gibt es eine Offenheit der geschichtlichen und kontingenten Situation des Menschen für ein solches Handeln? Natürlich kann Gott nicht in der Geschichte handeln "wie Menschen darin handelnd auftreten".[105] Es scheint aber unklar, welche Schlüsse aus dieser an sich richtigen Prämisse gezogen werden. Schillebeeckx definiert die Welt mit einer bestimmten Richtung der modernen szientistischen Wissenschaft als einen geschlossenen Kausalzusammenhang, in dem nur kategoriale Ursachen als Akteure auftreten können, so daß "unsere Geschichte in der Naturgeschichte von Menschen gemacht" wird.[106] Ein eigentliches Handeln Gottes als primäre Wirklichkeit scheint es deshalb nicht zu geben. Es kommt erst in einer bestimmten Deutung der menschlichen Geschichte (religiöses Sprachspiel) vor, die durch eine Anstrengung menschlicher Subjektivität zustande kommt.[107] Zwischen dem, was Menschen mit ihren Handlungen tun, und dem immer transzendent bleibenden Handeln Gottes waltet eine alle Ähnlichkeit sprengende Unvergleichlichkeit. Daher kann menschliches Sprechen über ein Handeln Gottes auch nicht auf eine in der Struktur der Wirklichkeit angelegte Analogie zurückgreifen.[108] Schillebeeckx bemüht zwar die analoge

---

[105] Vgl. ebd., 555.

[106] Vgl. ebd.

[107] Vgl. ebd.: "Wenn wir sagen, daß Gott in der Geschichte handelt, sprechen wir keine historische Sprache, sondern religiöse Sprache. Doch kommt in der Glaubenssprache dieselbe Geschichte zur Sprache, von der der Geschichtsschreiber spricht. ... In beiden Fällen sprechen wir von unserer, *von Menschen gemachten* Geschichte."

[108] Setzt man eine solche Analogie voraus, die besagt, daß menschliches Denken bei diesem Vorgehen auf Worte und Begriffe angewiesen ist, die auf den transzendenten Bereich nicht in gleicher Weise angewandt werden können, sondern nur in einer verhältnismäßigen, d. h. "analogen" Bedeutung, dann vermag dieses Denken auch für das

Sprechweise, wenn er sagt: "Unser Sprechen von Gott ist nie eindeutig, höchstens 'analog', d. h. ein indirektes Sprechen"[109], verfehlt aber den Sinn von Analogie[110], da wir für ihn im religiösen Sprachspiel nichts zum Ausdruck bringen, das vorgängig zu unserer Interpretation geschichtlicher Ereignisse wirklich wäre.[111] Schillebeeckx' spätere Epistemologie ist wesentlich von seiner "Wende zur Praxis" bestimmt.[112]

Außerhalb dessen, was der Mensch in seiner kategorialen Lebenswelt an empirischen Ereignissen erfassen kann, gibt es kein göttliches Handlungsobjekt, vielmehr ist der Mensch radikal auf den kategorialen Erfahrungshorizont eingeschränkt, der ihm in seiner Kontingenz Anlaß bietet, über die szientistischen Festlegungen hinaus auszugreifen und sich anderen Weltdeutungen zuzuwenden: "Denn unser Sprechen von Gottes Transzendenz hat keinen anderen Grund als unsere Kontingenz; die religiöse Sprache bezieht ihr Material aus unserer Kontingenzerfahrung als 'disclosure', in der sich tiefere Perspektiven eröffnen."[113] Ihrer

---

Handeln Gottes auf diesem Erkenntnisweg zu wahren Einsichten zu gelangen, die dann in – mit der Geschichtsschreibung kompatible – Aussagen gefaßt werden können.

[109] Vgl. ebd., 555.

[110] Ich habe den klassischen Sinn von "Analogie" weiter unten näher zu bestimmen versucht. Vgl. Teil 3, Abschn. 3.3.3. Schillebeeckx hat einen anderen Begriff von Analogie. Wie der spätere Schillebeeckx Analogie deutet, behandelt Kennedy, 355–362.

[111] Vgl. ebd., 556: "Dies alles bedeutet, daß Gottes transzendentes, schöpferisches Handlen auf irgendeine Art zum Ausdruck kommen wird in unserer Welt; sonst bestünde kein Grund, ja nicht einmal ein Anlaß dazu, auch nur auf evokative und analoge Weise begründet von Gottes Handeln in unserer Geschichte zu sprechen – auch nicht in Glaubenssprache –, wenn er sich nicht im Innenverkehr unserer Welt manifestieren würde. Daher hat das Sprechen von Gottes Handeln in der Geschichte in Glaubenssprache eine *erfahrbare*, wenn auch nur im Glauben *interpretierbare* Basis in unserem menschlichen Stehen in Welt und Geschichte."

[112] Vgl. Kennedy, 353f: "In his later theology, he embraced one of the major characteristics of twentieth-century epistemological inquiries, namely, the notion that knowledge is determined in some measure by action. Otherwise expressed, Schillebeeckx's later manner of explaining the cognitivity of Christian faith is dependent on an ethical turn, which is to say that his more recent theology explains the knowability of God in the context of an ethical praxis of freedom." Dies has einen maßgeblichen Einfluß auf die Begründung der Einzigkeit Jesu. Vgl. ebd., 356: "During the course of Schillebeeck's career his mode of thinking about this problem (the universal significance of Jesus) has altered, *because of* his epistemological change from the idea of a theoretical participation of universal meaning to a praxical prolepsis of meaning. ... Whereas Schillebeeckx's early Christology explained Jesus's universality by locating the universality in the Chalcedonian theory regarding the *divine* nature of Christ, his later Christology profered the view that universality is to be perceived in the *human* praxis of Jesus."

[113] Jesus, 556; vgl. ebd., 562: "... so wird – bei aller Kontinuität – eine menschliche Erfahrung von Diskontinuität der einzige Grund sein können, warum wir mit Recht von einem *besonderen* Heilshandeln Gottes in der Geschichte sprechen". Vgl. Kennedy, 354.

Wirklichkeit nach sind Profangeschichte und Heilsgeschichte konvertierbar – erst indem man zwei verschiedene Deutungsmuster an diese eine weltliche Wirklichkeit heranträgt, gewinnt man zwei unterschiedliche Aspekte:

"In seiner Geschichte geht es dem Menschen um sein Heil und Glück, um das gesuchte Humanum. Von daher kann der Gottgläubige Gottes Handeln in der Geschichte mit Recht als Gottes *Heilshandeln* in der Geschichte bezeichnen. Auch dieses Heilshandeln Gottes ist transzendent, ist kein 'Eingriff' in den 'normalen' Lauf der Geschichte. Es ist wie jedes eigen-göttliche Handeln 'schöpferisch', souverän frei, transzendent und dadurch trotzdem immanent in unserer Geschichte; es *ist* diese sogenannte 'Profangeschichte' selbst, aber nach ihrem 'Total-Aspekt' des 'Von-Gott-Seins'."[114]

Zu würdigen ist das Anliegen Schillebeeckx', auf die heutige Epistemologie einzugehen und dem modernen Denken die einzigartige Bedeutung der Person Jesu – ausgehend von der Tiefendimension der eigenen "Kontrast-Erfahrungen" – nahezubringen.[115] Der Autor möchte der Weise, wie sich dem Menschen von heute die Frage nach Gott stellt, entgegenkommen. Nach dem von ihm angelegten Modell der Erkenntnis wird die "Wirklichkeit" dessen, was als Gottes Heilshandeln zu glauben ist, ausgehend von dem "Material" innerweltlicher Erfahrungsgegebenheiten mit Hilfe menschlicher Verstandeskategorien konstituiert. Dies ist aber nicht der genuin biblische Zugang zum Handeln Gottes, in dem die Wirklichkeit dieser offenbarenden Tätigkeit der menschlichen Deutung voraufgeht. Die Welt, wie sie ist, und in der der Mensch lebt, ist die vom Menschen gemachte Naturgeschichte. In ihr kommt kein Handeln Gottes als solches vor. Auch für Jesu Lebensgeschichte gilt:

"Dann haben wir es in der Tat mit einer menschlichen Geschichte zu tun, in der die 'Geschichte Gottes' selbst zur Sprache gekommen ist. Das bedeutet, daß im menschlichen Leben Jesu der höchste Daseinssinn des Menschen in Wort und Tat zum Ausdruck gekommen ist, und zwar normativ und exemplarisch. Auch hier kommt die Gottesmanifestation erst im interpretierenden Glaubensakt zur 'Offenbarung', mithin im Glaubensakt derer, die Jesus als in der Tat für ihr Selbst- und Wirklichkeitsverständnis bestimmend begreifen und akzeptieren."[116]

---

[114] Jesus, 562.

[115] Vgl. Kennedy, 357: "Schillebeeckx never denies the value of human concepts of God, but he insists that conceptualizations of God follow in the train of a more basic preanalytic cognitional apprehension of God in a non-conceptual, contemplative, and mystical moment of knowledge." Vgl. ebd., 361: "... the negative experience of contrast, taken in itself, is a heuristic principle and not a specifically religious experience. In *Mensen als verhaal van God* he states plainly that he regards negative contrast experiences as a form of *pre*-religious (voor-religieuze) experience."

[116] Jesus, 563.

Kann sich Gott auf diese Weise in freier, ursprunggebender Selbstoffenbarung den Menschen des Alten und Neuen Bundes mitteilen? Muß nicht vielmehr Gottes freies Handeln hinter der Deutungen setzenden Subjektivität menschlichen Räsonierens verblassen?

1.4. Unterschiedliche Credo-Modelle im Neuen Testament

Nach Schillebeeckx ist die aus historischen Gegebenheiten zu ermittelnde Gestalt Jesu von den christologischen Identifizierungen seiner Person durch die ersten Christen zu unterscheiden. Schillebeeckx zeigt zuerst die vorkanonischen, christologischen Credo-Richtungen, um dann die allererste Identifizierung Jesu (als "eschatologischer Prophet") durch die Gläubigen, die ihm als Matrix aller Credo-Richtungen gilt, zu behandeln[117]. Die Leitfrage, unter der Schillebeeckx diese Untersuchung stellt, ist die nach der Kontinuität von historischem Jesus und seinen Interpretationen durch die christliche Gemeinde.

In der neutestamentlichen Rezeption der Lebensgeschichte Jesu macht Schillebeeckx vier verschiedene Credo-Modelle aus, die er stark voneinander absetzt, und die nach seiner Ansicht gegenüber dem Kanon der Schrift die genetisch frühere und ursprünglichere Glaubensaussage enthalten. Hier soll nur kurz über die Entstehung und die formale Struktur dieser jeweils mit einer bestimmten Sicht auf Jesus korrespondierenden "Schichten" im NT referiert werden.

Schon vor Ostern vermuteten die Jünger in Jesus einen messianischen Anspruch. Die in der jüdischen Tradition vorliegenden Modelle versagten jedoch in ihrer Anwendung auf Jesus, da sein Auftreten "in keiner Hinsicht auf der Linie einer königlichen davidisch-messianischen Tätigkeit" lag.[118] Somit gab es zunächst keinen Grund, "Jesus mit Hilfe der davidischen Heilsgestalt zu identifizieren".[119] Erst nach der Auferstehung konnte man die Pss 2 und 110 sowie 2 Sam 7, die im schon Judentum messianisch interpretiert wurden, auf Jesus applizieren. In diesem nachösterlichen Sinn deuten sie auf die Erhöhung und Inkraftsetzung bei seiner Auferstehung.[120] Gegenüber der ersten Identifizierung Jesu als eschatologischen Propheten stellt dies aber bereits eine Metabasis

---

[117] Vgl. oben, Abschn. 1.2.2.

[118] Vgl. Jesus, 419.

[119] Vgl. ebd.

[120] Vgl. Brambilla, 382: "Anzitutto la risurrezione di Gesù significa *conferma, convalida, riconoscimento pubblico della vita prepascale di Gesù*: è l'atto di Dio con cui si proclama ciò che Gesù era *già* nella sua vita e nella morte."

dar: Es handelt sich um eine "zweite Reflexion"[121], "nur ermöglicht durch eine Besinnung, in der die Person Jesu schon in erster Linie identifiziert war".[122] So sind die im NT ausgemachten Credo-Modelle bereits sekundärer Art, weil sie "von der fundamentalen Interpretation des Lebens Jesu unter dem Modell des 'messianischen', d. h. *mit Gottes Geist erfüllten*, religiösen 'endzeitlichen Propheten' ausgehen".[123] Schillebeeckx spricht von "Modellen", die auf das Widerfahrnis der Begegnung mit Jesus angewendet werden. Unter diesen Modellen spielt auch der davidische Messias eine Rolle, wenn auch in einer durch "die grundlegende Entscheidung für den messianischen Propheten" transformierten Form.[124] Welches sind die vier "Credo-Modelle", die sich als nähere Bestimmungen aus der ersten Identifizierung Jesu als des "eschatologischen Propheten"[125] ergeben haben?

1. Maranatha-Christologie. Während die meisten modernen Christologien mit den sogenannten "Bekenntnisformeln" beginnen, in denen die Identifizierung des Auferstandenen mit dem Gekreuzigten zum Ausdruck kommt, sieht Schillebeeckx in dem von endzeitlicher Erwartung erfüllten Ruf "Maranatha" eine erste, noch unösterliche Glaubensrichtung. Sie gehe eben vom Parusie-Kerygma aus und sei von daher nicht auf die Auferstehungsbotschaft angewiesen. "Die 'Maranatha-Christologie' ist (aufgrund der ersten Identifizierung Jesu mit dem eschatologischen Propheten) höchstwahrscheinlich das älteste Glaubenscredo, obwohl es sich in seiner ältesten *Form* kaum genau rekonstruieren läßt."[126] Es liege hier eine apokalyptische Richtung vor, die sich in diversen Kreisen der Jerusalemer Urgemeinde und der palästinischen Q-Gemeinde gebildet habe.[127] Auch vom Markusevangelium nimmt Schillebeeckx an, daß es dieselben fundamentalen Credo-Züge trage, wenn auch nicht selbständig, sondern innerhalb der markinischen Christologie vom lei-

---

121 Vgl. Jesus, 419.

122 Vgl. ebd.

123 Vgl. ebd.

124 Vgl. Brambilla, 374; vgl. Jesus, 420: "Dieses 'christologische Modell' – ich will sagen: das ganze Wortfeld um 'Christus' als den gesalbten Propheten – lag im damaligen Judaismus nicht nur bereit, es war dort auch schon personalisiert: Henoch, Mose, Elija, Samuel waren im Judentum schon 'christologisch' interpretiert."

125 Vgl. dazu Iwashima, 222f.

126 Jesus, 359.

127 Vgl. Iwashima, 223: "Die Gemeinde, die hinter der ältesten Phase dieser Credo-Richtung steht (etwa die palästinisch-jüdische Q-Gemeinde), lebte ausschließlich von der Erwartung der Wiederkunft (Parusie) Jesu des Menschensohnes, der als Heilsbringer und Richter bald kommen würde. Die Christen ... haben die von Jesus verkündete nahe Gottesherrschaft mit dieser Parusieerwartung in Verbindung gebracht."

denden Menschensohn.[128] Für die Entstehung dieses ersten Credo-Schemas seien apokalyptische und prophetische Logien verantwortlich. "Der christologische Glaube an Jesus bedeutet nach diesem Credo: glauben, daß dieser Jesus von Nazaret der Herr ist, der endzeitlich zum Heil (Gnade) und Gericht kommen wird."[129] Zwei christologische Titel sieht Schillebeeckx in dieser Richtung eng miteinander verbunden: "Mar" (Herr) und "Menschensohn", so sehr, daß der "Menschensohn" in der ersten Q-Phase überhaupt als ein solcher Titel allein vorkommt.[130] Im Mittelpunkt der Verkündigung dieser ersten Gemeinden stand die von Jesus selbst verkündigte Gottesherrschaft, die auch das Überlieferungsmotiv bildete, wobei die Parusie (Jesus als eschatologischer Weltenrichter) jetzt "selbst zum Objekt der Verkündigung" wurde[131]: "Diese Gemeinden stellen sich in bewußte Kontinuität mit Jesu historischer Botschaft vom nahen Gottesreich."[132] Damit ist bei aller kirchlichen Kontinuität mit den Worten des irdischen Jesus doch auch eine Diskontinuität gegeben, sofern der irdisch sich nicht selbst verkündigende Jesus hier als Person in seine Botschaft eingetreten ist.[133]

Blickt man jetzt auf die Ausführungen Schillebeeckx' zurück, so erstaunt die These, daß es im Glauben der ersten Gemeinden keinen Bezug auf die Auferstehung gegeben haben soll, ja daß die geistgewirkte "prophetische Wirksamkeit der Gemeinde" ihre eigene primäre "Ostererfahrung"[134] gewesen sei.[135] Damit korrespondiert auch die folgende Aussage

---

[128] Insgesamt leidet die Sicht auf das Markusevangelium bei Schillebeeckx aber an der von ihm angelegten systematischen Voroption "Parusie-Christologie". Daher die Aussage: "Das Markusevangelium ist das Evangelium der 'Abwesenheit Jesu', schlechthin das Evangelium der Erinnerung an den *irdischen Jesus* und der hoffnungsvollen Erwartung des *kommenden* himmlischen Menschensohnes, einer Erwartung seiner Erhöhung, die das eschatologische Endreich, die Gottesherrschaft, einleiten wird." Vgl. ebd.

[129] Ebd., 360.

[130] Vgl. ebd., 365.

[131] Vgl. ebd., 362.

[132] Ebd., 361.

[133] Vgl. ebd., 362.

[134] Vgl. ebd., 364; vgl. auch ebd. 362: "In dieser Credo-Richtung wird die Ostererfahrung nicht thematisiert; Erscheinungstraditionen sind ihr unbekannt. Die Auferstehung wird nicht nur nicht verkündet, sie wird in der Q-Tradition nirgends erwähnt."

[135] Wie überhaupt die Auferstehung, so kommt auch dem Leiden und dem Tod Jesu innerhalb dieses Verstehenshorizonts "keine theologische oder kerygmatische Bedeutung" zu. Vgl. ebd., 364; vgl. auch ebd., 366: "Heilsbedeutung gewinnen und haben daher die Worte und Taten des irdischen Jesus, nicht sein Tod. Erlöser ist für den, der die Worte und Taten Jesu versteht, nur der *kommende* Menschensohn."
Anders Kessler, Christologie, 293: "Die Urgemeinde hat die Auferweckung Jesu als Erhöhung in den Himmel (in die Dimension Gottes) verstanden und sein Kommen

über die Vertiefung des Verständnisses von Jesu Sendung durch Bewußtseinsprozesse innerhalb der Gemeinde:

> "Über den Reflex pneumatischer Gemeindeerfahrungen kommt man zu einem besseren Bewußtsein vom wirklich eschatologischen Charakter des irdischen Jesus."[136] Diese Gemeinde, die den himmlischen Menschensohn bekennt, ist "selbst der Anbruch des Endreiches".[137]

Der Maranatha-Ruf, der für diese Tradition charakteristisch ist, weist darauf hin, daß man sich hier vor allem auf den himmlischen Menschensohn richtete, der als Heilbringer und Richter bald kommen würde.[138]

Daß nicht das irdische Reden, Handeln und Leiden Jesu als solches das Thema der hier vorgestellten "impliziten Christologie"[139] ist, sondern allein der himmlische Jesus, ergibt sich daraus, daß die eschatologische Gemeinde in ihrer Erwartung radikal auf die Zukunft verwiesen ist, aus der sie die Begegnung mit dem wiederkommenden Weltenrichter als dem eschatologischen Heilbringer erhofft.

2. "Theios-anèr"-Christologie bzw. sapientialer Messianismus. War die erste Jesusdeutung jüdischer Provenienz, so lassen sich in der zweiten Credo-Richtung, der des göttlichen Wundermannes, deutliche hellenistische Vorstellungen ausmachen: Man kann darauf hinweisen, daß große Herrscher wie Alexander der Große und Kaiser Augustus irgendwie als "göttliche Wundermenschen" galten, was sich z. B. an der Formulierung "divus Augustus" zeigt. Solche Männer waren nicht gewöhnliche Menschen, sondern "Epiphanien" der Gottheit. "Das Göttliche wird in ihrer irdischen wunderbaren Erscheinung sichtbar. Sie sind denn auch wunderbar, oft jungfräulich aus Gott selbst geboren (d. h. sie sind göttlich)."[140]

---

vom Himmel her als Mittler des Endheils erwartet." Die Identifizierung, daß der historische, gekreuzigte Jesus der Auferstandene ist, der als erhöhter bei Gott weilt, wurde schon von allem Anfang an maßgeblich vollzogen.
Es erweist sich als äußerst problematisch, die früheste noch greifbare nachösterliche Jesusdeutung, die Schillebeeckx in Q situiert, ohne Bezug auf die Auferstehung in ihrer Aussageintention richtig zu erfassen. Gerade auch Q ist "ohne sachlichen Zusammenhang mit Jesu Auferweckung und seiner lebendigen Gegenwart nicht verständlich". Vgl. Hahn, Methodologische Überlegungen, 22, Anm. 28; vgl. auch ebd., 15.

136 Jesus, 366.

137 Vgl. ebd., 364.

138 Vgl. Iwashima, 223.

139 Vgl. Jesus, 364.

140 Ebd., 376. Schon für R. Bultmann sind in Jesus nicht die apokalyptischen Erwartungen des Spätjudentums in Erfüllung gegangen, sondern eine neue Religion ist entstanden: das Christentum, in dessen Mitte "mit dem Wachsen der Legende auf hellenistischem

Da das bloße Faktum brutum des historischen Jesus[141] als solches für Schillebeeckx nicht zur Anschauung kommt und wohl auch inhaltlich keine sinnvolle Struktur aufweist, so lag es für jüdische Christen, die griechisch sprachen und damit mit griechischen Denkgewohnheiten vertraut waren, auf der Hand, "Jesus im Rahmen des hellenistischen Denkmusters vom 'göttlichen Wundermann' zu interpretieren".[142] Es fällt dem Autor in einem zweiten Schritt nicht schwer, gerade bei Markus und Johannes solche Quellen ausfindig zu machen, die sich als *theios-anèr*-Christologien ausweisen aus dem Grunde, weil Jesus – als göttlicher Wundermann – in ihnen seinen göttlichen Charakter durch Machttaten beweist.[143] Das heißt aber doch ganz klar, daß es – vorgängig zur kategorialen Begriffssynthese – die menschlichem Denken zuvorkommende intelligible Wirklichkeit des Handelns Gottes in Jesus nicht gibt. Also müssen alle von ihm vollzogenen "Machttaten", in denen sich seine auf Sendung beruhende Vollmacht ausdrückt, als das idealistische Produkt einer begrifflichen Synthese angesehen werden. Dagegen bleibt das geschichtliche Handeln Jesu an sich undefinierbar.

> "Deshalb sind die Geschichten von den außergewöhnlichen Ereignissen des verehrten Helden gleichsam das eigene Credo dieser Jesusinterpretation, gleichgültig welche Hoheitstitel man dabei für Jesus verwendet, wenn auch 'Sohn Gottes' in der profanen Literatur der geeignetste Titel für den göttlichen, tugendhaften und kraftvollen Wundermann ist, dessen Leben man beschreibt."[144]

Wunder sind damit nicht ein Heilshandeln Gottes, für das a posteriori Titel und Begriffe gefunden werden, mit denen man das Subjekt der Wundertätigkeit beschreibt, sondern es gilt das Umgekehrte:

> "Der Vergleich der Q-Theologie (nur zwei Wunder Jesu) mit den vier Evangelien, und dieser Evangelien untereinander, verrät die Tendenz, das Mirakulöse im Leben Jesu zu vergrößern oder aus anderen (profanen) Quellen bekannte Wundergeschichten auf Jesus zu projizieren ..."[145]

Auf Erscheinungen, "Epiphanien" des Göttlichen ist das Denken nach Schillebeeckx dort angewiesen, wo es kein Handeln Gottes gibt, das menschliche Kategorien und Denkmuster radikal in Frage stellt. Im Un-

---

Boden Jesu Gestalt der des *theios aner* angeglichen worden ist". Vgl. ders., Theologie des Neues Testaments, 35.

141 Vgl. Jesus, 378.

142 Vgl. ebd., 376.

143 Vgl. ebd., 376.

144 Ebd., 377.

145 Ebd., 379. Eine andere Gewichtung und Hinordnung der Wunder auf die schon im irdischen Wirken Jesu sich realisierende Basileia findet sich bei Gnilka, Jesus, 118–141.

terschied zur "Maranatha-Christologie" empfangen die Jünger im Kontext dieses Modells "jetzt schon Heil aus der Hand Jesu".[146] Wie seine Machttaten, so findet auch die Auferstehung innerhalb dieses Modells, das Schillebeeckx auch "prophetisch-sapientialer Messianismus" nennt, eine genetische Erklärung: Gab es vorab keine Verkündigung einer Auferstehung, so führt doch das Interesse an dem "Epiphanwerden des Handelns Gottes im historischen Auftreten Jesu" zu der Überzeugung, daß auch der Tod Jesu "keinen Bruch" bedeuten müsse.[147] Und so kommt es aufgrund der synthetischen Kraft der denkenden Gemeinde schließlich zum Thema "Erscheinungen des Auferstandenen":

> "Die Verbindung der Tradition von dem (messianischen) göttlichen Wundermann mit der Überlieferung von der Auferstehung Jesu hat das Thema 'Erscheinungen' zum Ergebnis, d. h. ein Theologumenon, in dem Christen aus einer Epiphanie-Tradition das Auferstehungskerygma aus anderen christlichen Gemeinden assimiliert und es in ihre eigene Epiphanie-Theologie aufgenommen und in ihr zur Sprache gebracht haben: das Epiphanwerden des auferstandenen Gekreuzigten, der ja auch nach seinem Tod in seinen Jüngern aktuell wirksam gegenwärtig ist. Diese aktuelle Präsenz wird, in Epiphanie-Begriffen, in 'Erscheinungen' thematisiert."[148]

Es kann als eine systemimmanente Korrektur gewertet werden, wenn Schillebeeckx seine These dahingehend modifiziert, die Redaktion von Markus, Johannes und Lukas habe diese *theios-anèr*-Christologie "nicht kerygmatisch unkorrigiert" übernommen.[149] Trotzdem wird das für eine inkarnatorisch ansetzende Theologie wichtige Axiom der Jungfrauengeburt Jesu für Schillebeeckx nur dann verständlich, wenn man die Tradition einer präexistenten Weisheit als unbekannt voraussetzt und damit im Modell der "Wundermann-Christologie" verbleibt.[150]

Hier soll vorerst der Einwand festgehalten werden, daß man gegen diese Ableitungen aus früheren Vorgaben (hellenistischer Provenienz) geltend machen könnte, daß bereits in den frühesten Osterzeugnissen, die aus dem griechischsprechenden Judentum um 35 n. Chr. stammen, die unlöslich mit dem Auferstehungskerygma (beglaubigt durch den Hinweis auf Erscheinungen vor Kephas, den Zwölfen und anderen) verbundenen wesentlichen Grundelemente der Christologie gegeben sind.

---

146 Vgl. Jesus, 378.

147 Vgl. ebd.

148 Ebd., 379.

149 Vgl. ebd., 377; vgl. ebd.: "Obwohl Lukas von einer theios-anèr-Christologie frei ist, gebraucht er doch oft theios-anèr-*Vorstellungen*, um das Evangelium für Griechen 'einfühlsam' zu machen."

150 Vgl. ebd., 377f.

Diese Frage um die Problematik des Auferstehungsglaubens soll wegen ihrer außerordentlichen Relevanz für die Glaubenssynthese der frühen Kirche und damit für die gesamte Christologie überhaupt noch näher besprochen werden.

3. Weisheitschristologien. Schillebeeckx stellt für die frühhellenistische Zeit des Judentums eine Personifizierung der Weisheit fest. Auf der einen Seite ist die Weisheit ein präexistentes Himmelswesen mit "mythischen" Zügen (chassidische Interpretation), auf der anderen Seite ist sie Mittlerin göttlicher Offenbarung (wie im Hellenismus). Die Spekulation über einen himmlischen Mittler zwischen Gott und den Menschen, in die er die alttestamentlich *hypostasierte Weisheit* einordnet, betrachtet Schillebeeckx als hellenistisch.[151] Der erste Typ – die chassidisch interpretierte Weisheit – führt eher zu einer "Sendungschristologie", wenn sie mit dem Christusereignis *verbunden* wird. Zwischen beiden Formen des Weisheits-Gedankens macht Schillebeeckx sodann einen ausschließenden Gegensatz aus, wenn es heißt: "Dieser chassidische Weisheitsbegriff stand eher in scharfem Konflikt mit den hypostasierenden, hellenistischen Weisheitsspekulationen (der griechischen Weisheit)."[152] Für die jüngere Phase der Q-Gemeinde besteht nun eine Art "vorsichtige Weisheits-christologie"[153], in der Jesus – analog zur offenbarenden Weisheit – als "der eschatologische Gesandte der präexistenten Weisheit" auftritt.[154] Eine förmliche Identifizierung Jesu mit der präexistenten Weisheit finde sich erst bei Mt und in den alten Hymnen.[155] Hier werde der "Mythos von der präexistenten Weisheit" auf Jesus angewandt.[156] Blickt man durch das "mythische Schaumodell"[157] hindurch und legt man den Blick auf den Kern des damit Gemeinten frei, so bleibt als Aussage für den Glauben bestehen, "daß Jesus mit Gott zu tun hat und Gott zur Sprache bringt: Er erzählt vom Vater".[158] In dem Modell der Weisheitschristologie wird der historische Jesus mit der sapientialen Tradition vermittelt: "Diese Credo-Richtung stimmt darin mit dem histori-

---

[151] Vgl. ebd., 380f.

[152] Ebd., 381.

[153] Vgl. ebd.

[154] Vgl. ebd.

[155] Vgl. Iwashima, 226.

[156] Vgl. Jesus, 381:" Damit ist (vor allem aufgrund von Phil 2,6–11) schon sehr früh in den altchristlichen Gemeinden das *Modell* von der Präexistenz, Inkarnation, Erniedrigung und Erhöhung, mit anderen Worten, das 'descensus-ascensus'-Modell (Katabase und Anabase) auf Jesus Christus angewandt."

[157] Vgl. ebd., 382.

[158] Vgl. ebd.

schen Jesus überein, daß er sich sapientialer Erfahrungssprüche bediente. Sie bezeugt aber noch mehr den irdischen Jesus, der in einem besonderen Verhältnis mit Gott lebte und daraus Gott offenbarte."[159]

Als entscheidendes Defizit dieser Analyse muß festgehalten werden: Die enge Beziehung zwischen der Weisheit des AT und dem Logos-Begriff bei Joh, die beide von allem Anfang an existieren, bei Gott wohnen und in der Welt wirken, wird nicht erwähnt. Genauso wird die Frage, warum denn Joh "sophia" durch "Logos" ersetzt habe, nicht problematisiert. Dies hätte doch bei Joh die Intention erkennen lassen können, die Weisheit gerade nicht im Sinne des gnostischen Mythos, aber andererseits auch nicht bloß als Funktionsbezeichnung für die Offenbarungstätigkeit aufzufassen.

4. Paschachristologie. Erst in den als Paschachristologien identifizierten Typen der Rezeption des Jesus-Stoffes gewinnt das Bekenntnis zu Jesus Christus als dem Gekreuzigten und Auferstandenen eine zentrale kerygmatische Stellung. Für diese Sicht auf Christus steht vor allem Paulus, dessen eigene Christologie für Schillebeeckx besonders in 1 Kor 15 zum Ausdruck kommt. "Die Zukunft der Parusie", die kommende "allgemeine Auferstehung" und der "Sühnetod Jesu" bilden das zentrale Kerygma dieser Paschachristologie.[160] Benennungen wie "Christus" und "Messias", die in den anderen Credo-Richtungen fast nie verwendet werden, gehören hier zu den am meisten gebrauchten Titeln.[161]

Den Formalaspekt dieses Credos, unter dem die Sendung Jesu betrachtet wird, bilden Leiden und Tod Jesu. Dies bedingt allerdings die Gefahr, "daß es alle anderen Aspekte, mit anderen Worten das Legitime in den anderen Credo-Schemata und das darin anders ausgerichtete historische Interesse für Jesus von Nazaret, zu verkennen droht".[162] Nach Schillebeeckx hat das Credo dieses Typs alle anderen neutestamentlichen Christologien dominierend überlagert, so daß es selbst – anstelle des Kriteriums Jesus von Nazaret – als Glaubenssymbolum zur Norm schlechthin wurde.[163] Daraus ergibt sich zugleich eine grundsätzliche Kritik an der weiteren Entwicklung der Christologie seit Nicäa, für die Schillebeeckx einen einseitigen Johanneismus verantwortlich macht,

159 Iwashima, 226.

160 Vgl. Jesus, 384; vgl. dazu auch Iwashima, 226f.

161 Vgl. Jesus, 385.

162 Vgl. ebd., 386.

163 Vgl. ebd.: "Die Evangelien werden als gültige Ausdrucksweisen bezeichnet, nicht mehr vom Kriterium Jesu von Nazareth, sondern von dem Kriterium des kirchlichen Glaubenscredos aus."

d. h. die johanneische Christologie, zunächst plural als eine unter anderen möglichen "Modellen" gefaßt, "wurde das Kriterium, aufgrund dessen man die christologische Orthodoxie der Christen beurteilt".[164] Läßt sich dies aber nicht nur dann behaupten, so soll kritisch gefragt werden, wenn man implizit eine fundamentale inhaltliche Diskontinuität zwischen den Synoptikern und Paulus einerseits und Johannes andererseits als systematische Voroption gelten läßt.[165] Als "eigentliche christologische Einheit in diesen vier Credo-Modellen" bleibt dagegen für den Autor die eschatologische Relevanz der Person Jesu selbst.[166]

Zusammenfassung: Schillebeeckx ist es darum zu tun, zwischen dem irdischen Jesus und dem kerygmatischen Christus eine durchgehende Kontinuität aufzuweisen. Dazu fragt er, wie der Übergang von dem historischen Jesus und der ersten, vorösterlichen Identifizierung Jesu als dem "eschatologischen Propheten" zu den anderen Kerygmata vor sich ging. Die vier verschiedenen christologischen Modelle, die er dabei ausmacht und die jeweils einen Aspekt des historischen Jesus widerspiegeln, ordnet er spezifischen Glaubensrichtungen zu, die von einer christlichen Gruppe getragen werden. In ihnen ist der Übergang von der "Theo-logie" Jesu zu den Christologien der Jesusgläubigen zu erkennen. Die oben genannten Christologien, von Jesus als endzeitlichem Propheten bis zur präexistenten Weisheit bei Joh, die immer noch funktionale Christologien sind[167], dürfen nicht als Wesensaussagen im Sinn der abendländischen Philosophie verstanden werden, sondern sie machen je auf ihre Weise die entscheidende Heilsfunktion Jesu im Handeln Gottes sichtbar.[168] Was Schillebeeckx auf dieser Stufe der Reflexion erreicht, ist kein bloß historischer Jesus, sondern eine aus dem Glauben heraus bezeugte Gestalt, die durch historische Fakten belegt ist.

---

[164] Vgl. ebd. 387.

[165] Daß Glaube und Geschichte letztlich in einem unverbundenen Verhältnis bleiben, wird an der Stellung des historischen Jesus als hermeneutischer Mitte des NT deutlich. Obgleich eine klare Scheidung zwischen historischem Christus und kerygmatischem Christus auch nach Schillebeeckx kaum möglich ist, geht es ihm doch über weite Strecken darum, die kerygmatische "Übermalung" von der "jesusechten Botschaft" (ebd., 226) abzuheben. Vgl. ebd., 116; 143; 183; 185; 190; 284; 337; 440. Vgl. dazu Courth, Geschichte Jesu, 132.

[166] Vgl. Jesus, 388.

[167] Vgl. ebd., 482–486.

[168] Hier macht sich die von Schillebeeckx getroffene Unterscheidung von "first order assertions", die von dem Heilshandeln Gottes in Jesus sprechen, und den "second order assertions", die die Person Jesu meinen, geltend. Da die wesentliche Identifizierung Jesu schon auf der ersten Reflexionsstufe gegeben ist, gilt: "In dieser zweiten Reflexion treten eigentlich keine völlig *neuen* Einsichten ans Licht." Vgl. Jesus, 485.

Schillebeeckx möchte bei seiner Untersuchung vom kirchlichen Vorgegebensein einer bestimmten Christologie abstrahieren. Das muß zu einer Relativierung des Kanons der neutestamentlichen Schriften führen, da es einen engen sachlichen Zusammenhang zwischen der im NT kanonisierten und in den Konzilien von Nicäa und Chalcedon dogmatisierten Christologie gibt. Die Verbindlichkeit des Kanons wird mehrfach in Frage gestellt.[169] Die synoptischen und vorsynoptischen, d. h. insbesondere vormarkinischen und als Q-Quelle bezeichneten Traditionen erhalten einen eindeutigen Vorrang gegenüber allen späteren Strömungen und vor dem Kanon als solchen. Die paulinische und johanneische Paschachristologie ist nach Schillebeeckx darum für die frühen Christen auch nur noch eine der vielen Möglichkeiten – und dazu keineswegs die geeignetste[170] –, um ihre Jesus-Erfahrungen zu versprachlichen. Wenn die Jesus-Interpretation keinen Anhalt mehr am neutestamentlichen Schriftkanon und am kirchlichen Glauben findet, muß sie jedoch einen unverbindlichen Charakter annehmen.[171]

Die Versprachlichung der ursprünglichen Heilserfahrung durch die frühen Jesusgläubigen wurde indes durch eine besondere Erfahrung, die die Jünger nach dem Kreuzestod Jesu machten, initiiert. Die von Schillebeeckx bedachte Frage nach dem historischen Geschehen, das von den Jüngern als reine Gnade Gottes erfahren wurde und durch das sie zum christologischen Bekenntnis des auferstandenen oder kommenden Gekreuzigten gekommen sind[172], bietet selbst den Anlaß, um im folgenden Abschnitt zu untersuchen, wie er dieses Thema hermeneutisch be-

---

[169] Vgl. ebd., 386: "Die Gefahr dieses Credos [des paulinisch-johanneischen Pascha-Credos] liegt ... darin, daß es alle anderen Aspekte, m. a. W. das Legitime in den anderen Credo-Schemata und das darin anders ausgerichtete historische Interesse für Jesus von Nazaret, zu verkennen droht. Diese Credo-Richtungen des Pascha-Christologie als solche darf man daher nicht als kanonisch bezeichnen." Vgl. ebd., 357ff. Die Frage, die sich dabei stellen läßt, was denn eigentliche "christliche Interpretation" heißen soll, zeigt, daß durch diese "Vertrauensoption" letztlich ein stark dezisionistisches Moment ins Spiel kommt.

[170] Vgl. ebd., 504f.

[171] Schillebeeckx gibt dies selber zu, wenn er sagt: "Der christliche Glaube, d. h. eine *bestimmte* Jesusinterpretation, trifft eine Entscheidung gegenüber dieser für die historisch-kritische Forschung offenbleibenden Ambivalenz [daß die historisch-kritische Beschäftigung mit Jesus tatsächlich nicht die Grundlage für den Glauben an den definitiven Heilbringer legen kann] und weist im Glauben die Rechtmäßigkeit einer nichtchristlichen (z. B. jüdischen, säkularen oder atheistischen) Jesusinterpretation faktisch ab. Der Gläubige tut dies aufgrund einer Vertrauensoption und erklärt damit die eindeutige, nämlich christlich-gläubige Interpretation zu der einzig wahren ... Antwort." Vgl. ebd., 65.

[172] Vgl. ebd., 336.

handelt und zu welchen Ergebnissen er dabei kommt. Damit ist auch die Frage nach dem Stellenwert der Auferstehungschristologie gestellt.

1.5. Die Erfahrung des Auferstandenen

Daß Jesus aktuell gegenwärtig in seiner Kirche handelt, und damit der "Lebende" ist, der in ihr sein Befreiungswirken fortsetzt, ist, wie die Überschrift des Jesus-Buches anzeigt, der eigentliche Gegenstand seiner vielschichtigen Reflexionen, die eine große Fülle an historisch-exegetischem Material verarbeiten. Es ist dem Autor vor allem um die Genese des Auferstehungsglaubens zu tun. In welcher Weise vermittelt sich Jesus, der Lebende, zu seinen Jüngern und in das Glaubensbewußtsein der Kirche?

1.5.1. Auferstehung als Jünger-Erfahrung

Auch in der theologischen Aufarbeitung des Auferstehungsglaubens läßt sich Schillebeeckx von seinem paradigmatischen Erkenntnisprinzip leiten. Deshalb gilt:

> "Das bedeutet, daß im menschlichen Leben Jesu der höchste Daseinssinn des Menschen in Wort und Tat zum Ausdruck gekommen ist, und zwar normativ und exemplarisch. Auch hier kommt die Gottesmanifestation erst im interpretativen Glaubensakt zur 'Offenbarung'."[173]

So setzt denn auch die Reflexion über das Wesen der "Auferstehung" bei dem an, was die Jünger, die zuerst davon betroffen waren, "erlebt" oder wie sie dieses Geschehen erfahren haben. Dabei "drängte sich der Gedanke der Auferstehung allgemein allen frühchristlichen Gemeinden als die beste Weise auf, wie man Jesu Leben-bei-Gott zur Sprache bringen konnte".[174]

Mit dem Tod Jesu kann unsere Geschichte von Jesus beginnen.[175] An die Auferstehung glauben heißt: Ihn in seiner universalen Heilsbedeutung für alle Menschen anerkennen. Schillebeeckx kritisiert an den traditionellen apologetischen Darstellungen der Auferstehung als Wunder, daß sie "gleichsam empirisch-objektivistisch" gewesen seien, "ohne jeden Bezug zu uns".[176] Die Auffassung von Bultmann und Marxsen, nach der die Auferstehung sich nur in der Lebenserneuerung der Jünger vollzogen

---

[173] Ebd., 563.

[174] Vgl. ebd., 476f.

[175] Vgl. ebd., 568.

[176] Vgl. ebd., 571.

habe, Auferstehung und Auferstehungsglaube mithin identisch seien, bildet dazu auch keine gültige Alternative.[177]

Schillebeeckx schlägt einen Mittelweg zwischen beiden Positionen vor, indem er zunächst davon ausgeht, daß für das NT ein "nicht zu leugnender innerer Zusammenhang zwischen der Auferstehung Jesu und der christlichen Oster- oder Glaubenserfahrung" zu konstatieren sei.[178] Dabei stellt sich "Ostererfahrung" als Bekehrungsprozeß ein, als "die *große Umkehr*, aufgrund derer die Jünger nach Jesu Tod ihn als den Christus anerkennen und bekennen ..."[179] Durch diesen Ansatz sollen "der objektive und der subjektive Aspekt" miteinander vermittelt werden.[180] Allen "Erscheinungen" Jesu geht sachlich und zeitlich voraus "ein nur auf Grund der Gnade mögliches Verstehen Jesu als des Christus in einer persönlichen Erfahrung, durch welche die ganze Lebensorientierung dessen, der diese Glaubenserfahrung hat, bestimmt wird".[181] Welche Bewandtnis hat es dann mit dem Prozeß der Metanoia, den die Jünger nach Ostern durchmachen? Wie konnten die Jünger Jesus – nach dessen Tod – als den Auferstandenen verkünden und als das universale Heil aller Menschen proklamieren? Was ist in der Zeit dazwischen geschehen?

Die Jünger müssen eine besondere Art von "Erfahrung" gemacht haben, die sie zu der Überzeugung kommen ließ, daß es mit Jesus weitergehe – eine "Erfahrung des Auferstandenen".[182] Als Paradigma einer solchen Erfahrung wird dann nicht etwa das Erlebnis der hinter verschlossenen Türen versammelten "Elf", sondern das Bekehrungserlebnis des Paulus

---

[177] Vgl. ebd., 572. Die Auffassung von W. Marxsen findet sich dargestellt in seinem Buch "Die Auferstehung Jesu von Nazareth".

[178] Vgl. ebd., 572.

[179] Vgl. ebd.

[180] Vgl. ebd., 573: "Die oben mit Absicht ausführlich gegebenen Analysen dessen, was denn eigentlich im Neuen Testament mit 'Erscheinungen Jesu' gemeint ist, zeigten, daß die Jünger gerade in und durch die Erfahrung der erneuten Gegenwart Jesu und des (nach seinem Tod) erneuten Angebots von Heil zu der glaubensgewissen Überzeugung gekommen sind, daß Jesus auferstanden ist. Deshalb ist Jesu Auferstehung ... innerlich verbunden mit der christlichen Glaubens- und Ostererfahrung ... auf weltlichen, historischen menschlichen Wegen, aufgrund eines bestimmten Blickwinkels außerdem menschlicher Analyse zugänglich."

[181] Vgl. ebd., 335.

[182] Vgl. ders., Erfahrung, 142; vgl. auch Jesus, 312: "Über den auferstandenen Jesus sprechen *impliziert eine persönliche Erfahrung,* die gerade als *Initiative* des anderen, Jesu selbst, interpretiert wird." Hier läßt sich sogleich die Frage stellen, ob denn die Initiative Jesu nur als ein Interpretatment zu verstehen ist, also die Interpretation dem Handeln des Herrn vorausgehe.

ins Feld geführt.[183] Schillebeeckx bespricht die einschlägigen Stellen 1 Kor 9,1; 15,8–11; Gal 1,15–17 sowie Apg 9, Apg 22 und Apg 22 und kommt zu folgendem Ergebnis: In den Schriften des Paulus zeige sich nirgends, daß er sein Apostolat mit einem "Sehen" Jesu bei seinem Damaskuserlebnis zusammenbringe. Eine größere Rolle spiele hier seine Berufung "vom Mutterschoß an" (Gal 1,15) und seine kirchliche Legitimation durch Handauflegung, die er von den Gemeindeleitern in Antiochien empfangen habe (vgl. Apg 13,1–3). Daß er von den Christen in Antiochien in die Glaubensgemeinschaft initiiert worden sei, habe er als seine "Gnade vom Herrn" erfahren. So bedeute denn, "Jesus Christus gesehen haben" (1 Kor 9,1), denselben Glauben wie die anderen Apostel zu verkünden.[184] Die drei Damaskusberichte weisen in ihrer Unterschiedlichkeit für Schillebeeckx auf die Manipulierbarkeit dessen, was mit "Jesuserscheinung" bezeichnet wird. Deshalb bezeugt der dreifache Erscheinungsbericht nur den "*Gnadencharakter* dessen, was sich im Leben des Paulus geschichtlich abspielt".[185] Was Paulus an göttlicher Epiphanie zuteil geworden ist, wird auf sein ganzes Leben und Wirken, auf seine Reisen und sein Apostolat unter den Heiden ausgedehnt. Die Berufungsvision vor Damaskus wäre dann eine "Extrapolation" dieser Gnade, weil sie hier punktuell im "Modell eines isoliert-vertikalen Geschehens" dargestellt wird. "Die Extrapolation geht aus dem 'leeren' Charakter der Erscheinung hervor ..."[186]

Daß eigentlich niemand Jesus, den auferstandenen Herrn, selbst gesehen zu haben braucht, um an ihn als den Lebenden zu glauben, ist der Terminus der ganzen Beweisführung, für den am Schluß auf Lukas rekurriert wird, der in Apg 9,27 davon spricht, daß Paulus "unterwegs den Herrn gesehen hatte", obwohl Paulus Jesus nicht gesehen, sondern nur sein Stimme gehört habe: "In einer 'Christuserscheinung' braucht man Jesus also nicht unbedingt visuell zu sehen."[187] Als wesentliches inneres Moment dessen, was die Jünger mit Jesus nach dessen Tod erlebt haben, scheint somit eine Größe auf, die als solche in sich selbst unerkennbar bleibt und "die letztlich auf eine vertikale Weise im biblischen Bericht von den 'Erscheinungen' Jesu thematisiert wird": die "reine

[183] Vgl. ebd., 142; vgl. Jesus, 319–335.

[184] Vgl. ebd., 320: "... Man kann schwerlich sagen, daß zumindest für Paulus (im Gegensatz zu Lukas) die 'Jesuserscheinung' vor Paulus [sic!] die eigentliche Sendung zum Apostolat ist. Sie bedeutet die *Glaubensidentität* unter allen Aposteln."

[185] Vgl. ebd., 321.

[186] Vgl. ebd., 322.

[187] Vgl. ebd., 327.

Gnade".[188] Da ihr selbst eine inhaltliche Unbestimmtheit eignet, nimmt sie auch in anderen historischen Ereignissen, in denen sie sich gleichsam verkörpert, eine deutlich sichtbare Gestalt an, so z. B. in der Wiederversammlung der zerstreuten Jünger und in der Besinnung auf das Leben Jesu als Ganzes.

Die Ostererfahrung hat noch einen weiteren Aspekt: Sie ist offensichtlich nicht die Erfahrung eines neuen schöpferischen Handelns Gottes am gekreuzigten Jesus, der sich nun auf Neue zu erkennen gibt. Vielmehr handelt es sich um einen neuen Bewußtseinszustand derer, die mit ihm unterwegs waren: Die Jünger erwerben ein neues Bewußtsein von dem, wer Jesus war, weil und insofern sie nun auf Jesu irdisches Leben als ein abgeschlossenes Leben blicken können. Sie vollziehen die "'Erkenntnis' und 'Anerkenntnis' Jesu *in seiner Lebenstotalität*, wie Schillebeeckx sagt.[189] Und er fügt dem hinzu: "Das nenne ich die 'Ostererfahrung', die auf verschiedene Weise zum Ausdruck gebracht werden konnte."[190]

Aus diesen – auf der kategorialen Ebene innergeschichtlicher Vorgänge sich zeitigenden – "Gestaltwerdung der reinen Gnade" stellt sich bei den Jüngern die Überzeugung ein: "Gott identifiziert sich mit *Menschen*, die von Mitmenschen verworfen wurden."[191] Aufgrund der Priorität der Jünger*erfahrung* vor dem Ereignischarakter der Auferstehung kommt Schillebeeckx zu dem für seine Sicht charakteristischen Resultat:

> "Die *volle* Bedeutung dessen, was 'Petrus und die Elf' erfahren haben, erweist sich nur in ihrer Sendung, in dem, was sie tun, in ihrer Lebenspraxis."[192] Sogar an jenen Stellen in den Evangelien und bei Paulus, wo von Erscheinungen berichtet wird, gehe es "allein um die Legitimation der apostolischen Sendung, nicht um die Sicherstellung der Auferstehung".[193]

Auferstehung ist konstitutiv dafür, daß die verstreuten Jünger sich wieder sammeln und daß so Kirche wird, durch die Jesu Sendung weitergeht.[194] Dies ist die primäre kollektive Erfahrung, die ein neues Engagement für die Praxis des Reiches Gottes möglich werden läßt:

---

188 Vgl. ebd., bes. 320f. Schillebeeckx spricht auch von der "Erfahrung einer neuen Existenz" als "Quelle dieses Sprechens von Jesus als dem Auferstandenen". Vgl. ebd., 312.

189 Vgl. ebd., 342.

190 Vgl. ebd.

191 Vgl. ders., Erfahrung, 143.

192 Vgl. Jesus, 312.

193 Vgl. ebd., 314.

194 Vgl. ebd., 337.

> "Aus dem Ganzen des vierfachen Berichts von der offiziellen apostolischen 'Christuserscheinung' vor den Elf ergibt sich die Funktion dessen, was 'Erscheinung des Auferstandenen' genannt wird: die Anerkennung Jesu als des auferstandenen Christus ist Kirche bildend; sie legitimiert die apostolische Sendung an die Welt."[195]

Aus der Darstellung der Genese des Auferstehungsglaubens in der Sicht Schillebeeckx' ergeben sich einige Anfragen: Am Gang der Überlegungen läßt sich unschwer erkennen, daß den von den Jüngern gemachten Auferstehungserfahrungen eine Allgemeinheit und Unanschaulichkeit anhaftet, die sie von der Wirklichkeit einer personalen Begegnung wegrücken. Eignet der Auferstehung, so wie Schillebeeckx sie versteht, noch ein transempirisches oder transzendentes Moment? Es scheint, als ob sie nur etwas wäre, daß sich in der empirisch greifbaren Dimension der sich zur Kirche versammelnden Jüngerschaft, die eine innere Wandlung oder Metanoia durchmacht, abspielt. Von daher kommt das Proprium der Ostererfahrung für ihn am reinsten und adäquatesten in dem Schriftwort: "Wo zwei oder drei in meinem Namen versammelt sind, da bin ich mitten unter ihnen", zum Ausdruck.[196]

1.5.2. Auferstehung Jesu

Zwischen dem ersten "Widerfahrnis" der Jünger, das sich ihnen von einer Wirklichkeit außerhalb ihrer selbst her zuschickt (primäre "Ostererfahrung") und der Artikulation dieser Erfahrung, die eine "Interpretation innerhalb eines gegebenen Verstehenshorizonts"[197] darstellt, waltet für Schillebeeckx eine maßgebliche Differenz.[198] Zunächst soll eine rein subjektive Erfahrung, die auf der Ebene der ereignishaften Wirklichkeit kein Korrelat besitzt, ausgeschlossen werden: Jesus selbst ist die Quelle für die Ostererfahrungen der Jünger. Ihm kommt auch die Initiative bei der Bekehrung der Jünger zu, aufgrund derer sie ihn als Sohn und Christus anerkennen.[199] Sodann ist festzuhalten, daß der Bekehrungsprozeß der Jünger und ihre Gnadenerfahrungen nach Jesu Tod die grundlegenden Erfahrungen sind[200], in denen sich die pneumatische Gegenwartsweise Jesu in der Gemeinde ausdrückt. Allerdings ist es für Schil-

---

195 Vgl. ebd., 317.

196 Vgl. ebd., 573.

197 Vgl. ebd., 346.

198 Vgl. dazu Iwashima, 214f: "Alle Texte gehen von dem schon bestehenden apostolischen Osterglauben aus. Schillebeeckx legt dabei die Erscheinungsberichte als sekundäre Artikulationen der gemachten Ostererfahrung aus."

199 Vgl. Jesus, 326.

200 Vgl. ebd., 348.

lebeeckx nicht damit getan, Auferstehung als eine nach Ostern an den Jüngern Jesu vorgehende Veränderung ihrer subjektiven Disposition zu betrachten. Vielmehr gilt: Jesus selbst ist das Subjekt der Auferstehung[201], weil sich in ihm Gottes Heilshandeln konkretisiert. Er ist der als der kommende Menschensohn inthronisierte Herr, Messias, Sohn Gottes.[202]

Für das, was an Jesus selbst vorgeht, paßt am besten die Kategorie der "Erhöhung"[203], für die es – anders als bei jener engeren Kategorie der "Auferstehung" – unwesentlich ist, ob Jesus jemandem erscheint oder sein Grab leer aufgefunden wird.[204] Wie wenig an sich die Erscheinungen Jesu vor den Zeugen bedeuten, kommt noch einmal zum Ausdruck, wenn Schillebeeckx sagt:

> "Aber, ob mit oder ohne Auferstehung, in keinem Fall *stützt sich* die Glaubensaussage von der Aufnahme Jesu in den Himmel auf ein eventuell leeres Grab oder auf Erscheinungen; beide *setzen* den Glauben an die Aufnahme Jesu in den Himmel nach seinem Tod voraus ..."[205]

1.5.3. Das unhinterfragbare X als empirisches Datum

Wenn "Auferstehung" etwas ist, das sich nicht nur in der veränderten Disposition der Jünger ereignet, wenn sie nicht nur eine ideale Setzung oder Projektion und wenn schließlich Jesus selbst das Subjekt der Auferstehung ist, dann muß es ein für die geschichtlich verfaßte Welt relevantes Geschehen mit ihm geben, aufgrund dessen die Jünger ihn nach

---

201 Vgl. Iwashima, 217: "Die Jünger bekehrten sich zu dem Jesus, den sie zu seinen Lebzeiten kennenlernten, dem und dessen Botschaft sie folgten. Mit anderen Worten: die Initiative ihrer Bekehrung kam nur aus diesem Jesus."

202 Vgl. Jesus, 472.

203 Vgl. Iwashima, 221f: "Wenn man ferner die entsprechenden Texte des Neuen Testaments betrachtet, merkt man, daß 'Auferstehung' doch nicht das einzigartige Artikulationsmoment der Ostererfahrung ist (vgl. 472–481). Es gibt zum Beispiel die 'Erhöhung'. ... In der Q-Tradition findet man nur die Erhöhung des leidenden Gerechten, also nicht die Auferstehung. ... So gesehen, ist die Auferstehung Jesu eine der möglichen Identifizierungen der Ostererfahrung."

204 Vgl. Jesus, 476: "In den vier Credo-Richtungen, die oben analysiert wurden, werden die Maranatha-Christologie, die Christologie der Erhöhung des prophetisch-sapientialen, salomonischen Davidssohns (weniger richtig: die 'theios-anèr-Christologie') sowie die Weisheits-Christologien verständlich innerhalb einer Tradition, die an Erhöhung-ohne-Auferstehung denkt, Traditionen, die außerdem überhaupt keine Bedürfnis nach einem leeren Grab oder nach Erscheinungen haben, um trotzdem den Gekreuzigten als den zu Gott erhöhten, königlichen Herrn bekennen zu können. ... und diese allmähliche Prävalenz des Auferstehungsgedankens vor anderen Auffassungen über die konkrete Gestalt einer 'Aufnahme in den Himmel' hat sich in christlichen Kreisen ebenfalls in den frühchristlichen Generationen vollzogen."

205 Ebd., 476.

Ostern als den Lebendigen verkündigt haben. Welche Wirklichkeitsweise kommt der nachösterlichen Personidentität Jesu zu?

Nach Schillebeeckx gibt es zwar irgendeinen nicht mehr auf gedankliche Muster zurückführbaren "empirischen" Punkt, der aber – jenseits der Interpretation der Jünger – nicht vor den Blick treten kann und über den wir eigentlich so nichts wissen.[206] Dies korrespondiert mit dem an anderer Stelle formulierten Prinzip: "Die einzige Erkenntnis, die wir vom Christusereignis haben, erreicht uns durch die konkrete Erfahrung der ersten christlichen Gemeinden."[207] Für unsere Frage nach dem Realitätsgehalt der Auferstehung heißt dies: Was denn die Auferstehung Jesu wirklich sei, bleibt merkwürdig schillernd. Die Jünger kommen nicht aufgrund einer neuen Begegnung mit dem aktual existierenden, lebendigen Herrn, der sich in Erscheinungen, d. h. durch eine sichtbar-leibhafte Präsenz, ihrem kategorialen Verstehenshorizont erschließt, zum Glauben. Vielmehr soll es umgekehrt sein: Das Osterkerygma soll der Überzeugung der Jünger, daß Jesus erschienen ist, logisch und zeitlich vorausgehen. Die primäre Erfahrung liegt folglich nicht auf der Ebene der Geschichte, der ereignishaften Wirklichkeit, sie liegt im Bewußtsein der Jünger, in dem es eine Wandlung gibt – ein Vorgang, der nachträglich im "Modell von Erscheinungen" gedeutet wird.

Trotzdem will Schillebeeckx daran festhalten, "daß Jesu persönlich-leibliche Auferstehung (nach logischer und ontologischer Priorität; eine chronologische Priorität hat hier keinen Sinn) jeder Glaubenserfahrung 'vorausgeht'".[208] Wenn man hier einmal im Erkenntnismodell der Kantischen Philosophie bleibt, muß man also sagen: Es gibt ein "Ding an sich" = Auferstehung, das aber als solches nicht intelligibel ist, und von dem wir nur "Erscheinungen" (nicht zu verwechseln mit den Erscheinungen des Auferstandenen) haben: die vielfältigen Erfahrungen der Jünger, die den Bereich der persönlichen Metanoia und der Sammlung zur Kirchengemeinde angesiedelt sind.[209] Von der Auferstehung als solcher

---

206 Auch H. Kessler fragt nach diesem Anfang zurück, der dem Osterglauben der Jünger vorausgegangen sein muß. Vgl. Kessler, Christologie, 289: "*Was aber war dieses vom Historiker postulierte, den Osterglauben auslösende 'Etwas'? Es muß zumindest als ein so starker, evidenter und divergierende Tendenzen zentrierender Neuanstoß gedacht werden, daß es die angesichts des Verbrecher- und Fluchtodes Jesu überraschende Einmütigkeit und erstaunliche Dynamik des österlichen Neubeginns erklären kann. ...* Das NT spricht von einem neuen Offenbarungswiderfahrnis bzw. von Erscheinungen."

207 Vgl. Schillebeeckx, Toegang tot Jezus, 35.

208 Vgl. Jesus, 573.

209 Die von Schillebeeckx durchgängig vertretene dualistische Erkenntnistheorie erlaubt es nicht, zu einer originären Wirklichkeitserkenntnis zu gelangen. Daher verliert auch folgender Satz seine realistische Interpretierbarkeit: "Für alle Christen darf daher die

können wir nichts wissen und im Grund gilt das gleiche von Jesus, sofern er nach Ostern *als Mensch* eine aktuale Existenz *in diesem* Leibe hat. Was der eigentlichen Glaubenserfahrung von der Auferstehung Jesu empirisch zugrunde lag, war eher ein "erneutes Angebot von Heil" als eine personale Begegnung, die durch den Auferstehungsleib als Medium einer neuen Mitteilbarkeit möglich wurde. Dieser Auferstehungsleib scheint in der ganzen Ostertheologie Schillebeeckx' keine besondere Rolle zu spielen. Wenn nicht Jesus als der in "diesem" Leib und doch ganz anders Lebendige in seinem neuen Entgegenkommen erfahren wird, was dann? "Die Ostererfahrung liegt im Erfahrungsgeschehen der erneuten Sammlung der Jünger, nicht nur *im Namen* ..., sondern auch *kraft* des auferstandenen Christus selbst."[210] "Auferstehung" dagegen, sofern sie von menschlichen Adressaten erkannt wird, ist nie ohne die Kategorien ihrer Deutung oder ohne Modelle zu haben, die mit Hilfe unseres Verstandesapparates zu der Setzung führen: "Jesus ist auferstanden, und ist dem Kephas erschienen."

In diesem Sinne sagt Schillebeeckx, "daß der *objektive* und der *subjektive* Aspekt des apostolischen Auferstehungsglaubens nicht voneinander getrennt werden können".[211] Die erfahrungshafte Vermittlung dieses Glaubens liegt nicht in einer neuen, den Raum der Geschichte berührenden Begegnung mit dem Auferstandenen in seiner neuen verklärten Leiblichkeit.[212] "Erfahrung", wie Schillebeeckx sie versteht, ist nie ein rein empirisches Datum oder eine Kontaktnahme mit der Wirklichkeit, sondern sie ist eine Leistung des Verstandes, der ein nicht intelligibles empirisches "Material" mit seinen – ideengeschichtlich und kulturell bedingten – Kategorien überformt. Dies will beachtet sein, wenn man den Satz liest: "Außerhalb der Glaubenserfahrung ist es unmöglich, sinnvoll von Jesu Auferstehung zu sprechen."[213] Wir haben es auf der einen Seite

Glaubensaussage, daß Gott Jesus von den Toten auferweckt hat, in der Tat als die Beschreibung einer unmittelbaren Wirklichkeitserfahrung gelten und nicht als eine von der Erfahrungssituation loszulösende sekundäre Interpretation oder ideologische Konstruktion." Ebd., 574.

210 Ebd., 573.

211 Vgl. ebd., 572.

212 Anders H. Kessler, Christologie, 290: "Der Osterglaube geht also nach Auskunft des NT auf Erfahrungen zurück, die den Urzeugen die tatsächliche lebendig-personale Anwesenheit des Gekreuzigten unter ihnen und damit ein entsprechendes eschatologisches Handeln Gottes evident machten. *Die Bekundung des Auferweckten durch Gott bzw. seine freie Selbstbekundung, die den Charakter einer nicht selbst erzeugten Begegnung hat, war der Neuanstoß.*"

213 Jesus, 572; vgl. ebd., 573: "Die Auferstehung Jesu – das heißt das, was nach seinem Tode mit ihm selbst persönlich geschehen ist – ist, ohne damit identisch zu sein, nicht zu

mit historischen Vorgängen, die der inneren Sinnhaftigkeit und Wahrheit entbehren und auf der anderen mit aus der Glaubenssprache kommenden geschichtslosen Wahrheiten zu tun, die aus der erfahrenden Interpretation und interpretierenden Erfahrung der Jünger kommen. So bleiben Ereignis und Deutung einander disparat, da die vermittelnde Urteilssynthese des Osterglaubens ausfällt.

1.5.4. Der kategoriale Glaube an die Auferstehung als Ideenmontage

Nach der von Schillebeeckx zugrunde gelegten Genese des Osterglaubens konnten die Jünger, die den Tod Jesu keineswegs als Durchkreuzung ihrer Heilshoffnungen erlebten, schon von sich aus auf die Rettung des Gekreuzigten durch Gott kommen, d. h. die Gewißheit von der Auferstehung mußte sich schon allein vom alttestamentlichen Hintergrund in Verbindung mit der proexistenten Lebensweise Jesu einstellen:

> "Diese Christen konnten Jesu Leiden und Tod anfangs nicht recht verstehen; doch war ihr Gottesglaube so groß, daß sie mehr Vertrauen auf Gott setzten als in alles, was die konkret-geschichtlichen, schmerzlichen Tatsachen als evident darboten. Ihre Glaubenseinsicht mag Zeit erfordert haben; letztlich wußten sie: Dieser Gerechte mag von Menschen, von ihren offiziellen Instanzen ins Unrecht gesetzt worden sein, aber er kann von Gott nicht verlassen sein."[214]

Die Bedingung der Möglichkeit der Erkenntnis von "Auferstehung" war schon vorösterlich gegeben.[215] Der transzendentale Verstehenshorizont der ersten "Zeugen" bedurfte keiner Erweiterung durch ein österliches Geschehnis, denn die Kategorien für die Erfassung der an sich unbestimmten Realität "Auferstehung" lagen schon bereit:

> "So wurde das Neue, das in Jesus vollzogen war, begreiflich und artikulierbar gemacht in alttestamentlichen und jüdischen Glaubenskategorien, dem Niederschlag einer jahrhundertelangen jüdischen Erfahrung mit Gottes Willen, ausgedrückt in ihren heiligen Schriften."[216]

---

trennen von der Oster- oder Glaubenserfahrung der Jünger, das heißt von ihrem Bekehrungsprozeß, in dem sie das Werk des Geistes sehen."

214 Jesus, 466.

215 Vgl. Courth, Geschichte Jesu, 126: "Über diese grundsätzliche Würdigung hinaus gibt es nach Schillebeeckx sogar Texte, die 'in die Richtung einer vorösterlichen Erwartung weisen, daß Jesus der eschatologische Prophet ist' (421). Danach sind Mk 6,14 und 8,28, wo Jesus mit Johannes und Elija in Verbindung gebracht wird, 'authentische Reminiszenzen an das Bild, das man sich (zumindest als Frage) schon vor Ostern über Jesus gemacht hatte' (422). Von dieser vorösterlichen fragenden Erwartung her läuft nun die Q-Tradition bis hin zum Joh-Evangelium, das 'eine Theologie Jesu als des eschatologischen Mose-Propheten gibt, der selbst das Volk wirklich in das gelobte Land führt: *in den Schoß des Vaters* (Joh 1,18), das Reich Gottes' (424)."

216 Jesus, 467.

Offensichtlich liegt der "Ostererfahrung" der Jünger kein neues schöpferisches Handeln Gottes an der Leiblichkeit des gekreuzigten Jesus zugrunde. Die konkrete leibliche Substanz bleibt von dem ganzen Ostergeschehen unberührt. Zwar will Schillebeeckx gelten lassen, daß es mit Jesus nach der Auferstehung ein *Novum* gegeben habe, doch dieses griff nicht erweiternd auf den Horizont des Erfahrbaren über, denn es war eine Art unbestimmtes Ereignis X, das nur durch schon bereitliegende Vorgaben der menschlichen Anschauung präsentiert werden konnte: "Das Neue an Jesus konnte trotz und dank des nicht-situierbaren Novums Jesu von Nazaret *von ihnen* nur in jüdisch-religiös vertrauten, durch Jahrhunderte erprobten Erfahrungsmodellen greifbar gemacht werden."[217] "Auferstehung", dies sei hier nochmals betont, scheint eine aus dem früheren "Heilshandeln" Gottes mit Israel ableitbare Größe zu sein, nicht ein aus früheren Begebenheiten unableitbares Ereignis:

> "Israel selbst konnte aus eigenen Erfahrungen, wenn diese im Licht seiner heiligen Bücher gelesen werden, zu der *Heilsidee* von der "Auferstehung am 3. Tag" *in der Zukunft* kommen."[218]

So konnten die Jünger eine Interpretation ihrer Erfahrungen von *metanoia* und erneuter Sammlung nach Ostern leisten, die zu der Idee "Auferstehung" bzw. "Erscheinungen" führte. Es ist aber sehr die Frage, ob eine bloße Interpretation den absoluten Abgrund überwinden kann, der zwischen der Todverfallenheit des Menschen und der Hoffnung auf die Vollendung seines Lebens bei Gott liegt. Kann dies nicht nur Gott selbst in einem wirkmächtigen Handeln, das allem menschlichen Räsonieren vorausgeht?

Als zusammenfassende Kritik bleibt folgendes **Resumée**: Der Grundsatz "Erfahrung ohne Ereignis" führt bei Schillebeeckx zu einem Begriff von "Auferstehung" als einer aus früheren Deutungen in der Glaubensgeschichte Israels ableitbaren Größe. Die Kategorien für die Erfassung dessen, was gemeint sein könnte, wenn die "Sache Jesu" von Gott her weitergeht, werden von den Redakteuren der neutestamentlichen Texte geliefert. Sie entstammen einer alttestamentlichen Ideenmontage:

> "Allein dieser prophetische 'Messianismus' ... konnte, als mit dem sapientialen 'leidenden Gerechten' und 'auf die Probe gestellten weisen Mann' schon verschmolzen (in Anbetracht des faktischen Inhalts des Lebens Jesu), Grund und Möglichkeitsvoraussetzung bieten, um Jesus nach seinem Tod in der Tat als den auferstandenen Messias zu erfahren."[219]

---

[217] Ebd.

[218] Ebd., 470.

[219] Ebd., 456.

So kann es denn auch nicht verwundern, wenn Schillebeeckx die Auferstehung Christi nicht formell in die Wesensbestimmung des Christentums aufnimmt. In ihr tritt ja nach der von mir vertretenen These die größte Identifizierung Gottes mit dem gekreuzigten Jesus hervor.[220] Der mangelnde Stellenwert der Auferstehungstheologie und ihre Relativierung zu einer der möglichen Jesusinterpretationen muß zu einer Re-Judaisierung des Jesusbildes führen.[221]

Die Schillebeeckxsche Sicht des eigentlich christlichen Grundbekenntnisses gelangt dadurch nicht über die immer wieder neu berufene Formel "Heil in Jesus von Gott her" hinaus. In ihr drücke sich die Wesensbestimmung des Christentums aus.[222]

1.6. Offenbarung Gottes in Jesus

1.6.1. Gibt es eine Offenbarung Gottes in Jesus?

In Jesus Christus offenbart sich uns der menschenfreundliche Gott. Er tut es in einer Weise, die dem Menschen Heil zusagt, das in Jesus von diesem Gott auf den Menschen zukommt. Bei diesem Vorgang der Selbsterschließung Gottes betont Schillebeeckx die Funktion der Menschheit Christi als solcher:

> "Wenn es in Jesus eine einzigartige Universalität gibt, dann muß diese in Jesu Menschsein selbst liegen, nicht dahinter oder darüber. Gottes Offenbarungsgestalt ist der Mensch Jesus. Das Gottsein Gottes wird sich also *im* Menschsein Jesu offenbaren."[223]

Damit stellt sich hier die Frage nach dem Schöpfer-Geschöpf-Verhältnis in Christus. Klar ist, daß es eine einzigartige Verbindung zwischen ihm und Jesus sein muß und daß die Tradition sie ausdrückt mit "Hypostatische Union", eine Verbindung, durch die Gott sich unsere menschlichen Akte zu eigen macht, d. h. doch *in* der nicht einfach menschlichen, sondern göttlichen Hypostase. Tritt Gott als er selbst wirklich in

---

[220] Vgl. oben, 56.

[221] Vgl. dazu die Kritik von W. Löser, Christologie, 264: "In dem Maße, als die Theologie des Mysteriums paschale ausfällt, wird das Jesus-Bild rejudaisiert. Dies aber führt konsequent zu einer Moralisierung des Glaubens. Der handelnde Mensch hat nun das Heil, das ihm aus seiner Not heraushelfen soll, in Orthopraxis selbst herbeizuführen."

[222] Vgl. Jesus, 493; 485; vgl. dazu auch Courth, Geschichte Jesu, 132: "Ist eine solche Kennzeichnung nicht doch allzu unbestimmt und entschieden zu offen nicht nur gegenüber dem neutestamentlichen Grundbekenntnis, daß Jesus der auferstandene Christus ist, sondern auch gegenüber manchen Verzeichnungen des Oster- und Christusglaubens heute?"

[223] Ebd., 528.

unsere Zeit und Geschichte ein, wenn gilt: "Das Menschliche ist hier tatsächlich das *Maß, in dem* das Göttliche erscheint, denn Gott ist nirgends zugänglich außerhalb seiner geschaffenen Manifestationen[224]"? Die metaphysische Distanz des endlichen Menschen zu Gott, seinem Schöpfer, scheint übersehen, da des Menschen Menschlichkeit unvermittelt das Antlitz Gottes zu enthüllen vermag.[225]

> "Dieser Mensch Jesus, ist in der menschlichen Begrenzung einer (psychologischen und ontologischen) personal-menschlichen Seinsweise identisch der Sohn, d. h. 'der zweite' der trinitarischen Fülle der göttlichen Einheit, der 'zweite', der in Jesus zu *menschlichem* Selbstbewußtsein und Mitmenschlichkeit kommt."[226]

Schillebeeckx beruft sich hier auf Schoonenberg, der von "menschlicher Transzendenz" spricht.[227] Worin manifestiert sich diese Transzendenz seines menschlichen Lebens? Jesus besitzt in seinem menschlichen Bewußtsein eine *wesentlich* andere Erfahrung Gottes als die übrigen Menschen, durch die er sich *seinem Wesen nach* von den anderen Menschen unterscheidet.[228] Es scheint sich dabei in erster Linie um eine bewußtseinsimmanente Wirklichkeit zu handeln. Was uns Jesus von Gott offenbaren kann, muß in dieser Gotteserfahrung Jesu seinen Grund haben.

---

[224] Ebd., 528; vgl. ebd.: "Wenn Jesus Christus Gott der Sohn ist ..., dann muß dies aus seinem menschlichen Dasein aufleuchten; dann muß er in einer völlig einzigartigen Weise Mensch sein."

[225] Vgl. ebd., 534: "Die Frage nach der einzigartigen Universalität Jesu umfaßt daher zwei, wesentlich aufeinander bezogene Pole: einerseits Enthüllung des wahren Antlitzes Gottes; andererseits Erschließung des wahren Wesens des Menschen, und zwar so, daß das erstere durch das letztere vermittelt wird." Dies wäre ja nur in einem inkarnatorischen Verständnis möglich, das von der Kenose Gottes und der Annahme der menschlichen Wirklichkeit durch eine göttliche Person ausgeht.

[226] Ebd., 592.

[227] Vgl. Schillebeeckx, Persoonlijke openbaringsgestalte, 276–277. Vgl. auch Schoonenberg, Ein Gott von Menschen, 96, 126f; vgl. ders., Jezus Christus, 177f; 180–181.

[228] Die Abba-Erfahrung Jesu war der Grund seiner Verkündigung der nahen Gottesherrschaft. Welches das besondere Gottesverhältnis Jesu war, das es ihm erlaubte, Gott seinen Vater zu nennen, erörtert Schillebeeckx im Rahmen der allgemein anthropologischen Frage nach der menschlichen Transzendenz. Zum Verständnis der menschlichen Selbsttranszendenz bei Schillebeeckx vgl. Brambilla, 131–143. Seine Intention geht dahin, eine gewisse Transzendenz des Menschen gegen positivistische Ideologien, in denen die Hinordnung des Menschen auf die überzeitliche Wirklichkeit Gottes übersehen und der Mensch zu einem in seine Umwelt eingebundenen Wesen reduziert wird, unbedingt zu verteidigen. Aber man wird an seine Konzeption die Frage stellen müssen: Begegnet dem Menschen als Transzendenz tatsächlich die je größere Wirklichkeit eines (auch vorgängig zu menschlichen Ideen ergehenden) Handelns Gottes, die er, nachdem sie ihm begegnet ist, versucht, in seinen Begriffen auszusagen? Oder was ist es, das ihm da begegnet? Zu diesem Problemkreis vgl. Kennedy, 128–129 ("The conceptual dimension of human knowledge of God").

"Offenbarung" ist seine beispielgebende Funktion für unser authentisches Menschsein: "Vielleicht ist er von Gott her die Offenbarung dessen, was 'Menschsein' eigentlich sagen will, und wird gerade *darin* offenbart, was 'Gottsein' bedeutet."[229] "Menschsein" ist nämlich keine vorgegebene anthropologische Konstante, sondern legt sich erst in Jesu Verhalten für uns gültig aus. Es ist in keiner Weise eine substantielle Seinswirklichkeit, die sich rational in anthropologischen Begriffen beschreiben läßt, sondern muß aus dem erhoben werden, wie Jesus sich – bewußtseinsmäßig – "erlebt" hat.[230] Was denn diese wahre Menschlichkeit, die Jesus uns offenbart, eigentlich sein kann, wenn es doch keine dem vernehmenden Verstand mögliche Anthropologie geben darf, kann letztlich nur exegetisch als eine Art "Ethik" Jesu aus der Schrift ermittelt werden – Befreiung, Zuwendung, Mitmenschlichkeit.

> "In Jesus sehen wir dann, wozu der Mensch fähig ist, wenn er ganz 'von Gott' und ganz 'von den Menschen' ist, wenn er die 'Sache der Menschheit' als schlechthin die 'Sache Gottes' erfährt."[231]

Lag für die Tradition die Offenbarung Gottes in dem Moment, daß Gott in Christus ein definitives Bild von sich entworfen bzw. uns sein letztes Wort zugesagt hat, über das hinaus er uns nicht "mehr" über sich mitteilen könnte, so sieht Schillebeeckx "das Wesentliche der christlichen Offenbarung darin ..., daß die Jünger behaupten ..., daß in seiner ganzen Person als Mensch Gottes Absichten mit der Menschheit – und darin der 'eigene Charakter Gottes' – ... zum menschlichen Bewußtsein gekommen sind".[232] Die Wirklichkeit des zu Glaubenden wird in einem Akt des Bewußtseins entworfen: als die einzigartige Universalität Jesu, in der eine Glaubensaussage liegt, die aber trotzdem Wirklichkeit zu bejahen beansprucht.[233] Fragt man danach, wie denn dieser christliche Anspruch auf Universalität eingelöst wird, so wird man einerseits auf die Historie und andererseits auf die "Menschheit des Menschseins" verwiesen, wie dieses uns in Jesus von Nazaret entgegentritt. Die Frage nach der einzigartigen Universalität Jesu spitzt sich also zu in der Frage, ob in ihm "die wahre Menschheit des Menschen" erschlossen ist. "Letztlich geht es um das *innere* Verhältnis zwischen Jesus von Nazaret und dem Reich Gottes und dem Heil und Glück des Menschen."[234] Jesus vermag

---

229 Jesus, 532.

230 Vgl. ebd.

231 Ebd., 532.

232 Vgl. ders., Menschen, 51.

233 Vgl. Jesus, 535.

234 Ebd., 536.

den Menschen auf eine Spur zu setzen, wo er Heil und Glück findet. Darin liegt die Tatsache der Offenbarung begründet. Das bedeutet aber: Es läßt sich für den Glauben an Christus als den definitiven Heilsmittler kein weiterer Grund angeben als der, daß man sagt, man habe es eben bei keinem anderen gefunden.

1.6.2. Wie kommt es zur Glaubenssynthese von irdischem Jesus und kerygmatischem Christus?

Von der fundamentalen Bedeutung der Ursynthese des Glaubens: "Der gekreuzigte Jesus ist der verherrlichte, zum Vater erhöhte Christus" für das apostolische Kerygma wurde bereits ausführlich gesprochen.[235] Auch Schillebeeckx geht von einer bewußten Kontinuität von irdischem Jesus und kerygmatischem Christus aus, die auf einer Urteilssynthese der Jünger beruht. Dabei kommt dem Titel "eschatologischer Prophet" wiederum eine herausragende Funktion zu[236]: Gelangt man zur Anerkennung Jesu als des eschatologischen Propheten, so hat man damit bereits implizit der Synthese zugestimmt, daß der von der Kirche in ihren Kerygmata gepredigte Christus der in ihr lebende Jesus der irdischen Reich-Gottes-Predigt ist, der mit seiner Existenz für die Sache Gottes einstand.

Bemerkenswert ist, daß sich die "Glaubenssynthese" bereits vorösterlich vollziehen lassen soll, d. h. daß es dazu keiner neuen, aus dem früheren Leben und den alttestamentlichen Erwartungen so nicht ableitbaren Selbsterschließung von seiten der Person Jesu bedurfte.[237]

Nach der hier vertretenen Epistemologie liegen für das interpretierende Subjekt im Anfang wahrheitslose "Ereignisse" vor, die von dem Schema alttestamentlicher Deutungskategorien überformt werden, um intelligible geschichtliche Sinngestalten zu ergeben. Jedes in der Welt vorkommende kontingente Ereignis entbehrt eines wirklichkeitserfüllten Sinngehaltes. Es ist bloßes factum brutum, welches jeder Interpretation gegenüber "indifferent" bleibt. Auf diese Weise "erfüllt" das Kerygma zwar den Erwartungshorizont, kann ihn aber nicht eigentlich überbieten.[238]

---

[235] Vgl. oben, 16.

[236] Wie oben gezeigt wurde, bildet dieser Titel doch gewissermaßen den gemeinsamen Nenner aller vier Credorichtungen. Vgl. oben, 236.

[237] Jesus, 425; vgl. oben, 221.

[238] Vgl. Jesus, 428: "... daß in Wirklichkeit das Alte Testament nicht die Interpretationsquelle zeitgenössischer Ereignisse ist, sondern daß die Einsicht, die man von zeitgenössischen Ereignissen schon hat (durch das Gewicht dieser Vorfälle selbst), aber nicht in

Aufgrund dieses von Schillebeeckx angewandten Erkenntnismodells ist die durch Glaubenssynthese erzielte "Identität" Jesu nur eine bedingte: "Die geschichtliche Gestalt Jesu von Nazaret ist keineswegs homogen mit seiner Identität, wie sie in der Verkündigung und Dogmatik formuliert wird."[239]

Schon F. Courth hat in seiner Besprechung des Buches "*Jesus. Die Geschichte von einem Lebenden*" zurecht darauf aufmerksam gemacht, daß Glaube und Geschichte, kirchliches Bekenntnis und exegetisches Material in einem unverbundenen Nebeneinander bleiben, weil die systembildende Funktion des Auferstehungsglaubens ausfällt. "Denn er realisiert in Aussage und Methode nicht das neutestamentliche Grunddogma, das Jesus der auferstandene Christus ist; das soll nicht heißen, daß er dieses Bekenntnis ausklammere, wohl aber, daß dessen methodischer und inhaltlicher Stellenwert nicht hinreichend anvisiert ist. ... Darum muß es auch problematisch erscheinen, das urchristliche Kerygma ausschließlich an Gegebenheiten der Geschichte Jesu messen zu wollen. Denn relevant für die Urkirche ist die Rückschau auf den vorösterlichen Jesus nur vom Glauben an den ihr gegenwärtigen Christus her; für sie ist er lebend."[240]

1.6.3. Die Vollmacht Jesu

Daß die Vollmacht Jesu gerade im Konzept des Evangelisten Markus für die Deutung des geschichtlichen Jesus von Nazaret eine herausragende Rolle spielt, wurde im ersten Teil aufzuzeigen versucht.[241] Welches Gewicht mißt Schillebeeckx der Vollmacht Jesu zu und wie deutet

---

Worte fassen kann, erst dank des Begriffsmaterials der heiligen Bücher ihre präzise Artikulations- und Formulierungsfähigkeit erhält. Außerdem gewinnt, in Anbetracht des vorliegenden jüdischen Denkschemas, die eigene Interpretation (z. B. dieser Jesus ist der 'Christus') erst dann völlige Gültigkeit, wenn die (alttestamentlich) verheißene 'Christus-Gestalt' als in Jesus in Erfüllung gegangen 'exegetisch' aufgezeigt werden kann. Mit anderen Worten, diese jüdische Hermeneutik interpretiert zeitgenössische Ereignisse im Licht der Bibel, die ihr das Artikulations- und Wortfeld liefert, um die 'Wirklichkeitsinterpretation' (das Verständnis für ein zeitgenössisches oder kommendes Geschehen) gültig zur Sprache zu bringen, d. h. in Begriffen zu formulieren ..."

239 Schillebeeckx, Menschen, 146. Zur Begründung einer bestehen bleibenden letzten Diskontinuität zwischen dem Jesus der Geschichte und dem Christus des Glaubens rekurriert Schillebeeckx auf Bultmann, freilich ohne sich Rechenschaft über dessen philosophische Voraussetzungen zu geben. Vgl. ebd., 145f.: "In der heutigen Situation der Kirchen, welche die geschichtlichen Forschungen nach Jesus von Nazaret apologetisch gebrauchen, um die Kontinuität zwischen 'Jesus' und 'Christus' aufzuzeigen, erfüllt Bultmann gegenüber dem kirchlichen Glauben aufs Neue eine kritische Rolle."

240 Courth, Geschichte Jesu, 133f.

241 Vgl. Bibeltheologische Hinführung, Abschn. 2.2.1.

er sie? Schillebeeckx setzt nicht bei den Heilungen, der Sündenvergebung, dem Herr-Sein über den Sabbat an, sondern bei den Worten Jesu, die sich auf die Entscheidung für oder gegen ihn beziehen wie z. B. Mt 11,6/Lk 7,23/Joh 12,48. Wertende Stellungnahme zu Jesus ist Stellungnahme zum Boten Gottes, auf den Gottes Name, der Herr, gelegt ist. Auf diese Weise wird die Vollmacht Jesu rein alttestamentlich interpretiert:

> "Diese Aussagen ... sind im Bewußtsein eines Propheten, und erst recht jemandes, der sich als Prophet des nahen Reiches Gottes versteht (und dieses Bewußtsein bestreitet kein Exeget Jesus), gleichsam explizit im deuteronomistisch-judaischen, geläufigen Begriff 'Bote Gottes' mitgegeben."[242] So führt der Vollmachtsanspruch Jesu nicht über die Kategorie des eschatologischen Boten Gottes hinaus, obgleich die Erfassung der Vollmacht Jesu durch das Auferstehungsgeschehen vertieft wurde: "Der neutestamentliche Begriff der 'exousia' oder Vollmacht Jesu (worüber Exegeten streiten, ob er vor- oder nachösterlich ist) findet seinen ursprünglichen Sinn in der deuteronomistischen Tradition vom (eschatologischen) Boten Gottes."[243]

"Vollmacht" Jesus besagt in erster Instanz, daß das Verhältnis zu Gott an einer irdischen Gestalt entschieden wird, in die die Weisheit ihren Einzug genommen hat. Die Identifizierung mit der Weisheit ist Ausdruck der Gültigkeit seiner Botschaft.[244] Im Rahmen dieser Deutung beansprucht Jesus auch keine göttliche Herrschaft über den Sabbat[245] sowie über die Tora. Schillebeeckx erklärt es als eine nachösterliche Interpretation, wenn Jesus seine Vollmacht jener der Schriftgelehrten gegenüberstellt.[246] Die Kritik an den jüdischen Gesetzen zeige vorösterlich bloß seinen Einsatz für eine "auf Menschlichkeit bedachte Gottesherrschaft".[247] Daß die Rabbinen zur Zeit Jesu nur als Gesetzeslehrer auftraten, während Jesus in hoheitlicher Autorität lehrt "wie einer, der göttliche Vollmacht hat, nicht wie die Schriftgelehrten" (Mk 1,22), will Schillebeeckx nicht gelten lassen. Macht es die Zurückstufung Jesu auf den eschatologischen Propheten in dieser Frage auch schwer, in ihm den maßgebenden Interpreten und Repräsentanten des Gotteswillens zu sehen, dem es zukommt, vollmächtig die Sündenvergebung zuzusprechen, so läßt sich doch fragen: Gibt es nicht tatsächlich einen realen An-

---

[242] Jesus, 432.

[243] Ebd., 432f.

[244] Vgl. ebd., 433.

[245] Vgl. ebd., 213: "Ich kann mir, in Anbetracht seiner Zurückhaltung in Selbstzeugnissen – denn seine Sache ist die Sache Gottes – unmöglich vorstellen, daß Jesus selbst sagen könnte: 'Ich – der Menschensohn im Sinne von *ich* – bin der Herr des Sabbats.'"

[246] Vgl. ebd., 212.

[247] Vgl. ebd., 212.

spruch Jesu, nicht nur der endzeitliche Bote der Gottesherrschaft, sondern der eschatologische Heilsmittler zu sein?[248]

Schillebeeckx thematisiert nicht die Sendung Jesu durch den Vater, durch die dieser geschichtlich faßbare Mensch Jesus der Vermittler in die Transzendenz Gottes sein kann und auf der im Grunde seine Vollmacht basieren muß. Statt dessen will er die Person des Boten zurücktreten lassen hinter seiner Aufgabe, um seine Identifizierung "mit der ihm anvertrauten Sache Gottes" möglich zu machen.[249] Inwieweit gibt es nun tatsächlich eine Offenbarungsidentität zwischen dem konkreten Menschen Jesus und dem unverfügbaren und transzendenten Gott, der seinen Heilswillen geschichtlich offenbaren will?

1.6.4. Die Identifikation Jesu mit der Sache Gottes

In dem Boten erscheint – nach einer "communis opinio in der apokalyptischen Literatur" – tatsächlich Gott als Herr, aber nur insofern dies in dem "Modell" einer jüdischen Epiphanie Gottes beschrieben werden kann.[250] Wenn Schillebeeckx für "diese jüdische Epiphanie Gottes" ganz andere Gründe geltend macht, als sie "die hellenistische 'epiphaneia' Gottes im Menschen hat"[251], dann weist er die Möglichkeit, die in Gottes Heilshandeln sich erschließende Offenbarungsidentität von Jesus mit Gott mit Hilfe griechischer Vorstellungen und Begriffe im Sinne der späteren kirchlichen Christologie als in der Transzendenz Gottes verwurzelte Seinseinheit zu deuten, a priori von der Hand. Nicht Gott selbst identifiziert sich zunächst mit dem Heilbringer – ein Geschehen, das dann im nachhinein durch Begriffe, die aus der kategorialen Erfahrung gewonnen sind, ausgesagt werden kann. Vielmehr ist es schon rein innerjüdisch möglich, Gottes eigenen Namen dem Propheten Gottes, der Gott auf eine richtige und endgültige Weise zur Sprache gebracht hat und der deswegen der Dolmetscher Gottes ist[252], zu verleihen.[253] Also vorgängig zur Wirklichkeit einer in Christus ergehenden "neuen" Offenbarung Gottes können schon aus dem vorhandenen Reservoir begriffli-

---

[248] Zu diesem Problemkreis vgl. oben, 66; vgl. 76.

[249] Vgl. Jesus, 433.

[250] Vgl. ebd., 435.

[251] Vgl. ebd.

[252] Vgl. ebd., 439.

[253] Vgl. ebd., 435: "Die Verleihung von Gottes eigenem Namen an den Propheten Gottes, vor allem an den eschatologischen Boten, ist jüdisch also denkbar; er geht auf eine alttestamentliche Tradition zurück, die von den griechisch sprechenden Juden zur Zeit Jesu in einen früh-sapientialen Kontext gestellt ist. Er verstößt keineswegs gegen das streng-monotheistische jüdische Denken."

cher Möglichkeiten "göttliche Prädikationen" vorgenommen werden, die dann natürlich kaum über das im jüdischen Kontext mit "Epiphanie" Gemeinte hinausführen werden: Der endzeitliche Gesandte ist der wahre Dolmetscher des Gesetzes und damit der dem Menschen von Gott eröffneten heilen Menschlichkeit. Es gibt nicht das Ereignis der Selbstvermittlung Gottes in die Welt des Menschen und seine Geschichte.[254] Gott entwirft den Menschen in Jesus nicht eigentlich ein definitives Bild von sich selbst, denn "jede Offenbarungsmanifestation Gottes, auch die in Jesu transzendierender Menschheit, bleibt unendlich inadäquat mit Gottes göttlicher Transzendenz".[255] Dagegen kann auch nicht mit der Abba-Anrede Jesu argumentiert werden, weil sie sich nach Schillebeeckx gut in diese Sapientialtradition einfügen läßt:

> "... sie ist Ausdruck der wahren Gotteserkenntnis und der rechten Gottesbeziehung. Der Endprophet ist Sohn Gottes, weil er, in Gottes Weisheit initiiert, bei den Menschen Gott zur Sprache bringt ..."[256]

Für die Offenbarungstätigkeit Jesu ist die Identifikation mit der Sache Gottes entscheidend.[257] Dies soll hier festgehalten werden. Ein Problem ergibt sich hier allerdings, wenn man bedenkt, daß Jesus, obwohl er nicht mit dogmatischen Selbstprädikationen hervorgetreten ist, seine eigene Person wohl auch als den Inhalt seiner Verkündigung verstanden hat.[258] Person und Werk lassen sich nicht voneinander trennen. Daß Jesus nicht nur der Verkünder, sondern gerade auch der Inhalt des Evangeliums ist, weil es an ihm vorbei keine Gemeinschaft mit Gott gibt, wird umgangen, indem das, was für die Propheten bis zu Johannes dem Täufer bestimmend war – die Selbstzurücknahme – auch für den Anspruch Jesu geltend gemacht wird:

> "Die Person des Boten muß zurücktreten, um seine Identifikation mit der ihm anvertrauen Sache Gottes ... möglich zu machen."[259]

---

[254] Die ganze Bedeutung des Menschen Jesus liegt für Schillebeeckx nach den Evangelien darin, daß er in einer besonderen Weise gezeigt hat, wer und was und wie Gott ist. Vgl. ders., Erfahrung, 187.

[255] Vgl. Jesus, 586. Dieser These kommt in der Pluralistischen Religionstheologie eine zentrale Funktion zu.

[256] Ebd., 442.

[257] Vgl. ebd., 432 u. a.: Es gibt eine "prophetische Identifizierung" Jesu mit der Sache Gottes.

[258] Schillebeeckx rekurriert zwar auf diesen Zusammenhang, wenn er sagt: "Der Verkünder ist der Verkündete", ohne ihm jedoch systematisch Gewicht beizumessen. Vgl. oben, 217, Anm. 30.

[259] Vgl. Jesus, 433.

1.6.5. Zusammenfassung und Reflexion

Bevor nun die Frage nach der Person Jesu und ihrer Konstitution gestellt wird, sollen noch einmal kurz jene Momente resümiert werden, die Schillebeeckx am Selbstsein Jesu und seiner zentralen Heilsbedeutung hervorhebt:

1. Es ist Schillebeeckx' betontes Anliegen, die einzigartige Universalität Jesu so zu begründen, daß sie auch für den Erfahrungshorizont des modernen Menschen plausibel wird. Um dieser Intention gerecht zu werden, klammert Schillebeeckx die kirchlich-konziliare Christologie zunächst aus und wählt als Ausgangspunkt seiner Jesusforschung die Erfahrungssituation des modernen Menschen einerseits und Jesus von Nazaret, wie ihn die ihm vorliegenden neueren exegetischen Untersuchungen vorstellen, andererseits. Hinter dieser Option für eine "Christologie von unten" steht als Motiv eine große Sensibilität für moderne Fragestellungen und das Bestreben, sich mit den Menschen zu identifizieren, die in ihrem Glauben an Christus aufgrund der Akzeptanzkrise des "kirchlichen Christus" verunsichert sind.

2. Schillebeeckx kennt eine ganze Reihe von christologischen Prädikationen, die immer wieder vorkommen und die eine Identifizierung der Person Jesu vom Glaubensstandpunkt her möglich machen: Jesus ist der eschatologische Prophet, der endzeitliche Bote Gottes, der den Menschen das Heil zuspricht und durch seine befreiende Lebenspraxis als Praxis des Reiches Gottes auch tatsächlich gegenwärtig setzt. Er ist der Offenbarer der Menschlichkeit Gottes, der die Sache Gottes als die des Menschen erweist. Und er ist so auch der definitive Heilbringer, der die Situation des Menschen wendet. Das Fundament seiner Botschaft von der Gottesherrschaft bietet seine eigene Abba-Erfahrung, die religionsgeschichtlich einmalig ist und die sein besonderes Gottesverhältnis angibt.

3. Und dennoch stellt sich die Frage, ob die Summe dieser Prädikate ausreicht, um die altkirchliche Christologie, in der es um die Seinseinheit von Jesus und Gott geht, adäquat einzuholen.[260] Im Lauf seiner detaillierten Untersuchungen über die ersten Jüngererfahrungen bis hin zu den entfalteteren neutestamentlichen Christologien oszilliert Schillebeeckx im Ergebnis zwischen Aussagen, die der Position der frühen Kir-

---

[260] Vgl. Kennedy, 295: "Whatever is worth as an interpretation of the ultimate identity of Jesus of Nazareth, the Council of Chalcedon is not, arguably, *the main source* for constructing a Christology. That source remains the reality of Jesus as *confessed* in Christian communities. ... And so, in his quest to explain Jesus's uniqueness within the cultural context of a crisis of belief, Schillebeeckx shifted his attention *from Chalcedon back to Galilee*."

che asymptotisch nahekommen und solchen, die sich von ihnen entfernen: Auf der einen Seite wird deutlich, daß der Autor der altkirchlichen Logoschristologie, die ein metaphysisches Grundkonzept voraussetzt, keine Bedeutung mehr zuerkennt. Auf der anderen Seite unterstreicht er jedoch immer wieder, daß es sich bei Jesus v. Nazaret tatsächlich um ein theologisches Heilsereignis handelt und ist darum bemüht, der überkommenen konziliaren Christologie möglichst nahe zu kommen.[261] Die absolute soteriologische Singularität Jesu steht für ihn außer Frage. Ihre Begründung kann ihm jedoch aufgrund der fehlenden Metaphysik[262] nicht mehr im Sinne der alten Logoschristologie gelingen, die hier eine seinshafte Identifizierung vornahm.

1.7. Die Person Jesu

1.7.1. Die Identität Jesu

Wenn man nach der Identität des ichhaften Erlebens Jesu fragt, so kommt dem menschlichen Bewußtsein, das sich auf ein ihm äußeres anderes hinbezieht, für die Identität des Ich eine entscheidende Bedeutung zu. Schillebeeckx diskutiert diese Einheit des Bewußtseins Jesu im Rahmen seiner Christologie, und zwar an der Stelle, wo er nach der universalen Bedeutung Jesu fragt. In diesem Kontext stellt sich das Problem, was für die Identität Jesu entscheidend ist: das, wofür Menschen ihn halten, die Titel, die sie ihm geben, sein eigenes Selbstverständnis, seine Herkunft vom Vater? Geht diese Identität allen bewußten Lebensäußerungen und Handlungen Jesu zeitlich und logisch voraus oder ist sie das Resultat dieser Lebensäußerungen? Letzteres scheint der Fall zu sein: Die Identität Jesu ist zunächst keine vom menschlichen Glaubensakt und damit von beschreibender Interpretation nachfolgender Beobachter unabhängige Realität. Sie kommt nur in einem solchen Glaubensakt zustande. Damit ist aber nur die Ebene unserer Relation zu Jesus angesprochen: Als gläubige Subjekte wenden wir bestimmte Bewußtseinsinhalte auf ihn an und bringen ihn selbst – als Gegenstand

---

[261] Vgl. unten, 266 Anm. 271; 268, Anm. 277.

[262] In diesem Punkt ist Ph. Kennedy recht zu geben, wenn er schreibt: "Once again, the irksome problem that surfaces is that Schillebeeckx's Christology has an underdeveloped discursive or philosophical explanation of what it claims theologically. In his Christological trilogy he concludes that the praxis of Jesus confirms the nature of God and that Jesus's universality is mirrored in the praxis of Christians who follow Jesus's way of resistance and resignation (*via crucis*). What is lacking in Schillebeeckx's conclusion is a demonstration that the particular praxis of Jesus is important for contemporary forms of praxis." Vgl. ders., 375.

gläubiger Betrachtung – zu seiner Identität. Unabhängig von unserer Interpretation gibt es eigentlich keine Identität Jesu:

> "Die Identität und damit ursprüngliche Besonderheit Jesu und seiner Bewegung, der Kirche, kann nicht in einer unveränderlichen Essenz festgelegt werden. Gerade wenn Jesus eine universale Bedeutung hat, auch für uns heute, wird die *Beziehung zu uns heute* in unsere Umschreibung der ursprünglichen Identität Jesu eintreten müssen; und dann ist diese, *unsere* Umschreibung, dieser Identität *zugleich* schon der interpretierende *Glaubensakt,* in dem ich Jesus als den Universal-Einen bekenne."[263]

Schillebeeckx scheint die personale Identität, abstrakt gesprochen, auf ihre Gegebenheitsweise für uns zurückzuführen.[264] Ist aber das *esse* der Person nicht mehr als ihr Gegebensein für andere?[265] Das, was den Menschen mit sich identisch sein läßt, sein Personsein, ist kein objektives Vorkommnis. Was die Person charakterisiert, ist die Fähigkeit der Reflexion, d. h. der inneren Distanz zu ihrem Sosein. Darüber hinaus ist die Person Subjekt intentionaler Akte. Dies ist nicht einfach durch äußere Interpretation beschreibbar.[266] Daß ein Wesen Person ist, läßt sich nicht aus beschreibbaren Sachverhalten konstatieren, sondern beruht darauf, daß wir ihm diese Fähigkeit zur Reflexion zugestehen und seine intentionalen Akte wenigsten teilweise mitvollziehen. Personsein ist daher nur im Akt der Anerkennung gegeben, bei dem die eigene Freiheit ins Spiel kommt. Das ist auch der Fall, wenn der Gläubige sich der Person Jesu gegenüber gestellt sieht.[267] Die Identität der Person kann deshalb nicht durch beschreibende Rezeptivität festgestellt werden, weil es um Selbstsein geht und weil Selbstsein nie als Phänomen gegeben sein kann. Was uns auf der Ebene des Phänomens vom anderen erreicht, ist dies, daß er uns in der sinnlichen Erfahrung und als Lebewesen "Mensch" gegeben ist. Dagegen ist sein Personsein, seine Identität, nie als Phänomen gegeben. Es ist das erst durch Anerkennung Wahrgenommene. In dieser Anerkennung aber liegt eine aus Freiheit vollzogene Stellungnahme.

---

[263] Jesus, 540.

[264] Hier im Husserlschen Sinne des Gegebenseins.

[265] M. E. wäre für die Identität einer Person quoad se auch die Natur wichtig, die Natur eines Lebewesens, das von der Person besessen wird. Bewußtes Leben ist sich seiner nicht zuerst als Bewußtsein, sondern als Leben bewußt. Dieses muß schon vor seinem Bewußtwerden existieren, um sich seiner selbst bewußt werden zu können. Personen sind die verwirklichte Natur eines Lebewesens.

[266] Zum genaueren Verständnis von "Person" sollen weiter unten in Teil 4, Abschn. 4.3. einige wesentliche Momente des Personbegriffs entfaltet werden.

[267] Anders ist dies bei fiktionalen "Personen", die per definitionem unvollständig beschriebene Gegenstände sind. Diese gewinnen ihre Identität tatsächlich durch Beschreibung.

Für Schillebeeckx werde ich des anderen in seinem personalen Selbstsein nicht durch Anerkennung gewahr, sondern durch "Umschreibung" oder Interpretation. Dies liegt daran, daß der andere mir in seiner Bedeutung "für mich" gegeben sein oder in das Feld des für mich Bedeutsamen hineinrücken muß, da er mir nicht in seiner Bedeutung "an sich" wesentlich aufgehen kann.[268] In diesem Sinn hängt die universale Bedeutung Jesu von der Bedeutung ab, die in seiner "Beziehung zu uns heute" liegt. Wer Jesus ist, wird zu einer Funktion "heutiger" relevanzgebender Christologie:

> "Die Umschreibung der einzigartigen Universalität Jesu liegt daher eben in dem Akt des Aufbaus einer heutigen Christologie; diese ist nichts anderes als die Christus bekennende Interpretation Jesu von Nazaret, als Heilsangebot an alle."[269]

1.7.2. Abba-Erfahrung und Person-Konstitution

Das menschliche Ich-Bewußtsein Jesu als Sohn Gottes konstituiert sich erst durch das bewußte Erlebnis eines Abba-Verhältnisses[270], in dem der Vater ein Gegenüber darstellt, durch das die Identität Jesu (als einer menschlichen Person) sich – durch geschichtliche Bedingtheiten und phasenhafte Vorstufen – zu sich selbst vermittelt:

> "So ist, dank der hypostatischen Identifizierung dessen, was *von Jesus aus* in Gott 'Sohn Gottes' genannt wird, mit der personal-menschlichen Seinsweise Jesu, der *Mensch* Jesus eine konstitutive (Sohn-) Beziehung zum *Vater*, eine Beziehung, die sich im dynamischen Werden des menschlichen Lebens Jesu zu einer sich vertiefenden, gegenseitigen Enhypostasie entwickelt."[271]

Es mag zunächst irritieren, daß für das zustande kommende Personsein der neuchalcedonensische Begriff der "(En-) Hypostase" verwendet wird, doch muß man realisieren, daß es immer um die Ebene des menschlichen Bewußtseins geht, obwohl das durch den Gang des Gei-

---

[268] Hier steht das Problem Person-Relation und auch die "relationale Ontologie" im Hintergrund. Vgl. Kennedy, 363f; vgl. ebd., 363: "Schillebeeckx's assertion that a human being is not a monadically neutral and isolated subject sets his theology apart from (a) late Scholasticism; (b) form of twentieth-century neo-Scholasticism; and (c) modern atheism."

[269] Jesus, 540; vgl. ebd., 582: "Wir werden hier mit einem nicht mehr thematisierbaren Heil konfrontiert, das sich aber als Sinn und Prinzip anbietet, aus dem wir leben können. Diese Zurückhaltung bezieht sich auf den Versuch einer übermäßigen theoretischen Präzisierung der Identität der Person Jesu."

[270] Und dies, obwohl Schillebeeckx der Meinung ist, daß die Sohn-Tradition relativ unabhängig von der Abba-Tradition entstanden ist. Die Begründung findet sich in Jesus, 230–236.

[271] Jesus, 592.

stes durch die Geschichte zu sich selbst kommende Bei-sich-sein des absoluten Geistes (Hegel) darin mitgedacht zu sein scheint.[272]

> "In ihm wird das eine göttliche Bewußtsein (!) und die absolute Freiheit, wie sie inner-göttlich 'sohnhaft' (in vollkommener Einheit mit dem Vater) erlebt wird, *in Verfremdung* zu einem menschlichen bewußten Aktzentrum und zu menschlicher (situierter) Freiheit vermenschlicht."[273]

Entscheidend für die Gewinnung dieses göttlichen Sohnschaftsbewußtseins sind jene Momente im Leben Jesu, in denen sich die allgemeine Erfahrung des "von Gott Seins" zu einem einmaligen Abba-Erlebnis verdichtete. In diesem Sinne fragt Schillebeeckx: "Worauf stützt sich letztlich dieses Bewußtsein Jesu von seinem einzigartigen Fundiert-Sein in Gott, zum Ausdruck gekommen in einer Abba-Erfahrung ...?"[274] Nach einigen Reflexionen über das Wesen der menschlichen Geschöpflichkeit, die eine tiefe Immanenz Gottes in der menschlichen Geschichte (das *Deus intimior intimo meo*) freilegen, kommt er zu der Antwort:

> "Deshalb machen diese nicht von vornherein zu begrenzenden Möglichkeiten des 'religiösen Bewußtseins' uns wachsam, den Grund der ursprünglichen Abba-Erfahrung Jesu nicht zu schnell in etwas anderem zu suchen als in seinem kreatürlichen Status als Mensch."[275]

Es erstaunt, daß die Gotteserfahrung Jesu so stark mit der allgemein jedem Menschen möglichen Erfahrung seiner Abkunft von Gott parallelisiert wird. haben wir es nur mit einem kreatürlichen Gegenüberstand zu Gott zu tun? Damit wäre eine notwendige Korrelation Gottes zu einem endlichen begrenzten und geschaffenen Subjekt unausweichlich.[276] In

---

272 Vgl. ebd., 594: "In Anbetracht des kontingenten, nicht-notwendigen *Faktums* unserer Geschichte – und des Jesusgeschehens darin – wäre Gott doch nicht Gott ohne dieses historische Geschehen."

273 Ebd., 592.

274 Ebd., 579. Um das fundamentale Getragensein menschlicher Existenz von Gott zu begründen, rekurriert Schillebeeckx auf den *concursus divinus*, den seinserhaltenden fortgesetzten Schöpfungsakt Gottes. Vgl. ebd.: "Es wurde schon gesagt, daß die Wurzel jedes Wirklichkeits- und Erfahrungsgehalts einer religiösen Erfahrung in dem kreatürlichen Status unseres endlichen Menschseins gelegen ist, mit anderen Worten, in der gegebenen Realität der eigen-menschlichen, endlichen Autonomie, die von innen her durch Gottes schöpferische Tätigkeit getragen wird. Dieses endliche 'Sich-selbst'-Sein *ist* letztlich mehr 'von Gott' als 'von sich selbst' und daher eine Spur der Wirklichkeit Gottes eben im Kern unseres Daseins."

275 Ebd., 581.

276 Eine gewisse Schwebe der Terminologie, die durch die Äquivozität vieler Ausdrücke erreicht wird, läßt dies nicht eindeutig werden. Allerdings sprechen manche Stellen für diese Deutung, so wenn es heißt: "Der seiner Geschöpflichkeit bewußte Mensch erfährt sich selbst als reine Gabe Gottes. Aufgrund der ursprünglichen Tiefe der Erfahrung, in der Jesus sich selbst als Gabe Gottes, des Vaters, erkannte, nannte der kirchliche – auch der christlich-ökumenische – sich mit ihm identifizierende Glaube Jesus 'den

Konkurrenz damit steht die folgende Aussage, in der die Trinität von Vater, Sohn und Heiligem Geist angesprochen wird:

> "Aus der Abba-Erfahrung Jesu geht, aufgrund des Nachdrucks darauf, daß er den Willen des Vaters erfüllte, hervor, daß das gemeinte Korrelat von Vater deutlich 'der Sohn' ist. Die von Jesus geoffenbarte Fülle oder Trinität der absoluten Einheit Gottes ist somit: Vater, *Sohn*, Heiliger Geist "[277]

Es bleibt aber offen, wie der Autor bestimmt, in welchem Verhältnis der Mensch Jesus zum Sohn Gottes steht. Dies wird besonders deutlich, wenn er sagt:

> "Als *Offenbarung* Gottes konstituiert Jesus deshalb nicht das, was in Gott dem 'Sohn Gottes', dem Vater und dem Geist entspricht."[278]

Die "hypostatische Identifizierung", mit der er hier arbeitet, wird aber in den Kategorien von Schöpfer und Geschöpf expliziert. Die heilsökonomische Trinität in der immanenten Trinität zu fundieren, liegt nicht in Schillebeeckx' Interesse.[279]

Darin, daß es keine dem bewußten Erleben der Gottabhängigkeit, das ein rein psychologisches Datum ist, vorgängige (innertrinitarische) Relation als absolutes *prius* gibt, das sich gerade auch im Hinblick auf die

---

Sohn', womit das geschöpfliche Verhältnis Jesu zu Gott spezifiziert wurde. Was nach der nicht-religiösen Sprache – mit Recht – *menschliche Person* genannt wird, wird in christlicher Glaubenssprache *Sohn Gottes* genannt, aufgrund des konstitutiven Verhältnisses dieses Menschen zum Vater." Vgl. ebd.

Gerade für den Begriff der "Erfahrung", den Schillebeeckx "zu einem der Zentralbegriffe seiner Studie" macht, "ohne den Schleier der Vieldeutigkeit hinreichend gelüftet zu haben", läßt sich die Äquivozität am deutlichsten konstatieren. Vgl. Courth, Geschichte Jesu, 134; vgl. ebd.: "Welche erkenntnistheoretischen, phänomenologischen, psychologischen u. a. Elemente mehr schließt dieser Begriff ein? Wie ist er zum naturwissenschaftlichen Erfahrungsbegriff abzugrenzen? Welche Einschränkung ergibt sich für ihn durch den Gedanken E. Troeltschs, 'daß mit der Anwendung der historischen Kritik auf die religiöse Überlieferung die innere Stellung zu ihr und ihre Auffassung tiefgreifend verändert werden mußte und tatsächlich verändert worden ist'?" Vgl. Troeltsch, 731f.

277 Vgl. Jesus, 587.

278 Ebd.

279 Vgl. Löser, Christologie, 259: "Der Verf. kommt zum Ende seiner Darlegungen zu zusammenfassenden Formulierungen wie diesen: 'Wenn wir ... von Jesus aus schließlich zur Trinität gekommen sind, können wir Jesus schließlich auch von der Trinität her selbst besser verstehen ...' (593). Jesus von Nazaret, der auferstandene Gekreuzigte, ist der Sohn Gottes in der Weise eines wirklichen und kontingenten Menschen: Innerhalb des Seinsmaßes wahrer und unverkürzter historischer Menschheit brachte er uns ... die lebendige Botschaft von der unbegrenzten Selbsthingabe, die Gott in sich selbst ist und auch für uns Menschen sein will.' (594) ... Daß dabei über die 'heilsökonomische' Trinität hinaus auch die 'immanente' Trinität ins Spiel kommt, wird nur gerade noch angedeutet."

Frage nach der Person Jesu als relevant erweist, liegt m. E. die ganze Problematik dieses Typs einer "Christologie von unten". Das Sohn-Gottes-Sein Jesu kann nur im Rahmen einer Trinitätstheologie zureichend reflektiert werden.

1.7.3. Jesus als menschliche Person

Was Schillebeeckx unter "Person" versteht, ist schwierig zu klären. An keiner Stelle wird dies im Sinne einer philosophischen Reflexion klar umrissen, so daß sich eine große Bedeutungsvarianz ergibt. "Person" ist ein Begriff, der – in durchaus differenzierter Weise – einmal für das Menschsein Jesu, dann wieder für "Sohn Gottes", und schließlich auch für die göttlichen Personen verwendet wird. Die folgenden Abschnitte stellen den Versuch dar, aus den nicht immer systematischen Aussagen bei Schillebeeckx eine Quintessenz dessen zu gewinnen, was für ihn "menschliches Personsein" Jesu heißt:

Zurecht spricht Schillebeeckx von einer für Personen konstitutiven Relationalität, da "Person" immer von einem Ich in Hinblick auf ein Du ausgesagt wird. "Person", wiewohl ontologisch als geistiger Selbstbesitz konstituiert, entsteht als intentionale Wirklichkeit in der Anerkennung durch ein Du. Etwas ins Psychologische gewendet, kann man daher sagen: "Ohne die Bestätigung des anderen kann ich keine Vorstellung von dem bekommen, was ich selbst als Person bin."[280] Daß der Mensch als Gemeinschaft von Personen Einheit in bleibender unmitteilbarer Verschiedenheit leben kann, würde sich gerade von der Trinitätslehre her zeigen lassen, die die gegenseitige Zuordnung von Gemeinsamkeit des göttlichen Wesens und absoluter Differenz in den Relationen thematisiert.[281]

Die Jesus entsprechende Wirklichkeit in Gott "wird vom Menschen Jesus aus Sohn Gottes genannt", und so sprechen wir irgendwie von drei personalen Wirklichkeiten in Gott, aber "nur vom Menschen Jesus aus

[280] Jesus, 588.

[281] Vgl. Greshake, 457ff. In einer Spannung dazu steht allerdings, daß Schillebeeckx doch eine trinitarische Begründung der Personwirklichkeit Jesu versucht, die allerdings irgendwie als Fremdkörper dasteht. Vgl. Jesus, 593f. Obwohl zunächst davon die Rede war, daß Jesus in Gott nur nach Analogie zur Präexistenz der Thora, des Sabbat, des endzeitlichen Propheten präexistiert, reale personale Präexistenz also nicht in Frage kommt (vgl. ebd., 483), soll sich jetzt in Jesus doch eine präexistente Mehrpersönlichkeit in Gott offenbaren. Zur Kritik an dem von Schillebeeckx versuchten Zugang zur Trinitätslehre vgl. auch Scheffczyk, Jesus für Philanthropen, 9.

und deshalb mit einem menschlichen Personbegriff".[282] Soll denn "Person" etwa kein analoger Begriff sein? Oder ist der Weg zu einer analogen Prädikation in der Theologie überhaupt versperrt? Für Schillebeeckx scheint Gott überhaupt völlig jenseits unserer Begriffe, obwohl die "Analogie der Aussage" von ihm bemüht wird. Was aber heißt "Analogie", wenn die menschlichen Begriffsinhalte zwar eine Wirklichkeit in Gott "intendieren", aber "nicht auf Gott anwendbar" sind?[283] Wie kommt es dazu, daß Jesus sich in seinem Menschsein als Person erfährt?

Für Schillebeeckx ist es klar, daß sich Jesu menschliches Personsein in seiner Beziehung zum Vater konstituiert:

> "In Glaubenssprache sagt man, daß der Mensch Jesus eben als Mensch diese Person dank seiner konstitutiven Beziehung zum Vater ist, wie – auf seiner Ebene – jeder Mensch eben als Mensch diese Person dank seiner wesentlichen Beziehung zum erschaffenden Gott ist. Für Jesus bedeutet das, daß seine Beziehung zum Vater ihn *in seiner Menschheit* zum Sohn Gottes macht."[284]

Wegen seiner Konzentration auf die Entfaltung des Ansatzes "von unten" werden der innertrinitarische Ansatz der Menschwerdung und die ungeschaffene Gnade vernachlässigt. Schillebeeckx verkennt die Bedeutung der klassischen Begriffe, die – gerade bei den nachchalcedonensischen Theologen – eine Frucht des Ringens um die volle menschliche Realität Christi sind, in dessen sohnlicher Hypostase die menschliche Wirklichkeit ihre personale Subsistenz hat. Statt dessen entdeckt er in

---

[282] Vgl. Jesus, 587; vgl. ebd.: "Als Offenbarung Gottes konstituiert Jesus deshalb nicht das, was in Gott dem 'Sohn Gottes', dem Vater und dem Geist entspricht. Wohl ist der Mensch Jesus der Grund, warum wir die innertrinitarische Wirklichkeit mit unserem menschlichen Begriff 'Person' bezeichnen können, weil der Mensch Jesus mit der innertrinitarischen Wirklichkeit identifiziert ist, die vom Menschen Jesus aus Sohn Gottes genannt wird ..."

[283] Vgl. ebd., 586. Alle Begriffe und Ausdrücke sind "eigentlich nur auf unsere weltliche Welt geeicht". Vgl. ebd., 555. Thomas hatte von der *res significata* den *modus significandi* unterschieden, um genauer bestimmen zu können, in welcher Weise unsere "Namen" auf Gott zutreffen können. Dieses Problem soll weiter unten, Teil 3, Abschn. 3.3.3. besprochen werden, wo ich auf die Möglichkeit analoger Aussagen eingehe.

[284] Ebd., 582f. Das Selbst-Sein der geschaffenen Person gründet sich auf ihrem Von-Gott-Sein. Daher realisiert sich in dem menschlichen Personsein eine eigentümliche Immanenz oder eine Offenbarung der Transzendenz Gottes. Vgl. dazu Brambilla, 563f: "Avvicinando ora la nostra attenzione al primo aspetto totale dell'uomo, cioè la sua derivazione da Dio, si potrebbe pensare che il suo radicale 'essere in, di e da Dio' configuri la possibilità di una 'enipostasi' della persona umana in Dio, vale a dire che l'uomo raggiunge il suo stato 'personale' in Dio. Parlare tuttavia di 'enipostasi' o di 'unione ipostatica' per il caso della forma 'personale' della creatura pare a S. un uso improprio e antistorico della terminologia classica."

der Lehre von der Enhypostasie die Entleerung des wahren Menschseins Christi:

> "'Anhypostasie' als menschlicher Personverlust, muß in Jesus daher selbstverständlich verneint werden; aber diese Negation jedes Verlustes ist letztlich noch keine positive Bestimmung dessen, was Jesu menschlich-personale Seinsweise in seiner Beziehung zum Vater genau beinhaltet."[285]

Die neuchalcedonensische Theologie nahm Jesus etwas "an vollkommener echter Menschlichkeit" weg, indem sie davon ausging, daß der Mensch Jesus keine menschliche Person sei. Jesus wurde damit "über unsere Menschheit hinausgehoben, und seine 'Mitmenschlichkeit' ... wurde dadurch ontologisch offensichtlich eingeschränkt".[286]

Der Zugang zu einer trinitarischen Sendungschristologie ist verbaut, da "Trinität" in der Systematik keine Rolle spielen darf.[287] Denn keinesfalls will Schillebeeckx Jesus von der Trinität her verstehen. Es scheint, daß die Rede von drei Hypostasen in einem göttlichen Wesen deshalb für uns ganz irrelevant ist, weil sie nicht auf einer dem menschlichen Interpretieren zuvorkommenden Selbstkundgabe Gottes in Christus beruht.[288]

Dem eigenen Ansatz Schillebeeckx' (vom menschlichen Erleben Jesu her) entspricht es, wenn für Jesu ganzes menschliches Personsein seine einmalige Abba-Erfahrung entscheidend ist: die Relation zu Gott. Diese wesentliche Hinbezogenheit auf den Vater besagt eine erlebnishafte und aktualistische Verbindung. Jesus bringt für die Menschen seiner Zeit Gott zur Sprache. Er kann dies tun, weil ihm die Wirklichkeit Gottes in einem ganz persönlichen Erlebnis aufgegangen ist, das ihn ermächtigt, Gott "Abba" zu nennen. Innerhalb seines eigenen Bewußtseins, so wurde schon gesagt, konstituiert sich diese einmalige Relation zu Gott, die Schillebeeckx auch ein einzigartiges "Fundiert-Sein in Gott" nennt."[289] Was Jesus da in einem besonders profilierten Erlebnis erfährt, hat seine Wurzel nicht in einer innertrinitarischen Sendung, die durch

---

[285] Jesus., 583.

[286] Vgl. ebd., 503.

[287] So kommt Schillebeeckx zu einem an sich negativen Befund über jede Form von Trinitätslehre: "Denn es ist zwar viel über den dreieinigen Gott geschrieben worden, aber alles, was über Trinität gesagt wird, pendelt ständig zwischen einem wenig gehaltvollen 'Modalismus' und einem zuviel sagenden 'Tritheismus', während die Versuche, die diese Scylla und Charybdis vermeiden wollen, in fast leere, inhaltslose, rein verbale Distinktionen verfallen." Vgl. ebd., 584.

[288] Eine Unterscheidung von immanenter und heilsökonomischer Trinität hält Schillebeeckx für sinnlos. Vgl. ebd., 586.

[289] Vgl. ebd., 579.

die Sendung des ungeschaffenen Sohnes in die Sichtbarkeit "nach außen" tritt, sondern ist jedem Menschen im Prinzip möglich, der seine Abkünftigkeit von Gott bzw. seine Kontingenz realisiert, denn jeder Mensch erfährt in irgendeiner Weise, daß "dieses endliche 'Sich-selbst-Sein' ... letztlich mehr 'von Gott' als 'von sich selbst' und daher eine Spur der Wirklichkeit Gottes eben im Kern unseres Daseins" ist.[290]

Es geht Schillebeeckx um eine "implizite Christologie", die sich aus dem vertrauenden Glauben, daß in Jesus und durch Jesus endgültiges Heil von Gott her geworden ist, destillieren lasse. Um das Verhältnis Jesu zu Gott im Unterschied zur allgemein menschlichen Abkünftigkeit von Gott zu präzisieren, diskutiert er eine These von P. Schoonenberg, der hier mit einem sehr unklaren Personbegriff arbeitet: Jesus ist für ihn nach der Schrift *eine* Person. Und er ist eine *menschliche* Person.[291] In seiner "Christologie der Präsenz Gottes"[292] ist es merkwürdigerweise die göttliche Natur, die in Jesus anhypostatisch oder "enhypostatisch in der menschlichen Person"[293] sei, was eine gewisse Umkehrung des Dogmas von Chalcedon impliziert. Schoonenberg geht davon aus, daß die Seinsweise des Logos in Jesus erst Person wird. "Enhypostasie" ist nicht eine Eigenschaft, die die unwiederholbare Relation der Menschheit Christi zur Person des Wortes in eindeutiger Weise zum Ausdruck bringt, sie könne vielmehr von einer jeden menschlichen "Person" (!) behauptet werden, sofern das "In, von und durch Gott Sein" eben "die Definition des kreatürlichen Status einer menschlichen Person" sei.[294]

Schillebeeckx macht zwar darauf aufmerksam, daß hier eine theologische Terminologie in einer ganz unhistorischen Weise verwendet wird. Schoonenberg bringe damit nicht mehr zum Ausdruck, als daß alle Menschen von Gott erschaffen seien, und der Mensch sich einer Einwohnung Gottes bewußt werden könne:

> "Denn wenn die schöpferische Gegenwart Gottes im Menschen – ein Verweilen des Menschen in Gott, wie die östliche Theologie es zu nennen vorzieht – Gott selbst ist, also seine 'Person' (hypostasis), dann ist das 'von und in Gott sein' einer geschaffenen menschlichen Person durchaus eine 'Enhypostase'; das eine ist das andere. Wenn Gott in seinem Wesen reine 'hypostasis' ist ..., dann ist 'Geschöpf-Sein' naturgemäß eine 'hypostatische Union'."[295]

---

290 Vgl. ebd.

291 Vgl. Schoonenberg, Gott der Menschen, 70f.

292 Vgl. ebd., 98.

293 Vg. ebd., 92.

294 Vgl. Jesus, 580.

295 Ebd., 580.

Da er aber selbst die Definition von Chalcedon ablehnt[296], ringt Schillebeeckx damit, die Präsenz Gottes in Jesus ohne hypostatische Einigung zweier Naturen neu zu erklären. "Natur" ist für ihn nicht ein begrenzter Wesensgehalt, der nur ein bestimmtes Maß an geschöpflicher Seinsfülle zuläßt und den Menschen in die Grenzen des Geschöpflichen weist, vielmehr seien die Grenzen des Menschseins[297] nach oben hin offen in der Weise, daß der Mensch – durch das immanente schöpferische Wirken Gottes – zu Erfahrungen gelangen könne, die ihm seine göttliche Sohnschaft zu Bewußtsein bringen. Dies sei möglich, weil die Grenzen des Geschöpflichen, sein ontologischer Status, durch keine Anthropologie a priori festgelegt werden könnten.[298]

Der unendliche Abstand zwischen Gott und Mensch, Schöpfer und Geschöpf, im religiösen Suchen des Menschen als *das* Problem angedeutet, wird bei Schillebeeckx – ohne Inkarnation – problemlos vermittelt. Eine solche Vermittlung ist aber nur dann denkmöglich, wenn man nicht mehr von einem in sich definierbaren Wesensbestand (Natur) des Menschen ausgeht. Tatsächlich können wir den Menschen, genauso wie Gott nach Schillebeeckx erst aus der Geschichte und den Erfahrungen Jesu von Nazaret kennen. Wenn man mit Hegel "Person" als Bei-sich-selbst-Sein des Geistes versteht, das sich immer wieder auf den anderen hin entschränken läßt, und zudem dafür hält, daß sich das Absolute durch die Geschichte zu sich selbst vermittelt, dann gewinnt sich die Person gerade dadurch – in einem ontologischen Sinn –, daß sie sich daran gibt.[299] Bei Schillebeeckx fehlt die umfassende Hegelsche Spekulation,

---

[296] Das Interesse für Chalcedon ist begrenzt, seine Deutung eigenwillig. Weil ihm ein eindeutiger ontologischer Personbegriff fehlt, vermag er den Zugang zur Einheit der Person in Christus durch die Einheit der Hypostase nicht zu würdigen. Die sich aus der Einheit in bleibender Verschiedenheit der Naturen ergebenden Regeln der Idiomenkommunikation finden keine Beachtung. Vgl. Jesus, 503.

[297] Vgl. ebd., 580: "Vor allem weil 'Menschsein', in aller Geschöpflichkeit, nach eigenem menschlichen Seinsmaß gerade ein 'offenes Wesen' ist, das sich kaum in spezifischen – wenn auch allgemein-geschöpflichen – Grenzen abgrenzen läßt (wie es bei anderen Geschöpfen der Fall ist, obwohl es auch hier Grenzüberschreitungen gibt), werden wir gerade im Fall Jesu a priori dem Wesen des Menschen als einer situierten, jedoch offenen Freiheit, die keine Natur-Prädetermination zuläßt, Rechnung tragen müssen. Die Möglichkeiten und konkreten Modalitäten des 'Von-Gott-Seins' eines bestimmten Menschen können daher unmöglich apriori aus dem Anspruch unseres Wissens um die Grenzen des 'Mensch-Seins' eingeschränkt werden."

[298] Vgl. ebd., vgl. auch oben, 257, Anm. 230.

[299] Vgl. Hegel, Philosophie der Religion III/1,2 (Theorie-Werkausgabe, 17, 233): "Was aber die Persönlichkeit betrifft, so scheint damit der Widerspruch so weit getrieben, daß er einer Auflösung fähig ist. ... Es ist der Charakter der Person, des Subjekts vielmehr, seine Isolierung, *Abgesondertheit aufzuheben*. ... In der Freundschaft, Liebe gebe

nach der das Absolute selbst in den Vollzügen der endlichen Subjektivität anwesend sein und sich selbst vollziehen kann. Die Wesensgrenzen aber haben sich verflüssigt. Nur so wird verständlich, daß gerade innerhalb der Grenzen eines endlichen Menschseins, Jesu v. Nazaret, die Überwindung des Endlichen und damit Erlösung möglich werden kann.[300]

Jesus findet als Mensch seinen Mittelpunkt im Vater. Er ist "so eng vom Vater", "daß er gerade darin 'Sohn Gottes' ist".[301] Was den historischen Menschen Jesus auszeichnet, ist eine gewisse "Allozentrik": Er ist konstitutiv ausgerichtet auf den Vater und auf das "Heil von Gott" für die Menschen.

> "Daraus gewinnt er sein eigenes Profil und sein Gesicht. Das identifiziert Jesus von Nazaret. Seine Autonomie als Jesus von Nazaret ist seine konstitutive Total-Beziehung zu dem, den er 'Vater' nennt, dem auf Menschlichkeit bedachten Gott."[302]

So soll Jesus "innerhalb der *Grenzen* einer menschlich-personalen Seinsweise das Wesen einer 'göttlichen Person'" ausleben, "d. h. Sich-selbst-Sein in radikaler Selbsthingabe an den anderen, was innergöttlich kein einziges Element der Entfremdung oder Begrenzung einschließt".[303]

Es geht also wirklich nur um das geschöpfliche Verhältnis zu Gott, das in Jesus auf eine höhere Ebene des Bewußtseins gehoben wird. Erst die christliche Tradition habe dieses Verhältnis Jesu zu seinem "Abba" ontologisiert und in Gott selbst hineinverlegt.[304] Was sich für Schillebeeckx

---

ich meine abstrakte Persönlichkeit auf und gewinne sie dadurch als konkrete. Das Wahre der Persönlichkeit ist eben dies, sich durch Versenktsein in das Andere zu gewinnen." Für Hegel ist Personalität allerdings immer etwas Vorgegebenes, das durch Bewußtseinstätigkeit zu sich selbst kommt.

300 Vgl. Jesus, 591: "Die menschliche *Begrenzung*, in der in Jesus Gottes erlösendes Heil oder Selbsthingabe vollzogen wird, wird dann zu dem Raum, in dem diese radikale Selbstschenkung Gottes *in* der Entfremdung menschlichen Lebens und Todes *historische Wirklichkeit* wird. Dann ist gerade der Begriff, oder besser die Realität einer menschlich-personalen Seinsweise nötig, um die Tiefe der erlösenden Selbsthingabe Gottes verständlich zu machen und doch Leiden, Tod und Entfremdung nicht in Gott zu verlegen, sondern sie dort zu lassen, wo sie in Wirklichkeit hingehören: in die weltliche Wirklichkeit des menschlichen Daseins. Dadurch werden Begrenzung, menschliche Entfremdung und Tod letztlich *überwunden* und das Endliche erlöst: Die Menschheit des Menschen wird zur *Annahme* seiner Endlichkeit und somit seines 'Von-Gott-Seins' befreit. ... das endliche Selbst – denn das sind wir – wird erlöst."

301 Vgl. ebd., 584.

302 Ebd.

303 Vgl. ebd., 591.

304 Vgl. ebd., 582: "Die Patristik und die ganze christliche Tradition haben stets danach getrachtet, aus dem Inhalt des gebrachten Heils die Person Jesu selbst zu bestimmen.

in Jesus primär offenbart, ist deshalb nicht die ewige Herkunft seiner Person aus Gott. Es ist die Menschlichkeit des Menschen oder der eigentliche Sinn des Geschöpflichen. In Jesu Person haben wir nicht zwei Realitäten mit ihrem je eigenen Seinswert, Menschheit und Gottheit, sondern nur eine "wirkliche Menschheit, *in der* das 'Von-Gott-Sein', in diesem Fall das 'Vom-Vater-Sein', sich realisiert".[305] Gerade dann, wenn Gott und Mensch sich am nächsten rücken, im Christusereignis, wo sie sich in einer Person begegnen, müßte doch sichtbar werden, daß Gott das immer und uneinholbar Andere ist als der Mensch und nicht einfach mit ihm ineinanderfällt. Wird hier nicht das Schöpfer-Geschöpf Verhältnis, das eine unendliche Distanz des endlichen Geschöpfes zum transzendenten Gott besagt, bis in die Aussageweisen hinein ausgeblendet.

Zwar sagt Schillebeeckx, "daß das Wort Gottes der alles tragende Grund der ganzen Jesuserscheinung ist"[306], aber dies doch wohl nur in der Weise, wie es eben auch der Grund der ganzen Schöpfung ist. Jedes Geschöpf ist ja nach Schillebeeckx vollkommen es selbst und vollkommen von Gott, so daß er an anderer Stelle über Christus sagen kann:

> "Der Sohn ist Gott auf menschliche Weise. Das Menschsein in Christus ist daher eine Weise des Seins von Gott selbst, nämlich des Sohnes."[307]

Fragt man aber nach dem, was Jesus in seiner Einzigartigkeit und d. h. ja in seiner Unterschiedenheit von allen anderen Menschen ausmache, so kann diese Differenz nur eine graduelle sein. Wie Jesus gerade als Mensch "Sohn Gottes" ist – nicht in seiner ungeschaffenen Hypostase, sondern in seiner geschaffenen Menschheit –, so "erfährt der irdische Christus das Göttliche genau dort, wo er das Menschliche in sich erfährt, nicht oberhalb und nicht außerhalb davon".[308] Dieses ontische Verständnis der göttlichen Selbstentleerung in Christus führt zu der Frage: Bedeutet die zentrale Aussage des NT: "Gott ist Mensch geworden" wirklich, daß man nur noch vom Menschen zu reden braucht? Hört Gott dadurch auf, Gott zu sein oder uns als Gott zu begegnen? Aufgrund eines in der Schwebe bleibenden Personbegriffs begegnet der suchende Mensch in Jesus einer menschlichen Person. Kann diese der definitive und absolute Heilsmittler zu Gott sein? Ist hier Christologie nicht als reine Jesulogie verfaßt?

Weil das Heil 'von Gott' ist, wurde der Heilsbringer selbst göttlich genannt, und man schloß daraus, daß Jesus eine göttliche Person ist."

305 Vgl. ebd., 582.

306 Vgl. ebd., 584.

307 Schillebeeckx, Bewustzijnsleven, 243.

308 Vgl. ebd., 245.

Der geschichtliche Lebensweg Jesu ist ein Prozeß des Gewinns von Identität. Diese Identität ist wesentlich durch den Selbstvollzug des Bewußtseins vermittelt. Eine allgemeine Wesensbestimmung des Menschen – das "Von-Gott-Sein" – tritt bei ihm stärker als bei allen anderen Menschen in die Helle des reflexen Bewußtseins, so daß sich Jesus in allen Situationen als von Gott her versteht.

Jesus kommt ein menschliches Personsein zu, das sich aber in der Zeit und im Hin-Bezug auf Gott zu sich selbst vermittelt. Aus dem Gegenüber zum Vater, auf den er sich in seinem werdenden Selbstbewußtsein bezieht, wird er er selbst. Wir haben es also mit der über das Bewußtsein laufenden Selbstkonstitution seines Ich zu tun, die von Gottes allgemeinem Wirken als Grund der Wirklichkeit (*concursus*) getragen ist.

Wieso dann aber in Jesu menschlicher Person Gott als er selbst in der Geschichte des Menschen in unüberholbarer Weise anwesend sein kann, bleibt unerfindlich. Überhaupt muß man fragen, ob man es denn hier noch mit einer eigentlichen Selbstoffenbarung zu tun hat, wenn Gott nur als der geschöpfliches Sein ermöglichende, schaffende Ursprung gegenwärtig sein soll.[309]

1.8. Kritische Rückfrage nach dem philosophischen Ansatz "hinter" der historischen Forschung

1.8.1. Der epistemologische Kontext: ein positivistischer Empirismus

Die menschliche Urteilssynthese "Jesus ist Gott" kommt nicht zustande durch eine vorausgehende göttliche Selbstoffenbarung, sondern aufgrund kulturbedingter und im Verstand bereitliegender Kategorien, die als solche und unverändert durch irgendwelche Offenbarung auf ein rohes Erfahrungsmaterial appliziert werden. Was dem Amalgam von "Erscheinungen", die das religionsgeschichtliche Material bilden, zugrunde liegt, ist nicht mehr eindeutig einholbar. Dies geht schon aus der Aussage hervor, daß für die Identität Jesu seine ganze Wirkungsgeschichte mit-konstitutiv ist. Die philosophische Epistemologie, die den erarbeiteten theologischen Aussagen zugrunde liegt, scheint sich bei Schillebeeckx zunächst am Erkenntnismodell der neuzeitlichen Naturwissenschaften mit seinem sensualistischen und induktiven Empirismus zu orientieren, der jeweils zu vorläufigen, hypothetischen Erkenntnissen

---

309 Es soll jedoch daran erinnert werden, daß in Christus der wahre Mensch aufscheint, der Befreier, endgültiges "Heil von Gott her" und daß damit nach dem von Schillebeeckx angelegten Offenbarungsbegriff, Offenbarung Gottes geschieht.

führt. Dieser unkritisch auf das Phänomen "Jesus v. Nazaret" applizierte Szientismus wird lediglich durch den Ansatz der "*ordinary-language*-Philosophie" korrigiert.

Für den Empirismus gibt es bloß atomisierte Sinnesdaten, die von in Bewegung befindlichen Masseteilchen ausgehen, die wir messen und auf dem Wege der Induktion ordnen können. Alle für uns erkennbare Wirklichkeit muß über solche Sinnesdaten zugänglich sein. Objektiv gültige Erkenntnis ist beschränkt auf das über die Sinneswahrnehmung Erfahrbare.[310] Noch bei Kant, der das Erbe Humes übernimmt, ist diese sensualistische Grenzbestimmung unserer Erkenntnis bestimmend.[311] "Nur durch Anschauung wird der Gegenstand gegeben, der hernach der Kategorie gemäß gedacht wird"[312], lautet das erste, immer wieder neu formulierte Erkenntnisprinzip. "Anschauung" kommt aber nur zustande, insofern das Objekt unsere Sinne affiziert. Die Sinne können uns (losgelöst von der abstrahierenden Verstandeserkenntnis) den Gegenstand nicht in seinem An-sich-Sein, sondern nur durch das Raster ihrer subjektiven Bedingungen und Zustände vermitteln. Für Kant folgt daraus notwendig: Unsere Erkenntnis von Gegenständen ist auf die Erscheinung beschränkt. Der Gegenstand wird uns in der Erkenntnis nur in einem relativen ontologischen Stellenwert gegeben. Damit ist zweierlei gesagt:

1. Erkennbar ist für uns nur die "Welt" als die Gesamtheit aller erfahrbaren Objekte. 2. Die Welt aber wird nicht in ihrer Realität erkannt, sondern lediglich, wie sie "für uns" ist.

Für Hume sind es bloße Impressionen von zeitlich getrennten Ereignissen, die das erkennende Subjekt aufnimmt, und denen es eigene, aus bisherigen Beobachtungen gewonnene Annahmen, hinzufügt.[313] Im Bewußtsein des Menschen finden sich "Ideen", die jeweils genau mit einem vorangegangen "Eindruck" korrespondieren. Sie vermitteln uns Eigenschaften der Dinge. Wenn man diese Eigenschaften, die primären wie

---

310 Bei Schillebeeckx zeigt sich der Empirismus u. a. im Umgang mit den göttlichen Machterweisen im NT, besonders mit der Auferstehung Jesu. Es ist für ihn nicht mit Ereignissen zu rechnen, die nicht den innerweltlichen Determinationszusammenhang eingefügt werden können. Über die Auferstehung heißt es in diesem Zusammenhang: "... von einem supranaturalistischen 'Hokuspokus' kann keine Rede sein." Vgl. Jesus, 556. Wenn die moderne Wissenschaft über die Frage des Wunders im allgemeinen sage, daß sie erledigt sei, so habe sie damit im Prinzip recht. Das Wunder könne nur in einer "außerwissenschaftlichen" Weltbetrachtung Realität beanspruchen. Vgl. ebd., 162.

311 Vgl. Kant, KrV A 19.

312 Ebd., A 399.

313 Vgl. Hume, Enquiry, VII,2,61.

die sekundären, wegließe, hätte man das Substrat dieser Eigenschaften selbst vernichtet: Übrig bliebe lediglich ein unbekanntes und unerklärliches Etwas als Ursache unserer Perzeptionen.[314] Die Objekte unserer Wahrnehmung sind keine realen Gegenstände, die man von allen Qualitäten der Sinneswahrnehmung entblößen könnte, sondern sie bestehen aus der Gesamtheit eben dieser Qualitäten selbst.

Kant übernimmt diese sensualistischen Vorgaben der Wahrnehmungstheorie und stülpt ihnen eine idealistische Auffassung von der Erkenntnis als "Überbau" über.[315] Dadurch wird aber der zugrundeliegende Empirismus nicht aufgehoben, sondern ein Erkenntnis*dualismus* erzeugt, der zu unvermeidlichen Aporien führt: Der Verstand bearbeitet mit seinem Denken das rohe Material der Erscheinungen, indem er mit seinen Kategorien (den 12 Begriffen a priori) den Inhalt der Sinne in einer synthetischen Tätigkeit zu einer intelligiblen Einheit verarbeitet. Dabei ist es der Verstand, der dem Objekt gleichsam das Gesetz vorschreibt.[316] Daß das formale, allgemeine Moment in unserer Erkenntnis nur vom Subjekt selbst stammen kann, bildet das leitende Prinzip, auf dem die ganze "*Kritik der reinen Vernunft*" beruht.

Die hier angedeutete Erkenntnislehre hat als ihren Gegenstand eine mechanistisch interpretierte "Natur", die nur noch ein Bündel von ausgedehnten Elementarteilchen und Bewegung kennt, die in der Imagination zu vorstellbaren möglichen Kombinationen finden. Diese Kombinationen sind Leistungen des Verstandes (Kategorien). Ein solches Modell von Erkenntnis mag in der modernen experimentellen Naturwissenschaft seine Berechtigung haben[317] – hier kann es auch seine Erfolge aufweisen – und für elementare physikalische Prozesse zu plausiblen Erklärungen führen; es muß jedoch an der Stelle versagen, wo es auf Lebensvorgänge im weitesten Sinn einschließlich menschlicher innerer oder äußerer Handlungen oder sogar auf den erfahrungsjenseitigen Bereich immaterieller Wirklichkeiten angewandt wird. Wollte man die Paradigmen der szientistischen Wahrheitsfindung auch in diesem Bereich gelten lassen, müßte dies zu einem Wirklichkeitsverlust führen, da alle

---

[314] Vgl. ebd., XII,1,127.

[315] Das Verhältnis von Empirismus und idealistischem Ansatz bei Kant ist Gegenstand von Abschn. 2.1.8. in Teil 3. Dort wird diese These eingehend begründet.

[316] Vgl. Kant, KrV B 160. Der Verstand übt seine gesetzgebende Funktion mittels der Kategorien aus, "welche den Erscheinungen, mithin der Natur, als dem Inbegriff aller Erscheinungen ... Gesetze a priori vorschreiben". Vgl. KrV B 163.

[317] Zum Problem Kantischer Erkenntnistheorie und moderner Naturwissenschaft vgl. unten, 464, Anm. 128.

geschichtlichen Vorgänge – nach dem mechanistischen Erklärungsprinzip, also in dem auf Faktizität ausgerichteten wissenschaftlichen Beschreibung – keinen intelligiblen Sinngehalt mehr aufweisen und erst in einem religiösen "Sprachspiel" wieder einen "Sinn für mich" erhalten.[318] Die dazu verwendeten Apriori sind nicht mehr die "notwendigen 12" des I. Kant, sondern es sind geschichtlich, sozial und kulturell bedingte Verstehensmuster, die eine große Variabilität besitzen.

Die aus der *ordinary-language*-Philosophie kommende Unterscheidung zwischen den die "objektive Wirklichkeit" beschreibenden szientistischen Sprache der Wissenschaft und der religiösen Sprache wird von Schillebeeckx immer wieder bemüht, um die Eigenart unserer Aussagen über die vom Glauben bekannte Heilsfunktion Jesu darzutun. Die "religiöse Sprache" setzt einen nicht theoretisierbaren Bedeutungszusammenhang oder Verstehenshorizont voraus[319] und kann nicht zu unbedingten Wahrheiten führen. Schillebeeckx wendet genau dieses dem Empirismus entstammende dualistische Erkenntnismodell immer wieder – in völlig unkritischer Weise – auf einen denkbar ungeeigneten Gegenstand, Jesus Christus, an, der sich ihm dafür in seinem An-sich-Sein entzieht: Glaube und theologisches Denken als zwei im Grunde inkompatible Zugänge zur Realität führen zu disparaten Urteilen, denn "das, was für den religiösen Glauben eine Überzeugung und These ist", funktioniert "im theologischen Denken als 'Hypothese'", "die dann an dem Material unserer menschlichen Erfahrungen in irgendeiner Weise getestet wird".[320] Die Grenzen der empirisch erreichbaren Erfahrung markieren wie bei Kant auch die Grenze der Reichweite des Verstandes,

---

[318] Vgl. Kennedy, 193: "... Schillebeeckx turns to Wittgenstein's notion *of the language game* as a form of life, a notion that constitutes an affinity between the pragmatic criteria of meaning of linguistic analysis and Heidegger's hermeneutics of being-in-the-world. The general explanation for the confrontation between hermeneutics and analytical philosophy is that hermeneutics is concerned with a search for meaning, whereas linguistic analysis looks for criteria of meaning. The concept of language games is harnessed by Schillebeeckx to resolve the conflict. Linguistic analysis, in other words, with its notion of linguistic games, could be *linked* to hermeneutics *if* hermeneutics is regarded as the language game of human history ..."

[319] Vgl. Jesus, 546ff.

[320] Vgl. ebd., 547; vgl. auch ebd.: "Man arbeitet, wie in allen Wissenschaften, nur mit einer *Hypothese*, die man erproben will. Natürlich wird diese Erprobung von einer ganz anderen Art sein als die naturwissenschaftliche Verifizierung von Hypothesen und Theorien; sie ist nicht *direkt* und wird auch nie apodiktisch-zwingend sein; aber *reale* Erprobbarkeit muß doch möglich sein, wenn die Theologie sinnvolle, nicht-ideologische *Aussagen* machen können und als solche eine *Wissenschaft* genannt werden will. Es muß eine Methode geben, mit der festgestellt werden kann, ob die Hypothese eine Stütze in unserer Erfahrung findet ..."

der als theoretische Vernunft nicht auf einen transzendentalen Bereich ausgreifen kann. Entsprechend den am Modell naturwissenschaftlicher Theoriegewinnung ausgerichteten epistemologischen Prinzipien kann die kritische Vernunft über einen in Jesus Christus eröffneten "Gesamtsinn" inmitten einer noch werdenden Geschichte denn auch "nur eine 'Hypothese' anbieten, deren *kognitiver* und somit Wirklichkeits- oder Wahrheitswert sich aus dem Vergleich mit dem Material unserer menschlich-historischen Erfahrungen wird herausstellen müssen".[321]

Daß es ein sensualistischer Empirismus ist, der sich bei Schillebeeckx als leitendes epistemologisches Prinzip geltend macht, zeigt sich insbesondere an der Behandlung der Auferstehung Christi, deren transzendente Dimension in diesem Kontext nicht mehr in den Blick treten kann: In Übereinstimmung mit seinem Ansatz muß Schillebeeckx für die Erklärung der Auferstehung ohne ein intervenierendes Eingreifen Gottes in die Geschichte auskommen. Gottes der Schöpfung immanentes Handeln spielt sich ja in den eigengesetzlichen und eigenwirklich ablaufenden Vorgängen von Natur und Geschichte ab, die einen geschlossenen Kausalzusammenhang darstellen.

Gegen Bultmann und Marxsen besteht Schillebeeckx allerdings darauf, daß der Auferstehungsglaube nicht bloß eine Interpretation des vorösterlichen Jesus ist, sondern daß es nach seinem Tod "neue Erfahrungen, ja ein neues Angebot von Heil" gegeben haben muß.[322] Es handelt sich dabei um "Gnadenerfahrungen", die sich in verschiedenen, sozial erfahrbaren Phänomenen zu erkennen geben. Hier haben wir – in der Terminologie Kants – die "Erscheinungen", zu deren Verarbeitung die davon affizierten Jünger aus alttestamentlichen oder religionsgeschichtlichem Material Deutungsmuster aufgreifen konnten. Was das NT "Erscheinungen" nennt: eine visuelle Manifestation des Auferstandenen *in persona ipsa*, findet in diesem epistemologischen Kontext mit seinen empiristischen Vorgaben keinen Platz. Ein visuelles Moment bei der Bekehrung wäre eine psychogene Ausstrahlung der "eigentlichen" Ostererfahrung, bei der "die ganze Initiative vom auferstandenen Christus" ausgeht.[323]

Das eigentliche Erlebnis der Zeugen der Auferstehung ist denn auch eine Diskontinuität anzeigende "disclosure"-Erfahrung, die Heil vom lebendigen und immer wirkenden Gott vermittelt: "*In* unseren menschli-

---

[321] Vgl. ebd., 548.

[322] Vgl. Schillebeeckx, Auferstehung, 142.

[323] Vgl. ebd., 99; vgl. auch ebd., 97.

chen Erfahrungen können wir erfahren, was unsere Erfahrung übersteigt und was sich in ihnen als unerwartete Gnade verkündet."[324] Es tut sich für die Jünger "mittels dieser empirischen (oder historischen) Erfahrungsgegebenheiten" eine "tiefere Dimension" auf, "die als solche nicht mehr objektivierbar ist" und die darum nur noch mit der "evokativen Glaubenssprache", die eine Einladung an andere ist, dieselbe Erfahrung mitzuerleben[325], mitgeteilt werden kann. Gott tritt eben an keiner Stelle in die kategoriale Welt ein. Er erscheint nicht im Endlichen. Er offenbart sich nur indirekt als transzendent bleibender tragender Grund der Geschichte. Darin wirkt er durch die Menschen das Heil. Das zeigt sich in der Erfahrung von Menschen an bestimmten Punkten der Geschichte, z. B. bei der Auferstehung, in besonderer Weise. Von einer göttlichen Intervention zu sprechen, muß aber schon allein wegen der Prämissen als unerlaubt gelten.

Der Positivismus macht sich auch geltend, wenn es darum geht, zu bestimmen, was "Person" ist. Wenn es keine vom betrachtenden Subjekt unabhängige ontologische Konstitution der Dinge gibt, dann zerfällt die Wirklichkeit in zwei unverbundene Gruppen von "Sprachspielen": In dem einen, umgangssprachlich bestimmten, kann von einem natürlichen menschlichen Personsein Jesu die Rede sein, in dem anderen, religiösen Sprachspiel, ist Jesu Menschsein aufgenommen in die Person des Logos. Beides steht sich unvermittelt gegenüber.[326]

Was eben dargestellt wurde, ist der eine für Schillebeeckx leitende epistemologische Ansatz, ein sensualistischer Empirismus wie er für den neuzeitlichen Szientismus bestimmend ist, der alle Aussagen über eine transzendente Wirklichkeit in den Bereich der nicht mehr objektivierenden "*religious language*" verbannt. So oft aber das Paradigma des Empirismus mehr oder weniger ausdrücklich – in der Reflexion über die eigene Methodik – begegnet, so wenig wird es doch von Schillebeeckx konsequent durchgehalten. Vielmehr ist ein ständiges Schwanken zwischen Positivismus und einer idealistischen Sinnphilosophie für sein Jesusbuch signifikant.

---

324 Ders., Christus, 71.

325 Vgl. Jesus, 647.

326 Vgl. ebd., 582: "Aus dem Vorausgegangenen sollte deutlich geworden sein, daß für die religiöse Sprache, die jedoch die Eigenheit der nicht-religiösen Sprache anerkennt und bejaht, gerade dieses 'vor-gegebene' Person-Sein, getrennt von seinem 'Vom-Vater-Sein', nirgends und nie gegeben ist. Es ist freilich ein rechtmäßiges Ergebnis der unvermeidlich zweisprachigen Behandlung ein und derselben Wirklichkeit, die sich wegen ihrer Selbstständigkeit und zugleich wegen ihres 'Vom-Vater-Seins' zu dieser doppelten Betrachtungsweise tatsächlich eignet."

1.8.2. Die Selbstkonstitution der Subjektivität

Was Jesu eigenes Personsein angeht, so ist dieses nicht ein mit dem Anfang seiner Existenz als Mensch gegebenes ontologisches Grunddatum, sondern etwas, das durch seine zeitlichen Lebensvollzüge geschichtlich zu sich selbst kommt. Dafür ist seine Beziehung zum Vater als Schöpfer aller Dinge konstitutiv:

> "Was nach der nicht-religiösen Sprache – mit Recht – *menschliche Person* genannt wird, wird in christlicher Glaubenssprache *Sohn Gottes* genannt aufgrund des konstitutiven Verhältnisses dieses Menschen zum Vater."[327]

Die Christologie hat nach dem Grund der Einzigkeit Christi zu fragen. Für Schillebeeckx bringt die Besonderheit Jesu, also das, was ihn am meisten von allen anderen unterscheidet, einen universalen Appell an Menschlichkeit zum Ausdruck.[328] Diese "Sache Jesu" war durchaus die "Sache des Menschen", aber als "Sache Gottes".[329]

Während die mittelalterliche Philosophie – anders als die neuzeitliche – die Einmaligkeit, Einzigkeit und unmitteilbare Besonderheit (*incommunicabilitas*) als das für die Person Bestimmende betrachtet hatte, so daß das Personsein an die einzigartige Subsistenz der menschlichen Natur in einem bestimmten Subjekt gebunden war[330], liegt nach Schillebeeckx die absolute Einzigartigkeit Jesu nicht ontologisch in seiner Person begründet, sondern in seinem *Bewußtsein*, in dem er sich – im Gegenüber zum Vater, auf den er sich ständig bezieht – zum "Ich" konstituiert:

> "Wenn in Jesus, der unverkennbar mit einer *religiösen* Botschaft zu den Juden gekommen ist, eine ursprüngliche Besonderheit vorhanden war, wird diese in der einzigartigen Besonderheit dieser religiösen Botschaft und der ihr entsprechenden Lebenspraxis gesucht werden müssen, mit anderen Worten, in der Besonderheit der Gotteserfahrung Jesu als Quelle und Seele seiner Botschaft und seines Lebensauftretens."[331]

Schillebeeckx vertritt einen geschichtlichen Personbegriff, was dahingehend zu verstehen ist, daß jemand Person nicht immer schon ist, son-

---

[327] Ebd., 581. Auf der anderen Seite bewegt sich das Nachdenken über die christologische Frage, wer denn Jesus letztlich von seinem Wesen her sei, wenn Gott sein universales Heilsangebot definitiv und unmittelbar an ihn bindet, gegenüber dem gläubigen Bekenntnis, "daß Gott die Menschen in Jesus rettet", auf der Ebene einer "second-order-Aussage". Vgl. ebd., 485; 499. Zu diesen second-order-Aussagen vgl. Becker, 176f. Die Christologie hat nur die Aufgabe, die erste gläubige Jesus-Interpretation weiter zu vertiefen. Gegenüber einer Theologie Jesu ist sie "weniger bedeutsam". Vgl. ebd., 486.

[328] Vgl. ebd., 538.

[329] Vgl. ebd.

[330] Abschn. 4.2.3. von Teil 3 soll einige Grundbestimmungen des Personseins vorstellen.

[331] Ebd., 540; vgl. ebd., 538.

dern im Laufe seines Lebens erst wird, indem man sich auf anderes bezieht, um dann wieder zu sich zurückzukommen. In Absetzung von der Gegenposition wird dies deutlich:

> "Man stellt Jesus zuerst – natürlich in *einem* bestimmten Sprachspiel – als schon in sich selbst zur 'menschlichen Person' konstituiert dar, um dann ... über sein Aufgenommenwerden in den Logos zu sprechen.[332] ... Aus dem Vorausgegangenen sollte deutlich geworden sein, daß für die religiöse Sprache, die jedoch die Eigenheit der nicht-religiösen Sprache anerkennt und bejaht, gerade dieses 'vor-gegebene' Person-Sein, getrennt von seinem 'Vom-Vater'-Sein, nirgends und nie gegeben ist."[333]

Person ist man nicht, Person wird man. Sie besitzt keinen von Bewußtseinsakten unabhängigen Status. Daß jemand Person nur im Hinblick auf eine ihm gegenständliche andere Person zu werden vermag, erklärt Schillebeeckx anhand des Personbegriffs von Hegel, für den der Gegensatz zum anderen, in den das Ich sich veräußert, um sich so in diesem anderen selbst wiederzufinden, wesentlich ist.[334] Schillebeeckx will sich an der modernen Phänomenologie der Person orientieren, die großenteils "an diesen hegelianischen Begriff" anknüpft.[335] Für ihn ist aber nicht nur grundlegend, daß die menschliche Person gerade in der Begegnung mit dem anderen zu sich selbst vermittelt wird, sondern daß sie sich darüber hinaus in bewußtseinshafter Reflexion selbst konstituiert. Wo ein personaler Seinsgrund für die Identität Jesu fehlt, muß man daher auf eine Art Selbstvergewisserung über das Bewußtsein rekurrieren, um

---

332 Dieser Satz kann richtig verstanden werden, wenn er besagen soll, daß die menschliche Natur Jesu immer nur im Logos subsistiert und nie in sich selbst Person war. Für Schillebeeckx aber ist Jesus eine sich entwickelnde menschliche Person. Vgl. ebd., 582: "Wenn man im menschlichen 'profanen' Sprachspiel spricht, wird man Jesus selbstverständlich eine 'menschliche Person' nennen, denn ohne menschlich-personale Seinsweise ist niemand Mensch."

333 Ebd., 582.

334 Vgl. ebd., 590: "Im Gegenteil, es gehört zum Wesen der Person, so auf ein Gegenüber bezogen zu sein, daß dieses Ich sich selbst *in* einem Gegenüber 'veräußert', um so im anderen sich selbst wiederzufinden, sei es in dem Ding, welches das Ich bearbeitet oder erkennt, sei es in dem Du, mit dem das Ich in Liebe und Freundschaft verbunden ist. Eine Person findet sich selbst in dem Maße im anderen wieder, wie sie sich dem anderen preisgegeben und ausgeliefert hat. So wird im personalen Leben der *Gegensatz* zum anderen, und damit die Endlichkeit, gerade aufgehoben und überwunden. Person als Person, d. h. eben das Wesen des Person-Seins, schließt Unendlichkeit ein. So ist Gott, die Trinität, die höchste einzigartige Realisierung von Person-Sein. Das hindert nicht, daß es auch endliche Personen gibt, aber dies ist dann selbstverständlich eine Begrenzung des Person-Seins. Die menschliche Person ist als Person durch eine andere menschliche Person begrenzt und ihr gegenüber abgegrenzt; sie wird durch den anderen be-grenzt. Das heißt, die menschliche Person kann den Gegensatz zum anderen *nur teilweise* überwinden; kein Mensch kann sich ganz mit dem anderen identifizieren."

335 Vgl. ebd., 591.

personale Identität zu erreichen. Im "menschlichen Ichbewußtsein" ist für Christus das Bewußtsein seiner Sohnschaft mitgegeben.[336]

> "Die hypostatische Union ist für Christus stets die vorgegebene Gnade, aus der er als Mensch lebt. Sie ist also nicht eine bewußtseinsjenseitige, rein ontologische Vereinigung, sondern sie kommt im menschlichen Bewußtsein Christi psychologisch zur Geltung ..."[337]

Eine Vermittlung zu sich selbst im psychologischen Sinn muß es ja geben. Wo sich das Leben der Person reflexiv entfaltet, bedarf es ohne Frage – auf der Ebene des *actus secundus* – eines lebensgeschichtlich vermittelten Erwachens zu sich selbst, das mit dem Wachstum der Persönlichkeit einhergeht. Und diese Vermittlung geschieht sowohl durch die Zeit als auch in Hin-Bezug auf andere Personen.

Um sich als in der Zeit identisch zu begreifen, muß der Mensch sich auf Vergangenes als etwas ihm äußeres beziehen und muß dieses Vergangene als "mein" Vergangenes sich wieder vergegenwärtigen und so sich aneignen. Es ist die Erinnerung, die das vergangene Selbst "zurückholt" und sich wieder mit ihm zusammenschließt. Aber die Identität des Subjekts ist mehr als das Bewußtsein der Identität. Auf der Ebene der bewußten Vollzüge ist das Bewußtsein seiner selbst auch intersubjektiv vermittelt: Das Kind kommt dadurch zur Selbstentdeckung, daß es lernt, sich mit den Augen anderer zu sehen. Darin liegt aber keine Selbstkonstitution: Die Person muß nicht erst zum Person-Sein kommen.[338]

Einige Aspekte der Konstitution des Selbst in der Bewußtseinsphilosophie seien hier zur Verdeutlichung angeführt: In der empiristischen Position dagegen, die Schillebeeckx an vielen Stellen übernimmt, auch wenn er sie nicht durchhält, wird sich der Mensch nicht im aktualen Selbstbewußtsein seiner vorausliegenden Identität bewußt, sondern in ihm stellt sich personale Identität erst ein. Als den konsequentesten Vertreter der empiristischen Bewußtseinsphilosophie darf man wohl J. Locke ansehen, für den die Verknüpfung von Bewußtseinsphasen einen jeden zu dem macht, was er sein Selbst nennt. Dadurch unterscheidet er sich von allen anderen denkenden Wesen.[339] Um zu verstehen, daß für Locke die Identität des Bewußtseins die Identität von Zuständen ist, von denen man ein Bewußtsein hat, muß man seine Prämissen beachten: die Atomisierung der Bewegung bzw. der Idee des Lebendi-

---

[336] Vgl. ebd.

[337] Vgl. Schillebeeckx, Bewustzijnsleven, 245.

[338] Vgl. unten, Teil 3, Abschn. 4.2.3.

[339] Vgl. Locke, Essay, II,27, § 9.

gen sowie der Wegfall des Begriffs des Potentiellen. Menschliche Wesen sind nur dann Personen, wenn sie aktual denkende Entitäten sind, wenn sie denkend ein Bewußtsein von ihren Zuständen haben. So sagt Locke: "Das Bewußtsein vereinigt die getrennten Handlungen zu einer und derselben Person."[340] Die Identität der Person reicht dann nur soweit und genau so weit, wie dieses Bewußtsein rückwärts auf vergangene Taten oder Gedanken ausgedehnt werden kann.[341] Genau wie Handlungen sind auch Personen instantane Ereignisse, d. h. Bewußtseinszustände, die von früheren Bewußtseinszuständen ihren Inhalt geerbt haben und mit denen sich das gegenwärtige Bewußtsein wegen der Erinnerung zur Einheit der Person zusammenschließt.

Im Gegensatz zum platten Empirismus Locke's ist es für Kant das "Selbst", das die Konstitution des Bewußtseins leistet. An die Stelle einer substantiellen Seele tritt die "transzendentale Apperzeption" – das "Ich denke, das alle meine Vorstellungen muß begleiten können".[342] Der wesentliche Unterschied zwischen dem "empirischen Ich" und dem "transzendentalen Ego" liegt darin, daß letzteres nie gegenständlich gegeben sein kann. Obwohl für die Konstitution des Bewußtseins unverzichtbar, besitzt dieses "Selbst" (= transzendentale Apperzeption) doch nicht den ontologischen Status einer selbständigen Entität. Vielmehr kommt ihm nur eine transzendentale *Funktion* zu. Dieses transzendentale Ego ist das Subjekt der weltkonstituierenden Intentionalität. Es ist nicht als eine individuelle Person zu verstehen, sondern es ist als "reines Ich" nicht mehr von anderen "Ichs" unterscheidbar.[343]

Was in dieser "Bewußtseinsphilosophie" verloren geht, ist die Substantialität der Person, die damit zusammenhängt, daß sie immer Person einer ganz bestimmten lebenden Natur ist. Allein ein Denken, das sich an der Natur und ihren Lebensvollzügen orientiert, ließe verstehen, daß auch Bewußtsein "Leben" ist.[344] Gerade in diesem Punkt ist die empiri-

---

340 Vgl. ebd., § 10.

341 Vgl. ebd., § 9.

342 Kant, KrV B 131.

343 Kant sagt nirgends, daß das transzendentale Ich nicht individuell sei. De facto aber hat sein Ich die Funktion eines überindividuellen, alle Menschen umfassenden Subjektes, das u. a. die Universalität unserer Urteile – und damit die Kommunikabilität unserer Erkenntnisse – garantiert. Denn warum wenden die verschiedenen Subjekte auf diverse Daten dieselbe Kategorien an und kommen so zur selben Erkenntnis? Eine konsequent durchgeführt thetische (idealistische) Erkenntnislehre begründet die Mitteilbarkeit unter den empirischen (!) Subjekten nur durch eine monistische Auffassung des transzendentalen Subjektes.

344 Die Bedeutung des Natur-Begriffs für das Verständnis der Person soll im dritten Teil diskutiert werden.

stische Position kritisierbar: "Person" ist das, was aus der Reflexion des Bewußtseins auf sich selbst resultiert. Sie gehört – mit Descartes gesprochen – zur "res cogitans". Weil die Person – außer bei Kant – nichts jenseits der bewußten Vollzüge der Subjektivität ist, kann man hier von deren Selbstkonstitution sprechen. "Person" wird damit reduziert auf Subjektivität. Ihr Außenaspekt[345] fällt weg. Sie ist nurmehr Bewußtsein.[346]

Fällt die Natur als ontologisches Substrat der Person aus, bleibt nur das Bewußtsein, aus dem man die Person resultieren läßt. Die Identität der Person konstituiert sich nur über das eigene Bewußtsein und über die Erinnerung. Diese die ganze Philosophie der Subjektivität durchziehende Prämisse gehört zu den Irrtümern, die auf J. Locke zurückgehen. Von seinen Voraussetzungen konnten sich auch spätere Denker kaum lösen.

Als ein Beispiel mag Husserl gelten, dessen Denken mit demjenigen Kants eine gewisse Verwandtschaft aufweist[347], und für den sich das transzendentale Ich durch seine verzeitlichende Selbstkonstitution personalisiert.[348] Nur in der ungenügenden "naturalistischen Einstellung", so sagt er, ist das Personale eine natürliche, leiblich-fundierte Eigenschaft. Wer also "Person" mit dem Leiblich-Vitalen in Verbindung bringt, bewegt sich auf der Ebene eines platten Naturalismus. Er selbst versteht sich als Vertreter einer "personalistischen Einstellung".[349] Person ist für ihn Person immer nur "als Subjekt einer Umwelt".[350] Das transzendentale Ego ist kein ruhender Identitätspol. Es konstituiert sich als bleibendes personales Ich gerade dadurch, daß es auf sich, auf seine Vorstellungen, zurückkommen kann. Dadurch gewinnt das Ich, wie Husserl im Anschluß an Kant sagt, "einen personalen Charakter".[351] Somit muß man auch bei Husserl die Einheit des *personalen* Ich als eine Konstitutionsleistung des transzendentalen Ego verstehen.[352] Dieses Ego geht der

---

345 Vgl. dazu unten, 658.

346 Zum Personsein, wie es dagegen etwa Thomas v. Aquin versteht, gehört nicht nur Subjektivität, sondern gerade auch Äußerlichkeit. Von daher versteht es sich, daß die vom Leib getrennte Seele für ihn keine Person mehr ist, da ihr die Äußerlichkeit abhanden gekommen ist. Menschlicher Geist drückt sich im Leib aus.

347 Die Husserlsche Phänomenologie ist, soweit sie es mit der transzendentalen als der weltkonstituierenden Subjektivität zu tun hat, wesentlich Transzendentalphilosophie.

348 Zum Personbegriff bei Husserl vgl. Theunissen, Der Andere, 135–149.

349 Vgl. Scherer, 314.

350 Vgl. ebd.

351 Vgl. ebd.

352 Vgl. Husserl, Cartesianische Meditationen, § 30; 31; 33; 66–70.

Person voraus und bleibt ihr übergeordnet. Husserl ist sicher einer der wichtigsten Exponenten jener Richtung, die von einer eigentliche Selbstkonstitution des Ich ausgeht.

In der empiristischen Richtung dagegen entfällt das transzendentale Ego: Den Exponenten der *philosophy of mind*, die von einer unmittelbaren Selbstgegebenheit als Kriterium der Ich-Identität ausgehen, ist gemeinsam, daß sie die instantanen Bewußtseinszustände, in denen sich das Subjekt selbst gegeben ist, und die man darum auch "Selbstgegebenheitsweisen des Bewußtseins" nennen kann, als ein unhintergehbares Letztes nehmen.[353] In dieser Sicht stellt sich das Problem, daß sich die zeitübergreifende Einheit der Person nicht mehr erklären läßt. Besonders deutlich wird dies an der Position von D. Parfit, der den Standpunkt von Locke bzw. der empiristischen Subjektivitätsphilosophie in seinem analytischen Physikalismus am konsequentesten durchführt, und dessen *philosophy of mind* überhaupt zu einer Destruktion des Personbegriffs führt. Für Parfit gibt es keine zeitübergreifende Identität von Bewußtseinszuständen. Nur das aktuale Wach-Bewußtsein macht den Menschen zur Person. Das führt zu dem folgerichtigen Gedanken, daß Schlafende oder vorübergehend Bewußtlose keine Personen sind.[354] Bricht die Erinnerung an einen früheren Bewußtseinszustand ab, ist der Mensch eo ipso ein ganz anderer, als er früher war, nicht mehr derselbe, denn im aktualen Selbstbewußtsein wird sich ja nicht ein Lebewesen seiner Identität bewußt, sondern in ihm stellt sich Identität als aktuale erst her.

---

[353] Analytische Philosophen der positivistischen Richtung wie P. Biri reduzieren die mentalen Bewußtseinsphänomene auf die physische Ebene. Hier wird die Bewußtseinsphilosophie in einen puren Materialismus überführt, indem die das Selbstbewußtsein mit "Vorstellungen" identifizierende Theorie des Selbstbewußtseins (Descartes, Husserl) durch eine reductio ad absurdum destruiert wird. Man schreibt Bücher über die "Analytische Philosophie des Geistes", obwohl man das, was den Geist ausmacht: Intentionalität, Universalität, Transzendenz, längst verworfen hat. Vgl. Biri, 31: "Das Leib-Seele-Problem ... muß *aufgelöst* werden. Es aufzulösen heißt, die Annahme aufzugeben, daß mentale Phänomene in einem universellen, exklusiven Kontrast zu physischen Phänomenen stehen und daß die Eigenschaften 'mental' und 'physisch' inkompatible Eigenschaften von Phänomenen sind. Das Leib-Seele-Problem des ontologischen Dualismus verschwindet, wenn es uns gelingt, mentale Phänomene als eine bestimmte Art von physischen Phänomenen zu verstehen." Anders P.F. Strawson, der am Sinn eines Begriffs der Person festhält, die freilich immer nur in ihrem Körper existent und identifizierbar ist. Das Beispiel von Strawson, der die Weisen der Prädikation von "Person" untersucht, zeigt, daß die materialistisch fundierte, physikalistisch-funktionalistische Kritik des Personbegriffs auch in der analytischen Philosophie nicht generell vertreten wird. Vgl. ders., 111–149.

[354] Vgl. Parfit, Reasons and Persons, 230f.

Parfit gehört zu jenen Vertretern des Positivismus, die wie A. Quinton, S. Shoemaker und J. Perres – Denker in der Nachfolge D. Humes und J. Lockes – eine empiristische Konzeption vom Menschen und seinem Bewußtseinsleben haben.[355] Innerhalb dieser Richtung wird die Frage nach der Selbstidentität, der wesentlichen Bedingung der Person, wie folgt erklärt: Da der Mensch nicht die empirische Erfahrung des "Selbst", d. h. des Besitzers von Erfahrungen, machen kann, gibt es kein "spirituelles Ego" (Cartesianische Tradition). Was konstituiert aber dann die Identität des Selbst? Es bleibt nichts anderes übrig, als sie aus den Relationen der Bewußtseinsinhalte (mentale Daten) abzuleiten. Damit stellt sich neben dem Problem der synchronen Einheit des Bewußtseins vor allem das seiner diachronen Einheit. Die Identität eines Selbst oder einer Person beruht ja nach dieser Theorie auf der Einheit ihrer Phasen. Wodurch werden die Phasen, die jemand in verschiedenen Zeitabschnitten durchläuft, in einem einzigen kontinuierlichen Bewußtsein vereinigt? Die empiristische Tradition rekurriert hier auf die Reflexivität des Bewußtseins.[356] "In der empiristischen Perspektive ist die Frage nach der Identität des Selbst daher letztlich die Frage nach der Einheit des mentalen Bündels und nach den Beziehungen, aus denen sie resultiert."[357]

Nach J. Locke, der die Grundlagen des Empirismus gelegt hat, wird die Einheitsrelation zwischen den Bewußtseinsphasen durch das Gedächtnis vermittelt.[358] Die strenge Form der Gedächtnistheorie fordert in der je späteren eine bewußte Erinnerung an eine persönliche Erfahrung, die in der früheren Phase enthalten war, damit von "Gedächtnisverbundenheit" die Rede sein kann. Weil nun aber ein Vergessen jederzeit möglich ist, ohne daß die Einheit des Selbst dadurch – dem common sense nach – verlorengeht, hat man die Forderung nach einer direkten Gedächtnisverbundenheit zu einer Gedächtnis-Kontinuität erweitert.[359] Darin beruht die Gedächtniskontinuität auf einer Serie von einander überlappenden Stücken von Gedächtnisverbundenheit.[360] Diese Theorie, nach der personale Identität immer dann vorliegt, wenn eine Einheitsrelation der Gedächtniskontinuität gegeben ist, kann leicht kritisiert werden, wenn man die tatsächliche Diskontinuität des aktuellen Gedächtnisses betrachtet: Unser Bewußtsein wird in einem tiefen Schlaf ausgeschaltet, unser Gedächtnis reißt ab, und doch erwachen wir nicht jeden Morgen mit einer neuen Identität. Aus dieser Art von Einwänden heraus hat man denn auch die Einheitsrelation *mentaler* Kontinuität, die auch Charakter, Talent, Ambitionen, Überzeugungen, Gefühle usw. umfaßt,

355 Vgl. Frank, Analytische Theorien des Selbstbewußtseins, 7–34, der entgegen einer rein empiristischen Strömung bei vielen Autoren eine "Wende weg von der Sprache und hin zur Erkenntnis" ausmacht, die sich darin zeigt, daß man einen "Primat der Selbstreferenz vor allen anderen Bewußtseinsleistungen" annimmt. Vgl. ebd., 14.

356 Vgl. Parfit, 250: "This unity does not need a deep explanation. It is simply a fact that several experiences can be *co-conscious*, or be the objects of a single state of awareness."

357 Vgl. Cuypers, 572.

358 Vgl. Locke, Essay II,27, § 9; vgl. dazu auch Parfit, 205.

359 Vgl. Quinton, 51–72.

360 Vgl. Cuypers, 579.

zur konstitutiven Bedingung personaler Identität erklärt.[361] Darin bildet die Gedächtnistheorie nur noch *ein* Moment *einer* umfassenden Kontinuität von mentalen Ereignissen.[362]

Wenn man die materialistische Version, für die die geforderte Einheitsrelation mit der Konstanz des Gehirns zusammenfällt (Identitätstheorie)[363], einmal beiseite läßt, bleibt innerhalb der empiristischen Perspektive als einziger Ausweg eine funktionale Erklärung der Einheitsrelation: Für diese Theorie leistet die Computeranalogie wertvolle Hilfen: Ein und dasselbe Programm (Software) kann in verschiedenen elektronischen Schaltkreisen ablaufen. Genauso realisieren sich funktionale mentale Zustände in unterschiedlicher physischer "Hardware".[364] Mit der Zuhilfenahme dieses funktionalistischen Modells vermeiden viele Empiristen die Gleichsetzung von Identität der Person mit der Identität des Gehirns.[365] So läuft diese Position am Ende darauf hinaus, daß die Relationen zwischen diversen Bewußtseinsphasen, die eine funktionale Kontinuität aufweisen, die Einheit des empirischen Selbst bedingen. Parfit hat es unternommen, dieser zunächst kontraintuitiven Auffassung von der Konstitution des Selbst eine gewisse Plausibilität zu verschaffen.[366]

Man muß zwei Konsequenzen dieser Theorie bewußt machen, die der völligen Auflösung numerisch-personaler Identität gleichkommen: (A) Wie Parfit gedanklich an dem fingierten Vorgang der "Verdoppelung" durchexerziert, bleibt die empirische Identität des Selbst unbestimmt (*indeterminate*), entgegen dem *common sense*, der diese Identität als bestimmte erfaßt.[367] Nach Parfit kann die gleiche mentale Kontinuität in zwei verschiedenen Individuen vorliegen, da ein mentales Bündel sich in zwei Bündel aufteilen kann. Daher kann die empirische Identität des Selbst begrifflich unentscheidbar werden. (B) Die zweite Konsequenz, die diese Theorie zeitigt, impliziert überhaupt die Relativierung der Kategorie des Personalen: Da das Maß an mentaler Verbundenheit zwischen zwei Bewußtseinsphasen durch das Mehr oder Weniger an mentalen Relationen und durch die Kraft dersel-

---

361 Vgl. Parfit, 199–217.

362 "Psychological connectedness" wird bei Parfit unter der Überschrift "How we are not what we believe" diskutiert. Vgl. ders., 220–243. Die ganze Überlegung setzt indessen voraus, daß man sich vom Personbegriff bereits verabschiedet hat.

363 Vgl. Mackie, 173–203.

364 Vgl. Cuypers, 576. Zur Kritik der Hardware-Theorie des Bewußtseins vgl. Düsing, 87f.

365 Vgl. ebd.: "Das funktionale Selbst inkarniert oder metallisiert sich in fleischlicher oder mechanischer Gestalt, ist davon jedoch logisch verschieden. Diese empiristische Auffassung von der Identität des Selbst fügt sich nahtlos in den Rahmen des modernen Dualismus zwischen neurophysiologischen und mentalen (Type-) Zuständen ein."

366 Daß das Subjekt bei dieser Annahme zum Verschwinden gebracht wird, stört Parfit dabei nicht: "... because we are not separately existing entities, we could fully describe our thoughts without claiming that they have thinkers. We could fully describe our experiences, and the connections between them, without claiming that they are had by a subject of experiences." Vgl. Parfit, 225; vgl. auch ebd., 229.

367 Vgl. Parfit, 253–266. Zurecht hat S.E. Cuypers die mögliche Unbestimmtheit als entscheidenden Mangel an der empiristischen Konzeption der durch mentale Kontinuität konstituierten Selbstidentität kritisiert. Vgl. ders., 577.

ben bestimmt wird, ist empirische Selbstidentität stets *graduell.* Das Wesen empirischer Selbstidentität ist demjenigen von Mengen mit einer bestimmten oder unbestimmten Anzahl von Elementen, z. B. einem Staatsgebilde verwandt.[368] Wenn man fragt, ob das Spanien unter Franco dasselbe ist wie das heutige Spanien, wird man die demographische, territoriale, kulturelle und politische Kontinuität bemühen, um die Verbundenheit beider Phasen zu ermitteln. Und wie die Antwort auf diese Frage nur eine Ja-und-Nein-Antwort sein kann, weil die beiden "Spanien" teils identisch, teils verschieden sind, so kann auch die Identität eines Selbst nur eine Frage des Mehr oder Weniger sein. Sie ist damit keine Identität im strengen und philosophischen Sinne, sondern ebenso konventionell wie die Identität von Objekten. Parfit, der die völlige Auflösung des Personbegriffs vollzogen hat, gibt diese Konsequenzen zu und sieht in ihnen etwas durchaus Befreiendes: den Abschied von der Sorge um das Selbst.[369]

Mit dieser Destruktion des Begriffs von Person kongruiert heute in den westlichen säkularen Gesellschaften ein fortschreitendes Sinndefiziterlebnis. Ein universaler Werteskeptizismus, der ohne produktive Kraft neuer Wertsetzungen ist, breitet sich aus und untergräbt selbst die minimale Sinnbasis dieser Gesellschaften – die Geltung der Menschenrechte. Aus diesem Grund haben Autoren wie K. Düsing und D. Henrich ein Wiedererwachen der Frage nach der Bedeutung von Selbstbewußtsein, Person und Subjektivität gefordert.[370]

---

[368] Vgl. Parfit, 316.

[369] Vgl. ebd., 275; vgl. auch ebd., 281–282 ("The liberation from the Self").

[370] Hier sei vor allem auf die Arbeit von Düsing ("Selbstbewußtseinsmodelle") hingewiesen, in der die auf einen Reduktionismus hinauslaufenden empiristischen, gesellschaftstheoretischen und analytischen Einwände gegen eine Theorie des Selbstbewußtseins entkräftet und die ursprüngliche Selbstbezüglichkeit als Fundament des Selbstbewußtseins aufgewiesen werden sollen. Dieser Zielsetzung wird Düsing dadurch gerecht, daß er eine neue "Theorie des konkreten Selbst" vorlegt, wobei er zeigen will, "daß bisher weder in den positiven Theorien des konkreten Selbst noch erst recht in den Kritiken daran der Phänomen- und der Strukturreichtum der grundlegenden Selbstbeziehungsweisen des Selbstbewußtseins hinreichend beachtet wurde". Vgl. ders., 19. Theorien, die das "Ich" oder "Selbst" als gegenüber neurophysiologischen Vorgängen selbständige Entität negieren, sind für ihn deswegen unplausibel, weil sie "die ursprüngliche Evidenz von genuin subjektiven Erlebnissen und der Aussage darüber bestreiten". Vgl. ders., 88. D. Henrich geht von einer nur zirkulär zu erreichenden Erklärung von "Selbstbewußtsein" aus, da jeder Versuch des Ich, sich durch Reflexion zu erfassen, jeweils schon die Voraussetzung des tätigen Ich-Subjekts und seiner Selbstbeziehung verlangt. In verschiedenen Varianten wird bei ihm das Argument der unendlichen Iteration in der Selbstvorstellung des Ich und in der Bestimmung des Selbstbewußtseins durchgeführt: Das Ich-Objekt ist immer die selbstbezügliche Vorstellung seiner selbst. Das jeweils zuerst genannte Ich oder Selbst stellt also als seinen thematischen Vorstellungsinhalt das Ich-Objekt vor, das auch wieder wesentlich Selbstvorstellung ist. Und dieses Selbst bedeutet wieder nichts anderes als Vorstellung seiner selbst usw. ins Unendliche. Vgl. ders., Selbstbewußtsein, 265–274. Henrich folgert aus dem Zirkel in der Begriffsdefinition von Selbstbewußtsein, daß Selbstbewußtsein undefinierbar ist. Es stellt eine einfache, intuitive, unmittelbare Gegebenheit dar. Durch Re-

In den Argumenten von Parfit u. a. gilt die Einheit der Person und am Ende auch das Bewußtsein der Person von dieser Einheit als obsolet, mag der Argumentierende sie auch für sich und den Gesamtduktus seiner Ausführungen stillschweigend voraussetzen. Der reduktionistische analytische Physikalismus zeitigt letztlich immer diese mit der Position Parfits markierte Konsequenz. Für jene Theologen, die eine letztlich auf Parfit hinauslaufende Gleichsetzung von "Person" und Subjektivität akzeptieren, ergibt sich damit aber eine reductio ad absurdum, insofern sie ja doch in irgendeiner Form am Begriff der "Person" festhalten wollen.

Die Vorstellungen Schillebeeckx' über das Zustandekommen personaler Identität bewegen sich, wie die angeführten Stellen zeigen, im Kielwasser der modernen Bewußtseinsphilosophie. Was bedeutet ein solcher – aus der Subjektivitätsphilosophie kommender – Personbegriff für die Christologie? Einer Christologie, die mit diesem Personbegriff arbeitet, geht es nicht mehr primär um das personale Sein Christi, das auf den frühchristlichen Konzilien im Mittelpunkt der Aufmerksamkeit stand; vielmehr fragt sie nach seinem Ich-Bewußtsein, das einmal mehr aus der Interaktion mit der sozialen Umwelt, ein andermal aus seiner Bezogenheit auf Gott resultiert. Jesus lebt ganz für die Praxis des Reiches Gottes als einer Sache des Menschen, versteht sich aber zugleich ganz "von Gott her" und gewinnt in beidem, in der radikalen Proexistenz für die Menschen und im Gehorsam gegen den Vater, seine menschliche Identität als "Sohn Gottes".

1.8.3. Das Ausweichen auf eine Philosophie des Daseinssinns

Mit Blick auf den "heutigen" Menschen sieht sich Schillebeeckx vor das Problem der Vermittlung gestellt, "denn unser Bedürfnis nach Befreiung und Heil erhält eine geschichtliche Füllung aus unseren konkreten Verhältnissen".[371] Was Jesus den "Menschen einer fast zweitausend Jahre zurückliegenden Zeit" als konkretes Heil anbietet, ist nicht dasselbe wie das Angebot "an Menschen des 20. Jahrhunderts".[372] Läßt sich denn "endgültiges Heilshandeln" von Gott her auch inhaltlich so füllen, daß zu allen Zeiten – Schillebeeckx spricht von je verschiedenen konjunkturellen Konstellationen – etwas von dieser "Endgültigkeit" hervortritt? Im vierten Teil des Jesus-Buches thematisiert Schillebeeckx die Frage nach der universalen und bleibenden Bedeutung Jesu, die ihm als ge-

---

flexion erlangt das Ich keine Selbstbeziehung. Wo diese in der Reflexion thematisch erfaßt wird, muß sie immer schon vorliegen. Vgl. ders., 271.

371 Vgl. Jesus, 60.

372 Vgl. ebd.

schichtlicher, individueller Gestalt zukommen und bis in unser "Heute" hineinreichen muß. Dort bietet für ihn die Frage "nach dem Sinn des Menschseins" ohne jede Bezugnahme auf eine zeitlose, kontextunabhängige "Wahrheit" der Glaubensaussage den Ausgangspunkt[373], um eine Antwort auf das Problem der im Glauben anerkannten Universalität Jesu zu geben: Es gilt zu zeigen, "wie der christliche Anspruch auf Universalität sich in der wahren Menschlichkeit des Menschseins wahrmacht, wie dieses uns in Jesus von Nazaret entgegentritt".[374]

Für den fragenden Menschen offenbart sich dieser Sinn als antizipierter, kommender Gesamtsinn in der Lebenspraxis Jesu, in seinem leidüberwindenden Handeln, das den Menschen aus der Sinnlosigkeit der vielfältigen Leidensgeschichten befreit.[375] Indem Jesus selbst Leiden und Tod auf sich genommen und in Freiheit bewältigt hat, ist er dem leidenden Menschen zugleich Vorbild, Kraft und Sinnstifter zur Bewältigung seines sinnlosen Leidens. In Jesu Tun leuchtet etwas auf, nach dem der Mensch sich immer schon gesehnt hat, und das Schillebeeckx "das universal Wertvolle" nennt, weil es "das wahre Antlitz des Menschen" oder "die wahre Menschheit des Menschen" erschließt:

> "Daß eine Realität universale Bedeutung besitzt, heißt, daß sie jeden Menschen eben in der Bestimmung des letzten Sinns seines Lebens berührt, mit anderen Worten, daß sein Leben durch einen wesentlichen und – was unsere Freiheit betrifft – frei bejahten Hinweis auf dieses universal Wertvolle bestimmt wird. Es ist eine universal sinngebende Realität; aber man muß auch selbst danach verlangen, wenn sie tatsächlich ihre sinngebende Wirkung ausüben können soll. Mit anderen Worten, der universale Sinn, der eventuell in einer Wirklichkeit erscheint, hat keine konkrete Konsistenz, wenn wir ihn persönlich nicht als einen Appell erkennen, der an unser vernehmendes Bewußtsein gerichtet ist. Mittels der persönlichen Motivierung kann das universal Wertvolle eine eigene faszinierende Wirkung haben: Man bestimmt also

---

[373] Vgl. dazu Kennedy, 316: "... Schillebeeckx argues that the cognitive power of Christian faith does not reside in a theoretical anticipation of universal meaning but in the narrative-practical structure of faith. This is a capital conclusion. For Schillebeeckx, the essential Christian story about Jesus is neither a theory about Jesus nor a theoretical participation in universal meaning." Vgl. auch ebd., 313–315 ("The question of meaning and the question of truth"); hier 314: "Schillebeeckx interest at this juncture is not to deny that there is a coincidence between meaning and truth. What he does seek to clarify is that the question of meaning is not able to be resolved on a theoretical, purely rational basis. ... Because of the permanent obstinacy of meaningless suffering in history human beings are unable to rationalize the coalescence of meaning and meaninglessness into a coherent theoretical project."

[374] Vgl. Jesus, 535.

[375] Vgl. ebd., 552; vgl. auch Schillebeeckx, Erfahrung und Glaube, 107.

selbst seinen Lebenssinn und seine Lebensbestimmung in einem Verhältnis der Abhängigkeit von dem, was wirklich als universal wertvoll erscheint."[376]

Was der Gläubige an Jesus erfährt, berührt den letzten Sinn seines Lebens.[377] Es ist als "Gesamtsinn" aber nicht eine vorgegebene Wirklichkeit, die sich von uns theoretisieren lassen würde.[378] Vielmehr gewinnt dieser universale Sinn seine Konsistenz erst durch den bejahenden Akt des menschlichen Bewußtseins. Ein Wert ist immer etwas, das nur im Hinblick auf ein ihn vorstellendes Subjekt Existenz gewinnt. Er kann nur in Relation zu einem intentionalen Subjekt als "gegeben" erscheinen, etwa wegen seiner utilitaren, lebenspraktischen Bedeutsamkeit. Damit scheint sich das Problem des für alle geschichtlichen Horizonte in Jesus definitiv zutage tretenden Sinns auf die Ebene der "Hilfe für mich" in der fragwürdigen Situation meines kontingenten Leidens zu verlagern. Die Frage nach solchem Sinn ist aber eine andere als jene nach der Wahrheit des betreffenden Heilsangebotes. Schillebeeckx will jedoch die "Wahrheit" des Heils nicht ausklammern, sondern mit der in Jesu Lebenspraxis erfahrbaren "Sinnganzheit" zusammenbringen:

"Wirklichkeit wird nur durch erfahrende Subjekte zur Sprache gebracht, so daß Wahrheit in ihrer Wirklichkeitsrelation auch eine Beziehung zu Subjekten in sich schließt. Sie ist auf universalen Konsens hingeordnet, wenn Wahrheit wirklich universal, mit anderen Worten überhaupt Wahrheit genannt werden will. Und dann fällt eine alle Erfahrung umfassende Sinnganzheit durchaus mit Wahrheitsoffenbarung zusammen; denn sie läßt keine Erfahrung außerhalb ihrer, welche die Wahrheit dieses erfahrenen Sinns problematisch machen könnte. ... Die wirkliche Geschichte ist ein Ablauf von Einzelgeschichten von Sinn und vieler Einzelgeschichten von Sinnlosigkeit, was sich durch keinen logischen und theoretischen Entwurf miteinander in Einklang bringen läßt. Das impliziert, daß ... lebensrelevante Wahrheit ... unter dem Primat der kognitiven, kritischen und befreienden Kraft von Erinnerungen an Leidensgeschichten steht."[379]

So ist denn auch der Ausweis für die Richtigkeit bzw. Stimmigkeit des religiös entdeckten Lebenssinns in einer "Ethik" gelegen, nicht in einer durch Offenbarung vermittelten neuen Wirklichkeitssicht:

"... das symbolisch-religiöse Sprechen von Gott verdankt seine Wirklichkeitsdichte der *Vermittlung der ethischen Existenz*. ... Man findet Heil nicht primär

---

[376] Vgl. Jesus, 533f.

[377] Vgl. ebd., 533.

[378] Vgl. ebd. 552; vgl. auch ebd., 550: "An einen universalen Sinn der Geschichte glauben läßt sich daher nicht in einer philosophisch interpretierten 'Universalgeschichte' thematisieren; es läßt sich nur geltend machen in einer Praxis, die Übel und Leiden auf Grund der religiösen Verheißung, daß es auch anders möglich ist, zu überwinden sucht."

[379] Vgl. Schillebeeckx, Erfahrung und Glaube, 107.

durch eine richtige Wirklichkeitsinterpretation, sondern indem man nach den Forderungen der Wirklichkeit handelt. ... Die religiöse (immer indirekte oder 'symbolische') Thematisierung entbehrt jedes Grundes, wenn sie losgelöst wird von ihrer Erfahrungsbasis, nämlich dem Ethos oder menschlichen Handeln, das sich zwar mitverantwortlich für das Schicksal der Menschheit fühlt, jedoch den Sinn, den Grund und die Quelle des geschichtlichen Gelingens nicht autonom in Selbstbegründung sucht, sondern in dem ungeschuldeten Geheimnis, das alle unsere Erfahrungen lenkt, umwirft und neu orientiert."[380]

Die verschiedenen hermeneutischen Reflexionen, die sich im Schillebeeckxschen Werk finden, machen klar, daß die Wahrheit des Bekenntnisses zu Jesus Christus in Korrelation zur menschlichen Sinnfrage als der Frage nach "der Menschheit des Menschseins" oder dem "befreiten Menschsein" gebracht wird. Wie kann sich die christliche Botschaft von dem "Heil in Jesus von Gott her" heute bewähren? – Wenn sie dem Verlangen nach "Sinn" entspricht, wie es sich in den unterschiedlichen kulturellen Kontexten je unterschiedlich artikuliert und damit "plausibel" erscheint? Welche Bedeutung hat überhaupt die Rede von "Sinn" und in welchem Verhältnis steht sie zur Frage nach der Wahrheit einer religiösen Aussage?

Als eine Kategorie, die "die Handelnden zum Denken führen und die Denkenden zu lebensnäheren Fragen veranlassen"[381], mithin eine Gesamtperspektive eröffnen soll, entstammt "Sinn" der modernen Hermeneutik und konnte sich im Rahmen von Phänomenologie bzw. existentialer Philosophie und Theologie etablieren. In nachindustriellen Dienstleistungsgesellschaften, die einem integralen Sinn gegenüber indifferent bleiben und zu unvermeidlichen "Sinnkrisen" führen, stehen die Aktien der ästhetisierenden, mythologischen oder rituellen Sinnangebote an sich gut im Kurs.[382] Woraufhin ist aber die Gesellschaft zu verändern, "damit der Mensch zum Menschen werde"? – Dies ist die Form, in der sich die entscheidende heutige Sinnfrage stellt.[383] Wer sich bei seiner Suche nach Sinn von der Wahrheitsfrage dispensiert weiß, muß mit einem Einwand rechnen, den H.-Th. Homann so formuliert hat: "Die postmoderne Sinnsuche steht als Manierismus der 'Selbstver-

---

[380] Vgl. ders., Christus, 54.

[381] Vgl. Wittgenstein, Schriften, Bd. 1, 83.

[382] Es soll natürlich nicht geleugnet werden, daß sich in der Ausrichtung des Menschen auf "Sinn", wie sie u. a. auch von der Logotherapie eines Viktor Frankl positiv wahrgenommen und für die Behandlung psychischer Krankheiten eingesetzt wird, eine particula veri findet, wenn es darum geht, den Menschen auf seine Transzendenznatur hinzuweisen.

[383] Vgl. Pottmeyer, 160.

wirklichung' selbst in Kontinuität zu neuzeitlich-bürgerlichen Selbstentfremdungsmodi. Unter der Dominanz funktionalen Denkens wird das non-utilitare Verständnis von Sinn ausgezehrt. ... Unter diesen Bedingungen ist 'sinnvoll' nur, was dem konsumistisch definierten individuellen Erfolg nützt: Sinngebung lebt von Wertschätzungen; demzufolge läuft sie Gefahr, daß der Wert, den Personen einander zumessen, primär als gegenseitige Utilität ausgelegt wird ..."[384]

Angelegt auf die Christologie besteht somit die Gefahr, daß man das, was Jesus für die Heutigen darstellt, seine "Bedeutung", zu einer Funktion dessen macht, was sein Vorbild und seine Ethik leisten, um die Gesellschaft noch menschenwürdiger, das Leben der Menschen noch angenehmer zu gestalten, wenn die Frage nach seiner universalen Bedeutung in jener nach dem "Sinn" aufgeht? Gerade der heutige postmoderne Kontext muß doch eine solche Rückführung von Sinn auf das Bedürfnis des seiner selbst entfremdeten Subjekts nahelegen.

Wenn der Mensch ein offenes Wesen ist, dessen Handlungsspielraum nicht durch eine von einem inneren Telos bestimmte "Natur" auf eine begrenzte Seinsfülle festgelegt wird und zudem der intendierte "universale Sinn" mit einem erfüllten Menschsein korrespondieren soll, so bleibt der Gehalt von Sinn eigentlich völlig offen. Was entspricht denn dann dem Menschen am meisten? Die Behauptung, in Jesu Existenz sei der universale Sinn für uns Menschen gegeben, präjudiziert folglich in keiner Weise dessen inhaltliche Füllung. Natürlich: Wer aus der *memoria* des im Leben für andere vollzogenen Lebens Jesu sein todverfallenes, kontingentes Schicksal auf sich nimmt, der kann irgendwie die Überwindung der Angst und Sinnlosigkeit in einem Dasein für andere erfahren und zu einer Existenz in Vertrauen und Glück gelangen und darin des entscheidenden Heilsangebotes von Gott her gewahr werden, obgleich sich die begrifflichen Chiffren für dieses Heil jeweils ändern werden:

> "In immer wieder wechselnden Situationen wird die christliche Glaubensgemeinschaft in immer wieder neuen Artikulationen, schließlich sogar in philosophischen Begriffen, manchmal sehr komplizierter Art, letztlich nichts anderes sagen, als daß sie in Jesus Christus entscheidendes Heil von Gott her erfährt. Wenn die Momente in neuen Situationen nicht mehr ansprechen und wenn sich die Nöte und Bedürfnisse ändern, wandeln sich auch die interpretativen Begriffe."[385]

---

[384] Vgl. Homann, 457.

[385] Schillebeeckx, Christus, 56.

Man muß hier beachten, daß es für Schillebeeckx zwei Zugangsweisen zur Wirklichkeit gibt: den szientistisch-kognitiven, der an der Methodik experimenteller Naturwissenschaft Maß nimmt und den der "religiösen Sprache", der einem autonomen religiösen Gegenstandsbereich zugeordnet ist. Der Sinnbegriff gewinnt seine Akzeptanz in genau jenem epistemologischen Kontext, in dem die Trennung des "Religiösen" vom kognitiven Vernunftgebrauch vollzogen ist.[386] Die Frage nach Wahrheit oder Falschheit eines religiösen Inhalts oder Mythologems kann mit der Kategorie "Sinn" in keinem Fall beantwortet werden.[387] "Da Sinn sich nicht anders als durch subjektive Vermittlung erschließt, kann das Verhältnis von Sinn-Vollzug und Sinn-Wahrheit problematisch werden; aus dem bloßen Faktum vollzogener Sinnerfülltheit folgt ebensowenig die 'Wahrheit' ihrer kognitiven Voraussetzungen bzw. Implikationen wie die Richtigkeit ihrer sittlichen Handlungsnormen."[388]

Zu dieser universalen Sinngebung, die der Mensch in Jesu Lebenspraxis findet, muß kritisch fragend bemerkt werden: Kann man wirklich die Effektivität christlichen Glaubens für eine Humanisierung der Gesellschaft und des Menschen zu dem vor dem Forum der kritischen Vernunft ausweisbaren Wahrheitskriterium machen? Dies wäre genau das, was H.-Th. Homann "Bewahrheitung religiöser Inhalte durch Praxis"[389] nennt, wie sie nur innerhalb einer funktionslogischen Religionsbegründung möglich ist, die den Offenbarungsbegriff als Prinzip religiös-theologischen Erkennens ausblendet.[390]

---

[386] Vgl. Piepmeier, 84f.

[387] Vgl. Homann, 461: "Auch als religionstheoretische Kategorie kann 'Sinn' seine philologische Herkunft nicht verleugnen: Sinnerfassung heißt 'verstehen', den Sinn von etwas erkennen bzw. erfahren, bedeutet dessen inne zu werden, was es mit etwas auf sich hat, worum es jemandem bei etwas geht; Sinn ist immer Sinn für/von ...; seine kontextuell-intentionale Struktur bestimmt ihn als den jeweiligen Inhalt eines Verstehensaktes, dem es um das Verstehen von etwas als etwas, um 'Bedeutung' und nicht um 'Wahrheit' geht."

[388] Ebd., 458. Sinn bzw. Bedeutung ist nicht mit Wahrheit gleichzusetzen. Jedoch kann ein Sinn als wahr erkannt werden. Dann ist dieser wahre Sinn für die betreffende Wirklichkeit, in der er erfaßt wurde, konstitutiv. Er ist die "Form" dieser Wirklichkeit.

[389] Vgl. ebd., 462ff.

[390] Vgl. zu dieser Problematik W. Kasper, Wahrheitsverständnis, 184f: "Wird diese Methode jedoch verabsolutiert, dann wird die Wahrheit funktionalisiert und letztlich als Mittel menschlicher Daseins- und Kontingenzbewältigung verstanden. Damit ist die Idee der Wahrheit als einer dem Menschen verpflichtend und gerade so befreiend vorgegebenen Größe in Frage gestellt."

1.8.4. Der fehlende Bezug auf die Offenbarungs-"Metaphysik" der Bibel

Da der Leser in Schillebeeckx' Jesus-Buch an vielen Stellen auf Überlegungen stößt, die ein geschichtliches Heilshandeln Gottes thematisieren, soll an dieser Stelle eine Rückfrage nach dem von ihm verwendeten Handlungsbegriff vorgenommen werden, und dies anhand der biblischen "Metaphysik" des geschichtsmächtigen Handelns Gottes. Begegnet der menschliche Geist, so kann man fragen, als Empfänger von Offenbarung der Wirklichkeit göttlichen Wirkens oder hat er es nur mit einer horizontalen Profangeschichte zu tun, deren Ereignissen er durch nachträgliche Deutungen einen religiösen Sinn abgewinnt?

Schillebeeckx selbst wirft die Frage nach der "heilsgeschichtlichen Ontologie" der Bibel auf, die er jeder griechischen Wesensontologie gegenüberstellt.[391] Mit welcher Wirklichkeit hat es diese "Ontologie" zu tun? Für den biblischen Menschen bildet die schöpfungsgemäße Abkünftigkeit der welthaften Dinge von Gott die primäre Erfahrung, die sich mittels bestimmter Vorkommnisse in der Geschichte konkretisiert. Der Glaube an den Schöpfergott mache es möglich, "von einem besonderen Handeln Gottes", seiner "überwältigenden Immanenz" zu sprechen, die im Hinblick auf das menschliche *Bewußtsein* den Charakter einer wirklichen Gegenwart annehmen könne.[392] Dann aber heißt es genauer: "Auch dieses Heilshandeln Gottes ist transzendent, ist kein 'Eingriff' in den normalen Lauf der Geschichte. Es ist wie jedes eigen-göttliche Handeln 'schöpferisch', souverän frei, transzendent und dadurch trotzdem *immanent* in unserer Geschichte; es *ist* diese 'Profangeschichte' selbst, aber nach ihrem 'Total-Aspekt' des 'Von-Gott-Seins'."[393] Es bedarf einer eigentümlichen "disclosure"-Erfahrung, die eine erkennbare Diskontinuität eines Vorkommnisses zu allen anderen Abläufen in der Geschichte erkennen läßt, damit dem Menschen in der Rückschau ein Heilshandeln Gottes aufgeht, das sich dann in Glaubenssprache zum

[391] Vgl. Jesus, 493: "Sowohl eine hoch-sapientiale Christologie als auch sogar eine ausgesprochene Inkarnations-Christologie im Neuen Testament setzen eine heilsgeschichtliche Ontologie voraus; keine *griechische*, sondern eine *jüdische* Wesens-Ontologie."

[392] Vgl. ebd., 562: "Zum Beispiel aufgrund des Unterschieds zwischen inneren Naturprozessen und menschlicher Geschichte (trotz ihres wesentlichen Verschränktseins) darf deshalb der Gottgläubige, berechtigt und begründet, von Gottes *besonderem* Handeln in der menschlichen Geschichte sprechen."

[393] Ebd., 562. Für Schillebeeckx ist unsere ganze Geschichte überhaupt "Naturgeschichte von Menschen". Vgl. ebd., 555.

Ausdruck bringen läßt.[394] So ist denn "eine menschliche Erfahrung von Diskontinuität der einzige Grund", "warum wir mit Recht von einem besonderen Heilshandeln Gottes in der Geschichte sprechen".[395] Aufgrund eines in der Weise "geschlossenen" Konzeptes von Geschichte verbietet sich dann auch die Rede von einer kategorial intervenierenden Anwesenheit Gottes in der Welt.[396] Heilsgeschichte und Profangeschichte sind hier einfachhin identisch. Gott kann nicht in den kategorialen Bedingungszusammenhang der Welt eingreifen. Daß es tatsächlich Gottes Initiative war, auf die bestimmte Erfahrungen der Menschen zurückgehen, erschließt sich erst einer interpretativen Rekonstruktion, die aber immer ein Handeln von Menschen zum Gegenstand hat:

> "Vor allem in überraschenden, 'diskontinuierlichen' historischen Erfahrungen und Interpretationen (!) zeigt sich Gottes Heilsinitiative."[397]

Auch dort, wo sich Gottes Engagement zum Heil der Menschen in der Weise verdichtet, daß "der höchste Daseinssinn des Menschen" darin "normativ und exemplarisch" zum Ausdruck kommt, im Leben des eschatologischen Heilsboten Jesus aus Nazaret, gilt:

> "Auch hier kommt die Gottesmanifestation erst im interpretierenden Glaubensakt zur 'Offenbarung', mithin im Glaubensakt derer, die Jesus als in der Tat für ihr Selbst- und Wirklichkeitsverständnis als bestimmend begreifen und akzeptieren."[398]

Die "Personen des Spiels", die Akteure auf der Bühne der Weltgeschichte, sind immer bloß menschliche Subjekte. Von ihnen wird die Geschichte gemacht. In ihrem Tun kommt die Geschichte Gottes "zur

---

394 Der Ausdruck "Glaubenssprache" stammt aus der modernen Ordinary-Language-Philosophie der Oxford-Schule, die von J.L. Austin entwickelt und von J.A. Hutchison und W. Hordern weiterentwickelt worden ist. Vgl. Hutchison, Language and Faith; vgl. auch Hordern, Speaking of God, The Nature and Purpose of Theological Language. Gegenüber der kritischen positivistischen Sprachanalyse sollte die Berechtigung des theologischen Sprechens rehabilitiert werden, indem man davon ausging, daß es neben der rein deskriptiven Sprache, die sich auf feststellbare Fakten bezieht, eine religiöse Sprache oder Glaubenssprache gibt, die das Empirisch-Feststellbare übersteigt und auf den Bereich des Übersinnlichen und Göttlichen hingeordnet ist. Sie soll eine eigene Sprachklasse darstellen, in der es um Weltdeutung und Sinnerhellung geht. Sie bedient sich vor allem der Symbole, Bilder und Metaphern, die auf ein nicht zu ergründendes Geheimnis weisen. Diese religiöse Sprache besitzt einen appellativen, evokativen und werbenden Charakter. Das Kriterium ihrer Stimmigkeit ist die Bewährung an der Wirklichkeit des menschlichen Lebens mit seinen Höhen und Tiefen und seiner Kontingenz.

395 Vgl. Jesus, 562.

396 Vgl. ebd., 563.

397 Ebd.

398 Ebd.

Sprache".[399] Die Präsenz Gottes im Raum der Geschichte ist erst das Resultat einer gläubigen Interpretation (in Glaubenssprache).

Die hl. Schrift kennt einen anderen Begriff von medialer göttlicher Selbstbezeugung in einer von Gott selbst eröffneten Heilsgeschichte: Richtig ist, daß Gott sich zunächst als Schöpfer offenbart. Schon die heilsrelevante Selbstoffenbarung Gottes als Schöpfer ist der umgreifende Horizont für die geschichtliche Offenbarung Gottes, durch die er sich dem Menschen zu erkennen gibt. Im AT tritt Jahwe als das initiierende Subjekt der ganzen Schöpfung, der Erwählungsgeschichte Israels und der Vollendung der gesamten Menschheit hervor. Er ist der Gott seines Volkes, der "Gott Israels" (vgl. Ex 24,10; Jes 45,3). Dieser Gott schließt mit Israel einen Bund und wird ihm damit zum "Vater" (vgl. Dtn 32,6; Jer 31,9; Röm 9,5). So geht das AT von einer Weltzugewandtheit Gottes aus, die aus seinen machtvollen Taten hervorleuchtet. Wie sehr sich auch Geschichte an und in der Welt vollzieht, sie ist von ihren Anfängen an als Heilsgeschichte verstanden, von der das AT, das sich als Geschichtsbuch versteht, erzählt.[400]

Das Selbstverständnis des AT liegt nicht darin, eine Ansammlung von Metaphern, Bildern, Interpretamenten und Verstandeskategorien zu sein, mit denen einfach eine Geschichte von Menschen aus anderer, religiöser Perspektive beschrieben wird. Vielmehr will es das irreduzible "Daß" des Handelns Gottes als Schöpfer, Erwähler und Vollender zum Ausdruck bringen – die intelligible Wirklichkeit des souveränen Handelns Gottes, über das man sich tatsächlich mit Hilfe bedingter und aus einem kategorialen Bezugsfeld gewonnener Denkkategorien verständigen kann. Offenheit für die ereignishafte Wirklichkeit der Selbsterschließung Gottes ist das erste aus dem Verstehenshorizont des AT zu erhebende Erkenntnisprinzip.

Allein diesem Ereignis der freien Selbstoffenbarung Jahwes verdankt das Bundesvolk Israel seine Existenz sowie die im Wandel der Geschichte sich durchhaltende Identität seines Glaubens. Ohne dieses unvordenkliche freie Offenbarungshandeln Gottes wäre Israel nicht. Gegenüber Israel erweist sich Gott im souveränen Ursprung des Bundes wie in seinen Forderungen und in der Erhaltung des Bundes als Herr (vgl. u. a. Ex 15,1–21; Ps 24,8). Im Zuge der Selbstoffenbarung des geschichtsmächtigen und transzendenten Gottes gibt er den Menschen zu

---

399 Vgl. ebd.

400 Schillebeeckx würde hier sagen: So kann man nur in einem mythischen Weltbild reden. Aus seiner Perspektive bliebe damit das Handeln Gottes der Welt gegenüber äußerlich, indem etwas mit ihr und an ihr geschieht.

erkennen, wer er denn selbst ist, und erschließt ihm seine Personwirklichkeit als den Menschen zur Antwort rufendes "Du" sowie sein In-sich-Sein und Für-sich-Sein. Dem Menschen tritt dieser Gott zuerst als geistiges Subjekt entgegen, auch wenn der Hebräer wie der Orientale noch nicht über einen adäquaten Begriff des Geistes verfügte: als "erkennendes, wollendes, sprechendes Ich, das sich einem menschlichen Du zuwendet".[401] Wo sich im AT die Erkenntnis von Gott als personaler Wirklichkeit durchsetzt, beruht dies nach biblischem Verständnis nicht darauf, daß menschliches Denken mit eigenwilligen und endlichen Kategorien sich eines an sich unkenntlichen höchsten Wesens bemächtigen will (so daß dieses dann als sein "Gedachtes" erscheinen würde). Vielmehr findet die Überzeugung von der personalen Zuwendung Jahwes ihren Ursprung in dem gedanklich unableitbaren *Ereignis* seiner medialen Selbstkundgabe.

Bei aller Offenbarwerdung bleibt die Grundvorstellung gewahrt, daß Jahwe ein verborgener Gott ist, der aus seiner Verborgenheit hervortreten muß. Mehrfach ist in diesem Zusammenhang von einem "Erscheinen" Gottes die Rede (vgl. Ex 24,15ff; 40,34f; Ps 63,3). Dabei geht es aber nicht um ein Sichtbarwerden Gottes in seiner Gottheit. Auch hier ist die Offenbarung eine vermittelte Wirklichkeit: "Erscheinen" der göttlichen Herrlichkeit in der Offenbarung ist vor allem Ausdruck dessen, daß Gott sich in seinem Wort als Offenbarungsmedium den Menschen mit Macht kundgibt.[402] Daß Gott sich zu den Menschen und ihrem Schicksal hinneigt, geht aber nicht bloß aus der prophetischen Wortoffenbarung hervor, sondern zeigt sich vor allem auch an den Heilstaten Jahwes: der rettenden Großtat Jahwes am Schilfmeer, d. h. der Befreiung des Volkes aus ägyptischer Knechtschaft (vgl. Ex 13,17–15,21), der ständigen gnädigen Hilfe auf dem Wüstenzug (vgl. Ex 16,1–5) und nicht zuletzt in dem Ereignis des Bundesschlusses (vgl. Ex 19–24), in dem es nicht nur zur Bindung Israels an Jahwe, sondern auch zur Selbstbindung Jahwes an Israel kommt. Diese ganze Offenbarung Gottes ist in ihrem tiefsten Wesen Selbstmitteilung. Gott bleibt darin er selbst und gibt sich doch zugleich an die Menschen hin.

Die heilsgeschichtliche Offenbarung Gottes im AT bietet den einzig adäquaten Hintergrund, auf dem die definitive endzeitliche Offenbarung durch den eschatologischen Heilsmittler Jesus Christus zu verstehen ist. In ihm kommt der Bundesschluß Jahwes mit seinem Volk zu einer unüberbietbaren Vollendung. Durch ihn richtet Gott in Israel seine escha-

---

401 Vgl. Scheffczyk, Der Gott der Offenbarung, 119.

402 Vgl. Sand, 3–10.

tologische Herrschaft auf und konstituiert durch sein Mittleramt das eschatologische Bundesvolk, die "Kirche aus Juden und Heiden" (vgl. Gal 3,28; Eph 2,14). So wird die Verheißung eines universalen Bundes mit allen Völkern in dem einen und geschichtlich konkreten Menschen Jesus v. Nazaret endgültige Wirklichkeit, weil Gott diese neue Initiative ergriffen hat. Er ist es, der die Identifikation seines ewig aus ihm hervorgehenden Wortes mit dem definitiven Heilsmittler Jesus v. Nazaret "in der Fülle der Zeit" (vgl. Gal 4,4) realisierte. Was sich in Jesus Christus von Gott her für die Menschen ereignet, kann nicht als menschliches Konstrukt aus den Vorgaben alttestamentlicher Heilshoffnungen deduziert werden, sondern beruht auf der freien Initiative Gottes und überragt alle menschlichen Erwartungen.

Schillebeeckx dagegen argumentiert vom Erkenntnisdualismus einer Subjekt-Philosophie aus und geht darin am metaphysischen Offenbarungsrealismus der hl. Schrift vorbei, wenn er sagt: "... Denn unser Sprechen von Gottes Transzendenz hat keinen anderen Grund als *unsere* Kontingenz; die religiöse Sprache bezieht ihr Material aus unserer Kontingenzerfahrung als 'disclosure' ..."[403] Ein wirklichkeitserfülltes und effektives Handeln Gottes, das zu einem bewegenden Faktor in der Geschichte wird, gibt es hier nicht: "... mit anderen Worten, diese Immanenz ist kein Glied im Ganzen der weltlich-historischen Fakten, welche die Geschichte ausmachen und trotzdem Realität."[404] Wenn erst im Nachhinein, in den Interpretamenten und in der Vorstellungswelt der Glaubenden eine Gottesmanifestation "zur Offenbarung" kommt[405], dann gilt auch für die Person Jesu: "Eschatologische Präsenz Gottes in Jesus und höchst menschliches Wirklichkeitsverständnis sind korrelativ."[406]

Innerhalb ihrer kategorialen Welterfahrung haben menschliche Subjekte es in ihrer Erkenntnis immer nur mit einer "Geschichte von Menschen" zu tun. Und so wird das, was als die "Wirklichkeit" des Handelns Gottes zu glauben ist, aus dem "Material unserer Kontingenzerfahrung"[407] mit Hilfe von religionsgeschichtlichen Kategorien konstituiert. Gottes Handeln wird zur Setzung des Menschen. Damit ist der Boden der biblischen Metaphysik eindeutig verlassen. Für Schillebeeckx besitzen menschliche Erkenntnisraster den Vorrang vor der in Christus er-

---

[403] Vgl. Jesus, 556.

[404] Ebd.

[405] Vgl. ebd., 563.

[406] Ebd., 564.

[407] Vgl. ebd., 556.

schienenen Wirklichkeit, die als solche unerkannt und darum immer ambivalent bleibt.[408]

2. *Christologie aus dem Kreuzes-Ereignis – der staurozentrisch konzipierte Entwurf Eberhard Jüngels*

2.1. Offenbarungsdenken jenseits der Metaphysik

Das Denken des Tübinger Theologen Eberhard Jüngel ist zutiefst von einem offenbarungstheologischen Ansatz bestimmt: Christliche Theologie soll, um von Gott angemessen sprechen zu können, vom sich selbst her redenden Gott ausgehen und die traditionelle und neuzeitliche Metaphysik hinter sich lassen. Macht sie nicht diesen Schritt über die Metaphysik hinaus, dann gerät das Offenbarungsdenken in unvermeidliche Aporien. Philosophisches Denken ist in der Neuzeit konsequent den Weg der Verabschiedung Gottes gegangen. Die Theologie tut gut daran, so Jüngel, nicht hinter den "Atheismus" der neuzeitlichen Philosophie zurückzugehen, sondern Gott jenseits von Theismus und Atheismus zur Sprache zu bringen.

2.1.1. Der Weg der Metaphysik zur Verabschiedung Gottes

Für Jüngel wird die Metaphysik nicht da geboren, wo der Mensch sich dem Seienden als Seienden, dem *ens inquantum ens*, zuwendet oder jenes Verstandesurteil vollzieht – Thomas würde von "*separatio*" sprechen –, das den Einstieg in die Metaphysik bildet: Nicht jedes Seiende ist notwendig materiell, sondern diese höchste Wissenschaft vom Sein konstituiert sich für ihn von Anfang an als Theo-Onto-Logie.[409]

Damit hat die Metaphysik das höchste Seiende, Gott, den sie als vollkommen, absolut, unendlich, unwandelbar und unveränderlich denkt, zum Gegenstand. Es fällt auf, daß Jüngel sich bei seinem geschichtlichen Durchgang bei jener Gestalt der Metaphysik, die das *esse als actualitas entium*, als die Aktwirklichkeit aller seienden Dinge auffaßt,

---

[408] Vgl. ebd., 533: "Wie ambivalent und kontingent das Menschsein Jesu auch gewesen sein mag, es muß in seiner historischen Menschheit (wo sonst?) Grund vorhanden gewesen sein, ihn, zumindest nach seinem Tod als dem Abschluß seines Lebens, so zu interpretieren, wie es im Neuen Testament geschehen ist. ... Nach diesem historischen Grund suchen heißt sowohl für die reale Ambivalenz dessen, was in Jesus erschien, offenstehen als auch für die Möglichkeit, daß eine historische Forschung nach dem Menschen Jesus von Nazaret diesen Juden als eine komplexe und problematische Gestalt zeigt, und zwar so, daß die christliche Glaubensinterpretation, neben anderen Interpretationen, als eine *rational sinnvolle* ... erscheint."

[409] Vgl. unten, 340, Anm. 613.

tualitas entium, als die Aktwirklichkeit aller seienden Dinge auffaßt, nicht weiter aufhält, um nach einigen Andeutungen zu Aristoteles und zur "negativen Theologie" des Thomas v. Aquin[410] sogleich zu ihrer essentialistischen Variante ("Essenzenmetaphysik") und deren rationalistischen neuzeitlichen Derivaten überzugehen: So referiert er die Positionen Leibniz'[411], für den Gott das "Être nécessaire", das schlechthin notwendige Seiende ist, und Descartes', der Gott als Rückversicherung menschlicher Subjektivität funktionalisiert.[412]

In ihrer klassischen Form sieht Jüngel Metaphysik in erster Linie als "natürliche Theologie", deren primäres Anliegen es ist, die "Notwendigkeit"[413] und "Selbstverständlichkeit"[414] Gottes zu ergründen. In Auseinandersetzung mit dieser Art von Metaphysik geht es ihm darum, die unausweichlichen Aporien aufzuzeigen, in die dieses Gott-Denken in der Neuzeit führte:

> "Das hier zu bemerkende aporetische Bewußtsein hat seine Wurzel allerdings nicht so sehr in der theologischen Sachproblematik als vielmehr in der Grundeinstellung des neuzeitlichen Denkens. Denn das Axiom von der Absolutheit Gottes, das das neuzeitliche Denken aus der Tradition zunächst durchaus übernommen hatte, erweckte je länger je mehr die Abwehr des sich durch ein absolutes Wesen in der eigenen Freiheit bedroht erfahrenden Menschen."[415]

Eine bestimmte Richtung in der Kirchengeschichtsschreibung hat von dem "Willkürgott" der Nominalisten gesprochen. Tatsächlich birgt die in der spätmittelalterlichen Philosophie zu beobachtende Identifizierung Gottes mit "absoluter Freiheit", die Gott immer nur unter dem Blickwinkel seiner *potentia absoluta* als völlig ungebundene Entscheidungsmacht gewahrt, die Tendenz in sich, daß der von solch erdrückender Allmacht in seiner eigenen Freiheit ständig bedrohte Mensch in der Neuzeit sich dieses Gottes entledigt, um sich jene Prädikate absolut freier Selbstbestimmung schließlich selbst zuzuschreiben, in dem er sich zum Maß aller Dinge erklärt.[416]

---

410 Vgl. Jüngel, Gott als Geheimnis, 139–142. Dieses Hauptwerk, auf das ich in dieser Studie vor allem Bezug nehmen möchte, wird ab hier nur noch mit Titel angeführt.

411 Vgl. ebd., 36.

412 Vgl. ebd., 146–161.

413 Vgl. ebd., 16–43.

414 Vgl. Jüngel, Extra Christum, 186.

415 Vgl. Gott als Geheimnis, 51.

416 Vgl. ebd., 52f: "Dieses ... Recht auf Freiheit, das zu *verwirklichen* die Menschheit immerhin nicht geringe, wenn auch oft genug erfolglose Anstrengungen gemacht hat und hoffentlich zu machen nicht aufhören wird, droht aber durch den Gedanken eines dem Menschen absolut überlegenen Gottes fundamental in Frage gestellt zu werden. Der

Jüngels Grundthese ist, daß die Metaphysik selbst im Zuge ihrer Übernahme in die Neuzeit zur Verabschiedung des Gottesgedankens führt[417] – eine Entwicklung, die sich konkret bei Descartes, Kant, Hegel, Fichte Feuerbach und Nietzsche vollzieht, und als deren Ende der "Tod" des metaphysisch gedachten Gottes erscheint. Daran schließt sich konsequent das Postulat an, Gott neu zu denken, d. h. für die Theologie, den Theismus – als Voraussetzung der neuzeitlichen Metaphysik und ihrer Bestreitung – hinter sich zu lassen, wenn sie den am Ende der Metaphysik begründeten Atheismus überwinden und den Glauben neu zur Sprache bringen will.

Jüngel macht in seinem Abriß der philosophischen Entwicklung des Gottesgedankens seit Descartes auf dessen Aporien aufmerksam. Die philosophische "Wende" der Neuzeit führe schließlich zur Destruktion des Gottesgedankens:

Ausgangspunkt für Descartes ist die Selbstbegründung des Denkens im "Ich denke". Die Selbstvergewisserung des menschlichen Ich leistet der methodische Zweifel. Ihm kommt zugleich die Funktion zu, die Notwendigkeit Gottes zu erweisen. Damit wird Gott aber für die Selbstvergewisserung des *ego cogitans* funktionalisiert: Gottes Sein wird notwendig, wenn das denkende Subjekt absolute und unbezweifelbare Gewißheit über sich selbst erhalten will.[418] Hier liegt aber nun für Jüngel gerade "die Bedingung der Möglichkeit einer ganz neuen und radikalen Bestreitung der Notwendigkeit Gottes für den Menschen".[419] Gott ist zu sehr auf eine Rolle im Zusammenhang der Selbstbegründung menschlicher Subjektivität festgelegt, in der er als notwendig thematisiert wird,

---

neuzeitliche Mensch insbesondere ist allergisch gegen einen nur absolutistisch denkbaren Gott. Das unterscheidet ihn von seinen mittelalterlichen Vätern. War die Absolutheit Gottes früheren Zeiten gerade der Garant des Zusammenhaltes der Welt und der menschlichen Gemeinschaften, so erscheint sie dem neuzeitlichen Menschen als eine die menschliche Verantwortung für Welt und Gesellschaft lähmende Gewalt. ... Diese Aporie des Gedankens der Absolutheit Gottes hat darüber hinaus ihre eigene geschichtliche Paradoxie, insofern die Vernunft, die die Absolutheit Gottes denken muß und doch nicht erträgt, zwar als Bewußtsein der eigenen *Freiheit* praktisch wird, dieses neuzeitliche Freiheitsbewußtsein aber seinerseits geschichtlich erst durch das reformatorische Insistieren auf die Absolutheit des Anspruches Gottes gegenüber allen irdischen Ansprüchen möglich geworden ist."

[417] Vgl. ebd., 144: "Die in der metaphysischen Tradition des Gottesgedankens also selber angelegte Möglichkeit der Krise des Gottesgedankens als eines Gedankens wurde in dem Moment akut, in dem das Denken sich im Ereignis des menschlichen 'Ich denke' selber begründete."

[418] Jedenfalls bedarf es Gottes, um die Kontinuität der Selbstgewißheit des Ich zu gewährleisten. Vgl. ebd., 156–159.

[419] Vgl. ebd., 23.

als daß er sich unabhängig vom Horizont des Menschen und seiner Welt in seinem Sein behaupten könnte. "Das Denken reklamiert Gott als notwendig, um mit seiner Hilfe die Kontinuität des Ich sichern zu können."[420] Wo sich der Mensch in seiner vernunfthaften Selbstbegründung seiner Autonomie bewußt wird, kann der Gottesgedanke dann aber schließlich abgetan werden: "Man braucht nur ausdrücklich den Gedanken zu denken, daß der Mensch als Vernunftwesen den Horizont seines Seins selber entwirft, um die weltliche Notwendigkeit eines außerweltlichen Wesens als einen dialektischen Schein zu durchschauen."[421]

Gott als ein notwendiges Wesen gerät neuzeitlich immer mehr in den unverträglichen Gegensatz zu einer sich als autonom begreifenden menschlichen Freiheit. Dadurch muß aber im Menschen der Wille aufsteigen, sich dieses Gottes als eines notwendigen Wesens zu entledigen und Gott als einen weltlich nicht-notwendigen zu denken.[422]

Was Jüngel an Descartes in erster Linie interessiert, ist der Aufweis, wie die "neuzeitliche Begründung des Denkens im cartesischen 'cogito' als Ausgangspunkt für die Zersetzung der metaphysisch begründeten Gottesgewißheit" gelten kann.[423] Daß dieser Schritt zur Preisgabe des Gottesgedankens überhaupt möglich wurde, ist nur auf dem Hintergrund des Cartesischen Gottesverständnisses verstehbar: Gott wird vom Unvollständigen, Unvollkommenen, vom durch Schwäche gezeichneten Menschen her als dessen Antipode, als das ganz Vollkommene, entworfen und gerät damit notwendigerweise in den Sog einer den Menschen übertreffenden Vollkommenheit, die den dialektischen Gegensatz zur Mangelhaftigkeit des Menschenwesens bildet.[424] "Und so wird, gerade indem Gott mit dem Höchsten identifiziert wird, Gott ganz und gar durch den Menschen relativiert. Das Gottesverständnis problematisiert sich selbst."[425]

---

420 Ebd., 153.

421 Ebd., 23.

422 Vgl. ebd., 24.

423 Vgl. ebd., 144.

424 So liefert Descartes in seiner *Dritten Meditation* einen Beweis, der von der Kontingenz des Menschen ausgeht. Hieraus erhellt, daß der Mensch selbst unmöglich den formalen Inhalt der Idee eines unendlich vollkommenen Wesens gebildet haben könne. Seine Metaphysik ist nicht mehr ein Aufstieg des Geistes zu Gott, vielmehr wird Gott zu einem abstrakten Prinzip innerhalb des geistigen Kosmos des Menschen.

425 Ebd., 161; vgl. auch ebd., 163: "Die unbedingte Unabhängigkeit Gottes könnte sich schließlich als schlechthinnige Abhängigkeit Gottes vom Menschen entpuppen. Der durch Zweifel allen Zweifeln enthobene Gott würde das Allerzweifelhafteste. Das notwendig Seiende (ens necessarium) würde überflüssig. Der in dieser Frage sich äußernde theologische Verdacht erweist sich bei näherem Zusehen als berechtigt. Der

Die Rede von Gottes Existenz oder Seiendheit macht nur Sinn im Hinblick auf das denkende Ich, das bei Descartes "*zum Ort der Anwesenheit überhaupt*"[426] wird. Alles, was Seiendheit oder Anwesenheit beansprucht, muß *bei mir* anwesend sein. "Auch Gott erweist sich demnach als unbezweifelbar existierend nur insofern, als er *bei mir* anwesend ist."[427] Dies widerspricht aber ganz und gar seinem Wesen, das als höchste Vollkommenheit, als durch sich notwendiges und schöpfungsmächtiges Sein vorgestellt wird. Seinem Wesen nach ist Gott durch sich notwendiges Sein. Existenz als Seiendheit aber gewinnt er nur durch und für das Subjekt, denn Existenz ist für Descartes einfach Vorgestelltheit durch das "Ich bin".[428] Diese Diastase von Existenz und Wesen Gottes treibt den Gottesgedanken in den ihn selbst zersetzenden Widerspruch.[429] Hier liegen in Descartes' Gottesvorstellung unüberwindbare Aporien, die nach Jüngel durch das Auseinanderdriften von Existenz und Wesen Gottes bedingt sind.

Folgenschwer für den Gottesgedanken in der abendländischen Philosophie ist der subjektbezogene Ansatzpunkt Descartes. Wie er schließlich bei den nachfolgenden Denkern – der Deutsche Idealismus stellt noch einmal den Versuch seiner Rettung dar – eliminiert wird, führt Jüngel an Fichte, Feuerbach und Nietzsche aus. Bemerkenswert ist seine These, daß alle drei den Gottesgedanken deshalb verwerfen mußten, weil der "metaphysische" Gottesbegriff, den sie voraussetzten, zur Undenkbarkeit Gottes führt, wenn man die geistesgeschichtliche Situation – verschärfte Selbstsetzung der autonomen Subjektivität – mitbedenkt.[430]

---

die Metaphysik der Neuzeit bestimmende Ansatz des Descartes ist, der Sache nach geurteilt, der Ansatz zur Zersetzung des vorausgesetzten Gottesverständnisses und damit der bisherigen Gottesgewißheit."

[426] Vgl. ebd., 164.

[427] Ebd.

[428] Vgl. ebd., 165; vgl. auch ebd., 166: "Das Ego ist als res cogitans zum subiectum (ὑποκείμενον) aller Existenz geworden."

[429] Jüngel sagt: "Gottes Wesen und Existenz in diesem Gegensatz aufs neue zusammenzudenken, wurde die Aufgabe, an der die neuzeitliche Metaphysik scheiterte und scheitern mußte. Ist Gott nämlich erst einmal so widersprüchlich festgesetzt, dann ist er auch *als Gott* absetzbar. ... Der Gottes Existenz beweisende Mensch verfehlt exakt dasjenige Wesen, dessen Existenz er beweist." Vgl. Gott als Geheimnis, 166. Dies gilt freilich in erster Linie für den Ansatz Descartes.

[430] Für Fichte etwa heißt es: "Fichte bleibt im Atheismusstreit also dem – auch von Descartes zur Geltung gebrachten – metaphysischen Verständnis Gottes als eines der Welt unendlich überlegenen Wesens treu, verzichtet aber, um dem durch Descartes heraufbeschworenen Widerspruch im Sein Gottes auszuweichen, darauf, Gott *vorzustellen* und Gottes *Existenz* sicherzustellen, und meint gerade so Gottes Gottheit zu wahren. ... Fichte hat diejenige Konsequenz gezogen, die man ziehen muß, wenn man nach Des-

Fichte[431] macht, um die Ehre des unendlichen Gottes zu verteidigen, Schluß mit der Denkbarkeit Gottes, die ihn der sinnlichen Sphäre zuordnen und verendlichen würde. Gott ist reine sich selbst vollziehende Freiheit oder das "Tun" schlechthin: actus purissimus. Für den späten Fichte ist alles Seiende Erkenntnis. Sie ist die Erscheinung der Freiheit und eines Grundes, den wir Gott nennen. Somit liegt die Möglichkeit, Gott zu begreifen und Gott zu sein, im religiösen Menschen selbst beschlossen.[432] Daher kommt es zu einer Verselbigung von Gott und Mensch, die dann bei Feuerbach und Nietzsche – unter der Voraussetzung der neuzeitlichen Selbstbegründung des Denkens im "Ich denke" – eine radikale Verabschiedung Gottes nach sich zieht, wobei man beachten muß, daß beide unter Beibehaltung des "metaphysischen Gottesbegriffs" den Menschen vor dem unendlichen Gott retten und selbst mit göttlichen Prädikaten versehen wollen.[433] Für Feuerbach erreicht die Vernunft, indem sie Gott als *id quod maius cogitari nequit* denkt[434], ihr eigenes Wesen, die Selbststeigerung. Grenzwert des Denkens ist das Ich als Gattungswesen. Dieser Grenzwert ist mit Gott identisch.[435]

Hatten die Philosophen des 19. Jahrhunderts sich mit dem im Kontext der Subjektphilosophie "unbrauchbar" gewordenen traditionellen Gottesbegriff in immer tiefere Aporien hineinbewegt, so kommt es bei Nietzsche zur endgültigen Liquidierung des Gottesgedankens: Die Endlichkeit des Menschen konstituiert sich aus sich selbst heraus, indem der Wille sich auf die Machbarkeit der Dinge besinnt. Nun ist diese Endlichkeit nicht länger "ein bloßes Gegenstück zur Unendlichkeit".[436] Das

---

cartes' Zersetzung des göttlichen Seins in ein independentes Wesen über mir und dessen von mir gar sehr dependente Existenz bei mir an dem Verständnis Gottes als dieses in jeder Hinsicht independenten Wesens festhalten will." Vgl. ebd., 187. Ähnlich für Feuerbach: "Feuerbach vollendet diese Tradition, in dem er den abstrakten Begriff des Wesens Gottes, den das menschliche Denken von Gott hat, zurückführt auf den Begriff, den das menschliche Denken von sich selbst haben müßte." Vgl. ebd., 193.

431 Gemeint ist Fichte in der Sicht von Jüngel.

432 Vgl. Fichte, Werke, Bd. 4, 383.

433 Vgl. Gott als Geheimnis, 201.

434 Vgl. ebd., 192.

435 Jüngel kommt es darauf an zu zeigen, wie Feuerbach den aus christlicher Tradition entlehnten abstrakten Begriff des Wesens Gottes seiner Destruktion zugrundelegt. Vgl. ebd., 193: "Die dogmatische Tradition des Christentums hatte seit Thomas von Aquin in ähnlicher Abstraktion von den drei göttlichen Personen und von der gottmenschlichen Person das Wesen Gottes zu bestimmen unternommen. ... Feuerbach vollendet diese Tradition, indem er den abstrakten Begriff des Wesens Gottes, den das menschliche Denken von Gott hat, zurückführt auf den Begriff, den das menschliche Denken von sich selbst haben müßte."

436 Vgl. ebd., 197.

Denken, wenn es Gott dächte – als metaphysische Unendlichkeit und als vom selbstbegründenden cogito abhängig –, müßte sich selbst aufheben:

> "Der Gottesgedanke – immer unter Voraussetzung einer Gott als id quo maius cogitari nequit ansetzenden Metaphysik – erregt Schwindel, weil er das Denken zwingt, sich mit einer Höhe zu vergleichen, die ihm selber verwehrt ist. Eine solche Höhe kann das Denken nicht denken, ohne sich selber abzustellen."[437]

Um sich gegenüber dem übermächtigen Gott, der als "Über-Ich" gedacht ist, halten zu können, bietet der schaffende Wille dem Denken eine Selbstbegrenzung.[438] Wenn Gott aufhört, die als Über-Ich dem Menschen entgegengesetzte Unendlichkeit zu sein, verwandelt er sich in etwas für den Menschen Denkbares. Eine solche Verwandlung kommt aber der Abschaffung Gottes gleich:

> "Der schaffende Wille schafft mit der Entgegensetzung der Unendlichkeit zur Endlichkeit Gott selber ab und entwirft sich seinerseits als Wille zum das endliche Ich übersteigenden menschlichen Über-Ich."[439]

Daß alle drei Denker das vollziehen, was in der Tendenz des neuzeitlichen Denkens schon seit Descartes angelegt ist, bildet für Jüngel den bestimmenden Blickpunkt, unter dem sie theologisch thematisiert werden können: die "Zersetzung der metaphysisch begründeten Gottesgewißheit", die von allen drei in jeweils sehr verschiedener Weise, aber unter den gleichen Voraussetzungen – dem aus der Tradition übernommenen Gottesbegriff und der Selbstbegründung des Denkens im menschlichen Subjekt – vollzogen wird.[440] So wird bei allen dreien "dasselbe eine Grundproblem des neuzeitlichen Denkens hinsichtlich des Gottesgedankens" sichtbar.[441] Daraus entsteht für Jüngel die Frage, wie diese bei den neuzeitlichen Philosophen zutage tretende Aporie überwunden werden bzw. wie die Theologie künftighin Gott denken kann.

Da für ihn feststeht, daß das "Schicksal der Metaphysik" unumkehrbar und damit besiegelt ist, kann man dem geistesgeschichtlichen Resultat dieser Entwicklung nicht entkommen, "wie sehr unter der Prämisse des sich im 'Ich denke' selbst begründenden Denkens der metaphysische Gottesgedanke tatsächlich undenkbar geworden ist".[442]

---

[437] Ebd., 198.

[438] Vgl. ebd., 199.

[439] Vgl. ebd.

[440] Vgl. dazu Klimek, 58–60.

[441] Vgl. Gott als Geheimnis, 201.

[442] Vgl. ebd., 202; vgl. auch ebd., 203: "Hier galt es nur, sich die Folgen des cartesischen Denkansatzes für die metaphysisch begründete Gottesgewißheit in ihren verschiedenen

2.1.3. Der metaphysiklose offenbarungstheologische Gottesgedanke

Nicht eine Theologie, die sich im Denken des Todes Gottes ganz und gar von der Metaphysik verabschiedet, ist die von Jüngel anvisierte Alternative. Es geht ihm vielmehr um ein Denken, daß die Aporien des metaphysischen Gottesbegriffs darum überwinden kann, weil es sich viel unmittelbarer auf die göttliche Selbsteröffnung Gottes im Wort bezieht, ohne sich dabei mit dem Hinweis auf den Glauben überhaupt von der Anstrengung des Begriffs bzw. jeder natürlichen Theologie zu dispensieren.[443] Das fortbestehende leitende Interesse Jüngels an der Metaphysik speist sich von der Annahme, daß mit ihren aporetischen Antworten "keineswegs auch deren Fragen alle schon suspekt" sind.[444]

Auf der einen Seite scheint eine metaphysiklose Theologie unmöglich, auf der anderen Seite macht sich im Verhältnis zur Theologie eine starke Ambivalenz geltend, sofern Theologie in einer größtmöglichen, selbst erarbeiteten Freiheit und Unabhängigkeit zur metaphysischen Tradition zu vollziehen ist. "Im Sinne solcher Ambivalenz gilt es für das Christentum, Abschied zu nehmen von der Metaphysik."[445] Als Ausweg tut sich für Jüngel nur auf, Gott jenseits der Metaphysik zu denken. Sein eigener Ansatz, die Metaphysik hinter sich zu lassen, berührt sich hier mit dem Denken M. Heideggers.[446]

Im Rahmen seiner Überlegungen zum Verhältnis des Offenbarungsdenkens zur Philosophie plädiert Jüngel für eine "sich der Metaphysik gegenüber frei verhaltende christliche Theologie".[447] Das Kriterium für Nähe und Distanz zur Metaphysik ist die Identifikation Gottes mit dem Gekreuzigten. Die Verabschiedung von der klassischen Seinsmetaphy-

---

Möglichkeiten klarzumachen. Nietzsches Konsequenz war insofern die konsequenteste, als er von den Folgen *Abschied* zu nehmen begann. Bei diesem Abschied wird freilich vollends gewiß, daß die letzte Gewißheit der neuzeitlichen Metaphysik die der faktischen Undenkbarkeit Gottes ist."

443 Die Aufgabe der natürlichen Theologie wäre dann nicht mehr, wie in der Scholastik und Neuzeit, einen Aufweis für die Existenz Gottes zu liefern. Ihr Ort innerhalb der Theologie wäre ein anderer: Sie soll Fragen stellen, auf die sie selbst keine Antworten mehr geben kann und die das Denken darum auf die Offenbarung verweisen. Vgl. Paulus, 47. Zum Problemfeld "natürliche Theologie" vgl. ders., 62–70.

444 Vgl. Gott als Geheimnis, 63; vgl. auch ders., Problem der natürlichen Theologie, 198–201.

445 Vgl. Gott als Geheimnis, 63.

446 Vgl. Jüngel/Trowitzsch, Provozierendes Denken, 59–74; vgl. Zimany, 136–145; 150–155; 367–375.

447 Vgl. Gott als Geheimnis, 62.

sik und der Überschritt zu Hegel[448] wird vollzogen durch die Einführung der paradigmatischen Frage, wo Gott denn sei, auf die die einzig angemessene Antwort die Auskunft über den Tod Gottes ist.[449]

Entgegen einer verdinglichenden Gottesvorstellung, in der Gott als ein Gegenstand unter anderen erscheinen muß, auch wenn ihm Prädikate wie "Unendlichkeit", "Unveränderlichkeit" und "Freiheit" zukommen, geht Jüngel von einem ereignishaften Gottesbegriff aus.[450] Gott erscheint als eine von sich aus tätige Wirklichkeit, jenseits dessen, was als in sich subsistierend angesprochen werden kann.[451] Es ist der sich ereignende Gott, den neu denken zu lernen die Aufgabe der am Evangelium ansetzenden Theologie ist.[452]

Für die Theologie heißt dies, daß sie streng von dem Wort-Ereignis auszugehen hat, in dem Gott den Menschen angeht und von sich her anredet. Wenn Gott sich aber im Wort[453] auf den Menschen einläßt, so bedeutet dies, daß er Wege zum Menschen sucht, die zugleich Wege zu sich selbst sind.[454] Damit ist Gottes ereignishaftes Sein als im Kommen bestimmt. Gott ist in die Geschichte involviert: "Auf dem menschlichen Lebensweg wird ein Mensch zu dem, was er ist. Auf dem göttlichen Lebensweg macht Gott sich zu dem, was er ist. Die Formel für diesen Sachverhalt lautet: Gottes Sein ist im Kommen."[455] Dem korrespondiert der Mensch als das von Gott ansprechbare Wesen, das durch Sprachlichkeit konstituiert ist.[456] Als solcher kann er sich nicht außerhalb des Raumes der Wortoffenbarung eigenmächtig einen Begriff von Gott und seinem Wesen machen. Er ist radikal auf das Reden Gottes angewie-

---

448 Zur atheistischen Rede vom "Tod Gottes" nach Hegel vgl. Klimek, 73–76.

449 Vgl. Gott als Geheimnis, 63; Was mit dem "Tod Gottes" genauer gemeint ist, soll weiter unten ausgeführt werden: vgl. unten, 340.

450 Vgl. Jüngel, Paradigma, 68f., These 22: "Im Paradigma der Ereignis-, Relations- und Subjekt-Ontologie müssen die im Paradigma der Substanz-Metaphysik formulierten theologischen Wahrheitsansprüche *reproduzierbar* sein ... und sowohl *elementarer* als auch *differenz*ierter *aussagbar* sein."

451 Vgl. Gott als Geheimnis, 204: "Dergleichen setzt voraus, daß der vorausgesetzte metaphysische Gottesgedanke, der die in die Identität von Wesen und Existenz eindringende und diese Identität zersetzende Wirkung des neuzeitlichen Denkens geradezu provozierte, ex radice, aus der Wurzel heraus, verwunden worden ist."

452 Vgl. ebd., 205.

453 Vgl. Dvorak, 79f.

454 Vgl. Gott als Geheimnis, 212.

455 Vgl. ebd., 213.

456 Vgl. ebd., 218. Dabei entwickelt Jüngel ein Sprachverständnis, das Sprache wesentlich als Anrede und Zuspruch begreift. Eine Gegenüberstellung dieses Sprachverständnisses mit der traditionellen Signifikationshermeneutik nimmt Dvorak vor. Vgl. ders., 71–76.

sen.[457] Weder kann sich das Denken selbst begründen, noch kann es sich vorgängig zum Vernehmen des Wortes Gottes, in dem Gott sich ausspricht, einen Begriff von Gott machen, der dann als Rahmen für alle spätere Aussagen über das Reden Gottes dienen könnte. Der Glaube an die Menschwerdung Gottes in Jesus impliziert, daß Gott selbst als Redender begriffen werden muß.[458] "Der Gedanke eines von sich aus redenden Gottes schließt nun jedoch aus, daß das Gott denkende Denken sich zunächst unabhängig von dem zu denkenden Gott begründet."[459] Nur weil er zuvor schon immer von Gott angesprochen ist, kann der Mensch Gott *als* Gott und das heißt, als sich offenbarenden Gott, denken.[460]

2.1.2. Gottes Sein im Kommen

Gottes Sein vollzieht sich, indem Gott, seine Verborgenheit als sein Wesen offenbarend, aus sich heraustritt und in die menschliche Geschichte einkehrt. Seine Verborgenheit wird dadurch aber keineswegs negiert. Er bleibt – um mit Luther zu sprechen[461] – der *Deus absconditus*. Wenn Offenbarung geschieht, dann tritt Gott ein in die Verborgenheit des Lebens und Sterbens Jesu und in das Wort der Predigt über ihn. "Das also ist Offenbarung: daß der verborgene Gott seine göttliche Verborgenheit verbirgt."[462] Diese Verborgenheit ist immer unaufhebbar. In dem Menschen Jesus von Nazaret verbirgt sich der Gott, der Liebe ist, gerade dann, wenn er in der Geschichte dieses Menschen offenbar

---

[457] Vgl. ebd., 530: "Der in allem Seienden analogielose Gott ist zwar in seinem Sohn für uns als Gott ansprechbar geworden. ... Als solcher ist er Selbstmitteilung Gottes: der Sohn, durch den Gott endgültig geredet hat (Hebr 1,2). In Gott dem Sohn erst hat sich Gott so ausgesagt, daß er für uns sagbar geworden ist." Man darf nicht vergessen, daß Jüngel ständig auf die Gotteslehre Barths Bezug nimmt, für den Gottes Sein in sich mit seiner Selbstmitteilung in der Offenbarung ineins fällt. Vgl. Webster, 17: "Jüngel very acutely perceives that the whole thrust of Barth's theology is to make God's being *pro se* identical with his being *pro nobis*: God is himself in the event of his free self-bestowal to man in the history of Jesus Christ."

[458] Vgl. Dvorak, 59f.

[459] Gott als Geheimnis, 211; vgl. ebd., 213: "Theologisches Denken kann also nicht zunächst einmal von Gott selbst absehen, um über den Weg einer Selbstbesinnung des Denkens, die sich losgelöst von dem in der Theologie eigentlich zu Denkenden vollzieht, zu so etwas wie einem Gottesgedanken zu gelangen, der dann eine Art Rahmenfunktion für die aufgrund von Offenbarung gewonnenen Bestimmungen Gottes hatte."

[460] Vgl. ebd.

[461] Luther unterscheidet hier kontradiktorischer, so zwar, daß in Gott ein Widerspruch gesetzt wird, an dem die göttliche Einheit zu zerbrechen droht. Vgl. Gott als Geheimnis, 474.

[462] Vgl. Jüngel, Quae supra nos, 239.

wird.[463] In seiner Offenbarung erweist sich Gott als jener, der einer Selbstmitteilung fähig und mächtig ist[464] und damit als der von sich aus Redende, der gerade in seiner Relation zum Geschöpf und im Tod des Geschöpfes gegen die Beziehungslosigkeit des Nichts seine Selbstbezogenheit bewährt, durch die er ganz und gar Beziehung ist.[465] Jüngel operiert mit den Lutherschen Begriffen *Deus absconditus – Deus revelatus*: Zwischen diesen beiden Termini tut sich eine Differenz auf, die das Kommen Gottes in Bewegung hält, und die gleichsam das Woher und Wohin seines Kommens angibt.

> "Die Unterscheidung zwischen deus absconditus und deus revelatus ist eine das Kommen Gottes in Bewegung haltende notwendige Differenz. Die trinitarische Unterscheidung zwischen Gott dem Vater, dem Sohn und dem Geist hingegen ist der kritische Ausdruck dafür, daß das Woher und das Wohin des Kommens, in dem Gottes Sein ist, nichts anderes als Gott selbst ist. Das besagt, positiv ausgedrückt, daß Gott sich selber Ursprung und Ziel ist."[466]

Gegenüber der Welt, aber auch im Hinblick auf sein eigenes Sein ist Gott im Kommen. Dies wird nicht im Sinne Hegels verstanden, für den Gott erst im Laufe seines Ganges durch die Weltgeschichte zu sich selbst kommt, obwohl die Religionsphilosophie Hegels bei Jüngel im Hintergrund immer mitschwingt. "Der Satz *Gottes Sein ist im Kommen* besagt zunächst, daß Gottes Sein das Ereignis seines Zu-sich-selbst-Kommens ist. Daß Gottes Sein das Ereignis des Zu-sich-selbst-Kommens Gottes ist, dieses Ereignis ist gemeint, wenn die Tradition von Ewigkeit spricht."[467] Gott verändert sich nicht, wenn er zum Menschen kommt, er braucht nicht den Gang durch die Geschichte, um der zu werden, der er ist. Die Bewegung geht von dem aus, der er ist: Gott kommt von Gott. "Es kommt aber Gott, indem er zum Menschen kommt, nicht als etwas anderes, sondern als derselbe, der er schon immer, der er auch für sich selber ist!"[468] Gott zielt in sich selbst auf das andere, das der Mensch ist.[469] Dabei entfernt er sich nicht von sich

---

463 Vgl. ebd.: "Das also ist Offenbarung: daß der verborgene Gott seine göttliche Verborgenheit verbirgt – nicht in einem noch dunkleren Dunkel, auch nicht in einem noch blendenderen Licht, sondern im Leben und Sterben des Menschen Jesus und in der Predigt von ihm, die 'der Welt einen neuen Schein' gibt. Die zur Offenbarung Gottes gehörende Verborgenheit unterscheidet sich von der absoluten Verborgenheit des deus abscondits dadurch, daß sie eine *präzise* Verborgenheit, absconditas *sub contrario* ist."

464 Vgl. Jüngel, Gottes Sein, 37f.

465 Vgl. ebd., 121.

466 Vgl. Gott als Geheimnis, 474.

467 Ebd., 521.

468 Ebd., 525.

469 Vgl. ebd., 526.

selbst, sondern kommt auch zu sich. Gott entsprechen können wir Menschen, weil Gott in Jesus Christus so zum Menschen kommt, "wie Gott zu Gott kommt".[470] Eschatologisch definitiv kommt Gott zu sich selbst und damit zum Ziel, indem er in Jesu Tod mit dem Tod des Menschen eins wird: "Dieser Tod ist das Siegel jenes Ereignisses, in dem Gott sowohl zu Gott wie auch zum Menschen kommt, jenes Ereignisses also, in dem Gott als Mensch sich selber Ziel ist."[471]

Schon in seiner frühen Auseinandersetzung mit Karl Barth[472], von dem er wesentliche Prinzipien übernimmt, denkt Jüngel Gott als in der Weise auf den Menschen bezogen, daß er im Ereignis seiner freien Selbstzuwendung zugleich auf das Nichts des Menschen tendiert und damit "im Werden" ist.[473] Ist von Gottes "Sein im Werden" die Rede, so geht es nicht um einen Zuwachs oder eine Verminderung von Gottes Sein, so, als ob es ursprünglich einen Mangel aufwiese. Vielmehr geht es um die Weise, in der dieses Sein wirklich ist oder um den ontologischen Ort dieses Seins.[474] Es ist ein Werden, das aus der Identifikation Gottes mit der Geschichte Jesu, die im Tod endet, zu verstehen ist. Dieses Werden ist für Gottes Sein eigentümlich. Der Gott, dessen Sein im Werden ist, kann als ein menschliches Wesen sterben.[475] Diese Seinsweise entspricht seiner ewigen Entschlossenheit zu sich selbst, die ein trinitarisches

---

[470] Vgl. ebd., 529.

[471] Ebd., 525; vgl. Paulus, 330: "Der Gott, der in der Gemeinschaft gegenseitigen Andersseins, in der Gemeinschaft von Vater, Sohn und Geist 'sich selber genug' ist, 'zielt in sich selbst' auf das andere; gerade in dem '*ewig* von Gott kommenden Sohn Gottes zielt Gott auf den *zeitlich* von Gott kommenden Menschen', nämlich dergestalt, daß 'Jesus Christus nicht <nur> das geschöpfliche Instrument des Schöpfer-Gottes ist, sondern daß Jesus Christus als ewiger Gott selber Urbild, und zwar göttliches Urbild des von ihm ewig unterschiedenen Geschöpfes ist'." Vgl. Jüngel, Leben aus Gerechtigkeit, 699; vgl. auch ders., Der Gott entsprechende Mensch, 305; vgl. auch Gott als Geheimnis, 526.

[472] Vgl. oben, Anm. 311, Anm. 457. Zur Barth-Rezeption Jüngel vgl. die sehr genaue und detaillierte Studie von R. Dvorak, der auch einen Abriß der Entwicklung Barths bietet. Vgl. ders., 201–248.

[473] Vgl. Jüngel, Gottes Sein, bes. 74–122; vgl. Webster, 17.

[474] Vgl. Jüngel, ebd., 121: "Selbstbezogenheit entspringt also dem Werden, in dem Gottes Sein ist. Das Werden, in dem Gottes Sein ist, ist ein Werden aus dem Wort, in dem Gott sich selbst bejaht."

Gottes Sein ist nicht eine substantielle Wirklichkeit. Es ist ein Ereignis und ein Sich-in-Beziehung-Setzen. Jüngel kann personales Sein nur als reine Relationalität denken.

[475] Vgl. ebd., 97: "Gottes Sein ist auch in diesem Sinne im Werden. Es ist ein Sein in einem vom *Vergehen* bedrohten *Werden*. Denn der Mensch im Widerspruch gegen Gott ist zum Vergehen verurteilt. Und eben dieses Urteil erleidet Gott in der Existenz Jesu Christi."

Selbstverhältnis impliziert.[476] Anders als bei Hegel, für den die Identifikation Gottes mit der Welt als dem Anderen seiner selbst zur Selbstentgegensetzung und Negation Gottes führt[477], beinhaltet die Annahme der Geschichte Jesu durch Gott keine Negation. Gott wählt für sich selbst in Freiheit einen Weg, der zwar durch Leiden und Tod führt, aber dennoch eine Selbstaffirmation darstellt: Gerade in der äußersten Selbstaufgabe der Kenose bestätigt Gott sich als der ewig zu sich als dem Leben und der Liebe Entschlossene.[478]

2.1.3. "Gott in Einheit mit der Vergänglichkeit denken"

Wenn die Selbstvergewisserung des Denkens, wo sie mit der metaphysischen Notwendigkeit Gottes rechnet, zur Verabschiedung Gottes führt – weil er unter dieser Voraussetzung nicht mehr gedacht werden kann –, dann bleibt unter der Annahme, daß es keinen Schritt zurück in eine – vorcartesische – Metaphysik geben kann, der einzige Ausweg für das Glaubens-Denken, Gott gegen den metaphysischen Gottesgedanken und sein Unveränderlichkeitsaxiom als mit der Vergänglichkeit in Einheit zu denken. Von daher ergibt sich für Jüngel die Notwendigkeit, Gott und die Vergänglichkeit zu vereinbaren, und dies nicht nur aus dem biblischen Befund der Einheit von Gott und Jesus – die Jüngel allerdings anti-chalcedonensisch bzw. radikal Lutherisch deutet[479] –, sondern "als eine aus der neuzeitlichen Metaphysik erwachsende Konsequenz geschichtlichen Bewußtseins".[480]

---

[476] Vgl. Webster, 21: "'Becoming' is not a general ontological category exemplified by the being of God. Rather, it is the place of God's eternal election of himself, a path chosen for himself which is actual in the history of Jesus. ... God's being is in becoming because he has chosen to be himself in identity with the history of Jesus, which is no mere shadow of the divine life but its very substance."

[477] Vgl. Paulus, 380: "Gottes Ewigkeit versteht Jüngel als Ereignis seines Zu-sich-selbst-Kommens. Er würde aber mit Hegel nicht sagen: 'Ohne Welt ist Gott nicht Gott.' Denn Gott ist als das Ereignis seines Zu-sich-selbst-Kommens der ewige Gott. Wenn nach Jüngel nun aber dieser Gott seine Ewigkeit mit dem Tod des Menschen Jesus von Nazaret belastet und offenbart, daß der ewige Gott, als der er ewig zu sich selbst kommt, zu uns kommt, und er zu uns kommen will, weil er nur mit uns zu sich selbst kommen will, und er in dem singulären Ereignis des Kreuzestodes den Tod ein für allemal überwunden hat, dann offenbart Gott in der Menschwerdung des Sohnes das Ziel der Schöpfung als die Vollendung des Menschen in der unmittelbaren Gemeinschaft mit Gott." Vgl. Hegel, Philosophie der Religion I, 192.

[478] Vgl. Jüngel, Gottes Sein, 99–101.

[479] Vgl. ders., Tod Gottes, 111–116.

[480] Vgl. Gott als Geheimnis, 250.

Der in seiner Aseität als abstrakte Unendlichkeit und Unübertrefflichkeit, durch menschliches Denken als notwendig vorgestellte Gott der neuzeitlichen Metaphysik vermag den Glauben nicht mehr zu interessieren. Es muß deshalb ein neuer Gottesbegriff erarbeitet werden, der im Wort Gottes selbst ursprünglich verankert ist. In die von Jüngel angestellten Überlegungen ist ein gutes Stück reformatorischer Theologie von Luther bis Barth eingeflossen, ohne welche die Entfaltung seiner eigenen Gotteslehre, die sich innerhalb einer strengen Wort-Theologie vollzieht, unklar bliebe. So nimmt Jüngel explizit Bezug auf das Wort Luthers aus *De servo arbitrio*: "*Relinquendus est igitur Deus in maiestate et natura sua, sic enim nihil nos cum illo habemus agere, ne sic voluit a nobis agi cum eo. Sed quatenus indutus et proditus est verbo suo, quo nobis sese obtulit, cum eo agimus.*"[481] Der Gott der Philosophen ist zu überwinden, um eine neue Offenheit für den lebendigen Gott zu erreichen, der uns von sich aus anredet:

> "Und im Blick auf die substantia quaedam infinita, independens, summe intelligens, summe potens, als die Gott begriffen werden soll, also im Blick auf den Gott, der *unterschiedslos* alles in allem wirkt, gilt in der Tat: quae supra nos, nihil ad nos. Denn die abstrakte Unvergänglichkeit Gottes über uns ist Ausdruck eines in seiner Abstraktheit (oder wie Luther auch sagen kann: in seiner Nacktheit) schrecklichen und in seiner Schrecklichkeit am Ende langweiligen Gottes."[482]

Wenn Gott entgegen dieser – nicht eigentlich mittelalterlichen seinsmetaphysischen, sondern eher nominalisten bzw. neuzeitlichen – Tradition mit der Vergänglichkeit dieser todbelasteten Welt in Zusammenhang gebracht werden soll, so spielen dabei nicht kosmologische Überlegungen eine Rolle, leitend ist vielmehr der christologische Gesichtspunkt: Menschliches Denken aus dem Glauben müsse lernen, Gott in der Selbstentäußerung und Armut des Menschen Jesus am Kreuz zu

---

[481] Luther, De servo arbitrio (WA 18,685,14–17). In diesem Zusammenhang, in dem es um die Verständigung über eine authentisch christliche Gotteslehre geht, bringt Jüngel auch ein Barth-Zitat, das Gott als einen "Gott unter uns" behauptet und das für seine eigene Position aufschlußreich sein kann. Vgl. Barth, KD IV/1, 468f.: "Wie täuscht sich der Mensch im Vollzug jener tollen Verwechslung zuerst und vor allem über Gott! Eben nicht einmal das gelingt ihm, wenigstens die wirkliche Gottheit in sich selbst zu verehren, sondern indem er sich selbst absolut setzt, ist es schon das Bild einer falschen Gottheit, die er in sich zu finden meint, verehrt und anbetet: eben in diesem 'Absoluten' das Urbild *aller* falschen Götter. Indem er sich selbst an der Gnade Gottes vorbei ... wählt, wählt er also auch in dieser ... Hinsicht das in sich Nichtige. Er macht *Gott* ... zum *Teufel*. Denn wenn es ... einen Teufel 'gibt', so ist er identisch mit dem höchsten, allein sich selbst setzenden und wollenden, einsam selbstherrlichen und also 'absoluten' Wesen." Vgl. Gott als Geheimnis, 267.

[482] Vgl. ebd., 268.

denken, in dessen Existenz sich göttliches Sein vollziehe. Den abstrakten Gegensatz von Unvergänglichkeit und Vergänglichkeit gelte es zu überwinden, wenn Gott als eins mit dem am Kreuz gestorbenen Menschen Jesus gedacht werden soll. Das aber ist nach Jüngel die Aufgabe der Theologie.[483]

> "Im Tode Jesu Christi ist Gott aber zugleich das *Ende* unseres zeitlichen Seins. Das Urbild des Seins impliziert das Ende von Sein und Zeit. Als Alpha ist der ewige Gottessohn auch das Omega. Im Tode endet die Zeit. Im Tod bricht das Sein ab. In seiner Identität mit dem toten Menschen Jesus ist der ewige Gottessohn das Ende aller Zeit, ist er der Abbruch des Seins."[484]

Gemäß der protestantischen Vorgabe des Ganztodes ist ja der Tod immer das Ende des Seins dieses irdischen Menschen, der den Tod erleidet. Der Tod ist eine Grenze, nicht die "Grenze des Seins", aber die Grenze des Wirklichen.[485] In diesen Tod, der Grenze bedeutet, Ende des Lebens als Wirklichkeit, geht der Sohn mit dem Leben Gottes hinein, damit sich das Leben in ihm als stärker erweise.[486] Daß Gott sich in diesem Tod mit Jesus, dem sterbenden Menschen, identifiziert, bedeutet für Gottes eigenes Sein und Leben, sich nicht zu dem Ende, das der Tod ist, untangiert in sicherer Distanz, in einem Für-sich-Sein zu bewahren[487], sondern sich gerade darin in Selbstlosigkeit zu verschwenden, daß er auf den toten Sohn am Kreuz und damit im Sohn auf sich selbst bezogen bleibt:

> "Deshalb können und müssen wir sagen, daß die göttliche Selbstliebe im ewigen Bezug des Vaters zum Sohn auf diesen Akt der Selbstlosigkeit Gottes zugunsten des Menschen zielt. Gott gibt sich aber in dieser Selbstlosigkeit

---

483 Vgl. ebd., 312.

484 Ebd., 528. Jüngel versteht den Tod, weil er Sein als Relation begreift, als den Abbruch der Beziehungen, in denen das Leben spielte. Vgl. ebd., 298, Anm. 65; vgl. auch Jüngel, Rechtfertigung, 73: "Im Tode vollendet sich der sündige Drang in die Verhältnis- und Beziehungslosigkeit. Der Sünder erntet, was er gesät hat, nämlich den Fluch rücksichtsloser Selbstbezogenheit: sie muß immer neue Beziehungslosigkeit hervorrufen und am Ende auch das Verhältnis des Menschen zu sich selbst zerstören."

485 Vgl. ebd., 289: "Im Vergehen kommt das Wirkliche an seine Grenze, jenseits deren es eben nicht mehr wirklich ist. Es ist aber deshalb keineswegs schon nichts. Die Grenzen der Wirklichkeit sind nicht das Ende des Seins."

486 Vgl. Dvorak, 307: "Weil im Tod, wo alles verhältnislos geworden ist, 'nur die Liebe neue Verhältnisse' schafft, ist im Tod Jesu die Liebe am Werk, als die sich Gott selbst offenbart. Ohne Liebe würde der Tod nicht gewendet und besiegt. Indem Gott sich liebend und leidend auf den Tod Jesu eingelassen und ihn im eigenen Sein lokalisiert hat, 'erweist er sein göttliches Sein als lebendige Einheit von Leben und Tod'." Vgl. Jüngel, Das dunkle Wort, 200, vgl. Gott als Geheimnis, 471.

487 Indem Gott sich mit Jesus identifiziert, offenbart er sein eigenes Wesen, und darum "hat der Tod *ontologische* Relevanz für das Sein Gottes". Vgl. Jüngel, Vom Tod des lebendigen Gottes, 119.

zugunsten des Menschen, er gibt sich auch im Tode Jesu Christi als Ziel seiner selbst nicht auf, sondern erweist sich, indem er den Gekreuzigten als seinen geliebten Sohn bejaht, erst recht als der ewige Vater, der auch da, wo der gekreuzigte Gottessohn die Gottheit dem Zugriff des Todes preisgibt, sich selber Ursprung bleibt."[488]

Es geht darum, Gott aus dieser seiner Selbstbestimmung zur Menschlichkeit mit ihrer Todesgrenze und damit "seine Ewigkeit von seiner Identität mit dem toten Jesus von Nazareth her"[489] zu denken. Erst, wo das geschieht, wird Gott in seiner Selbstaussage als der, der er ist, in seiner Göttlichkeit ernstgenommen.[490]

Hatte die klassische und viel radikaler noch die neuzeitliche Metaphysik das Wesen von der Existenz Gottes unterschieden, so fallen beide in der ganz auf das Wort verwiesenen, geschichtlichen Offenbarungstheologie Jüngels ineins. Das Wesen Gottes kann nicht mehr in der Weise begriffen werden, daß wir uns von ihm – unabhängig von seiner geschichtlichen Existenz – einen Begriff bilden und ein Wissen haben könnten, oder das sich, auch unter der Voraussetzung, daß Gottes Dasein bekannt ist, unserem Denken immer entzieht, wie noch Thomas v. Aquin in seiner von der negativen Theologie beeinflußten Gotteslehre gelehrt hatte. Vielmehr steht für Jüngel fest: "Der Glaube ist als Bedingung der Möglichkeit des rechten Gottesgedankens diejenige Instanz, die das Denken davor bewahrt, zwischen Wesen und Existenz Gottes zu unterscheiden. *Der Glaube nimmt Gottes Existenz als sein Wesen.*"[491] Wird Gott

---

[488] Gott als Geheimnis, 528. Zum Verhältnis von Tod und Verhältnislosigkeit des Nichts vgl. unten, 351.

[489] Vgl. Gott als Geheimnis, 261.

[490] Vgl. Jüngel, Tod, 136: "Die nahe Gottesherrschaft, aus der der irdische Jesus lebte und nach der er sterbend schrie, erwies sich an dem toten Jesus als unmittelbar präsent. Das war das Widerfahrnis des Osterglaubens, daß man erfahren mußte: im Tode sind der Verkünder und der Gegenstand seiner Verkündigung *identisch geworden*, so daß der Verkündiger nun selber zum Verkündigten werden konnte. Daß Gott sich mit dem toten Jesus identifiziert hat, ist der vom Glauben selber vorausgesetzte Grund des Glaubens an Jesus."

[491] Gott als Geheimnis, 259. Zu den Konsequenzen für das metaphysische Verständnis der Ewigkeit Gottes vgl. ebd., 276: Gottes Sein wird nicht mehr als *nunc stans* beschrieben, das als ständige Gegenwart jeder Zeitlichkeit überhoben ist. Vgl. ebd., 288: "Nunc stans ist ein alter Ausdruck für Ewigkeit. Als solcher ist er aber eine Denunziation der Zeit als eins bloßen Fluchphänomens, dem man deshalb selber zu entfliehen trachten muß. Der vergängliche Mensch will sich in einem Augenblick und für einen Augenblick aus der vergehenden Zeit erheben. Er will sich über sie hinaus erheben in die Unvergänglichkeit, als die er sich die Ewigkeit vorstellt: das Ewige erscheint dementsprechend als das *zeitlos* unvergängliche und deshalb stehende Jetzt."
Demgegenüber bedeutet der Ineinanderfall von Gottes Wesen mit seinem *esse* für Thomas von Aquin gerade dies, daß er seine eigene Dauer und damit auch seine eige-

als der gedacht, der er ist – wir kennen ihn nur aus seiner Selbsteröffnung im Wort –, dann gibt es für das Denken überhaupt keine Möglichkeit, zwischen Gottes Existenz und Wesen einen Unterschied zu machen. Dem "Ich denke" soll es verwehrt sein, "zwischen Gottes Wesen und Existenz einzudringen".[492] "Gelingen kann das nur, wenn das Denken auch im Blick auf das Seiende überhaupt darauf verzichten lernt, sich zwischen Wesen und Existenz zu setzen."[493]

Wenn man bedenkt, daß für die klassische Metaphysik der reale Unterschied zwischen *essentia* und *actus essendi* zu den fundamentalen Einsichten in die Struktur des Seienden zählt, dann wird sofort deutlich, daß Jüngel eine nicht unerhebliche Verschiebung vornimmt, die der Möglichkeit einen Primat gegenüber dem verwirklichenden Seinsakt beimißt.[494] Gegenüber dem Sein, das – etwa bei Thomas – als Akt-Wirklichkeit ohne innere Begrenzung begriffen wird, kommt dem Wesen nur eine begrenzte Empfänglichkeit für das Sein zu, das dieses Wesen aktual wirklich macht. Das Wesen hat sein Sein nicht aus sich selbst. Es kommt ihm von einem anderen zu. Daher steht die Potenz, durch die das Wesen bestimmt ist, näher beim Nichts als beim Sein.

Jüngel stellt die klassische Ontologie gewissermaßen auf den Kopf, wenn er das Sein mit seiner Möglichkeit ineins fallen läßt. Aber innerhalb seiner eigenen Vorgaben ist dies nur konsequent, denn die Möglichkeit ist der "Mutterboden" des Werdens oder der Vergänglichkeit, jedenfalls, wenn man im Bereich der materiellen Substanzen verbleibt. Am Gottesbegriff der klassischen Philosophie, der Gott unter den Prädikaten "Ewigkeit", "reines Verwirklichtsein", "Selbstverwirklichung" faßt, wobei die zeitlose Ewigkeit Gottes – mit Boethius – noch einmal als eine *aeternae vitae interminabilis simul et perfecta possessio*[495] be-

---

ne Ewigkeit ist – im Unterschied zu den zusammengesetzten Dingen, die ihr Ganzes erst in der Aufeinanderfolge von verschiedenen Momenten erreichen. Gott ist ein "Jetzt", das nicht in einer Aufeinanderfolge besteht, sondern vollkommen verwirklicht und gegenwärtig ist. Um diesen Sachverhalt auszudrücken, verwendet er den Ausdruck "*nunc stans*" – ein "Jetzt", das still steht. Wir bilden diesen Begriff aber nur gemäß unserem *modus cognoscendi*: Dabei gehen wir von der uns möglichen Erfahrung von Zeit aus, um eine Idee von der Ewigkeit zu bilden. Aber Gottes Ewigkeit übertrifft die Kapazität unseres Begriffsvermögens und ist über all unsere Vorstellungen hinaus. Vgl. Thomas v. Aquin, S.Th. I 10.

492 Vgl. Gott als Geheimnis, 205.

493 Ebd.

494 Daß diese Verschiebung notwendig ist, begründet Jüngel mit der Lutherischen Rechtfertigungslehre. Innerhalb dieses Begründungszusammenhangs entfaltet er auch sein Verständnis von "Möglichkeit". Vgl. ders., Die Welt als Möglichkeit, 208–226.

495 Vgl. Boethius, De consolatione V prosa 6.

stimmt wird, führt Jüngel die Umkehrung durch.[496] Dies geschieht, indem in den Gottesbegriff die Bestimmung des Möglichen eingeführt wird. Damit ist aber auch das Prädikat der Ewigkeit, sofern man darunter das *nunc stans* zeitloser Unvergänglichkeit versteht, dahin.[497] Da Jüngel dieses von den Griechen ausgehende Seinsdenken bereits für den in der Neuzeit anhebenden Gedanken einer "schlechten Notwendigkeit" Gottes verantwortlich macht, dem die Verwerfung des Gottesgedankens auf dem Fuße folgt, setzt er genau an diesem Punkt an, um "die Möglichkeit als das ontologische Plus des Seins (zu) behaupten".[498]

> "Deshalb denken wir Gott in Einheit mit der Vergänglichkeit. Und darin bestreiten wir den aristotelischen Grundansatz der abendländischen Metaphysik, der der reinen Wirklichkeit einen ontologischen Primat vor der Möglichkeit zusprach und damit der Vergänglichkeit notwendig eine ausschließlich negative ontologische Qualität nachsagte."[499]

Was die Kategorie des Möglichen für sein Verständnis des Seins leistet, verdeutlicht Jüngel am Geschehen des Wortes als Ereignis, durch das der Mensch "in die Gegenwart", in seine Gegenwart gerufen wird, was im Sinne der Identitätsfindung zu verstehen ist:

> "Das Wort erschließt Gegenwart, indem es dem Wirklichen Möglichkeiten gibt, die das Wirkliche über die bloße Tautologie eines rein Faktischen hinausheben und zu einem bezugsreichen geschichtlichen Seienden machen. Erschlossene Gegenwart insistiert nicht nur auf dem Wirklichen, sondern eksistiert aus dem Möglichen und in dieses hinein. In der Dimension der Möglichkeit vermitteln sich daher auch Nähe und Ferne. Deshalb ist das Mögliche das zum Ereignis des Wortes Gehörende und in der Einheit mit diesem das eigentlich Bejahende im vergänglichen Sein."[500]

Wenn es nur voll verwirklichte Entitäten gäbe, so stünde für sie keine Zukunft mehr aus, die ihnen eine neue Weise des Seins bringen könnte.[501] Sie wären zurückgenommen auf eine bloße Faktizität ohne jeden

---

[496] Dabei beruft er sich darauf, wie sehr der "alte", nichtbiblische Gottesgedanke vom Aristotelischen Seinsverständnis abhängig sei, demzufolge "Sein" als das "Sich-schon-immer-verwirklicht-Haben" gedacht wird: ὅτι πρώτον ἐνέργεια δυνάμεώς ἐστιν." Vgl. Aristoteles, Metaphysik IX, 8, 1049b; vgl. Gott als Geheimnis, 290.

[497] Vgl. Gott als Geheimnis, ebd.

[498] Vgl. ebd., 291; vgl. ebd., 289: "*... das ontologisch Positive der Vergänglichkeit ist die Möglichkeit.* Das Mögliche ist das eigentlich Bejahende im vergänglichen Sein."

[499] Ebd., 291.

[500] Ebd., 290.

[501] Dies gilt insbesondere auch für den Gottesbegriff. Der nur als verwirklicht gedachte Gott (*actus purus*) hätte – auch im Hinblick auf den Menschen – keine Möglichkeiten mehr. Vgl. ebd., 464: "In einer als *Wirklichkeit ohne Möglichkeit* begriffenen Gottheit ist dann allerdings auch *die Möglichkeit*, sich selber an ein anderes *hinzugeben*, ausgeschlossen."

geschichtlichen Bezug. Dagegen gewinnen die Dinge, wenn sie vom "Wort" berührt werden, Möglichkeiten und Zukunft. So will Jüngel am Wort-Ereignis demonstrieren, wie das Mögliche als die dynamische Dimension jeder geschöpflichen Existenz zu fassen ist.

Als Ergebnis dieses Abschnitts 2.1. läßt sich festhalten: Die Reflexion auf den Tod Gottes veranlaßt Jüngel dazu, das Sein in Einheit mit der Vergänglichkeit zu denken. Dabei kommt es ihm darauf an, die Offenbarungsaussage, daß Gott Liebe ist, konsequent im Gottesbegriff zu verarbeiten: Gott ist für ihn bereits in seinem Sein und daraufhin als *creator ex nihilo* auf das Nichts bezogen. Wenn er es ablehnt, Gott weiterhin als *actus purus*, als reines für sich subsistentes Sein zu verstehen, so geschieht dies in bewußter Bezugnahme auf und auch in Absetzung von Hegel, der den Gedanken, daß Gottes Sein im Werden ist, erstmals systematisch durchgeführt hat.

Jüngel macht den Ansatz zur Zerstörung der metaphysisch begründeten Gottesgewißheit im sicherstellenden Denken des Descartes aus. Dagegen setzt er eine trinitarische Gotteslehre, die wesentliche Prinzipien der Seinsmetaphysik umstößt. Trotz der dezidierten Ablehnung der natürlichen Theologie mit ihrem metaphysischen Gottesgedanken, der als Theismus für ihn zwangsläufig zum Atheismus führt, muß Jüngel die philosophischen Grundlagen für die Durchführung seiner Christologie: Primat des Möglichen vor dem Wirklichen, des Ereignisses vor der Substanz, Ablehnung der analogia entis etc. innerhalb einer differenzierten philosophischen Argumentation in Abhebung von der klassischen Metaphysik konstruieren, obwohl es sein erklärtes Ziel ist, vorgängig zu jedem philosophischen Ansatz eine der biblischen Offenbarungsrede gemäße Metaphysik entwickeln zu wollen, die selbst eine Funktion dieser vernommenen Rede sei. Nur so kann es ihm gelingen, den metaphysischen Gottesgedanken, der die Vergänglichkeit aus sich ausschließt, zu überwinden.

2.2. Die Frage nach der Person Jesu

2.2.1. Jesus als Wort Gottes

Wenn Gott der von sich aus Redende und der zum Menschen Kommende ist, dann steht Jesus, der den Menschen das Wort Gottes bringt, im Zeichen dieses Kommens. Jesus ist mit seiner ganzen menschlichen Existenz in der Weise auf das Wort bezogen, daß sein Leben "ein Sein in der Tat des Wortes von der Gottesherrschaft" genannt zu werden verdient.[502] Inmitten einer von Gott abgewandten Zuständlichkeit der sündigen Menschheit, auf der der Fluch des Gesetzes liegt, eröffnet Jesus eine qualitativ neue Form der Beziehung mit Gott: "Die Ansage der Gottesherrschaft muß als Eröffnung einer qualitativ neuen Gemeinschaft mit Gott verstanden werden ..."[503] Wird das Denken durch den sich offenbarenden Gott auf das Wort verwiesen, dann bezieht es sich auf das Wort Gottes als auf ein *Ereignis*, das nicht von dem, der es gesprochen hat, Gott, getrennt werden kann. Durch das Wort kommt Gott selbst vielmehr dem Angesprochenen in unvergleichlicher Weise nahe.[504] Deshalb gibt es nach Jüngel keine Analogie, die aufgrund der *similitudo* der geschöpflichen Dinge einen Aufstieg des Denkens zu Gott als der ersten Ursache alles Seienden möglich machen könnte. Nur durch die radikal freie Selbstmitteilung in seinem Wort ist Gott für uns "sagbar" geworden. Damit ist das Denken total auf dieses Wort als Selbstmitteilung Gottes verwiesen:

> "In Gott dem Sohn erst hat sich Gott so ausgesagt, daß er für uns sagbar geworden ist. Deshalb heißt er als der ewige Sohn zugleich auch das ewige Wort Gottes (Joh 1,1). ... Man kann das ewige Wort Gottes nur deshalb hören und sehen, weil es in der Personeinheit mit dem Menschen Jesus da war und in diesem seinem Dagewesensein gleichermaßen *Ebenbild Gottes* und *Urbild der Welt* ist."[505]

Diese Personeinheit mit dem Wort ist aber keine a priori bestehende Identität. Jesus Christus ist das Ereignis des Wortes Gottes in Person.[506] Es ist eine Einheit, die sich in der Lebensgeschichte Jesu entwickelt und die sich vom Ende (als terminus ad quem) her geltend macht.[507]

Wo die Verkündigung Jesu von der Gottesherrschaft das Ohr des Menschen erreicht, da wird jeder ganz "unmittelbar mit Gott konfrontiert"[508] und gerade deswegen auch unvergleichlich zu sich selbst gebracht. Deshalb eignet dieser neuen Gottesgemeinschaft "eine eminent individuie-

---

502 Vgl. ebd., 483.

503 Ebd., 484; vgl. ebd.: "Gottesherrschaft ist Ausdruck für Gott selbst, genauer: für Gottes sich im Horizont der Welt betätigendes und diese von Grund auf veränderndes Sein. Gottesherrschaft ist der Majestätsakt Gottes, mit dem dieser sich selbst gegenüber der Welt durchsetzt."

504 Vgl. ebd., 221.

505 Ebd., 530.

506 Vgl. Jüngel, Die Freiheit der Theologie, 31: "Das Ereignis des Wortes Gottes ist allein mit Jesus Christus identisch."

507 Vgl. dazu die unterscheidende Redeweise von "anhypostatischer" und enhypostatischer" Existenzweise, unten, 327.

508 Vgl. ebd.

rende Tendenz".[509] Exemplarisch gilt dies für Jesus selbst, für den sich die *ultima solitudo* der Person nicht aus irgendeiner Form der Absonderung, sondern aus der Gemeinschaft mit Gott einstellt, die immer ein "neues Selbstverhältnis"[510] vermittelt:

> "Als er selbst wurde Jesus vielmehr gerade aufgrund der *Beziehung* zu Gott gefordert, in der er sich vorfand. Es ist die *Gemeinschaft* mit Gott, die Jesus in unvergleichlicher Weise zum Individuum, zur unverwechselbar besonderen Person in ihrem Einzeldasein und in bestimmter Hinsicht zum einsamsten aller Menschen gemacht hat."[511]

Sucht man das Jesus am meisten Charakterisierende, ihn von anderen Boten und Propheten Gottes Unterscheidende auszumachen, so wird man ihn in erster Linie als den Verkündiger der Gottesherrschaft bezeichnen, der sich in Wort und Tat gegen die herrschenden Selbstverständlichkeiten stellt und die neue Selbstverständlichkeit der Liebe gewährt.[512] Indem er die Gottesherrschaft so verkündigt, daß er ganz für diese Verkündigung lebt, ist das Sein Jesu als "ein Sein in der Tat des Wortes"[513] bestimmt. Die Gottesherrschaft konstituiert allererst Jesu Sein in der Tat des Wortes. Ohne den ständigen Bezug auf die Gottesherrschaft wären der Anspruch und die Sendung Jesu nicht zu verstehen, wäre er nicht er selbst. Daß "dem Sein Jesu dies zukommt, wird allerdings erst da offenbar, wo *Jesus als Wort Gottes* proklamiert wird: im urchristlichen Kerygma. Denn im Ereignis des Kerygmas erweist sich das menschliche Sein Jesu als identisch mit dem ewigen Sein des Wortes Gottes".[514] Das Wort Gottes und der Mensch Jesus sind also in einer eindeutigen Relation aufeinander bezogen. Im neutestamentlichen Kerygma liegt implizit das Bekenntnis zur Gottessohnschaft beschlossen. Weil Jesus Christus für Jüngel das Wort Gottes in Person ist, ist er auch die Wahrheit in Person.[515]

---

509 Vgl. ebd.

510 Vgl. ebd., 485.

511 Der Verkündiger der Gottesherrschaft erscheint Jüngel "als das Individuum schlechthin". Vgl. ebd.

512 Vgl. ebd., 488; vgl. auch ebd., 487: "Jesus setzte die neue Gemeinschaft mit Gott gegen die herrschende Selbstverständlichkeit des Gesetzes. Dieser Gegensatz gab der Eröffnung jener neuen Gemeinschaft den Charakter einer allererst evident werdenden und damit Freude auslösenden neuen Selbstverständlichkeit."

513 Vgl. Jüngel, Jesu Wort, 129.

514 Vgl. ebd., 136. Das Osterkerygma bildet den theologischen Horizont für die Ansage der Gottesherrschaft, durch die sein Menschsein definiert ist. Vgl. Gott als Geheimnis, 482.

515 Vgl. Jüngel, Problem der natürlichen Theologie, 199 (These 4): "Für das christliche Wahrheitsverständnis ist die Identifikation der Wahrheit mit der Person Jesu Christi

Es bleibt in der Konzeption Jüngels offen, ob der vorösterliche Jesus sich schon selbst seinem eigenen Selbstverständnis nach als die definitive Selbstoffenbarung Gottes gehalten hat, obwohl er sein Leben als Proexistenz für die kommende Gottesherrschaft sah:

> "Die eschatologische Gottesherrschaft, die Jesus ansagte, wurde von ihm selbst offensichtlich als eine seine Existenz bestimmende und bedingende Macht erfahren und verstanden."[516]

Jesus selbst hat seinen Tod nach Jüngels Auffassung nicht als Heilsereignis gesehen, auch wenn er ihn als die Konsequenz seines Lebens für die Gottesherrschaft ansah, das er in der Freiheit, nichts für sich selbst sein zu wollen, lebte.[517] Der Tod Jesu ist die Folge eines Konfliktes, der seinen Ursprung in der Stellungnahme Jesu zum Gesetz findet: Schließlich vermittelte Jesus vollmächtig eine Nähe Gottes, die seinen freien Umgang mit dem Gesetz bestimmte.[518] Abgesehen von der Frage nach der von ihm selbst intendierten Heilsbedeutung seines Todes läßt sich aus Jesu Auftreten aber durchaus der Anspruch erkennen, der entscheidende Mittler für die herbeizuführende Gottesherrschaft zu sein. Dies zeigt sich zuerst und vor allem in seinen Taten, in denen etwas von seiner transzendenten Vollmacht durchbricht: Wo sich in Jesu Verhalten aber der Freude gewährende "Majestätsakt Gottes" ankündigt – zum Schrecken derer, die die alten Selbstverständlichkeiten (des Ge-

---

konstitutiv." Das johanneische "Ich bin der Weg, die Wahrheit und das Leben" (Joh 14,6) ist demnach für das biblische Wahrheitsverständnis fundamental.

516 Vgl. Jüngel, Jesu Wort, 129.

517 Vgl. Gott als Geheimnis, 493: "Die Hinrichtung Jesu, auch wenn sie ein Mißverständnis der Jesus für einen politischen Aufrührer haltenden römischen Behörden gewesen sein sollte, ist jedenfalls die *externe* Bestätigung seiner Freiheit, nichts für sich selber sein zu können. Der gewaltsame Tod ist in gewisser Weise die Konsequenz seines ursprünglichen Geheimnisses, das man durchaus das Geheimnis einer impliziten Christologie nennen kann."
An sich kommt dem Tod Jesu bei Jüngel für die Selbstbestimmung seines Lebens keine besondere Relevanz zu. Vgl. ders., Tod, 121: "Jesus selbst hatte freilich seinem eigenen Tod keine erkennbare Bedeutung gegeben." Für Jüngel ist es sehr wahrscheinlich, "daß alle neutestamentlichen Aussagen, die den Tod Jesu als Heilsereignis verstehen, erst nach Jesu Tod entstanden sind". Vgl. ebd., 122. Sein Tod mußte als Tod dieses ganz auf Gott vertrauenden Menschen "entweder zur Bewährung oder zur Desavouierung seines Lebens-Anspruches werden". Vgl. ders., Tod als Geheimnis, 347.

518 Vgl. Gott als Geheimnis, 501. "Genau diesen Anspruch, selber durch Gottes Nähe ganz und gar beansprucht zu sein, machte ihm aber die sich auf das Gesetz berufende Frömmigkeit zum Vorwurf. Sie setzte gegen Jesu *freien* Umgang mit dem Gesetz ihren *gesetzlichen* Umgang mit dem Gesetz. Sie ließ sich fordern, um dann ihrerseits vom Gesetz zu fordern, was das Gesetz gar nicht geben kann: das Heil der Gottesgemeinschaft." Zur Unterscheidung von Gesetz und Evangelium vgl. auch Jüngel, Rechtfertigung, 81–86.

setztes) vertreten –, da tritt er uns in dem Anspruch entgegen, "ein menschliches Gleichnis Gottes zu sein".[519] Wenn Jesus eine Versöhnung bringt, die ein neues Gottesverhältnis einschließt, dann kommt an seiner Person aber auch "der Gegensatz zu den herrschenden Selbstverständlichkeiten zum Austrag".[520]

Man würde das christologische Problem übersehen, wenn man Jesus nur ein einzigartiges Gottesverhältnis zubilligen würde, ohne zu bemerken, daß sich gerade darin – nach Jesu eigenem Verständnis – ein einzigartiges Verhältnis Gottes zu ihm ausdrückt: "Man wird geradezu sagen können, daß sich Jesu Selbstverhältnis und also sein Personsein grundlegend *als* Verhältnis zu Gott aufgrund eines vorausgehenden Verhältnisses Gottes zu ihm vollzieht."[521] Jüngel begründet damit eine relationale Christologie, die das Sein Jesu in Beziehung von Gott und Mensch begreift.[522] Daß sich Gott in einmaliger Weise auf Jesus in seinem geschichtlichen Selbstvollzug bezieht, besagt nun aber nicht, daß sein Dasein irgendwie als eine sublime Steigerung der im Menschen angelegten Möglichkeiten bis ins Göttliche hinein, als deren Resultat der "göttliche Mann" erschiene, begriffen werden kann, war doch Jesus "gerade als ein seltsam menschlicher Mensch da".[523] Jüngel wendet sich gegen den Versuch, irgendeine religionsgeschichtlich auszuweisende theíos-anèr-Christologie für Jesu Selbstverhältnis verantwortlich zu machen, wenn er darauf besteht, die in der Verkündigung der Gottesherrschaft gelegene neue Selbstverständlichkeit der Versöhnung und den Gegensatz zu den herrschenden Selbstverständlichkeiten "am Sein des Menschen Jesus wahrzunehmen".[524]

Nicht anders als in einem "ausgesprochen menschlichen Menschsein" ist also Jesu Gottesverhältnis demonstrierbar.[525] In "der Menschlichkeit des Menschen"[526] liegt der Ansatzpunkt, von wo aus das unwiederholbar einzigartige Gottesverhältnis Jesu demonstriert werden kann. "Das Besondere an dieser Person, die dem Heil zuspricht, der sich nicht an ihr ärgert (Mt 11,6), ist also die Gleichzeitigkeit von höchstem Anspruch im

---

[519] Vgl. ebd.; vgl. Dvorak, 299.

[520] Vgl. Gott als Geheimnis, 488.

[521] Ebd.

[522] Vgl. Jüngel, Thesen zur Grundlegung der Christologie, 277 (Thesen 5.2–5.321); vgl. Dvorak, 308.

[523] Vgl. Gott als Geheimnis, 488.

[524] Vgl. ebd., 489; vgl. Dvorak, 297.

[525] Vgl. Jüngel, ebd.

[526] Vgl. ders., Rechtfertigung, 13.

Blick auf Gott einerseits und einer ausgesprochenen Anspruchslosigkeit gegenüber sich selbst andererseits."[527] So kann Jüngel sagen: "Sein Menschsein bestand in der Freiheit, nichts *für sich selbst* sein zu wollen."[528]

Sich ganz auf Gott verlassend, setzte Jesus "in jedem Lebensakt das eigene Leben ein".[529] Und in diesem Selbsteinsatz ist er "der Vollzug der neuen Gemeinschaft mit Gott".[530] Wegen der sündigen Verfaßtheit der Welt bedarf es dazu aber der Versöhnung. Gott versöhnt sich in ihm mit einer gottlosen Welt. "Als der ganz von Gott her ek-sistierende Mensch ermöglichte Jesus den Glauben an Gottes väterliche Nähe, an die Nähe Gottes als des Vaters."[531] Durch Jesu geschichtliche Existenz wird den Menschen also eine neue, einzigartige Nähe Gottes zugesprochen und vermittelt. Ein nur geschöpfliches Medium könnte wegen der Verhältnislosigkeit der endlichen Dinge zu Gott nie eine solche Vermittlung in die Unmittelbarkeit Gottes leisten. Der ganz menschliche Mensch steht in einer einzigartigen Beziehung zu Gott: Jesus konnte seine Freiheit als Hingabe leben, weil er "ganz und gar davon lebte, daß er sich von Gott empfing".[532] Weil Jesus in allen Daseinsvollzügen ganz von sich weg lebt, kann man die reine Selbstlosigkeit als die Form seines Daseins beschreiben: "*Mit* Jesus *an* Gott (den Vater) glauben heißt deshalb mit (österlicher) Notwendigkeit *an* Jesus *als* Gott (den Sohn) glauben."[533] Erst der Glaube an die Auferweckung dringt zu der Wahrheit durch, daß Jesu Selbstlosigkeit und Selbsteinsatz in einer vorausgehenden ontologischen Beziehung zu Gott gründet.[534]

---

[527] Gott als Geheimnis, 490.

[528] Ebd.

[529] Vgl. ebd.

[530] Vgl. ebd.

[531] Vgl. ebd., 492.

[532] Vgl. Jüngel, Der Gott entsprechende Mensch, 299.

[533] Vgl. dazu sehr schön ders., Rechtfertigung, 201: "Der Glaube ist das von Herzen kommende Ja des Menschen zum Tod und zu der Auferstehung Jesu Christi. Er bejaht den Karfreitag und den Ostermorgen als die beiden großen, über alle Menschen entscheidenden Ereignisse. Als dieses von Herzen kommende *Ja* zu Christus ist der Glaube *rechtfertigender Glaube*, ist er *fides iustificans*." Vgl. auch Gott als Geheimnis, 504; vgl. dazu Dvorak, 308: "Während das Geheimnis dieser personalen Identität im irdischen Sein Jesu noch verborgen bleibt, insofern hier nur die Beziehung Jesu zu Gott erkennbar wird, offenbart die Auferweckung Jesu von den Toten die Beziehung Gottes zu Jesus."

[534] Vgl. Webster, 35: "... it is only in faith in Jesus' resurrection that Jesus' selflessness is perceived to be grounded in his ontological relationship to God. The resurrection reveals that Jesus' existence in the Kingdom of God is ultimately to be traced to 'the relation of the Logos to Jesus as that which made Jesus' relationship to the Father possible'." Vgl. auch Jüngel, Jesu Wort, 129.

Und doch ist dieser Mensch Jesus als Mensch nicht – im Sinne der alten Vergöttlichungslehre – einfachhin göttlich. Jüngel betont die Notwendigkeit einer klaren Unterscheidung[535] zwischen Gott und Mensch, die für ihn im Christusereignis den Charakter des Endgültigen annimmt.[536] Die Grenze zwischen Gott und Mensch kann nie mehr verwischt werden, seitdem es am Kreuz zur definitiven Unterscheidung von Gott und Mensch gekommen ist.[537] Jesus ist ein Mensch, der in die Personeinheit mit dem Logos hineingenommen ist.

2.2.2. Die Annahme des Menschseins durch Gott

2.2.2.1. Der Ereignischarakter der Vereinigung

Ein authentisches Wissen um Gott kann nur durch das Vernehmen der Geschichte von der Menschlichkeit Gottes erworben werden. Sie kommt uns nahe in Jesus Christus, dessen Leben und Sterben diese Geschichte von Gottes Menschlichkeit ist. Für die vernehmende Vernunft kann die zu erzählende Geschichte Gottes dabei nie erschöpfend dargeboten werden. Wie sie die menschliche Vernunft übersteigt, so kann sie auch durch deren vernehmenden Akt nicht vereinnahmt werden. Das hat seinen Grund letztlich darin, daß Gottes Sein im Kommen bleibt.[538] Wenn in der Geschichte Jesu aber die einzig mögliche und definitive Offenbarung Gottes geschieht, dann ist nach der Weise zu fragen, in der Gott sich mit dem Vermittler seiner definitiven Heilszusage verbindet, denn wie Gott in einem Menschen in der Welt anwesend sein kann, darin besteht ja offensichtlich ein theologisches Problem.

Schon in seinem Aufsatz "Jesu Wort und Jesus als Wort Gottes" spricht Jüngel von einem "Werden des Wortes als Geschichte der Annahme des Fleisches".[539] Wenn das Wort aber durch die Geschichte beim Menschen

---

535 Vgl. Dvorak, 55: "Aus der Identität Gottes mit einem Menschen, aus seiner Menschlichkeit, folgt gerade nicht die Identität aller Menschen mit dem zur Welt gekommenen Gott und insofern die Nivellierung des Fundamentalunterschiedes zwischen Gott und Mensch. Das Ziel der Selbstidentifizierung Gottes mit dem einen Menschen Jesus ist nämlich, daß Gott und Mensch daraufhin definitiv voneinander unterschieden werden können."

536 Vgl. Jüngel, "Meine Theologie", 174; vgl. ders., Zur Freiheit, 26.

537 Man muß diese Unterscheidung um so mehr betonen, als die Identität des Menschen Jesus mit dem Gottessohn dazu verleiten könnte, die Geschichte dieses Menschen nur noch als Geschichte Gottes zu begreifen. Hier läge die Gefahr eines christologischen Monophysitismus, auf die R. Dvorak aufmerksam macht. Vgl. ders., 309f.

538 Vgl. Gott als Geheimnis, 415.

539 Vgl. Jüngel, Jesu Wort, 137; vgl. zum Ganzen: Ders., Menschwerdung des Menschen, 446–448.

ankommt, dann ist die unio hypostatica selbst geschichtlich zu denken.[540] Es mag etwas fragwürdig scheinen, daß Jüngel die Identifikation Gottes mit Jesus nachdrücklich als "Ereignis" auffaßt. Sucht man nach dem formalen Grund für diese Kategorie des Ereignisses, so kann es einen Aufschluß bringen, wenn man den Ereignis-Charakter der Verbindung negiert und dann – in einem Gedankenexperiment – vom Gegenteil ausgeht: In diesem Fall wäre die geschichtliche Beziehung von Gott und Jesus nur die höchste Realisation einer bereits in der strukturellen Beziehung von Gott und Mensch angelegten allgemeinen Möglichkeit, die für den Menschen in Hinblick auf sein Gottesverhältnis besteht.[541] Dann aber würde man von dem aktuellen Geschehen des Handelns Gottes, in dem er sich mit dieser partikularen menschlichen Geschichte identifiziert, abstrahieren. Dabei würde auch die notwendige Unterscheidung von Gott und Welt verunklart. Für Jüngel würde Gott in dem Fall, daß man seine Identität mit dem Menschen Jesus nicht als Ereignis und das heißt im Zusammenhang seines in die Welt Kommens verstehen würde, einfach zu einem Teil dieser Welt.[542] Der Ereignischarakter der Verbindung bedeutet nicht, Gott würde die Welt in Christus gleichsam nur tangential berühren, denn es handelt sich um ein Ereignis, das sich in der Zeit des Menschen kontinuiert.[543] Weil Jesus nicht einfach nur einen menschlichen Seinsakt vollzieht, sondern sein Sein das Ereignis der neuen Gemeinschaft mit Gott ist, kann Gottes Menschwerdung in der Menschwerdung des Menschen zu ihrem Ziel gelangen.[544] Jesu Tod ist als Ereignis zwischen Gott und diesem Menschen der Durchbruch der erfüllten gottmenschlichen Gemeinschaft.[545]

2.2.2.2. Von der Anhypostasie zur Enhypostasie

Jüngels Christologie ist keine Inkarnations-Theologie (im klassischen Sinn). Sie meidet denn auch eher solche begriffliche Konzepte, die im Kontext der Inkarnationstheologie ihre Bedeutung entfalten. Statt dessen greift er auf die Begriffe "Identifikation", "Anhypostasie" und "En-

---

540 Vgl. ders., Jesu Wort, 137.

541 Eine solche Tendenz findet sich in der Theologie K. Rahners, der die Selbststeigerungskräfte der geschöpflichen Wirklichkeit aufgrund der dem Endlichen zuvorkommenden transzendentalen Bewegung Gottes in ihrer Dynamik sehr hoch veranschlagt. Vgl. Rahner, Die Christologie innerhalb einer evolutiven Weltanschauung, 183–221.

542 Vgl. Jüngel, Metaphorische Wahrheit, 145.

543 Vgl. ders., Menschenlosigkeit Gottes, 339.

544 Vgl. ders., Person, 80.

545 Vgl. Gott als Geheimnis, 496.

hypostasie"[546] zurück. Von zentraler Bedeutung ist der Ausdruck "Identifikation", der gewissermaßen einen Schlüsselbegriff für das Verständnis von Jesu Sein bildet. Dies hat seinen Grund darin, daß Jüngel die Inkarnation des Logos als im Werden befindlich begreift, so daß sie nicht als vom ersten Augenblick der Existenz Jesu an im Sinne einer statischen Realität gedacht werden darf. Trotzdem weist die Geschichte Jesu von allem Anfang an auf ein Gottesverhältnis Jesu, das von der prävenienten Zuwendung Gottes zu ihm[547] getragen ist, die das Werden der Inkarnation begründet. Die Inkarnation erreicht aber erst in der Auferweckung ihre Vollendung. Letzteres muß etwas genauer entfaltet werden: Jüngel kennt zwei "Stände" oder Dimensionen, in denen sich das Sein Jesu vollzieht:

1. die Beziehung des Logos gegenüber dem Menschen Jesus in seiner historischen Entwicklung und 2. die Beziehung des Logos zu ihm in seiner Vollendung. Zwischen beiden waltet eine reale Differenz[548]:

---

[546] Der historische Sinngehalt der beiden Begriffe läßt sich recht eindeutig angeben: Den Hintergrund für ihre Semantik bildet das Konzil von Chalcedon mit seiner Lehre von der hypostatischen Union und deren spekulative Weiterführung durch Theologen wie Leontius v. Jerusalem und Maximus Confessor. Vgl. dazu oben .191f; 199.
Die Lehre von der Enhypostasie meint nicht, daß die menschliche Natur Christi für sich ohne ein eigenes Aktzentrum (im modernen psychologischen Sinne) sei, sondern daß sie ihre aktuale individuelle Subsistenz nicht in einer geschaffenen Hypostase habe, mithin nicht in sich selbst "personiere", sondern unmittelbar in der ungeschaffenen Hypostase des göttlichen Logos. Abstrahiert man von dieser konkreten Inexistenz im Logos, so erhält man den Begriff einer individuellen und vollbestimmten, d. h. nicht allgemeinen Menschennatur, der die eigene Hypostase fehlt. Genau auf diesen Sachverhalt bezieht sich der Ausdruck "Anhypostasie". Die beiden Begriffe besitzen einen gewissen heuristischen Wert im Hinblick auf die Erklärung, warum das Subjekt Christus in der Vereinigung der beiden Naturen keine Zusammensetzung erfährt. Vgl. G.L. Müller, "Enhypostasie", 673–674.
Für Jüngel verschieben sich die Konnotationen dieser Begriffe, geht er doch nicht mehr von einer Einigung der menschlichen und göttlichen Natur Christi im Anfang seiner menschlichen Existenz, sondern vom Ereignis der Identifikation Gottes mit der *Geschichte* Jesu aus. Vgl. Jesu Wort, 137: "Wir haben also die En- und Anhypostasie als zwei verschiedene Relationen so zu unterscheiden und aufeinander zu beziehen, daß sie bei ontologischer Identität doch ontisch auseinandertreten, insofern der vorösterliche Jesus die Anhypostasie seines Seins geschichtlich existiert und offenbart (was er kraft der Enhypostasie seines Seins in der Seinsweise des Logos ontologisch kann), während die sein *ganzes Sein* ermöglichende und auszeichnende Enhypostasie erst in der Seinsweise des Auferstandenen als Existenz Jesu Christi offenbar wird. Wir haben also En- und Anhypostasie nicht nur als Relationen zu denken, sondern wir haben diese Relationen geschichtlich zu denken."

[547] Vgl. ebd., 141.

[548] Damit verbindet sich bei Jüngel eine Kritik an Barth, bei dem die Verhältnisbestimmung der beiden Stände Christi so ausfällt, daß sie "*nicht* als Beschreibung von zwei verschiedenen sich folgenden status ..., sondern zur Bezeichnung der beiden entgegen-

Richtet man das Augenmerk zunächst auf die vom Logos im menschlichen Sein Jesu durchzusetzende teleologische Beziehung zu Gott, so spielen hier die Begriffe von An- bzw. Enhypostasie eine entscheidende Rolle. Was man den "vorösterlichen Jesus" genannt hat, also der mit einem menschlichen Ich-Bewußtsein ausgestattete und eine geschichtliche Selbstbestimmung verfolgende Jesus v. Nazaret, kannte im Hinblick auf sein Verhältnis zu Gott eine Entwicklung.[549] Dabei bezeichnet "Anhypostasie" die für Gott offene Relation der Empfänglichkeit, die es Jesus ermöglicht, sich mit dem Logos je neu zusammenzuschließen.[550] Jesus verwirklicht darin sein anhypostatisches Sein, daß er "nichts für sich selbst sein wollte" und "alles an *sein* Wort von der Gottesherrschaft wagte".[551] Den Inhalt seines Lebens sah er darin, *ein Sein in der Tat des Wortes von der Gottesherrschaft*[552] zu sein. Als Mensch sucht Jesus nicht sein Genügen in sich selbst, sondern weiß sich restlos von Gott abhängig und auf ihn angewiesen. Weil aber der Logos "sich dem Menschen Jesus prävenient zuwendet"[553], ermöglicht er "die Personeinheit mit ihm und eben so sein Sein als Mensch"[554]. Der Logos bezieht sich dabei aber nicht in der Weise auf die menschliche Geschichte Jesu, daß er ihr gegenüber auf einen letzten Selbstbehalt bedacht, in unbeteiligter Distanz bliebe, sondern in "*Entäußerung und Erniedrigung*", eben als "Teilhabe an der ... Anhypostasie des Menschseins Jesu".[555] Der Begriff der Enhypostasie dagegen markiert den vom Ende her in den Blick tretenden Vollendungszustand, in dem die volle Einheit von Menschsein und Logos rea-

gesetzten, aber streng aufeinander bezogenen, gleichzeitig wirksamen und sich gegenseitig interpretierenden Grundmomente" begriffen werden sollen. Vgl. Barth, KD IV/2, 118. Für Jüngel stellen Anhypostasie und Enhypostasie zwei unterschiedliche Weisen der Teilhabe des vorösterlichen und nachösterlichen Seins Jesu an der Ewigkeit Gottes dar. Darum kann er gegen Barth einwenden: "Aber von einer 'Gleichzeitigkeit' kann nur bedingt, d. h. aufgrund der Teilhabe jener beiden Grundmomente der Geschichte des Seins Jesu Christi an der Ewigkeit Gottes geredet werden, wobei sich aber gerade diese Teilhabe in der Zeit des Menschen Jesus als Anhypostasie und in der Zeit des auferweckten Herrn als Enhypostasie *offenbart*." Vgl. Jüngel, Jesu Wort, 139, Anm. 34.

549 Vgl. ebd., 137.

550 Der Begriff verneint die abgeschlossene In-sich-selber-Ständigkeit des menschlichen Wesens im ontologischen und existentiellen Sinn. Vgl. ebd., 141, Anm. 42: "Negiert wird in ihm nur eine bestimmte Art der Relation, nämlich die des Für-sich-selbst-Seins im Sinne existenzbegründender Selbstbezogenheit." An sich impliziert der Begriff aber Relationalität.

551 Vgl. ebd., 124.

552 Vgl. ebd., 141.

553 Vgl. ebd.

554 Vgl. ebd.

555 Vgl. ebd., 140.

lisiert ist. Die Enhypostasie wird erst in der Seinsweise des Auferstandenen offenbar.[556] Eine auf diesen Endpunkt tendierende Teleologie ist aber im ganzen menschlichen Selbstvollzug Jesu bereits anzutreffen. Diese Teleologie will beachtet sein: Das Ende ist der Anfang! Die Enhypostasie ist (ontologisch) die Bedingung der Möglichkeit für das, was sich als Anhypostasie in der Zeit vollzieht. Erst das Ziel liefert den Grund für den Prozeß, der zu ihm hinführt.[557] Zeit und Ewigkeit, Geschichte und Eschatologie werden so miteinander vermittelt, sofern beide Momente jeweils an der Ewigkeit Gottes teilhaben.[558] Daß der Logos selbst an der Anhypostasie des irdischen Jesus teilhat, dafür ist sein hypostatisches Sein beim Vater – der teleologische Bezugspunkt seines Werdens – Voraussetzung. Trinität ist als solche werdelos. Insofern Gott aber die Geschichte des Menschen in sein eigenes ewiges Sein hineinnimmt, gewinnt die ewige Beziehung des Logos zum Vater auch eine zeitliche Dimension. Eine vollendete Selbstmitteilung des Logos an das Sein des Menschen Jesus scheint es erst in der Vollendung zu geben, wie sie sich in Tod und Auferstehung realisiert.[559]

In dem "Sein in der Tat des Wortes von der Gottesherrschaft" beansprucht Jesus ein Herr-Sein, das ein werdendes ist, und dessen Fülle er antizipiert. Dieser Anspruch gilt einer zukünftigen, doch schon im Werden begriffenen Wirklichkeit. In ständiger Hinbeziehung auf den Logos verwirklicht Jesus die im Werden befindliche Herrschaft Gottes als seine eigene Herrschaft. Auf sie bleibt gleichfalls der Logos teleologisch bezogen. Erst vom Ende, von der Auferstehung her, zeigt sich die Vollendung der Inkarnation. Hier geschieht die Integration des ganzen gelebten Lebens Jesu. Zuglich findet der menschliche Anspruch Jesu auf das universale Herr-Sein seine Bestätigung. Man kann bei der Auferstehung deshalb von einer "rückläufigen Qualifikation"[560] sprechen. Sie bildet das Integral des Lebens Jesu, das er mit dem Logos zur Übereinstimmung gebracht hat: "Das Offenbarwerden dieses Identifikationser-

---

[556] Vgl. ebd., 137.

[557] Vgl. ebd., 137–139.

[558] Vgl. ebd., 139, Anm. 34.

[559] Vgl. Koppehl, 322: "Diese Mitteilung des Logos, die für Jesus die Nähe Gottes ermöglicht, ist allerdings, wie wir gesehen haben, unterschieden von schlechthinniger Identität, da der Logos in seiner Selbstbezogenheit erst in der Vollendung mit Jesus eins wird. Nur durch die vom menschlichen Selbstvollzug unabhängige Selbstbezogenheit des Logos konnte sich der Logos in seiner Selbstmitteilung ja beschränken und den konkreten Bedingungen des Menschseins Jesu anpassen."

[560] Vgl. Gott als Geheimnis, 497, Anm. 39.

eignisses ist die Auferweckung Jesu durch Gott."[561] Die anhypostatische Existenz Jesu in der Verkündigung der Gottesherrschaft erlangt ihre Eindeutigkeit mit der Auferstehung, durch die sich diese Existenz als die Selbstmitteilung und Selbstaussage des ewigen Wortes Gottes erweist.[562] Insofern die Beziehung des Logos auf den Selbstvollzug des Lebens Jesu einen Prozeß darstellt, kann man davon sprechen, daß die Inkarnation "im Werden" ist.

Der Begriff der "hypostatischen Union" erhält deshalb bei Jüngel einen neuen Bedeutungsgehalt, freilich ohne den genauen chalcedonensischen damit abzudecken. "Hypostatische Union" ist für ihn die Geschichte Gottes mit dem Menschen Jesus von Nazaret und ist damit selbst eine Geschichte, "insofern sie als eine vom Ereignis der unitio (des dreieinigen Gottes mit dem Menschsein Jesu) und von dem diesem Ereignis eignenden Werden *bewegte* unio hypostatica zu denken ist".[563]

2.2.2.3. Eine neue Gemeinschaft mit Gott

Anders als alle horizontalistischen Christologien, in denen Gott im Medium seiner Offenbarung dem Mittler des Heils letztlich äußerlich bleibt, d. h. seine Transzendenz verbirgt, geht Jüngel mit seinem Konzept der Identifikation Gottes mit Jesus davon aus, daß Gott in Jesus Christus tatsächlich als er selbst im Raum und in der Geschichte dieser Welt anwesend wird.[564] Insofern ist Jesus Christus Ort der Anwesenheit Gottes und definitiver Mittler in das Sein Gottes. Es ist allerdings nicht der Beginn des menschlichen Seins Jesu, sondern das Kreuzesereignis, durch das Gott seine Identifizierung mit Jesus behauptet. Damit ist die Christologie Jüngels, als deren erkenntnisleitendes Interesse die Gött-

---

[561] Jüngel, Jesu Wort, 133.

[562] Vgl. ebd., 141f: "Aber im Lichte des Auferstandenen, das auch diesen Sachverhalt erst recht beleuchtet und zu verstehen gibt, wird das *Werden* des ewigen Wortes Gottes als präveniente Zuwendung Gottes zu diesem Menschen und also das Verhältnis des Logos zu Jesus als Ermöglichung des Verhältnisses Jesu zum Vater offenbar. ... Denn jetzt wird mit der Enhypostasie Jesu im Worte Gottes offenbar, daß Jesu Sein in der Tat des Wortes *von der Gottesherrschaft* ein Sein in der Tat *des Wortes Gottes* war. ... Indem er nichts für sich selbst sein wollte, war er nicht nur bei Gott, sondern war zuvor schon Gottes Wort bei ihm. Das sich Jesus zuwendende Werden des Wortes wird aber in diesem seinem Werden erst da *offenbar*, wo Gott, der Vater, dieses Wort in Einheit mit diesem Menschen *neu* werden läßt, indem er den gestorbenen Jesus in ein neues Sein ruft: eben in Jesu Sein als Wort Gottes." Vgl. auch Webster, 36.

[563] Vgl. Jüngel, ebd., 137. Jüngel arbeitet diese dynamische Auffassung der hypostatischen Union in Anlehnung an Karl Barth, KD IV/2 heraus, der sich der in der Lutherischen Orthodoxie zu beobachtenden Tendenz entgegenstellte, die Menschheit Christi von der konkreten Geschichte abzulösen. Vgl. Dvorak, 235f.

[564] Vgl. Gott als Geheimnis, 478.

lichkeit (nicht Vergöttlichung) dieses Menschen Jesus v. Nazaret gelten kann, im Ansatz *staurologisch* verfaßt.

> "Weil allein im Glauben der abwesende Jesus Christus als Abwesender anwesend wird, läßt sich in der Tat nur glauben, daß Gott im Sein des Menschen Jesus zur Welt gekommen ist. Der Glaube nimmt dann allerdings auch die Spur des Kommens Gottes in Jesu Menschsein wahr. Er versteht den Menschen Jesus als vestigium trinitatis."[565]

Wo der Glaube in Jesus, und zwar im gekreuzigten Jesus Christus, die Spur Gottes wahrnimmt, wird das Denken auf den trinitarischen Hintergrund seines Todes, mit dem Gott sich identifiziert, verwiesen: Am Tode des ganz zu Gott gehörenden Menschen bewährt sich die Gewißheit des Glaubens: "Gott lebt."[566]

Bereits in der Schrift liegt ein erkennbarer Zusammenhang von Gottessohnschaft und trinitarischem Gottesverständnis vor.[567] Erst ein solches trinitarisches Gottesverständnis, wie es in der neutestamentlichen Botschaft deutlich zu erkennen ist, macht es möglich, eine neue, vom Menschen selbst nicht herbeiführbare Gemeinschaft mit Gott zu denken.

> "Ein neues Gottesverhältnis erschließt der Tod Jesu aber deshalb, weil sich das Sein Gottes aufgrund des Todes Jesu allererst in seiner *göttlichen* Lebendigkeit erschließt ... Als Sieger über den Tod erschließt sich Gott allererst als Gott. Indem der lebendige Gott in seiner Gottheit den Tod Jesu erträgt, indem er die Ewigkeit seines Seins mit dem Kreuzestod Jesu belastet, erweist er sein göttliches Sein als *lebendige* Einheit von Leben und Tod. Der Glaube, der sich der am Tode Jesu bewährten Gewißheit dieses lebendigen Gottes verdankt, verkündigt und erzählt die das Sein Gottes selber bestimmende Spannung zwischen ewigem Leben und zeitlichem Tod als Geschichte Jesu Christi. Und er denkt und bekennt diese Geschichte im Begriff des dreieinigen Gottes."[568]

Damit ist die Geschichte Jesu Christi nicht etwas, das Gott äußerlich bleibt, sie ist vielmehr so verfaßt, daß Gottes Sein sich von vornherein auf diese Geschichte hin ontologisch entwirft.[569] Dabei nötigt die Einheit von Gott und Jesus dazu, in Gott selbst eine Unterscheidung zu denken, jedenfalls dann, wenn diese Vereinigung nicht einfach mythologisch verstanden werden soll (so wie manche darin nur "the myth of God incarnate"[570] erblicken wollten). "Das neutestamentliche Kerygma, das die Identität des erhöhten Christus mit dem irdischen Jesus proklamiert und

---

565 Ebd., 479.

566 Ebd., 471.

567 Vgl. oben (Bibeltheologische Hinführung), 79; 104.

568 Gott als Geheimnis, 471.

569 Vgl. Jüngel, Tod Gottes, 115.

570 Vgl. Hick, The myth of God Incarnate, London 1977.

und erzählt, verlangt nach dem Begriff des dreieinigen Gottes, wenn es über seinen geschichtlichen Ursprungsort hinaus vor der Verwechslung mit mythologischer Göttergeschichte bewahrt werden soll."[571] So erweist sich für Jüngel die Trinitätslehre als "das soteriologische Lehrstück schlechthin"[572], da sie auf den Begriff bringt, was die Geschichte des Lebens Jesu, die eine Geschichte Gottes mit dem Menschen ist, erzählt:

> "Die christliche Lehre vom dreieinigen Gott ist der Inbegriff der Geschichte Jesu Christi, weil mit der Unterscheidung des einen Gottes in die drei Personen des Vaters, des Sohnes und des Heiligen Geistes die Wirklichkeit der Geschichte Gottes mit dem Menschen zu ihrer Wahrheit kommt. Die Trinitätslehre hat im Grund keine andere Funktion, als Gottes Geschichte so wahr sein zu lassen, daß sie verantwortlich erzählt werden kann. In der Trinitätslehre ist Gottes Geschichtlichkeit als Wahrheit gedacht."[573]

Diese Grundsätze bedingen aber epistemologisch das andere, daß Gott sich in dem Menschen Jesus Christus "als menschlicher Gott definiert hat".[574] In dieser Identifizierung mit dem Menschen liegt der Kern dessen, was mit der Rede von der Menschwerdung Gottes gemeint ist. "Menschwerdung Gottes" besagt für Jüngel, daß Gott die Geschichte des Menschen mit ihrer Endlichkeit, Vergänglichkeit und ihrem Sein zum Tode in sein ewiges Sein aufnimmt, indem er sich als Gott im Sohn von sich selbst unterscheidet. Die Christologie Jüngels ist formal nie von der Trinitätslehre zu lösen. Dies zeigt sich auch hier: Schon intertrinitarisch ist es das Proprium des Sohnes, das Verhältnis Gottes zum Menschen zu sein.[575] Da "Trinität" als rein immanente Bewegung von Hervorgängen, abgehoben von jedem Weltbezug, für Jüngel nicht zu denken ist, legt sich eine prozessualistische Trinitätsauffassung nahe, nach der die immanente Trinität (als "Ereignis Gottes") mit der ökonomischen Unterscheidung der göttlichen Personen identisch ist.[576]

> "Gerade in der *Selbstlosigkeit* der Menschwerdung Gottes ereignet sich demnach in nicht zu überbietender Weise die Selbstbezogenheit der Gottheit Gottes. Das ist der Sinn der Rede von der *Menschlichkeit Gottes*. Sie ist

---

[571] Gott als Geheimnis, 479; vgl. Dvorak, 316: "So bedenkt die Trinitätslehre die Geschichte Jesu Christi als eine das Sein Gottes selber bestimmende Spannung zwischen ewigem Leben und zeitlichem Tod im Begriff des dreieinigen Gottes auf eine Weise, daß dabei die *Initiative Gottes* mitgedacht wird."

[572] Vgl. Gott als Geheimnis, 471.

[573] Ebd., 472.

[574] Vgl. ebd., 470

[575] Vgl. Jüngel, Person, 81.

[576] Die Trinitätslehre Jüngels soll nicht eigens behandelt werden. Nur soviel sei angedeutet, daß sich Gottes relationale Selbstbezogenheit als eine "radikale Bezogenheit Gottes auf das ihm schlechthin Andere" (den zu schaffenden Menschen) ereignet. Vgl. Gott als Geheimnis, 509.

> nichts Zweites neben dem ewigen Gott, sondern das Ereignis der Gottheit Gottes. Deshalb ist die 'ökonomische Trinität' die 'immanente' Trinität und umgekehrt. Und insofern gehört der Gekreuzigte zum christlichen Gottesbegriff. Denn die Dahingabe des ewigen Sohnes Gottes geschieht in der zeitlichen Existenz dieses gekreuzigten Menschen Jesus."[577]

Es kann festgehalten werden: Die "Absolutheit Christi" zeigt sich schon deshalb als ein für Jüngel entscheidendes erkenntnisleitendes Interesse, weil er erstens von der "Absolutheit" der Heilszusage in Jesus Christus[578] und zweitens von der "Identifikation Gottes mit dem gekreuzigten Jesus" ausgeht. Daß Gott "im Sein des Menschen Jesus zur Welt gekommen ist", hat für ihn als ein "Axiom des christlichen Glaubens" zu gelten.[579]

2.2.3. Die Personwerdung des Menschen

Durch das Fehlen der metaphysischen Substanz-Kategorie greift Jüngel für den Personbegriff ausschließlich auf die Relation zurück.[580] Die ratio formalis der Person ist die Relationalität. Sie kommt als *ab alio – ad alium esse* sowohl bei der Person Jesu als auch bei allen anderen Personen zur Geltung. Jesus ist in seinem menschlich-einmaligen Sein dadurch bestimmt, sich ganz und gar von Gott zu empfangen – ein Umstand, der ihm die Freiheit gab, sich selbstlos hinzugeben. Gerade das aber machte ihn zum Menschen. Menschlich sein heißt, Gott für sich da sein zu lassen und dadurch selbst für die Menschen und Gott da zu sein.

> "Identität als Selbstidentifikation ist für den Glauben das Merkmal eines sich selbst gerade verlierenden Menschen. Denn der Mensch findet sich nach der Auffassung des Glaubens niemals bei sich selbst. Er kommt gerade nicht bei sich selbst zu sich selbst. Der Mensch kommt zu sich selbst, wenn er zu einem anderen als er selber ist, kommt."[581]

Die Personwerdung des Menschen steht im Kontext seiner durch Gott in Christus gewirkten Rechtfertigung[582]. Personwerdung ist dem Men-

---

[577] Ebd., 510.

[578] Vgl. ebd., 480.

[579] Vgl. ebd., 478.

[580] So hat das Personsein Jesu seinen Grund in einem "vorausgehenden Verhältnis Gottes zu ihm" und vollzieht sich seinerseits "als Verhältnis zu Gott". Vgl. ebd., 489.

[581] Jüngel, Der Gott entsprechende Mensch, 299.

[582] Jüngel entfaltet die Rechtfertigungslehre noch einmal in seinem Buch "Das Evangelium von der Rechtfertigung des Gottlosen als Zentrum des christlichen Glaubens", bes. 43–74. Dabei versteht er das Sein Jesu Christi "als Ereignis der Selbstentsprechung Gottes". Vgl. ebd., 66. An dieser Stelle heißt es sehr deutlich: "Allein in der Identität mit dem *gekreuzigten*, mit dem in seinem Fluchtod schlechthin *gottlos gemachten Christus* ist Gottes Gerechtigkeit so auf dem Plan, daß die sich selber *gottlos machenden Menschen* gerecht (das heißt Gott *entsprechende* Menschen) werden. In Jesus Christus

schen nur durch ein freies Gegenüber möglich, auf das er sich bezieht. Weil der Mensch nicht einfach aus sich selbst Person ist, ist der Gedanke folgerichtig, "daß es konstitutiv zum Menschsein des menschlichen Ich gehört, sich selbst aus der Begegnung mit einem anderen zu empfangen".[583] Der Mensch erweist sich darin als geschichtlich, daß sich sein Personsein im Laufe seines Lebens im Gegenüber zu Gott, der ihn anspricht und mit sich selbst beschenkt, erst zur Subjektivität entwickelt.

"*Die Menschlichkeit eines menschlichen Ich besteht darin, daß ich einen anderen für mich dasein lasse.* Das ist gemeint, wenn die Rechtfertigung des Menschen durch Gott als Definition des Menschen angeboten wird." [584]

Zu seinem Personsein kommt der Mensch nicht aus sich selbst, wie er auch sein Menschsein nicht selbst zu verantworten hat.[585] Das "Personsein des Sünders" ist dadurch garantiert, daß Gott ein Verhältnis zu ihm eingeht.[586] Es scheint, daß dem Menschen von schöpfungswegen – vorweg zu der an ihn ergehenden Anrede Gottes – kein personales Sein zukommt.[587] Dies hängt damit zusammen, daß personales Sein nach

---

gilt also beides: in ihm ist Gott gerecht und in ihm *werden* wir gerecht. Im gekreuzigten Jesus Christus entspricht Gott sich selber, und zwar so, daß er die ihm widersprechenden Menschen sich selbst zur Entsprechung bringt. In Jesus Christus koinzidieren Gottes Sein und unser Werden."

583 Jüngel, Der Gott entsprechende Mensch, 299. Im gleichen Aufsatz heißt es auch, durch das Ereignis des Kreuzes erhalte der Mensch Anteil an der Gottebenbildlichkeit Christi. Vgl. ebd., 305: "Die Imago Dei, die Jesus Christus *ist*, kommt hier als ein *Wortgeschehen am Menschen* in Betracht."

584 Ebd., 299; vgl. auch ders., Person, 95: Jüngel sieht das "Ziel menschlicher Identitätsfindung ... in der Ausbildung der Person-Identität des Menschen und d. h. in der Übereinstimmung menschlichen Seins in all seinen Verhältnissen mit dem Sein des Menschen vor Gott". Aufgrund seines – als Angesprochensein durch Gott gedeuteten – Personseins hat der Mensch das Vermögen, "Subjekt sein zu können". Im "Prozeß seiner Menschwerdung" habe er dieses Vermögen ontisch je neu zu realisieren. Vgl. ebd., 92. Jüngel dissoziert damit den Subjekt- und Personbegriff.

585 Vgl. Jüngel, Person, 64.

586 Vgl. ebd., 67; vgl. Jüngel, Rechtfertigung, 209 (mit Bezug auf Luther): "Der Glaube macht die Person: 'Fides facit personam'. Der Satz spricht dem Glauben diese personkonstituierende Bedeutung freilich nur deshalb zu, weil der Glaube Gott Gott sein und also *Gottes* Wirken zur Geltung kommen läßt. 'Der Glaube macht die Person' besagt also, 'daß die Person durch Gott durch den Glauben konstituiert wird'." Vgl. Luther, Die Zirkulardisputation de veste nuptiali. 1537 (WA 39/I, 283,1; 283,15f.)

587 Zeitlich fällt die Personwerdung des Menschen mit seiner Erschaffung zusammen, doch der Grund des Personseins ist die logisch davon zu unterscheidende Anrede durch Gott. Vgl. Jüngel, Person, 70: "Person ist, wer von Gott gleichursprünglich auf Gott und auf sich selbst angesprochen und zur Gottesgemeinschaft berufen ist. Der Mensch tritt als derart Angesprochener ins Dasein."

Jüngel nicht einen substantiellen Selbstand bedeutet.[588] Person ist nicht substantieller Selbstbesitz, *possessio sui ipsius*[589], aus der das *dominium sui actuum* folgt, und die das Wegschenken als Akt freier Hingabe erst möglich mache, sie ist ständig nur im Sich-Empfangen und Sich-Geben.

Aber, so soll hier gefragt werden, muß nicht der Mensch schon anfänglich personal als er selbst konstituiert sein, um dann, als Angeredeter, antwortend aus sich heraus treten bzw. sich auf den anderen einlassen zu können?[590] Auch wenn die Relation der Substanz gegenüber nicht als bloßes Akzidenz und als geringste aller Kategorien begriffen wird, kommt doch eine relationale Ontologie zur adäquaten Erfassung der Eigenwirklichkeit der Person ohne die Kategorie der Substanz nicht aus: Die liebende Selbsthingabe setzt das sich hingebende Selbst immer schon konstitutiv voraus, auch wenn die Relation für den Vollzug des Selbst unverzichtbar ist.

2.2.4. "Stellvertretung"

Das in seiner klassischen Form von Anselm von Canterbury aufgeworfene Problem der Stellvertretung wurde in der zeitgenössischen theologischen Literatur[591] verschiedentlich aufgegriffen und auch von Jüngel

---

[588] Mit seiner Kritik am Personbegriff Jüngels bringt E. Paulus im Fehlen jeder substantiellen Bestimmung, mit dem eine Überbeanspruchung des Relations- und Ereignischarakters der Person einhergeht, das entscheidende Defizit zum Ausdruck. Vgl. Paulus, 358: "Wie kann gedacht und begriffen werden, daß der als Mensch daseiende Mensch von Anfang an Person ist, daß das Werden zur Person nicht bedeutet, daß der bereits in irgendeiner Weise daseiende Mensch zur Person wird, nachdem er bereits ist und Sein hat? Konstituiert Anrede das Personsein, so setzt Anrede als solche bereits personales Sein voraus."
An die prozessualistische Auffassung Jüngels kann zu recht die Frage gestellt werden, ob nicht die "relationale Ontologie" um ihrers eigenen Anliegens willen dazu zwingt, "zur substantialen fortzuschreiten". Vgl. ebd. Paulus sieht die Möglichkeit, "Jüngels relational Subjekt-Ontologie aus der Schwebe zwischen existentialer Personwerdung und substantiellem Personsein" zu befreien. Eine Auflösung bietet für ihn die Trinitätslehre: "Steht das Paradigma der Ereignis-, Relations- und Subjektontologie exklusiv gegen jenes der Substanzontologie, dann geht der Streit keineswegs zwischen ontologischem und relationalem Verständnis der Trinität, sondern um das Verhältnis von Ontologie der Relation und Ontologie der Substanz in einer Ontologie der Person bzw. Personen, die in Gott real identisch mit Gottes Wesen sind." Vgl. ebd.

[589] Das Subjekt als Substanz denken zu wollen entspringt für Jüngel der Sorge des Menschen, verwechselt werden zu können. Die menschliche Sorge um die eigene Identität kann nur von Gott her überwunden werden. Vgl. Jüngel, Der Gott entsprechende Mensch, 301.

[590] Es sei hier auf das in Teil 4, Abschn. 4.3. mit Hilfe des Thomanischen Ansatzes entwikkelte Personverständnis verwiesen, das sowohl relationale wie substantiale Momente in sich befaßt.

[591] Vgl. Menke, Stellvertretung; vgl. auch Gäde, Barmherzigkeit.

neu bearbeitet. Die in zwei aufeinanderfolgenden *status* begriffene Existenz Jesu bedingt, daß sein heilschaffendes Tun an den Menschen jeweils unter zwei verschiedenen Gesichtspunkten betrachtet werden kann: nämlich zum einen aus der Perspektive des menschlichen Selbstverständnisses Jesu und zum andern unter dem Blickwinkel Gottes, der mit Jesu Leben im ganzen eine Absicht verfolgt. Bei der Frage nach dem stellvertretenden Handeln zeigt sich dieser Perspektivenwechsel, wenn Jesus das eine Mal an Gottes Stelle handelt und das andere Mal an Stelle des Menschen, den er vor Gott vertritt: Anhypostatisch haben wir es mit der Stellvertretung "des an Gottes Stelle handelnden Menschen Jesus" und enhypostatisch mit der Stellvertretung "des an unserer Stelle leidenden Gottessohnes" zu tun.[592]

Auf der Ebene des menschlichen Selbstbewußtseins Jesu gibt es keine die Menschen stellvertretende Hingabe Jesu in den Tod.[593] Jesus, der Gott vor den Menschen vertritt, ist in dieser Phase nicht ein – arianisch gedachtes – bloß geschöpfliches Wesen, existiert er doch durch die präveniente Zuwendung des Logos ganz vom Vater her.[594]

> "Daß Jesus den Tod, den das Gesetz dem Gottlosen bestimmt, erleidet, *weil* er diese Gottlosigkeit als solche identifiziert hat, das ist der sich in seiner Person austragende Konflikt des Gesetzes mit dem Gesetz."[595]

Wer sich auf das Gesetz richtet, um von ihm das Heil zu erhoffen, der läßt Gott nicht Gott sein, weil er nicht vom ihm, dem Gebenden und Kommenden, alles erwartet. Wegen dieser Anklammerung an das Gesetz mußte Jesus verschwinden: "Insofern hat ihn die Gottlosigkeit einer sich selbst rechtfertigenden Welt ans Kreuz gebracht."[596]

"Stellvertretung" ist der Begriff, den die theologische Tradition für dieses Geschehen bemühte, wie Jüngel in diesem Zusammenhang feststellt.[597] Der Kreuzestod Jesu wird aber erst durch eine neue, deutende

---

[592] Vgl. Gott als Geheimnis, 503, Anm. 54.

[593] Daß der Tod Jesu seiner eigenen Interpretation nach aus seinem Umgang mit dem Gesetz resultierte, wurde bereits angesprochen. Vgl. oben, 323; vgl. Gott als Geheimnis, 501: "Genau diesen Anspruch, selber durch Gottes Nähe ganz und gar beansprucht zu sein, machte ihm aber die sich auf das Gesetz berufende Frömmigkeit zum Vorwurf. Sie setzte gegen Jesu *freien* Umgang mit dem Gesetz ihren *gesetzlichen* Umgang mit dem Gesetz."

[594] Vgl. ebd., 504.

[595] Ebd., 503. Zur Funktion des Gesetzes, "den Sünder in Person zu identifizieren", vgl. Jüngel, Rechtfertigung, 85.

[596] Gott als Geheimnis, 502.

[597] Vgl. ebd., 503. Wie der Begriff "Stellvertretung" bei Jüngel verwendet wird, hat R. Dvorak genauer untersucht. Vgl. ders., 306f.

und identifizierende Initiative Gottes zur Stellvertretung im zweiten, eigentlichen Sinn: der Stellvertretung "des an unserer Stelle leidenden Gottessohnes". Sterbend repräsentiert er uns Menschen vor Gott in dem Augenblick, wo Gott sich in einem besonderen Akt mit ihm identifiziert. "Heilstod" für uns ist dieser Tod erst durch eine nachträglich zum Geschehen ergehende Qualifikation von seiten Gottes, die in der Auferstehung liegt:

> "Daß dieser Mensch *für uns* gestorben, daß er am Galgen *für uns* zum Fluch geworden ist, kann nur aufgrund eines die Gottverlassenheit dieses Todes *po*sitiv deutenden Ereignisses behauptet werden ... Um dem 'Fluch' dieses 'für uns' hinzufügen zu können, muß das Kreuz Jesu bereits als Kreuz Christi, als Kreuz des Sohnes Gottes interpretierbar sein."[598]

Die Auferweckung legt nicht bloß eine verborgene Dimension des Lebens Jesu offen, sie qualifiziert es neu mit einer Qualifikation, die in ihm selbst so noch nicht angelegt ist. Der Identifikationsakt Gottes mit dem toten Jesus begründet "Stellvertretung" und ist Heilsereignis.[599] Jüngel geht sogar so weit zu sagen, ohne jenen dem irdischen Leben gegenüber zeitlich späteren Akt Gottes hätten wir es im Leben Jesu mit einem tragischen Ereignis unter vielen zu tun.[600]

Festzuhalten bleibt: Die Auferstehung begründet also den Tod Jesu als Heilsereignis. Durch die nachträgliche Identifizierung Gottes mit dem Leben und Sterben Jesu gewinnt dieses eine Ganzheit und einen neuen Bedeutungsgehalt von Gott her – seine Heilsbedeutung.[601]

2.2.5. Die Identifikation Gottes mit dem toten Jesus

Der Tod ist nicht nur die Grenze und das Ende des Lebens, durch den alles, was die Person getan hat, ins Nichts zurückgenommen würde, sondern er ist "Integral" dessen, was im Leben der Person, besonders in ihren Freiheitsakten, geschehen ist. Der Tod nichtet nicht, er hebt das Geschehene auf und verleiht ihm den Status des Dagewesenen, das durch Definitivität und Unumkehrbarkeit bestimmt ist. Wenn man das Dasein des Sünders als ein von Gott abgewandtes Leben bezeichnen kann, dann wird sich der Tod des Sünders immer als das Integral seines

---

[598] Vgl. Gott als Geheimnis, 495f.

[599] Vgl. Jüngel, Das Sein Jesu Christi, 282.

[600] Vgl. Gott als Geheimnis, 503, Anm. 55.

[601] Vgl. zum Ganzen dieser zweistufigen Soteriologie den letzten Teil der wertvollen Arbeit von Th. Koppehl, bes. 318–323, der die für Jüngels Christologie systembildende Differenz zwischen der Intention des Logos mit dem Leben Jesu und dem in diesem selbst angelegten geschichtlichen Selbstvollzug Jesu mit großer Subtilität herausgearbeitet und darüber hinaus auf deren soteriologische Problematik hingewiesen hat.

Lebens in Gottferne einstellen. Nun könnte man meinen, der Tod Jesu sei dann eben das Integral seines Lebens in Gottesnähe und Gottverbundenheit. Dagegen steht aber, daß sein Tod ein gewaltsamer war, der ihn am Kreuz in die äußerste Gottverlassenheit führte.[602] Denn in seinem Tod kam eben "der von Jesus heraufbeschworene Konflikt des Gesetztes mit dem Gesetz zum Austrag", der im Hinblick auf sein Gottesverhältnis nicht ohne Erschütterungen verlaufen konnte. Dies führt Jüngel zu der paradoxen Formulierung:

> "Indem er sich ganz und gar auf Gott verließ, endete sein Leben im Ereignis totaler Gottverlassenheit. Die besondere Härte der Gottverlassenheit am Kreuz ist die Erfahrung der Gottverlassenheit im Horizont einer ganz von Gott her sich beziehenden Existenz."[603]

Wird das Sterben Jesu im Spiegel des Bekenntnisses betrachtet, dann erscheint es als ein Sterben *für uns*[604] und begründet eine "neue Gemeinschaft mit Gott".[605] Unter dieser Rücksicht wird der Tod Jesu "ein Ereignis zwischen diesem einen Menschen und Gott" oder "Gottes ureigenstes Werk".[606] Gott selbst ereignet sich im Tode Jesu, kann Jüngel sogar sagen.[607] Aus der Auferweckung Jesu[608] von den Toten wissen wir, "daß Gott sich mit diesem toten Menschen identifiziert hat".[609] Daher kommt der Auferweckungstat die entscheidende Bedeutung zu. Durch die Auferweckung wird Jesus nicht erst zum Sohn Gottes, aber sein ganzes Leben erscheint dadurch in einer neuen Perspektive.

2.3. Theologie vom Kreuz her – das Wesen Gottes

Christologie und Gotteslehre sind bei Jüngel eng ineinander verwoben, da es für die menschliche Erkenntnis nicht möglich ist, über einen philosophischen Anweg, legitimiert durch die Analogie des Geschaffenen,

---

602 Dem steht nicht entgegen, daß Jesus noch in seinem Verlassenheitsschrei lebendig auf Gottes Kommen insistiert. In ihm zeigt sich die "Erfahrung unverschuldeter, durch das Gesetz bewirkter Gottesferne". Vgl. Gott als Geheimnis, 495.

603 Ebd., 495.

604 An sich verhält sich der Tod Jesu gegenüber dieser Deutung indifferent. Vgl. oben, 337.

605 Vgl. ebd., 496: "Denn durch dieses *für uns* wird das Sein Jesu Christi nunmehr selber als die neue Gemeinschaft mit Gott ausgesagt, die Jesus angesagt und eröffnet hatte."

606 Vgl. ebd.

607 Vgl. ebd., 497.

608 Die Auferstehung ist ein Ereignis sui generis, das in allen anderen innerweltlichen Vorkommnissen keine Parallele hat und das als solches die dogmatische Frage nach Gott notwendig macht. Vgl. Paulus, 277.

609 Vgl. ebd.

einen gültigen Gottesbegriff zu gewinnen, ohne auf die definitive Offenbarung Gottes in seiner Menschwerdung zu rekurrieren, die die konkrete Geschichte des Menschen Jesus zum alleinigen Bezugspunkt jeder Theo-logie macht. Gott muß sich dem menschlichen Geist zuvor in seinem Wort erschließen, damit das Denken ihm im Glauben entsprechen oder seinem Wesen "nachdenken" kann. Deshalb war zuerst von Christus – als der Offenbarung Gottes – zu handeln. Jetzt kann gefragt werden, welche Konsequenzen die christologische Aussage von der Identifizierung Gottes mit dem toten Jesus für das Sein Gottes selbst hat.

2.3.1. Der Tod Gottes

Für Jüngel liefert die Christologie dem Theologen die Legitimation, vom "Tode Gottes zu reden". Wenn man vom Tod Gottes spricht, so kann dies auf sehr verschiedene Weise[610] geschehen: Einmal kann dies so verstanden werden, daß der metaphysische Gottesbegriff obsolet geworden sei und der Tod Gottes sich lediglich auf unsere Begriffe über Gott beziehe, die es zu destruieren gelte. Dieses Verständnis sage nun aber nichts über das Wesen Gottes selbst aus. Damit gehöre die Rede vom Tod Gottes in ein Kapitel, das die letzten zweihundert Jahre europäischer Geistesgeschichte zu Ende schreiben will.[611] So hat die Gott-ist-tot-Theologie diese Rede verstanden, wobei es dahingestellt sei, ob sie die Existenz Gottes noch irgendwie gelten läßt oder von seiner Existenz bereits Abschied genommen hat.[612] Sie hat den Tod jedenfalls nicht in Gott selbst hineinverlegt.

Daß Gott tot sei, läßt sich auch so verstehen, daß Gott undenkbar geworden sei. So ist der Ausdruck etwa bei Feuerbach "eine in sich paradoxe Chiffre für den Anfang des Endes der Metaphysik".[613] Oder es läßt

---

[610] Vgl. Tilliette, 258: "Der Tod Gottes des 20. Jahrhunderts ist mehrdeutig, da er sowohl den entschiedenen Atheismus als auch die legitime (und manchmal bequeme!) Ablehnung des Aberglaubens, der Idolatrie und des Opiums für das Volk zum Inhalt hat. Gewiß ist, daß er die Dämonen des vorangehenden Jahrhunderts nicht ausgetrieben hat."

[611] Vgl. Jüngel, Tod, 109.

[612] Es geht der sogenannten "Gott-ist-tot-Theologie" – unter Berufung auf K. Barth, D. Bonhoeffer und P. Tillich – darum, den von seiner überweltlichen Transzendenz befreiten Gott in seiner diesseitigen Aktualität zu denken. Der theistische Gott ist für den Menschen im modernen naturwissenschaftlichen Zeitalter unerfahrbar und funktionslos. Von Gott zu reden, müsse im Horizont des Atheismus geschehen. Für D. Sölle, auf die Jüngel mehrfach anspielt, geschieht Gott "in dem, was zwischen Menschen geschieht". Vgl. dies., Recht, 66; vgl. dies., Stellvertretung, 148ff; 155; vgl. Seigfried, 953–954.

[613] Vgl. Gott als Geheimnis, 275: "Der dieser Chiffre zugrunde liegende Gedanke von der Undenkbarkeit Gottes ist aber selber noch durchaus metaphysisch, insofern er sich seinerseits stringent aus dem Ansatz der neuzeitlichen Metaphysik ergibt. Zwar meldet

sich in dem Sinne Nietzsches verstehen, der keineswegs nur die Denkbarkeit des metaphysisch gedachten Gottes bestritten hat, weil für ihn natürlich feststand, daß es Gott sowieso nicht gibt, und der gemeint hat, der Mensch könne den Gott, auch den christlichen Gott am Kreuz, der der Konkurrent seiner freien Selbstermächtigung sei, in jeder Hinsicht abschaffen. Seine Existenz stehe der Selbstwerdung des Menschen im Wege.[614]

Jüngels Intention ist es hier, folgenden Gedanken freizulegen: Wenn man im Rahmen der Metaphysik verbleibt, dann läuft die Rede vom Tod Gottes darauf hinaus, "daß ein wirklicher *Tod* Gottes überhaupt nicht gedacht werden darf".[615] In seiner eignen "solutio" des Gottesgedankens greift er über die ihm zu flach erscheinende Gott-ist-tot-Theo-

---

sich im Wort 'Gott ist tot' das Ende der Metaphysik an, sofern diese sich selbst als Theo-onto-logik begriff. Aber als einer der letzten Gedanken der Metaphysik gehört der so verstandene Gedanke vom Tode Gottes durchaus noch zu dieser."
Kann man aber überhaupt von einer "onto-theologischen" Konstitution der Metaphysik sprechen? Für Kant dient der Begriff "Ontotheologie" zur Charakterisierung des ontologischen Gottesbeweises. Vgl. KrV B 630. Die Ontotheologie fällt unter die "transzendentale Theologie", die durch Vermittlung von transzendentalen Begriffen wie "ens originarium", "realissimum" oder "ens entium" ihren Gegenstand denkt, also nicht den Weg weltlicher Erfahrung (Bewegung, Veränderung) zu Gott als Erstursache geht. Vgl. ebd., B 659. Anders als Kant gebraucht Heidegger den Begriff, um damit eine Metaphysik zu kennzeichnen, die die Frage nach dem Seienden als solchen und seiner ersten "Ursache" stellt. Dadurch kommt "der Gott in die Philosophie". Vgl. Heidegger, Identität, 46. Sofern nun die traditionelle Metaphysik das Sein mit Gott identifiziert, sind beide, Ontotheologie und Theologie, miteinander verwoben. Vgl. ebd., 50. Für die Verwendung des Begriffes bleibt bei ihm sein Geschichtsverständnis leitend, wie es im II. Teil von "Sein und Zeit" bekanntlich entwickelt werden sollte. Es lag in Heideggers Absicht, vom Standpunkt eines neugewonnenen Sinnes von Sein die Geschichte der Ontologie zu destruieren. Vgl. ders., Sein und Zeit, 20f., 39. Jüngel lehnt sich an das von Heidegger geprägte Verständnis an. Danach ist die ontotheologische Wesensverfassung der Metaphysik eine vorläufige, zu überwindende, eine Etappe der "Irre", die zu "verwinden" wäre. Vgl. ders., Identität, 65. Wegen dieser historischen Belastung ist der Begriff m. E. ungeeignet, eine angemessene Verhältnisbestimmung von Metaphysik und Theologie sowie eine begrifflich klare Abgrenzung der Gegenstandsgebiete zu erlauben. Angebrachter scheint es, natürliche Theologie und Offenbarungstheologie in ihrer formalen Unterschiedenheit, die das Mittelalter im verschiedenen *subiectum* der Metaphysik und Theologie fixierte, durchzuhalten, wobei die begriffliche Verwiesenheit der Theologie auf Metaphysik durchaus beachtet werden kann. Weder für Thomas v. Aquin noch Duns Scotus fällt Gott irgendwie unter das *subiectum* der Metaphysik.

614 Vgl. Gott als Geheimnis, 278f: "Neben die dargestellte These, daß der metaphysisch gedachte Gott die Vergänglichkeit nicht vertragen kann, tritt die entgegengesetzte Behauptung, daß die – angeblich metaphysikfrei verstandene – Vergänglichkeit den 'Gott am Kreuz' nicht vertragen kann. In diesem Sinne verwendete Nietzsche das Wort 'Gott ist tot'. Seine Gedanken kommen der von ihm bekämpften christlichen Wahrheit besonders nah. Sie verdienen besondere Beachtung."

615 Vgl. ebd., 278.

logie hinaus, indem er das Sein Gottes den Tod einholen läßt: Gottes Sein ist ein "a se in nihilum ek-sistere".[616] Immer schon als verströmender Überfluß aus sich herausgehend, bezieht Gott sich auf das Endliche, den endlichen todverfallenen Menschen, ohne daß er sich durch diese Beziehung von sich selbst abwenden würde. Gott läßt sich in seinem eigenen *esse* auf das Nichts ein. Er nimmt den Tod in sich hinein, um ihn in sich selbst zu überwinden. Damit ist der Tod als ein Gott selbst betreffendes Ereignis gedacht, das Gott nicht in sicherer Distanz, gleichsam a-pathisch, geschehen läßt. Gerade diese Vorstellung von Gottes ursprünglicher Selbstbeziehung auf den Tod gibt Jüngel wieder Grund, gegen die Axiome der klassischen Gotteslehre, besonders gegen das Axiom seiner puren *actualitas*, seines *omnino simplex esse* und seiner möglichkeitslosen *impassibilitas* zu polemisieren. "Gottes Leben schließt den Tod nicht aus, sondern ein", kann er sagen.[617] Gott ist stark genug, den Tod in sich zu verschlingen.

Der Theismus und damit auch die Metaphysik in ihrer theo-onto-logischen Verfaßtheit[618] ist zu verwinden, damit der von sich selbst her redende Gott, der sich am Kreuz endgültig definiert, für den Glauben zur Sprache gebracht werden kann. In diesem Sinne akzeptiert Jüngel auch die erstgenannte Bedeutung der Rede vom Tode Gottes, derzufolge der geistesgeschichtliche "Tod Gottes" – der Atheismus – als kritisches Moment christlicher Theologie im Gottesbegriff selbst zur Geltung zu bringen sei. Durch die Einführung dieses Postulates, daß der metaphysische Gottesbegriff nicht mehr gelte, wird der Atheismus gewissermaßen selbst zu einer objektiven Bestimmung Gottes gemacht. Jüngel will jedoch nicht bei diesem Verständnis stehenbleiben, sondern zu einer gegenüber dem neuzeitlichen Atheismus viel älteren und tiefergehenden Bedeutung des Wortes vom Tod Gottes zurückgehen, sei doch der Atheismus nur eine unabweisbare Folge der Selbstzersetzung des metaphysischen Gottesgedankens. Diese ursprünglichere und an Aussagekraft reichere Bedeutung macht er in seinem Aufsatz "Vom Tod des lebendigen Gottes" mit Hegel bei Luther aus, der gerade im Hinblick auf das Kreuz die Implikationen des Sterbens Christi für unseren Gottesbegriff zum Ausdruck bringt. Wenn Jüngel hier auf Luther zurückgeht, so zeigt dies, daß er nicht in abstracto über die dialektische Zuordnung von Sein und Nichts philosophieren, sondern ganz konkret vom Kreuzesge-

616 Vgl. ebd., 303.

617 Vgl. ebd., 299.

618 M. Heidegger, an den sich Jüngel hier anlehnt, würde von der "onto-theo-logischen Verfaßtheit" der Metaphysik sprechen. Vgl. dazu oben, 340, Anm. 613.

schehen ausgehen will, in dem Gott sich uns definitiv offenbart hat. Darin tritt der "christologische Ursprung theologischer Rede vom Tode Gottes"[619] hervor.

Den unmittelbaren Anlaß, über den Tod Gottes in Hinblick auf das Kreuz in einer Weise nachzudenken, die den metaphysischen Gottesbegriff sprengt, findet Jüngel in einem Hegel-Zitat aus der "Philosophie der Religion", das ein lutherisches Karfreitagslied aufgreift: "Gott selbst ist todt."[620] Inwiefern Gott selbst am Kreuz leidet und stirbt, kann nur von der Christologie her geklärt werden und hier insbesondere durch das christologische Dogma, für das Hegel bekanntlich eine große Sympathie empfand, weil es – im Gegensatz zu den Vertretern der liberalen protestantischen Theologie – eine jedenfalls für die Epoche der "Offenbarungsreligion" ernstzunehmende Grundlage für seine "metaphysische" Deutung der Gott-Mensch-Einheit bot.[621]

Ausgangspunkt der christologischen Überlegung über die gott-menschliche Einheit in Jesus Christus ist die Luther'sche Interpretation des Dogmas von Chalcedon und der daraus folgenden Idiomenkommunikation, die sich von der nachchalcedonensischen Theologie, von Scholastik und Spätscholastik wie auch von Zwingli deutlich abhebt. Luther hat hier ganz eigene Wege beschritten, als er das Verhältnis der beiden Naturen in Christus zur einen Person als geschichtlich vermittelte *unio* dachte, die über ein bloßes "Beieinander zweier Naturen" hinausführt und in der "weder die Gottheit noch die Menschheit von der Person abstrahiert werden können und deshalb auch die Gottheit nicht mehr von der Menschheit abstrahiert werden darf".[622] Der gegenüber der Scholastik veränderte Personbegriff führt im Vergleich mit Chalcedon zu einer anders gelagerten christologischen Axiomatik, auf deren Basis eine bis dahin immer ausgeschlossene Prädikation möglich wird:

Der Vorbehalt Jüngels hinsichtlich der klassischen Lehre von der Idiomenkommunikation, für die es in der späten Scholastik genaue sprachlogische Regeln gab, richtet sich in seiner Interpretation, die sich Lu-

---

619 Vgl. Jüngel, Tod, 111ff.; vgl. Klimek, 64: "Die Theologie kann nach Jüngel zweierlei von Hegel lernen: Das eine ist der christologische Ursprung der Rede vom Tode Gottes. Das andere ist die Feststellung, daß der Atheismus als gegenwärtige Situation der Neuzeit den Gottesbegriff nicht nur von außen bestimmen darf."

620 Vgl. Jüngel, Tod, 111ff.; vgl. Hegel, Philosophie der Religion II, 297.

621 Vgl. Jüngel, ebd., 110: "Die Rede vom Tode Gottes ist bei Hegel zweifellos eine metaphysische Rede. Aber die metaphysische Rede vom Tode Gottes ist bei Hegel sich ihres christlichen Ursprungs bewußt geblieben." Einen guten Überblick über die Hegel-Rezeption Jüngels gibt Klimek, 61–76.

622 Vgl. Jüngel, Tod, 114.

thers Argumentation hier zu eigen macht, auf den Ausschluß einer "ontischen Kommunikation der beiden Naturen", was wohl dahingehend verstanden werden muß, daß die Eigenschaften der einen Natur nicht jeweils auf die andere übergehen.[623] Darauf soll in einigen Absätzen etwas näher eingegangen werden, die zugleich dem Fortgang des Gedankens von Jüngel dienen:

Luther durchkreuzt die Regel, nach der die Eigenschaften der Naturen nur von dem konkreten Subjekt, nicht aber unmittelbar voneinander prädiziert werden dürfen – eine Regel, die zur Folge hat, daß der Satz "Gott hat gelitten" zulässig ist, wenn man mit "Gott" das Subjekt, also die zweite göttliche Person meint, während die Aussage "Die Gottheit hat gelitten" unzulässig ist. Für Luther macht letzteres durchaus Sinn, denn die Prädikate, die ein Leiden beinhalten, kommen für ihn auch der göttlichen Natur als solcher zu.[624] "Person" besagt nach Luther denn auch soviel wie das Aktzentrum der Natur, das alle zeitlichen Ereignisse vollzieht oder an sich erleidet.[625] Mit den mühevollen Begriffsklärungen eines Augustinus, Petrus Lombardus oder gar eines Peter d'Ailly oder Gabriel Biel, die Begriffe wie "Person" und "Wesen" mit dem Instrumentarium der Logik schrittweise auf einen bestimmten Gebrauch festgelegt haben, gibt sich Luther nicht zufrieden. In der Trinitätslehre, in der die ganze Auseinandersetzung um den Personbegriff eine noch größere Rolle spielt, meint er, die ganze Schwierigkeit, die sich mit diesen Distinktionen stellt, mit der Festlegung auflösen zu können, "Person" sei ein gemeinsamer Name, das "Wesen" eine gemeinsame Sache.[626]

Gerade in der Christologie muß der veränderte Personbegriff beachtet werden, weil hier die soteriologische Absicht im Vordergrund steht: Die Funk-

---

[623] Vgl. ebd., 112: "Eine Prädikation, die eine ontische Kommunikation der beiden Naturen aneinander zur Geltung brächte, ist ausgeschlossen. ... Zu einer wesensmäßigen communicatio idiomatum der beiden Naturen kann es nicht kommen, weil das Sein der Person von der durch sie vollzogenen unio naturarum nicht berührt werden darf."

[624] Neben ganz traditionellen, d. h. chalcedonensischen Aussagen findet sich bei Luther eine Reihe von Regeln, denen zufolge zwar nicht die abstrakte, wohl aber die konkrete göttliche und menschliche Natur durch den in der Inkarnation herbeigeführten "Tausch" die Eigenschaften der jeweils anderen Natur annehmen. Vgl. z. B. *De divinitate et humanitate Christi* (WA 39/II,98): "Es sind jene Naturen persönlich in der Einheit der Person verbunden. Es gibt nicht zwei Söhne, nicht zwei Richter, nicht zwei Personen, nicht zwei Jesus, sondern wegen der vereinten Verbindung und Einheit der Naturen findet eine Mitteilung der Eigentümlichkeiten statt, so daß, was einer Natur zugeschrieben wird, auch der anderen zugeschrieben wird, denn es wird eine Person."

[625] Vgl. Jüngel, Tod, 113; vgl. Luther, ebd. (WA 39/II,111): "Jene Einheit der beiden Naturen in der einen Person ist so groß, daß sie in der Prädikation gleichgestellt sind, sie sich ihre jeweiligen Eigentümlichkeiten gegenseitig zu eigen geben, gleich als ob jene Person nur Gott oder nur Mensch wäre." Auf diese Weise gelten alle göttlichen und menschlichen Prädikate, auch jene, die eine zeitliche Veränderung einschließen, uneingeschränkt von der einen Person und damit eben auch von der göttlichen Natur.

[626] Vgl. Luther, Randbemerkung zu *Distinctio* 25 der Sentenzen des Petrus Lombardus (WA 9,48,23f.). Zur Auseinandersetzung Luthers mit den "Nominalisten" Scotus, Ockham, Biel um den Personbegriff vgl. Wienecke, 126–129; 172–181.

tion Christi als des Erlösers wäre stark herabgesetzt, wenn nicht Gott als Gott in Christi Leiden involviert wäre. "Denn wenn ich das glaube, daß allein die menschliche Natur für mich gelitten hat, so ist mir der Christus ein schlechter Heiland, so bedarf er wohl selbst eines Heilands."[627]

Im Zusammenhang mit der Abendmahlslehre ist Luther daran interessiert, daß die Eigenschaften der göttlichen Natur (Unendlichkeit, Ubiquität) auch von der menschlichen Natur Christi prädiziert werden können.[628] Trotzdem wird man sagen müssen: Luther und auch Jüngel liegt außerhalb dieses Schemas, mit dem die Realpräsenz im Abendmahl begründet werden soll, nichts an einer Vergöttlichungslehre, da doch gerade der bleibende Unterschied von Gott und Mensch für das Verständnis des Heilswerks konstitutiv ist. Gott bezieht sich in Christus auf das Andere als Anderes, um es in seinem Anderssein zu bestätigen.

Gott macht sich jedoch in seinem Akt die Geschichte des Menschen Jesus mit seinem Leiden und Sterben zu eigen. Dies geschieht in der Weise, "daß mit der *Person* Jesu Christi auch die Gottheit Gottes in ihrem Sein von diesem Akte *bewegt* wird".[629] Vom Tode Gottes zu reden, ist einer an Luthers Kreuzesverständnis orientierten Theologie geradezu aufgegeben, denn nur in der Rede vom Tode Gottes kommt die Wirklichkeit Jesu Christi zu ihrer Wahrheit. Darum ist diese Rede zum einen notwendig. Sie ist aber auch möglich. Und möglich wird sie durch das von Luther gegen die scholastische Theologie eingeführte Verständnis der Idiomenkommunikation.[630] Dies sei hier nochmals betont. Luther geht es dabei nach Jüngel um mehr als die logische Möglichkeit von Aussagen, er ist vielmehr von der Notwendigkeit dieser Prädikation überzeugt, weil daran nach seiner Auffassung die ganze aus der Christologie herzuleitende Soteriologie hängt: "... die Theologie hat die soteriologische Implikation des pro nobis nur, weil Gott in der Person Jesu Christi gelitten hat und gestorben ist. Die Rede vom Tode Gottes setzt das Ereignis des Todes Gottes voraus. Der wahre Ursprung der Rede vom Tode Gottes ist das geschichtliche Ereignis des Todes Jesu von Nazareth."[631]

Wie das Denken Jüngels, so ist auch das Denken Luthers antimetaphysisch ausgerichtet. So heißt es in der Vorlesung über den Hebräerbrief: "Wer heilbringend zur Liebe und Erkenntnis Gottes aufsteigen will, der verlasse die menschlichen und metaphysischen Regeln zur Erkenntnis der Gottheit Christi und übe sich zunächst in Christi Menschheit."[632]

---

[627] Vgl. Luther, Vom Abendmahl Christi. Bekenntnis (WA 26,319) – zitiert nach Jüngel, Tod, 114, verdeutscht von mir.

[628] Vgl. ders., Predigt von 1528 (WA 27,127): "Was der göttlichen Natur anliegt, wird der menschlichen zugeschrieben."

[629] Vgl. Jüngel, Tod, 115.

[630] Nach seiner Vertauschung der Prädikationsregeln kann z. B. "Mensch" durchaus für den Gottessohn supponieren. Vgl. Luther, Disputatio de sententia: Verbum caro factum est – Joh 1,14 (WA 39II,12). Dann aber kann man legitimerweise zu der Aussage kommen: "Vere dicitur: Iste homo creavit mundum et Deus iste est passus, mortuus, sepultus etc." Vgl. Luther, De divinitate et humanitate Christi (WA 39/II,93). Zitiert nach Jüngel, Tod, 115.

[631] Jüngel, ebd., 115.

[632] Vgl. Luther, Predigt (WA 57, Heb 99,5f.).

An der chalcedonensischen Aussage, daß die beiden Naturen Christi unvermischt und ungetrennt in einer Person zusammenkommen, ist Luther selbst nicht in erster Linie interessiert. Er betrachtet Christus fast ausschließlich von seinem Amt her, d. h. in seiner Funktion "für uns": "Wir müssen den Herrn Jesum Christum nicht nach dem ansehen, was er für sich selbst ist, denn er ist Gott und bedarf nicht, daß er mit sich selbst einen Bund mache, sondern wir müssen ihn ansehen nach seinem Amt."[633] Zwar benutzt Luther die Zwei-Naturen-Terminologie von Chalcedon, ordnet sie aber so in seine Theorie der Rechtfertigung ein, daß Aussagen, nach denen die Gottheit in sich selbst Tod und Sünde verschlungen habe, mithin selbst gestorben sei, zulässig werden. Wenn man die theologische Entwicklung bedenkt, die Chalcedon vorausging, wird man zugeben müssen, daß Luther (jedenfalls nach der Interpretation Jüngels) gegen die ursprüngliche Intention der Väter bei einem völlig anderen Verständnis der Vereinigung von Gott und Mensch in der einen Person Christi anlangt, war doch die Sorge um die in der Formulierung durchgehaltene unvermischte Transzendenz der göttlichen Natur ein treibender Faktor für jenes theologische Denken, das in die Konzilsdefinition des "unvermischt und ungetrennt" mündete. Legt man dagegen an die Aussagen Luthers die chalcedonensische Definition als Kontrastfolie an und berücksichtigt man die Spannungen, aus denen sie hervorgegangen ist, so kommt die christologisch begründete Rede vom Tod Gottes der Einführung einer neuen Axiomatik in der Christologie gleich.

Jedes theologische Sprechen über Gott muß sich für Jüngel am Ereignis des Kreuzestodes Christi, das uns die Berechtigung gibt, vom Tod Gottes zu handeln, messen lassen. Indem er auf die von Luther herkommende Bedeutung des "Todes Gottes" zurückgeht, wobei der hermeneutische Grundsatz als theologisches Leitprinzip dient, daß Gott sich für uns überhaupt erst am Kreuz offenbart hat, wird der Tod für Jüngel zu einer Dimension, die in die Geschichte Gottes mit uns hineinspielt. So kann er nach der Bedeutung des Todes Gottes für das Sein Gottes wie nach der Bedeutung dieses Todes für den Tod fragen.[634]

Um Jüngels an Wortspielen und metaphorischen Ausdrücken reichte Argumentation zu verfolgen, mag es hilfreich sein, wenn man sich die unter 2.1.3. skizzierte Destruktion des (neuzeitlich-) metaphysischen

---

633 Ders., Hauspostille. 1544 (WA 52,605); vgl. auch Predigt 1525 (WA 16,217f): "Christus ist nicht für sich eine Person, daß er ohne Makel, für seine Person gerecht sei; damit hätte er für sich genug, ich aber nichts. So haben ihn die Sophisten gemalt, wie die Menschheit gekommen ist in die Gottheit (humanitas venerit in Divinitatem). Christus wird nicht deshalb Christus genannt, weil er die Natur der Menschheit und der Gottheit besitzt, sondern von dem Amt und Werk, das er auf sich genommen hat; nicht daß er Fleisch und Blut angenommen hat, sondern daß dieses für uns geflossen ist. Das macht uns zu Christen."

634 Vgl. Jüngel, Tod, 116; vgl. auch ders., Tod als Geheimnis, 346: "Daß im Tode Jesu Christi mit dem Tode selber etwas geschehen ist, ist zweifellos eine etwas mythologische Redeweise. Ihre anthropologische Wahrheit besteht jedoch darin, daß dieser eine Tod den Tod aller Menschen betrifft und sozusagen verändert."

Gottesbegriffs und dessen Implikate (Unveränderlichkeits-, Ewigkeitsaxiom etc.) vergegenwärtigt. Markierte Hegel gewissermaßen den Endpunkt des metaphysischen Denkens über Gott, indem er den metaphysischen Gedanken vom Tode Gottes mit dialektischer Notwendigkeit aus seinem universalen System hervorgehen ließ, so kommt es Jüngel darauf an, theologisch den Gedanken vom Tod des metaphysischen Gottes zu fassen und darüber hinaus zu denken. Dies aber ist nicht das Geschäft der Philosophie und kann es gar nicht sein, sondern Sache der Theologie. Jüngel geht also von der geschichtlichen Offenbarung in Christi Leben und Sterben her auf den Gottesgedanken ein. Um dabei in Richtung einer staurologischen Radikalisierung des Gottesgedankens vorzudringen, greift Jüngel den Ansatz K. Barths auf, nach dem das Sein Gottes – im Sinne einer "Urentscheidung Gottes" zum Tod – in letzter Konsequenz vom Ereignis des Todes Jesu zu begreifen ist.[635] Auch für Barth hat das Offenbarungsgeschehen die Verwerfung jedes Gottesgedankens zur Folge, der aus einem von der *similitudo* der geschaffenen Dinge ausgehenden "*ascensus mentis in Deum*" geboren wird.[636]

Vorgängig zum Ereignis des Kreuzes, in dem Gott sich als Gott definiert[637], kann der Mensch sich überhaupt keinen Gottesbegriff bilden, der gewissermaßen als Rahmen dient, in den wie in ein Koordinatenkreuz die geschichtlichen Heilsereignisse einzutragen wären. Daher kann Jüngel auch sagen, Gott erweise sich nicht ohne den Tod als Gott.[638] Gottes Gottsein ist "vom Ereignis dieses Todes her zu versehen"[639] und die Auferstehung als "Akt seines Seins vom Ereignis seines Todes her".[640]

---

635 Vgl. ders., Tod; vgl. Barth, KD II/2, 85. Jüngel setzt sich aber in dem Punkt von Barth ab, daß er Gottes Sein nicht in der Dimension der Negation belassen will, während für Barth selbst "Gott für sich den Tod und für den Menschen das Leben erwählt" hat. Vgl. Jüngel, Tod, 117, Anm. 27.

636 Zu beachten ist m. E. der bestimmende *point du départ de la théologie* bei Barth: die radikale Ablehnung der analogia entis. Alle vom Menschen selbst gebildeten begrifflichen Konzepte müssen in der Anwendung auf Gott versagen. Nur durch die "analogia fidei", die ihr Gleichnis aus der Wort-Offenbarung, also von oben her empfängt, geht dem menschlichen Denken auf, wer Gott ist. Damit es aber unter dieser Voraussetzungen nicht zu einer "Entweltlichung Gottes" kommt, spricht Jüngel von einer "unentbehrlichen Analogie", kann aber wegen der getroffenen Vorentscheidungen die klassische Analogielehre nicht gelten lassen. Vgl. Gott als Geheimnis, 358.

637 Vgl. ders., Tod, 119.

638 Vgl. ebd., 122.

639 Vgl. ebd., 119.

640 Vgl. ebd.

Ontologisch relevant wird der Tod Jesu, weil Gott den Tod in seinem negierenden Wesensakt in sein eigenes Sein hineinnimmt, indem er "den toten Jesus als lebendigen Gottessohn definiert"[641] und aus dieser Identifikation heraus die Auferstehung geschehen läßt. Ähnlich wie bei Hegel, für den sich Gottes Sein in das Endliche als das andere seiner selbst auskehrt, um es dann wieder als das Negative in sich zu negieren (negatio negationis)[642], läßt Gott sich auf das ihm am meisten Fremde oder Entgegengesetzte, den Tod, ein, damit er auf der einen Seite durch die an sich selbst geduldete Negation "in seinem Sein Raum schafft für anderes Sein"[643], und sich auf der anderen Seite gegen die nichtende Macht des Todes behaupte:

> "Im Ereignis des Todes Jesu treffen Gottes Wesen und des Todes Wesen so aufeinander, daß das Wesen des Einen am Wesen des Anderen das eigene Wesen in Frage stellt. ... Diese gegenseitige Infragestellung endet, und zwar mit Jesu Auferweckung. Indem Gott den *Tod erlitten* hat, hat nicht der Tod sich behauptet. Sondern gerade so, den Tod erleidend, hat Gott sich behauptet."[644]

Gottes Sein und der das Nichts repräsentierende Tod sind keine unvermittelbaren Gegensätze mehr – wie in der klassischen Metaphysik –, sondern Gott bezieht sich am Kreuz positiv auf den Tod, um ihn in sich zu überwinden.[645] Diese Vermittlung zur Auferstehung bedeutet aber Kampf.[646] Gott ist nur insofern unvergänglich, als er sich der Vergäng-

---

[641] Vgl. ebd.

[642] Für Hegel ist der Tod die "höchste Spitze" der Endlichkeit, die "höchste Negation". Die göttliche Idee selbst erleidet und schaut im Tode Christi ihre höchste Entäußerung. Vgl. Hegel, Philosophie der Religion II, 295: "Dieser Tod ist die Liebe selbst, als Moment Gottes gesetzt, und dieser Tod ist das Versöhnende. Es ist die Identität des Göttlichen und des Menschlichen, daß Gott im Endlichen bei sich selbst ist und dies Endliche im Tode selbst Bestimmung Gottes ist. ... Die Negation ist damit überwunden, und die Negation der Negation ist so Moment der göttlichen Natur." Vgl. ebd., 292: "Der Tod Christi ist aber der Tod dieses Todes selbst, die Negation der Negation. ... Am Tode Christi ist dieses Moment zuletzt noch hervorzuheben, daß Gott es ist, der den Tod getötet hat, indem er aus demselben hervorgeht; damit ist die Endlichkeit, Menschlichkeit und Erniedrigung als ein Fremdes an Christo gesetzt als an dem, der schlechthin Gott ist. ... Es ist die unendliche Liebe, daß Gott sich mit dem ihm Fremden identisch gesetzt hat, um es zu töten." Vgl. ebd., 291: "Gott ist gestorben, Gott ist tot – dieses ist der fürchterlichste Gedanke, daß alles Ewige, alles Wahre nicht ist, die *Negation selbst in Gott ist*."

[643] Vgl. Jüngel, Tod, 120.

[644] Ebd.

[645] Vgl. Tilliette, 261: "Es bleibt aber der tiefe, bei Hegel das Kennzeichen des (beständig) Provisorischen erhaltende Gedanke, der sich heutzutage in viele theologische Schriften einschleicht oder in ihnen angedeutet wird, daß 'das Menschliche, die Endlichkeit, die Schwäche, das Negative (...) ein Moment des Göttlichen ist und in Gott ist'."

[646] Vgl. Gott als Geheimnis, 297.

lichkeit aussetzt. Gottes Sein und Leben erweist sich als "zum Tode fähig".[647] So kann Jüngel sagen, "daß der Gott am Kreuz nicht nur die Negation aller eigenmächtigen Gottesgedanken ist, sondern positiv zugleich ein das Nichts, das in aller Vergänglichkeit west, mit seinem eigenen Sein konfrontierender Gott".[648] Hat aber der Tod einen Ort im Sein Gottes[649], dann ist Gottes Leben ein Sein in der Zeit.[650] Es ist geschichtlich verfaßt. Als solches bleibt es im Kommen: "Gottes Sein ist also nicht mehr als omnio simplex esse zu denken. Gottes ewiges Sein ist differenzierter und auch zeitlicher, als wir zu denken vermögen."[651]

Ohne daß Gott zu einem notwendigen Prozeß wird, der das Endliche des Geschöpfes nur als negativ bestimmtes Moment, als Phase seiner dialektischen Selbstvermittlung[652] in sich verschlingt, behält das Nichts[653], auf das er sich ein läßt, eine für das Leben Gottes konstitutive Bedeutung:

---

[647] Vgl. Jüngel, Tod, 120.

[648] Vgl. Gott als Geheimnis, 285.

[649] Vgl. ebd., 297: "Als Gott sich mit dem toten Jesus identifizierte, hat er das Nichts *innerhalb* des göttlichen Lebens geortet."

[650] "Leben" wird nicht als Fülle des akthaften Seins, sondern als Gegensatzeinheit von Tod und Leben gefaßt: Das Leben Gottes hat sich am Ereignis des Todes Jesu Christi zu bewähren. Denn der christliche Glaube (und er ist unser einziger Zugang zur Wirklichkeit Gottes) an den lebendigen Gott ist unlösbar mit der Verkündigung des Kreuzes verbunden. In diesem Gedanken findet sich eine starke Anlehnung an Barth – der Tod Jesu ist gewissermaßen der Ernstfall des göttlichen Lebens selbst.

[651] Jüngel, Tod, 120.

[652] Vgl. Tilliette, 261: "Vor allem die Menschheit Gottes ist dazu da, abgestreift, verlassen, verneint zu werden. Die Auferstehung findet im Geist statt." Für Hegel ist der Tod Gottes als Selbstnegation des Gottes gedacht, der nicht nur für sich sein und die Welt ihrer Endlichkeit überlassen will. Der Tod ist eine metaphysische Negation in Gott selbst. Hegel kommentierend, sagt Jüngel: "Im Tod des Mittlers ist also nicht nur die menschliche Natur, sondern auch die göttliche Natur (im Sinne der 'Abstraktion des göttlichen Wesens') gestorben, ist der Gegensatz zwischen beiden aufgehoben." Vgl. Gott als Geheimnis, 115. Was Jüngel an Hegel so fasziniert, ist der Tatbestand, "wie hier dogmatische Einsichten Luthers hermeneutisch fruchtbar gemacht werden". Vgl. ebd., 121. Eine religiöse Bedeutung kann der Tod Jesu ja nur dann besitzen, "wenn in der einzelnen Existenz dieses Menschen Gott selbst anwesend war". Vgl. ebd., 122.

[653] Vgl. ebd., 297: "Die Rede vom Tode Gottes besagt also in ihrem wahren theologischen Sinn, daß Gott der sich auf das Nichts Einlassende ist. Dem widerspricht auch der Glaube an die Auferstehung von den Toten nicht. Im Gegenteil, die Verkündigung der Auferstehung Jesu enthüllt vielmehr, in welchem Sinn Gott der sich auf das Nichts Einlassende ist: nicht so, daß dabei das Nichts als solches getilgt würde, sondern so, daß das Nichts in die Geschichte Gottes einbezogen wird."

"In seiner Bestimmtheit als konkrete Negation gewinnt das Nichts so die neue Funktion, die Möglichkeiten des Seins zu potenzieren. Es wird zur differenzierenden Kraft in der Identität des Seins."[654]

Doch auch der Tod verändert sich durch das Kreuz: Es ist ja ein das Sein Gottes bestimmender Tod, den Jesus Christus auf sich nimmt. Der Tod Gottes verändert das Gesicht des Todes. Er ist dazu bestimmt, ein Gottesphänomen zu werden. Durch das Kreuz ist der Tod verschlungen in den Sieg (1 Kor 15,54). Indem Jesus den Tod mit sich nahm in das Leben, das Gott selber ist, wurde dem Tod die Eigenmacht genommen.[655] Dadurch ändert sich auch des Menschen Verhältnis zu seinem Tod, zu seinem eigenen Sterben: "Es (das Sterben) entfremdet nicht mehr den Menschen und Gott, sondern es gehört von Anfang an in die christliche Existenz."[656]

Im Unterschied zu der dialektischen Notwendigkeit bei Hegel, in der die göttliche Kenose die gesetzliche Systematik einer selbstnotwendigen Weltentäußerung des Absoluten darstellt, ist die das Nichts in sein Sein hineinnehmende Bewegung Gottes nach Jüngel ein aktives Freiheitsgeschehen, durch das sich Gott selbst bestimmt – ein "Akt göttlicher Selbstbestimmung".[657]

"Wer wirklich *für andere* ist und darin er selbst *sein* will, setzt sich immer zugleich dem Nichts aus. In jeder Selbstbestimmung zugunsten anderer geschieht jene eigenartige Dialektik von Sein und Nichtsein, von Leben und Tod, die als befriedete Dialektik *Liebe* heißt."[658]

Jüngel kritisiert an Hegel ausdrücklich, daß Gott das Endliche bei ihm verzehrt.[659] Dagegen dient der Akt göttlicher Selbstbestimmung für Jüngel nicht dem Ziel, daß Gott "mehr" wird. Der Mensch, auf den sich Gott bezieht, wenn er sich so zur Liebe bestimmt, muß nicht in seiner Endlichkeit negiert werden, er muß nicht ins Nichts zurück. Vielmehr

---

[654] Ebd., 298; vgl. Webster, 21: "For whilst the path of God's becoming in the history of Jesus includes the moment of suffering and death, that moment does not constitue the negation of God. Rather, it is a moment which at once imperils God's life and is the occasion of his self-affirmation, since suffering and death are willed by God for himself."

[655] Vgl. Jüngel, Tod, 123.

[656] Ebd., 124.

[657] Vgl. Gott als Geheimnis, 298.

[658] Vgl. ebd.

[659] Vgl. ebd., 124f.: "Hegels Gott braucht den Menschen, der eben dadurch selber göttlich wird. Sei es, daß der Gott auf dem Weg zu sich selbst den Menschen verbraucht und im Akte solcher 'Verarbeitung' zu sich erhebt, sei es, daß der Mensch auf dem Weg in die Tiefe des Geistes den Gott verbraucht, um so, statt de profundis nach Gott zu schreien, sich selber e profundis zu seiner wahren Höhe zu erheben – am Ende hat einer von beiden den anderen verbraucht, verzehrt."

wird die Vergänglichkeit des Menschen durch Gottes ewiges Für-Sein in ihrem Vergehen davor bewahrt, im Nichts zu verenden.

> "Gott ist von Ewigkeit her *so bei sich selbst*, daß er *für* den Menschen ist. Als der Ewige ist er für den vergänglichen Menschen, dessen Vergänglichkeit in diesem Für-Sein Gottes einen Grund hat, der das Vergehen davor bewahrt, im Nichts zu verenden."[660]

Die Hineinnahme des Todes in das Sein Gottes entspringt nicht dem unbewußten Ansich des Absoluten, sie resultiert aus der Selbstbestimmung Gottes zur Liebe. Tod aber ist gleichbedeutend mit dem Verlust von Beziehungen, mit Verhältnislosigkeit, weil im Tod alle Beziehungen aufhören. Wenn nun Gott, der ewig in sich Beziehung ist, sich auf die Geschichte des Lebens Jesu entwirft, so heißt dies, daß er sich, weil er auch den toten Menschen Jesus nicht losläßt, vielmehr seine Identifizierung mit ihm in der Auferstehung bestätigt, auch im Tod weiterhin zu den Menschen verhält.[661] Gott ist letztlich deshalb auf das Nichts bezogen, weil er Liebe ist.[662]

2.3.2. Die Identität von Gott und Liebe

Die Selbstaussage Gottes in seinem Wort, die in der Identifizierung mit dem Menschen Jesus am Kreuz zur Selbstdefinition Gottes wird – mit aller Konsequenz für das ewig-immanente Sein Gottes selbst –, zeigt, daß Gott Liebe ist. Liebe besagt aber Bezogenheit, mithin auch Selbstunterscheidung: Diese Selbstunterscheidung tritt am radikalsten dort hervor, wo es zur Identifizierung mit dem toten Jesus kommt:

> "Gottes Identifizierung mit dem toten Jesus impliziert in diesem Sinne eine Selbstunterscheidung Gottes. Das Sein dieses Toten bestimmt Gottes eigenes Sein so, daß man von einer Unterscheidung zwischen Gott und Gott reden muß. Man wird allerdings sofort hinzuzufügen haben, daß es ein Akt Gottes selber ist, der die Identität Gottes mit dem toten Jesus und als deren Bedingung die Unterscheidung von Gott und Gott bewirkt."[663]

---

660 Ebd., 300.

661 Dies heißt aber, "daß er der Verhältnislosigkeit des Todes mit seinem eigenen Sein widerspricht". Vgl. ebd., 298, Anm. 65.

662 Vgl. ebd., 298: "Wenn nun gelten soll, daß Gott in jenem Geschehen, das wir als die Identifizierung Gottes mit dem toten Jesus verstanden haben, seine Gottheit definiert hat, dann werden wir sagen müssen, daß Gott nicht nur der mit sich selbst für sich selbst Identische ist. Als der unendlich Leidende ist Gott vielmehr der *für andere Seiende*. Für andere seiend, ist er mit sich selbst identisch. Die Lokalisierung des Nichts im göttlichen Sein ist als Tat Gottes ja ihrerseits ein Akt des göttlichen Seins, ein Akt göttlicher Selbstbestimmung."

663 Ebd., 498.

Ihre innere Begründung findet diese Differenz von Gott und Gott in der trinitarischen Selbstunterscheidung.[664] Deshalb heißt es schlicht: "Die Unterscheidung von Gott und Gott ist ihre Bedingung." Gott unterscheidet sich im Sohn von sich selbst, um sich in dieser den Sohn hervorgehen lassenden Mitteilung seines eigenen Seins wieder auf sich zu beziehen. Gott der Vater ist nur so bei sich selbst, daß er sich im Sohn verschenkt. Und der Sohn, der als Empfangender vom Vater her ist, hat sich nur so, daß er sich zugleich mit dem Vater an den Heiligen Geist verschenkt und sich in diesem auf den Vater zurückbezieht.

In diesen immanenten Hervorgängen ist für Jüngel die Schöpfung schon immer mitbeschlossen. Die Brücke bildet der Gottesbegriff, der Gott als das je schon über sich hinausgehende, sich selbst verströmende Sein oder als "a se in nihilum ek-sistere" bestimmte. Die Bewegung des göttlichen Seins drängt anfänglich und ewig über sich hinaus. Darum ist Gott der, der Endliches, Vergängliches *schafft*, und sich darin in seinem Sein dem Nichts aussetzt.[665] Und indem Gott so nicht den Selbstbehalt sucht, sondern seinen Selbstbesitz je schon veräußert, ist er Liebe.[666]

Daran ist Folgendes zu erkennen: Der Schöpfungsgedanke ist trinitarisch eingefaßt. Schöpfung und Trinitätslehre sind jeweils eng aufeinander bezogen, sofern das "Wesen" Gottes eine Tendenz auf das außergöttliche Sein besitzt. So ereignet sich die innergöttliche Selbstbezogenheit als "radikale Bezogenheit auf das ihm schlechthin Andere, auf das – deshalb zu schaffende – Menschenwesen".[667]

Gott hat sich in seiner Freiheit gar nicht anders als so, daß er "in seinem Sein und daraufhin als der creator ex nihilo auf das Nichts bezogen" ist.[668] Gottes Sein ist als solches schöpferisches "Über-sich-Hinaus" oder

---

[664] Darum ist das Ereignis der Identifikation Gottes mit der Geschichte des Menschen Jesus für die Frage nach der Grundlegung der Trinitätslehre von nicht zu unterschätzender Bedeutung. Vgl. dazu Dvorak, 306.

[665] Vgl. Gott als Geheimnis, 301: "Der Satz 'Gott ist Liebe' impliziert dann zwei Bestimmungen, die sich bei aller Spannung dennoch nicht dialektisch zueinander verhalten: 1. Gott ist (zwar) der sich auf das Nichts Einlassende und als solcher Liebe. 2. Gott ist (aber) von sich aus Liebe und nicht erst durch das Nichts, auf das er sich einläßt. Beide Bestimmungen sagen von zwei verschiedenen Seiten her dasselbe; sie sind jedoch beide notwendig, um die innere Bewegung des göttlichen Seins aussagen zu können."

[666] Zu dem Anliegen Jüngels, Gott konsequent als Liebe zu denken, vgl. Klimek, 19–23, der allerdings den Verzicht auf den Selbstbesitz Gottes kritisiert. Vgl. ders., 22.

[667] Vgl. Gott als Geheimnis, 509.

[668] Vgl. ebd., 303.

ein "Aus-sich-heraus-Gehen in das Nichts".[669] Darum bestätigt sich sein Sein als Liebe, wenn er anderes schafft:

> "Indem Gott sich *schöpferisch* auf das Nichts bezieht, ist er der sich vom Nichts Unterscheidende, ist er der Gegner des Nichts. ... Die creatio ex nihilo ist ein ... Kampf gegen das Nichts. Als solche ist sie aber der Vollzug des göttlichen Seins. Im Werk der Schöpfung *betätigt* sich nicht nur, sondern *bestätigt* sich zugleich Gottes Sein als Liebe."[670]

Dies ist so zu verstehen, daß Gott sich als die Liebe, die er ist, nie selber lieben will ohne sein Geschöpf: "Das ist das ewige, das göttliche Motiv der Selbstunterscheidung Gottes, ohne die seine Identität mit dem Menschen Jesus nicht denkbar wäre."[671] Gottes Sein ist ewig im Modus der Selbstentäußerung, und diese Selbstentäußerung ereignet sich trinitarisch, weil der Vater sein Wort von Ewigkeit her in der Weise ausspricht, daß er sich von sich selbst entfernt, um mit dem Sohn in dessen realer Unterschiedenheit im Heiligen Geist wieder eins zu sein. Ist dieses Geheimnis göttlicher Selbstbezogenheit in größtmöglicher Selbstentfernung durch das gegenseitige Sich-Weggeben der drei göttlichen Personen und ihre Bezogenheit aufeinander trinitarisches Ereignis, so findet es seine "Fortsetzung" in der Sendung des Sohnes in das Nichtgöttliche[672], wo er sich in die Lieblosigkeit der Welt exponiert[673], was einer äußersten Trennung vom Vater und einer äußersten Bewährung der Liebe gleichkommt.[674]

Gerade in der Trennung von Vater und Sohn, die sich da vollzieht, wo der Sohn sich mit dem toten Jesus identifiziert, bleibt das Band der Liebe zwischen ihnen, der Heilige Geist, bestehen und ist Gottes Liebe Ereignis. Weil der Sohn sich im Gehorsam an den Willen des Vaters der Lieblosigkeit (Trennung) aussetzt, darum ereignet sich das Band der

---

669 Vgl. ebd.: "Gott läßt sich auf das Nichts ein, indem er aus sich selbst heraus seiend auch schon über sich hinaus geht und so aus den Tiefen seiner selbst in das Nichts ek-sistiert. Diese Ek-sistenz ist sein Wesen."

670 Ebd.

671 Ebd., 500.

672 In der immanenten Trinität ist der "Logos als Platzhalter Jesu" bestimmt. Vgl. Jüngel, Gottes Sein, 112, Anm. 145; vgl. Barth, KD IV/1, 7.

673 Vgl. Paulus, 154: "Gerade indem die Liebe Gottes liebend, und d. h. als der menschgewordene Sohn, in die Lieblosigkeit eingeht, macht sie liebenswert, was ganz und gar nicht liebenswert ist. Das Liebenswerte ist nicht das Gegenüber zur Liebe Gottes; denn, weil es liebenswert ist, ist es in Gottes Liebe und hat an der Liebe von Vater, Sohn und Geist teil." Vgl. Gott als Geheimnis, 451: "Nicht das Liebenswerte, das sie findet, ist ihr Gegenüber."

674 Vgl. Paulus, 153.

Liebe selbst in der tiefsten Trennung, im Tod, und verbindet hier beide miteinander.

Daß Gottes Liebe, die mit seinem Wesen identisch ist, als "je immer größere Selbstlosigkeit in noch so großer Selbstbezogenheit"[675] zu verstehen ist, leuchtet am meisten da auf, wo Gott als der Sohn in das ihm äußerst Entgegengesetzte, den Tod, eingeht, den er, weil er auch darin auf den Vater bezogen bleibt, in das ewig-göttliche Leben einbezieht. Es ist der Heilige Geist, der das Band der Liebe zwischen Vater und Sohn herstellt, gerade auch in ihrer "Trennung". So wird der vom Sohn angenommene Mensch und in ihm die gesamte Menschheit am Kreuz eschatologisch endgültig in diese Liebesbeziehung eingeborgen.

> "Gott ist darin der eine und lebendige Gott, daß er, *indem* er als liebender Vater den geliebten Sohn *dahingibt* und sich so dem anderen, dem vom Tode gezeichneten Menschen, *zuwendet*, den Tod dieses Menschen einbezieht in sein ewiges Leben."[676]

Durch das Ereignis des Kreuzes wird bestätigt: Liebe ist Steigerung von Sein.[677] Gott liebt, anders als der Mensch, unbedingt. Er kann von sich aus anfangen zu lieben. Die sich vollendende Dahingabe Gottes ist eine den Tod erleidende Liebe. Sie vollendet sich im Kreuzestod. Und doch ist das durch den Tod gegenwärtige Nichts nicht konstitutiv für die Liebe, die Gott ist.[678] Auch im Tode Jesu entzweit sich Gott nicht, sondern bleibt mit sich selbst eins und wendet den Tod in das göttliche Leben.

In der kenotischen Bewegung, in der sich die Existenz Gottes vollzieht, gibt es keine Tendenz zum Selbsterhalt. Gott ist nicht einfach die *possessio sui ipsius*. Er ist ein Gespräch der Liebe. Er spricht sich als Vater, als Sohn und als Geist sein Sein zu. In der Menschwerdung seines Sohnes kommt es zur Offenbarung der seinem Geschöpf zuvorkommenden Liebe. Ohne das Kreuzesereignis gibt es für den Menschen kein wie immer mögliches Wissen um Gottes dreifaltig-ewiges Leben.[679] Hinter dem Kreuz steht zwar das unvordenkliche Prius der Liebe Gottes. Aber erst durch das Kreuz wird diese Liebe für uns offenbar: "Doch nun haben wir Gott gerade darin als die Liebe selbst erkannt, daß er seinen

---

[675] Vgl. Gott als Geheimnis, 506 u. a.

[676] Ebd., 449.

[677] Vgl. ebd., 505.

[678] Vgl. ebd., 301. Dies ist vor allem im Hinblick auf die Abgrenzung zu Hegel von Bedeutung.

[679] Andererseits ist die Erkenntnis des dreieinigen Gottes implizit schon in der Absolutheit der Heilszusage des irdischen Jesus und in der Identifikation Gottes mit ihm enthalten. Vgl. ebd., 480.

Sohn in der Identität mit dem Menschen, und zwar mit dem schändlich getöteten Menschen Jesus liebt."[680] Darum ist der Satz "Gott ist Liebe" für Jüngel das interpretative Resultat "der Selbstidentifikation Gottes mit dem gekreuzigten Menschen Jesus"[681]. In einer Paraphrase zum 4. Kapitel des 1. Johannesbriefes heißt es: "Deshalb kann nicht *aus* Gott sein, wer die Identifikation Gottes mit dem Menschen Jesus leugnet, die sich darin ausspricht, daß dieser Mensch Sohn Gottes genannt zu werden verdient. Denn in dieser Identifikation vollzieht sich das Sein Gottes als Liebe."[682] Insofern das Kreuz die Trinität erst offenbar macht, ist die durch den Tod in die Auferstehung gelangende Geschichte Jesu v. Nazaret, sein Menschsein also, die "Spur", "die zur Begründung des Glaubens an den dreieinigen Gott führt": das vestigium trinitatis.[683]

2.4. Theologische Problempunkte der Theologie Jüngels

2.4.1. Die positiven Momente des Jüngel'schen Ansatzes

1. An Jüngels theologischer Konzeption ist positiv hervorzuheben, daß die Zentralität der Trinitätslehre – etwa gegenüber den älteren Traktaten der neuscholastischen Handbücher wie auch den früheren evangelischen Dogmatiken – konsequent durchgehalten wird und die innere Architektonik seiner Theologie bestimmt. Boten die alten Lehrbücher der Dogmatik einen Traktat *De Deo uno et trino*, dem ein isolierter Traktat *De constitutione ontologica Christi* bzw. *De opere redemptionis* nebengeordnet war, so entwirft Jüngel, der kein dogmatisches Handbuch vorlegen will, eine vom Ansatz her trinitätstheologisch durchgeführte Theologie.

Jüngel entgeht der Gefahr, eine vom Gottesgedanken abgehobene bzw. losgelöste Jesulogie zu entwickeln, indem er das neutestamentliche Kerygma aufgreift, nach dem Jesus sich gar nicht anders als in seiner ständigen Beziehung zu Gott, seinem Vater, versteht. Man kann schließlich nicht vom Kommen Gottes zu den Menschen in Jesus von Nazaret sprechen, ohne ein darin impliziertes Gottsein Jesu. Ein Kerygma ohne die Göttlichkeit Jesu wäre nicht zu verantworten. In Jüngels Theologie wird die Identität Jesu mit dem Logos zum christologischen Strukturprinzip. Gleichzeitig meidet er die Vorstellung der Vergottung einer geschöpfli-

680 Ebd., 451.

681 Vgl. ebd., 446.

682 Ebd., 447.

683 Vgl. ebd., 481.

chen Person, die zu einer Idolatrie führen müßte. Wie sich an der Ablehnung der alten griechischen *theiosis*-Lehre bei Jüngel zeigt, ist Jesus nicht ein nach menschlichem Maß und Vorstellungsmuster vergotteter Mensch.

Auch in der Deutung des Kreuzesereignisses, das den Angelpunkt für die Theologie Jüngels bildet, macht sich seine trinitarische Gotteslehre geltend. Jüngel gelingt die Einbettung seiner staurozentrisch konzipierten Christologie in die Gotteslehre gerade insofern, als *theologia crucis* und Trinitätslehre einander gegenseitig begründen.[684]

2. Aus dem denkerischen Bemühen um die Identität von Jesus und Gott, deren Differenz in den innertrinitarischen Relationen wurzelt, folgt das unzweideutige Festhalten an der universalen Heilsmittlerschaft Christi, die eine Vorgabe des neutestamentlichen Schriftzeugnisses ist.[685] Weil Jesus Christus der definitive Mittler des Heils als Gottesgemeinschaft ist und allein auf unwiederholbare Weise zum eschatologischen Heil führt, ist er auch von allen anderen charismatischen Gestalten der Menschheitsgeschichte unterschieden. Jesus ist nicht nur ein Prophet, der uns recht zu leben lehrt, gewissermaßen der Künder einer neuen Gesinnungsethik, genausowenig wie ein Mensch, der in eine einzigartige Nähe zu Gott gerückt erscheint, sondern er ist die unüberholbare Selbstaussage und Selbstmitteilung Gottes.

3. Auch die Weise, in der Jüngel mit einem ereignishaften Heilsbegriff operiert, verdient Beachtung, da er damit die Verengungen einer am Subjektivitätspathos orientierten Bewußtseinschristologie aufzusprengen vermag: Die Welt bleibt nach dem Christusereignis nicht als abgeschlossene Größe in ihren alten Strukturen gefangen, vielmehr hat sich durch das Heilsereignis Jesu Christi seinshaft etwas in ihr verändert. Man könnte auch sagen: Wo der Mensch als welthaftes Wesen mit seiner Sterblichkeit hineingenommen ist in das ewige Gegenüber des Sohnes zum Vater, da ist die Welt in einem qualitativen Sinn anders geworden. Es kann in der Christologie also gar nicht um bloße Bewußtseinsvollzüge gehen. Jesus ist nicht nur der höchste und geglückteste Fall des

---

[684] Darum ist dem Resumée R. Dvoraks zuzustimmen: "Die Trinitätslehre, die dieses Liebe-Sein Gottes im Begriff des dreieinigen Gottes denkt und darin der auf Gott bezogene Ausdruck der christologischen Einheit von Gott und Mensch ist, findet ihre Begründung im Glauben an das Ereignis der Identifikation Gottes mit dem gekreuzigten Menschen Jesus. Diese christologische Identität von Gott und Mensch nötigt dazu, das Sein Gottes als ein in sich differenziertes, dreieiniges Sein von Vater, Sohn und Heiligem Geist zu denken. So bringt die Trinitätslehre auf den Begriff, was die Passionsgeschichte erzählt." Vgl. ders., 307.

[685] Vgl. oben (Bibeltheologische Hinführung), 66; 76.

allgemein menschlichen Wesensvollzugs. Ihm eignet eine aus der Dynamik innergeschichtlicher Vollzüge unableitbare Wirklichkeit.

4. Die Kritik, die Jüngel an die Adresse der natürlichen Theologie richtet, trifft insofern etwas Richtiges, als Gott in seiner Wesenheit und in seinem trinitarischen Sein als Liebe für uns erst dadurch sichtbar wird, daß er sich mitteilt und seine trinitarische Subsistenz offenbart. Man hat die Möglichkeiten, *remoto Christo* von Gottes Sein und Wesen zu handeln, in der Schultheologie gewiß in mancher Hinsicht überschätzt. Es muß klar sein, daß die trinitarische Offenbarung in das Aristotelische Gottesverständnis nicht ohne weiteres einzutragen ist. Vielmehr ist nach ergangener Offenbarung mit einer realen Bezogenheit Gottes auf die Geschichte Jesu zu rechnen, wie sie unter der Voraussetzung antiken Verständnisses tatsächlich nicht gedacht werden kann. Dabei muß allerdings beachtet werden, daß der Terminus dieses Bezogenseins nicht in einer innerweltlichen Wirklichkeit liegt.

5. Folgt man den engagierten Reflexionen Jüngels über das Kreuzesgeschehen, so ist es Gott selbst, der das Endliche in sich hineinnimmt und dadurch selbst den Tod erleidet. Daß Gott selbst am Kreuz für uns stirbt, konnte die Theologie immer nur als das große Paradox formulieren. Obwohl es nur auf dem Hintergrund eines sich von der klassischen Metaphysik absetzenden Seinsbegriffs möglich wird, Gott als in innergeschichtliche Ereignisse involviert zu denken, und obwohl die Rede vom Leiden Gottes eine nicht zu übersehende Problematik in sich birgt, zeigen die Überlegungen Jüngels mit großer Deutlichkeit, daß es in der Tat nicht reicht zu sagen: Christus habe – als der Sohn – gelitten, aber Gott sei in seiner trinitarischen Personalität vom Ereignis des Kreuzestodes schlechthin unaffiziert. Manche frühkirchliche Autoren haben dies bereits gesehen und in der Formel zum Ausdruck gebracht: Einer *aus der Trinität* hat gelitten.

2.4.1. Anfrage an die dem Leben Jesu immanente Zielrichtung

In seiner anhypostatischen Existenzweise identifiziert Jesus sich mit dem Lebensziel, das Reich Gottes zu verkünden, also der Stellvertreter Gottes bei den Menschen zu sein. Er ist ausschließlich auf die Verwirklichung der Herrschaft Gottes in seinem Leben – nicht seiner eigenen Herrschaft – ausgerichtet. Erst durch die Neuinterpretation, die sein Leben in einem nachträglichen Akt Gottes als Enhypostasie erscheinen läßt, erhalten sein Dasein und sein Sterben eine externe Neubestimmung. Bedeutet die Rede von der "Enhypostasie" bzw. des nachträglichen Aktes der Selbstidentifikation Gottes mit dem *toten* Jesus aber nicht eine innere Relativierung der historischen Ereignisse des Leidens und Sterbens Jesu, die ja erst im Akt ihrer nachträglichen Bestätigung zu heilsrelevanten Gottesphänomenen werden? Müßte mithin die Identifikation Gottes mit dem Lebensgeschick Jesu nicht den irdischen Vollzügen Jesu stets schon immanent sein, ihnen logisch vorangehen, damit sie als solche und aus sich selbst soteriologisch relevante Ereignisse sein können? Das aber würde unumgänglich eine Deszendenzchristologie voraussetzen, die inkarnationstheologisch gefaßt wäre und den Menschen Jesus von Beginn seiner Geschichte an als wahren Gott sähe, der als solcher seine irdischen Akte setzte.

Wird durch die von Jüngel zwischen Anhypostasie und Enhypostasie angesetzte zeitliche Differenz nicht zwischen dem immanenten Sinn dieses Lebens mit seiner ihm eigenen Intentionalität und seiner aus einer "eschatologischen Neuqualifikation" entspringenden "Heilsbedeutung" ein Graben aufgerissen? Kann man einem Leben, das für sich genommen – auch in seiner psychologischen Intentionalität – eine immanente Ganzheit darstellt, für einen "fremden" Sinn substituieren lassen?[686]

Zwar geschieht die nachträgliche Identifikation des Logos mit Jesus als mit der Person, die bereits durch das Leiden hindurchgegangen ist und den Status der Passion überwunden hat, doch geht dann die besondere Heilsrelevanz seines Leidens verloren, weil sich der Logos *post experimentum passum* mit Jesus identifiziert. In dieser Identifikation liegt kein "Leiden". Vielmehr bringt der Logos eine Synthese zustande, in der er sich das ganze bisherige Leben des Menschen Jesus, in dem er sich von Anfang an verwirklicht hat, zueignet. Das historische Leiden Jesu am Kreuz bleibt dieser eschatologischen Zueignung gegenüber ein indifferentes Moment, das ins Ganze hinein zu integrieren ist. Die Auferstehung muß dann als die Überwindung des von Jesus erlittenen Todes und nicht als die des Logos gedacht werden. Nun gibt es zwar nach Jüngel eine gewisse Identifizierung des Logos mit dem Tun Jesu und damit auch eine Teilnahme an dessen Leiden auch vom Beginn seines Lebens an, doch der Logos hat im Tode Jesu die Möglichkeit, diesen Tod durch einen eschatologischen Akt zu überwinden, gerade weil er in seiner Selbstbezogenheit während der ganzen Zeit des Lebens Jesu dessen eigenem Daseinsvollzug überlegen geblieben war. Wird nicht durch die Zweigleisigkeit der beiden "Lebenszwecke"[687] das soteriologische *pro no-*

[686] Auf diese Problematik auch bereits T. Koppehl aufmerksam, wenn er schreibt: "Wenn Gott das Heil der Welt durch seine eigene Identifikation mit dem 'toten Menschen' Jesus verwirklichen wollte, durfte er dann diesen Zweck verfolgen, ohne daß Jesu als Mensch ihn frei bejaht hat?" Vgl. ders., 321.

[687] Vgl. dazu die Kritik T. Koppehls: "Innerhalb der Konzeption Jüngels blieb aber das geschichtliche *Bewußtsein* Jesu seinem wahren *Sein gegenüber äußerlich*. Jesus läßt sich

bis des Kreuzestodes Jesu in Frage gestellt? Von wem wurde für das Heil der Menschen gelitten, wenn Jesus in seinem historischen Leben nicht stellvertretend für uns gelitten hat und wenn der Identifikationsakt des Logos mit dem "toten Menschen" Jesus die Begründung dafür ist, daß dem Tod Jesu Heilsbedeutung zukommt? Haben wir es auf der zweiten Ebene der Reflexion, im Bekenntnis, mit jenem zu tun, der *einst* (d. h. in seinem geschichtlichen Selbstvollzug) Jesus *war*? Wurde überhaupt "für uns" und das heißt doch wohl auch der Intention nach "für uns" gelitten?

2.4.2. Was heißt "Identifizierung Gottes mit Jesus"?

Jüngels christologische Fundamentalthese lautet: Gott, der Logos, hat sich mit dem Menschen Jesus und seiner Lebensgeschichte identifiziert, wie die Auferweckung durch Gott beweist. Entsprechend dieser These geht seine Intention dahin, im Lebensvollzug des geschichtlichen Jesus und im Ereignis der Auferweckung eine Relation der Identität mit Gott freizulegen und durch seine Christologie zu begründen. Dieses "erkenntnisleitendes Interesse" hält sich als formaler Grundzug in seinen Reflexionen über die Gott-Mensch-Identität in Jesus überall durch. Trotz der Einbindung der Christologie in die Trinitätslehre, die das christliche Bekenntnis überhaupt erst verstehbar macht, kann Jüngel seiner eigenen Intention in diesem Punkt nicht gerecht werden, da er mit der Metaphysik auch alle epistemologischen Implikate der Seinslehre verwirft, die allein – *sumpta revelatione* – hinreichend erklären könnten, wie dieser Mensch ohne Widerspruch Gott ist.

Wer aber behauptet, daß Gott sich mit dem Menschen Jesus identifiziert habe, stellt einen Satz auf, der sich zu verschiedenen Deutungen recht indifferent verhält und der deshalb vieles besagen kann. Was meint denn "Identität" in jenen Aussagen, in denen ich erkläre, daß ich mich mit einem bestimmten Menschen identifiziere? Es lassen sich mindestens vier verschiedene Bedeutungsvarianten ausmachen:

1. Zunächst kann ich ganz allgemein damit meinen, daß ich die Handlungsmotive des anderen in einem psychologischen Sinn "verstehen" kann, d. h. ich kann in etwa nachvollziehen, warum der andere so gehandelt hat.

---

zwar durch das präveniente Wirken des Logos zu dieser Entwicklung bestimmen, aber er nimmt das Ziel dieser Entwicklung nicht in seinen Selbstzweck auf, strebt es also nicht freiwillig an, d. h. er bleibt seinem wahren, zu realisierenden Sein gegenüber äußerlich und fungiert ihm gegenüber als bloßes Mittel." Vgl. ders., 323.

2. Es kann aber auch sein, daß ich die Handlungen einer anderen Person billige und so irgendwie hinter dem stehe, was der andere tut (moralischer Sinn).

3. Sodann könnte der andere, der mir durch *amicitia* verbunden ist, mein *alter ego* sein, weil er größtenteils in seiner Weise zu empfinden, zu denken und zu urteilen mit meinen habituellen Eigenschaften übereinkommt. Diese Identifizierung wäre eine habituelle und läge auf der Ebene der Eigenschaften der Person.

4. Schließlich kann eine von mir dazu beauftragte und gesandte Person in bestimmten Angelegenheiten für mich substituieren, z. B. wenn es darum geht, einen Vertrag abzuschließen oder irgendwelche Relationen einzugehen. In diesem Fall kommt es zur rechtgültigen *repäsentatio* durch eine andere Person (juridischer Sinn).

Auf der Ebene zwischenmenschlicher Erfahrung kann allerdings keine ontologische Identität, die sich auf eine als gemeinsame individuelle Wesenheit besessene Natur bezieht, gemeint sein – ein Verständnis, das gerade dem nicänischen Homoousios zugrunde liegt. Nicäa behauptet ja von Christus, daß er eines Wesens mit dem Vater sei. Unter der Voraussetzung, daß keine Ontologie bemüht werden darf, kommt man natürlich schwerlich über kategoriale Modelle der Vereinigung hinaus, wie sie dem zwischenmenschlichen Bereich entlehnt sind. Ohne eine aus der Begegnung mit der Wirklichkeit und der Struktur des Seienden gewonnene Metaphysik bleibt es letztlich offen, was damit gesagt sein soll, daß Gott sich mit diesem Menschen Jesus identifiziert hat. Mit dieser Auskunft kann die Christologie noch nicht an ihrem Ziel sein.

Menschliches Forschen, das sich nicht auf ein phänomenologisches oder positivistisches Paradigma festgelegt hat, sucht nach einem Fundament für die Wahrheit des Denkens. Ein solches Fundament muß sicherer sein als die kontingenten Tatsachen dieser Welt. Erfahrungstatsachen ersetzen nicht die notwendige Seinsstruktur, die der erfahrbaren Wirklichkeit zugrundeliegt. Nur ein nicht reduktionistisches Denken, das für metaphysische Fragestellungen offen ist, wird dieses Fundament in der inneren Natur des Seienden situieren. Auf dieser Ebene wird es als erstes Grundprinzip die Identität des Seienden mit sich selbst entdecken.[688]

Was mit realer Identität gemeint ist, kann nur dann wirklich ausgesagt werden, wenn man die ersten Seinsprinzipien bejaht. Es liegt in der realen Struktur der Wirklichkeit eine "Scheidung" vor – in diesem Seienden

---

[688] Vgl. Thomas v. Aquin, In IV Metaph., lectio 6, n. 605.

liegt objektiv beschlossen, daß es nicht das andere ist.[689] An diesem Prinzip findet das Denken einen Anhaltspunkt, um einen Begriff wesensgleicher und wesensverschiedener Dinge zu bilden. Wesensidentität gibt es zwischen (real unterschiedenen) Dingen, von denen die gleiche Artnatur wie z. B. "Löwe" oder "Mensch" prädiziert werden kann. Dadurch, daß verschiedenen Dingen die gleiche Wesenheit zukommt, sind sie noch nicht real identisch. Jede Wesenheit wird, wenn man Thomas folgen will, nur durch das Sein als *actus essendi* real in der Natur der Dinge verwirklicht. Für Lebewesen gilt hier: *Vivere viventibus est esse*. Sein und Wesen sind nur real in jenem Ganzen, das als Subjekt die Wesenheit trägt und das Sein empfängt. Es ist Individuum.

Reale Identität meint die Selbigkeit *dieses* individuellen Seienden. Damit etwas mit einem anderen als real identisch gelten kann, muß eine Differenz auf der Ebene des Wesens und auch der suppositorischen *res* ausgeschlossen werden. Damit ist aber nicht notwendig jede dem Verstand vorgegebene Unterschiedenheit ausgeschlossen. Es ist nämlich denkbar, daß in ein und derselben existierenden *res* zwei je eigene formale Inhalte zusammenkommen, deren Definition sich ausschließt und die je für sich in einem eigenen *conceptus* erfaßbar sind.

Schlechthinnige Identität liegt erst dann vor, wenn der formale Gehalt der einen Bestimmung aus der anderen deduzierbar ist. Diese Unterscheidungen sind gerade innerhalb der Trinitätslehre von größter Wichtigkeit, denn hier geht es darum, auszusagen, auf welcher Ebene der Vater, der Sohn und der Heilige Geist gleich sind und auf welcher sie sich unterscheiden. Will man klären, inwiefern der Logos mit dem Vater eins ist, ohne schlechthin mit seiner Person identisch zu sein, benötigt man ein angemessenes konzeptuelles Instrumentarium, das eine an den Seinsgesetzen orientierte Ontologie voraussetzt.

Jüngel hat seine dezidierte Ablehnung der klassischen Metaphysik mit ihrer auf der analogia entis aufruhenden "natürlichen Gotteslehre"[690] anhand seiner Beschäftigung mit dem Gottesbegriff der neuzeitlichen Philosophie seit Descartes begründet. Eine aus dem menschlichen

---

[689] Vgl. ders., In Boet. de Trin. q. 4, a.1 : "Similiter etiam ab hoc ente non dividitur hoc ens nisi per hoc quod in hoc ente includitur negatio illius entis."

[690] Den "Erkenntnisoptimismus" der katholischen Theologie in Hinblick auf die natürliche Erkennbarkeit Gottes lehnt Jüngel mit Barth und der reformatorischen Theologie entschieden ab. Unvereinbar mit dem reformatorischen Gottesbegriff und Menschbild ist es, wenn die katholische Kirche auf dem I. Vatikanum als Glaubenslehre definiert. "Deum, rerum omnium principium et finem, naturali humanae rationis lumine e rebus creatis certo cognosci posse." Vgl. DH 3026; vgl. Jüngel, Extra Christum, 179ff.

Selbstvollzug zu deduzierende "Notwendigkeit" Gottes verträgt sich in der Tat nicht mit dem Neuen und völlig Einzigartigen der Wort-Offenbarung.

Allerdings bietet die neuzeitliche Subjektphilosophie nicht die einzige Zugangsmöglichkeit zu einem philosophisch verantwortbaren Weg der Gotteserkenntnis. Bedenkt man nämlich, daß es im Rationalismus der Neuzeit, der in der "Essenzenmetaphysik" des späten Mittelalters[691] seine Wurzeln hat, zu einer fortschreitenden Verbegrifflichung des Seins kam, so scheint es nicht a priori aussichtslos, die Rückkehr zu einer früheren Metaphysik zu vollziehen, die ihr Maß an der fundamentalen Architektonik des Seienden nimmt. Tatsächlich könnte über Thomas v. Aquin, dessen synthetische Konzeption weder durch das Paradigma der protestantischen Orthodoxie[692], noch durch dasjenige des neuzeitlichen Rationalismus und auch nicht durch das der Liberalen Theologie mit der nötigen Unvoreingenommenheit erfaßt werden kann, ein Gespräch möglich sein.

Schon aus diesem Grund scheint eine Auseinandersetzung mit der Thomanischen Konzeption der Gotteserkenntnis "*lumine naturali intellectus*" angeraten. Im dritten Teil sollen dazu einige philosophische Grundlinien entfaltet werden.

3. Christologie im Kontext des postmodernen Pluralismus: John Hick

Durch die rasant voranschreitende Globalisierung und Vernetzung der kulturellen Lebensräume und auch durch Migration findet der Mensch des ausgehenden 20. Jahrhunderts sich einer unübersehbaren Vielfalt von Religionen in ihren theistischen oder nicht-theistischen Ausprägungen gegenübergestellt, die im Unterschied zu früheren Zeiten in sein eigenes soziales Umfeld hineinreichen.

So sind denn die Religionen der Welt in einem viel stärkeren Maß als in der früheren Situation der Abgrenzung kultureller Lebensräume aus ihrer Begegnung und Durchdringung heraus zum Gespräch gefordert. In einem solchen Gespräch geht es nicht darum, einen rationalistischen Standpunkt außerhalb der Religionen einzunehmen, um von dort aus die einzelnen Religionen danach zu beurteilen, wieweit sie mit den Plausibilitäten einer aufgeklärten Vernunft übereinstimmen, sondern es

---

[691] Vgl. G. Siewerth, Schicksal, 185ff; 284f.

[692] Vgl. G.L. Müller, Sola-Fides-Prinzip, 66f.

besteht das Anliegen, Religion in ihrer je eigenen Form von innen her zu erfahren und so gegenseitiges Verstehen zu erreichen. Ein vermittelnder und versöhnender Dialog scheint heute um so dringlicher, je mehr die Gefahr einer universalen Bedrohung der Menschheit durch kriegerische Auseinandersetzungen, durch den immer weiter auseinanderklaffenden Gegensatz zwischen Arm und Reich und nicht zuletzt durch die Möglichkeiten der technischen Zivilisation mit ihrem Vernichtungspotential wächst.[693]

Nur dadurch, daß alle Religionen sich auf den gemeinsamen sittlichen Auftrag besinnen, scheint der Weltfriede dauerhaft gewahrt, gegenseitige Gerechtigkeit geübt und die Schöpfung erhalten werden zu können. Angesichts der faktischen Vielheit von Religionen, die nicht nur miteinander zu einer friedlichen Koexistenz, sondern darüber hinaus zu gemeinsamem Handeln im Sinne eines für alle evidenten ethischen Grundimpulses gebracht werden sollen, drängt sich als erstes die Frage nach dem Verhältnis von Einheit und Vielheit der Religionen auf. Es stellt sich sodann die Frage, ob nicht gerade das christologische Dogma der Kirche mit seinem exklusiven Geltungsanspruch der intendierten Kooperation der Religionen im Wege steht. Muß man nicht den Wahrheitsanspruch christlicher Theologie zurückschrauben, um den so nötigen Dialog möglich zu machen?

Der englische Autor John Hick hat schon seit Anfang der sechziger Jahre den Versuch unternommen, eine alle Religionen umfassende und integrierende Theorie zu entwerfen, die sich am pluralistischen Paradigma des postmodernen Denkens orientiert.

3.1. Das religionstheologische Gesamtkonzept

Welche Basis legt Hick für das Gespräch der Religionen miteinander, das den Exklusivismus überwinden soll? Welche Deutung von "Pluralismus" setzt er an? Was ist die epistemologische Vorgabe seiner Theorie der Religion? Diesen Fragen soll hier nachgegangen werden, da seine Schlüsselbegriffe "Pluralismus", "Erfahrung", "The Real" als bestimmende Momente in seine "Christologie" eingehen.

3.1.1. Die pluralistische Hypothese

Hicks Versuch, der tatsächlichen postmodernen Vielfalt religiöser Glaubenssysteme und Ausdrucksformen mit einer Pluralistischen Religionstheologie eine theoretische Legitimation zu geben, ist weit von der

[693] Vgl. Niewiadomski, 83–94, bes. 85.

illusionären Annahme entfernt, alle Religionen könnten sich auf einen ihnen allen gemeinsamen spirituellen Inhalt oder einen gemeinsamen moralischen Imperativ einigen und durch Dialog und Konsens zu einer *One-World-Religion*[694] verschmelzen. Eine Reduktion der Religionen auf das, was ihnen gemeinsam ist, erweist sich nicht als möglich und auch nicht als wünschenswert, denn in jeder Religion kann sich der Mensch nach Hick dem annähern, was er das "Reale" nennt, und auf diese Weise jenen Selbstüberstieg vollziehen, der Erlösung heißt.

Was die Menschen aller Religionen bei Hick eint, ist ihre Verschlossenheit gegen die Erkenntnis des Göttlichen. Dies ist die Grundlage, auf der alle kulturell verschiedenen religiösen Ausprägungen des Menschseins als grundsätzlich gleichrangig anerkannt werden müssen. Die unterschiedlichen Wahrnehmungen derselben numinosen Wirklichkeit bewirken letztlich immer dasselbe: eine "erlösende Transformation des menschlichen Lebens"[695]. Zwar gibt es in jenen Religionen, die noch nicht pluralistisch aufgeklärt sind, "weiterhin Konflikte transhistorischer Überzeugungen, die Herkunft (Schöpfung/Emanation/anfangloses Fließen) und Ziel betreffen (Auferstehung/Reinkarnation/Himmel und Hölle/Transzendenz der Ichhaftigkeit)"[696], dabei muß aber einem Betrachter, der den pluralistischen Standpunkt einnimmt, klarwerden, daß es hier entweder um Fragen geht, "auf die wir keine Antwort wissen und ... auch nicht zu wissen brauchen, oder Fragen, die mit unseren derzeitigen Begriffssystemen nicht beantwortet werden können".[697]

Daher geht die Forderung Hicks dahin, die einzelnen Religionen sollten – im Unterschied zum Inklusivismus, der immer von der je eigenen Position aus die Unwahrheit der anderen relativiert – einander a priori den gleichen Anspruch auf Wahrheit einräumen wie der eigenen.[698] Erst ein solches Zugeständnis ermögliche die friedliche Koexistenz der verschiedenen religiösen Traditionen. Innerhalb des pluralistischen Systems gewinnen die Religionen den Status von prinzipiell gleichwertigen Aussagekomplexen, denen eine Wahrheit zukommt, die niemals einen kontradiktorischen Widerspruch zu Aussagen bilden kann, die in einem an-

---

[694] Dahin gehen die Forderungen von H. Küng, der sich aber bewußt ist, daß eine inhaltliche Einigung der Religionen zu schwierig wäre – und dies, obwohl die Religionen nach seiner Ansicht im Grunde alle eins sind –, und der deshalb ein gemeinsames Ethos als Grundlage der Verbindung zwischen ihnen schaffen möchte. Vgl. ders., Christentum und Weltreligionen; vgl. auch ders., Weltethos für Weltpolitik und Weltwirtschaft.

[695] Vgl. Hick, Religion, 31.

[696] Vgl. ebd.

[697] Vgl. ebd.

[698] Vgl. Hick, Non-Absoluteness, 33.

deren Traditionsstrang gelten, und die darum immer konkurrenzlos bleibt.[699] "Wahrheit" im religiösen Sinn hört damit auf, als unbedingter Geltungsanspruch propositionaler Aussagen gegenteilige Aussagen zu bestreiten, d. h. sich als universal zu behaupten. Sie wird auf die Geltung im Kontext der jeweiligen Tradition reduziert und wird folglich selbst relativ.[700]

Die offenbarungstheologische Grundlage für seine pluralistische Theorie liefert eine Gottesvorstellung, die an der Metapher vom Licht orientiert ist, das, an sich selbst ohne Form, Farbe und Struktur, im Prisma der verschiedenen Religionen in seinen kontingenten Frakturen erscheint, die die unterschiedlichen Aspekte des unbekannten Gottes hervortreten lassen. Hier haben wir – neben der statuierten Gleichrangigkeit der Religionen – das Zweite: Die Option für eine radikal negative Theologie.

Wie gelangt die menschliche Einsicht nun zu einem Wissen um dieses Absolutum? Um die Weise der Erkennbarkeit Gottes deutlich zu machen, rekurriert Hick auf die Erfahrung. Der Pluralismus, wie Hick ihn vertritt, hat sein Fundament in der Dissoziation von "the Real" an sich und "the Real" als einer dem Menschen erscheinenden und von ihm erfahrenen Wirklichkeit. Damit stellt sich die Frage, wie denn Gott überhaupt erfahren werden soll und wie diese "Gotteserfahrungen" miteinander in Vergleich gebracht werden können.

3.1.2. Erfahrung Gottes

Der religiöse Mensch gewinnt auf dem Weg einer theoretischen Denkbewegung keine Einsicht in das Wesen und die Eigenschaften Gottes, die eine Analogie des Seienden voraussetzen würde, vielmehr gelangt er durch Erfahrung zu einer Kenntnisnahme des über allen Erscheinungen wesenden "Real".

Es muß an dieser Stelle zunächst auf den Begriff "Religion" hingewiesen werden in der spezifischen Bedeutung, wie ihn Hick verwendet: Man kann den Buddhismus oder Hinduismus z. B. kaum als kohärente Systeme einer religiösen Lehre oder bestimmter Gebräuche ansehen. Während "Religion" in römischer Zeit und auch im Mittelalter die personale Beziehung des Menschen zu Gott, seine persönliche Religiosität,

---

[699] Vgl. ebd., 30: "But as vast complex totalities, the world traditions seem to be more or less on a par with each other. None can be singled out as manifestly superior." Vgl. dazu Gäde, Viele Religionen, 140.

[700] Vgl. ders., God and the Universe, 120ff. Auf das Wahrheitsverständnis Hicks und dessen Problematik soll unter 3.2.6. eingegangen werden.

bezeichnete, ähnlich wie die Geschichte es mit den *res gestae* und nicht mit dem vagen Fortgang der Zeit, die alles in sich enthält, was auf der Weltbühne geschieht, zu tun hatte, versteht Hick unter "Religion" eher das Produkt einer naturhaften menschlichen Religiosität, die irgendeine unbestimmte Mitteilung von seiten des Absoluten voraussetzt, aber doch verschiedene Depravationen aufweisen kann. Wenn bei Hick von "Offenbarung" die Rede ist, so muß dies auch im Kontext dieses Verständnisses von Religion situiert werden. Der Ort der "Offenbarung" Gottes ist nicht der Empfänger einer geschichtlichen Selbstkundgabe Gottes, sondern es sind – entsprechend dieser Auffassung von Religion – die Religionen der Welt, in denen das Absolute sich manifestiert hat. Jede Religion hat ihre "Erfahrung" Gottes.[701] Bemerkenswerterweise wird die prinzipielle *Erfahrbarkeit* Gottes[702] immer schon vorausgesetzt, ohne je problematisiert zu werden – ein Tatbestand, der eigentlich verwundert, da Gott ansonsten in die absolute Transzendenz gerückt wird.

Hick geht von der Gültigkeit empirischer, durch sinnliche Wahrnehmung vermittelter Erfahrung aus. Dabei nimmt er an, daß auch Gott in gewisser Weise unter die sinnliche Erfahrung fällt, sofern der Mensch "Informationen" von ihm empfangen kann. Obwohl der Mensch nie die Wirklichkeit Gottes als solche erfährt, so wirkt sie doch in jeder allgemein religiösen Erfahrung *indirekt* auf den menschlichen Wahrnehmungsapparat ein.[703] Es scheint, daß der menschliche Geist durchaus als Empfänger göttlicher Mitteilungen in Frage komme, die über die empi-

[701] Die Erklärung "Dominus Jesus" der Glaubenskongregation unterscheidet klar zwischen dem Offenbarungsglauben und den Überzeugungen in den anderen Religionen, wenn sie sagt: "Deshalb muß mit Festigkeit an der Unterscheidung zwischen dem theologalen Glauben und der inneren Überzeugung in den anderen Religionen festgehalten werden. Der Glaube ist die gnadenhafte Annahme der geoffenbarten Wahrheit, die es gestattet, 'in das innere des Mysteriums einzutreten, dessen Verständnis er in angemessener Weise begünstigt'. Die innere Überzeugung in den anderen Religionen ist hingegen jene Gesamtheit an Erfahrungen und Einsichten, welche die menschlichen Schätze der Weisheit und Religiosität ausmachen, die der Mensch auf seiner Suche nach der Wahrheit in seiner Beziehung zum Göttlichen und Absoluten ersonnen und verwirklicht hat." Vgl. ebd., nr. 7; vgl. auch Johannes Paul II., Fides er Ratio, nr. 13.

[702] Vgl. Hick, Religion, 185: "Die ... vorgelegte pluralistische Hypothese besagt, daß sich die Menschheit in Form verschiedener Begriffe und Erfahrungsmodi, die in den einzelnen Traditionen unterschiedlich sind, schon immer der universellen Gegenwart des WIRKLICHEN bewußt war. Dieses Modell kann auch ein Licht auf die mystische Erfahrung innerhalb der verschiedenen Traditionen werfen. Es nimmt eine Einwirkung der Gegenwart des WIRKLICHEN auf den Mystiker an, wobei diese Einwirkung oder Gegenwart Information erzeugt."

[703] Vgl. ebd., 269; vgl. ders., Disputed Questions, 21.

rische Außenwelt vermittelt sind. Kritisch soll hier schon gefragt werden: Ist Gott denn ein möglicher Gegenstand menschlicher Erfahrung?

Eine Gruppe von Aussagen legt dies nahe. Darin ist z. B. davon die Rede, die transzendente Wirklichkeit werde je nach sozio-kulturellem Kontext einmal als Jahwe, einmal als Shiva, dann wieder als das Absolute erfahren.[704] Um sich die informative Wirkweise des "Real" vorzustellen, mag es weiterhelfen, wenn man das Bild einer strahlenden Monade nimmt, eines Energiezentrums von unendlicher Potentialität, das – ähnlich wie die Sonne – unentwegt ausstrahlt. Nimmt man dieses Vorstellungsbild zu Hilfe, wird es anschaulicher, was Hick über die Vergegenwärtigung des Transzendenten in unserer Erfahrung sagt:

> "Wenn es vernünftig sein soll, an die Realität von Entitäten zu glauben, die anscheinend entweder direkt (wenn man zum Beispiel etwas vor sich Befindliches als einen Stuhl erfährt) oder indirekt (wenn man zum Beispiel die Erfahrung hat, in der unsichtbaren Gegenwart Gottes zu leben) in unserer Erfahrung gegeben sind, dann müssen zwei Bedingungen erfüllt sein. Die eine lautet, daß man es aufgrund eines verantwortbaren Urteils (oder einer vernünftigen Annahme) für möglich hält, daß eine solche Entität existiert. Die andere lautet, daß diese Entität in unserer Erfahrung in einer machtvollen (*powerful*), beständigen und eindrücklichen Weise gegeben ist, die den Glauben an ihre Wirklichkeit fordert."[705]

In einer zweiten Gruppe von Aussagen trifft Hick eine für seine Erkenntnistheorie wesentliche Unterscheidung: Nicht Gott an sich selbst wird menschlicher Erfahrung zugänglich, sondern nur eine *abgeleitete* Realität. Diese beruht auf Interpretation und zeigt sich in der Weise, wie Menschen das Absolute, gebrochen durch ihr Kategoriensystem, als bestimmte Vorstellung erfahren.

> "Daraus folgt aber nicht, daß religiöses Bewußtsein immer fraglos und ohne Einschränkung eine Erkenntnis des Göttlichen wäre. Im Gegenteil steht dies im Einklang mit der Auffassung, daß dieses Spektrum von Erfahrungen ... eine große Vielzahl konkreter Formen annehmen kann, wie sie sich in den verschiedenen geschichtlichen Traditionen entwickelt haben. In diesem Fall hat man es weder mit einem reinen, unverfälschten Bewußtsein des Göttlichen noch mit einer bloß menschlichen Projektion zu tun, sondern vielmehr mit dem Spektrum unterschiedlicher Möglichkeiten, wie die unendliche gött-

---

[704] Vgl. ders., Religion, 180: "Einerseits können wir, soweit wir in unserer tiefsten Wesensdisposition für das WIRKLICHE offen und reaktionsbereit sind, in einer (oder mehreren) seiner Manifestationen ein authentisches Bewußtsein von ihm empfangen. ... Andererseits hat diese kognitive Freiheit bezüglich des WIRKLICHEN auch eine negative Funktion, nämlich den Schutz unserer endlichen Freiheit und Autonomie."

[705] Ebd., 243. Wie Gäde richtig anmerkt, ist es offenbar der transzendenten Wirklichkeit eigen, dem Menschen zu erscheinen. Dies gehört zu ihrem Wesen: "Nicht freie Initiative also zeichnet das offenbarende Handeln Gottes aus, sondern ein mit seinem Wesen gegebener Erscheinungscharakter." Vgl. ders., Viele Religionen, 107.

liche Wirklichkeit von endlichen und unvollkommenen Menschen wahrgenommen wurde."[706]

Fundamental ist der Unterschied zwischen "the Real" an sich und der Weise, wie es vom religiösen Subjekt erfahren wird. Gott selbst entzieht sich menschlicher Wirklichkeitsauffassung. Was erfahren wird, sind nur Erscheinungen des Göttlichen, und seien es Götter[707], d. h. Manifestationen einer im letzten unaussagbaren Wirklichkeit.

"Wir können nichts weiter sagen, als daß wir das WIRKLICHE an sich als den Urgrund der intentionalen Objekte ... postulieren. Trotzdem kann man vielleicht indirekt und mythologisch über das WIRKLICHE sprechen, denn insoweit diese Götter und Absolutheiten in der Tat Manifestationen des Höchsten (sic!) WIRKLICHEN sind, ist eine angemessene menschliche Reaktion auf eine von ihnen auch eine angemessene Reaktion auf das WIRKLICHE."[708]

Hicks eigene Position scheint in vieler Hinsicht der Auffassung von Welt und Kosmos im Buddhismus ähnlich zu sein. Kommt die pluralistische Perspektive derjenigen des Buddhismus gleich? Der Buddhismus[709] ist eine Religion, die lange Zeit ihren Weg ohne Berührung mit dem Christentum gegangen ist. Obwohl es für den westeuropäischen Menschen schwierig ist, einen Zugang zum Buddhismus zu finden, scheint ein Ge-

---

706 Hick, Religion, 246.

707 Vgl. ebd., 264.

708 Ebd., 376; vgl. ebd., 185: "Wie schon oft gezeigt wurde, sieht ein katholischer Christ immer eine Vision der Jungfrau Maria und ein vishnuitischer Hindu immer eine Vision Krishnas, aber nicht umgekehrt. Diese Tatsache kann wohl nur so gedeutet werden, daß die verschiedenen Ideen und Bilder, die historischen und mythologischen Themen und das Erwartungsspektrum, das die Tradition des Mystikers bereithält, das Material liefern, aus denen sich die Erfahrung aufbaut."

709 Es ist schwierig, überhaupt verallgemeinernd von "*dem* Buddhismus" zu sprechen, denn es haben sich im Laufe der Jahrhunderte unzählige Formen, Schulen und Richtungen ausgebildet, unter denen das Mahayana und das Hinayana nur zwei große Zweige sind. Eine Gesamtdarstellung bieten E. Conze und M. v. Brück, die auch auf diese Unterscheidung eingehen. Vgl. Conze, 49f., v. Brück, 186. V. Brück weist auch auf die Vielzahl der verschiedenen buddhistischen Schulrichtungen hin. Vgl. ebd., 181. Für eine Orientierung über den Buddhismus empfehlenswert sind die Schriften von K. Nishitani, einem bekannten Vertreter des Zen-Buddhismus (Kyoto-Schule/Japan), der aus einer Begegnung mit der deutschen Philosophie heraus (Studium bei M. Heidegger) die buddhistische Erfahrung in die Sprache der abendländischen Philosophie übersetzt und auf diese Weise dem europäischen Denken näherbringt. Eine Affinität mit dem Denken Heideggers scheint sich schon daraus zu ergeben, daß Heidegger mit seiner Ontologie-Kritik hinter das Seins-Denken des Abendlandes zurückgehen wollte. So ist denn auch für den philosophischen Buddhismus, wie er für Nishitani kennzeichnend ist, die zentrale Vorstellung jene der "Leere" – ein Begriff, der den Ursprung der Dinge jenseits von Substanz und Subjekt bezeichnet und der durch Negationen zu bestimmen ist. Vgl. Nishitani, 386f.

spräch mit dieser östlichen Form von Religion überaus fruchtbar zu sein. Eine Übereinkunft legt sich auf den ersten Blick deshalb nahe, weil der Buddhismus auf der einen Seite gegenüber einer polytheistischen Vielfalt von Göttern offen ist[710] und auch eine ganze Reihe von Boddhisattvas, gottähnlichen Menschen, kennt, die das repräsentieren, was jenseits dieser Welt liegt, während er auf der anderen Seite an einem "Absoluten" festhält, das aber eher als "Leere" zu charakterisieren ist.[711] Das gemeinsame Gottesbild der "theistischen" Formen des Buddhismus ist von einer apersonalen Allgemeinheit und negativen Unbestimmtheit gekennzeichnet, durch die es oftmals mit einer monistischen Vorstellung des Gott-Welt-Verhältnisses gepaart geht, denn es fehlt der bleibende Gegenüberstand des Endlichen und des Unendlichen. Das Göttliche ist der leere und von Gegensätzen freie Ursprung, in dem jede Differenz von Einzelnem und Allgemeinheit aufgehoben ist.[712]

Die über den Kategorien von "personal" und "apersonal" anzusetzende Seinsweise des Göttlichen[713] bietet einen religionswissenschaftlichen Anknüpfungspunkt für die Aussage der Pluralistischen Religionstheologie, nach der nur die Manifestationsweisen des Absoluten, nicht aber dieses selbst, personale Züge tragen. Trotzdem scheint die Verschmelzung des pluralistischen Standpunktes mit der auch wieder nur partikulären Einheitserfahrung mystischer Religiosität – trotz aller Ähnlichkeiten[714] –

---

710 Vgl. Conze, 37ff. Die Götter, die der Buddhismus aus dem indischen Bezugsrahmen übernimmt, sind nicht unsterblich, das sie dem Kreislauf der Wiedergeburten unterliegen. In der Lehre des Buddha, die über den "achtfachen Pfad" aus dem Kreislauf von Werden und Vergehen hinausführt, sind sie kein Thema mehr. Vgl. Bürkle, 145.

711 Zur Bestimmung des Absoluten im Buddhismus vgl. Nishitani, 176f. Der Autor nimmt auch eine Standortbestimmung des Buddhismus im Gegenüber zum Atheismus und Christentum vor. Vgl. ders., 77–93.

712 Vgl. Nishitani, 387f. Damit hängt auch zusammen, daß der Buddhismus keine individuelle Eschatologie kennt: Erlösung ist letztlich Rückkehr des individuellen Selbst in seinen Grund, in dem alle Differenzen aufgelöst sind, sie ist das Ende der Person. Vgl. ebd., 387: "Wenn sie auf diese Weise in den ureigenen Grund unseres Daseins zurückgebracht wird, so heißt dies, daß unsere gegenwärtige Existenz ihrem ureigenen Grund zurückgegeben wird, in dem es ihn freilegt. Und dabei wurde die Erfahrung gemacht, daß wegen der Freilegung dieses Grundes das Leben gleichsam aus dem Urgrund aller Dinge der Welt aufbricht wie Feuer aus den Eingeweiden der Erde." Nach der Befreiung aus dem Kreislauf der Wiedergeburten geht der Mensch im *nirvana*, im Land des Buddha Amitabha auf. "Bei aller üppigen Beschreibung dieses 'Landes' bleibt die buddhistische Grunderwartung vom Erlöschen des Daseins und der Person des einzelnen erhalten." Bürkle, 157.

713 Vgl. Nishitani, 99–143.

714 Auch in den östlichen Denkformen steht das wahrhaft Seiende vollkommen jenseits unserer Begriffe, die doch der Scheinwirklichkeit verhaftet sind, so daß die noch Unerleuchteten es sich auf kulturell verschiedene, aber im Grunde vergebliche Weise vor-

nicht in Frage zu kommen, denn Hick will einen Standpunkt erreichen, der die religiösen Strömungen des Buddhismus und Hinduismus noch einmal unter sich befaßt.

Wie der Mensch zu seiner Vorstellung von Gott als Gott kommt, hängt von der je unterschiedlichen Brechung des "Real" in den kontingenten Verstehensmustern der Religionen ab. Die sich dabei ergebenden Ansichten sind nicht aufeinander rückführbar. Hick demonstriert dies – neben der primären gewichtigen Unterscheidung zwischen den sogenannten *personae* und *impersonae* des Wirklichen[715] – anhand der buddhistischen Gewahrung des Absoluten als Shûnyatâ[716] und dem advaitischen Brahman im Hinduismus: Für das Zen ist das Wirkliche, zu dem der Geist auf der höchsten Stufe der Ich-Entleerung gelangen kann, dem Weltgeschehen immanent.[717] Es ist die Welt selbst als reines Strömen, das zugleich Leere und Fülle ist.

Dagegen berührt das über alles Fragen und Denken hinaus seiende Brahman im advaitischen Vedânta[718] nicht die immanente Seite der Wirklichkeit. Es erweist sich gegenüber der Welt als das schlechthin Transzendente.[719] So ist denn dieses Wirkliche, wenn es in der religiösen Erfahrung als Brahman wahrgenommen wird, "eine völlig andere Wirklichkeit, in bezug auf die die 'ewig sich wandelnden Formen konkreten Daseins' eine bloße Täuschung sind".[720] Der Umstand, daß auch in den mystischen Religionen des Ostens das Wirkliche immer nur in Relation zu den Rezeptionsmustern des erfahrenden Subjekts im Fragment erscheint, macht es unmöglich, z. B. im Buddhismus oder Hinduismus von einer unmittelbaren und objektiven Intuition des "Real" an sich auszugehen und erfordert für Hick eine übergreifende Theorie, die gewisser-

---

stellungshaft zu machen versuchen. Die Relativität, ja Nichtigkeit dieser Versuche geht erst mit der Zunahme der erlösenden, metarationalen "Gnosis" auf, die die Wahrheit des ungeschiedenen All-Einen immer klarer enthüllt, bis zu einem Grad, wo der "Weise" schließlich auf alle kategorialen Objektivierungen verzichten kann.

715 Vgl. dazu ausführlicher unten, 375.

716 "Sûnyata" – ein Wort aus dem Sanskrit, heißt wörtlich "Leere". "Das Absolute ist Leere." Conze, 125. Zur Abgrenzung von Sûnyata und "Nichts" (nihilum) vgl. Nishitani, Religion, 155–159; 172–185.

717 Vgl. Hick, Religion, 314.

718 Zu den unterschiedlichen Ausprägungen des Hinduismus vgl. Gläßer, 244ff.

719 Obwohl der Hinduismus eine Vielzahl von göttlichen Wesen kennt, so kann doch nach seiner Lehre das "Prinzip der ungeteilten und verborgenen Brahman-Wirklichkeit" nicht in einem personhaft vorgestellten Wesen verehrt werden. Die Vorstellung von einem persönlichen Gott stellt bereits ein von Menschen entworfenes und damit auswechselbares Gottesbild dar. Vgl. Bürkle, 133ff.

720 Vgl. Hick, Religion, 318.

maßen einen über allen Religionen stehenden höheren hermeneutischen Standpunkt möglich macht:

> "Legt aber nicht die Tatsache, daß es eine Reihe verschiedener Traditionen der Einigungsmystik gibt, die ihre je unterschiedlichen Darstellungen von der Natur des WIRKLICHEN geben, eher den Schluß nahe, daß die universelle Struktur des menschlichen Bewußtseins auch hier nicht durchbrochen wird, und daß dasjenige, was hier unmittelbar erfahren wird, nicht das WIRKLICHE *an sich*, sondern das WIRKLICHE in seiner Manifestation als Shûnyatâ, als Brahman, als Gott ist? Es scheint jedenfalls festzustehen, daß man, wenn man einige Jahre unter Anleitung eines Zen-*Roshi Zazen* praktiziert, Zen-Literatur liest und sich in das Zen-Ethos vertieft, schließlich *satori* erlangen und die lebhafte Wahrnehmung haben kann, daß die Höchste Wirklichkeit unmittelbar gegenwärtig ist – aber man wird im Augenblick der Erleuchtung nicht Gott oder die transzendente Wirklichkeit des Brahman erfahren."[721]

So kommt Hick zu dem Ergebnis, daß auch die mystischen Einigungsreligionen, obgleich sie einen – im Gegensatz zu den theistischen Offenbarungsreligionen – mit Prädikaten vorsichtigen, "negativen" Zugang zu Gott haben, die Stelle Gottes "leer" lassen, weil sie sie nicht mit Namen benennen. Nicht das Wirkliche selbst wird in ihnen erkennbar, vielmehr kommt es auch hier zu einer Manifestation des Wirklichen – auch dort, wo man es in einer primären Erfahrung gewahrt –, indem der Geist sich kulturspezifischer Begriffe bedient: Das Absolute bricht sich in der mystischen Erfahrung und kommt so und nur so zur Erscheinung.

3.1.3. Negative Theologie: das Problem der Eigenschaften Gottes

Um die Dimension des Transzendenten so unbestimmt und im Hinblick auf historisch und kulturell unterschiedliche Bestimmungen indifferent wie möglich zu halten, konstruiert Hick den Begriff "the Real", mit dem soviel gesagt sein soll wie: die unbestimmte, subjektunabhängige Wirklichkeit des Transzendenten als göttlicher Unendlichkeit.

Wenn es darum geht, die Seinsweise des Göttlichen, des Noumenon, zu erfassen, dann nimmt dieser Begriff eine epistemologische Schlüsselstelle ein. Welche Eigenschaften zeichnen den Gegenstand aus, der damit bezeichnet wird? Aus der Intention, die Absolutheit und unerkennbare Transzendenz Gottes um jeden Preis zu wahren, rechnet Hick mit einem an sich jeder Bestimmung von seiten des menschlichen, geschichtlicher Kontingenz unterworfenen, Verstandes vorausliegenden X, das ihm als numinoses Geheimnis gilt – für den Menschen verborgen und seinem rationalen Zugriff entzogen.

---

[721] Vgl. ebd., 319.

Und genau für dieses Noumenon, das die menschliche ratio im Dunkel läßt, steht bei Hick der Begriff des "Realen". Die Entzogenheit der transzendenten Sphäre Gottes macht es schwierig, überhaupt etwas von ihr zu prädizieren, das über das formale Prädikat des Unendlichen hinausgeht.[722] Gemessen an dieser unbegreiflichen und durch Mysterialität gekennzeichneten Wirklichkeit müssen alle endlichen, von kontingenten Subjekten entworfenen und auf diese Wirklichkeit projizierten Vorstellungsbilder, genauso wie alle begrifflichen Konzeptualisierungen versagen. Sie vermögen es nicht, einen inneren Wesensgehalt des "Real" zu bezeichnen oder intentional zu repräsentieren. Erst wo alle Begriffe und endlichen Konzeptualisierungen transzendiert bzw. auf ein unbestimmt-Allgemeines hin verflüssigt werden, reichen sie näher an den Bereich des Noumenon heran:

> "We cannot say that it is personal or impersonal, one or many, active or passive, substance or process, good or evil, just or unjust, purposive or purposeless. No such categories can be applied, either positively or negatively, to the noumenal. Thus, whilst it is not correct to say, for example, that the Real is personal, it is also not correct to say that ist is impersonal – nor that it is both personal and impersonal. All that one can say is that these concepts, which have their use in relation to human experience, do not apply, even analogically, to the Real *an sich*."[723]

Hier gibt es einen Berührungspunkt mit der negativen Theologie Asiens, für die das Göttliche von der Welt des Scheins, in der das gewöhnliche Dasein sich vollzieht, geschieden bleibt.[724]

Die Mysterialität Gottes wird zum einen eng an die negativen Bestimmungen des neuplatonischen Seinsbegriff angelehnt, der die absolute Transzendenz Gottes wahren konnte mit dem Preis, daß jede echte

722 Vgl. ders., Towards a Philosophy, 134.

723 Ders., Disputed Questions, 177; vgl. Gäde, Viele Religionen, 153.

724 Vgl. Nishitani, Religion, 374: "Da das nihilum absolut formlos, das heißt der Ort ist, wo alle Form zunichte wird, zeigt sich das Sein in seinem Grund, wo es unaufhebbar ineins mit dem Nichts ist, als ein aller Form lediges Sein. Es ist pures Sein-in-der-Welt als solches in dem oben genannten Sinn." Vgl. ebd. 368, 372f; vgl. auch Ratzinger, Glaube und Theologie, 362: "Im Denken von J. Hick, den wir hier als herausragenden Vertreter des religiösen Relativismus besonders im Blick haben, berührt sich auf eine merkwürdige Weise die postmetaphysische Philosophie Europas mit der negativen Theologie Asiens, für die das Göttliche nie selbst und unverhüllt in die Welt des Scheins eintreten kann, in der wir leben: Es ... bleibt selbst jenseits aller Worte und jenseits allen Begreifens in absoluter Transzendenz. Beide Philosophien sind an sich von ihrem Ausgangspunkt wie von der Richtung her, die sie der menschlichen Existenz vorgeben, grundverschieden. Aber sie scheinen sich doch gegenseitig in ihrem metaphysischen und religiösen Relativismus zu bestätigen." Vgl. ebd.: "Die relativistische Auflösung der Christologie ... wird nun zu einem zentralen Gebot der Religion."

Vermittlung von Gott und Welt unmöglich war: Die Wirklichkeit des Transzendenten bleibt dem Menschen völlig entzogen, denn sie ist schlechthin unverfügbar und für unsere Begriffe unerreichbar: "As the final unconditional, the all-conditioning God cannot be included within any system of explanation."[725]

Auf der anderen Seite liegt es aber auch an der kontingenten Verfaßtheit eines radikal auf soziologische und geschichtlich-kontextuelle "Muster" verwiesenen und in seinen Möglichkeiten dadurch reduzierten Erkenntnisapparates, wenn Gott an sich selber *coram nos* immer unerkennbar bleibt. Jeder epochale, soziologische oder kulturelle Kontext liefert je andere Verstandeskonzepte, die relativ zu einer Kultur ihre Gültigkeit haben. Was die menschliche Aufnahmefähigkeit in erster Instanz determiniert, ist das kulturell bedingte Vorverständnis, mit dem der Einzelne die Wirklichkeit Gottes ablichtet und als so oder anders erfährt.

Wer Gott an sich selber ist, kann nicht ausgemacht werden, sondern immer nur, wie er für diesen oder jenen Menschen oder für ein kollektives Bewußtsein erscheint. Das von Hick angewandte epistemologische Modell gestattet es nicht einmal, zu entscheiden, ob Gott in sich selbst Person ist oder ein apersonales Etwas:

> Ebenso kann die göttliche Wirklichkeit an sich nicht direkt erkannt werden. Wenn sich nun der Mensch in einer Ich-Du-Bewegung zu ihr in Beziehung setzt, erfährt er sie als personal. In einer solchen Beziehung *ist* dieses Wesen personal, kein Es, sondern ein Er oder eine Sie. Wenn der Mensch sich zum WIRKLICHEN in einer nicht-personalen Wahrnehmung in Beziehung setzt, erfährt er es als nicht-personal, und im Kontext einer solchen Beziehung *ist* es nicht-personal [726]

Auf diese Weise kann the "Real" einen allgemeinsten abstrakten Begriff Gottes bilden, der sowohl den pantheistischen Naturreligionen als auch den östlichen Einigungsreligionen sowie der jüdisch-christlichen Offenbarungsreligion gemein *(common)* ist. Dieser Begriff sieht von allen Differenzierungen ab und bezeichnet einen Gegenstand, der sämtlichen religionsspezifischen Bestimmungen vorausliegt. In sich selbst differenz-

---

725 God and the Universe, 89.

726 Hick, Religion, 268; vgl. (engl.) An Interpretation of Religion, 245: "... the divine Reality is not directly known *an sich*. But when human beings relate themselves to it in the mode of I-Thou encounter they experience it as personal. Indeed in the context of that relationship it *is* personal, not It but He or She. Wen human beings relate themselves to the Real in the mode of non-personal awareness they experience it as non-personal, and in the context of this relationship it *is* non-personal." Zur größeren Genauigkeit wurde hier der englische Originaltext zitiert.

los und jenseits unserer Begriffe – auch der transzendentalen –, muß das "Real" allen propositionalen Aussagen gegenüber entzogen bleiben. Damit erweisen sich diese aber als mythologisch und als nicht dem ursprünglichen und eigentlichen Sinn entsprechend. Der Begriff Gottes ist das Ergebnis einer religionsphilosophischen *abstractio ultima* und hat insofern etwas gemein mit dem *ens commune* der klassischen Seinslehre, wenn es als Gattungsbegriff aufgefaßt wird, der durch differenzierende Modalitäten und Differenzen kontraktiert werden kann.[727]

So sehr der Gottesbegriff, mit dem die pluralistische These arbeitet, geeignet ist, exklusive Wahrheitsansprüche einzelner Religionen zu relativieren, ohne den in ihnen gemachten Gotteserfahrungen jeden Wert abzusprechen, sondern sie auf einen ihnen gemeinsamen Urgrund zurückzuführen, so leer und inhaltslos bleibt er auch. Man kann dem Subjekt des Satzes x=a, wobei x the "Real" an sich ist, nur das Prädikat "unendlich" und "transzendent" beilegen. Jede weitere Bestimmung bleibt offen. Kritiker haben bereits bemerkt, daß "Gott" hier nur mehr als Worthülse fungiert, der kein Bedeutungsgehalt mehr entspricht.[728]

3.2. Philosophische Voraussetzungen der pluralistischen These

Hicks Intention ist es nicht, eine systematische philosophische Theorie über die menschlichen Verstehensmöglichkeiten des Unbedingten und Transzendenten zu erarbeiten. Seine Gedanken sind religions*theologischer* Natur. Die Frage nach philosophischen Letztbegründungen steht als solche nicht im Mittelpunkt seiner Aufmerksamkeit, spielt aber in das Problem einer universalen Vermittlung und Harmonisierung der Religionen, dem er sich in erster Linie widmet, hinein. Hick will die verschiedenen Weltreligionen, seien sie personalistisch oder monistisch ausgerichtet, so miteinander ins Gespräch bringen, daß die einander ausschließenden Gegensätze überwunden werden. Obwohl Hick gegenüber den vorhandenen partikulären Religionen gewissermaßen einen Meta-Standpunkt einnehmen möchte, von dem aus das *communissimum* jeglicher Glaubensperspektive in den Blick rückt, versteht er sich dennoch als christlicher Theologe, dem es um eine Offenbarung Gottes

[727] Dies ist allerdings insofern ein nur entfernter Vergleich, als Hick das Wirkliche an sich wieder zum *Postulat* der reflektierenden Vernunft macht. Dies mag darin begründet sein, daß er nicht von einer primären *abstraktiven* Leistung des Intellekts überzeugt ist, auch da, wo er sie tatsächlich vornimmt.

[728] Vgl. Gäde, Viele Religionen, 118; vgl. auch Boeder, Submoderne, 146f., der auf die neuplatonische Tradition des Ps.-Dionysius Areopagita verweist, die bei Hick nochmals radikalisiert wird, kannte Dionysius doch immerhin eine Theologie der Namen Gottes. Es scheint nichts als der bloße Name "Gott" übrig zu bleiben.

geht, und der mit seinem Entwurf auch einen neuen Verstehensrahmen für das Geheimnis der Inkarnation schaffen will.

Mir geht es hier darum, die epistemologischen Voraussetzungen der pluralistischen These Hicks genauer herauszuarbeiten und die sich aus seinem Gottesbegriff ergebende Problematik für ein authentisches Offenbarungsverständnis aufzuzeigen.

3.2.1. Die Erscheinung Gottes: personae und impersonae

Die mannigfaltigen Weisen der Gotteserfahrung führen zu verschiedenen Vorstellungen des "Real". Je nach Religion und Philosophie fallen diese entweder mehr personal oder mehr impersonal aus. So gibt es einen Grundunterschied in der Vorstellungsweise des "Real", der sich in den Deutungsmustern von "personae" und "impersonae" niederschlägt.[729]

Neigen die östlichen bzw. fernasiatischen Traditionen dazu, das Absolute eher nicht-personal zu denken, so bestehen die semitischen Traditionen auf einem personalen Antlitz Gottes und reden von "Jahwe", "Vater" u. ä.. Solche Bilder, die man sich in den Religionen von Gott gemacht hat, reflektieren die phänomenale Erfahrung Gottes, müssen aber vom "Real" an sich streng unterschieden werden.[730]

Mit seiner Konzeption will Hick sich von allen Erklärungen der Religion absetzen, die – von L. Feuerbach herkommend – Gott als subjektive

---

[729] Vgl. Hick, Religion, 222: "Die Epistemologie der Religion, wie sie in diesem Buch vertreten wird, wurzelt in diesem zeitgenössischen Bewußtsein. Sie anerkennt, daß das postulierte WIRKLICHE von uns so gedacht und erfahren wird, wie es die Struktur unseres Geistes ermöglicht, in der sich wiederum kulturelle Variationen der grundlegenden menschlichen Form spiegeln. Eine Realität zu behaupten, auf die sich unsere religiösen Begriffe letztlich beziehen, heißt nicht, daß diese Wirklichkeit durch solche Begriffe genau definiert würde oder daß das WIRKLICHE in seiner grenzenlosen Letztendlichkeit mit den *personae* und *impersonae* identisch wäre, die seine Gegenwart in unserem menschlichen Bewußtsein erzeugt."

Vgl. ders., God has many Names, 24f: "Human experience is structured by concepts, and it would seem that one or the other of two basic concepts provides the framework of religious experience. One, which presides over the theistic forms of religion, is the concept of God, or of the Eternal One as personal. The other, which presides over the nontheistic forms of religion, is the concept of the Absolute, or of the Eternal One as nonpersonal."

[730] Vgl. ders., Religion, 376: "Wir können nichts weiter sagen, als daß wir das WIRKLICHE an sich als den Urgrund der intentionalen Objekte der verschiedenen Formen religiösen Denkens und Erfahrens postulieren. Trotzdem kann man vielleicht indirekt und mythologisch über das WIRKLICHE sprechen, denn insoweit diese Götter und Absolutheiten in der Tat Manifestationen des Höchsten WIRKLICHEN sind, ist eine angemessene menschliche Reaktion auf eine von ihnen auch eine angemessene Reaktion auf das WIRKLICHE."

Projektion rationalisieren, die ontologisch auf der Ebene der extramentalen Wirklichkeit kein Korrelat hat. Der "nicht-realistische(n) Interpretation von Religion"[731], die er bei einigen Autoren[732] ausmacht, stellt er seine kritisch-realistische Position gegenüber. Als realistisch versteht sich die Epistemologie Hicks in ihrer Anwendung auf das Religiöse, weil sie es mit realen Erfahrungen einer noumenalen Wirklichkeit zu tun hat und ihr Erkenntnisobjekt nicht etwa nur als menschliche Projektion begreift.[733]

So geht Hick davon aus, "daß das noumenale Wirkliche von verschiedenen menschlichen Subjekten als das Spektrum von Göttern und Absoluta, von denen die Religionsphänomenologie spricht, erfahren und gedacht wird, wodurch die verschiedenen religiösen Traditionen entstehen, die wiederum diese Vorstellungen formen".[734] Dabei legt Hick Wert darauf, daß es sich bei den "göttlichen *personae* und metaphysischen *impersonae*" gewissermaßen um Bestandteile der empirischen Wirklichkeit handelt. Im Gegensatz etwa zu Cupitt will Hick am kognitiven Gebrauch der religiösen Sprache festhalten.[735]

Wie sehr sich Hick in der Beurteilung religiöser Sprachsysteme und Ausdrucksformen an die Erkenntnislehre Kants mit ihrem Dualismus von Erscheinung und transzendentalem Apriori anlehnt, soll im folgenden näher dargestellt werden.

3.2.2. Ding an sich und Erscheinung

In seinem Werk "Religion", das als Summe seines pluralistischen Denkens gelten kann, gibt Hick sich Rechenschaft über das philosophische Modell der Erkenntnis, das er Kant entlehnt, um es – entgegen der eigenen Intention des Königsberger Philosophen – auf jenen Bereich anzuwenden, von dem wir nach Kant gerade keine Erfahrung haben.

> "Kant selbst aber hätte (in seinen drei Kritiken) die Vorstellung nicht gebilligt, daß man in irgendeiner Weise Gott erfahren könne, auch nicht als göttliches Phänomenon im Unterschied zum göttlichen Noumenon."[736]

---

731 Vgl. ebd., 212.

732 Hick nennt hier z. B. R.B. Braithwaite, J.H. Randall, D.Z. Phillips und D. Cupitt.

733 Vgl. ebd., 189: "In der modernen Epistemologie ist Realismus die Auffassung, daß materielle Objekte außerhalb von uns und unabhängig davon existieren, wie wir sie wahrzunehmen glauben. In Analogie hierzu ist religiöser Realismus die Auffassung, daß die Gegenstände religiöser Überzeugung unabhängig von unserer menschlichen Auffassung von ihnen – oder was wir dafür halten – existieren."

734 Vgl. ebd., 264.

735 Vgl. ebd.

736 Ebd., 265. Dies trifft allerdings genau zu. Vgl. unten 383, Anm. 760.

Kant entwickelte seine auf einer transzendentalphilosophischen Reflexion beruhende Epistemologie nach der Vorgabe des Empirismus, den er mit der Frage: Wie sind synthetische Urteile a priori möglich?[737], überwinden wollte, der aber das mögliche Spektrum von Erfahrungen auf Dinge eingrenzt, von denen wir empirische Sinnesdaten empfangen. Aus dem Modell der Erkenntnis, wie es für die Gegenstände möglicher Erfahrung gilt, ist Gott explizit ausgenommen.[738] Kant selbst hat seine kritische Untersuchung als eine *transzendentale* Erkenntnis aufgefaßt, die sich "mit unserer Erkenntnisart von Gegenständen ... überhaupt beschäftigt"[739]. Nicht das Ding als solches, die *res*, interessiert ihn, sondern das Objekt oder der Gegenstand, als der uns das Ding in der Anschauung und in der Erfahrung gegeben ist. Seine logische Ableitung führt zur Aufstellung von Raum und Zeit als apriorische Anschauungsformen der Sinnlichkeit. Sie haben die Funktion, zu erklären, wie aus den chaotischen Sinnesdaten jene raumzeitliche Ordnung entsteht, deren mathematische Erfassung die Aufgabe der mechanistischen Naturwissenschaft seiner Zeit war.

Erfahrung kommt nicht durch Informationen von seiten der empirischen Dinge allein zustande, sondern erst die subjektive Konzeptualisierung der empirischen Sinnesdaten (die bei Hick auch die transzendente Wirklichkeit vermitteln) führt zur Erfahrung, die aposteriorische Urteile möglich macht. Das formale, allgemeine Element in unserer Erkenntnis des Gegenstandes kann nur vom Subjekt selbst stammen. Der menschliche Verstand hat es nie mit *Dingen an sich selbst* zu tun, sondern immer nur mit ihren Erscheinungen, die die Sinne affizieren und vom Verstand mit Hilfe seiner Kategorien[740] vorgestellt und begriffen werden.[741]

Erst die Verarbeitung der sinnlichen Erscheinungen liefert die Erfahrung, die ein empirisches Urteil möglich macht. "Ding an sich" ist ein Ausdruck, der das bezeichnen soll, was hinter den Erscheinungen der Dinge liegt und für den Verstand unerkennbar bleibt. Der Unterschied zwischen dem Gegenstand, wie er uns erscheint, und dem nicht erscheinenden empirischen Korrelat dieser Erscheinung (dem "Ding an sich selbst betrachtet") ist für die transzendentale Reflexion Kants fundamental.

---

[737] Vgl. unten, Teil 3, 451.

[738] Vgl. Kant, KrV B 33.

[739] Vgl. ebd., B 25.

[740] Vgl. unten, Teil 3, Abschn. 2.1.4.

[741] Vgl. KrV B 33.

Dabei ist zu beachten, daß das "Ding an sich" für Kant nur ein Grenzbegriff des Erkennens ist, der in der raum-zeitlichen Erscheinung ein Korrelat hat, mit der Funktion, das durch den Hume'schen Empirismus fragil gewordene Verhältnis von Ding und Eigenschaft abzusichern.[742] Demgegenüber scheint Hick den Begriff mit substanzhaft-gegenständlichen Konnotationen aufzuladen, wenn er – in Parallele zu Kants Auffassung – von einer real existierenden Entität spricht, aus der wie aus einer Energiequelle laufend Informationen hervorfließen, die sich dem menschlichen Bewußtsein mitteilen.[743]

Hick geht überhaupt an einem entscheidenden Punkt über Kant hinaus: Er unternimmt den Versuch, die transzendente Wirklichkeit in der Weise der Kantischen Erkenntnistheorie zu betrachten. Mit der Übernahme der Unterscheidung von Ding an sich und Erscheinung in die Religionsphilosophie verfolgt er die doppelte positive Absicht, zum einen für seine pluralistische Hypothese eine denkerisch abzustützen und zum anderen, gegenüber nicht-realistischen Religionsbegründungen (z. B. bei D. Z. Phillips oder D. Cupitt) eine Position zu behaupten, die den realen und objektiven Charakter des Transzendenten wahrt.

Um beide Intentionen zu realisieren, liefert die Epistemologie Kants in der Tat eine bestechliche Argumentationshilfe. Hick übernimmt den Dualismus Kants, nach dem die chaotischen sinnlichen Eindrücke allein nicht hinreichend sind, um das Zustandekommen von Erfahrungserkenntnis zu gewährleisten, denn Erscheinungen ohne die sie überformenden Kategorien sind diffus.

Auf der Grundlage einer angeblich vollständigen Tafel der Urteilsformen hatte Kant zwölf Kategorien gewonnen – jene apriorischen Grundbegriffe, "welche den Erscheinungen, mithin der Natur, als dem Inbegriff aller Erscheinungen ... Gesetzte a priori vorschreiben".[744] Wie die Anschauungsformen von Zeit und Raum, so sind die reinen Verstandesbegriffe Formprinzipien der Erfahrung, insofern sie das Objekt der Erfahrung mitkonstituieren.

Erst das Zusammenwirken von Objekt und Subjekt, d. h. von dem, "was wir durch Eindrücke empfangen, und dem, was unser eignes Erkenntnisvermögen aus sich selbst hergibt"[745] (den Kategorien), ergibt die Erfahrung. Dabei ist es der Verstand, der auf der Grundlage seiner aprio-

---

[742] Vgl. Prauss, Problem der Dinge an sich.

[743] Vgl. Hick, Religion, 243.

[744] Vgl. Kant, KrV B 163.

[745] Vgl. KrV B 1.

rischen Bestimmungen durch eigene Setzung die Erkenntnis als Synthese konstituiert. Auch für Hick ist die Erkenntnisleistung des Verstandes eine synthetische:

> "An der Hervorbringung unserer gewöhnlichen bewußten Welterfahrung sind einerseits eine Fülle von Einzelbegriffen beteiligt, die unseren gewöhnlichen Gattungswörtern entsprechen, wie zum Beispiel 'Gras' 'Stuhl', 'Tisch', 'Verkehr' und so weiter, andererseits allgemeine, organisierende Begriffe, die Kant Kategorien nannte."[746]

Wie geschieht nun die Applikation des Kantischen Modells von Erkenntnis auf den Bereich der religiösen Weltdeutung?

3.2.3. Die Applikation der Kantischen Erkenntnislehre auf die Erfahrung Gottes

Hick geht zunächst davon aus, daß jede Form von religiösem Bewußtsein auf einer *Erfahrungserkenntnis* beruht. Diese ist in ihrer Genese ähnlich strukturiert wie die Erkenntnis der empirischen Wirklichkeit, die den Menschen von allen Seiten umgibt, und von der er sich ein Bild macht. Religion beruht auf Erfahrung. Und die Vielfalt der Religionen beruht auf der unterschiedlichen bewußtseinsmäßigen Erfahrung ein und derselben transzendenten Wirklichkeit.

Ob eine bestimmte Erfahrung als religiös oder welthaft einzuschätzen ist, hängt in erster Linie nicht von den "Informationen" ab, die den Menschen von einer welthaften oder transzendenten Quelle her erreichen – beides hält Hick für möglich –, sondern von der Art der Begriffe, mit denen der Verstand diese Informationen verarbeitet.[747]

Solche Erfahrungen können entweder direkter Art sein wie bei den Mystikern, die unter einer wie auch immer gearteten unmittelbaren Einwirkung des Numinosen stehen, oder sie können über die materielle Umwelt vermittelt werden. Letzteres ist der gewöhnliche und häufigere Weg, auf dem religiöse Erfahrung zustandekommt:

> "An Dingen, Ereignissen und Prozessen in der Welt wird ein religiöser Charakter oder eine religiöse Bedeutung erfahren, durch die für uns in ihnen die Gegenwart des Transzendenten aufscheint. ... Jene Art religiöser Erfahrung, bei der man die Welt und das eigene Leben in ihr religiös erlebt, kann individuell oder gemeinschaftlich sein; sie kann in verschiedener Intensität auftreten und in einer unendlichen Vielzahl von Formen. Hierzu zählen unter

[746] Hick, Religion, 156f.

[747] Vgl. ebd., 170. Religiöse Erfahrungen entstehen nach Hick immer dann, wenn äußere Informationen "an der Berührungsfläche zwischen dem WIRKLICHEN und der menschlichen Psyche" auf spezifisch religiöse Begriffe oder Vorstellungsmuster treffen. Vgl. ebd.

anderem die sakramentale Erfahrung, daß ein Symbol oder Götterbild oder selbst die Perle eines Rosenkranzes das Transzendente vermittelt ..."[748]

Was nach Hick für die Erkenntnis der Welt im allgemeinen gilt, daß sie nämlich nicht erfahren wird wie sie an sich selbst ist, sondern wie sie uns in der Erfahrung erscheint, das gilt im gleichen Maß auch für den Bereich der religiösen Erfahrung.[749] Hier versucht Hick, den transzendentalen Idealismus für den Bereich religiöser Aussagen fruchtbar zu machen.

Um sich von einem rein idealistischen und subjektiven Religionskonzept abzusetzen, für das die religiösen Bilder, Gestalten, Mythen und Symbole nur subjektiv konstituierte Projektionen sind, setzt die religionsphilosophische Epistemologie Hicks eine bewußtseinsunabhängige Basis als Bedingung der Möglichkeit religiöser Erfahrung voraus. Diese verhindert das Abgleiten in eine rein idealistische Konzeption der Religionsphilosophie.

Was in der Welt an gefährlich-Bedrohlichem, den Menschen in seiner Existenz abgründig Herausforderndem sowie an zutiefst Beglückendem erlebt werden kann, die Erfahrungen von Not, Unheil und Krieg, aber auch von Glück, Rettung und Liebe, all dies steht einer Deutung offen, die es mit der Dimension des Transzendenten oder mit dem hinter allen Dingen waltenden Göttlichen in Verbindung bringt. Wie die Deutung der den Menschen herausfordernden Welt näherhin ausfällt, hängt allerdings von den kategorialen Vorgaben ab, die die einzelnen Kulturen und Individuen zu ihrer Deutung bereitstellen.

Hier nun begegnet ein gegenüber Kant nicht übersehbarer Unterschied: Während die im Verstand bereitliegenden Kategorien, die als formales Element in die Synthesis des Urteils eingehen, für Kant *apriorischer* Natur und damit unveränderlich sind, beruhen die symbolischen und begrifflichen Konzeptualisierungen des Noumenon für Hick auf den je nach Kultur, Sprache, Epoche und Lebensraum unterschiedlich gewachsenen Vorprägungen der religiösen Subjektivität. Sie stellen kulturell, historisch und gesellschaftlich bedingte Kategorien dar, mit deren Hilfe sich das auf die Transzendenz beziehende Bewußtsein artikuliert.[750] Ge-

---

[748] Ebd., 171.

[749] Vgl. Gäde, Viele Religionen, 45: "Hick wendet somit sein von Wittgenstein entlehntes erfahrungstheoretisches Grundaxiom, daß alle Erfahrung ein *Erfahren als* ist ('all intentional experience is experiencing-as'), auch auf die Weise religiöser Erfahrung an."

[750] Vgl. ebd., 66: "Gott wäre in diesem Verständnis eine hinter allen religiösen Überzeugungen stehende und zugleich verborgene transzendente Realität, als deren kontingente geschichtliche und durch die menschliche Erfahrung gebrochene Manifestationen die verschiedenen religiösen Traditionen zu gelten hätten."

rade das Medium der Sprache übt einen entscheidenden Einfluß auf die Entstehung der religiösen Deutungssysteme aus. Mit seiner Fähigkeit, Begriffe zu bilden, durch die die eigenen Erfahrungen deutbar werden, besitzt der Mensch im Unterschied zum Tier zugleich die Möglichkeit, sich seine Welt zu entwerfen.[751]

Dies zeigt sich insbesondere an der Weise, wie die Menschen unterschiedlicher Kulturen zu ihren religiösen Symbolen und auch "Göttern" kommen.[752] Als phänomenale Manifestationsweisen des "Real" treten sie im Bereich der religiösen Erfahrung auf. Dabei steht für Hick fest, "daß das WIRKLICHE vom Menschen erfahren wird, und zwar in einer analogen Weise, wie wir Kant zufolge die Welt erfahren, nämlich durch informierende Eingaben aus der äußeren Wirklichkeit, die der Geist anhand der ihm eigentümlichen Kategorien interpretiert, und die damit als bedeutungsvolle phänomenale Erfahrung im Bewußtsein aufscheinen".[753]

Was der Mensch von der überseienden Absolutheit Gottes – entweder als personal oder nicht-personal – erfährt, konkretisiert sich "in der faktischen religiösen Erfahrung in Form verschiedener Götter oder Absoluta".[754] Ob ihm das WIRKLICHE dabei jeweils im Sinne des Gottes Israels, der heiligen Dreifaltigkeit, bzw. als Shiva, Allah oder Vishnu personal erscheint oder im Horizont des Brahman, des Nirwana, des Seins, als Shûnyatâ usw. begegnet, dies hängt von der durch Kultur und Zivilisation geprägten Form des Menschseins ab. Es ist kein unmittelbarer Reflex der göttlichen Wirklichkeit als solcher.[755] Die in die Mannigfaltigkeit der Göttergestalten auseinanderdriftenden phänotypischen Erscheinungen des "Real" – in den Religionen Bezeichnungen für eine letzte Wirklichkeit –, die Hick als die verschiedenen "personae" (Krishna, Jahwe, Allah ...) und "impersonae" (Brahman, Nirwana, Shûnyatâ) des Absoluten thematisiert, können nach seiner Auffassung mit den Kantischen Anschauungsformen von Raum und Zeit verglichen werden.

Ganz bewußt stellt sich Hick die Frage nach dem ontologischen Status[756] der "Götter", die in Hinblick auf ihre Relation zum einzig unbedingten "Real" tatsächlich von größter Relevanz ist. Da hinter den Erscheinun-

---

751 Vgl. Hick, Religion, 159.

752 Vgl. ebd., 265.

753 Vgl. ebd.

754 Vgl. ebd., 268.

755 Vgl. ebd.

756 Vgl. ebd., 294.

gen der Götter oder göttlichen Manifestationen das Wirkliche selbst steht, sind diese keine bloßen Produkte menschlicher Imagination, sie führen jedoch – als "personae" – auch kein substantielles Eigendasein, sondern entstehen – wie es Hick für jede Art von personalen Subjekten annimmt[757] – aus der Interaktion mit ihren Anhängern. Sie haben ihren Ursprung zum einen in der geschichtlich wandelbaren Imagination des religiösen Menschen, und zum anderen in einer transzendenten Gegenwart, wie er es nennt.[758]

Das Wirkliche an sich als unbekannte transzendente Größe besteht zwar unabhängig vom menschlichen Bewußtsein, das sich in seinen immer neuen Vorstellungen darauf bezieht, "Person" aber ist "das WIRKLICHE nicht an sich, sondern im Austausch mit menschlichen (und/ oder anderen endlichen) Personen".[759]

Dasselbe gilt für die nicht-personalen Vergegenwärtigungen des Absoluten im Bewußtsein des Menschen, der darin, wie es in einigen östlichen Traditionen der Fall ist, das Brahman, das Nirwana, den Dharmakâja, die Shûnyatâ, das Tathatâ oder das Tao erblickt. Nur eine naive, d. h. im System der eigenen Religion verbleibende und damit vorkritische Betrachtungsweise nimmt die *personae* und *impersonae* des "Real" für das "Wirkliche an sich". Sieht man von den endlichen Kategorialisierungen ab, die das "Real" determinieren, so ist es unendlich und als solches ohne Prädikat – ineffabilis oder unerkennbar.

Das sich allen kontingenten und geschichtlichen Bestimmungen entziehende Absolute, das "hinter" allen Begriffen west, wird auf der einen Seite als für die kategoriale Verfaßtheit des begrenzten Verstandes *prinzipiell* unerkennbar, d. h. erkenntnistranszendent gedacht, auf der anderen Seite bringt es sich aber auch wieder aufgrund einer universalen Präsenz für die Menschen aller Rassen und Kulturen zur Erscheinung. Ihm kommt sogar ein notwendiger Erscheinungscharakter zu. Auf diese Weise ergibt sich für den Gottesbegriff Hicks eine eigenartige Ambivalenz: "The Real" soll einerseits völlig unerkennbar und unerfahrbar sein. Damit will der Autor der Unbegreiflichkeit und absoluten Transzendenz Gottes Rechnung tragen. Andererseits soll es aber auch erfahrbar sein, insofern zwischen ihm als Noumenon und den Phänomena eine kausale Relation besteht.

---

757 Vgl. ebd., 289: "Eine *persona* ist demgemäß eine soziale Realität, die im Bewußtsein, in der Erinnerung und in den laufenden Interaktionen einer Gemeinschaft lebt."

758 Vgl. ebd., 290.

759 Vgl. ebd., 288.

Für Kant sind nur die empirischen Dinge, die uns umgeben, erfahrbar, sofern sie unsere Sinne affizieren und in einem zweiten Schritt vom Verstand vorgestellt und begriffen werden.[760] Sie sind als solche Erscheinungen. Daneben können sie aber auch unter der Rücksicht betrachtet werden, wie sie an sich selbst sind, wenn man von ihrem Erscheinungscharakter abstrahiert. Kant spricht vom Ding an sich, das als solches immer unerkennbar bleibt.

Indem Hick diese Kantische Unterscheidung und die damit vorausgesetzte Epistemologie auf das Zustandekommen der verschiedensten Gottesvorstellungen appliziert, macht er – ganz gegen die Intention des Königsberger Philosophen – Gott zu einem solchen "Ding an sich".

3.2.4. Das intellektuelle Paradigma der Postmoderne

Da die Leistung Hicks in erster Linie nicht in einem spekulativen Neuentwurf besteht, sondern darin, daß er auf den Begriff bringt, was viele intellektuelle Zeitgenossen in puncto Religion denken, wenn sie die Möglichkeit einer im Handeln Gottes begründeten Offenbarung negieren – Negation, die von den Selbstverständlichkeiten des Denkens nach dem Abschied von der Moderne eingefordert wird – so liegt es nahe, einige Paradigmen zu besprechen, die von den herausragenden Vertretern der postmodernen Philosophie formuliert worden sind.[761] Auch wenn Hick in seinem Opus nicht ausdrücklich auf bestimmte französische Philosophen Bezug nimmt, kommt er doch selbst mehr aus einer Aufklärungstradition, so entwickelt er seine Thesen doch innerhalb der Grenzen einer postmodernen Vernunft. In dem, was die Vernunft tatsächlich noch zu erkennen vermag, in der Bestimmung ihrer Leistungsfähigkeit, dürfte der eigentliche Berührungspunkt der Postmoderne mit der Pluralistischen Religionstheologie liegen.

---

[760] Vgl. Kant, KrV A 19, B 33. Was der Mensch für Kant erfahren kann, ist "das unzweideutige moralische Gefühl". Vgl. ders., Die Religion B 165. Dagegen ist ihm der Gedanke einer Gotteserfahrung fremd. Es gilt ihm als "eine Art Wahnsinn", "(h)immlische Einflüsse in sich wahrnehmen zu wollen". Vgl. ebd. B 267. Darüber hinaus noch "den unmittelbaren Einfluß der Gottheit als einer solchen fühlen zu wollen, ist, weil die Idee von dieser bloß in der Vernunft liegt, eine sich selbst widersprechende Anmaßung". Vgl. ders., Streit der Fakultäten A 90; Gesammelte Schriften, Bd. 7, 58. Zur theologiegeschichtlichen Bedeutung dieser Schrift Kants vgl. Neuner, Tradition, 206–208, bes. 207.

[761] Eine Klärung des Begriffs "Postmoderne" und eine Abgrenzung zur Moderne unternimmt S. Wendel. Vgl. dies., 194–198. Wendel unterscheidet einen diffusen "Postmodernismus" von einem präzisen, dessen philosophische Grundthesen sie anhand der beiden Hauptvertreter postmoderner Philosophie, J. Derrida und J.-F. Lyotard vorstellen möchte.

Dem postmodernen Denken eignet eine Degradation und Depotenzierung der Ratio.[762] Die Vernunft ist auch dann, wenn sie das technisch-instrumentelle Herrschaftswissen losläßt, nicht mehr fähig, das Seiende zu erkennen. Ihre Aufgabe beschränkt sich auf ein willkürliches Komponieren von begrifflichen Versatzstücken, das aber wirklichkeitslos, d. h. ohne Beziehung zur Wirklichkeit bleibt.

Entgegen den der Aufklärung verpflichteten Positionen erfährt die Vernunft in der Postmoderne eine entschiedene Dezentralisierung[763], wird doch ihr Status hier als prinzipiell "plural" angesetzt. J.-F. Lyotard, der bekanntlich die Idee einer postmodernen Philosophie erstmals exponiert hat, nimmt eine strikte Bindung von Wissen und Macht an, die seine Kritik gegen die dominierenden Sprachspiele der Gesellschaft herausfordert.[764] Das moderne Wissen – verstanden als "Herrschaftswissen" – wurde durch die "großen Erzählungen" von der Freiheit des Menschen, vom Fortschritt des Geistes legitimiert. Den von dieser pragmatischen Beobachtungswarte aus naheliegenden Schritt in die Postmoderne tut man, wenn man den Meta-Erzählungen von der Freiheit und vom Fortschritt keinen Glauben mehr schenkt.

Lyotard will nicht nur ein Erfahrungswissen freilegen, das durch die eingeengte Fragerichtung der Naturwissenschaft verdeckt und "vergessen"[765] sei; sondern auf die logische Absicherung des Wissens überhaupt verzichten, weil sie ihm fragwürdig geworden ist. Dies ist viel entscheidender, daß in seinem Denken die Logik auch außer Kraft gesetzt werden könnte.

Als Alternative wird ein Denken etabliert, das einen völlig anderen "Rationalitätstypus" darstellt: "Dies ist genau der Punkt, an dem sich nach Lyotard aus den Antinomien der modernen, meta-logisch operierenden Wissenschaftstheorie die ganz anderen Rationalitätstypen des postmodernen Wissens herausdrehen – als ein hochdifferenziertes, technologisch inventives und auch ästhetisch aufgeschlossenes Wissen, das jedoch auf logische Absicherung verzichtet hat."[766] Die "Paralogie" soll den Logos ersetzen. "Dementsprechend betont auch Lyotard – ausgehend von der Kantischen bzw. Aristotelischen Trennung der Vernunftvermögen, von Wittgensteins Sprachspiel-Theorie sowie der Sprechakt-

[762] Vgl. zum Ganzen dieses Abschnitts Hedwig, Die philosophischen Voraussetzungen der Postmoderne; vgl. auch Krings, Postmoderne?, 137f.

[763] Vgl. Hedwig, Voraussetzungen, 308.

[764] Vgl. Lyotard, La condition postmoderne.

[765] Vgl. ders., Le postmoderne, 126.

[766] Hedwig, Voraussetzungen, 309.

theorie –, daß es keine einheitliche Sprache, sondern nur eine Vielzahl prinzipiell heterogener Sprachspiele gibt, die nicht auf ein 'Meta-Sprachspiel' bzw. eine 'Metaerzählung' zurückzuführen seien. Gehe man aber von der Vorstellung einer Identität der Sprache bzw. der Sprachspiele aus und ordne diese einer allgemeinen 'Metaregel' und einem 'Metadiskurs' unter, zerstöre man die prinzipielle Heterogenität und Inkommensurabilität der Diskursgenres, zerstöre man die Pluralität durch die 'transzendentale Illusion' einer letzten, alles umfassenden Identität, die sich mit der Illusion der Präsentationsmöglichkeit verknüpft."[767]

Und was auch für die Epistemologie Hicks wichtig ist: Wissen wird von der Pragmatik her bestimmt – mit nicht geringen Folgen etwa für die Ethik. Lyotard fordert eine Praxis der Gerechtigkeit, die letztlich auf so etwas wie eine Strategie der Schadensbegrenzung hinausläuft: Keine Lebensform und keine Weltanschauung dürfe eine Hegemonie über eine andere gewinnen.[768]

Die entscheidenden Begriffe der Postmoderne ergeben sich aus der Negierung der Postulate, wie sie der französische Strukturalismus aufgestellt hatte.[769] Seine Auflösung tritt bei M. Foucault, J. Derrida und J. Lacan zutage, bei denen es zum Verschwinden der Einheit der Struktur, des Subjekts und auch eines eindeutigen Sinnes kommt.[770] Die maßgebliche hermeneutische Konsequenz daraus: Erstens erweisen sich die Funktionswerte einer Struktur als indefinit transformierbar. Zweitens läßt sich die Interpretation eines Textes oder einer Epoche nicht mehr abschließen. Alle Sinnschichten, die sich darin überlagern, ändern sich von Stufe zu Stufe und sind nicht mehr fixierbar.

---

767 Wendel, 195.

768 Es liegt auf der Hand, daß die Pluralistische Religionstheologie diese Forderung auf das Gebiet der Religion und die "Praxis des Glaubens" in den Weltreligionen überträgt.

769 Vgl. Kamper, 79ff; vgl. auch Hedwig, Voraussetzungen, 311: "Für den klassischen Strukturalismus waren – bei extremer Vereinfachung – gewisse Postulate kennzeichnend, aus deren Suspension die entscheidenden Begriffe der Postmoderne gewonnen wurden."

770 Vgl. Lacan, Subversion des Subjektes, 165–176. Man lehnt eine "Metasprache" über den Sprachspielen ab. Mit den Sprachspielen, dem Sprachereignis ohne letzte Sätze und Prinzipien korrespondiert die Auflösung des Subjekts in eine bestimmte Form von Sätzen. Für Lyotard ist das Subjekt lediglich Bestandteil der Sprache, dem eine bestimmte Funktion innerhalb verschiedener Sätze zukommt. Vgl. ders., Der Widerstreit, 128. Zur These, daß das Subjekt nicht der Sprache voraufgeht, sondern aus dem Diskurs resultiert. vgl. auch Foucault, Sexualität und Wahrheit 1, 78–90. Auf die Aufhebung des Subjektes in der via postmoderna hat – in der Theologie – zuletzt auch K.-H. Menke aufmerksam gemacht. Ihm ist auch die Tendenz des postmodernen Denkens auf den religiösen Mythos nicht entgangen. Vgl. ders, Einzigkeit, 33f., 57f.

Radikaler noch als die Einebnung der Ratio bei Foucault ist der Dekonstruktivismus Derridas.[771] Die Dekonstruktion des Wissens richtet sich letztlich auf die Sprache, in der die Metaphysik das "Sein" ausgesprochen hat.[772] Die Vorstellung eines letzten und identischen Ursprungs sowie das Denken der Präsenz machen für die Postmoderne die abendländische Metaphysik aus. Beides wird einer sprachphilosophisch motivierten Kritik unterzogen.[773] Wie weit der Abbau reicht, der an den "Schaltstellen der Argumentation"[774] auf Nietzsche, Heidegger und Wittgenstein zurückgreift, wird schon aus dem Anliegen Derridas erkennbar, die Metaphysik systematisch zu dekonstruieren.[775] Es ist ihm bei diesem Versuch darum zu tun, die Logos-Gemäßheit des Denkens abzubauen. Hier dürfte der Grund liegen, warum postmoderne Denker wie M. Foucault immer wieder auf den Mythos zurückkommen, wenn nach letzten Begründungen gefragt wird. Der Wille zur Macht, der in der traditionellen Wissenschaft liegt und der sich in der Insistenz auf Wahrheit durchsetzte, soll durch *den Verzicht auf Wahrheit* depotenziert werden. Dadurch ist der Weg in einen radikalen Relativismus gewiesen, in dem alles und nichts begründet werden kann.[776]

---

[771] Eine Kritik zu dieser Position bietet Gläßer, 268, Anm. 922.

[772] Vgl. Hedwig, Voraussetzungen, 312.

[773] Vgl. Wendel, 194f.

[774] Vgl. Hedwig, Voraussetzungen, 313.

[775] Derrida verfolgt seine Absicht, indem er die Differenzen (der zentrale Begriff wird für ihn die *différance*) und Brüche der philosophischen Sprache, die durch die logozentrische Strategie der traditionellen Metaphysik verdeckt worden seien, enthüllt. Derrida kennt einen Begriff vom Absoluten, den er gegen die Tradition der Onto-Theologie, aber auch gegen jene der negativen Theologie und der christlichen Mystik abgrenzt: Es ist undarstellbar, unnennbar und undefinierbar, jenseits des Seins. Deshalb kommt ihm die Funktion eines Ursprungs nicht mehr zu. Vgl. Wendel, 197. Für Derrida ist es als "différance" zu bestimmen – ein Ausdruck, der den nicht-ursprünglichen, nicht-präsentischen Charakter des Absoluten hervorkehrt. Vgl. ders., Différance, 77–84; 89. Anders als in der negativen Theologie gibt es für Derrida letztlich keinerlei Sprechen von einem überragenden Absoluten. Es ist "ohne Sein noch Wesen noch Grund". Vgl. ders., Wie nicht sprechen, 104; vgl. ders., Heidegger. Vgl. ders., Finis hominis, 124; 138.

[776] Vgl. Hedwig, Voraussetzungen, 312: "Das 'Subjekt', das hier Kontur gewinnt, ist angehalten, in der 'Erkenntnis seiner selbst' zu leben, 'Askese' zu üben und sich um sich selbst zu 'sorgen'. Aber diese Erkenntnis führt nicht weit. Auch in diesen letzten Skizzen gehören die 'Spiele der Wahrheit' (*jeu de vérité*) keinem normativen Bereich an, der Allgemeingültigkeit beanspruchen könnte, sondern sie sind in praktischer Hinsicht auf den Pol der Subjektivität, auf die 'Selbstsorge' (*souci de soi*) hin angelegt." Vgl. Foucault, Hermeneutik des Subjekts, 32ff.
Im 3. Teil soll eine Alternative zu dieser Position geboten werden, wenn dort nach dem "Ort der Wahrheit" im Denken gefragt wird.

Auch für M. Foucault gilt es deutlich zu machen, daß ein letzter, vernünftig begründbarer Sinn des Lebens fehlt, was theologisch gesagt heißt: Gott ist tot.[777] Die traditionelle Metaphysik endet nicht nur im "Willen zum Wissen", sie "verendet" auch.[778] Alle Auswege, die sich nach dem "Verenden" der Metaphysik – angesichts der drohenden Verzweiflung – anbieten, können nicht darüber hinwegtäuschen, daß die Aussagen der Metaphysik über den Sinn des Lebens *leer* bleiben. So bietet sich das Leben mit der Leere als existentiell vorrangig an.[779]

Es hat nicht an Versuchen gefehlt, den postmodernen Destruktivismus in die Theologie hinein zu übernehmen bzw. eine postmoderne Theologie zu schreiben.[780] Zurecht hat dazu A. Gläßer, der sich eingehend mit der Relevanz neuzeitlichen Denkens für die Theologie befaßt hat, kritisch angemerkt: "Ungenügend sind die Versuche der Postmoderne und jene Formen ihrer Rezeption in die Religionsphilosophie und die Theologie beziehungsweise in die Mystik, welche dem Subjekt eine bleibende Identität im Sein, seiner Vernunft die Fähigkeit der Erkenntnis der Wahrheit der Dinge, das heißt der Seienden in ihrer Wertordnung, seiner Sprache die Bezeichnung von verschiedenen, doch aufeinander beziehbaren Realitäten, seinem Denken die Gültigkeit der Kategorien von Kausalität und Ziel (damit logischerweise dem handelnden Subjekt Freiheit und verantwortliches Handeln) und der Transzendenz oder dem Absoluten jedes erkennbare oder nennbare Prädikat absprechen. Wo rein negative Philosophie und Theologie beziehungsweise Mystik

---

777 Vgl. Foucault, Les mots, 396.

778 Die Postmoderne versteht dieses Wort Nietzsches durchwegs aus der Sicht Heideggers: Es geht um das Ende einer Metaphysik, die nicht nur das "Sein" des Seienden, sondern auch die "Göttlichkeit" Gottes mit dem Begriff unterjocht und schließlich vergessen habe, so daß die Geschichte der Philosophie seit den Vorsokratikern als progressive "Seinsvergessenheit" erscheint.

779 Vgl. Hedwig, Voraussetzungen, 314: "Für die Postmoderne ist diese 'metaphysische Leere' der affirmativ angenommene Existenzraum, in dem der Mensch, weder durch Sinnzentren noch durch Grenzen eingeengt, in einer Pluralität von Lebensweisen sich entwerfen und ausleben kann." Auch die Pluralistische Religionstheologie Hicks läßt die Stelle der alten Metaphysik und damit auch die Frage nach einem absoluten Sinn leer. Der postulierte Gott, von dem alle reden, über den aber niemand etwas wissen kann, ist ein Platzhalter der Transzendenz, der uns so leben lassen kann, *als ob* die Welt nach "oben" hin geöffnet wäre.

780 Vgl. dazu Wendel, 203ff. Wendel hebt in der postmodernen Wahrnehmung der Wirklichkeit als defizitär hervor: den beziehungslosen Isolationismus, das Nebeneinander verschiedener Sprachspiele, das bloße Gegenüber eines Ich und des begegnenden Anderen, die Unmöglichkeit von echter Kommunikation und dauerhaften intensiven Beziehungen. Vgl. dies., 207f. Dementsprechend fällt die Diagnose des Verhältnisses von Postmoderne und Theologie aus: "Sie können zueinander nicht kommen ..." Ebd. 205.

als unumgänglich verkündet und erfahren wird, da wird der Mensch ... in die Alternative gedrängt, das Verlöschen als seine Bestimmung mit allen Folgen zu akzeptieren oder Endliches zu verabsolutieren und darin seine Götzen zu suchen."[781]

3.2.5. Die metaphorische Bedeutungstheorie Hicks

Um die Rationalität religiöser Sprache und Sätze – gegen den Positivismus und Neopositivismus – zu erweisen, entwickelt Hick eine eigene Bedeutungstheorie, die den Unterschied religiöser Propositionen vom Gebrauch einer technischen Sprache oder *common language* in der Weise begründet, daß religiöse Aussagen nicht ins Leere zielen, sondern mit einer Bedeutung für das menschliche Leben korrespondieren.

Dies macht es dann möglich zu entscheiden, auf welcher Ebene religiöse Aussagen, die den kategorialen Gegenstandshorizont unserer Welt-Wirklichkeit übersteigen, wahr sind und auf welcher ihnen keine Bedeutung zukommt.

Der Geltungsanspruch religiöser Aussagen wird bei Hick pragmatisch begründet. In diesem Begründungsverfahren spielt die Metapher eine entscheidende Rolle. Was versteht Hick unter Metapher und was gilt es in der Prädikation von Metaphern zu beachten? Als Kontrastfolie für die Metapher dient ihm die "wörtliche Bedeutung ("literal meaning") einer sprachlichen Bezeichnung, die durch Übereinstimmung innerhalb einer Kommunikationsgemeinschaft erzielt und durch einen lexikographischen Index festgelegt wird.[782] Dagegen steht die Metapher eher in einer Reihe mit dem, was schon Aristoteles als "Metonymie" bezeichnet, und was den nicht-wörtlichen, "übertragenen" Sinn eines Ausdrucks meint, der nicht in sich selbst besteht, sondern aus der *Zuordnung* des Namens auf Gehalte entspringt, die seiner primären wörtlichen Bedeutung fremd sind. Bedient ein Sprecher sich eines metaphorischen Ausdrucks, so weicht er in seinem Sprechakt von dessen wörtlicher Bedeutung ab und vollzieht eine "Transformation" (v. griech.: *metaphorein*).[783]

Dem ursprünglichen Bedeutungsgehalt wird dabei durch Assoziation ein anderer, sekundärer beigemischt. Es kommt zu einem Bedeutungsaustausch oder zur wechselseitigen Übertragung der Bedeutung zweier

---

[781] Gläßer, 268.

[782] Vgl. Hick, Metaphor, 99: "Thus the literal meanings of a word are, roughly, its dictionary meanings, and so to speak literally is to intend one's utterance to be understood in this standard or dictionary sense." Vgl. dazu auch ders., Knowledge and Faith.

[783] Vgl. ebd.

Ideen.[784] U. a. exemplifiziert Hick diesen Bedeutungstransfer an dem Ausdruck "Lebensreise": Er verbindet einige Assoziationen, die bei dem Wort "Reise" im Bewußtsein entstehen, mit der Erfahrung über das Leben und erreicht auf diese Weise, daß manche Aspekte des menschlichen Lebens für das sprechende Subjekt und seinen Adressaten näher beleuchtet werden, z. B. daß das Leben einen Anfang kennt und ein Ziel/Ende hat und daß es sich zwischen beiden fortbewegt, mit allen unvorhergesehen Eventualitäten, die dem Menschen auch auf einer Reise begegnen können ...[785]

Eine solche Metapher kann auch wieder in wörtliche Sprache aufgelöst werden, indem man die vorhandenen Ähnlichkeiten explizit macht, so wie es in dem Beispiel geschah. Eine solche Rückführung (*resolutio*) der Metapher gelingt aber immer nur bis zu einem gewissen Grad, und dies hat seinen Grund darin, daß die in ihr implizierten Ähnlichkeiten und Assoziationen – in Relation zu unendlich vielen Sprachsubjekten – im Prinzip unbegrenzt sind: Andere haben aus einer Metapher vielleicht mehr herausgehört, als der Sprecher im Nachhinein explizit gemacht hat. Daher gilt: "There is thus an ineliminable and indefinable aura of meaning to a metaphor."[786]

Da eine Metapher immer ein sprachliches Gebilde ist – kein Begriff (*conceptus*) –, wird sie durch eine Sprachgemeinschaft konstituiert. Auf der anderen Seite erfüllt jede Metapher aber auch eine die Sprachgemeinschaft als intimere Relation konstituierende Funktion: Sie trägt in ihrer Verwendung dazu bei, daß Menschen auch auf eine Art miteinander kommunizieren können, die von einer eineindeutigen Objekt-Relation losgelöst und in diesem Sinne "unsachlich" ist – der Grund für jeden auch emotional gefärbten und vertrauteren Austausch.[787]

Metaphern spielen überall dort eine Rolle, wo die existentielle Lebensrealität des Menschen betroffen ist, so auch, wo es um das Verhältnis

[784] Vgl. ebd.: "Metaphorical meaning is thus generated by the interaction of two sets of ideas."

[785] Vgl. ebd., 100.

[786] Ebd.; vgl. auch ebd.: "The use of metaphor is accordingly a different kind of speech-act from the listing of identifiable similarities. Metaphorical speech is indeed akin to poetry, and shares ist non-translatability into literal prose."

[787] Hick beruft sich auf D. Cooper, wenn er diese Zusammenhänge anspricht: "Indeed it is a very plausible view of the function of metaphor that it serves to promote community: 'metaphorical talk effects a familiarity or *intimacy* between speakers, and between them and their world', so that 'the utterance of a metaphor may be viewed as a signal that the speaker takes his hearers to belong to a subset distinguished by a bond of intimacy'." Vgl. ebd., 100f.; vgl. Cooper, Metaphor, 158.

des Menschen zu seinem transzendenten Urgrund geht. Daher wird man sagen müssen, daß gerade die Metapher auch religiöse Gemeinschaften mitkonstituiert, die ja zu einem guten Teil sprachliche Gefüge sind, sofern man sich in ihnen über das verständigen kann, was alle "Gott" nennen. Tatsächlich zielt Hick mit seiner Bedeutungslehre primär auf die Metapher als religiöses Sprachzeichen. Da die Analogielehre als Voraussetzung von Aussagen, die das innerweltliche Spektrum transzendieren, wegfällt, bleibt als einziges die Metapher übrig, um über "the "Real"" zu sprechen, da eine technische Objektsprache a priori nicht dafür in Frage kommt.

So sind denn unter den Beispielen, die Hick für Metaphern anführt, auch solche Ausdrücke zu finden, die für den unbekannten Gott stehen: "unser himmlischer Vater" oder "Lamm Gottes".[788] Nicht nur singuläre Ausdrücke, sondern auch propositionale Aussagen haben dabei eine metaphorische Bedeutung, so, wenn es heißt: "Der Vater hat den Sohn vor aller Zeit gezeugt."[789]

Im Kontext der Rede über das transzendente "Real" beziehen sich Metaphern auf die phänomenale Weise, auf die der Mensch Gottes in seiner Erfahrung inne wird. Sie entfalten ihre Bedeutung vor allem dort, wo Menschen Gott erfahren und wo es zu "first order assumptions"[790] kommt, d. h. auf der Grundlage einer religiösen Binnenperspektive.

> "... the different belief-systems are beliefs about *different* manifestations of the Real. They're not mutually conflicting beliefs, because the're beliefs about phenomenal realities."[791]

Nun fordern die unterschiedlichen Metaphern ein solches *belief-system* als Verstehenshintergrund. Sie sind ja Ausdruck der menschlichen Antwort auf die alles durchdringende göttliche Gegenwart und spiegeln den begrenzten Horizont des seine Erfahrung interpretierenden Sprachsubjekts. Da eine Verständigung über das Bedeutungsspektrum einer Metapher nur innerhalb eines bestimmten *belief-system* erreicht werden kann, gilt auf der Ebene der religiösen *first-order-assumptions*, also für

---

788 Vgl. Hick, Metaphor, 100.

789 Vgl. ebd.

790 Dies meint hier keine unmittelbare Erfahrung Gottes in seiner eigenen Wirklichkeit: Eine second-order-assumption entsteht dort, wo von den kontingenten Bedingungen einer religiösen Erfahrung abstrahiert wird.

791 Vgl. Hick, Theory of Religions, 43.

die Aussagen über die Phänomena als erfahrene, im Grunde die Wittgenstein'sche Sprachspieltheorie.[792]

Daher kommt es, daß Religionen in Hinblick auf ihre dogmatisch-doktrinellen Festlegungen für die Allgemeinheit nicht relevant sind, d. h. keine Wahrheit beanspruchen können. Die in einer durch Religion konstituierten Gemeinschaft geläufigen Metaphern besitzen aber insofern eine Bedeutung, als sie eine historisch und sozio-kulturell gewachsene Verständigung über eine tiefere und vorgängige Transzendenzerfahrung möglich machen. Wenn man aber die Metabasis der pluralistischen Reflexion einnimmt, dann gilt: Die Sätze über transkategoriale Sachverhalte, sofern sie dem Inhalt nach aufgefaßt werden, sind nur innerhalb der Grenzen des eigenen Sprachspiels gültig. Sie dürfen keinen *universalen* Geltungsanspruch besitzen.[793]

Mit seiner Bedeutungstheorie hat Hick den Geltungsbereich der religiösen Sprache auf eine subjektive Konfiguration des Erfahrungsmaterials eingeengt: Die Sprache, mit der der Mensch sich über die in ihrem Verständnishorizont gemachten Erfahrungen eines Absoluten verständigen, greift nicht auf Begriffe zu, die die Wirklichkeit als solche in ihrem intentionalen Gehalt repräsentieren können. Daraus folgt für die Bewertung religiöser Aussagen, daß ihnen keine Wahrheit im strikten Sinn, sondern nur eine "*mythological truth*" zukommen kann.[794]

> "Trotzdem zielt diese wörtliche und analoge Sprache über die Objekte religiöser Verehrung stets auf das WIRKLICHE selbst, und als solche hat sie eine mythologische Funktion: Man spricht mythologisch über das noumenale WIRKLICHE, indem man wörtlich oder analog über seine phänomenalen Manifestationen spricht."[795]

Daß es sich in erster Linie um Aussagen mit einem mythologischen Wahrheitswert handelt, die einem belief-system zugrundeliegen, thema-

---

[792] Vgl. Stenius/Schlegel, "Sprachspiel", 1534-1536; vgl. Gäde, Viele Religionen, 148f; vgl. auch Sedmak, 394–398. Hick geht allerdings insofern über die Sprachspieltheorie in ihrer klassischen Form hinaus, als er ein "Metasprachspiel" einführen will, von dem aus eine Bewertung der Religionen möglich sein soll. Man kommt in dieses Metasprachspiel aber erst, wenn man die Ebene des *belief* verlassen hat. Vgl. der Sache nach: ders., Religion, 400ff.

[793] Vgl. Hick, Disputed Questions, 162.

[794] Die beiden Begriffe "myth" und "metaphor" sind bei Hick nicht scharf gegeneinander abgegrenzt. Vgl. ders., Metaphor, 105: "It is worth noting at this point that metaphor can readily develop into myth in the sense of a powerful complex of ideas, usually in story form, which is not literally true but which may nevertheless be true in practical sense ... A myth, so defined, is a much extended metaphor." Zum Mythos-Begriff Hicks vgl. unten, 398, Anm. 811.

[795] Vgl. ders., Religion, 376.

tisiert Hick ausführlich an den christologischen Dogmen. Hier haben wir es nach seiner Einschätzung mit genau solchen metaphorischen Bedeutungen zu tun, die zu einer mythologischen Wahrheit führen.

Da Hick eine Einigung von Gott und Mensch in einer geschichtlich einmaligen und unwiederholbaren Weise, wie sie die dogmatischen Definitionen der frühchristlichen Konzilien behaupten, aus verschiedenen Gründen für unmöglich und damit auch für geschichtlich nicht realisiert hält, erhalten die zentralen christologischen Kernaussagen bei ihm eine Interpretation, die sie ihres "wörtlichen" Aussagegehaltes benimmt, so daß man – auch in einem pluralistischen Horizont – am "Glauben" an Jesus festhalten kann. Wer mit den Dogmen über Jesus Christus einen in der Wirklichkeit begründeten realen Zusammenhang aussagen will, braucht künftighin nicht mehr beim Wort genommen zu werden. Und trotzdem werden seine Aussagen damit nicht *sinnlos.* Sie sind eben *metaphorisch* zu verstehen. Daß Jesus ein Mensch wie alle anderen auch war, ohne deswegen schon ein gewöhnlicher Mensch zu sein, kann – übersetzt in metaphorische Sprache – z. B. durch den Satz "Jesus war Gottes Sohn" bedeutet werden. Ein Fehler wäre es, wollte man eine solche Aussage als Urteil über eine Seinseinheit von Gott und Mensch in der geschichtlichen Person dieses Jesus von Nazaret verstehen:

> "Indeed the basic heresy has always been to treat religious metaphor as literal metaphysics. But on the other hand, as religious metaphor or myth the idea of incarnation communicates something of momentous importance about Jesus, something that forms the basis of distinctively Christian experience and faith."[796]

Genau diesen Fehler habe die Kirche gemacht, als sie der anfangs unpräzisen, dem liturgischen Sprechakt zugehörigen Aussagen "Jesus ist der Herr" einen metaphysischen Sinn zuwies, wie es vor allem seit Nicäa geschehen sei. Was heißt es aber als Metapher, daß Jesus Gott ist? Welche stimmige religiöse Bedeutung kann dieser Aussage entnommen werden, wenn man sie als Metapher liest?

Jesus kann als Katalysator für den Weg des Menschen zu dem unbekannten Gott gelten, dessen diverse Erscheinungsweisen sich unterschiedlich erfahren lassen. An dieser Stelle soll die Frage offen bleiben, in welcher Relation die Person Jesu denn zu Gott stand und was als Quintessenz der Hick'schen Christologie zu gelten hat. Auf die Implikationen einer Inkarnationslehre, die sich konsequent in das pluralistische Paradigma einfügt, soll unter 3.3. (Theologische Rückfragen) noch ausführlicher eingegangen werden. Im Zusammenhang der Bedeutungs-

---

[796] Vgl. ders. Metaphor, 106.

theorie ist hier nur auf den Unterschied hinzuweisen, der zwischen den historisch verifizierbaren Aussagen über Jesu Verhalten und späteren "Glaubensaussagen" über die wahre Identität Christi gemacht wird: "Literal truth" kann nur den erstgenannten zukommen, während die davon abgeleiteten christologischen Aussagen lediglich eine metaphorische Wahrheit beanspruchen können. Daß die Aussagen über Jesus als über den Mann, der Gott ganz gehorsam war, und der die selbstlose Liebe lebte, im ersten Sinne wahr sind, ist die notwendige Bedingung dafür, daß es auch eine metaphorische Wahrheit der propositionalen Glaubenssprache gibt.

> "The truth or the appropriateness of the metaphor depends upon its being literally true that Jesus lived in obedient response to the divine presence, and that he lived a life of unselfish love."[797]

Auf diese Weise erreicht Hick, daß man in der Theologie ganz unbefangen von einer göttlichen Inkarnation in Jesus sprechen kann[798], weil diese Glaubensaussage ihrer metaphysischen Bedeutung entkleidet ist. Daß es damit irgendeine ontologische Bewandtnis habe, die Aktionseinheit Gottes mit Jesus – die doch darin impliziert ist, wenn man sagt, Jesus habe den *Willen* Gottes vollbracht – in einer Seinseinheit mit Gott gründe, ist ja ohnehin die spätere Erfindung von Leuten, die einer Divinisierungstendenz nicht widerstehen konnten:

> "Such theologies will not see the idea of God's incarnation in the life of Jesus as having a literal physical or psychological or metaphysical meaning. ... But in the case of divine incarnation the initial idea has proved to be devoid of literal meaning and accordingly identified as metaphor, functioning in a way that is continuous with its non-religious uses."[799]

Wichtig wird die von Hick explizit gemachte Lehre über metaphorische Bedeutungen im Hinblick auf die geforderte Relativierung des christologischen Glaubens, die die entscheidende Voraussetzung dafür bietet, daß das Christliche eine pluralistische Akzeptanz findet *"as one valid way among others of conceptualizing and responding to the divine"*.[800]

---

[797] Vgl. ebd., 105.

[798] Daß Hick mit seinem Verständnis von "Inkarnation" in jenen ungeschichtlichen Mythos zurückfällt, den die Väter in ihrem Ringen um die rationale Rechtfertigung des Glaubens gerade überwunden hatten, soll weiter unten gezeigt werden. Was Hick unter Inkarnation versteht, soll hier nicht weiter entfaltet werden, da die Hick'sche Bedeutungstheorie an dieser Stelle der bestimmende Formalaspekt ist.

[799] Vgl. ebd., 104.

[800] Vgl. ebd.

3.2.6. Wahrheit in der Religion – die Wahrheit von Glaubenssätzen

Kann der Mensch im Rahmen seines Wirklichkeitsverständnisses mit seinem urteilbildenden Verstehen zur Wahrheit über Gott und seine Offenbarung gelangen? Um diese Frage, die sich doch bei allen Diskussionen um die Pluralismusfähigkeit des Christentums stellt, und die eine philosophische ist, beantworten zu können, ist eine fundamentale Verständigung über den Wahrheitsbegriff notwendig. Welche Wahrheitstheorie setzt Hick voraus? Wie wird die Wahrheit von (Glaubens-) Sätzen erwiesen?

Eine Option wäre hier die sogenannte Konsenztheorie der Wahrheit, die besagt: Wahr ist ein Satz genau dann, wenn alle Teilnehmer am Diskurs oder zumindest möglichst viele ihm zustimmen, was auch bedeuten kann, daß statistische Erhebungen über die mit dem Satz getroffene Behauptung einen hohen Zustimmungswert ergeben. Angewandt auf die religionstheologische Fragestellung würde dies einen universalen Dialog unter repräsentativen Vertretern der großen Religionen angeraten erscheinen lassen, mit dem Ziel, eine möglichst breite Verständigung über jene Inhalte zu erreichen, die von allen angenommen werden. Hier wäre die Suche eines für alle akzeptierbaren und plausiblen kleinsten Nenners das entscheidende Movens.

Da aber eine einigende Verständigung allein schon über das mit dem Wort "Gott" Gemeinte äußerst schwierig sein dürfte, was damit a fortiori von allen konkreteren Glaubensannahmen gilt, läuft dieser Ansatz auf eine Reduktion von Religion auf Ethik hinaus. Eine solche Konsenztheorie der Wahrheit, die alles, was keine allgemeine Zustimmung findet, als unwahr ausscheiden würde, vertritt Hick nicht.

Eine Aussage P: x=a ist für ihn genau dann wahr, wenn der mit P behauptete Sachverhalt der Fall ist. Damit vertritt Hick für alle Aussagen, die sich auf ein prinzipiell verifizierbares Geschehen oder einen innerweltlich konstatierbaren Sachverhalt beziehen, die gewöhnliche Adäquations- oder Korrespondenztheorie der Wahrheit.[801] Dabei ist – etwa gegenüber der mittelalterlichen prädikamentalen Logik und Suppositionslehre – der Ausfall der Universalien zu beachten: Sprachliche Zeichen bedeuten nicht universale *conceptus*, die ihrerseits die Wirklichkeit intentional repräsentieren, sondern Namen greifen unmittelbar auf Sachverhalte zu oder sind eben *nomina vacua*, wenn ihnen kein Sachverhalt entspricht.

---

[801] Vgl. Puntel, 26–40.

Alle Aussagen, die sich auf den kategorialen Lebensraum des Menschen, auf Natur und Technik beziehen (z. B. der Satz: "Jesus traf die Fischer am See Genesareth"), können im Sinne der "literal truth" *wahr* sein. Ob ein solcher Satz nun wahr ist oder nicht, muß empirisch eingelöst werden können. Die Frage nach universalen Letztbegründungen[802] wird nicht diskutiert. Wahrheiten scheinen im Bereich der Ethik möglich zu sein.

Ganz anders nimmt sich die Sache allerdings aus, wenn es um Urteile geht, die über den kategorialen Horizont hinausgehen: Alles, was unter "belief" fällt und sich auf Gott, den Transzendenten, seine "Offenbarung", auf Jesus in seiner Beziehung zu Gott oder auf die Manifestation des "Real" in Vishnu, Shiva, Brahman, Atman etc. bezieht, kann nicht in einem eigentlichen Sinn "wahr" sein. Wenn es also um religiöse Aussagen im strikten Sinn geht, greift die Bedeutungslehre der Metapher.[803] Diese Klasse von Sätzen ist prinzipiell anders zu behandeln als empirische Aussagen: Ihr Wahrheitswert kann nicht mehr theoretisch eingesehen, sondern nur *pragmatisch* abgesichert werden. Glaubenssätze unterliegen also nach Hick innerhalb der metaphorischen Bedeutungslehre einem *pragmatischen Wahrheitsbegriff*.[804]

Dies soll noch näher verdeutlicht werden. Zunächst anhand des christlichen Glaubens, in dem die Auferstehung Jesu als Glaubenssatz behandelt wird: Für das christliche Kerygma ist die Auferstehung Jesu das zentrale Ereignis, das den Jüngern in der konstitutiven Phase der Kirchengründung ein neues Wirklichkeitsverständnis erschließt und das den Horizont angibt, in dem sie post resurrectionem das ganze frühere Tun Jesu mit seiner Verkündigung der Gottesherrschaft mit anderen Augen sehen: Gott, der geschichtsmächtig an uns Handelnde, hat durch die Auferweckung Jesus, den Gekreuzigten, in seiner Sendung als den universalen Mittler des Heils bestätigt. Dies führt zu der erstrangigen

---

[802] Vgl. Hösle, Krise, 152–167.

[803] Inwiefern Hick in diesem Bereich von einem korrespondenztheoretischen Wahrheitsverständnis abweicht, hat Armin Kreiner gezeigt. Vgl. ders., Die Relevanz der Wahrheitsfrage.

[804] Wie C. Sedmak bemerkt, ist bei Hick darauf zu achten, "daß die Wahrheit religiöser Gedanken in der Adäquatheit ihrer praktischen Dispositionen besteht, die sie hervorzurufen vermögen. Damit nähert sich Hick durchaus dem Religionsverständnis Wittgensteins an, der die Historizität und Rationalität religiöser Systeme zugunsten ihrer lebensprägenden Bedeutung abwertet. ... Hick verfolgt damit nicht Wahrheit in einem korrespondenztheoretischen Sinn, eher noch 'Wahrhaftigkeit', eine moralisch besetzte Kategorie, mit der nicht einfach in binären Chiffren (wahr/falsch) operiert werden kann". Vgl. ders., 400.

Glaubensüberzeugung: Der gekreuzigte irdische Jesus *ist* der auferstandene Herr.

Hick nimmt gerade die Glaubensaussage der Kirche über die Auferstehung zum Anlaß, um zu zeigen, wie sich die Wahrheit, die in solchen Sätzen liegt, darin erweist, daß sich auf seiten der Menschen, die zum Glauben an das damit Behauptete finden, etwas ändert: Es stellt sich eine *conversio* ein.

"Auferstehung" ist für Hick eine ganz spezielle Weise, in der sich die immer und überall in ihrer Ubiquität zur Erscheinung bringende Präsenz des Absoluten zeigt. In der Erfahrung der Auferstehung verdichtet sich diese Gegenwart zur Vorstellung eines Weiterlebens von Personen, die dem Menschen in diesem Leben nahestanden oder eine besondere Verehrung genießen:

> "... the possibility that those who have died may sometimes be present to the living in this way, and this may also have been true of Jesus during the days and weeks after his death. But the evangelical experience of conversing today with an invisible Jesus – or, sometimes, for Catholics, with an invisible Virgin Mary or a glorified saint – must be understood, along with the awareness of the cosmic Christ, in a way that also applies to comparable phenomena within other religious traditions. ... There are similar accounts from Hindu sources of experiences of encounter with the Lord Krishna ... or with Mother Kali ..."[805]

Ob es denn nun wahr sei, wenn man sagt: "Der heilige Antonius ist mir erschienen" oder "Der Herr ist auferstanden" oder "Ich habe den Tanz der Götter gesehen", dazu wird ein pragmatisches Kriterium herangezogen: Es geht um den praktisch-ethischen Effekt dieses Für-wahr-Haltens: Ob sich im Leben der Menschen aufgrund dieser Überzeugung etwas zum Besseren wandelt, ist der Prüfstein für ihre Gültigkeit. Ethischen Erfolg sieht Hick da gegeben, wo Menschen die Haltung der Selbstzentriertheit aufgeben, den Standpunkt verlassen, wo alles um das eigene Ich kreist, und zu einer Offenheit für das Große und Ganze ihrer Mitwelt gelangen, für die bei Hick der Begriff "reality-centredness" steht.

> "But from a religious point of view they are to be tested by their fruits, and if these promote the salvific human transformation from self-centredness to a new centring in the divine Reality they are to be accepted as ways in which the Transcendent has come to consciousness in the experience of people formed by these different traditions ..."[806]

[805] Vgl. Hick, Metaphor, 38.

[806] Vgl. ebd., 38f.

Der Glaube an religiöse Sätze über Gott, die für Hick eine "mythological truth" besitzen, stellt keine transzendentale Erkenntniserweiterung dar, sondern disponiert das gläubige Subjekt zu einer Haltung, die sich auf das unbekannte "Real" bezieht derart, daß es dieser im letzten unbekannten Realität gerecht wird. Im Kontext religiösen Sprechens über Gott, das auf diese "mythological truth" zielt, haben wir es also mit einer pragmatischen Begründung der Geltung von Aussagen zu tun. Dies wird auch deutlich, wenn Hick ganz allgemein formuliert:

> "Eine Aussage über X ist mythologisch wahr, wenn sie nicht wörtlich wahr ist, aber trotzdem eine angemessene dispositionale Haltung gegenüber X erzeugen kann."[807]

Wenn man sagt, daß Sätze eine Haltung evozieren und daß es auf diese Haltung ankommt, so führt man ein soteriologisches Moment in die Begründungstheorie religiösen Sprechens ein: Es geht darum, daß sich im religiösen Subjekt auf der Ebene seines Handelns etwas verschiebt.[808] Wann immer das der Fall ist, weist sich eine Religion als leistungsfähig und heilseffizient aus – diese am Paradigma postmodernen Funktionalismus' gewonnenen Parameter können als Maßstab für die Authentizität von Religion gelten.[809]

Es wurde schon mehrfach darauf hingewiesen, daß man damit ein nur weiches Kriterium zur Verfügung hat, um den Wahrheitswert religiöser Aussagen zu messen.[810]

> "The truth or the appropriateness of the metaphor depends upon its being literally true that Jesus lived in obedient response to the divine presence, and that he lived a life of unselfish love. It is worth noting at this point that metaphor can readily develop into myth in the sense of a powerful complex of ideas, usually in story form, which is not literally true but which may nevertheless be true in the practical sense that it tends to evoke an appropriate dispositional attitude to its subject-matter. A myth, so defined, is a much extended metaphor. Metaphors operate to change our way of seeing something

---

807 Ders., Religion, 372; vgl. (engl.) An Interpretation of Religion, 348: "A statement or set of statements about x is mythologically true if it is not literally true but nevertheless tends to evoke an appropriate dispositional attitude to x." Vgl. auch Religion, 250: "Zum gegenwärtigen Zeitpunkt gibt es aber keine endgültige Bestätigung dafür, welche Reaktion letztlich die richtige ist. Wenn nun aber die religiöse Reaktion richtig ist, gilt, daß man nur dann immer mehr in eine Beziehung zur göttlichen Wirklichkeit gelangt und sich von ihr verwandeln lassen kann, wenn man religiös lebt. ... Wenn also in der bestehenden Situation der theoretischen Mehrdeutigkeit jemand das Leben religiös erfährt oder einer Gemeinschaft angehört, deren Leben auf diesem Erfahrungsmodus beruht, ist er vernünftigerweise berechtigt, dieser Erfahrung zu trauen ..."

808 Vgl. Gäde, Viele Religionen, 87.

809 Vgl. Hick, The Non-Absoluteness, 23f.

810 So von J.B. Cobb; vgl. ders., Beyond "Pluralism", 81–95.

and thus our stance in relationship to it; and myths, as multi-dimensiol metaphors, do this in a larger and more comprehensive way."[811]

Also die Grenze zwischen Metapher und Mythos ist unscharf – der Mythos ist eine ausgedehnte Metapher. Und die Wahrheit des Jesus-Mythos (*belief-system*) hängt zum einen an der wörtlichen Wahrheit (*literal truth*) des tatsächlichen Verhaltens Jesu (von dem wir aber nicht so viel wissen) und dann zu einem großen Teil an der transformatorischen Kraft des Mythos selbst, die er auf die Lebenseinstellung des Menschen ausübt, d. h. an der praktischen Relevanz.

Mit der Transformation von *self-centredness* zu *reality-centredness* scheint ein *soteriologisches Kriterium* gegeben zu sein, mit dem die "Heilseffizienz" eines religiösen Glaubenssystems bemessen werden kann. Was damit aber genauerhin bezeichnet werden soll, bleibt – abgesehen von der Angabe, es gelange der Mensch in diesem "Übergang" zur "Integration" aller Lebensbereiche[812] – schwer präzisierbar. Möglicherweise darf man darin einen Anklang an F. Schleiermacher entdecken, der gemeint hat, der Mensch könne durch Glaube, Hoffnung und Liebe den Standpunkt der isolierten Ich-Verschlossenheit, der den "alten Adam" kennzeichne, aufgeben, und sich auf den Anderen, d. h. das Du des Nächsten, in Offenheit zu bewegen.[813] Wer demzufolge in Christo ist, realisiert sich selbst so, daß er ganz beim Anderen ist. Er vollzieht die Selbstüberschreitung vom Ich zum Du.[814]

Für Hick geschieht in jenen, die zum Bewußtsein des transzendenten "Real" erwachen, sei es auch durch die Vermittlung von Bildern, Mythen und Glaubenssymbolen "*a gradual transformation of the person from human animal into the finite 'likeness' of God; and it is this actual human change that constitutes salvation*".[815]

---

[811] Ebd., 105.

[812] Vgl. Hick, Metaphor, 132, wo es über Jesus, bei dem dieser Prozeß ganz ans Ziel gelangt ist, heißt: "Jesus death was of a piece with his life, expressing a total integrity in his self-giving love to God; and his cross continues to inspire and challenge us on a level that does not involve the atonement theories developed by the churches."

[813] Vgl. ebd., 136: "In each case there is a transformation from natural self-concern to a new centring in the Real as experience within the saint's own tradition. One is conscious in the presence of such a person that he or she is, to a startling extend, open to the Transcendent, so as to be largely free from self-regarding concerns and anxieties and empowered to live as an instrument of God/Truth/Reality."

[814] Vgl. Menke, Einzigkeit, 82.

[815] Vgl. Hick, Metaphor, 130. Ein Beispiel dafür gibt Hick ebd., 144: "The idea of reincarnation can offer the hope of future spiritual progress; though, combined with the principle of karma, it can also serve to validate the present inequalities of human cirumstances."

Was eine gewisse Richtung in der modernen Psychologie (Frankl-Schule) als Fähigkeit zur Selbstdistanzierung ansieht, die aus neurotischer Selbstbefangenheit herausführt, kann durchaus als in diesem "Transformationsprozeß" impliziert und mitgemeint sein, denn schließlich geht es ja auch in der Therapie darum, in ein neues Verhältnis zur Wirklichkeit einzutreten.

Also: In der progressiven Veränderung des Menschen von einem animal rationale zu einem das Du des Anderen in seinen Akten anerkennenden moralischen Wesen haben wir ein Kriterium, das die "Wahrheit" von Glaubenshaltungen einlöst.

> "The great world religions, then, are way of salvation. Each claims to constitute an effective context within which the transformation of human existence can and does take place ... We cannot directly observe the inner spiritual quality of a human relationship to the Real; but we can observe how that relationship, as one's deepest and most pervasive orientation, affects the moral and spiritual quality of a human personality and of a man's or a woman's relationship to others."[816]

Damit ist aber Wahrheit als reflexive Bestätigung der in religiösen Aussagen der Form x=a behaupteten Identität, die immer eine universale sein muß, eliminiert. Übrig bleibt eine gewisse *Nützlichkeit* religiöser Ausdrucksformen und Haltungen, die durch jeweilige religiöse Sprachspiele vermittelt werden. Der Religion wird damit jede objektive erkenntnistheoretische Grundlage entzogen. Was eigentlich zu glauben ist, fällt in das subjektive Belieben einer "Option", die so oder anders ausfallen kann.

Hick hält es – entgegen der Feuerbach'schen Projektionsthese (religiöser Irrealismus) – zwar für vernünftig, wenn ein Mensch die Welt so deutet, daß ein namenloses "Real" (ich verwende hier mit Absicht nicht das Wort "Gott") hinter allem steht (religiöse Option). Genauso gesteht er aber einem anderen, der von einer religiösen Weltdeutung absieht dieselbe Vernünftigkeit zu.[817]

Hier wird eines sehr deutlich: Der völlige Ausfall einer von der Wirklichkeit der Weltdinge, deren ontologischer Struktur und Gesetzmäßigkeit ihren Ausgang nehmenden natürlichen Theologie macht selbst die "faith" als fundamentale Glaubensoption zu einer blinden, willkürlichen Wahl eines deutenden Subjekts. Hick spricht denn auch von einer "grundlegenden kognitiven Wahl" (*basic cognitive choise*)[818], die den

---

816 Vgl. ebd., 136.

817 Vgl. ders., Relgion, 250.

818 Vgl. ebd., 230; vgl. (engl.) An Interpretation of Religion, 210.

doch für universal gehaltenen Glauben (*faith*) zu einer nicht mehr hinterfragbaren Willkürentscheidung macht. Der Glaube selbst an die Existenz des "Real" erscheint als nicht mehr begründbar.

Wir haben es auch da, wo nicht konkrete "beliefs", sondern die realistische Deutung der religiösen Erfahrung als "faith" zur Debatte stehen, nicht mehr mit diskursiv einlösbaren Geltungsansprüchen zu tun. So kann denn der für den Glauben Optierende mit dem Nicht-Glaubenden auch nicht mehr streiten, weil dessen Wahl gleichermaßen verantwortbar ist, auch wenn er sie nicht vor dem Forum der Vernunft ausweisen kann. [819]

Wer sich zur Haltung der "faith" durchringen kann, hat damit noch keinerlei Gewißheit über eine transzendente Wirklichkeit gewonnen, denn dieser Akt des Glaubens bleibt seine eigene Leistung: Er postuliert einfach ein Etwas, von dem er aber nicht weiß und niemals wissen wird, ob es ist und was es ist. Hier brechen *fides* und *ratio* total auseinander.

Der entscheidende Punkt ist: Da der menschliche Verstand *incapax Dei* ist – unfähig, die Wirklichkeit Gottes auf dem Weg einer den fragenden Geist in Bewegung setzenden *similitudo* der geschaffenen Dinge bzw. einer Analogie des Seienden zu erreichen, bleibt nur der Weg in einen das Religiöse von der Wahrheit der Dinge entkoppelnden Agnostizismus.

3.3. Theologische Rückfragen

3.3.1. Wie liest Hick das Neue Testament? Zur Hermeneutik seiner Schriftauslegung

Der bestimmende Gesichtspunkt, unter dem die Theologie Hicks betrachtet wird, ist ein christologischer: Wie wirkt sich seine philosophische Option für den Erkenntnisskeptizismus auf die Sicht der Person Jesu Christi als Offenbarungsträger aus? Da es für Hick selbst klar ist, daß die traditionelle Christologie der ersten Konzilien nicht nur durch philosophische Verlagerungen, sondern genauso durch einen breiten Konsens unter den Exegeten in Frage steht, gehe ich an dieser Stelle zuerst auf einige fundamentale Thesen Hicks ein, die die Gestalt des historischen Jesus betreffen, wie sie aus den Schriften des NT zu erheben ist.

Hick betrachtet den neutestamentlichen Schriftcorpus, der für ihn wegen der fehlenden formierenden Einheit des Glaubens nur eine Stoff-

[819] Vgl. ebd., 213, vgl. Gäde, Viele Religionen, 163: "Es gelingt so weder, die Bestreitung der Existenz Gottes als objektiv unvernünftig, noch die Ablehnung des Glaubens an die Nähe Gottes vor dem Forum der Vernunft als willkürlich zu erweisen."

sammlung darstellt, unter dem Gesichtspunkt, welche historische Selbstrepräsentation Jesu er bietet. Auf die Frage nach einer möglichen titularen Selbstprädikation Jesu konzentriert, möchte er zeigen, daß die dogmatischen Symbola von Nicäa/Konstantinopel und Chalcedon, die eine Glaubensdefinition enthalten, durch den biblischen Befund nicht gedeckt sind.

Haben die auf den ersten Konzilien versammelten Bischöfe eine Selbstprädikation Jesu als Sohn Gottes für eine notwendige Bedingung des Symbolums gehalten? M. a. W.: Ist in der immanenten Begründung der Konzilien eine Abhängigkeit von dem Datum auszumachen, daß Jesus sich selbst "Sohn Gottes" genannt hat? Für Hick scheint dies auf jeden Fall so zu sein:

> "Until about a hundred years ago (as still very widely today in unlearned circles) belief in Jesus as God incarnate was assumed to red securely upon his own explicit teaching: 'I and the Father are one', 'He that hath seen me hath seen the Father', and so on."[820]

> "The Chalcedonian Definition supports its two-natures dogma by affirming that it is, 'as the Lord Jesus Christ thaught us'."[821]

Hick will der kirchlichen Christologie das biblische Fundament entziehen, indem er darlegt, daß die Voraussetzungen, die das Dogma von Chalcedon ermöglicht haben, unter dem Einfluß der historisch-kritischen Exegese weggebrochen sind.[822] In Kapitel 3 ("From Jesus to Christ") seines Buches über eine pluriforme Christologie führt Hick eine Reihe von repräsentativen exegetischen Stimmen an, die entweder zu einem liberalen Jesusbild oder einer orthodoxeren Vorstellung tendieren und doch in dem Punkt übereinkommen, daß sie einen historischen Selbstanspruch Jesu, der inkarnierte Gottessohn zu sein, ausschließen.[823] J. Dunn, der die ausführlichste Studie über die Möglichkeit vorgelegt hat, daß Jesus sich für den Sohn Gottes gehalten habe, kommt zu dem – auch für Hick wichtigen – Ergebnis:

---

820 Vgl. Hick, Metaphor, 28.

821 Vgl. ebd., 29.

822 Vgl. ebd.: "It is worth pausing to reflect on the magnitude of this change. From at least the fifth to the late nineteenth century Christians generally believed that Jesus had proclaimed himself to be God hat Son, second person of a divine Trinity, living a human life; and their discipleship accordingly included this as a central article of faith. But that supposed dominical authority has dissolved under historical scrutiny."

823 Die Autoren entstammen dem angelsächsischen Sprachraum, in dem sie eine hohe wissenschaftliche Autorität genießen: M. Ramsey (der spätere Erzbischof v. Canterbury), C.F.D. Moule, J. Dunn, B. Hebblethwaite, D. Brown und A. Thatcher. Vgl. ebd., 27f.

"Just when our questioning reaches the 'crunch' issue (Was Jesus conscious of being the divine Son of God?) we find that it (s.c. 'all the synoptic material') is unable to give a clear historical answer." [824]

Der Glaube an die Göttlichkeit Jesu hat für Hick sein historisches Fundament verloren. Es wäre sehr gewagt, wollte man einen solchen Glauben auf die Annahme gründen, Jesus habe diesen Anspruch in bloß impliziter Weise vertreten. Wer für sich selbst a priori eine orthodoxe Christologie vertrete, mit der er an die neutestamentlichen Texte herangehe, werde immer einige Textstellen finden, in denen die Worte und Taten Jesu dem eigenen Glauben Nahrung liefern könnten.

"It would therefore be hazardous to rest a faith in the deity of Jesus on the historical judgement that he himself implicitly claimed this. If one has already accepted a form of orthodox christology one can reasonably interpret some of Jesus' words and actions, as presented by the Gospel writers, as implicitly supporting that belief. But it seems clear that one cannot justifiably arrive at the belief simply from the New Testament evidence as this has thus far been analysed and interpreted by the scholarly community."[825]

Statt eines "orthodoxen" Vorverständnisses plädiert Hick für eine voraussetzungslose Exegese, was immer dies sein mag. Die philosophischen Voraussetzungen, die er selbst mitbringt und an den Text anlegt, sind in der Tat sehr streng: Sie sperren die Aussicht auf die mögliche Gegenwart des Transzendenten *in* der Geschichte und bedingen eine Zirkelstruktur der Argumentation (circulus vitiosus): Daß es keine wirkliche Selbstoffenbarung Gottes in der Geschichte, wie sie in den Evangelien bezeugt ist, geben kann, wird immer schon vorausgesetzt, um am Ende zu dem Ergebnis zu führen, es gebe in der hl. Schrift eben keine über eine Metapher hinausgehende Sendungs- oder Offenbarungsidentität und schon gar keine Seinsidentität von Gott und Jesus.

---

[824] Vgl. Dunn, 29. Wenn schon bei Jesus von einem Sohnesbewußtsein im Verhältnis zu Gott gesprochen werden kann, so handelt es sich nach Ansicht des Autors dabei um einen Reflex seiner Rede von Gott als Vater. Vgl. Dunn, 22–33 (Jesus' Sens of Sonship), hier bes. 26ff. Wenn man diese Position vertritt, bleibt allerdings ungeklärt, wie Jesus denn dann die Jünger zur exklusiven Entscheidung für ihn und zum Gehorsam hat aufrufen können, z. B. wäre der Ruf zur persönlichen Lebensnachfolge Jesu nicht mehr gedeckt, wenn Jesus nicht im Bewußtsein der Absolutheit seiner Person gelebt hätte. Über den tatsächlichen Anspruch, der in der "impliziten Christologie" des irdischen Jesus enthalten ist, sagt W. Kasper: "In ihm bekommt man es mit Gott und seiner Herrschaft zu tun; in ihm begegnet man Gottes Gnade und Gottes Gericht; er ist Gottes Herrschaft, Gottes Wort und Gottes Liebe in Person. Dieser Anspruch ist größer und höher, als es alle Würdetitel ausdrücken konnten. Wenn Jesus deshalb ... diesen Hoheitstiteln gegenüber äußerst zurückhaltend war, dann nicht, weil er weniger, sondern weil er mehr, als sie ausdrücken konnten, zu sein beanspruchte". Vgl. ders., Christus, 122.

[825] Vgl. Hick, Metaphor, 33.

Sein eigenes Vorverständnis hindert ihn auch daran, das hermeneutische Selbstverständnis der Schrift als Glaubenszeugnis anzuerkennen. Nirgends wird der geistige Raum der Kirche mit ihrem Glauben als Grund für das Entstehen der Evangelien thematisiert. Damit hängt zusammen, daß die Kirche auch nicht mehr das Subjekt des Verstehens und der Auslegung ihrer Glaubensquelle ist. Damit ist aber eo ipso die Sinn-Ganzheit der Schrift dahin, die den partikulären Text in seiner Aussage erst verständlich machen würde.

Was sich schon bei E. Schillebeeckx zeigte, gilt in ähnlicher Weise auch für Hick: Der Schrifttext, der nicht mehr von einem inneren Formprinzip durchwirkt und "informiert" ist, zerfällt in einzelne Schichten oder Segmente, die je in ihrer Art an einer ganz bestimmten, isolierten Entstehungssituation hängen (geographische Gemeinde, kulturelles Umfeld etc.) und die ein Agglomerat von nicht-kohärenten Jesus-Bildern ergeben, wie sie menschliche Imagination eben hervorbringt.[826] Diese Sicht der hl. Schrift als einer Ansammlung von Jesus-Material fügt sich mit der – in modifizierter Form vorgetragenen – Hellenisierungsthese zusammen. Dazu einige der Hauptaussagen Hicks:

Die Briefe des Paulus und die Evangelien bilden ein Amalgam von Erzählstoffen und Überlieferungen, die aufgrund vieler Faktoren zusammengetragen und erweitert worden sind. Die Erinnerungen aus erster Hand wurden in verschiedene Zentren getragen, dort bewahrt, entwikkelt, erweitert und übermalt. Dabei spielte die Tendenz einer zunehmenden Erhöhung der Führergestalt, die Opposition der sich in Absetzung gegen die Hauptströmungen des Judentums bildenden Kirche, die durch Verfolgung bedingte Intensivierung des Glaubens sowie die Rivalität und Polemik zwischen den Parteien innerhalb der christlichen Gruppen eine Rolle.[827] Eine immer wieder gestellte Frage ist die nach der Identität des historischen Jesus. Um zu einem authentischen Wissen über diese Identität Jesu zu gelangen, muß man nun zu einer historischen Gestalt zurückgehen, die am Ursprung dieser ganzen Bewegung steht:

---

826 Seine eigene Schrift-Hermeneutik artikuliert sich in der Aussage: "But in each case communal or idividual imagination has projected its own ideal upon as much of the New Testament data as will sustanin it, producing a Christ-figure who meets the spiritual needs of his devotees ..." Vgl. Hick, Jesus, 167f.

827 Vgl. ders., Metaphor, 16.

"Clearly the attempt to form a picture of the life that lay forty to sixty or seventy years behind the written Gospels cannot yield a great deal in the way of fully assured results."[828]

Wie stellt sich nun die Person Jesu in den frühesten Schichten des Neuen Testaments dar? Hier ist keine Spur von einer Inkarnationschristologie zu entdecken, höchstens eine Geist-Christologie, in der Jesus als der mit dem Geist erfüllte "Gesandte Gottes"[829] erscheint, wobei "Geist" einfach eine Chiffre für das unbestimmt bleibende Noumenon ist. Von einem intensiven Gottesbewußtsein umgetrieben, konnte er als der letzte Prophet Gottes auftreten:

"Jesus' intense God-consciousness was of course inevitably structured in terms of the religious ideas of his own culture. The basic concept with which to understand his own existence in relation to God was that of prophet. But ist seems that Jesus was conscious, not just of being a prophet, but probably of being the last prophet."[830]

Des baldigen Weltendes gewahr, setzte er alles daran, Israel zur Umkehr (*repentance*) zu rufen, damit es für den großen Tag bereit sei. Für Hick gehört die Botschaft vom Nahen des Reiches Gottes zu den zentralen Momenten seines Auftretens, mit dem er die Menschen zu einem Leben gemäß den Maßstäben des Neuen Zeitalters animierte.[831] Daß Jesus neben seiner Rede vom Kommen des Reiches Gottes auch eine Reich-Gottes-Praxis kannte, und zwar in einem ganz realen Sinn, findet keine Erwähnung. Hick weist lediglich auf eine kurze Phase des Heilungsdienstes (*healing service*) Jesu hin.[832] Angesichts des vorauszusehenden Lebensendes Jesu – mehrten sich doch die Konflikte mit den Autoritäten – müssen seine jüdischen Zeitgenossen die ihnen vertraute

---

[828] Ebd., 18; vgl. ebd., 17: "And as we seek, so far as we can, *to penetrate behind these documents* to Jesus of Nazareth, we must also, as scholars have been stressing in recent years, take into account a wealth of knowledge about the Judaism of Jesus' time."

[829] Vgl. ebd., 79: "This understanding of kenosis is closely analogous to what I am arguing in this book concerning the doctrine of the incarnation itself. A good metaphor – Jesus as a 'son of God', one in whom the divine Spirit was powerfully present and whose life has revealed to others the reality and love and claim of God – was turned into the metaphysical theory that Jesus had two natures, one human and the other divine. That theory has never been able to be formulated in a coherent and intelligible way that is also religiously acceptable; but the living metaphor in which it is rooted, combined with the aura surrounding dogmatic formulations within the church, has ensured that the attempts to make sense of it continue to this day."

[830] Vgl. ebd., 19; mit Bezug auf Schillebeeckx, Jesus: An Experiment in Christology, London 1979, 121. Dt: Jesus, 107.

[831] Vgl. ebd., 21: "Jesus' central message, then, was a call to repent, to believe that the kingdom was about to come, and to begin to live the life of the new age."

[832] Vgl. ebd., 22.

Idee vom Gott ergebenen Gottesknecht, dessen Leiden Israel zugute kommt, aufgegriffen und auf Jesus projiziert haben, genauso wie die im Kategoriensystem dieser Zeit bereitliegende Vorstellung von einer leiblichen Auferstehung.[833]

Im Leben Jesu zeigte sich irgendwie auf geheimnisvolle Weise etwas von jener unbekannten göttlichen Wirklichkeit, die in so und so vielen anderen charismatischen Gestalten, seien es die großen geistigen Führer oder die mythologischen Götterboten, ebenfalls – unerklärlich aber doch – anwest. Jesus stand im prophetischen Bewußtsein dieser Sendung.[834]

In den primären neutestamentlichen Quellen macht Hick (mit E. Schillebeeckx) eine adoptianistische Erhöhungschristologie aus: Jesus wurde zum Christus in dem Moment, als Gott ihn auferweckte. Dies war der Tag, an dem er in seine göttliche Sohnschaft eingesetzt, d. h. zum "Sohn Gottes" wurde.[835] Hick beruft sich auf Apg. 2,22; 2,32.36 sowie auf Röm 1,3–4, wenn er für die früheste Christologie des NT ein menschliches Wesen unterstellt, das kurz nach seinem Tod in einen exaltierten Status erhöht worden sei, ohne freilich damit schon Gott-gleiche Eigenschaften anzunehmen.[836]

Also für die erste Phase der Reflexion auf Jesus, die eigentlich eine Selbstreflexion der Jesus-Bewegung auf ihren Konstitutionsgrund war, gab es noch keinen Glauben an die reale (metaphysische) Identität von

---

833 Vgl. ebd., 23: "But in the minds of the Jews of Jesus' time, including presumably his own mind, there was the idea that the sufferings of a faithful servant of God work vicariously for the good of Israel. A number of traditional themes contributed to this idea. ... But it was also integral to this set of ideas that the righteous sufferer will be vindicatetd in the end. And as the belief in bodily resurrection became fairly general during the century before Jesus, the vindication of the righteous was assumed to mean their resurrection."

834 Vgl. ebd., 26: "So what I myself see when I try to peer back through the New Testament documents to the person who lies at a distance of some two generations behing them is a man, Jesus, whose immensely powerful God-consciousness made God, and God's demanding but liberating claim upon men and women, intensely and startlingly real."

835 Vgl. ebd., 28; vgl. Dunn, 36.

836 Vgl. Hick, Metaphor, 28f. Daß ein menschlicher Lehrer in eine göttliche Gestalt mit universaler Machtfülle "exaltiert" wird, ist nach Hicks Auskunft nichts Ungewöhnliches und läßt sich z. B. auch im Buddhismus an der Gestalt Buddhas wahrnehmen. Den Gang dieser Entwicklung einer solchen "Erhebung" zeichnet er anhand des Werdegangs von Gautama Buddha. Vgl. ders., Jesus, 168. Am Ende heißt es: "The earthly Buddahs are incarnations of the heavenly Buddhas, projections of their life into the stream of this world. But these transcendent Buddahs are ultimately all one in the Dharma Body (...), which is Absolute Reality. Thus Buddhology and christology developed in comparable ways." Ebd., 169.

Gott und Jesus, so, als würde Jesus in das Wesen Gottes selbst hineingehören – eine Auffassung, die erst in späteren Zeiten und sekundären Erklärungen des NT, wie vor allem dann bei Johannes, vertreten wurde. Wenn in den ersten Jesus-Gemeinden von einer Gottessohnschaft die Rede war, dann besagte dies noch nichts Ungewöhnliches. Es lag nur eine metaphorische Aussageintention vor.[837] Alles, was man bis dahin von Jesus glaubte, hatte noch mit seinem vorösterlichen Selbstverständnis zu tun, das es eigentlich verbieten müßte, ihm realiter göttliche Epitheta beizulegen:

> "It is, however, surely wholly credible that Jesus' awarenesse of the heavenly Father was much more powerful and intense than that of any of his contemporaries. But we have to add, and indeed emphasize, that to experience God as one's heavenly Father is not the same as experiencing oneself uniquely God the Sohn, second person of a divine Trinity."[838]

Nach Hicks Einschätzung würde der Glaube an die Göttlichkeit Jesu, der durch die Gemeinschaft der Kirche bekannt und später immer deutlicher formuliert wurde, nur dann ein historisches Fundament haben, wenn Jesus selbst als Dogmatiker aufgetreten wäre, der sich selbst ganz klar vor aller Welt definiert: "Ich bin die hypostatische Union aus meinen beiden Naturen, der göttlichen und der menschlichen."

Indessen besitzt der historische Jesus für Hick keine göttliche Binnenperspektive, denn es gibt keine personale Vermittlung der göttlichen Selbsterschließung im Wort. Es kann ja keine trinitarische Selbstaussage geben, die eine solche Vermittlung möglich machte, wie sie bei Johannes bezeugt ist: "Was von Anfang an war, was wir gehört und mit unseren Augen gesehen haben, was wir betrachtet und was unsere Hände betastet haben, vom Wort des Lebens – und das Leben ist erschienen,

---

[837] Vgl. ders., Metaphor, 36; vgl. ebd., 41: "In view of this elasticity of the idea of divinity in the ancient world, including first-century Judaism, it is in no way surprising or remarkable that Jesus shoud have come to be regarded as belonging to the class of divine persons. Even during his lifetime his special quality as a holy prophet and an impressive preacher and healer may well have been recognized in this way. ... And after his death, and the resurrection events, when he came to be identified by his followers as the Messiah, of the royal line of David, the title 'son of God' would again be natural and appropriate. Indeed we can even say that it would have been surprising if Jesus had not shared in the widespread honorific divinizing of outstanding religious figures and if the Hebraic 'son of God' metaphor had not been applied to him."
In welchem Sinn Hick von "Metapher" oder "metaphorischer Wahrheit" spricht, wird unter Abschn. 3.2.5. und 3.2.6. behandelt.

[838] Ebd., 31; vgl. ebd., 43: "The notion of Jesus as God's Son is indeed pre-trinitarian. Paul's carefully stated theological view, in the Epistle to the Romans, seems – in line with Luke's Petrine sermon at Pentecost in Acts – to be that Jesus was a man who was raised by God in his resurrection to a special and uniquely important status."

und wir haben gesehen und bezeugen und verkündigen euch das ewige Leben, das beim Vater war und uns erschienen ist" (1 Joh 1,1–2). Vielmehr wird die geschichtliche Gestalt Jesu als Intergral aus einzelnen, nicht-kohärenten Ansichten gewonnen. Der historische vorösterliche Jesus und die *Modelle*, die die Gemeinden auf ihn applizieren, bilden dann das Kompositum der Gestalt Jesu, die in den menschlichen Verstehenshorizont hinein integriert wird: Da entdecken Menschen in ihm den letzten Propheten, den Botschafter Gottes, den Künder einer neuen Zeit, den leidenden Gottesknecht, den erhöhten Herrn, den Sohn Gottes.[839]

Wenn sich auch all diese Modelle im NT finden lassen, so scheint doch die Kategorie des eschatologischen Propheten am meisten geeignet, das ureigene Selbstverständnis Jesu einzufangen:

> "The role of the final prophet was unique, in that it could never recur, so that 'Jesus sensed an eschatological uniqueness in his relationship with God (Dunn 1980, 28). But this also is a long way from Jesus thinking that he was himself God (i.e. God the Son)."[840]

Von entscheidender Bedeutung ist die Beantwortung der Frage, ob am Ursprung des neutestamentlichen Bekenntnisses die reale Begegnung mit Jesus als Auferstandenen steht, die eine das ganze vorösterliche Leben überformende neue Sinngebung darstellt, oder ob nach Ostern lediglich ein fertiges Kategoriengefüge auf bewußtseinsimmanente Vorgänge – die durchaus eine soziologische Tragweite besitzen – appliziert wird.

In der Frage der leiblichen Auferstehung, die die Frage nach der konkreten Person Jesu – als *in rerum naturae existens* – impliziert, vertritt Hick eine aus den Vorgaben seiner Epistemologie abgeleitete Auffassung, die derjenigen von Schillebeeckx gleichkommt: Der primäre Tatbestand, für den der Begriff "Auferstehung" steht, ist das Weitergehen der Jesus-Bewegung, die mit seinem Tod nicht zu Ende war, die vielmehr eine derart starke Lebenskraft besaß, daß sie trotz Widerstand und Verfolgung aufblühte und zur bestimmenden Religion im römischen Weltreich wurde.[841] Welcher ereignishafte Impuls geschichtlich am Ursprung dieser Dynamik stand, wie sie die christliche Religion besaß, läßt sich nicht mehr genau einholen.[842] Jedenfalls ist es nicht die reale Begegnung mit einem, der von den Toten auferstanden ist, so wie

---

839 Vgl. ebd., 31.

840 Ebd., 31f.

841 Vgl. ebd., 23.

842 Vgl. ebd.: "Precisely what this transitional event was we cannot now discerne with confidence."

es in den ersten Bekundungen des Osterglaubens im NT aus der Perspektive eines glaubenden Verstehens bezeugt wird.

> "However, it has often been pointed out that the earliest strata of the New Testament do not include any reference either to the empty tomb or to a visible or tangible body of the risen Jesus. The conviction that he had risen, or ascended, or ist in glory, evidently arose prior to and independently of the later physical resurrection stories with which we are familiar from the Gospels."[843]

Also induzieren immanente Bewußtseinsvorgänge (die Erfahrung, daß die Sache Jesu weitergehe u. a.) das Zustandekommen der Erzählungen von Ostern, nach denen der Auferstandene sich von den Jüngern berühren ließ, ihnen Vollmachten gab, mit ihnen gegessen hat. Sie dienen der mythologischen Einkleidung einer inneren Erfahrung, die in sich selbst unbestimmt bleibt.[844] Das eigentlich ausschlaggebende Geschehen muß für Hick demjenigen Erlebnis analog gewesen sein, das Paulus auf dem Weg nach Damaskus hatte:

> "Paul ... experienced a blinding light and heard (inwardly, according to one of the accounts) a voice but did not see any bodily presence."[845]

Hick kommt es darauf an, gerade die substantiell leibliche Dimension dieses Widerfahrnisses in ein inneres Erleben hinein spiritualisierend aufzuheben. Viele der Jünger machten nach Jesu Tod diese impulsgebende Erfahrung, "having an experience essentially similar to that of Paul, an experience of a supernatural light arround them within which they were conscious of the glorified presence of Jesus".[846]

Diese Erfahrung ist aber genausowenig einzigartig wie exklusiv christlich. Sie kennt viele Parallelen in anderen Religionen.[847] Sie führt im NT

---

843 Ebd., 24.

844 Vgl. ebd., 25: "This pattern suggests that the original happening is more likely to have been in the realm of inner spiritual experience than in that of outer sense experience. But we have to add that any unqualified assertions about what occurred in the days and weeks after Jesus' death, whether in terms of spiritual encounters or of physical miracles, can never be fully substantiated from an historical point of view." Die Sinnesorgane dürfen bei diesem Erlebnis nicht beteiligt sein! Vgl. ders., Jesus, 168ff.

845 Ebd., 24.

846 Vgl. ebd., 24. Für Hick steht fest, daß die Osterwiderfahrnisse der Jünger auch nichts über eine – in späteren zeiten dogmatisierte – Göttlichkeit Jesus aussagen. Vgl. ders., Jesus, 171: "Thus the claim that Jesus had been raised from the dead did not automatically put him in a quite unique category. It indicated that he had a special place within God's providence; but this was not equivalent to seeing him as literally divine. For Jesus is not said to have risen in virtue of a divine nature which he himself possessed but to have been raised by God."

847 Vgl. ders., Metaphor: "I would not by any means wish to rule out the possibility that those who have died may sometimes be present to the living in this way, and that this

zur Konversion der Jünger, die Schillebeeckx eine *metanoia*-Erfahrung genannt hat und die sich darin zeigt, daß die Jünger zusammenbleiben.[848]

Alle anderen Ostererzählungen sind das Produkt einer kategorialen Verstandessynthesis und stellen – verglichen mit dem eigentlichen Geschehen – nachträgliche Konstrukte dar. Insbesondere die "Erscheinungsberichte" kamen in dem Maße auf, als die Geschichte sich in den nächsten Jahrzehnten entwickelte. Je weiter man hinter diese sekundären Imaginationen zurück zum *starting point* dieser Berichte vordringt, desto mehr verliert sich der konkret-physische Aspekt zugunsten einer spirituellen Umwandlung des Jüngerkreises.[849] Johannes bildet mit seiner "virtuellen deificatio" (*virtual deification*) den innerbiblischen Kulminationspunkt eines geistigen Prozesses, der sich je länger je mehr von dem *punctum originale originans* entfernt, bei dem alles seinen Anfang genommen hat.[850]

Auf diese Weise geht es auch in der Christologie um die progressive Konzeptualisierung einer Grunderfahrung, die nach dem klassischen Schema der Hellenisierung festgelegt wird. Schon bei Johannes wird die ursprüngliche Jesus-Metapher in die harte Aussage von seiner Gottheit transformiert.[851] Möglich wird die Hick'sche Beschreibung der Glau-

---

may also have been true of Jesus during the days and weeks after his death. But the evangelical experience of conversing today with an invisible Jesus – or, sometimes, for Catholics, with an invisible Virgin Mary or a glorified saint – must be understood, along with the awarenesse of the cosmic Christ, in a way that also applies to comparable phenomena within other religious traditions."

848 Vgl. ebd.: "There are similar accounts from Hindu sources of experiences of encounter with the Lord Krishna (...), or with Mother Kali (...)." Zur metanoia-Erfahrung bei Schillebeeckx vgl. oben, 246.

849 Vgl. ebd., 25: "For as we try to trace the stream of tradition back through succesive layers we find less and less of the physically miraculous and more of the spiritually transforming." Vgl. ebd.: "There is thus reason to think that – as indeed we should expect on general psychological grounds – the tradition developed from the remembrance of a numinous and transforming experience into a story of miraculous physical events."

850 Vgl. ebd.: "In John, towards the end of the first Christian century, there is an elaborate narrative expressing the virtual deification of Jesus in the mind of this part of the church."

851 Vgl. ebd., 36: "We kwow him only because others respond to him, with yet others responding to their responses, so that a movement developed which almost inevitably came to regard him as divine in the highly elastic sense in which outstanding religious and political figures were often so regarded in the ancient world. This 'soft' divinity, expressed in the 'son of God' metaphor, eventually developed into the 'hard' metaphysical claim that Jesus was God the Son, second person of a divine Trinity, incarnate. But to use the 'Christ-event' concept to validate this development involves arbitrarily stretching that highly flexible 'event' at least as far as the Council of Nicaea (325 CE), and preferably to include the Council of Chalcedon (451 CE)." Vgl. dazu die Anmerkungen

bensentwicklung im NT und in der nachapostolischen Kirche durch die latente Grundthese: Der historische Jesus und der vom frühen Kerygma bezeugte auferstandene Christus (der Christus des Glaubens) sind nicht derselbe.[852] Von der inneren Logik seines Ansatzes her erweist sich das Denken Hicks als unfähig, die Glaubenssynthese der apostolischen Zeugen bejahend mitzuvollziehen.

3.3.2. Transzendenz Gottes?

Wenn die Differenz zwischen Noumenon und Phänomenon, dem uns entzogenen göttlichen Urgrund und seinen endlichen Erscheinungsweisen auch eine wichtige Stütze für seine pluralistische Hypothese bildet, so scheint es doch in Hicks Konzeption um die wirkliche Transzendenz Gottes schlecht bestellt: Sein Über-Hinaus gründet sich nicht primär darauf, daß er die kontingenten Weltdinge als deren Schöpfer überragt und nicht auf eine endliches "Stück" Welt bezogen sein kann, sondern seine Entzogenheit ist prinzipiell keine anderes wie jene der uns umgebenden empirischen Dinge, sofern sie "an sich" nicht zur Erscheinung kommen.

Wendet man die Implikationen dieses Modells konsequent auf das Sein Gottes an, was für Kant selbst unmöglich war[853], so fällt Gott unter denselben kategorialen Horizont wie die empirische Weltwirklichkeit.[854]

Nach der Vorstellung Hicks wird Gott ein der menschlichen Erfahrung im letzten verschlossenes Wesen, das aber immer wieder aus seinem überweltlichen Bereich heraustritt, um partielle Ansichten seiner selbst zu bieten. Damit ist er aber zugleich auch irgendwie ein Teil der Erfahrungswirklichkeit. Mag der Mensch sich noch so sehr durch Kontemplation, Meditation und Askese in den göttlichen Grund hineinversetzen, er erhält doch nie einen Zugang zu Gott an sich selbst, sondern immer

---

von Gäde, Viele Religionen, 207. Der Prozeß der Divinisierung führt zur Formel von Chalcedon mit ihrer hellenistischen Begrifflichkeit.

852 Vgl. ebd.: Hick referiert hier die Position von S. Ogden. Vgl. ders., 52f.

853 Für Kant ist Gott ein Postulat nicht der spekulativen, sondern der praktischen Vernunft. Anders Hick: Er macht Gott zu einem Postulat für jene geistige Intentionalität, die er "belief" nennt. Vgl. oben, 375, Anm. 730.

854 Vgl. die Kritik von Gäde, Viele Religionen, 107: "Insoweit Hick nun aber die transzendente Wirklichkeit in der Weise der Kantischen Erkenntnistheorie zu betrachten sucht, versteht er sie doch als empirische Wirklichkeit. Ihre Unerkennbarkeit ist nichts prinzipiell anderes als die Unerkennbarkeit jedes empirischen Gegenstandes an sich selbst betrachtet." Man muß hier nämlich bedenken, daß Kant Ding an sich und Erscheinung für identisch hält, nur die formale Rücksicht, unter der es betrachtet wird, ist eine andere.

nur zu dem, wie er – gebrochen durch die Linse zeitgebundener religiöser Kategorien – erscheint. Der menschliche Verstand entwirft jeweils die "vielen bruchstückhaften menschlichen Bilder(n)"[855], die das göttliche Noumenon in seiner "Abspiegelung und Brechung im menschlichen Denken und der menschlichen Erfahrung" repräsentieren.[856]

Was der auf die Transzendenz Gottes bezogene Mensch dabei von Gott erfährt, ist nicht Gott, sondern die durch sein kategoriales Bewußtsein konstituierte subjektive Vorstellung von ihm. K.-H. Menke weist darauf hin, daß in der Pluralistischen Religionstheologie die kognitiven Gehalte über das Absolute nichts aussagen. Sie sind intentionale Gegenstände für das, was Hick "belief" nennt – ein reines Medium, durch das die Erfahrung des Unbedingten (*faith* = Primärglaube) gewonnen werden kann.[857] Um so mehr muß es überraschen, wenn Hick von dem großen Unbekannten hinter allen Erscheinungen doch scheinbar völlig unproblematisch Eigenschaften prädizieren will, die sich aus dem ableiten lassen, was Menschen der unterschiedlichsten Religionen meinen, wenn sie von "Gott" sprechen. Es mangelt der "Pluralistischen Religionstheologie" nicht an Widersprüchen. Wie kommt man denn überhaupt noch zu der Behauptung, daß die verschiedenen Ausprägungen von Religion auf "dieselbe noumenale Wirklichkeit" referieren, wenn doch die Voraussetzung gilt, daß es zwischen unserer Sprache und der Wirklichkeit eine unüberbrückbare Kluft gibt. Ist die göttliche Wirklichkeit an sich unerkennbar, dann kann weder von einer einzelnen Religion eine solche Referenz behauptet noch eine solche Gemeinsamkeit der Religionen hinsichtlich ihres Referenzpunktes prädiziert werden. Der Mensch kommt in seinem Glaubensakt nicht über das subjektiv-Bedeutsame, das ihm aufgrund seiner eigenen Vorgaben als plausible erscheint, hinaus.

Es kann in einem so verstandenen Glauben – als Komposition einer religiösen Erfahrung – nie darum gehen, den Sinn an sich zu finden, sondern immer nur den Sinn für mich, weil der reine Glaube (als *faith*) auf keinen Gegenstand geht und der damit intendierte "Sinn an sich" letztlich leer bleibt. Damit trifft für Hick das zu, was P. Strasser in seinem "Journal der letzten Dinge" von der religiösen Haltung sagt, die jemand unter der Voraussetzung des philosophischen Agnostizismus in Hinblick auf die Tatsachen des Lebens einnimmt: "Manchmal ist ein Licht in der

[855] Vgl. Hick, Religion, 271, vgl. (engl.) An Interpretation, 247: "... many partial human images of it".

[856] Vgl. ebd; vgl. (engl) 247.: "... as both reflected and refracted within human thought and experience ..."

[857] Vgl. Menke, Einzigkeit, 106ff.

Welt, ein Mut, eine Hoffnung ... Doch Licht, Mut und Hoffnung scheinen sich doch im Leeren zu entfalten; ihnen fehlt, logistisch gesprochen, das Operationsgebiet. Das aber macht sie für uns erst religiös. Denn sie gehören nicht in diese Welt; und daß es eine andere gäbe, davon wissen wir nichts. Deshalb wäre es nicht redlich, wenn wir damit auftrumpfen wollten, gläubig zu sein. Licht, Mut und Hoffnung sind Platzhalter der Transzendenz unter einem vollständig aufgeklarten Himmel."[858]

3.3.3. Gibt es eine Inkarnation Gottes?

Um die Menschwerdung Gottes in Jesus Christus, die eine Kenose Gottes voraussetzt, kreist das christliche Denken seit den ersten Jahrhunderten. Die Intention der spekulativen Durchdringung dieses zentralen Glaubensbekenntnisses, so wurde im ersten Teil dieser Studie gezeigt, war es nicht, den Inhalt des Glaubens aus rationalen Prinzipien zu deduzieren, noch, ihn für die menschliche Vernunft durchschaubar zu machen – was einer rationalistischen Auflösung des Geheimnisses gleichkäme –, sondern ein inneres Verstehen dessen zu erreichen, was die geschichtliche Offenbarung Gottes zu glauben vorgibt.

Hier liegt freilich für die philosophische Vernunft eine extreme Herausforderung, weil sie "aufgerufen ist, sich eine Logik zu eigen zu machen, welche die Schranken niederreißt, hinter denen sie sich zu verschanzen droht."[859]

Mit den im vorangehenden Abschnitt dargestellten Paradigmen hat Hick die Grenzen der Vernunft eng gesteckt. Da er sich ein metaphysisches Wirklichkeitsverständnis versagt, bleibt ihm zum Verständnis der christlichen Botschaft von der Menschwerdung Gottes nur die "Logik" seiner Bedeutungslehre, in der die Frage nach einer allgemeingültigen Wahrheit negiert wird. So greift er auch da, wo er das Christusereignis erhellen will, auf seine metaphorische Bedeutungstheorie zurück.

Welchen Sinn hat es nach Hick, von der Inkarnation Gottes zu sprechen? Findet er auf der metaphorischen Bedeutungsebene die geeigneten Kategorien, um auszusagen, daß in dem Menschen Jesus Christus Gott wirklich zu uns gekommen ist? Kann er mit dem, was er unter "Inkarnation" versteht, auch nur annähernd das unvordenkliche Geschehen würdigen, von dem die mit der griechischen Philosophie ringenden und

[858] Strasser, 53. Der Autor spricht in seinem Buch, das ausgezeichnete Beobachtungen zum Phänomen der postmodernen Religiosität enthält, die dann eintritt, wenn man Gott schon längst den Abschied gegeben hat, auch von "leeren Bildern der Anwesenheit". Vgl. ebd., 39.

[859] Vgl. Johannes Paul II., Fides et ratio, nr. 80.

nach geeigneten Ausdrucksmitteln suchenden Vätertheologen sowie die frühchristlichen Konzilien sprechen?

Hick unterteilt die Geschichte der kirchlichen Christologie in zwei Epochen, in die Zeit vor und die Zeit nach Nicäa, das in seiner Hermeneutik eine Zäsur darstellt. Vor Nicäa habe man sich in Hinblick auf das Christusereignis einer devotionalen, ekstatischen oder liturgischen Sprache bedient, mit der man keine propositionalen Aussagen formulieren wollte. Der Verzicht auf ein synthetisierendes Glaubensurteil, das die Aktions- und Seinseinheit von Jesus und seinem göttlichen Vater behauptet, charakterisiert für Hick das theologische Verständnis der Person Jesu vor der mit Nicäa angenommen Zäsur.[860]

Erst die Konzilsversammlung habe die auf Jesus sich beziehenden Lobpreisungen und exaltierten Reden über sein Gott-gleich-Sein in eine dogmatisch verbindliche Aussageform gegossen, die – in einseitiger Fortschreibung der Jesulogie des vierten Evangeliums – den ontologischen Status Christi selbst intendiere.[861]

Ihren eigentlichen Ursprung finde das Dogma über den Gottessohn, der ein wahres Menschenleben führe, nicht in dem ersten Kerygma der apostolischen Zeugen, sondern "in der offiziellen Sprache der Kirche".[862] Wenn dann das Konzil von Chalcedon die eine Hypostase in zwei Naturen definiert habe, so sei dies der unübertroffene Höhepunkt der Ontologisierung des kirchlichen Jesusbildes gewesen, der immer wieder bis in unsere Zeit als Prüfstein der Orthodoxie herangezogen worden sei.

Wenn Hick demgegenüber in seiner Analyse des christologischen Dogmas seine Aufmerksamkeit ausschließlich auf die Frage fokussiert, was es denn für jemanden heiße, zwei unterschiedene Naturen zu besitzen, durch die er sein Selbstsein vollziehe, so ist dies ein Indikator dafür, daß er die dogmatische Konzilsaussage nicht in ihrem ureigenen Aussagegehalt, der ein ontologischer ist, zu erfassen vermag, sondern von vornherein psychologisch versteht: Wie sich dies nämlich im Bewußtsein dieser Person spiegeln muß, wenn sie beides in gleicher Weise ist: Gott und Mensch – ungetrennt und unvermischt.

Da Aussagen über die seinsmäßige Konstitution einer Person – als ontologische Aussagen – aufgrund der eigenen philosophischen Voraus-

---

[860] Vgl. Hick, Metaphor, 101: "It was analogous to the language of love, in which all manner of extravagances and exaggerations are entirely appropriate but are not intended to be taken with strict literality."

[861] Vgl. ders., Jesus, 171f.

[862] Vgl. ders., Metaphor, 101; vgl. auch ders., Jesus, 173.

setzungen Hicks prinzipiell sinnlos erscheinen, bewegt sich die ganze Kritik Hicks an der klassischen Christologie im Verstehensrahmen der Frage nach dem empirischen Ich-Bewußtsein Jesu.[863]

Die von Hick mit Th. Morris geführte Diskussion macht eines deutlich: Wenn man nur vom Bewußtsein handelt, bleibt man immer bei den Eigenschaften (qualities; patristisch: idia)[864] stehen und kommt nie zur

[863] Vgl. zu diesem Problemkreis den gedanklichen Duktus der Kapitel 5–6 in Hicks *The Metaphor of God Incarnate*, in denen die unvermeidlichen Aporien der Zwei-Naturen-Lehre in aller Ausführlichkeit vorgeführt werden, die sich dann ergeben, wenn "Person" nur in kontinuierlichen Bewußtseinsakten besteht bzw. das gesamte Wirklichkeitsverständnis auf das subjektive bewußtseinsmäßige Erleben oder die Erfahrung der Identität des Selbstbewußtseins eingeengt wird. Mit einem nur psychologischen Personbegriff (Person = selbstbewußtes Ich) wird man in der Christologie immer in einer aporetischen Situtation bleiben, aus der kein noch so angestrengtes Bemühen der Logik einen Ausweg bieten kann. Hick setzt sich in seiner Argumentation vor allem intensiv mit Th. Morris auseinander, der in seinem Buch *The logic of God Incarnate* dem gleichen Schema verhaftet bleibt. Morris versucht allerdings, die traditionalle Christologie durch eine "two-mind-Chrstologie" für ein modernes Verständnis aufzuarbeiten. Daß Hick sich ausschließlich in diesem eingeengten Verstehenshorizont bewegt, zeigt schon sein Frageansatz, der sich etwa in folgenden Formulierungen niederschlägt:
"I can see two rather different possibilities. One involves a mutual relationship and interaction between the two minds, divine and human. That is to say, at certain times and to a certain degree the human mind of Jesus became consious of being an object of awareness of the vater encompassing consciousness of God the Son ..." Vgl. Metaphor, 52; vgl. ebd., 53: "Another possible way of spelling out a limited access of the human to the divine mind is in terms not of occasional consciousness-consciousness interaction but of occasional consciousness-consciousness unity. That is to say, from time to time and perhaps with varying degrees of clarity, the human mind of Jesus became conscious of its identity with the divine mind of God the Son. In these moments Jesus was consciously divine ..." Vgl. ebd. 64: "For if the 'I' of self or ego is to be anything at all it must at least include consciousness, indeed self-consciousness. And the dilemma to which the distinction leads concerns the relation between the two simultaneous states of the divine consciousness ..." Hier tritt die Grundannahme deutlich zu Tage, über die Hick sich nirgends Rechenschaft gibt, daß nämlich "Person" gleichzusetzen ist mit empirischem Ich-Bewußtsein. Vgl. ebd., 67: "... the Logos was during that period operating simultaneously in heaven and on earth. ... The same divine self ... is simultaneously both infinite and yet finite, omniscient and yet humanly ignorant, omnipotent and yet humanly weak. The question is whether this set of ideas can be developed into a coherent hypothesis." Vgl. ebd., 68: "But in the case of a divinie incarnation the situation must be more complicate. For the self-consciousness of the incarnate one is limited and clouded by his human nature. He is not conscious, as in the analogies, of who he really is; that is to say, the earthly Jesus was not conscious of being the eternal Logos, the second person of the holy Trinity. Nor was the earthly Jesus aware of himself in glory willing his own state of humiliation. How then can the self of the earthly Jesus be identical with the heavenly self which is simultaneously willing his (Jesus') own limitations of consciousness? This does not seem to be a coherent possibility."

[864] Vgl. ebd., 76: "Thus for God's moral qualities to become fully embodied in a human being, that human being would have to possess those qualities to the unlimited divine ex-

Hypostase. Unter dieser Voraussetzung kann die Frage immer nur lauten: Was ist das Besondere an Jesu Bewußtsein. Worin unterscheidet er sich in der Innenwahrnehmung von allen anderen?

Das Hauptdilemma stellt sich angesichts der behaupteten Einheit von Gott und Mensch in der Person Christi auf dem Hintergrund seines Personbegriffs, nach dem personale Identität aus der Relation von Bewußtseinsströmen resultiert, auf diese Weise dar: Wenn Jesus mit dem Logos Gottes identisch ist, was ja bedeutet, daß er die präexistente *omniscientia* Gottes besitzt und gleichzeitig damit ein begrenztes menschlich-empirisches Wissen und Selbstbewußtsein, das zum göttlichen in Diskontinuität steht – ansonsten wäre die Kenose in Frage gestellt –, dann kann er nicht *eine* Person sein.

So wird der kirchliche Glaube an die Person Jesu Christi auf dem Weg verschiedenster Beweisgänge, deren Prämisse ein aktualer psychologischer Personbegriff ist, in seiner klassischen Form des kirchlichen Dogmas, das ein "Wahrheit" beanspruchendes *Urteil* darstellt, ad absurdum geführt. Trotzdem bleibt eine lebensrelevante Bedeutung Jesu bestehen, kommt ihm doch – im System seiner Anhänger – eine entscheidende Funktion für den ethisch-praktischen Lebensvollzug zu, in dem jene bereits angesprochene grundlegende Transformation vom Ego zur Reality für den Gläubigen eröffnet ist.[865] Dabei ist es wohl nicht so sehr die *Person*, sondern "Jesus" als *Prinzip* der Umwandlung, als Katalysator religiöser Erfahrungen mit dem Gott der absoluten Liebe, der für das aufbereitete religiöse Sinnangebot in Frage kommen dürfte. Als prophetischer Hinweis auf Gott, den liebenden Vater, ist Jesus für Hick sogar "Mittler", wenn auch nicht der definitive und bei weitem nicht der einzige Mittler zum Zustand einer Heilserfahrung, die dem Menschen in diesem Leben gewährt werden kann. "Mittler" ist Jesus insofern, als er dem Menschen die heilshafte Gegenwart Gottes nahebringt – eine Funktion, die aber nicht geschichtlich verstanden zu werden braucht.[866]

---

tent. But this does not seem possible. The characteristics of a finite human person can only be finite."

[865] Vgl. ebd., 79: "The metaphor of self-emptying thus serves the practical purpose of guiding us rightly in our own lives by pointing us away from self-centredness towards a radical recentring in God ..."

[866] Vgl. ebd. hier wäre allerdings zu fragen: Wie weit geht diese Mittlerschaft? Hick distanziert sich ausdrücklich von der Vorstellung einer Heilsmittlerschaft im eigentlichen Sinn. Wenn es keinen entscheidenden "Bruch" im Verhältnis des Menschen zu Gott gibt, ja wenn endliche Geistgeschöpfe nicht erst in die Gemeinschaft mit Gott vermittelt werden müssen, weil es irgendwie immer schon ein Zusammen von Gott und Mensch innerhalb derselben Wirklichkeit gibt, dann scheint eine reale Heilsmittlerschaft unnötig. Vgl. ebd., 127: "There is no suggestion of the need for a mediator be-

Den Weg zu einer Christologie, die die seinshafte Beziehung von Jesus als Sohn zu seinem Vater, und zwar als in der inneren Selbstmitteilung und Selbstunterscheidung Gottes wurzelnd, zur rationalen Aufhellung des Kerygmas in Betracht zieht, versperrt sich Hick durch seinen Gottesbegriff auf der einen und seine Epistemologie auf der anderen Seite. Deshalb muß er die Glaubensaussagen über Jesus, den Sohn Gottes, in seine metaphorische Bedeutungstheorie einpassen – ein Vorgang, bei dem alle Aussagen über das Sein Jesu auf seine Funktion für eine genau umrissene Klasse von Menschen zurückgenommen werden. Was die Kirche von Jesus, dem Christus, glaubt, kann nur eine metaphorische, nicht aber eine eigentliche Wahrheit geltend machen. Welches ist dann aber der Sinn des christologischen Bekenntnisses?

Inkarnation, als Metapher verstanden, bringt etwas allgemein Menschenmögliches zum Ausdruck, auch wenn sie einen besonderen Fall von Existenzvollzug darstellt. Sie kann sich immer und überall ereignen, so daß sich damit eigentlich nichts Unüberbietbares und Definitives verbindet.

Wie man sagen kann, in W. Churchill[867] habe sich die Idee des Staatsmannes zu seiner Zeit inkarniert, weil er dieses Ideal durch sein politisches Handeln verkörpert habe, und wie man ganz allgemein von großen Gestalten sagen könne, daß sie "Inkarnationen des Geistes ihrer Zeit" seinen, so verhalte es sich auch mit Jesus von Nazaret: Sein Leben brachte das Ideal einer sich selbst an die Brüder und Schwestern verschwendenden Agape zum Ausdruck. Er war der Kämpfer für die Gerechtigkeit, der Parteigänger der Armen und Unterdrückten, der Anwalt der Freiheit. Also war sein Leben eine Inkarnation der Agape, die ja die göttliche Agape – sei es auch gebrochen – wiederspiegelt, denn wo die Liebe ist, da ist Gott. So kann – im metaphorischen Sinn von "Inkarnation" – gesagt werden: "Er ließ die Liebe Gottes Fleisch werden."[868]

In seiner Offenheit für Gott konnte Jesus vom Geist Gottes bewegt werden. Er ist der vom göttlichen Geist inspirierte Mann Gottes.[869] Da-

---

tween ourselves and God or for an atoning death to enable God to forgive." Es gibt kein rettendes Eingreifen Gottes durch einen Heilsmittler und kein Heilsdrama. Damit ist aber die Rolle Jesu in Hinblick auf das Heil des Menschen nicht mehr klar. Vgl. dazu Gäde, Viele Religionen, 224. Auf Hicks Soteriologie soll hier jedoch nicht näher eingegangen werden.

867 Vgl. Hick, Metaphor, 105.

868 Vgl. ebd., 76: "In the metaphorical sense of 'incarnation' his life was an incarnation of *agape*, and since all *agape* is a reflection of the divine *agape*, he can indeed be said to thave 'incarnated' God's love."

869 Hick beruft sich hier auf den anglikanischen Neutestamentler Geoffrey Lampe, der eine solche Inspirationschristologie als Alternative zu einer Zwei-Naturen-Lehre vorge-

bei geht es nicht um den Heiligen Geist als einer eigenen Hypostase in Gott – über eine solche personale Differenz in Gott läßt sich nichts aussagen. "Geist" bezeichnet nicht einen hypostatischen Träger der göttlichen Natur, sondern die unbestimmte göttliche Monade im allgemeinen. Man könnte auch – um alle substanzontologischen Konnotationen zu meiden – von der göttlichen "Gegenwart"[870] sprechen, die sich deshalb durch Jesu Wort und Handeln vermittelt, weil er sich dieser Gegenwart in besonderer Verantwortlichkeit geöffnet hat:

> "In the case of the metaphor of divine incarnation, what was lived out, made flesh, incarnated in the life of Jesus can be indicated in at least three ways, each of which is an aspect of the fact that Jesus was a human being exceptionally open and responsive to the divine presence: (1) In so far as Jesus was doing God's will, God was acting through him on earth and was in this respect 'incarnate' in Jesus' life; (2) In so far as Jesus was doing God's will he 'incarnated' the ideal of human life lived in openness and response to God; (3) In so far as Jesus lived a life of self-giving love, or *agape*, he 'incarnated' a love that is a finite reflection of the infinite divine love. The truth or the appropriateness of the metaphor depends upon its being literally true that Jesus lived in obedient response to the divine presence, and that he lived a life of unselfish love."[871]

In der Begegnung mit Jesus machen Menschen die Erfahrung einer verdichteten Gegenwart Gottes. Und dies hat seinen Grund einfach darin, daß er selbst eine exzeptionelle Erfahrung dieser transzendenten Gegenwart Gottes hatte, für die er sich mehr als andere öffnete. Die unter (1) angeführte These könnte zu der Annahme verleiten, Hick vertrete die auch im biblischen Befund erhobene wirkliche Aktionseinheit[872] von Gott und Jesus in dessen geschichtlichem Handeln. Indes muß man sich den Hintergrund der Gotteslehre Hicks vergegenwärtigen, nach der es kein geschichtliches Heilshandeln Gottes gibt. Alle Aussagen über Gottes Eingreifen in die Geschicke des Volkes Israel sind selbst nur metaphorischer Art:

---

stellt hat. Lampe versucht, in seiner Christologie ohne die hypostatische Union auszukommen. Vgl. ders., God as Spirit.

[870] Vgl. Hick, Jesus, 172.

[871] Vgl. ders., Metaphor, 105; vgl. auch ebd., 79. Der kritische Leser wird hier zu der Frage veranlaßt, woher Hick denn weiß, daß Liebe das innerste Wesen Gottes ausmacht, wenn Gott doch so völlig jenseits unserer Konzepte ist. Vgl. ebd., 142: "We should not therefore think of the Real *an sich* as singular or plural, substance or process, personal or non-personal, good or bad, purposive or non-purposive; for these alternatives do not apply to it. The ineffability of the Ultimate has long been a basic theme of religious thought."

[872] Vgl. auch ebd., 52: "Not only was he (...) overwhelmingly conscious of the reality and presence of God, but he was in an active relationship in which he prayed to God, heard God's voice, and responded in his actions to God's will for him."

"In the Hebrew tradition the significance of a personally or communally remembered event or encounterend person was readily expressed in metaphorical and mythic terms. ... Indeed the entire biblical language about God and God's manifestations in the world is very largely metaphorical."[873]

Folgt man dieser Aussage, dann kann es auch keine echte Aktionseinheit Jesu mit dem Wirken Gottes geben, in der das Medium seines Heilshandelns mit seinem Mittler identisch ist. Die Relation Jesu zum Vater hat keinen trinitarischen Hintergrund.

Was Hick dagegen unter (3) meint, dürfte folgendes sein: Liebe war der Inhalt von Jesu Leben. Und in dieser Liebe zeigt sich ein endlicher Reflex der unendlichen göttlichen Liebe, die sich in jedem menschlichen Leben, das sich in Gehorsam auf die liebende Gegenwart Gottes bezieht, ereignet.[874]

Fragt man nach der Relevanz der Gestalt Jesu und seiner Verkündigung für den Menschen im pluralistischen Zeitalter, so würde Hick antworten, daß Leben und Lehre Jesu keineswegs eine relative, sondern sogar eine *universale Bedeutung* haben, insofern sie für die praktische Lebensbewältigung tauglich sind.[875] Entsprechend der pragmatischen Absicherung von Wahrheit in seiner metaphorischen Bedeutungstheorie ist es gerade diese hier angesprochene Relevanz Jesu für den Umgang mit den Schwierigkeiten des Lebens, die nicht nur einzelne Momente der Gesinnung Jesu, sondern den ganzen Jesus-Mythos "wahr" macht.[876]

Was Jesus tat, wie er lebte und was er verkündete, hat seine Wurzel indes in seiner Beziehung zu dem Gott, den er "seinen Vater" nannte, und auf den er sich immer wieder maßgeblich bezog. Diese Rückbeziehung auf

---

[873] Vgl. ebd., 42.

[874] Vgl. ebd., 77.

[875] Hier macht sich wieder eine funktionale Religionsbegründung geltend. Vgl. ebd., 26: "... Jesus, whose immensely powerful God-consciousness made God, and God's demanding but liberating claim upon men and women, intensely and startlingly real. He did not intend to found a continuing church or a new religion, and he was mistaken in his expectation of an early end to ordinary human history. Nevertheless he was so transparently open to the divine presence that his life and teaching have a universal significance which can still help to guide our lives today."

[876] Vgl. ders., Jesus, 178: "... a myth is a story which is told but which is not literally true, or an idea or image which is apllied to someone or something but which does not literally apply, but which invites a particular attitude in its hearers. Thus the truth of a myth is a kind of practical truth consisting in the appropriateness of the attitude to its objekt. That Jesus was God the Son incarnate is not literally true, since it has no literal meaning, but it is an application to Jesus of a mythical concept whose function is analogous to that of the notion of divine sonship ascribed in the ancient world to a king."

Gott gibt denn auch der christlichen Glaubensgemeinschaft die innere Berechtigung, den Sohn-Gottes-Mythos zu etablieren, der allerdings nur innerhalb der Grenzen des christlichen Sprachspiels sinnvoll bleibt:

> "The original metaphor of incarnation can express the distinctively Christian response to Jesus as mediating God's saving presence. This response was embodied in a life of common discipleship, thereby creating the Christian community. And the son of God metaphor is part of the private, idiosyncratic family speech of this community."[877]

Für Hick brachte die frühe Phase der Jüngerschaft aufgrund der Erfahrungen, die Menschen mit dem lebenden Jesus gemacht hatten, diesen Mythos "Jesus als Sohn Gottes" hervor. Damit sollte das besondere Verhältnis, die Nähe zu Gott, dessen Diener und Prophet er war, unterstrichen werden. Wer für den Willen Gottes ganz offen ist, durch den kann Gott handeln.[878]

Die Nähe und Freundschaft Jesu zu Gott ist eine Relation zwischen einem geschöpflichen Bewußtsein und dem transzendenten Gott. Weil Jesus mehr als die anderen für Gottes Willen und Liebe offen ist, kann er Sohn Gottes genannt werden, und die Gemeinschaft mit diesem Gott vermitteln. Dabei argumentiert Hick von seinen Voraussetzungen her, wenn er sagt:

> "And in Paul's writings God and God's Son cannot be said to be co-equal, as the Persons of the Holy Trinity were later declared to be. The notion of Jesus as God's Son is indeed pretrinitarian."[879]

Warum, so könnte man fragen, kann die Beziehung Jesu zu Gott ihren Grund nicht in einer inneren personalen Differenz in Gott haben, der sich mit Jesus als seinem Sohn identifiziert? Warum muß die Relation Gottes zu Jesus eine geschöpfliche Wirklichkeit als ihren Terminus haben? Hierauf würde Hick antworten: Weil es keine innertrinitarische Differenz oder ewige Mitteilung im Wort geben kann. Es wird jeweils schon vorausgesetzt, was er mit seinen Analysen zeigen will und bewegt sich damit in einem logischen Zirkel.

Sein Gottesbegriff läßt keine reale personale Relationalität in Gott zu. Für eine wirkliche Inkarnation, bei der Gott sich nicht nur auf ein ge-

---

[877] Ders., Metaphor, 79. Auf die Problematik dieser Relativierung weist C. Sedmak, vgl. ders., 408f.

[878] Vgl. ebd., 45: "The metaphorical language of the Bible communicates naturally to all who inhabit or can imaginatively enter its universe of discourse. We still have fathers and sons an d less universally, kings and shepherds as part of our conceptual world, and with only a little effort of the imagination we can appreciate the ancient habit of thinking of one who is spiritually close to God, a faithful servant of God, as a son of God."

[879] Vgl. ebd., 43.

schaffenes Gegenüber bezieht, sondern eine geschaffene Wirklichkeit in das ewige Gegenüber von Vater und Sohn hineinnimmt, ist im pluralistischen System Hicks kein Platz. Ein innertrinitarischer Ansatz der Menschwerdung ist a priori ausgeschlossen.

Wenn Jesus sich auf Gott als auf seinen "Vater" bezieht, so hat dieser Gottesname eine prinzipiell gleichrangige Wertigkeit wie andere Metaphern, die wir für Gottesnamen halten wie z. B.: König, Hirte, Felsen oder Feuer. Alle diese Namen finden sich in der Bibel, ohne daß sie doch Gott wirklich bezeichnen könnten.[880] Für einen Theologen, der vorgängig zu aller menschlichen Reflexion mit einer ergangenen Offenbarung rechnet, wäre es in diesem Zusammenhang nicht müßig, eine Unterscheidung zwischen Prädikaten, die einfach aus der materiellen Wirklichkeit genommen sind und zur Illustration einer göttlichen Wirkweise dienen, und solchen Namen, die ganz elementare, nicht-austauschbare Primärrelationen bezeichnen und die damit nicht weiter auflösbar sind, anzusetzen. Gewinnen die letztgenannten nicht dadurch eine ganz neue Tragweite, daß sie den unhintergehbaren Grundbestand jenes Menschenwortes ausmachen, durch das sich uns Gottes Wort in seiner Relation zu uns vermittelt? M. E. besitzen sie aufgrund der Analogie der Offenbarung eine ganz andere transzendentale Absicherung als alle vom Menschen her auf Gott prädizierten Ausdrücke.

Wenn Hick den Vaternamen Gottes in eine Reihe mit solchen Namen stellt, die in ihrer Definition immer einen unvollkommenen, weil begrenzt-materiellen Gehalt einschließen und deswegen nie im eigentlichen Sinn von Gott prädiziert werden können, dann macht er ernst mit seinem pluralistischen Ansatz, demzufolge es keine eigentliche Offenbarung als Selbst-Erschließung Gottes gibt. Gott kann den Menschen in der Geschichte nie als der nahekommen, der er ist. Gerade die Frage nach den Namen Gottes weist auf den unüberbrückbaren Graben zwischen dem Bewußtsein Jesu – als konstitutiv für seine Relation zum "Vater" – und dem unmitteilbaren transzendenten Mysterium: Im Chri-

[880] Vgl. ebd., 42: "God is described in the Hebrew scriptures as king, shepherd, father, rock. In the New Testament the key image is father, so that this and its correlative image of a son habe become central to Christian discourse. In their original scriptural use these are – in terms of our modern distinction – manifestly metaphors. ... But when we speak of God as our heavenly Father we are using a powerful metaphor which pictures the divine attitude to humankind as importantly like that of an ideal parent." Es wird so getan, als sei der Name "Vater", mit dem wir Gott bezeichnen, nur die projektive Verlängerung unseres irdischen Vaterbildes, das wir mit all seinen Stärken und Ungereimtheiten auf Gott applizieren. Der Vatername Gottes hat keine Grundlage in der Offenbarung.

stusereignis liegt für Hick keine über das AT oder andere Religionen hinausgehende Offenbarung.[881]

3.3.4. Zum Offenbarungsverständnis Hicks

Das von der Heiligen Schrift bekundete Glaubenszeugnis, das die Begegnung mit der einmaligen Person Jesu Christi zum Schlüssel für das

---

[881] Dies ist an sich nichts Neues! Bereits in der unter dem Begriff "Modernismus" verhandelten Bewegung, die sich gerade in Deutschland zu Anfang des Jahrhunderts mit ihren Thesen Geltung verschaffte, findet sich eine der Grundtendenz nach gleichartige Auffassung über das Zustandekommen des dogmatischen Glaubens. So hat etwa bereits G. Mensching in seinem Buch "Der Katholizismus. Sein Stirb und Werde" den Primat einer bewußtseinsmäßigen Erfahrung vor jedem dogmatischen Glauben vertreten: Das religiöse Erleben ist ihm sachlich immer das Erste. Dabei ist das, was in dem Erleben erfaßt wird, diffus und unbestimmt und letztlich in allen Religionen im Wesentlichen das Gleiche. Es ist ein ungeschichtliches und nicht-rationales Gewahrwerden einer absoluten göttlichen Wirklichkeit. Erst eine nachträgliche, durch philosophische Systeme (das griechische Seinsdenken im Fall des Christentums) veranlaßte Rationalisierung führe zu propositionalen Formulierungen, in denen der "Glaube", der die Absolutheit des vorrationalen Erlebnisses zementiere, ein dogmatisches Gepräge erhalte. Ein solcher Glaube muß nach dem Abdanken der rationalen Metaphysik notwendig in eine Krise geraten, deren Ausweg nur darin bestehen kann, das Dogma hinter sich zu lassen und in jener irrationalen Schicht, die nur der religiösen Erfahrung zugänglich ist, heimisch zu werden. Der Preis, um den die Religion gerettet werden soll, ist die Dispensierung von der Ratio.
Für Mensching wie für Hick ist es typisch, nicht zwischen dem religiösen Erlebnis "des ursprünglichen Offenbarungsträgers und dem des Hörenden" zu unterscheiden, wird doch auch bei Hick das unterscheidend Christliche durch das aktuale Bewußtsein Jesu konstituiert, das prinzipiell auch von anderen Subjekten erreicht werden kann. Bei beiden Autoren wird der Inhalt des Glaubens, der auf göttlicher Offenbarung beruhen soll, vom Erlebnis als einem transzendentalen religiösen Apriori festgelegt. Die Aporie, in die diese Position führt: So kann sich Offenbarung im eigentlichen Sinn – als in menschlicher Sprache ergehende Mitteilung des Gotteswortes – überhaupt nicht mehr *ereignen*. Was K. Rahner trefflich in der kritischen Besprechung des Buches von Mensching feststellt, trifft ebensogut die Offenbarungstheorie Hicks, die in ihren Prämissen nicht über Mensching hinausgeht: "In Wirklichkeit aber kommt die Botschaft Christi in menschlicher, wenn auch vorwissenschaftlicher Begrifflichkeit, in eindeutig geprägten Worten für Verstand und Vernunft und Gefühl, und hinter ihnen liegt nicht unser religiöses Erlebnis, sondern die objektive Sache selbst, die sie allererst sehen läßt, wenn anders Gott uns etwas soll offenbaren können, was nicht schon immer in unserer religiösen Anlage impliziert (mitgegeben) war, und er nicht jedem sich privat offenbart, was die Geschichtlichkeit der christlichen Offenbarung aufheben würde." Vgl. Rahner, Neuer Modernismus, 318f. Es kann dann nur noch um eine Privatoffenbarung gehen, die total an die eigene Subjektivität zurückgebunden bleibt: "Für eine solche haben dann die ursprünglichen Offenbarungsträger höchstens die Bedeutung des Anlasses, des pädagogischen Anreizes, des produktiven Urbildes. Damit ist dann gegeben, daß der Glaubensinhalt notwenig zusammenschrumpft auf das gegenständliche Korrelat (Gegen- bzw. Ergänzungsstück) eines von sich her material (inhaltlich) bestimmten Apriori (...) der religiösen Anlage des Menschen selbst." Vgl. ebd.; vgl. auch Neuner, Modernismus, 299–309, bes. 301f.

Heil des Menschen macht, läßt die Frage nach der Möglichkeit einer den Menschen zum Glauben rufenden und zum Heil führenden Selbstoffenbarung Gottes in Jesus Christus aufkommen.[882] Daß diese Möglichkeit im Konzept Hicks theoretisch negiert wird, verwundert aus zwei Gründen nicht: Zum einen wegen der übersteigerten negativen Theologie (1), die unauflösbar an seiner Epistemologie hängt, und zum andern wegen der dem Paradigma der Postmoderne verpflichteten Verstehensvoraussetzungen (2), in deren Rahmen die Entgegennahme einer Selbstmitteilung Gottes von den Verstehensvoraussetzungen des Menschen her denkunmöglich wird.

Was Hick mit seinem metaphorischen Verständnis von Inkarnation erreicht, ist die volle Integrierbarkeit der Christologie in den vorgefaßten Bezugsrahmen seiner pluralistischen Religionstheologie, der so etwas wie einen "höheren" hermeneutischen Standpunkt gegenüber allen religiösen Phänomenen darstellt: Mit der Person Jesu verbindet sich so wenig eine alle Menschen angehende Heilsmittlerschaft wie ein universaler Anspruch seiner Geltung oder seiner Bedeutung.[883] Und beides hängt miteinander zusammen:

Ad 1) Ohne sich wirklich Rechenschaft über das transzendente Sein des Gottes zu geben, von dem gilt: *qui fecit coelum et terram* – eine Reflexion, die auf die vom Menschen in seinem endlichen Geschaffensein her nicht zu überspringende ontologische Kluft zwischen Gott und Mensch stoßen würde, redet Hick recht unbefangen über "God's acting on earth" oder über Gottes Liebe, Güte und Barmherzigkeit.[884] Woher weiß Hick aber von diesen Eigenschaften Gottes, wenn Gott doch als die absolut namenlose Transzendenz für unser menschliches Denken völlig jenseits der Konzepte, schlechthin unerreichbar und mithin auch jenseits von Gut und Böse bleibt?

Kein Mensch kann über das An-sich-selber-Sein Gottes wirklich etwas wissen. Gott bleibt nicht nur dem Zugriff menschlichen Räsonierens entzogen, er ist schlechthin unerkennbar. Wer Gott ist, kann niemand wissen. Das gilt auch für Jesus. Wenn er durch sein selbstloses Tun und durch sein Wort auch zu verstehen gab, ein besonderes Nahverhältnis

---

[882] Vgl. oben, 27; 64, Anm. 238; 69, Anm. 267.

[883] Dagegen betont die Erklärung "Dominus Jesus" der Glaubenskongregation die definitive Heilsmittlerschaft Christi. Vgl. ebd., nr. 14: "Es ist deshalb als Wahrheit des katholischen Glaubens fest zu glauben, daß der universale Heilswille des einen und dreifaltigen Gottes ein für allemal im Mysterium der Inkarnation, des Todes und der Auferstehung des Sohnes Gottes angeboten und Wirklichkeit geworden ist."

[884] Vgl. Hick, Metaphor, 125; vgl. auch ders., God and the Universe, 160.

zu diesem Gott zu haben, ja wenn selbst von einer gewissen Identität[885] Jesu mit der Liebe Gottes die Rede sein mag, so liegt hier doch keine ontologische Relation vor. Das Kerygma enthält nach Hick keine ontologischen Implikationen.[886] Wie sollte das absolut transzendent gedacht "Real" auch auf eine geschaffene Realität bezogen sein? Es braucht diese Implikationen in der Christologie nach dem Modell Hicks auch nicht zu geben, denn die Hinordnung Jesu auf Gott läuft hier über das *Bewußtsein*. Das aktuale Bewußtsein Jesu ist der Ort, wo sich seine Gott-Begegnung und Gottesgemeinschaft vollzieht.[887] Und auch dieses Bewußtsein ist, weil kategorial begrenzt und auf die Erscheinungswirklichkeit verwiesen, ein endliches.

In einem genuin theologischen Ansatz würde man ausgehen von Gott als dem sich in seinem Heilshandeln und in seiner Offenbarung erschließenden souveränen Subjekt dieses Heilshandelns, das wegen seiner transzendenten Schöpfermacht der Zeitlichkeit des Menschen überlegen ist und sich als der Seiende und zugleich als der Kommende erweist. Schon im AT gibt sich Jahwe zu erkennen und tritt in eine Bundesbeziehung zu den Menschen. Dabei bekunden die eigentlichen Gottesnamen, mit denen Gott im AT bezeichnet wird, daß Gott für Israel kein schlechthin unbekanntes, unbenennbares und antlitzloses Wesen ist, das dem Menschen im Letzten fremd bleibt, sondern eine im Selbstbesitz ihrer Freiheit souverän handelnde Wirklichkeit mit personalem Charakter. Dabei weisen die Gottesnamen auf das Offenbarsein Gottes vor den Menschen und deuten überhaupt auf sein mitteilsames Sein.[888]

Ad 2) Hicks Gottesvorstellung nimmt sich dagegen insofern defizitär aus, als keine freie Initiative das offenbarende Handeln Gottes aus-

---

[885] Vgl. ders., God and the Universe, 159.

[886] Innerhalb eines postmodernen Verstehensmusters kann es nur eine Bedeutung Jesu "für uns" geben. Vgl. Gäde, Viele Religionen, 201.

[887] Vgl. Metaphor, 52f: "Now this kind of interaction, in which a person is overwhelmingly *conscious* of God's presence, speaks to God ... is one of which men and women have participated in varying degrees. ... This kind of openness and responsiveness of the human to the divine is *the basis* for the understanding of Jesus' relationship to God ..." (Hervorhebung von mir).
Vgl. ebd., 53 (Th. Morris' Position referrierend): "... from time to time and perhaps with varying degrees of clarity, the human mind of Jesus became conscious of its identity with the divine mind of God the Son. ... This is consonant with the picture of Jesus offered in the Fourth Gospel ..." Vgl. auch ebd., 115: "In Jesus we see a man living in a startling degree of awareness and of response to God's presence." Es ist schwierig zu entscheiden, was diese existentielle Relation von einem bloß subjektiven Zustand oder von einer nur im Bewußtsein vorgestellten Gottesbeziehung unterscheidet.

[888] Vgl. Bietenhard, 252–258; vgl. Preuß, Theologie des Alten Testaments.

zeichnet. Nicht der sich souverän mitteilende Gott, der dem Menschen eine Heilsgeschichte mit sich eröffnet, sondern der Mensch als das denkende und seine Erfahrungen konzeptualisierende Subjekt hat die Initiative, wenn es um das Zustandekommen von Mythen, Bildern und Glaubenssystemen geht, in denen das göttliche "Real" der Imagination nahegebracht wird. Dieses entfernte "Real" selbst hat bloß die Funktion, die entwerfende und setzende Vernunft in ihrer Ausrichtung auf das Absolute nicht ins Leere laufen zu lassen: Es handelt sich um ein hochbedeutsames Postulat, durch das der Mensch sich eines letzten "Realismus" seiner Deutungen versichert, damit Gott nicht am Ende zur bloßen Projektion erklärt werden muß.

Das endliche Subjekt selbst ist es – und Jesus bildet dabei keine Ausnahme –, das sich in der religiösen Erfahrung Bilder von der schlechthin wesen- und weiselosen Gottheit entwirft.[889]

Wie kommt es nun nach Hick zu den vielfältigen Ausformungen menschlicher Religiosität? Es gibt keine primäre Uroffenbarung, durch die in allen Religionen sich eine tiefe Ahnung von der Herkunft und dem Ziel des Menschen durchgehalten hat. Vielmehr kommt es zu den verschiedenen, aus religiösen Erfahrungen destillierten Gottesbildern, indem die radikal geschichtliche und in eine Pluralität von Bezugspunkten dividierte Vernunft, die zu keiner übergreifenden Einheit mehr findet, ihre personalen oder nicht-personalen Kategorien auf einen namenlosen, verschlossenen und apersonalen Seinshorizont (the "Real") projiziert.[890]

Bei diesem Vorgang kann Gott sich durchaus in Erscheinung konkreter, endlicher Göttergestalten manifestieren. Dies wäre dann die polytheistische Variante von Religion, in der die Götter vom Subjekt gesetzte Personifikationen des Numinosum sind, und zwar innerhalb des göttlichen Kosmos als eines auch sie umgreifenden Absoluten. Das ganz Andere ist als solches in der Geschichte nicht zu fassen.[891]

---

[889] Ob diese Bilder nun personale Vorstellungen von Gott sind, wobei in diesem Fall ein Gegenüber von personalem Gott und Mensch konstruiert wird (Gott als Jahwe, Vater, Allah, Shiva, Vishnu) oder als Shûnyatâ oder nirguna Brahman, also ohne personale Attribute erscheint, das hängt von den kategorialen und veränderlichen Vorgegebenheiten des Subjekts ab. Vgl. Hick, Reply to Ch. Gillis, 52: "Such a question infringes the terms of the IR hypothesis (von An Interpretaion of Religion) in that it attributes the human concept of intentionality to that which lies beyond the scope of all such concepts." Dies ist die Antwort auf die Anfrage von Gillis, ob es denn nicht eine definitive Selbsterschließung des Real gegen könne. Vgl. Gillis, 40.

[890] Es ist auch im Falle Jesu so, als ob er von außen her an eine geschlossene Gottnatur heranträte.

[891] Vgl. Hick, Jesus, 180.

Daß Gott als unbestimmt bleibendes *absolutum* oder "the Real" nicht als der Unbedingte in den Wirklichkeitshorizont des Menschen, der geschichtlich und kontingent verfaßt ist, eintreten kann, hat bei Hick seinen Grund in der Depotenzierung der *ratio*, wie sie für die Philosophen der Postmoderne bezeichnend ist.[892] In ihrer starken Reserve gegen alle universalen Geltungsansprüche und Letztbegründungen, die auch einen Vorbehalt gegenüber einer für den Menschen erkennbaren ungeschichtlichen Wahrheit impliziert, haben diese die Leistung der Vernunft auf das Erkennen funktionaler Strukturzusammenhänge reduziert. Hier ist der Mensch zum wahrheitsunfähigen Subjekt geworden, da er nur noch eine kontextabhängige, von vielfachen Interessen bestimmte Wahrheit erreichen kann.

Aber sind nicht mit der Überwindung des Wahrheitsstreites zugleich die Bedingungen für die Existenz des Christentums verschwunden? Das Wesen der christlichen Offenbarungsreligion ist doch dadurch definiert, daß sie eine geschichtlich ergehende, worthafte Selbstmitteilung Gottes und das Hören- und Antwortenkönnen des Menschen auf diese göttliche Selbstaussage annimmt. Muß es nicht den Tod dieser Offenbarungsreligion bedeuten, wenn es dieses Hören gar nicht geben kann, weil die numinose Gottheit nie in einer geschichtlichen Selbstobjektivation zu haben ist und der Mensch a priori nicht über die epistemischen Voraussetzungen verfügt, um eine solche Offenbarung Gottes zu erkennen? Im Kontext einer relativistischen Philosophie, eines apersonalen Gottesbegriffs und einer absolut gesetzten *theologia negativa* wird die Rede von einer Selbstoffenbarung sinnlos.

Wer dem Paradigma der Postmoderne[893] verpflichtet ist, für den kann es Religion als einen vor der Vernunft verantworteten Akt des Glaubens, der das von Gott geoffenbarte Unbedingte in einer nicht unvernünftigen, aber übervernünftigen Weise intendiert, nicht geben, sondern nur als irrationales Phänomen, denn es fehlt ihm der transzendentale Bezugspunkt der Selbsterschließung Gottes – des Unbedingten in der Geschichte.[894]

Wenn Gott sich im Endlichen von Welt und Geschichte als er selbst offenbaren sollte, so würde das den Hereinbruch des Unbedingten in die Welt des Menschen bedeuten, was aber nach Hick, der an die Vorgaben

---

[892] Vgl. oben, 384; vlg. dazu auch unten, 436.

[893] In dem eben beschriebenen Sinn einer Degradierung der Vernunft, die einen völlig anderen Rationalitätstyp mit sich bringt.

[894] Vgl. Menke, Einzigkeit, 34.

des postmodernen Denkens gebunden bleibt, a priori nicht sein kann. Mit der Negierung jeder absolut verpflichtenden Geltung oder der für den Menschen bestehenden Unmöglichkeit, mit einem objektiven "Sinn an sich" konfrontiert zu werden, korrespondiert die Stellung der Person Jesu: Die von der metaphorischen Bedeutungsebene her konstruierte Christologie ermöglicht ihre reibungslose Integration in den Rahmen der Pluralistischen Religionstheologie. Was heißt dies unter offenbarungstheologischer Rücksicht? Nicht von ungefähr greift Hick auf den Mythos zurück, wenn es darum geht, Jesus in seiner Relation zu Gott und das heißt als Offenbarungsphänomen zu verstehen. Er fügt sich ein in die unbegrenzt erweiterbare Reihe der Offenbarungsweisen des Absoluten, wie sie uns in den Religionen der Welt entgegentreten, ob diese nun in Form personaler Göttergestalten oder apersonaler Medien, in denen das Absolute irgendwie "anwest", auftreten: "Inkarnation" ist eine offene Berührung mit dem Göttlichen, die sich polyform ereignen kann und die sich tatsächlich immer wieder in verschiedenen Subjekten und Medien ereignet hat:

> "Does the divine uniqueness prevent God from being in personal relationsphip with any number of human beings at once? ... Why is it in principle impossible for God to assume human nature on several occasions, revealing the divine nature to different sections of the human race ...?"[895]

Gerade eine dem indischen Mythos vertraute Inkarnationsweise könnte für Hick das Schema für die plurale Inkarnation jener Realität sein, die christlich die zweite Person der göttlichen Trinität heißt:

> "It seems, then, that the second person of the Trinity could take human nature again, and if twice, then presumably three or four, or indeed any number of times, and could presumably have done so before the Jesus incarnation as well as after it ..."[896]

Da die Relation Jesu zu Gott sich in seinem aktualen Sohnesbewußtsein konstituiert, ist es leicht, diesen Prozeß der Identifizierung mit dem Göttlichen auf jedes Bewußtsein auszudehnen, in dem sich auf die ein oder andere Weise eine mystische Einigungserfahrung findet. Hick greift hier vor allem zu einer hinduistischen Weltsicht, in der in erster Linie eine mentale Erleuchtung angestrebt wird. Letztendliche Identität mit der absoluten Realität des Brahman haben wir im Vollzug der erleuchteten Einswerdung, wie sie durch ganz verschiedene Subjekte erfahren wurde und wie sie von allen angezielt werden kann. Was hier als der

[895] Vgl. Hick, Metaphor, 91.

[896] Vgl. ebd., 93; vgl. auch ders., Jesus, 176f.

höchste Punkt der *transformation* erlebt wird, erscheint als eine von "unten", vom Menschen her abgeleitete und realisierbare Möglichkeit.[897]

Für Hicks ganzes Offenbarungsverständnis ist es entscheidend, daß er die im NT bezeugte Wirk- und Offenbarungseinheit Jesu mit dem Vater, besonders die johanneischen Aussagen über sein Einssein mit ihm[898], auf diese mystische Einigungserfahrung zurücknimmt, die der indische Mythos erzählt:

> "Several Hindu philosophers (e.g. Gandhi 1984, 46) have pointed out the analogy between the claim of the Fourth Gospel's Christ to unity with the Father, and the Vedantic idea that only our false individual ego-hood conceals from us our own identity with the absolute reality of Brahman and that in a fully enlightened mind that final identity comes to consciousness."[899]

Jesus rangiert auf der gleichen Ebene wie die vielen Göttergestalten des Hinduismus. Er verliert seine Anstößigkeit, weil er, mythologisch interpretiert, ohne Widerspruch und Gegensatz in die östliche Mystik und ihre Inkarnationen eingeholt werden kann – ein System, das sich ohnehin als allversöhnend, weil alle religiösen Gegensätze auflösend, und damit letztlich synkretistisch erweist.[900] Für eine pluralistische Interpretation des Christentums ist damit viel gewonnen: Kommt doch die Gestalt Christi, gleichrangig neben indische Erlösungsmythen gestellt, aus dem Status des einsamen "single" heraus, den sie in der westlichen Theologie besaß.[901] Hier bestätigt sich die bereits angesprochene Nähe

---

[897] Vgl. ders., Metaphor 53: "This option assimilates Jesus' God-consciousness to that reported in unitive mysticism. Normally, in theistic mysticism, a final distinction is preserved between the human mystic and the divine Being. Occasionally, however, such mystics – Jewish, Christian and Muslim – have at least seemed to transcend this distinction. But it is in Hindu advaitic thought that the identity of the purified human consciousness with the divine Reality is most explicitly taught. According to this, when we transcend egoity we discover in a moment of salvific illumination that we are one with the infinite and eternal Brahman: *Tat tvam asi*."

[898] Vgl. oben, (bibeltheologische Hinführung), 64f; 153.

[899] Vgl. ebd., 53. In dem Zusammenhang scheint es mir interessant, daß die Väter, die sich mit der Relation zwischen Jesus als Offenbarungsträger und Gott auseinandergesetzten, gerade ein radikal nicht-mythologisches Verständnis der Christus-Offenbarung entwickelt haben. Dies war eine fundamentale Option für den griechischen Logos gegen den Mythos.

[900] Vgl. Bürkle, 218ff: "Dieser Versuch (sc. eine gemeinsame tragende Mitte in den Religionen auszumachen) wird insbesondere von den Vertretern des neueren Hinduismus in bezug auf das Christentum unternommen. ... Der christlichen Offenbarung wird bei solcher Ausweitung fremder religiöser Mystik ... ihre Besonderheit genommen. Sie wird umgedeutet zu einer der vielen Varianten, in denen sich die hinduistische mystische Erfahrung wiederfinden läßt."

[901] Vgl. Ratzinger, Glaube und Theologie, 362.

dieses typisch westlichen Skeptizismus zu den mystischen Einigungsreligionen des Ostens.

> "In other words, whereas the Chalcedonian christologie entailed the unique status of Jesus as the one and only person with both a human nature and a divine nature, a grace/inspiration christologie does not by itself *single him out* in this way."[902]

Eine Jesus-Gestalt, die eine unter vielen Inkarnationsweisen des unbestimmten ganz Anderen darstellt, kann nicht mehr der definitive Mittler der eschatologischen Gottesherrschaft und a fortiori nicht der definitive Heilsmittler für den Menschen sein. Er kann auch nicht mit dem Logos identifiziert werden, in dem Gott sein eigenes Wesen ganz ausspricht. Es kommt überhaupt zu keiner Selbstaussage Gottes, denn Jesus ist nicht einmal der höchst Fall eines Kontaktes zwischen Gott und Mensch.[903]

Was Hick durch die Deutung Jesu mit Hilfe der Mythologie erreicht, ist die Zurücknahme des "Superioritätsanspruchs" des Christentums[904], der nach seiner Ansicht auf der Einzigartigkeit der Gestalt Christi als Mittler in das Reich Gottes und definitiver Offenbarer des Vaters beruht.[905] Das Verhältnis von Mythos und Logos wurde von den Kirchenvätern wie Irenäus völlig anders, nämlich eindeutig zugunsten des Logos entschieden, was zu einer radikalen Kritik des Göttermythos führte, für die es innerhalb der griechischen Philosophie bereits Ansätze gab, sofern die mannigfaltigen und wandelbaren Göttergestalten als das nicht Ei-

---

[902] Vgl. Hick, Metaphor, 110.

[903] Vgl. ebd.: "It can no longer be an *a priori* dogma that Jesus is the supreme point of contact between God and humankind. This is now a matter of historical judgement, subject to all the difficulties and uncertainties of such judgements." Hier hebt sich Theologie als Theologie selbst auf, wenn es ihr nicht mehr ansteht, ein Glaubensurteil der Form: Der historische Jesus ist der erhöhte Herr, zu bilden (Glaubenssynthese). Dann bleiben nur noch historische Urteile möglich, die aber auch kein Kriterium für sich haben, sondern immer neu am empirischen Material ausgewiesen werden müssen.

[904] Vgl. Hick, Jesus, 180.

[905] Anders die Erklärung der Glaubenskongregation "Dominus Jesus", nr. 15: "Nicht selten wird der Vorschlag gemacht, in der Theologie Ausdrücke wie 'Einzigkeit', 'Universalität' oder 'Absolutheit' zu vermeiden, weil dadurch der Eindruck entstünde, die Bedeutung und der Wert des Heilsereignisses Jesu Christi würde gegenüber den anderen Religionen in übertriebener Weise betont. In Wirklichkeit bringen diese Worte nur die Treue zum Offenbarungsgut zum Ausdruck, weil sie sich aus den Glaubensquellen selbst ergeben. Von Anfang an hat die Gemeinschaft der Gläubigen Jesus eine Heilsbedeutung zuerkannt, gemaßt der er allein – als Mensch gewordener, gekreuzigter und auferstandener Sohn Gottes – durch die Sendung, die er vom Vater erhalten hat, und in der Kraft des Heiligen Geistes das Ziel hat, der ganzen Menschheit und jedem Menschen die Offenbarung (vgl. Mt 11,27) und das göttliche Leben (vgl. Joh 1,2; 5,25–26; 17,2) zu schenken."

gentliche erscheinen mußten, sobald man die Einheit des mit sich selbst identischen Seins bedachte.[906]

Weil es den Vätern darum gegangen war, die Vernunft des Glaubens an die unableitbare und unerfindliche Offenbarung des Logos in dem Menschen Jesus v. Nazaret zu erhellen, haben sie sich nie auf Mythologie eingelassen, sondern auf die Philosophie des Seins. Das machte, wie im ersten Teil skizziert, ihr Vorhaben nicht leichter, ergaben sich doch die Schwierigkeiten für die frühchristliche Theologie allererst aus der Konfrontation des Offenbarungsanspruchs mit dem Gedanken, daß das Sein eines und unteilbar ist. Eine mythologisch konzipierte Christologie wäre diesen Problemen aus dem Weg gegangen, dadurch hätte sie aber auch der soteriologischen Einzigkeit Jesu, die in den Evangelien bezeugt ist, nicht gerecht werden können. Anders als Hick sahen die Väter, daß sie in das eigene hermeneutische Selbstverständnis[907] der Evangelien und überhaupt des ganzen NT einsteigen mußten, um der Selbstaussage Jesu gerecht zu werden, wie sie in der Schrift gewordenen apostolischen Überlieferung bezeugt ist.[908]

M. E. kann Hick sich in Hinblick auf eine ergangene Selbstoffenbarung Gottes aufgrund seines eigenen Systems gar nicht als vernehmendes Subjekt[909] verstehen, und dies aus folgenden Gründen: Was Hick seine "Epistemologie" nennt – eine Kant noch einmal vereinseitigende rationalistische Erkenntnistheorie, die auf den religiösen Bereich appliziert wird –, verschließt den Seinshorizont des Menschen und benimmt ihn der Offenheit für Gott in seiner mitteilenden Wirklichkeit. Dadurch führt sich aber jede Theologie selbst ad absurdum, denn man muß doch fragen:

---

906 Vgl. Irenäus, Adv. Haer. I, 9–16 (Ed. Brox, Bd. 1, 187–259), der hier auf die Irrationalität derer hinweist, die Christus vom gnostischen Mythos her vereinnahmen wollen. Vgl. auch Ratzinger, Einführung, 103f. Nach dem Verständnis des NT ist die Offenbarung selbst kein Mythos; sie setzt sich dagegen sogar in einen betonten Gegensatz. Vgl. 1 Tim 1,4; Tim 4,4; 2 Petr 1,16.

907 Dazu gehört auch die Einheit des Glaubens, die es für Hick nach seiner eigenen Philosophie gar nicht geben kann – auch nicht innerchristlich. Man sieht, wie die zu Beginn dieser Studie aufgestellten hermeneutischen Kriterien für eine Auseinandersetzung mit Hick ihre Relevanz behaupten.

908 Vgl. Irenäus, Adv. Haer. I, 9,2 (Ed. Brox, Bd. 1, 189f), der gegen die Schriftauslegung der Gnostiker den Zusammenhang und die Ganzheit der Schrift sowie ihren Charakter als Offenbarungsquelle bemüht.

909 In einem Aufsatz über die Interpretation von Texten hat der Münsteraner Philosoph J. Pieper herausgestellt, wie wichtig es für den Interpreten ist, dem Text und dem, was er aussagen will, zunächst einfachhin als "Hörer" zu begegnen, der seine Aussage als solche an sich heranläßt. Vgl. Pieper, Interpretation, 223f; vgl. oben, 21, Anm. 42.

(1) Wie es im Kontext einer solchen Philosophie überhaupt noch möglich sein soll, *irgendeine* Form von Jesulogie zu betreiben, in der die Frage nach Gott noch vorkommen und nach einer Antwort verlangen darf. Faktisch redet Hick innerhalb seiner Jesulogie von "Gott", ohne jedoch zu universal gültigen Aussagen kommen zu können, da er sich der Möglichkeit einer wirklichen Gotteserkenntnis a priori benommen hat. Wenn Theologie von Gott zu reden hat, dann muß sich die Hick'sche Epistemologie jedem genuin theologischen Frageansatz verweigern.[910]

(2) Hick hat da, wo es um die Gottesfrage geht, den Adäquationsbegriff der Wahrheit (*adaequatio rei et intellectus*), der die Möglichkeitsbedingung jeder rationalen Theorie ist, durch einen pragmatischen ersetzt. Aber die pragmatische Wahrheit trifft nicht die Realität des Absoluten. Was Hick mit seiner Theorie bestenfalls noch leisten könnte, wäre eine reine Religions-Deskription im Sinne einer positiv vergleichenden Religionswissenschaft, die sich damit begnügt, zu konstatieren, was Menschen in den einzelnen Religionen glauben. Eine solche Konstatierung religiöser Haltungen führte aber zu keinem Erkenntnisgewinn. Seiner Intention nach will Hick denn auch viel mehr: Seine Theorie will Theologie sein. Allein das verbieten ihm die von ihm selbst gestellten Weichen.

(3) Der pragmatische Wahrheitsbegriff hebt sich – in seiner Applikation auf Religion – praktisch selber auf: Es ist sehr die Frage, ob Religion die ihr von der Pluralistischen Religionstheologie zugewiesene Aufgabe, die Sinn- und Befreiungsbedürfnisse des Menschen zu stillen und die bürgerliche Welt mit moralischen Appellen zu versorgen, erfüllen kann, wenn sie selber bloß funktional begründet wird. Wo es um die Glaubensentscheidung der Person geht, die dann auch für das eigene Leben hilfreich sein soll, benötigen die Menschen – einer tief in ihnen verwurzelten Notion folgend – die Überzeugung von der objektiven Wahrheit des Geglaubten. Wer wird denn noch glauben, wenn er erkennt, daß das Geglaubte grundsätzlich als Wahrheit überhaupt nicht eingesehen werden, d. h. ebenso wahr wie unwahr sein kann, und damit beliebig wird – ein Inhalt, der nur um seiner therapeutischen Funktion willen geglaubt werden soll.[911] Menschen, die die Sachwahrheit[912] ihres religiösen Glau-

---

[910] Auch Bultmann kennt eine totale theologia negativa: Glaubensaussagen sind für ihn Aussagen des Menschen über seine je eigene Existenz.

[911] Dies gilt in Hinblick auf alle funktionalen Religionsbegründungen. Gegenstand und tragendes Motiv des religiösen Glaubens kann nur das Unbedingte als solches sein. Vgl. Spaemann, Religionsbegründung, 225.

[912] Gegen die These von der Rekonziliation der religiösen Systeme im Sinne der pluralistischen Ansätze hat auch Ayer eingewandt: "I am not myself a religious believer but if I were I doubt if I should be content to be told that I was playing a game in accordance

bens nicht mehr entscheiden können, denen mit dem Gegenstand des Glaubens auch sein Fundament unter den Füßen weggezogen wurde und die deshalb nur noch so handeln sollen, als ob dieser Glaubensgegenstand real wäre, hören auf zu glauben. Pluralistische Religionstheologie ermächtigt niemanden, ganz gleich in welcher Religion er steht, den Glauben mit dem Selbsteinsatz der eigenen Person zu vollziehen.

with a canonical set of rules. Rather, I should wish for some assurance that my beliefs were true." Vgl. ders., 92.

Teil 3
Erkenntnistheoretische Voraussetzungen des christologischen Dogmas

Die hier vorgetragene These, daß der in der Schrift bezeugte und später entfaltete dogmatische Christus-Glaube der Kirche aus gutem Grund von Anfang an im Horizont eines metaphysischen Wirklichkeitsverständnisses ausgesagt wurde, soll in diesem 3. Teil mit Blick auf die für die Christologie relevanten Bausteine der Metaphysik bzw. Epistemologie entfaltet werden.

Dabei ist folgender Frageaspekt bestimmend: Welche Forderungen müssen an eine Philosophie gestellt werden, die die Selbstaussage Gottes in Jesus Christus so zur Sprache bringen kann, daß *fides* und *ratio* nicht auseinanderbrechen, sondern zu einer die Eigenständigkeit beider Wirklichkeitszugänge wahrenden Synthese finden. Ich greife damit ein Thema auf, das auch in der Enzyklika *Fides et Ratio*[1] behandelt wird – ein Schreiben, das für die Aufarbeitung der Fragestellung nicht zu leugnende Impulse gibt.

Die These soll nicht dazu verleiten, als gehe es darum, vorgängig zum Offenbarungsgeschehen ein festgefügtes philosophisches Kategoriensystem zu entwerfen, um a priori zu entscheiden, was in einer möglichen Offenbarung Gottes enthalten sein könne und was nicht. Wenn hier nach elementaren epistemologischen und metaphysischen Eckpfeilern als Voraussetzung für das unvoreingenommene Vernehmen der Offenbarung gefragt wird, so negiert dies gerade die Annahme, es gebe einen höheren hermeneutischen Ort, von dem aus sich vorweg immer schon bestimmen ließe, wie eine Offenbarung ausfallen könne. Es kann nicht darum gehen, die Inhalte der Selbstaussage Gottes in eine kategorial festgelegte, aus rationalen Prinzipien konstruierte Philosophie einzupassen. Ein solcher Versuch käme einer rationalistischen Vereinnahmung des Glaubens gleich, die die Entgegennahme des Wortes Gottes verstellen würde.

Etwas anderes ist es, nach Kriterien zu fragen, die den Erkenntnishorizont des Menschen für die Entgegennahme dessen, was Gott den Menschen über sich selbst innerhalb der biblischen Heilsgeschichte mitteilen will, öffnen. Mit dem in *Fides et Ratio* vertretenen Auffassung kann dies nicht geschehen, wenn man die intellektuelle Reichweite der *ratio* mög-

[1] Johannes Paul II., Fides et Ratio vom 14. September 1998.

lichst zurückstuft, sondern gerade dadurch, daß man sie im Verhältnis zum Glauben stark macht.

Diese Zuordnung verlangt nach einer Entscheidung in virulenten erkenntnistheoretischen Grundfragen, die schon in der kritischen Darstellung der Christologien von E. Schillebeeckx, J. Hick und E. Jüngel in Teil 2 angeklungen sind. Durch die Klärung epistemologischer Fragen in Richtung auf eine für die "Wahrheit" des Glaubens relevante Wirklichkeitssicht, die in Anlehnung an Thomas v. Aquin erarbeitet werden soll, gewinnt man auch eine Basis für die Ontologie. Erkenntnistheorie und Ontologie sind nämlich nicht einfachhin zwei nebeneinanderliegende, separierbare Traktate, sondern zwei Aspekte ein und desselben geistigen Grundvollzugs: der Öffnung für das Seiende als der Wirklichkeit im Ganzen.

So stellt sich als erstes – nach der Problematisierung des metaphysischen Denkens für den heutigen Menschen (1. Abschnitt) – die Aufgabe einer Epistemologie, deren Kern eine Urteilslehre enthält, die zunächst für den kategorialen Wirklichkeitsbereich (die sinnlich erfaßbaren Gegenstände) greift. In Abhebung von der Urteilslehre Kants, die in einem unüberwindlichen Dualismus (vgl. 2.1.) gründet, soll mit Thomas von Aquin[2] von einer Intelligibilität des Seienden ausgegangen werden, die der intelligenten und rationalen Intentionalität des menschlichen Geistes entspricht, wobei diese Intentionalität eine uneingeschränkte Tragweite aufweist. Die Ausführungen in diesem ersten Abschnitt bewegen sich innerhalb des Formalaspektes, wie das Verhältnis von menschlichem Geist und weltlicher Wirklichkeit zu bestimmen sei. Die begriffsbildende und urteilende Tätigkeitsweise des Verstandes entfalten die Abschnitte 3.1. und 3.2. Es soll begründet werden, warum der Verstand erst im Urteil seine Wahrheitsfähigkeit erlangt. Was die Gotteslehre oder die natürliche Theologie betrifft, die ihrerseits einen wichtigen Bezugspunkt für die Christologie darstellt, soll die Frage nach der Analogie, nach dem Prinzip der Gottesbeweise sowie nach der Reichweite der natürlichen Gotteserkenntnis besprochen werden (3.3.).[3] Gerade im Hinblick auf verschiedene Ansätze in der modernen Theologie muß

---

[2] Ganz bewußt möchte ich durch eine Rückfrage nach dem historischen Thomas die Verengungen der neuscholastischen Rationalisierung des Glaubens überholen.

[3] Die natürliche Theologie kennt ihre eigenen philosophischen Voraussetzungen, so z. B. die Hinwendung des Verstandes zu den naturhaften, lebensweltlichen (nicht-technischen) Realitäten, an denen sich die kausalen Abläufe von Bewegung und Veränderung, Entstehen und Vergehen, studieren läßt, die rationale Fähigkeit des Menschen, durch wahre Urteile das Sein der Dinge zu erreichen usw.

dann geklärt werden, warum Gott nicht im Sinne der *passio* unter die Veränderlichkeit der Dinge fällt (3.3.4.).

Daß ein auf Wirklichkeit gehendes Urteil – trotz aller Bedingtheiten des Verstandes – auch im transzendenten Bereich des Glaubens möglich ist, wird unter 3.4. expliziert, in dem nach dem Grund des Glaubens und seiner Sicherheit sowie nach der dem Glauben eigentümlichen Erkenntnis gefragt wird. Im Anschluß daran soll auf die Konsequenzen für die Christologie eingegangen werden.

1. Der Schwund der Metaphysik und die Gotteskrise im gegenwärtigen Bewußtsein

1.1. Die conditio moderna und postmoderna

Die Frage nach Gott stellt den Menschen vor das göttliche Geheimnis. Und diese Frage läßt sich nicht aus dem Wesen des Menschen herausnehmen. Der Mensch ist so angelegt, daß er auf das aus ist, was über ihm ist, auf Transzendenz. Wie ist es aber mit der Gotteserkenntnis des Menschen bestellt? Reicht der Mensch mit seinem Geist, der den verschiedensten geschichtlichen Bedingungen unterworfen ist, überhaupt an die Wirklichkeit Gottes heran? In seinem Brief an die Römer sagt der Apostel Paulus, daß Gott sich an den Werken der Schöpfung erkennen läßt: "Denn sein unsichtbares Wesen, seine ewige Macht und Göttlichkeit sind seit Erschaffung der Welt an seinen Werken durch die Vernunft zu erkennen" (Röm 1,20). Die Heiden, so sagt er, sind deshalb auch nicht zu entschuldigen, weil sie trotz ihrer Erkenntnis Gottes ihn nicht als Gott verherrlichen. "Sie verfielen in ihren Gedanken auf Nichtigkeiten, und ihr unverständiges Herz wurde verfinstert" (1,21).[4] Läßt sich die biblische Aussage auch philosophisch verantworten? Die Untersuchung der "epistemologischen Grundlagen" entbirgt entweder dies biblische Sicht als eine richtige Darstellung der *conditio humana*, oder aber eben als Falschaussage.

Die Beantwortung der Gottesfrage, das ist dann die Lehre der Kirche, kann nicht außerhalb der Reichweite des menschlichen Erkennens liegen. Die Schöpfung bietet das Medium, durch das der Mensch zu einer natürlichen Gotteserkenntnis gelangen kann. "Natürlich" wird hier in

---

[4] Alle großen Theologen des Mittelalters – ein Thomas v. Aquin, ein Bonaventura und ein Johannes Duns Scotus – waren noch der Ansicht, daß man die Existenz Gottes aus der Art der natürlichen Dinge beweisen könne. Die innerweltlichen Kräfte begründen sich nämlich nicht selbst, sondern bedürfen einer höheren Ursache.

dem Sinn verstanden, daß es dazu keiner besonderen Offenbarung von seiten Gottes bedarf.[5]

Dem Menschen von heute legt sich allerdings eine Reihe von Schwierigkeiten in den Weg, wenn er einen Zugang zu Gott sucht. Und diese Schwierigkeiten hängen mit dem Komplex der postmodernen Kultur zusammen, wie sie uns heute umgibt. Natürlich spielen auch bestimmte philosophische Prämissen dabei eine erhebliche Rolle.[6] Welches sind aber die scheinbar unüberschreitbaren Hindernisse, die es dem Menschen in unserer kulturellen Situation und unter heutigen Bedingungen schwerer machen, einen Zugang zum transzendenten und persönlichen Gott zu finden?[7]

An erster Stelle steht der Individualismus des abendländischen Menschen. Der Mensch lebt heute weniger gemeinschaftsbezogen, sondern führt ein eher "atomisiertes" Dasein. Die Soziologie spricht von einer Segmentierung der sozialen Milieus und der Lebensbereiche. Dieser Individualismus, der seine Wurzeln im spätmittelalterlichen Nominalismus und im Subjektivismus der neuzeitlichen Philosophie hat, betrachtet den Menschen als isoliertes Subjekt, das seine Rechte gegenüber der Gemeinschaft stark machen muß.[8] Ein Charakteristikum des modernen Zeitalters ist es, daß der Mensch versucht, sich selbst autonom zu begründen. Dabei soll es eine Freiheit ohne Einschränkung geben, damit

---

5 Vgl. DH 3004.

6 B. Lonergan spricht in diesem Zusammenhang von der "Scotosis des dramatischen Subjekts"; einer "Aberration nicht nur des Verstandes, sondern auch der Zensurfunktion". Vgl. ders., Einsicht, Bd. 1, 266; vgl. ebd., 233. Sie hat ihre Wurzel in einer "Verstehensverweigerung". Vgl. ebd., 238. "... ihre positive Aktivität ist es, Perspektiven vom Auftauchen im Bewußtsein abzuhalten, welche unerwünschte Einsichten entstehen lassen würden". Vgl. ebd.. Neben den für bestimmte Daten repressiven individuellen Voreingenommenheiten analysiert Lonergan auch die "allgemeine Befangenheit" des *common sense*. Vgl. ebd., 270–292.

7 Auch wenn die hier vorgetragenen Beobachtungen zur Zeitsituation eine "kulturpessimistische" Note tragen mögen, so geht es mir keinesfalls darum, den altbekannten Kulturpessimismus eines O. Spengler mit seinem "Der Untergang des Abendlandes" fortzuschreiben. Mein Anliegen ist vielmehr, die tatsächlichen Schwierigkeiten des heutigen, der Neuzeit entwachsenen Menschen, mit metaphysichen Fragestellungen anzusprechen, womit zugleich ein Weg angezeigt werden soll, wie dem Kairos der Situation entsprochen und eine neue Transzendenzerfahrung möglich werden kann.

8 V. Hösle spricht von einer Entwicklung, an deren Ende das "autonome, der Natur und Gemeinschaft entfremdete Ich der neuzeitlichen Subjektivität" steht, das die Selbstentgegensetzung zur Natur auf die Spitze getrieben und damit die ökologische Krise heraufbeschwört hat, die heute ein vordringliches Problem auch für die Philosophie darstellt. Vgl. ders., Sein und Subjektivität, 170; 192.

man sich selbst bestimmen und in die Richtung entwerfen kann, die man sich selbst vorgibt.

In das gegenteilige Extrem fällt auf den ersten Blick der postmoderne Ansatz mit seiner Dezentrierung des Subjektes.[9] Gegen die Hypertrophie des neuzeitlichen Subjektbegriffs setzt die postmoderne Philosophie auf eine radikale Diversifikation, die auch vor dem neuzeitlichen Autonomie-Paradigma nicht halt macht und die auf eine Atomisierung der individuellen Lebensentwürfe wie überhaupt der Individuen hinausläuft.[10] Da mit dem Herrschaftsanspruch der Ratio auch das "starke Subjekt" der Moderne eine Relativierung erfährt, könnte man zunächst meinen, daß auch der Anspruch der autonomen Selbstsetzung der Subjektivität zurückgeschraubt würde. Dafür spricht, daß bei einigen Autoren mit der Herrschaft des Subjekts zugleich der Ich-Gedanke als solcher in Mißkredit gerät und die Aufhebung des Personalen sich ankündigt. "Der Geist verliert sein Sein zugunsten seiner Akte oder einer grammatikalischen Funktion oder von Beziehungen zwischen Objekten oder von Dingen gewordenen Wörtern, letztlich zugunsten der Natur bzw. der Materie."[11] S. Wendel weist zurecht darauf hin, wie postmoderne Philosophie geneigt ist, die Herrschaft des Subjekts durch die Herrschaft des 'Anderen' zu ersetzten. Hier wird die "Übernahme der Geiselschaft, der bedingungslosen Unterwerfung und Unterordnung unter das mich überwältigende absolut Andere" zur "guten Freiheit".[12] Dies läßt zunächst vermuten, daß die Postmoderne die hypertrophe Ich-Zentrierung der Moderne abgelöst hat. Tatsächlich aber ist das Verhältnis zwischen Moderne und Postmoderne schwieriger und dialektischer als man zunächst annehmen würde: Anders als es etwa dem Autonomiebegriff bei Kant entsprach, der die Orientierung an einem überindividuellen Sittengesetz, am kategorischen Imperativ des "Du sollst" vorsah, ist der nachmoderne Mensch mit der Selbstinszenierung einer ästhetischen Existenz beschäftigt. "Das Selbst strukturiert und gestaltet das Material, das das eigene Leben ist, überläßt diese Arbeit nicht mehr einem anonymen Sollen ... Mit der Wahl, die das Subjekt selbst trifft, wird die Ästhetik der Existenz zur Selbstgesetzgebung; das Subjekt begründet sein Sollen selbst"[13] Also wenn in der modernen Subjektivität eine Universalisierungstendenz angelegt war, so wird diese entschieden zurückgedrängt. Dies wirkt sich auch für das Freiheitsverständnis aus. Das beste Beispiel dafür ist Sartre, für den der Mensch – ohne Gott und folglich ohne Natur – zu einer bodenlosen Freiheit verurteilt ist. Als Gebilde ohne feste Konturen muß er sich je neu selbst erfinden, muß entscheiden, wozu er sich und die anderen machen will.[14] Auf der einen Seite läßt sich also zeigen, wie

---

9 Zum komplexen Verhältnis von Moderne und Postmoderne vgl. den analytisch sehr scharfen Aufsatz von S. Wendel, Postmoderne Theologie. In Abschnitt 3.2.4. des 2. Teils wurden schon einige Leitideen der Postmoderne in epistemischer Rücksicht ausgemacht.

10 Vgl. W. Schmid, 123ff.

11 Gläßer, 118 (mit Bezug auf Bruaire).

12 Vgl. Wendel, 209.

13 Vgl. W. Schmid, 165ff; hier 165f.

14 Vgl. Sartre, L'existentialisme, 17; 67; vgl. ders., L'être, 711f; vgl. dazu auch die Analyse von J. Pieper, Kreatürlichkeit, 50f; zu Sartre vgl. auch Gläßer, 119–125.

durch die postmoderne Philosophie entscheidende Paradigmen der Moderne – die Orientierung an der zur Universalität fähigen Vernunft, an allgemein einsehbaren Strukturen und Ordnungen und selbst am transzendentalen oder substantiellen Ich – aufgegeben werden, weil sie der Tendenz auf absolute Differenz entgegen stehen.

Auf der anderen Seite bietet die Postmoderne aber eine Potenzierung jener Grundzüge der Moderne, die eine Individualisierungstendenz beinhalten, so daß W. Schmid sagen kann: "Die *Postmoderne* ist ... in keiner Weise ein zeitliches 'Nach' der Moderne, sondern deren extreme Beschleunigung und Übersteigerung."[15] Man betont die Notwendigkeit einer Dekonstruktion der Ratio und zugleich damit eine Konzentration auf Pluralität, Kontingenz und Verschiedenheit. Das postmoderne Selbst erfährt an sich diese Diversifikation und Fragmentierung, indem es jetzt, nachdem die Ratio ihre normierende Rolle verloren hat, mit den sehr verschiedenen, zeitlich versetzten Phasen seiner "Wahl", aber auch mit seinen widersprüchlichen psychischen Mechanismen und Bestrebungen konfrontiert wird. Im Unterschied zum modernen "Subjekt der Identität", das seine eigene Veränderung in der Zeit, seine Zerstreuung im Raum und seine Gebrochenheit in sich selbst negiert hat, muß nun wegen des Prozesses der totalen Differenzierung das postmoderne "Subjekt der Multiplizität" sogar um seine Kohärenz besorgt sein. Es muß sich bei aller bejahten Gleichzeitigkeit des Ungleichen um die Integration der auseinander driftenden Lebensabschnitte, Projekte und Optionen bemühen, will es nicht Gefahr laufen, in die Selbstauflösung zu geraden.[16] Aufgenommen und übersteigert wird auch das in der Wiege der Neuzeit geborene Freiheitsideal. Da sich der Befreiungsprozeß jetzt auf das Freisein von allen normativen Instanzen und objektivierenden Sinnvorgaben richtet, findet sich das postmoderne Selbst inmitten von atomisierten Individuen wieder, deren Beziehungen fragmentiert worden sind und deren Identität fragil geworden ist.[17] Mit der absoluten Heterogenität und der total gewordenen "Differenz" geht aber für den Einzelnen ein beziehungsloser Isolationismus, ein bloßes Nebeneinander verschiedener Sprachspiele und gesellschaftlich ein Schwund von jedem Gemeinsinn, wirklicher Kommunikation und politischem Interesse gepaart.[18] Und genau hierin scheint auch die Ambivalenz der Postmoderne mit ihrer Beschleunigung und Potenzierung der modernen Individualisierungstendenzen zu liegen: Daß mit der radikalen Absolut-

---

[15] W. Schmid, 101.

[16] Ebd., 252.

[17] Ebd., 101.

[18] Vgl. Wendel, 207.

setzung individueller Existenzentwürfe das Subjekt selbst zu verschwinden droht.

In einem sich unbegrenzt ausbreitenden Universum findet der Mensch keine festen Anhaltspunkte mehr. Die Gemeinschaften, in die man im Mittelalter und noch zu Beginn der Neuzeit eingebunden war, hören für die Bürger auf, noch eine Rolle zu spielen. Man ist nicht mehr in der Lage oder verwehrt sich dagegen, die Interessen des Individuums oder der Gruppe auf das Gemeinwohl hinzuordnen. Dieser unbeschränkte Individualismus stellt sowohl für das politische Gemeinwesen wie für die Familie als auch für den Menschen selbst eine Regression dar. Denn nur dann, wenn er sich einem Ziel hingibt, das größer ist als er selbst und ihn über seine eigenen Belange hinausführt, kann der Mensch zu einer wirklichen Entfaltung seiner Persönlichkeit gelangen.

Ihren stärksten Ausdruck findet diese Mentalität darin, was manche die "Revolte gegen den Vater" nennen. Gerade der Bereich der Familie ist im westlichen Kulturraum großen Veränderungen ausgesetzt gewesen, in deren Verlauf sie sehr geschwächt wurde. Das Kind, das oft als einziges dasteht, ist ihr Zentrum geworden. Ihr Aufbau ist nicht nach einer Hierarchie geordnet, sondern ist demokratisiert. Alles wird mit den Kindern diskutiert und es sind die Eltern, die dem Verlangen ihrer Kinder nachgeben. Auf diese Weise schwindet schon rein psychologisch das Bewußtsein der Abhängigkeit, und es erhebt sich Widerstand gegen die Institutionen. H.E. Richter hat in seinem Buch "Der Gotteskomplex" gezeigt, wie die Aufklärung eine einseitige Gottesauffassung mit sich gebracht hat, die schließlich in ihr Gegenteil umgeschlagen ist: Gott wurde nur noch als absolute Allmacht gesehen. Der "unzugänglichen Absolutheit Gottes gegenüber bleibt dem Menschen nur der Rückzug in die Absolutheit seiner selbst".[19] Die Absolutheit, die der Mensch in der Abwehr eines erdrückenden Gottes nun meint sich selbst zuschreiben zu müssen, wirkt sich allerdings nicht weniger verhängnisvoll aus. "Der lange Zeit als großartige Selbstbefreiung gepriesene Schritt in die Neuzeit war im Grunde eine neurotische Flucht aus narzißtischer Ohnmacht in die Illusion narzißtischer Allmacht. Der psychische Hintergrund unserer so imposant scheinenden neueren Zivilisation ist nichts anderes als ein von tiefen unbewältigten Ängsten genährter infantiler Größenwahn. Wie das Kind, das sich illusionär ... selbst in eine allmächtige Elternfigur verwandelt, um seinen unverläßlichen Eltern nicht länger wehrlos ausgeliefert zu sein, so trägt unsere Zivilisation seit damals Merkmale einer krampfhaften Selbstüberforderung."[20] Das Kind kann nicht der adäquate Gottesersatz sein. Es wird damit grenzenlos überfordert. Dort, wo man den Vater nicht mehr gelten läßt, da verschwindet zur selben Zeit auch der Glaube an die Vorsehung. Es scheint, als ob der Anti-Paternalismus eine wichtige Ursache dafür ist, daß der Sinn für die Transzendenz mehr und mehr verlorengeht.

---

[19] Vgl. Richter, 51.

[20] Vgl. ebd., 29.

1.2. Die virtuellen Welten der Technik

Ein weiterer Aspekt ist der mit Technik und Szientismus einhergehende totale Funktionalismus, der sich auch auf dem Gebiet der Erkenntnis niederschlägt.[21] Er nimmt den Dingen ihren wesenhaften Gehalt, ihre Intelligibilität. Das Interesse am Gegenstand ist auf seine Nützlichkeit eingeschränkt, auf das, was man selbst mit ihm machen kann. Das Objekt in seiner – nicht bloß zweckrationalen – Gesamtheit gelangt nicht mehr in den so verengten Gesichtskreis. Da das parzellierte Wissen ganz nach dem Kriterium der Technik erworben wird, gewinnt die Beherrschung der Natur durch die eigenen Vorgaben des Menschen immer mehr an Bedeutung. Natürlich ist die empirische Forschung nicht frei von philosophischen Voraussetzungen: Immer wieder unterlaufen philosophische Optionen wie der Neopositivismus, der Materialismus oder Monismus, dem z. B. das "New Age" anhängt, die objektive Selbstdarstellung des modernen Wissenschaftsbetriebes. Solche mit dem Anspruch einer Gesamterklärung der Welt und ihrer Herkunft auftretenden -ismen halten das Metier der Schulbücher, periodischen Blätter und Fachzeitschriften besetzt und bereiten die junge Generation auf eine Konzeption des Lebens ohne Metaphysik und ohne Gott vor. Ihr Lebensraum ist eine technische Welt, in der die Erfahrung des Transzendenten und des Heiligen fehlt.

Ohne Metaphysik ist der Aufweis, daß es einen Gott gibt, nicht zu erbringen. Ein augenscheinlich großes Problem für das metaphysische Denken ist die moderne Technik, die zu einem guten Teil zur Säkularisation des menschlichen Lebens beigetragen hat. Der moderne Naturwissenschaftler ist zum Beherrscher der Natur geworden, für den es in der physischen Welt außer ihm keine andere höhere Macht mehr gibt.

---

[21] Der erste Denker, der die moderne Technik in ihrer Ambivalenz und weltgeschichtlichen Bedeutung ebenso wie in ihrer Bedrohlichkeit erkannt und sie als *metaphysisches* Problem behandelt hat, ist M. Heidegger. Vgl. ders., Die Technik und die Kehre. Heidegger bietet eine tiefgreifende Analyse der modernen Technik, die er zusammen mit dem Subjektivismus ablehnt. Dabei dringt er aber aufgrund seines radikalen Historismus, der es ihm verbietet, überhaupt von einer "ökologischen Krise" zu sprechen, zu einer eigenen Naturphilosophie durch, die Ansätze zur Bewältigung dieser Krise liefern könnte.
Daß die Lebenswirklichkeit des Menschen immer mehr verblaßt, ja daß der Mensch selbst hinter der Technik verschwindet, macht die "Philosophie der Technik" heute zu einer Schlüsseldisziplin – ein Umstand, auf den zuletzt V. Hösle aufmerksam gemacht hat, der in einem eigenen Beitrag die anthropologischen bzw. naturphilosphischen Grundlagen der Technik erörtert und ihren Zusammenhang mit Neuzeit und Moderne herausstellt, um dann die besondere Aufgabe der Philosophie bei der Analyse der Technik zu formulieren. Vgl. ders., Technik, 90–108.

Dieser für die Neuzeit so typische Herrschaftsanspruch über die Natur entspringt gleichfalls dem genannten Individualismus und dem Verlangen nach totaler Autonomie. Die heutige Technik fordert in vielen ihrer Vertreter eine solche Autonomie und weist jede Einmischung von seiten institutioneller Autoritäten zurück.[22]

Wiewohl Schöpfer seiner technischen Errungenschaften, kreiert der *homo faber* doch keine "in der Natur existierenden Dinge", die einen selbstbezüglichen Zweck realisieren. Er ist immer nur der Vater von Artefakten, die wesentlich von der Funktion her definiert sind, die sie für den Menschen zu erfüllen haben.[23] Daher verleitet der ständige Gebrauch der Technik den Menschen dazu, auch die Naturdinge nur noch unter dem Aspekt ihrer Nützlichkeit zu betrachten. Die Frage nach ihrem ontologischen Status verliert ihre Relevanz, denn das "Was ein Ding ist" bleibt für die Technik, die notwendig utilitaristisch orientiert ist, völlig gleichgültig. Und hier liegt nun ein entscheidender Grund, warum der postmoderne Mensch in einer *selbstgeschaffenen* Welt gefangen bleibt und das Sein der Dinge, das die Frage nach ihrem Seinsgrund aufkommen läßt, nicht mehr erreicht: Die Technik führt zu einer Deontologisierung der Natur, die sie auf ein Bündel von Relationen, d. h. funktionalen Zusammenhängen reduziert.[24] Der Mensch findet sich weitgehend in einer Welt des Selbstgemachten vor, die ihn unfreiwillig in eine unentrinnbare Immanenz einschließt. Auf diesen Problemzusammenhang macht Ortega y Gasset aufmerksam, wenn er feststellt: "... wenn der Mensch sein Dasein betrachtet, so findet er sich umgeben von einer riesigen Anzahl von Dingen und Vorgängen, geschaffen von der Technik, die eine künstliche Landschaft bilden, so dicht, daß sie die

---

22 So wird z. B. auch ein uneingeschränktes Recht zum Experiment und d. h. zur Manipulation am Leben, sogar am menschlichen Embryo, eingefordert. Vgl. dazu Hösle, Technik, 100: "Das Spezifische der modernen Technik seit dem 19. Jahrhundert scheint mir hingegen nur erklärbar zu sein, wenn man annimmt, daß seit dieser Zeit das Technische die Bindung an eine ganzheitliche Metaphysik ebenso abgestreift hat wie diejenige an die Ethik. Dies bedeutet keineswegs notwendig, daß die Technik unmoralischen Zielen dienstbar gemacht wird; aber mit dem Niedergang der Wertrationalität im Ethos ... ebenso wie in den die öffentliche Diskussion dominierenden Philosophien wird die Frage 'Was soll ich tun?' immer mehr zurückgedrängt durch die Frage 'Was ist machbar?'".

23 Die ontologische Problematik der Artefakte, die eine neue, vom Menschen entworfene "Seinssphäre" darstellen, hat auch V. Hösle gesehen. Vgl. ders., Technik, 88. Diese These wird unter 3.1.4. näher entfaltet und begründet.

24 Vgl. Hösle, Technik, 95: "Die Möglichkeit von Technik liegt entscheidend im *funktionalen* Charakter der Naturgesetze begründet."

ursprüngliche Natur hinter ihr verbirgt."[25] Man könnte dagegen wohl einwenden, daß es doch immer schon eine Technik gegeben habe und das die Technik doch irgendwie zum Wesen des Menschen gehöre. Um die besondere Gefährdung des Menschen durch die heutige Technologie schärfer ins Auge fassen zu können, sollte man sie in ihrem Unterschied zum Technikgebrauch früherer Epochen gewichten: Ortega y Gasset hat wie H. Schmid die Phasen der technischen Entwicklung typisierend eingeteilt, indem er die prähistorische Technik des Zufalls, der griechisch-römischen Technik des Handwerkers und der neuzeitlichen Technik des Technikers unterscheidet.[26]

Im vortechnischen Zeitalter gebrauchte man die natürlichen Vorgaben als Maßeinheiten: Das Pferd diente dazu, Kraft und Geschwindigkeit zu bestimmen, der menschliche Leib, um den pendelnden Rhythmus von Arbeit und Ruhe sowie die Proportionen in den Längen, Breiten und Höhen der Gebäude festzulegen. Werkzeuge, die dem Menschen von Anfang an das Leben erleichterten, wurden konvivial gebraucht: Die Schere, der Hammer, die Zügel für den Pflug lagen in der Hand und wurden von ihr bewegt.[27] Sie waren Teil einer an natürlichen Verhältnissen und Bewegungsabläufen orientierten Lebenswelt. Dagegen legt man gegenwärtig die für das natürliche Leben heterogenen Maßeinheiten der Technik an. Der Mensch wird zum Bediener der Maschine, des Automaten, die ihm die Bewegung, den Rhythmus und das Maß vorgeben.[28] Diese Phase, die maßgeblich durch die Maschine bestimmt ist, schwört ein grundlegend anderes Verhältnis des Menschen zur Technik herauf: "Bei der Maschine rückt das Instrument in der Vordergrund und

[25] Ortega y Gasset, Betrachtungen über die Technik, 61.

[26] H. Schmid verwendet eine andere Einteilung. Er unterscheidet die Technik des Werkzeugs, der Arbeits- und Kraftmaschine und die des Automaten. Vgl. Stork, 166.

[27] Sehr schön wird dieses Stadium der handwerklichen Technik, die sich im Gebrauch von Werkzeugen erschöpfte, bei Ortega mit der Kategorie der handwerklichen Arbeit charakterisiert: Die technischen Gegenstände werden in der handwerklichen Phase der Entwicklung vom Menschen insofern "konvivial" gebraucht, als sie den Fertigkeiten derer, die sie einsetzen, entsprechen. Vgl. ebd., 57: "... daher gehört die Technik zur Natur des Menschen, sie ist ein abgegrenzter Besitz ohne die Möglichkeit wesentlicher Erweiterungen. So wie der Mensch als Lebender an ein feststehendes System von Körperbewegungen gebunden ist, so ist er auch in das feste System der Künste verwoben, wie von Völkern und Epochen dieser Entwicklungsstufe die Techniken genannt werden."

[28] Eine Steigerung erfährt dieser Vorgang nochmal durch die heutige Technologie. Vgl. H. Schmid, 417: "Im Unterschied zur mechanisch funktionierenden Technik ist die Technologie darüber hinaus die Weiterentwicklung zum 'intelligenten' Prozeß, der sich über komplexe Rückkoppelung selbst steuert und erst recht ein Eigenleben entfaltet; die Beteiligung von Menschen wird weitgehend verzichtbar."

unterstützt den Menschen nicht, sondern umgekehrt: der Mensch unterstützt und ergänzt lediglich die Maschine."[29] Im Übergang vom Handwerkzeug zum technischen Apparat hat sich also die technische Funktion selbst wesentlich verändert: Der Mensch wird selbst in die Funktionalität technischer Abläufe integriert. Er wird zu einem Teil der Maschine.[30]

Mit seinem Bewußtsein in dieser selbstkonstruierten Welt der Technik gefangen, stellt sich eine Unfähigkeit ein, den Geist zu einer höheren Realität zu erheben. Schon in den vierziger Jahren, als man noch ohne Computer lebte, hat Ortega auf diese Immanentisierungstendenz hingewiesen, die darauf angelegt ist, "daß die Technik, die einerseits als grundsätzlich unbegrenzte Fähigkeit auftritt, es dahin bringt, das Leben des Menschen, der vom Glauben an die Technik und nur von ihr leben soll, zu entleeren".[31] Die Welt des Mysteriums verschwindet damit ganz aus dem Erfahrungsbereich. Die technischen Neuschöpfungen, denen ein großer Abwechslungsreichtum eigen ist, üben eine derart strahlende Faszination auf die junge Generation aus, daß sie deren geistige Aufmerksamkeit restlos vereinnahmen. Immer mehr bestimmt das technische Medium unsere innere und äußere Wahrnehmung. Seine Symbole und das, was sie repräsentieren, fordern die Intelligenz der Jugendlichen heraus, z. B. in der Computersprache. So geht das Interesse an einer Religion verloren, die mit einem verbindlichen geistig-seelischen Anspruch auftritt und eine innere, von technischen oder gesellschaftlichen Vorgaben unabhängige Entscheidung fordert.[32]

Das Schlagwort "Überproduktion" macht ein anderes Problem – besonders der postmodernen westlichen Gesellschaften, aber zunehmend auch der Weltbevölkerung – bewußt: Was hergestellt und auf dem Markt angeboten

---

[29] Ortega y Gasset, Betrachtungen über die Technik, 58.

[30] Daß mit dieser Entwicklung der Verlust des Humanum droht, indem die die Technik den Menschen verschlingt, hat zuletzt V. Hösle in die These gefaßt, daß "ein mögliches Ende des Menschen durch die Technik selbst bedingt sein könnte. Und zwar verstehe ich hier unter Ende in erster Linie nicht ein Ende der physischen Existenz des Menschen – obgleich dies durchaus eine reale Möglichkeit ist – als vielmehr den weitaus rätselhafteren und schwerer zu fassenden Vorgang einer radikalen Veränderung dessen, was nach der Tradition das Wesen des Menschen konstituiert hat, also ein Ende oder zumindest eine 'Antiquierung' des Humanen." Ders., Technik, 89.

[31] Vgl. ebd., 60; vgl. auch ebd.: "Daher gehören diese Jahre, die wir jetzt durchleben, die Jahre, die in der gesamten Menschheitsgeschichte der Technik am intensivsten zugewandt sind, zu den leersten."

[32] Darunter fallen nicht die unverbindlichen Angebote der neuen Religiosität,wie sie einem im "New Age" und den diversen Meditationstechniken östlicher Herkunft heute fast überall entgegentreten.

wird, dient längst nicht mehr nur dazu, die einfachen Bedürfnisse des Menschen zu befriedigen.[33] Dieser sieht sich vielmehr mit einer derartigen Quantität an industriellen Produkten konfrontiert, daß seine Einbildungskraft schnell mit immer neuen Bildern und Objekten besetzt ist, die ihm die dauerhafte Erfüllung aller nur in einer kurz anhaltenden Laune entstandenen Wünsche verheißen. Die Sprache der hl. Schrift und des Evangeliums, die wohlgemerkt nicht die Sprache des Philosophen ist, vermag es nicht, die von anderen Inhalten besetzte Imagination noch zu beleben. Denn diese wird doch viel stärker auf die Leistungen der modernen Wissenschaft, auf das Verstehen von "Software" und der eigenen Psychologie wie auf die Angebote der "Freizeit-Industrie" hingelenkt und durch dieselben konditioniert.[34]

Für den damit einhergehenden Verlust einer natürlichen Transzendenzerfahrung zeichnet ein weiterer, nicht unerheblicher Faktor verantwortlich: Die Begeisterung für die modernen Naturwissenschaften.[35] Dabei liegt es nicht zunächst am methodischen Atheismus der empirischen Wissenschaft, sondern an der Entfernung von der unmittelbaren, natürlichen Erfassung der Welt, wie sie der Konzeption der Bibel und der kirchlichen Tradition zugrundeliegt. Welt- und Sinnerfahrung geschieht vornehmlich mittelbar – mittels der telekommunikativen Welt – und nicht durch die persönliche Erfahrung und Konfrontation mit der Lebenswirklichkeit

In ihnen steht die quantitativ-meßbare Gegebenheitsweise derart im Vordergrund, daß man jedes Interesse an der ontologischen Struktur und an der inneren Teleologie der naturhaften Dinge verloren hat. Was nicht durch ein mathematisch formulierbares Gesetz beschrieben werden kann, fällt durch das festgelegte Raster, wird übersehen und schließlich gänzlich geleugnet. Man setzt einfach voraus, daß man die Wirklichkeit als ganze mit einer homogenen Erklärung der Phänomene

---

[33] Es ist das Verdienst von V. Hösle, auf den inneren Zusammenhang von progressiver "Leere" des Lebenssinnes und permanent sich steigernder Bedürfniskultur aufmerksam gemacht zu haben. Vgl. ders., Sein und Subjektivität, 194: "Um die Entwicklung der Moderne angemessen zu bewerten, ist es ferner entscheidend, scharf zwischen Geist und neuzeitlicher Subjektivität zu unterscheiden. ... die neuzeitliche Subjektivität, dieses Prinzip intensivster Vereinzelung, das sich aus dem Sein des Absoluten, der Natur und des intersubjektiven Geistes herausreflektiert hat und sich über seine innere Leere und furchtbare Einsamkeit durch den infinitven Regress immer neuer Bedürfnisse hinwegtäuscht, kann nicht das Ziel des Universums sein."

[34] In einer vom Menschen technisch beherrschten Umwelt weiß man zumehmend nicht mehr und das unverdiente Geschenk des Daseins und vermag sich nicht mehr darüber zu wundern, daß überhaupt etwas ist und nicht vielmehr nichts ist – jene Uererfahrung der Antike, die in dem *phainestai*, dem Staunen, liegt, ist heute nicht möglich, und kein Schuldiger läßt sich dafür ausfindig machen. Es ist das Resultat der technisch-wissenschaftlichen Entwicklung.

[35] Zum Folgenden vgl. auch Elders, L'accès à Dieu, 1-25.

aus ihren gleichrangigen Ursachen hinreichend begreifen könne. Der Rekurs auf eine heterogene Ursache gilt als unwissenschaftlich.[36] Im letzten Jahrhundert hat die Entwicklung der empirischen Wissenschaften einen so rasanten Verlauf genommen und wurde ihr Einfluß auf Gesellschaft, Erziehung und Kultur so groß, daß man diesen Typ von Wissensgewinnung am Ende für die einzig korrekte Form der rationalen Erkenntnis hielt und ungebrochen bis in die Gegenwart hält. Sicher bildet dieser sogenannte "Fortschritt der Wissenschaften" einen wesentlichen Aspekt dessen, was man "die Säkularisierung der europäischen Welt" genannt hat. Viele Bereiche der menschlichen Existenz haben dadurch stufenweise jeden Bezug zur Welt Gottes, die ja das Kategoriale überschreitet, verloren. Heute ist es vor allem und in erster Linie die Naturwissenschaft, von der sich der Mensch Antworten auf die fundamentalen Fragen nach dem Anfang und Ziel des Lebens, ja sogar nach dem sittlich guten Handeln erhofft. Für Letzteres kommt ihm die sogenannte "evolutionäre Ethik" – eine Unterabteilung der Soziobiologie – entgegen.

Diese Tendenz der Immanentisierung erfährt noch einmal eine erhebliche Verschärfung durch die allgegenwärtigen **Medien**, die das direkte Milieu bilden, in dem sich heutiges Leben und Denken bewegt. Es ist gar nicht zu überschätzen, wie die künstliche Welt der Medien, insbesondere des Fernsehens[37], die Entfremdung von der natürlichen Lebenswelt, dem familiären Miteinander und den Säkularisationsschub bei uns befördert haben. Was der am Medium Telephonhörer oder Handy angeschlossene Empfänger vernimmt, ist ja nicht die Stimme eines ihm bekannten Menschen, sondern es sind technische Signale, modulierte Schallwellen, die er so interpretiert, daß er einen bestimmten Menschen "hört". Ähnliches gilt für andere Medien: Sie liefern Signale, die der Benutzer zu deuten gelernt hat. Sie stellen nicht das Tor zur lebensweltlichen Wirklichkeit dar, sondern führen in eine virtuelle Welt[38], die nur noch jener als "Schein" zu entlarven vermag, der noch nicht begonnen hat, die Welt überhaupt rein semiotisch zu interpretieren. Letzterem aber geht die vollkommene Illusion, die sie liefert, gar nicht mehr auf.[39]

---

[36] Vgl. Stanley, "The Road of Science and the Ways to God".

[37] Die Medien haben um das Selbst herum eine audiovisuelle Erlebniswelt entstehen lassen, die eine eigene "Wirklichkeit" darstellt. Vgl. H. Schmid, 140: "... sie wähnen sich aber ausserhalb der Welt und allein mit sich, wenn der Bildschirm tot ist."

[38] Vgl. H. Schmid, 134–139 ("Lebenskunst im Cyberspace"), hier 134: "Mit wachsender Verbreitung der Informationstechnologien leben die Individuen in einem fiktionalen Raum, der gleichwohl eine Erfahrung ist, in einer virtuellen Welt, die gleichwohl real ist, die wirklich ist, ohne 'da' zu sein." Welche Bedeutung dies in Zukunft im Zuge der universellen Vernetzung für die Beziehungen der Menschen untereinander haben kann, wird von Schmid sehr scharfsichtig analysiert. Vgl. ebd., 135ff.

[39] Das Problem der illusionären Welten bzw. der Verwechslung von virtuellen Welten mit der lebensweltlichen Realität, findet heute auch Aufmerksamkeit in der belletristischen Literatur, so z. B. bei Michael Roes, "Leeres Viertel. Rub' Al-Khali", der sich auf

Das Fernsehen ist ja überhaupt für viele zum Surrogat für eine eigenaktive, direkte Welterfahrung geworden. Weil es die Eigenaktivität lahmlegt und die Möglichkeit einer geistigen Stellungnahme meist ausschaltet, ist hier die Gefahr einer ständigen Manipulation sehr groß. Wohl dosiert verabreichen die Medienmacher jene Fremdurteile, die ihre Weise des Denkens, ihre Wertungen und ihre Unwerte der Allgemeinheit suggerieren. Da erfährt nun also der Mensch, wie man denn heute so denkt und zu denken hat. Und wenn er nicht gegen dieses große "Man" rebelliert, denkt er in Kürze ebenso und verhält sich wie "Monsieur tout-le-monde". Dabei wähnt er sich so viel freier und so viel verständiger als seine Großeltern. Diese hatten es ja so einfach noch nicht! Zu diesen mehr äußeren Phänomenen wie der ständigen medialen Beeinflussung gesellen sich, nicht unabhängig davon, neue Plausibilitäten, die jenem sich manchmal totalitär gebärdenden Pluralismus entspringen, und die innere Dispositionen schaffen:

Neue Verhaltensmaßstäbe tauchen auf, die sich auch auf das Denken beziehen: In Ordnung ist es, wenn man sich im Sinne der "political correctness" verhält, und das heißt auch, nur über Themen zu sprechen, die "erlaubt" sind, und jene auszulassen, über die man eben nicht spricht. Nach dieser Sprachregelung sollte "Gott, Gebot und Kirche" eigentlich gar nicht mehr vorkommen. Eine Art von "Zensur"[40] ist uns also auferlegt. Und das Grundprinzip dieser "Zensur", dieses "anständigen Redens", lautet: Alles, was die anvisierte individuelle Freiheit, die Permissivität und den totalen Pluralismus favorisiert, ist gut. Alles, was dagegen spricht, ist schlecht. Darum müssen alle Institutionen, die irgendwie einen Absolutheitsanspruch vertreten, systematisch kritisiert werden. Dazu gehört natürlich vor allem die Kirche.

Alle diese Dinge, die den Menschen in der heutigen Gesellschaft daran hindern, gemäß dem zu leben, was seine Vernunft als ihm von Natur aus angemessen erkennen kann, erschweren seine Hinordnung auf einen personalen und transzendenten Gott. Denn dieser fordert den Menschen in eine Verantwortung. Was bleibt zu tun? Man kann K. Hedwig nur zustimmen, wenn er sagt:

"Die gegenwärtige Problemlage ist dadurch gekennzeichnet, daß die Natur als substantieller Träger des Seins-Aktes in einer – wie es scheint – irreversiblen technischen Reproduktion funktionalisiert wird. Auch das Verständnis des Seins-Aktes als 'proprius effectus Dei' wird davon getroffen. Die Metaphysik, mehr noch die Theologie, die die Heilsaussagen der Religion in die konkrete Lebenswirklichkeit des Menschen reflexiv einzubringen hat, steht daher vor der Aufgabe, die artifiziellen Realitäten der Technik, Information und Kommunikation in ihren derivaten Seinsweisen freizulegen. Der Status

---

das "Theater" in der westlichen und arabischen Welt bezieht: "Qatrunden seien eher das gegenteil (sic!) von theater: ein ständiges sich vergewissern des wirklichen und des eigenen selbst. Die abwesenheit von theater westlichen stils hänge mit einer tiefen furcht vor der vollkommenen illusion zusammen. ... Alles im jemenitischen theater ... wirke darauf hin, keinen augenblick die illusion zu erzeugen, es werde eine zweite wirklichkeit erschaffen. Offenbar befürchteten sowohl die akteure als auch die zuschauer, sie könnten die gewiszheit, es gäbe nur eine wirklichkeit, verlieren." Ebd., 235 (sic).

40 Vgl. Groth, "Die Diktatur der Guten".

dessen, was in der technisch-szientistischen Lebenswelt als 'Wirklichkeit' gelten kann oder nicht, ist ontologisch, epistemologisch und ethisch heute weitgehend ungeklärt."[41]

Dort, wo die naturalen Vorgaben unter eigenen Erfindungen verschüttet sind, muß man sie wieder freilegen. Dazu könnte auch eine gewisse Medienaszese dienlich sein. Die Beweise für die Existenz Gottes behalten auch heute ihre ganze Kraft. Sie setzten allerdings voraus, daß man auf das achtet, was in der Natur vor sich geht. Je mehr die Menschen die Relativität des Selbstgemachten und Technischen einsehen, desto mehr können sie sich für die größere Welt Gottes öffnen.[42] Es kommt für die junge Generation darauf an, aus den virtuellen Welten der allgegenwärtigen Technik und der Medien herauszufinden und zu einem gesunden Realismus zurückzukehren. Auf der anderen Seite findet die Realisierung der modernen technischen Kultur heute immer deutlicher ihre Grenze: Die tiefere Sehnsucht der Menschen wird niemals durch die materiellen Güter gestillt werden, die er zur Verfügung hat. Wissenschaft und Technik können auf die Frage nach dem Sinn von Leben und Tod keine einzige Antwort geben.

1.3. Das Erbe Descartes': der Dualismus in der Wirklichkeit des Denkens

Das *ego cogitans* des Descartes ist wurzelhaft mit der Heraufkunft neuzeitlicher Subjektivität verbunden.[43] Für die geschichtliche Situation des Descartes', in der das Denken sich seit Suarez bereits in einer apriorischen Rationalität[44] bewegt, der es um die logische Verknüpfung ihrer eigenen Konzepte geht, und die Verbindung mit dem Sein der Dinge immer fragwürdiger wird, stellt sich die Aufgabe, die Objektivität der rationalen Konzepte für das wissende Denken gewiß zu machen. Läßt sich aus einer aprioristischen Rationalität auch die Gewißheit ableiten, das Seiende selbst der Dinge im Denken zu erfassen? Angesichts eines Denkens, das nicht die Dinge an sich erreicht, da es die Apriorität seiner begrifflichen Prinzipien nur im Hinblick auf das Erkennbare oder

---

41 Hedwig, "Akt", 298.

42 Vgl. dazu unten unter 3.3.1.

43 Vgl. Hösle, Sein und Subjektivität, 180: "... die zweite Cartesische Meditation mit ihrem Rückzug auf das cogito ist notwendige Voraussetzung des Lebensgefühls des Menschen des technischen Zeitalters."

44 Im Hintergrund stehen die *Disputationes Metaphysicae* des Francisco Suarez, die für Descartes einen dauernden Bezugspunkt bilden. Vgl. dazu Siewerth, Schicksal, 120–137, hier bes. 128–131.

ihm selbst Evidente und Gewisse besitzt[45], wird als erstes die Frage nach der Selbstvergewisserung des Denkens virulent.[46] Dieses Denken, das sich durch logische Operationen seiner selbst vergewissern muß, kann sich dabei schon bei F. Suarez auf die logische *reductio ad impossibile*[47] und auf den methodischen Zweifel stützen. Nur durch eine Reflexion auf das Denken kann der Denker sich seiner selbst vergewissern, bzw. ein *fundamentum inconcussum veritatis* gewinnen. Wo aber die Frage nach der Sicherheit unserer Erkenntnis zum beherrschenden Thema wird, ist der Weg für Descartes offen: Im Gang der Überlegung, die ich hier als bekannt voraussetze, erweist sich bei Descartes das denkende Subjekt selbst als einziger und letzter Grund der Gewißheit[48], und dies, obwohl Descartes auf die Wahrhaftigkeit Gottes rekurriert, um die Gewißheit über die äußeren Dinge zu sichern.[49]

Daß das Vorhandensein des Subjekts aber dem Denken entspringt, ist nur unter der Voraussetzung nachvollziehbar, daß die *ratio* ihre Konzepte ohne Rückbezug auf die Wirklichkeit konstruiert, wobei sie selbst Gehalte objektivieren kann, die – weil in sich selbst widersprüchlich – zugleich keine sind.[50] Wo es möglich wird, von den nichtigen Gehalten der Vernunft abzusehen, kann das über sich selbst gebeugte Denken zum Ersten und Ursprunggebenden werden. Dies ist die Geburt der modernen Subjektivitätsphilosophie: Das Subjekt gründet sich durch sein Denken in sich selbst.[51]

Durch die Selbstverabsolutierung des Subjekts kommt es nun zu einem Ausfall der *Natur* des Denkenden – die humane Dimension des Erkennens wird zum Verschwinden gebracht: Einzig vom Denken ausgehend, muß Descartes auch alles, was in diesem "Ich bin" impliziert ist, vom Denken her bestimmen.[52] Alles aktuale Fühlen, Wollen, Lieben, das er-

---

[45] Vgl. Suarez, Disp. Metaph. I 4, 26 (Ed. Vivés, Bd. 1, 61).

[46] Dies wurde u. a. auch von E. Jüngel erkannt, der sich Metaphysik allerdings überhaupt nicht anders als im rationalistischen Gewand vorzustellen vermag.

[47] Vgl. Suarez, Disp. Metaph. III 3, 9 (Ed. Vivès, Bd. 1, 114).

[48] Vgl. Descartes, Meditationes III 1–6 (Ed. Gäbe, 40–48).

[49] Vgl. ebd. V 13 (Ed. Gäbe, 524).

[50] Vgl. Gilson, L'être et l'essence, 152f; vgl. auch Siewerth, Schicksal, 119ff.

[51] Vgl. Elders, Metaphysik, Bd. 1, 54: "Das Cartesische *cogito*, das faktisch einen Bruch zwischen dem Menschen und der physischen Wirklichkeit voraussetzt, bereitet die Heraufkunft des modernen Subjektivismus vor."

[52] Vgl. unten, 634.

fahrbare Leben des Menschen, ist integraler Bestandteil der *cogitatio*, durch die das Subjekt sich im Bewußtsein seiner selbst gegenwärtig ist.[53]

Alles andere, was den Menschen sonst noch ausmacht, fällt damit aber an die *res extensa*.[54] Unter diesen Begriff subsummiert Descartes die Gesamtheit der materiellen Dinge, die – wie schon bei Suarez – je für sich als solche individuiert sind, und deren Einheitsgrund eine Materie ist, die als ausgedehnte und bewegte Masse zum Objekt der klassischen Naturwissenschaft wird. In der Materie kommen alle Naturwesen, so verschieden sie auch sein mögen, überein. Diese Materie trägt als einzige "Wesensbestimmung" die mathematisch analysierbare Quantität in sich, durch die sie beliebig teilbar und dann wieder zu einem differentialen Kontinuum zusammensetzbar wird.[55] Dieses unendlich aufteilbare, meßbare Quantum wird zum Einheitsgrund aller Dinge in der Natur und behauptet sich nunmehr anstelle des *ens*, insofern die Dinge nicht mehr als Seiende, sondern unter dem Aspekt des meßbaren Quantum übereinkommen und als intelligibel erscheinen.[56] Als solche durch und durch quantifiziert, wird die abstrakte *Zahl* zur *ratio* dieser Materie – die *res extensa* wird vom Registrierbaren und Meßbaren her aufgefaßt[57].

Wie aber erhalten die Dinge ihre numerische Einheit, die sie gegen andere Dinge als ein *aliquid* abhebt? Einheit gibt es nicht mehr als eine durch die Form vermittelte transzendentale Bestimmung, sondern nur noch als integrale Zusammensetzung von quantitativ unterschiedenen Teilen.[58] Jede substantielle Entität wird durch Teile, die sich integrieren, hergestellt und gewinnt aus solcher Integration ihre Einheit. Hier zeigt

[53] Vgl. Descartes, Discours de la méthode, Teil 4, 33: "Je connus de là que j'étais une substance dont toute l'essence ou la nature n'est que de penser, et qui, pour être, n'a besoin d'aucun lieu, ni ne dépend d'aucune chose matérielle. ... Et ayant remarqué qu' il n'y a rien du tout en ceci: *je pense, donc je suis*, qui m'assure que je dis la vérité, sinon que je vois très clairement que, pour penser, il faut être."

[54] Vgl. ders., Meditationes III 21 (Ed. Gäbe, 80f); vgl. ebd. VI 9–24 (Ed. Gäbe, 140–160).

[55] Vgl. ders., Discours de la méthode, Teil 2, 20f.

[56] Die Materie qua Massekontinuum ist der eigentliche Einheitsgrund der Dinge. Dadurch verlagert sich der ganze Gesichtswinkel, unter dem die Welt, die Natur und der Mensch betrachtet wird.

[57] Vgl. ders., Meditationes VI 10 (Ed. Gäbe, 142f): "Ac proinde res corporeae existunt. Non tamen forte omnes tales omnino existunt, quales illas sensu comprehendo, quoniam ista sensuum comprehensio in multis valde obscura est et confusa; sed saltem illa omnia in iis sunt, quae clare et distincte intelligo, id est omnia generaliter spectata, quae in purae Matheseos obiecto comprehenduntur." Vgl. Siewerth, Schicksal, 159–160.

[58] Entitäten für sich können die Teile ja nur dann sein, wenn sie quantitativ bestimmt sind. Vgl. ders., Meditationes III 21 (Ed. Gäbe, 80); vgl. ebd. VI 19 (Ed. Gäbe, 154).

sich eine gegenüber der mittelalterlichen Ontologie der materiellen und zusammengesetzten Substanzen eine nicht zu unterschätzende Gewichtsverlagerung, die zu einer Auflösung des Naturdinges führt: Wie es nur noch integrale Ganzheiten, aber kein transzendentales *unum* und *aliquid* mehr gibt, so gibt es in der materiellen Welt auch keine durch eine Natur wirkenden Seienden mehr. Selbstbewegung, Entelechie und Selbstzwecklichkeit werden aus dem Bereich der Natur verbannt. Der Betrachter hat es mit einer wesenlosen Ausgedehntheit im substantiellen Bereich und mit bedeutungslosen Ereignissen auf der Ebene des Geschehens, der Geschichte, zu tun.

Descartes wird mit seinem Konstruktivismus, der die Auflösung der wesensbestimmten Naturdinge voraussetzt, der Wegbereiter des modernen Szientismus[59], der sich in der gigantischen Welt der Technik seine namenlosen Erfolge beständig vor Augen führt – ein Vehikel, das zu seiner ständigen unerschütterlichen Selbstbestätigung führt, für den Menschen aber zur Drohung der totalen Immanenz wird. Die mechanische Maschinenwelt, in der es keine objektiven Naturzwecke mehr gibt, belastet das Leben mit einer Unwirklichkeit – hervorgerufen durch ein Zuviel an Positivität. Und der Positivismus ist die Lehre davon, daß diese Unwirklichkeit schon das Ganze dessen ist, was überhaupt sein kann. In diese selbstgemachte Welt hat sich der Mensch eingesponnen.

Descartes aber war es, der dem technischen Zeitalter den Weg geebnet hat, insofern er es dem Menschen – mit der teilweise von ihm selbst entworfenen analytischen Geometrie und Differentialmathematik – ermöglichte, nicht nur zum Beobachter, sondern zum beherrschenden Konstrukteur und Lenker dessen zu werden, was ihn umgibt.[60] So wurde der Mensch der Neuzeit zum "maître et possesseur de la nature".[61] Der innere Möglichkeitsgrund für dieses Herrschaftswissen über die "Natur" liegt darin, daß das *quantum* jeweils unendliche Möglichkeiten von teilender Abscheidung und auch wieder von anschaulich zu vollziehender kontinuierlicher Zusammensetzung bietet. Es tut sich eine Welt auf, die durch das einzig intelligible Prinzip, die Zahl, regiert wird.

---

59 Vgl. dazu Hösle, Sein und Subjektivität, 191f.

60 Vgl. Siewerth, Schicksal, 161: "Der Gipfel dieser rationalen Vereinfachung wird freilich erst erreicht sein, wenn es gelingt, das anschauliche Element der Geometrie in reine Zahlenverhältnisse aufzulösen und auch die Elemente der Bewegung und der Zeit sowie ihre kontinuierlichen Veränderungen durch die Zahl 'adäquat' auszudrücken. Das eine wird die von Descartes selbst entwickelte analytische Geometrie, das andere die Leibniz-Newtonsche Differentialmathematik ermöglichen."

61 Vgl. Descartes, Discours de la méthode, Teil 6, 62.

2. Die Aporien in der Erkenntnislehre Kants

Kein Name ist mit der neuzeitlichen Erkenntniskritik, die ja bekanntlich die Brücke zwischen theoretischer Vernunft und Glaube abbricht, so verbunden wie der des Königsberger Philosophen Immanuel Kant, der in seiner langen Rezeptionsgeschichte oftmals mißverstanden wurde. Daß gerade der skeptische Agnostizismus, wie er in der Pluralistischen Religionstheologie etwa von J. Hick vertreten wird, seine Wurzeln in einer Wirklichkeitssicht hat, die entscheidend durch Kants *Kritik der reinen Vernunft* geprägt wurde, konnte bereits gezeigt werden. Wieviel eine Theorie des wahren Urteils in epistemologischer Hinsicht ausmacht, kann besonders deutlich werden, wenn man sie zur Kantischen Auffassung von der menschlichen Erkenntnis in Kontrast stellt. Es scheint daher wie von selbst geboten, in der Form einer *Interpretation* eine Annäherung an einige Hauptgedanken der "*Kritik der reinen Vernunft*" zu versuchen. Dabei bin ich mir bewußt, daß die Beschränkung auf die wesentlichen Eckpfeiler im Erkenntnisprozeß einer nuancierten Kant-Exegese nicht gerecht werden kann.[62] Ich nehme die *Kritik der reinen Vernunft* hier nicht als ein einheitliches und in sich konsistentes Werk[63], in dem die gestellten Probleme unaporetisch gelöst werden, wenngleich sich in ihm eine durchgehende Erkenntnis- und Seinslehre findet, die die Position Kants wiederspiegelt. Diese Darstellung konzentriert sich auf die sensualistische Grenzbestimmung, die Kant sehr deutlich von Anfang an in der *Kritik der reinen Vernunft* vornimmt.

Um die Erkenntniskritik Kants in ihrem geschichtlichen Entstehen richtig zu situieren, muß man sich vor Augen halten, daß sich der Königsberger Philosoph in seiner Zeit zwischen den deutschen Rationalismus und den englischen Empirismus gestellt sah, die beide im Hinblick auf die "kosmologischen Antinomien" zu keiner befriedigenden Lösung führten. So ist es ihm darum zu tun, den Empirismus eines D. Hume einerseits und den Rationalismus von C. Wolff, A.G. Baumgarten und

[62] Zu einer speziellen Analyse des Textes mit der Methode des historisch-kritischen Philologen vgl. die Arbeiten von Adickes, Erdmann, Vaihinger, Kemp Smith und Schmucker.

[63] Auf den oft widersprüchlichen Charakter der Ausführungen in der KrV hat nicht zuletzt H. J. Paton, Kant's Metaphysics of Experience, aufmerksam gemacht. Vgl. ebd., 38–40. Vgl. auch A. Kalter, 2. Verschiedene Autoren haben darauf hingwiesen, daß die Unklarheiten und Inkonsequezen der KrV auf den Versuch zurückzuführen sind, innerhalb einer idealistischen Perspektive, die letztlich eingenommen wird, den Realismus wiederzugewinnen.

G.W. Leibniz andererseits um der objektiven Gültigkeit der Erkenntnis wegen miteinander zu vermitteln.[64]

2.1. Kants Erkenntnislehre in der "Kritik der reinen Vernunft"

2.1.1. Das Interesse an allgemeinen und notwendigen Erkenntnissen

Im Vordergrund der Kantischen Kritik steht das Anliegen, Humes empiristischen Atomismus zu überwinden. Wie kommt eine Erkenntnis zustande, die allein durch Induktion nicht mehr abgesichert werden kann, weil sie über den bloßen Vergleich empirischer Daten hinausgeht?[65] Dies war die Frage, deren Lösung zur Rettung der Metaphysik beitragen sollte, die der Empirismus zerstört hatte. Darum fragt Kant nach der Möglichkeit von allgemeinen und notwendigen Urteilen, die aber nicht analytische Aussagen sind, welche nichts zur Erkenntniserweiterung beitragen. Analytische Urteile liefern nämlich nur Aussagen, deren Prädikat dasjenige explizit macht, was das Subjekt bereits enthält. Eine Klasse solcher wesensnotwendigen Aussagen bilden die Definitionen von Erkenntnisgegenständen. Allein solche analytischen Urteile können bloß abstrakte Möglichkeiten sein, ohne Relevanz für jenen zentralen Kontext von Urteilen, die wir Erkenntnis nennen.

Die eigentliche Frage Kants ist demzufolge: Wie sind synthetische Urteile a priori möglich? Sofern es darum geht, die Bedingung der Möglichkeit synthetischer Urteile a priori zu begründen, ist Kant also darum bemüht, eine transzendentale Erkenntnislehre[66] auszuarbeiten.

---

[64] Vgl. den 3. Abschnitt des Antinomie-Hauptstücks der KrV; vgl. ebd. A 856; vgl. Prolegomena § 56; vgl. Streitschrift: Gesammelte Schriften, Bd. 7, 226–228.

[65] Vgl. KrV A 760f: "Der berühmte David Hume ... hielt sich vornehmlich bei dem Grundsatz der Kausalität auf, und bemerkte von ihm ganz richtig, daß man seine Wahrheit (ja nicht einmal die objektive Gültigkeit des Begriffs einer wirkenden Ursache überhaupt) auf gar keine Einsicht, d. i. Erkenntnis a priori, fuße, daß daher auch nicht im mindesten die Notwendigkeit dieses Gesetzes, sondern eine bloße allgemeine Brauchbarkeit desselben in dem Lauf der Erfahrung und eine daher entspringende subjektive Notwendigkeit, die er Gewohnheit nennt, sein ganzes Ansehen ausmache. Aus dem Unvermögen unserer Vernunft nun, von diesem Grundsatz einen über alle Erfahrung hinausgehenden Gebrauch zu machen, schloß er die Nichtigkeit aller Anmaßungen der Vernunft überhaupt, über das Empirische hinaus zu gehen."

[66] Kant führt den Terminus "transzendental" am Ende seiner Einleitung zur KrV an. Er stellt einen Grundterminus der theoretischen Philosophie Kants dar und kennt zwei voneinander unterschiedene Hauptbedeutungen: (1) Nach einer ersten Definition bezeichnet "transzendental" die Erkenntnis, die untersucht, wie es möglich ist, a priori Objekte zu erkennen. Unter der unbefragten Voraussetzung, daß wir im Besitz gewisser Erkenntnisse a priori sind, will Kant wissen, was es mit der behaupteten apriorischen Erkenntnis auf sich habe. Vgl. ebd. B 25: "Ich nenne alle Erkenntnis transzen-

2.1.2. Die Konformität von Vorstellung und Realität als vordringliches Problem des frühen Kant

Für Kant stellte sich kurz vor der Dissertation von 1770 das Problem, wie sich denn der Verstand die Wirklichkeit an sich erschließen kann, wenn die Wirklichkeit uns doch bloß durch eine Anschauung vermittelt wird, die uns wegen ihrer eigenen Formen a priori nur Erscheinungen liefert. Wie können die ontologischen Grundbegriffe des Verstandes die Wirklichkeit vergegenwärtigen, wie sie an sich ist? In einem Brief an seinen ehemaligen Schüler Marcus Herz vom 21. Februar 1772 wirft Kant die damit angerissene Fragestellung auf:

> "Indem ich den theoretischen Teil ... durchdachte, so bemerkte ich: daß mir noch etwas Wesentliches mangele, welches ich bei meinen langen metaphysischen Untersuchungen, so wie andere, aus der Acht gelassen hatte, und welches in der Tat den Schlüssel zu dem ganzen Geheimnisse der bis dahin sich selbst noch verborgenen Metaphysik ausmachte. Ich frug mich nämlich selbst: auf welchem Grund beruhet die Beziehung desjenigen, was man in uns Vorstellung nennt, auf den Gegenstand? ... Ich hatte mich in der Dissertation damit begnügt, die Natur der Intellektual-Vorstellungen bloß negativ auszudrücken: daß sie nämlich nicht Modifikationen der Seele durch den Gegenstand wären. Wie aber denn sonst eine Vorstellung, die sich auf einen Gegenstand bezieht, ohne von ihm auf einige Weise affiziert zu sein, möglich (ist), überging ich mit Stillschweigen. Ich hatte gesagt: die sinnlichen Vorstellungen stellen die Dinge vor, wie sie erscheinen, die intellektualen, wie

---

dental, die sich nicht sowohl mit Gegenständen, sondern mit unserer Erkenntnis von Gegenständen, insofern diese a priori möglich sein soll, überhaupt beschäftigt." Vgl. Vaihinger, Bd. 1, 471. Es geht um die objektiv gültige Erkenntnis a priori von den Bedingungen ihrer Möglichkeit her.

(2) Die zweite Bedeutung von "transzendental" kommt zum Tragen, wo danach gefragt wird, wie denn eine Erkenntnis a priori von Gegenständen möglich sein soll. In einer Fußnote des Anhangs der Prolegomena findet sich eine ziemlich klare Umschreibung dieser Bedeutung, von der Kant keine explizite Definition gibt. Transzendental in diesem Sinne sind die Faktoren oder Funktionen, die im Subjekt vorliegen, also a priori sind, und zugleich die Erkenntnis von Objekten ermöglichen. Es sind jene "Bestandteile" der Erkenntnis, die in ihrer Gesamtheit "vor der Erfahrung" zwar vorhergehen, aber doch zu nichts Mehrerem bestimmt" sind, "als lediglich Erfahrungserkenntnis möglich zu machen". Vgl. Prolegomena A 204. Der Begriff "transzendental" wird so von der Theorie der apriorischen Erkenntnisse auf das Apriori selbst ausgedehnt. Dabei kennt Kant einmal eine inhaltlich-objekthafte Auffassung vom Apriori (als formale, erkennbare Dimension des Erkenntnisgegenstandes: vgl. KrV B 1) und zum andern eine davon unterschiedene, operativ-subjekthafte Konzeption des Apriori (als Funktionen bzw. synthetische Handlungsweisen des Subjekts, die es durch Sinne und Verstand ausübt).

(3) Oft erhält "transzendental" bei Kant aber den alten ontologischen Sinn: Es bezeichnet dann dasjenige, was die Dinge überhaupt angeht – als Seiende. Mit dieser Bedeutungsvariante hängen die Ausdrücke "transzendentaler Gegenstand", "transzendentales Objekt" (vgl. Krv A 46/B 63) und auch "transzendentales Subjekt", "transzendentaler Gebrauch" (vgl. Krv A 296/B 352f) zusammen.

sie sind. ... [Aber] woher kommt die Übereinstimmung, die sie mit Gegenständen haben sollen?"[67]

Es muß Kant selbst als Rätsel erscheinen, wie wir über Gegenstände, die doch von uns unabhängig sind, trotzdem gültig Aussagen machen können. J. Schmucker nennt es das "Deduktionsproblem", weil Kant in der transzendentalen Deduktion der reinen Verstandesbegriffe in der KrV kein anderes Ziel intendiert, als dieses Problem zu lösen.[68] Vorstellungen a priori, die zugleich einen Realitätsbezug aufweisen sollen, werfen diese Frage nach der Konformität der Begriffe mit der Wirklichkeit auf. Wie noch zu sehen ist, wird Kant die Lösung dieses Konformitätsproblems in Richtung der Aufhebung jener realistischen Prämisse suchen, die im Brief an Herz überhaupt zu der Problemstellung geführt hatte.

Schon in der Inauguraldissertation (1770), in der Kant sich mit der Kosmologie Newtons auseinandersetzt, erfahren die Begriffe von Raum und Zeit eine ähnliche Versubjektivierung wie später alle anderen Kategorien: Raum und Zeit gelten ihm als zwei Anschauungen a priori unserer Sinnlichkeit. Durch diese Umdeutung der beiden Elementarbegriffe der Newtonschen Physik lassen sich nach Kants Auffassung Allgemeinheit und Notwendigkeit der Geometrie und der Bewegungsgesetze begründen. Wichtig ist an dieser Stelle schon, daß sich für Kant die "Wahrheit" eines Begriffs danach bemißt, ob sich eine allgemeine Verständigung über ihn erreichen läßt: Sinnliche Erkenntnisse sind zwar Vorstellungen der Dinge, wie sie – wegen unserer subjektiven Bedingungen – erscheinen, zugleich aber ist die Vorstellung von Raum und Zeit ein "conceptus verissimus". Die Wahrheit des *conceptus* hängt daran, daß die inneren und die physikalischen Ereignisse uns nur kraft und gemäß diesen Vorstellungen von Raum und Zeit erscheinen können.[69] Diese Deutung sichert nun aber die "objektive", d. h. subjektiv-objektive Gültigkeit von Geometrie und mechanistischer Physik.

Die objektive Wahrheit resultiert hier nicht mehr aus der Korrespondenz mit einer transsubjektiven Realität, sondern richtet sich nach dem, was für alle Menschen *gilt*. Wahrheit wird damit zur "Gültigkeit" für alle. Kant optiert also letztlich für eine Kohärenz[70]- bzw. Konsenstheorie der

---

[67] Brief an Herz, § 4. Text des Briefes in Gesammelte Schriften, Bd. 10, 129–135.

[68] Vgl. Schmucker, 264–267.

[69] Brief an Herz, § 15,6; § 15, E.

[70] Wir schaffen selbst die Objekte mit ihren intelligiblen Komponenten. Dadurch wird eine Übereinstimmung zwischen Erkenntnis und Erkennendem erreicht. Vgl. Kemp Smith, 27; 36.

Wahrheit in dem Sinne, daß "wahr" ist, was unseren subjektiv-objektiven Kategorien entspricht.[71] Sie hängt offenkundig mit der Funktion der Vernunft zusammen, die das, was als Objekterkenntnis erscheint, mitkonstituiert.[72]

2.1.3. Das Prinzip "Anschauung" als Wesen der menschlichen Erkenntnis

Ist im gewöhnlichen Sprachgebrauch von "Anschauen" oder "anschaulicher Erkenntnis" usw. die Rede, so etwa wenn wir sagen, daß wir von einem geometrischen Satz eine Anschauung haben, so meinen wir damit, daß uns die innere Notwendigkeit eines Sachverhalts in ihrer Evidenz klar vor Augen steht. Kant würde diesen alltäglichen Sprachgebrauch unter die Kategorie der intellektuellen Anschauung subsumieren, die er mit der sinnlichen Anschauung – der bei ihm für uns einzig möglichen – kontrastiert.

Für den naiven Realismus ist das sinnliche Anschauen das Paradigma von Objektivität, Wahrheit, Transzendenz. Das Paradigma der sinnlichen Anschauung wiederum ist das physische Sehen eines Gegenstandes. Dabei steht der Gegenstand, z. B. eine Statue, jetzt vor mir als etwas, das außerhalb meiner selbst da ist. Im Sehen ist das sinnlich erkennende Subjekt in der Lage, aus sich herauszutreten und den Gegenstand außerhalb seiner selbst zu erreichen, ohne daß die Subjekt-Objekt-Differenz von Anschauendem und Angeschautem aufgehoben wird: Ich sehe die Statue mit meinen Augen wirklich, doch die Augen sind nicht in der Statue, sondern in meinem Kopf, und die Statue ist in einiger Entfernung außerhalb von mir. Das Erkannte ist nicht als solches im erkennenden Sinnesvermögen.

Weil wir nun nach Kant über keine intellektuelle Anschauung verfügen, stellt sich alle Erkenntnis nach dem Modell der sinnlichen Anschauung ein.[73] Darin liegt ein gewisses intuitionistisches Moment: Die unmittelbare Beziehung zur Wirklichkeit kommt durch die sinnliche Anschau-

---

71 Anders G. Schulz, die zeigen will, daß Kant formal die klassische Definition der Wahrheit als Adäquation durchhält.

72 Vgl. G. Schulz, 147: "Über die zu erkennenden Dinge ist etwas ausgesagt, weil von den Dingen aus transzendentalphilosophischer Sicht – und damit scheint sich die kantische Philosophie zunächst grundsätzlich von der klassischen korrespondenztheoretischen Wahrheitslehre zu unterscheiden – nur als von den von uns konstituierten Objekten die Rede sein kann."

73 Vgl. KrV A 51: "Unsere Natur bringt es so mit sich, daß die Anschauung niemals anders als sinnlich sein kann." Es ließen sich noch zahlreiche andere Stellen finden.

ung und ausschließlich durch sie zustande.[74] Erkenntnis ist zuallererst durch die Sinneswahrnehmung vermittelt. Das ist noch nichts Ungewöhnliches, wenn man nicht für einen absoluten Idealismus optiert. So heißt es etwa auch in dem berühmt gewordenen Grundsatz des Thomas: "Nichts ist im Verstand, was nicht zuvor in den Sinnen war."[75] Es kommt bei Kant jedoch noch ein Weiteres hinzu: Einheit und Verschiedenheit von erkennendem Subjekt und erkanntem Gegenstand werden nach dem Modell der sinnlichen Anschauung durch einen Dynamismus auf das, was gerade jetzt "draußen" liegt, d. h. durch eine Extraversion des sinnlichen Erkenntnisvermögens, vermittelt. Und diese extravertierte Dynamis auf einen Gegenstand hin ist nach Kant *nur* in der sinnlichen Anschauung gegeben. Bei allen anderen Erkenntnishandlungen (Denken, Urteilen) fehlt sie.[76]

> "Alle unsere Erkenntnis bezieht sich doch zuletzt auf mögliche Anschauungen: denn durch diese allein wird ein Gegenstand gegeben."[77]

Die Anschauung nun vermittelt uns nur Erscheinungen, nicht Gegenstände an sich. Die Erscheinungen sind aber dem transzendentalen Objekt an sich nicht gemäß. Sie sind nur in der Erfahrung gegeben, "weil sie bloße Vorstellungen sind, die nur als Wahrnehmungen einen wirklichen Gegenstand bedeuten ..."[78] Es geht Kant vor allem um den bloß relativen Status der Gegenstände der Erfahrung als Erscheinungen. Erscheinungen existieren als solche nur im Vorstellungs- oder Wahrnehmungsvorgang des Subjekts.[79]

Daß allein die sinnliche Anschauung den Kontakt mit dem extramentalen Gegenstand vermittelt, soll aber nicht heißen, der Gegenstand sei als solcher schon durch die sinnliche Anschauung konstituiert. Tatsächlich spricht Kant in der "transzendentalen Ästhetik" so, als ob der Gegenstand schon da wäre. Dies ist noch die Position seiner Dissertation:

---

[74] Vgl. ebd. A 19f.

[75] Vgl. S.Th. I–II 80, 3. Die Sinneserkenntnis ist für Thomas das einzige Tor zur Wirklichkeit. Jedoch erkennt das Sinnesvermögen das Objekt noch nicht reflex als Wirklichkeit, als Sein. Es wird hier nur als sinnliches Datum repräsentiert.

[76] Auch für Thomas richtet sich der Verstand nicht auf jenes "dort draußen", sondern auf das Intelligible und auf das Sein.

[77] KrV A 719. Diesen Satz aus dem ersten Stück der transzendentalen Methodenlehre nennt H. Heimsoeth in seinem großen Kommentar zur transzendentalen Dialektik und Methodenlehre "die Kernthese der Kantischen Lehre von der menschlichen Erkenntnis, wie sie gleich zu Anfang der transzendentalen Ästhetik aufgestellt wurde". Vgl. Heimsoeth, 663.

[78] Vgl. KrV B 523.

[79] Vgl. Schmucker, 262.

Der Verstand erkennt hier noch die Dinge an sich. In der KrV wird diese Position einerseits übernommen, andererseits wird aber der intelligible Gehalt, der von den Kategorien hergenommen und auf die sinnlichen Erscheinungen projiziert wird, jetzt stark versubjektiviert: Denn die sinnliche Anschauung liefert nur ein diffuses Material von sinnlichen Erscheinungen (*impressions*: nach Hume), das zunächst in seiner Mannigfaltigkeit ohne Ordnung und darum auf die formierende Einwirkung des Verstandes angewiesen ist. In diesem Sinne schreibt Kant in der *Kritik der Urteilskraft* von den sinnlichen Anschauungen, daß sie "uns etwas geben, ohne es dadurch doch als Gegenstand erkennen zu lassen".[80] Dieser stellt als erstes die sinnlichen Anschauungsformen von Raum und Zeit zur Verfügung, durch die das rohe sinnliche Datenmaterial zur Erfahrungswirklichkeit wird.[81] Um aber als Gegenstand gedacht werden zu können, muß das, was uns als Erscheinung gegeben ist, durch die Kategorien überformt werden. Dies ist die Aufgabe der Funktionen des Verstandes. Es besteht also ein Unterschied zwischen dem Gegenstand, wie er von den Sinnen vermittelt wird und dem Gegenstand, wie er als Synthese aus den Erscheinungen und den Kategorien konstituiert wird. Mit "Erscheinungen" im vollen Sinn des Wortes haben wir es erst zu tun, nachdem die Kategorien mitgewirkt haben.[82] Die Gesamtheit der intelligiblen "Zusätze"[83] von seiten des Subjekts macht den Gegenstand aus. Die Frage der Objektkonstitution steht im Vordergrund. Das erkannte Objekt resultiert aus der Totalität aller Prädikate.[84]

---

80 Vgl. Kritik der Urteilskraft B 340, Gesammelte Schriften, Bd. 5, 402. Vgl. dazu KrV A 258: "Verstand und Sinnlichkeit können bei uns nur in Verbindung Gegenstände bestimmen. Wenn wir sie trennen, so haben wir Anschauungen ohne Begriffe, oder Begriffe ohne Anschauungen, in beiden Fällen aber Vorstellungen, die wir auf keinen bestimmten Gegenstand beziehen können." Wegen dieser Fragestellung, wie Empirie und Verstand zusammenwirken, nimmt die "transzendentale Deduktion" auf weite Strecken die Form einer Rekonstruktion des Erkenntnisprozesses an.

81 Die sinnliche Anschauung zeigt uns die Dinge nur, wie sie in den Anschauungsformen von Raum und Zeit erscheinen. Deren Funktion thematisiert Kant in der transzendentalen Ästhetik.

82 Vgl. KrV A 50–52.

83 Vgl. ebd. B 1.

84 Vgl. Sala, Kants Transzendentalphilosophie, 226: "Dies liegt auf der Linie der essentialistischen Ontologie der Schulphilosophie, bei der die Lehre vom Seienden um dessen letzte, untereinander zusammenhängende Bestandteile kreist. Der Parallelismus zwischen der Kategorienlehre KANTS, die er seiner neuen Metaphysik zugrundelegt, und dem Ontologie-Teil der Metaphysica BAUMGARTENS, die unter der Überschrift: "Tractatio de *praedicatis* entium" steht, ist lehrreich. In beiden Fällen wird die Wirklichkeit in letzte Begriffe aufgelöst."

Wie können wir das Mannigfaltige der empirischen Anschauung zur Einheit der Erfahrung bringen? Diese Frage veranlaßt Kant in der "transzendentalen Deduktion"[85] zur Rekonstruktion des gesamten Erkenntnisprozesses, angefangen vom chaotischen Mannigfaltigen der Eindrücke, bis zur Einheit eines gesetzmäßig bestimmten Gegenstandes.[86] Was führt Kant dabei auf den Weg einer idealistischen Konzeption, in der die sogenannten "reinen Verstandesbegriffe" eine gesetzgebende Funktion[87] gegenüber der Natur ausüben?

In der Einleitung zur KrV nennt Kant die gängige Überzeugung, die er sich zu eigen gemacht hat, daß wir nämlich im Besitz gewisser Erkenntnisse a priori sind (rationalistische Basis).[88] Dafür gibt es aber in der empirischen Anschauung, die ja nur das Einzelne, Kontingente und Zufällige im Blick hat, keinen Anhaltspunkt. Der Empirismus kann allgemeingültige Urteile nicht begründen. Und so handelt Kant schon in der Einleitung von seiner Grundlehre, d. h. von den synthetischen Urteilen a priori.

Auf der einen Seite hält Kant an der Möglichkeit fest, Erkenntnisse a priori zu gewinnen, die in sich selbst notwendig sind. Nun gesellt sich zu der rationalistischen Prämisse, daß es allgemeingültige Urteile (Urteile a priori) gibt, ein Prinzip, das schon am Anfang der KrV als These ausgesprochen ist und das an keiner Stelle in Frage gestellt wird ein anderes Prinzip – man hat es "Phänomenalitätsthese" genannt: Unsere Erkenntnis ist auf Erscheinungen beschränkt, d. h. auf den Gegenstand in einem relativen ontologischen Stellenwert. Sein Ansich-Sein kann unser Erkennen nicht erreichen. In der Analytik der Grundsätze heißt es:

> "Wenn eine Erkenntnis objektive Realität haben, d. h. sich auf einen Gegenstand beziehen, und in demselben Bedeutung und Sinn haben soll, so muß der Gegenstand auf irgendeine Art gegeben werden können ... Einen Gegenstand geben, wenn dieses nicht wieder nur mittelbar gemeint sein soll, sondern unmittelbar in der Anschauung darstellen, ist nichts anderes ... als dessen Vorstellung auf Erfahrung ... beziehen."[89]

---

[85] KrV A 84–130/B 116–169.

[86] Verglichen mit der anfänglichen Fragestellung Kants, wie sie etwa in seinem Brief an Herz zum Ausdruck kommt, die doch nach der Übereinstimmung der Verstandesbegriffe mit einem vorgegebenen Gegenstand fragt, scheint sich der Gesichtspunkt deutlich verschoben zu haben. Die idealistische Lösung des "Konformitätsproblems", wie sie Kant hier – in der sogenannten "Wende zum Subjekt" – vornimmt, hat sich als die wirkungsgeschichtlich bedeutendste erwiesen. Zur Transzendentalen Deduktion (Konformitätsproblem) vgl. Sala, Kants antithetisches Problem, 471–516.

[87] Vgl. KrV B 163; vgl. auch B 159.

[88] Vgl. ebd. B 3/4.

[89] Ebd. A 155f.

"Erfahrung" meint immer reine Sinneswahrnehmung, durch die allein uns Gegenstände gegeben werden. Sie ist "empirische Anschauung".[90] In der Methodenlehre wird die sensualistische Grundthese mit der prägnanten Formel, nach der ein Gegenstand allein durch mögliche Anschauung gegeben wird, ausgedrückt.[91] Damit haben wir den Systembegriff der Kantischen Erkenntnis- und Seinslehre, wie sie bereits auf den ersten Seiten der KrV festgesetzt wurde. Kant beschreibt damit eine sensualistische Grenzbestimmung der Tragweite unserer Erkenntnis. Die Grenzen definieren sich über den Phänomenalismus.[92] Dies sollte im Auge behalten werden, wenn man die den Gegenstand konstituierende Rolle des Verstandes im Vollzug der Erkenntnis bestimmen will.

2.1.4. Die Funktion der Kategorien

Die anfangs gestellte Frage, wie denn überhaupt synthetische Urteile a priori, wie sie in den Naturwissenschaften vermeintlich im Gebrauch sind, möglich sein sollen, führt Kant zur Aufstellung seiner Kategorien, die für sich im Gegensatz zu denen des Aristoteles, der sie nur zufällig "aufgerafft"[93] habe, Vollständigkeit beanspruchen.

Die Anzahl der Kategorien leitet Kant aus der Tafel der Urteile ab, in denen die Funktion des Denkens unter vier Titel gebracht werden kann: Quantität, Qualität, Relation und Modalität.[94] Die Kategorien sind Aussageweisen – die Weisen, auf die Aussagen möglich sind. Kant legt nun Wert auf die Entwicklung einer vollständigen Tafel der Kategorien, weil er den apriorischen Bestand des Verstandes ganz freilegen möchte: Mit den zwölf Kategorien soll das ganze Feld des Verstandes erschöpfend erfaßt werden.

Die Kategorien sind die Bedingung der Möglichkeit einer allgemeingültigen, d. i. einer von allen anerkannten Erkenntnis. Setzt man die sinnliche Anschauung voraus, so entsteht Erkenntnis, indem das rohe sinnliche Anschauungsmaterial mit den im Verstand bereitliegenden Kategorien durchformt wird. hier vollzieht der Verstand eine synthetische Setzung, durch die die Begriffe erfüllt werden und das Angeschaute eine Ordnung erhält.

---

[90] Vgl. ebd. A 239.

[91] Ebd. A 719; vgl. oben, 455, Anm. 77.

[92] Der Phänomenalismus (1) und die Grenzbestimmung unserer Erkenntnis (2) sind an sich nicht dasselbe, aber de facto wird (1) bei Kant immer im Sinne von (2) verstanden.

[93] Vgl. Ebd. A 81.

[94] Vgl. ebd. B 95f (Transz. Analytik, §9); vgl. ebd., B 116ff (Transz. Analytik, §13ff).

Der locus classicus für eine Interpretation, nach der die Erkenntnis sich aus zwei komplementären kognitiven Momenten zusammensetzt, wobei die Kategorien die eigene Wirklichkeit des Objektes hinzufügen, sind die zwei ersten Absätze der transzendentalen Logik[95], in denen von einer zweigliedrigen Struktur der menschlichen Erkenntnis aus Anschauung und Begriff die Rede ist: "Anschauung und Begriff machen also die Elemente aller unserer Erkenntnis aus."[96]

> "Gedanken ohne Inhalt sind leer, Anschauungen ohne Begriffe sind blind, Daher ist es ebenso notwendig, seine Begriffe sinnlich zu machen, (d. i. ihnen den Gegenstand in der Anschauung beizufügen,) als seine Anschauungen verständlich zu machen (d. i. sie unter Begriffe zu bringen)."[97]

Erfahrung kommt also demnach immer als das Produkt der Sinne und des Verstandes zustande, insofern zu ihr "eine Materie zur Erkenntnis aus den Sinnen und eine gewisse Form, sie zu ordnen, aus dem inneren Quell des reinen Anschauens und Denkens" gehört.[98] In den gerade angeführten Texten ringt Kant mit einer Theorie der Gegenständlichkeit, die den eigenen sensualistischen Intuitionismus, für den Erkenntnis nur in der sinnlichen Anschauung besteht, hinter sich läßt. Da die Phänomenalitätsthese jedoch nicht zurückgenommen wird, ist dieses Ringen de facto vergebens.

Zwar können wir uns keinen Gegenstand denken ohne die Kategorien. Durch die Kategorien kommt der Verstand jedoch nur zu einem leeren Entwerfen des Gegenstandes. Deshalb stellt sich in entscheidender Weise die Frage, ob der Verstand dem Gegenstand wirklich ein eigenes Erkenntnismoment hinzufügt. Letztlich können wir nach Kant keinen Gegenstand *erkennen* ohne die Anschauung, die den reinen Verstandesbegriffen entspricht.[99] Welches ist nun die Rolle des Denkens, das die Erkenntnis über die sinnliche Erfahrung hinausführen soll?

---

[95] Vgl. ebd. A 50–52.

[96] Ebd. A 50.

[97] Ebd. A 51; vgl. ebd., A 258: "Verstand und Sinnlichkeit können bei uns *nur in Verbindung* Gegenstände bestimmen. Wenn wir sie trennen, so haben wir Anschauungen ohne Begriffe, oder Begriffe ohne Anschauungen, in beiden Fällen aber Vorstellungen, die wir auf keinen bestimmten Gegenstand beziehen können."

Von den "sinnlichen Anschauungen" heißt es in der "Kritik der Urteilskraft", daß sie "uns etwas geben, ohne es dadurch doch als Gegenstand erkennen zu lassen". Ebd., B 340, Gesammelte Schriften, Bd. 5, 402.

[98] Vgl. KrV A 86.

[99] Daß hier überhaupt eine solche Korrespondenz besteht und warum, stellt gewiß ein Problem dar.

2.1.5. "Denken" – die Synthese des Verstandes

Alle über das anschauliche Moment hinausgehenden Funktionen und Handlungen, die zum Zustandekommen der Erkenntnis beitragen, faßt Kant unter dem Begriff "Denken".[100] Nach der in der KrV durchgehaltenen Lehre ist unser Denken nicht intuitiv und vollzieht selbst keine Handlung, die als Anschauung gelten kann. Wenn das Denken einen Gegenstand erreichen soll, ist es notwendig auf die empirische Sinneserkenntnis und ihre Erscheinungen angewiesen. Daher heißt es im ersten Satz der transzendentalen Ästhetik, daß "alles Denken als Mitteilung auf die Anschauung abzweckt".[101] Zuvor hatte Kant erklärt, daß nur die Anschauung sich auf die Gegenstände unmittelbar bezieht. Das Denken hingegen kann sich nur mittelbar auf die Gegenstände beziehen.

> "Alles Denken aber muß sich, es sei geradezu (directe) oder im Umschweife (indirecte) ... zuletzt auf Anschauungen, mithin bei uns, auf Sinnlichkeit beziehen, weil uns auf andere Weise kein Gegenstand gegeben werden kann."[102]

Aufgabe des Denkens ist es also nicht, den Gegenstandsbezug herzustellen, sondern Aufgabe des Denkens ist die Synthesis. Der Verstand hat durch die Kategorien und durch sein Denken die Synthesis des Mannigfaltigen zu vollziehen. Entscheidend ist nun aber, daß das Denken keinen eigenen Gegenstand hat. Aufschlußreich ist dazu eine Stelle in der Fassung B der transzendentalen Deduktion der reinen Verstandesbegriffe, wo von den Kategorien gesagt wird, sie seien für einen Verstand,

> "der selbst anschaute", bedeutungslos, denn "sie sind nur Regeln für einen Verstand, dessen ganzes Vermögen im Denken besteht, d. i. in der Handlung, die Synthesis des Mannigfaltigen, welches ihm, anderweitig in der Anschauung gegeben worden, zur Einheit der Apperzeption zu bringen, der also für sich gar nichts erkennt, sondern nur den Stoff zum Erkenntnis, die Anschauung, die ihm durchs Objekt gegeben werden muß, verbindet und ordnet".[103]

"Transzendentale Synthesis" ist das Kennwort für Kants ganze Theorie.[104] Das Mannigfaltige zunächst der Sinnesempfindung, das Mannigfaltige der Anschauung, das Mannigfaltige der Begriffe – all dieses

---

[100] Eine Übersicht über all diese Handlungen und ihre Funktionen zu erreichen, fällt nicht leicht. Sie sind in der KrV in den verschiedenen Teilen des Werkes in divergierenden Aufzählungen verstreut.

[101] Vgl. ebd. A 19.

[102] Ebd.

[103] Vgl. ebd. B 145.

[104] Es findet sich in § 25.

Mannigfaltige läuft zusammen in der transzendentalen Synthesis des Menschen, der Vorstellungen überhaupt.[105] Wenn der Verstand sich auf das Material der Erkenntnis richtet, besteht seine Tätigkeit also im Verbinden, Ordnen und Zur-Einheit-Bringen.[106] Diese Funktion vollzieht der Verstand mittels der Kategorien:

> "Alle modi des Selbstbewußtseins im Denken an sich, sind daher noch keine Verstandesbegriffe von Objekten (Kategorien), sondern bloße Funktionen, die dem Denken gar keinen Gegenstand, mithin mich selbst auch nicht als Gegenstand, zu erkennen geben."[107]

Das Denken liefert keine gegenständliche Erkenntnis; auch da nicht, wo es sich auf sich selbst richtet, in der transzendentalen Apperzeption. In dem "Daß ich bin" ist bei Kant indes ein Punkt erreicht, wo er nicht mehr auf die Erscheinung beschränkt ist. Hier erkenne ich mich als ein Vermögen des Verbindens und Trennens von Vorstellungen. Diese Vorstellung ist ein Denken, nicht ein Anschauen. Ich schaue mich nicht an als Ich. Ich habe keine intellektuelle Anschauung des Ich und damit bin ich in diesem Akt nicht beim Ich, wie es an sich selbst ist, beim Ich als Ding an sich. Denken ist verschieden von Erkennen! Ich habe keine Erkenntnis meiner selbst[108]; ich habe ein Denken meiner selbst. Und was heißt Denken? Denken heißt das leere, noch unerfüllte Entwerfen. In § 27 bringt Kant noch einmal das Resultat der transzendentalen Deduktion der Verstandesbegriffe: Wir können uns keinen Gegenstand denken ohne die Kategorien. Durch sie vollzieht sich das Denken des Gegenstandes, d. h. ein leeres Entwerfen desselben. Erkennen aber können wir keinen gedachten Gegenstand ohne eine Anschauung, die jenen Begriffen entspricht.

Der Verstand bearbeitet den Stoff der Anschauung, ohne aber einen eigenen Stoff, eine eigene Wirklichkeit, hinzuzufügen[109], während die

---

105 Kant nennt diesen Einheitspunkt die "synthetische ursprüngliche Einheit der Apperzeption". Vgl. ebd. B 132/136. Das Ganze wird synthetisiert in der Einheit des "Ich denke".

106 Vgl. dazu die Ausführungen des § 15 der transzendentalen Deduktion der reinen Verstandesbegriffe in der Auflage B. Hier heißt es über die Handlung des Denkens: "Allein in dem dritten Satze [in der dritten These der rationalen Psychologie: das Ich als einfaches Subjekt] wird die absolute Einheit der Apperzeption, das einfache Ich, in der Vorstellung, darauf sich *alle Verbindung oder Trennung, welche das Denken ausmacht,* bezieht, auch für sich wichtig, wenn ich gleich noch nichts über des Subjekts Beschaffenheit oder Subsistenz ausgemacht habe." Ebd. B 419.

107 Ebd. B 406f.

108 Würde das Ich erkannt werden, dann wäre es bloße Erscheinung.

109 Vgl. dazu Kants Reflexion 7316, Gesammelte Schriften, Bd. 19, 314: "... die Kategorien ... haben für sich gar keinen Sinn und kein Objekt". Wirklichkeit ist in der KrV immer das Korrelat zur sinnlichen Anschauung.

Vernunft die als Erscheinungen erkannten Objekte in drei Richtungen ordnet: Seele, Welt, Gott.[110] In diesem Sinne kann man vom nicht-kognitiven Charakter des Denkens bei Kant sprechen. Eine Frage bleibt hier tatsächlich offen: Ob denn der Verstand durch seine synthetische Tätigkeit etwas Reales erfaßt.[111] Kant zeigt in diesem Punkt eine große Nähe zu Hume, daß auch für ihn nur die unmittelbare Welt der Sinnlichkeit real ist.

Obwohl die Verstandeshandlungen keinen realen Inhalt[112] vermitteln, hält Kant die intelligible Synthesis, die der Erscheinungswirklichkeit hinzugefügt wird, für objektiv, weil sie allgemein und notwendig ist.[113] Notwendig ist diese synthetische Handlung, weil die Sinne nicht auf intelligible Strukturen abheben; sie liefern nur den Stoff oder das Anschauungsmaterial.

2.1.6. Ist das Apriori des Verstandes inhaltlich-objekthaft aufzufassen?

Was die Deutung verkompliziert, sind jene Stellen in der KrV, die den Verstandeshandlungen, so könnte man meinen, eine kognitive Funktion zuschreiben. Was die Sinne nicht vermögen – eine Intelligibilität des Angeschauten freizulegen – das leistet in gewisser Weise der Verstand, indem er die intelligible Komponente der Erscheinungswirklichkeit "aus sich selbst hergibt"[114] und ins Aposteriori der Sinne "hineinlegt"[115]. Kant spricht bekanntlich auch davon, daß der Verstand mittels seiner "Kategorien der Natur ihre Gesetze vorschreibt".[116]

Das Apriori erscheint an diesen Stellen als ein gegenständlicher, vom Subjekt stammender Zusatz[117], der dem komplementären Teil des Ob-

---

[110] Vgl. KrV B 392/A 335; vgl. auch den ganzen dritten Abschnitt des ersten Buches der transzendentalen Dialektik ("System der Transzendentalen Ideen").

[111] Diese Frage wird von Kant eindeutig mit "Nein" beantwortet. Vgl. ebd. B 145; vgl. oben, 460, Anm. 103.

[112] Man wird wohl E. Coreth recht geben müssen, wenn er über das, was in der KrV vorausgesetzt ist, sagt: "Verstandesdenken ist [für Kant] wesentlich auf den empirisch-sinnlich angeschauten Gegenstand angewiesen, ohne darüber hinaus eine neue Inhaltlichkeit vermitteln zu können. Das heißt aber: Erkenntnis ist für Kant wesentlich empirisch-gegenständliche Erkenntnis." Vgl. Coreth, 73.

[113] Die *conceptus intellectuales* haben eine Konformität mit den Objekten unserer Erfahrung; sie sind demnach objektiv gültig, weil sie selber die Objekte in ihrem formalen, intelligiblen Aspekt hervorbringen.

[114] Vgl. KrV B1.

[115] Vgl. ebd. A 125; B XIV.

[116] Vgl. ebd. B 159f; 163; vgl. auch B 145.

[117] Vgl. ebd. B 1.

jektes auferlegt wird. Wo von der "Gesetzgebung" unseres Verstandes[118] die Rede ist, wird sein Apriori, anders als in den eben angeführten Texten, inhaltlich-objekthaft aufgefaßt. Aber was ist das für eine Inhaltlichkeit, die dem einzigen Korrelat zur Wirklichkeit, dem sinnlichen Anschauungsmaterial, auferlegt wird? Dem Verstand fehlt die Fähigkeit des *intelligere* (von *intus-legere*), das aus dem sinnlich Erfahrbaren eine in der Wirklichkeit bestehende intelligible Form abhebt.[119] So ist denn die Form des Verstandesbegriffs nicht die reale Komponente eines *synolon*[120], wie es in Wirklichkeit in der Natur der Dinge besteht, sondern nur die subjektive Formierung des einzig Realen: der materiellen Sinneswirklichkeit.

Was also die kognitive Tätigkeit des Intellekts betrifft, so wird man sagen müssen: Die wahre Wirklichkeit ist für Kant korrelativ zur intellektuellen Anschauung. Diese steht uns aber nicht zur Verfügung. Sie verhält sich zu den von Kant uns zugesprochenen Verstandes- und Vernunfthandlungen disparat. Daraus ergibt sich, daß auch zwischen Intelligenz und Rationalität einerseits und der Wirklichkeit andererseits eine Inkongruenz vorliegt, die unüberwindbar ist. Obgleich Kant also die Verstandes- und Vernunfthandlungen als solche anerkennt, fällt die Antwort auf die Frage, was wir denn durch diese Handlungen von der Wirklichkeit erkennen können, entschieden negativ aus.

2.1.7. Die mangelnde Gewichtung des Urteils in der Wirklichkeitserkenntnis

Wie die Tendenz der KrV im Allgemeinen dahin geht, Begriff und Urteil gleichzusetzen, so führt das Urteil nicht eigentlich über den Begriff hinaus. Wird der Verstand als ein "Vermögen der Begriffe" definiert, so ist dies äquivalent mit der Erklärung des Verstandes als eines "Vermögens der Urteile".[121]

Der Intellekt ist für Kant nicht urteilsbildend in der Weise, daß er eine Antwort auf die Frage intendiert, ob etwas denn nun in Wirklichkeit so sei. Rationales Urteilen vermittelt ebenfalls keine neue, über die Begriffssynthese (Kategorien) hinausgehende Wirklichkeit. Darum kann Kant im Postulatenabschnitt das Wirkliche einfach als das definieren, "was mit den materialen Bedingungen der Erfahrung (der Empfindung)

---

[118] Vgl. ebd. A 126.

[119] Aristoteles hatte vom *noein* gesprochen, dessen eigener Gegenstand das *noema* ist – die intelligible Wirklichkeitskomponente. Vgl. ders., De anima III 7, 431b.

[120] Vgl. ders., Metaphysik VII 3, 1029a, 1–5.

[121] Vgl. KrV A 126; vgl. A 80; vgl. auch Prolegomena §22.

zusammenhängt".[122] Nun hat das Urteil an sich (nicht bei Kant) immer die Funktion einer unbedingten Setzung, mit der sich für die Vernunft der Anspruch verbindet, etwas auszusagen, was auch in Wirklichkeit so ist. Das Urteil vermittelt jene metaphysische Komponente der Wirklichkeit, die das Sein, das *esse* ist, wodurch das Wesen im eigentlichen Sinn ein *ens* wird. Dies ist das eigentliche Proprium des Urteils. Obwohl die KrV die Tendenz zum Unbedingten ausführlich thematisiert[123], gewinnt diese Tendenz keine konstitutive Funktion beim Zustandekommen der Erkenntnis. Dies hängt damit zusammen, daß der Unterschied zwischen Begriff und Urteil bei Kant marginal ist.[124]

Man kann diesen Ausfall des Urteils als den Ort, an dem die Wirklichkeit der Dinge aufscheint, auch noch aus einer anderen Perspektive beleuchten: Es gehört zu den Methoden der modernen Naturwissenschaft, ihre hypothetischen Ergebnisse durch ein Experiment zu bestätigen. Nun soll aber nach Kant der Verstand "selbst die Gesetzgebung für die Natur"[125] sein. Mittels der Kategorien schreibt er "der Natur, als dem Inbegriff aller Erscheinungen ... Gesetze a priori" vor.[126] Welchen Sinn soll dann aber in einer Theorie der Naturwissenschaft das Experiment haben? Die empirisch-induktive Methode würde die Durchbrechung der genannten Gesetzgebung implizieren. Empirische Verifizierung bedeutet ja, eine Übereinstimmung auszumachen zwischen einem hypothetischen Gesetz und dem, was in der Natur "ist". Kant selbst hat dieses Problem gesehen.[127] Das Verfahren der Naturwissenschaft als experimentelle Wissenschaft steht dem Grundsatz entgegen, daß der Verstand selbst die "Gesetzgebung für die Natur"[128]ist. Um einen Geltungsbereich für eine empirische Bestimmung der transzendentalen Begriffe abzugrenzen, hat er deshalb die thetisch-gesetzgebende Funktion des

[122] Vgl. ebd. A 218.

[123] Vgl. ebd. A 307 u. Vorrede B.

[124] So beklagt schon H. Vaihinger in seinem Kommentar die "Vermischung des Unterschieds von Begriff und Urteil". Vgl. ders., Kommentar, Bd. 1, 352.

[125] Vgl. KrV B 126.

[126] Vgl. ebd. B 163.

[127] So, wenn er behauptet: "Auf mehrere Gesetze aber, als die, auf denen eine Natur überhaupt, als Gesetzmäßigkeit der Erscheinungen in Raum und Zeit, beruht, reicht auch das reine Verstandesvermögen nicht zu, durch bloße Kategorien den Erscheinungen a priori Gesetze vorzuschreiben. *Besondere Gesetze*, weil sie empirisch bestimmte Erscheinungen betreffen, können nicht davon vollständig abgeleitet werden, ob sie gleich alle insgesamt unter jenen stehen. Es muß Erfahrung dazu kommen, um die letzteren überhaupt kennen zu lernen." ebd. B 165; vgl. ebd., A 127f und Prolegomena § 36.

[128] Vgl. ebd. A 126.

Verstandes im Nachhinein auf die "Natur überhaupt"[129] bzw. auf ihre "transzendentalen"[130] oder "allgemeinen" Gesetze eingeschränkt[131]. Sollte die experimentelle Bestätigung der Naturgesetze tatsächlich eine erkenntniskonstitutive Funktion haben, würde dies auf Verbindungen der Erscheinungen "nach Regeln, d. i. nach Gesetzen"[132] deuten, die der menschliche Verstand in den Sinnesdaten erfassen kann.[133]

Mit dieser Annahme fällt aber das eine Grundprinzip weg, daß nämlich das formale, allgemeine Moment in unserer Erkenntnis nur vom Subjekt selbst stammen kann. Und aus dieser Überlegung wird schon eines deutlich: Die Beantwortung der Frage, ob denn etwas in der Natur sich tatsächlich allgemeinhin nach einem bestimmten Gesetz verhalte, die nur durch ein die Natur "befragendes" Experiment beantwortet werden kann, verlangt die Anerkennung eines Erkenntnismomentes, das über Erfahrung und Vernunftbegriff hinausreicht – des Urteils. Während der gewonnene Begriff nur Auskunft über das Wie und Was eines Sachverhaltes gibt, zielt das Urteil mit seiner unbedingten Setzung darauf, ob etwas denn wirklich so sei.

---

129 Was bedeutet "Gesetze der Natur überhaupt" – eine mehrmals vorkommene Redewendung? Der Ausdruck meint die Natur im Sinne der Totalität der unter Gesetzen stehenden Objekte und die Erfahrung im Sinne unserer Erkenntnis dieser Objekte, insofern die eine wie die andere durch die Gesetzgebung des Verstandes konstituiert wird. Im Unterschied dazu führt Kant jene Gesetze an, für die Erfahrung hinzukommen muß, und die er "besondere Gesetze" nennt, die "empirisch bestimmte Erscheinungen betreffen". Vgl. Anm. 127. An der entsprechenden Stelle der KrV A 127 und der Prolegomena § 36, A 113 werden sie geradezu "empirische Gesetze" genannt. Kant macht hier also eine Einschränkung, die das Spezifische an der formalen, die Objekte der Natur und deren Verbindungen konstituierenden Komponente betrifft. Welches sind nun die zur Debatte stehenden "besonderen" Gesetze? Es sind die mannigfaltigen Gesetze der Natur, etwa die von Galilei, Torricelli und Stahl (vgl. KrV B XII f), also wiederum *allgemeine* Gesetze. Wird der tatsächliche Charakter dieser "besonderen" empirischen Gesetze in Rechnung gestellt, dann wird klar, daß es sich hier nicht bloß um eine Einschränkung der Gesetzgebung des transzendentalen Subjekts handelt, sondern um ihre Aufhebung überhaupt. Für ein solches Zusammenwirken von Form a priori und sinnlicher Wahrnehmung ist aber in der Hauptrichtung der Kantischen Transzendentalphilosophie kein Platz, weil alle Bestimmtheit des Mannigfaltigen der Sinnlichkeit aus den Funktionen der Synthesis des Verstandes abgeleitet wird. Die synthetische Handlung des Vestandes muß "für *alle* Verbindungen gleichgeltend sein". Vgl. KrV B 130.

130 Vgl. ebd. A 216.

131 Vgl. Prolegomena A 111.

132 Vgl. KrV A 216.

133 Auf die Inkohärenz dieser Implikation mit den Prämissen der KrV hat schon F. Paulsen hingewiesen. Vgl. ders., 173.

Für die rechte Gewichtung des Urteils fehlt aber bei Kant die Voraussetzung, denn gerade das *Unbedingte*, auf das bei ihm die Vernunft (im Unterschied zum Verstand) abzielt, kann bei ihm keine konstitutive Funktion beim Zustandekommen der Erkenntnis ausüben.

2.1.8. Der latente Sensualismus der *Kritik der reinen Vernunft*

Einer aufmerksamen Kantlektüre, die die verschiedenen Kommentare mit ihren auseinandergehenden Interpretationen beachtet, wird es nicht entgehen, daß eine Spannung die KrV durchzieht: Einerseits haben wir es mit einer radikal auf die Sinneserfahrung angewiesenen Erkenntnisart zu tun, die allein den Namen "Erkenntnis" verdient und die auf Anschauung beruht, andererseits sollen die Gegenstände der Erkenntnis überhaupt aus der gesetzgebenden Organisation des Subjekts hervorgehen. Es gibt also so etwas wie einen sensualistischen Unterbau, mit dem Kant dem Empirismus zwar verpflichtet bleibt, dem er aber als Überbau eine idealistische Auffassung von der Erkenntnis überstülpt, durch die die Defizite des zugrunde liegenden Empirismus jedoch keineswegs überwunden werden.[134] Vielmehr entsteht hieraus die Aporie, die die KrV von Anfang bis zum Ende durchzieht: Immer wieder tritt eine unüberwindliche Spannung zutage zwischen dem Prinzip "Anschauung" und dem Prinzip einer differenzierten Erkenntnisstruktur, das sich aus der Lehre von den "zwei Quellen" unserer Erkenntnis[135] ergibt. Diese Spannung resultiert aus dem vorausgesetzten Sensualismus und der Einsicht in die Notwendigkeit und Unentbehrlichkeit rationaler und intelligenter Akte, um das Zustandekommen von Erkenntnis zu erklären. Beide Momente machen sich besonders im Argumentationsgang der transzendentalen Deduktion der Analytik jeweils abwechselnd – in einer oszillierenden Pendelbewegung – geltend.

Auf die metaphysische Deduktion[136], in der es darum geht, sämtliche Begriffe a priori auszumachen, folgt die Rechtfertigung der objektiven Gültigkeit der Kategorien, die Kant in der transzendentalen Deduktion[137] vornimmt. In diesem Teil der KrV vollzieht Kant die Wende zum Subjekt, das seine Gedankeninhalte durch Synthesis schöpferisch kon-

---

[134] Für die ganze Naturphilosophie, Ethik und Anthropologie Kants, wie sie in seinen Schriften zu finden sind, ist der empiristische Strang seines Denkens, der mit einem aufklärerischen Rationalismus gepaart geht, viel bestimmender als der transzendentale Idealismus.

[135] Vgl. KrV A 50.

[136] ebd. A 66–83.

[137] ebd. A 84–130/B 116–169.

stituiert, und bietet damit eine idealistische Interpretation von Erkennen und Sein.[138]

Dagegen steht der Versuch, im selben Werk – innerhalb einer transzendental-idealistischen Perspektive – den Realismus wiederzugewinnen. So dient die "Analytik der Grundsätze" zur Erklärung, wie denn das Apriori des Verstandes mit der Erfahrung, also mit den uns erkennbaren Objekten, zu verbinden sei.[139] Also: Was an vielen Stellen der KrV immer wieder aufbricht, ist der unvermittelte Gegensatz zwischen einem eindeutig realistischen Ansatz und einem idealistischen Ausgang.[140] Dabei nimmt die realistische Position die Gegenstände, wie sie den Verstand affizieren, als Dinge an sich[141], während sie aus der Sicht der oft eingeblendeten idealistischen Position überhaupt aus der Organisation des Subjektes hervorgehen.

Aus der sensualistischen Grenzziehung, die Kant überall durchhält, folgt als Ergebnis: Metaphysik als Wissenschaft ist nicht möglich. Die radikale Festlegung auf die Phänomenalitätsthese, die einen latenten Empirismus begründet, aus dem sich fast alle eigentümlichen und be-

---

[138] Dieser Teil ist wirkungsgeschichtlich für den ganzen Deutschen Idealismus und die moderne Sicht auf die Erkenntnis als einer konstitutiven Verstandesleistung am einflußreichsten gewesen. Hier liegt die theoretische Begründung der Autonomie des menschlichen Subjekts, die sich in der Zeit nach Kant überall im Bereich des freiheitlichen Handelns und der Kultur auswirkt. Es ist aus den Schriften Kants jedoch nicht mit Sicherheit auszumachen, welche Autonomie – die der Erkenntnis oder die moralische Autonomie – die andere evoziert hat.

[139] Vgl. Vaihinger, Bd. 1, 394. Im "Schematismus der reinen Verstandesbegriffe" geht es um das Problem, "wie die Anwendung der Kategorien auf Erscheinungen möglich ist" (A 137). Es ist unschwer zu erkennen, daß dieser kurze Abschnitt zu dem vorhergehenden, in dem genau diese Frage untersucht wird, in einem unverbundenen Nebeneinander steht. Genauso findet sich anschließend, in dem ausführlichen Stück über die "synthetischen Grundsätze des reinen Verstandes" kein Verweis auf die Behandlung desselben Problems im ersten Buch der Analytik: Wie nämlich der Übergang vom Apriori des Verstandes zum Mannigfaltigen der empirischen Anschauung im Hinblick auf die einzelnen Kategorien zu begreifen ist.

[140] Vgl. Schmucker, 141.

[141] Vgl. ebd., 376; vgl. ebd., 377: "Darum war es notwendig, in unserem strukturanalytischen Kommentar nicht nur in aller Ausdrücklichkeit die wesentliche Unabhängigkeit der Antinomien vom transzendentalen Idealismus *gegen die Kantische Textgestaltung* zu beweisen und im Zusammenhang damit auch die genuine Gestalt der vier Antinomien ... zu restituieren und die Gültigkeit ihrer Argumentationen in dieser ihrer wahren Form zu überprüfen, um so die tiefe Widersprüchlichkeit des zweiten kosmologischen Hauptstücks im ganzen aufzuweisen und in diesem Rahmen die Unabhängigkeit vom transzendentalen Idealismus nicht nur der Antinomien selbst, sondern auch ihrer Lösung deutlich zu machen."

kannten Lehrstücke der KrV ergeben, führt zu einer Reduktion der Tragweite unserer Erkenntnis auf das sinnliche Datenmaterial.

> "Die Behauptung der Kritik steht immer fest: daß keine Kategorie die mindeste Erkenntnis enthalte, oder hervorbringen könne, wenn ihr nicht eine korrespondierende Anschauung, die für uns Menschen immer sinnlich ist, gegeben werden kann, mithin mit ihrem Gebrauch in Absicht auf theoretische Erkenntnis der Dinge niemals über die Grenze aller möglichen Erfahrung hinaus reichen könne."[142]

Was den damaligen Konkursstand der Metaphysik angeht, die zu einem "Kampfplatz endloser Streitigkeiten"[143] verkommen sei, so ist er nach Kant darauf zurückzuführen, daß sie "sich anheischig macht, die menschliche Erkenntnis über alle Grenzen möglicher Erfahrung hinaus zu erweitern"[144]. Naturwissenschaft im mechanistischen Sinn, die nur die verschiedenen, in der Imagination vorgestellten Kombinationen von ausgedehnten Elementarteilchen und Bewegungsimpulse kennt, ist durch Kants Theorie gesichert. Dagegen ist Metaphysik als Wissenschaft unmöglich. In dem Erkenntnissubjekt, das Kant vor Augen hat, steht eine logisch-formalistisch aufgefaßte Intelligenz völlig im Dienst der sinnlichen Wahrnehmung. Die Suche der Vernunft nach dem Unbedingten hingegen wird als eine "Illusion" entlarvt, "die der menschlichen Vernunft unhinterbleiblich anhängt".[145]

2.2. Das Wirkliche – erkannt und doch nicht anerkannt

2.2.1. Der Ausfall des Seins im Urteil

Wenn man das Urteil als die absolute Setzung des zunächst bloß hypothetischen Inhalts des Begriffes versteht, so sticht für Kant hervor, daß schon auf der Ebene des Begriffs der Übergang zwischen den Daten der Sinnlichkeit und dem Begriff fraglich ist: Zwar kennt er einerseits das Konkrete und Mannigfaltige der Sinne und rechnet andererseits auch mit dem Allgemeinen und Notwendigen des Begriffs, die Brücke aber, die beides verbindet, läßt er vermissen: den Akt des *intelligere*. Daran soll hier erinnert sein. Für Kant kommt es über die Tätigkeit der Sinne

142 "Über eine Entdeckung ..." A 24f. An dieser Stelle aus der Streitschrift gegen Eberhard aus dem Jahre 1790 kommt der sensualistische Intuitionismus stark zum Tragen. Kant antwortet dies auf den Versuch Eberhards hin, den Begriff der Kausalität und mit ihm auch die übrigen Kategorien "von Dingen überhaupt" geltend zu machen.

143 Vgl. KrV A VIII.

144 Vgl. ebd. A XIV.

145 Vgl. ebd. A 293–298.

nicht zur Erkenntnis intelligibler Strukturen des Wirklichen, denn die Sinne liefern nur einen amorphen "Stoff".

Intelligible Strukturen des Seienden sind als solche bloß möglich. Was darüber hinaus in der Natur der Dinge als verwirklicht besteht, die *actualitas rerum*, auf die für Thomas das Urteil zugreift, kommt bei Kant nicht so recht in den Blick. Dies liegt daran, daß Wirklichkeit überhaupt für die KrV das Korrelat zur Anschauung ist, und das bedeutet immer: der sinnlichen Anschauung, da uns die intellektuelle Anschauung nicht gegeben ist. Wirklichkeit ist das, was im Vollzug unserer Sinnlichkeit "draußen vor uns" liegt – sie ist das Ziel einer "extravertierten Dynamik" (Lonergan). Der Gegenstand wird in seiner Objektivität durch die Extraversion des Subjekts bestimmt. Daraus folgt nun aber: Es gibt keine Transzendenz des Wirklichen im Sinne der Absolutheit des Seins.[146]

Hätten wir die Möglichkeit der intellektuellen Anschauung, dann wäre die dadurch angezielte und erreichte Wirklichkeit nach Kant die wahre, an sich seiende Wirklichkeit. Da wir aber nur über die sinnliche Anschauung verfügen, ist uns über diese extravertierte Verstandesoperation nur die Erscheinungswirklichkeit gegenständlich gegeben. Aber auch da, wo es um die intellektuelle Anschauung geht, bleibt festzustellen: Ihre Erkenntnisfähigkeit ist ganz nach dem Modell der sinnlichen Anschauung konzipiert und besteht nicht in der Intelligenz (im Sinne des *intelligere*) und urteilenden Rationalität, sondern ebenfalls in einer dynamischen Extraversion. Damit hat die "wahre" Wirklichkeit ihrem Wesen nach den ontologischen Status eines Korrelats zu einer Anschauung, deren Wesen unbestimmt bleibt, da doch ihre einzige Be-

---

[146] In direktem Zusammenhang damit steht die gegenüber Thomas völlig abgewandelte Bedeutung der Kopula "ist" in Sätzen. Vgl. G. Schulz, 148: "Daß wir in Urteilen ein Objekt in eben diesem Sinne zu erkennen beanspruchen, wird nach Kant durch die Kopula 'ist' angezeigt. So wie Thomas lehrt, daß die Kopula – auch wenn sie nicht die Bedeutung des Vollverbs 'sein' hat – gleichwohl das zu erkennende Seiende mitbezeichnet, so muß Kant gerade auf die verbindende Funktion der Kopula abheben, insofern die zu erkennenden Objekte seiner Lehre zufolge erst durch eine geregelte Verbindung entstehen: 'Das Verhältniswörtchen ist' zielt darauf, 'die objektive Einheit gegebener Vorstellungen von der subjektiven zu unterscheiden' (B 142), drückt also aus, daß das im Urteil Synthetisierte einem durch eine Synthesis konstituierten Gegenstand als einer kategorial bestimmten Einheit entspricht. Unabhängig von diesen selbsttätig hervorgebrachten Gegenständen gibt es gemäß dem transzendental-philosophischen Idealismus für uns keine dem Erkennenden gegenüberstehende Wirklichkeit, die als Maß für unsere Urteile fungieren könnte. Der Gegenstand, mit dem eine Erkenntnis übereinzustimmen hat, um wahr zu sein, ist mithin ein durch das transzendentale Subjekt hervorgebrachtes Ding." Für Thomas dagegen hat das "est" in der Aussage nicht nur die Funktion der Verbindung von Subjekt und Prädikat, also der Kopula, sondern ist zugleich Reflex des Wirklichen und darum – um mit B. Lonergan zu reden – "Setzung".

stimmung die Extraversion ist. Von der absoluten Setzung des Urteils ist keine Rede.

Dies muß aber zu einem in seiner Tragweite kaum zu überschätzenden Wirklichkeitsverlust führen: Gegenüber dem Subjekt besteht die einzige Transzendenz des Objektes in der *Extraversion*. In einem handschriftlichen Fragment aus der Zeit nach der Veröffentlichung der KrV lesen wir:

> "Wenn wir zur Wahrheit noch etwas mehr erfordern als den durchgängigen Zusammenhang der Anschauungen nach Gesetzen des Verstandes, worin wollten wir sie denn setzen, wenn dieses nicht zugleich die Vorstellung eines bestimmten Objektes wäre. Soll es außerdem noch in der Übereinstimmung mit etwas anderem, was nicht in unseren Vorstellungen liegt, sein, wie wollen wir es damit vergleichen? Alle Objekte ... sind zugleich in uns; ein Objekt außer uns ist transzendent, d. i. uns gänzlich unbekannt und zum Kriterium der Wahrheit unbrauchbar."[147]

Da unser ganzes "Selbstbewußtsein nichts liefert, als lediglich unsere eigenen Bestimmungen"[148], so können unsere Urteile unmöglich auf die an sich seiende Wirklichkeit zugreifen. Wo aber die Übereinstimmung von intelligibler Synthesis (Begriff) und *res* nicht mehr ausgemacht werden kann, läßt sich Wahrheit nur noch als Kohärenz ermitteln.[149]

Weil die an sich seiende Wirklichkeit nicht das Gegenstück zu unserer Intelligenz und Rationalität ist, besitzt die Wirklichkeit einen prinzipiell nicht-intelligiblen und irrationalen Charakter. Auch ein Mensch von ungetrübtem Bewußtsein, dem man zugestehen mag, daß er ausgewogene, begründete Urteile fällt, wird nie die wahre Wirklichkeit, d. h. die Sache, wie sie an sich ist, erkennen. Die fehlende Möglichkeit der Seinserkenntnis hängt eng mit der Stellung des Urteils zusammen. Wie bereits festgestellt, geht das Urteil für Kant nicht eigentlich über den

---

[147] Kant, Reflexion 5642, Gesammelte Schriften, Bd. 18, 281.

[148] Vgl. KrV A 378.

[149] Vgl. ebd. B 137: "Verstand ist, allgemein zu reden, das Vermögen der Erkenntnisse. Diese bestehen in der bestimmten Beziehung gegebener Vorstellungen auf ein Objekt. Objekt aber ist das, in dessen Begriff das Mannigfaltige einer gegebenen Anschauung vereinigt ist." Diese Stelle kommentierend, sagt G. Schulz, die ansonsten für Kant eher eine im transzendentalphilosophischen Sinn abgewandelte "Korrespondenztheorie der Wahrheit" vertritt: "Über die zu erkennenden Dinge ist etwas ausgesagt, weil von den Dingen aus transzendentalphilosophischer Sicht – und damit scheint sich die kantische Philosophie zunächst grundsätzlich von der klassischen korrespondenztheoretischen Wahrheitslehre zu unterscheiden – nur als von den von uns konstituierten Objekten die Rede sein kann. ... Kant sagt nicht, daß das Objekt das erkenntnisunabhängige Ding ist, das von uns begrifflich erfaßbar ist, sondern daß das Objekt dasjenige unbekannte X ist, in dessen Begriff Anschauungsmannigfaltiges vereinigt ist, und redet somit eigentlich über den Begriff des Objekts und nicht über das Objekt." Vgl. G. Schulz, 147; vgl. ebd., 146–153; vgl. oben, 454, Anm. 71.

Begriff hinaus.[150] Und der Begriff bezieht sich nur mittelbar auf die Wirklichkeit.

> "Da keine Vorstellung unmittelbar auf den Gegenstand geht, als bloß die Anschauung, so wird ein Begriff niemals auf einen Gegenstand unmittelbar, sondern auf irgendeine andere Vorstellung von demselben (sie sei Anschauung oder selbst schon Begriff) bezogen. Das Urteil ist also die mittelbare Erkenntnis eines Gegenstandes, mithin die Vorstellung einer Vorstellung desselben."[151]

Auch das Urteil steuert – genauso wie die begriffliche Verstandeserkenntnis – nichts zur extravertierten Transzendenz der Erkenntnis bei: Sie beziehen sich beide nur mittelbar auf ihren Gegenstand, der letzten Endes durch Sinneswahrnehmung und durch sie allein erreicht wird. Kant bleibt dem Sensualismus verhaftet, auch wenn er den Verstandes- und Vernunfthandlungen eine einheitsstiftende Funktion zugesteht, bringen diese doch kein absolutes "ist", das die wahre Wirklichkeit reflektierte, hervor: So heißt es zu Beginn der transzendentalen Dialektik, wo der gesamte Erkenntnisprozeß mit wenigen Worten geschildert wird:

> "Alle unsere Erkenntnis hebt von den Sinnen an, geht von da zum Verstande, und endigt bei der Vernunft, über welche nichts Höheres in uns angetroffen wird, den Stoff der Anschauung zu bearbeiten und unter die höchste Einheit des Denkens zu bringen."[152]

---

150 Und dies, obwohl Kant in KrV B 330 sagt: "Wahrheit oder Schein sind nicht im Gegenstande, sofern er angeschaut wird, sondern im Urteile über denselben, sofern er gedacht wird. Man kann also zwar richtig sagen: daß die Sinne nicht irren, aber nicht darum, weil sie jederzeit richtig urteilen, sondern weil sie gar nicht urteilen. Daher sind Wahrheit sowohl als Irrtum, mithin auch der Schein, als die Verleitung zum letzteren, nur im Urteile [vgl. Thomas, S.Th. I 16, 2], d. i. nur in dem Verhältnisse des Gegenstandes zu unserem Verstande anzutreffen." Die besondere Leistung des Urteils geht insofern über die Anschauung hinaus, als der Urteilende darin eine Beziehung auf ein Objekt herstellt, allerdings nach Kant bloß mittelbar. Vgl. G. Schulz, 137: "In Übereinstimmung mit der aristotelisch-thomistischen Tradition lehrt Kant, daß die spezifische Leistung eines Urteils darin besteht, eine Beziehung auf eine Objekt herzustellen, und Urteile aus eben diesem Grund als Wahrheitsträger fungieren."
Man findet bei Kant durchaus eine Lehre vom Sein, die geeignet wäre, von sich aus zur Überwindung der genannten Auffassung vom Urteil als Synthesis zu führen: Das Sein ist kein Prädikat oder keine Determination von irgendeinem Ding, sondern die absolute Position des Dinges. Im Prinzip ist damit der Essentialismus überwunden, der das endliche Seiende – unter Vernachlässigung des Seins als Akt – auf die Zusammensetzung von Materie und Form reduziert. Vgl. Kant, Der einzig mögliche Beweisgrund, 1. Abteilung, 1. Betrachtung: ("Vom Dasein überhaupt"), A 6A 7. Es kommt jedoch nicht dazu, weil die erkenntnismäßige These fehlt, die seiner metaphysischen These entspricht. Wo Kant nämlich auf die Frage eingeht, wodurch wir denn das Sein als Akt, d. h. als Position eines Dinges, erkennen, vertritt er einen Empirismus oder sensualistischen Intuitionismus. Vgl. KrV A 19; A 225f.

151 ebd. A 68.

152 ebd. A 298f.

Die entscheidende Frage, die man in Hinblick auf die ganze Verstandeserkenntnis stellen muß, ist aber die, ob denn der Verstand durch seine synthetische Tätigkeit etwas Reales erfaßt oder nicht.[153]

2.2.2. Warum das Urteil nicht das "ist" erreicht

Die Nahtstelle, an der sich der Verstand in die Sinneserkenntnis einfügt, ist eine Operation des Verstandes, die er vollzieht, wenn er der Frage-Intentionalität folgt: Was ist das? Dies bedeutet implizit, daß sich der Mensch nicht mit den bloßen Daten der Sinne zufrieden gibt, sondern zum *intelligere in sensibili* voranschreitet, durch das er die übergreifende Sinneinheit (oder intelligible Einheit) in ihnen entdeckt.[154] Wenn unsere Erkenntnis durch das Fragen zu einer intelligiblen Einheit durchdringt, die das raumzeitliche Mannigfaltige organisiert, so drückt der Verstand diese Einsicht in einem Begriff[155] aus, der allgemein ist. Einseitig auf die allgemeine Tragweite unserer Begriffe fixiert, ignorierte Kant die vorhergehende Einsicht ins Sinnliche (*intelligere*), d. h. ins Einzelne, Konkrete und wurde dazu verleitet, die Begriffe für eine apriorische Ausstattung unseres Verstandes zu halten. Daß die reinen Verstandesbegriffe nicht aus den wirklichen Dingen gebildet werden, sondern im Verstand bereitliegen, bedingt einen Dualismus der Erkenntnis, der zu kritisieren wäre:

---

[153] In dem eindeutigen Sensualismus Humes wird aus dem Bereich der Realität alles ausgeschieden, was durch unsere einsichtige und rationale Intentionalität vermittelt wird, denn allein der durch die "impressions" vermittelte Stoff ist real, während die Kombination der Materialien durch das Denken subjektiv ist. Übrig bleibt nur der Gegenstand der sinnlichen Unmittelbarkeit.

[154] Der Schlüssel auf dem Weg zur Erkenntnis ist jener Akt, in dem schon Aristoteles und Thomas v. Aquin den Angelpunkt der menschlichen Erkenntnisstruktur sahen – das *intelligere in sensibili*. Dieses hebt aus den einzelnen, konkreten Daten ein Intelligibles ab, das nicht auf diese Daten beschränkt ist. Es ist die Grundlage für den Begriff, in dem der Verstand das vereint und ausdrückt, was er in den Daten erfaßt hat, nämlich die intelligible Beziehung unter den Daten zusammen mit dem, was in den Daten für dieselbe intelligible Einheit relevant ist. Vgl. Lonergan, Verbum, 1–46; vgl. auch ders., Einsicht, Bd. 1, 294: "Intelligenz und Intelligibilität sind die Vorder- und Rückseite der zweiten Erkenntnisebene: Die Intelligenz sucht nach intelligiblen Mustern in den Vorstellungen der Erfahrung bzw. der Einbildungskraft; sie erfaßt solche Muster in ihren Augenblicken des Einsehens; sie nützt dieses Erfassen in ihren Formulierungen und weiteren Handlungen, die ebenfalls durch Einsichten geleitet werden. ... Eine klare und deutliche Auffassung offenbart nicht nur die Intelligibilität des Objektes, sondern manifestiert auch die Intelligenz des Subjektes."

[155] Der Verstand bildet aus der *species impressa* die *species expressa* oder den Begriff als *verbum mentis*, der den erfaßten intelligiblen Inhalt zusammen mit dem relevanten materialen Inhalt aus den Sinnen repräsentiert.

Der menschliche Erkenntnisprozeß bleibt nicht bei der Sinneserkenntnis und auch nicht bei der Erfassung einer washeitlichen intelligiblen Struktur stehen, sondern er tendiert auf das Sein der Dinge, d. h. auf ihre konkrete Verwirklichung. Daß es diese Bewegung ist, die das Denken seiner Tendenz nach bestimmt, beweist der Vollzug des Fragens, in dem es zuerst um das *Quid sit* (Was ist das?), dann aber vor allem um das *An sit* (Ist es so?) geht. Mit dieser Frage suchen wir nach dem tatsächlichen *Verwirklicht-Sein* eines Sachverhaltes, d. h. nach der *Richtigkeit* der (vorläufig) hypothetischen Interpretation der Daten, was beides zur absoluten Setzung des Urteils (z. B. "der Mensch ist ein erkennendes Wesen") und dadurch zur Erkenntnis der Wirklichkeit führt. Dafür sucht die Vernunft mit ihrer rationalen Reflexion den zureichenden Grund, der es überhaupt erst erlaubt, das zunächst Gedachte in einem Urteil absolut zu setzen und es damit als wirklich zu erkennen.

Nun hat der Mensch die Fähigkeit, über alle Bedingungen und Beschränkungen hinaus zu fragen. Das aber bedeutet, er ist fähig, unter einem *unbedingten* Aspekt nach dem Objekt zu fragen, das er erkennen will. Er will das Objekt kennen, sofern es schlechterdings "ist", und gerade nicht als ein solches, das in seinem Sein von einer noch nicht erfüllten Bedingung oder von unserer Erkenntnis abhängt, denn dadurch hätte das Sein einen bloß *relativen* Sinn.

Hier stößt man auf ein weiteres Defizit der Kantischen Erkenntnislehre: Denn gerade dieser unbedingte Aspekt, der die absolute Setzung des Urteils auszeichnet, fällt bei Kant weg oder besser: spielt für die Verstandestätigkeit keine Rolle, sondern wird erst über die Vernunft und ihre Ideen wieder eingeführt, ohne jedoch für die Erkenntnis des Objektes als Wirklichkeit relevant zu sein.[156] Bei Kant ist das rationale Urteil nicht der Akt, mit dem wir die Wirklichkeit erkennen. Eigentlicher und kognitiver Erkenntnisakt ist nur die sinnliche Anschauung, die das Objekt unserer Erkenntnis auf die Erscheinungswelt festlegt.[157] Dagegen

---

[156] Was Kant in "Der einzig mögliche Beweisgrund", 1. Abt. gesagt hat, nämlich daß das Sein die abolute Position oder Setzung eines Dinges sei (vgl. ebd., A 8), wird von ihm nicht durchgehalten. Vgl. oben, 471, Anm. 150. Das Unbedingte ist "die eigentliche transzendentale Idee" (KrV A 417 Anm.), die die Vernunft "über die Grenze der Erfahrung aller Erscheinung hinaus zu gehen treibt" (ebd. B XX).

[157] Was Kant sehr klar gesehen hat, ist die Unvollständigkeit der sinnlichen Anschauung, die der Mensch mit den Tieren gemeinsam hat. Sie allein kann keine menschliche Erkenntnis sein. Dies führt ihn in der KrV dazu, sein ganzes Interesse auf den Aufweis zu konzentrieren, wie sie denn doch – und sei es in einem sehr beschränkten Sinn – als Erkenntnis betrachtet werden kann. So ist sie eben Erkenntnis von Erscheinungen, d. h. dessen, was nur durch unsere Vorstellungen etwas ist. Vgl. ebd. A 370.

hat die Suche der Vernunft nach dem Unbedingten als "Illusion" zu gelten.[158] Die Suche der Vernunft nach dem Unbedingten besitzt keine konstitutive Funktion beim Zustandekommen der Erkenntnis.

Nach der phänomenistischen Grundthese Kants bleibt die wahre Wirklichkeit – das "Ding an sich" – schlechthin unerkennbar. Es bleibt auf der Ebene eines Gedankenexperiments, wenn man behauptet: die wahre Wirklichkeit wäre erkennbar, wenn der Mensch über die entsprechende intellektuelle Anschauung verfügte. Sie wäre das Korrelat zu dieser Anschauung. Tatsächlich aber liegt sie für Kant außerhalb der Reichweite unserer objektiv gültigen Erkenntnis, da sie die Welt der Erscheinungen transzendiert.

So werden denn die "Dinge an sich", von denen die KrV tatsächlich sehr viel sagt, in einem zweifelhaften Wirklichkeitsstatus belassen, für den alle unsere Begriffe weder Sinn noch Bedeutung haben.[159]

2.2.3. Das Unbedingte als Postulat der Vernunft

Auch die Erkenntnislehre Kants kommt nicht ganz ohne das Unbedingte aus. Es wird gewissermaßen durch die Hintertür eingeführt an der Stelle, wo die Ideen und Postulate der reinen Vernunft behandelt werden. Neben der synthetischen Tätigkeit des Verstandes, der mit seinen Kategorien das Mannigfaltige der sinnlichen Anschauung zur Einheit bringt, setzt Kant die davon unterschiedene Vernunfttätigkeit an. Die Vernunft geht in ihrer Dynamik über die Tätigkeit des Verstandes hinaus. Sie weist eine Tendenz auf das Unbedingte auf[160], "welches selbst aber niemals ein Gegenstand der Erfahrung ist ... wonach sie [aber] den Grad ihres empirischen Gebrauchs schätzt und abmißt".[161] Wie die Vernunft zu ihren "Ideen" kommt, ist das Thema der transzendentalen Dialektik. Hier entfaltet Kant, in welchem Sinne das Wissen um die "Grenzen" unserer Erkenntnis durchaus ein positives Moment einschließt[162], weist doch der Begriff "Grenze" auf andere Gegenstände, die transzendent sind: die "Noumena im negativen Verstande"[163]. Sie bleiben aber gerade, sofern sie transzendent sind, für unsere spekulative Vernunft "problematisch".[164]

---

[158] Vgl. ebd. A 293.

[159] Vgl. ebd. B 149.

[160] Das Unbedingte wird hier als das verstanden, was in der Wirklichkeit so ist.

[161] Vgl. ebd. A 311.

[162] Prolegomena A 174.

[163] Vgl. ebd. B 307.

[164] Vgl. Kritik der praktischen Vernunft A 242.

Kant hat die einzige eigentliche Idee, nämlich die des Unbedingten[165], schematisch ausgefaltet in die Ideen von Gott, Seele und Welt.[166] (Sie sind Anhaltspunkte für seine Kritik an der Metaphysik und Kosmotheologie.) Dabei haben wir es bei "Seele" und "Welt" mit Totalitätsideen zu tun, sofern "Welt" die Totalität der äußeren Erfahrung, die unser Erkennen ausmacht, bezeichnet, während unter der Idee der "Seele" das letzte Subjekt aller inneren Phänomena gefaßt wird. Im Vergleich damit bildet die Idee Gottes eine Ausnahme, denn sie weist auf eine Absolutheit hin, die außerhalb eines jeden Bedingungszusammenhangs steht.[167] Diese Ideen, die unter dem allgemeinen Begriff des Unbedingten stehen, werden nicht aus Erfahrungserkenntnis abgeleitet. Sie sind Ideen a priori, deren zweite und dritte sich auf den kategorialen Bereich beziehen, während die erste darüber hinausgeht.

Welches ist nun die Beziehung dieser obersten Vernunftideen zur verstandesmäßigen Erkenntnis? In welcher Weise macht die Vernunft von ihnen Gebrauch? Können sie das Spektrum unserer Erkenntnis aus Begriff und Erfahrung erweitern? In erster Linie handelt es sich um drei Ideen, um Ordnungsschemata, denen gemäß das Ganze unserer Erkenntnis in eine systematische Ordnung kommt.[168] Doch können der Vernunft samt ihren Ideen keine korrespondierenden Gegenstände in den Sinnen gegeben werden.

> "Der Vernunftschluß geht nicht auf Anschauungen, um dieselben unter Regeln zu bringen (wie der Verstand mit seinen Kategorien), sondern auf Begriffe und Urteile. Wenn also reine Vernunft auch auf Gegenstände geht, so hat sie doch auf diese und deren Anschauung *keine unmittelbare Beziehung*, sondern nur auf den Verstand und dessen Urteile, welche sich zunächst an die Sinne und deren Anschauung wenden, um diesen ihren Gegenstand zu

---

[165] Vgl. KrV B 380.

[166] Vgl. oben, 462, Anm. 110.

[167] Vgl. KrV B 392: "Nun haben es ... Begriffe der reinen Vernunft (transzendentale Ideen) aber mit der unbedingten synthetischen Einheit aller Bedingungen überhaupt zu tun. Folglich werden alle transzendentale Ideen sich unter drei Klassen bringen lassen, davon die erste die absolut (unbedingte) Einheit des denkenden Subjeks, die zweite die absolute Einheit der Reihe der Bedingungen der Erscheinung, die dritte die absolute Einheit der Bedingung aller Gegenstände des Denkens überhaupt."

[168] Vgl. KrV A 567f: "Ideen aber sind noch weiter von der objektiven Realität entfernt, als Kategorien; denn es kann keine Erscheinung gefunden werden, an der sie sich in concreto vorstellen ließen. Sie enthalten eine gewisse Vollständigkeit, zu welcher keine mögliche empirische Erkenntnis zulangt, und die Vernunft hat dabei nur eine systematische Einheit im Sinne, welcher sie die empirische mögliche Einheit zu nähern sucht, ohne sie jemals völlig zu erreichen."

bestimmen. Vernunfteinheit ist also nicht Einheit einer möglichen Erfahrung, sondern von dieser, als der Verstandeseinheit, wesentlich unterschieden."[169]

Wo es um das "System der transzendentalen Ideen" geht, heißt es beiläufig: "Denn die reine Vernunft bezieht sich niemals geradezu auf Gegenstände, sondern auf die Verstandesbegriffe von denselben."[170] Was die Ideen zu leisten vermögen, ist, daß sie jene Erkenntnisse ordnen, die schon vorher, d. h. unabhängig von eben diesen Ideen, vollständig sind. Das ist es, was Kant meint, wenn er sagt, die Ideen besäßen in Hinblick auf die Verstandeserkenntnis keinen konstitutiven, sondern nur einen regulativen Gebrauch. Konstitutiv für die Erfahrungserkenntnis, die die einzig mögliche ist, sind nur Anschauung und Begriff. Das Zusammenwirken beider wurde bereits erklärt. Die Ideen gehören nach dem Verdikt der KrV mit ihrer sensualistischen Grenzbestimmung (alle Erkenntnis bezieht sich auf Gegenstände möglicher Erfahrung) zu jenem Wirklichkeitsbereich, über den wir keine gültige theoretische Erkenntnis erlangen können.

Kant ist aber Realist genug, um der *Vernunft* eine gewisse Tendenz auf das Unbedingte – auf das Absolute des An-sich-Seins, auf den Gegenstand, wie er an sich selbst ist – zuzugestehen. Sie geht nämlich auf das "Ding an sich", "das Unbedingte", "welches selbst aber niemals ein Gegenstand der Erfahrung ist."[171] Die *Existenz* von Dingen an sich steht für Kant außer Frage. Sie ist ein unentbehrlicher Bezugspunkt seiner Erkenntniskritik, ohne den die KrV gar nicht verstanden werden kann. Aus dem nicht-intuitiven und damit – nach den eigenen Voraussetzungen – nicht-kognitiven Charakter der Verstandes- und Vernunfthandlungen folgt indes die Regel: "In allen Aufgaben, die im Felde der Erfahrung vorkommen mögen, behandeln wir jene Erscheinungen als Gegenstände an sich selbst, ohne uns um den ersten Grund ihrer Möglichkeit (als Erscheinungen) zu bekümmern."[172]

Obwohl Verstandes- und Vernunfttätigkeit in ihrer Funktion aufgehen, die sie im Dienst der Sinnlichkeit haben, berührt die KrV in der Weise

---

[169] Ebd. A 306f.

[170] Ebd. A 335; vgl. auch ebd. A 643: "Die Vernunft bezieht sich niemals geradezu auf einen Gegenstand, sondern lediglich auf den Verstand, und vermittelst desselben auf ihren eigenen empirischen Gebrauch, schafft also keine Begriffe (von Objekten), sondern ordnet sie nur, und gibt ihnen diejenige Einheit, welche sie in ihrer größtmöglichen Ausbreitung haben können."

[171] Vgl. ebd. A 311.

[172] ebd. A 393; vgl. auch Opus posthumum, Gesammelte Schriften, Bd. 22, 329: "Was metaphysisch betrachtet bloß zu Erscheinungen gezählt werden muß, das ist in physischem Betracht Sache an sich selbst." Vgl. ebd., 320.

der Implikation durchgehend auch das *Sein* (als das An-sich-Sein der Dinge). Als notwendiger Bezugspunkt für die Vernunft erscheint das transzendentale Ding an sich aus folgender Überlegung: Die Grundthese der KrV lautet: "All unsere Erkenntnis ist auf die Erscheinung beschränkt." Um aber von einer "Beschränkung" oder "Begrenzung" unserer Erkenntnis zu sprechen, braucht man unbedingt einen solchen Bezugspunkt, für den bei Kant das Ding an sich steht, denn man kann nicht von einer "Begrenzung" der Erkenntnis sprechen, wenn nicht etwas Unbegrenztes im Horizont des Denkens[173] steht.

> "Gehen wir aber über deren [der Erscheinungen] Grenze hinaus, so wird der Begriff eines transzendentalen Gegenstandes notwendig."[174]

Die Tendenz der Vernunft auf das Unbedingte des Seins ergibt sich auch aus der Grundthese selbst, wenn man sie nach ihrem materialen Gehalt und ihrer formalen Aussagekraft oder Bedeutung analysiert: Was die These ihrem Inhalt nach besagt, ist, daß es für alle Erkenntnis diese unüberwindbare Beschränkung gibt, die den Horizont unseres Erkennens über die Erfahrung hinaus versperrt. Was mit der These formaliter behauptet wird, ist jedoch nicht innerhalb dieser Begrenzung zu begreifen: Es ist eine *absolute* Position (nicht auf empirischer Wahrnehmung von "Erscheinungen" beruhend), die im "ist" des Prädikates als unbedingt gesetzt wird. In dem Moment, in dem man das Subjekt, das diese Theorie behauptet, mit in Betracht zieht, wird sie falsifiziert, denn die These meint, daß der Mensch wirklich und wahrlich und nicht bloß anscheinend nur Erscheinungen erkennt. Die absolute Position dieser These als Urteil bedeutet immer schon eine Transzendierung dieser (sensualistischen) Beschränkung.

Kant sieht diese Tendenz der Vernunft auf das Unbedingte. Sie ist nicht etwas Kategoriales, sondern die eigentliche *Idee* oder das eigentliche Apriori unserer Vernunft, die sich in die drei genannten Ideen auffächert. Wenn Kant nun sagt, die Ideen hätten nur einen regulativen, jedoch keinen konstitutiven Gebrauch bei der Erweiterung der Erkenntnis[175], so meint dies genau: Diese absolute Setzung des Urteils findet keine Anerkennung. Die Vernunfttätigkeit ordnet mittels der beiden "regulativen Ideen" die schon vorgängig zu ihrer Funktion und unab-

---

[173] Die Rede von einer "Grenze" ergibt immer nur dann Sinn, wenn "dahinter" etwas Unbegrenztes liegt.

[174] KrV A 393.

[175] Vgl. ebd. B 672: "Ich behaupte demnach: die transzendentalen Ideen sind niemals von konstitutivem Gebrauche so, daß dadurch Begriffe gewisser Gegenstände gegeben würden ..."

hängig von ihr abgeschlossenen Erkenntnisse, die in sich durch Erfahrung und Begriff bereits Vollständigkeit besitzen. In die Erkenntnis gehen eben nur Anschauung und Begriff konstitutiv ein. Dabei ist der Begriff konstitutiv für den vom Verstand hervorgebrachten Gegenstand. So zeigt sich auch hier, im Arbeitsfeld der Vernunft, wieder: Dieses dritte Moment der Erkenntnis – die absolute Setzung mit ihrer Dynamik auf das Unbedingte – mag es sich in seiner Bedeutung auch noch so sehr aufdrängen, darf bei Kant faktisch keine bestimmende Rolle im Erkenntnisprozeß spielen.

2.3. Folgen für die Theologie

Die Konsequenzen für die christliche Theologie liegen auf der Hand: Theologie als in der Offenbarung gründende Erkenntnis der Geheimnisse Gottes setzt voraus, daß der menschliche Geist in seiner unbegrenzten Tragweite für die Mitteilung Gottes offen ist. Gegen eine solche Voraussetzung sperrt sich die Philosophie Kants, dem die Öffnung auf ein Absolutes hin über die Grenzen der sichtbaren Welt hinaus als "transzendentaler Schein", als "natürliche und unvermeidliche Illusion" gilt.[176]

2.3.1. Der moralische Vernunftglaube: ein "Als-Ob"

Kant stellt sämtliche, die materielle Welt transzendierende Wirklichkeiten außerhalb der Reichweite unserer objektiv gültigen Erkenntnis, mithin außerhalb der "grundlosen Anmaßungen"[177] der Dogmatiker, genauso aber auch außerhalb der angeblichen Widerlegungen der Skeptiker. Kant meinte damit, der Metaphysik einen Dienst erwiesen zu haben: Die Metaphysik sei mit dieser sensualistischen Grenzbestimmung "in salvo".[178] Zu den dadurch geretteten Wirklichkeiten gehören jene, die durch die Ideen von "Gott", "Freiheit" und "Unsterblichkeit"[179] repräsentiert werden, deren erkenntnistheoretischer Status äußerst ambivalent bleibt, weil sie sich niemals auf den Bereich empirischer Erfahrung beziehen.

Den moralischen Vernunftglauben, den Kant einführt, gründet er einerseits auf der Verwerfung sämtlicher Gottesbeweise[180], wie sie zu seiner

[176] Vgl. ebd. A 295–298.

[177] Vgl. ebd. A XI.

[178] Die von ihm vorgenommene Grenzbestimmung tut der Vernunft den "ihr nicht unwichtigen Dienst, sie ebensowohl wider alle möglichen Behauptungen des Gegenteils in Sicherheit zu stellen". Vgl. ebd. B 424.

[179] Für Kant stellen sie "die höchsten Zwecke unseres Daseins" dar. Vgl. ebd. B 395 Anm.; vgl. auch A 798.

[180] Vgl. ebd. A 636: "Ich behaupte nun, daß alle Versuche eines bloß spekulativen Ge-

Zeit geführt wurden – einer Abwehr gegen die "dogmatischen Verfechter" einer "sinnenfreien Vernunft"[181] –, die auf der anderen Seite eine Wendung ins Positive erhält:

> "Dieselben Gründe, durch welche das Unvermögen der menschlichen Vernunft, in Ansehung der Behauptung des Daseins eines dergleichen Wesens, vor Augen gelegt wird, reichen auch notwendig zu, um die Untauglichkeit einer jeden Gegenbehauptung zu beweisen."[182]

Die Wende ins Positive wird dadurch erreicht, daß die völlige Unwissenheit auf der Ebene der spekulativen Vernunft Platz macht für einen "moralischen Glauben" – eine Umkehrung, die in der Postulatenlehre ausgeführt wird.[183] Um die spontane Einsicht einer "wohlgearteten Seele"[184], daß Gott existiert, zu thematisieren, entwickelt Kant einen "Beweis", möchte aber nicht, daß das Ziel durch den Beweis als solchen erreicht wird. hier liegt die ganze Spannung der Postulatenlehre Kants. Nicht das Erkennen, sondern das Wollen öffnet dem Menschen den Zugang zur noumenalen Welt, die ihm aber nur insoweit zugänglich ist, als sie ihn als moralisches Wesen angeht. Die praktische Vernunft steht unter dem unbedingten Anspruch des Sittengesetzes. Was aber das Gesetz fordert, ist nicht möglich, wenn es keinen Gott gibt und unsere Seele sterblich ist. Damit ist der Kern der Argumentation angedeutet, wie sie in den Postulaten der reinen praktischen Vernunft entfaltet wird.

"Moralischer Glaube" heißt die Art von Erkenntnis, die uns durch die praktische Vernunft eröffnet wird.[185] Was ist das für eine Erkenntnis, die uns ein Postulat vermittelt? Um diese Frage beantworten zu können, muß man sich vergegenwärtigen, daß Kant eine scharfe Grenzziehung von Glauben und Wissen vornimmt. Wissen gibt es nur über den Bereich der sinnlichen Erfahrung, der wir einen Begriff adaptieren können. "Daß ein Gott und ein künftig Leben sei", kann indes niemand wissen: "Nein, die Überzeugung ist nicht logische, sondern moralische Gewißheit, ... da sie auf subjektiven Gründen (der moralischen Gesinnung) beruht".[186]

---

brauchs der Vernunft in Ansehung der Theologie gänzlich fruchtlos und ihrer inneren Beschaffenheit nach null und nichtig sind."

181 Vgl. ebd. A 638.

182 Ebd. A 640f.

183 Das Unzureichende der spekulativen Vernunft kann dann kompensiert werden, "wenn es eine Moraltheologie geben sollte, die diesen Mangel ergänzen kann". Vgl. ebd. A 611.

184 Vgl. Kant, Träume eines Geistersehers, Gesammelte Schriften, Bd. 2, 373.

185 Vgl. KrV A 828–830.

186 Vgl. ebd. A 829.

Zwar ist es notwendig, das Dasein Gottes anzunehmen[187], doch die genannte "moralische Notwendigkeit" ist "subjektiv", d. h. ein "Bedürfnis in praktischer Absicht". Sie ist "praktischer Vernunftglaube" oder ein "Postulat".[188] "Diese Postulate ... erweitern also zwar nicht die spekulative Erkenntnis, geben aber den Ideen der spekulativen Vernunft ... objektive Realität".[189] Und ganz wichtig für die Auseinandersetzung auch mit anderen Strömungen der modernen Religionsphilosophie ist die Festsetzung: Als "theoretischer Satz" ist ein Postulat "nicht erweislich".[190] Führte die spekulative Vernunft zu einer bloßen transzendentalen Idee, einem "problematischen (bloß denkbaren) Begriffe", so vermag die praktische Vernunft, kraft eines Postulates dieselben Ideen "assertorisch für solche [zu erklären], denen wirklich Objekte zukommen".[191] Worauf Kant aber besteht, ist: Wir *wissen* um die Wirklichkeit der postulierten Objekte nicht; diese Objekte sind aber *wirklich*.[192]

So sind im wesentlichen zwei Implikationen in einem Postulat enthalten: In Hinblick auf das Subjekt muß konstatiert werden, daß wir um die postulierten Objekte nicht wissen, in Hinblick auf die Objekte jedoch, daß die Begriffe dieser Objekte *wahr* und damit die Objekte selbst wirklich sind. Unüberwindbare Spannungen sind es, die in der Lehre von den Postulaten gerade dort ans Licht kommen, wo Kant eine Antwort auf die Frage versucht, was für eine Erkenntnisart der moralische Vernunftglaube bzw. das Postulat bedeutet.[193] In Relation zum Subjekt muß man von einem bloß fiktiven Charakter, im Blick auf das Objekt jedoch vom Wahrheitscharakter der postulatorischen Metaphysik Kants sprechen.

Zwei wichtige Texte bringen zum Ausdruck, was dies nun für das Postulat Gottes, des Urhebers jener Glückseligkeit, auf die unser moralisches Handeln gerichtet ist, bedeutet:

---

[187] Vgl. Kritik der praktischen Vernunft A 226.

[188] Vgl. ebd., A 260. Der Begriff "Vernunftglaube" hebt mehr auf den subjektiven, der Begriff "Postulat" dagegen mehr auf den objektiven Aspekt ab.

[189] Vgl. ebd., A 238.

[190] Vgl. ebd., A 220.

[191] Vgl. ebd., A 242.

[192] Daß die praktische Vernunft über solche Postulate verfügt, bringt "keine Erweiterung der Erkenntnis von gegebenen übersinnlichen Gegenständen" mit sich. Und weiters: "Es ist hier auch nicht um die theoretische Erkenntnis der Objekte dieser Ideen, sondern nur darum, daß sie überhaupt Objekte haben, zu tun." Vgl. ebd., A 245.

[193] Dies kennzeichnet vor allem die Abschnitte VII und VIII im zweiten Hauptstück der Dialektik der "Kritik der praktischen Vernunft".

"An ihn [Gott] moralisch-praktisch glauben, heißt ... so zu handeln, *als ob* eine solche Weltregierung wirklich wäre."[194]

Ähnlich heißt es in der Preisschrift über die Fortschritte der Metaphysik: Die Postulatenlehre ist "kein Beweis von der Wahrheit dieser Sätze, ... mithin keine objektive Belehrung von der Wirklichkeit der Gegenstände derselben ..., sondern nur eine subjektiv – und zwar praktisch gültige, und in dieser Absicht hinreichende Belehrung, so zu handeln, *als ob* wir wüßten, daß diese Gegenstände wirklich wären".[195]

Auch wenn wir nicht wissen, ob es einen Gott gibt – mit allen Konsequenzen für das endgültige Heil unserer Person –, sollen wir so handeln, als ob wir um die Existenz Gottes und die Erfüllung des moralischen Handelns in der Glückseligkeit wüßten. Religion setzt, "was das theoretische Erkenntnis und Bekenntnis betrifft, kein assertorisches Wissen (selbst des Daseins Gottes nicht)" voraus.[196] Wer für eine religiöse Lebenseinstellung optiert, braucht nicht zu sagen: Gott existiert, vielmehr muß er sich – auf der Ebene der spekulativen Vernunft – mit einem "problematischen Annehmen" von einer "obersten Ursache der Dinge" zufrieden geben. Praktische Vernunft führt dagegen zu einem "freien assertorischen Glauben", welcher der "Endabsicht" der "moralisch gebietenden Vernunft", nämlich der Glückseligkeit, "Effekt" verheißt.[197]

"Religion ist das Erkenntnis des Menschen von seinen Pflichten als göttlichen Geboten. Hierzu wird nicht gefordert, daß man glaube, es sey ein Gott, sondern es ist genug, eine Idee von einem solchen sich zu machen."[198]

Das moralische Gesetz führt zur Religion, d. h. "zur Erkenntnis aller Pflichten als göttlicher Gebote"[199]. Die Kantische Religion als "Religion des guten Lebenswandels"[200] stammt aus der Moral und geht in der Moral auf.

Im Hinblick auf die Gotteserkenntnis ist die agnostische Position Kants eine Konsequenz aus seiner Erkenntnislehre.[201] Einerseits soll die Aus-

---

194 Von einem neuerdings erhobenen vornehmen Ton in der Philosophie, Gesammelte Schriften, Bd. 8, 397; vgl. auch Logik, Gesammelte Schriften, Bd. 9, 93.

195 Vgl. Preisschrift A 115f, Gesammelte Schriften, Bd. 20, 298.

196 Vgl. Religion B 229f Anm.

197 Vgl. ebd.

198 Reflexion 8104, Gesammelte Schriften, Bd. 19, 646.

199 Vgl. Kritik der praktischen Vernunft A 233.

200 Vgl. Religion B 61f.

201 Das gleiche gilt für die Religionsbegründung J. Hicks, für den Religion sich in den praktischen Handlungsorientierung zu bewahrheiten hat, ohne daß wir je schon wüßten, was es mit Existenz und Wesen eines Gottes überhaupt auf sich hat. Die Quellen für dieses "Als-Ob" der Pluralistischen Religionstheologie, deren Reflexionsniveau weit

sage: "Es ist ein Gott"[202] eine fundierte Aussage sein, andererseits aber ist Kant der Ansicht, daß wir durch eine solche Aussage keine Erkenntnis von der Wirklichkeit dessen erlangen, wovon diese Aussage spricht. Verstehen läßt sich dies nur, wenn man die erkenntnistheoretische Fundamentalthese vertritt, daß das rationale Urteil nicht der Akt ist, mit dem wir die Wirklichkeit erkennen. Der einzig kognitive Erkenntnisakt ist ja nach Kant nur die sinnliche Anschauung.

2.3.2. Die Trennung von Glaube und Vernunft

Die primäre Schwierigkeit anzuerkennen, daß der menschliche Geist fähig ist, die Existenz Gottes zu erkennen, liegt für Kant weniger in dem Unterschied zur Erkenntnis der welthaften Dinge, als vielmehr in der Negierung des Urteils als dem Ort, an dem die Wirklichkeit sich uns erst erschließt. Es ist die ursprüngliche und fundamentale Schwierigkeit, klar zu erfassen, "daß der ungreifbare Akt der rationalen Zustimmung die notwendige und hinreichende Bedingung für die Erkenntnis der Wirklichkeit ist".[203]

Wo es um die Frage der Gotteserkenntnis geht, gelangen wir über die Bejahung des Existentialsatzes "Gott ist" zur Erkenntnis der Existenz Gottes. Wie und auf welche Weise es denn möglich sei, zu dem Urteil "Gott ist" zu gelangen, bedarf freilich einer eigenen Behandlung innerhalb der Gotteslehre.[204] Hier geht es nur um den formalen Aspekt des Urteils – seinem Anspruch auf unbedingte Geltung. Kant schließt eine theoretische Erkenntnis Gottes explizit aus, so daß seine Position hinsichtlich der Existenz Gottes letztlich agnostisch bleibt. Wie sich dies folgerichtig aus seiner Erkenntnislehre ergibt, wurde eingehend ausgeführt.

Will man am Gottesglauben festhalten und betont mit Kant gleichzeitig die Unfähigkeit der menschlichen Vernunft im Hinblick auf die theoretische Erkenntnis Gottes, so entsteht zwischen dieser Vernunft, die im modernen Szientismus als technisch-instrumentelle auf die Erreichung utilitaristischer Ziele eingeengt ist, und einem Glauben, der "kein universales Angebot" mehr sein kann und in Gefahr gerät, "auf Mythos bzw. Aberglauben verkürzt zu werden", notwendig ein Hiatus.[205]

---

unter demjenigen der Kritiken und der Religionsphilosophie Kants liegt, sind gleichwohl in seinem Erkenntnisskeptizismus zu situieren.

202 Vgl. ebd. B IX Anm.

203 Vgl. Lonergan, Einsicht, Bd. 2, 609f.

204 Dieses "Wie" ist nichts anderes als jene Argumentation, die "Gottesbeweis" genannt wird.

205 Vgl. Johannes Paul II., Fides et Ratio, nr. 48. Die Enzyklika nennt als Folgen dieser Trennung von Vernunft und Glauben: eine absolut autonome Philosophie und ein

Bei Kant rührt der Gegensatz zwischen Wissen und Glauben daher, daß schon das Denken gegenüber dem, was als Wissen Errungenschaft einer sinnlichen Anschauung ist, weder einen Übergang von den "Erscheinungen" zu den "Dingen an sich" und erst recht keine Erweiterung des Bereichs der Erfahrung hin zum Bereich des Seins überhaupt bewirken kann. Was aber für das Denken gilt, das trifft a fortiori für den Glauben zu: Glauben ist eine Forderung unserer praktischen Vernunft aus einem Bedürfnis. Mit der Festlegung der Vernunft auf die sinnliche Anschauung ist eine rational begründete Erkenntnis Gottes von vornherein ausgeschlossen.

Religion hat dann mehr mit dem Vollzug unserer Freiheit, mit der moralischen Gesinnung, als mit der Erkenntnis einer höheren Wirklichkeit zu tun. Sie ist nicht Sache der spekulativen Vernunft, die dort, wo sie die Frage nach Gott stellt, nicht über ihre Antinomien hinauskommt. Nun sollte man aber meinen, daß die Rolle unserer Freiheit, die für die Befolgung des Sittengesetzes zuständig ist, nicht im Gegensatz zu der Argumentation steht, die Verstand und Vernunft gemäß ihren eigenen Normen vollziehen. Für Kant jedoch fügen die Vorgaben der praktischen Vernunft lediglich einen "praktischen Zusatz" zu einer *in sich ungültigen Argumentation* der spekulativen Vernunft hinzu[206], der an der Ungültigkeit der Argumentation selbst nichts ändert. Spekulative und praktische Vernunft bleiben in einem unvermittelten Nebeneinander.

Die objektive Gültigkeit unserer spekulativen Erkenntnis ist eben auf die Welt eingeschränkt, und so wirkt die praktische Vernunft im Bereich der Religion als Substitut der spekulativen Vernunft. Angesichts dieser eingrenzenden Bestimmung der Vernunft stellt sich als Konsequenz ein Zug zum Irrationalen ein: Ohne mit seinem Postulat Gottes einen "objektiv-gültigen Beweis vom Dasein Gottes"[207] bei der Hand zu haben, bleibt, davon unberührt, die Behauptung des rechtschaffenen Willens bestehen: "ich will, daß ein Gott ... sei, ich beharre darauf und lasse mir diesen Glauben nicht nehmen".[208] Die Frage, die bei dieser "schlechten Ergänzung" der Einsicht durch die Moralität offen bleibt, ist

---

wachsender Argwohn gegen die Vernunft. Vgl. nr. 45. Dort heißt es auch: "Einige begannen, sich zu einem allgemeinen, skeptischen und agnostischen Mißtrauen zu bekennen, entweder um dem Glauben mehr Raum vorzubehalten oder aber um jede nur mögliche seiner Beziehungen zur Vernunft in Mißkredit zu bringen."

[206] Vgl. KrV A 589. Hier ist von einer "mangelhaften Einsicht" unserer spekulativen Vernunft die Rede.

[207] Vgl. Kritik der Urteilskraft B 424 Anm., Gesammelte Schriften, Bd. 5, 450.

[208] Vgl. Kritik der praktischen Vernunft A 258.

aber doch folgende: Kann denn das existentiell-volitive Moment der Subjektivität dasjenige als stimmig und wahr erscheinen lassen, was in sich unlogisch und falsch ist? Es muß klar sein, daß mit der Ablehnung einer auf das Seiende im allgemeinen ausgreifenden Metaphysik und einer in ihren eigenen apriorischen Formen befangenen Subjektivität der Theologie ihr rationales Fundament entzogen ist. Theologie als Theo-Logie, als Wissenschaft von Gott, wird nach Kant unmöglich:

> "Ich behaupte nun, daß alle Versuche eines bloß spekulativen Gebrauchs der Vernunft in Ansehung der Theologie gänzlich fruchtlos und ihrer inneren Beschaffenheit nach null und nichtig sind, daß aber die Prinzipien ihres Naturgebrauchs ganz und gar auf keine Theologie führen, folglich, wenn man nicht moralische Gesetze zum Grunde legt oder zum Leitfaden braucht, es überall keine Theologie der Vernunft geben könne. Denn alle synthetischen Grundsätze des Verstandes sind von immanentem Gebrauch; zu der Erkenntnis eines höchsten Wesens aber wird ein transzendenter Gebrauch erfordert, wozu unser Verstand gar nicht ausgerüstet ist."[209]

Kant kennt nur einen negativen Gebrauch der transzendentalen Theologie: Ist die menschliche Erkenntnis radikal auf Gegenstände möglicher empirischer Erfahrung verwiesen, d. h. verendlicht, so kann die Theologie nur noch insofern die Grenzen der Vernunfterkenntnis aufzeigen, als sie einen apodiktischen Atheismus wie auch einen begründbaren Theismus abweist. Theologie wird unumgänglich Anthropologie: Die Aussagen der Dogmatik können unter den Voraussetzungen dieser Erkenntnistheorie nicht mehr in ihrer ureigenen Bedeutung, d. h. als Aussagen über das Sein Gottes, seine Eigenschaften und sein Wirken genommen werden. Sie sind dann vielmehr als Aussagen über den Menschen zu lesen. In diesem Sinne versteht Kant seine "Christologie", die von Jesus Christus als Ideal der moralischen Vollkommenheit, das dem Menschen innewohnt, redet.[210]

Christlicher Glaube, sei er nun Zustimmung zur Existenz Gottes, wie sie für die natürliche Vernunft erreichbar ist oder Bejahung einer übernatürlichen Glaubenswahrheit, die die Vernunft im Medium einer geschichtlichen Vermittlung vernimmt, etwa wo es um den christologi-

---

[209] KrV B 664.

[210] Kant arbeitet seine Auffassung von Person und Werk Jesu Christi im zweiten Stück der "Religion innerhalb der Grenzen der bloßen Vernunft" ("Von dem Kampf des guten Prinzips mit dem bösen um die Herrschaft über den Menschen") heraus. Ist die Religion einmal unter den Primat der Moral gestellt, so kann die Christologie nur noch von dem handeln, wie der Mensch durch Christi Beispiel das radikal Böse überwinden soll. In dem Satz aus der "Religion": "Wir sollen bessere Menschen werden ..., folglich müssen wir es auch können" (Religion B 50), ist das immer wiederkehrende Grundprinzip der Kantischen Moral und Religion ausgesprochen.

schen Glauben der Kirche geht, setzt einen Realismus der Erkenntnis voraus, denn "Glauben" im eigentlichen Sinn meint zuerst eine Erkenntnis der Wirklichkeit, die nicht die Leistung einer vom Subjekt selbst vollzogenen Erkenntnistätigkeit ist, sondern aufgrund der Mitteilung eines anderen Menschen zustande kommt. Gott hat es gefallen, die Geheimnisse seines Heilswillens durch Worte (und Taten) seiner Gesandten kundzutun[211], damit wir die Heilswahrheiten empfangen, die wir nicht erkennen könnten, wenn sie nicht von Gott geoffenbart wären. Aus der Sicht der Kantischen Philosophie besteht das Problem nicht darin, daß wir die Mitteilung des Neuen Testamentes, die Aussage Jesu, nicht aus der Mitteilung eines anderen Menschen empfangen könnten, sondern darin, diese Aussage als "wahr" zu glauben. Der übernatürlichen Glaubenserkenntnis fehlt als ihre notwendige Bedingung die natürliche Erkennbarkeit Gottes. Mitteilungen von Seiten eines transzendenten Wesens sind a fortiori ausgeschlossen, weil wir keine Erkenntnis eines transzendenten Wesens haben. Daraus folgt nun aber: Wenn Jesus sich im Evangelium auf Gott, seinen Vater, bezieht, dann spricht er über etwas, das er gar nicht erkennen kann, unterliegt doch auch er der von Kant vorgenommenen Erkenntnisbeschränkung. So werden denn auch in der Moralreligion, die die einzig mögliche ist, die Sätze des Evangeliums radikal reduziert. Eine beim Neuen Testament ansetzende Theologie kann nur noch Wissenschaft von dem sein, was Jesus eigentlich noch – als Beitrag zur Verbesserung der Sitten – gesagt hat und weiters hätte sagen können.

Daß wir diese Wahrheiten des Evangeliums aber tatsächlich vernehmen können, setzt eine Offenheit dafür von seiten des menschlichen Geistes voraus. Dies läßt sich nur so denken, daß die Vernunft – zwar nicht von ihrer faktischen Erkenntnis her, wohl aber ihrer Intentionalität nach – von *unbegrenzter* Tragweite ist. Wenn die Theologie von einem *desiderium naturale videndi Deum* spricht, so ist damit genau diese Dynamik des menschlichen Geistes gemeint, der in darin auch für die Geheimnisse Gottes empfänglich ist, d. h. für den Gott der Offenbarung, der sich uns in kontingenten geschichtlichen Ereignissen und in seinem Wort selbst erschließt.

Da sich aber die Philosophie Kants von allem Anfang an gegen eine solche Voraussetzung sperrt, gibt sie der Theologie keine Öffnung auf ein Absolutes hin frei, ja muß jede Theologie im eigentlichen Sinn unmöglich machen. Demgegenüber basiert die kirchliche Glaubensverkündigung auf der Überzeugung von der inneren Wahrheit des verkündigten

211 Vgl. Vatikanum II, *Dei Verbum*, 2.

Glaubensinhalts. Dem korrespondiert eine Auffassung von Erkennen und Sein, die den Rahmen eines erkenntnistheoretischen und ontologischen Gesamtkonzeptes erkennen läßt, in dem auch eine Verständigung über analogische Aussageweisen im Hinblick auf das, was menschliche Erfahrungswelt überschreitet, ihren Platz hat. In diesem Sinne erinnert auch die Enzyklika *Fides et Ratio* an die Intelligibilität des geoffenbarten Glaubens, dem die Fähigkeit der menschlichen Sprache entgegenkommt, "ausdrücklich und wahrhaftig auch von dem zu sprechen, was jede menschliche Erfahrung übersteigt".[212]

Auch für den Bereich des übernatürlichen, der Vernunft von sich aus nicht erreichbaren Glaubens, der auf Offenbarung beruht, gibt es eine Korrelativität von Glaubensurteil und Wirklichkeit, die im Dogma der Kirche implizit enthalten ist. Hier steht die theologische Tradition auf dem Boden eines Realismus, für den die Wahrheit und mithin die Erkenntnis der Wirklichkeit *proprie loquendo* im Urteil (*in intellectu componente et dividente*) vorliegt.[213]

Die Träger der apostolischen Glaubensverkündigung der Kirche – ein Petrus, Johannes, Jakobus oder Paulus – sowie die bestellten Lehrer der Kirche meinten nicht, ihre eigene religiöse Erfahrung mitzuteilen. Ihre Absicht ging vielmehr dahin, das Wort Gottes zu verkünden, das gerade deshalb, weil es ein wahres Wort ist, den Hörern die Heilswirklichkeit mitteilt. Der Glaube, zu dem die Verkündigung der Kirche von ihren Ursprüngen an aufruft, ist so ziemlich das Gegenteil jenes "Vernunftglaubens", den Kant den aufgeklärten, mündig gewordenen Menschen seiner Zeit in Hinblick auf die "höchsten Zwecke des menschlichen Daseins" als ein "problematisches Annehmen" bzw. als ein solches agnostisches "Als-Ob" nahelegte.

---

212 Vgl. Johannes Paul II., Fides et Ratio, nr. 67; vgl. auch nr. 66: "Was den *intellectus fidei* betrifft, so ist vor allem zu beachten, daß die göttliche Wahrheit, 'die uns in den von der Lehre der Kirche richtig ausgelegten Heiligen Schriften vorgelegt wird' (S.Th. II–II 5, 3 ad 2), eine eigene, in ihrer Logik so konsequente Verständlichkeit besitzt, daß sie sich als ein echtes Wissen darstellt."
Von Bedeutung scheint mir auch der folgende Satz zu sein, in dem auf die Notwendigkeit eines der Vernunft möglichen Zugangs zum Sein hingewiesen wird: "Die spekulative dogmatische Theologie setzt daher implizit eine auf die objektive Wahrheit gegründete Philosophie vom Menschen, von der Welt und, radikaler, vom Sein voraus." Vgl. ebd.

213 Vgl. S.Th. I 16, 2. Thomas nennt den urteilenden Verstand öfter "*intellectus componens et dividens*", ohne das Urteil auf eine Zusammensetzung (Synthesis) oder Trennung engzuführen. Die bloße Verbindung von Subjekt und Prädikat wäre zur Bestimmung des Urteils unzulänglich, denn das Urteil ist vor allem auch die absolute Affirmation dieser *compositio* bzw. der mentalen Synthesis.

Läßt sich auf einer solchen Basis, daß wir halt so tun, als ob etwas Anderes wäre als die bloße Immanenz, eine echt menschliche Existenz, geschweige denn eine christliche Existenz in der Lebensform der Hingabe gründen? Die Religion "innerhalb der Grenzen der bloßen Vernunft" – Konsequenz aus der empiristischen Grenzbestimmung – führt den Menschen zu einer Haltung, die weit unter dem liegt, was bereits aufgrund seiner Natur zum Menschen als Wesen der Wahrheit gehört.

3. Der epistemologische Bezugspunkt der Christologie: Versuch über die Wahrheitsfähigkeit des Verstandes und die Erkennbarkeit Gottes aus Thomanischer Sicht

Aus mehreren Gründen scheint mir eine Besinnung auf Thomas von Aquin mit seiner von der Theologie geführten Metaphysik angeraten: Zwar sind die Probleme und Aufgabenstellungen der Philosophie für uns andere als für Thomas, den immerhin über 700 Jahre von uns trennen. Wir stehen nicht vor der Aufgabe, eine umfassende Synthese des Christlichen mit der Aristotelisch-griechischen Denktradition zu schaffen, noch beschäftigt uns die Apologie des christlichen Glaubens gegenüber einem arabischen heterodoxen Aristotelismus, wie ihn Thomas vor allem bei den herausragenden Philosophen Avicenna und Averroës vorfand. Auch sind wir es nicht gewohnt, philosophisches Argumentieren, das verschiedene Traditionen aufnimmt, in die Form von "Quaestiones" zu bringen, die wiederum nach den entsprechenden Fragen untergliedert sind. Wir würden auch nicht ohne weiteres von einer so selbstverständlichen Synthese von Theologie und Philosophie ausgehen, wie Thomas es noch tun konnte. Trotzdem liefert sein facettenreiches Denken, das an einigen wichtigen Grundprinzipien ausgerichtet ist, für ein unbefangenes und vorurteilsloses philosophisches Suchen entscheidende Anhaltspunkte. Was uns Thomas vor allem lehrt, ist nicht, irgendein fertiges, existentialistisches oder essentialistisches System von Theoremen zu übernehmen, sondern den geistigen Blick unverstellt auf die Wirklichkeit zu fokussieren, die sich in ihrer ganzen Differenziertheit aufschlüsselt, wenn wir nur die richtigen Fragen an sie stellen.

Aus historischer Perspektive scheint mir Thomas gerade deswegen von größtem Belang zu sein, weil er in seiner Philosophie nicht einfach am Nullpunkt beginnt, sondern die griechischen Vorgaben verarbeitet, die gültigen Denkleistungen eines Platon und Aristoteles, aber auch des Neuplatonismus, mit denen auch die Theologie der Väter in einem intensiven Austausch stand, mit in den Gang seines Denkens einbezieht. Es ist ihm nicht gleichgültig, was Platon über die Exemplarursächlichkeit der "Ideen" oder Aristoteles über die "Ousia" geschrieben hat und wie beide über das Zustandekommen der menschlichen Erkenntnis denken. Klassische Metaphysik, die bei Thomas eine gültige, aber zugleich für weitere Problemstellungen und neue Fragen "offene" Gestalt gefunden hat, läßt wohl auch einen Dialog mit modernen Philosophien zu, in denen die Fragen nach dem Wesen der Erkenntnis, nach der Leistungsfähigkeit der "ratio", nach der Person und der Verbindlichkeit der Ethik anders beantwortet werden. Gerade E. Husserl und die moderne Phänomenologie, aber auch die analytische Philosophie dürften für ein Gespräch mit Thomas in Frage kommen.

Ein für diese Studie, in der die ontologischen Implikationen der tatsächlichen Koinzidenz von Gott und Mensch in einer Person bedacht werden, entscheidender Gesichtspunkt ist der Tatbestand, daß Thomas es sich mit dem "Wesen" nicht leicht gemacht hat: Das Wesen einer Sache ist für ihn – jenseits eines essentialistischen Standpunktes – der Ort, wo die Bedeutung des "ist" erst entschieden werden kann. Das Sein ist immer *esse rei*, d. h. es subsistiert nicht für sich außerhalb des konkreten Seienden, sondern ist immer der *actus essendi* eines Dinges. Daher möchte ich auf die Frage der Wesenserkenntnis unter 3.1. mit hinreichender Ausführlichkeit eingehen.

Die Position einiger Vertreter zeitgenössischer Theologie hatte eine kritische Auseinandersetzung mit der Philosophie Immanuel Kants, besonders in Hinblick auf die Gültigkeit einer nicht-empirischen Erkenntnis evoziert. Mit innerer Notwendigkeit entsteht hier die Frage, ob man denn hinter Kant zu einer "vorkritischen" Einstellung der Philosophie zurückgehen dürfe, um einen unmittelbareren Zugang zu den wirklichen Dingen zu erreichen. Dazu wäre folgendes zu bedenken: In seinem Versuch, die Metaphysik durch Vernunftkritik auf ein neues, sicheres Fundament zu stellen, setzt Kant bei der von F. Suarez konzipierten, von Chr. Wolff, A.G. Baumgarten und F.Chr. Baumeister weiterentwikkelten und in seine Zeit tradierten Gestalt der Philosophie an. Es ist dieser Typus von Metaphysik mit seinem essentialistischen und verbegrifflichenden Grundzug, auf den sich Kant in seiner Kritik bezieht.[214] Schon bei Suarez gewinnt das Sein denselben Charakter wie die Wesenheiten. "Seiendes" wird zu einem allgemeinen, abstrakten Begriff, zur höchsten Gattung, zum Bedeutungsgehalt. Für Wolff wird das Wesen zum Realgrund des Dinges.[215] Der Seinsakt verschwindet aus dem Horizont des Denkens, die Essenz wird zum "Kern" des Seienden. Da-

---

[214] Vgl. Cabada Castro, 324–342.

[215] Vgl. M. Schulz, 88.

mit fällt auch die Differenz von Sein und Wesen, die im Begriff "Seiendes", verstanden als etwas, dem Sein zukommt, impliziert ist, weg.[216]

Die Metaphysik wird in dieser Epoche zu einer allgemeinen Wissenschaft, die vom Prinzip des zureichenden Grundes ausgeht und der es zukommt, ihre Sätze in logisch verbindlicher Form zu ordnen bzw. auseinander zu deduzieren. Sie wird absolute Wissenschaft, die es mit logischen Begriffen als apriorischen Gegebenheiten zu tun hat.[217] Wo man den aktuierenden Grund des Seienden aus dem Auge verliert, stellt sich ein bestimmender Vorrang des Essentiellen und Begrifflichen ein, durch den die Metaphysik eine veränderte Struktur und Ausrichtung, nämlich eine gnoseologische, enthält. Damit geht eine Verfestigung der philosophischen Begriffe und eine Verbegrifflichung des Seins einher, auf die besonders G. Siewerth immer wieder die Aufmerksamkeit gelenkt hat.[218] Wenn sich Kant auf Metaphysik bezieht, so hat er diese Schulphilosophie des 18. Jahrhunderts mit ihrer essentialistischen Ausrichtung im Blick, die er nicht zuletzt darum, weil sie auch Gott unter ihren Begriff des Seienden subsummiert, zurecht seiner Kritik unterwirft, obwohl er die Grundrichtung dieses Essentialismus insofern rezipiert, als er das Dasein völlig aus der Bestimmung der Essenz herausnimmt und das Erkenntnisvermögen des Menschen strikt an die Gültigkeit apriorischer Begriffe zurückkoppelt.

Kant hat also mit seinem Kritizismus etwas destruiert, was nicht die eigentliche Metaphysik des Seins war. Dieser Zusammenhang rechtfertigt es aber, hinter diesen Weg der Destruktion zurückzugehen und nach den Grundelementen eines seinsmetaphysischen Denkens zu fragen. Wir finden sie bei Thomas von Aquin, durch dessen Denken der "Seinsvergessenheit" neuzeitlicher Philosophie Einhalt geboten ist. Die ursprüngliche Differenz von Sein und Wesen, Akt und Möglichkeit, begründet im aktuierenden Seinsakt, ist im Lauf der abendländischen Geistesgeschichte nur in der Aktmetaphysik des Thomas wirklich in den Blick gekommen.

3.1. Die Intelligibilität des Seienden

Als Alternative zum Sensualismus Kants und den von ihm nicht überwindbaren Aporien in der *Kritik der reinen Vernunft* soll hier von der realistischen Erkenntnislehre des Thomas v. Aquin ausgegangen wer-

216 Vgl. Rompe, 348.

217 Vgl. M. Schulz, 93.

218 Vgl. Siewerth, Schicksal, 4; 184; vgl. ders., Gott, 49–60; 160–173.

den, und zwar in der Weise, daß die Bedeutung des Urteils hervorgehoben wird, in dem sich nach der Lehre des Aquinaten die Erkenntnis dessen vollzieht, was wirklich ist. Es geht mir darum, die Parallelität der Urteilserkenntnis im Bereich der sinnenfälligen Dinge, die dem menschlichen Erkenntnisvermögen angemessen sind, und jener im Bereich des geoffenbarten Glaubens[219], von denen wir keine Erfahrung haben, für die Begründung des Glaubens als einer spezifischen Erkenntnis fruchtbar zu machen. Dazu ist vor allem zu untersuchen, wie der menschliche Verstand auch dort, wo die Sinneserfahrung nicht mehr hingelangt, die Erkenntnis der Wahrheit erreichen kann.

3.1.1. Vorbemerkung: Die Rezeption der Thomanischen Erkenntnislehre in der Gegenwart

Es gibt kaum ein Thema, das in der Thomasforschung so viel Beachtung gefunden hat wie die Erkenntnistheorie. Es ist unmöglich, die vielen Beiträge der historischen Thomasforschung und die verschiedenen Bemühungen, ihn in Hinblick auf modernes, von Kant geprägtes Denken zu aktualisieren, wie es in der systematischen Begründung des "Transzendentalthomismus" geschieht, gebührend zu würdigen. Nur einige Hauptrichtungen der modernen Thomasrezeption seien hier genannt, weil man Thomas gar nicht richtig interpretieren kann, ohne seine Rezeptionsgeschichte mit zu berücksichtigen.

Der französische Philosoph J. Maritain vertrat die Auffassung, das denkende Subjekt gelange durch eine Art "Seinsintuition", die ihm die Dimension des Immateriellen eröffne, in die Metaphysik, die das Seiende als Seiendes, d. h. losgelöst von seiner Materialität, betrachtet. Nur Wenigen sei es gegeben, in die Lichtung des Seins einzutreten, durch die ihnen das Sein in seiner Reinheit, von aller Materie entblößt, aufscheine.[220] Obwohl es möglich ist, daß manchen Philosophen eine solche Seinserfahrung zuteil geworden ist, bleibt es vage, wie eine solche Intuition für die Metaphysik konstitutiv sein könnte. Die Meinung, daß man durch eine Seinsintuition fähig sei, von der Materialität des Seienden zu abstrahieren, läßt das Problem offen, wie wir denn wissen können, daß es sinnvoll ist, eine Abstraktion von der Materie vorzunehmen. Für Thomas selbst dürfte der Einstieg in die Metaphysik über den "Umweg" durch die Naturphilosophie erfolgen, in der die Existenz von immate-

---

[219] Vgl. unten, Abschn. 3.4.5. und 3.4.6.

[220] Vgl. Maritain, Réflexions, 5–40.

riellen Entitäten, z. B. des menschlichen Verstandes, dessen Seinsgrund geistig sein muß, bewiesen wird.[221]

Eine andere Richtung der Thomasinterpretation wird durch die in der ersten Hälfte unseres Jahrhunderts entstandene Transzendentalphilosophie repräsentiert. Es war vor allem J. Maréchal, der mit dem Ziel, den transzendentalen Idealismus Kants mit Hilfe von Thomas zu überwinden, die traditionellen Methoden der Thomisten um die transzendentale erweiterte und dadurch einen Neuansatz entwickelte, der weit über Thomas hinausführt. Programmatisch für diesen Versuch ist die Schrift "Le point de départ de la métaphysique", in der Maréchal eine Synthese von Thomistischem Realismus und Kants transzendentalem Idealismus vollzieht.

Maréchal arbeitet an einer Kant-Widerlegung nach Mustern von Fichte und Hegel, die er eigenständig und abgewandelt einsetzt. Dabei geht er aus von einer ursprünglichen Synthese von *phantasma* und Begriff, deren Auflösung – nach ihrem Verlust in der Thomas ablösenden Spätscholastik – die Philosophien bis Kant determiniert habe und die in Kants transzendentaler Analyse wiedergewonnen werde. Eine zentrale Stellung nimmt in seiner ganzen Argumentation die Lehre vom Urteil ein, durch die die illegitime Reduktion auf das intentional-begrenzte Sein, wie sie für die transzendentale Dialektik Kants typisch ist, überwunden werden soll. Es ist ihm um die willentlich-postulatorische Bejahung des absoluten Seins (nach Fichte) zu tun, die der rein spekulativen Vernunft als hinreichende Grundlage dienen soll.[222] Für E. Coreth ist es vor allem der Mensch, der seine Frage nach dem Sein und dem Sinn der Dinge für ihre Erkenntnis mitbestimmend macht. Er hält den Transzendentalismus für das einzig anwendbare Verfahren philosophischer Reflexion und geht damit noch über Maréchal hinaus.[223] G. Siewerth, dem in seiner Art um das Wiederaufleben der Thomistischen Philosophie große Verdienste zukommen, hat, angefangen mit seiner Dissertation[224], eine Synthese zwischen Thomas und Hegel, bzw. Thomas und Heidegger, deren Grundgedanken er dabei rezipierte, versucht.

Im Zuge der katholischen Apologetik in den mittleren Jahrzehnten des letzten Jahrhunderts, in der man das nachkantianische Verständnis der

---

221 Vgl. Thomas v. Aquin, In II Phys., lectio 4, n. 175. Auf die Werke des Thomas wird ab hier direkt verwiesen.

222 Vgl. Maréchal, Le point de départ, Cahier IV.

223 Vgl. Coreth, 13f.

224 Siewerth, Die Metayphysik der Erkenntnis nach Thomas von Aquin. Erster Teil: Die sinnliche Erkenntnis.

Transzendenz als Grund aller Transzendentalität ins Spiel bringt, wird die Vermittlung der konkreten Erfahrungswelt beim Begreifen der Unendlichkeit stark beschränkt. Programmatisch für diese Richtung sind J.B. Lotz, der einen ewigen Bewußtseinshorizont konstatieren möchte, in dem der Mensch in seinem Erkennen der Zeit überhoben ist[225], und K. Rahner, der den Begriff des keineswegs nur bewußtseinsjenseitigen universellen Horizontes der menschlichen Transzendenz auf die Unendlichkeit Gottes einführt.[226] Für Rahner hat der *intellectus agens* im Modus des Vorgriffs schon immer das unendliche Sein verstanden. Nur weil er immer schon beim Sein ist, kann er alles andere verstehen. In dem Erreichen des unendlichen Seins ist aber eine anfängliche Gotteserkenntnis impliziert, die Rahner zur unthematischen, nicht reflexbewußten Bedingung jeder innerweltlichen Erkenntnis macht.[227]

Für eine andere Schule dagegen, in der fast ausschließlich die Rezeptivität des Erkennens betont wurde, steht etwa M. Honecker, der einen für seine Zeit nicht untypischen Abstraktionsbegriff vertritt.[228] Honecker stuft den Anteil des Intellekts, ausgehend von der grundsätzlichen Sensibilität des Seienden, beim Gewinnen der Erkenntnis genauso wie die Mitwirkung der *illuminatio phantasmatum* bei der Wesenserkenntnis als minimal ein.[229] In seinem Ansatz wird der endliche Verstand des Menschen im Grunde als ein Vermögen der passiven Rezeptivität begriffen, das die wesenhaften Gehalte der Natur durch eine bloße Abstreifung des Akzidentellen gewinnt, sozusagen durch die Herauskristallisierung der reinen Essenz aus dem trübvermischten konkreten Seienden. Die intelligiblen Inhalte liegen für ihn gewissermaßen schon fertig vor und brauchen nur von der sie verzerrenden Partikularität befreit zu werden. Wiewohl Honecker sehr genau herausarbeitet, wie Thomas die Augustinische Illuminationslehre und die arabischen Varianten der *intellectus-agens*-Lehre verwirft, kommt bei ihm nicht mehr zur Geltung, daß Thomas einer eingegrenzten Illumination durchaus einen Ort im Erkenntnisprozeß einräumt: Die Partizipation am göttlichen Licht besagt eine von Gott verursachte Ähnlichkeit, aufgrund derer es dem Menschen möglich ist, diese Erkenntnis, die er damit nicht schon als göttliche besitzt, selber zu entwerfen.

---

[225] Vgl. Lotz, 103, 125f., 132f.

[226] Vgl. Rahner, Schriften, Bd. 5, 122f; Bd. 6, 220ff. Zum Verständnis des "Vorgriffs auf Sein" für die transzendentale Seinsbezogenheit des Geistes bei Rahner vgl. M. Schulz, 611ff.

[227] Vgl. Rahner, Schriften, Bd. 5, ebd.

[228] Vgl. Schenk, 48ff.

[229] Vgl. Honecker, 268–288.

Wir haben es im Transzendentalthomismus einerseits und andererseits etwa bei Honecker mit den beiden extremen Spielarten der Thomasinterpretation zu tun: mit einem empiristischen Aposteriorismus auf der einen und mit einem Apriorismus unendlicher Transzendenz auf der anderen Seite, die für das 20. Jahrhundert maßgeblich geworden sind. So kann R. Schenk zugestimmt werden, wenn er die alternative Thomasdeutung von Honecker und Rahner dahingehend charakterisiert, daß beide in etwa die Hauptrichtungen Thomistischer Erkenntnislehre im 20. Jahrhundert zum Ausdruck brächten.[230]

Ein mehr am historischen Thomas orientierter Thomismus nimmt zur Kenntnis, daß eine Reflexion auf die subjektiven Faktoren und Bedingungen unserer Erkenntnis zwar notwendig ist, hält dies aber nicht für eine Bedingung, die unsere Erkenntnis von innen her (*intrinsece*) bestimmt. In jeder Reflexion ist ja vom tatsächlichen Vollzug der Erkenntnis auszugehen. Zwischen dem Seienden und dem Denkvermögen kann es eine Übereinstimmung geben, weil das Seiende – so soll hier schon vorweggenommen werden – intelligibel ist.[231] Die von mir erarbeitete Interpretation der Thomanischen Erkenntnislehre folgt einem Mittelweg, der zwischen einem einfachen (naiven) Realismus und einem Transzendentalismus hindurchführt, indem sie die Rezeptivität der Erkenntnis, für die es kein materiales Apriori gibt, anerkennt, ohne die Spontaneität des Verstandes auszublenden.

Inwieweit von einer begrenzten Spontaneität des Verstandes im Erkenntnisprozeß ausgegangen werden muß, erhellt in den nächstfolgenden Abschnitten, die die abstraktive bzw. begriffsbildende und die urteilende Tätigkeit des Intellekts thematisieren. Es wird sich zeigen, daß das Erkennen auf eine herzustellende *adaequatio* von Intellekt und wirklicher Sache abhebt, die zunächst eine Differenz oder Nichtentsprechung voraussetzt, wie sie in einer unmittelbar wiedergebenden, d. h. rein rezeptiven Erkenntnis noch nicht gegeben sein kann. Für die Sinneserkenntnis gilt: Sie ist rezeptiv, ohne die Distanz zu setzen, die für das Zustandekommen von Wahrheit notwendig ist.[232] Der vielzitierte Satz, daß jede Erkenntnis ihren Ausgang von den Sinnen nehme, darf

---

[230] Vgl. Schenk, 53.

[231] Vgl. Elders, Metaphysik, Bd. 1, 21, Anm. 74: "Es ist ein Mißverständnis mit unübersehbaren Folgen, daß die Epistemologie der letzten vier Jahrhunderte das erkannte Ding (im Erkenntnisvermögen) nicht als Ding, sondern als Objekt betrachtet hat, das von der Sache außer uns verschieden ist. Nach der Erkenntnislehre des Thomas ist das Ding mittels der eingeprägten Erkenntnisbilder, wenn auch nicht physisch, doch als anwesend in uns zu erkennen."

[232] Vgl. Thomas, De ver. 1,2; 1,3; 1, 9–11.

nicht zu der Annahme verleiten, daß menschliche Erkenntnis auf rein passiv aufnehmende Weise zustande komme und daß eine fertige Wesenserkenntnis erreicht sei, wenn man nur die "Akzidentien" der Dinge durch "Abstraktion" beiseite lasse.[233]

Im Gegensatz zu einem empiristischen Aposteriorismus wird hier unter "Abstraktion" ein auf dem Einfluß des *intellectus agens* beruhender geistiger Prozeß verstanden, der die Dinge *in actu* intelligibel macht und der zunächst in der Begriffsbildung terminiert, dann aber zum urteilenden Erkennen fortdrängt, in der die Erkenntnis erst zur Vollendung kommt, indem sie sich darin der Wirklichkeit angleicht.

3.1.2. Der Verstand und sein Objekt – die Sinneserkenntnis

Der Verstand ist für Thomas ganz grundsätzlich ein Vermögen, das nicht über alle Grenzen der Erfahrung hinweg auf geistige Wesenheiten ausgreift, für die es in den Dingen, die ihn umgeben, keinen Anhaltspunkt gibt. Das Objekt des menschlichen Verstandes ist in formaler Hinsicht eher eingeschränkt: Der Mensch ist mit seiner Verstandeserkenntnis auf die *quidditas rei materialis* oder – anders gesagt – auf die *Welt* verwiesen.

Dies hat seinen Grund aber nicht in einer – wie bei Kant – sensualistischen Grenzbestimmung unserer Erkenntnis. Denn prinzipiell ist der Verstand von unbegrenzter Tragweite: Objekt des Intellektes ist *an sich* das, was "ist", was "Sein" hat, das "Seiende" überhaupt (*ens*). Jede Erkenntnis eines singulären Gegenstandes vollzieht sich unter dem allgemeineren Gesichtspunkt, daß es ein Seiendes ist. In diesem Sinn hat das Seiende den Status des Ersterkannten. Damit ist die Erkenntnis des Verstandes nicht – wie die der Sinne – auf eine bestimmte Klasse des Seienden beschränkt.[234] Man kann das Vermögen des Verstandes an

---

[233] Zuzustimmen ist in dieser Frage R. Schenk, wenn er sagt: "Solange der Mensch passiv bleibt, rezipiert er nicht das, was er will, dazu muß er produktiv werden. Die Sinnlichkeit kann zwar täuschen, aber sie ist aus sich heraus der Unwahrheit und der Wahrheit gleichermaßen unfähig, insofern sie nicht aus der unmittelbaren Einfachheit in eine urteilsähnliche, produktive Ungleichheit geführt wird." Vgl. ders., 551.

[234] Vgl. S.c.G. II 83: "Naturaliter intellectus noster cognoscit ens et ea quae sunt per se entis inquantum huiusmodi." Vgl. S.Th. I 79, 7: "Intellectus autem respicit suum objectum secundum communem rationem entis, eo quod intellectus possibilis est, quo est omnia fieri. Unde secundum nullam differentiam entium diversificatur ... intellectus possibilis." Der Verstand kann nicht einfach in verschiedene Vermögen eingeteilt werden, wie z. B. in Vernunft, Gedächtnis, praktische Vernunft. Dieselbe Intentionalität oder Dynamik des Geistes weist also mehrere, voneinander verschiedene Momente auf: Intelligenz, Rationalität, Moralität.

sich oder *absolute*[235] betrachten, und dann gibt es keine Einschränkung seiner Reichweite, denn wir können nach allem, was auf irgendeine Weise ist, fragen, und indem wir danach fragen, intendieren wir seine Wirklichkeit.

Nun aber ist es mit der conditio humana gegeben, daß der menschliche Verstand sich *in statu unionis* mit dem Leib befindet. Daher fällt die Antwort anders aus, wenn wir danach fragen, wie das Objekt des Verstandes de facto zu bestimmen ist. Die leib-geistige Konstitution des Menschen macht es für seine Erkenntnis notwendig, sich zunächst mit Hilfe der sinnlichen Vermögen der erfahrbaren Welt und den aus Materie und Form komponierten Dingen zuzuwenden.[236] Der Verstand beschäftigt sich zuerst mit den materiellen Dingen. Von den nichtmateriellen Dingen (Verstand, Seele, Engel) kann er nur uneigentliche Begriffe bilden. Unser Denken wird auch zumeist von sinnlichen Vorstellungen begleitet. Will der Verstand solche Dinge benennen, die der sinnlichen Erfahrung unzugänglich sind, so ist er auf begriffliche Konzepte angewiesen, die der materiellen Wirklichkeit entnommen sind. Es geht Thomas dabei nicht darum, Begriffe als solche zu finden, die in eine gewisse Ordnung ("Begriffspyramide") zu bringen sind.

Thomas nähert sich dem Erkennen von der *Einheit des Erkannten mit dem Erkennenden im Vollzug der Erkenntnis*. In der Erkenntnis erwerben wir auf objektive Weise den kognitiven Gehalt der Dinge, die in ihrer Andersheit bestehen bleiben.[237] Eine Form intentional zu erwerben, bringt eine völlig neue Weise des Habens mit sich.

Dies gilt es zu beachten, wenn man den Beginn des Erkenntnisprozesses, die sinnliche Wahrnehmung, betrachtet: Jede natürliche Erkenntnis nimmt ihren Anfang bei den Sinnen, die uns in einen Kontakt mit der Wirklichkeit außerhalb unserer selbst bringen, obzwar die sinnliche Wahrnehmung nicht die alleinige und überhaupt nicht die adäquate Ursache der Verstandeserkenntnis ist.[238] A.D. Sertillanges bemerkt dazu la-

---

[235] In diesem Fall wird von der konkreten Seinsweise, in der sich der Intellekt befindet, abgesehen.

[236] Vgl. Schenk, 550: "Der Satz, alles Erkennen beginne in den Sinnen, hat zunächst die Funktion, an die Leere und das ursprüngliche (und ursprünglich bleibende) Nichts im Erkennenkönnen ('tabula rasa') zu erinnern. Der Mensch habe keine apriorische Rezeption der Ideen und sei auch sonst nicht von vornherein im Besitz der Wahrheit."

[237] Vgl. Elders, Philosophy of Nature, 177. Ähnliches meint der Begriff "*esse intentionale*" oder – auf Begriffebene – "*intentio intellecta*". Vgl. unten, 509, 294.

[238] Vgl. S.Th. I 12, 12: "Naturalis nostra cognitio a sensu principium sumit; unde tantum se nostra naturalis cognitio extendere potest, inquantum manuduci potest per sensibilia." Vgl. ebd. I 84,7: "Impossibile est intellectum nostrum secundum praesentis vitae sta-

pidar: "Die sinnliche Anschauung verknüpft uns mit der äußeren Wirklichkeit."[239] Die Erkenntnis eines sinnfälligen Gegenstandes ist durch einen Sinneseindruck vermittelt. Damit durch diese Impression und über sie hinaus ein in sich bestehender Gegenstand erfaßt werden kann, muß schon in der Sinneserkenntnis mehr erfaßt werden als das Sinnesdatum: nämlich das sinnliche Erkenntnisbild, das aus der von der *vis aestimativa* vollzogenen "Sammlung" verschiedener Eindrücke entsteht.

Darüber hinaus muß das geistige Erkennen ein transzendierendes Erfassen sein, das eine Wesensform erfaßt. Daß aus den sinnlichen Vorstellungsbildern eine Form abgehoben werden kann, hat zur Bedingung: 1. Sinneseindrücke; 2. geistige Aktivität; 3. daß das *sensibile* zugleich ein (potentielles) *intelligibile* ist. Der Verstand hebt auf Allgemeines ab. Trotzdem ist es für die Vollkommenheit des Verstandes notwendig, eine Rückkehr und Hinwendung zum Konkreten zu vollziehen, wie es in den Einzeldingen da ist. Gerade weil die allgemeinen Wesenheiten in den Einzeldingen existieren, gibt es eine vollkommene Erkenntnis von ihnen nur insofern, als der Verstand erkennt, daß sie in einem konkreten Einzelwesen existieren. Und da die menschliche Erkenntnis das Singuläre nur über die Sinne erreichen kann, muß sie diese Hinwendung zu den Phantasmata vollziehen.[240]

Thomas spricht von einer *continuatio intellectus ad imaginem*[241], um diese Hinwendung zu den Vorstellungsbildern anzudeuten, die eine Rückbindung der allgemeinen Wesenserkenntnis an die konkreten Dinge möglich macht. Es ist die *vis cogitativa* (oder Urteilskraft), die diese Verbindung mit den Singularia herstellt.[242]

3.1.3. Der Vollzug der Wesenserkenntnis

In der Tradition des Nominalismus, die sich im Ausgang des Mittelalters entwickelt hat und die – in epistemischer Hinsicht – später durch den angelsächsischen Empirismus verschärft wurde, kann es keine Erkenntnis allgemeiner Wesensstrukturen geben, die aus den konkreten, sinn-

---

tum, quo passibili corpori coniungitur, aliquid intelligere in actu, nisi *convertendo se ad phantasmata*."

239 Sertillanges, 483. Noch für Kant ist die Wahrnehmung, "die den Stoff zum Begriff hergibt ... der einzige Charakter der Wirklichkeit." Vgl. KrV B 273–A 225.

240 Vgl. S.Th. I 84, 7; vgl. S.c.G. III 75; vgl. auch Klubertanz, 135–165.

241 De ver. 2, 6; vgl. auch In II Sent., d. 3, q. 3, ad 1: "... reflexionem quandam intellectus ad imaginationem et sensum, dum scilicet intellectus speciem universalem quam a singularibus abstraxit, applicat formae singulari in imaginatione servatae."

242 Vgl. De ver. 10, 5.

lich erfahrbaren Dingen abzuheben sind. hier gibt es nur das Einzelne, das in seiner materiellen Singularität von den Sinnen erfaßt und höchstens durch vergleichende Analyse mit anderen Singularia unter dem Aspekt übereinkommender Merkmale zusammengefaßt werden kann.

Radikalisiert wurde der spätmittelalterliche "Nominalismus" etwa von D. Hume. Für ihn gibt es zwar nicht nur Elemente, sondern auch Einheiten und Relationen. Dabei bestehen die Elemente in einer Menge von nicht miteinander in Beziehung stehenden Sinneseindrücken, während die Einheiten und Relationen außer unserer mentalen Gewohnheit und unseren Meinungen keine Grundlage besitzen. Alle Ideen, die im Bewußtsein gebildet werden, sind nichts als blasse Abbilder der Sinneseindrücke (*impressions*) und sind selbst nicht wesentlich von diesen Eindrücken verschieden.[243] Im Positivismus, der nur Phänomene kennt, ist eine Verflüchtigung des Wesens in der Erscheinung zu gewahren, die jede Metaphysik unmöglich macht. Will man – im Gegensatz zu dieser empiristischen Tradition – die Begriffe als etwas von den Sinneseindrücken Verschiedenes auffassen, das seine epistemische Basis in der konkreten Welterfahrung besitzt, muß man zeigen, wie sie zustande kommen und wodurch sie in der Lage sind, für den Verstand einen Gegenstand in dessen intelligiblem Gehalt zu repräsentieren. Eine nicht dualistische Epistemologie kann die Begriffe nur aus dem aktuellen Vollzug der Verstandeserkenntnis ableiten, die sich den Dingen der Erfahrungswelt zuwendet.

Einer genuin Thomanischen Auffassung vom Vollzug der Verstandeserkenntnis scheinen sich einige Hindernisse in den Weg zu stellen: Wenn man heute von "Wesenserkenntnis" spricht, versteht man gemeinhin etwas anderes darunter als Thomas es getan hat: "Was ist das Wesen dieser Rose oder dieses Menschen?", so fragt man, und intendiert damit den substantiellen Kern eines Seienden in seiner konkreten Vereinzelung oder die individuell bestimmte Wesenheit. Den Schwerpunkt des Interesses bilden die Singularia. Man will in Erfahrung bringen, was genau den inneren Seinsgrund dieser Chemikalie, dieses Tieres, dieses Menschen ausmacht. In der klassischen Ontologie ist es schwer anzugeben, was denn nun das "Wesen" dieser Mücke oder dieses Elefanten sei. Der allgemeine Sprachgebrauch versteht unter Wesen – unter dem Einfluß der verschiedenen philosophischen Schulen – nicht das, was unter Absehung von den zufällig hinzutretenden Eigenschaften das Wesentliche eines Seienden ausmacht, sondern das Seiende selbst mit allem, was zu ihm gehört.

---

[243] Vgl. Hume, A Treatise on Human Nature, I 1.

Es liegt mir fern zu behaupten, die moderne Philosophie habe die klassischen Begriffe einfach leichtfertig über Bord geworfen, ohne sich um die Probleme zu kümmern, die sich bei dem Versuch, die Objektivität unserer Erkenntnis zu sichern, einstellen. Auch die Phänomenologie sucht das Wesen der Dinge zu erheben. Im Unterschied zur klassischen Ontologie bezieht man sich hier aber mehr auf die Vorstellung, die wir von den Dingen haben und fragt etwa auch nach dem "Wesen" einer Bewegung oder einer Begegnung, d. h. der Wesensbegriff umfaßt auch Entitäten, die nach klassischem Verständnis aus mehreren Formbestimmungen zusammengesetzt sind. Dabei verlagert sich der Fokus der Betrachtung von der Wesensbestimmtheit einer Sache auf unsere Erfahrung einer Vorstellung, die wir vom Gegenstand haben.

Husserl fragt nach dem, was den Dingen wesenhaft zukommt, nach den freizulegenden Invarianten hinter den empirischen Erscheinungen.[244] Dazu war es notwendig, empirische und eidetische Methoden einzusetzen und das Faktische mit in die Wesensbetrachtungen hineinzunehmen.[245] Die originäre Wahrnehmung des Gegenstandes ist für ihn die Grundlage der Wesensbetrachtung.[246] Husserls Methode der Wesenserkenntnis ist eine eidetische: Die verschiedenen Variablen der Vorstellungskomplexe werden aufgenommen, durchgespielt, um das immer gleich Bleibende integral als Invarianz zu gewinnen. Man könnte daher sagen, daß er sich dem Wesen über die "Akzidentien" nähert. Doch die Weise, in der sich ein Gegenstand als *gegebener* zeigt, ist situations- und erfahrungsbedingt.[247] Die Sache erweist sich in ihrem Bezug auf das menschliche Bewußtsein als Phänomen, das sich in seiner Gegebenheit nie in derselben Weise, sondern je verschieden abschattet.

Husserls Methode führt dazu, das Subjekt für den Ausgangs- und Mittelpunkt des philosophischen Fragens zu nehmen. Alles, was sonst noch ist, ist subjektbezogen. Die Welt ist jenes Gefüge des Seienden, die sich in Akten des Subjekts aufbaut und bleibt damit immer eine Welt *für* das Subjekt. Damit bleibt die Position der Phänomenologie äußerst ambivalent: Die Sachen sind keine Dinge im Thomistischen Sinn, sondern dasjenige, was relativ auf das Bewußtsein hin ist. Daher gelangt die Wirklichkeit der *res* nicht mehr zum Verstand. Sie bleibt eine Bestimmung, die vom Bewußtseinsfeld selbst ausgeht. Es war nach seinem, des späten Husserl, eigenen Ansatz nicht mehr möglich, den Bereich der bewußt-

[244] Vgl. Husserl, Ideen, Erstes Buch, 24f.; vgl. auch ebd., 163–167.

[245] Vgl. ders., Cartesianische Meditationen, § 34, 103–106.

[246] Vgl. ders., Ideen, Erstes Buch, 157ff.

[247] Vgl. ebd., 94f.

seinsmäßigen Immanenz zu überschreiten und jene Objektivität zurückzugewinnen, von der er – noch in den *Logischen Untersuchungen* – ausgegangen war.[248] Die Wende zum transzendentalen Idealismus bedeutet für ihn, die Existenz der Dinge mit dem Sich-Ausweisen für ein Bewußtsein gleichzusetzen.

In diesem Abschnitt soll zuerst der Thomanische Ansatz einer abstraktiven Wesenserkenntnis dargestellt und diskutiert werden. Dies geschieht in ausdrücklicher Abhebung vom sensualistischen Intuitionismus Kants und mit Augenmerk auf die ontologischen Implikationen der Erkenntnis von washeitlichen Strukturen. Danach soll die Möglichkeit der Wesenserkenntnis im Bereich von menschlichen Artefakten, zu denen die ganze technische Welt mit ihrem ungeklärten ontologischen Status gehört, problematisiert werden. Für Thomas wie auch für Husserl mit seiner eidetischen Methode kann wesenhafte Einsicht nicht durch Induktion gewonnen werden, also, indem man eine Reihe von materiellen Dingen beobachtet und dann miteinander vergleicht, um die gemeinsamen Eigenschaften herauszuheben, deren Summe dann das "Wesen" des Dinges ergibt.

3.1.3.1. Abstraktion

Thomas will mit seiner komplizierten und diffizilen Abstraktionslehre die zum bleibenden Wesen des Menschen gehörigen Möglichkeitsbedingungen der Begriffsbildung offenlegen, ohne den psychologischen Modus der Entstehung von Begriffen im lernenden Subjekt, das auf sprachliche Vermittlung angewiesen ist, zu präjudizieren. Es ist nicht leicht, die Thomanische Abstraktionslehre, die mit den Termini "phantasmata", "species intelligibilis" (*impressa*), "intentio intellecta", "conceptus" (*species expressa*) oder "verbum mentis" arbeitet, kurz und mit Blick auf die gesamte Erkenntnislehre darzustellen. Ich beschränke mich hier aus Gründen der Übersichtlichkeit auf die Hauptmomente und das Resultat der abstrahierenden Verstandestätigkeit.

Als grundlegendes epistemisches Prinzip hat sich ergeben: Alle Erkenntnis des Verstandes muß von den Sinnen herkommen.[249] Dieses

---

[248] Vgl. Stein, Erkenntnis, 32f.

[249] Vgl. oben, 495, Anm. 238. Sofern die Sinne in ihrer Wahrnehmung nicht auf den Sinneseindruck, sondern auf einen Gegenstand abzielen, sind sie das Medium des realen Kontaktes mit der *res extra animam*. Thomas spricht im Bereich des Sinnesvermögens sogar von "Urteilen" (*iudicium sensus*), weil wir, wenn wir wahrnehmen, nicht nur ein Sosein, sondern das Hier und Jetzt der sinnfälligen Wirklichkeit wahrnehmen. Man muß aber wissen, daß das "Urteil der Sinne" zur *vis aestimativa* gehört, die mit der Praxis zu tun hat, nicht mit der Existenz überhaupt. Vgl. De ver. 1, 11. Schon bei der

Prinzip verlangt aber eine wesentliche Ergänzung, denn das, was nichtgeistig ist – die materiellen Sinneseindrücke – können als solche prinzipiell nicht auf etwas Geistiges, den Verstand, einwirken. Sie sind nur potentiell intelligibel. Der Übergang von konkreten, sinnlichen Daten zu einem universalen, abstrakten Begriff geschieht durch eine Einsichtnahme in ein Datum, die von einer nicht durch das Datum begrenzten, intelligenten Aktivität des Verstandes vollzogen wird. Was die Sinne liefern, die der empirischen Intuition zugänglichen "Daten"[250], ist nur potentiell intelligibel: Das Datum ist zunächst das Material oder der "Stoff", das der Verstand mit einem formal Intelligiblen bereichert, indem er in den Daten die Intelligibilität einer Beziehung, einer Einheit erfaßt und damit jenes *intelligere in sensibili* vollzieht, von dem schon Aristoteles gesprochen hat.[251]

Um die substantiale Form eines konkreten Wesens, sei es ein Mensch, ein Esel oder ein Elefant, zu erkennen, bedarf es zweier Konstitutionsprinzipien: ein sinnliches Vorstellungsbild (*phantasma*) muß die Vorstellung informieren; sodann muß der Verstand mit einer ihm eingeborenen[252], stets aktuellen Kraft (*intellectus agens*) als einem formalen apriorischen Prinzip das Vorstellungsbild "durchleuchten" und auf die Ebene einer erkennbaren Formgestalt (*species intelligibilis*) transponie-

Wahrnehmung, wie sie den Tieren eigen ist, zeigt sich, daß die Hinbeziehung auf das Seiende bereits im Vollzug der Wahrnehmung und nicht erst durch den urteilenden Verstand geleistet wird. Die Sinnesvermögen sind eine passive Potenz, die nur durch etwas aktual Wirkliches in den Akt überführt werden kann. Das Auge kann z. B. nur durch einen sichtbaren wirklichen Gegenstand zum Sehen veranlaßt werden. Wenn sich Tiere etwa auf eine Futterquelle zu bewegen, so setzt dies normalerweise voraus, daß ihnen das erstrebte Gut das Sinnesvermögen aktuiert. Es gibt hier allerdings – bei Mensch und Tier – die Möglichkeit der Simulation. Die Sinne liefern nicht nur "impressions", sondern eine erste diffuse Kenntnisnahme, daß etwas ist. Vgl. Owens, Judgement, 43: "Whereas in sensation both the thing and its existence were grasped together in a single cognitive activity, in intellection they are also grasped together, but in double activity." In der Wahrnehmung erscheint das Wahrgenomme zugleich als etwas Reales. Vgl. auch G. Schulz, 61f. Allerdings wird der Gegenstand vom Sinnesvermögen nicht *als* etwas Wirkliches wahrgenommen – jede reflexive und ausdrückliche Erfassung der Wirklichkeit ist nur dem Verstand möglich. Dafür bleibt die *secunda operatio* entscheidend.

[250] Das Datum ist gewissermaßen der "Restinhalt" der menschlichen Erkenntnis, der übrigbleibt, wenn alle Handlungen des Verstandes und ihre Inhalte subtrahiert worden sind. B. Lonergan nennt das Datum darum "residuell". Vgl. ders., Einsicht, Bd. 1, 441f.

[251] Für Aristoteles bezieht sich die "trennende" Tätigkeit des Verstandes auf mathematische Gegebenheiten oder auf notwendige Qualitäten. Eine Abstraktion des begrifflichen Allgemeinen oder des Wesens von sinnfälligen Einzeldingen kennt Aristoteles hingegen noch nicht. Vgl. Owens, The Doctrine of Being, 239.

[252] Vgl. De ver. 11, 1; In Boet. de Trin. 3, 1, 4 et mult. loc.

ren. Der *intellectus agens* ist also ein geistiges Licht, eine immaterielle Kraft, die fähig ist, anderes seiner eigenen Natur anzuverwandeln.[253] Ihm kommt die Funktion zu, die Inhalte der Phantasmata auf eine höhere Stufe "hinaufzuheben", damit sie auf den Verstand einwirken können.[254] Die Gewinnung der *species intelligibilis*, die die Grundlage für den Begriff bildet, bedeutet einen Übergang von einem materiellen Singulare zu einer allgemeinen *natura communis*, die in verschiedenen Individuen realisiert ist.[255]

> "Die äußeren Sinne empfangen (ihre Vorstellungen) nur in der Weise des Erleidens von den Dingen, ohne daß sie selbst etwas zu ihrer Bildung beitragen. ... Nun verhalten sich die Dinge zum aufnehmenden Verstand aber wie ungenügend Tätige. ... Daher muß die Wirksamkeit des tätigen Verstandes hinzutreten, durch dessen Erleuchtung die Phantasmata aktuell erkennbar werden. ... Der aufnehmende Verstand verhält sich zu den Dingen, deren Erkenntnis er erhält, wie ein erleidendes Prinzip, das dem tätigen seine Mitwirkung verleiht."[256]

Warum kann das sinnliche Erscheinungsbild des Gegenstandes nicht als solches ein "Gleichnis der Sache" (*similitudo rei*) im Verstand hervorrufen, durch die jemand die Sache selbst erkennt? Die Beantwortung die-

---

[253] In III De anima, lect. 10, n. 739: "... virtus immaterialis activa, potens alia similia sibi facere". Vgl. In II Sent., d. 17, q. 2, a. 1: "... intellectus agens ... facit species sensibilies esse intelligibiles actu", In III Sent., d. 23, q. 1, a. 1: "... intellectus agens ... habet determinatam actionem, scilicet facere intelligibilia in actu, sicut lux facere visibilia in actu." Vgl. S.Th. I 85, 1 ad 4.

[254] S.Th. I 84, 6: "... phantasmata non sufficiunt immutare intellectum possibilem, sed oportet quod fiant intelligibilia actu per intellectum agentum; non potest dici quod sensibilis cognitio sit totalis et perfecta causa intellectualis cognitionis, sed magis quodammodo est materia causae."
Vgl. S.c.G. II 50: "Species enim rerum intellectarum fiunt intelligibiles actu per hoc quod a materia individuali abstrahantur." Vgl. S.Th. I 85, 1: "Cognoscere vero id quod est in materia individuali non prout est in tali materia est abstrahere formam a materia individuali, quam repraesentant phantasmata. Et ideo necesse est dicere quod intellectus noster intelligit materialia abstrahendo a phantasmatibus, et per materialia sic considerata in immaterialium aliqualem cognitionem devenimus."

[255] De ver. 10, 6 ad 7: "In receptione qua intellectus possibilis species rerum accipit a phantasmatibus, se habent phantasmata ut agens instrumentale et secundarium, intellectus verum agens ut agens principale et primum; et ideo actionis effectus relinquitur in intellectu possibili secundum conditionem utriusque et non secundum conditionem alterius tantum; et ideo intellectus possibilis recipit formas ut intelligibiles actu, ex virtute intellectus agentis, sed ut similitudines determinatarum rerum ex cognitione phantasmatum."

[256] Quodl. 8, 2, 1: "Sensus autem exteriore suscipiunt tantum a rebus per modum patiendi, sine hoc quod aliquid cooperentur ad sui formationem ... Sed ad intellectum possibilem comparatur res sicut agentia insufficientia ... oportet quod superveniat actio intellectus agentis, cuius illustratione fiunt intelligibilia in actu ... Intellectus enim possibilis comparatur ad res quarum notitiam recipit, sicut patiens quod cooperatur agenti."

ser Frage wird eine genauere Erklärung der verwendeten Termini und eine Fokussierung auf das Resultat der Abstraktion mit sich bringen. Thomas verwendet einen Vergleich: Wie das Licht die Farben sehen läßt, weil es schon in sich trägt, was die Farben besitzen, so macht auch der *intellectus agens* das *intelligibile* in den Dingen sichtbar.[257]

Der Grund, weshalb das Vorstellungsbild nicht als solches den Intellekt bewegen kann, liegt darin, daß es einer niedrigeren Ordnung als der Verstand angehört, nämlich der materiellen.[258] Zwar stellt es nicht ein diffuses Amalgam von sinnlichen Impressionen dar, sondern liefert den Inhalt des Begriffs, den der Verstand von der Sache bildet, aber aufgrund dessen, was es repräsentiert, ist es nur potentiell verstehbar. Das *phantasma* repräsentiert den Gegenstand in seinen sinnenfälligen Qualitäten, mit seinen individuellen, durch die konkrete Materie (*materia individualis*) bedingten Beschränkungen[259] und äußeren Akzidentien[260]. Genauso wird durch das *phantasma* aber auch das "Hier und Jetzt" des materiellen Dinges erfaßt.[261]

Was die Erkennbarkeit der Dinge einschränkt, ist die Materie. Die *materia prima* ist als reiner Möglichkeitsgrund überhaupt nicht erkennbar, und auch die konkrete, individuelle Materie als Konstitutionsprinzip der materiellen Substanzen verwehrt es dem Verstand, diese zu erkennen. Über diese Unerkennbarkeit des Singulären gibt Thomas sich mehrfach Rechenschaft, wenn er sagt: "*Formae substantiales nobis ignotae sunt.*"[262] Was ist denn das "Wesen" dieser Mücke oder dieses Menschen? Wir wissen es nicht!

Deshalb besteht der Abstraktionsprozeß primär darin, die Wesenheiten der Dinge aus ihrer materiellen Besonderung herauszulösen. Dadurch wird das Undurchdringliche der *materia individualis* als Prinzip der Un-

---

[257] Vgl. S.Th. I 79, 3 ad 2.

[258] Vgl. S.Th. I 84, 4 ad 2: "... res materiales, secundum esse quod haben extra animam, possunt esse sensibiles actu; non autem actu intelligibiles."

[259] Vgl. S.Th. I 79, 3: "... formae autem in materia existentes non sunt intelligibiles actu."

[260] Vgl. S.c.G. IV 11: "... sensus apprehendit rem quantum ad exteriora eius accidentia."

[261] Vgl. In I Periherm. lectio 2, n. 2: "Rursum si homo uteretur sola cognitione sensitiva, quae respicit solum *ad hic et nunc* ..." ; Vgl. In I Post. Anal. lectio 42, n. 5: "... non enim obiectum per se sensus est substantia et quod quid est, sed aliqua sensibilis qualitas, puta calidum frigidum album nigrum, et alia huiusmodi; huiusmodi autem qualitates afficiunt singulares quasdam substantias in determinato loco et tempore existentes; unde necesse est quod id quod sentitur sit *hoc aliquid*, scilicet singularis substantia, et sit alicubi *et nunc*, scilicet in determinato loco et tempore."

[262] De spir. creat. 11, ad 3.

erkennbarkeit aufgehoben.[263] Damit das, was in einem Ding nur in individuierter Weise vorhanden ist – die Wesensform – als allgemeiner Denkinhalt begriffen werden kann, bedarf es der Spontaneität des Intellekts. In einem wichtigen Text bestimmt Thomas das Verhältnis der *phantasmata* zu der begrifflichen Verstandeserkenntnis als das einer materialen Ursache:

"Weil aber die Vorstellungen (*phantasmata*) nicht hinreichen, um den möglichen Verstand zu verändern, sondern durch den tätigen Verstand aktuell verstehbar gemacht werden müssen, kann man nicht sagen, die sinnliche Erkenntnis sei die vollständige und vollkommene Ursache der Verstandestätigkeit; sie ist vielmehr gleichsam der Stoff der Ursache."[264]

Wegen des Prinzips: "Alle Erkenntnis des Verstandes muß von den Sinnen herkommen"[265], ist unsere Erkenntnis aposteriorisch. Dieses Prinzip verlangt aber eine wesentliche Ergänzung, weil die *phantasmata* mit den von ihnen repräsentierten materiellen Qualitäten und individuellen Bestimmungen als solche den geistigen Verstand nicht aktuieren können. Hier setzt nun die abstraktive Tätigkeit des immer aktuellen *intellectus agens* ein, der das, was in einem Einzelding nur in individuierter Weise vorhanden ist – die Wesensform – aus dem sinnlichen Vorstellungsbild herausliest und als allgemeinen Denkinhalt begreifen läßt.[266]

Man könnte bei dieser Tätigkeit, die zur Definition führt, durchaus von einem diskursiven Vorgang[267] sprechen. Dagegen ist die faktische Erfassung

---

[263] Vgl. S.Th. I 85, 1: "... abstrahere ... a materia individuali, quam repraesentant phantasmata." Vgl. S.Th. I 86, 1: "Singulare in rebus materialibus intellectus noster directe et primo cognoscere non potest. Cuius ratio est, quia principium singularitatis in rebus materialibus est materia individualis: intellectus autem noster ... intelligit abstrahendo speciem intelligibilem ab huiusmodi materia. ... Unde intellectus noster directe non est cognoscitivus nisi universalium."

[264] S.Th. I 84, 6.

[265] Vgl. S.Th. I 1, 9.

[266] Vgl. S.Th. I 85, 1, ad 4: "Abstrahit autem intellectus agens species intelligibiles a phantasmatibus, inquantum per virtutem intellectus agentis accipere possumus in nostra consideratione naturas specierum sine individualibus condicionibus, secundum quarum similitudines intellectus possibilis informetur."
Vgl. Quodl. 8, 2, 1: "Sensus autem exteriore suscipiunt tantum a rebus per modum patiendi, sine hoc quod aliquid cooperentur ad sui formationem ... Sed ad intellectum possiblilem comparatur res sicut agentia insufficientia ... oportet quod superveniat actio intellectus agentis, cuius illustratione fiunt intelligibilia in actu ... Intellectus enim possibilis comparatur ad res quarum notitiam recipit, sicut patiens quod cooperatur agenti." Diese Stelle dokumentiert wiederum, daß die Leistung des *intellectus agens* darin besteht, die *species intelligibilis* aus den sinnlichen Vorstellungsbildern, in denen sie nur potentiell intelligibel ist, zu abstrahieren.

[267] Die Diskursivität des Abstraktionsprozesses wird unterstrichen in S.c.G. III 108: "Intellectus noster non statim, sed cum quodam inquisitionis ordine ad cognoscendam quidditatem alicuius rei pertingit: sicut cum primo apprehendimus animal, et dividentes per

des Wesens, die sich durch die *species intelligibilis* vollzieht, ein *einfacher Akt*. Dieser Akt geistigen Erfassens, der zu einer ersten einfachen Begriffsbildung führt und der dem Urteilen und auch der eigentlichen Definition (nicht zeitlich, aber logisch) noch vorausgeht, heißt bei Thomas "*simplex apprehensio*".[268] Davon wäre die förmliche Definition zu unterscheiden, die auf die Wesenheit abhebt und die in einem diskursiven Prozeß besteht.

Ergebnis der Abstraktion ist für Thomas die *species intelligibilis*[269] bzw. der *conceptus* oder die *conceptio*[270]. Was ist darunter zu verstehen? In

---

oppositas differentias, altera relicta, unam generi apponimus, quousque perveniamus ad definitionem speciei ... Sic autem procedere ad cognoscendum de aliquo quid est, est intellectus ratiocinando discurrentis de uno ad aliud." Die Frage, ob es sich bei der Erfassung der Washeit einer Sache um eine diskursive oder einfache Aktivität handelt, wird diskutiert von Goris, 158–162. Goris unterscheidet *formatio quidditatis* und *simplex apprehensio*. Vgl. ders., 158: "We do not form the quiddities of things, but we know or apprehend them. What we form, through a discursive process, are concepts or definitions."

268 Vgl. R.W. Schmidt, 187: "But the first intention is effected by abstractive apprehension, which is simply the act of abstraction." Anders freilich Goris (unter Berufung auf Garceau, 131–134; 277–278), 139: "... (Aquinas) never calls the first operation of the intellect '*apprehensio simplex*'. This term denotes only every kind of non-discursive knowledge." Dazu führt Goris zwei Stellen an, nämlich S.Th. II–II 180, 3 und De malo 16, 6, ad 1, in denen es allerdings um die Wesenschau der Engel geht.
Während Thomas 60mal den Unterschied von erster und zweiter Verstandestätigkeit erwähnt (Garceau, 111–112), scheint es nur eine Stelle zu geben, an der die erste Verstandestätigkeit mit "*abstractio*" identifiziert wird: In Boet. de Trin. 5, 3. "*Formatio quiditatis*" heißt die erste Verstandestätigkeit in 1 De veritate – ein Ausdruck, den Thomas aber später fallen läßt. Was wir bilden, sind Definitionen und Konzepte. Eine historische Thomasexegese wird sich schwer tun, die *apprehensio* einfachhin für die erste Tätigkeit des Verstandes zu nehmen. Vgl. Cunningham, 201: "St. Thomas never says the first operation is an apprehension as though the two were equivalent. They are not convertible. He could not say the apprehension is the first operation. Every operation requires an apprehension."
Es wäre auch zu einfach, wollte man die *prima operatio* einfach mit jedem nichtdiskursiven Erfassen einer Wesenheit und die *secunda operatio* mit einem diskursiven Prozeß identifizieren. Vgl. Goris, 149: "The distinction between first and second operation of the intellect does not concern a distinction between intuitive and discursive knowledge." R.W. Schmidt verbindet die bloße Erfassung einer Wesenheit, die zu einer ersten Intention führt, mit der *simplex apprehensio*. Für einen eigentlichen Begriff dagegen, dem die *intentio universalitatis* zukommt, ist ein diskursiver Prozeß gefordert. Vgl. ders., 187. An diese Deutung muß die Frage gestellt werden, ob es de facto eine Wesenserfassung – unabhängig von der Erwerbung eines Begriffs – gibt. Etwas anderes wäre es, bei der analytischen Rekonstruktion des Erkenntnisvorgangs verschiedene Momente zu unterscheiden.

269 Vgl. S.Th. I 14, 11 ad 1; 44, 3; 55, 2 ad 2; 76, 2; 85, 1 ad 1.

270 Vgl. S.Th. I 12, 13: "Cognitio quam per naturalem rationem habemus, duo requirit: scilicet, phantasmata ex sensibilibus accepta, et lumen naturale intelligibile, cuius virtute intelligibiles conceptiones ab eis abstrahimus." Vgl. In Boet. de Trin. 1, 3, 3: "... ens et unum, quae intellectus abstrahit a phantasmatibus". Dabei ist zu wissen, daß "ens" für Thomas die *prima conceptio* des Intellekts ist. "*Conceptus*" und "*conceptio*" sind wohl

einer häufig wiederholten Formulierung wird die *species intelligibilis* eine *similitudo rei intellectae* genannt, eine "Ähnlichkeit", durch die wir das Wesen der Sache selbst erkennen.[271] Sie ist das *principium quo*[272] oder das Formalprinzip[273] der Erkenntnis.

Aristoteles schreibt am Ende der "Zweiten Analytik"[274] und auch am Anfang der Metaphysik[275], daß aus verschiedenen Eindrücken, die sich sammeln, ein Allgemeinbegriff entsteht, der auf mehreres der gleichen Art anwendbar ist. Nach seiner Auffassung werden bei diesem Vorgang Allgemeinstrukturen herauskristallisiert, die sich notwendig in verschiedenen Arten finden und die in eine Definition eingehen.[276] Thomas geht in diesem Punkt noch wesentlich weiter: Aus der Sinneserkenntnis kann nicht nur ein intelligibler Gehalt gewonnen werden. Eine Sache kann sich in ihrem washeitlichen Gehalt dem aufnehmenden Verstand mitteilen.[277] Dabei fallen die Akzidentien aus der Wesenserkenntnis heraus. Wesensbegriffe entstehen also dadurch, daß aus der Hinwendung zu den *phantasmata* im aufnehmenden Verstand die *species intelligibilis* "resultiert".[278] Diese vermag als *similitudo essentiae* das Wesen der erkannten Sache zu repräsentieren. Dies zeigt aber folgendes: In der Abstraktion sieht man von nicht-essentiellen Merkmalen der Dinge ab[279], bei der

---

synonym zu verstehen. Vgl. De pot. 9, 5. Zur Differenz von "*conceptio*" und "*species intelligibilis*", die eine formale ist, vgl. Oeing-Hanhoff, Abstraktion, 16f.

271 Vgl. S.Th. I 85, 2: "... et similitudo rei intellectae, quae est species intelligibilis, est forma secundum quam intellectus intelligit."

272 Vgl. S.Th. I 85, 2: "Species intelligibilis se habet ad intellectum *ut quo* intelligit intellectus."

273 Vgl. S.c.G. I 46: "... species intelligibilis principium formale est intellectualis operationis." Vgl. Oeing-Hanhoff, Abstraktion, 16.

274 Vgl. Aristoteles, Anal. Post. II 19.

275 Vgl. ders., Metaph. I 1, 980a–981a.

276 In der modernen analytischen Philosophie kommt man diesem Abstraktionsmodell sehr nahe, indem man den Verstand zu "essentiellen Eigenschaften" gelangen läßt, ohne die ein Individuum nicht es selbst sein könnte. P.F. Strawson entwickelt in seinem "Individuels – Essay in desciptive Metaphysics" eine deskriptive Metaphysik, die die naturwissenschaftliche Methode als einzig objektiven Weg zur Erkenntnisgewinnung bestreitet und auf lebensweltliche Vorentscheidungen zurückgreift. Die Qualifikation "deskriptiv" im Titel ist dabei gegen die reduktionistische Metaphysik der positivistischen und vorpositivistischen analytischen Philosophie gerichtet. Vgl. ders., Einzelding, 213–218; 259–269; 295– 299; vgl. auch Putnam, 120–140.

277 De ver. 10, 6 ad 7; vgl. 501, Anm. 255; vgl. auch De ver. 18, 8, ad 3: "... species intelligibilis id quod in ea formale est, per quod est intelligibilis actu, habet ab intellectu agente, qui est potentia superior intellectu possibili; quamvis id quod in ea materiale est, a phantasmatibus abstrahatur."

278 Vgl. S. Th. I 85, 1 ad 3. Vgl. Oeing-Hanhoff, Abstraktion, 24.

279 Vgl. In Boet. de Trin. 5, 3; vgl. S.Th. I 85, 1 ad 1.

Wesenserkenntnis geht es jedoch um mehr: Es muß zu einem inneren Erfassen eines Wesensganzen kommen, das als *conceptus* vom Verstand konstituiert wird.[280]

Wie verhält sich die Lehre von der *abstractio a materialibus conditionibus* zum Wesen der Erkenntnis selbst? Um eine Antwort auf die Frage zu finden, wozu die ganze Abstraktionslehre in Hinblick auf das innere Ziel der Erkenntnis dient, muß man sich vergegenwärtigen, daß der Verstand ein geistiges, d. h. immaterielles Vermögen ist, das andere "Formen" in sich aufnehmen kann. Dazu müssen sich aber die von den individuellen materiellen Merkmalen losgelösten Wesensformen dem Verstand präsentieren. Ohne die *materia individualis* ist etwas nicht auf ein bestimmtes Selbstsein festgelegt, sondern kann darüber hinaus auch noch "anderes" sein.[281] Wie eine Masse von Wachs nur ein einziges materielles Siegel als Abdruck in sich aufnehmen kann, so wäre der Verstand ein für allemal auf eine Form festgelegt, wenn er das Erkenntnisbild nicht zuvor von der bestimmten Materie, d. h. von den materiellen Einzelmerkmalen befreien würde.

Erkenntnis muß die durch die Materie verursachte Beschränkung aufheben[282], denn die erkannte Sache muß zum formgebenden Akt des aufnehmenden Verstandes werden.[283] Wenn es zu einem wirklichen Erkennen kommen soll, das nicht nur ein schwaches Abbild des Gegenstandes im Erkennenden erzeugt, sondern den Gegenstand selbst in seinem washeitlichen Gehalt im Verstand vergegenwärtigt, dann hängt alles an der Repräsentation der Sache selbst, die den Verstand aktuiert. Und genau dies ist der Vollzug des Wesens von Erkenntnis, daß der wirkli-

---

[280] Vgl. Quodl. 5, 9: "... ipsum verbum possit dici ... species intelligibilis, sicut *per intellectum constituta*." Die Rede vom *intellectus agens* macht erst da Sinn, wo das, was erkannt werden soll, nicht schon fertig gegeben ist oder einfach nur rezipiert zu werden braucht.

[281] Vgl. In II De an., lectio 5, 283: "Secundum esse materiale, quod est per materiam contractum, unaquaeque res est hoc solum quod est ...; secundum vero esse immateriale quod est amplum et quodammodo infinitum, inquantum non est per materiam terminatum, res non solum est id quod est, sed etiam est quodammodo alia." Vgl. De ver. 2,2,: "Perfectio autem unius rei in altera esse non potest secundum determinatum esse quod habet in re illa; et ideo ad hoc quod nata sit esse in re altera, oportet eam considerare absque his quae nata sunt eam determinare."

[282] Vgl. S.Th. I 86 ,1: "Singulare in rebus materialibus intellectus noster directe et primo cognoscere non potest. Cuius ratio est, quia principium singularitatis in rebus materialibus est materia individualis: intellectus autem noster ... intelligit abstrahendo speciem intelligibilem ab huiusmodi materia. ... Unde intellectus noster directe non est cognoscitivus nisi universalium."

[283] Vgl. S.Th. I 79,2: "... omnis intellectus creatus, per hoc ipsum quod est, non est actus omnium intelligibilium, sed comparatur ad ipsa intelligibilia sicut potentia ad actum."

che Verstand (*intellectus in actu*) und die wirklich erkannte Sache eins werden: Im Akt des Erkennens ist der Verstand das, was er wirklich erkennt.[284] Was wir erkennen, das haben wir tatsächlich als Erkanntes in uns selbst. Erkenntnis hat damit eine transsubjektive Ausrichtung: Das Erkannte bleibt es selbst und wird nicht zu einem subjektiven Zustand oder zu einer Affektion des Erkennenden.

Entscheidend ist für Thomas, daß der Erkenntnisprozeß das erkannte Ding nicht außen vorläßt, sondern zu einer Einheit von erkennendem Subjekt und erkanntem Gegenstand führt. Die Abstraktion ist deshalb notwendig, weil der Verstand durch ein aktuell Intelligibles aktuiert werden muß, woraus eine Einheit resultiert, die sogar noch inniger ist als jene von Materie und Form in den materiellen Dingen.[285] Aus ontologischer Sicht ist der Gegenstand *als erkannter* nicht etwas anderes neben dem Erkenntnisakt, sondern er ist dieser Akt selbst, wenngleich er sich darin objektiv als etwas anderes präsentiert.[286] Im Akt des Erkennens ist der Verstand eben das, was er wirklich erkennt.

> "Es gehört zur wesentlichen Notion des Denkens, daß der Denkende genauso das erkannte Ding ist; das Erkannte muß im Erkennenden und eins mit ihm sein."[287]

Und dies ist nun ganz entscheidend, denn es bedeutet, daß unsere Erkenntnis nicht im Erfassen einer Ähnlichkeit oder *similitudo*, die es aufnimmt, sondern im Erkennen des Dinges selbst terminiert.[288] Sie stellt eine *actio immanens* dar – eine Perfektion, die den Erkennenden bereichert und in gewisser Weise zu dem macht, was er erkennt. Doch das

---

[284] Vgl. S.Th. I 87, 1 ad 3: "Intellectus in actu est intellectum in actu propter similitudinem rei intellectae, quae est forma intellectus in actu."

[285] Letztere sind zwei distinkte Komponenten innerhalb der Einheit eines materiellen Seienden, während der erkannte Gegenstand in seiner eigenen Wirklichkeit nicht zu einer Komponente im erkennenden Subjekt wird, da er doch als erkannter im Sein des Subjektes existiert. Diese Identität besteht nicht in der physischen Ordnung, d. h. gemäß der Seinsweise/realen Existenz, in der das Ding als *res extra animam* bestehen bleibt. Die Form kann jedoch – absolut betrachtet – eine andere Seinsweise im Intellekt annehmen. Es handelt sich um eine intentionale Einheit, die in der Erkenntnis zustande kommt, sofern die erfaßte Form mit allen ihren identischen wesenhaften Bestimmungen sowohl in der physisch bestehenden Sache als auch im Erkenntnisvermögen ist.

[286] Vgl. S.Th I 55, 1 ad 2: "... intellectus in actu dicitur esse intellectum in actu ... quia illa similitudo est forma eius." Vgl. auch S.Th. I 14,2; 55,1 ad 2; 87, 1 ad 3; vgl. Elders, Philosophy of Nature, 181.

[287] De pot. 9, 5: "De ratione autem eius quod est intelligere est quod sit intelligens et intellectum ... oportet quod intellectum sit in intelligente et unum cum ipso."

[288] Vgl. S.Th. I 85, 2: "... et similitudo rei intellectae, quae est species intelligibilis, est forma secundum quam intellectus intelligit. ... id quod intelligit primo, est *res* cuius species intelligibilis est similitudo."

Erkennen ist nicht als reine Passivität zu verstehen; es ist kein bloßes Affiziertwerden durch sinnliche Anschauung. Vielmehr zeigt sich darin die höchste Aktivität von lebenden Wesen. Jede Perfektion teilt sich mit, insofern alles in dem Maße wirkt, wie es aktuell wirklich ist.[289] So auch eine aktualisierte Wesensform: Sie ist intelligibel und manifestiert sich selbst. Darum kann Thomas sagen: "Die Wirklichkeit einer Sache ist ein gewisses Licht ihrer selbst."[290]

Festzuhalten bleibt, besonders in Bezug auf die Stellung der "Anschauung" in der Kantischen Erkenntnistheorie: Das Erkennen wird bei Thomas vom Ansatz her nicht nach Analogie einer extravertierten Dynamik, sondern eines intelligenten Erfassens und einer geistig-intentionalen Einswerdung aufgefaßt. Die Lehre von der Abstraktion korrespondiert mit einem natürlichen Erkenntnisoptimismus, der sich darin zeigt, daß die Dinge in der Welt eine intelligible Struktur aufweisen, die der menschliche Verstand aus ihnen herauslesen kann.

3.1.3.2. Die Begriffsbildung

Wenn man den eigentlichen Begriff (*conceptus*) von der den Verstand aktuierenden *species impressa* abheben will, so kann man zwischen beiden nur eine formale, keine inhaltliche Differenz entdecken: Sie sind beide gleichermaßen das Gleichnis oder die Ähnlichkeit der erkannten Sache.[291] Der *conceptus* unterscheidet sich aber darin von der *species intelligibilis*, daß er eine vom Verstand hervorgebrachte Intention darstellt, in der und durch die (*in quo*) die Sache selbst erkannt wird.[292] Im Vergleich mit der Aufnahme der *species intelligibilis* (*impressa*) ist eine größere Aktivität des Intellekts gefordert, wenn er den Begriff (*species expressa* oder *intentio intellecta*) als *verbum mentis* aus sich hervorbringt.[293] In einem der ganz schönen Texte bei Thomas heißt es mit Anspielung auf die Verbum-Theologie:

---

[289] Vgl. S.c.G. I 37.

[290] Exp. In librum De causis, lectio 6, 168: "Ipsa actualitas rei est quoddam lumen ipsius."

[291] S.c.G. I 53: "... intentio intellecta ... est aliud a specie intelligibili ...: licet utrumque sit rei intellectae similitudo."

[292] Vgl. De diff. Verbi divini et humani: 2 (Opuscula Philos.) 588: "... verbum comparatur ad intellectum, *non sicut quo* intellectus intelligit, sed *sicut in quo* intelligit, quia in isto expresso et formato videt naturam rei intellectae." Vgl. Quodl. 5, 9, 1: "Intellectus intelligit aliquo dupliciter: uno modo formaliter et sic intelligit specie intelligibili qua fit in actu; alio modo *sicut instrumento* quo utitur ad aliud intelligendum; et hoc modo intellectus verbo intelligit, quia format verbum ad hoc quod intelligat rem."

[293] Den Unterschied zwischen der Abstraktion der *species intelligibilis* und des *conceptus* hat B. Lonergan ausführlich in seiner Studie *Verbum: Word and Idea in Aquinas* herausgearbeiet. Vgl. ebd., 152–190.

"Ich nenne aber 'intentio intellecta' das, was der Intellekt von der erkannten Sache in sich selbst konzipiert. Sie ist in uns weder die Sache selbst, die erkannt wird, noch ist es die Substanz des Intellekts, sondern es ist eine gewisse im Intellekt konzipierte Ähnlichkeit (*similitudo*) der erkannten Sache, die die äußeren Worte bezeichnen. Daher wird diese "intentio" auch inneres Wort (*verbum interius*) genannt – das mit dem äußeren Wort Bezeichnete."[294]

Zum Verständnis dieser Stelle muß man sich vergegenwärtigen, daß das Erkennen für Thomas wie jede Tätigkeit ein "Wirken" ist: kein äußeres Hervorbringen eines sichtbaren Resultates, sondern *actio immanens*, die gleichwohl ein Resultat zeitigt, aber ein solches, das im tätigen Subjekt verbleibt. So wie der Mensch im Akt des Sprechens äußerlich vernehmbare Worte hervorbringt, so bringt das Erkennen, das "in uns im eigentlichen Sinn ein Sagen ist"[295] ein "inneres Wort" hervor. Darin liegt die spezifische "Wirkung" des Erkennens.[296] Als Resultat des Erkennens ist dieses innere Wort das, was das erkennende Subjekt von der erkannten Sache in sich konzipiert, formt und ausdrückt.[297]

Die bloße Erfassung der Wesenheit als *universale*, die eine erste logische Intention darstellt, ist also eine Sache, die Formung des Begriffs, den der Verstand als eine zweite Intention konzipiert und der ein *universale inquantum universale* ist, eine andere: Dieses Universale ist nicht nur *de multis*, sondern auch *in multis*.[298] Wenn man also sagt, die Allgemeinnatur bzw. das Universale sei in den Dingen, so kann man darunter

---

[294] Quodl. 4, 11: "Dico autem *intentionem intellectam* id quod intellectus in seipso concipit de re intellecta. Quae quidem in nobis neque est ipsa res quae intelligitur; neque est ipsa substantia intellectus; sed est quaedam *similitudo concepta* in intellectu de re intellecta, quam voces exteriores significant; unde et ipsa intentio *verbum interius* nominatur, quod est exteriori verbo significatum."

[295] Vgl. De ver. 4, 2, ad 5.

[296] Vgl. De ver. 4, 2.

[297] Vgl. S.c.G. IV 11; De pot. 9, 5. Vgl. Oeing-Hanhoff, Abstraktion, 17; vgl. dazu auch die Studie von Jonsson, Foundations of Knowing God, 32: "According to Aquinas, the human act of understanding ('intelligere' in Aquinas, in Lonergan 'insight' oder 'understanding') has two different aspects. The first aspect is receptive in relation to the object of one's understanding (one might call it 'the input aspect') and consists in grasping the point and coming to understand what something is. The second aspect, on the contrary, is constructive (one might call it 'the output aspect') and consists in conceiving or conceptualization, i.e. in formulating in words what one has come to understand about the object."

[298] Vgl. In VII Metaph., lectio 13, n. 1570: "*Universale dupliciter* potest accipi. Uno modo pro ipsa natura cui intellectus attribuit intentionem universalitatis: et sic universalia, ut genera et species, substantias rerum significant, ut praedicantur in quid. Animal enim significat substantiam eius de quo praedicatur, et homo similiter. Alio modo potest accipi universale inquantum est universale, et secundum quod consideratur animal vel homo ut unum *in multis*."

zunächst verstehen: Die Form, die ein universales Sein im Verstand besitzt, hat in verschiedenen Dingen ihre konkrete Existenz. In diesem ersten Sinn wird das Universale gemäß seinem materialen Gehalt, nicht formal, aufgefaßt. Der andere Sinn ergibt sich, wenn man das Universale formal in seiner *intentio universalitatis* nimmt. In diesem Fall steht nicht seine spezifische Bestimmung, sondern seine Eignung, von vielen ausgesagt zu werden, im Blickpunkt.[299] Also das *universale*, das in *actu exercito* ausgesagt wird, ist in den Dingen realisiert und ist univok von ihnen aussagbar.

Die Quelle des Begriffs liegt in einem Akt der Einsicht, des geistigen Erfassens. Wenn wir einen Zusammenhang verstanden, ein intelligibles Ganzes erfaßt haben, sind wir imstande, ein "inneres Wort" zu bilden als Ausdruck dessen, was in der Sinneserfahrung eingesehen wurde. Thomas nennt dieses Hervorgehen des inneren Wortes *emanatio intelligibilis*.[300] Begriffe sind allgemein, insofern ihr sachhafter Gehalt das repräsentiert, was vielen Individuen gemeinsam zukommt.

Die Grenzen der begrifflichen Erkenntnis zeigen sich dort, wo es um das Erfassen des Singulären geht: Da der Verstand ein geistiges Vermögen ist, erkennt er die Wesenheiten der Dinge in ihrem allgemeinen Gehalt und nicht etwa in ihren individuellen, durch die materiellen Bestimmungen bedingten Ausprägungen. Seine Erkenntnisweise ist darauf angelegt, gerade von den individuierenden materiellen Merkmalen abzusehen. Und er kann dies tun, weil das mit der Einsicht ins Konkrete und Singuläre erfaßte Intelligible von sich aus nicht auf *dieses concretum* beschränkt ist.[301] Daher erkennt er nicht das individuelle Wesen (wie bei Ockham und den Nominalisten), sondern das allgemeine Wesen der Dinge. "*Individuum est ineffabile*" lautet ein Grundsatz der Thomanischen Erkenntnismetaphysik – unsere Begriffe heben auf das ab, was den verschiedenen Dingen gemeinsam ist, und sind selbst allgemein, denn das Geistige hat eine andere Seinsweise als die materiellen Dinge.[302] Dies bedeutet, daß die Verstandeserkenntnis nicht die besondere

---

[299] Vgl. In VII Metaph., lectio 16, n. 1641: "Illud quod est commune est simul apud multa. Hoc enim est ratio communis ut *de multis* praedicetur et *in multis* existat." Vgl. In VII Metaph., lectio 13, n. 1572: "Universale est commune multis; hoc enim dicitur uniersale quod natum est *multis inesse* et *de multis praedicari*."

[300] Vgl. S.Th. I 27, 1; vgl. auch Lonergan, Verbum, 33–45; 197–215; vgl. Jonsson, 113–118.

[301] Dieser Gedanke soll noch entfaltet werden, wo es um die *natura communis* und ihren Status geht. Vgl. unten, Abschn. 3.1.3.3.

[302] Vgl. S.Th. I 86 ,1: "Singulare in rebus materialibus intellectus noster directe et primo cognoscere non potest. Cuius ratio est, quia principium singularitatis in rebus materialibus est materia individualis: intellectus autem noster ... intelligit abstrahendo speciem

individuelle Seinsweise der Dinge erfaßt und sich, wo es um das Singuläre geht, damit begnügen muß, die *Eigenschaften* eines Individuums zu erkennen – was eine gewisse Annäherung an seine individuelle Existenz bedeutet.

Zeichentheoretisch läßt sich der Begriff von einem natürlichen Zeichen wie dem Rauch eines Feuers, aber auch von einem konventionellen Zeichen wie einem Verkehrsschild, das auf eine Kreuzung deutet, und auch von einem sprachlichen Lautzeichen insofern unterscheiden, als es sich bei letzteren entweder um Wirkungen handelt, von denen man weiß, das sie auf eine ihnen zugrundeliegende Ursache hinweisen oder um Entitäten, die aufgrund einer getroffenen Absprache für etwas anderes stehen können, also *semiotisch* zu interpretieren sind, während der Begriff nicht auf etwas anderes, von ihm wesenhaft Verschiedenes, hinweist, sondern "*signum formale*" ist, d. h. ein Zeichen, welches das damit Bezeichnete in unmittelbarer Weise in seinem intentionalen Gehalt abbildet und repräsentiert, d. h. intentional mit der bezeichneten Sache identisch ist.[303] Aus diesem Grund vermag als Fokus bei der begriffsbildenden Tätigkeit wiederum das "unum fieri" von Intellekt und erkannter Sache hervorzutreten: Weil der Begriff nicht etwas Fremdes zum Gegenstand hat, sondern *signum formale* ist, d. h. als *principium in quo* die Sache selbst in ihrem kognitiven Gehalt repräsentiert, tritt er nicht zwischen das Erkenntnisvermögen und die erkannte Sache, sondern vermittelt ihr aktuelles Eins-Werden.

3.1.3.3. Die natura absolute considerata

Da bei Thomas Ontologie als Lehre von der Struktur des Seienden und Erkenntnislehre immer ineinander greifen, muß an dieser Stelle etwas über den Realitätsmodus der *natura communis* gesagt werden, die der Verstand als Erkenntnis*inhalt* aus den sinnfälligen Dingen abhebt.

Wozu braucht es in der Welt der uns begegnenden singulären Dinge und Ereignisse diese Allgemeinnatur? Ohne die *natura communis* wäre keine universale Prädikation möglich: Dem konkreten Seienden muß ein allgemeines Wesen zukommen, damit es als eine sachhaltig bestimmte *res* aufgefaßt werden kann, denn wir können ja von dem Individuum, das durch den Subjektbegriff in einem Urteil angegeben wird,

---

intelligibilem ab huiusmodi materia. ... Unde intellectus noster directe non est cognoscitivus nisi universalium."

[303] Zum Unterschied zwischen solchen Zeichen, die aufgrund einer Übereinkunft (*ratione institutionis*) oder naturhaft (naturaliter) bezeichnen und dem Begriff als Zeichen vgl. In I Periherm., lectio 2, n. 8.

immer irgendein Wesen aussagen. Und der Allgemeinbegriff bezeichnet nicht nur die Wesensform eines Seienden, sondern das ganze Seiende. Nur von den individuierenden Bestimmungen (*materia signata*) wird dabei abgesehen. So sagen wir z. B. "Sokrates ist ein Mensch", und meinen damit das Ganze seiner Person und nicht nur einen Teil. Solches von sich her Allgemeine in den Dingen nicht anzuerkennen, wäre Konzeptualismus oder Nominalismus.

Damit der Verstand das, was den Sinnen konkret und individuiert gegeben ist, auf ein Allgemeines hin übersteigen kann, das die verschiedenen Individuen unter sich begreift, muß die allgemeine Wesensnatur in den Dingen als ein *totum* vorkommen, das nicht notwendigerweise von sich aus individuell ist, denn der Allgemeinbegriff repräsentiert ja dasjenige, wodurch z. B. Petrus ein Mensch ist, nicht das, wodurch er *dieser* Mensch ist. So hat denn der von vielen Individuen prädizierbare Begriff als sachliches Fundament die spezifische Wesensform. Sofern der Begriff diese abbildet, ist er deren Ähnlichkeit (*similitudo*).[304]

Wichtig ist, daß es eine absolute Betrachtung der Wesensform geben kann, die von jedem beliebigen Status absieht: Die Wesensform ist nämlich einmal auf individuelle Weise in den konkreten Dingen der gleichen Art verwirklicht, zum andern besitzt sie im menschlichen Verstand ein allgemeines Sein. *Von sich her* kommt es der Wesenheit als washeitlichem Gehalt aber weder zu, individuell noch allgemein zu sein. Absolut betrachtet besitzt sie weder Allgemeinheit noch Einheit.

> "Die erste Betrachtung einer jeden geschaffenen Natur geschieht im Hinblick darauf, daß sie im göttlichen Intellekt gegenwärtig ist. Als Zweites kann eine solche Natur absolut betrachtet werden; als Drittes im Hinblick auf das Sein, das sie in den Dingen selbst oder im englischen Intellekt hat; als Viertes im Hinblick auf das Sein in unserem Intellekt."[305]

> Also in dem ihr eigentümlichen Sinngehalt enthält die Natur weder die Bestimmung der Einheit noch der Vielheit, weder die Seinsbestimmtheit im Verstand noch die Seinsbestimmtheit eines individuell existierenden Dinges. Zu ihrem reinen Sinngehalt gehört nicht die Existenz in diesem oder jenem Individuum und auch nicht die Bestimmung der Universalität, die mit ihren Momenten der Einheit und Gemeinsamkeit allein dem durch Abstraktion

---

[304] Vgl. De ver. 8, 9, ad 4; 10, 4.

[305] Vgl. Quodlibet 8, 1: "Unde uniuscuiuscumque naturae causatae prima consideratio est secundum quod est in intellectu divino; secunda vero consideratio est ipsius naturae absolute; tertia secundum quod habet esse in rebus ipsis, vel in mente angelica; quarta secundum esse quod habet in intellectu nostro."

gewonnenen Begriff zukommen. Die *natura absolutae considerata* besitzt eine Priorität gegenüber jeder Bestimmung und Seinsweise.[306]

"Man kann jedoch nicht sagen, daß der Allgemeinbegriff der so aufgefaßten Natur zukommt, weil zu dem Allgemeinbegriff Einheit und Gemeinsamkeit gehören. Der menschlichen Natur aber kommt gemäß ihrer absoluten Betrachtung keines dieser beiden zu."[307]

Die Allgemeinheit von Begriffen ist vom Verstand erzeugt. Sie ist keine Eigenschaft der Naturen als solchen. Das Gemeinsame ist dabei aber das Wesen der Dinge, das der Begriff als *conceptus universalis* erfaßt. Die in den Dingen wirklich bestehende Allgemeinnatur ist die metaphysische Grundlage für die Erkenntnis der Washeit.[308] Diese verhält sich, um dies zu wiederholen, indifferent zu einer Seinsweise in den Dingen und im Verstand. So sie ihr Sein im Verstand hat, eignet ihr eine faktische Allgemeinheit, jedoch kommen ihr als solcher keine formale Einheit und Gemeinsamkeit zu. Anders das Universale als Begriff, in zweiter Intention genommen: Unter der *intentio universalitatis* betrachtet, besitzt die Natur nicht nur ihre spezifischen Bestimmungen, sondern auch eine bestimmte Seinsweise, die sie zu einem *unum et commune* macht.[309]

Die Grundlage für die Prädikation von Allgemeinbegriffen liegt also in der Struktur des Wirklichen selbst: Das Seiende ist immer als washeitlicher Gehalt verwirklicht, den der Verstand erfaßt, wenn er von den individuierenden Bestimmungen absieht. Die in den Dingen begegnende Wirklichkeit kann nicht auf das pure "Daß" ihrer Existenz verkürzt werden. Sie umfaßt drei Dimensionen, deren eine die essentielle oder wesenhafte ist:

"Das Sein wird dreifach ausgesagt: Auf die eine Weise besagt es die Washeit oder die Natur des Dinges. ... Auf andere Weise besagt es den Akt selbst des Wesens. ... Auf dritte Weise besagt es das, was die Wahrheit der Zusammensetzung in Sätzen bezeichnet."[310]

---

306 Vgl. De ente, 3. cap.; vgl. Quodlibet VIII 1, 1; vgl. In II De an. lectio 1, 12; vgl. De pot. 6, 9, ad 16.

307 De ente, 4. cap.: "Non tamen potest dici quod ratio universalis conveniat naturae sic acceptae, quia de ratione universalis est unitas et communitas; naturae autem humanae neutrum horum convenit secundum absolutam suam considerationem."

308 Vgl. In II De an., lectio 12, 380: "Ipsae autem natuae quibus accidit intentio universalitatis sunt in rebus." Dies will wohlgemerkt nicht heißen, das Universale als solches bestehe formal in konkreten Dingen.

309 Vgl. S.Th. I–II 29, 6: "De universali dupliciter contingit loqui: uno modo secundum quod subest intentioni universalitatis; alio modo, dicitur de natura cui talis intentio attribuitur; alia est enim consideratio hominis universalis, et alia hominis in eo quod homo." Vgl. De spir. Creat., 9, ad 16: "Ratio universalitatis, quae consistit in communitate et abstractione sequitur solum modum intelligendi."

310 In I Sent. d. 33, q. 1, 1, ad 1. Die Stelle wird wegen ihrer Wichtigkeit unten, 532 unter Anm. 375 nochmals ausführlicher angeführt.

Obwohl an dieser Stelle die Washeit oder Allgemeinnatur mit einer der drei Bedeutungen von "*esse*" kongruent ist, besitzt diese doch für sich genommen keinen anderen metaphysischen Status als den des Möglichen.[311] Allerdings kommt ihr gegenüber allen Einzeldingen eine Art Maßgeblichkeit zu, sofern das, was in den Dingen verwirklicht ist, von der Natur sein Maß empfängt. Sie besitzt die Priorität dessen, was Maß des anderen ist.[312] Letztlich ist die maßgebliche Priorität dieser reinen Sachhaltigkeit in dem verankert, was ihr noch einmal voraufgeht: im Erkanntsein durch den Verstand Gottes. Der Gang der Argumentation in De ver. 1, 2, wo im Kontext der Transzendentalienlehre erstmalig vom göttlichen Verstand die Rede ist, zeigt, daß der Rückgriff auf das ursprunggebende Denken Gottes in ontologischer Hinsicht für Thomas die Funktion einer Letztbegründung erfüllt. Freilich wird die Ontologie ohne den Rekurs auf theologische Sätze auskommen müssen, die aus der Offenbarung abgeleitet werden.[313] Thomas stellt eine Analogie her zwischen dem entwerfenden Verstand des Menschen, der das Maß der künstlichen Dinge ist, die er herstellt, und dem göttlichen Verstand als dem Maß alles natürlich Seienden. Da der göttliche Verstand die Dinge in ihrem Wesen und ihrem Sein hervorbringt, stehen sie zu ihm in einer Relation der Abhängigkeit und empfangen von ihm ihr Maß und ihre Wahrheit:

> "So ist folglich der göttliche Verstand maßgebend und nicht gemessen, ein Ding der Natur maßgebend und gemessen, unser Verstand aber gemessen und nicht maßgebend für die Naturdinge, sondern nur für die künstlichen."[314]

Wo es um die Angleichung des menschlichen Verstandes an die Dinge geht, ist das Verhältnis des göttlichen Verstandes zu den Dingen dem unsrigen vorgeordnet. Den Dingen kommt deshalb unabhängig von unserer Verstandestätigkeit und Auffassung schon eine ontologische Wahrheit zu, insofern sie mit dem göttlichen Verstand übereinstimmen:

> "Wahrheit im Verhältnis zum göttlichen Verstand wohnt einem Ding auch eher inne als im Verhältnis zum menschlichen Verstand."[315]

---

[311] Vgl. Wippel, 163–173.

[312] Vgl. Honnefelder, "Natura communis", 496.

[313] Gott ist nicht Gegenstand der Metaphysik, fällt nicht in ihr Gebiet (*subiectum*), sondern nur insofern er Ursache (*causa*) der Seienden ist.

[314] Vgl. De ver. 1, 2: "Sic ergo intellectus divinus est mensurans non mensuratus, res autem naturalis mensurans et mensurata, sed intellectus noster mensuratus et non mensurans res quidem naturales, sed artificiales tantum."

[315] Vgl. De ver. 1, 4: "Per prius etiam inest rei veritas in comparatione ad intellectum divinum quam humanum." Jedes Seiende ist durch die ihm innewohnende Form aber auch geeignet, eine wahre Einschätzung von seiten des menschlichen Verstandes zu bewirken. Vgl. De ver. 1, 2: "... nata de se facere veram aestimationem."

Diese notwendige Hinbeziehung der Dinge auf einen Intellekt, die sie gemäß ihrer Wesensform immer schon haben, ist schon deshalb für die hier verfolgte Fragestellung interessant, weil sie den tieferen Grund für die innere Sinnhaftigkeit und Intelligibilität des Seienden angibt: Weil die Dinge ihrem inneren Wesen nach durch einen Verstand verursacht sind, der sie denkend hervorbringt, sind sie von vornherein geistig strukturiert und als solche auch dazu geeignet, von einem anderen geistigen Vermögen durch Angleichung erkannt zu werden.[316] Auch hierin zeigt sich wiederum: Aufgrund ihrer Intelligibilität können die Dinge intentional mit dem erkennenden Verstand des Menschen *eins* werden.

Resumée und Ausblick: In diesem ersten Abschnitt der Epistemologie wurde versucht, die Möglichkeit der Erkenntnis von allgemeinen Sinngehalten auf die innere Intelligibilität der Wirklichkeit zu gründen. Dies wurde im Rückgriff auf Thomas v. Aquin etwas entfaltet, dessen Auffassung von der inneren Intelligibilität des Seienden für eine Überwindung des Erkenntnisskeptizismus grundlegend ist. Diese These besagt nun nicht, daß das, was ist, an unserer begrenzten Verstehensfähigkeit zu messen sei, sondern daß wir Fragen stellen können, die nach Einsicht suchen, und die deshalb mit der Wirklichkeit zu tun haben. Es hat sich gezeigt, daß die Möglichkeit einer Wesenserkenntnis ganz entscheidend davon abhängt, ob man dem Verstand zutraut, aus der Welterfahrung allgemeine Sinngehalte abzuheben oder jenes *intelligere in sensibili* zu vollziehen, in dem schon für Aristoteles der Anfang jeder wissenschaftlichen Erkenntnis lag. Indem der *intellectus agens* das sinnliche Erfahrungsmaterial "durchleuchtet", erschließt sich ihm das Intelligible, Wesenhafte, das in den Sinnesdingen liegt, das aber zugleich über die Sinneseindrücke hinausgeht: eine intelligible Einheit bzw. die Intelligibilität des Objektes, die er dann in einem Begriff auszudrücken vermag. Einen Dualismus im Zustandekommen der Erkenntnis vermeidet man nur dann, wenn das Licht des Verstandes zwar eine geistige, aktuell wirkende Kraft ist – sonst könnt sie den *intellectus possibilis* nicht beeinflus-

[316] Die innere Sinnhaftigkeit und vollständige Erkennbarkeit der Dinge durch den menschlichen Verstand bildet für B. Lonergan den Ausgangspunkt für seine Fundierung der Existenz Gottes, wobei der Gott der Offenbarung mit dem "uneingeschränkten Akt des Verstehens" identifiziert wird. Vgl. dazu Jonsson, 156: "If there exists an unrestricted act of understanding, and if that act is identical with God, then God exists. But the attributes of the unrestricted act of understanding worked out ... turn out to be attributes usually assigned uniquely to God. Thus, the unrestricted act of understanding and God must be identical. Furthermore, the existence of an unrestricted act of understanding has already been shown to be implied in the affirmation of the *complete intelligibility of being*. Therefore, since being is completely intelligible, God exists." Hervorhebung von mir.

sen –, die aber die materiale Bestimmung der Erkenntnis den Dingen nicht aus eigener Spontaneität überstülpt, sondern aus den inneren Sinnen "herholt". Kraft des *lumen naturale* eignet dem Verstand die Fähigkeit der Abstraktion, die eine von den Daten der Sinne ihren Anfang nehmende und von daher gespeiste Wesenserkenntnis möglich macht.

Wenn das Denken bei der Aktualität des Seins seinen Ausgang nimmt, kann es nicht darum gehen, eine konsistente Begriffsmetaphysik, die dem Erfassen der realen Seinsweise der Dinge vorausliegt, zu konstruieren oder in sich konsistente Begriffspyramiden zu entwerfen. Dies bleibt zu beachten, auch wenn danach gefragt wird, wie denn unsere Begriffe zustande kommen. Thomas geht, anders als Kant, der zuerst nach den Bedingungen der *Möglichkeit* von Erkenntnis fragt, ohne sich über deren Wirklichkeit rückversichert zu haben, je schon vom tatsächlichen Vollzug unserer Erkenntnis aus, die in den wirklichen Dingen eine auf den transzendentalen Eigenschaften des Seienden und seiner wesenhaften Bestimmtheit gründende Intelligibilität abhebt.[317] Bei Kant gelten als Bedingungen der menschlichen Erkenntnis die auf eine sinnliche Anschauung reduzierte Rezeptivität, die nur Erscheinungen vermittelt, und die Spontaneität des Verstandes, der die intelligible Struktur des Seienden nicht aufdeckt, sondern durch seine eigene verdeckt.

Der entscheidende Unterschied zu einer bloß auf äußere Phänomene reduzierten Methode besteht darin, daß der Mensch im Vollzug seiner Erkenntnis tatsächlich bei der Wirklichkeit der Dinge ist, nicht nur bei seinen Vorstellungen von den Dingen. Erkenntnis ist ja das geistige Erfassen eines Gegenstandes, nicht einer Vorstellung oder eines Denkinhaltes, der auf einen Gegenstand Bezug nimmt. Anders würde der Erkennende auch in der aktuellen Erkenntnis immer bei sich selbst bleiben.

Das erkannte Seiende wird nach der hier vertretenen Auffassung zum geistigen Leben der erkennenden Person. Damit ein Seiendes seinem washeitlichen Gehalt nach erkannt werden könne, muß es eine aktuelle Berührung von Erkennendem und Erkanntem – ein *quodammodo uno fieri* – geben, was wiederum zur Bedingung hat, daß das erkennende Subjekt in und mit dem Erkenntnisakt sich selbst transzendiert. Solche Selbsttranszendenz gehört wesentlich zum Vollzug personalen geistigen Seins. Sie ist die eigentliche Öffnung der Person für das extramentale Seiende, für den Anderen als Anderen und für die sittlichen Werte.

---

[317] Es ergibt sich hier allerdings insofern ein gewisser Zirkel, als ich dies *vor dem Erkennen*, d. h. ohne Erkenntnis noch nicht erkannt haben kann. Die aktuale Erkenntnis ist darum unvordenklich.

Daß der Begriff – verstanden als "*verbum interius*" – tatsächlich einen allgemeinen Sinngehalt repräsentiert, ist für die Philosophie der Sprache und damit auch für die propositionale Vermittlung des christologischen Glaubens der Kirche, d. h. für die Möglichkeit von dogmatischen Lehraussagen über die Person Christi von größter Bedeutung: Der Begriff drückt einen *bestimmten* Bedeutungsgehalt aus, der daraus entstanden ist, daß der Verstand in seiner Intentionalität etwas erfaßt hat, das innerlich intelligibel ist. Das äußere Wort der Sprache empfängt seine Bedeutung erst von diesem inneren Wort (dem Begriff) her. Sprache als äußeres, artikuliertes Lautgeschehen kann einen Gegenstand letztlich nur deshalb benennen, weil es das innere Wort gibt. Daher rührt die wesentliche Abhängigkeit der Sprache vom Vollzug einer Intentionalität, die sich in der Allgemeinheit der Termini, die wir verwenden, ausdrückt. Sprechen wir von "Tier", "Mensch", "Haus" usw., so beziehen sich diese Worte auf die Begriffe, die wir gebildet haben, und erst durch die letzteren auf den bezeichneten Gegenstand. Erhalten die äußeren Worte ihren Sinngehalt aber von den Begriffen als inneren Worten, dann können sie auch einen absolut transzendenten Gegenstand bezeichnen. Im Vergleich mit dem Nachdruck, den man nach dem "linguistic turn"[318] in der Philosophie auf die Abhängigkeit des Denkens von partikulären sprachlichen Kontexten gelegt hat, bedeutet die Fähigkeit zur Abstraktion und Wesenserfassung, die zu eigentlichen Begriffen führt, die Universalität des menschlichen Geistes, die ihn trotz aller sprachlichen und kulturellen Bedingtheit für allgemeingültige Einsichten und letztlich für die Transzendenz öffnet.[319]

---

[318] Man versteht darunter die Hinwendung zu der Frage, welche Bedingungen erfüllt sein müssen, damit eine Behauptung sinnvoll erscheint – ein Ansatz, der zur Aufdeckung von logischen Strukturen hinter der Umgangssprache führt. Es war vor allem L. Wittgenstein, der sich auf die Umgangssprache selbst berief, um dort die Bedingungen für einen reibungslosen Ablauf von Kommunikation ausfindig zu machen, und der damit die sogenannte "sprachliche Wende" einleitete. Man unterscheidet seitdem in der analytischen Philosophie die "Philosophie der idealen Sprache" (Russell, Wittgensteins "Traktat", Carnap) von der "Philosophie der normalen Sprache" (*ordinary language philosophy*; Wittgenstein, Ryle, Austin), wobei in letzterer die Umgangssprache als Richtschnur für die Sprachanalyse dient. Der Sinn einer Aussage in dieser von dem späten Wittgenstein begründeten "sprachanalytischen Philosophie" hängt davon ab, ob sie in der jeweiligen Lebensform, also innerhalb eines bestimmten Sprachspiels, eine Rolle spielt. Sinn und Bedeutung werden hier aus seinem Gebrauchskontext, nicht mehr wie noch in der Phänomenologie aus der Relation zu einem geistigen Objekt oder Akt, ermittelt. Vgl. Wuchterl, 254–256.

[319] Vgl. Johannes Paul II., Fides et Ratio, nr. 60; nr. 67.

3.1.4. Die Grenzen der abstraktiven Wesenserkenntnis angesichts der Realitäten der technisch-szientistischen Welt

Es ist alles andere als selbstverständlich, die Leistungsfähigkeit einer aus dem Mittelalter stammenden Erkenntnislehre für das Verständnis der Wirklichkeit in einer Zeit zu diskutieren, die nicht nur durch den philosophischen Kritizismus geprägt ist, sondern die den Menschen auch zu den Dingen der Natur, für die das Paradigma des Lebendigen gilt, weitgehend auf Distanz bringt, weil die ihn bei seiner Arbeit und in seiner freien Zeit umgebenden Dinge fast allesamt Produkte seines eigenen schöpferischen Entwerfens oder Ausdruck seiner gestaltenden Eingriffe in die Natur sind. Die Anwendung des vorgestellten Modells menschlicher Erkenntnis auf die Dinge, die heute in erheblichem Maße den lebensweltlichen Kontext des Menschen bestimmen, scheint mehr als problematisch, und dies aus mehreren Gründen:

1. Zunächst muß ganz klar gesehen werden, daß die Durchführung des Thomanischen Ansatzes in der Erkenntnistheorie die Wirklichkeit, d. h. die Welt, die uns umgibt, unter einer Perspektive sehen läßt, die nicht unmittelbar die heutige ist. Dies bedeutet auf der einen Seite eine deutliche Grenze, auf der anderen Seite vermag sie aber auch eine Erweiterung des Problemhorizontes darzustellen, durch die wir eine umfassendere Perspektive gewinnen können.

Der Weg der menschlichen Erkenntnis führt über die Akte des urteilenden Verstandes, wenn er nach dem Sein des Seienden fragt, in die Metaphysik, die in der kirchlichen Glaubensreflexion, angefangen von den frühen Konzilien, den Horizont für die trinitätstheologischen und christologischen Glaubensaussagen bildet. Nun ist die klassische Metaphysik, nicht nur die griechische, sondern auch die des Thomas, an der Natur oder an dem von Natur aus Seienden orientiert. Als Paradigma für die Dinge, mit denen sie es zu tun hat, gelten nicht tote Stoffe, wie sie von der Physik untersucht werden, sondern lebendige Wesen, die als Organismus organisiert sind und die als solche teleologischen Bestimmungen[320] gehorchen. Dies läßt sich an den vielen Beispielen, die bei Thomas aus dem lebensweltlichen Kontext genommen sind – von der Fledermaus, der Nachteule, dem Sehen des menschlichen Auges – ablesen. Obwohl an dem ausgerichtet, was im eigentlichen Sinne ist – der Substanz –, nimmt die Metaphysik Relationen, Qualität und Quantität, die der Substanz inhärieren und sie als unselbständig Seiende in ihrer Singularität determinieren, in ihre Betrachtung hinein. Dabei geht sie

[320] Vgl. Spaemann, Frage Wozu, 60–71; 278–282.

davon aus, daß ein von sich her Allgemeines als Wesen in den Dingen verwirklicht ist. Wo die begriffliche Erkenntnis das intelligible "Wesen" einer Sache zu erfassen sucht, beruht das Abstraktionsverfahren auf einer Ausblendung der Akzidentien.

2. Im Unterschied zu der Wesenskonzeption des Mittelalters, das frag-loser von lebensweltlichen Gegebenheiten, die in einen naturalen Kontext eingebettet waren, ausgehen konnte, als es uns heute möglich ist, werden wir bei einer "Wesenskonzeption" gerade die Akzidentien oder Varianten einbeziehen müssen. Dies liegt einfach daran, daß es sich bei den technischen Produkten um relationale, quantifizierbare Entitäten handelt. Ob denn die Realitäten der szientistischen Welt überhaupt ein "Wesen" haben und ob wir das "Wesen" eines solchen Dinges noch so formulieren können, wie Aristoteles die *ousia*, Thomas die *essentia* oder Duns Scotus die *realitas*[321], wobei diese drei keineswegs deckungsgleich sind, ist sehr fraglich. Dazu einige Überlegungen, die einen 3. Problemkreis berühren[322]: Was zum Bereich des Lebendigen wie überhaupt zu den Naturdingen gehört, ist zuallererst dadurch charakterisiert, daß es – im Unterschied zu den gemachten Dingen – das Prinzip seiner Bewegung in sich trägt. Jedes *ens naturae* hat das Prinzip seiner Bewegung und Ruhe in sich, ob es sich dabei z. B. um einen Stein oder ein Lebewesen handelt: Ein Stein strebt dem Erdmittelpunkt zu, weil es ein Stein ist, aber eine Zange fällt nicht zu Boden, weil und insofern sie eine Zange ist, sondern weil sie aus Eisen besteht. Mit diesen Dingen, die dem menschlichen Erkennen und Handeln vorgegeben sind, befassen sich nach klassischem Verständnis Naturphilosophie (Physik) und Metaphysik, während das vom Menschen Entworfene und Hergestellte[323] wie das durch sein Handeln zu Erzielende Gegenstand anderer Wissenschaften (*artes mechanicae, ethica*) sind.[324] Schon bei der Einteilung der verschiedenen Wissensgebiete tritt also eine Differenz hervor, die das von Menschenhand gemachte Werkzeug oder Kunstwerk von dem abhebt, was von Natur aus da ist.

---

[321] Vgl. Honnefelder, Ens inquantum ens, 190–193; 328; 394.

[322] Ich knüpfe hier an L. Oeing-Hanhoff und W. Brugger an, die schon vor einiger Zeit auf die Schwierigkeit hingewiesen haben, die virtuellen Realitäten der technischen Welt mit Hilfe der klassischen Metaphysik angemessen zu interpretieren. Vgl. Oeing-Hanhoff, Mensch und Natur, 300–315; vgl. Brugger, "Substanz", 1449–1457; vgl. ders., "Mitsein", 370–383.

[323] Durch seine Arbeit, mit der er die Natur gestaltet, bezieht er sich derart auf einen vorgegebenen Stoff, daß er ihn einen ihm äußerlichen "Zweck" unterwirft.

[324] Was zu den *entia rationis* gehört, Begriffsbildung, Schlußfolgerungen, die Genese der Wissenschaften, wird von der Logik und der Dialektik untersucht.

Haben die hergestellten Dinge – sie heißen bei Aristoteles und Thomas "Artefakte" – ein "Wesen"? Worin liegt z. B. die Substanz einer Zange? Im Eisen, das als Rohmaterial zu ihrer Herstellung dient? Im Holzgriff, der aus einem anderen Grundstoff besteht? Oder muß man auf die spezifische Form rekurrieren, die eine bestimmte Funktion – etwas zu zerschneiden – erfüllt? Tritt diese dann neben die Wesensform des Eisens, so daß in dem einen Ding zwei Wesenheiten zusammenkommen? Oder wie würde sich diese hinzugefügte Funktionsform zur substantiellen Form des Eisens verhalten? Nur als Akzidens? Dann wäre man aber nicht beim "Wesen" der Zange als Artefakt, denn das Akzidens ließe sich ja vom "Eisen" subtrahieren.

Sind die technischen Gegenstände also Substanzen? Thomas erklärt wiederholt, die Formen der Artefakte seien akzidentell.[325] Wenn man von ihrer Beziehung zum Menschen, der von ihnen Gebrauch macht, absieht, bleibt ihnen letztlich nur die Form, die sie zu etwas von Natur aus Seiendem macht, etwa zu Holz oder Metall. Das natürliche Wesen des Materials, aus dem sie gemacht sind, wird nicht durch die artifiziellen Formen (Tisch, Schrank oder Messer) konstituiert. Diese Formen bleiben akzidentell, weil der Begriff des Wesens oder der Substanz ausschließt, daß die Substanz wiederum unselbständige Bestimmung an einem anderen Substrat ist.

Ist die substantielle Grundlage dieser Dinge darum allein das Agglomerat ihrer anorganischen Teile? Dies wäre wohl zu wenig. Es ist W. Brugger recht zu geben, wenn er ihren Konstitutionsgrund in einer "Vieleinheit" sieht, "die in der sogenannten 'Ordnung' der Teile ihre besondere 'Wesenheit' hat".[326] Obgleich diese Ordnung für die in sie eingehenden Stoffe akzidentell bleibt, handelt es sich dabei nicht einfach bloß um Akzidentien von anorganischen Stoffen, sondern um höherstufige Ganzheiten, die man nicht auf die Eigenschaften ihrer Teile reduzieren kann. Wir sprechen in diesem Sinne vom "Wesen" eines Hauses, eines Bootes, einer Uhr. Ob diese aber Substanzen sind, ist nicht leicht zu entscheiden. Weil diese technischen Entitäten gegenüber "Substanz" und "Akzidens" ein Eigensein besitzen, hat Brugger den Terminus "Mitsein" eingeführt, um sie zu kategorial zu fixieren.[327] Der Begriff, der wohl

---

[325] Vgl.Q.D. de an. 10, 16; vgl. In VIII Metaph., lectio 3, n. 1719.

[326] Vgl. Brugger, "Substanz", 1455.

[327] Vgl. ebd., 1456: "Werkgegenstände haben eine eigene Seinsweise, die man als Mitsein bezeichnen kann. Das Mitsein kommt Gegenständen zu, deren Form eine Vieleinheit konstituiert. Diese Form bestimmt nicht eine einzelne Substanz (auch nicht in Beziehung zu je einer anderen), sondern eine Vielheit von Substanzen in ihrem Zusammen-

nicht ganz glücklich sein dürfte, hat sich nicht durchgesetzt, aber das damit indizierte Problem bleibt akut. Es gibt bis heute keine Ontologie der Artefakte.

Wie schon aus den eben gestellten Fragen deutlich wird, entstehen auf diesem Gebiet für eine Ontologie des "Künstlichen" große Probleme, wenn man nicht auf die innere bzw. äußere Zweckbestimmung der Dinge achtet. Darum wurde zuvor gesagt, daß wir bei einer "Wesenskonzeption" der technischen Dinge die Akzidentien mit einzubeziehen hätten.[328] Der Zweck, zu dem etwas hergestellt wurde, die mögliche Funktion, die es erfüllt, bestimmt maßgeblich das "Wesen" der technischen Dinge.[329] Dieses "Wozu" der Dinge definiert sich aber nur in Relation zu einem Benutzer, der ihre Funktion kennt, weil er über eine Gebrauchsanweisung bzw. einen Bauplan verfügt. Ihre einzelnen Bestandteile sind denn auch entsprechend einem Konstruktionsplan zu einem funktionierenden Ganzen zusammengesetzt. In der Computerwelt muß man eine "Software" besitzen, um mit einem Rechner die verschiedenen Operationen ausführen zu können. Ohne sie wissen wir auch nicht, was ein Computer ist. Man muß also den äußeren Zweck oder Gebrauch eines technischen Gegenstandes als dessen "Wesen" ansehen. So lassen sich überhaupt alle von uns gemachten Dinge nicht durch ihre "Selbstbewegung" und über einen ihnen immanenten Zweck definieren. Sie sind vielmehr in ihrem "Wesen", das natürlich keine substantielle spezifische Wesensform, sondern eine akzidentelle Form[330] ist, durch je besondere, ihnen äußerliche Zwecke[331] definiert. Was ist denn z. B. eine Kuckucksuhr, ein Radio, eine Mähmaschine, eine Gabel? Können wir das "Wesen" dieser Dinge verstehen, ohne ihre Gebrauchsanweisung zu kennen?[332] Eine Uhr ist das, was sie ist, nur *für uns*, sofern wir wissen wozu sie dient.

Anders die Naturdinge, deren Prototyp die Lebewesen darstellen: Was eine Pflanze ist, erklären wir durch Subtraktion des Psychischen von einer höheren Wirklichkeitsform – der des Tieres –, was das Leben eines Tieres ist, durch Subtraktion des Geistigen vom wirkmächtigeren und darum wirklicheren Leben des Menschen, das sich in Erkennen und

---

sein in einer neuen, nicht aus dem Sosein der Einzelsubstanzen resultierenden spezifischen Art." Vgl. ders., Mitsein, 370–383.

[328] Vgl. oben, 519.

[329] Vgl. In I Periherm., lectio 7, n. 2.

[330] In I Phys. lectio 2, n. 3; lectio 12, n. 4.

[331] Vgl. In VII Metaph. lectio 17, n. 1658f; vgl. auch In I Periherm., lectio 7, n. 2.

[332] Vgl. Oeing-Hanhoff, Abstraktion, 30.

Wollen vollzieht. Das Tier mit seinem Empfinden, seiner Sinneswahrnehmung und seiner Fähigkeit zur Ortsbewegung wirkt schon mehr als die durch Nahrungsaufnahme, Fortpflanzung und Wachstum fähige Pflanze. Die höchste Form der Selbstbewegung kommt im Bereich der Naturdinge dem Menschen zu, der erkennend die Formen der anderen Dinge aufnimmt und sich mit seinem freien Willen selbst zu diesem und jenem Handeln bestimmt.

Allen Lebewesen eignet ein erstes Prinzip ihrer Bewegung und Realisierung. Dieses Prinzip läßt sich durchaus mit dem Bauplan vergleichen, den ein Ingenieur von einem Auto entwirft, das die Realisierung einer technischen Idee von "Selbstbewegung" darstellt – mit dem Unterschied, daß die "Idee" des Ingenieurs dem Auto selbst äußerlich bleibt, während die lebendigen Wesen wie die Naturdinge überhaupt mit dem Prinzip ihrer Bewegung auch den Zweck ihres Daseins in sich selbst tragen[333]: Sie sind nicht da wegen eines ihnen äußerlich bleibenden Zweckes, sondern realisieren einen ihnen innewohnenden Zweck (Entelechie).[334] Sie sind da, um zu leben. Hören sie auf zu leben, verlieren sie auch ihr substantielles Wesen. Also Naturdinge sind dadurch fundamental gegen die Welt der Artefakte abgegrenzt, daß sie wie das Prinzip ihrer Realisierung (das bei lebendigen Wesen "Seele" heißt) auch den Zweck ihres Daseinsvollzugs von Natur aus in sich tragen. Ihre Wesensform ist ihnen immanent.

Die virtuellen technischen Welten des postmodernen Menschen, der in seinen Alltagsvollzügen von allen Seiten her durch technische Erzeugnisse umgeben ist: Radio, Fernsehen, Computer, Fortbewegungsmittel etc., bieten kaum noch einen Ansatzpunkt für die klassische Metaphysik, die sich in ihrer traditionellen, von Aristoteles her überlieferten Gestalt, sofern sie Ontologie ist, insgesamt an dem "natürlichen" Seienden orientiert. Dagegen kann der ganze Bereich der Artefakte und der technischen Entitäten nicht adäquat mit dieser Ontologie interpretiert werden. Nicht einmal die Aristotelischen Kategorien gelten für Dinge,

---

[333] Vgl. In I De an., lectio 14, n. 206/209; In II De an., lectio 7, n. 312.

[334] Vgl. Oeing-Hanhoff, Mensch und Natur, 307: "Die Naturdinge und vor allem die Lebewesen so als Realisierungen einer ihnen immanenten Idee anzusehen ist sicher 'unwissenschaftlich' im Sinn der neuzeitlichen Naturwissenschaft, aber genau diese Sicht der Dinge entspricht der im Gebrauch der natürlichen Sprache enthaltenen Ontologie. Eben deshalb wird die natürliche Sprache, der keine die Wirklichkeit wahrhaft erschließende Potenz mehr zugetraut wird, seit Descartes von der Wissenschaft möglichst ausgeklammert. Aber auch dies ist inzwischen wieder problematisch geworden."

die nach einem menschlicher Kreativität entsprungenen "Bauplan" entworfen sind.[335]

Andererseits dürfte in der Diskussion um die Position des Descartes und der ihm nachfolgenden neuzeitlichen Philosophie klar geworden sein, daß sie nicht nur den Begriff "Leben" auflöst und damit auch keinen diskutablen alternativen Begriff von "Seele" anzubieten vermag, sondern sich auch als unfähig erweist, die immanente Zweckbestimmtheit lebendiger Wesen, die "Natur" im Prozeß ihrer teleologischen Bewegung und Entwicklung zu erfassen. Dagegen dürfte die ontologische Deutung der "beseelten" Naturdinge, wie Thomas sie gibt, die Chance bieten, *lebensweltliche* (nicht technische) Realitäten philosophisch zu begreifen.[336]

3.2. Das Urteil und die Dinge

Die eine Leistung des Verstandes besteht darin, die Intelligibilität des Seienden freizulegen und so das Wesen der Dinge zu erfassen. Die gesamte Erkenntnistätigkeit erschöpft sich aber nicht in der washeitlichen Erkenntnis, sondern drängt darüber hinaus auf die konkrete Weise ihres Bestehens und sucht das zu ergreifen, was wirklich ist. Dazu bedarf es einer neuen Aktivität des Verstandes. Dies soll in diesem Abschnitt entfaltet werden.

Es ist nicht zu übersehen, daß die Unterscheidung zwischen der ersten und zweiten Tätigkeitsweise des Verstandes – der begrifflichen Erfassung und dem Urteil – im transzendentalen Thomismus große Aufmerksamkeit erhielt. So hat etwa J. Maréchal die Dynamik des menschlichen Geistes auf das transzendentale Absolute freizulegen und zu explizieren versucht.[337] Maréchal wollte einen bewußten Gegensatz zur Position Kants bieten, für den es das Streben nach dem Absoluten nur auf dem Gebiet der praktischen Vernunft gibt. Bei der Entfaltung seines Gedankens handelt es sich sicher um eine spekulative Weiterführung der Urteilslehre des Aquinaten, die nicht den Anspruch einer genauen Textexegese erheben will und die tatsächlich auch nicht durch die entsprechenden Texte abgesichert werden kann. Die philosophische Fragerichtung ist in der Schule der Transzendentalthomisten weithin

---

335 Thomas selbst erklärt in *De ente et essentia*, daß das von Natur Seiende, und nicht etwa das, was zu den *entia in anima* gehört, in die Kategorien des Aristoteles eingeteilt wird. Vgl. De ente, c.1; vgl. auch De malo 1, 1, 19.

336 Vgl. dazu Oeing-Hanhoff, Mensch und Natur, 314f.

337 Vgl. Schenk, 528.

durch den Kantischen Kritizismus und durch Heideggers Seinsbegriff bestimmt gewesen.[338] In den letzten Jahrzehnten wurde gegen die Bedeutung des Urteils im Kontext der Erkenntnislehre unter dem Einfluß einer dominierenden phänomenologischen Richtung eine starke Reserve angemeldet.[339]

3.2.1. Der intellectus componens et dividens

Es steht für Thomas außer Frage, daß neben der ersten, begriffsbildenden Tätigkeit des Verstandes, die ein abstraktiver Vorgang ist, noch eine zweite Tätigkeitsweise ausgemacht werden kann, die über die Erfassung der Washeit hinausführt.[340]

---

338 Vgl. Goris, 138: "In their efforts ... to save Aquinas from Kant's and Heidegger's criticisms and to establish systematically a new foundation for a metaphysics of being and a transcendental account of human knowledge, Transcendental Thomists made extensive use of the circumstance that scattered through Aquinas' writings, one may find a great number of intriguing phrases, which, when put together, lend the material for very sophisticated reconstructions and philosophical speculations."

339 Es gibt aber auch andere Stimmen. Daß dem Urteil für das Erkennen eine zentrale Bedeutung zukommt, hat u. a. J. Ortega y Gasset herausgestellt: "Noch heute stehen wir an den Anfängen einer komplexeren Auffassung des Urteilsorganismus. ... Doch es war dringend an der Zeit, die Wahrheitsgesetzte der Urteile, Hauptwerkzeuge der Erkenntnis, zu finden. Daher haben sich die Philosophen besonders der wahren Urteile angenommen, d. h. des logischen und kritischen Aspekts im Urteil, aber nicht des übrigen Körpers, all dessen, was das Urteil zu einem – wahren oder falschen – Urteil macht." Vgl. ders., Schriften zur Phänomenologie, 164.

340 Eine Kontroverse besteht in der neueren Thomasforschung hinsichtlich der Identifizierung der *simplex apprehensio*, die wohl einen nicht-diskursiven Erkenntnisakt meint, mit der ersten Tätigkeitsweise (*prima operatio*) des Verstandes, durch die der Mensch die intelligiblen Wesenheiten der Dinge erkennt. Nach B. Garceau, der verschiedene Texte zusammengestellt hat, in denen die *simplex apprehensio* eine Rolle spielt, dient der Ausdruck zur Bezeichnung jeder nicht-diskursiven Erkenntnistätigkeit. Vgl. Garceau, 131–134; 277–278; vgl. S.Th. II–II 180, 3; De Malo 16, 6 ad 1 in contr.
Garceau weist auch darauf hin, daß Thomas erst ab der Abfassung von *De Veritate* und nur im Kontext der Wahrheitsfrage die "zweite Tätigkeitsweise" (*secunda operatio*) des Verstandes mit dem *iudicium* verbindet. H. Goris gründet seine Interpretation, in der er die traditionelle Verbindungslinie zwischen *simplex apprehensio* und *prima operatio* bzw. *enuntiatio* und *secunda operatio* zerreißt, auf einer Disjunktion von Texten, für die er ein jeweils unterschiedliches Konzept von Erkenntnis ansetzt. Vgl. Goris, 139: "... we shall examine Aquinas' texts closely within their textual an historical context. It will be shown that there are successive stages in the chronological development of Aquinas' thought. This means that one should be very cautious when combining phrases from texts of Aquinas that belong to different periods into some speculative systematic construction."
Die Verbindung von zweiter Tätigkeit mit dem Urteil entspringt nicht einer Thomas-Exegese, die die Verknüpfung von "*iudicium*" und "*secunda operatio*" möglichst oft im Text nachzuweisen sucht, sondern stellt eine Systematisierung dar. Vgl. Cunningham, 190.

Das Urteil, mit dem der Verstand Dinge erreicht, die in der materiellen Wirklichkeit als *composita* bestehen, ist nicht der primäre Gegenstand des Metaphysikers. Eher fällt die Untersuchung des Urteils in den Bereich der Logik, denn die Logik hat es mit dem zu tun, wie in der Prädikation die Relationen zwischen Subjekt und Prädikat gebildet und der *actus rationis* bestimmt wird, also mit dem *modus praedicandi*.[341] Die prädizierende Tätigkeit des Verstandes fällt unter die Betrachtung des Logikers, sofern die Formalität des Prädizierens (akzidentelles oder substantielles Prädizieren) bestimmt werden soll.[342] Soweit es aber darum geht, wie sich der Verstand durch das Prädizieren auf das Sein (*esse*) der Dinge bezieht, ist die Logik nicht mehr zuständig.[343] Nun greift gerade das Urteil auf das *esse* aus, das die zusammengesetzten Dinge als solche realiter bestehen läßt, d. h. im Urteil findet – nach der vom Singulären abstrahierenden Wesenserkenntnis – eine Rückkehr zum konkreten Sein der Dinge statt. Damit hängt zusammen, daß das Urteil Auskunft über das "wahr" oder "falsch" einer Erkenntnis gibt.[344] Das Urteil ist also nicht nur für den Blickpunkt des Logikers interessant, weil erst in ihm die Suchbewegung des menschlichen Geistes, die auf Wahrheit aus ist, an ihr Ziel gelangt. Jede spekulative Wissenschaft ist auf Wahrheit hingeordnet.[345]

Und diese Wahrheit erreicht der Verstand erst in dem, was Thomas seine "zweite Tätigkeit" nennt: im urteilenden Verknüpfen von zwei Konzepten.[346] Thomas sagt, daß der primäre Ort der Wahrheit im Intel-

---

341 Vgl. In VII Metaph., lectio 3, n. 1308.

342 In I Post. Anal., lectio 35, n. 2: "Ad logicam autem communiter pertinet considerare praedicationem universaliter, secundum quod continet sub se praedicationem quae est per se et quae non est per se."

343 In VII Metaph., lectio 17, n. 1658: "Logicus enim considerat modum praedicandi et *non existentiam rei*."

344 Man kann bei Thomas leicht eine Sonderstellung des Urteils gegenüber anderen Sprechakten, etwa den deprekativen und imperativen, ausmachen, denn das, was in einem "wahren" Urteil ausgesagt wird, "ist" auch. Darum heißt es im Sentenzenkommentar: "Similiter dico de veritate, quod habet fundamentum in re, sed ratio eius completur per actionem intellectus, quando scilicet apprehenditur eo modo quod est ... *Veritas fundatur in esse rei magis quam in quidditate* ... et in ipsa operatione ... et ideo dico quod ipsum esse rei est causa veritatis secundum quod est in cognitione intellectus." Vgl. In I Sent., d. 19, q. 5, a. 1.

345 In I Post. Anal., lectio. 4, n. 5: "Scire aliquid est perfecte cognoscere ipsum, hoc est perfecte apprehendere veritatem ipsius: eadem enim sunt principia rei et veritatis ipsius." Vgl. S.Th. I 16, 1: "... verum nominat id in quod tendit intellectus ... Terminus cognitionis est verum."

346 In VI Metaph., lectio 4 nn. 1223; 1232–36; 1242: "Hoc autem ens quod dicitur verum, et non ens quod dicitur falsum, consistit circa compositionem et divisionem. ... Verum et

lekt ist, sofern er eine verbindende oder trennende Tätigkeit ausübt, d. h. in seinem Urteilen. Es geht mir jetzt um die Leistung des Urteils für die Erweiterung der Erkenntnis. Dabei werden sich logische und metaphysische Aspekte berühren.

3.2.2. Über die Kopula

3.2.2.1. Die Stellung der Kopula in der modernen Logik

Innerhalb der modernen Logik findet man die weitverbreitete Auffassung, daß Wort "ist" könne allein als Kopula stehen, verliere aber bei einem absoluten Gebrauch, d. h. ohne seine Satzfunktion als Verbindung von Subjekt und Prädikat, jede Bedeutung. Carnap empfindet es als die eigentliche Schwäche der europäischen Sprachen, daß das Verbum "sein" einerseits als Kopula stehe und andererseits auch die faktische Existenz bezeichnen könne. Wie aber der Satz "Gott ist" beweise, werde der Gebrauch des Sprachzeichens in dieser zweiten Bedeutung sinnlos.[347] Für A.J. Ayer kann es keine sinnvollen singulären Existentialsätze geben, weil hier die Existenz als ein Attribut genommen werde, was aber unzulässig sei.[348]

Mit solchen Argumenten korrespondiert eine Gruppe von Theorien, in denen die Wörter "Sein", "Seiendes", "seiend" usw. schlechtweg für sprachlich sinnlos, obwohl grammatisch zulässig, hingestellt werden, und in deren Anschluß es einen globalen Angriff auf den Ansatzpunkt der Ontologie gibt. Nach diesen Theorien ist die Substantivierung des Hilfsverbs "sein" – anders als die von Vollverben wie "laufen", "sprechen" usw., ein bedeutungsloses Sprachzeichen, weil ihm der reistische Bezug fehlt. Weil das Verbum "ist", das der Substantivierung zugrundeliegt, nur von seiner Satzfunktion her begriffen wird, erschöpft sich seine Bedeutung nach der vertretenen Auffassung in seiner Funktion als Kopula.

---

falsum non sunt in rebus ...; sed sunt tantum in mente, id est in intellectu. ... Unde relinquitur ... quod sit circa compositionem mentis primo et principaliter; et secundario vocis, quae significat conceptionem mentis. ... Ita verum et falsum designant perfectionem cognitionum. ... Et propter hoc dicitur quod verum et falsum sunt in mente. ... Et ideo in hac sola secunda operatione intellectus est veritas et falsitas. ... Et his igitur patet quod veritas non est in rebus, sed solum in mente, et etiam in compositione et divisione. ... Entis veri causa est ... operatio intellectus componentis et dividentis."

347 Vgl. Carnap, Überwindung der Metaphysik, 233.

348 Vgl. Ayer, 43: "When we ascribe an attribute to a thing, we covertly assert that it exists: so that if existence were itself an attribute, it would follow that all positive existential propositions were tautologies, and all negative existential propositions self-contradictory; and this ist not the case."

Zu den Vertretern dieser Argumentation gehört u. a. G. Frege, für den "das Wort 'seiend' nur eine Verlegenheitsschöpfung der Sprache ist, um die Form des partikulären Urteils zur Anwendung bringen zu können", und der es als "eine Vergötterung der Kopula" betrachtet, "wenn die Philosophen von dem 'absoluten Sein' sprechen".[349] Auch B. Russell gesteht dem Wort "ist" als einzige die Funktion als Identitätszeichen und als Kopula zu. Für ihn ist es eine "Schande für die Menschheit, daß man sich entschloß, dasselbe Wort 'ist' für diese völlig verschiedenen Ideen zu verwenden".[350] In gewissen populärphilosophischen Schriften findet man denn auch die klassische Ontologie als eine "Philosophie der Wortattrappe" abgetan.[351] Diese Kritik an der Rede vom "Sein" läßt sich zurückführen auf die These, daß darin die Kopula hypostasiert werde. Da nun die Kopula aber kein gegenständliches Korrelat hat – was die Ding-Ontologie des Positivismus fordert –, ist ihre absolute Verwendung gegenstands- und damit sinnlos.[352]

In der Verbindung, die zwischen dem "ist" als Kopula und dem Ausdruck "das Sein" behauptet wird, gilt die Kopula als das ursprüngliche und "das Sein" als das abgeleitete Sprachzeichen, wobei allerdings die genaue Auskunft darüber ausbleibt, warum denn ausgerechnet ein Verb und nicht ein anderes Zeichen als Kopula fungiert.[353]

3.2.2.2. Die Kopula und ihre Fundierung bei Thomas

Subjekt und Prädikat werden in Sätzen wie "Petrus ist Mensch" oder "Petrus ist weiß" durch ein sprachliches Zeichen verbunden, das grammatisch ein Verb ist: sein. In seinem Kommentar zu Aristoteles' *Perihermeneias* stellt Thomas heraus, daß man jeweils sehr genau die Kontextbedingungen des Prädikatsteils[354] "est" beachten muß, will man seine Bedeutungen aufschlüsseln. Daß das "est" seine Funktion als *verbalis copula* in Aussagesätzen gerade als Zeitwort erfüllt, ist für seine differenzierten Implikationen nicht unerheblich: Warum steht im Satz nicht ein anderes Zeichen als Kopula? Warum verwendet die Sprache an dieser Stelle gerade ein Verb?

---

349 Vgl. Frege, Dialog, 71.

350 Vgl. Russell, Introduction, 172.

351 So heißt es bei E. Topitsch, 18: "Die imposanteste dieser Attrappen ist wohl der Terminus 'das Sein'. Dieser ist nur grammatisch, nicht jedoch logisch konstruierbar ..., da kein Gegenstand existiert, den er bezeichnet."

352 Vgl. Tugendhat, 481.

353 Vgl. Zimmermann, 282–295.

354 Kopula und Prädikat bilden für ihn jeweils ein einziges Prädikat. Vgl. Elders, Metaphysik, Bd. 1, 156.

Thomas unterstreicht im angeführten Kommentar die implizite Zusammensetzung von Verben, wenn er sagt, daß jedes Verbum die Art einer Tätigkeit und den Akt selbst beinhaltet. So läßt sich z. B. das *currere* als *currentem esse* lesen. Dennoch bezeichnet kein Verb, daß ein Ding sei oder nicht sei.[355] Das Verb, allein für sich genommen, kann also niemals ein Urteil sein, in dem das Bestehen oder Nicht-Bestehen einer Sache behauptet wird. Dies hängt mit dem Akt des Urteilens selbst zusammen, den der Verstand vollzieht. Was von den Verben im Allgemeinen gesagt wurde, das wird nun für das Verb "est" bestätigt: Für sich allein sagt es nicht aus, ob *etwas* sei oder nicht sei.[356] Trotzdem wird verneint, daß das Wort "est" für sich genommen gar keine Bedeutung habe. Darum sagt Thomas – und darin geht seine Interpretation über Aristoteles hinaus – daß "est" doch eine Bedeutung habe, nämlich die von "sein".[357]

Wir haben es mit zwei Bedeutungsvarianten zu tun, die vom Kontext abhängen.[358] Jene zweite Form der Zusammensetzung, die das Wort "est" nach Aristoteles nur *mit*bedeutet (*consignificat*), kann ja in der Tat nur verstanden werden, wenn neben der Kopula, die der Verstand gewissermaßen "hinzuerfindet"[359], auch die Komponenten der Aussage, die darin verbunden werden, erfaßt sind.[360]

---

[355] Vgl. In I Periherm., lectio 5, n. 16: "Quamvis enim omne verbum finitum implicet 'esse', quia currere est currentem esse, et omne verbum infinitum implicet 'non esse', quia non currere est non currentem esse; tamen nullum verbum significat 'rem esse' vel 'non esse'."

[356] In I Periherm., c. 3, 23 (Textus Aristotelis): "Nec si hoc ipsum 'est' purum dixeris: ipsum enim nihil est; consignificat autem quamdam compositionem, quam sine compositis non est intelligere." Übersetzung: "Und auch, wenn du das 'ist' selbst für sich aussagen würdest, so würde es nichts bedeuten; es führt aber eine gewisse Zusammensetzung mit sich, die man ohne die zusammengesetzten Teile nicht verstehen kann." Dieser Aristotelische Text bereitet nicht geringe Schwierigkeiten. In seiner sehr subtilen Interpretation, die auch eine entscheidende, über Aristoteles hinausführende Erweiterung des Gedankens beinhaltet, legt Thomas die verschiedenen Bedeutungsvarianten von "est" frei und setzt sie zueinander in ein inneres *Begründungsverhältnis*.

[357] Vgl. In I Periherm., lectio 5, n. 73: "Quod nullum verbum significat rem esse vel non esse, probat per hoc verbum 'est', quod secundum se dictum non significat aliquid esse, *licet significet 'esse'*."

[358] Vgl. ebd.: "Et quia hoc ipsum 'esse' videtur compositio quaedam, et ita hoc verbum 'est', quod significat 'esse', potest videri significare compositionem, in qua sit verum vel falsum; ad hoc excludendum subdit quod illa compositio, quam significat hoc verbum 'est', non potest intelligi sine componentibus."

[359] Vgl. S.Th. I 3, 4 ad 2: "Esse ... significat compositionem propositionis, quam anima *adinvenit* coniungens praedicatum subiecto et praedicato."

[360] In I Periherm., lectio 5, n. 21: "... quia dependet eius intellectus ab extremis, quae si non apponantur, non est perfectus intellectus compositionis, ut possit in ea esse verum, vel falsum." Wahrheit oder Falschheit erfordert eine Zusammensetzung. Vgl. dazu S.c.G. I

Gefragt werden muß dann aber nach dem "est" in seiner absoluten Bedeutung. Damit wird der Gegenstandsbereich der Logik überschritten, denn es geht dabei um die ontologische Fundierung seiner logischen Funktion. Thomas interpretiert den Zusammenhang zwischen der ersten und zweiten Bedeutung des "est" als einen kausalen: Zwischen der ersten und zweiten Bedeutung von "est" besteht eine Relation der Abhängigkeit, und so ist die kopulative oder veritative Bedeutung des "est" eine abgeleitete:

> "Und darum sagt er (Aristoteles), daß dieses Verbum 'est' eine Zusammensetzung mitbezeichnet, weil es sie nicht erstlich (*principaliter*) bezeichnet, sondern als Folge (*ex consequenti*)."[361]

Daß "est" überhaupt als Kopula stehen kann, ist eine Folge seiner prinzipiellen Bedeutung, die dann gilt, wenn es nicht als Kopula steht. Thomas behauptet damit zweierlei: 1. daß die Existenz ein Prädikat ist[362] und 2. daß der Existenz eine Bedeutung zukommt.[363]

Das Subjekt wird durch die Prädikation des "ist" im Existentialsatz als in Wirklichkeit vorkommend (*in actu esse*) oder als absolut gesetzt. Jede absolute Setzung (*positio absoluta*) bezeichnet nun aber etwas, das "in der Natur der Dinge" existiert, wie Thomas sich ausdrückt.[364] Daher ergibt sich folgender Sinn: Das "est" bezeichnet in seiner absoluten und primären Bedeutung die *actualitas* schlechthin: das, was (nicht mehr dinghaft) nach Weise absoluter Wirklichkeit in den Verstand fällt: "Es bezeichnet in erster Instanz das, was nach Weise der Aktualität absolut in den Verstand einfällt."[365]

5, 9: "Cum aliquod incomplexum vel dicitur vel intelligitur, ipsum quidem incomplexum, quantum est de se, non est rei aequatum nec rei inaequale: cum aequalitas et inaequalitas secundum comparationem dicuntur; incomplexum autem, quantum est de se, non continet aliquam comparationem vel applicationem, in quo designatur *comparatio* incomplexi ad rem per notam compositionis aut divisionis."

361 In I Periherm., lectio 5, n. 21: "Ideo dicit quod hoc verbum 'est' consignificat compositionem, quia non eam principaliter significat, sed ex consequenti."

362 Zur Interpretation des Existentialsatzes in der modernen analytischen Philosophie, in der es eine gewisse Renaissance der Ontologie gibt, vgl. Silvan, 261–263; vgl. auch Quine, *On what there is*.

363 Letzteres wird etwa aus verschiedenen Gründen bei E. Gilson abgelehnt. Vgl. McInerny, Being and Predication, 174.

364 Vgl. De ver. 21, 1: "Omnis enim positio absoluta aliquid in rerum natura existens significat."

365 In I Periherm., lectio 5, n. 21 "Significat enim primo illud, quod cadit in intellectu per modum actualitatis absolute." Warum ist für Thomas die sprachliche Form des Verbs so wichtig? Während die herkömmlichen Verben immer eine inhaltliche Bestimmtheit der Akte und Tätigkeiten angeben, für die sie stehen, ist das beim Verb "*esse*" nicht der Fall. Seine Bedeutung kommt vielmehr nur noch in der grammatischen Gestalt selbst zum Ausdruck. Vgl. Zimmermann, 291. Gerade weil seine primäre Bedeutung auf die

Für den Bedeutungsgehalt des "est" in seiner absoluten Verwendung könnten wir keine kategoriale Definition mehr angeben, durch die wir einen washeitlichen Aspekt erfaßten. Wenn "est" die reine Wirklichkeit (des Dinges) selbst (*in actu esse*) bezeichnet als das, was von allem das Vollkommenste und Ersterkannte ist, dann bedeutet es gerade den Grund jeglicher Tätigkeit. Daher kann seine Bedeutung nur noch umschrieben werden. Und wenn Thomas sagt, es bezeichne dasjenige, was nach Art von Wirklichkeit "absolut" in den Verstand fällt, so versteht er darunter die Wirklichkeit schlechthin im Sinne des Daseins und der Vollkommenheit, wofür genau dieser Ausdruck "*esse in rerum natura*" steht.[366]

Bei jener Denktätigkeit, durch die wir einem Einzelding das Sein zusprechen, ist es aber nicht möglich, von der bestimmten Form abzusehen, die dieses Sein vermittelt. Dieses Absehen von der Form (*separatio*) wird sich erst auf einer höheren Abstraktionsstufe in der Metaphysik ergeben. Das *esse* ist uns immer nur durch eine bestimmte Form vermittelt. Und darin haben wir eine Grundstruktur der welthaften Dinge, daß sie nämlich zusammengesetzt sind, eine *compositio* bilden. In ihnen waltet eine Differenz von Form und Materie, von Seinsakt und konkreter Substanz, von Akt und Potenz. Wir können des Seins immer nur als der Wirklichkeit *eines Dinges* gewahr werden.[367]

> "Da aber die Aktualität, die dieses Verbum 'ist' ursprünglich bezeichnet, auf gemeinsame Weise die Aktualität jeder Form ist – entweder als substantieller oder akzidenteller Akt –, so ergibt sich daraus: Wenn wir aussagen wollen, daß irgendeine Form oder ein Akt einem Subjekt aktual zukommt (*inesse*), dann drücken wir dies mit diesem Verbum "ist" aus – entweder einfachhin oder in gewisser Weise."[368]

Aktualität selbst abhebt, rechtfertigt sich für Thomas für den *modus significandi* der Gebrauch des Wortes "est" gerade als eines Verbums. Vgl. In I Periherm., lectio 5, n. 21: "Nam 'est', simpliciter dictum, significat in actu esse; et ideo *significat per modum verbi*."

366 Vgl. In II Periherm., lectio 2, n. 2: "... hoc verbum *'est' quandoque* in enuntiatione praedicatur secundum se; ut cum dicitur, *Socrates est*: per quod nihil aliud intendimus significare, quam quod Socrates sit in rerum natura."

367 Vgl. Owens, Judgement and Truth, 37: "While sense cognition does not represent the two (sc. thing and existence) in separate concepts, as intellection does in the concepts of universalized nature and existential actuality, it brings into the cognitive agent's awareness an object that is already structured through an existential synthesis. This structure is what informs the intellect in the intellect's act of judgement." Ohne Aristoteles zu kritisieren, führt Thomas ihn insofern weiter, als die Substanzen nicht mehr als die Wirklichkeit schlechthin betrachtet werden, sondern ihre Aktualität von ihrem Seinsakt empfangen. Für Thomas ergibt sich also schon aus der Bezeichnungswiese der Kopula, daß das "est" ontologische und logische Komponenten aufweist.

368 In I Periherm., lectio 5, n. 73: "Quia vero actualitas, quam principaliter significat hoc verbum 'est', est communiter actualitas omnis formae, vel actus substantialis vel acci-

3.2.3. Die compositio des Urteils als Reflex des Seienden

Die substanzontologische Position des Aristoteles mit der *Ousia* als tragendem Fundament der Wirklichkeit wird in der Thomanischen Aktmetaphysik deutlich abgeschwächt, da die *actualitas* gegenüber der Substanz eine Priorität erhält.[369] Wenn wir das Sein aussagen, dann meinen wir das Wirklich-Sein einer Form, sei es substantiell oder akzidentell, und auch im Urteil prädizieren wir eine substantielle oder akzidentelle Form, die sich zum Subjekt verhält wie der Akt zur Potenz.[370] Über das Schema dieser Proportionalitätsanalogie wird die Form also mit Akt-Wirklichkeit, die Substanz dagegen mit dem Möglichsein in Verbindung gebracht. Die Zusammensetzung ist jedoch im Sein der Dinge fundiert, das immer Akt des Wesens ist.[371] Die fundamentale Struktur des Wirklichen ist die *compositio*: Das Seiende ist immer als Washeit und als akthafte Wirklichkeit präsent. Das Sein ist nicht einfachhin mit der Form identisch, sondern zwischen beiden waltet eine unhintergehbare Differenz, denn das *esse* ist eben "*actualitas omnis formae*".

Die einfachen Elemente des wirklichen Seienden (Naturen, quidditative Strukturen) existieren in komplexen Einheiten zusammen; so inhärieren partikuläre Akzidentien ganz bestimmten Substanzen. Wenn nun die Seele des Menschen mit ihren intellektiven Vermögen dieser Wirklichkeit angeglichen werden soll, so muß der Intellekt nicht nur die einfachen Formen, d. h. die Elemente des Seienden besitzen, sondern er muß sie in der Weise bearbeiten, daß sie synthetische Komplexe bilden, die dem realen Seienden entsprechen. Dies geschieht, wenn der Verstand Subjekt und Prädikat in der *propositio* zusammenfügt.

Wenn der Intellekt die Naturen der Dinge erfaßt und sie dann, in einem zweiten Schritt, als die Konstituentien eines Satzes in Beziehung setzt, gleicht er sich damit der akthaften Wirklichkeit an. Thomas nennt diese zweite Tätigkeit darum immer wieder "Zusammenfügung oder Trennung".[372] Sowohl in der fundamentalen Struktur des Seienden wie im

---

dentalis, inde est quod cum volumus significare quamcumque formam vel actum actualiter inesse alicui subiecto, significamus illud per hoc verbum 'est', vel simpliciter vel secundum quid."

369 Auf diese Weise gestattet schon die differenzierte Betrachtung dessen, was "esse" in den verschiedenen Kontexten bedeuten kann, einen Ausblick auf den Gesamtentwurf der Ontologie, in der die Einteilung des Seienden in Akt und Potenz ein wichtiges Strukturmoment bildet. Vgl. Schönberger, 276–289.

370 In I Periherm., lectio 8, n. 98: "... praedicatum comparatur ad subiectum ut forma ad materiam et differentia ad genus."

371 Vgl. In I Sent., d. 33, q. 1, a. 1: "Compositio fundatur in esse rei quod est actus essentiae."

372 Vgl. In Post. Anal., Prologus; De ver. 1, 3; S.Th I 16, 2; 85, 5.

Urteil gibt es also eine gewisse *compositio*. Diese Verhältnismäßigkeit macht eine prädikativ-logische Abbildung des "est" durch die Kopula möglich. Im Urteil faßt der Verstand nicht bloß Subjekt und Prädikat in einer gewissen Verbindung auf, sondern als in der Wirklichkeit eins.[373] Sie sind darum eins, weil der das Subjekt aktualisierende Seinsakt durch jene Form, für die das Prädikat steht, mitvollzogen wird.

Im "est" der Kopula scheint nun gerade diese wirkliche Verbindung als das Sein der Sache selbst auf. Der Verstand legt beiden Komponenten durch die verbindende Kopula ein "est" (als *esse intentionale*) zu, das Reflex der Wirklichkeit des Dinges selbst ist. Thomas sagt auch, der Verstand erfinde in der Kopula ein "est" hinzu: "*adinvenit*".[374] An verschiedenen Stellen wird der analogen Gebrauch von "esse" thematisiert, so z. B. im Sentenzenkommentar:

> "Das 'sein' wird auf dreifache Weise ausgesagt: In der einen Weise nennt man 'sein' die Washeit oder Natur eines Dinges, wie man die Definition eine Aussage nennt, die bezeichnet, was etwas ist; die Definition bezeichnet nämlich die Washeit des Dinges. Auf die andere Weise nennt man 'sein' den Akt des Wesens selbst; so heißt 'leben', das das Sein der Lebendigen ist, der Akt der Seele – nicht der zweite Akt, der eine Tätigkeit meint, sondern der erste Akt. Auf die dritte Weise nennt man 'sein', was die Wahrheit der Zusammensetzung in Urteilen bezeichnet, demgemäß das 'ist' die Kopula genannt wird: Und auf diese Weise ist es im verbindenden und trennenden Verstand als etwas, das ihn vervollkommnet. Aber es ist begründet im Sein des Dinges, das der Akt des Wesens ist."[375]

Dies soll hier kurz kommentiert werden: Das "*ens sicut verum*" ist fundiert in der Wirklichkeit der Sache selbst.[376] Trotzdem gibt es Sätze, in denen das

[373] Vgl. S.Th I 85, 5 ad 3: "Compositio autem intellectus est *signum identitatis* eorum quae componuntur."

[374] Vgl. S.Th I 3, 4 ad 2.

[375] In I Sent., d. 33, q. 1 ad 1: "Sciendum quod esse dicitur tripliciter: Uno modo dicitur esse ipsa quidditas vel natura rei, sicut dicitur quod definitio est oratio significans *quid est esse*; definitio enim quidditatem rei significat. Alio modo dicitur esse ipse actus essentiae; sicut vivere, quod est esse viventibus, est animae actus, non actus secundus, qui est operatio, sed *actus primus*. Tertio modo dicitur esse quod significat veritatem compositionis in propositionibus, secundum quod est dicitur *copula*: et secundum hoc est in intellectu componente et dividente quantum ad sui complementum, sed *fundatur in esse rei*, quod est actus essentiae." Vgl. oben, 531, Anm. 371.
In *De Potentia* werden die beiden ersten Aussageweisen auf eine zurückgenommen, so daß nur noch zwei verschiedene Bedeutungen unterschieden werden: "Esse dupliciter dicitur: quandoque enim esse idem est quod actus entis: quandoque autem significat compositionem enuntiationis et sic significat actum intellectus." Vgl. De pot. 7, 2 ad 1.

[376] Mit der Bezeichnungsweise der Kopula, die auf das Wirklichsein der Sache durchverweist, kongruiert das andere Lehrstück des Thomas, daß wir von nicht-existierenden Possibilien weder die Washeit erfassen, noch wahre Aussage über sie bilden können. Vgl. Wippel, 163–173.

"ist" nur eine logische oder veritative Bedeutung hat und kein reales Sein bezeichnet. So macht es etwa keinen Sinn, wenn man sagt, der Verstand würde in einem verneinenden Urteil das reale Vorkommen einer nicht-bestehenden Sache erfassen. [377]

Daher kongruiert das "ist" der Kopula nicht einfach mit dem realen *esse* der Dinge, sondern wird vom Verstand aus Eigenem hinzugefügt.[378] Gerade durch das Sein, das der Verstand im Urteil ausspricht, werden zwei erfaßte Bestimmungen zu einem intelligiblen Ganzen. Gegenstand des Urteils sind zusammengesetzte Dinge, die einen gemeinsamen Seinsakt ausüben, der vom Subjekt ebenso unterschieden ist wie vom Prädikat, das nach Art einer Form erfaßt wird. Wenn der Verstand das "est" der Kopula hervorbringt, um diese Zusammensetzung in der Wirklichkeit der Dinge auszudrücken, gleicht er sich damit dieser Wirklichkeit an. Weil die Subjekt und Prädikat verbindende Kopula eine Aussage konstituiert, die ein Zeichen für die verbindende Tätigkeit des Verstandes oder für das Urteil ist, bezeichnet das "est" in seiner zweiten, abgeleiteten Bedeutung einen Akt des Denkens, der auf die Existenzweise des Dinges zugreift.

Zusammenfassung: Da zwischen der ursprünglichen Bedeutung von "est" und seiner kopulativen Verwendung ein *Fundierungszusammenhang* besteht, erschließt sich seine "*consignificatio*" als eine "*ex consequenti significare*", womit eine Abhängigkeitsrelation angegeben wird. Damit ist jene *compositio*, die das "est" als Kopula bezeichnet, erst eine Folge der ersten Bedeutung, nämlich der des *actu esse*: Daraus erhellt dann der Sinn des schwierigen Satzes: "Und darum bezeichnet dieses Verbum 'ist' als Folge eine Zusammensetzung."[379]

---

[377] Vgl. In I Sent., d. 34, q. 1, a. 1: "Alio modo dicitur ens, quod significat veritatem propositionis; prout dicitur quod affirmatio est vera, quando significat esse de eo quod est; et negatio, quando significat non esse de eo quod non est; et hoc ens compositionem significat, quam intellectus componens et dividens adinvenit."

[378] Im Vergleich mit dem Sentenzenkommentar, in dem es heißt, daß das Urteil auf dem wahren Sein der Dinge gründet, nimmt Thomas in *De Veritate* eine Präzisierung vor. Dort ist vor allem von der zweiten, veritativen Bedeutung von "esse" die Rede. Vgl. De ver. 1, 3; 1,11. Und in der Summa Theologiae führt Thomas da, wo es um das Wissen geht, das wir von Gott haben können, den gleichen Unterschied ein. Vgl. S.Th. I 3, 4, ad 2: "Esse dupliciter dicitur: uno modo, significat actum essendi; alio modo, significat compositionem propositionis, quam anima adinvenit coniungens praedicatum subiecto. ... Primo igitur moto accipiendo *esse*, non possumus scire esse Dei, sicut nec eius essentiam: sed solum secundo modo."

[379] In I Periherm., lectio 5, n. 22: "Et ideo ex consequenti hoc verbum 'est' significat compositionem."

3.2.4. Das Urteil als Ort der Wahrheit[380]

3.2.4.1. Das ipsum esse rei als Grund der Urteilswahrheit

Das Urteil ist für den Gegenstand dieser Untersuchung nicht primär als logisches Gebilde interessant, sondern besonders auch deshalb, weil es der Ort der Wahrheit ist.[381]

Als Resultat einer Verstandestätigkeit stellt das Urteil immer eine Komposition dar, in der zwei Begriffe (*conceptus*) verbunden oder getrennt werden. Durch die Verbindung eines Prädikatsbegriffes mit einem Subjekt gibt das Urteil[382] auf intentionale Weise jene Komposition von Form und Materie wieder, wie sie im wirklichen Ding vorliegt.[383] Die im Urteil (*divisio vel compositio*) als Subjekts- und Prädikatsteil fungierenden Begriffe werden in der Weise miteinander verknüpft, daß sie einen Reflex der in Wirklichkeit existierenden Dinge bilden.[384] So findet also im Urteil, der *secunda operatio* des Verstandes, eine Rückkehr zum Sein eines Dinges statt, das bei den zusammengesetzten Dingen, dem proportionierten Objekt unseres Verstandes, aus der Vereinigung ihrer Prinzipien resultiert.[385] Insbesondere aber bewirkt das Hinzutreten der Form zur Materie, daß das Ding tatsächlich ist.[386] Der Intellekt erkennt ein Ding immer dann als existierend, wenn er die Vereinigung seiner Prinzipien in der *compositio* von Subjekt und Prädikat nachvollzieht.[387]

---

380 Für die Darstellung der Urteilslehre bei Thomas ist zu verweisen auf die Studien von P. Hoenen, La théorie du jugement; von A. Cunningham, Judgement in St. Thomas, 185–212 und B. Garceau, Judicium.

381 Vgl. Hedwig, "Urteil", 1337.

382 Thomas würde eher von "*propositio*" oder "*enunciatio*" sprechen.

383 Dies gilt etwa auch dann, wenn wir Sätze bilden der Art: "Mensch ist ein Lebewesen." Denn hier nimmt der Gattungsbegriff die Stelle des zu Bestimmenden, der Materie, ein.

384 Vgl. In II Periherm., lectio 2, n. 2, vgl. oben, 530, Anm. 366.

385 Vgl. De pot. 7, 1; vgl. auch In Boeth. de trin., lectio 2, q. 1, a. 3.

386 De princ. Nat. (ad prin.) n. 2; vgl. In I Sent., d. 38, q. 1, a. 3, sol: "Cum in re duo sint, quidditas rei, et esse eius, his duobus respondet duplex operatio intellectus. Una quae dicitur a philosophis formatio, qua apprehendit quidditates rerum, quae etiam a Philosopho, in III De anima, dicitur indivisibilium intelligentia. Alia autem comprehendit esse rei, componendo affirmationem, quia etiam esse rei ex materia et forma compositae, a qua cognitionem accipit, consistit in quadam compositione formae ad materiam, vel accidentis ad subiectum."
Es besteht also für Thomas eine Isomorphie zwischen der Art und Weise, wie wir uns mit den verschiedenen *operationes* des Verstandes auf die Wirklichkeit beziehen, und der differenzierten Struktur der weltlichen Wirklichkeit selbst.

387 Vgl. Oeing-Hanhoff, Mensch und Natur, 308: "Wenn wir ein Individuum einer spezifischen Art vorwissenschaftlich wahrhaft erkennen, diese Erkenntnis sich aber im Medium der Sprache in einem Satz vollzieht, der dem hier und jetzt sinnlich Erscheinen-

Deshalb kann ein einfacher Begriff nicht schon das leisten, was erst durch das Urteil zustande kommt. So heißt es im Boethiuskommentar zu *De Trinitate:*

> "Die zweite Tätigkeit des Verstandes hebt auf das 'sein' selbst des Dinges ab, das nämlich bei den komplexen Dingen aus der Vereinigung seiner Prinzipien resultiert oder – wie bei den einfachen Substanzen – die einfache Natur von selbst begleitet."[388]

In dem Verstandesakt, der die Zusammensetzung oder Trennung zweier Begriffsinhalte ausdrückt und den man einfachheitshalber "Urteil" genannt hat, konstituiert sich auch allererst Erkenntniswahrheit oder Unwahrheit.[389] Die urteilende Synthesis ist notwendig wahr oder falsch, weil sie sich auf ein Ding bezieht, das schon durch die einfache Erfassung erkannt wurde, und weil sie eine die *Existenz* meinende Affirmation darstellt – entweder das bloße Faktum seiner Existenz oder die Weise, auf die es existiert.[390]

In *De veritate* wie auch in den später datierten Werken lehrt Thomas, daß allein Urteile im strengen Sinn wahr sein können, weil sie über die Erfassung der Washeit hinaus eine Hinbeziehung auf die Dinge selbst enthalten, deren Seinsweise (*ipsum esse*) wir in dem "ist" der Kopula intendieren. Dies wurde schon deutlich bei der Analyse der prädikativen Funktion von "ist", die auf eine absolute Bedeutung *durchverweist.* Erst diese durch den urteilenden Verstand mit der Setzung des "ist" vollzogene Angleichung an das Sein der Dinge ist es, was den ursprünglichen Sinn des Wahrheitsbegriffes ausmacht.[391]

In seiner verbindenden und trennenden Tätigkeit, aus der das veritative "ist" der Kopula als sein Proprium hervorgeht, sagt der Verstand von dem, was ist, daß es ist und von dem, was nicht ist, daß es nicht ist, und schafft damit eine Hinbeziehung auf das *extra animam in rerum natura*

---

den Sein, d. h. Wirklichsein überhaupt ... und sein spezifisches Wesen ... zuspricht, ... dann müssen den unselbständigen Prinzipien oder Bestandteilen dieses wahren Satzes, wenn Wahrheit Übereinstimmung von Aussage und ausgesagter Sache ist, unselbständige Prinzipien der Sache entsprechen, von denen her sie in erkennendem Nachvollzug ihrer Konstitution erkannt werden." Vgl. ders., Methoden der Metaphysik, 71–91.

388 In Boet. de Trin. 2, 1, 3: "Secunda vero operatio respicit ipsum esse rei, quod quidem resultat ex congregatione principiorum rei in compositis, vel ipsam simplicem naturam rei concomitatur ut in substantiis simplicibus." Was von einem individuellen Ding (*quod est*) im Urteil prädiziert wird, ist dasjenige, durch das es ist (*quo est*), so daß dieses *quo est* auch den Akt des *esse,* also die Existenz oder die konkrete Seinsweise impliziert.

389 Vgl. S.Th. I 16, 2: "Quando indicat (sc. intellectus) rem ita se habere sicut est forma quam de re apprehendit, tunc primo cognoscit et dicit verum."

390 Vgl. R.W. Schmidt, 215.

391 Vgl. Hedwig, "Urteil", 1338.

als Kompositum verwirklichte Ding.[392] Daß das Urteil das *ipsum esse* oder die konkrete Seinsweise des Dinges anzielen kann, wie Thomas im Sentenzenkommentar[393] sagt, hängt mit den logischen und ontologischen Bedeutungsgehalten der Kopula zusammen, von denen oben die Rede war.

3.2.4.2. Wahrheit als Angleichung an die Dinge

Zuerst einige Bemerkungen zu der komprimierten Wahrheitslehre in STh I 16, 2: Thomas legt an dieser Stelle zunächst dar, warum Wahrheit primär dem Verstand als einem erkennenden Vermögen zukommt, den Dingen hingegen nur in Hinordnung auf den Verstand. Dabei unterscheidet er zwei Sinngehalte von "Verstandeswahrheit": Wo es um den ersten, weniger strengen Begriff von Verstandeswahrheit geht, hat Thomas den Verstand als ein dinghaftes Vermögen im Auge, das ein wahres Seiendes ist, sofern es eine wesenhafte Formung durch die *species intelligibiles* erhält.[394]

Streng genommen kann der Verstand nur etwas Wahres sein, weil es wahre Urteile über das Wesen des Verstandes gibt, d. h. weil es eine ursprünglichere Wahrheit gibt – die Wahrheit des Erkennens selbst.[395] Wenn Thomas sagt, daß allein dem Verstand die *veritas sicut cognita*[396] bzw. ein *cognoscere veritatem*[397] zukommt, so will dies sagen: Über die erste Tätigkeit hinaus, die nur *Bedeutungen* liefert, kann der Verstand seine Akte, insbesondere das im "ist" der Kopula Gesetzte als *Geltungsgebilde* erkennen, die den Anspruch implizieren, der Wirklichkeit gleichförmig zu sein. Der Verstand hat mithin die Fähigkeit, auf den Anspruch zu reflektieren, daß seinen Urteilen Überein-

---

392 Vgl. Owens, Judgement and Truth, 47: "The form of the intellectual activity of judgement should therefore be the synthesis that corresponds to the existential synthesizing in its object. ... It is a synthesis that the intellect, in the words quoted above from the commentary on the nineth book of the *Metaphysics* (lect. 11, no. 1998), forms and utters – 'interius format et exprimit voce'."

393 Im Sentenzenkommentar faßt Thomas das Eigentümliche des Urteils im Unterschied zum begrifflichen Erfassen in folgender Formel zusammen: "Prima operatio respicit quidditatem rei, secunda respicit esse ipsius." Vgl. I Sent., d. 19, q. 5, a. 1, ad 7.

394 Es ist hier natürlich der *intellectus possibilis*, der gewissermaßen in passiver Weise die Washeiten, die der *intellectus agens* aus den Sinnenbildern herausgelöst hat, entgegennimmt und durch sie geformt wird.

395 Nach der weniger strengen Bedeutung kann der Verstand einfach "wahr" heißen, sofern er überhaupt erkennt. Dies geschieht durch die ihm eigentümliche Tätigkeitsweise. Hierbei denkt Thomas durchaus sowohl an die erste *und* an die zweite Verstandestätigkeit, denn auch die zweite Tätigkeitsweise formt den Verstand, wenngleich weniger passiv, und macht ihn in diesem Sinn zu einem "wahren Seienden". Geformt wird der Verstand in erster Linie durch seine Tätigkeit. Betrachtet man den Verstand als ein aktuell geformtes Ding, dann kann man in der Reflexion seine Wesensform erfassen und ihn ein wahres Seiendes nennen – etwas, das "gemäß seiner Natur" zur Wirklichkeit gekommen ist. Wir haben es dabei aber noch nicht mit dem zu tun, was Wahrheit im eigentlichen Sinne ausmacht.

396 Vgl. De ver. 1, 9.

397 Vgl. S.Th. I 16, 2.

stimmung zukommt oder nicht zukommt. Damit ist er in der Lage, den in jedem Urteil unreflex enthaltenen Wahrheitsanspruch hervorzuheben und explizit zu machen. Urteile des Verstandes sind eben eine intentionale Setzung der Wirklichkeit und können als solche wahr oder falsch sein: "Der Verstand aber kann seine Gleichförmigkeit mit einem erkennbaren Ding erkennen. Aber er erfaßt jenes Ding (andere Lesart: jene Gleichförmigkeit) nicht schon, insofern er das Wassein eines Dinges erkennt; aber wenn er urteilt, daß sich das Ding so verhält wie die Form, die er von dem Ding erfaßt hat, dann erkennt und sagt er Wahres."[398]

Nicht schon dadurch, daß er dessen Wassein erfaßt, sondern erst, wenn er urteilt, daß es sich mit einem Ding tatsächlich so verhalte, erkennt der Verstand dieses Ding in der Weise, auf die es wirklich ist. Was der Verstand sinnlich oder quidditativ erfaßt, macht das – dadurch verwirklichte – Erkenntnisvermögen zwar zu einem "wahren Seienden". Aber erst das Urteil stellt mit seiner Ausrichtung auf das *ipsum esse rei* eine wahrheitsfähige Seinssetzung dar.[399]

"Dadurch findet sich wohl bestätigt, daß die Sinnesempfindung von einem Ding wahr ist und auch der Verstand beim Erkennen des Wasseins; aber nicht so, als ob er das Wahre erkennt und ausspricht. ... Die Wahrheit kann sich also wohl in der Sinneswahrnehmung und in dem das Wesen erkennenden Verstand finden wie in einem wahren Ding, nicht aber wie das Erkannte im Erkennenden, was der Name des Wahren besagt; denn die Vervollkommnung des Verstandes ist das Wahre als Erkanntes."[400]

---

398 Vgl. ebd.: "Intellectus autem conformitatem suam ad rem intelligibilem cognoscere potest. Sed tamen non apprehendit eam secundum quod cognoscit de aliquo quod quid est; sed quando iudicat rem ita se habere sicut est forma quam de re apprehendit, tunc primo cognoscit et dicit verum." Thomas ist es in diesem Kontext nicht um das Urteil als einen reflexiven Akt zu tun, mit dem der Verstand sich auf sich selbst zurückbeugt, denn schon im nächsten Satz (der den Kontext bestimmt) ist das Urteil jene Tätigkeit, durch die wir einem Ding ein Wassein zusprechen oder von ihm negieren. Darauf macht auch G. Schulz aufmerksam, die aus diesem Grund der ersten Lesart den Vorzug gibt. Vgl. dies., 101. Wer die Wahrheit an dieser Stelle durch einen Akt der Reflexion begründet sieht, der bringt dieses Lehrstück in einen gewissen Gegensatz zu den in *De veritate* vertretenen Auffassungen. Zu denselben vgl. unten, 538.

399 Zum Vergleich sind hier die entsprechenden Stellen in De ver. 1, 3 und 1, 11 heranzuziehen. Auch in seinem Kommentar zur Aristotelischen Schrift *Perihermeneias* unterscheidet Thomas klar zwischen der Wahrheit als Eigenschaft eines formierten Erkenntnisvermögens und als Eigenschaft *der Akte* dieses Erkenntnisvermögens, die gerade deshalb wahr sind, weil sie der *Wirklichkeit* angeglichen sind. Vgl. In I Periherm., lectio 3, n. 6: "Ad huiusmodi igitur evidentiam considerandum est quod veritas in aliquo invenitur dupliciter: uno modo, sicut in eo quod est verum: alio modo, sicut in dicente vel cognoscente verum. Invenitur autem veritas sicut in eo quod est verum tam in simplicibus, quam in compositis; sed sicut in dicente vel cognoscente verum, non invenitur nisi secundum compositionem et divisionem."

400 S.Th. I 16, 2: "Et ideo bene invenitur quod sensus est verus de aliqua re, vel intellectus cognoscendo quod quid est; sed non quod cognoscat aut dicat verum. ... Veritas quidem igitur potest esse in sensu, vel in intellectu cognoscente quod quid est, ut in quadam re vera, non autem ut cognitum in cognoscente; quod importat nomen veri: Perfectio enim intellectus est verum ut cognitum."

Daß es Wahrheit im strengen Sinn nur im erkennenden Verstandesvermögen gibt, mit dem der Mensch sich urteilend auf die Wirklichkeit bezieht, begründet Thomas ausführlicher in *De veritate 1*, wo er von der formalen *ratio veritatis*, dem Angeglichensein an die Dinge[401] her argumentiert. Die Dinge sind in ihrer Existenz der Maßgrund dafür, daß eine Aussage, die wir über sie machen, wahr oder falsch ist:

> "Ähnlich richtet sich auch die Wahrheit, die in der Seele von den Dingen verursacht ist, nicht nach der Einschätzung durch die Seele, sondern nach der Seinsweise der Dinge."[402]

Nun gehört die Korrespondenz in gewisser Weise zu jeder Erkenntnisart. Erkenntnis impliziert Ähnlichkeit oder Übereinstimmung.[403] Obwohl nun jede Erkenntnis eine solche Ähnlichkeit herstellt, so kommt doch nicht jeder Erkenntnis jene Konformität zu, die Wahrheit konstituiert. Zwar gibt es eine Ähnlichkeitsbeziehung auch da, wo der Verstand von einem Ding einen Begriff bildet; nur ist die Verschiedenheit, die zwischen dem Ding und dem Begriff bemerkt werden kann, unzureichend, um den formalen Sinngehalt einer *adaequatio* zu erfüllen, denn ihre abbildhafte Ähnlichkeit (*similitudo*) ist allein von der *res* hervorgerufen. Die Angleichung setzt aber eine Verschiedenheit voraus, die erst dann vorliegt, wenn der Verstand mit einem eigenen Akt über das letztlich passive Geprägtsein durch Formen hinausgeht, indem er die mehr oder weniger vollkommen erfaßten Begriffsinhalte zusammensetzt oder von-

---

401 Vgl. In I Sent., d. 19, q. 5, a.1: "... relatio adaequationis in qua consistit ratio veritatis."

402 De ver. 1, 2 ad 3: "Similiter et veritas, quae est in anima causata a rebus, non sequitur aestimationem animae sed *existentiam* rerum." Ähnlich im Boethiuskommentar zu *De Trinitate*: vgl. In Boet. de Trin. 2, 1, 3; vgl. I Sent., d. 19, a. 5, ad 7. Man braucht in dieser Frage des auf die Seinsweise der Dinge zugreifenden und dadurch Wahrheit begründenden Urteils keinen Gegensatz zwischen den frühen Kommentaren (Sentenzenkommentar und Boethiuskommentar) und den späteren Schriften zu konstruieren, auch wenn die Akzente in der Argumentation sicher verschoben sind. Eine solche Tendenz, in den verschiedenen, zeitversetzten Schriften jeweils ganz disparate Argumentationsstränge zu sehen, die es verbieten, eine konsistente Lehre über das Urteil bei Thomas zu ermitteln, zeigt sich etwa bei H. Goris, wenn er sagt: "We may conclude that in his early writings, *viz*. the commentaries on the Sentences and on Boethius' *De Trinitate,* Aquinas parallels the two operations of the intellect with the two principles of reality: quiddity and being. In his later writings, the parallel has disappeared. The reason seems to be that Aquinas no longer shares its essentialist presupposition: being is not to be conceived as an accident according to a preconceived or preestablished essence or quiddity." Vgl. ders., 155.

403 Vgl. In I Sent., q. 36, a. 1, ob. 3: "Omnis cognitio est per assimilationem cognoscentis ad cognitum."

einander trennt, bzw. wenn er sie auf *konkrete Dinge*[404] bezieht, was erst im Urteil geschieht.[405]

Wenn der Verstand das "ist" der Kopula setzt, bringt er aus seiner eigenen Dynamik ein *esse intentionale* hervor, das ihm allein eigen ist. In dieser Tätigkeit entwerfen wir nicht konstruktivistisch die Wirklichkeit der Dinge, sondern nehmen an ihr Maß, um sie so "gewissermaßen nachschaffend"[406] zu setzen, sofern wir erst durch das *esse intentionale* der Aussage die Seinsweise des Gegenstandes bzw. die Wirklichkeit der Dinge erkennen. *Adaequatio* besagt nun nicht dasselbe wie Identität, denn sie ist eine Relation zwischen dem, was in gewisser Hinsicht gleich, in anderer Hinsicht aber verschieden ist. Das *proprium* des Verstandes im Urteil macht nun gerade diese Verschiedenheit aus, die hinzutreten muß, damit von "*adaequatio*" die Rede sein kann. Eine Angleichung kann nur zustande kommen, wenn der Verstand tatsächlich etwas Eigenes (*aliquid proprium*), von dem erkannten Ding Verschiedenes enthält, durch das er in eine Entsprechung zu ihm tritt.

> "Deshalb findet sich der Sinngehalt von Wahrheit im Verstand erstlich da, wo der Verstand anfängt, *etwas Eigenes* zu haben, was das Ding außerhalb der Seele nicht hat, was jedoch diesem entspricht, und zwar derart, daß zwischen ihnen eine Angleichung bemerkt werden kann."[407]

Die für die Wahrheit geforderte *adaequatio* ist eine Relation, aber sie ist nicht nur Relation, wenn man unter Relation den passiven Besitz einer gemeinsamen Form versteht. Ihr ist darüber hinaus etwas von der verbalen Kraft zu eigen, die den dafür verwendeten Substantiven wie

---

404 Vgl. S.Th. I 85, 5.

405 De ver. 1, 3: "Sed quando incipit iudicare de re apprehensa, tunc ipsum iudicium intellectus est quoddam proprium ei quod non invenitur extra in re; sed quando adaequatur ei quod est extra in re, dicitur iudicium verum; tunc autem iudicat intellectus de re apprehensa quando dicit aliquid esse vel non esse; quod est intellectus componentis et dividentis."

406 Vgl. G. Schulz, 144.

407 De ver. 1, 3: "Unde ibi primo invenitur ratio veritatis in intellectu, ubi primo intellectus incipit aliquid proprium habere quod res extra animam non habet, sed aliquid ei correspondens inter quae *adaequatio* attendi postest."
Daß es im Urteil um eine durch den dynamischen Vollzug der Angleichung an ein Ding ermöglichte Seinssetzung des Verstandes geht, und die hier erreichte *adaequatio* auf einer Eigenaktivität des Verstandes zurückgeht, erklärt ähnlich E. Arroyabe. Vgl. ders., 53: "Angleichung [adaequatio] ist einer der Schlüsselbegriffe der thomistischen Epistemologie. Grundlegend ist dabei, daß diese Adäquation zwischen Subjekt und Objekt nicht von einem dritten bewirkt wird, und auch nicht von beiden Seiten, sondern vom Subjekt. Dieses zeigt sich sozusagen plastisch, es streckt und bewegt sich, bis seine eigenen Änderungen es ihm ermöglichen, das Objekt zu erfassen, adäquat zu erfassen."

adaequatio, *commensuratio* und *assimilatio* zukommt. Sie konnotieren eine verähnlichende Tätigkeit.[408] Darum heißt es:

> "In jener Tätigkeit des Intellekts, mit der er das Sein des Dinges wie es ist, erfaßt, durch eine gewisse Verähnlichung mit ihm, vollendet sich die Relation der Übereinstimmung (*adaequatio*), in der der Formalgehalt der Wahrheit besteht."[409]

3.2.4.3. Das reflexive Moment im Urteil

In der *ratio veritatis* ist ein Akt des sich In-Beziehung-Setzens enthalten. Damit hängt zusammen, daß Wahrheit *formaliter* und eigentlich nur im Urteil gefunden werde. Nun wird man nicht bestreiten können, daß eine solche Übereinstimmung auch in einer "einfachen Auffassung" (*simplex apprehensio*) bzw. in der Begriffsbildung, durch die der Verstand die Washeit oder das Wesen einer Sache erfaßt, gegeben ist. Aber – und darauf kommt es hier an – dabei wird nicht reflexiv gewußt, daß das Wissen mit der erkannten Sache in Beziehung steht: Die Relation selbst scheint in der Objekterkenntnis nicht auf; sie wird nicht vom Verstand ausgedrückt.[410]

Erst im Urteil kommt es dazu, daß die gewußte Übereinstimmung durch das *verbum mentis* explizit gemacht und als unbedingt bejaht wird.[411]. Das Urteil geht also insofern über die einfache Auffassung des Verstandes hinaus, als nicht nur etwas von der Sache erkannt, sondern *als Erkanntes* ausdrücklich auf die Sache in ihrem wirklichen Bestehen appliziert wird. Wir haben es mit der objektiven Präsentation einer Bezie-

---

[408] Vgl. R.W. Schmidt, 217.

[409] In I Sent., q. 19, a. 5, ad 1 sol.: "... in ipsa operatione intellectus accipientis esse rei sicut est, per quamdam assimilationem ad ipsum, completur relatio adaequationis in qua consistit ratio veritatis."

[410] Im Urteilsakt findet sich ein Moment, das nicht schon in der extramentalen Sache gelegen ist, sondern das zum Intellekt gehört und dessen Übereinstimmung mit der Sache selbst reflex thematisch werden kann. Dies ist genau jenes Moment, das mit dem Urteil – als Affirmation oder Negation – gesetzt wird und in dem der formale Akt des Urteils besteht. Der urteilende Intellekt sagt etwas über die Sache selbst und setzt dadurch zugleich eine von ihm ausgedrückte Relation. Einer der Termini dieser Relation steht für das von der Sache Erkannte, der andere für sie selbst steht. Vgl. De ver. 1, 9; vgl. In VI Metaph., lectio 4, n. 1236.

[411] Vgl. De ver. 1, 3. Diese "unbedingte Setzung" des Urteils wird bei B. Lonergan genauer thematisiert. Vgl. ders., Einsicht, Bd. 1, 325: "Der eigene Inhalt eines Urteils ist sein spezifischer Beitrag zum Erkenntnisprozeß. Dieser besteht in den Antworten 'Ja' oder 'Nein'." Zur Notion des Urteils bei Lonergan vgl. ebd., 321-328; vgl. auch Jonsson, 46–53; vlg. Sala, Kants Lehre, 337: "Das 'est' des Urteils ist keine nachfolge Bestätigung oder Äußerung der schon durch die Sinne vermittelten Wirklichkeit, sondern der Akt, in dem unsere Intentionaltität das Sein erkennt."

hung zu tun, in der das von einer Sache Aufgefaßte (das Wesen, verschiedene Qualitäten etc.) mit der Sache, wie sie in sich selbst ist, verglichen wird.[412] Und dies ist – neben dem Zugriff auf das *esse ipsum rei* – das zweite Moment, das die *ratio veritatis* fordert: die reflexe Thematisierung der eigenen Übereinstimmung mit dem, was ist. Eine nur abbildhafte Übereinstimmung konstituiert noch nicht Wahrheit.[413] "Wahrheit" erfordert die gewußte und ausdrücklich gemachte Übereinstimmung. Der in die Form der Ausdrücklichkeit gehobene Vergleich macht die Einführung dieses *reflexiven Momentes* notwendig, wo im eigentlichen Sinn von Wahrheit die Rede sein soll.[414]

Etwas systematisierend soll abschließend folgendes über die Hauptmomente der *ratio veritatis* gesagt werden: Während das, was der Verstand in einem einfachen Hinblick erkennt – eine stimmige quidditative Bestimmung eines Dinges – auch etwas bloß Gedachtes sein kann, erfaßt er im Urteilsakt die reale Existenz oder Nicht-Existenz eines durch Formen und Eigenschaften bestimmten Dinges. Und nun heißt es, daß die *formale ratio* der Wahrheit sowohl die Existenz des erkannten Dinges als auch die adäquate Auffassung desselben durch den Verstand verlangt.[415]

Die ultimative Fragerichtung des Intellekts wird durch das bestimmt, was in Wirklichkeit so und nicht anders ist und was der Verstand als *diese* Identität begreift. Wesenheiten für sich genommen reichen nicht hin, um das Erkenntnisstreben zufrieden zu stellen. Der Verstand will eine Antwort auf die Frage: Ist es so? Um sich darüber ein Urteil zu bilden, muß er die reale Komposition der Substanzen und ihrer Eigenschaften, die im *ipsum esse rei* gründet, intendieren und dann nachschaffend erreichen. Dies geschieht im Akt des Urteils, das – als gesetztes – im "ist" der Kopula einen Reflex des *ipsum esse* hervorbringt.[416] Daß das Urteil

---

412 Vgl. S.c.G. I 59: "Cum aliquod incomplexum vel dicitur vel intelligitur, ipsum quidem incomplexum, quantum est de se, non est rei aequatum nec rei inaequale. ... Unde de se nec verum nec falsum dici potest, sed tantum complexum, in quo designatur *comparatio* incomplexi ad rem per notam compositionis aut divisionis."

413 Dies muß allen gesagt werden, die eine simplifizierte Korrespondenztheorie der Wahrheit vertreten. Vgl. Puntel, 28ff.

414 Vgl. In I Periherm., lectio 3, nn. 6 et 9: "... Veritas est solum in mente, sicut scilicet in cognoscente veritatem. Cognoscere autem praedictam conformitatis habitudinem nihil est aliud quam iudicare ita esse in re vel non esse: quod est componere et dividere; et ideo intellectus non cognoscit veritatem nisi componendo vel dividendo per suum iudicium." Vgl. auch S.Th. I 16, 2.

415 Vgl. In I Sent. q. 19, a. 5, 2 sol.: "Ratio veritatis in duobus consistit: in esse rei et in apprehensione virtutis cognoscitivae proportionata ad esse rei."

416 Vgl. In I Sent. q. 19, a. 5, a. 1. Vgl. oben, 525, Anm. 344.

auf das Sein des tatsächlich bestehenden Dinges ausgreift, meint nicht nur so etwas wie die pure Faktizität seines Vorkommens[417], sondern es hebt auf die konkrete Weise ab, in der der Existenzakt ausgeübt wird, d. h. wie die verschiedenen Komposita durch ihn zu einer realen Einheit finden.[418]

Der metaphysische Hintergrund der Urteilsbildung, in der wir das Sein der Dinge, ihr *ipsum esse*, reflex erfassen, ist die Lehre vom Sein als Akt, als *actualitas rerum*, als *actualitas omnium actuum*, die nicht durch eine konstruierende Begriffssynthese einzuholen ist.[419] Das Urteil kommt nicht ohne den aktualen Existenzvollzug eines Dinges aus. Die Kopula zwischen Prädikat und Subjekt reflektiert die reale Komposition eines

---

[417] Blindheit mag vorkommen, ist aber keine existierendes Seiendes. Wenn man sagt, es gebe die Blindheit, hat dies seine Berechtigung. Und so kann man das "est" in dem Satz "Petrus est" auch in seiner zweiten, veritativ-logischen Bedeutung auffassen. Sein Sinn wäre dann: Es gibt genau ein benennbares Individuum, das mit Petrus identisch ist. Diese Bedeutung des Existentialsatzes kennt auch die moderne Logik.
Für G. Frege etwa stellen Sätze, in denen sich das "ist" auf einen Eigennamen bezieht, eine Existenzbehauptung dar. Frege versucht, Existentialsätze durch eine doppelte Negation auszudrücken, die in der formalisierten Schreibweise  f(a) zum Ausdruck kommt. D. h. nicht alle a erfüllen die Funktion f (a) nicht oder mindestens gibt es ein a, das die Funktion bindet.
Bildet in der klassischen Urteilsform das "ist" mit seiner ontologischen Problematik gleichsam den Kern des Urteils, so wird es nunmehr vor die Urteilsfunktion verlagert. Dadurch fällt der Existentialsatz, wie er uns in der klassischen Logik bekannt ist, in den Bereich der Quantifikation. Mit der Bestimmung: "für alle x, für einige x, für mindestens ein x gilt", läßt er eine quantitative Analyse zu. Durch eine solche Quantifizierung der Existenz wird die Bedeutung des "ist", die klassisch eine ontologische ist, auf dem Gebiet der Quantorenlogik behandelt. Dabei fällt die Lösung des Problems in den Bereich der sogenannten "Wahrheitstheorien". Freilich zielt Wahrheit nunmehr nicht auf das wirkliche "ist" ab, sondern eine Aussage F (x) ist dann wahr, wenn es mindestens ein x gibt, durch das die Funktion erfüllt wird. Vgl. Frege, Logische Untersuchungen, 110.
Diese logische Deutung des Existentialsatzes ist der Reflex einer Tendenz in den exakten Naturwissenschaften, die Sicherheit über das empirisch Wahrnehmbare verlangen, das uns in gewisser Weise nur als einzelnes Dinge gegeben ist und faktisch vorliegt. Man muß sicher das Bemühen sehen, parallel zu den exakten Naturwissenschaften auch in der Philosophie exakte, logisch genaue Aussagen zu formulieren, wenn sich auch nicht übersehen läßt, daß etwa Frege gegenüber den verschiedenen Bereichen, in denen das "ist" in der klassischen Metaphysik zum Tragen kommt, eine Verengung vornimmt.

[418] In diesem Sinne präzisiert Thomas : "... veritas propositionis sequitur conditionem rei"; compositio rei est causa veritatis." Vgl. De ver. 12, 11, ad 6; vgl. In IX Metaph., lectio 11, n. 1899. Und darum bedeutet ja der Existentialsatz "Petrus est" in der primären Aussageweise des "est": Dieser Petrus lebt und geht dort und verrichtet seiner Natur entsprechende Tätigkeiten, was freilich nur zu Lebzeiten des Petrus bejaht werden kann.

[419] Vgl. De ver. 22, 6, 1: "Esse est actualitas omnium actuum, et propter hoc est perfectio omnium perfectionum."

Dinges, das wirklich als solches besteht. Da der Existenzakt nicht explizit in der *simplex apprehensio* gefunden wird, in der lediglich die Washeit zur Repräsentation im Verstand kommt, gibt es Wahrheit im strengen Sinn des Wortes nur im Urteil, dessen Funktion für die Wahrheitsfähigkeit der menschlichen Vernunft von konstitutiver Bedeutung ist.[420] Darum wurde die Urteilslehre als Kernstück der Thomanischen Epistemologie hier in dieser Ausführlichkeit behandelt.

3.2.5. Exkurs 3: Urteil und Erkenntnis nach B. Lonergan

Daß die Struktur unserer Urteile nicht nur eine besondere Weise unseres Erkennens ist, sondern über die Struktur der Wirklichkeit selbst Aufschluß gibt, wird von B. Lonergan, der sich in einer sehr eigenständigen Weise mit der Thomistischen Erkenntnistheorie befaßt und sie in den Horizont moderner Wissenschaftstheorie hineingestellt hat, entfaltet.[421]

3.2.5.1. Die dynamische Intentionalität auf die Wirklichkeit

Lonergan will mit seiner Epistemologie, die er anhand einer introspektiven Analyse der bewußten Erkenntnisvollzüge entwickelt, den Intuitionismus des Bild-Denkens (*picture-thinking*) überwinden, das die visuelle Anschauung als Paradigma für das gesamte Erkennen nimmt.[422] Die entscheidende Frage, die sein ganzes Bemühen um die Subjekterhellung bewegt, ist: Was bedeutet es, intelligent, rational und verantwortlich zu handeln? In unserem Bemühen um die Erhellung der menschlichen Erkenntnis kommt es nach Lonergan darauf an, sich die seinen eigenen Erkenntnisakten innewohnende konkrete, dynamische und immer wirkende Struktur anzueignen.[423] Lonergan ist sich darüber im klaren, daß der Ansatzpunkt jeder Philosophie in der Erkenntnislehre gelegen ist. Durch sie wird die Position, die sie in bezug auf Erkenntnis, Objektivität

---

[420] Zur Relevanz der Urteilslehre für die christologischen Glaubensaussagen vgl. unten, 634f.

[421] Lonergans Verhältnis zum Transzendentalthomismus und hier insbesondere zu Maréchal wird diskutiert bei Jonsson, 105ff.

[422] Vgl. Lonergan, Einsicht, Bd. 2, 476: "Wenn es eine bloße Verwirrung des Denkens ist, Objektivität in den Termini der Extraversion zu interpretieren, so war Kants Kopernikanische Revolution eine halbherzige Angelegenheit. Er erklärte sowohl die primären wie auch die sekundären Qualitäten für Phänomene. Er machte den absoluten Raum und die absolute Zeit zu Apriori-Formen des äußeren und des inneren Sinnes. Er betrachtete die Dinge in sich selbst des Newtonschen Denkens als unerkennbar. Doch war er nicht in der Lage, mit der Grundüberzeugung der animalischen Extraversion zu brechen, wonach das 'Wirkliche' das 'Jetzt schon da draußen' ist." Vgl. ebd., 474; 658.

[423] Vgl. Sala, Kants Lehre, 329ff; vgl. auch ders., Kants antithetisches Problem, 495–498.

und Realität einnimmt, wurzelhaft bestimmt. Daher stehen bei ihm folgende Grundfragen im Mittelpunkt: Was tue ich, wenn ich erkenne? Was erkenne ich, wenn ich das tue? Warum ist dieses Tun ein Erkennen der Wirklichkeit?[424] In diesen Fragen scheint die seit der Neuzeit als Anfang der Philosophie geltende Frage nach der Objektivität der Erkenntnis – die epistemologische Frage – auf.

Was für den Dynamismus des menschlichen Geistes charakteristisch ist, Intelligenz und Rationalität, drückt sich primär in den Fragen aus, die wir, konfrontiert mit den Daten der Sinne, spontan stellen: Mit der Frage "Was ist das?" suchen wir eine den Daten immanente Intelligibilität zu entdecken – ein Konstitutivum der Realität. Die menschliche Intentionalität ist intelligent, d. h. sie ist Sinn und auf der Suche nach Sinn. Diese Sinnsuche, die sich in der Frage nach Einsicht ausdrückt, ist a priori: Sie ist die aktive Intelligenz, die den menschlichen Geist selbst bestimmt und die auf einen Sinngehalt (Was ist das?) aus ist. Mit der nächsten Frage "Ist es so?" zielen wir darauf, zu ermitteln, ob unsere Interpretation der Daten auch korrekt ist, d. h. ob das infolge der Einsicht in die Daten gedachte intelligible Objekt wirklich ist.[425] Damit wird intendiert, den aus den Sinnen abgehobenen Sinngehalt als (eine bestimmte) Wirklichkeit zu erkennen.[426]

Mit seiner Fähigkeit zu fragen, erweist sich unser Erkenntnisstreben von unbegrenzter Tragweite. Schon die Frage, die dies in Zweifel zieht, die Frage nämlich, ob es etwas gebe, das für uns unerkennbar sei, zeigt, daß prinzipiell nichts außerhalb der Tragweite der Intentionalität liegt. Eine Grenze für unsere Intentionalität kann es nur in Hinblick auf die tatsächliche Erkenntnis eines real existierenden Seienden geben, oder hinsichtlich dessen, "was" etwas ist. Hierin liegt der Widerspruch jeder phänomenistischen Erkenntnislehre begründet: Denn die Behauptung, unsere Erkenntnis sei auf wie immer gefaßte Erscheinungen beschränkt, ist selbst nur möglich kraft einer Intentionalität, die nach dem Sein strebt, das sie im Tatsachenurteil auch erreicht. Wer den Phänomenis-

---

[424] Vgl. Lonergan, Methode in der Theologie, 37.

[425] Vgl. unten, 565f.

[426] Vgl. Jonsson, 73f: "Hence we also find the basis that makes Lonergan's cognitional theory critically verifiable. The elementes that serve as evidence for the affirmation of the correctness of his theory are a series of operations immediately given in the inquiring human subject's own experience. ... Hence, it turns out that the critical basis for the affirmation of Lonergan's cognitional theory is not to be found in any kind of self-evident propositions or in some set of basic beliefs, but rather in the human subject's own pragmatic involvement in a set of cognitive operationes."

mus vertritt, meint folglich im Vollzug seiner Behauptung das Gegenteil dessen, was er vertritt.

Die Erkenntnis hebt auch für Lonergan bei den Daten der Sinnlichkeit an. Von den Daten der Erfahrung schreitet die Erkenntnis fort zur Einsicht, aus der der Begriff (als mentale Synthesis) entspringt. War die Einsicht in die Daten etwas zunächst Hypothetisches, so führt die zweite Frage zur absoluten Setzung eines Urteils und *dadurch* zur Erkenntnis der Wirklichkeit.[427] Dies sei hier schon vorweggenommen, wobei auf das Urteil noch näher einzugehen sein wird.

Die dynamische Struktur des Erkennens geht auf das Sein: Alles Abwägen der Evidenz, alles Zweifeln und Urteilen entspringt dem Bemühen, von dem, was ist, zu sagen, daß es ist, und von dem, was nicht ist, daß es nicht ist. Also, die dynamische Struktur menschlichen Erkennens richtet sich auf das Seiende (dessen *maxime formale* nach Thomas das *actu esse* ist). Diese Intention, so betont Lonergan immer wieder, ist in ihrer Reichweite unbegrenzt, denn es gibt nichts, nach dem wir nicht wenigstens fragen könnten. Jede Frage nach der Reichweite und jeder Zweifel an der unbeschränkten Natur unserer Intentionalität bestätigt nur, daß sie als suchende Dynamik faktisch ohne Grenzen ist. "Nichts ist zu unserer Intentionalität als Vermögen des Fragens schlechthin disparat."[428] Wenn dies aber so ist, dann sind Wirklichkeit und Intentionalität korrelativ. Und in dieser Korrelativität gründet die rationale Auffassung von der Wirklichkeit.

Jenseits der Frage nach dem Seienden liegt nur dasjenige, das einfachhin nicht ist – das heißt: Nichts! Wir sind fähig, Fragen zu stellen, die alle Bedingtheiten und Beschränkungen transzendieren. Das Objekt steht unter einem unbedingten Aspekt vor unserem Fragehorizont. D. h. wir können nach dem Objekt fragen, sofern es in absoluter Weise, unabhängig von unserem Bewußtsein, ist. Das bedeutet aber auch, daß wir nicht in eine Sphäre der Subjektivität, des Bewußtseinsimmanenten, eingeschlossen sind. Unsere subjektive personale Selbstpräsenz ist zutiefst charakterisiert durch die Bewegung der geistigen Dynamik auf das Transzendente.[429] Sie ist darum eine Unendlichkeitsdynamik.[430] Weil die

---

[427] Vgl. ebd., 71f.

[428] Sala, Kants Lehre, 332; vgl. ders., Lonergan and Kant, 145, Anm. 64.

[429] Vgl. Lonergan, Einsicht, Bd. 2, 715: "In einem allgemeineren Sinne bedeutet Transzendenz 'darüber hinausgehen'. So geben Untersuchungen, Einsehen und Formulieren nicht bloß den Inhalt der Sinneserfahrung wieder, sondern gehen über ihn hinaus. So geben sich Reflexion, Erfassung des Unbedingten und Urteil nicht mit bloßen Objekten des Annehmens, Definierens und Betrachtens zufrieden, sondern gehen über sie

Intention unbeschränkt ist, kann sie nicht auf immanente Bewußtseinsinhalte reduziert werden. Die bloße Tatsache, daß eine Frage gestellt werden kann, die über Bewußtseinsinhalte hinausgeht, zeigt, daß die sich in der Frage äußernde Intention nicht auf ein immanentes Prinzip festgelegt ist.

Transzendierende Dynamik des Erkennens meint also nach Lonergan die Hinordnung des menschlichen Geistes auf das Seiende, mithin auf die durch einen sachhaften Gehalt bestimmte Wirklichkeit. Die Frage nach dem, was wirklich ist, bestimmt von allem Anfang an den Ausgriff der Intentionalität nach dem Sein, denn "die Möglichkeit der menschlichen Erkenntnis ist eine uneingeschränkte Intention, die auf das Transzendente hintendiert, und ein Prozeß der Selbsttranszendenz, der es erreicht".[431] Diese Frage ist eine Frage nach dem Transzendenten oder nach dem, was in sich selbst seiend ist. Und so muß auch der Sinn der Antwort, die im Urteil erreicht wird, transzendent sein – eine Antwort auf die gestellte Frage kann sie ja nur sein, wenn sie das Objekt im selben Sinn meint wie die Frage.

Die Objektivität menschlicher Erkenntnis beruht auf einer uneingeschränkten Intention und einem unbedingten Ergebnis: Aussagen, die ein Urteil darstellen, sind entweder wahr oder falsch, auch wenn die Erkenntnis selbst begrenzt ist. Wahre Aussagen drücken ein Unbedingtes aus. Weil menschliches Erkennen solch ein Unbedingtes erreicht, transzendiert es den Innenraum der eigenen Erfahrung. Und damit findet sich die Antwort auf die eingangs gestellte Frage, warum unser Erkennen fähig ist, die Wirklichkeit zu erreichen: Weil die Struktur unserer

---

hinaus zum Universum der Tatsachen, des Seins, dessen, was als wahr bejaht wird und es wirklich ist. Ferner, man kann sich damit begnügen, die Dinge in bezug auf uns zu erkennen, oder man kann darüber hinausgehen und sich den Wissenschaftlern zugesellen, die nach der Erkenntnis der Dinge als aufeinander bezogen suchen. Man kann über den Common Sense und die gegenwärtige Wissenschaft hinausgehen, um die dynamische Struktur unseres rationalen Erkennens und Tuns zu erfassen und dann eine Metaphysik und Ethik zu formulieren. Man kann schließlich auch fragen, ob die menschliche Erkenntnis auf das Universum des proportionierten Seins beschränkt sei oder über dieses hinausgehe zum Bereich des transzendenten Seins; und dieser transzendente Bereich kann entweder relativ oder absolut aufgefaßt werden, entweder als über den Menschen hinausgehend oder als das schlechterdings Letzte im ganzen Prozeß des Darüber-Hinausgehens."

[430] Vgl. Sala, Kants antithetisches Problem, 490.

[431] Vgl. Lonergan, Cognitional Structure, 213: "The possibility of human knowing, then, is an unrestricted intention that intends the transcendent, and a process of self-transcendence that reaches it." Vgl. Jonsson, 134f.

Erkenntnis der Vollzug einer Intentionalität ist, deren Tragweite unbegrenzt ist uns als solche abhebt auf das, was "ist" (*the notion of being*).[432]

Fazit: Es gibt keinen unüberschreitbaren "Innenraum" des menschlichen Bewußtseins, weil das menschliche Erkenntnisstreben aufgrund seiner Intentionalität durch eine Tendenz zum Transzendenten gekennzeichnet ist.

3.2.5.2. Objektivität

Die introspektive Analyse bleibt nicht beim Psychologischen und rein Faktischen stehen, sondern führt zum Aufweis der im Erkenntnisvollzug wirkenden normativen Prinzipien, die die Wahrheit und Objektivität unserer Erkenntnis möglich machen. Für Lonergan ist das menschliche Erkennen eine formal dynamische Struktur. Dem ganzen Erkenntnisprozeß ist eine intelligente und rationale Dynamik eigen, die auch "Intentionalität" heißt und die die einzelnen Teilmomente des Erkennens integrierend überformt.[433] Die Unbegrenztheit der Tragweite der Intentionalität[434] ist die eine der beiden Säulen, die die Objektivität unserer Erkenntnis, d. h. die Fähigkeit, das Objekt als Sein zu erkennen, begründet. Die andere ist die absolute Position im Urteil. Sinn und Geltung der Erkenntnis als objektiv gültig bedeutet letztlich Sinn und Geltung der Urteile.[435]

Erkennen im eigentlichen Sinn ist immer ein Erkennen der Wirklichkeit und darum – nicht weil es einen Anschauungsgegenstand vor sich hat – objektives Erkennen.[436] Lonergan bezeichnet Objektivität als die "innere Beziehung des Erkennens zum Seienden" und nimmt "Seiendes und Wirklichkeit" als identisch[437]. Das Seiendes deckt sich für Lonergan mit

---

432 Vgl. Jonsson, 57: "Being is (1) all that we already know, and (2) all that still remains to be known, and it is known completely only by the totality of true judgements. ... The supreme notion is that of being, because the notion of being is an anticipation of all there is to be known through true judgments."

433 Vgl. ebd., 186: "Human self-transcendence originates in our innate desire to know that moves us from one level of consciousness to the next level with the help of questions for understanding, reflection, and deliberation respectively. On the level of critical judgment we arrive at knowledge of being, or the real. Such cognitive self-transcendence Lonergan now calls 'intentional self-transcendence'."

434 Vgl. oben, 547.

435 Damit kommt überein die Rede von der "transsubjektiven" Tragweite bzw. "transzendenter" Geltung der menschlichen Erkenntnis.

436 Vgl. Lonergan, Cognitional Structure, 211–214 ("The epistemological theorem"). Objektivität des Erkennens meint auch, daß das Seiende mit seinen realen Komponenten von Materie, Form und Akt nicht von unsererer Erkenntnistätigkeit abhängt.

437 Vgl. ebd., 211: "This brings us to the epistemological theorem, namely, that knowledge in the proper sense is knowledge of reality or, more fully, that knowledge ist intrinsi-

der durch eine res bestimmten und mithin intelligiblen Wirklichkeit (*reality*).[438] Wie das Seiende die konkrete Totalität von allem umfaßt und wie nichts außerhalb des Seienden ist, so ist es auch mit der Realität. Die kognitive Tätigkeit des Verstandes fragt nach dem Sein und besitzt deshalb in ihrer Intentionalität auch eine intrinseke Objektivität.[439] In dieser Intentionalität haben wir den dominanten Gehalt der dynamischen Struktur, die verschiedene Tätigkeiten auf ein singuläres Objekt hin bündelt und zu einem einzigen Erkennen vereint.[440]

Es ist irreführend, die Frage nach der Objektivität als die Frage nach dem zu stellen, ob und wie das Subjekt über sich selbst zur Erkenntnis einer "Außenwelt" hinausgehen kann, denn Objektivität besteht in der Fähigkeit, auf das Sein zuzugehen, das die vielfältigen Seienden auf ganz unterschiedliche Weise wirklich sein läßt.[441] Die Wirklichkeit ist das, wonach unsere einsichtige und vernünftige Intention fragt. Sie ist

---

cally objective, that objectivity is the intrinsic relation of knowing to being, and that being and reality are identical." Vgl. Jonsson, 66f: "... reality, or being, is neither simply to be equated with the objects that we are able to perceive immediately in sense experience, nor is it to be regarded as some kind of a postulated noumenal world of its own beyond the ordinary world of human experience. Reality is neither 'the already-out-there-now-real' of the naive realist, nor is it the idealist's world of 'noumenal things-in-themselves' inaccessible to uns human beings. ... reality is to be defined heuristically in cognitional terms as what is to be knowm through the compound of attentive experience, intelligent understanding, and reasonable judging. Reality is the objective of the pure desire to know; it is what is intended in questioning, and it is known when the questions are answerd correctly."

[438] Das Wissen um die vollständige Intelligibilität des Seienden entspringt nicht einem vollständigen, alles umfassenden Wissen. Es zeigt sich vielmehr als Implikat unseres Strebens nach Erkenntnis. Das Seiende ist deswegen vollständig intelligibel, weil es zusammenfällt mit dem, was erkannt wird, wenn alle "intelligenten" Fragen korrekt beantwortet sind. Die vollständige Intelligibilität des Seienden zu negieren, wäre mit dem forschenden Engagement des Subjekts inkonsistent, denn ein solches Engagement setzt immer schon voraus, daß die Wirklichkeit (*being*) verstehbar ist und daß – wenigstens prinzipiell – auf jede gestellte Frage nach Einsicht eine Antwort gefunden werden kann. Darum ist die Annahme der Intelligibilität des Seienden eine Möglichkeitsbedingung für alles fragende Forschen nach der Wirklichkeit. Die Leugnung dieser Grundannahme führte darum zu einem performativen Selbstwiderspruch: "Hence, if one is not to get involved in self-refuting performative contradictions, an intelligent and reasonable subject cannot avoid assuming that being is completely intelligible. One cannot commit oneself to a thoroughly persistent exercise of intelligent inquiry, while at the same time assuming that what one is searching for is unintelligible."

[439] Vgl. Lonergan, Verbum, 96f; vgl. S.c.G. II 98.

[440] Menschliches Erkennen ist eine Struktur, denn es resultiert aus der geordneten Zusammensetzung verschiedener Handlungen, die je für sich allein noch kein Erkennen ergeben: Sehen, Hören, Riechen, Berühren, Fragen-Stellen, Forschen, Vorstellen, Verstehen, Begriffe-Bilden, Reflektieren, Abwägen, Urteilen.

[441] Vgl. Lonergan, Verbum, 88; vgl. ders., Einsicht, Bd. 1, 436.

darum innerlich intelligibel und rational.[442] Damit gilt aber die Korrespondenzthese: Unsere Intentionalität, die sich in der dreigliedrigen Struktur[443] von Erfahrung-Einsicht-Urteil vollzieht, korrespondiert mit dem Seienden in seinen Wirklichkeitsmomenten von Materie-Form-Akt.[444] Was wir im Vollzug unserer Intention auf das Seiende erfassen, kann im Prinzip mit der ansichseienden Wirklichkeit übereinstimmen und sie dem Subjekt erkenntnismäßig vermitteln. Auf diese Weise erreicht der Vollzug einer nach dem Ansichseienden fragenden Intentionalität die angestrebte Sache – die transzendente oder transsubjektive Wirklichkeit.

3.2.5.3. Das Urteil

Das Urteil als die absolute Setzung eines "ist" muß als die zweite Säule angesehen werden, die die Objektivität unserer Erkenntnis trägt. Lonergan thematisiert den Übergang vom Begriff zum Urteil ausführlich im 10. Kapitel seines Buches "Einsicht".[445] Damit überhaupt ein Urteil gebildet werden kann, muß man Erfahrung[446] und Einsicht – die erste

---

442 Vgl. Jonsson, 167.

443 Aufmerksam geworden durch etwas, das die Sinne affiziert, drängt das Erkenntnisstreben mit seinen Fragen zur Erfassung nicht des Phänomens, sondern dessen, was ist. Das Mannigfaltige in Raum und Zeit sind "Daten", in denen unsere Intelligenz eine geordnete Beziehung, eine Organisation erfaßt, die zur Einheit eines Sinngehaltes führt. Sie sind nicht ein chaotisches Amalgam von zufällig zusammengewürfelten empirischen "Fetzen", sondern weisen eine innere, empirisch greifbare Morphologie auf. Die gewonnene Einsicht, die sich in einem Begriff ausdrückt, veranlaßt eine kritische Reflexion im Hinblick darauf, das im Begriff Gedachte als Wirklichkeit zu erkennen. Dies findet statt, wenn die Rationalität einen angemessenen Grund gefunden hat, der die absolute Position des Urteils (das "est") fordert und rechtfertigt. Vgl. ders., Cognitional Structure, 205–221; vgl. auch ders., Methode in der Theologie, 19–25 ("Die Grundstruktur der Vollzüge").

444 Vgl. die zusammenfassende und sehr klare Darlegung dieser Grundlehre im Aufsatz Lonergans selbst: "Cognitional Structure".

445 Vgl. Bd. 1, 329–369.

446 Meistens kommt es dadurch zur Erfahrung, daß bereits vollzogene Erkenntnisse unter dem Einfluß der Intelligenz und Rationalität auf ein neues Material angewandt werden, das die Sinne liefern. Das, worüber die zur Einsicht drängende Intelligenz Fragen stellen kann, wird letztlich durch die Sinne bereitgestellt, deren Radius durch die modernen Meßapparaturen erheblich erweitert wurde. Die nachfolgenden Handlungen der Intentionalität richten sich auf dieses durch die Sinne gegebene Datenmaterial:
"Es gibt nämlich ein solches intellektuelles Streben, einen Eros des Verstandes. Ohne es kämen keine Fragen, kein Forschen, kein sich Wundern auf. Ohne es hätten Phrasen wie wissenschaftliche Unvoreingenommenheit, wissenschaftliche Unparteilichkeit, wissenschaftliche Vorurteilslosigkeit keine Bedeutung. Insofern dieser intellektuelle Trieb dominierend ist, insofern also die verstärkenden oder hemmenden Tendenzen anderer Triebe erfolgreich ausgeschlossen werden, wird der wissenschaftliche Forscher

und zweite Phase des Erkenntnisprozesses – voraussetzen. Erkenntnis hebt bei der Sinneserfahrung an und terminiert zunächst in einem Begriff, in dem unsere Intelligenz einen aus den Sinnesdaten geschöpften intelligiblen Sinngehalt ausdrückt.[447] Um das Urteil in rechter Weise zu gewichten, muß das über den Begriff Gesagte[448] noch vertieft werden: Er stellt bereits eine Synthese dar: Das durch die Verbindung von Subjekt und Prädikat *mögliche* Etwas, das unsere Intentionalität bildet, indem sie zwei Inhalte zusammensetzt: Die Daten der Erfahrung mit dem Intelligiblen der Einsicht. Als Synthese zweier Gehalte kommt der Begriff einem in Aussicht gestellten, d. h. prospektiven Urteil gleich. Durch ihn wird die Erkenntnis dessen, was ist – und darauf geht unsere Intentionalität von Anfang an – vorbereitet. Ob aber etwas tatsächlich so sei, hat seine Bedingungen, deren Erfüllung zunächst noch fraglich ist.

Also die zweite Phase des Erkenntnisprozesses ist geprägt von der synthetischen Kraft des Verstandes, die aus dem sinnlichen Datenmaterial eine innere Ordnung abhebt.[449] Auf diese Weise geht die Intentionalität bewußt und intelligent, d. h. fragend über die Daten hinaus und richtet sich auf die Intelligibilität der Dinge. Die Frage "Was?" promoviert das sinnliche Datum zu einem "Dies", das eine Washeit hat. Diese Promotion ist – um mit Lonergan zu reden – die Intention des Wesens.[450] Das

---

in diesem Maße zu einer Verkörperung der untersuchenden Intelligenz, und seine Wahrnehmungen werden mit dem zusammenfallen, was man die Sinnesdaten nennt. Ein Mensch wird also nicht durch ein Versinken in eine träge Passivität, sondern durch positive Anstrengung und rigoroses Training zu einem Meister in der schwierigen Kunst der wissenschaftlichen Beobachtung." Vgl.ebd., 106.

447 Zur Funktion des Begriffes vgl. ebd., Bd. 2, 485: "Hegel versucht, alles in den Begriff einzugießen; wir betrachten die Begriffe als Nebenprodukte der Entwicklung des Verstehens und versetzen das Verstehen selbst in eine Zwischenrolle zwischen Erfahrung und kritischer Reflexion. Es folgt daraus, daß wir das, was Hegel als begrifflich betrachten muß, recht verschieden interpretieren können. So z. B. ist Hegels Notion des Seins ein minimaler begrifflicher Inhalt, der ins Nichts umstürzt; unsere Notion des Seins hingegen ist eine all-umfassende heuristische Vorwegnahme, die aus einem unbeschränkten Erkenntnisstreben hervorgeht." Vgl. Jonsson, 39: "In his analyses of insights Lonergan follows Aquinas, as he diligently distinguishes between the act of understanding and the subsequent act of conceptualization. The act of understanding grasps intelligible relations within the data one has experienced, whereas conceptualization is the act of formulating what one has understood, so that the insight may be expressed in words. Concepts emerge as the products of and as instruments for expressing acts of understanding."

448 Vgl. oben, 545.

449 Vgl. Jonsson, 36f.

450 Vgl. Lonergan, Einsicht, Bd. 1, 427: "Wenn begriffliche Inhalte Produkte der Verstehensakte sind, die Formen in den sinnlichen Vorstellungen erfassen, so wird man wohl von solchen Inhalten erwarten, daß sie eine disparate Vielfalt sind. Daher beantworte-

Subjekt verfolgt seine *intentio intendens*, um sich in einer *intentio intenta* zu objektivieren, die durch die partiellen Objekte der Teil-Tätigkeiten bestimmt ist und die diese vereint.[451] Die Erfahrung dessen, was durch die Sinne aufgenommen wird, führt über die Imagination zum Verstehen oder zur Einsicht, aus der dann die Konzepte des Verstandes entspringen, die das Relevante der Erfahrung mit dem kombinieren, was die Einsicht erfaßt hat. Konzepte wiederum stimulieren die Reflexion, die bewußte Forderung (*exigence*) der Rationalität.[452] Im rationalen Urteil wird dann sowohl das Erfahrungsmoment als auch das Moment der Intelligenz aufgehoben.

Kant hielt die Begriffe für eine apriorische Ausstattung unseres Verstandes, weil er auf ihre allgemeine Tragweite fixiert war und die vorhergehende Einsicht ins Sinnliche ignorierte. Statt vom tatsächlichen Vollzug des Erkennens auszugehen, konzentrierte er sich auf die Bedingungen einer bloß möglichen Erkenntnis. Hier die gegenläufige These: Da die Welt in Raum und Zeit nicht vor und unabhängig von der aktuell vollzogenen Intention des Seins erkannt werden kann, liegt der Ursprung der Begriffe, bzw. ihrer Korrespondenz mit den wirklichen Dingen, im tatsächlichen Vollzug des urteilenden Erkennens.

Der Begriff bringt für Lonergan *mittelbar* eine Hinbeziehung des Verstandes auf die Realität zustande. Dasjenige, das wir in dem Akt der Einsicht als Intelligibles erfaßt haben, besitzt in sich selbst eine innere Kohärenz und als solches schon die Möglichkeit, zu sein. Das Denken tendiert auf die Erkenntnis des Wirklichen, aber so lange etwas nur gedacht wird, kennen wir das Wirkliche noch nicht. Die konzeptuelle Syn-

---

te Aristoteles die Fage 'Was ist Sein?' nicht, indem er einen Begriffsinhalt angab, sondern indem er den Grund des Seins im allgemeinen Objekt des Verstehens, der Form, angab. Weil es viele Formen gibt, folgt, daß der Grund des Seins eine Variable ist; es folgt weiter daß, wenn die Notion des Seins eine sein soll, dann ihre Einheit die Einheit einer Funktion von variablen Inhalten sein muß. Welches sind nun die Variablen innerhalb der einzelnen Funktion? Eine von ihnen ist die Form." Vgl. ders., Cognitional Structure, 212.

[451] Vgl. ebd., 369. Wie die intentio intendens der dynamischen Struktur, so ist die ihr korrespondierende intentio intenta der strukturierten kognitiven Tätigkeiten innerlich auf das Seiende und die Realität bezogen. Vgl. ders., Cognitional Structure, 212: "The intentio intendens of the subject summons forth and unites cognitional activities to objectify itself in an intentio intenta that unites and is determined by the partial objects of the partial activities. As the intentio intendens of the dynamic structure, so the corresponding intentio intenta of the structured cognitional activities is intrinsically related to being and reality."

[452] Vgl. ders., Verbum, 38: "Insight to phantasm is the first part of the process that moves from sense through understanding to essential definition." Vgl. ders., Cognitional Structure, 207.

these oder der Begriff ist insofern mittelbar zur Wirklichkeit, als das korrespondierende Urteil[453] hinzukommen muß, denn erst durch das Urteil erkennen wir, ob das, was zunächst gedacht war, auch tatsächlich so ist. Daher gilt: Verstehen kommt nicht aus ohne das, was ihm die Sinne vergegenwärtigen. Aber auch die Kombination der Tätigkeiten von Sinneswahrnehmung und intellektueller Einsichtnahme genügt noch nicht für menschliches Erkennen. Es muß noch ein Drittes hinzukommen: Das Urteilen. Das urteilende Erkennen läßt die Intelligibilität hinter sich und zielt auf Wahrheit und durch die erkannte Wahrheit auf das Sein der Dinge.[454]

Wie gelangen wird denn zu jenem fundierten Urteil, in dem allererst das Sein erkannt wird? Der Intuitionismus führt die Wahrheit des Urteils auf einen Vergleich zwischen dem gedachten Begriff und der Anschauung einer Sache zurück. Ein solcher Vergleich von mentaler Vorstellung, dem vom Denken konzipierten Gegenstand, und der Wirklichkeit an sich würde den Erkenntnisprozeß abrunden.[455] Kann man aber, um die Evidenz des Urteils zu erklären, einfach sagen: "Die Sache selbst teilt sich eben mit"? Würde dadurch nicht das ganze Problem übersprungen und als bereits gelöst vorausgesetzt? Die ganze Frage der sogenannten "evidentia sufficiens" ist nach Lonergan durch eine introspektive Analyse zu lösen. Man kann mit Lonergan durch eine solche Analyse genau angeben, worin diese Evidenz besteht, ohne den sogenannten "Blick auf die Sache" bemühen zu müssen: Es ist die Reflexion auf die zustande gekommene Einsicht, die die tatsächliche Geltung der Synthese intendiert.

Durch die Befragung der Daten zur Einsicht gelangt, richtet der Intellekt an das in Aussicht gestellte Urteil (die gedachte Synthesis) die Frage: "Ist es so?" und drängt damit in seiner Intentionalität, die sich mit dem Denken eines Objektes mittels eines Begriffs nicht zufrieden gibt, weiter. Als rationale Dynamik intendiert er das Sein[456] und stellt deshalb

---

[453] Lonergan kennt neben dem Tatsachenurteil, das auf die Existenz einer Sache geht, noch andere Arten von Urteilen: z. B. hypothetische oder mathematische Urteile, deren Gegenstände einen anderen Wirklichkeitsstatus aufweisen.

[454] Vgl. ders., Verbum, 63: "Judgment includes knowledge of truth; but knowledge of truth is knowledge not merely of mental synthesis but essentially of the correspondence between mental synthesis and real synthesis." Vgl. ders., Cognitional Structure, 217.

[455] Ein solcher Vergleich gehört nach Lonergan zum Mythos des Intuitionismus. Er ist entweder unmöglich oder überflüssig, denn wie wissen wir um die Wirklichkeit in sich selbst?

[456] Vgl. ders., Cognitional Structure, 211: "It is the originating drive of human knowing. Consciously, intelligently rationally it goes beyond: beyond data to intelligibility; beyond intelligibility to truth and through truth to being."

diese weitere Frage nach Reflexion, um zu ermitteln, ob das Gedachte auch wirklich ist. Um das Urteil fällen zu können, das diese Frage bejaht, sind noch Gründe verlangt. Es wird also noch der zureichende Grund gesucht, der es erlaubt, das Gedachte in einem Urteil absolut zu setzen und damit als wirklich zu erkennen. Hier setzt die reflexive Phase der Intentionalität ein, die dahin tendiert, das in Frage stehende Urteil als etwas zu erfassen, dessen Bedingungen erfüllt sind – als ein virtuell Unbedingtes.[457]

Ein virtuell Unbedingtes ist nicht etwas, das in jeder Hinsicht unbedingt ist, sondern etwas, das Bedingungen hat, die aber erfüllt sind. Wer z. B. ein Tatsachenurteil fällen will wie etwa: Herr X hat den Mord an Frau M. begangen, der muß zunächst die Verbindung zwischen Bedingtem und seinen Bedingungen herstellen, durch die direkte Einsicht, die den Übergang von den Daten zum Begriff (Herr X ist der Mörder) bewirkt. Damit diese Interpretation (Begriff) nicht mehr in Frage gestellt werden kann, muß die Einsicht alle relevanten Daten (Motiv, Alibi, Tatwaffe etc.) berücksichtigen. Wenn keine relevanten Fragen mehr übrig bleiben, ist die Einsicht korrekt. Alle weiteren Fragen, die aufkommen, müssen auf andere Sachverhalte gehen oder in der Weise auf den ursprünglichen Sachverhalt, daß sie einen verschiedenen Aspekt berühren.[458] In diesem Fall ist die ursprüngliche Einsicht *unanfechtbar*. Der begrifflichen Distinktion zwischen korrekter und nicht-korrekter Einsicht geht die operative Distinktion zwischen unanfechtbarer und anfechtbarer Einsicht vorher. Darin liegt das gesuchte Kriterium. Also im Fall des Tatsachenurteils liefern die tatsächlich gegebenen Daten der Sinnlichkeit die Erfüllung der Bedingungen, die das Urteil zu einem virtuell Unbedingten machen.[459]

---

457 Zum Begriff "virtuell Unbedingtes" vgl. Jonsson, 147f.

458 Die richtige Fragestellung setzt ihrerseits eine Vertrautheit mit dem Bereich der Wirklichkeit voraus, um den es im Urteil geht, d. h. sie setzt vorhergehende korrekte Einsichten voraus. Gerät man hier in einen Zirkelschluß? Der Zirkel wird gesprengt durch das, was Lonergan den "selbstkorrigierenden Lernprozeß" nennt, der nach und nach seine eigenen Mängel entdeckt und korrigiert, indem er auf eine Grenze hin tendiert: eine erschöpfenden Vertrautheit mit einer bestimmten Sparte des Wissens, dem in Frage kommenden Wirklichkeitsbereich. Vgl. Lonergan, Einsicht, Bd. 1, 337f.

459 Vgl. ders., Cognitional Structure, 213: "Further, true answers express an unconditioned. Mice and men are contingent, and so their existence has its conditions. My knowing mice and men is contingent, and so my knowing of their existence has its conditions. But the conditions of the conditioned may be fullfilled, and then the conditioned is virtually an unconditioned; it has the properties of an unconditioned, not absolutely, but de facto. Because human knowing reaches such an unconditioned, it transcends itself. ... when we say that something is, we mean that its reality does not depend upon our cognitional activity." Vgl. Jonsson, 48–50.

Der Grund für das Urteil muß deshalb etwas Unbedingtes sein, weil es selbst in einer absoluten Setzung oder Bejahung besteht. Das Urteil zeigt sich in seinem absoluten Aspekt, wenn man bedenkt, daß das "est" des Urteils ohne Einschränkung gilt, selbst bei den bloß wahrscheinlichen Urteilen, deren Wahrscheinlichkeit ja nicht als wahrscheinlich, sondern absolut behauptet wird. hingegen ist die Bejahung, die wir im Urteil vollziehen, nicht absolut notwendig. Damit wir rational behaupten können, was wir zuerst bloß gedacht haben, müssen bestimmte Bedingungen erfüllt werden. Deswegen nennt Lonergan den kognitiven Grund des Urteils "das virtuell Unbedingte". In ihm zeigt sich der andere, kontingente Aspekt, des Urteils: Das virtuell Unbedingt hat Bedingungen und zwar solche Bedingungen, die erfüllt sind, und insofern sie erfüllt sind, kommt es einem Unbedingten gleich. Als Beispiel wurde oben ein bestimmtes Tatsachenurteil[460] angeführt. Ein Tatsachenurteil ist immer bedingt, sofern es ein in Aussicht gestelltes Urteil ist. Seine Bedingungen liegen auf der Ebene der bloßen Erfahrung. Sodann wird der Zusammenhang zwischen den Bedingungen und dem Bedingten durch den Vollzug unserer Intentionalität hergestellt, indem sie von den Daten zu einem Begriff und damit zu einem prospektiven Urteil fortschreitet.[461] Es kommt der reflexiven Einsicht, die auf einer kritischen Untersuchung beruht, zu, alle drei zusammen zu erfassen: das Bedingte, den Zusammenhang von Bedingtem und seinen Bedingungen und die Erfüllung der Bedingungen, und damit das Urteil als ein virtuell Unbedingtes möglich zu machen.[462]

Die Fragestellung wird in der reflexiven Phase durch einen eingrenzenden Gesichtspunkt bestimmt sein, d. h. es sind nur Einsichten zu berücksichtigen, die für einen bestimmten Wirklichkeitsbereich relevant sind. Wir fragen nicht nach allem unter jeder Hinsicht. Wurden die Daten richtig interpretiert, wissen wir, ob die Bedingungen des Bedingten de facto erfüllt sind. Wenn man berücksichtigt, daß die Daten kein diffuses Amalgam von sinnlichen Eindrücken, sondern eine geordnete

[460] Zu den konkreten Tatsachenurteilen vgl. Lonergan, Einsicht, Bd. 1, 332–334.

[461] Vgl. ebd., Bd. 1, 335: "Dies ist das Grundelement in unserer Lösung. Die Verbindung zwischen dem Bedingten und seinen Bedingungen ist ein Gesetz, das im Erkenntnisprozeß immanent und operativ ist. Das Bedingte ist das prospektive Urteil: Diese oder jene direkte oder introspektive Einsicht ist korrekt. Das immanente Gesetz des Erkenntnisprozesses kann aus unserer Analyse folgendermaßen formuliert werden: Eine solche Einsicht ist korrekt, wenn es keine sachbezogenen Fragen mehr gibt."

[462] Vgl. ebd., Bd. 1, 330: "Die Funktion des reflektierenden Verstehens ist, die Frage nach Reflexion aufzugreifen, indem es das prospektive Urteil vom Status eines Bedingten in den Status eines virtuell Unbedingten überführt; und das reflektierende Verstehen bewirkt diesen Übergang, indem es die Bedingungen des Bedingten und ihrer Erfüllung erfaßt."

Struktur vermitteln und als solche wirklich sind, wird man versuchen, einen Vergleich anzustrengen – nicht zwischen Begriff und dem gemeinten transzendenten Ding, sondern zwischen dem Inhalt der Erfahrung (der Intelligibilität der Daten) und dem im Begriff *gedachten* Gegenstand. Ein solches Erfassen ist deshalb möglich, weil es sich sowohl bei den Daten als auch bei dem Intelligiblen der Einsicht um Objekte handelt, die dem Erkenntnisprozeß immanent sind. Der Prozeß der reflexiven Einsichtnahme zielt darauf ab, die Übereinstimmung von Daten und mentaler Synthesis, die bei Thomas dem "conceptus" als dem Eigenen (*proprium*) des Verstandes entspricht, zu erfassen. Mit dem Erfassen, daß Daten und direkte Einsicht einander entsprechen, erweist sich die Einsicht als korrekt.

Wurden die relevanten Fragen beantwortet, sieht der Verstand mit seiner Intentionalität das virtuell Unbedingte ein, d. h. er hat den zureichenden Grund, die vorher bloß gedachte mentale Synthesis absolut zu setzen: Was durch diese Verbindung als so und so vorgestellt wurde, *ist*. Man muß hier genau darauf achten, daß nicht die Verbindung von Subjekt und Prädikat, die für Lonergan noch auf begrifflicher Ebene liegt, sondern die *absolute Setzung* oder Bejahung das Proprium des Urteils ausmacht.[463] Erst im "est" des Urteils erkennen wir das zuerst erfahrene und dann gedachte oder als intelligibel eingesehene Objekt als der Wirklichkeit entsprechend. Denn der Sinn einer Antwort muß dem Sinn einer Frage proportioniert sein. Fragen wir nach dem, was ist, so bedeutet das Urteil als Antwort auf diese Frage die Erkenntnis des Seins.[464]

Erst im Urteil ist eine Differenz von Subjekt und Objekt gesetzt, die eine Angleichung von dem, was der Verstand in sich selbst hat, und der aktualen *res*, vollziehbar macht. Und deshalb findet auch erst im Urteil die *Transzendenz* der Erkenntnis[465], die letztlich eine Erkenntnis des Seins ist, statt. Was mit dieser Angleichung gemeint ist, Wahrheit, kann erst durch das vollzogene Urteil zustande kommen. Lonergan rekurriert auf Thomas[466], wenn er das "*esse intentionale*" der Kopula vom *actus es-*

---

[463] Vgl. Jonsson, 47f.

[464] Diese Position läßt den Agnostizismus Kants hinter sich, für den das Sein, das, was er "Ding an sich" nennt, schlechthin unerkennbar ist. Eine sinnliche Anschauung, die der Mensch mit den Tieren gemeinsam hat, kann keine menschliche Erkenntnis sein. Infolgedessen zielt das ganze Bemühens Kants darauf ab zu zeigen, in welchem beschränkten Sinn sie doch als Erkenntnis betrachtet werden kann: Sie ist Erkenntnis von Erscheinungen – dessen, was nur durch unsere Vorstellungen etwas ist. Vgl. KrV A 370.

[465] Vgl. Lonergan, Cognitional Structure, 213.

[466] Über das "esse" im Urteil im Kontext der Gottesbeweise: Vgl. S.Th. I 3, 4 ad 2; vgl. S.c.G. I 12.

sendi des in seinen Komponenten zu erkennenden Kompositums unterscheidet, wobei das Wirklichsein des Gegenstandes als Reflex das "est" im Urteil bedingt, durch das wir dieses *ipsum esse rei* erkennen. Durch das "est" des Urteils erkennen wir die konkrete Seinsweise des Gegenstandes, außer es handelt sich um das *ipsum esse in se subsistens*, Gott, dessen Seinsweise uns auch dann verborgen bleibt, wenn wir den zureichenden Grund für das Urteil "Deus est" ermittelt haben. Lonergan würde sagen, durch die absolute Setzung, die unsere Intentionalität vollzieht, erkennen wir die absolute Setzung des Objekts in sich selbst, Thomanisch interpretiert heißt das, daß es – dort, wo es um die kategoriale Wirklichkeit geht – als aktuelle Verbindung dieser Seinskomponenten besteht.

Für den Phänomenismus, der davon ausgeht, die Dinge würden sich dem Erkenntnisvermögen in ihrem washeitlichen Gehalt selbst mitteilen, hat die urteilende Erkenntnis eine weit geringere Bedeutung, denn es kommt für ihn darauf an, den Gegenstand möglichst unverstellt "vor den Blick" zu bekommen. Gegen diese "Schau" der Dinge als Wesen der Erkenntnis würde Lonergan folgendermaßen argumentieren: Obwohl es richtig ist, daß die Dinge sich als sachhaltig bestimmte, intelligible *res* mitteilen, reicht es zur Begründung des Urteils nicht, wenn man sagt, für das Subjekt komme es nur darauf an, zu "sehen", denn die Dinge zeigten sich ja schließlich selbst. Es ist vielmehr ein um so größeres Engagement des Subjekts in seinem Suchen und Fragen und auch in der Hervorbringung eines *verbum mentis*[467] gefordert, je mehr der Erkenntnisprozeß auf seinen Abschluß zugeht. Eine dreifache Leistung ist notwendig: Das Erkennen muß die relevanten Daten sammeln (Thomas würde dies die *conversio ad phatasmata* nennen), es muß dabei auch eine Intelligibilität in den Daten ablesen, und es muß endlich die Gewißheit erlangen, daß das, was es in den Daten wahrnimmt, genau zu dieser Intelligibilität paßt.

Die Analyse des Erkenntnisvorgangs ergibt, daß als Wahrheitskriterium nur das virtuell Unbedingte in Frage kommt. Es hat zwar Bedingungen, aber wenn diese erfüllt sind, hat es gewissermaßen den Status eines Unbedingten. Als solches vermag es aber die unbedingte Setzung des "est" im Urteil hinreichend abzusichern.

Zusammenfassung: Für den Empirismus besteht der Grund der Objektivität in der Erfahrung, für den Rationalismus in der Notwendigkeit, für den Idealismus in der Kohärenz. Verfehlt wird das Wesen der Er-

---

[467] Vgl. Lonergan, Verbum, 18; 27; 46–59; 150; 207.

kenntnis dann, wenn eines dieser Momente exklusiv gesetzt wird, wie es in diesen Richtungen geschieht. Festzuhalten ist an einer experimentellen Komponente: Die relevanten Daten müssen gegeben sein. Genauso ist eine normative Komponente notwendig, die sich aus den Erfordernissen der Intelligenz und Rationalität ergibt. Dadurch wird der Erkenntnisprozeß von den Daten zum Urteil geleitet. Und schließlich darf eine absolute Komponente nicht fehlen, die dann erreicht wird, wenn das reflexive Verstehen die normativen und experimentellen Elemente zu einem virtuell Unbedingten verbindet, d. h. zu einem Bedingten, dessen Bedingungen erfüllt sind. Die menschliche Erkenntnis ist eine dreigliedrige Struktur aus Erfahrung, Einsicht (Begriff) und Urteil, die von einer unmittelbar auf das Sein tendierenden Dynamik der Intentionalität überlagert ist.

Dem von Lonergan gewählten Ansatz kommt im Hinblick auf die hier verfolgte Fragestellung, d. h. wie denn im Raum der kontingenten Geschichte und menschlicher Erkenntnisbedingungen überhaupt objektiv gültige christologische Wahrheit formuliert werden könne, eine besondere Relevanz zu: Wie nicht schwer zu erkennen ist, liegt in der von Lonergan herausgehobenen Intentionalität, ihrer Struktur und ihren transzendentalen Notionen jene transkulturelle Grundlage, die es den Menschen verschiedener Kulturen und Epochen ermöglicht, gerade auch im Hinblick auf ihren religiösen Glauben, in einen Dialog einzutreten und einander wirklich zu verstehen. Die hier skizzierte intelligente, rationale Intentionalität ist das eigentliche Apriori in unserer Erkenntnis. Sie ist die Bedingung der Möglichkeit, daß Menschen, deren Horizont durch ihre eigene geschichtliche Situation, durch ein bestimmtes kulturelles Umfeld begrenzt ist, über die Zeit hinweg zur Erkenntnis einer längst vergangenen Kultur gelangen und deren Einsichten mitvollziehen können.

3.2.6. Die Axiome der theoretischen Vernunft

Besprochen wurden die Beziehungen der abstraktiven, begriffsbildenden und urteilenden Tätigkeit des Intellekts auf den ihm eigentümlichen Gegenstandsbereich, der Wirklichkeit von materiellen Dingen. In der Wissenschaft geht es nun nicht so sehr um elementare Begriffe und Urteile, als darum, Verbindungen von Urteilen zu suchen und ein System von Sätzen zu entwickeln, die zueinander in einer Relation der Abhängigkeit stehen und die zusammen eine heuristische Struktur ergeben. Wissenschaft hat es damit zu tun, daß spätere Erkenntnisse aus logisch früheren, evidenteren, abgeleitet werden.

Neben der Erfassung der universalen Natur der Dinge und dem Nachvollzug ihrer realen Zusammensetzung in der Aussage kennt Thomas auch noch eine dritte Erkenntnisweise des Verstandes, die in einem diskursiven Prozeß von logisch früheren zu späteren, d. h. abgeleiteten Sätzen voranschreitet, und für die die Begriffe *ratio* bzw. *ratiocinatio* stehen.[468]

Paradigmatische Wissenschaft, die mit Beweisen im strikten Sinn arbeitet – Thomas spricht hier von einer *demonstratio propter quid* – hat es mit einem solchen Schlußverfahren zu tun, in dem Sätze aus "früheren" Sätzen abgeleitet werden. Diese Art der Wissenschaft führt zu einer sicheren und vollständigen Erkenntnis der Wahrheit einer Sache.[469] Das syllogistische Verfahren sichert die Wahrheit von Sätzen, die streng aus anderen Sätzen beweisbar sind. Anwendung findet es vor allem in Geometrie und Logik, die aber nicht die einzigen Gebiete sind, auf denen sichere Erkenntnis zustande kommt.[470] Wenn wir innerhalb einer paradigmatischen Wissenschaft (*scientia* im strikten Sinn) die Wahrheit eines Satzes P einsehen, so ist es möglich, daß wir einige Prämissen, von denen wir P ableiten, auf der Basis einer anderen syllogistischen *demonstratio* gewonnen haben – als deren Schlußfolgerungen. Es ist jedoch unhaltbar, daß alle solche Prämissen in Beweisverfahren, die zu *scientia* führen, wiederum auf andere Beweise rückführbar sind. Mit anderen Worten: Es gibt Sätze, die ihren positiven epistemischen Status nicht kraft eines Ober- und Untersatz vermittelnden Beweises (*per demonstrationem*), sondern ohne Vermittlung, d. h. *per se* haben.[471] Sätze, die durch sich selbst bekannt (*per se nota*) sind, stellen die epistemisch ersten Prinzipien dar – die Letztbegründungen einer *scientia*.

---

[468] Vgl. S.Th. I 79, 8: "Intelligere enim est simpliciter veritatem intelligibilem apprehendere. Ratiocinari autem est procedere de uno intellecto ad aliud, ad veritatem intelligibilem cognoscendam. ... Patet ergo quod ratiocinari comparatur ad intelligere sicut moveri ad quiescere, vel acquirere ad habere." Vgl. De ver. 15, 1.

[469] Vgl. In I Post. Anal., lectio 4, n. 5.

[470] *Scientia* im strengen Sinn ist bloß das Paradigma für jede Art von Erkenntnissen. Die Bedingungen, die die paradigmatische *scientia* verlangt, können nur in a priori Subjekten wie z. B. Logik und Geometrie erfüllt werden. Thomas läßt hier aber Grade der Sicherheit und Vollständigkeit zu, so daß es auch dort echte Wahrheitserkenntnis gibt, wo sich der Mensch mit seinen Aussagen auf das Gebiet der kontingenten und über die Sinne wahrnehmbaren Dinge begibt. Aussagen über partikulare, wahrnehmbare Gegenstände sind manchmal *quoad nos* besser bekannt als die universalen Prinzipien, obwohl diese ihrer Natur nach oder in sich selbst betrachtet besser bekannt sind. Vgl. In I Post. Anal., lectio 4, n. 16.

[471] Vgl. In I Post. Anal., lectio 7, nn. 5–8. Zu den ersten, selbst-evidenten Prinzipien der Wissenschaft vgl. auch Lonergan, Einsicht, Bd. 1, 469; 651f.

In seinem Kommentar zum 4. Buch der Aristotelischen Metaphysik, in dem es um ein wichtiges Element im Aufbau der Wissenschaft, nämlich um die Prinzipien geht, aus denen die Schlußfolgerungen abgeleitet werden, diskutiert Thomas die affirmative Antwort des Stagiriten auf die von ihm selbst aufgeworfene Frage, ob denn die Betrachtung der Prinzipien, die in wissenschaftlichen Beweisen angewendet werden, in die Wissenschaft fällt, die auch die Prinzipien des Seienden untersucht.[472] Die ersten Prinzipien müssen mit dem Seienden als solchen zu tun haben, da sie in *allen* Wissenschaften verwendet werden, von deren Gegenständen keiner außerhalb des Seienden fällt.[473] Wenn Thomas sagt, daß es das Seiende ist, "in dessen Erfassung die Erkenntnis der ersten Prinzipien gründet"[474], so zeigt dies einen feinen Unterschied an zwischen dem Seienden als dem ersten Objekt, das der Intellekt in einem einfachen, nicht-diskursiven Akt erfaßt, und den ersten allgemeinen Prinzipien, die dann wiederum eine Entsprechung in ersten (aber diskursiven) Urteilen über das Seiende haben.

Thomas behandelt die Frage, was nun das erste und sicherste Prinzip jedes Beweises sei. Dabei gibt er drei Bedingungen an, die für ein solches Prinzip zu gelten haben: Niemand kann sich hinsichtlich des Prinzips irren, das Prinzip darf nicht hypothetisch sein, d. h. es darf nichts anderes zur Bedingung haben, sondern muß selbst-evident sein und schließlich wird es nicht durch einen Beweis (*demonstratio*) gefunden.[475] Legt man den Maßstab dieser logischen Forderungen an, so wird man als "Axiom aller Axiome" auf das Prinzip geführt: "Es kann nicht etwas zugleich in derselben Hinsicht sein oder nicht sein." Jeder, der einen Beweis anstrengt, führt diesen zuletzt auf dieses Prinzip zurück, das ein "Letztes" in der "Auflösung" darstellt.[476] Daß die innere Nicht-Widersprüchlichkeit der Dinge das erste Prinzip überhaupt ist, sollte nicht zu der Annahme verleiten, man könnte von der Kombination von einander

[472] Vgl. Aristoteles, Metaph. III, 995b 6–10; vgl. Thomas, In III Metaph., lectio 5, n. 387.

[473] Nun kommen die Prinzipien in den partikularen Wissenschaften nicht in ihrer universalen Extension zur Geltung, sondern nur insoweit, als sie die verschiedenen Klassen des Seienden betreffen, die den Gegenstand dieser Wissenschaften konstituieren.

[474] Vgl. Sc.G. II 83: "Intellectus noster cognoscit ens et ea quae sunt per se entis in quantum huiusmodi; in qua cognitione fundatur primorum principiorum notitia."

[475] Vgl. In IV Metaph., lectio 5, nn. 597–599.

[476] Vgl. In IV Metaph., lectio 6, n. 603: "Et propter hoc omnes demonstrationes reducunt suas propositiones in hanc propositionem, sicut in ultimam opinionem omnibus communem: ipsa enim est naturaliter principium et *dignitas omnium dignitatum* ..."; vgl. ibd., 604: "inquantum in hanc reducunt demonstrantes omnia, sicut in ultimum resolvendo."

nicht ausschließenden Termini her das Seiende aus seinen Möglichkeiten entwerfen. Für Thomas führt nicht die *non-repugnantia ad esse* zur Wirklichkeit der Dinge. Dies geht schon daraus hervor, daß nicht existierende Possibilien, also Dinge, die ohne Widerspruch zwar gedacht werden können, in der Natur der Dinge jedoch nicht vorkommen, in sich selbst keinen Wirklichkeitsstatus besitzen.[477] Vielmehr ist es umgekehrt: Jede Möglichkeit (in fundamentalem Sinn: als ontologische Möglichkeit verstanden) gründet wie das Prinzip der Kontradiktion selbst in der Wirklichkeit, die sich dem Verstand konkret und einsehbar in jedem Einzelding mitteilt – in der Verwirklichung eines bestimmten Sachgehaltes, in der es nicht zugleich "dies" und "nicht-dies" sein kann.

J. Owens hat die unmittelbare Einsicht in das erste Axiom auf das zurückgeführt, was schon im "Urteil" der Sinne als notwendig erfaßt wird: die Existenz dessen, was wir erkennen. Eine erste, spontane Anerkenntnis der Existenz eines Dinges findet ja bereits in der unmittelbaren sinnlichen Wahrnehmung statt, die beim Menschen immer schon an das Verstandesvermögen mit der Kraft seiner *memoria* und seiner *apprehensio* zurückgebunden ist. Die unmittelbar erfaßte Existenz selbst macht die Nicht-Existenz im selben Augenblick unmöglich und erweist sich somit für den Verstand als etwas Notwendiges.[478] Daran wird sehr gut deutlich, daß die ersten Prinzipien nicht einer vorgefaßten apriorischen Grundstruktur unseres Denkens entspringen (so wie bei Kant das Widerspruchsprinzip und Kausalitätsprinzip apriorische Urteilsformen sind), sondern die Existenz, durch die ein Kompositum ein wirkliches Seiendes ist, teilt dem Verstand ihre faktische Notwendigkeit mit. Da man aber bei der Existenz nie von dem wesenhaften Gehalt oder der *res* absehen kann, die durch den Seinsakt[479] zur Wirklichkeit gelangt, tangiert diese innere Notwendigkeit immer auch die sachhafte Verfaßtheit

---

[477] Der Frage nach der Realität von Possibilien, die durch keinen Schöpfungsakt realisiert, d. h. ins Sein gesetzt wurden, geht J. Wippel nach, der in seinem Aufsatz "The Reality of Nonexisting Possibles" sagt: "According to Thomas, prior to its realization as an existing individual, a possible enjoys no distinctive reality from eternity apart from its presence in the divine intellect as a divine idea. And since a divine idea is really identical with the divine essence, a possible enjoys *no reality in itself* apart from that of God." Vgl. ders., 167.

[478] Vgl. Owens, Metaphysics, 268: "The existence immediately judged shows of itself that its own non-existence at the moment is impossible." Vgl. ebd., 269: "Existence that is immediately judged, then, whether directly or reflexively, presents itself as necessarily an exclusion of its own non-existence."

[479] Vgl. Elders, Metaphysik, Bd. 1: "Offenbar findet in diesem ersten Urteil, aber auch in unseren anderen Aussagen über die Wirklichkeit, eine Rückkehr zum *actus essendi* des Dinges oder zu jener Seinsstruktur statt, über die wir sprechen."

eines Dinges in seinem *wirklichen* Sosein. In diesem Sinne muß das "Nicht-Seiende", das im ersten Prinzip Prädikat ist, etwas bezeichnen, das nicht "dieses", sondern etwas anderes ist. Wo es um die allererste Entgegensetzung oder Scheidung geht, kann es sich nur um eine Abhebung von einem anderen Seienden handeln.[480]

> "Von diesem Seienden wird dieses (andere) Seiende nur dadurch geschieden, daß in diesem Seienden die Negation des anderen eingeschlossen ist."[481]

Wie es da, wo der Verstand abstrahierend und begriffsbildend tätig ist, einen ersten, allgemeinsten Begriff, den des Seienden gibt, so muß es auf der Ebene der zweiten Tätigkeit des Geistes (*secunda operatio*), die es gerade auf das *maxime formale*, den Seinsakt absieht, auch einen ersten, und zwar vollkommenen Ausgangspunkt geben.[482] Dieser entstammt nicht einer konstruktivistischen Logik, sondern gibt die reale Struktur der Wirklichkeit wieder. So kommt der Verstand also aufgrund seines Kontaktes mit der Wirklichkeit der Dinge zu seinem ersten Urteil, das eine Scheidung ausdrückt und damit eine reale Struktur der Wirklichkeit reflektiert, nämlich das Geschiedensein: die konkrete numerische, aber auch die wesenhafte Verschiedenheit dieses und jenes Seienden. Es geht also um die fundamentale Erkenntnis, daß bei allen Seienden das Eine nicht das Andere ist, um den Nachvollzug jener realen Trennung, die mit einer einfachen Abstraktion nicht erfaßt werden kann. Und dies ist für die Metaphysik äußerst wichtig, sofern jenes erste Urteil, das den Einstieg in die Metaphysik allererst möglich macht – Thomas spricht von "separatio" – eine gewisse Wiederholung dieses ersten Urteils darstellt. Beim Eintritt in die Metaphysik wird das Denken frei, das Seiende sofern es seiend ist zu denken und ist nicht mehr durch die erste, sehr allgemeine Erkenntnis der Seinswirklichkeit begrenzt[483], d. h. durch die *separatio*, die nichts anderes ist als die negative Feststellung, daß nicht jedes Seiende notwendig materiell ist[484], öffnet sich für das

---

[480] Vgl. ebd., 117.

[481] In Boet. de Trin. 4, 1: "Similiter etiam ab hoc ente non dividitur hoc ens nisi per hoc quod in hoc ente includitur negatio illius entis."

[482] Vgl. In IV Metaph., lectio 6, 605: "Ad huius autem evidentiam sciendum est, quod, cum *duplex sit operatio intellectus*: una, qua cognoscit quod quid est ...; alia, qua componit et dividit: in utroque est aliquod primum: *in prima quidem operatione* est aliquod primum, quod cadit in conceptione intellectus, scilicet hoc quod dico ens; nec aliquid hac operatione potest mente concipi, nisi intelligatur ens. Et quia hoc principium, impossibile est esse et non esse simul, dependet ex intellectu entis ..., ideo hoc etiam principium est naturaliter primum *in secunda operatione* intellectus, scilicet componentis et dividentis."

[483] Vgl. Elders, Metaphysik, Bd. 1, 117.

[484] Thomas befaßt sich in seiner Expositio *In Boethii de Trinitate* q.5, a.3 mit der *separatio*. Eine einfache Abstraktion reicht deshalb nicht aus, um das Seiende als solches in den

Denken der transzendentale Horizont des Seienden. Ist dieses Urteil einmal gesetzt, so kann der Verstand das Seiende als solches (*ens commune*) erkennen und in seiner Dynamik zur Ursache alles Seienden, zum ganz Anderen, aufsteigen.

Wer dieses erste Prinzip formuliert, bleibt nicht bei der eigenen Wahrnehmung der Dinge, sofern sie uns gegeben sind, stehen, sondern er läßt sich von der notwendigen Widerspruchslosigkeit betreffen, die dem Seienden selber immanent ist, statt die Dinge zu "manipulieren", indem er ihnen eine subjektive Formung gibt. Wollte man das erste Urteil nur für die Weise gelten lassen, in der die Dinge von uns erkannt werden, würde dies einen Bruch mit dem Sein bedeuten.

Alle anderen Axiome sind dem ersten Prinzip logisch nachgeordnet, d. h. sie sind "später" als dieses, und stellen Formen und weitere Entwicklungen des ersten Urteils dar. Andere erste Prinzipien, die jede Wissenschaft voraussetzen muß, sind: Jedes Seiende ist eines. Das Ganze ist größer als seine Teile. Das, was weiter unten steht, ist nicht die Ursache des Höheren. Alles, was entsteht, hat eine Ursache seines Seins und seiner formalen Perfektionen. Ein jedes Ding ist, was es ist (Identitätsprinzip). Es gibt keine Mitte zwischen Sein und Nicht-Sein (Prinzip vom ausgeschlossenen Dritten). Dinge, die einem dritten gleich sind, sind auch untereinander gleich. Jedes Wirkende wirkt um eines Zieles willen. Jedes Wirkende wirkt etwas ihm selbst Ähnliches.[485]

Die Möglichkeit, daß solche Sätze falsch sind, läßt sich nicht ohne Widerspruch denken. Ihre Sicherheit gründet in unserer direkten Auffassung von der notwendigen Wahrheit dessen, was sie aussagen.[486] In diesen Prinzipien, die jedem Beweis zugrundeliegen, kommt die Analyse (*resolutio*) jeder Beweisführung an ein Ende oder an ein unrückführbares Letztes.

Blick zu nehmen, weil sie solche Formen abstrahiert, die in Wirklichkeit immer mit dem verbunden bleiben, wovon sie abstrahiert werden. Abstrahieren kann man z. B. den Begriff "Seiendes" vom Substantiellen und Akzidentellen, aber so, daß das Seiende doch faktisch immer entweder Substanz oder Akzidenz sein muß. Dagegen trennt das negative Urteil, die *separatio*, zwischen Dingen, die auch in Wirklichkeit getrennt sind. An dieser Stelle überschreitet das Denken die von Kant gezogene empiristische Grenzziehung, die die materiell verfaßte Welt als das einzig mögliche Subjekt von Aussagen gelten läßt. Kant würde das in der *separatio* vollzogene negative Urteil, durch das wir einen ganz neuen Seinsbegriff formulieren können, nicht mitvollziehen.

[485] Vgl. In I Post. Anal., lectio 30, n. 252; vgl. In II Post. Anal., lectio 20, n. 592.

[486] Vgl. In I Post. Anal., lectio 42, 8; lectio 44, 9; In II Post. Anal., lectio 19, n. 5; vgl. auch MacDonald, 173.

Nicht jedes dieser Prinzipien ist für alle gleichermaßen evident – einige sind es nur für die *sapientes*, so z. B. das Prinzip, daß jedes Wirkende etwas sich selbst Ähnliches wirken muß. Eine herausragende Rolle bei der Erkenntnis der *principia per se nota* spielt der *intellectus agens*, denn es gilt: "Die Erkenntnis aber der Prinzipien selbst wird uns vom Sinnlichen verursacht."[487] Die Einsicht in diese notwendigen Zusammenhänge wird unmittelbar aus der Erfahrung geboren, auch wenn ein wiederholter Kontakt mit dem sinnlich Wahrgenommenen dazu erforderlich ist.[488] Und damit es zu dieser allgemeingültigen und immer geltenden Erkenntnis kommen kann, muß das Licht des natürlichen Verstandes in die Einzelerfahrungen hineinleuchten, die im Gedächtnis bewahrt sind. Es ist darum genau genommen das Licht der Vernunft, durch das uns solche Prinzipien bekannt sind.[489] Sie stellen eine gewisse Teilhabe an der Erkenntnis Gottes dar, sind uns "von Gott eingegeben"[490], weil wir in dem Licht der Vernunft "gleichsam ein gewisses Abbild der ungeschaffenen Wahrheit" haben, die sich in uns widerspiegelt.[491] Darin zeigt sich wieder, daß unsere Erkenntnis von ihrem ersten Grundakt angefangen dem Bereich des Okkularen verwandt ist. Das Licht dient als Metapher für den Grundakt der Vernunft, in dem sich der reine Akt der göttlichen Vernunft auswirkt.[492] Dem Menschen ist die Prinzipienerkenntnis gewissermaßen konnatural, weil sie direkt aus dem Grundakt hervorgeht, der dem Intellekt wesenhaft eignet.[493]

Zwischen den Axiomen jeder theoretischen Wissenschaft, bei denen es sich um propositionale Letztprinzipien handelt und den mit dem Seienden konvertierbaren *Transzendentalien*[494] besteht ein innerer Zusammenhang: Hat der Verstand es in seiner ersten Tätigkeitsweise mit der Notion des Seienden zu tun, aus der *per modum resolutionis* dessen transzendentale Eigenschaften folgen, so stützt er sich in seiner zweiten, urteilbildenden Tätigkeit auf die ersten Prinzipien. Dasjenige, was der Intellekt zuerst erfaßt, ist das Seiende. Und darum übernehmen alle Wissenschaften die universale, selbst-evidente Aussage: "Es ist unmög-

---

487 S.c.G II, 83: "Sed ipsorum principiorum cognitio in nobis ex sensibilibus causatur."

488 Vgl. Guillet, 79–88.

489 Vgl. De ver. 11, 1: "... rationis lumen quo principia huiusmodi sunt nobis nota."

490 Vgl. ebd.

491 Vgl. ebd.: "... quasi quaedam similitudo increatae veritatis in nobis resultantis."

492 So schon bei Aristoteles: De anima III 5, 430 a 15.

493 Vgl. Seidl, 114.

494 Auf die Lehre von den transzendentalen Eigenschaften des Seienden kann hier nicht näher eingegangen werden. Einige Andeutungen sollen genügen. Vgl. zu dieser Lehre Aertsen, Transzendentalienlehre; vgl. auch Elders, Metaphysik, Bd. 1, 51–96.

lich, daß ein Ding zur gleichen Zeit ist und nicht ist", aus der Metaphysik, denn es gehört zur Aufgabe dieser ersten Wissenschaft, das Seiende und alles, was notwendig zu ihm gehört, zu untersuchen.[495] Universale Prinzipien, die keiner Begründung mehr bedürfen, sind als Propositionen aus Termini komponiert, die von allen verstanden werden. Was aber als das am meisten Gemeinsame in den Verstand fällt, sind "Seiendes", "Eines", "das Gute".[496] Und hier wird der Zusammenhang zwischen beiden deutlich: Die ersten Prinzipien der wissenschaftlichen Erkenntnis werden aus transzendentalen Begriffen gebildet.[497]

Folgender Zusammenhang der fundamentalen Prinzipien mit den allgemeinen, transkategoralen Eigenschaften des Seienden, den *Transzendentalien,* legt sich nahe: Transzendentalien sind, wie Thomas sagt, "Ausdruck der Seinsweise". "In ihrer begrifflichen Nicht-Identität explizieren sie jene Komplexität und Einheit, die jedem Seienden in sich selbst zukommt: *subiectum-essentia-esse*."[498] Wenn wir in der Prädikation, die auf der Erfassung intelligibler Washeiten beruht, dem Seienden als Ganzen ein allgemeines Wassein zusprechen, so ist dies nur möglich und sinnvoll, wenn wir von der Grundannahme ausgehen, daß ein jedes Seiende wirklich ein *unum* und eine *res* ist. Es ist durch einen identischen sachlichen Wesensgehalt bestimmt und als solches gegen anderes Seiende abgegrenzt. Diesen Wesensgehalt können wir von irgendeinem Subjekt im Urteil aussagen. So besteht denn auch für Thomas in der Art und Weise, wie wir uns in Urteilen die Wirklichkeit aneignen, ein Grund, gewisse grundlegende Seinsweisen zu thematisieren, die dem Seienden als Seienden, d. h. dem *ens commune*, zukommen. Ein *unum* ist jedes Seiende, weil es uns immer als ein Individuelles und nicht Allgemeines, entgegentritt, insofern in allen Urteilen der Subjektbegriff für ein konkret Seiendes oder eine Vielzahl solcher individueller Seiender supponiert. Wie das *unum*, so fügen auch die anderen Transzendentalien dem *ens* einen weiteren Aspekt hinzu. Sie bringen jeweils einen bestimmten Modus von Sein zum Ausdruck, was umgekehrt heißt: Sie implizieren das *ens*, aber das *ens* impliziert begrifflich nicht seine Modi.[499]

---

[495] Vgl. In I Post. Anal., lectio 5, n. 50.

[496] Vgl. In De hebdom., lectio 1: "... ille propositiones sunt maxime notae quae untuntur terminis quos omnes intelligunt; ea autem quae in intellectu omnium cadunt sunt maxime communia, quae sunt ens, unum et bonum."

[497] Vgl. Aertsen, Medieval Philosophy and the Transcendentals, 149.

[498] Ders., Transzendentalienlehre, 102.

[499] Vgl. De ver. 1,1; In I Sent., d. 8, q. 1, a. 3.

Thomas entfaltet seine Transzendentalienlehre ausgehend von einer Ontologie des konkreten Einzelseienden und steht damit von Anfang an im Gegensatz zu einer schulphilosophischen Lehre von den Transzendentalien, die mit einer metaphysischen Theorie anhebt, derzufolge jedem Ding ein vollständiger Begriff entsprechen muß. Für Thomas ist jedes Seiende kraft seines Seins ein *unum* und deshalb auch eine *res*, ein *aliquid*, ein *verum* und ein *bonum*. Wenn Thomas von der Wahrheit der Dinge redet, dann ist darin die Beziehung zu einem Seienden mitgedacht, das wie alles ein *aliquid* – ein bestimmtes unterschiedenes "Etwas" – ist, das aber eine universale Reichweite besitzt, weil es sich in seinem Geist-Sein auf alles erstrecken kann. Der Erkenntnisgrund der Dinge liegt in ihrer Wirklichkeit. Insofern sie wirklich sind, sind sie erkennbar. Von daher kann der menschliche Verstand sich jedem Seienden intentional anverwandeln und eine Übereinstimmung mit ihm erreichen. Aus diesem Grund ist der Mensch in seinem Fragen und Suchen durch transzendentale Offenheit gekennzeichnet. Sein Horizont ist nicht eingeschränkt auf jene Dinge, die eine empirische Manifestationsweise besitzen.

3.3. Die Möglichkeit einer philosophischen Gotteserkenntnis

3.3.1. Das Fundament der Gottesbeweise

Einer der Einwände, die gegen den klassischen Aufweis der Existenz Gottes erhoben werden, geht dahin, diejenigen, die von der Stringenz dieser Beweise überzeugt seien, würden die Welt zuvor als Schöpfung definieren, um dann aus der zur Schöpfung erklärten Welt-Wirklichkeit den Schöpfer abzuleiten.[500] Man hätte es dann mit einem Zirkelschluß zu tun, der überhaupt nichts beweist, sondern nur die eigene Option bestätigt. Wer den vielfältigen Ansatzpunkt der *Quinque viae* etwa bei Thomas genauer ins Auge faßt, wird feststellen, daß das Hohe Mittelalter es sich nicht so einfach gemacht hat.

Thomas will in seiner *Summa Theologiae*[501] einen Beweis vorlegen, der wissenschaftlich überzeugend und eindeutig ist. Was am Anfang eines jeden der "Fünf Wege" steht, ist eine offensichtliche, für jedermann unmittelbar zugängliche Erfahrung: Die Dinge bewegen und verändern sich. Sie werden bewegt und sind der Veränderung unterworfen. Gemeint ist eine mit den Sinnen wahrnehmbare Veränderung des Ortes

[500] Vgl. Weischedel, Der Gott der Philosophen, 116–118; 132–134.

[501] S.Th. I 2, 3.

und der Gestalt, die auch über jedem substantiellen Entstehen und Vergehen steht.

Der Gottesbeweis setzt also an in einem Bereich, der durch die Aristotelische Physik und die Wissenschaft vom Lebendigen erfaßt wird. Allen "Fünf Wegen" liegt ein kategorial bestimmter Ansatz zugrunde. Ob man nun von der "Bewegung" – einem Grundbegriff der alten Physik –, vom Prinzip der Wirkursächlichkeit wie im 2. Weg, von den "*gradus entis*" oder von der Teleologie der Dinge in ihrem Wirken ausgeht, Ansatzpunkt des Beweises sind nicht innere Erfahrungen wie das Streben des menschlichen Geistes nach einem Absoluten, sondern stets Tatsachen, die beobachtet werden können. Es verdient allerdings Beachtung, daß wir uns dabei nicht auf der Ebene der modernen Naturwissenschaft, sondern der Metaphysik und des "common sense" bewegen.[502]

Entscheidend für die Durchführung des Beweises ist es jeweils, daß wir die Dinge nicht nur in ihrer empirischen Positivität, sondern unter dem Gesichtspunkt der vier Genera der Kausalität wahrnehmen. Wenn der "Erste Weg" mit der "Bewegung" anhebt, so ist dies nicht einzuengen auf das, was man von der Neuzeit an gemeinhin unter "Bewegung" versteht: die Änderung der Koordinaten von Masseteilchen. Es geht viel allgemeiner darum, daß ein Seiendes von einer anfänglichen Möglichkeit her eine fortschreitende Verwirklichung erreicht – eine Zustandsänderung, die im Kern jedes organischen Wachstums auszumachen ist.[503] Alles, was nur der Möglichkeit nach ist, wird durch Bewegung zu seiner Vollendung hingeführt, die dadurch gekennzeichnet ist, daß es in ihr eine formale Perfektion besitzt. Den Übergang zu ihrer Verwirklichung kann aber eine Potenz nicht aus sich selbst erreichen. Es bedarf dazu eines *agens*, in dem die entsprechende Anlage aktuell wirklich ist. Erst ein solches *agens*, das diese Aktualität besitzt, bringt durch seinen effizienten Einfluß den Übergang zur Verwirklichung dieser Potenz hervor. Sie kann sie sich nicht selber geben: Alles, was bewegt wird, wird von einem

---

[502] Paradigma für die Naturwissenschaft ist bei Thomas überhaupt nie die Physik als die Wissenschaft von der toten Materie, sondern die Biologie, die es mit dem Lebendigen, mit Lebensvorgängen zu tun hat, die durch eine innere Teleologie bestimmt sind, die wir nach Analogie menschlichen Strebens auf ein Ziel begreifen können.

[503] Vgl. Elders, Metaphysik, Bd. 2, 96f.: "Es muß betont werden, daß hier die 'Bewegung' (*motus*) so verstanden wird, wie sie vom Menschen beobachtet und in der Naturphilosophie analysiert wird. Der Begriff 'Bewegung' in der modernen Physik stimmt nicht notwendig damit überein. ... Im Ersten Weg wird die Aristotelische Analyse der Bewegung gebraucht, die Thomas bestätigt."

Für Aristoteles ist eine kontinuierliche Bewegung *actus entis in potentia prout in potentia*. Vgl. Arist., Phys. III, 1, 201a 10–11.

anderen bewegt, so lautet ein wichtiges Axiom der klassischen Naturphilosophie und Metaphysik. In diesem Sinne gibt es keine Selbstbewegung.

Der Beweis endet notwendig bei einer ersten bewegenden Ursache, die alle nachgeordneten Ursachen aus dem Status potentieller Kausalität überführt, die aber selbst ganz unbewegt ist. Wir haben es am Ende nicht mehr mit dem Begriff einer bloß endlichen Bewegung zu tun, die selbst immer wieder von anderen bewegt wird. Das Erst-Bewegende hat seine Wirklichkeit ausschließlich in und aus sich selber, und ist, weil ohne Möglichkeit, so etwas wie reine Wirklichkeit und mithin jenseits von "Ruhe" und "Bewegung".[504]

Auch der "Zweite Weg" setzt an bei einer durchaus physikalischen Kategorie – der Wirkursächlichkeit, um dann zu einer ersten Wirkursache zu gelangen, die alle "Gott" nennen und die das Korrelat zu einer physikalischen Welt ist, in der Ursachen wirken und Dinge und Ereignisse verursacht werden. Das bedeutet nicht, daß der Beweis Gottes Sein selbst in Abhängigkeit von den Dingen dieser Welt brächte. Nur *quoad nos*, für uns, ist es die Endlichkeit der Welt, die Gottes unendliches Sein begründet. Die Behauptung, daß es eine erste Ursache gibt, die wir "Gott" nennen, kann sich auf das Ungenügen der endlichen Dinge stützen. Freilich darf man das Prinzip der effizienten Kausalität nicht zu mechanisch fassen, sonst gelangte man zu einem Gott, der als erstes Glied in einer Reihe von mechanisch wirkenden Ursachen fungierte und damit selbst endlich wäre. Wie ist dann die Art Wirkursächlichkeit zu fassen, die Thomas vor Augen hat?

Im Weltall sind die Ursachen voneinander abhängig in der Weise, daß die eine Ursache in der Ausübung ihrer Tätigkeit, in ihrem aktuellen Wirken, dem Ursache-Sein *in actu*, nicht ohne das Wirken der höheren Ursachen auskommt. Daß eine im Bereich unserer Erfahrung tätige Ursache zu wirken beginnt, kann sie nicht aus sich selber haben. Um sich selbst in eine Tätigkeit zu überführen, müßte die Ursache bereits schon tätig sein. Nun kann man hier durchaus an mechanische Beispiele denken, um dies anschaulich zu machen: Sich in die Luft zu erheben, hängt beim Vogel vom Schlagen seiner Flügel ab, dies wiederum von einer Bewegung der Muskeln ... Aber man darf jenes Moment nicht vergessen, das alles Wirken überhaupt erst möglich macht, das *esse*: Jede Operation einer wirkenden Ursache ist eine neue Form des Wirklich-Seins, die über den substantiellen Seinsakt hinausgeht und deswegen von einer

[504] Vgl. S.c.G. II 16: "... esse est universalius quam moveri."

Ursache herrühren muß, die bereits in dieser Weise aktuell wirkend ist. Der Beweis führt notwendig zu einer ersten Ursache, die nie zu wirken beginnt, sondern immer schon wirkt und die ihre eigene Aktivität ist. Aber alle Dinge und Prozesse hängen von ihr ab.

Im einzelnen sollen die Beweisgänge hier nicht mitverfolgt werden. Wichtig ist nur, daß das Fundament der Gottesbeweise beobachtbare Vorgänge sind, die auf ihre ursächlichen Implikationen bedacht werden – eine Methode, die zu einem Prinzip führt, das reine Aktualität und vollkommene Aktivität ist. Damit heben die Gottesbeweise bei physikalischen oder biologischen Prozessen an, führen aber am Ende über sie hinaus, insofern das Prinzip, dessen Existenz als notwendig aufgewiesen wird, nicht mehr ein Bestandteil dieses Kosmos mit seinen natürlichen materiellen Ursachen ist. Um diesen Überstieg zu einem transzendenten Prinzip alles Seins zu verstehen, darf man die "Fünf Wege" nicht isoliert in einem naturphilosophischen Kontext analysieren, haben sie ihren systematischen Ort doch innerhalb eines von Anfang an metaphysischen Ansatzes. Der Gottesbeweis ist eben eingefügt in das Gesamt eines metaphysischen Diskurses.[505] Metaphysik braucht nicht erst nach dem Gottesbeweis anzufangen und sie braucht sich ihn nicht von der Physik vorgeben zu lassen. Vielmehr ist der Gottesbeweis selbst, auch wenn die *separatio* als das formale Moment des Einstiegs in die Metaphysik[506] dabei in seinem Ansatz nicht vorausgesetzt ist, eingefügt in eine am Begriff des Seienden orientierte Analyse.[507] Diese Analyse stellt Prinzipien des Seienden auf, die an dem für uns zuerst Erkennbaren – der zusammengesetzten Substanz – ausgewiesen werden: Materie und Form, Potenz und Akt, Wesen und Sein oder die mit dem Seienden konvertiblen Bestimmungen, die Transzendentalien. Diese Begriffe zeigen nicht mehr eine materielle Substanz an, sondern etwas, das zum Seienden als solchen gehört.

So scheint in den Prinzipien eine Bedeutung von "Sein" auf, in der Materialität nicht eingeschlossen ist, und dies ist genau der Punkt, wo die *separatio*[508] zum Tragen kommt, mit der das Urteil gemeint ist, daß der Bereich des Seienden, für den diese Analysen gelten, umfassender ist als die physikalische Welt, mit anderen Worten daß nicht jedes Seiende notwendig materiell ist. Damit steht die Methode der Ontologie in einer nicht zu übersehenden Parallele zum Verfahren der Gottesbeweise:

---

505 Vgl. Elders, Metaphysik, Bd. 2, 89f.

506 Vgl. In Boet. de Trin. 5, 2 et 3.

507 Vgl. Kluxen, Gottesbeweis, 51.

508 Vgl. oben, 302; vgl. auch 561, Anm. 484.

Auch der Gottesbeweis endet mit dem Aufweis, daß das über den naturphilosophischen Umweg aufgezeigte "Erste" selbst nicht mehr zum physikalischen, materiellen und bewegten Kosmos gehört[509], sondern "Prinzip" ist, und durch Wirkung in allen anderen Formen der Ursächlichkeit anwesend: der im strengen Sinne metaphysische Gott, den man nirgendwo mehr hinzuaddieren kann, dem gegenüber vielmehr alles andere "Zweites" ist.

Auf dem Umweg über das, was den Gegenstandsbereich unseres Erkennens ausmacht – die erfahrbare "Welt" mit ihren Bewegungsabläufen, ihrem Entstehen und ursächlichen Wirken – gelangen wird zum "Daß" der Existenz eines ersten Prinzips, von dem alles abhängt, das aber selbst von nichts mehr abhängt, und das durch den theologischen Kontext, in dem die "Quinque viae" immer schon stehen, mit Gott identifiziert werden muß, wie wir ihn aus der Offenbarung kennen: die unbewegte Quelle aller Bewegungen und Aktivitäten, das subsistierende, notwendige Seiende, das höchste Gut und das letzte Ziel aller Dinge.

"Das unserer Erkenntnis proportionierte Sein ist also das, was *erfahren*, verstanden und bejaht wird. Im Falle der cognitio analogica gehen wir von den Daten einer anderen Wirklichkeit aus als von der, die es zu erkennen gilt, bilden einen (bloß) analogen Begriff der intendierten Wirklichkeit und gelangen zum Urteil kraft einer kritischen Rückkehr vom Begriff der absolut transzendenten Wirklichkeit zur schon als existierend erkannten proportionierten Wirklichkeit, von der wir ausgegangen sind. Es ist der bekannte Weg von der Welt zu Gott, wobei Gott als die letzte Erklärung der Welt erkannt wird."[510]

Aus der bleibenden Gültigkeit der Gottesbeweise läßt sich keineswegs folgern, daß der Gott des christlichen Glaubens auf die Philosophie reduziert wird, daß der Mensch sich damit anmaße, Gott durch seine endliche Vernunft auf den Begriff zu bringen und seiner habhaft zu werden. Es ist eher umgekehrt: Was die Philosophie leistet, dient dem Glauben als Wegbereitung. Sie will Wegbereiterin sein, die uns hilft, den Wirklichkeitsaspekt dessen, was die Offenbarung uns über Gott sagt, besser zu verstehen.[511] Ohne ihr eigenes Fundament zu verlassen, bietet die

---

[509] Die immaterielle Dimension des "Prinzips" muß von dem anfänglich gewählten Kontext "abgetrennt" werden. Dies ist eine wesentlich negative Operation.

[510] Sala, Kant und die Frage nach Gott, 62.

[511] Auf diesen grundlegenden Zusammenhang des Glaubens mit dem, was uns natürlich erkennbar ist, spricht auch die Enzyklika Fides et Ratio, wenn es darin unter Nr. 43 über die Vernunft heißt, daß sie "zum Verstehen der göttlichen Offenbarung beitragen kann". "Der Glaube fürchtet demnach die Vernunft nicht, sondern sucht sie und ver-

Vernunft uns einen Referenzpunkt für das, was im Licht der Offenbarung zu glauben ist.

3.3.2. Die Reichweite der natürlichen Theologie

Das Ergebnis der bei Thomas zu findenden "Fünf Wege" liefert mit der Vergewisserung über die Existenz Gottes der natürlichen Theologie ein sicheres Fundament, andererseits führt es aber auch die Grenzen der natürlichen Vernunft vor Augen, die sich mit einer – über einen naturphilosophischen Umweg abgesicherten[512] – Urteilswahrheit zufrieden geben muß. Die Gottesbeweise enden mit der Feststellung: Es gibt ein erstes Bewegendes, das von nichts bewegt wird, eine erste Wirkursache, ein aus sich notwendiges, ein vollkommenes Seiendes, ein vernünftig erkennendes erstes Ziel von allem. "Und dies nennen alle Gott ('*quod omnes dicunt Deum*')."[513] Dieses Urteil hat nun aber keineswegs die gleiche, univoke Qualität wie etwa, wenn wir über einen zu dieser Zeit lebenden Menschen sagen: "S ist."[514] Die durch den Beweis gesicherten Aussagen haben die Form "*X est Deus*". Dies ist "wirklich" "wahr". Daher kann man den Schlußsatz als Existentialsatz formulieren: "*Deus est*." Ein erstes Prinzip existiert, sonst wären alle andern Dinge nicht. Wenn wir "Gott" sagen, meinen wir das erste Prinzip, das beste Wesen, das höchste Seiende, den, "der Himmel und Erde gemacht" hat. Dies ist die grundlegende Notion Gottes, die diese Identifizierung erlaubt.

Was in den *quinque viae* bewiesen wird, ist also die Wahrheit eines Satzes "Deus est", der nicht das Sein Gottes selbst aussagt, das nur er allein kennt, und das uns so unbekannt bleibt wie sein Wesen. Und so wird uns das Subjekt des Satzes (etwa eine erste Ursache, die alle Gott nennen) nicht in sich bekannt. In der Philosophie bleibt diese Stelle leer.

---

traut auf sie. Wie die Gnade die Natur voraussetzt und vollendet, so setzt der Glaube die Vernunft voraus und vollendet sie. ... die Vernunft nimmt sich durch ihre Zustimmung zu den Glaubensinhalten weder zurück noch erniedrigt sie sich; zu den Glaubensinhalten gelangt man in jedem Fall durch freie Entscheidung und das eigene Gewissen."

[512] Gotteserkenntnis ist – wie alle menschliche menschliche Erkenntnis – sinnlich vermittelt. Sie nimmt den Umweg über kosmologische Zusammenhänge und schließt von den "Wirkungen" Gottes, die in der geschaffenen Wirklichkeit vorliegen, auf die Fülle des unbegrenzten *actu esse* Gottes.

[513] Vgl. S.Th. I 2, 3.

[514] D. h. wir prädizieren nicht die Existenz im Sinne des ipse esse rei, wie sie verstanden wird In Boet. de Trin. 5, 3, 10. Man beachte auch das *Sed contra* in S.Th. I 3, 4, das auf I 2, 2 zurückweist: "Esse non est accidens in Deo, sed subsistens veritas. Id ergo quod subsistit in Deo, est suum esse." Das Sein kann von Gott nicht in der gleichen Weise ausgesagt werden wie von den anderen Dingen, die uns bekannt sind.

Wer Gott ist, kann nicht durch eine von "unten" nach "oben" ausgreifende Bewegung des menschlichen Geistes erforscht werden. Die natürliche Gotteserkenntnis folgt einer – gegenüber dem Neuplatonismus zwar modifizierten, aber sich in allen Prädikationsformen durchhaltenden – *via negativa*[515], die auch durch die Analogie nicht aufgehoben wird.

Will man das Ergebnis der Gottesbeweise richtig interpretieren, ist genau zu beachten, daß das "est", das eine Urteilswahrheit bedeutet, ein anderes Prädikat ist als jenes "est", das ein Ding als aktual wirklich, d. h. als *in natura rerum* subsistens bezeichnet.[516] Die Differenziertheit, mit der Thomas die Bedeutung des Existentialsatzes behandelt, zeigt im Hinblick auf das, was mit einem Gottesbeweis zu erreichen ist, eine große Zurückhaltung: Der Satz "*Deus est*" steht am Ende der Gottesbeweise als bejahende Antwort auf die Frage "*An Deus sit*".[517] Bei den Gottesbeweisen handelt es sich eben nicht um Beweise "propter quid", die eine Einsicht in die Gründe, also letztlich die Schau des göttlichen Wesens, verlangen, sondern um "quia"-Beweise, die bei dem Aufweis stehenbleiben, daß ein Urteil wahr ist. Dies hängt damit zusammen, daß unsere Erkenntnis immer sinnlich vermittelt ist. Wir kennen das Wesen Gottes und seine Existenz nach wie vor nicht und können seine Wirklichkeit auch dann nicht begreifen, wenn wir das entsprechende Urteil als wahr gesetzt haben. Die Setzung des Urteils ist konstitutiv für unsere Erkenntnis der aktuellen Wirklichkeit. Erst das Urteil ermöglicht die Antwort auf die Frage: "*an sit*" – ob etwas so oder so wirklich sei.[518] Die-

---

[515] Damit soll hier nicht gesagt sein, daß es neben der "via negativa" im strikten Sinn nicht auch eine "via affirmativa" und "via supereminentiae" gibt, sondern daß auch die substantialen Prädikate, die für Gott gefunden werden können, immer unter einem semantischen Vorbehalt stehen, so wie überhaupt die Grundeinsichten der *negativen Theologie* auch die beiden anderen "Wege" überlagern. Vgl. unten, 574.

[516] Vgl. In V Metaph., lectio 9, n. 896.

[517] Vgl. Boeder, Bauzeug, 339: "Entsprechend dem *ordo disciplinae* wird Gott zunächst in der scheinbaren Abstraktion genommen, nach der er sein Sein ist, in Wahrheit nach seinem absoluten Unterschied von allem Sonstigen, von ihm Geschaffenen. Auch hier eine *ineffabilis substantia* – zugleich zunächst gegen die mögliche Behauptung: Er kann nicht sein und er muß nicht sein als Ursache und also in Rücksicht auf das uns allein bekannte Sein des Geschaffenen. Genau besehen wird aber nicht von solcher Ursache ausgegangen, sondern – dem zuvor bestimmten Denken entsprechend – von einer *propositio* über das Sein dieses Gottes. Sie ist es, was wissenschaftlich bewiesen wird – im Anhalt an der Autorität des 'Ich bin der Ich bin'."

[518] Vgl. Sala, Kants Lehre, 337: "Die Einsicht ins Sinnliche bringt nicht eine äußerliche Bearbeitung der 'wahren' Wirklichkeit (des Inhaltes der Wahrnehmung!) zustande, sondern erfaßt eine Wirklichkeit, die den Sinnen unzugänglich ist. Das 'est' des Urteils ist keine nachfolgende Bestätigung oder Äußerung der schon durch die Sinne vermittelten Wirklichkeit, sondern der Akt, in dem unsere Intentionalität das Sein erkennt." Nach B. Lonergan entspricht die dreifache Struktur unserer Erkenntnis als *experience*,

ses logische Sein im Sinne von Wahrsein reflektiert das absolute Sein und Wesen Gottes, die uns als solche unzugänglich bleiben.[519] Ist die im Gottesbeweis erreichte Erkenntnis auch weitaus von jeder anderen Erkenntnis verschieden, da der Gegenstand des Beweises über den Horizont unserer Gegenstandswelt hinausliegt bzw. nicht in den Bereich des uns proportionierten Seins fällt, so bleibt doch das Erkenntniskriterium auch der transzendenten Wirklichkeit dasselbe wie bei jeder objektiven Erkenntnis eines innerweltlichen Gegenstandes: das bejahende oder verneinende Urteil.

Wir werden durch den Aufweis, daß ein ewiges, erstes Sein, die Ursache von allem Geschaffenen, besteht, des Seins Gottes nicht habhaft. Wir kennen auch nach der Einsicht in die Wahrheit des Satzes "Deus est" das Sein Gottes, das ja mit seinem Wesen identisch ist, nicht. In Gott waltet nicht diese Differenz, die auf der Seinsteilhabe der endlichen Seienden beruht und die ihre Kontingenz ausmacht. Gottes Wesen muß nicht durch einen von außen kommenden Seinsakt (*actus essendi*) verwirklicht werden, umgekehrt wird das *ipsum esse* bei ihm in keiner Weise vom göttlichen Wesen begrenzt oder eingeschränkt. Das Wesen Gottes besteht darin, das Sein selbst in unendlicher Fülle zu sein. Wir besitzen aber keine Erkenntnis seines Wesens. Eine quidditative Gotteserkenntnis ist uns in diesem Leben, wo wir auf die durch die Sinne vermittelte *quidditas rei materialis* angewiesen sind, nicht möglich. Für die Theologie, die einen Gott vor Augen hat, der zu uns Menschen spricht, und die deshalb selbst Rede von Gott sein will, stellt es ein immenses Problem dar, daß wir die Wirklichkeit Gottes nicht eigentlich, d. h. in ihrem Wesen, erfassen. Die Theologie stößt mit der nicht möglichen quidditativen Gotteserkenntnis an eine definitive Grenze, deren Unüberschreitbarkeit man allerdings nicht – wie die Vertreter der Pluralistischen Religionstheologie – agnostisch interpretieren muß.

Um das in der Heiligen Schrift an uns gerichtete Gotteswort, das vom Heilshandeln Gottes spricht, überhaupt als solches verstehen zu können, ist das Licht des Glaubens notwendig. Nur das von Gott geschenkte Glaubenslicht[520] offenbart den, von dem die Heilige Schrift redet, und der in der Heiligen Schrift redet.[521] Das *lumen fidei* öffnet in radikaler

insight und *judgment* den drei metaphysischen Komponenten der geschaffenen Wirklichkeit: Materia, Form und Akt. Vgl. ebd.

519 Vgl. De pot. 7,2 ad 1: "Sicut eius substantia est ignota, ita et esse."

520 Vgl. unten, 615f.

521 Über dieses Glaubenslicht, in dessen Kraft wird den Glauben allererst vollziehen können und in dem all unser Denken über den Gott der Offenbarung seinen Anfang

Weise den Zirkel von Text und Adressaten. Es tritt nicht vom gleichen Niveau aus in die horizontale, zirkuläre Interaktion von Text und Leser, sondern es tritt "von oben" darin ein und läßt diesen Kreis zu einer aufsteigenden Spirale werden. Der Glaube steigt, auch mit Hilfe der natürlichen Vernunft, zum Verstehen auf, um das der Verstand ringt. Theologie ist darum *fides quaerens intellectum*. Durch die Gabe des Glaubens werden die Grenzen des Verstandes geöffnet und er selbst betritt einen Weg, der ihn in das unbekannte Gebiet des göttlichen Geheimnisses führt, das einmal, *in statu visionis*, seine Heimat sein wird.

Doch der Glaube ist nur der Anfang des ewigen Lebens, das sich in der Gottesschau und damit auch in der Erkenntnis des göttlichen Wesens vollenden wird. Der Glaube drängt den Geist zu einer Suchbewegung, die ihn mehr verstehen lassen will. Obwohl der Glaube dem, was Gott von sich geoffenbart hat, fest zustimmen kann, kommt die suchende Bewegung des Geistes im Glauben noch nicht zur erstrebten Ruhe, die erst in der Schau Gottes selbst erreicht sein wird.[522] So behält der negative Ansatz recht, daß der menschliche Verstand auch unter dem Einfluß des Glaubenslichtes unfähig bleibt, Gottes Wesen wirklich zu erkennen.[523]

Wenn es auch in der Glaubenserkenntnis eine letzte, uneinholbare Differenz von Erkennen und Gottes Wesenheit gibt, die über alles andere hinaus ist, so liegt dies daran, daß Gott und die Welt in einer radikalen Weise unterschieden sind, die für die Welt Eigenständigkeit bedeutet und Gott in einer Unabhängigkeit gegenüber der Welt läßt. Der menschliche Geist kann nicht in sich Gottes Wesen – durch einen Gedanken oder einen Begriff – abbilden. Gott ist nicht durch irgendeine geschaffene Wirklichkeit (*species intelligibilis*) adäquat repräsentierbar.[524] Der Unterschied zwischen Schöpfer und Geschöpf ist einzigartig,

---

nimmt, sagt Thomas in S.Th. II–II 1,5 ad 1: "... infideles eorum quae sunt fidei ignorantiam habent: quia nec vident aut sciunt ea in seipsis, nec cognoscunt ea esse credibilia. Sed per hunc modum fideles habent eorum notitiam ... inquantum per lumen fidei videntur esse credenda." In De div. Nom. c. 1, lectio 1 heißt es: "Veritas enim sacrae scripturae est quoddam lumen per modum radii derivatum a prima veritate."

[522] Vgl. De ver. 14, 1 (in fine): "Sed quia intellectus non hoc modo terminatur ad unum ut ad proprium terminum perducatur, qui est visio alicuius intelligibilis; inde est quod eius motus nondum est quietatus, sed adhuc habet cogitationem et inquisitionem de his quae credit, quamvis eis firmissime assentiat."

[523] Vgl. Wippel, 239f: "... I would suggest, one should define quidditative knowledge or knowledge of what God is very strictly, even as Thomas himself has done. ... what he is thereby excluding is comprehensive and defining knowledge of God. This kind of knowledge of God Thomas had always denied to man in this life." Vgl. Hughes, 47.

[524] Der Unterschied von Gott und Welt muß so gedacht werden, daß darin mitgedacht ist "the distinction between the world understood as possibly not having existed and God

insofern alle anderen Unterschiede, die wir kennen, zwischen geschöpflichen Wirklichkeiten konstatiert werden. Gott aber ist anders von dem unterschieden, was anders ist als er.[525] Im Sinne des Thomas über Gott nachzudenken und zu reden, bedeutet immer, unter der Dominanz dieser Einsicht zu stehen, die ihren Widerhall in einer zweiten, nicht minder entscheidenden Charakteristik der Theologie findet: in ihrer Negativität. Sie bestimmt fundamental die Rede von Gott und die Reflexion darauf, in welcher Weise unsere Aussagen auf Gott zutreffen und in welcher Weise nicht. Durchgehalten findet sich bei Thomas auch in allen Schriften die Lehre, daß wir in diesem Leben von Gott nicht wissen, was er ist und auch nicht, wie er ist.[526] Wir kennen weder seine Natur oder sein Wesen, noch sein selbst subsistierendes Sein.

Was diese ganz grundsätzliche gnoseologische Inkompetenz der menschlichen Vernunft im Hinblick auf Gott angeht, so kann man hier leicht zu schiefen Auffassungen kommen, die die Theologie zu einem unfruchtbaren Jonglieren mit Worten machen würden. Man muß sich vor Augen halten, daß die Negativität unseres Sprechens über Gott in der jede endliche Wesensgestalt sprengenden Fülle seines Wesens, in seiner *superabundantia*, begründet ist. Dies hatte sich schon im Durchgang durch die Vätertheologie (Teil 1) ergeben, in der die Verneinung, entscheidendes Moment der negativen Theologie, als kritisches Moment verstanden wird, das die bejahenden Aussagen aufbrechen muß, um in ihnen die Dynamik auf die unabschließbare *eminentia* Gottes freizusetzen.

Es liegt nicht an einer Dunkelheit oder Unbestimmtheit des göttlichen Seins, daß wir kein begreifendes Wissen von ihm erlangen können, denn aus dem Ansatz der Akt-Metaphysik folgt die unbedingte Geltung des Anderen: Gott ist in sich selbst zuhöchst erkennbar, weil er zuhöchst seiend ist.[527] Im Menschen besteht aber eine Proportion zwischen seinem geistig-leiblichen Sein und dem, was er erkennt. Und darum ist Gott für die Kraft des menschlichen Intellekts *im Übermaß* intelligibel.[528]

Einem Irrtum würde der aufsitzen, der meint, die zwischen Gott und Welt waltende Differenz sei bloß in univoken Begriffen auszudrücken.

---

understood as possibly being all that there is, with no diminution of goodness or greatness". Vgl. Sokolowski, 122.

525 Vgl. Lateranense IV, Cap. 2 (De errore Abbatis Joachim), DH 806: "quia inter creatorem et creaturam non potest similitudo notari, quin inter eos maior sit dissimilitudo notanda."

526 Vgl. S.Th. I 3, prol: "... quid sit ... quomodo sit."

527 Vgl. S.Th. I 12, 1.

528 Vgl. ebd.

Dies würde Gott in eine direkte Opposition zur Welt bringen, wenn es nur um einen klaren Kontrast ginge. Ein solcher würde zu wenig mit der absoluten Transzendenz Gottes ernst machen. Negative Theologie meint nicht nur das Verbot einer positiven Namengebung. Sie schließt eine affirmative Theologie nicht eo ipso aus, vielmehr modifiziert sie jede positive Prädikation in einer Weise, die die unendliche Differenz, aber auch die Analogie von geschaffenem und ewigem Sein voraussetzt.

3.3.3. Analoge Gotteserkenntnis

3.3.3.1. Vorbemerkung zur Analogie

Die Analogie hat ihren Ort in der prädikamentalen Logik. Dies hat seinen Grund darin, daß die Analogie eine Prädikationsweise darstellt. Man muß darauf achten, daß sowohl *analoga dicuntur* als auch *aequivoca dicuntur*, d. h. der Kontrast zwischen *dicuntur* und *sunt* bleibt bestehen, ob die Dinge nun analog, äquivok oder univok benannt werden. Wo es um Analogie geht, verwendet Thomas immer das Verb "*dicitur*", das auf Sätze Bezug nimmt. Analogie hat es nicht so sehr mit Begriffen als vielmehr mit Aussagen zu tun. Dabei sind wir selbst es, die unsere Aussagen analog machen, wenn wir denselben Begriff auf verschiedene Dinge, die in einer gewissen Relation zueinander stehen, beziehen. Bevor wir ihnen einen gemeinsamen Begriff zulegen, muß diese Relation ausgemacht sein. Es ist die zunehmende oder abnehmende Stringenz der Bedeutungsbildung im Satz, die Analogie schafft. Und insofern stellt die Analogie eine Satzform dar. Als solches liegt nichts Analoges darin, daß etwas ein Zeichen für etwas anderes oder dessen Ursache ist. Erst wenn man denselben Begriff verwendet, um sie alle zu bezeichnen, werden eine Sache, ihre Ursache und das, was auf diese Sache hinweist, zu Analogaten. Also die Frage nach der Analogie entsteht nicht angesichts der Dinge, wie sie sind, sondern wie sie erkannt und benannt werden. In der analogen Prädikation applizieren wir eine bestimmte Prädikationsform, die Thomas in je verschiedenen Kontexten immer wieder am Beispiel von "gesund" thematisiert:

Wenn viele Dinge in analoger Weise "gesund" genannt werden, wie das Lebewesen, die Medizin und der Urin, so haben wir es mit einer Vielfalt an Bedeutungen zu tun, aber so, daß dieselbe *res* (Gesundheit) in ihnen allen involviert ist.[529] Auf diese *res* wird eben in verschiedenen Bezeichnungsweisen Bezug genommen (Subjekt von ..., Ursache von ..., Zeichen von ...), wobei eine die *ratio propria* betrifft. Das, was eigentlich be-

[529] Vgl. S.Th. I 16, 5.

zeichnet werden soll, ist nur in einem der Analogate, und zwar in diesem Fall im Lebewesen aufgehoben.[530] Das Lebewesen ist "*id, quod habet sanitatem*".[531]

Das unterscheidende Merkmal des analogen im Gegensatz um univoken Begriff ist nach Thomas, daß er nicht einen Begriffsinhalt, sondern mehrere bezeichnet, die als "frühere" oder "spätere" aufeinander bezogen sind.[532] Bei aller Verschiedenheit der bezeichneten Gegenstände gibt es doch eine Einheit des Referenzpunktes, der *ratio propria*, an der die einzelnen Analogaten auf nicht-äquivalente Weise, eben *per prius et posterius*, teilhaben.[533] Obwohl am Beispiel der analogen Prädikation von "gesund" entwickelt, haben wir es dabei mit einem universalen Grundzug der analogen Aussageweise überhaupt zu tun: Der Verstand stellt zwischen den Bedeutungen der anderen, sekundären Analogate und der einen *res significata*, die als einzige die *ratio propria* des Begriffes erfüllt, einen Bezug her. Analoge Namen gelten immer in Hinblick auf oder gemäß einer Hinordnung auf *Eines*. Sie werden also *secundum respectum ad unum* ausgesagt.[534] Darum heißt es bei Thomas, daß bei den analogen Aussagen die "Bedeutungen" (*rationes*) zwar "verschiedene Verhaltensweisen mit sich führen"; diese sind jedoch zugleich selbig oder einig, "sofern die verschiedenen Verhaltensweisen auf ein Eines oder Selbiges bezogen werden".[535]

Schon Aristoteles kennt eine Prädikationsweise, in der sich viele Bezeichnungen auf Eines (*πρὸς ἥν*) beziehen. Aber diese Weise der Prädikation nennt er nie "Analogie".[536] Bekannt ist dieser Satz auch deshalb,

---

[530] Vgl. McInerny, Studies in Analogy, 63: "The ratio communis of the analogous name is not obtained by picking out the minimal content of the term in question, but is rather the most proper meaning of the term in question, a meaning which is not properly saved by all the things to which it is considerd to be common."

[531] Ein Kommentar zum Beispiel der analogen Prädikation von "gesund" findet sich bei McInerny, Logic of Analogy, 77f.

[532] Vgl. S.Th. I 13, 6.

[533] Vgl. S.Th. I 13, 6: "In omnibus quae de pluribus analogice dicuntur, necesse est quod omnia dicuntur *per respectum ad unum*; et ideo illud unum oported quod ponitur in definitione omnium. Et quia 'ratio quam significat nomen est definitio' ... necesse est quod illud nomen per prius dicatur de ea quod ponitur in definitione aliorum, et per posterius de aliis, secundum ordinem quo appropinquant ad illud primum vel magis vel minus."

[534] Vgl. S.c.G. I 34: "... hoc est, secundum ordinem vel respectum ad aliquid unum."

[535] Vgl. In IV Metaph., lectio 1, n. 535.

[536] Vgl. Aristoteles, Metaph. IV, 2 1003a 33–34. Vgl. McInerny, Aquinas and Analogy, 37–47. Vgl. Libera, 328: "On sait que certains interprètes anglo-saxons d'Aristote identifient les *πρὸς ἥν λεγόμενα* de la *Metaphysique* avec les 'paronymes' de *Catégories* I, 1 a 11.

weil nach ihm das "Seiende" auf mannigfache Weise ausgesagt wird.[537] Jedoch nennt er es nirgendwo einen "analogen Terminus".[538] Allerdings vergleicht er die "mannigfachen Bedeutungen" von "seiend" mit dem Gebrauch von "gesund" und hebt hervor, daß die verschiedenen Seienden in einem jeweils anderen Verhältnis zum ersten Seienden, der Substanz, stehen. In ihr ist das Seiende im vollen Sinn verwirklicht.[539] Ansonsten spricht er von Analogie immer im Sinne der *analogia proportionalitatis*: A : B = C : D, die er nicht nur als heuristisches Prinzip verwendet, sondern auch, um Verhältnismäßigkeiten zwischen verschiedenen Klassen von Lebewesen anzuzeigen. Dem menschlichen Sprechen ist es in der welthaften Erkenntnis gemäß, eine Vielfalt verschiedener Seinsweisen denkend zusammenzuhalten. Die Verknüpfung von Analogie und der auf Eines bezogenen Prädikationsweise wurde, wie man heute weiß, von den arabischen Kommentatoren vollzogen und fand auf diese Weise Eingang in mittelalterliche Konzeptionen, die die zwei Formen zusammenziehen und in denen sich gegen Ende des 13. Jahrhunderts eine Ontologisierung abzeichnet.[540] Eine besondere Bedeutung kommt dabei der *Metaphysik* des Averroës zu.[541]

Im Mittelalter hat man kein einheitliches Konzept von Analogie.[542] Man könnte mit dem späten Thomas folgende Einteilung der Analogie[543] vornehmen: Einmal kann ein Terminus analog von zwei Dingen ausgesagt werden, weil sie in einem jeweils anderen Verhältnis zu einem Dritten stehen, das beiden voraufgeht (erste Form der Analogie). Sodann kann man einen Terminus analog von zwei Dingen deshalb aussagen, weil ein Ding ein Verhältnis zum anderen hat (*per respectum unius ad al-*

... Cette assimilation, généralement rejetée de nos jours, est la matrice théorique de la première notion médiévale de l'analogie de l'être."

537 Vgl. Aristoteles, Metaph. ebd.

538 Vgl. Elders, Metaphysik, Bd. 1, 46.

539 Vgl. Aristoteles, Metaph., IV, 2, 1003a 33–b 15.

540 Vgl. Libera, 320: "La théorie de l'analogie de l'être est donc un produit de l'exégèse philosophique médiévale, fondé sur une suite de manipulations de la pensée d'Aristote, qui a suivi le rythme des traductions de l'oeuvre aristotélicienne et de ses interprétations grecques et arabes. Quelle qu'ait été son importance philosophique ultérieure, l'histoire du concept d'analogie ne se réduit pourtant pas à celle du concept d'analogie de l'être."

541 Vgl. ebd., 337.

542 Vgl. ebd., 334: "Ce phénomène d'auto-assimilation littéraire, où chaque théorie nouvelle vient, en quelque sorte, réactiver un même modèle originaire, a une traduction conceptuelle évidente: les grandes doctrines médiévale de l'analogie n'ont ni concept ni usage univoque de l'analogie."

543 Vgl. McInerny, Logic of Analogy, 80ff.

terum), wobei das eine Ding dem anderen voraufgeht (2. Form).[544] Als Beispiel für die zweite Form der Analogie nimmt Thomas das Seiende, sofern es von der Substanz und den Akzidentien ausgesagt wird. Das Einende ist in diesem Fall die Substanz als das Zugrundeliegende, das als *subiectum* der übrigen Prädikamente eine Vor- und Nachordnung begründet.[545] Die Substanz ist im eigentlichen Sinn und früher ein Seiendes als die Akzidentien, die einen je eigenen Bezug zur Substanz aufweisen. Die Substanz ist eben das, was allein und ohne Einschränkung das ist, was besteht.[546] Wer "seiend" analog gebraucht, muß eine Erkenntnis des Verhältnisses der Substanz zu den Akzidentien, die von dieser abhängen, besitzen. Man darf den Parallelismus zwischen der Prädikation von "Seiendes" und "gesund" nicht als Gleichartigkeit verstehen, denn das Attribut "gesund" bzw. "heilend" drückt in Hinblick auf das gesunde Essen oder die Heilkunst nur eine ziel- und wirkursächliche Verbindung mit *der ratio propria*, der Gesundheit des Organismus, aus, während es sich bei der Substanz um ein internes Verhältnis handelt, denn diese ist selbst das Subjekt der Akzidentien.[547] Es handelt sich hier um eine intrinseke Attribution, denn etwas von der *ratio* "seiend" ist genauso in den Akzidentien verwirklicht wie in der Substanz. Dieses Beispiel läßt schon anklingen, daß auch "ens" ein analoger Begriff ist:

Der denkende Mensch vollzieht eine fortschreitende Entwicklung in der Verwendung des Seinsbegriffs. Zunächst kommt es, vermittelt durch die Sinneserkenntnis, zu einer Erfahrung dessen, was "ist". Der Wirklichkeitsaspekt der Dinge geht dem Verstand in einer ersten, dem Begriff des *ens commune* voraufgehenden "Seinsintuition" auf. In dieser fundamentalen Erfahrung zeigt sich einfach die Seinswirklichkeit selbst.[548] Thomas sagt über diese primäre Seinserfassung: "*... ens est quod primum cadit in apprehensione simpliciter*"[549] Mit dem natürlichen Licht der Vernunft kann der Mensch das, was sich sinnenfällig zeigt, als Seiendes, d. h. als etwas, dem Sein zukommt, begreifen. In diesem Sinne ist "Seiendes" unser erster Begriff, der in jedem anderen Begriff mitenthalten ist. Wer nämlich etwas, z. B. als Pferd erkennt, hat es auch schon als

---

544 Vgl. De pot. 7, 7, ad 2; Die gleiche Einteilung findet sich in S.Th. I, 13, 5.

545 Vgl. Kluxen, "Analogie", 221.

546 Vgl. Elders, Metaphysik, Bd. 1, 47.

547 Vgl. In IV Metaph., lectio 1, n. 537–539.

548 Vgl. Elders, Metaphysik, Bd. 1, 50. Damit ist jedoch noch nicht die Ebene der Metaphysik mit ihrem Seinsbegriff erreicht.

549 S.Th. I–II 94, 2; vgl. auch De ver. 1,1: "Quod primo intellectus concipit quasi notissimum et in quo omnes conceptiones resolvit, est ens ... unde oportet, quod omnes aliae conceptiones intellectus accipiantur ex additione ad ens."

Seiendes erkannt. Die Naturphilosophie bringt darüber hinaus eine Einsicht in das substantielle und akzidentelle Seiende hervor, während der Verstand mit dem Urteil: "Nicht jedes Seiende ist notwendig materiell" (*separatio*) den Einstieg in die Metaphysik findet, die den Begriff des Seienden als solchen (*ens commune*) bildet. Dieser erste Seinsbegriff ist allgemein und unbestimmt, das heißt aber nicht "leer", denn es gilt: "Der Begriff des Seienden wird vom Seinsakt gewonnen, nicht von dem, dem dieser Seinsakt zukommt."[550] "Der Name Seiendes wird vom Sein einer Sache genommen."[551] Der Seinsbegriff bezeichnet eben erst in zweiter Instanz dasjenige, dem Sein zukommt. In erster Instanz und in formellem Sinn bezeichnet er das Wirklichsein von Etwas.[552]

Je nach dem Gesichtspunkt, den wir, abhängig von der Ebene des Seinsbegriffs, einnehmen, verändert sich sein Analogiecharakter: Der entwickelte Analogiebegriff hat in der Wissenschaft vom Seienden seinen Ort, wo er den transkategorialen Gebrauch der Begriffe, wie er für die Metaphysik notwendig ist, ermöglicht.[553] Der Begriff des *ens commune* ist jedoch auf den Bereich des geschaffenen Seienden begrenzt. Daß die geschaffenen Dinge intrinsek von Gott abhängen, wird mit diesem Seinsbegriff nicht thematisiert.

Nachdem Gott als die erste Ursache aller Dinge und damit als das durch sich seiende Sein (*ipsum esse per se subsistens*) erkannt ist, können wir einen neuen Seinsbegriff bilden, in dem für die Analogie der intrinseken Attribution der Sachverhalt konstitutiv sein wird, daß das Sein auf vollendet einzigartige, alles übertreffende Weise Gott selbst zukommt. Hier wendet sich der Blick, und die Abhängigkeitsrelation zu Gott wird selber thematisch. Die Konzeption des Aristoteles mit der Substanz als Zentrum der Wirklichkeit, die die Einheit der Metaphysik sichert, wird dort überschritten, wo das Sein erstmals als Akt, als dynamisch-verwirklichendes Prinzip (*actualitas omnium actuum),* das eine ganz eigene Kausalität ausübt, gedacht wird. Von da an wird es notwendig, die (Aristotelische) Analogie zu einem Mittel zu entwickeln, das "zugleich in diese nicht-Aristotelische Dimension reicht".[554] Ausführlicher soll dies im nächsten Abschnitt über die Benennungen Gottes entfaltet werden.

---

550 De ver. 1, 1, ad 3: "Ratio entis ab actu essendi sumitur, non ab eo cui convenit actus essendi."

551 In I Sent., d. 25, q. 1, a. 4: "Nomen entis sumitur ab esse rei."

552 Vgl. Elders, Metaphysik, Bd. 1, 43.

553 Vgl. In IV Metaph., lectio 1, nn. 543–547.

554 Vgl. Kluxen, "Analogie", 221.

Zuvor muß aber noch auf den ontologischen Grund der Analogie, die *Struktur der Partizipation*, eingegangen werden: Die Analogie stellt zwar einen Prädikationsmodus dar, läßt aber in der Deutung noch eine ziemliche Bandbreite von Modellen zu. Die Entscheidung bringt erst ein Rekurs auf ontologische Strukturverhältnisse.[555] Man muß sich klarmachen, daß es bei der vielbeachteten Analogie zunächst vor allem um die Aussageweise von Begriffen, um die Weise des Prädizierens geht, die für Thomas in der partizipativen Struktur des Seienden ihre ontologische Grundlage hat. Die Analogie selbst ist als Prädikationsweise kein ontologischer Sachverhalt.[556] "Wie man sieht, bezeichnet 'Analogie' nicht selbst die metaphysische Struktur, die ihre Grundlage ist; diese ist deutlich die Partizipation."[557] Diese hängt engstens mit der Differenz von dem, was ist, und seinem Sein zusammen: Das Sein selbst enthält als solches keine Differenz. Alles, was wirklich ist, schließt es in seine Positivität ein. Außer sich hat es nur das "Nichtsein".[558] Dagegen ist seine Erkenntnis an das Seiende geknüpft, das immer nur als "Sache", als "Wesenheit", als Ganzes und Eines und als "Etwas" unter anderen Dingen, durch eine sinnenhafte Erscheinung vermittelt, gegenwärtig wird. Ontologisch: Die Dinge sind nicht ihr Sein, sie haben es. Während die durch Endlichkeit bestimmten Dinge am Sein teilhaben, hat das Sein an nichts mehr teil. Thomas drückt dies aus in dem Satz: "Das Sein selbst ist der letzte (höchste) Akt, an welchem alle teilhaben können, er selbst aber hat an keinem teil ..."[559] Also sind die Dinge teils durch Möglichsein, teils durch Aktualität, d. h. durch eine eingeschränkte Seinshabe, gekennzeichnet, die durch ihr Wesen bestimmt ist. Jedes Wesen, das durch den Akt des Seins aktuiert wird, bedeutet eine begrenzte Teilhabe am *esse*. So scheidet sich das Seiende in sich selbst in den schlechthin positiven Akt des Seins und in etwas, das als Mögliches ihm gegenüber als "Nichtsein" hervortritt. Während das *esse* als *actualitas* in reiner Posi-

[555] Vgl. Teuwsen, 578.

[556] Vgl. McInerny, Logic of Analogy, 167: "... when we say of them that they are named analogically, we are referring to a relation they take on as known by us and not to some property they enjoy *in rerum natura*. That is why it is necessarily nonsense to speak of metaphysical analogy in the context of the analoy of names. Unless we want to equivocate hopelessly, there is nothing metaphysical about the intentions things take on as known and named by us. As the foregoing makes clear, this is in no wise to attribute to St. Thomas a logic which has no roots in reality."

[557] Kluxen, "Analogie", 223.

[558] Vgl. Siewerth, Analogie des Seienden, 48.

[559] Q.D. de an. 6, ad 2: "Ipsum esse est actus ultimus qui participabilis est ab omnibus, ipsum autem nihil participat; unde si sit aliquid quod sit ipsum esse subsistens sicut de Deo dicimus, nihil participare dicimus."

tivität, ohne jede Einschränkung ist, weisen die verschiedenen Dinge den Charakter einer aktuierten Potenz auf. Sie sind Wesen mit einer inneren Differenz von *quod est* und *esse*, in denen sich das *ipsum esse* ins Seiendsein verwirklicht hat.[560] Die auf der Grundlage der Partizipation verstandene Analogie bedeutet nach diesem Verständnis keine Ähnlichkeit von Wesenheiten, sondern die "innere Angeglichenheit eines Einfachen, nämlich des Seins des Seienden"[561], d. h. des aktuierenden *actus essendi,* an seinen einfachen Seinsgrund. Im Verstehen der inneren Differenzen im endlichen Seienden und der uneingeschränkten Aktualität des *ipsum esse* erfaßt der menschliche Verstand das Sein als Gleichnis Gottes.[562]

Thomas votiert in dem *unius ad alterum*, der Spätform der Analogie, für ein Verhältnis der inneren Attribution. Ein Gehalt ist im einen Pol der Relation als er selbst, im anderen aber in ähnlicher Weise realisiert. Hieraus ergibt sich so etwas wie ein allgemeines Gesetz theologischer Semantik. Es ist dieser Punkt von eminenter Bedeutung, wenn man das Verhältnis betrachtet, in dem die Geschöpfe zu Gott stehen – die Schöpfung ist eine kausale Relation der Abhängigkeit, die die geschaffenen Seienden intrinsek bestimmt. Das, was Gott wesenhaft zukommt, besitzen die Geschöpfe in der Weise der Teilnahme. Einerseits ist die Ähnlichkeit zwischen Gott und Welt minimal, andererseits ist sie gerade eine Ähnlichkeit des Seins: "Alles Seiende, sofern es seiend ist, gleicht dem Ersten Seienden."[563] Bei dieser transzendentalen Analogie zwischen Gott und den Geschöpfen ist allerdings sehr darauf zu achten, daß es zwischen Gott und Geschöpf keinen *bestimmbaren* Abstand gibt. Zwischen dem Unendlichen und Endlichen kann nur eine Proportionalität[564]

---

560 Vgl. Siewerth, Analogie des Seienden, 49.

561 Vgl. ders., Schicksal, 335.

562 Vgl. De ver. 22, 2 ad 2.

563 In II Sent., d. 37, 1, 2 ad 4. Vgl. dazu Siewerth, Analogie des Seienden, 43: "Wir werden indes sehen, daß durch die Vielfalt der Vermittlung der Gotteserkenntnis und durch die unerreichbare Transzendenz des letzten Beziehungssubjektes, nämlich Gottes, nicht zuletzt durch die letzte unauflösliche similitudo des 'esse ipsum' die Proportionalität ein entscheidendes Gewicht behält und in eine intentionale verweisende 'Beziehung' des Erkennens übergeht, deren Richtung und transzendierende Energie aus der Stufung und sich aufhebenden Nichtigkeit von horizontalen und vertikalen Beziehungsverhältnissen stammt."

564 De ver. 3, 1, ad 7. Obwohl die Unterscheidung von Proportionalitätsanalogie und Analogie der Proportion, besonders in der Scholastik, historisch wichtig geworden ist, spielt sie bei Thomas in der revidierten Konzeption der Analogie, keine Rolle mehr. Das mathematische Proportionalitätsmodell verlangt doch eine "Bestimmtheit der verglichenen Proportionen *in sich*", die im Verhältnis von ewigem und endlichem Sein nicht gegeben sein kann. Darum nimmt Thomas in einem späteren Text von *De veritate* die

oder ein Verhältnis der Wirkung zur Ursache bestehen. Zwar haben die geschaffenen Dinge in ihrer Begrenztheit keine Perfektion mit Gott gemeinsam, aber sie weisen doch eine ferne Ähnlichkeit mit ihm auf.[565]

Wer zwischen Gott und dem geschaffenen Seienden eine Analogie annimmt, räumt der menschlichen Vernunft die Möglichkeit ein, mit Hilfe von Begriffen, die aus dem geschaffenen, über die Sinne zugänglichen Bereich genommen sind, gültige Aussagen über Gott zu machen, ohne irgendeine Form von "Restähnlichkeit" von Gott und Welt zu konstatieren. Die Analogielehre will der innersten Gegenwart Gott in allem Geschaffenen und auch seiner absoluten Transzendenz, durch die er von allem anderen unterschieden ist, und zwar noch einmal anders unterschieden ist als geschaffene Dinge sich je unterscheiden können, gerecht werden.

In der Prädikation von Eigenschaften und göttlichen Attributen stellt die Analogie die Inadäquatheit des menschlichen *modus significandi* in Rechung und verhindert, daß die endliche Vernunft simplifizierend durch begriffliche Vereinnahmung in das Mysterium Gottes einbricht.[566] Gerade dann kommt den von Gott ausgesagten Attributen echte, affirmative Aussagekraft zu, wenn sie von ihrer herkömmlichen Weise, sich auf ihren Gegenstand zu beziehen, "gereinigt" worden sind. Dazu bedarf es zunächst einer Negation der Weise, wie eine Eigenschaft oder eine Form im geschöpflichen Bereich einem Subjekt zukommt.[567]

Bei der analogen Prädikationsweise handelt es sich nicht um plumpe Metaphorik, sondern um eine metaphysisch begründete Differenzierung – als Frucht der transzendierenden Bewegung des menschlichen Geistes, die in ihrem reinen Streben auf den transkategorialen Grund des Seins zielt. Obwohl für Thomas alles Erkennen mit der Sinneserfahrung anhebt, ist es doch nicht auf Gegenstände möglicher Erfahrung begrenzt, geht ihm doch bereits vorgängig zu einer reflexiven Erkenntnis im Urteil das "ist" eines jeden Seienden auf: "Primum quod cadit in apprehensione [intellectus] ... est ens".[568] Sofern das materielle Seiende

---

beiden Analogieformen wieder auf die Analogie der Proportion zurück, wobei "Proportion" nun ein beliebiges Verhältnis besagt, das eine analoge Prädikation zuläßt. Vgl. De ver. 23, 7, ad 9. Vgl. dazu Kluxen, "Analogie", 222.

565 De pot. 7, 7, ad 2. Vgl. Elders, Metaphysik, Bd. 1, 48.

566 Vgl. Schönberger, 189: "Nicht die Ausgrenzung der Bedeutung ins Unbestimmte mit diffus bleibender Rechtfertigung der Verwendung desselben Namens macht die Analogizität aus, sondern gerade umgekehrt die Weise, wie sie Gott zukommen, ist zwar nicht die einzig mögliche Realisierung, aber ihr eigener Vollsinn."

567 Vgl. Libera, 335.

568 Vgl. S.Th. I–II 94,2.

über die Partizipation auf seinen Seinsgrund hin durchsichtig ist, ermöglicht die Analogie eine solche Transzendenzbewegung auf Gott als der Quelle des *ipsum esse* der Dinge.

In der Analogielehre begegnet uns im Grunde das gnoseologische Pendant der Metaphysik, die den *actus entis* thematisiert. Dem Aktcharakter des Seins korrespondiert der Aktcharakter des endlichen, zur sprachlichen Mitteilung befähigten Geistes, der den transzendentalen Horizont des Seins in der Überschreitung der endlichen Weltdinge erreichen kann. Sofern die endlichen Dinge, die wir in der Welt antreffen, vom Sein aktualisiert werden, d. h. ihre Wirklichkeit empfangen, hebt für Thomas in der Seinserkenntnis die Transzendenzbewegung des Geistes im Sinne der Analogie auf Gott hin an – eine Möglichkeit, die im Denken Kants entfällt: Wer wie Kant das Sein nicht als Akt versteht und daher nichts mit dem Thomanischen Teilhabegedanken anfangen kann, dem entgeht auch der eigentliche Grund der Attributionsanalogie.

3.3.3.2. Die Grammatik der theologischen Sprache – Attribute Gottes

Von Gott zu reden ist gefährlich. Es setzt sich der Gefahr aus, banal zu werden, wenn es die Negativität unserer begrifflichen Konzepte überspringt oder auch, in den theologischen Agnostizismus abzugleiten, wenn man jede Analogie ausklammert. Man darf nicht leichtfertig von Gott reden. Dies gilt a fortiori in einer Zeit, in der jede vernünftige Rede über Gott radikal als sinnlos verworfen oder dem Bereich des Mythos zugewiesen wird. Besonders in der Zueignung von Prädikaten scheinen Vorsicht und Zurückhaltung angeraten. Die Frage nach den Bedingungen menschlichen Redens über Gott überhaupt und nach der Möglichkeit der Verwendung attributiver Aussagen über das Wesen Gottes darf nicht leichtfertig übergangen werden.

Die Theologie – auch die biblisch-heilsgeschichtlich fundierte – ist darauf angewiesen, kategoriale Begriffe, die aus der Welterfahrung genommen sind, auf Gott hin anzuwenden. Deshalb formuliert die Enzyklika "Fides et Ratio" die Erarbeitung einer differenzierten philosophischen Sprache als vornehmliches Desiderat.[569] Ein Mißverständnis der negativen Theologie ergibt sich dann, wenn man jede positive Rede von

[569] Vgl. Johannes Paul II., Fides et Ratio, nr. 84; vgl. auch ebd. nr. 94 und nr. 96: "Der realistische Wert vieler Begriffe schließt im übrigen nicht aus, daß ihre Bedeutung oft unvollständig ist. Das philosophische Denken könnte auf diesem Gebiet sehr hilfreich sein. Sein besonderer Einsatz bei der Vertiefung des Verhältnisses von Begriffssprache und Wahrheit und beim Angebot geeigneter Wege für ein richtiges Verständnis dieses Verhältnisses ist daher wünschenswert."

Gott in Abrede stellt bzw. dem Genre einer uneigentlichen Redeweise zuweist. So haben schon manche mittelalterliche Autoren vor Thomas die negative Weise, von Gott zu reden, radikal von der affirmativen getrennt, wobei sie letztere als nur metaphorische oder rein äquivoke Rede verstanden. Wir finden bei ihnen in gewisser Weise die postmoderne Version eines J. Hick[570] vorweggenommen, für den alle Prädikate, die wir Gott zulegen, immer nur metaphorisch gemeint sein können: Hervorzuheben ist die Schule von Chartres, von deren Mitgliedern manche eine einseitige Gewichtung der Negativität, wie sie unser Reden von Gott intrinsek bestimmt, vornahmen. So wollen Alanus v. Lille und Thierry v. Chartres, beide Zisterzienser, nur Namen, nicht aber das, was sie bezeichnen, auf Gott beziehen.[571] Nach Thierry können alle Namen nur metaphorisch oder negativ von ihm ausgesagt werden.[572] Für Alanus steht fest, daß kein Begriff, nicht einmal der des Seins (*esse*) in eigentlicher Weise von Gott prädiziert werden kann. Begriffe verlieren ihren Bedeutungsgehalt, wenn sie auf Gott übertragen werden. Und werden verschiedene Aussagen über Gott gemacht, so handelt es sich um Tautologien.[573]

Eine gewisse Erkenntnis Gottes läßt sich erreichen, indem wir jede geschöpfliche Weise des Seins durch Negationen von ihm ausschließen und sagen, was er nicht ist. Eine je größere Erkenntnis Gottes gewinnt man, wenn man negativen Namen ("immateriell", "ungeworden", "unausgedehnt"), die zuerst gefunden werden, weitere Negationen hinzufügt, die die früheren präzisieren. Dieser Methode folgend, kann man Gott sukzessiv von allen Klassen der geschaffenen Dinge abheben oder eine Beziehung des Geschaffenen zu ihm ausdrücken. Hierzu gehören Aussagen wie "Gott ist nicht Leben" (Dionysius), "Gott ist größer als ...", "Gott ist der Schöpfer von ...". Ein Problem entsteht allerdings, wenn

---

570 Vgl. oben, Teil 2, Abschn. 3.2.5.

571 Vgl. Parent, 85ff.

572 Vgl. Elders, Metaphysik, Bd. 2, 213. Auch Thomas entwickelt eine Theorie der Metapher, ohne jedoch alle Aussageweisen auf die der Metapher zurückzunehmen, wie es etwa J. Hick tut. Es gibt einen subtilen Unterschied, wie einzelne Begriffe sich auf ihren empirischen oder transzendenten Aussagegehalt beziehen. In analogen Namen ist dieselbe *res significata* gemeint, wenngleich in verschiedenen Proportionen und Relationen. In metaphorischen Namen jedoch ist die *res significata* verschieden. In Gott ist die *ratio* der Namen, die wir auf ihn anwenden, gewissermaßen eine *super-ratio*. Sie umschließt zugleich Weisheit, Liebe und andere Perfektionen. Vgl. McInerny, Studies in Analogy, 73; vgl. Elders, ebd., 207ff.

573 Vgl. dazu Goris, 14f, Anm. 19: "And from the rule that 'all that is in God, is God', Alain infers that in fact all words, when said of God, have the same meaning and all propositions about God are in fact tautologies."

man fragt, ob unsere Sprache Gott in seiner Wirklichkeit – als eine subsistente Realität – überhaupt benennen kann. Im Rahmen der Analogielehre bietet Thomas dafür eine Lösung, die in ihrer Differenziertheit jede nur metaphorische Bedeutungslehre bei weitem übertrifft.[574]

Eine **Gegenposition**, in der die Möglichkeit einer eigentlichen, affirmativen Gotteserkenntnis verneint wird, findet sich in der positivistischen Richtung der Analytischen Philosophie[575]: Für den Positivismus ist der Gebrauch von Begriffen, die "Gott" oder seine Eigenschaften bezeichnen, sinnlos. Weil wir keine Erfahrung Gottes haben, ist es ohne Bedeutung, wenn wir ihn zum Subjekt theologischer Aussagen machen.

Genauso ist die menschliche Sprache über Gott für E. Jüngel[576], der sich an K. Barth anlehnt, total unzutreffend, denn wenn Gott dem Menschen gewisse Worte gibt, um sein Sein auszudrücken, bleibt ihre Bedeutung gänzlich fremd. Es gibt keine *analogische Prädikation*, die sich auf die partizipative Struktur des Seienden gründet. Die Ansichten von Jüngel und Hick genau wie die einer neuplatonischen Tradition[577] vor ihnen gehen dahin, daß es eine wirkliche Erkenntnis Gottes philosophisch nicht geben kann. Alle jene Prädikate, die von Gott negativ ausgesagt werden oder eine Beziehung zu den Kreaturen bezeichnen, treffen im Kontext dieses Denkens in keiner Weise das subsistente Sein Gottes. Würde man also sagen: "Gott ist gut", "Gott ist Leben", so würde man damit unter der Voraussetzung, daß die Negation die einzig gültige Aussageweise ist, Gott als den Urheber des Gutseins und des Lebens, das sich in den Geschöpfen befindet, benennen, ohne etwas in eigentlicher Weise über ihn selbst auszusagen. Sollte dies zutreffen, so würden sämtliche Aussagen über Gott auf der Ebene des Attributs "gesund" bleiben, das wir der Medizin zulegen – der Arznei, die die Gesundheit im menschlichen Körper verursacht und damit eine Beziehung zur "Gesundheit" des Körpers aufweist, ohne aber formell die Perfektion, die sie verursacht, zu besitzen. Nun will aber der, der von Gott sagt, daß er "gut" sei, mehr sagen, als daß er die Ursache dieser geschöpflichen Perfektion sei. Eine nur negative Attributionsweise greift also zu kurz.

Thomas lehnt auch jene Position, nach der alle Attribute die gleiche Distanz zu Gott haben, ausdrücklich ab, denn daraus würde folgen, daß man schließlich alles von ihm behaupten kann. Alle Namen, die wir

---

574 Zur Bedeutung der Metapher in der Gotteslehre vgl. Hughes, 52–63.

575 Vgl. Plantinga, Glaube, 317–330.

576 Vgl. Jüngel, Gott als Geheimnis, 395ff.

577 Für Moses Maimonides z. B., der in der Nachfolge Avicennas steht, können wir nur erkennen, daß Gott ist, aber nicht, was er ist. Vgl. Elders, Metaphysik, Bd. 2, 143.

Gott geben, könnten als reine Negationen aufgefaßt werden, die nichts Positives aussagen. Dagegen spricht aber folgendes: Es gibt keinen Begriff, der eine *species* bezeichnet und durch den man nicht etwas von Gott negieren könnte. Alle Begriffe, die eine *species* bezeichnen, enthalten immer eine Differenz, durch die andere *species* ausgeschlossen werden. Wenn Gott nur darum Attribute gegeben würden, um Dinge von ihm auszuschließen, könnten wir nicht nur sagen, Gott lebt, um die Daseinsweise von unbelebten Dingen zu negieren, sondern wir könnten Gott mit dem gleichen Recht auch "Löwe" nennen, um auszuschließen, daß er ein Vogel ist ... . Thomas' Punkt ist: Gemäß diesem Verfahren könnte man alles und jedes von Gott aussagen und hätte am Ende doch nichts gesagt.

Die solutio des Thomas zeigt sich darin, daß die Prädikation von negativen Attributen eine unverzichtbare Bedeutung hat. Doch man muß die wechselseitige Verwiesenheit von apophatischer und kataphatischer Theo-logie bedenken, ohne ihren negativen Charakter beiseite zu lassen. Die Position des Thomas, die er in q. 13 der *Summa Theologiae* entfaltet, rechnet mit folgenden Möglichkeiten einer *eigentlichen* Prädikation: 1) Nicht alle Attribute Gottes sind nur negativ oder relational auf Gott zu beziehen. Einige bezeichnen das göttliche Wesen in sich selbst.[578] Dies mag auf den ersten Blick verwundern, wenn man bedenkt, daß Thomas ja gerade eine quidditative Erkenntnis Gottes für den Menschen *in hoc statu viae* ausschließt. Offenbar lassen auch jene Begriffe, die am meisten geeignet sind, um Gott in seinem Wesen zu bezeichnen, Gott nicht ohne weiteres begreifen. Sie vermögen das transzendente Wesen Gottes nicht in unserem Verstand zu repräsentieren, weil es alle endlichen Vergegenwärtigungen übersteigt. 2) Göttliche Attribute sind nicht immer metaphorisch, sondern können, wenn es sich um sogenannte "reine Perfektionen" handelt, in eigentlichem Sinn von Gott ausgesagt werden.[579] 3) Wenn Gott gewisse Prädikate gegeben werden, so erhalten sie weder völlig neue Bedeutungen, noch verlieren sie ihre eigene.[580] Was sich ändert, ist nicht die Bedeutung, sondern die Weise, in der sie sich auf die Wirklichkeit beziehen. Damit hängt zusammen 4): Attribute Gottes sind nicht rein äquivok oder univok, son-

---

[578] Vgl. S.Th. I 13,2.

[579] Vgl. S.Th. I 13 3. Einen starken Kontrast hierzu bildet die metaphorische Bedeutungslehre J. Hicks, für die es offen bleiben muß, ob etwa das Prädikat "gut" in Gott auf eine Wirklichkeit trifft oder ob nicht auch das Gegenteil prädizierbar wäre. Vgl. oben, Teil 2, 372, Anm. 723.

[580] Vgl. S.Th. I 13, 4.

dern analog.[581] 5) So es sich um eigentliche Prädikate handelt, werden diese in erster Instanz (*per prius*) von Gott und erst in zweiter Instanz von den Geschöpfen ausgesagt.[582]

Dionysius hatte festgestellt, daß Gott aufgrund seiner Einfachheit und Transzendenz als im kategorialen Sinn "namenlos" zu bezeichnen sei.[583] Thomas vertritt im Gegensatz zur Theologie des Neuplatonismus, die hier in ihren Vorgaben wiederklingt[584], den Standpunkt einer positiven, d. h. analog-affirmativen Gotteslehre. Zwar entstammen alle göttlichen Namen und Attribute einer kategorialen Welterkenntnis, so daß sie das Wesen und die Wirklichkeit Gottes immer nur indirekt betreffen. Die in ihnen ausgedrückten Vollkommenheiten können aber insofern positiv etwas über Gottes Wesen aussagen, als sie ursprünglich in Gott gründen und ihm *excellentiori modo* zukommen.

So haben die Vollkommenheitsattribute durchaus eine reale Entsprechung in der göttlichen Wirklichkeit selbst. Sie betreffen das Wesen Gottes in sich, nicht nur das Erkennbarsein Gottes von seiten der Welt. Die Aussagen über Gott gründen bei Thomas ebenso im erkennenden menschlichen Intellekt wie auch im Wesen Gottes selbst, primär aber im letzteren.[585] Alle Vollkommenheitsprädikate haben in Gott ihren Grund. Nichts kann von Gott prädiziert werden, was nicht ursprünglich und exemplarisch in ihm ist. Weil es keine Relation Gottes zur Welt gibt, kann es keine Eigenschaft geben, die ihm im Hinblick auf die Existenz der Welt zukäme. Keine Wesenseigenschaft Gottes, die Gott hätte, weil es die Welt gibt! Auch wenn die Gottesattribute durch die Erkenntnis der geschaffenen Welt gebildet werden und zuerst die endliche Wirklichkeit bezeichnen, verhält es sich mit ihrem faktischen Ursprung umgekehrt. Absolut genommen werden sie in ihrer Geltung ursprünglich von Gott, der Quelle aller Vollkommenheiten, ausgesagt.

---

581 Vgl. S.Th. I 13, 5.

582 Vgl. S.Th. I 13, 6.

583 Vgl. Hoedl, 113.

584 Zu Dionysius vgl. Beierwaltes, Platonismus im Christentum, 54: "Diese Differenzlosigkeit des reinen Einen bedingt dessen Relationslosigkeit in ihm selbst: Es ist keine Selbstgleichheit oder Selbstidentität, kein Selbst-Bezug in ihm denkbar, damit aber auch kein auf ein Etwas bezogenes Denken oder *Selbst*-Denken, wie es dem Aristotelisch gedachten Ersten, dem Gott, zukommt. ... Die Etwas zusprechende Aussage trifft nicht das 'Wesen' des Einen; Sprache als ein Phänomen der Differenz, die im Prädizieren eines Subjektes immer auf Etwas bezogen ist und so in der Relation die Differenz öffnet und offenhält, ist daher für das selbst Differenz- und Relationslose unangemessen."

585 Vgl. Hödl, 115.

Das Prinzip, auf das unsere Aussagen über Gott sich stützen, lautet: Wir erkennen Gott aus den geschaffenen Dingen, insofern die Kreatur Gott – in abgeschatteter Weise – repräsentiert: Die endlich-geschöpflichen Dinge repräsentieren Gott nicht als etwas der gleichen Art oder Gattung, sondern als die "Quelle" ihrer Perfektionen. In Gott präexistieren die Perfektionen, die wir in den geschaffenen Dingen finden und die wir von da her benennen, in eminenter Weise. Wenn wir solche Namen, die uneingeschränkte Vollkommenheiten bezeichnen, verwenden, machen wir sie selbst analog. Es muß immer unterschieden werden, auf welche Weise wir sie den geschaffenen Dingen, und auf welche andere Weise wir sie Gott zusprechen. Wird dies beachtet, so können gewisse Attribute Gott wie gesagt in eigentlicher Weise zugesprochen werden.[586]

Hier muß man allerdings sogleich wieder eine Einschränkung machen und hinzufügen: Obwohl an der Fähigkeit der menschlichen Sprache, das transzendente Sein Gottes zu benennen, die der Wahrheitsfähigkeit des menschlichen Geistes folgt, festgehalten werden muß, gehen alle Aussagen über Gott mit einer negativen Interferenz gepaart, die von keiner der Affirmationen abgelöst werden kann. Wir können wahre Sätze über Gott bilden – mit Begriffen, die auf ihn im eigentlichen Sinn zutreffen –, und doch greift ihre Aussageweise zu kurz. Nicht in dem, *was* sie bezeichnen, liegt ihre Defizienz, sondern in der Weise, auf die sie die Wirklichkeit, den *actus purus per se subsistens*, bezeichnen. Von dieser defizienten, hinter ihrem transzendenten Gegenstand zurückbleibenden Bezeichnungsweise ist die Struktur der menschlichen Sprache selbst betroffen: Schon auf der Ebene der grammatischen Syntax eignet unserer Bezeichnungsweise eine prinzipielle Unvollkommenheit. So bezeichnen z. B. die Begriffe "gut" und "weise" auf konkrete Weise, d. h. sie geben an, daß eine Form einem Subjekt inhäriert. Dadurch ist aber eine einfache Identität von Subjekt und Formbestimmung ausgeschlossen. Wird Gott "gut" genannt, so bleibt die Bezeichnungsweise ihrem Gegenstand unangemessen. Daher muß die Aussage vervollständigt werden, indem wir sagen: Gott ist die Weisheit selbst. Aber auch bei dieser Aussage paßt die Weise der Prädikation nicht wirklich, denn "Weisheit" ist ein abstrakter Terminus, der etwas nicht-Subsistierendes bezeichnet. Allein dies Beispiel zeigt, daß es eine prinzipielle, nicht hintergehbare Defizienz in der Aussageweise gibt, die in der grammatischen Struktur der Sprache selbst begründet ist, und die alles Reden über Gott begleitet. Findet diese Defizienz Beachtung, so heißt dies jedoch nicht, daß alles, was wir über Gott sagen, entweder bedeutungslos oder falsch ist.

---

[586] Vgl. S.Th. I 13, 3.

Die Unvollkommenheit unserer Benennungen findet ihren Reflex auch auf logisch-semantischem Niveau: Bei den Termini, die eine Vollkommenheit bezeichnen, ist zu beachten, daß ihr *modus significandi* abhängt von dem Verfahren, mit dem wir Vollkommenheiten anweisen, wie sie in den Geschöpfen existieren. Und auf geschöpflicher Ebene existieren sie nun einmal limitiert, sehr oft als akzidentelle Bestimmung und besonders so, daß sie untereinander unterschieden sind. Ganz anders aber, wenn wir sie gebrauchen, um Gottes eigene Wirklichkeit zu benennen. Nicht nur existieren sie in Gott in höchstem Grade, da er höchste Güte, höchstes Erkennen usw. ist, sondern sie bezeichnen nichts anderes als das göttliche Wesen selbst. Die Grenze der Prädikation von Namen jeder Art ist auf jeden Fall durch den von ihnen immer mitangezeigten Modus gesteckt, demgemäß die Perfektionen in den geschaffenen Dingen existieren, so daß sie doch in erster Instanz geschaffene Entitäten bezeichnen. Es gilt jedoch auch das Andere: Faßt man das, was sie bezeichnen, ins Auge, also die Sache selbst (*res significata*), so wird diese – etwa Gutsein, Wahrsein, Geistsein – in eigentlicherer Weise in Gott als in irgendeiner geschöpflichen Wirklichkeit gefunden.

In Gott sind alle Perfektionen miteinander und auch mit dem Wesen Gottes identisch.[587] Hieraus ist aber nicht die einer Indifferenz des Denkens entspringende Lizenz für einen saloppen, unbedachten und allzu freien Umgang mit der Sprache abzuleiten, wenn wir bestimmte Attribute auf ihn anwenden. Wird ein solcher Perfektionsbegriff in eine theologische Aussage hineingenommen, so verliert er doch nichts von seiner eigenen Bedeutung. Die göttlichen Namen werden, indem sie auf Gott zutreffen, doch nicht auf einmal zu Synonymen und damit gegeneinander austauschbar. Und dies, obwohl sie sich alle auf dieselbe Realität beziehen.[588] Alle diese Prädikate haben eine analoge Bezeich-

---

[587] Vgl. Hughes, Simple God.

[588] Der konzeptuelle Gehalt (*ratio*) eines jeden dieser Begriffe ist von jedem anderen unterschieden, weil die Vollkommenheiten sich in der Realität gemäß der Weise unterscheiden, wie sie in den Geschöpfen verwirklicht sind. Vgl. In I Sent. d. 2, q.1. Daraus folgt, daß diesen Begriffen nicht genau die gleiche *ratio* eignet, wenn sie etwas bezeichnen, das in der Welt vorkommt, und wenn wir sie von Gott aussagen. Vgl. S.Th. I 13, 5: "Omnes rerum perfectiones, quae sunt in rebus creatis divisim et multipliciter, in Deo praeexistunt unite. Sic igitur, cum aliquod nomen ad perfectionem pertinens de creatura dicitur, significat illam perfectionem ut distinctam secundum rationem definitionis ab aliis; puta cum hoc nomen sapiens de homine dicitur, significamus aliquam perfectionem distinctam ab essentia hominis, et a potentia et ab esse ipsius, et ab omnibus huiusmodi. Sed cum hoc nomen de Deo dicimus, non intendimus significare aliquid distinctum ab essentia vel potentia vel esse ipsius. Et sic, cum hoc nomen sapiens de homine dicitur, quodammodo circumscribit et comprehendit rem significatam: non autem cum dicitur de Deo, sed *relinquit rem significatam ut incomprehensam*, et excedentem

nungsweise. Sie können also nicht die gleiche *ratio* behalten, egal, ob sie sich auf eine innerweltliche Größe, oder auf Gott beziehen.[589] Und darum behält die negative Theologie damit recht, wenn sie sagt, daß auch die Attribute, die ihrem Begriffsgehalt nach Gott in eigentlicher Weise bezeichnen, ihn doch für uns unbegriffen lassen, denn sie lassen den Einen, den sie meinen, jenseits dessen, wie sie bezeichnen.

Mit der analogen Aussageweise eröffnet Thomas eine grundlegend andere Ebene des Begreifens. Die Vollkommenheitsattribute stellen keine adäquate Qualifizierung des göttlichen Wesens dar wie bei der Erkenntnis eines kategorialen Seienden. Sie sind eine transkategoriale Bezeichnung des göttlichen Subjektes. Zugleich sind sie der Seinsgrund, von dem her das Wirkliche zu verstehen ist und dies, weil die *via causalitatis* am Anfang ihrer Herleitung steht. Gotteserkenntnis ist möglich aufgrund einer transzendierenden Bewegung des menschlichen Geistes, die beim sinnlich Konkreten anhebt, zum Intelligiblen weiterdringt und schließlich beim Unbedingten endet. Das Unbedingte ist das Ziel und der Fluchtpunkt aller personal-geistigen Selbstbewegung des Menschen.

Wenn im Zuge dieser transzendierenden Bewegung des Geistes Vollkommenheitsprädikate von Gott ausgesagt werden, so bedeutet dies keine Übertragung kategorialer Strukturen auf Gott, genauso wenig wie Gott damit vergegenständlicht wird. Gott fällt nicht unter das *ens commune,* er ist kein Seiendes unter anderen Seienden.

Die Gottesbeweise lösen die Wahrheit des Satzes "Gott ist" durch einen Umweg über die Ursächlichkeit ein, die eine höchste Ursache notwendig macht. Nun geht die göttliche Wirklichkeit aber nicht darin auf, das kausaleffiziente Prinzip der Welt zu sein und bleibt trotz seiner Selbstprädikation in der Schöpfung der schlechthin Andere. Daraus folgt: Vollkommenheitsattribute gelten nie in einem univoken Sinn. Das bedeutet aber: Die Möglichkeit analog-affirmativer Aussagen über Gott

---

nominis significationem. Unde patet quod non secundum eandem rationem hoc nomen sapiens de Deo et de homine dicitur."

[589] Vgl. Goris, 18, Anm. 24: "Since the early 1950's there has been an extensive debate on the correct interpretation of Aquinas' theory of the analogical predication of divine names. A succinct overview of this debate (with references) can be found in Rocca (1993), pp. 650–653. I only want to point out two important misunderstandings of Aquinas' theory. Firstly, it is a logical theory about the use of terms, and not primarily a metaphysical theory as Cajetanus thought and most Thomists with him (until recently). Secondly, *Aquinas' theory of analogy does not attenuate or detract from the negativity of his theology*. On the contrary, it is a consequence of Aquinas' intensification of negative theology. The distinction between God and creatures is not to be expressed in univocally contrasting terms, for it is not like any distinction that we know and that holds among creatures themselves. God differs differently."

kann nicht aus einer gewissen "Restähnlichkeit" Gottes mit der Welt abgeleitet werden. Wegen der schöpfungsmäßigen ständigen Abhängigkeit der Geschöpfe in ihrem Sein läßt sich aber so etwas wie eine Selbstpräsenz des inkommensurablen Gottes in seinen Wirkungen nach außen ausmachen.[590] Jedes Sprechen über Gott hat diese, in der Ontologie der Schöpfung geltenden, Zusammenhänge zu beachten. In Sätzen, die Gott eine Vollkommenheit zusprechen, wird das Subjekt weder konkretisiert (verdinglicht) noch formalisiert. "Die Copula 'est' konstruiert in den Sätzen über Gott weder einen Gegenstand (in der Differenz von Substanz und Akzidens), noch einen Wesenszusammenhang (in der Differenz von Gattung und Art), sondern bezeichnet das Subjekt in jeder objektivierenden und formalisierenden Entgrenzung."[591]

Was den Gottesbeweis für Kant in der Aporie enden läßt, ist der gegenüber der Thomanischen Seinsmetaphysik verlagerte Ausgangspunkt, durch den das "Wirken" der Dinge auf eine mechanische Kausalität enggeführt werden muß: Kant kennt das Sein nicht als Akt-Wirklichkeit, das bei Thomas über die Differenz von Potenz und Akt den Gottesbeweis leitet. Da es bei Kant keine Verursachung durch den Akt gibt, bleibt eine mechanische Wirkursächlichkeit übrig, die das kosmologisch durchgeführte Argument für die Existenz Gottes in einem aporetischen Ergebnis enden läßt: Entweder ist Gott die erste Ursache in einer Kette von empirisch wirkenden Ursachen. Dann gehört er selbst zu unserer empirischen Gegenstandswelt und wird verendlicht. Oder er wird als jenseits der Gegenstände aller möglichen Erfahrung als absolut gedacht. Als der Transzendente wird er aber schlechterdings unerkennbar, denn unsere Erkenntnis ist auf Gegenstände beschränkt, von denen wir eine sinnliche Anschauung haben.

Ein Gottesbeweis läßt sich auf dem Hintergrund einer rationalistischen Begriffsmetaphysik und eines rein mechanistischen Kausalitätsprinzips nicht mehr widerspruchsfrei durchführen: Hat man sich einmal die Voraussetzungen Kants mit ihren metaphysischen und epistemologischen Implikationen zu eigen gemacht, werden die Gottesbeweise in ihrem Ergebnis hinfällig.

---

[590] Jede Wirkung repräsentiert ihre Ursache. Die Wirkung zeigt, daß die Ursache existieren muß, aber sie läßt auch etwas von der Form der Ursache deutlich werden. Daher kommt es, daß Gott in den geschaffenen Dingen zuinnerst gegenwärtig ist, ja sogar vom Menschen "berührt" werden kann, wenn er die Welt erkennt. Dabei geht es nicht um eine unmittelbare Erfahrung Gottes, denn die geschaffenen Dinge üben eine notwendige Vermittlung aus. Vgl. S.Th. I 12, 2; 42, 5 ad 1; 56, 3 ad 2; De ver. 22, 2 ad 1.

[591] Hödl, 118; vgl. Wippel, 233; vgl. De pot. 7, 5.

3.3.4. Gottes Wirklichkeitsfülle als Grund seines Mitleidens mit dem Menschen

Schon im patristischen Teil dieser Studie war immer wieder das Motiv angeklungen, wie denn Gott, der unverändert über alles Seiende hinaus ist, an der geschichtlichen Situation des Menschen, die von Leid, Unheil und Not gekennzeichnet ist, teilnehmen könne. Die Offenbarung der Zuwendung Gottes in Jesus Christus, in dem Gott die Bedingungen dieses menschlichen Daseins mit uns teilt, hatte die Väter veranlaßt, den "apathischen Gott" der griechischen Metaphysik hinter sich zu lassen, ohne dabei in eine von der Metaphysik überwundene tragische Mythologie zurück zu fallen. Ihr Bemühen ging dahin, den Gott, der das Sein selbst ist, zusammen zu denken mit dem Vater Jesu Christi, der seinen Sohn in die Sichtbarkeit des leidensfähigen Fleisches gesandt hat. Daraus entsteht aber notwendig die Frage, inwieweit Gott am Leiden des Menschen Anteil nehmen könne. Wie ist es um die Möglichkeit bestellt, daß Gott am Leiden Jesu wie überhaupt an dem Leiden jedes geschichtlichen Menschen teilnimmt, wenn man das Gottsein Gottes, zu dem uns auch die natürliche (negative) Theologie einen Zugang bietet, nicht in Frage stellen will?[592] Diesem Problem, das in der neueren Theologie vielfach diskutiert wurde, soll hier nachgegangen werden.

Die Leidensfähigkeit Gottes kann durchwegs im Kontext seiner möglichen Bewegtheit oder Veränderlichkeit diskutiert werden, da Leiden und Veränderung in einem notwendigen Konnex zueinander stehen. Warum? Leiden als *passio* ist ein Bewegtwerden von außen, etwas, das dem Subjekt widerfährt. Der Mensch leidet an einem Zustand des Mangels, des Defektes, der Unvollkommenheit, die ein Nicht-Sein-Sollendes, ein Nicht-Sein einschließt und Ausdruck der Defektibilität einer zeitlichen Natur ist: Er besitzt sich nie in einem Augenblick ganz, sondern seine Existenz vollzieht sich in sukzessiv aufeinander folgenden Zeitmomenten, die je nur einen Teil dessen verwirklichen, was in sei-

---

[592] Wenn alle unsere Aussagen über Gott einfach Metaphern sind, wie verschiedene Autoren wollen, wird Theologie zu einer Frage des Vergleichs zwischen verschiedenen Metaphern, die jeweils besser oder schlechter scheinen, je nach der Situation und der Zuhörerschaft. In einem solchen Verstehenskontext könnte man von einem "leidenden Gott" sprechen. Wenn aber Theologie auf einen bloß metaphorischen Diskurs reduziert wird, nimmt sie sich als wissenschaftliche Suche nach der Wahrheit zurück. In diesem Sinne könnte man G. Phelans Anmerkung über den Gebrauch von Metaphern in der Philosophie durchaus auch auf die Theologie übertragen: "Should one attempt to use this sort of analogy [Metapher als "Analogie uneigentlicher Proportionalität"] as the basis of a philosophy ... the result will be just nothing. In other words, philosophy will diasppear to be replaced by rhetoric, poetry or pure imagination. We shall be dealing with a universe of 'as if' but not with a universe of being." Vgl. ders., 39.

nem Wesen angelegt ist. Es ist diese Negativität des Unerfüllten, Nicht-Verwirklichten, die das Leiden zu einem Moment der allgemeinen Korrumpierbarkeit und Veränderlichkeit der endlichen geschaffenen Dinge macht, die nie die ganze Aktfülle dessen erreichen, was ihnen an sich wesenhaft möglich ist. Und darum steht das Leiden in engster Verbindung mit der ontologischen Konstitution der endlichen materiellen Dinge, die der ständigen Bewegung und Veränderung unterworfen sind.

Umgekehrt wäre die göttliche Leidlosigkeit die notwendige Folge seiner Unveränderlichkeit. Wegen des notwendigen inneren Zusammenhangs dieser beiden Attribute können die Argumente für die Unveränderlichkeit Gottes, die ontologischer Art sind, in gleicher Weise für die Leidlosigkeit Gottes gelten. Ein Gott, der in überweltlicher Leidlosigkeit immer sich selbst bleibt, scheint aber vielen aus offenbarungstheologischen Gründen fraglich. E. Jüngels Sorge ging dahin, das Sein, als total verwirklichte *actualitas* gedacht, könne in sich keine Möglichkeit mehr haben[593], auch nicht die Möglichkeit zur Liebe, die sich ja als Beziehungswilligkeit gegen alles Beziehungslose des Todes und des Nichts behaupten will. Jüngels Kritik wendet sich nicht nur gegen jene Positionen, die deistisch verjenseitigen, sondern sie bestreitet auch den wesentlichen Kern der metaphysischen Gottesattribute. Für Jüngel kann Gott nur dann "sensibel" für das Leid der Welt sein, wenn er selbst im Innersten seines Seins vom Nichts affiziert wird, wenn er dieses Nichts als reine Negation in sich hineinnimmt, um seine positive Seinsmacht je neu dagegen durchzusetzen. Einem Gott, der reiner, sich selbst besitzender Akt (*actus purus*) ist, fehlt nach Jüngel "die *Möglichkeit*, sich selber an ein anderes *hinzugeben*".[594] Nach seinem Wirklichkeitsverständnis, in dem das Mögliche den Primat vor dem Wirklichen hat, sperrt sich ein Denken, das Gott als reine Wirklichkeit betrachtet, gegen ein Zusammengehen von Gott und Vergänglichkeit.[595] Dagegen kann sich für Jüngel Gott in seinem Sein nur deshalb stets steigern[596], weil er eine unerschöpfliche Fülle von je neuen, (noch nicht realisierten) Möglichkeiten vor sich hat. Jüngel weist zwar ein "Werden" Gottes als "Selbstentstellung Gottes"[597] zurück, läßt aber Gott im Ergreifen seiner Möglichkeiten und das heißt letztlich vom Kreuz her je wirklicher, je lebendiger, je liebender werden. Wie läßt sich aber ein "Altern" Gottes verhindern,

---

593 Vgl. oben, 319, 501.

594 Vgl. Jüngel, Gott als Geheimnis, 464.

595 Vgl. ebd., 291.

596 Vgl. ebd., 506.

597 Vgl. ebd., 299f.

wenn nur immer neue Möglichkeiten, die er vor sich hat, Gottes ewige unausschöpfliche Neuheit begründen?[598] Gott vermag die Beziehungslosigkeit von Leid, Tod und Sünde für Jüngel nur dadurch zu überwinden, daß er sich selbst ihrer Negativität aussetzt, indem er sie in sein eigenes Sein hineinholt, um sie mit seiner positiven Seinsmächtigkeit zu überwinden.

3.3.4.1. Gott und das Problem der Veränderung

Es scheint aber zu absurden Konsequenzen in der Gotteslehre zu führen, wenn man Gott selbst als der Veränderung unterworfen, in der Spannung von Potenz und Akt stehend, dem Leiden ausgesetzt, denkt.

Innerhalb einer seinsmetaphysischen Konzeption der Gotteslehre, die das Sein als die alle anderen Akte verwirklichende *actualitas* nimmt und Gott als die Fülle der subsistierenden *actualitas* denkt, muß man, um das Freisein Gottes von jeder Veränderung zu verstehen, zunächst die unendliche Differenz zwischen endlichem und ewigem Sein bedenken. Zwei Axiome sind es sozusagen, die diese Differenz beleuchten: 1) Daß in Gott Sein und Wesen identisch sind. 2) Daß alles andere außer Gott am *esse* partizipiert und die göttliche Wirklichkeit in endlicher Weise widerspiegelt.

Dagegen ist der ontologische Status der uns begegnenden zeitlichen Dinge ein völlig anderer. Man kann sich der Tatsache ihrer Veränderlichkeit bzw. Korrumpierbarkeit von verschiedenen Gesichtspunkten aus nähern. Ein möglicher Gesichtspunkt ist ihre Existenz in der Zeit: Ihr *esse* ist in der Weise begrenzt, daß es hinter der vollen Perfektion des Seins, der Aktfülle des Wesens, zurückbleibt. Sie teilen nicht mit Gott seinen Besitz des Seins. Ihr *actus essendi* ist eine Teilnahme am *ipsum esse*, das seinerseits am Sein Gottes teilhat. Sie nehmen nicht an dem göttlichen Selbstbesitz des Seins teil. Ihr Sein, das sie auf begrenzte Weise vollziehen, ist in ihnen nur sukzessiv realisiert. In jedem Moment ist es durch die jeweilige Kapazität dieses Moments begrenzt. Da sie ihren Seinsakt nie ganz besitzen, müssen sie ihn je neu aus seiner Quelle empfangen. All die sukzessiven Stadien, die etwas durchläuft und die, zusammengenommen, das Ganze seiner Existenz ausmachen, können nie zugleich präsent sein. Keines der verschiedenen Momente ist dem anderen *in actu* gegenwärtig. Daß die Dinge sich nur in dieser zeitlichen Ausgespanntheit realisieren, setzt den ständigen Übergang des bloß Möglichen zum Wirklichen voraus. Stünden die Dinge nicht unter dem

---

[598] Zu diesem Problem vgl. die Anfragen von M. Schulz, 529f, der im übrigen die Nähe Jüngels zu Hegels Gottesbegriff überzeugend aufgewiesen hat.

Einfluß des *ipsum esse*, dessen eigene Aktivität gegenüber den geschaffenen Dingen darin besteht, ihnen ihr eigenes *esse* mitzuteilen, würden sie, starr und bewegungslos, gleichsam als "Wracks", zurückbleiben.

Aus der Betrachtung der Kausalität Gottes erfassen wir nicht nur, daß er die Ursache jeder Bewegung und jeder (relativen) Unveränderlichkeit in den Geschöpfen, sondern – auf einer tieferen Ebene – die Quelle ihrer eigenen Existenz, ihres *esse*, ist. Als solche ist er selbst das reine "ist", *ipsum esse subsistens*. Im Licht dieser Auffassung Gottes als der Fülle des Wirklichen, des reinen "ist", gewinnt seine Unveränderlichkeit eine neue Bedeutung: Weil es Gottes Wesen ist, zu sein – *esse* und *essentia* fallen in ihm schlechthin zusammen – ist er reine dynamische Aktualität, ohne jedes Moment von Potentialität, die immer Begrenzung und Einschränkung impliziert – das Kennzeichen der veränderlichen Dinge.[599] Aus diesem Grund hat Gott in allmächtiger souveräner Freiheit und Liebe eine unbegrenzte Fülle von schöpferischen Möglichkeiten.[600]

Bewegt zu werden – durch Wachstum, Korruption oder auf andere Weise – ist das Kennzeichen einer Realität, die nur durch Partizipation besteht. Damit ergibt sich hier ein Zusammenhang mit der *prima via* der Gotteserkenntnis (von der Bewegung aus): Vom "Ersten Weg" her wird auf Gott als den ersten Beweger geschlossen, der selbst unbewegt ist, letztlich das *ipsum esse subsistens*, reiner Akt.[601] Der reine Akt steht ausserhalb der Spannung von Akt und Potenz, die sich bei den materiellen Dingen als kontinuierliche Sukzession von partizierten Teilmomenten einer Realität, als fließendes *nunc*, geltend macht. Der kontingente ontologische Status der Geschöpfe ist das *non omnia simul* der Zeitlichkeit. Gott aber, jeder Zeitlichkeit überhoben, ist im *nunc stans* seiner Ewigkeit die "*interminabilis vitae tota simul perfecta possessio*"[602], der ganz zugleiche und vollkommene Besitz des unaufhörlichen Lebens", in dem es kein Noch-Nicht und auch kein Nicht-Mehr geben kann. Als solcher kann er auch nicht dem Leiden unterworfen sein.

---

599 Vgl. In I Sent., d. 8, q. 3, a.1; vgl. S.Th. I 91.

600 Manchen scheint Gottes souveräne Freiheit mehr gewahrt zu werden, wenn der Theologe von einer Veränderlichkeit Gottes ausgeht. Anders würden wir der Freiheit, d. h. der inneren Möglichkeiten Gottes Grenzen setzen, indem wir ihm – entsprechend unseren Ideen von Angemessenheit und Unangemessenheit – sagen, was er kann und nicht kann. Vgl. Barth, KD III/4, 129–120: "Wenn es einen kümmerlichen Anthropomorphismus gibt, dann die Zwangsvorstellung von der Unveränderlichkeit Gottes, die es ausschließe, daß er sich durch sein Geschöpf so oder so bestimmen lassen könne."

601 Eine Veränderlichkeit Gottes würde die Logik der "Fünf Wege" außer Acht lassen.

602 Vgl. Boethius, De consolatione V, 6; vgl. S.Th. I 10, 1; vgl. Stump/Kretzmann, 162ff.

Andere Gesichtspunkte, die die vom Geschaffenen ganz verschiedene, jede Veränderung ausschließende Weise des göttlichen Selbstbesitzes beleuchten, sind die absolute Einfachheit Gottes, die jede Zusammensetzung und damit jeden Wechsel ausschließt, und seine Fülle an Seinsvollkommenheit: In jeder Veränderung wird stets etwas erworben, das vorher fehlte. Gott aber kann nichts Neues erwerben, denn er besitzt in sich selbst die Perfektionen aller Dinge.[603] Gott transzendiert all jene Weisen von Zusammensetzung (*compositio* aus Akt und Potenz, Sein und Wesen, Form und Materie), die ein notwendiges Erfordernis einer jeden Veränderung sind, ist er doch in dem Ineinsfall von Sein und Wesen absolut einfach. Im Besitz der grenzenlosen Perfektion des reinen Seins gibt es keine Vollkommenheit, die er noch erwerben, kein Defizit, das er noch überwinden müßte. In der göttlichen Weise, wie er alle Vollkommenheiten in seinem einfachen Sein versammelt, gibt es kein "Mehr" und kein "Weniger". Gott, der alles in Fülle besitzt, was es gibt, kann nichts von dem, was sein ist, verlieren. Wer die Prädikation der Veränderlichkeit von Gott negiert, anerkennt damit die Vollkommenheit seines transzendenten Seins.

Gott als reiner Akt ist ewige Neuheit. Wollte man Gott über seine schöpferischen Möglichkeiten hinaus eine passive Möglichkeit zuschreiben, etwas zu werden, was er noch nicht ist, ein Werde-Sein, das sich von der Allmacht zur Liebe steigert, so würde dies gedanklich zu einem "Altern" Gottes führen, insofern er sich im sukzessiven Ergreifen von je neuen Möglichkeiten, die über die früheren, alt gewordenen, hinausgehen, als "Leben" realisieren müßte. Der Gott der Metaphysik ist sich immer gleich und ist sich ewig neu – reine Wirklichkeit, in der nichts "alt" werden kann.[604]

Es sei daran erinnert, daß bei der Prädikation von Eigenschaften oder Vollkommenheiten Gottes, so auch bei der "Unveränderlichkeit" die drei Weisen der Analogie – Kausalität, Negation und Eminenz – involviert sind.[605] Gerade bei der Unveränderlichkeit Gottes darf man nicht davon absehen, das unser *modus praedicandi* hinter der göttlichen Wirklichkeit weit zurückbleibt. Gott ist in keiner Weise wie die Geschöpfe, wenngleich die geschaffenen Dinge ihm als ihrer Ursache in gewisser Weise ähnlich sind. Also bedeutet die Negation der Veränderlichkeit Gottes gemäß der *via negationis*, daß jede Bewegung, insofern sie Be-

---

603 Diese Argumente werden von Thomas in S.Th. I 9, 1 et 2 ins Spiel gebracht, wo er auch jede Art von Potentialität für Gott ausschließt.

604 Vgl. M. Schulz, 534.

605 Vgl. S.Th. I 13, 1.

grenzung und Unvollkommenheit impliziert, nicht zu Gott gehört, genauso aber, daß man jede Bewegungslosigkeit, so sie "Starrheit", "Unbeweglichkeit" konnotiert, von ihm negieren muß. Als Stagnation im Voranschreiten auf eine größere Vollkommenheit hin besagt sie sogar eine größere Unvollkommenheit als die Bewegung. Sie wäre ein Mangel an Progression auf Vollkommenheit hin. Man muß aber beachten, daß in der *via negationis* Begriffe nicht absolut und affirmativ von Gott ausgesagt werden. In der Negation all der begrenzten und veränderlichen Seinsweisen, die uns vom Geschaffenen her bekannt sind, liegt die beste uns mögliche Bezeichnungsweise.

Für die *via causalitatis* ergibt sich, daß die Erstheit der göttlichen Ursache sie weit über alles Endlich-Ursächlich-Wirkende hinausrückt. Wir können dieses Über-Hinaus des göttlichen Seins zunächst eben nur auf negative Weise zum Ausdruck bringen, sprengt es doch all unsere Begrifflichkeit, ohne freilich diese Negativität in Gott selbst hineinzutragen und sie zur absoluten *negatio negationis* zu steigern, aus der dann das affirmative Sein Gottes selber ersteht, wie es der Dialektik Hegels entspricht, und wie es auf seine Weise E. Jüngel versucht hat.

In der *via eminentiae* ergibt sich eine höhere Angemessenheit, von Gott als dem "Unveränderlichen" zu reden, wobei die volle Bedeutung unseres Prädizierens auf dieser Ebene über unser Verstehen hinausgeht. Weil Gott über alles andere, auch über das menschliche Erkennen, hinaus ist, wird sein Sein am besten durch solche Attribute bezeichnet, die es genau als das bezeichnen, das alles, was ist und was gedacht werden kann, übertrifft. In diesem Sinne wird das göttliche Sein angemessener durch das Prädikat "unveränderlich" bezeichnet, da es den Unterschied zwischen dem göttlichen Sein und allen anderen Dingen sowie seine Transzendenz gegenüber allen menschlichen Begriffen und allem menschlichen Wissen klarer anzeigt.[606]

Unser Seinsbegriff (der des *ens commune*) muß selbst noch einmal einer *negatio negationis* unterworfen werden, weil Gottes Sein als das des ruhigen Seinsvollzugs in sich selbst, als des *actus purus*, des *esse subsistens*, keinerlei Bestimmbarkeit und damit Potentialität mehr in sich trägt: "Das göttliche Sein ist ein solches, dem keinerlei Hinzufügung widerfährt und zu dessen Begriff es gehört, daß ihm auch keine Hinzufügung

[606] Man kann die Adäquatheit unserer Begriffe leicht falsch einschätzen, wenn sie einen göttlichen Gegenstand repräsentieren. Sie dürfen nicht als das Maß der Realität genommen werden. In der Überschätzung der "Reichweite" unserer Begriffe liegt eine Gefahr der existentialistischen Philosophie: In ihr wird die menschliche Existenz mit ihren ganzen partikulären Strukturen und Grenzen zum Maß des Wirklichen überhaupt.

widerfahren kann."[607] Die wahre Bedeutung der Unveränderlichkeit Gottes besteht nicht darin, daß dieses Attribut die invariable Selbst-Identität Gottes anzeigt, sondern die dynamische und grenzenlose Perfektion Gottes als des *ipsum esse subsistens*.[608] Dieses ist höchste Aktualität und höchste Vollkommenheit. Es ist gerade der unwandelbare Gott, der als Selbstvollzug dieser höchsten Aktualität "ist".[609]

3.3.4.2. Mißverständnisse

Wenn man die der *via negativa* eigene Prädikationsweise verkennt, in der wir nie etwas absolut und affirmativ von Gott aussagen[610], sondern nur einen begrenzten geschöpflichen Seinsmodus negieren, und zudem übersieht, daß die Negativität unserer Gotteserkenntnis auch für die substantiellen Prädikate bestimmend bleibt, kann man leicht zu folgenden Mißverständnissen kommen, die auf einem falschen Begriff von Gottes Unveränderlichkeit beruhen: Man nimmt solche negativen Prädikationen für eine positive Beschreibung der göttlichen Natur. Sodann nimmt man an, es handle sich dabei um die limitierte Bewegungslosigkeit, die im geschöpflichen Bereich einen Mangel an Aktualität bedeutet und einen defizienten Status indiziert. Tatsächlich würde man in diesem Fall die schlechtesten Assoziationen, die eine Bewegungslosigkeit im Geschaffenen darstellt, auf Gott übertragen. So vergleicht denn auch etwa F. Varillon die Impassibilität Gottes mit jener von Marmor – einer Eigenschaft, der eine eigentümliche "froidure et opacité" anhaftet.[611] Eine Reihe von unhaltbaren Konsequenzen ergibt sich daraus im Hinblick auf die innere "Affektivität" Gottes: Gott erscheint als gleichgültig und uninteressiert – der "lieblose Geliebte", der in seiner "olympischen Unveränderlichkeit immer unbetroffen" bleibt.[612] Ein solcher Gott wäre mit den schlechtesten Eigenschaften begabt, die einen Menschen zu einem

---

[607] De pot. 7, 2 ad 6: "Esse divinum est esse cui non fit additio et de eius ratione est ut ei additio fieri non possit."

[608] Vgl. dazu auch den Aufsatz von G. Emery, "L'immutabilité du Dieu d'amour et les problèmes du discours sur la 'souffrance de Dieu'", der u. a. auf Bulgakov, Maritain, Galot, Balthasar und Moltmann eingeht und das Problem aus Thomistischer Perspektive behandelt.

[609] Vgl. De ver. 21, 4 ad 7: "Dicitur esse est proprium Deo, non est intelligendum quod nullum aliud esse sit nisi increatum sed quod solum illud esse proprie dicitur esse, in quantum ratione suae immutabilitatis non novit fuisse vel futurum esse; esse autem creaturae dicitur esse per quandam similitudinem ad illud primum esse, cum tamen habeat permixtionem eius quod est futurum esse vel fuisse, ratione mutabilitatis creaturae."

[610] Vgl. S.Th. I 13, 2.

[611] Vgl. Varillon, 53.

[612] Vgl. Maas, 118.

"erratischen Block" machen würden: Er wäre kalt, leidenschaftslos, statisch und starr, bar jeden Lebens und jeder Regung von Liebe.[613]

Eine teils erfolgreiche Strategie jener Theologen, die ausgesprochene "Kenotiker" sind, verfolgt das Ziel, von einem so gezeichneten "apathischen" Gott sagen zu müssen, es könne sich dabei doch unmöglich um den biblischen Gott der Offenbarung handeln, um diesem dann das Prädikat der "Unveränderlichkeit" abzusprechen. Man verwendet die an der geschöpflichen Defizienz der Unveränderlichkeit hängende Äquivozität des Begriffs, um auch die darin eingeschlossenen "nobleren" Aspekte (Unverwundbarkeit, Stärke, Unverletzbarkeit, Unkorrumpierbarkeit, Unsterblichkeit) von Gott zu negieren.[614]

Es ist indes notwendig, von der Imagination, die für gewöhnlich unser Konzept von Unveränderlichkeit begleitet, Abstand zu nehmen, wenn man vom Sein Gottes handelt.[615] Wer die Negativität unserer Aussagen über Gott bedenkt, wird sich darüber klar werden, daß sowohl Bewegung und Veränderlichkeit, sofern sie Potentialität und Unvollkommenheiten implizieren, als auch Unveränderlichkeit, sofern sie Unvollkommenheit, Mangel an Dynamik und Aktualität besagt, von Gott auszuschließen sind. Unbeweglichkeit, wie sie geschöpflichen Ursachen zukommen kann, nennen wir "Ruhe", Stillstand ihres Wirkens. Es ist die Privation von Bewegung, die Gott, der immer wirkend, reine Aktualität ist, niemals zukommen kann.[616]

3.3.4.3. Und doch bewegt sich Gott

Schon Platon und Aristoteles konzipierten Gott nicht als rigides und in starrer Unveränderlichkeit geschlossenes Etwas – einen Gott ohne Leben und Tätigkeit. Das reine Sich-selber-Denken wußte Aristoteles freilich nicht näher als grundlose Liebe zu bestimmen, die zur Fruchtbarkeit eines Hervorgangs führt. Erst die Offenbarung bringt Licht in die innere "Bewegung" Gottes, die ein ursprunghaftes und rückbezügliches, zeugendes und sich empfangendes Erkennen und Lieben dreier Personen ist.

Das Aristotelische Konzept der leidenslosen Unveränderlichkeit muß durch den Glauben an den dreieinen Gott der Liebe, der den Menschen

---

613 Vgl. Dodds, 212.

614 Vgl. Cavalcoli, 158f.

615 Vgl. In Boet. de Trin. 6, 2, ad 2.

616 Vgl. In VIII phys., lect. 5, n. 2: "Et considerandum est quod in hoc ultimo membro non facit mentionem de quiete, sed de immobilitate: quia primus motor, qui numquam movetur, non potest dici proprie quiescere; quid ... illud proprie quiescit, quod natum est moveri et non movetur."

durch Schöpfung als einem Akt der Seinsverleihung aus seiner Hand hervorgehen läßt und der "leidenschaftlich" mit diesem Menschen engagiert ist, ohne darum selbst – im ontologischen Sinn – der *passio* unterworfen zu sein, wesentlich korrigiert und weitergeführt werden. "*Vivere viventibus est esse*" hatte Aristoteles[617] gesagt. Und dies muß in ungleich höherer Weise von Gott gelten, der in vollkommener, ungeschmälerter Aktualität zwei immanente Tätigkeiten, Erkennen und Wollen, ausübt und wegen des Ineinanderfalls von Sein und Wesen (Tätigkeit) nicht nur ausübt, sondern wesenhaft ist. Der Gott der Offenbarung ist in eminentem Sinn Leben und mithin "Selbstbewegung".[618] Als vollkommener *actus immanens* konzipiert, sind Erkennen und Wollen als die Bewegung auch des menschlichen Geistes über die Differenz von Akt und Potenz hinaus, die im Bereich der physischen Entitäten die Bewegung definiert.[619] Die immanente Bewegung von Erkennen und Wollen ist nicht der Akt eines Wesens in Potenz. Sie ist der Akt eines Wesens im Akt. Als solche impliziert sie daher keinerlei Unvollkommenheit, sondern ist im Gegenteil Kennzeichen der höchst möglichen Vollkommenheit und der je größeren Weise des Lebens. "*Vivere viventibus est esse*" meint, auf Gott übertragen, die höchste Weise geistigen Lebens.[620] Erkennen und Wollen indizieren in ihrem Vollzug keinen Mangel an Perfektion, sondern eher die *superabundantia* der Vollkommenheit des göttlichen Lebens, von dem die Offenbarung sagt, daß es in einer Dreiheit von Personen besteht. Wenn man die Hervorgänge in Gott in den Begriffen von immanenten Bewegungen faßt, kann man etwas von der Natur des trinitarischen Lebens Gottes verstehen: Der Hervorgang des Sohnes (Wortes) aus dem Vater kann mit dem Hervorgang des inneren Wortes (*verbum mentis*) in der menschlichen Erkenntnistätigkeit verglichen werden, da dieser Erkenntnisvollzug ebenfalls keinen Übergang einer Potenz in den Akt impliziert, was erst dem strikten Begriff von "Bewegung" entsprechen würde. Wie das innere Wort zwar aus der Er-

---

617 Aristoteles, De anima II 4, 415b 13.

618 So sagt Thomas in seiner Expositition Super Libr. de causis 18, 18 n. 339: "Moveri a seipso est nobilissimus mobilitatis modus et in hoc consistit ratio vitae; nam ea dicimus viventia, quae se aliqualiter movent. Esse igitur, quod est primum, commune est omnium, sed non omnia pertingunt ad illam perfectionem, ut sint suiipsorum motiva; unde non omnia sunt viventia, sed quaedam quae sunt perfectiora in entibus." Vgl. auch I 9,1 ad 1: "... etiam ipsum intelligere et velle et amare motus quidam dicuntur. Quia ergo Deus intelligit et amat seipsum, secundm hoc dixerunt quod Deus movet seipsum: non autem secundum quod motus et mutatio est existentis in potentia."

619 Physische Bewegung ist immer "actus entis in potentia *inquantum* in potentia." Vgl. S.Th. I 9, 3, ad 1.

620 Vgl. S.Th. I 9, 1 ad 1; 18, 3 ad 1; De ver. 24, 1.

kenntnis hervorgeht, aber im Erkennenden verbleibt, so bleibt der Sohn im Vater, aus dem er durch Zeugung hervorgeht. Und wie der Verstand im Erkennen mit dem erkannten Gegenstand eins wird, so bleibt der Sohn, freilich auf höhere Weise, eins mit dem Vater und führt sein Hervorgang zu keiner Verschiedenheit.[621] Und wie der Begriff (*conceptus*) des Verstandes ein Gleichnis des erfaßten Gegenstandes ist, so ist der Sohn das vollkommene Gleichbild des Vaters, und aus diesem Grund kann sein Hervorgang wirklich "Zeugung" genannt werden.[622]

Entsprechend kann die Einheit des aus dem Willen hervorgehenden Heiligen Geistes mit Vater und Sohn gefaßt werden: Was geliebt wird, ist nicht gemäß einem Gleichnis in dem, der liebt, sondern in der Weise einer Neigung oder eines Impulses. Der Name "Geist", der den Hervorgang des Heiligen Geistes bezeichnet, drückt eine "gewisse vitale Bewegung und einen lebendigen Impuls" (*quaedam vitalis motio et impulsio*) aus, denn jemand wird durch Liebe bewegt, eine bestimmte Tätigkeit zu vollziehen.[623]

Für Gott bedeutet die dem anderen das Sein und Leben vorbehaltlos hinschenkende Bewegung, in der der andere sich empfängt, um sich wiederum mit seinem ganzen Sein rückzuschenken – eine Bewegung, die unendlich fruchtbar ist –, keinerlei Aktuierung oder Vermehrung und schon gar keine Depravierung oder Verminderung des göttlichen Seins. Sie ist eine Bewegung, die aus der Fülle des göttlichen Seins entspringt, wie sie ursprungslos im Vater subsistiert, und die in der vollen Seinsmächtigkeit des göttlichen Wesens einbehalten bleibt, ohne sich im Endlichen zu verlieren.

3.3.4.4. Die compassio *Gottes*

Wie können wir von Gottes Beziehung zum Leiden sprechen? Wie kann Gott dem Menschen in der Ohnmacht seines Leidens seine Nähe schenken und ihm sein Heil anbieten? Dies ist eine heute mehr den je gestellte Frage.[624] Wenn Gott von jedem Leid völlig unberührt bleibt, was ist dann mit dem dreieinen Ereignis, daß der Sohn Gottes am Kreuz

---

[621] Thomas selbst hat die Parallele gezogen. Vgl. S.Th. I 27, 1 ad 2: "... id quod procedit ad intra processu intelligibili, non oportet esse diversum ... Unde cum divinum intelligere sit in fine perfectionis ... necesse est quod verbum divinum sit perfecte unum cum eo a quod procedit, absque omni diversitate."

[622] Vgl. S.Th. I 27, 2; S.c.G. IV 3.

[623] Vgl. S.Th. I 27, 4.

[624] Das Problem wird diskutiert u. a. bei Wallner, 234ff.; 366–370; Scheffczyk, Der Gott der Offenbarung, 405–410; Jüngel, Gott als Geheimnis, 470–505.

leidet und stirbt? Die Antwort soll in einer Richtung gesucht werden, die durch die These vom staurologischen Selbsteinsatz Gottes gewiesen wird und die besagt: Es gibt eine Relation Gottes zum Kreuz, insofern Gott sich mit dem gekreuzigten Christus identifiziert.

Muß nicht gerade die Sendung des Sohnes in das Sichtbare, Nicht-Göttliche, bis hinein in das Widergöttliche der Sünde, die den Abgrund der Trennung des Menschen von Gott ausmacht, als Zeichen der höchsten selbstlosen Liebe genommen werden, die Gott dem Menschen entgegenbringt?[625] Wo ist dieser Gott der vorbehaltlosen Liebe im Gegenüber zum leidenden und sterbenden Sohn zu situieren? Was sicher völlig unzutreffend wäre und was auch keiner jener Theologen sagen will, die Gott immer schon als die positive, unbegrenzte Fülle des Seins denken, ist die Behauptung, daß Gott sich angesichts des Sohnesleidens am Kreuz indifferent oder gleichsam a-pathisch verhalten würde.

Liebe verbindet, ja sie eint mit dem Geliebten. Dies ist das Grundgesetz der Liebe. Gott, der den Dingen als ihr seingebendes Prinzip, von dem sie in jedem Augenblick ihrer Existenz abhängen, innerlicher ist als sie sich selbst innerlich sind, ist auch im Leiden seines Volkes zuinnerst gegenwärtig. Darüberhinaus wird er sogar gewissermaßen eins mit jenen, die da leiden müssen. Diese liebende Empathie Gottes will hier bedacht sein: Wie kann Gott sich das Leiden von Menschen, die ihren geschöpflichen Eigenstand haben und gerade nicht Gott sind, zu eigen machen? Den Schlüssel zum Verständnis von Jesu Leiden als Gottes eigenem Leiden selbst bietet die hypostatische personale Einigung der menschlichen und göttlichen Natur in der einen Person Jesu Christi.

Und um zu verstehen, wie Gott sich das menschliche Leiden zu eigen macht, muß man die Einheit der Liebe bedenken, die das Geheimnis der Einheit von Personen darstellt. Das menschliche Leben mit seinen Neigungen und affektiven Vollzügen, in denen es sich großenteils vollzieht, liefert hierfür die wichtigste Erfahrungsgrundlage. Schon in der Freundschaftsliebe, die auf einer naturalen Ähnlichkeit (der Fähigkeiten, des Wissens, des Handwerks oder der Kunst) beruht, kommt es zur Hinbeziehung auf den anderen als dem "anderen selbst". Der Freund erblickt in dem anderen sein *alter ego*.[626] Freundschaft macht zwei Personen eins in der Liebe. Diese Einheit der Freundschaft bewirkt, daß der, der liebt, die Freuden und Sorgen des Freundes teilt. Die dem Freund eigene Antwort auf die Leiden des anderen, sie zu teilen und sie

[625] Vgl. Röm 5,8; Joh 3,16.

[626] Vgl. S.Th. I–II 32,5; S.c.G. I 91.

überwinden zu helfen, verdient den Namen "Mitleid".[627] Das Mitleid ist eine durch den Schmerz des Freundes ausgelöste Reaktion, durch die der an seine eigene mißliche Lage erinnerte Freund mit dem Kummer des anderen mitfühlen kann. Er bleibt darin aber letztlich bei sich selbst, bei seinem eigenen Elend.

Nun ist die Freundschaftsliebe nicht die höchste Form der Liebe und nicht die innigste Einheit zwischen Personen. Wer mit einem anderen im vollsten Sinn durch das Band der Liebe verbunden ist, in dem löst das Elend des geliebten Menschen nicht so sehr eine Reaktion von Mitleid (als *passio*) aus, sondern es stellt sich eine Identität mit dem anderen in dessen Elend ein: Wem etwas Schlimmes widerfährt, der empfindet nicht "Mitleid" mit sich selbst, sondern etwas viel Direkteres, nämlich Schmerz. Und wenn es um Personen wie Kinder oder Eltern geht, die so mit uns verbunden sind, als wären sie ein Teil von uns selbst, so haben wir nicht eigentlich Mitleid mit ihnen, sondern erfahren ihren Schmerz als etwas von uns selbst und leiden "wie in unseren eigenen Wunden".[628] Und genau diese äußerste Identifikation mit dem, was der andere leidet, meinen wir, wenn wir von "Empathie" sprechen: Nicht ein eigenes Leiden, als Reaktion auf den Schmerz des anderen, der von diesem unterschieden bleibt, sondern der Schmerz, den das Du erleidet, wird vom Ich als sein eigener erfahren. Daher ist die tiefste Form menschlicher Liebe nicht mehr durch ein Aufmerken auf das eigene Angerührtsein angesichts des fremden Leids charakterisiert, sondern durch die einfache Identität seiner selbst mit dem von Leid tangierten anderen. Die in solcher Identifizierung gründende Empathie läßt uns mehr beim anderen sein als bei uns selbst. Sie bringt jede Distraktion durch eigenes Elend, und dränge es sich noch so auf, zum Verschwinden. Als Beispiel einer solchen "empathischen" Einheit darf man an eine Mutter denken, die in ihrer Liebe den Schmerz ihres Kindes einfach als etwas, das zu ihr selbst gehört, empfindet, ohne dabei noch mit ihrem eigenen Kummer und ihrer Traurigkeit beschäftigt zu sein. Es hat in diesem Fall aber auch gar nichts mit Apathie zu tun, wenn die Mutter auf das, was ihrem Kind widerfährt, nicht mit einem ureigenen, von dem des Kindes unterschiedenen Schmerz reagiert. Mit dem Mangel an Aufmerksamkeit für den eigenen Kummer zeigt sie die Tiefe ihrer Liebe, in der es ihr – in der Ausschließlichkeit ihrer Intention – um ihr Kind geht.

---

627 Vgl. S.Th I 21, 3: "... misericors ... afficitur ex miseria alterius per tristitiam, ac si esset eius propria miseria." Vgl. S.Th. II–II 30, 1 ad 1.

628 Vgl. S.Th. II–II 30, 1 ad 2: "... ita etiam, si sint aliquae personae ita nobis coniunctae ut sint quasi aliquid nostri, puta filii aut parentes, in eorum malis non miseremur, sed dolemus, sicut in vulneribus propriis."

Was die Liebe auf der Ebene menschlicher Affekte bewirkt, besonders wenn sie sich bis zur Empathie steigert, kann eine Brücke bilden, über die wir zum "affektiven" Engagement Gottes mit uns Menschen gelangen können: Schon von schöpfungswegen gibt es eine durch den Akt des Seins bedingte innere Gegenwart Gottes in den Geschöpfen, die beim Menschen die Form einer auf "Freundschaft" beruhenden innigen Einheit annimmt. Zwischen den Menschen und Gott waltet die vollkommenste Art der Liebe, die zur innigsten Einheit führt. Das Wissen um dieses zarte Band der Freundschaft und Liebe läßt Thomas sagen: "Es ist also klar, daß die Freundschaft das Vollkommenste unter den Formen der Liebe ist ... Aus diesem Grund fällt die *caritas* in diese Kategorie, denn sie ist eine gewisse Freundschaft des Menschen zu Gott, durch die der Mensch Gott und Gott den Menschen liebt."[629]

Nun impliziert Freundschaft *misericordia* als *compassio* mit der Misere des geliebten Du. Aus diesem Grund gehört die misericordia in eigentlicher Weise zu Gott, so sehr, daß sie der Ursprung seines ganzen "Werkes" ist.[630] Und was über die höchste Form der liebenden *compassio* unter Menschen ausgemacht wurde, gilt noch mehr für jene Freundschaft, wie sie zwischen Gott und den Menschen besteht: Nicht eine Reaktion auf das Leid des Geschöpfes, die in eigenen Kummer mündet, bestimmt das erbarmende Engagement Gottes, sondern eine aus der Güte seines Willens hervorgehende Tätigkeit zum umfassenden Wohl des Menschen. Es ist nicht *passio* als erleidendes Betroffenwerden, sondern einfaches Wollen, das in Gott mit seinem Sein identisch ist: der Akt, mit dem Gott sich selbst und alle Dinge liebt.[631]

Wegen seiner übergroßen Liebe erbarmt Gott sich unser, "insofern er uns als etwas von sich selbst" (*tanquam aliquid sui*) liebt.[632] Wer Gott als die akthafte Fülle der Positivität des Seins versteht, wird die "affektive" Empathie Gottes (*compassio*) nicht als eine in Gott bestehende, vom Leiden des Menschen real unterschiedene Affliktion auffassen, die als

---

[629] In III Sent., d. 27, q. 2, a. 1; vgl. S.Th. II–II 23, 1. Die caritas ist eine Form der Freundschaftsliebe, die in der gnadenhaften Verähnlichung ihren Grund hat.

[630] Vgl. S.Th II–II 30, 4; I 23, 3; De ver. 28, 3 ad 15; S.Th. I 25, 3 ad 3: "... effectus divinae misericordiae est fundamentum omnium divinorum operum" Vgl. auch I 21, 4: "Et sic in quolibet opere Dei apparet misericordia, quantum ad primam radicem eius."

[631] Vgl. In IV Sent., d. 46, q. 2, a. 1: "Et propter hoc communiter dicitur quod non est in eo misericordia secundum passionem, sed secundum effectum, qui tamen effectus ex affectu voluntatis procedit; qui *non est passio, sed simplex voluntatis actus*." Vgl. S.Th. I 21, 3.

[632] Vgl. S.Th. II–II 30, 2, ad 1. Thomas, der weit davon entfernt ist, den seinshaften Eigenstand der Geschöpfe zu verkennen, betont an anderer Stelle, daß der Mensch "etwas von Gott" (*aliquid Dei*) sei – als Gottes "Bild und Gleichnis". Vgl. II–II 59, 3 ad 2.

Implikat einen defizienten Seinsmodus mit sich brächte. Gott eint uns in seiner Liebe so mit sich selbst, daß er *unser* Leiden sein eigenes nennt.[633]

3.3.4.5. Die Aufnahme der leidenden Menschheit in die hypostatische Union

Was schon aufgrund der Liebe des Schöpfers zu seinen geistigen Geschöpfen gilt, Gottes Empathie mit ihren Leiden, erfährt nochmals eine ungeheure Steigerung durch seine hypostatische Verbindung mit der leidensfähigen menschlichen Natur in der Menschwerdung, die den Logos zum *verbum caro* macht. Der Logos wird zum Träger der menschlichen Natur in ihrer ganzen Fragilität, Zeitlichkeit und Verwundbarkeit; er macht sich das zu eigen, was des Menschen ist, ohne jedoch aufzuhören, er selbst zu sein.

Und wegen des Übergangs der menschlichen Eigenschaften auf das eine Subjekt in Christus (Idiomenkommunikation) wird das zeitliche, menschliche Leiden Jesu zum Leiden Gottes selbst, weil der Logos dieses Leiden trägt und der Logos die zweite Person in der Trinität ist. Er erleidet aus freiem Entschluß einen Schmerz, der jedes menschliche Maß unendlich übersteigt.[634] Deshalb auch ist die Sendung des Sohnes in den Abgrund des Kreuzesleidens trinitarisches Ereignis. Gott leidet nicht nur mit Jesus mit, er selbst wird zum Subjekt dieses Leidens: In Jesus, der der ewige Sohn des Vaters ist, "leidet und stirbt der leidlose Gott".[635] "Vor allem darf auch nicht wieder die Menschheit Jesu in ihrer heilsmittlerischen Bedeutung geschmälert werden, so, als ob die mit dem Sohn hypostatisch geeinte, leidende, sterbende und tote Menschennatur 'noch nicht' hinreiche, das sym-pathische Mitsein Gottes in Jesus glaubhaft zu machen und deshalb 'auch noch' die göttliche Natur als für sich und in sich leidend vorgestellt werden müsse."[636]

Nichts kann Gott mehr zu eigen sein, wenn man mit der Idiomenkommunikation und überhaupt mit der Inkarnation ernst macht, als das Leiden Christi, und wollte man eine leidende göttliche Natur postulieren, so würde dies darüberhinaus kein Mehr an Possessivität im Hin-

---

[633] Fälschlicherweise ist "*impassibilitas*" – als Abwesenheit von "*passio*" – oft mit "*insensibilitas*" gleichgesetzt worden – Ausdruck des moralischen Defektes der Apathie gegenüber fremdem Leid. Eine Nicht-Beachtung der Analogie kann sehr schnell zu derartigen anthropomorphistischen Kurzschlüssen führen. Nicht umsonst sagt Thomas – unter Anerkennung der Mysterialität Gottes –, daß Gottes *compassio* mit uns Menschen unsere Verstehensmöglichkeiten übersteige. Vgl. ders., Super ad Ephesios, c. 2, lectio 2, 122.

[634] Vgl. S.Th. III 46, 6.

[635] Vgl. ders., Super 1 ad Corinthios, c. 15, lect. 1, 174: "... impassibilis Deus patiatur et moriatur."

[636] M. Schulz, 532.

blick auf das Leid bedeuten. Ein Leiden der göttlichen Natur selbst wäre ja unserem menschlichen Leiden fremd und würde den Wert des gottmenschlichen Leidens Christi nur schmälern, dessen Bedeutung ja gerade darin liegt, daß der leidensunfähige Gott selbst in dieser Zeit *unser* Leben lebt und *unseren* Tod stirbt.

3.3.4.6. Der unveränderliche Gott der Liebe

Alle wesenhaft limitierten, hinter dem Vollbesitz ihrer Aktualität in Möglichkeit zurückbleibenden Seienden suchen ihre Defizienz durch Tätigkeiten zu überwinden. Daß die Dinge überhaupt sind, von einem *esse* aktuiert werden, liegt an dem Sein selbst, dem *ipsum esse*, das als erste Wirkung Gottes von ihm geschaffen wird, um in den wesenhaften Formen der endlichen Dinge zur Subsistenz zu gelangen. Bewegung im Sein selbst ist aber nur so zu denken, daß Möglichkeit und Wirklichkeit immer von dem einen Sein umschlossen sind, das sich im Geschaffenen in tausendfacher Gestalt zeigt. Das Sein hält die Möglichkeit *innerhalb* seiner selbst geborgen und ist gerade deshalb als solches unbeweglich, ungeschichtlich. In seiner Transzendentalität ist es über alles Kategoriale mit seinen Veränderungen weit hinaus. Die Thomistische Seinsmetaphysik hat gewissermaßen einen platonischen Kern, wenn sie als eines ihrer Prinzipien formuliert: "*Ens non generatur neque corrumpitur.*"[637] Das Sein verleiht den Dingen "Festigkeit" und ist ein Ruhepunkt im Werden.[638]

Was nun aber schon von der geschaffenen ersten Wirkung Gottes, dem Sein der Dinge, gilt, das muß um so mehr von dessen Ursache, dem *ipsum esse subsistens,* gelten: Gott ist im höchsten Vollbesitz der reinen Aktualität in sich von jeder Negativität des Nicht-Seins oder des Nur-Möglichen und damit von jeder Veränderung unberührt. Die Konsequenz für ein Verständnis des ungetrennten und unvermischten Zusammenseins von Gott und Mensch, also für die christologische Frage, liegt auf der Hand:

Wollte man das Leiden nicht auf die Person, sondern auf die göttliche Natur beziehen, so würde dies gerade die Gratuität der Liebe Gottes mindern, weil Gott dann das menschliche Sohnesleiden funktionalisierte, um seine eigene Defizienz oder innere Negativität zu überwinden. Nur ein Wesen, das als die Fülle des Seins und aller Perfektionen als solches keinem Mangel und keiner Defizienz unterworfen ist, vermag auf vollkommen selbstlose Weise zu lieben. Nur der Gott des Je-Mehr

---

637 S.Th. I 16,8 ad 2.

638 Vgl. Gilson, Being and Some Philosophers.

an Fülle, der kein Verlangen nach Steigerung seiner Seinsmacht kennt, kann es in seiner souveränen Freiheit, die zugleich Liebe ist, wollen, daß geschaffene Wesen an seiner grenzenlose Güte teilhaben. Nur er kann sie mit einer Liebe lieben, die schlechthin bedingungslos ist.

Zudem würde uns Menschen ein in seiner eigenen Natur leidensfähiger Gott in unserem Streben nach Überwindung des Leidens nichts helfen. Gerade weil Gott über jedes Leiden erhaben ist, können wir aus der Sünde und aus der Defizienz des Leidens gerettet werden. Wohlgemerkt: Nicht das Leiden selbst rettet uns! Würde das Leiden das Leiden aufheben, was die unvermeidliche Folge wäre, wenn es in seiner Negativität ein Moment des Seins Gottes wäre, dann müßte das Leiden im Letzten durch sich selbst aufgehoben werden. Aber auch Gottes Allmacht bewirkt nicht das, was in sich selbst widersprüchlich ist. Wenn das Leiden (Jesu) das Leiden wegnimmt, dann deshalb, weil es von einem Gott belebt ist, der selbst nicht leiden kann, und der gerade als solcher dem Leiden eine heilende und vitalisierende Kraft verleiht, die dem Leiden aus sich selbst niemals zukommt.[639] In diesem Sinne sagt M. Schulz: "Um beim Menschen im Leiden mitleidend da zu sein, muß sich Gott in seiner unveränderbaren und unbeweglichen Göttlichkeit ganz zur Geltung bringen: in der Fülle seines dreieinen Lebens."[640]

Die Unveränderlichkeit des *ipsum esse* Gottes in seiner ganzen Positivität ist die Voraussetzung dafür, daß es überhaupt einen Sinn hat, Gott und Vergänglichkeit soteriologisch zusammenzudenken.

3.4. Die Erweiterung der Erkenntnis durch den Glauben

Im Vorangehenden wurde die natürliche Fähigkeit der Vernunft zur Erkenntnis des Seienden im allgemeinen, zu der sie als einsehende und rationale Dynamik aus eigener Kraft gelangen kann, und die einbeschlossene (negative) Erkenntnis des transzendenten Seins Gottes untersucht, also die allgemeine Wahrheitsfähigkeit der menschlichen Vernunft im Hinblick auf die welthafte Erfahrungswirklichkeit und deren letzten transzendenten Grund. Dagegen geht es hier um die Aneignung dessen, was das natürliche Erkenntnisvermögen übersteigt, wozu die Vernunft von sich aus keinen Zugang hat. Der Glaube an das, was Gott, der mit uns Menschen in eine geschichtlich und worthaft vermittelte

---

639 Vgl. Cavalcoli, 156: "Penso invece che se anche Dio dovesse soffrire, saremmo veramente spacciati: a chi potremmo richorrere, infatti? – Se anche il medico è malato, chi ci guarisce? Se anche chi ci deve difendere è fragile e debole, come ci salveremo? Se chi ci deve dar la vita, muore come noi, da chi potremo riceverla?"

640 M. Schulz, 936.

Kommunikation tritt, über sich mitteilen will oder der Offenbarungsglaube, der den Eintritt in eine ganz neue Form der Gemeinschaft mit ihm eröffnet, muß jetzt betrachtet werden, denn er ist der adäquate Zugang zum Christus-Geheimnis.

Für das christologische Bekenntnis, so wurde gesagt[641], ist die erstliche *Glaubenssynthese* der apostolischen Zeugen von fundamentaler Bedeutung. Darin ist eine Identifizierung ausgesprochen, die nicht mehr aus natürlichen Erfahrungen und Erkenntnisprinzipien abzuleiten ist: Gott hat die Identifikation seines Wortes mit dem Menschen Jesus von Nazaret geschichtliches Ereignis werden lassen. Dies ist die Grundlage aller späteren Aussagen darüber, wie die Person Jesu selber in das Wesen Gottes hineingehören muß, wenn er der definitive Mittler in die transzendente Gemeinschaft mit Gott ist und wenn seine exklusive, durch die Auferweckung besiegelte Hinbeziehung auf Gott als auf seinen Vater umgekehrt eine Relation des Vaters zu ihm impliziert, die keinen geschaffenen Referenzpunkt haben kann, und damit auch Grundlage der ganzen trinitätstheologischen Lehraussagen der frühen Konzilien und des christologischen Dogmas.

Es ist der Glaube, der uns das Persongeheimnis Jesu, seine besondere Relation zu Gott, seinem Vater, erschließt. Wenn im Folgenden vom "Glauben" die Rede ist, so geht es nicht so sehr um das, was angelsächsisch unter "faith" verstanden wird – die vertrauensvolle personale Beziehung zu einem höchsten Wesen, dem man sich verdankt, als vielmehr um das mit dem Wort "belief" Gemeinte – die feste Zustimmung zu einer inhaltlich bestimmten Glaubensannahme, die man aufgrund der von Gott ergangenen Offenbarung für wahr hält. Dieser Glaube soll nun als Habitus ausgelegt werden, der zwar über das hinausführt, was unsere Vernunft von sich aus erkennen kann, der aber nichtsdestoweniger der Erkenntnis des uns zugänglichen Seienden verwandt, ja selbst Wirklichkeitserkenntnis ist, weil er es mit inhaltlich bestimmten Wahrheiten zu tun hat. Indem sich der Glaube auf das einläßt, was Gott selbst uns in seinem Wort schenkt, bedeutet er eine Öffnung für die ganz andere Wirklichkeit Gottes, die sich uns in der Offenbarung erschließt. Wenn hier für die Auffassung des Glaubens als Zustimmung zu inhaltlich bestimmten Aussagen und damit als Urteil optiert wird, so bedeutet dies nicht, einem einseitigen Intellektualismus im Glauben das Wort zu reden, sondern von einer inneren Vernünftigkeit des Glaubens auszugehen, der ihn vor dem Forum der Vernunft bestehen läßt. Was ist das Wesen des Glaubens, der die Identifikation Jesu mit dem Wort Gottes

[641] Vgl. oben, Bibeltheologische Hinführung, 16.

vollzieht? Was ist der Grund des Glaubens? Wie kommt es zur Gewißheit des Glaubens? Was macht den Glauben zu einem *obsequium rationale*? Bedeutet der Glaubensakt eine formale und eine materiale Erkenntniserweiterung? Und wenn ja, was bedeutet dies gerade für den christologischen Glauben der Kirche? Dies sind die Fragen, die sich unter epistemologischer Rücksicht aufdrängen, wenn es um die Offenheit der menschlichen Vernunft für eine geschichtliche Selbstmitteilung Gottes in Jesus Christus geht. Ihnen soll nun nachgegangen werden.[642]

3.4.1. Glaube und propositionale Wahrheit

Mit dem Aufkommen verschiedener Strömungen der analytischen Religionsphilosophie wird die traditionelle Verhältnisbestimmung von Glaube und Vernunft und damit auch die Möglichkeit, den Glauben und seine Inhalte rational zu rechtfertigen, erheblich in Frage gestellt. Der früheren Fundamentaltheologie und auch der Religionsphilosophie war es darum gegangen, die Sätze des Offenbarungsglaubens vor dem Forum der kritischen Vernunft nicht nur als denkbar, d. h. als nicht widersprüchlich, sondern darüber hinaus auch positiv als von der Vernunft einsehbar (in pointierter Weise etwa bei Hegel) zu erweisen. Nun wird gerade dieser Ausweis des Glaubens vor der Vernunft dadurch in seinem Lebensnerv getroffen, daß zum einen alle metaphysischen Aussagen seit L. Wittgensteins *Tractatus Logico-Philosophicus* (1918) und spätestens seit R. Carnaps *Scheinprobleme in der Philosophie* (1928) und *Logische Syntax der Sprache* (1934) – aufgrund der Natur unserer Sprache – als wissenschaftlich unbegründbar behauptet[643] und somit in den Bereich der Märchen und Mythen verbannt wurden. Zugleich wurde die Stellung der Metaphysik durch den Einfluß des amerikanischen philosophischen Pragmatismus, begründet von Denkern wie C. Pierce und W. James, noch zusätzlich geschwächt.[644] Auf dem Hintergrund dieser

---

[642] Die folgende, in Thomanischem Denkansatz wurzelnde, Darlegung über die dem Glauben spezifische Erkenntnis weiß sich in grundlegenen Zügen der "Theologischen Erkenntnislehre" M.J. Scheebens verpflichtet. Vgl. bes. ders., Dogmatik, Bd. 1, 300–379. Dies schließt nicht aus, daß bei aller inhaltlichen Würdigung der systematischen Durchdringung Scheebens sein instruktionstheoretisches Offenbarungsverständnis zugunsten der Integration in einen kommunikationstheoretischen Offenbarungshorizont modifiziert werden muß. Vgl. dazu Neuner, Glaube, 65.

[643] Vgl. Wittgenstein, Tractatus, § 653: "Die richtige Methode der Philosophie wäre eigentlich die: Nichts zu sagen, als was sich sagen läßt, also Sätze der Naturwissenschaft – also etwas, was mit Philosophie nichts zu tun hat –, und dann immer, wenn ein anderer etwas Metaphysisches sagen wollte, ihm nachweisen, daß er gewissen Zeichen in seinen Sät zen keine Bedeutung gegeben hat." Vgl. auch Carnap, Logische Syntax, §§ 72, 73, 203–210.

[644] Vgl. James, 95–113 (Pragmatism's Conception of Truth). Unter "Wahrheit" versteht James solche Einsichten, die auch im praktischen Leben der Menschen hilfreiche Kon-

Strömungen bleibt für viele Zeitgenossen als einziges Rationalitätskriterium die Praxis oder das Lebenspragmatische übrig: Wahr ist, was mir als kontingentem Wesen in meiner Bedürftigkeit hilft, besser zu leben.

Wittgenstein selber hat keine Religionsphilosophie entwickelt. Trotzdem hat seine extreme Radikalisierung der mit Kant begonnenen Kritik der Möglichkeit unserer Vernunft und ihrer Begriffe, wie sie sich etwa über D. Z. Philips[645] bis hin zu N. Malcolm[646] und R. Rorty[647] verfolgen läßt, den Weg dazuhin eröffnet, die Aussagen der Religion, im Sinne theoretischer Rationalität genommen, entgegen dem eigenen Selbstverständnis dieser Aussagen, als sinnlos abzutun. Innerhalb des durch den Pragmatismus gezeichneten geistigen Spektrums geht man davon aus, Religion leiste keine Erweiterung unserer Erkenntnis, sie bringe keine Wahrheit zur Sprache. Die wesentliche Funktion der Religion sei es, dem Menschen bei der Bewältigung seiner Kontingenz zu helfen, und insofern sei die Frage nach dem hilfreichen oder besser heilbringenden Charakter eines Glaubens durchaus ein Kriterium für dessen Wahrheit.[648] Fällt mit der Vernunft des Glaubens auch jedes rationale Motiv für die Zustimmung zum Inhalt des Glaubens weg, weil es dafür keine metaphysische Basis mehr gibt, dann glaubt und tut der Mensch etwas einfach nur, weil er meint, es helfe ihm zum Gelingen des Lebens, oder weil er eben in diesem religiösen "Sprachspiel" erzogen worden ist.[649]

---

sequenzen nach sich ziehen. Er spricht in diesem Zusammenhang von "the truth's cash value". Vgl. ebd., 97; vgl. auch Platinga, 317–330.

645 Vgl. Philips, Faith after Foundationalism.

646 Vgl. Malcolm, Wittgenstein.

647 Vgl. Rorty, Conseguenze del pragmatismo. Zur Auseinandersetzung mit Rorty vgl. Jonsson, 286–297.

648 Auf diesen pragmatischen Wahrheitsbegriff stößt man eben auch in der Pluralistischen Religionstheologie eines J. Hick, der die Wahrheit von religiösen Systemen daran bemißt, wieweit sie dem Menschen helfe, den für ihn so essentiellen Übergang von der Egozentriertheit zur Realitätsbezogenheit zu vollziehen, der also ein pragmatisch-soteriologisches Motiv zur Absicherung der Wahrheit von religiösen Aussagen heranzieht. Aus verschiedenen Gründen ist aber das pragmatische Kriterium nicht hinreichend: Zum einen, weil der Begriff der Hilfe oder des Heils abstrakt bleibt. Jeder kann unter dem, was er als für sich heilbringend empfindet, etwas ganz anderes verstehen, so daß die Heilsvorstellungen sachlich widersprüchlich werden. Damit ist aber – zum Zweiten – die Wahrheitsfrage genau nicht gelöst, es sei denn man läßt über den pragmatischen Wahrheitsbegriff hinaus etwas Unbedingtes gelten. Vgl. oben, Teil 2, Abschn. 3.2.6.

649 Vgl. zu dieser Problematik, K. Müller, 77–80; vgl. ebd., 84: "Ist das Band zwischen Rationalität und Beweisbarkeit durch Begründung gelöst, dann werden religiöse Behauptungen als plausibel oder hinsichtlich ihrer Gültigkeit als unentscheidbar oder als wahrscheinlich etc. qualifiziert. Ein solchermaßen epistemologisch weich gemachtes Kriterium kann dann unschwer auch etwa von esoterischen Positionen in Anspruch genommen werden. ... Systematisch gewendet: Die Abkoppelung der Begründungsdimension

Geglaubt wird dann nicht aufgrund einer inneren Einsichtnahme in das Motiv der Zustimmung zu Aussagen, die in einer Glaubensgemeinschaft gehalten werden, sondern aus soziologischen Beweggründen: Weil die Eltern bzw. die Kultur es immer schon praktiziert haben oder weil die Tradition in dieses bestimmte "Sprachspiel" hineingeführt hat. Wer Pragmatist ist und zugleich durchaus Christ sein will, der muß, da es keine theoretischen Begründungen mehr gibt, durch einen a-rationalen Sprung ins religiöse "Sprachspiel" zum Glauben kommen. Eine solche Option für den Glauben, die keine Gründe mehr für sich hat, richtet sich aber gegen die Würde seiner eigenen Vernunft, denn diese hat ja nunmehr blind zu glauben. Unter solchen Voraussetzungen hat Theologie überhaupt nur noch die Bedeutung, das als solches nicht mehr rational begründbare System von "beliefs" immanent zu systematisieren. Das allein Relevante ist nur noch der unmittelbare existentielle Vollzug des Glaubens in seinen bildhaften Vorstellungen, in der Erzählung von Mythen und im Vollzug von Riten.[650]

Gerade auch unter der Rücksicht, daß der Glaube, wie er in der Kirche seit der apostolischen Verkündigung seinem eigenen Selbstverständnis nach lebendig war, durch die immanentistischen Strömungen in der heutigen Philosophie angefochten wird, läßt einen Rekurs auf Thomas v. Aquin als wertvoll erscheinen, der im Unterschied zu den epistemisch hypertrophen Ansätzen der idealistischen Philosophie und dem naiven Realismus verschiedener neuscholastischer Handbücher eine sehr differenzierte Theorie der Gotteserkenntnis vertritt, die sich in der Glaubensbegründung geltend machen muß. Allerdings kommt er in dem einen entscheidenden Punkt mit der eben skizzierten erkenntnistheoretischen Position nicht überein: Er hält nämlich aufgrund der Einheit der Wirklichkeit, der Wahrheit und der auf beides hingeordneten Vernunft daran fest, daß es auch einen philosophisch begründbaren Zugang zur Realität Gottes gibt.

3.4.2. Das "Wesen" und die Struktur des Glaubens

Ich betrachte den Glauben hier unter dem Aspekt der Zustimmung zu einer inhaltlich bestimmten Wahrheit, die sich in die Form einer Aussage fassen läßt. Damit soll nicht bestritten werden, daß der Glaube wesentlich mehr ist: Im Glauben vollzieht der Mensch die vom Heiligen Geist getragene Selbstübereignung seiner Person an Gott, nimmt teil an

---

von der Rationalität relativiert jedweden Vernunftanspruch bis zur Beliebigkeit und führt im Fall religiöser Behauptungen geradlinig in den Fideismus."

[650] Vgl. Lonergan, Einsicht, Bd. 2, 608–614 ("Mythisches Bewußtsein"); vgl. hier, 615.

der Gott-menschlichen Kommunikation, die ihm durch die Inkarnation eröffnet ist, so daß er Anteil an der Wahrheit Gottes und an seiner göttlichen Liebe erhält und in das Verhältnis des Sohnes zum Vater im Heiligen Geist hineingenommen wird.

Im zwischenmenschlichen Bereich können wir jemandem Glauben schenken, weil wir ihm die Absicht, uns nicht täuschen zu wollen und ein sicheres Urteil über einen bestimmten Sachverhalt zugestehen. In diesem Fall vertrauen wir uns ihm wegen seines sicheren Urteils und seiner geraden Absicht, uns die Wahrheit mitteilen zu wollen, an. Wo es jedoch um den Glauben an Gott, also um den eigentlich theologischen Glauben geht, ist ein viel höherer Selbsteinsatz unserer Person im Spiel: Der Glaubende vertraut sich ohne Bedingungen, die er zuvor erfüllt sehen möchte, dem absoluten Mitteilungswillen Gottes an, in der Weise, daß er bereit ist, all das anzunehmen, was Gott offenbart, um so in eine Form der Gemeinschaft mit Gott einzutreten, die das Niveau des natürlichen Erkennens und Wollens übersteigt.[651] Der Glaube wird daher nicht zu unrecht als die Antwort des Menschen auf die geschichtlich ergehende Offenbarung Gottes bezeichnet, die in der Sendung Jesu ihren Höhepunkt erreicht.[652] Dieser Glaube ist wesentlich übernatürlich, da er nicht den eigenen (natürlichen) geistigen Kräften des Menschen entspringt, sondern innerlich und subjektiv durch die Gnade Gottes angeregt, bewirkt und getragen wird.

Der Hebräerbrief bietet eine erste, sehr prägnante Definition des Glaubens, wenn er sagt: "Es ist aber der Glaube das feste Vertrauen auf das Erhoffte, ein Überzeugtsein von dem, was man nicht sieht" (Hebr 11,1)[653] In der Analyse dieser Definition sind folgende Momente hervorzuheben: 1) Zunächst geht es um eine Versicherung des künftigen Besitzes der verheißenen Güter, die auf ihre Weise den Besitz selbst vorwegnimmt. 2) Der Glaube ist sodann eine vollkommene Vergewisserung und Überzeugung von dem, was nicht in unseren Gesichtskreis tritt, was aber von Gott offenbart wurde. So wird also der Glaube hier

---

[651] Vgl. ebd., 618–622 ("Die Notion des Mysteriums").

[652] Vgl. Scheffczyk, Grundlagen, 33: "'Selbstoffenbarung' Gottes kann ... nur verstanden werden als Mitteilung der Liebe und Gnade Gottes, die den Menschen aber, wenn es sich um kein irrationales Geschehen handeln soll, bewußt werden und zur Erkenntnis wie zur inhaltlichen Wahrheit werden muß. Diese Erkenntnis geschieht aber nicht durch ein mystisches Einswerden mit Gott, sondern (...) durch das Medium des in der Heilsgeschichte ergangenen Wortes Gottes, das zugleich auch Tatcharakter hat und mit Taten verbunden ist." Vgl. dazu Vatikanum II, Dei Verbum, 2.

[653] In der Vulgataversion liest sich die Stelle: "Est enim fides sperendarum substantia rerum argumentum non apparentium."

definiert als ein vorwegnehmender, sicherer Besitz der eschatologischen Wirklichkeiten: Im Glauben bezieht sich der Mensch auf Dinge, die nicht in den durch die sinnenfälligen Gegenstände markierten Bereich seiner eigenen Vernunft fallen, auf die hin er sich aber in der Hoffnung ausstreckt, weil deren Anschauung ihm als der Inbegriff der Seligkeit eingeräumt wird.

Der Glaube meint nun ein unter den Bedingungen des *status viae* mögliches geschenktes Ergreifen und Festhalten dieser Dinge.[654] Den Grund dafür findet man in dem Charakter des Glaubens als Antwort auf die Offenbarung, denn diese muß als Ausdruck der Berufung des Menschen verstanden werden, in Gott selbst sein übernatürliches Ziel zu erreichen.[655] "Feststehen in dem, was man erhofft" ist die gebräuchliche Wendung für eine Überzeugung, die in ihrem Hinweis auf das zu erreichende Endziel in gewisser Weise das schon voraus- und anfanghaft in Besitz nimmt, was man erhofft. So führt denn der Glaube zur künftigen Anschauung hin. Dieser Konnex des Glaubens mit seinem Ziel, der beseligenden Gottesschau, ist für unsere Thematik außerordentlich wichtig, denn er macht deutlich, daß dieser Glaube kein bloßer Verstandesakt ist, sondern ein vom Willen im Verstand erzeugter Akt des Für-Wahr-Haltens. In diesem Sinne heißt es bei Thomas v. Aquin über den Glauben: "Glauben bezieht sich auf den Intellekt, insofern er vom Willen befehligt ist."[656] Eine förmlichere Wesensbeschreibung des Glaubens bietet die Aussage des Ersten Vatikanischen Konzils: "Der Glaube, der der Anfang des Heiles ist ... ist eine übernatürliche Tugend, durch die wir auf Antrieb und Beistand der Gnade Gottes glauben, daß das von ihm Geoffenbarte wahr ist, nicht weil wir die Wahrheit der Dinge durchschauen mit dem Licht der natürlichen Vernunft, sondern auf die Autorität des offenbarenden Gottes selbst hin, der weder täuschen noch getäuscht werden kann."[657] Diese inhaltsreiche Stelle soll kurz kommen-

---

[654] Vgl. Röm 8, 23f: "Und nicht nur das, auch wir, die wir die Erstlingsgabe des Geistes besitzen, auch wir seufzen in uns selbst in der Erwartung der Erlösung unseres Leibes. Denn auf Hoffnung sind wir gerettet. Eine Hoffnung aber, die man (schon erfüllt) sieht, ist keine Hoffnung. Was man (schon erfüllt) sieht, braucht man darauf noch zu hoffen?"

[655] Vgl. DH 3005.

[656] Vgl. II–II 2, 9: "Credere ad intellectum pertinet, secundum quod est a voluntate motus." Vgl. De ver. 14,3 ad 10: "Fides non est in intellectu, nisi secundum quod imperatur a voluntate."

[657] Vatikanum. I, sess. III, cap. 3, De fide, DH 3008: "Hanc vero fidem, quae humanae salutis initium est, Ecclesia catholica profitetur virtutem esse supernaturalem, qua, Dei aspirante et aduiuvante gratia, ab eo revelata vera esse credimus, non propter intrinsecam rerum veritatem naturali rationis lumine perspectam, sed propter auctoritatem ip-

tiert werden: Der Glaube entsteht nicht einfach aus einem inneren Erleben des Menschen, aufgrund eigener Überlegung und eigenen Wollens, vielmehr ist es eine wesentliche Eigentümlichkeit des Glaubens, daß Gott als Offenbarungssubjekt ihn selbst möglich machen und gleichsam als zeugendes Prinzip bei seiner Entstehung mitwirken muß. Gott selbst evoziert den Glauben im Menschen. Er tut es dadurch, daß er sich als zuverlässigen Grund des Glaubens, der ein Akt der vertrauenden Hingabe und des Für-wahr-Haltens ist, im Geist des Menschen präsent macht, d. h. Gott selbst gibt letztlich die Gewähr dafür, daß das in der äußeren Anrede des Wortes Gottes[658] ergangene Zeugnis wahr ist. Weil durch die Verkündigung des Wortes angeregt, in dem das Glaubenszeugnis zum Menschen als vernehmenden Adressaten der Offenbarung durchdringt, ist der Glaube eine vermittelte Teilnahme an der Selbsterkenntnis Gottes. Die personale Wirklichkeit Gottes inkarniert sich auch in der menschlichen Aussage. Diese ist dann vom Leben Gottes – seiner Selbstaussage im Wort – nicht zu trennen: Glaube als Gott im Heiligen Geist gegebene Antwort auf seine in Wort und Tat ergehende Offenbarung ist unzertrennlich auch mit inhaltlicher Wahrheit verbunden.[659] Dieser Wahrheit gibt der Glaubende seine feste Zustimmung, indem er sich mit absolutem Vertrauen auf die Wahrhaftigkeit Gottes und auf seine unfehlbare Einsicht seiner höchsten Autorität hingibt.

Möglich ist ein solcher Glaube, der die natürliche Erkenntnisfähigkeit des Menschen übersteigt, weil unser Verstand im Vollzug des Glaubens nicht mehr nur allein auf sein *lumen naturale* angewiesen ist, sondern sich durch die Gnade auf ein anderes Erkenntnisprinzip stützen kann: das *lumen infusum*. Durch die Erleuchtung mit dem übernatürlichen Glaubenslicht gewinnt der Verstand eine Teilnahme (*participatio*) an der Selbsterkenntnis Gottes und erfährt eine Verähnlichung mit ihr, weswegen der Glaube nicht bloß im Hinblick auf seinen Inhalt, sondern auch auf seine Vollkommenheit in proportionierter Abschattung das vollzieht, was in der Anschauung vollends realisiert sein wird. Da er sich auf einen Anschluß an die Erkenntnis Gottes gründet, stellt der Glaube,

---

ipsius Dei revelantis, qui nec falli nec fallere potest."

658 Der Glaube ist immer eine Antwort auf das Wort Gottes. Vgl. Neuner, Glaube, 52.

659 Dies ist kein Plädoyer für einen "informationstheoretischen Offenbarungsbegriff", wird doch von einer durch die Offenbarung dem Menschen im Heiligen Geist eröffneten Kommunikation Gottes ausgegangen, die ihn in eine neue Relation mit Gott eintreten läßt, die weit inniger ist als die seinshafte Inexistenz Gottes in allem Geschaffenen, weil sie letztlich eine Hineinnahme des Menschen in das eigene Leben Gottes ist. Schon Thomas hat die unlösbare Einheit von "Kommunikation" und "Information" anerkannt, wenn er von Christus sagt: "Viam veritatis nobis in se ipso demonstravit." Vgl. S.Th. III prol.

dies sei hier schon vorweggenommen, eine über den kategorialen Bereich hinausführende Erweiterung unseres Erkenntnishorizontes dar: Der Glaube hebt den Verstand im Vollzug seiner Erkenntnis über sich hinaus und bedingt eine Durchdringung der dem Menschen eigentümlichen Erkenntnisweise: Wahrnehmen – Verstehen – Urteilen mit der Erkenntnis, die Gott von sich selber hat. Und gerade darin zeigt sich der Glaube als eine Antizipation des ewigen Lebens, das, anders als das bruchstückhafte und spiegelbildliche Erkennen des Pilgerstandes, eine unmittelbare Schau der göttlichen Wesenheit und des göttlichen Lebens beinhaltet. In der *visio* teilt sich ja die Wesenheit Gottes als das göttliche Erkenntnisprinzip dem schauenden Verstand unmittelbar mit.[660]

Das Zweite Vatikanum nimmt auf diese Lehren Bezug und spricht ergänzend vom "Gehorsam des Glaubens", der dem Gott der Offenbarung zu leisten ist, ein Gehorsam, in dem "sich der Mensch Gott als ganzer in Freiheit überantwortet, indem er sich 'dem offenbarenden Gott mit Verstand und Willen voll unterwirft'."[661] Das willentliche und relationale Moment am Glauben ist hier unverkennbar stärker gemacht als in den Aussagen des Ersten Vatikanum, obwohl dadurch nicht in Abrede gestellt werden soll, daß der Glaube, der in eine neue Erkenntnisordnung hineinragt, auch ein intellektives Moment in sich beschließt.

Und weil solcher Glaube, wenn auch nur schwach und abbildhaft, vorwegnimmt, was das Wesen der *vita beata* ist – die Schau Gottes selbst und aller anderen Dinge in und durch Gott –, darum ist der dem kontingenten, geschichtlichen Dasein gemäße Glaube kein blindes Annehmen von positiven göttlichen Offenbarungsmitteilungen, deren Sinn gänzlich dunkel bliebe. Dies wäre reiner Offenbarungspositivismus! Vielmehr eröffnet das eingegossene Glaubenslicht auch ein neues Verstehen dessen, was die Selbstoffenbarung Gottes inhaltlich ausmacht.

3.4.3. Der Grund des Glaubens

Die Glaubensmotive im allgemeineren Sinn sind vielfältiger Art. Darunter fallen alle Begegnungen mit schon Glaubenden, alle religiösen Erlebnisse und Erfahrungen, die auf die Anwesenheit Gottes in allem Geschaffenen hindeuten, und auch der Akt einer fundamentalen verstandesmäßigen *conversio*, der über alles nur subjektiv Bedeutsame hinaus seine durch Interessen bedingten Voreingenommenheiten, die Befan-

[660] Vgl. DH 1000: "... animae sanctorum ... viderunt et vident divinam essentiam visione intuitiva et etiam faciali, nulla mediante creatura in ratione obiecti visi se habente, sed divina essentia immediate se nude, clare et aperte eis ostendente ..."

[661] Vgl. Vatikanum II, (Konstitution über die Offenbarung) Dei Verbum, 5.

genheit des individuellen und des allgemeinen Bewußtseins[662], hinter sich läßt, um sich für das Wirkliche im Ganzen zu öffnen.

Zu den zentralen Motiven des Glaubens muß auch die Anrede durch das Wort Gottes gezählt werden, dessen bewegende Kraft in seiner Eigenschaft als Wort *Gottes* liegt. Freilich ist diese Anrede durch das Wort Gottes durch menschliche Sprache vermittelt. Gottes Wort erreicht seinen Adressaten in Menschenwort. Es ist durch den Anschluß des durch Sendung legitimierten Verkündigers an die apostolische Zeugenschaft legitimiert und ausgewiesen. Wenn der Mensch den Glaubensakt setzt, durch den er dem Wort der Verkündigung seine vom Willen beeinflußte verstandesmäßige Zustimmung gibt, so stützt sich diese zunächst nicht auf die eigene Einsicht, sondern auf die des Zeugen.

Was zum Glauben bewegt und hinlenkt, muß zu den äußeren Motiven des Glaubens, bzw. zu den sogenannten "Credibilia" gerechnet werden, während als eigentliches Motiv des Glaubens doch jenes Moment zu gelten hat, unter dessen Einwirkung der Glaubensakt als solcher tatsächlich zustande kommt, also der innere Beweggrund des Glaubens: Hinter der Verläßlichkeit der apostolischen Verkündigung muß die Wahrhaftigkeit Gottes selbst stehen, weil der Glaube sich sonst der Annahme anderer, in ihrer Erkenntnis defektibler Personen anvertrauen und damit ungewiß sein würde. So geht die Gewißheit des Glaubens letztlich auf das zurück, was Thomas die *prima veritas* nennt – die Einsicht, die Gott von sich selber hat. Gott, der die höchste Fülle geistigen Lebens ist, denkt sich selbst in seiner Wesenheit und besitzt in diesem Sich-selber-Denken die höchste Identität des Gedachten mit sich selber, in der auch alle möglichen Weisen der endlichen Teilnahme an dieser Wesenheit Gottes mitgedacht sind, so daß in ihm als der ersten Wahrheit die ontologische Wahrheit der Dinge ihren Grund hat. Als schlechthinnige Identität von Sein und Wesen ist er auch die vollendete Übereinstimmung des Gedachten – der göttlichen Wesenheit und der in ihr befaßten Ideen ihrer geschöpflichen Abbilder – mit dem Akt des Denkens, also die erste und höchste Verwirklichung der transzendentalen Notion des Wahren. Als diese "Erste Wahrheit" verbürgt er auch die Wahrheit dessen, was der Zeuge in seiner Botschaft kundtut. Hinter der

---

662 Eine sehr präzise und origenelle Analyse dieser "Befangenheiten" findet sich bei B. Lonergan. Vgl. ders., Einsicht, Bd. 1, 230–241; 263–289. Lonergan spricht von einer "Verstehensverweigerung", die sich im dramatischen Subjekt etablieren kann. Vgl. ebd., 238. Interessant ist die Beobachtung, daß es zu einer "Aberration der Zensurfunktion" kommen kann, die deswegen repressiv ist, weil sie alle Perspektiven vom Auftauchen im Bewußtsein abhält, "welche unerwünschte Einsichten entstehen lassen würden". Vgl. ebd., 233.

Verkündigung des Glaubens steht die Autorität Gottes selbst, der von allem, was ist und geschieht, eine unfehlbare Erkenntnis besitzt.[663]

Man kann also das Motiv, aus dem wir den Glauben für wahr halten, vom Glaubensinhalt, der in der Offenbarung angelegt ist, unterscheiden. Dabei will die Frage bedacht sein: Fordert es nicht die Vernünftigkeit des Glaubens, daß die Erkenntnis des Glaubensmotivs, der *prima veritas*, oder der eigentliche Beweggrund des Glaubens, nicht selbst wieder auf Glauben beruht, sondern durch eigene Einsicht zustande kommt?

Daß Gott die Wahrheit ist und daß alles, was er über sich selbst mitteilt, dieser Wahrheit entsprechen muß – die *prima veritas* –, kann tatsächlich mit den Mitteln der natürlichen Vernunft erkannt werden. Daß Gott sich indes tatsächlich offenbart habe, das "Daß" des Ergangenseins einer Selbstmitteilung Gottes, bleibt für die natürliche Vernunft unerfindlich. Es kann nur im Glauben erfaßt werden.[664] Würde hingegen die eigentliche Begründung des Glaubens, der alle natürliche Einsicht der Vernunft übersteigt, rational einholbar, d. h. der natürlichen Vernunft zugänglich sein, so käme dies einer Rationalisierung und Naturalisierung des Glaubens gleich. Allerdings muß eine vom Glaubensakt selbst verschiedene Auffassung der *prima veritas* als Formalobjekt des Glaubens vorausgehen und sie muß auch auf den Glaubensakt selbst einwirken, wenn die gläubige Ergreifung des Offenbarungswortes eine vernünftige sein soll.

Sucht man nach einer inneren Begründung des Glaubens, stellt sich ein gewisser Zirkel ein: Der Glaube wird begründet durch etwas, das selbst nur durch einen Glaubenakt erfaßt werden kann: die durch die *prima veritas* verbürgte Wahrheit einer tatsächlichen Offenbarung. Was der Vernunft als solcher einsichtig ist, daß Gott nicht fehlgehen und auch nicht täuschen kann, ist mehr die notwendige Bedingung für den Vollzug des theologischen Glaubens, sofern diese Einsicht den Verstand geneigt macht, einer möglichen Offenbarung Gottes auch zuzustimmen. Dabei geht es mehr um eine Vorbedingung des Glaubens, eine Empfänglichkeit für seinen Inhalt. Als eigentliches Motiv des Glaubens kann

---

663 De ver. 14, 8: "Fides, quae virtus ponitur, facit intellectum inhaerere veritati, quae in divina cognitione consistit, transcendendo proprii intellectus veritatem ... et ita hominem divinae cognitioni coniungit per assensum." Zur Erkenntnis Gottes, die sich auch auf die *futurabilia contingentia* erstreckt, vgl. Goris (Part II: Infallible foreknowledge), 100–252.

664 Vgl. Neuner, Glaube, 51: "Glaube ... begründet und impliziert einen Erkenntnisakt. Seine Inhalte erwachsen nicht aus eigenem Erkenntnisvermögen, sondern aus bejahender Teilnahme an einem Erkennen, das mitgeteilt wird und dessen Wahrheits- und Geltungsgrund rational letztlich uneinholbar bleibt."

es nicht dienen, denn der Inhalt des Glaubens kann nicht natürlicher Gründe wegen, sondern allein um Gottes willen festgehalten werden, da der Glaube ja Gott und seine Selbstoffenbarung zum Gegenstand hat.

Der konstitutive Gewißheitsgrund des Glaubens selbst kann nur durch Glauben erkannt werden, sonst ginge der göttliche Charakter des Glaubens verloren. Die Anerkennung der *prima veritas* als Grund für die unfehlbare Wahrheit des Glaubens impliziert ein Urteil über ihre Existenz und Autorität. Im Unterschied zum eigentlichen Glauben, der sich auf die Wahrheiten der Offenbarung erstreckt, ist sie kein Zeugnisglaube.[665] Sie ist der grundlegende Akt des Glaubens, der zugleich ein Akt des Vertrauens auf die göttliche Wahrhaftigkeit ist, und durch den Gott als der erkannt wird, der eine unfehlbare Einsicht in den Inhalt seiner Offenbarung besitzt.

Daß es aber eine tatsächliche geschichtliche Offenbarung Gottes gegeben habe, dafür können von seiten der natürlichen Vernunft nur historisch einholbare Konvenienzgründe angeführt werden, die zu einer moralisch sicheren Beglaubigung der Sendungsautorität der Zeugen hinreicht. Damit muß die Vernunft aber nicht blind und gegen jede bessere Einsicht etwas glauben, nur weil man ihr sagt, daß es eben in der positiven Offenbarung enthalten sei.

3.4.4. Die Gnade des Glaubens

Das formale Erkenntnisprinzip, durch das wir den verkündigten Glaubensinhalt für wahr halten, ist ein Licht, das den Inhalt des Glaubens beleuchtet und gewiß macht in dem Augenblick, wo der Verstand es als sein eigenes Licht ergreift, indem er sich, getragen von der Gnade, der Erkenntnis Gottes anschließt. Aus diesem Grund bewegt das Motiv des Glaubens, Gott in seiner untrüglichen Wahrheit den Verstand und dies nicht bloß über den Willen, auch wenn der Glaube ein volitives Moment impliziert. Vielmehr ist Gott auch in der Weise Formalobjekt der gläubigen Erkenntnis, daß er unmittelbar auf die Tätigkeit des Verstandes einwirkt.

Gott will den Menschen durch sein Offenbarungswort zur innigsten Lebensgemeinschaft mit sich selbst berufen. Und die Bestimmung des Menschen ist die unmittelbare Anschauung Gottes. Mit diesem Ziel des Glaubens muß die Annahme der geoffenbarten Wahrheit korrespondieren. Wenn Hebr 11,1 der Glaube als die "Grundlage" der zu erhof-

[665] Das "Daß" der Selbstoffenbarung Gottes kann selbst wiederum nur aus der Offenbarung empfangen werden.

fenden Dinge, d. h. als Vorausnahme dessen, was unser zukünftiger Besitz ist und damit auch jener Erkenntnis, die das *lumen gloriae* mit sich bringt ist, bezeichnet wird, so legt dies darüber hinaus nahe, daß der Glaube auch zu einem inneren Verstehen der Glaubensgehalte führt: Wie die selige Anschauung eine Teilnahme am eigenen Leben Gottes ist, weswegen sie durch das eigene Licht Gottes (*lumen gloriae*) zustande kommt, so muß auch der Glaube an der Gott selbst eigenen Erkenntnis teilnehmen. So kommt es denn durch den Glaubensakt zu einer von Gott selbst durch das *lumen fidei* bewirkten Verähnlichung mit seiner eigenen Erkenntnis und damit zur Teilnahme am Leben Gottes selbst. Die vom Glaubenslicht erleuchtete Vernunft kann sich auf diese Erkenntnis Gottes stützen. Thomas vergleicht denn auch den Glauben mit dem *lumen gloriae* und spricht von einem lumen infusum, das die natürliche Erkenntniskraft übersteigt.[666] Ihre Gewißheit hat den Grund, daß sie sich die göttliche Gewißheit zu eigen gemacht hat. Eine prinzipiell wahrheitsfähige und für die Entgegennahme einer Offenbarung offene Vernunft, für die oben[667] plädiert wurde, kann sich durch das *lumen infusum* "aufschwingen" bis zu dem in Gott selbst wurzelnden Motiv des Glaubens. Zugleich wird ihr eine Gewißheit über den Gegenstand des Glaubens eingeprägt, die jede nur natürliche Gewißheit übersteigt.[668] In diesem Sinne heißt es bei Thomas:

> "Der Gläubige hält die Glaubensdinge fest, indem er sich einfachhin der prima veritas anschließt, wozu der Mensch der Hilfe durch den Glaubenshabitus bedarf."[669]

Durch diesen Anschluß an die *prima veritas* übersteigt der Gläubige die Wahrheit des eigenen Verstandes. Der Glaubenshabitus ist eine *virtus a Deo infusa*[670] und kommt nicht durch wiederholte geistige Akte zustande, sondern ist ganz von dem *lumen menti humanae infusum* her zu verstehen. Es erhebt den Menschen über seine eigene Natur und wird ihm unmittelbar von Gott eingegossen.

---

666 Vgl. De ver. 14, 8 ad 3.

667 Vgl. Abschnn. 3.2. Zur Bedeutung des Urteils für die Glaubenserkenntnis vgl. auch unten, 635.

668 Vgl. Stein, Erkenntnis, 26: "... denn eine größere Gewißheit als die des Glaubens gibt es nicht, ja noch mehr: es gibt für den Menschen in statu viae keine Erkenntnis von gleicher Gewißheit, wie sie dem Glauben eigen ist, obgleich es eine uneinsichtige Gewißheit ist."

669 Vgl. S.Th. II–II 5, 3 ad 1. Das habituelle Prinzip der Glaubenszustimmung ist nun das *lumen divinitus menti impressum*. Thomas spricht von einer *sigillatio quaedam primae veritatis in mente*. Vgl. In Boet. de Trin. 3, 1, ad 4.

670 Vgl. De ver. 14, 14: "Oportet quod aliquis habitus sit in ipso intellectu speculativo; et hic est habitus fidei divinitus infusus."

Zusammenfassend läßt sich festhalten: Durch den Glauben kommt der Mensch mit dem Sein und Leben Gottes in Berührung, das seine eigene Natur unendlich überragt. Um etwas von diesem Leben Gottes erfassen zu können, muß er durch die Gnade gewissermaßen auf ein höheres Niveau emporgehoben werden, als es ihm natürlicherweise eigen ist.

3.4.5. Die Gewißheit des Glaubens

Der Glaubensassens bringt nun ein neues, über die Einsicht der natürlichen Vernunft hinausliegendes Erkenntnisprinzip mit sich, bedingt er doch eine Teilnahme an der Gott selbst eigenen Erkenntnis und eine Vorwegnahme jener übernatürlichen Erkenntnis, die zusammen mit der Liebe zu Gott die selige Anschauung ausmachen wird. Zu dem äußeren Wort der Verkündigung gesellt sich da, wo der Glaube tatsächlich ergriffen wird, ein inneres Wort, das die Zustimmung zum Glauben ermöglicht und den Gläubigen in ein höheres Leben "hineinzeugt".[671] Letztlich ist es dieses Glaubenslicht, durch das der Mensch die Selbstaussage Gottes in Jesus Christus und damit auch die Artikel des Glaubens als wahr erkennt.

Obwohl dem Glaubenden eine verstandesmäßige Einsicht in die Glaubenswahrheiten, die diese zu selbstevidenten Prinzipien machen würde, versagt bleibt, erscheinen sie ihm deshalb doch mit absoluter Gewißheit als wahr. Dabei setzt der Glaube keineswegs voraus, daß die objektive Wahrheit seines Inhaltes dem, der im Glauben steht, durch direkte Einsicht einleuchte, und auch nicht, daß er durch die Offenbarung selbst einfachhin zu etwas Einleuchtendem werde. Dies wird man trotz der dem Glauben eigentümlichen Gewißheit wohl zugeben. Seinen tieferen Grund hat dies in dem Charakter des Glaubens, der ein "*argumentum non apparentium*"[672] ist und der es damit mit einem Gegenstand zu tun hat, der auch durch die Offenbarung im Unsichtbaren verbleibt. Die Mystiker wie Johannes v. Kreuz sprechen denn auch vom "Dunkel" oder von der "Nacht" des Glaubens. Und hier zeigt sich gerade das Neue und ganz Andere des Glaubens mit seiner das Natürliche übersteigenden Erkenntniskraft, daß er das, was dem Auge unseres Geistes natürlicherweise verborgen ist, das Unsichtbare, trotzdem genauso gewiß macht, als wäre es sichtbar.[673] Ja, die Gewißheit, die der Glaube herbei-

---

[671] So fordert Mt 16,17 sowie Joh 6,44 neben der äußeren Offenbarung eine innere Offenbarung, im Sinne einer verstandesmäßigen Erleuchtung, und das Vernehmen eines inneren Wortes, bzw. das Lernen von einem inneren Lehrer. Vgl. auch die Vg.-Version von Jak 1,18: "Verbo veritatis genuit nos."

[672] Vgl. Hebr 11,1 (Vg.).

[673] Vgl. ebd. 11,27.

führt, ist sogar nochmals größer als alles, was für uns auf dem natürlichen Betätigungsfeld der Vernunft klar und einleuchtend ist. Und obwohl die Glaubensartikel uns durch den Glaubensakt nicht zu in sich selbst gekannten Prinzipien werden, dies sei nochmals betont, besteht eine Analogie zwischen den Glaubensdingen und diesen ersten Prinzipien der Vernunft, insofern der Erkenntnisakt im Glauben alle durch diskursives Denken erworbenen Erkenntnisse übertrifft, weil er nicht durch logische Schlußfolgerung zustande kommt. Genauso wie die natürliche Erkenntnis des uns proportionierten, weil durch sinnliche Erfahrung zugänglichen Seienden das *lumen naturale intellectus* voraussetzt, verlangt die Glaubenserkenntnis wesentlich das eingegossene Licht. Es bewirkt die für die innere Aneignung der Offenbarung notwendige transzendentale Erweiterung unserer Wirklichkeitserkenntnis. Daß der Habitus des Glaubens dies leisten kann, erklärt sich aus seinem Wesen als einer dem *status viae* entsprechenden unvollkommenen Teilnahme am eingegossenen Licht (*imperfecta participatio luminis infusi*).[674]

Nur Gott selbst kann den Menschen durch dieses Medium zu der dem Glauben eigentümlichen Gewißheit gelangen lassen, von der Thomas sagt: "Über das, was er von Gott hört, der nicht getäuscht werden noch täuschen kann, ist der Mensch weitaus sicherer als über das, was er mit der eigenen Vernunft einsieht, die irren kann."[675] Was vom unfehlbaren Gott geoffenbart wird, ist für den Gläubigen letztlich gewisser als das, worüber ihn die eigene Vernunfteinsicht versichert.[676] Weil der Glaube sich auf die alle Dinge und Zeiten umgreifende Einsicht Gottes stützt, ist er eine transzendente Erkenntnis. Grundlage für den Glauben ist die Selbstmitteilung Gottes in seinem Wort: Der Glaube kann als direkte Kommunikation und innigste Vereinigung mit dem *inneren Wort* und folglich mit dem inneren Leben Gottes aufgefaßt werden, und zwar so, wie dieses innere Wort nicht bloß zur Zeit der Verkündigung des äußeren Wortes vernehmbar war, sondern als wesensgleiches Wort Gottes in ewiger Gegenwart fortlebt und darum auch unseren Geist zur Teilnahme an seiner zeitüberhobenen Wahrheit und seinem ewigen Leben erhebt und in sich ruhen läßt.

Die Gewißheit, die der Glaube vermittelt, ist eben von anderer Art als die eigene, die auf dem *lumen naturale* beruht. Der Glaube nimmt seine Gewißheit von etwas her, das außerhalb der Reichweite natürlicher

---

[674] Vgl. De ver. 14, 9 ad 2.

[675] Vgl. S.Th. II–II 4, 8 ad 2.

[676] Vgl. Lonergan, Einsicht, Bd. 2, 791: "Die Evidenz, die wirklich zählt, ist die Evidenz für einen Glauben."

Vernunft liegt, wenngleich es ihr nicht gänzlich entzogen ist: nämlich von der Selbsterkenntnis Gottes. Der menschliche Geist ist darum fähig, diese Wahrheit, die Gott selbst ist, zu empfangen, weil sie in der Verlängerung seines transzendierenden Strebens nach dem Absoluten liegt.

3.4.6. Die innere Vernunft des Glaubens

Der Rationalismus, auch jener, der dem von manchen Vertretern der Pluralistischen Religionstheologie gewählten Ansatz zugrunde liegt, bestreitet die Möglichkeit jeder vernünftigen Gewißheit über die Offenbarung. Das "Daß" der Offenbarung Gottes bleibt hier eine willkürliche Annahme. Dagegen ist einzuwenden, daß die Gewißheit über das tatsächliche Ergangensein der Offenbarung keine *blinde* sein darf, wenn der Glaube selbst vor dem Forum der Vernunft bestehen können soll.[677] Für die Offenbarungstatsache sind deshalb vernünftige, in der Geschichte liegende Konvenienzgründe nötig, die sie bezeugen und die auf historischem Weg erkannt werden können.[678] Allerdings macht die Auffassung des Glaubens als einer *virtus infusa* deutlich, daß es für den übernatürlichen Glauben keine andere rationale Begründung geben kann als den Glauben selbst. Da der Glaube die Wirklichkeit Gottes in sich selbst berührt, das innergöttliche Leben aber nach einem Erkenntnisgrund verlangt, der selber nur göttlich sein kann, gehört die rationale Begründung des Glaubens nicht direkt zum Glaubensmotiv dazu, auch wenn sie aufgrund der *analogia fidei* notwendig ist.

Trotzdem ist es für den Glaubenden, der sich nicht vom rationalen Diskurs dispensieren will, unumgänglich, im Sinne des *credere ut intellegam* nach einem tieferen Verstehen des Geoffenbarten zu streben. Dazu wird er einerseits das Geglaubte in den Kontext des mit philosophischen Mitteln zu erlangenden natürlichen Wissens stellen und auch jene aus dem Glauben selbst frei werdenden "Gründe" aufnehmen, um mit ihrer Hilfe den Sinn des Geoffenbarten mehr und mehr zu erhellen. Dies ist die spezische Aufgabe der Theologie als Glaubenswissenschaft, die das "Hauptziel" verfolgt, "das Verständnis der Offenbarung und den Glaubensinhalt darzulegen".[679] Das Thomanische Konzept der Theologie als Glaubenswissenschaft ist wesentlich bestimmt von einer "Synthese", in

---

[677] Auf diese Frage geht K. Müller ein, der dem von verschiedenen Autoren favorisierten Abschied von der Rationalität im Glauben widerspricht und der dabei auf die Funktion von Letztbegründungen rekurriert. Vgl. ders., 83–100. Zur Vernünftigkeit des Glaubens vgl. auch Neuner, Glaube, 59–61.

[678] Die Frage nach der *credibilitas*, der Möglichkeit einer extrinsezistischen Begründung des Glaubenszeugnisses, soll im Rahmen dieser Studie nicht weiter verfolgt werden.

[679] Vgl. Johannes Paul II., Fides et Ratio, nr. 93.

der das natürlich Gewußte und das von Gott Geoffenbarte unter Wahrung der Autonomie beider Bereiche zusammenlaufen: Die Glaubenssätze, mit denen die Theologie es zu tun hat, sind in sich evidente Wahrheiten – in dem Wissen, das Gott von sich selber hat, sowie nach Thomas im Wissen der Seligen, die das Wesen Gottes schauen. Dagegen fehlt der Theologie die Einsicht in ihre Prinzipien. Dies unterscheidet sie von jeder anderen Wissenschaft. Sie entlehnt ihre Prinzipien dem Wissen, das Gott von sich selber hat, um dann in eigenem Beweisverfahren mit ihnen weiterzuarbeiten. In diesem Sinne ist sie dem Wissen Gottes subalterniert. Die Subalternation wird durch die Offenbarung vermittelt. Die geoffenbarte Wahrheit ist eine Vertiefung der natürlich erreichbaren Erkenntnis und verhält sich nicht völlig diskontinuierlich zu ihr. Durch die Vermittlung der *analogia fidei* können natürliche Konzepte und Gründe einen Beitrag leisten, um der Vernunft das Mysterium Gottes je mehr zu erschließen.[680] Bei dieser diskursiven Vorgangsweise blendet die Theologie die Offenbarung in den Bereich dessen, was geoffenbart werden kann (*revelabile*)[681], ein und bezieht es auf Gott selbst.[682] Obwohl die Sicherheit der Glaubenswissenschaft ganz auf der Offenbarung ruht, kann es für das theologisch Wißbare, sofern es natürlich wißbar ist und als *revelabile* betrachtet wird, nicht unwichtig sein, in welchem Kontext natürlichen Wissens es steht, welches sein natürlicher Wissenszusammenhang ist, durch den es auf die Prinzipien der natürlichen Vernunft bezogen bleibt.[683] In diesem Sinne heißt es in "*Fides et Ratio*":

> "Schon das I. Vatikanische Konzil hatte die paulinische Lehre (vgl. Röm 1,19–20) neu eingebracht und die Aufmerksamkeit darauf gelenkt, daß es Wahrheiten gibt, die auf natürlichem Weg erkennbar sind. Daher sind sie es auch auf philosophischem Weg. Ihr Erkennen stellt eine notwendige Voraussetzung für die Annahme der Offenbarung Gottes dar. ... Die Offenbarung

---

680 Vgl. ebd., nr. 66: "Die dogmatische Theologie muß ihrerseits imstande sein, den universalen Sinn des Geheimnisses des dreieinigen Gottes und des Heilsplanes ... vor allem in Form der Argumentation darzulegen. Das muß sie mit Hilfe von Ausdrücken und Begriffen tun, die aus der Urteilskraft heraus formuliert und allgemein mitteilbar sind. Denn ohne den Beitrag der Philosophie ließen sich theologische Inhalte, wie zum Beispiel das Sprechen über Gott, die Personbeziehungen innerhalb der Trinität, das schöpferische Wirken Gottes in der Welt, die Beziehung zwischen Gott und dem Menschen, die Identität Christi, der wahrer Gott und wahrer Mensch ist, nicht veranschaulichen".

681 Thomas spricht von "revelabile", wörtlich: das, "was geoffenbart werden kann". Darunter fällt einerseits das tatsächliche Geoffenbarte, anderseits alles, was in seiner Bedeutung für den Sinn der Offenbarung, das Heil des Menschen, aus dem, was geoffenbart ist, neu erschlossen werden kann.

682 Vgl. S.Th. I 1, 7.

683 Vgl. S.Th. I 1, 8.

verleiht diesen Wahrheiten dadurch Sinnfülle, daß sie sie auf den Reichtum des geoffenbarten Geheimnisses hinlenkt, in dem sie ihr letztes Ziel finden. Man denke zum Beispiel an die natürliche Gotteserkenntnis, an die Möglichkeit der Unterscheidung der göttlichen Offenbarung von anderen Phänomenen oder an die Anerkennung ihrer Glaubwürdigkeit, an die Fähigkeit der menschlichen Sprache, ausdrücklich und wahrhaftig auch von dem zu sprechen, was jede menschliche Erfahrung übersteigt."[684]

Wie die Natur nach Thomas früher ist als Offenbarung und Gnade, so ist auch dieser Kontext der ursprünglichere, der Natur nach frühere. Und für unsere Fragestellung entscheidend ist eben, daß er dem Gläubigen und Ungläubigen gemeinsam ist. Beide können miteinander darüber streiten, ob ihre Grundannahmen, die den Offenbarungsinhalten vorausgehen, wahr oder falsch sind.[685] Wenn sich der Gläubige oder der Theologe mit dem Ungläubigen wissenschaftlich auseinandersetzen will, muß er sich auf diese Ebene einlassen. Der Theologe muß um der eigenen Wissenschaftlichkeit willen den Kontext natürlichen Wissens kennen oder ihn auch selbst ausarbeiten. Hierin liegt es begründet, daß die systematische Theologie die philosophische Methode braucht. Man muß aber beachten, daß bei Thomas Glauben und Wissen in einem sich ausschließenden Gegensatz stehen. Was in eigentlichem Sinn "gewußt" ist, kann nicht zugleich "geglaubt" werden.[686] Darauf beruht die klare und präzise Unterscheidung von Philosophie und Glaubenswissenschaft. Die Philosophie kann der Theologie nur dann einen Dienst leisten, wenn sie Eigenstand und Eigenrecht behält. Sie muß – wie auch die Profanwissenschaften – in ihrem eigenen Element durchschlagend zur Geltung kommen.[687] Eine inhaltlich vom Glauben abhängige Philosophie würde dem Theologen nichts nützen und dem Ungläubigen nur Gelegenheit zum Spott geben.

Welches ist nun aber das Sinnziel der *sacra doctrina*? Arbeitet sie nur offenbarungspositivistisch, indem sie sich damit begnügt aufzuweisen, daß alles zu Glaubende in der Offenbarung enthalten ist? Im Quodl. 4, 93 sagt Thomas, ein Theologe, der sich mit dem Nachweis des "Daß" begnüge, würde kein Wissen und Begreifen vermitteln und seine Hörer

---

[684] Johannes Paul II., Fides et Ratio, nr. 67.

[685] L. Scheffczyk weist auf den Vorwurf hin, daß man den Glauben auf die Vernunft reduziere, wenn man an solchen Voraussetzungen festhalte. Dieser Vorwurf trifft aber nicht, weil der Glaube damit weder begründet noch verursacht wird, intendieren sie doch lediglich "eine natürliche Verantwortbarkeit und eine vernunftgemäße Ausweisbarkeit des Glaubens, die ihn vor dem Vorwurf der Beliebigkeit und der Illusion schützt". Vgl. ders., Grundlagen, 225.

[686] Vgl. S.Th. II–II 1, 5.

[687] Vgl. Kluxen, Das Seiende, 188.

"leer" entlassen. Ohne einen *intellectus fidei* wäre der Sinn der Theologie als Wissenschaft verfehlt, denn der Glaube verlangt, daß sein Gegenstand mit Hilfe der Vernunft verstanden wird.[688] Man kann sich nicht als Glaubender von der *ratio*, die die drei Momente Vernunft, sachliches Begreifen und inhaltliche Begründung umfaßt, oder anders ausgedrückt, von der Einsicht in das "Wie" des Wahren dispensieren. Die wissenschaftliche Arbeit des Theologen setzt bei den Schlußfolgerungen aus den Prinzipien an und ist Leistung des naturhaften Verstandes. Hier ergibt sich jetzt ein gewisser Zirkel, sofern bei den Schlußfolgerungen herauskommt, was das Prinzip bedeutet und sich ein *intellectus fidei* einstellt.[689] Ohne die Möglichkeit, zu einem wirklichen Verstehen des im Wort Gottes enthaltenen Inhaltes der Offenbarung zu gelangen, würde man in einen biblizistischen Offenbarungspositivismus fallen. Wenn die Mitteilung der Offenbarung von seiten Gottes einen Adressaten haben soll, bei dem sie ankommt, so muß sich für den Menschen auch ein durch die Transzendenzfähigkeit seiner Vernunft bedingtes Verständnis für den Gegenstand der Offenbarung auftun. Der Verzicht auf jede Erkenntnis mit Hilfe der *ratio* würde für den Glauben bedeuten, daß er kein universales Angebot mehr wäre.[690] Das allein Relevante am Glauben wäre nur noch der unmittelbare existentielle Vollzug des Glaubens, seine therapeutische, gesellschaftskritische oder konservierende Funktion.

Es wurde versucht zu zeigen, warum das Urteil der Ort ist, an dem der Mensch allererst zur Wahrheit gelangt.[691] Wenn der Glaube es mit geoffenbarten, objektiven Wahrheiten zu tun hat, wenn er ein Wissen um die transzendente Wirklichkeit Gottes in ihrem An-sich-Sein beinhaltet[692], dann ist er auf den Vollzug urteilenden Erkennens verwiesen.[693]

---

688 Vgl. Johannes Paul II., Fides et Ratio, nr. 42.

689 Vgl. Lonergan, Einsicht, Bd. 2, 821: "... ein festes Erfassen dessen, was Verstehen bedeutet, kann kaum verfehlen, das beschränkte aber höchst fruchtbar Verstehen der christlichen Mysterien zu fördern, das von der Analogie mit der Natur und von der inneren Kohärenz der Mysterien selber hervorgeht."

690 Vgl. dazu Stobbe, 146f.

691 Vgl. oben, Abschn. 3.2.4.

692 Gerade die Enzyklika Fides et Ratio macht wieder deutlich, daß der Glaube nicht nur subjektive Deutungen und Erfahrungen, sondern ein echtes Wissen beinhaltet, wenn es dort heißt: "Was den *intellectus fidei* betrifft, so ist vor allem zu beachten, daß die göttliche Wahrheit, 'die uns in den von der Lehre der Kirche richtig ausgelegten Heiligen Schriften vorgelegt wird', eine eigene, in ihrer Logik so konsequente Verständlichkeit besitzt, daß sie sich als ein echtes Wissen darstellt." Vgl. ebd., nr. 66; vgl. S.Th. II–II 5, 3 ad 2.

693 Wenn es bei B. Lonergan heißt, "daß der ungreifbare Akt der rationalen Zustimmung die notwendige und hinreichende Bedingung für die Erkenntnis der Wirklichkeit ist". Vgl. ders., Einsicht, Bd. 2, 609f, so gilt dies – mit Einschränkung – auch für die Zu-

Ob es sich um die Erkenntnis des durch die Sinneserfahrung erschließbaren Seinsbereiches und seiner Gründe oder um die Erkenntnis der übernatürlichen Wirklichkeit Gottes handelt, in beiden Fällen ist die Struktur des Erkenntnisvollzuges, der im Urteil terminiert, die gleiche, denn wir haben als Menschen aufgrund der Einheit der Person nur ein identisches Vermögen, mit dem wir die Wirklichkeit erfassen. Der Glaube bedingt keine "Verdoppelung" des Menschen in ein niedrigeres Sinnenwesen und einen geistigen "Hörer des Wortes". Ein und derselbe Mensch muß zur Wirklichkeit im Ganzen, zu der auch das Offenbarungshandeln Gottes gehört, Stellung nehmen. Zu Christus, der die Wahrheit selbst in Person ist, kann die Vernunft nur durchdringen, wenn sie überhaupt in unvoreingenommener Weise für die Seinswirklichkeit der Dinge[694] offen ist, die sich im Urteilsakt erschließt.

Oben[695] wurde die geistige Tätigkeit des Menschen in den beiden wesentlich differenzierten Grundvollzügen der abstraktiven Wesenserkenntnis und des Urteils, in dem wir zur konkreten Seinsweise der Dinge zurückkehren, thematisiert. Beide Tätigkeitsweisen des Intellekts entfalten auch in der Glaubenserkenntnis ihre operative Dynamik, denn die Weise des Erkennens ändert sich durch den Glauben nicht. So sind denn beide Tätigkeitsweisen auch für die Verwendung der Analogie in der Theologie bedeutsam: 1. Auf dem Niveau der wesentlichen Begriffe muß, dies sei hier wiederholt, eine "Restähnlichkeit" Gottes gegenüber den Kreaturen ausgeschlossen werden. Gott ähnelt nicht den Kreaturen. Vielmehr sind die geschaffenen Dinge ihm ähnlich und so läßt sich zwischen ihnen und ihm eine Relation der Ähnlichkeit ausmachen, die es dem menschlichen Verstand erlaubt, etwas von ihm auszusagen: ausgehend von den Begriffen, die von den sinnlich erfahrbaren Dingen her genommen sind, aber kraft des Urteils, daß er wahrhaftig ist. Die Offenbarung geht insofern über dieses Urteil hinaus, als sie uns das erken-

---

stimmung zu einer Glaubenswahrheit. So sagt denn Lonergan über den Glaubensakt: "Er ist dem Urteilsakt in Objekt und Modus ähnlich, aber er unterscheidet sich von ihm in Motiv und Ursprung. Er ist dem Urteil ähnlich, weil er eine Aussage als wahr bejaht oder verneint. Er ist dem Urteil im Modus ähnlich, weil er ein rationales Aussprechen von 'ja' oder 'nein' ist, das mit Gewißheit oder mit Wahrscheinlichkeit vorgenommen werden kann. Während das Urteil aber om eigenen Erfassen des Unbedingten motiviert ist, ist die Zustimmung oder Nicht-Zustimmung des Glaubens von einer Entscheidung motiviert ..." Vgl. ebd., 795.

694 Es geht um eine Philosophie, die sich nicht auf einen bedingten eingrenzenden Gesichtspunkt – ob funktional, phänomenologisch oder formal – festlegt, sondern auf die "vollständige und endgültige Wahrheit, also auf das Sein des Erkenntnisgegenstandes selbst gerichtet ist". Vgl. Johannes Paul II., Fides et Ratio, nr. 82.

695 Vgl. die Abschnitte 3.1. u. 3.2; vgl. oben, 524.

nen läßt, wodurch Gott die Geschöpfe, die ihm hierin nicht mehr ähnlich sind, transzendiert – sein Wesen. Wir können dieses Wesen Gottes nur als solches bejahen: Es ist das Wesen des höchsten Seins. Und es ist über das Sein (*ipsum esse*) der Geschöpfe hinaus zu situieren. Um das Mysterium Gottes in menschlicher Sprache mitteilbar zu machen, gebraucht die Vermittlung der Offenbarung solche begriffliche Mittel, die der Intellekt im Ausgang von der sinnlichen Erfahrung bildet, denen er aber dann im zweiten Schritt einen analogen Aussagewert gibt, der ohne die Offenbarung nicht zu entdecken wäre.

Das Offenbarungswort versichert uns beispielweise, daß Gott ein Vater und ein Sohn (und Heiliger Geist) ist, die voneinander unterschieden sind. Dabei gebraucht die Sprache die Notion der "Zeugung", um den Hervorgang des Sohnes aus dem Vater auszusagen. Dieser Begriff, wie wir ihn aus der menschlichen Erfahrungswelt kennen, schließt nun aber ein materielles Moment ein, das unmöglich für das Leben Gottes anzunehmen ist. In dem Vorgang der Zeugung, wie er uns bekannt ist, kann man nur eine *perfectio mixta* erkennen, d. h. wir können in diesem Begriff nicht von der Begrenzung absehen, die der damit bezeichneten Sache in der kreatürlichen Realisierung notwendig zukommt. Die Offenbarung selbst ist es, die uns dazu bringt, über diese Begrenzung hinauszugehen: Sie gibt dazu die Anleitung, die formale *ratio* der "Zeugung" – die Hervorbringung eines anderen Selbst – von der materiellen Komponente loszulösen. In dieser *separatio* liegt zugleich die Befreiung von anderen Konnotationen – z. B. daß Zeugung immer zu einer numerischen Vielheit führt, was im göttlichen Leben eine Vervielfältigung des göttlichen Wesens implizierte, die unbedingt auszuschließen ist. An diesem Begriff der "Zeugung" wird schon deutlich, was in gleicher Weise für alle anderen begrifflichen Konzepte gilt, durch die sich die Offenbarung verstehbar macht: Die Offenbarung selbst verleiht diesen Begriffen erst eine Analogizität, die eine Extension ihres Bedeutungsgehaltes auf das Mysterium Gottes zuläßt. Soweit zur "ersten Tätigkeitsweise" des Verstandes auf dem Niveau der übernatürlichen Offenbarungserkenntnis.[696]

2. Der Glaube ist eine Tätigkeit des kreatürlichen Geistes, der die Wahrheit der geschichtlichen Selbstmitteilung Gottes erfaßt und ihr seine – auch durch Willensakte mitbewirkte – Zustimmung verleiht, was

[696] Zu den hier ausgeführten Gedanken vgl. Nicolas, Aspectes épistemologiques, 153–170. Vgl. ebd., 168: "Car le cycle de la connaissance intellectuelle humaine comprend le double mouvement de l'abstraction de l'intelligible à partir du sensible et du retour au concret dans l'image. Mais l'intelligible qu'est Dieu ne se trouve pas dans l'image, comme il n'en pas été abstrait. De là vient ce sentiment d'irréalité que génère toute affirmation sur Dieu."

immer schon einen geistigen Urteilsakt voraussetzt. Der konkrete inhaltlich bestimmte Offenbarungsglaube hat es mit propositionalen Wahrheiten zu tun, zu deren Erkenntnis die zweite Tätigkeit des Verstandes gefordert ist. Durch das Urteil prädizieren wir eben auch solche Perfektionen von Gott, die uns nur durch Offenbarung bekannt sind. Mit Hilfe dieser Attribute sagen wir Gott nicht mehr nur als die Erste Ursache und den letzten Erklärungsgrund für die kontingente Welt aus, sondern als den Lebendigen, der auf einzigartige Weise "Leben" ist. Dieses Leben offenbart Gott als jenes göttliche Sein, an dem er die geistbegabten personalen Geschöpfen teilnehmen lassen will – durch eine Tätigkeit, die nicht mehr nur schöpferisch, den Dingen ihr Sein gebend, sondern ganz anders, nämlich kommunikatorisch ist, so, daß Gott sich darin durch Gnade selber gibt.

Das Glaubenserkennen zielt auf die Selbst-Erschließung der göttlichen Wirklichkeit, die Leben und Liebe ist, in der Gottesbegegnung. Wenn der Verkündiger des Glaubens sein prophetisches Amt wahrnimmt, streut er also nicht bloße Informationen über Gott aus, sondern erwirkt im Glaubenden die Begegnung mit dieser göttlichen Wirklichkeit und dem göttlichen Leben. So bleibt denn der Glaube nicht bei den menschlichen Konzepten und von unten her auf ein Numinosum projizierten Vorstellungen stehen, die er sich je nach seiner kulturellen Vorprägung zurechtlegt, sondern er erfaßt durch das intentionale "est" der *propositio*, die er im Glaubensakt bildet, die Wirklichkeit Gottes selbst. Auf dem Hintergrund der Thomanischen Urteilslehre wird auch jenes Wort des Thomas in seiner ganzen Tragweite verständlich, der Glaube bleibe nicht bei dem Sagbaren stehen, sondern dringe durch bis zur Wirklichkeit selbst.[697]

3.5. Die Folgen für die Christologie

Zum Glauben kann der Mensch von jedem hermeneutischen Standort aus durch eine Gnadeninitiative Gottes bewegt werden. Der Vollzug des Glaubens bedarf keiner bestimmten Philosophie. Es gibt jedoch philosophische Systeme, die den transzendentalen Horizont der menschlichen Erkenntnis derart verschließen, daß ihm die tatsächliche Selbstoffenbarung Gottes in Jesus Christus als unmöglich erscheint. So setzt die Erkenntnistheorie des Religionspluralismus eine Wesens- oder Begriffsmetaphysik voraus, in der die Denkbarkeit zum Maßstab für das real Mögliche, auch für das "Wie" einer möglichen Offenbarung wird. J. Hick

---

[697] Vgl. S.Th., II–II 1, 2 ad 2: "Actus credentis non terminatur ad enuntiabile, sed ad rem."

beruft sich in seiner erkenntnistheoretischen Grundlegung einer Theologie der Religionen mit ihrer Ablehnung des Absoluten in der Geschichte auf Kant und dies nicht ganz zu unrecht, obwohl die Rezeption der Philosophie Kants vergröbernd ist und in vielen Punkten an der Intention des Königsberger Philosophen vorbeiführt. In der Pluralistischen Religionstheologie schreibt die kategoriale Interpretation der Welt durch das erkennende Subjekt dem transzendenten Wirklichen das Maß vor, nach dem es sich selbst erschließen kann. Wo aber die Voreingenommenheit menschlichen Denkens es denk-unmöglich macht, daß Gott als der Unbedingte als absolut souveräne Freiheit in der Geschichte der Menschen erscheint und sich als er selbst mitteilt, dort ist eine Auseinandersetzung mit der zugrunde liegenden, für den Glauben sperrigen, philosophischen Position gefordert. Dies wurde in dem Abschnitt über die Erkenntnislehre Kants versucht.

Christlicher Glaube rechnet dagegen mit der Möglichkeit einer Selbstoffenbarung Gottes, seines dreipersonalen Lebens, mit der Inkarnation, die eine wirkliche Erkenntnis Gottes und eine Teilhabe an seiner inneren, dreifaltig-göttlichen Selbsterschließung bedingt. Auch jede nach dem Prinzip *fides quaerens intellectum* vorgehende Theologie steht und fällt mit der Anerkennung einer tatsächlich ergangenen heilsgeschichtlichen Offenbarung. Dabei setzt die offenbarungstheoretische Grundlage des am Christusereignis orientierten Dogmas nicht bei einer "Erfahrung Gottes", sondern bei der Erkenntnis der konkreten (Natur-) Dinge an, die dem Menschen in ihrer Wirklichkeit begegnen. Wird ihre kontingente Bedingtheit eingesehen, kann der Mensch auf die transzendente Quelle und den Ursprung ihres Seins schließen: *Deus, qui fecit coelum et terram.*

Nur eine prinzipiell wahrheitsfähige Vernunft, die aus den welthaft erfahrbaren Dingen eine innere Wesensstruktur ablesen oder zur Intelligibilität des Seienden vordringen und im Urteil eine Angleichung an die Wirklichkeit erreichen kann, ist für die Entgegennahme einer Selbstoffenbarung Gottes im Medium der Geschichte disponiert und kann den Glaubensinhalten zustimmen.[698] Nur sie kann theologische Inhalte wie die Beziehung zwischen Gott und dem Menschen oder die Identität Christi sprachlich zum Ausdruck bringen.[699] Es wurde anhand der in der

[698] Vgl. Johannes Paul II., Fides et Ratio, nr. 43: "Der Glaube fürchtet demnach die Vernunft nicht, sondern sucht sie und vertraut auf sie. Wie die Gnade die Natur voraussetzt und vollendet, so setzt der Glaube die Vernunft voraus und vollendet sie. ... Die Vernunft nimmt sich durch ihre Zustimmung zu den Glaubensinhalten weder zurück noch erniedrigt sie sich; zu den Glaubensinhalten gelangt man in jedem Fall durch freie Entscheidung und das eigene Gewissen."

[699] Die Enzyklika Fides et Ratio bindet die Möglichkeit theologischen Sprechens an die

"Wesenserkenntnis" wurzelnden Begriffsbildung, wie sie die Thomanische Epistemologie beschreibt, gegen Kant dafür optiert, daß die uns mögliche begriffliche Erkenntnis nicht eine äußerlich bleibende Applikation von Anschauungsformen a priori und Verstandeskategorien auf ein diffuses Amalgam von sinnlichen Daten darstellt, sondern zur washeitlichen Erkenntnis des Seienden durchzudringen vermag: Durch die *species intelligibilis* seinsmäßig aktuiert, gebiert der Verstand das innere Wort des Geistes, den *conceptus mentis*, der ihm die Sache selbst intentional repräsentiert. Dabei hat sich gezeigt, daß der Vorrang der Wirklichkeit auch für die begriffliche Erkenntnis gilt, die sich zu den Phantasmata hinwenden muß, um die partikuläre Natur eines Dinges zu erfassen, denn diese muß immer als existent unterstellt werden: *quod cognoscitur in particulari existens.*[700] Eine epistemische Generalisierung dieser These ergibt sich leicht im Ausgang von der vorrangigen Wirklichkeit der Dinge: *unumquodque cognoscitur per id quod est in actu.*[701]

In der Erkenntnis von wesenhaften Strukturen, die der Verstand aus den lebensweltlichen Gegebenheiten abhebt, liegt die Möglichkeit der Begriffsbildung begründet. Dabei ist mit dem Begriff des Seienden alles, was ist, in seiner allgemeinsten Bestimmung erkannt und damit auch dem erkennenden Geist in seiner begrifflichen Repräsentation gegenwärtig.[702] Und weil der Mensch in irgendeiner Weise das ist, was er denkt – wir haben unsere Begriffe ja nicht wie Äpfel in der Tasche –, ist die erkennende Vernunft, wie schon Aristoteles meint, in gewisser Weise alles. Als Wesen, das mit dieser Abstraktionsfähigkeit begabt ist, die ihn Universalbegriffe bilden läßt, in denen er denkt, kann der Mensch, wenn auch in einer Art leerer Allgemeinheit, alles in sich repräsentieren, d. h. der in Allgemeinbegriffen denkende Mensch ist Vernunftwesen. Er lebt in einem universalen Verstehenshorizont und ist nicht auf endliche und geschichtliche Kategorialisierungen festgelegt. Darum kann er auch Metaphysik betreiben, die das erkannte Seiende als sol-

---

Fähigkeit der Vernunft, allgemeine Begriffe zu bilden, die transkulturell mitteilbar sind. Vgl. ebd., nr. 66: "Die dogmatische Theologie muß ihrerseits imstande sein, den universalen Sinn des Geheimnisses des dreieinigen Gottes und des Heilsplanes ... darzulegen. Das muß sie mit Hilfe von Ausdrücken und Begriffen tun, die aus der Urteilskraft heraus formuliert und allgemein mitteilbar sind. Denn ohne den Beitrag der Philosophie ließen sich theologische Inhalte, wie zum Beispiel das Sprechen über Gott, die Personbeziehungen innerhalb der Trinität, das schöpferische Wirken Gottes in der Welt, ... die Identität Christi, der wahrer Gott und wahrer Mensch ist, nicht veranschaulichen."

[700] Vgl. S.Th. I 84, 8 et mult. loc.

[701] Vgl. ders., Super Librum de causis 6, 45.

[702] Vgl. Oeing-Hanhoff, Abstraktion, 14–37.

ches zum Gegenstand hat und die den Aufweis des auf das Allgemeine bezogenen Geistes leistet. Glaube und Vernunft müssen hingegen da auseinanderbrechen, wo der universale Horizont des menschlichen Geistes bestritten und die Vernunft auf die Erforschung funktionaler Zusammenhänge bzw. auf das Entwerfen immer neuer technischer Realitäten reduziert wird. Die dem modernen Bewußtsein angemessene Weise von Religiosität scheint der Ausgleich zwischen einer Religion der Götter und der radikalen Vernunftkritik zu sein, der in der Weise vollzogen wird, daß man sagt: Über die Wahrheit, über Gott gibt es ohnehin nur Meinungen, keine Gewißheit. Darum meinen alle, wenn auch in unterschiedlichen Bildern, doch dasselbe. Gott bleibt als er selbst das ewig Unzugängliche, die endlichen und vielgestaltigen Repräsentationen desselben das ewig Unzulängliche, das wir mit unseren Symbolen nie einzuholen vermögen. Darum kann das Göttliche oder das Absolute in seiner transzendenten Verborgenheit nie auf eine konkrete Gestalt, in der sich Religion artikuliert, festgelegt werden.[703] In diesem Sinne kann es, wo die Metaphysik ausfällt, wie selbstverständlich keine Unüberbietbarkeit des Christusereignisses mehr geben.

Ob wir heute, angesichts der weitgehend ungeklärten oder postmodern interpretierten Ontologiethesen, das "Wesen" eines Dinges methodisch noch genauso gewinnen und formulieren können, wie Aristoteles oder die mittelalterlichen Philosophen, die von *essentia* (Thomas) bzw. *realitas* (Duns Scotus) sprechen[704], kann im Rahmen dieser Arbeit nicht diskutiert werden. Dies gilt vor allem angesichts der Schwierigkeiten, die Realitäten der heutigen technisch-szientistischen Welt, mit den Mitteln der tradierten, am Aristotelisch-Thomistischen Denken orientierten Metaphysik angemessen zu interpretieren. Fraglich ist etwa, ob einem schöpferischen Bauplan des Menschen entspringende Artefakte überhaupt ein "Wesen" im Sinne der klassischen Ontologie haben. Von den modernen Naturwissenschaften angeleitet, die zwischen "beschreibender und erklärender Erkenntnis"[705] unterscheiden, und im Hinblick auf die empirischen Wissenschaften, die uns durchaus im Alltag selbstverständlich bemühte Resultate zur Verfügung stellen, wird eine Philo-

---

703 Vgl. Ratzinger, Wahrheitsanspruch, 1–2.

704 Vgl. oben, 519. Selbstverständlich sind beide Konzeptionen nicht deckungsgleich, obschon sie zwei Weisen der Annäherung an die Wirklichkeit repräsentieren, die nicht so weit voneinander entfernt sind, wie die positivistische Position von derjenigen, die eine Wesenserkenntnis für möglich hält.

705 Diese beiden Zugänge zur physischen Realität sind von Lonergan ausgerarbeitet worden, der von einer Komplementarität beider Zugangsweisen ausgeht. Vgl. ders., Einsicht, Bd. 1, 295; 343; ebd., Bd. 2, 477 (mit Bezug auf Husserl); 505;610; 734.

sophie, die heute nach dem "Wesen" eines Dinges fragt, die Akzidentien und Relationen sowie die äußeren Zwecke, die hier vorkommen, einzubeziehen haben.[706] Dazu muß sie sehr verschiedene, phänomenologische bis mereologische Methoden einsetzen.

Der lebensweltlichen Kontextveränderung, die den modernen Menschen in eine Umgebung aus Artefakten und technischen Konstruktionen versetzt, Rechnung zu tragen, ist ein dringliches Desiderat. Eine Metaphysik der Technik, die die vielfachen Veränderungen der technischen Welt nicht einfach ausblendet, sondern mit in ihren Gegenstandsbereich einbezieht und in epistemologischer Hinsicht aufarbeitet, wurde bis heute noch nicht entwickelt. Der Szientismus in den Wissenschaften legt es für den damit großgewordenen Betrachter nahe, sich an ein positivistisches Denken zu halten, mit dem die Funktionszusammenhänge technischer Ereignisse und Größen hinreichend interpretiert werden können. Eine "Metaphysik der Technik" hätte die Aufgabe, den Szientismus zu überwinden, indem sie seine Grenzen deutlich macht und in erkenntnistheoretischer Hinsicht Wege aus der totalen Immanenz des Selbstgemachten weist. Indes stößt man heute vielfach auf ein Denken, das sich an einen von den technischen Realitäten her nahegelegten sensualistischen Empirismus hält und jede Wesenserkenntnis negiert. Die Faszination des modernen Szientismus nährt die noch viel weiter gehende positivistische Metaphysikkritik, wie sie klassisch in der Wiener Schule und partiell von einigen Exponenten der analytischen Philosophie[707] vertreten wird. Wo wir es aber nur noch mit atomisierten Daten und Ereignissen zu tun haben und das Wesen der Dinge nicht mehr erfaßt werden kann, ist jedem Wahrheitsanspruch christologischer Glaubensaussagen der Boden entzogen. Das christliche Credo kann es in diesem denkerischen Kontext nicht mehr mit realen Sachverhalten oder Ereignissen zu tun haben. Und dies aus zwei Gründen, die engstens mit dem Vollzug der *Wesenserkenntnis* zusammenhängen:

Zunächst setzt die dogmatische Formulierung der christologischen Bekenntnisaussagen, so sie als Glaubenswahrheiten gelesen werden sollen, eine in der Schöpfung grundgelegte metaphysische Wesensordnung voraus, die von uns erkannt zu werden vermag. Die Grenzen der Wesenheiten der Dinge garantieren in ihrer Invarianz gegenüber der Zeit die Stabilität der Schöpfung, die Gültigkeit unserer washeitlichen Erkenntnis und die Einheit der menschlichen Geschichte. Was wäre denn

[706] Vgl. oben, Abschn. 3.1.4., hier besonders 521.

[707] Zum Verhältnis der analytischen Philosophie zum logischen Positivismus vgl. Tugendhat, 484f.

aus der von unserer freien Selbstentscheidung abhängigen Geschichte geworden, wenn die zeitlose Artgestalt der *humanitas* sie nicht in Einheit und Kontinuität beisammen hielte? Es liegt an dieser zeitlosen Wesenheit Mensch, die unsere geschichtliche Existenz in ihrer kontingenten Vereinzelung identitätsstiftend durchwirkt, daß wir das Heutige im Gestern und umgekehrt das Vergangene in der Gegenwart des "Jetzt" lesen, also zeitübergreifend verstehen können, wodurch überhaupt erst so etwas wie eine "philosophia perennis" möglich wird. Wenn Geschichte mehr ist als die bloße Aneinanderreihung atomisierter Selbstentscheidungen und disparater Ereignisse, dann nur wegen der gemeinsamen Natur des Menschseins, in der die handelnden Subjekte dieser Geschichte in Vergangenheit, Gegenwart und Zukunft übereinkommen. Die hier vertretene Option für die im Wesenhaften begründete Einheit der Geschichte macht überhaupt erst eine dogmatische Christologie sinnvoll, wie unschwer an der Gegenposition zu erkennen ist, die die Unmöglichkeit zeitloser Glaubenssätze behauptet.[708]

Sodann sind auch die zentralen dogmatischen Aussagen der Christologie materialiter gar nicht zu verstehen, wenn es nicht eine solche Erkenntnis des Wesens der Dinge gibt. Zwar ist in den zentralen christologischen Glaubensaussagen die tatsächliche Koinzidenz von Gott und Mensch in Jesus Christus bedeutsamer als das mit den "zwei Naturen" Gemeinte, doch muß man gegenwärtig haben, daß das Wesen immer der Ort ist, an dem das "ist" sich konkretisiert.

Eine Bestimmung von der "Natur" des Menschen, also dessen, was den Menschen in seinem Selbstsein ausmacht, ist wichtig für die Christologie, genauso wie die Rede von der göttlichen "Natur", die keine Vergegenständlichung Gottes bedeutet. Wenn man aufhört, dem menschlichen Erkenntnisvermögen die Erfassung des Wesens der Dinge einzuräumen, nimmt man damit zugleich Abschied von der "Natur" als einem washeitlichen Gehalt, der mit einem anderen washeitlichen Gehalt in einem Subjekt vereinigt sein kann.[709] Dabei bleibt freilich bestehen, daß es zwischen Gott und dem Geschöpf keine noch so große Ähnlichkeit geben kann, ohne daß eine immer je größere Unähnlichkeit konstatiert werden muß.[710] Aus diesem Prinzip folgt, daß von Gott Begriffe wie "Na-

---

[708] Vgl. Schillebeeckx, Zukunft des Menschen, 44f: "Gegenüber einer ... Verkennung unserer Zeitlichkeit erklären wir, daß es keine Glaubensformeln gibt, die als solche für alle Zeiten standhalten, die für alle Zeiten gültig und lebensfähig sind."

[709] Vgl. Hünermann, 380.

[710] Vgl. DH 806; vgl. DH 3001, 3004, 3016, 3026.

tur" immer nur analog ausgesagt werden können, weil er sonst verdinglicht wird oder die Begriffe sich zu bloßen Metaphern verflüchtigen.[711] Wo aber die metaphysische Aussage von der Einheit der beiden Naturen hinfällig wird und die mit Hilfe von Wesensbegriffen gefaßten Aussagen von Chalcedon nur noch von archivarischer Bedeutung sind, bleibt für den Theologen allein noch übrig, eine Phänomenologie des Verhaltens und Redens Jesu zu entwerfen, um ihn auf diesem Wege von allen übrigen Menschen zu unterscheiden. Seine Beziehung zu Gott könnte dann nur noch phänomenologisch eruiert werden, etwa indem man sagt: Wie Jesus mit dem Reich Gottes die hier und jetzt anstehende Nähe Gottes verkündete, so stand er selbst näher zu Gott als die anderen. Weil er eine größere Unmittelbarkeit der Gottesbegegnung hatte, vermochte er die Menschen in die Unmittelbarkeit der Gottesbeziehung zu führen. Man kann ferner sagen, daß Jesus im Gehorsam gegen den Vater gelebt habe, ja mehr noch, daß er sein Selbstsein in der Hingabe an den Vater vollbracht habe. Oder daß in seinen Begegnungen mit den Menschen Befreiung und Erlösung geschah, daß im Mitsein mit ihm eine das menschliche Dasein zur Erfüllung führende Freundschaft gelang, nicht zu schweigen von dem eschatologischen Wohlwollen, das den Menschen in ihm entgegentritt. Alle diese für den Vollzug des Lebens Jesu höchst relevanten Eigenschaften ließen sich sammeln und zu einem Gesamtspektrum verarbeiten, in dem das Eigene seiner Person erkennbar wird.
Wer Jesus seiner Person nach *ist* und worin er sich von allen anderen unterscheidet, kann nach dem Abschied von der Metaphysik nur noch in den – relationalen und ereignishaften – Kategorien von Freundschaft, Nähe und Begegnung ausgesagt werden. Wenn das Wesen aber der Ort "ist", an dem das *esse* seine Bestimmtheit gewinnt, muß der Ausfall von wesenhaften Attributen eine "christologie vague et indéterminée" nach sich ziehen, mit der man die Aussageabsicht der auf dem frühchristlichen Bekenntnis gründenden christologischen Dogmen nicht mehr einzuholen vermag.

In Hinblick auf das *Urteil*, in dem der Verstand die entscheidende Angleichung an das Sein der Dinge vollzieht, ergibt sich als nähere Anwendung für die Christologie folgendes: Der auf der Verkündigung des Evangeliums basierende christologische Glaube der Kirche vollzieht sich in der Zustimmung zu Aussagen, d. h. – nach dem Selbstverständnis dieses Glaubens – in wahren Urteilen, die der logische Ort der Erkenntnis einer bestimmten Wirklichkeit sind. Der Glaube kommt nicht

---

[711] Vgl. G.L. Müller, Sola-fides-Prinzip, 85; vgl. 91–93.

in der Bildung von analog prädizierbaren *Begriffen*, sondern im urteilenden Erkennen in seine Wahrheit. Wo es um das kirchliche Glaubenszeugnis von der definitiven Heilsmittlerschaft Christi geht, kommt es sehr auf die Fähigkeit der Vernunft an, in wahren Urteilen die Wirklichkeit zu erreichen. Christlicher Glaube an die Einzigkeit Christi wollte von Anfang an mehr sein als eine partikuläre Tradition. Er wollte universale Wahrheit zum Ausdruck bringen.

Da das Wort Gottes "Wahrheit" ist (Joh 17,17),[712] muß der Glaube an die nach Wahrheit suchende und für die Wahrheit offene Vernunft anknüpfen. Erst recht setzt die dogmatische Christologie "implizit eine auf die objektive Wahrheit gründende Philosophie vom Menschen, von der Welt und, radikaler, vom Sein voraus".[713] Die Theologie wäre nicht imstande, das Wort Gottes und das Geheimnis Christi auf irgendeine Weise verständlich zu machen, wenn die sinnliche Erfahrung, wie Kant meinte, eine strenge Grenze für die menschliche Erkenntnis wäre. "Die Metaphysik stellt sich deshalb als bevorzugte Vermittlung der theologischen Forschung dar."[714] Als Metaphysik des wahren Urteils begründet sie auch die Fähigkeit der menschlichen Sprache, von dem zu reden, was jede menschliche Erkenntnis übersteigt und in der natürlichen Gotteserkenntnis eine Sicht auf Gott zu gewinnen. Sie macht Sätze oder Aussagen möglich, in denen Wahrheiten des Glaubens verbindlich formuliert werden: Nun hat es die Christologie, die den Christus-Glauben in dogmatische Aussagen bringt, mit Aussagen wie den folgenden zu tun:
"Christus ist Mensch."
"Christus lebt."
"Christus ist der Sohn Gottes."

Für alle Aussagen, die auf einen Sachverhalt zielen, gilt nun aber, daß sie nicht primär einen wesenhaften Gehalt, sondern eine Tatsächlichkeit, ein "*esse*" thematisieren: "*Secunda vero operatio respicit ipsum esse rei.*"[715] Dies gilt nun gerade auch für Glaubensaussagen im strengen Sinn, z. B. für den Satz: "Gott ist Mensch geworden." Die Wahrheit dieser Aussage ist auf ganz anderem Wege einzulösen als es die Wahrheit natürlich erkennbarer Sachverhalte. Über die Implikationen des Glaubens, sofern er es mit inhaltlich bestimmten Aussagen über die Offen-

---

[712] Vgl. Johannes Paul II., Fides et Ratio, nr. 73.

[713] Vgl. ebd., nr. 66.

[714] Ebd., nr. 83.

[715] In Boet. de Trin. 2, 1, 3. Vgl. oben, 535, Anm. 388.

barung[716] zu tun hat, wurde ausführlich gehandelt.[717] Der Glaube erweitert unser menschliches Erkenntnisvermögen dahingehend, daß wir auch die Dinge, die uns von Gott geoffenbart werden, mit Gewißheit als wahr erkennen können. Dabei ist zu sehen, daß Glaubenssätze uns nicht in eine Welt der Bilder, Riten und Mythen einweisen wollen[718], sondern aufgrund ihres epistemologischen Status als Urteil auf eine Wirklichkeit hinzielen, die uns ohne Offenbarung verschlossen bliebe: "*Actus credentis non terminatur ad enuntiabile, sed ad rem.*"[719] Entscheidend in der Diskussion um den Wahrheitswert von Glaubensaussagen ist, daß das Wahrheits- und damit das Wirklichkeitskriterium ein und dasselbe ist: eben das rationale Urteil, ob es sich nun um die Erkenntnis von innerweltlichen Zusammenhängen oder um die Erkenntnis der transzendenten Wirklichkeit handelt. Verschieden ist der Weg, auf dem wir zum Urteil gelangen, insofern die absolut transzendente Wirklichkeit zwar intelligent gedacht und rational bejaht, aber prinzipiell nicht erfahren werden kann.[720]

Der Vorrang der Wirklichkeit gerade auf der Ebene des Urteils läßt die Frage entstehen, welche Wirklichkeit *(actu esse)* wir denn durch das logische "est" thematisieren, wenn wir die Person Christi betreffende Glaubensaussagen machen, die den Anspruch auf Wahrheit für sich erheben. Diese Frage öffnet der spekulativen Theologie einen Raum, weil die Antwort nicht einfach aus einer Analyse der Dokumente des Glaubens erschlossen werden kann. Mit folgender Überlegung, die sich an S.Th. III 17, 2 anlehnt, möchte ich in die Richtung einer Antwort weisen: Gefragt wird nach dem *ipsum esse rei* – den seinshaften "Brennpunkt" für die Wirklichkeit des Zusammenseins von Mensch und Gott und (*ex consequenti*) für die Wahrheit der Aussagen, die wir über die Person Jesu Christi machen. Offenbar geht es nicht darum, die wesen-

[716] Es liegt hier eine Fokussierung auf diesen Aspekt des Glaubens vor. Damit soll nicht geleugnet werden, daß der Glaube mehr ist: Die vom Heiligen Geist getragene Selbstübereignung des ganzen Menschen, d. h. der Person, an Gott und der Eintritt in eine gott-menschliche Kommunikation, durch die der Mensch am Verhältnis des Sohnes zum Vater im Heiligen Geist Anteil erhält.

[717] Vgl. oben, den ganzen Abschn. 3.4.2. Vgl. hier besonders 614.

[718] Auf dem Hintergrund einer positivistischen Philosophie kann diesen Aussagen "allenfalls der heuristische Wert von Bildern, poetischen Metaphern oder Impulsen zum moralischen Handeln zugestanden werden (D.F. Strauß, C.G. Jung, E. Drewermann), ohne daß die Metaphorik eine Grundlage hat in der Wirklichkeit, von der her sie sich dem menschlichen Geist einprägt oder auf die sie hinführt." Vgl. G.L. Müller, Erkenntnistheoretische Grundprobleme, 163f.

[719] Vgl. S.Th., II–II 1, 2 ad 2.

[720] Vgl. Sala, Kants antithetisches Problem, 496; vgl. auch ders., Der Gott, 46.

hafte oder akzidentelle Zusammensetzung des Subjektes zu bestimmen, die wir mit Aussagen wie
"Petrus ist Mensch"
"Petrus ist weiß"
bedeuten.
In beiden Sätzen bezieht sich das "esse" auf das Suppositum als auf dasjenige, was "Sein" hat und auf die Natur oder die akzidentelle Bestimmung als dasjenige, *wodurch* das Suppositum ist bzw. zu seinem Seinsakt kommt: Durch die Form des Menschseins ist jemand Mensch, durch die Form des Weißseins hat jemand eine weiße Hautfarbe. Daß Petrus Fischer ist oder eine weiße Gesichtfarbe hat, gehört nicht in der Weise zu ihm wie der Tatbestand, daß er Mensch ist. Nichts hindert, daß in ein und demselben Suppositum verschiedene akzidentelle Bestimmungen zusammenlaufen. Das *esse accidentale* kann durch immer weitere Bestimmungen vermehrt werden. Dies ist die erste Form des Zusammengesetztseins, die in der Prädikation zum Ausdruck kommt.
Aber auch die Beziehung der Natur auf das Suppositum beinhaltet eine Zusammensetzung: Das Menschsein kommt dem Petrus zu, sofern er Mensch ist. Es gehört zum personalen subsistenten Sein des Suppositums. Im Unterschied zu diversen Akzidentien, die das Sein des Subjektes vervollkommnen, kann das dem Petrus wesentliche Menschsein nicht vermehrt werden, sonst käme es zur Aufhebung der Einheit des Suppositums – zum Verlust der personalen Identität. In dem Menschsein des Petrus ist aber deshalb eine Zusammensetzung der menschlichen Natur mit dem Suppositum impliziert, weil nach der Vorgabe der ontologischen Differenz von Wesen und Sein (Natur und Suppositum) der Seinsakt des Suppositums durch die menschliche Natur vermittelt ist. Es muß zwar auch die Natur – dies will auf dem Hintergrund einer Metaphysik der Schöpfungslehre bedacht sein – durch den geschaffenen *actus essendi* aktuiert werden, da sie aus sich nicht wirklich ist, doch ist gerade sie es, die den konkreten Menschen zu einem subsistenten Wesen macht, wenn sie zusammen mit dem Suppositum "diese" Person bildet.
Keine dieser genannten Zusammensetzungen trifft nun auf Christus zu: Hinsichtlich der zuerst genannten Form von Zusammensetzung ist zu bemerken, daß die menschliche Natur nicht wie ein Akzidenz zur Person hinzutreten kann. Wäre dies der Fall, dann könnte man in Christus von zwei verschiedenen Seinsakten sprechen – einer, dem gemäß er Gott und ein zweiter, dem gemäß er Mensch wäre, so wie in Petrus das Menschsein und die Farbe ein je eigenes *esse* anzeigen. Das musisch-Sein oder bärtig-Sein gehört nicht zum personalen Sein des Petrus selbst. Es kann davon unterschieden werden. Aber auch eine substantielle Bestimmung der Person Christi durch die menschliche Natur kommt

nicht in Frage. Es ist – im Hinblick auf das "*esse personale*" – nicht dasselbe zu sagen: "Petrus ist Mensch" und "Christus ist Mensch". Was unterscheidet dann die Weise, in der das Menschsein dem Petrus zukommt, von seiner Subsistenzweise in der Person Christi? Nach dem Axiom "*forma dat esse*" fügt das Menschsein sich informierend, aktuierend und vervollkommnend zum Suppositum, das es selbst allererst konstituiert. Petrus hat sein Menschsein als das *principium quo* seines personalen Seins. Wo es aber um die Aufnahme der menschlichen Natur in die Person des Logos geht, verhält es sich anders: Denn die menschliche Natur wird von der göttlichen Person Christi in anderer Weise "gehabt" als die Menschheit von Petrus, tritt sie doch bei Christus zu einem in sich bereits vollständigen personalen Suppositum hinzu, ohne einen Zuwachs an neuem personalen Sein. Was durch die Aufnahme der menschlichen Natur in die göttliche Person des Sohnes Gottes hinzugefügt wird, ist eine *neue Relation* des präexistenten personalen Seins zu dieser Menschheit. So bringt denn der Satz "Christus ist Mensch" nicht zum Ausdruck, daß der Person Christi durch die Menschheit ihr suppositorisches Sein mitgeteilt wird. Er kann vielmehr lediglich besagen, daß diese Menschheit das Ganze, dem sie angehört, die Person, gleichwie die Gottheit es tut, als vollständige Wesensform zu einem Wesen bestimmter Art, eben zu einem menschlichen Wesen, macht.

Da also einerseits jede echte Zusammensetzung in Christus ausgeschlossen werden muß und die menschliche Natur andrerseits über kein eigenes *esse essentiae* verfügt, das sich irgendwie als Teil eines Ganzen in dieses aktuierend hineinfügt, sondern seinerseits ihren Seinsakt von dem der göttlichen Hypostase des Sohnes empfängt, durch das sie zur Subsistenz gelangt, gibt es in Christus nur ein einziges *esse*: das personale Sein der subsistenten göttlichen Hypostase, durch das die Einheit von göttlicher und menschlicher Natur zustande kommt. Der Akt, der ein Seiendes in seiner konkreten Aktualität trägt, kann nur ein einzelner sein. Wo es um Christus geht, läßt dieser eine Seinsakt das *verbum incarnatum* in zwei Naturen subsistieren.[721]Aus dieser Überlegung läßt sich auch die eingangs gestellte Frage dahingehend beantworten, daß das "est" in christologischen Aussagen auf diesen einen Seinsakt geht, der die tatsächliche Vereinigung beider Naturen, der göttlichen und der menschlichen, in der einen Person bewirkt oder, anders gesagt, auf das, was die Tradition mit dem Ausdruck "hypostatische Union" gemeint hat.

---

[721] Vgl. S.Th. III 17, 2: "Quia in Christo sunt duae naturae et una hypostasis, necesse est quod ea quae ad naturam pertinent in Christo sint duo, quae autem pertinent ad hypostasim in Christo sint unum tantum ... Sed illud esse quod pertinet ad ipsam hypostasim vel personam secundum se, impossibile est in una hypostasi vel persona multiplicari."

Teil 4
Sein und trinitarische Selbstoffenbarung Gottes

In diesem 4. Teil der Studie geht es mir um die Thematisierung des innertrinitarischen und geschöpflichen Person-Seins und die innere Selbstaussage Gottes in seinem Wort. Nach einem kleinen begriffsgeschichtlichen Durchgang (1.1.) soll gezeigt werden, wie die begriffliche Fassung von "Person" geschichtlich die Frucht eines trinitätstheologischen Ringens war (1.2./1.3.) und inwiefern das Trinitätsdogma mit seinen philosophischen Implikationen (Identität und Differenz) zum Schlüssel für ein adäquates Verständnis des menschlichen Personseins werden kann (1.4.). Daß die Anwendung eines metaphysischen Personbegriffs zur Überwindung einer bloßen "Bewußtseinschristologie" beitragen kann, soll unter Abschnitt 1.5. (Applikation auf die christologische Fragestellung) ausgeführt werden.

Im zweiten Abschnitt (Schlußreflexion) wird zunächst die Epistemologie des wahren Urteils mit einer Bemerkung zur trinitätstheologischen Fassung des Erkenntnisvorgangs[1] vertieft. Die Erweiterung des Erkenntnishorizontes durch den Glaubensakt läßt sich als gnadenhafte Partizipation an der inneren trinitarischen Selbstdurchlichtung des göttlichen Seins verstehen.

Mit Blick auf die Einheit und Differenz des göttlichen Seins soll sodann das Defizit einer Trinitätslehre deutlich werden, die sich ausschließlich existentialer Kategorien (Selbstunterscheidung, Abgrenzung, Nähe, Freundschaft, Identifizierung) bedient. Sie erweist sich als unzureichend, wenn es darum geht, die Selbstaussage Gottes in der geschichtlichen Sendung der Person Jesu Christi entgegenzunehmen.

Unter den philosophischen Voraussetzungen der Postmoderne, deren Vertreter für den religiösen Bereich ein auf den Mythos zurückgenommenes Verstehenskonzept ansetzen, kann der eschatologischen Endgültigkeit und Einzigkeit der Christus-Offenbarung, wie sie sich im neutestamentlichen Schriftzeugnis vermittelt, nicht Genüge getan werden. Eine Christologie ohne Klärung ihrer metaphysischen, d. h. realistischen Grundlage und ohne Rückbezug auf Trinität wird in ihren Aussagen leer. Damit erweist sich das trinitarische Gottesverständnis, das überhaupt erst auf dem Hintergrund einer Notion des Seins (1. Teil) sinnvoll

[1] Will man über Trinität reden, müßte eigentlich der Vorgang des Erkennens – als Zeugung des *verbum* – und des Wollens – als Hervorgang des Heiligen Geistes – zur Sprache kommen. Es soll hier aber nur um das *verbum* gehen.

ist, als allein angemessener Verstehenshintergrund für das aus dem neutestamentlichen Kerygma ableitbare Bekenntnis zur Gottessohnschaft Jesu.

Auf diese Zusammenhänge geht die Schlußreflexion ein, die sich in die Abschnitte 2.1. (Gottes Erkenntnis als Selbstaussage im ewigen Wort), 2.2. (Die Relevanz des Personbegriffs für die Christologie) und 2.3. (Die Umgestaltung des Seinsdenkens im Raum der Offenbarung) gliedert.

1. Trinitarisches und geschöpfliches Person-Sein

1.1. Begriffsgeschichtliche Momente

Ihre wichtigsten Anregungen empfing die Seinsmetaphysik des Mittelalters aus der griechischen Philosophie, wie man an der Antwort auf die Fragen nach der Konstitution der Dinge und der Erkenntnis der Wirklichkeit ablesen kann. Doch für die Frage nach der Wesensbestimmung der Person konnten ein Thomas von Aquin oder ein Duns Scotus keine Vorlage bei ihren großen Autoritäten, Aristoteles und Platon, finden. "Gewiß war der Mensch nach seiner ethischen wie metaphysischen Seite Gegenstand des Forschens auch in der klassischen griechischen Philosophie; aber das Problem der Person als solcher ... war ihnen derart fremd, daß sie für das, was wir heute und hier mit dem Wort 'Person' meinen, gar keinen entsprechenden Ausdruck hatten".[2] Weil man mehr am gattungshaft-Allgemeinen, am Wesensbegriff, interessiert war, rückte das, was später mit "Person" in Zusammenhang gebracht wurde, der je einmalige Selbstbesitz der geistigen Wesensnatur, im griechischen Denken noch nicht ins Zentrum der Aufmerksamkeit. Individuationsprinzip ist für Aristoteles im Rahmen seines hylemorphistischen Naturkonzepts die Materie, durch die eine serielle Vervielfältigung der allgemeinen Artnatur in verschiedene Individuen zustande kommt. Die Frage nach dem Je-Einmaligen der Person taucht im Kontext dieser Ontologie nicht auf.

Die Entfaltung des klassischen Personbegriffs in seinen einzelnen Etappen historisch zurückzuverfolgen liegt nicht im Interesse dieser Studie.[3]

---

2 Vgl. Hufnagel, 6.

3 Verwiesen sei in diesem Zusammenhang auf die Beiträge von B.Th. Kible, 283–300, W. Bongard, 167–181, B. Studer, Der Personbegriff, 161–177, sowie von C. Andresen, Geschichte des trinitarischen Personbegriffs, 1–39, die Arbeiten von B.J. Hilberath, 67–129, bes. für Tertullian: 145–294, und von M. Burger, 13–50, die im Ausgang des christologischen Dogmas von Chalcedon die Entstehung und Vertiefung des Personbegriffs bei Tertullian, Augustinus, Boethius, Richard von St. Viktor bis ins 13. Jahrhundert verfolgt, ferner auf die Untersuchung von A. Milano, Persona in Teologia, der eine de-

Sie zielt vielmehr auf die systematischen Verbindungslinien zwischen der Trinitätstheologie und dem Begriff vom Personsein des Menschen. Sie sollen in ihren wesentlichen Momenten anhand der neueren Literatur skizziert werden:

Begriffsgeschichtlich interessant ist zunächst der Tatbestand, daß der Ausdruck "hypostasis" ursprünglich synonym mit "physis/ousia" verwendet wurde, was jedoch für die theologischen Anforderungen an den Begriff unzulänglich war. Eine Unterscheidung brachte erst die Theologie der Kappadokier, die für die weitere Entwicklung entscheidende Weichen gestellt hat.[4] Wichtig wird die von ihnen eingeführte terminologische Differenz zwischen "ousia" und "hypostasis". Man beginnt, die gemeinsame Wesenheit vom individuellen Sein zu unterscheiden. Von der Einheit des göttlichen Wesens in seiner Wirksamkeit, Macht und Natur als anfanghaft seiende, schaffende und vollendende Ursache abgehoben, bezeichnet "hypostasis" nun die konkrete Einzelexistenz. Das göttliche Wesen ist ein gemeinsames "Was", die drei Hypostasen sind je ein anderer.[5]

Bei den griechischen Vätern und speziell bei den Kappadokiern wird die göttliche Person vorrangig im Horizont ihres spezifischen Besitzes der Göttlichkeit beschrieben.[6] Wie schon im ersten Teil dargelegt, setzen die Kappadokier die Personen in Gott mit den Ursprungsrelationen gleich: Vater, Sohn und Geist werden durch das Ungezeugtsein, das Gezeugtsein und den Hervorgang konstituiert: "Für die Kappadokier konnte das Sein der Person nur im vollkommenen Besitz der Gottheit selber bestehen, und in nichts anderem sonst."[7] Die personale Eigentümlichkeit ist vom spezifischen Heilswirken her bestimmt. Die Kappadokier verstehen unter "hypostasis" das je Eigentümliche. Dieser Personbegriff hat bei ihnen für die Christologie noch keine Relevanz. Dort bringt "Person" die durch die Inkarnation konstituierte Relation von Gottheit und Menschheit zum Ausdruck.[8]

Erinnert werden muß in unserem Kontext sodann an die Definition des Boethius, die den nächsten Meilenstein auf dem Weg zum volleren Verständnis von "Person" bildet: Boethius setzt an beim Substanzbegriff,

---

taillierte Auswertung patristischer und frühmittelalterlicher Quellen zum Personbegriff vornimmt.

4 Vgl. Courth, Trinität in der Patristik, 165–189.

5 Vgl. Schmidbaur, 218.

6 Vgl. ebd., 151.

7 Ebd., 165.

8 Vgl. Burger, 21.

den er einmal der Natur, das andere Mal der Person zuordnet.[9] Dabei kennt Boethius verschiedene Definitionen von "Natur". Für die christologische Kontroverse, in der er steht, entscheidend ist aber nur jene, nach der "Natur" die ein jedes Ding bestimmende spezifische Differenz ist. Für Boethius steht fest, daß sich "Person" niemals im Universalen, in Gattungs- und Artbegriffen findet. Person ist nur im Partikularen, in den Individuen.[10] So gewinnt Boethius am Ende eines formallogischen Ableitungsverfahrens, das beim *Arbor Porphyrii* seinen Ausgang nimmt, die Definition der Person als "*naturae rationabilis individua substantia*".[11]

Das individuelle Vernunftwesen ist eo ipso Person. Sie hat zur Voraussetzung die in sich abgeschlossene, für sich bestehende, absolut unmitteilbare Substanz. Von griechischem, d. h. vor allem Aristotelischem Denken ausgehend, aber auch biblisches Wissen einbeziehend, wird die Definition des Boethius, die erste formale Definition ihrer Art, in vielen Punkten der damaligen Zeit gerecht.[12] Man muß aber auch ihre Grenzen sehen: Die Definition mag, auf menschliches Personsein angewandt, greifen, erweist sich aber zur Bestimmung der Personalität Gottes aus dem Grunde als ungeeignet, weil sie sich vor allem substanzontologischer Mittel bedient, ohne das relationale Moment miteinzubeziehen. Personalität vermag nach Boethius "nicht das wesentliche Sein Gottes" zu bezeichnen.[13] Wollte man diesen Personbegriff für die Erhellung der trinitarischen Gotteslehre einsetzen, liefe dies mit innerer Folgerichtigkeit darauf hinaus, in Gott entweder eine Quaternität von Personen – das göttliche Wesen wäre aus sich "Person" – oder, von den drei Personen ausgehend, definitionsgemäß drei individuelle Substanzen anzunehmen, deren Einheit[14] untereinander ungeklärt bliebe. Aus diesem Grund erweist sich die Anwendung der Boethianischen Formel in der Trinitätslehre als höchst problematisch.[15]

In seinem Denken bewegt sich Boethius noch ganz in den Bahnen der Aristotelisch-Porphyrianischen Philosophie, für die das Individuum

---

9 Vgl. Elsässer, Einleitung zu: A.M.S. Boethius, Die theologischen Traktate, XXVIII–XXX.

10 Vgl. Boethius, Contra Eutychem et Nestorium III, (Ed. Elsässer, 75).

11 Ebd., (Ed. Elsässer 74/75).

12 Zur Würdigung der Boethianischen Definition vgl. Breuer, 78f.

13 Vgl. Elsässer, Das Personverständnis, 26.

14 Boethius vermerkt selbst, daß dies durch den kirchlichen Sprachgebrauch ausgeschlossen ist. Vgl. Contra Eut. et Nest. III (Ed. Elsässer, 80/81).

15 Eine umfassende Kritik an der Persondefinition des Boethius unter philosophischer und theologischer Rücksicht bietet Hilberath, 105–115; vgl. dazu auch Burger, 35–37.

oder die existierende Substanz faktisch immer schon "Person" ist. Im Falle Gottes, wo die *ousia* die Fülle aller Seinsbestimmungen in sich trägt und im Falle der vollbestimmten, individuellen menschlichen Natur Christi ist sie dies aber eben nicht! Mit dem Moment des Ungeteilt-Seins, des *individuum*, bringt Boethius zwar eine wichtige Eigentümlichkeit des Personseins zur Sprache, verbleibt damit aber bei einer Was-Bestimmung, ohne zu einer eigentlichen Wer-Bestimmung vorzudringen.[16] Intention seines Traktates "*Contra Eutychen et Nestorium*" ist es, auf der Grundlage von Begriffsdefinitionen die Widerlegung von christologischen Häresien vorzuführen. Doch gerade in der Christologie greift seine Persondefinition zu kurz: Wie kann man denn gegenüber Nestorius begründen, daß die doppelte Natur in Christus nicht eine Verdoppelung der Person nach sich zieht, wenn doch jede vollständige, wirkliche und individuelle Natur eo ipso auch Person ist? Gemäß der Persondefinition des Boethius' müßte das Personsein auch von der menschlichen Natur Christi ausgesagt werden.[17] Wiewohl die Einheit Christi unter Berufung auf die kirchlichen Formeln betont wird, bleibt unklar, *worin* diese denn letztlich gründe.[18]

Erst mit der neuen, stärker aus theologischen Sachzusammenhängen motivierten Persondefinition des Richard von St. Viktor[19] "*incommunicabilis exsistentia divine nature*"[20] bzw. "*rationalis nature individua exsistentia*"[21] rückt die unableitbare Einzigkeit der Person, die ihren Existenzgrund jenseits aller noch so individuierenden washeitlichen Bestimmungen verlagert, in das Blickfeld. "Existenz bezeichnet demnach den Inhaber substantiellen Seins mitsamt einer gewissen Eigentümlichkeit. Von Person spricht man nur, wo sich einer durch eine einzigartige Eigenschaft von allen übrigen unterscheidet. Aus beidem folgt für Richard, daß Person nichts anderes ist als eine unmitteilbare Existenz."[22] Dabei umfaßt das mit "Existenz" Gemeinte beides: das substantielle Sein wie auch die Eigentümlichkeiten.[23] Für Richard ist die göttliche

---

16 Vgl. Hilberath, 113.

17 Vgl. Burger, 35.

18 Vgl. ebd.: "Die sorgfältige Begriffserklärung wird dem theologischen Anliegen nicht gerecht, weder für die Christologie noch für die Trinitätslehre."

19 Zur Theologie und zum Personbegriff Richards vgl. Burger, 37–44; Schmidbaur, 210–226; Schniertshauer, Consummatio caritatis.

20 Richard v. St. Viktor, De Trin. IV, 22 (SC 63, 187).

21 Ebd., IV, 23 (SC 63, 188).

22 Schmidbaur, 222.

23 Vgl. Burger, 42: "In bezug auf die Substanz ist die Existenz gemeinsam, in bezug auf eine einzige Person ist sie unmitteilbar. Die Existenz bezeichnet substantielles Sein, das

Person nichts anderes als ein Existenzmodus des göttlichen Wesens. "Person" bezeichnet das göttliche Wesen, sofern es durch eine Personalproprietät erweitert und unmitteilbar ist. Damit bleibt der Schwerpunkt der Richardischen Persondefinition das substantielle Wesen, obwohl sich im Personbegriff eine Verbindung von Selbstand und Relation zeigt, da ja "Existenz" meint, "daß man das Sein in sich selbst und zugleich von anderswoher hat"[24]. Durch die Einführung des Begriffes der "Existenz" mit seinem relationalen Moment[25] ergibt sich als ausgebaute Bestimmung von "Person": "Person existiert durch sich allein gemäß einer gleichsam einzelnen Weise vernunftbegabter Existenz." [26] Obwohl menschliche Personalität in den Überlegungen Richards eine untergeordnete Rolle spielt – sie wird der Vollständigkeit halber herangezogen –, sind beide oben genannten Definitionen analog auf jede Person anwendbar: auf die drei göttlichen Personen in der Einheit der einen Substanz und auf den Menschen, der für Richard zwei Substanzen (Leib und Seele) in der Einheit einer Person vereint.[27] Daß menschliche Personalität, um die es Richard nicht vorrangig zu tun ist, analog zum trinitarischen Personsein verstanden wird, ist ein wichtiger Gesichtspunkt, den man unbedingt würdigen sollte.[28]

In der Bestimmung der Person als einer Subsistenzweise des göttlichen Wesens[29], durch die der Trägerbegriff der Persondefinition, die *existentia*, dem Wesen und nicht etwa der Relation zugeordnet wird, liegt die Grenze dieses Ansatzes. Richard hat sein trinitarisches Personverständnis nicht auf den Gedanken der relationalen Interpersonalität aufge-

---

teils gemeinsame, teils unmitteilbare Proprietäten besitzt. Die über das Wesen hinausgehenden unmitteilbaren Proprietäten ermöglichen die Unterscheidung mehrerer Existenzen innerhalb einer Substanz."

[24] Vgl. De Trin. IV 23 (SC 63, 284): "Notatur autem ... nomine exsistentiae et quod habeat in seipso esse et quod habeat esse ex aliquo."

[25] Vgl. Schniertshauer, 174: "Im Gegensatz zu Boethius, bei dem die Vorstellung der Substanz im Personbegriff dominiert, ist bei Richard die Vorstellung der Existenz die leitende, wenn darin auch die Substanz mitgemeint ist und damit selbstverständlich anwesend bleibt. So kommt bei Richard nicht nur zum Ausdruck, was die Person ist, nämlich eine für sich bestehende (individuelle Substanz) (einer rationalen Natur), sondern auch wodurch die Person Person ist."

[26] Ebd., IV, 24 (SC 63, 284): "Persona sit exsistens per se solum iuxta sigularem quemdam rationalis exsistentiae modum."

[27] Vgl. Schmidbaur, 224.

[28] Schniertshauer sieht den Unterschied zwischen geschöpflicher und göttlicher Interpersonalität darin, daß "die Beziehungen der drei göttlichen Personen zueinander ... keine Beziehungen der Bedürftigkeit und der Ergänzung" darstellen. Vgl. ders., 251f.

[29] Vgl. Burger, 442.

baut, mag auch sein theologisches Hauptargument, daß das vollkommene Liebesein Gottes letztlich eine Dreipersonalität voraussetzt, zu dieser Annahme verleiten.[30]

1.2. "Person" in Gott – die subsistente Relation

Der Personbegriff, der dem je einmaligen unmittelbaren Selbstbesitz Rechnung trägt, findet in der Trinitätstheologie seinen konzeptuellen Ursprung. "Person" und "Natur" treten erst im Horizont der Offenbarung in eine unhintergehbare Differenz. So erfolgt ein Rückschlag vom Glauben in die Philosophie, die dadurch veranlaßt wird, eine neue Dimension dessen, was ist, zu bedenken. Erst die Reflexion auf den Inhalt der Offenbarung, wonach es in Gott Einheit und Differenz gibt, läßt die Begriffe von Hypostase, Subsistenz[31] und Person hervorgehen. Daß die Person eine irreduzible Größe ist, der unmitteilbarer Selbstbesitz und eine Selbstursprünglichkeit ihrer Akte eigen sind, ergibt sich insbesondere aus der "Lösung" des trinitätstheologischen Hauptproblems: wie Einheit und Dreiheit in Gott nicht-widersprüchlich ausgesagt werden können.

Wenn in Gott mehrere Personen sind und zugleich damit eine gemeinsame Physis, dann müssen beide Realitäten verschiedene Entitäten sein, die unterschiedlichen Formalebenen angehören. Obwohl dies zunächst ein rein nominales Problem ist, verbirgt sich im Mühen um eine klare Begrifflichkeit das Ringen um die Sache selbst, das trinitarische Geheimnis. In der begrifflichen Sprache und in der menschlichen Aussage spiegelt sich nämlich das Geheimnis des Lebens Gottes im menschlichen Bewußtsein, das in seiner intelligenten und rationalen Dynamik (Lonergan) dafür offen ist. Das Motiv der Begriffsbildung war das Anliegen, den Glauben vor der Ratio zu verantworten.

Im Lichte des Glaubens erhellt für den modernen Denker erstlich das Ungenügen des psychologischen Personbegriffs. "Person" im psychologischen Sinne meint das "psychologische Aktzentrum" als "Subjekt", d. h.

---

30 Vgl. Schniertshauer, 226–227; 240; vgl. Schmidbaur, 225: "Obwohl seine Verknüpfung von Liebe und Interpersonalität geradezu darauf hindrängt, endlich die interpersonalen Relationen als Ursprung der Personen zu erkennen, schwenkt Richard wieder auf die Position der Kappadokier zurück. ... Während sich das Wesen Gottes geradezu im liebenden Zueinander der Personen ereignet, die mit dem Liebesein Gottes immer schon mitgegeben sind, ist in Richards Lehre von den Personen das göttliche Liebesein als solches das alleinige principium agentis, und die Person nichts weiter als eine der drei möglichen modalen Erscheinungsformen dieses Agierens."

31 Für die Begriffe "Hypostase" und"Subsistenz" wurde dies im ersten, dogmengeschichtlichen Teil ausgeführt. Vgl. oben, Teil 1, 158f; 161f; 175; 186f; 197.

das, was nicht nur objektiv, unabhängig vom Denken und Fühlen, eine substantielle Einheit ist, sondern sich auch akthaft als eine solche ergreift. Der Mensch wird – im psychologischen Sinn – Person im Akt der Selbstsetzung, im Vollzug des Bewußtseins. Bewußtsein und freies Wollen sind hier konstitutiv für das Personsein. Der Grund für die Notwendigkeit einer ontologischen Unterscheidung von Wesen und Person liegt im Glaubensmysterium selbst. In Gott gibt es nämlich ein vollständiges Wesen, die Substanz der Gottheit, die deswegen *ein* solches Aktzentrum sein muß, weil sie das Prinzip des Wirkens Gottes "ad extra" ist, da alle Wirkungen Gottes "nach außen" den drei Personen gemeinsam sind. Und dennoch ist sie nicht Person.

Die bewegende Frage in der Trinitätstheologie ist: Was verursacht in Gott unter absoluter Bewahrung der Einheit diese Dreiheit von Personen? Zugleich damit ist auch das logische Problem der Trinitätslehre angerissen, das die lehramtlichen Aussagen zur Trinität aufgeben: Das IV. Lateranense hatte bestimmt, die "*una summa res*" sei zugleich "wahrhaft Vater und Sohn und Heiliger Geist", und zwar in der Weise, daß unter Ausschluß jedweder Quaternität" die "drei Personen zusammen wie jede einzelne für sich" mit jener *summa res* in real-numerischer Identität zusammenfallen.[32] Vater und Sohn und Heiliger Geist sind je ein "alius", nicht jedoch ein "aliud". So muß man also zwei Bezugsebenen unterscheiden. Sonst wäre das in der kirchlichen Lehre ausgedrückte Geheimnis ein Widerspruch für die Ratio: Das Grundproblem ist die Frage nach dem Verhältnis der Personen zum göttlichen Wesen. Wie ist dieses Verhältnis zu denken? Die Personen verhalten sich zueinander als distinkte Realitäten, und doch sind alle drei real identisch mit der göttlichen Wesenheit. Nun verträgt sich diese Unterschiedenheit in der Einheit jedoch nicht mit dem logischen Prinzip der "verglichenen Identität" (*principium identitatis comparatae*): "*Quaecumque uni et eidem sunt eadem, sibi invicem sunt eadem.*"[33] Wenn die eine Person identisch ist mit der Natur, dann muß die andere Person, die auch mit der Natur identisch ist, genauso mit der ersten Person identisch sein. Wenn alle Personen identisch sind mit der numerisch einen Natur, dann müssen sie doch auch untereinander identisch sein.

Eine reine *Verballösung*, die darauf abhebt, zwischen "Gott" und "Vater" walte eben ein begrifflicher Unterschied, sofern die *ratio* von "Vater" nicht in jener von "Gott" enthalten ist, obwohl beide der Sache nach (*re*) identisch sind, kann hier nicht zufriedenstellen. Schließlich kann ja diese

---

32 Vgl. DH 804/805. Hiermit adaptiert das Konzil die Lehrmeinung des Petrus Lombardus.

33 S.Th. I 28, 3 ad 1.

Distinktion zwischen Person und Natur nicht auf die logische Ebene beschränkt bleiben, wird sie doch aus dem Grunde vorgenommen, weil die Vernunft durch die transsubjektive Wirklichkeit dazu angehalten wird, eine solche Unterscheidung zu machen. Kann es aber in der einen göttlichen Substanz eine reale Größe geben, die fähig ist, eine nicht nur logische, weil dem Vernunftakt vorgängige, Unterscheidung zu veranlassen? Mit dieser Frage ist die Richtung für die Suche nach einer Reallösung gewiesen, deren Schlüssel die Einführung der Relation in die Trinitätslehre ist.

In der Tat steht und fällt die Trinitätslehre mit der dem Verstand voraufgehenden Realität jener Kategorie, die im geschöpflichen Bereich die schwächste Seinsweise bezeichnet, mit der Relation, oder besser mit den drei Relationen in Gott.[34] Wenn nämlich die Glaubensvorgabe erfüllt und der Vater ein anderer (*alius*) sein soll als der Sohn und beide wiederum andere als der Heilige Geist, so erhellt daraus, daß die Beziehung des Vaters zum Sohn (und vice versa) sowie die Beziehung beider zum Heiligen Geist (und umgekehrt die Beziehung des Geistes zu beiden) genauso real sein muß wie die drei göttlichen Personen selber. Die Lehre von der Realität der göttlichen Relationen ist folglich nur ein anderer Ausdruck für das Dogma von der Dreipersönlichkeit Gottes selbst. Der reale Unterschied der Personen beruht ausschließlich auf dem Gegensatz der Relationen, ein Sachverhalt, den man auch als "trinitarisches Grundgesetz" bezeichnet hat.[35]

Wo nicht ein vollendeter relativer Gegensatz waltet, ist in Gott alles eins, d. h. identisch (sofern nicht logisch unterschieden) mit der göttlichen Wesenheit wie auch mit sich selbst. Die *relationis oppositio* allein macht eine Differenz aus, läßt den Vater ein anderer sein als der Sohn (und umgekehrt) und unterscheidet beide vom Heiligen Geist (und umgekehrt). Um ein *fundamentum in re* für die nicht nur logische Unterscheidung der Personen in Gott zu erhalten, bietet sich also jenes Prädikament an, das in der klassischen Ontologie ein eher verborgenes, unbedeutendes "Dasein" geführt hat, zeigt es doch unter den verschiedenen prädikamentalen Seinsweisen die "schwächste" Seinsart an, die Relation. Welches sind nun die Eigenschaften einer Relation?

---

[34] Vgl. S.Th. I 28, 3: "Cum igitur in Deo realiter sit relatio ... oportet quod realiter sit ibi oppositio. Relativa autem oppositio in sui ratione includit distinctionem. Unde oportet quod in Deo sit realis distinctio, non quidem secundum rem absolutam, quae est essentia, in qua est summa unitas et simplicitas; sed secundum rem relativam."

[35] Vgl. Decr. pro Jacobitis des Florentinums von 1442 (DH 1330): "(In Deo) omnia(que) sunt unum, ubi non obviat relationis oppositio."

Nach Aristoteles meint Relation eine Wirklichkeit, die man ohne ein selbständiges Subjekt (*terminus a quo*) gar nicht erkennen kann. Relation eröffnet sich mir nur, wenn ein Subjekt mit einem anderen verglichen wird. Nur in diesem "Zwischen" erscheint jene Wirklichkeit, die als Relation bezeichnet wird.

relatio

A ——————————→ B

(terminus a quo) esse ad (terminus ad quem)

Wenn von einer *relatio realis* die Rede sein soll, müssen zwei formale Gehalte verwirklicht sein: das *esse ad aliquid* und das *esse in aliquo*. Diese beiden Aspekte der Relation stellen zwei verschiedene Intelligibilitäten dar. Im Geschaffenen verwirklicht die Relation ihr "esse in" immer als Akzidens. Dies muß jedoch nicht so sein. So geschieht die Inhärenz der Relation im göttlichen Wesen nicht auf die Weise eines Akzidens, sondern als reale Identität mit dem göttlichen Wesen.[36] Man kann also in jeder Relation, in der geschöpflichen als auch in der göttlichen, zwei Aspekte unterscheiden: ihren Inhärenzaspekt und ihren Kommunikationsaspekt. H.-C. Schmidbaur hat diese Einsicht nicht zu unrecht als den größten "Fortschritt der Trinitätstheologie seit Augustinus" bezeichnet.[37] In dieser zweifachen "nota" erfaßt der Verstand mit dem "esse ad", das ein reines "Zum-anderen" darstellt, das Formale, bzw. die *nota propria* der Relation, und mit dem "esse in" das Realsein des Bezuges. Es geht also um zwei Realaspekte der einen Realität.

Was folgt daraus für das trinitätstheologische Problem? Wenn die Personen die "Träger" der Wesenheit und zugleich Relationen sind, dann kann es neben der absoluten Betrachtung der *summa res*, nach der in Gott alles real identisch ist, eine relative Funktion geben, die auf die besonderen Weisen des Besitzes der einen *res* in Gott abhebt. Damit ist man über eine Verballösung hinaus, derzufolge die erste göttliche Person *secundum aliud* "Vater" und *secundum aliud* "Gott" ist, so daß das Kontradiktionsprinzip nicht verletzt wird. In der Reallösung, die sich

---

[36] Vgl. S.Th. I 28, 2: "Quidquid autem in rebus creatis habet esse accidentale, secundum transfertur in Deum, habet esse substantiale; nihil enim est in Deo ut accidens in subiecto, sed quidquid in Deo est, est eius essentia. ... Et sic manifestum est quod relatio realiter existens in Deo, est idem essentiae secundum rem; et non differt nisi secundum intelligentiae rationem, prout in relatione importatur respectus ad suum oppositum."

[37] Vgl. Schmidbaur, 428.

den doppelten Aspekt der Relation zunutze macht, wird jenes "aliud et aliud", die verschiedenen Hinsichten, unter denen die Person erfaßt wird, jeweils verteilt auf das "esse ad" und "esse in" der Relation.

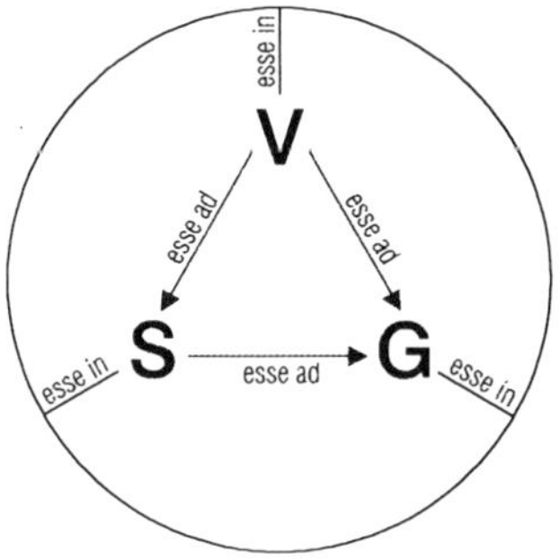

Von ihrer *ratio formalis* her ist die Relation indifferent gegenüber einer akzidentellen oder substantiellen Verwirklichung ihres In-Seins.[38] Innerhalb der geschaffenen Seinswirklichkeit bleibt Relation eine akzidentelle Seinsgestalt; sie vermag keinen subsistenten Selbstand zu setzen. So konstituiert die Vaterschaft im menschlichen Bereich nicht den Vater (als Person), sondern setzt ihn voraus. Gott Vater aber ist konstituiert durch die aktive Zeugung des Sohnes, auf den er sich hinbezieht. In Gott konstituiert die Relation den Vater als Vater. Als weitere Eigentümlichkeit der Relation tritt ein Gegensatz auf, der nicht dadurch gesetzt wird, daß die eine Größe etwas hat, das die andere nicht hat, also durch ein Mehr oder Minder an Vollkommenheit. Im Bereich der Relation gibt es also Nichtidentität auf gleicher Seinshöhe, denn der Gegensatz beruht nicht auf Unvollkommenheit, sondern wird einfach durch das "esse ad" gesetzt. Weil er Relation ist, kann der Vater dem Sohn gegenübergestellt werden, aber nicht dadurch, daß der Vater etwas hätte, das der Sohn nicht hat. Die Dreiheit in Gott ergibt sich nicht durch Seinsunterschiede, sondern einzig und allein durch die Ursprungsunterschiede, d. h. durch die Differenz von Prinzip und Produkt.

Die Identität unter den drei Personen ist begründet im "esse in" der Relation, die Differenz im "esse ad". Daß der Vater nicht der Sohn ist und nicht der Geist, ist einzig auf die *relationis oppositio* des "esse ad" zurückzuführen. Der Vater hat die göttliche Substanz dem Ursprung nach, der Sohn als Empfangender und der Heilige Geist als Hervorgehender.

---

[38] Vgl. ebd.: "Im Falle des Geschöpfes verwirklicht die Relation ihr In-Sein als Akzidens einer Substanz, im Falle Gottes jedoch als reine Identität mit der göttlichen Substanz."

Dies darf freilich nicht modalistisch verstanden werden, so als sei der Vater das göttliche Wesen in der Weise der Ursprungslosigkeit, Sohn und Geist in der Weise des Gezeugt- und Gehauchtseins. Person würde dann zur akzidentellen Zustandsform des substantiellen Wesens. Mit der Kategorie "Relation" wird es nunmehr also möglich, im absoluten Sein Gottes Unterschiede zu denken, die nicht begründet sind in einem Seinsunterschied der Personen. Daß eine Unterscheidung der Person auch Differenz in der Seinsvollkommenheit besagt, war ja die große Schwierigkeit des Arianismus.[39]

Diese kurz skizzierten trinitätstheologischen Überlegungen haben den Aquinaten veranlaßt, die Person als ein *distinctum subsistens*[40] zu bestimmen, was im Falle Gottes in der subsistenten Relation seine unvergleichliche Wirklichkeit hat. Es stellt sich mit der Relation nur ein Problem, das mit ihrer diminutiven Seinsgestalt im Geschaffenen zusammenhängt: Vermag dieses Prädikament tatsächlich einen distinkten personalen Selbstand zu begründen? Dies ist eine in diesem Zusammenhang unausweichliche Frage, die man nicht übergehen darf und die hier noch etwas genauer geklärt werden soll, um ein essentialistisches Verständnis innerhalb der trinitarischen Gotteslehre auszuschließen.

Um zu einer distinkten subsistenten Realität zu führen, muß die Relation in Gott ihre akzidentelle Seinsweise verlieren und einen ganz neuen Inhärenzcharakter annehmen. "Da das akzidentelle In-Sein der Relation in gewissen Träger-Substanzen zwar überall faktisch und sichtbar, aber mit dem Begriff der Relation nicht denknotwendig verbunden ist, postuliert Thomas im Bereich des Absoluten die Existenzmöglichkeit eines Subsistierens der Relation als 'Esse-ad', das keinen vorausliegenden substantiellen Träger mehr braucht, sondern gleichsam sein eigener Selbstand ist."[41] Um die durch Relationen konstituierte Person als unterschiedenes *subsistens* zu verstehen, muß wieder auf Thomas rekurriert werden: Die einfache Relation als solche, die ja immer einen hinter ihr liegenden Träger braucht, ist nicht in der Lage, eine Person zu konstituieren.[42] Damit die Relation dies dennoch leisten kann, muß sie, dies

---

39 Vgl. oben, Teil 1, Abschn. 3.

40 Vgl. De pot. 9, 4. Die Formel "distinctum subsistens" findet sich auch an vielen anderen Stellen. Vgl. Schmidbaur, 542f: "Das Thomas mit dem subsistens distinctum nicht bloß eine unterschiedene Daseinsweise, sondern einen inkommensurablen Subjektcharakter aussagen will, geht vor allem aus jener Definitionsgruppe hervor, in der die Person stets durch das 'subsistens distinctum' plus einem variablen Zusatz umschrieben wird."

41 Ebd., 419.

42 Vgl. De pot. 8, 3 obj. 8.

sei hier nochmals unterstrichen, realiter mit dem substantiellen Sein Gottes zusammenfallen.

Obwohl die Relation in Gott kein Akzidens ist, behält sie doch ihren Inhärenzcharakter: Man muß sogar sagen, daß ihr In-Sein, das kein auf etwas anderes rückführbares endliches ist, sich in Gott zu etwas Notwendigem radikalisiert, sofern die göttliche Substanz ihr *ipsum esse* nur in der Relation und von ihr getragen vollzieht. Darum gibt es kein vorgängig zur Relationalität subsistierendes Wesen als Trägersubstanz, zu dem noch äußerlich einige Relationen hinzutreten. Die Relation selbst ist der subsistierende Träger des ganzen göttlichen Seins und Wesens. "Es ist also nicht das radikale *esse ad alterum* der Relation, sondern das radikale, bis zur Identität gehende *esse-in* der Relation, das die Person zum subsistierenden Träger des göttlichen Seins macht und damit auch zum unhintergehbaren Subjekt (subiectum ultimum) der gesamten akthaften Wirklichkeit Gottes."[43]

Relationalität und Subsistenz sind die beiden Pole, die in Gott ein nicht modalistisches und die Einheit der *summa res* wahrendes Personverständnis ermöglichen. Die Relation selbst nimmt in Gott, wo sie eine personkonstituierende Funktion erfüllt, einen Subsistenzcharakter an. "Die Beziehung im Göttlichen ist aber nicht wie ein Akzidens, das dem Subjekt inhäriert, sondern ist die göttliche Wesenheit selbst; sie ist daher etwas Subsistierendes, wie auch die göttliche Wesenheit für sich subsistiert. Wie also die Gottheit Gott ist, so ist die göttliche Vaterschaft Gott Vater, der eine göttliche Person ist. 'Göttliche Person' bezeichnet nämlich die Beziehung als Subsistierende. Und das heißt die Beziehung zu bezeichnen nach der Weise der Substanz, die in der göttlichen Natur subsistierende Hypostase ist."[44]

Man muß in der Trinität, um sowohl das inkommensurable *Quis* jeder Person als auch die Einheit des Wesens zu wahren, von "subsistierenden Relationen" sprechen.[45] Gegen eine zu essentialistische Auslegung der thomanischen Trinitätslehre muß man sagen: Nicht die Wesenheit ist es

---

[43] Schmidbaur, 549.

[44] S.Th. I 29, 4.

[45] Vgl. Schmidbaur, 435: "Bei Thomas treffen wir nun auf die kühne Behauptung, daß die Relation selbst und nur sie allein distinkt subsistiere." Vgl. De pot. 9,4: "... distinctum vero incommunicabile in natura divina non potest esse nisi relatio." Vgl. S.Th. I 29, 4: "Persona enim divina significat relationem 'ut subsistentem'. Et hoc est significare relationem per modum substantiae, quae est hypostasis subsistens in natura divina, licet subsistens in natura divina non sit *aliud* quam natura divina."

also, die auf je verschiedene Weise in den Personen subsistiert, sondern die Relation subsistiert selbst.[46]

Wie im allgemeinen "Person" eine Wirklichkeit ist, die ein Suppositum darstellt, das die Natur und alle aus ihr hervorgehenden Akte "besitzt" und damit aus der distanzlosen Einheit mit seiner Natur heraustritt, so sind auch in Gott die relationalen Personen (*supposita*) die Träger des göttlichen Wesens und aller göttlichen Akte.[47] Die Person ist eine unvordenkliche, aus dem Wesen nicht ableitbare Realität, ein unhintergehbares Trägersubjekt. Thomas begründet mit seiner Relationenlehre den Selbstand der Person und zeigt spekulativ, wie in Gott, dem *esse ipsum per se subsistens*, *salva unitate absoluta*, Differenz, intersubjektive Kommunikation, dreipersonales Leben möglich ist. Dabei gilt bei ihm der Primat des Personalen. Wie H.-C. Schmidbaur in überzeugender Weise gezeigt hat, wäre es für Thomas völlig verfehlt, die Ebene des Personalen aus dem Wesenhaften abzuleiten, etwa indem man von der Fülle des *bonum diffusivum sui* ausgeht, die aus sich heraus in ein dreipersonales Sein ausfließt oder indem man, wie Richard, aus dem Wesen Gottes als Liebe die Dreiheit der liebenden Personen ableitet. Die trinitarischen Unterscheidungen ergeben sich nicht einfach aus der Selbstdifferenzierung des göttlichen Geistes. Dies liefe, wie Pannenberg richtig gesehen hat, auf eine modalistische Reduktion hinaus, in der das Trinitätsgeheimnis zugunsten eines monosubjektivistischen Gottesbildes aufgelöst würde.[48]

Es ist wichtig, sich darüber klar zu werden, daß Wesens- und Relationsebene zwei inkommensurable Größen sind, die nicht ineinander rückgeführt werden können.[49] Die drei Personen sind nicht relational distinkte Subsistenzweisen des göttlichen Wesens, die man aus den Wesensvoll-

---

46 Vgl. S.Th. 29, 4.

47 Vgl. Schmidbaur, 555.

48 Vgl. Pannenberg, Systematische Theologie, Bd. 1, 320. Vgl. Schmidbaur, 536: "Es gibt bei Thomas keinen Geistprimat im Person- und Gottesverständnis, sondern einzig und allein einen geistigen Personprimat. Es ist bedauerlich, daß dies im Raum der deutschen Theologie bis heute noch kaum gesehen worden ist. So schreibt z. B. noch W. Kasper: 'Der Mangel des Hauptstranges der westlichen Tradition besteht darin, daß er die Vermittlung der Dreiheit *in* der Einheit (sic!) als Erkennen und Wollen und damit als Wesensvollzüge Gottes deutet. Das bringt die Gefahr mit sich, daß die Personen als ideelle Momente am Selbstvollzug (!) des absoluten Geistes mißverstanden werden.'" Vgl. Kasper, Der Gott Jesu Christi, 363f.

49 Daß die suppositorische Seinsebene neben dem mitteilbaren göttlichen Wesen eine ganz neue Dimension dessen, was ist, darstellt, die in ihrer Unmitteilbarkeit nicht auf das Absolute des Wesens zurückgeführt werden kann, stellt auch für Duns Scotus eine Einsicht dar, die seine gesamte Trinitätslehre durchzieht. Vgl. Burger, 118f.

zügen von Erkennen und Wollen spekulativ herleiten kann. Vergegenwärtigt man sich den doppelten Realaspekt der Relation, ihr *esse ad* und *esse in*, so kann man verstehen, daß die personkonstituierende Relation in Gott einen Subsistenzcharakter besitzt, der sie maßgeblich von jeder geschaffenen (akzidentellen) Relationalität unterscheidet. Daraus ergibt sich auch, wie verfehlt eine disjunktive Entgegensetzung von Substantialität und Relationalität ist, die oftmals dazu angeführt wird, um das Wesen der Person von einer rein akthaften Interrelationalität her zu begreifen. Wollte man einen Ansatz verfolgen, nach dem das personale Ich sich erst durch die Hinbeziehung auf ein begegnendes Du konstituiert, ohne von Anfang an als Selbstand verfaßt zu sein, würde man den Personbegriff auf das rein Bewußtseinsmäßige verlagern und ihm jede ontologische Grundlage nehmen. Zwischen der trinitarischen Person als *relatio subsistens* und der geschaffenen menschlichen Person besteht keine direkte Analogie[50] in dem Sinne, daß das Sein der menschlichen Person gänzlich auf die Relation mit dem Du und auf die Begegnung mit dem anderen zurückgeführt werden kann. Letzteres würde zu einem unmetaphysischen Aktualismus führen, in dem die menschliche Person sich in die Faktizität des Sich-Begegnens auflöste.[51]

Auch wenn die für das göttlich-trinitarische Sein geltende Personkonstitution nicht ohne weiteres in unmittelbare Parallele zum geschaffenen Personsein gestellt werden kann, ergeben sich aus dem Trinitarischen doch wesentliche Gesichtspunkte und Unterscheidungen, die auch für die Bereiche der Anthropologie und Christologie von nicht zu unterschätzender Tragweite sind.

1.3. Wegmarken für das Verständnis der menschlichen Person

Obwohl zwischen den Personen in Gott und den kreatürlichen Personen keine direkte Analogie besteht, lassen sich aus der Trinitätstheologie doch gewisse Konstanten ausmachen, die auch für das geschaffene Personsein gelten. Unter methodischer Heranziehung der Phänomenologie ergeben sich als wichtigste Charakteristika der Person folgende Momente:

1. Selbstverhältnis: Der Mensch vollzieht sein Dasein auf radikal andere Weise als ein Tier. Er ist nicht einfach sein Leben, seine Natur, son-

---

50 Vgl. Schmidbaur, 391.

51 Vgl. ebd., 390: "Die verfehlte Entgegensetzung von Substanzhaftigkeit und Relationalität führt bezeichnenderweise zu einem rein aktualistischen Personverständnis, nach dem nur derjenige Person ist, der es aktual, d. h. in beständiger Beziehentlichkeit vollzieht, bzw. zu dessen Vollzug gelangt ist."

dern er "hat" es. Das Leben ist unser Sein als Personen so, daß wir es haben u.z. in der Weise haben, daß wir es auch loslassen können. Damit ist sogar das dem Lebendigen eigene Aussein-auf[52] etwas, das Personen haben und wozu sie sich, anders als alles nichtpersonale Lebendige, verhalten können. Die von Thomas gebrauchte Formulierung, daß das Suppositum die Natur besitze, bringt dieses für die Person entscheidende Verhältnis zu ihrer Natur zum Ausdruck, in dem sie das ihr Zugeeignete subjekthaft besitzt und damit inkommensurabel macht. "Erst dieses selbstursprüngliche In-Verhältnis-Treten-Können zu dem wesentlich Zugehörigen, das Heraustreten aus der bloßen Unvermitteltheit des Seins zur Vermitteltheit des Habens, macht das Subjekt- und Personsein aus. Daraus erwächst ihr charakteristisches Selbst- und Weltverhältnis."[53] Die Person vermag zu ihrer eigenen Natur und zu dem, was ihr widerfährt, was in ihrer "Welt" geschieht, in ein objektiviertes, selbstursprüngliches Verhältnis zu treten. Sie ist nicht ihr Erleben, sie ist Subjekt ihres Erlebens. Das Selbstverhältnis ist nicht reine Unmittelbarkeit, sondern ein vermitteltes Verhältnis zu einem subjektiven Erleben.

2. Für-sich-Sein: Thomas lehnt sich hier an die Persondefinition des Boethius "rationalis naturae individua substantia" an, die um den Begriff der Substanz kreist, präzisiert sie aber dahingehend, daß "Substanz" hier als subsistierendes individuelles Subjekt verstanden werden muß. Als "substantia individua" ist die menschliche Person "subsistentia", die in sich besteht. Sie existiert durch und für sich selbst (*per se*) und bedarf keines anderen, dem sie innewohnen würde.[54] Thomas denkt "Person" von der Identität her, die der Natur durch ihre Subsistenz zukommt.[55] Dagegen kann in der von Descartes geprägten neuzeitlichen Philosophie die diachrone Identität der Person nicht mehr begründet werden, da diese erst durch eine Verknüpfung von Bewußtseinsinhalten hergestellt werden muß.

Der lebendige Mensch tritt durch die Zusammensetzung von vernünftiger Seele und Leib als vollendete Substanz, als *perfectissimum in tota natura*, ins Dasein.[56] Dieser Substanzcharakter des individuellen menschli-

52 Vgl. Spaemann, Personen, 168.

53 Schmidbaur, 555.

54 Vgl. S.Th. I 29, 2.

55 Vgl. Kluxen, Seele, 81: "Der individuellen Substanz des Menschen als 'Vernunftnatur' kommt daher die Bezeichnung 'Person' zu, welche die Identität bezeichnet. Personale Identität und Einheit der Natur sind konkret dasselbe."

56 Vgl. S.Th. I 29, 3: "Persona significat id, quod est perfectissimum in tota natura scilicet subsistens in rationali natura."

chen Lebens sichert die Identifizierung jedes Menschen als Person[57] und macht ihn von jeder von außen herangetragenen Qualifizierung unabhängig. Personsein ist nicht ein qualitatives Prädikat, das jemand aufgrund bestimmter Eigenschaften von anderen zugesprochen bekommt. Das Personsein beginnt nicht erst mit Aktvollzügen, vor allem jenen der Selbsterkenntnis und Selbstbestimmung, sondern besteht von Anfang an mit dem Eintritt in die menschliche Gemeinschaft.[58] Aus dieser ontologischen Bestimmung heraus erscheint die Person immer als Selbstzweck. Sie kann nie Mittel für andere sein. Daß die Person eine Einheit mit sich selbst ist, Einheit, die zugleich *Totalität* ist, d. h. nichts außer sich hat, wovon sie nur Teil oder Funktion wäre, zeigt sich in der Stimme des Gewissens, die auf diese Einheit hindrängt.

Daß Thomas eine Korrektur am Boethianischen Personbegriff in Richtung auf die "Subsistenz" vornehmen kann, muß auf dem Hintergrund der Aktualität des *esse*, dem eigentlichen Novum seiner Metaphysik, gesehen werden, die den absoluten Primat der Substanz zurücktreten läßt: Erst durch den Akt des Seins selbst, der dem individuellen Wesen zugeeignet wird, gelangt dieses zu seiner Subsistenz.[59] Die Person setzt zwar eine vernünftige Natur voraus, bestimmbar ist sie aber nur als eine besondere Existenzweise, nämlich als *per se existere*.[60] Person kann immer nur von ihrem *actus essendi* her begriffen werden, der die Natur zu ihrer letzten Unmitteilbarkeit aktuiert.[61]

3. Inkommunikabilität: Diese hängt mit dem vorangehenden Aspekt eng zusammen. In einer frühen, Boethius präzisierenden Persondefinition formuliert Thomas: "Mit dem Ausdruck 'Person' bezeichnet man formaliter die Unmitteilbarkeit oder die in der menschlichen bzw. göttlichen Natur subsistierende Individualität."[62] Daraus wird ersichtlich, daß für Thomas das formale Moment des Personalen nicht im Substanzsein der Person, sondern in ihrer unmitteilbaren Subsistenz liegt. Was per se existiert oder subsistiert, kann als solches von keinem ande-

---

57 Vgl. S.Th. I 29, 3 ad 2: "... omne individuum rationalis naturae dicitur persona."

58 Vgl. Endres, 131.

59 Vgl. S.Th. I 29, 2: "Secundum enim quod [scilicet substantia] per se existit et non in alio, vocatur subsistentia: illa enim subsistere dicimus, quae non in alio, sed in se existunt."

60 Dies ist von besonderer Relevanz in der Christologie, wo die hypostatische Vereinigung der beiden Naturen in der einen Person damit erklärt wird, daß die angenommene menschliche Natur nicht mehr Person sei, weil ihr die eigene Subsistenzweise fehlt.

61 Vgl. S.Th. III 2, 2. Vgl. auch B.Th. Kible, 290–293.

62 De pot. 9 6: "Nomine personae significatur *formaliter incommunicabilitas*, sive individualitas subsistentis in natura."

ren prädiziert und keinem anderen mitgeteilt werden. Es ist absolut unmitteilbar – eine Eigenschaft, die über die bloße Individualität hinausgeht.

Nun könnte man hier einwenden, das Gleiche gelte für die individuelle Substanz eines Delphins oder eines Esels genauso. Daraus ist ersichtlich, daß die negative Bestimmung der Inkommunikabilität keine vollständige Definition der Person sein kann, sondern der notwendigen Ergänzung durch das "*in natura intellectuali*" bedarf, die das personale Subjekt als Vollzug eines geistigen Selbstbesitzes begreifen läßt.

4. Selbstbesitz: Zwischen dem Suppositum und der geistigen Natur besteht keine einfache, differenzlose Identität, sondern eher eine Beziehung des Habens, der Zueignung. Der Person kommt es in ihrem Sein zu, lebendig zu sein. Ihre Weise zu sein unterscheidet sich aber davon, wie andere lebendige Wesen ihre Existenz ausüben. R. Spaemann bringt hierfür das Beispiel der Fledermaus: "Bei der Fledermaus scheint das Sein, das Lebendigsein, ganz in diese [fledermausartige] 'Weise' versenkt zu sein, ganz in ihr aufzugehen."[63] Dagegen unterscheidet der Mensch sein Sein von seiner bestimmten *Weise* zu sein, also von dem, was wir "Natur" nennen. Personen sind nicht eine jeweils neue Instantiierung ihrer Natur, vielmehr ist ihre Natur etwas, das sie haben. Ihr Sein besteht im Haben einer Natur. Dafür ist die Existenz als "rationale Natur" – im Vergleich mit dem Esel – nicht unwesentlich.[64] "Person ist ein Selbstsein, das mit keiner qualitativen Bestimmung gleichgesetzt werden kann. Darum entzieht sie sich auch jeder Definition durch einen Kontext."[65]

5. "... intellectualis naturae": Man kann die menschliche Person nicht abgelöst von dem, was wir "Natur", das Prinzip der Selbstbewegung im biologischen, psychischen und geistigen Sinn nennen, begreifen. Menschliche Personen sind Lebewesen, die von einem inneren Telos bewegt sind und die ein Selbstsein haben. "Die Identität der Person ist eine Funktion der Identität eines Lebewesens."[66]

Im Vergleich mit jenen neuzeitlichen Begriffsbestimmungen, die das Personsein im Gefolge des Cartesischen Dualismus, der Bewußtsein und Materie unabhängig voneinander definiert, in das aktuale Bewußtsein verlegen, das sich, losgelöst vom Körperlichen, als reines "Ich denke" vollzieht, ist es nach dem hier vertretenen Ansatz nicht unwichtig,

---

[63] Spaemann, Personen, 40.

[64] Vgl. ebd.

[65] Ebd., 137.

[66] Ebd., 147.

die Person als Besitzerin einer lebendigen, leib-geistigen *Natur* in den Blick zu bekommen, die sich durch die Aktuierung der in dieser Natur angelegten Potenzen zu einer größeren Fülle des Seins hin entfaltet.[67] Ihre Aktvollzüge stellen eine Erweiterung des akzidentellen relationalen Seins der Person dar, deren Streben von Anfang an auf die Erfüllung dieser Möglichkeiten geht. Jedes In-Beziehung-Treten zu anderen, jede Entfaltung der relationalen Personalität bedeutet immer auch eine solche Aktuierung einer vorgegebenen substantialen Potenz. Es ist ein Wesenszug alles Lebendigen, daß hier fortwährend Möglichkeiten realisiert und – im Falle des Menschen – seine Personalität nach und nach zum Vollzuge erweckt wird, wie dies bei einem Kleinkind an der sukzessiven Erweiterung seiner interpersonalen Relationalität[68] zu studieren ist. Wir würden aber nicht sagen – und es wäre auch ganz kontraintuitiv –, daß das kleine Kind nicht von allem Anfang an ein "Jemand" wäre, sondern sich durch die wiederholten Akte der Zuwendung und Anerkennung von einem "Etwas" zu einem "Jemand" entwickeln würde.[69]

Der Mensch ist der Besitzer einer Natur, der es vorrangig zukommt, lebendig zu sein. Er steht damit in einer naturwirklichen Hinordnung zu seinem Leib und zu anderen Personen. Die Aktuierung seiner Möglichkeiten ist der Vollzug lebendigen geistigen Seins. Die menschliche Person ist in der klassischen Ontologie Besitzerin einer zusammengesetzten Natur, in der die Seele sich als *Formprinzip* hinzugesellt, indem sie die

---

67 Diese Existenz einer leibgeistigen Natur bringt S. Wendel gegen die "postmoderne Auflösung des Ich-Gedankens", aber auch gegen das neuzeitliche "cogito" Descartes' ins Spiel, wenn sie als Alternative dazu die "unmittelbare Evidenz der Ich-Existenz" benennt, die "sich im Gewahrwerden der Jemeinigkeit des 'eigenleiblichen Spürens' vollzieht, auf das mein Reflexionsvermögen immer schon verwiesen ist." Vgl. dies., 210f. Wie Wendel richtig herausstellt, ist auch die reale Beziehung zu anderen leiblich vermittelt: "Jene über die Leib-Erfahrung gewonnene Evidenz der Individualität des Ich vollzieht sich auch im Bezug zu anderen, auf die ich in meiner Leiblichkeit hingeordnet bin, und so wird in der Leib-Erfahrung zugleich Personalität evident: Ich bin immer schon, insofern ich bin, auf andere hin, beziehe mich auf andere, bin mit ihnen qua meiner Leiblichkeit verbunden." Ebd.

68 Vgl. Spaemann, Personen 248: "Selbsttranszendenz, Überschreitung der vitalen Ichzentriertheit, wird dadurch ermöglicht, daß der Mensch sich von anderen anerkannt erfährt. Personen gibt es nur im Plural."

69 Vgl. ebd., 257f: "Die Mutter hat aber nicht das Bewußtsein, hier etwas zu simulieren, also so zu tun, als sähe sie etwas vor sich, was sie doch in Wirklichkeit erst herbeiführen will. Wir haben nie das Bewußtsein, Personen zu *machen*. Personsein ist vielmehr im eminenten Sinn Existieren-aus-eigenem-Ursprung, das allem Herstellen von außen entzogen ist. Es gibt keinen gleitenden Übergang von 'etwas' zu 'jemandem'. Nur weil wir mit Menschen immer und von Anfang an nicht als mit etwas, sondern als mit jemandem umgehen, entwickeln die meisten von ihnen die Eigenschaften, die diesen Umgang im nachhinein rechtfertigen."

Materie zu einem lebendigen Organismus beseelt. Als solche ist die Person nie nur reine Innerlichkeit, sondern hat immer auch einen "Außenaspekt", der sie für andere identifizierbar macht.[70] Dies zeigt sich noch vor jedem ontologischen Diskurs in der phänomenologischen Analyse. Dagegen stellt die Cartesische "res cogitans" kein solches Formprinzip dar, denn Organismen sind für Descartes nach Analogie von Maschinen organisiert. Personsein hat mit der leiblichen Wirklichkeit des Menschen nichts mehr zu tun. In der Schule Lockes wird man das Sein von Personen konsequent vom Sein der Lebewesen ablösen und verselbständigen. "Ichbewußtsein" könnte theoretisch auch in einem Computer oder in einem mit elektromagnetischen Strömungen versorgten Gehirn anzutreffen sein. Zurecht führt R. Spaemann die Krise des Personbegriffs in der Bewußtseinsphilosophie auf den Cartesischen Dualismus zurück, für den es im Grunde unmöglich ist, "Leben" zu denken.[71]

Dagegen impliziert das Festhalten an einer substantialen Auffassung des Personseins die Feststellung: Personsein ist das Existieren einer *rationalen Natur*. Es gibt viele andere individuelle, auch lebendige Substanzen. Sie werden aber, anders als die Person, nicht mit einem Eigennamen benannt. Warum? Weil Individuen mit einer geistigen Natur zu ihrer Natur in einem anderen Verhältnis stehen als solche Individuen. Diese sind nur serielle Repräsentanten ihrer Art. Person aber ist jemand, nicht etwas, nicht ein "Fall von" oder eine Nummer dieser Wesenheit innerhalb einer seriellen Reproduktion. Die Person verwirklicht ihre Einzigkeit darin, auf ihre persönliche und unwiederholbare Weise "*rationabilis naturae*" zu sein und so auch an einem vorgegebenen Allgemeinen teil zu haben.

> "Der Name 'Person' wird nicht verwendet, um ein Individuum von Seiten seiner Natur, sondern um ein Ding zu bezeichnen, das in einer solchen Natur subsistiert."[72]

Die Subsistenz in einer Natur ist nicht vom Aspekt des Wirklichseins, der Existenz, zu trennen. Das Sein einer Person ist das Leben eines Menschen. Leben gibt es aber nur als wirkliches, nicht als mögliches. Dagegen sind die Arten, auch die Artnatur "Mensch" mögliche Weisen des *Soseins*. Aristoteles war noch nicht mit dem Gedanken der Kontin-

---

[70] Vgl. ebd., 46: "... die Person selbst weiß von der Einmaligkeit des Ortes, von der Unverwechselbarkeit der Beziehung zu allem andern und damit von ihrer eigenen Einmaligkeit. Da es sich also um eine Einmaligkeit der Beziehung handelt, ist sie gar nicht ohne den Außenaspekt der Person zu denken. Dieser Außenaspekt ist primär durch den Körper vermittelt."

[71] Vgl. ebd., 144ff.

[72] S.Th. I 30, 4.S.Th.

genz vertraut: Sosein und Dasein standen für ihn nicht in der ontologischen Differenz, denn die Form, die den Dingen ihr Sosein verleiht, macht für ihn auch, daß es ist. Das Seiende schlechthin ist für ihn die erste Substanz. Auf sie beziehen sich Entstehen und Vergehen, die immer nur Gestaltveränderung, das Wechseln der Form, sein können. Das Fehlen des Schöpfungsgedankens ließ noch nicht jene innere Differenz erkennen, die sich zwischen einem vollständig bestimmten Einzelding und seinem Sein erstmals auftut, als Gott vom AT her als die Sein gebende Ursache in das Denken tritt. Das durch Seele und Leib vollbestimmte individuelle Wesen Mensch verhält sich für Thomas gegen Sein und Nichtsein noch einmal indifferent. Anders die Person: Sie kann nie den Status des bloß Möglichen besitzen. Sie hat entweder eine je-jetzige Existenz oder sie ist überhaupt nicht. "Person" nennen wir einen Menschen, sofern er aus dem Bereich des Idealen heraustritt und als lebendiges Wesen zu existieren beginnt, denn das Wirklichsein der Person ist immer Leben.[73]

In der Kontingenz der Personen, die ihr Sein in der Differenz zu ihrem Wesen vollziehen, gründet ihre Fähigkeit, sich zu ihrer Natur und allen Soseinsbestimmungen noch einmal verhalten zu können. Personen haben Distanz zu dem, was sie sind. Der Person ist auch Distanz zu ihren in der Vergangenheit abgeschlossenen Handlungen, das Eingeständnis von Schuld möglich, das eine ganz eigene Art der Stellungnahme bedeutet und das in Hinblick auf den Anderen die Bedingung der Möglichkeit von Verzeihen ist. Daß der Mensch als Person sich von seinem unmittelbaren Erleben, seinen psychischen Reaktionsweisen und Impulsen distanzieren kann, macht für ihn ebenfalls eine Antizipation der Zukunft im Versprechen möglich.

6. "Individuum est ineffabile": Während wir Naturen unter ihrem Wesensaspekt in ihrer allgemeinen Intelligibilität erfassen können, entzieht sich das Individuum und mehr noch die Person einem solchen definierenden Zugriff. Die Person kann gerade in dem, was sie zum unvordenklichen Träger von Eigenschaften und selbstursprünglichen Akten macht, nicht beschrieben oder definiert werden. Beschreiben und definieren können wir immer nur ein "Sosein", das sich von anderem "So-

---

[73] Vgl. Spaemann, Personen, 80 (Bezug nehmend auf Thomas von Aquin): "Das 'forma dat esse' wird sozusagen noch einmal in Klammern gesetzt. Das Ganze aus Materie und Form ist für Thomas von Aquin noch einmal ideell, eine individuelle Wesenheit. ... Dem entspricht, daß für Thomas von Aquin jedem Einzelwesen eine göttliche Idee entspricht. Diese Idee ist die Idee eines Menschen, nicht die einer Person. Denn 'Person' nennen wir diesen Menschen, sofern er außerhalb Gottes, 'extra causam', existiert." Wichtige Hinweise dazu auch ebd., 144–147.

sein" unterscheidet. Als Träger von bestimmten Eigenschaften ist jemand aber prinzipiell verwechselbar. Was jemand als Person ist, erreichen wir darum nicht durch einen definitorischen Erkenntnisakt, sondern durch "Anerkennung".[74] Die Identifizierbarkeit von Subjekten in der Zeit hängt wesentlich mit ihrem Außenaspekt zusammen: Sie sind dieselben, die sie bereits waren, und sind als solche identifizierbar durch den Besitz einer *natura naturata*, ein geschichtlich gewordenes Sosein, über das Personen sich aufeinander beziehen können.[75]

7. "Anerkennung" als Zugang zur Person: Personsein ist kein objektives Vorkommnis, es beruht nicht auf der Zuweisung von Eigenschaften an irgendein Objekt. Jemandem den Status als Person zuerkennen heißt vielmehr, ihm so zu begegnen, daß er in der Weise geachtet wird, wie Personen einander gegeben sind. "Personsein" läßt sich nicht wahrnehmen, denn "Selbstsein ist ja per definitionem das, was nicht als Phänomen gegeben ist".[76] Was uns vorweg gegeben sein muß, ist die in der sinnlichen Erfahrung vermittelte Präsenz des anderen als Lebewesen Mensch, eben so, wie uns Lebendiges überhaupt gegeben ist. Und hier muß sich wieder das inkommensurable *Quis* geltend machen, das jede Person darstellt: Die Anerkennung des anderen als Person folgt nicht aus einem "Speziesismus". Die Wahrnehmung der Zugehörigkeit zur eigenen Spezies gebiert vielleicht Solidarität, aber sie begründet nicht, warum wir ohne Ausnahme keine Person dem Interesse der Spezies opfern dürfen. Wir können Personen nicht gegeneinander aufaddieren: Zehn Menschen sind in ihrer Würde nicht größer als die Würde eines einzigen Menschen. In dem Beziehungssystem von Personen nimmt eben jede einen einmaligen Platz ein.[77] Wir grenzen jemanden aus dem Beziehungsgefüge der Persongemeinschaft aus und bringen damit den Charakter des ganzen Systems zum Verschwinden, wenn Kriterien aufgestellt werden, nach denen darüber entschieden wird, wer überhaupt, und gehöre er auch dem Menschengeschlecht an, dafür in Frage kommt, als Person angesehen zu werden bzw. in die Gemeinschaft von Personen aufgenommen zu werden.

---

[74] Vgl. ebd., 191f; vgl. ebd., 86: "Die Weise, wie das Selbstsein jedes Menschen für jeden anderen wirklich zu sein beansprucht, ist die Anerkennung."

[75] Vgl. ebd., 117.

[76] Vgl. ebd., 193.

[77] Vgl. ebd., 196: "Menschen als Personen wahrzunehmen heißt, diesen apriorischen Beziehungsraum wahrzunehmen, der durch Personalität konstituiert wird. Und nur zusammen mit diesem Beziehungsraum entdecken wir uns selbst als Personen."

8. **Dominium sui actus**: Für Thomas von Aquin spielt "Person" in der Ethik eine wichtigere Rolle als in der Ontologie der endlichen Dinge, in der es eigentlich mehr darum geht, daß "Petrus" Mensch ist. Die einzigartige Würde der Person leitet sich ab aus der Weise, in der sie ihre Tätigkeiten ausübt: Der Person kommt es nämlich zu, Herr ihrer Tätigkeiten zu sein.[78] Dies ist auch der Grund, weshalb sich das "Individuum" in speziellerer und höherer Weise in den vernunftbegabten Substanzen findet, die "nicht nur tätig sind, sondern aus sich (*per se*) tätig werden", wie Thomas sagt.[79] Während Tiere vom Naturtrieb geleitet werden, besitzt der Mensch die Freiheit im Handeln. "Die Person besitzt diese Würde nicht etwa als ein Teil der Gemeinschaft oder auch als *pars principalis* des Universums, sondern aus sich, als ursprüngliche Gabe, auf Grund der ihr innewohnenden vernünftigen Natur und der in dieser wurzelnden Freiheit und höheren Ganzheit."[80] Personen haben das Zentrum ihrer Tätigkeiten in sich selbst, sie werden nicht fremdgesteuert. Weil sie unhintergehbarer Ursprung ihrer Akte sind, kommt ihnen eine gewisse Selbstzugelastetheit zu, die für Thomas als höchstes Vermögen den eigentlichen Adel der Person ausmacht und die Duns Scotus mit dem Begriff der *ultima solitudo*[81] beschreibt. Es ist also die einzigartige Würde der Person, sich in der Weise selbst zu besitzen, daß sie ihr Handeln verantworten kann und damit zum Subjekt freier Handlungen wird.[82] "Aus diesem Selbstverhältnis heraus vermag die Person schöpferisch zu sein, ist sie fähig, in selbstursprünglichen Akten *sich selbst* zu leben, anstatt, wie alle anderen Lebewesen, mehr oder minder 'gelebt zu werden' durch das allgemeine Wesen, das sich in ihnen vollzieht."[83] Induziert von trinitätstheologischen Grundeinsichten, wonach die göttlichen Personen absolut unvergleichliche Träger des göttlichen Wesens und selbstursprüngliche Subjekte der Hervorgänge sind, schlägt hier in diesem Verständnis der Person überhaupt als subjekthafter, unvordenklicher Ursprung ihrer Akte ein Primat des Personalen durch, der im

---

78 Vgl. De pot. 9, 1 ad 3: "... solae substantiae rationales habent dominium sui actus."

79 Vgl. S.Th. I 29, 1: "Sed adhuc quodam specialiori et perfectiori modo invenitur particulare et individuum in substantiis rationalibus, quae habent dominium sui actus, et non solum agunt, sicut alia, sed per se agunt." Vgl. auch S.Th. I 75, 1–3; I–II 1,1.

80 Breuer, 84.

81 Vgl. Burger, 89f.

82 Aus der Sicht des Handelns ist der Personbegriff ein Würdebegriff, der dem Subjekt eine *dignitas* verleiht. Vgl. S.Th. I 29, 3 ad 2: "Propter quod quidam definiunt personam, dicentes quod persona est hypostasis proprietate distincta ad dignitatem pertinente."

83 Schmidbaur, 524.

Vergleich mit der antiken Philosophie als der eigentliche Erkenntnisfortschritt bezeichnet werden muß.[84]

9. Beim-andern-Sein: Das substantielle Für-sich schließt den Menschen nicht nach außen hin ab, sondern ermöglicht ihm gerade eine kommunikative Verfassung seiner Existenz. Diese hängt mit der Transzendenz der Person zusammen. Personen nehmen in dem Kommunikationsraum von Menschen, der ihr Lebensraum ist, einen unverwechselbaren "Ort" ein, der in einem apriorischen Bezug zu allen anderen Orten steht. Jede Person füllt in diesem "Raum" einen Platz aus, der leer bleibt, wenn sie fehlt, weil dieser Platz ausschließlich durch sie definiert ist.[85] Sowohl die Verankerung in der Persongemeinschaft als auch die notwendige Bezogenheit auf das Du des anderen Menschen in der Begegnung (soziale Dimension) sind ein eindeutiges Indiz dafür, daß der Mensch als Person seinshaft zum Anderen hin geöffnet ist. Wer die Person ontologisch von ihrem substantiellen Selbstand her begreift, betreibt keine Monadologie, in der die Person gegen andere Personen abgeschirmt ist, sondern sichert damit ihre unvergleichliche und unableitbare Wirklichkeit. Wer anderes Selbstsein bejaht – im Akt der Anerkennung, Gerechtigkeit und Liebe – ist zu jener Selbstdistanzierung und Selbstaneignung fähig, die für das Personsein konstitutiv ist. Er gewinnt eine Freiheit von sich selbst. Darum ist der Mensch ganz auf andere Personen hingeordnet, obwohl die Gemeinschaft der Person im ontischen Sinn nie übergeordnet sein kann. Allerdings vermag sich der Mensch nur in der Gemeinschaft zur Persönlichkeit zu entwickeln. Dem entspricht, daß die Person ihre letzte Vollendung nie in einer Subjekt-Objekt-Beziehung finden kann, sondern nur in einer Ich-Du-Beziehung.[86] Der Mensch kann nie restlos in der Gesellschaft aufgehen. Gegenüber der Gemeinschaft bleibt er immer personales Ganzes.[87]

---

[84] Vgl. ebd., 525; vgl. auch ebd., 535f: "'*Habet dominium sui actus*' ist eine der bedeutsamsten und aussagekräftigsten Persondefinitionen des hl. Thomas, und wir wissen, daß die Formel '*actiones sunt suppositorum*' bzw. '*actiones in singularibus* sunt' zu den programmatischen Grundeinsichten der thomasischen Trinitätslehre überhaupt zählt."

[85] Vgl. Spaemann, Personen, 172; vgl. ebd., 193: "Personsein ist das Einnehmen eines Platzes, den es gar nicht gibt ohne einen Raum, in dem andere Personen ihre Plätze haben. Das Einnehmen dieses Platzes beruht nicht auf einer Zuweisung durch andere, die bereits vor uns da waren. Jeder Mensch nimmt diesen Platz als geborenes Mitglied kraft eigenen Rechtes ein."

[86] Vgl. Breuer, 86.

[87] Christliches Denken muß gegen die in der postmodernen Philosophie und Religiosität auszumachende Tendenz, das freiheitliche Subjekt als realitätslose Fiktion, als Emergenz bestimmter Strukturen abzutun und es in die Sprache, die Kultur, die kosmische Energie u. a. aufzuheben, gerade diese Unhintergehbarkeit des Personalen zur Geltung

Offenheit charakterisiert die Situation des Menschen im Gegenüber zu seiner Mitwelt und zur Gemeinschaft. Dagegen sind nichtpersonale Lebewesen eingelassen in eine "Umwelt", deren Bedeutsamkeit für das Individuum durch die eigenen, trieblich bedingten Interessen festgelegt ist. Die Person lebt nicht in einer Umwelt mit ihren diversen Elementen, definiert durch die Funktionalität des eigenen Organismus. Sie hat eine "Welt", in der sie sich auch als Vorkommnis in der "Welt" des Anderen begreift. Hierin liegt auch die Wahrheitsfähigkeit des Menschen begründet. Er vermag Seiendes als es selbst zu erkennen, nicht nur so, wie es für ihn unter der Rücksicht seines eigenen psychischen "Ausseinsauf" bedeutsam ist.

1.4. Die Trinitätslehre als Schlüssel für das Verständnis der geschaffenen Person

Die Person tritt als solche erstmals in den Horizont des Denkens, als es um die drei Personen des einen göttlichen Wesens geht. Am trinitarischen Personbegriff, der die Person im Vergleich zur Natur als inkommensurable Wirklichkeit verstehen läßt, geht die beziehentliche Dimension des Personseins auf: Personsein vollzieht sich immer nur im Gegenüber von Personen, in Interpersonalität. Von einer analogischen Prädikationsweise her ist es nicht verboten, die göttliche Person zunächst allgemeiner, dann stets genauer zu bestimmen als "*existens ad* (*alium*)" oder "*subsistens relationale*" bzw. "*subsistens distinctum in natura intellectuali*".[88] Das eine göttliche Wesen, verstanden im Sinne der ersten *ousia* des Aristoteles, existiert nur in der Weise, daß die in ihm subsistierenden Personen dieses Wesen in einer bestimmten Ordnung der Ursprünge aneinander übergeben und auf diese Weise – sich selbst gebend und empfangend – ihre Wirklichkeit haben.

Diese Differenz und das Zueinander der Personen in Gott, die sich in ihrem Handeln "anzielen", machen sehr deutlich, daß der reine Solipsismus mit dem Begriff der Person unvereinbar ist – ein Tatbestand, der gerade auch im "dialogischen Personalismus" hervorgehoben wird. "In ihrem Selbstbezug erfüllen die göttlichen Personen in eminenter Steige-

---

bringen. Die offenbarungstheologisch motivierte Notion der "Person" rechnet immer schon damit, daß der *drei*personale Gott den Menschen im freien Gegenüber-Sein zu sich, d. h. bei aller Inkommensurabilität ebensfalls als Person will und vor dem Nichts rettet. Dies ist gerade im Dialog mit einer Philosophie zu betonen, die das freie und vernünftige Subjekt zum Verschwinden bringt. Diesen Hinweis verdanke ich Thomas Rutte, der über dieses Thema arbeitet.

88 Vgl. M. Schulz, 949.

rung sogar den Gehalt des neuzeitlichen Subjektivitätsbegriffs, ohne dessen Einseitigkeiten zu wiederholen: ohne also die naturale oder dialogische Dimension des Personseins auszublenden."[89] Personalität läßt sich nur begreifen innerhalb eines Raumes, der durch die Vielheit von Personen ausgespannt ist. "Trinität" ist nicht etwas, das einem monopersonalen philosophischen Gottesbegriff im nachhinein aufgesetzt wäre. Wer Gott zuerst als einpersönliches Subjekt denken will (was gewissermaßen mit innerer Notwendigkeit zum Pantheismus führt), um die Dreipersonalität wie einen späteren Zusatz zu behandeln, der vergißt die geschichtlichen Voraussetzungen des Personbegriffs selbst: Erst da, wo die Offenbarung es notwendig machte, von *drei* göttlichen Personen zu reden, entstand die Frage nach der "Person" Gottes. Menschliches Denken hält nicht von sich aus einen fertigen philosophischen Begriff der Person bereit, den es da, wo sich in der heilsgeschichtlichen Offenbarung drei göttliche Personen manifestieren, auf Gott anlegt. Es ist vielmehr umgekehrt: "Das primum analogatum der Anwendung des Personbegriffs auf Gott ist also nicht die Selbsterfahrung des Menschen, die er auf ein anderes Wesen projiziert, sondern die Erfahrung eines Wesens souveräner Seinsfülle und Selbstverfügung, das auch als der transzendente Grund endlicher und geschöpflicher Verwirklichung des Personseins anerkannt werden muß."[90]

Auch menschliches Personsein hat seine Wirklichkeit in einem Beziehungsgefüge, wo es durch eine ganz bestimmte Stelle, die es darin einnimmt, in seiner Unvertauschbarkeit definiert ist. Es wäre jedoch gefährlich, geschaffenes Personsein in reine Relationalität aufzulösen, denn damit würde man die Anerkennung von jemandem als Person abhängig machen vom aktualen Vollzug seiner Interpersonalität. Diese ist zwar für die Entfaltung und zeitliche Verwirklichung einer tatsächlich gelebten und ergriffenen Personalität nicht nebensächlich, doch bedarf die Person im geschöpflichen Bereich einer im voraus existierenden Substanz, damit es überhaupt zur Entfaltung und Aktualisierung der in ihrem naturhaften Sein angelegten relationalen Fähigkeiten kommen kann.[91]

---

89 Ebd.

90 G.L. Müller, Dogmatik, 235.

91 Vgl. Schmidbaur, 401f: "Die Relation vermag sich im Bereich des Geschöpflichen eben nur dann und in soweit zu aktuieren, als sie in den jeweiligen Trägern eine entsprechende wesenhafte Potenz zur Relationalität vorfindet." Vgl. auch M. Schulz, 951: "Mit einem Rückfall in die Form des 'Substanzdenkens' hat es daher nichts zu tun, wenn man Vorbehalte äußert gegenüber einem Personbegriff, der die konkrete menschliche Existenz ausschließlich durch ihre relationale Aktualität bestimmen möchte. Und es ist

Thomas legt in *De potentia* eine an der Kernformel "*distinctum subsistens*" orientierte Definition der Person vor, die man analog auf die göttliche Person, Engel und Menschen anwenden kann: "Weil die individuelle Substanz einer vernunftbegabten Natur eine individuelle, d. h. sowohl für Gott wie für den Menschen als auch für den Engel unmitteilbare und von anderen unterschiedene, Substanz umfaßt, muß 'göttliche Person' ein 'unterschieden Subsistierendes' (*distinctum subsistens*) in der göttlichen Natur bezeichnen, so wie sich 'menschliche Person' auf ein 'unterschieden Subsistierendes' (*distintcum subsistens*) in der menschlichen Natur bezieht."[92]

Wer von einem univoken Seinsbegriff oder besser: von einer univoken Prädikation von "seiend" absieht – was mit der Prävalenz des Seins als Akt immer schon der Fall ist –, der wird den Vollzug der geschöpflichen Interpersonalität nicht einfach als eine diminutive Ausgabe der trinitarischen Relationalität begreifen oder umgekehrt die Weise, wie sich menschliches Personsein intersubjektiv vollzieht, auf die göttlichen Personen übertragen. Es ist vielmehr mit Thomas daran festzuhalten, daß die als subsistente Relation realisierte göttliche Person im Bereich des Geschaffenen unabbildbar bleibt.[93] Und doch läßt sich aus dem, was bisher zum Wesen der Person in der Trinität und als anthropologische Konstante ausgeführt wurde, ein innerer Sinnzusammenhang ausmachen, der ein "Gemeinsames" offenlegt und die analoge Verwendung des Personbegriffs möglich macht: Personen sind immer – so eigentlich das Ergebnis der trinitätstheologischen Erwägungen – subsistierende Realitäten, die ihr Sein haben und in dieser Selbsthabe, anders als etwa Tiere, Subjekte selbstursprünglicher Akte sein können. Der Person eignet eine einmalige, unverwechselbare Form des Selbstbesitzes.

Obwohl auch die Kappadokier, für die das Personsein eine Letztbestimmung von Eigenschaften[94] und damit qualitativer Art war, und selbst Denker wie Aristoteles und Platon "Person" als Träger einer sozialen Rolle sehen konnten, so folgt doch das angemessene Verständnis des menschlichen Personseins aus dem in der Trinitätstheologie eruierten

auch nicht inkonsequent, im trinitätstheologischen Kontext die göttliche Person nun sehr wohl als subsistierende Relation zu definieren, weil die Wesensdifferenz von Gott und Mensch unbedingt zu beachten ist."

92 De pot. 9, 4.

93 Vgl. Schmidbaur, 404: "Ein direktes Abbild der trinitarischen Relation kann es im Bereich des Geschöpflichen also nicht geben und damit eröffnet sich ein unendlicher, für alles Endliche unüberschreitbarer Hiatus zwischen geschöpflicher und göttlicher Relation, der genauso unendlich ist wie der Abstand zwischen Gott und Geschöpf selbst."

94 Vgl. oben, 162; 175.

Primat des Personalen. Erst da, wo die Vorgabe des Glaubens dazu nötigt, Natur und Person in eine unhintergehbare Differenz treten zu lassen, wird es möglich, die Person als die sich relational vollziehende einmalige und unmitteilbare Existenz einer geistigen bzw. leib-geistigen Natur zu verstehen, die, weil sie nicht einfach mit ihrem Sosein identisch ist, Träger selbstverantworteter Akte sein kann. Aus ihrem Selbstbesitz heraus kann die Person zugleich immer auch beim anderen sein.[95]

Wie die Subsistenz, nicht die Substanz, den Mittelpunkt des trinitarischen Denkansatzes ausmacht, so muß auch die geschaffene Person ein inkommensurables Ganzes, Einmaliges und Unvertauschbares sein, dem eine unvergleichliche Würde zukommt. Was die griechische Philosophie noch nicht zu denken vermochte, wird von der Trinitätstheologie her in das Denken eingebracht und zum Grundverständnis von "Person" überhaupt: Daß die Personen unvordenkliche Ursprünge ihrer selbst verantworteten Akte sind, geht aus dem Primat des Personalen in der Trinitätslehre hervor, wo die Personen real verschiedene Letztträger der Wesenheit und unzurückführbarer Ursprung der Hervorgänge sind. Die drei göttlichen Personen sind Trägersubjekte, die die eine ungeteilte Wesenheit in einmaliger Weise besitzen. Verschiedene menschliche Personen dagegen besitzen die durch den Seinsakt individualisierte und zu "dieser" Singularität determinierte menschliche Natur als unhintergehbare Subjekte.

Man wird also resümierend zum Vollzug göttlicher und geschaffener Personalität sagen müssen: Wenngleich die menschliche Person mit der personalen Wirklichkeit in Gott darin übereinkommt, daß die Person ein unableitbares *distinctum*, eine eigene inkommunikable Subsistenz ist, der eine Offenheit gegenüber anderen Personen zukommt, was in ihrer unverfügbaren Substantialität bzw. in dem "esse in" der göttlichen Person seinen Grund hat, so geht doch die menschliche Person im Unterschied zu den göttlichen Personen nicht gänzlich in Relationalität auf. Die Person ist immer letzte Wirklichkeit, die das göttliche Wesen oder die Natur des Menschen trägt, besitzt und durch sie tätig ist.

1.5. Applikation auf die christologische Fragestellung

Um den Bogen zu schließen, ist an dieser Stelle wieder an die Auseinandersetzungen in der Patristik anzuknüpfen, die gezeigt haben, daß die

---

[95] Vgl. Schmidbaur, 519: "Gerade darin und in ihrem einzigartigen Bei-sich-Sein und Beim-anderen-Sein ist sie (die menschliche Person) den göttlichen Personen ähnlich und zeigt sich als nach dem Bilde der göttlichen Personen geschaffen."

Aussagen des NT über die Einheit Jesu mit dem Vater nicht im Sinne einer Adoptionschristologie zu verstehen sind.[96] Einen vorläufigen Abschluß fanden die christologischen Streitigkeiten mit dem Konzil von Chalcedon, das in den nachfolgenden christologischen Reflexionen weiterklang mit der Bekräftigung: Jesus Christus ist wahrhaft Gottes Sohn. Er ist Mensch und ist dennoch identisch mit der zweiten göttlichen Person.

In Abschnitt 9.6. des ersten Teils wurde schon Einiges zur hypostatischen Union der beiden Naturen in Christus gesagt. In der Gemeinschaft mit dem Menschen Jesus begegnet der Mensch wirklich Gott, so hatte sich als soteriologische Quintessenz ergeben. Nach der Erarbeitung einiger Eckpfeiler für ein vertieftes Personverständnis kann jetzt an diese Überlegungen angeknüpft werden:

Sprachlich wurde in der Definition von Chalcedon schon eindeutig zwischen "Natur" – als Bezeichnung der bleibenden Unterscheidung von "Göttlichem" und "Menschlichem" in Christus – und "Person" bzw. "Hypostase" – als Grund der Identität – unterschieden. Trotz dieses denkerischen Fortschrittes konnte durch diese sprachliche Festlegung noch keine inhaltliche Klarheit erreicht werden. Es war vor allem die Ungeklärtheit der Bedeutung des Begriffes "Person", die eine weitere Entfaltung unumgänglich macht. Der "Höhepunkt" der Definition von Chalcedon ist aber darum nicht zugleich "Abschluß" jeder Reflexion auf das Persongeheimnis Jesu Christi, weil sie zwar einerseits die Zentralbegriffe für die Christologie – nämlich "Natur" und "Person" – vorgibt, andererseits aber eine Ausdeutung dieser Begriffe aufgibt. Dies kann aber gar nicht anders geschehen, als daß man sie innerhalb eines jeweiligen Metaphysikkonzeptes versteht und von diesem her deutet. Wenn der scholastischen Theologie eine zu einseitige Orientierung an einer ontologischen Begrifflichkeit vorgeworfen wird, so ist darauf zu achten, daß auch die wesentlichen neuzeitlichen Entwürfe einer Christologie nicht ohne Rekurs auf diese Begrifflichkeit auskommen. Gerade die bewußte Absetzung von der Metaphysik des Seins – etwa bei Jüngel mit Rekurs auf Hegel oder bei Hünermann mit Rekurs auf Heidegger – gebiert wieder eine, diesmal anders verfaßte, "Metaphysik", die den Horizont für die Lösungen in der Christologie angibt.

Es wurde in dieser Studie für das Metaphysikkonzept des hl. Thomas optiert. Auch bei der Erarbeitung eines Begriffs für trinitarisches und geschaffenes Personsein habe ich mich weitgehend an Thomas angelehnt. Innerhalb dieser Konzeption findet die christologische Grundfra-

---

[96] Vgl. Teil 1, oben, 152ff.

ge, wie denn nun das Miteinander von göttlicher und geschaffener Natur in Christus zu behandeln ist, eine Lösung, die ganz an das akthafte Verständnis von "Sein" angelehnt ist, und die hier kurz skizziert werden soll: Die entscheidende Frage innerhalb des christologischen Problemansatzes ist, welcher Stellenwert der menschlichen Natur zukommt, in welchem Seins-Status sie angenommen wird. Wenn man philosophisch das Sein in der Fülle seiner positiven und ungeschichtlichen Aktualität als letzte Wirklichkeit (*actus ultimus*, *actus essendi*) des Seienden nimmt und Personsein von der Subsistenz her begreift, wie es Thomas tut, wird man das Zueinander von Natur und Person in Christus so verstehen, daß die menschliche Natur vom ersten Augenblick ihrer Erschaffung an hineingenommen ist in die Subsistenz der göttlichen Hypostase und in dieser Annahme durch die zweite göttliche Person zugleich in ihr ihre Subsistenz, ihr *esse*, empfängt. Diese Union wird von der Person des Logos verwirklicht, der sich die menschliche Natur zu eigen macht und ihr Subsistenz in seiner eigenen Wirklichkeit verleiht. Insofern es in Christus nur ein Sein, nämlich das substantielle Sein des Suppositums, gibt, wird die menschliche Natur in die Einheit der einen Hypostase aufgenommen. Da man mit Thomas verschiedene Aussageweisen von "Sein" unterscheiden muß, kann man danach fragen, ob denn der menschlichen Natur, wenngleich ihr das substantielle Sein mangelt, ein akzidentelles Sein zugesprochen werden kann. Dies muß verneint werden: Da die menschliche Natur sich gegenüber der göttlichen Person nicht wie ein Akzidens verhält, kommt ihr kein von dieser verschiedenes Sein zu.

> "Weil in Christus zwei Naturen und eine Hypostase sind, muß das, was zur Natur in Christus gehört, ein Zweifaches sein; was dagegen zur Hypostase in Christus gehört, Eines. Das Sein aber gehört zur Hypostase und zur Natur, und zwar zur Hypostase als zu dem, was das Sein hat, zur Natur aber als zu dem, wodurch etwas das Sein hat ... Wenn es irgendeine Form oder Natur gibt, die nicht zum Person-Sein der für sich selbst bestehenden Hypostase gehört, dann wird deren Sein nicht schlechthin das Sein jener Person genannt, sondern nur mit Einschränkung ... Jenes Sein jedoch, das an und für sich zur Hypostase oder zur Person gehört, kann in einer Hypostase oder in einer Person nicht mehrfach vorhanden sein. Denn unmöglich kann ein Ding mehr als ein Sein haben. Wenn daher die menschliche Natur zum Sohne Gottes nicht als zu ihrem Träger bzw. der Person hinzukäme, sondern nur akzidentell ..., dann müßte man in Christus ein doppeltes Sein annehmen, eines, wodurch er Gott ist, und eines, wodurch er Mensch ist ... Da nun die menschliche Natur mit dem Sohne Gottes hypostatisch oder personhaft verbunden ist, aber nicht etwa akzidentell, so folgt daraus, daß ihm mit der menschlichen Natur kein neues Personsein zuwächst, sondern nur eine neue Beziehung des Seins der bereits bestehenden Person zur menschlichen Na-

tur; so daß man sagen kann, jene Person ist nun Träger nicht nur der göttlichen, sondern auch der menschlichen Natur."[97]

Die menschliche Natur ist in voller Integrität aufgenommen, erhält aber ihren Seinsakt von der göttlichen Hypostase her, in der sie subsistiert. Genauso wie eine akzidentelle Verbindung im Sinne einer nur moralischen, willensmäßigen Einheit ausgeschlossen werden muß, verbietet sich auch die Vorstellung von einer substantialen Einheit, wie sie beim Kompositum von Leib und Seele zustande kommt. Was der Glaube in Christus sieht, ist vielmehr eine einzigartige Verbindung, die sonst kein Analogon hat und die allein Gott durch die Sendung des Sohnes verwirklichen kann: Die ewige Sohnesrelation zum Vater, die innertrinitarisch ewig als zweite göttliche Person subsistiert, beginnt durch die Seinseinheit Christi (*unum esse*) in der angenommenen menschlichen Natur auch zeitlich zu subsistieren. Dadurch, daß die menschliche Natur vom Logos radikal angenommen und in die Relation zum Vater hineingenommen ist, macht diese Natur einen wesenhaften Teil der Gesamtwirklichkeit Christi in seiner Relation zu Gott, seinem Vater aus, und begründet seine Einheit mit uns Menschen.

Weil sie nicht in sich selbst subsistiert, sondern in der Hypostase des Logos, kommt der individuellen *natura humana* in Christus kein Personsein zu. Es ist der Logos, der durch, mit und in der menschlichen Natur Jesu erkennt, will, liebt und – beiden Naturen entsprechend – handelt. Daß die *natura assumpta* keinen eigenen Seinsakt ausübt, sondern ihre Aktualität von woanders her empfängt, besagt nicht etwas nur Negatives, denn es kommt ja etwas eminent Positives an die Stelle der tatsächlichen Subsistenz: die konstitutive Union mit Gott.[98]

Allerdings mindert diese Insubsistenz nicht den von der göttlichen Hypostase getragenen, wesenhaften Selbstvollzug der menschlichen Natur in ihrem Denken, Wollen und Handeln.[99] Aufgrund der Union muß nur festgestellt werden, daß der Mensch Jesus nicht für sich allein ist, denkt und die zu einem Menschen gehörenden Tätigkeiten vollzieht, sondern so denkt, will und handelt, daß Gott immer mit ihm ist. Obwohl sie keine Selbständigkeit im Sinne des Suppositums besitzt und zu einem von

---

97 S.Th. III 17,2.

98 Vgl. Schweizer, 116f.

99 Die Befürchtung, daß dem Menschsein innerhalb dieses Konzeptes der hypostatischen Union zuviel an Eigenstand und Eigentätigkeit verloren gehe, äußert W. Kasper, wenn er zur Thomanischen Subsistenztheorie negativ anmerkt, "daß sie nicht realisiert, daß die je größere Einheit die Freisetzung in je größeren Eigenstand bedeute". Vgl. ders., Christus, 286.

der göttlichen Person abhängigen Instrument und Werkzeug (*instrumentum coniunctum*) wird, erreicht die menschliche Natur, gerade in ihrem höchsten Vermögen, dem freien Willen, durch die Einheit mit der Person des Wortes ihre höchste kreatürliche Selbständigkeit, da sie, aktualisiert durch den Seinsakt des Logos, alle ihre naturhaften Möglichkeiten in vollendeter Weise realisiert. Daß es die göttliche Hypostase ist, die das Willensvermögen Jesu aktualisiert und trägt, bedeutet keine Einschränkung der menschlichen Freiheit, sondern im Gegenteil, deren höchstmögliche Vollendung. Der Wille des Menschen Jesus Christus bleibt der Realisierung des göttlichen Heilswillens nicht äußerlich, sondern akzeptiert und ergreift seine hypostatische Einheit mit dem Willen Gottes so, daß der Logos in und mit dem Willen Jesu seinen Heilswillen verwirklicht. Die Besonderheit des menschlichen Wollens und Wirkens im Verhältnis zum göttlichen ergibt sich schon daraus, daß die menschliche Natur Christi nach der Einigung mit dem Logos in ihrer Eigenart vollkommen fortbesteht. Nun ist aber jede lebendige Natur immer ein besonderes Prinzip des Strebens und der Tätigkeit, was a fortiori von jeder geistigen Natur gilt. Würde in Christus nicht die menschliche Natur als ein Ko-Prinzip des Wollens und der Tätigkeit bestehen bleiben, dann wäre Christus als Mensch nur ein totes Idol. All seinem Wollen und Wirken müßte dann die göttliche Natur als *principium quo* zugrunde liegen. Letzteres würde aber evidentermaßen die Heilsabsicht Gottes mit der Menschwerdung untergraben.

Nun ist aber die menschliche Natur als lebendiges Wirkprinzip mit der göttlichen Person zu einer hypostatischen *Einheit* verbunden. Und diese Einheit der in beiden Naturen tätigen Person beruht näherhin darauf, daß die menschliche Natur nicht als ein *für sich bestehendes* Wesen, sondern als eine in die göttliche Person aufgenommene und in ihr bestehende *tätig* ist. Nach dem oben entwickelten Personbegriff – als Selbstbesitz und Selbsthabe – muß man nun aber sagen, daß eben mit der Natur selbst auch deren Tätigkeiten der göttlichen Person *eigen* wird.

Schon in Kapitel 1 des zweiten Teils, wo es um die Frage nach der Relevanz und Identität der Person Christi bei E. Schillebeeckx ging, wurde auf das Ungenügen eines rein psychologischen Personbegriffs zur Erklärung der Seinseinheit Jesu mit Gott hingewiesen.[100] Wer einen von der Bewußtseinsphilosophie herkommenden Personbegriff verwendet, muß seine geschichtlichen Voraussetzungen jeweils mitbedenken: Entsprechend ihrer Wende zur Subjektivität hat die neuzeitliche Philosophie den Personbegriff, unter Eliminierung des Begriffes von "Leben", aus

---

[100] Vgl. oben, 282–308.

dem Zusammenhang des Seinsbegriffs herausgelöst. In konsequentester Weise geschah dies zum ersten Mal bei J. Locke, der die Person vom aktuellen Vollzug des Selbstbewußtseins her definiert.[101]

Wenn man idealtypisch hervorheben will, was für die empiristische Philosophie das "Wesen" der Person ausmacht, wird man – etwas vergröbernd – sagen, daß der Personbegriff allein auf das Subjekt eines möglichen oder wirklichen Selbstbewußtseins bzw. einer autonomen freiheitlichen Selbstverfügung bezogen wird. Wer zu keinem Selbstvollzug in Bewußtseins- und Freiheitsakten fähig ist, der ist auch nicht Person. Es gibt keine dem Selbstbewußtsein und seinen Vollzügen vorausliegende Identität.[102]

Auf der Grundlage der neuzeitlichen Bewußtseinsphilosophie gewinnt das empirische Selbstbewußtsein Jesu mehr und mehr an Interesse und wird zum unhintergehbaren Bezugspunkt der Christologie. Geleitet von der Frage, wie es denn sei, Gott und Mensch zugleich zu sein, haben viele Autoren versucht, unter Zuhilfenahme der Humanwissenschaften, die durch vielfache Einflüsse bedingte Genese des Selbstbewußtseins Jesu nachzuzeichnen.[103] Daß es in unüberwindliche Aporien führen muß, die wirkliche Vereinigung von Gottheit und Menschheit in der einen Person Jesu Christi aufrechtzuhalten, wenn man allein das Bewußtsein oder "Gefühl" Jesu zur Grundlage der Einheit mit Gott macht, wurde bereits eingehend erörtert.[104] Identifiziert man die Person mit dem empirischen Ich-Bewußtsein, wie es eine die Differenz von Sosein und Person des Menschen aufhebende Philosophie tut, dann hat man es bei Christus auf einmal mit zwei *Bewußtseinszentren* zu tun, die irgendwie miteinander zu vermitteln sind, oder die menschliche Natur verliert, weil ihr das Personsein abgesprochen wird, ihre Ganzheit und es bleibt ein unfertiger Mensch übrig. Das empirische Ich-Bewußtsein Jesu und seine empirische Selbstbestimmung werden mit der Hypostase verwechselt: Der Lehre von der hypostatischen Union muß dann unterstellt werden, sie gehe davon aus, daß in Jesus das menschliche Selbstbewußtsein durch das göttliche Bewußtsein ersetzt werde. Daß die Einheit der beiden Naturen, der göttlichen *intelligentia* mit dem menschlichen Bewußtsein, des souveränen göttlichen und des menschlichen Willens, nicht im menschlichen Bewußtsein verwirklicht ist, scheint für manche Autoren außerhalb jeder Perspektive zu liegen. Unter diesen Voraus-

---

[101] Vgl. Locke, Essay, 55.

[102] Vgl. Scherer, 304f.

[103] Vgl. die Beiträge in dem Sammelband von J. Hick (Hg.), The Myth of God Incarnate.

[104] Vgl. oben, 108f.

setzungen läßt sich eine menschliche Natur ohne eigenes Personsein gar nicht wirklich denken.

Ein weiterer Gesichtspunkt ist der, daß sich nur auf dem Hintergrund eines metaphysischen Personbegriffs[105] die werdelose Identität der göttlichen Person in der Inkarnation durchhalten läßt. Es wurde schon eingangs, am Ende der bibeltheologischen Hinführung[106] auf die innere Stringenz der Argumentation Pannenbergs hingewiesen, nach der Jesus, auf den der Vater sich konstitutiv als "Sohn" bezieht, notwendig mit in das Wesen Gottes von Ewigkeit hineingehören muß, weil Gott sonst notwendig ein endliches und das heißt, ihn selbst verendlichendes Korrelat hätte. Dies bedeutet aber auch, daß die Person Jesu nicht erst zum "Sohn" werden kann, sondern von allem Anfang an immer schon sein muß.

An diesem Punkt zeigt sich einmal mehr das Ungenügen eines vom empirischen Ich-Bewußtsein her genommenen Personbegriffs, führt er doch in konsequenter Anwendung zu der Annahme, der Mensch Jesus finde sein Personsein erst in der Zeit, indem er sukzessiv verschiedene Lebensphasen durchläuft, und seine personale Identität sei wesentlich durch seinen Selbstvollzug oder seine empirische Selbstbestimmung vermittelt. Nach P. Hünermann ist es Gott, der "diesen anhebenden Selbststand und dieses werdende Selbstsein Jesu in sich konzentriert".[107] In dieser Konzeption wird Jesus erst Person – ein Vorgang, für den das aktuell im Bewußtsein vollzogene Gegenüber zu Gott konstitutiv ist: "Aus Gottes Gegenüber wird er er selbst."[108] Abgesehen davon, daß unklar bleibt, wer der "vorpersonale" Träger des Selbstvollzugs ist, aus dem die personale Identität erst als Resultante hervorgeht (bedeutet dies nicht einen Verstoß gegen das Prinzip "agere sequitur esse"?), stellt sich bei dem hier gewählten Verständnis von Personsein, das sich an Hegel, Husserl, Heidegger und Levinas anlehnt[109], die Frage, ob denn eine sich im Prozeß ihrer Lebensgeschichte im Übergang von "Etwas" zu "Jemand" befindliche Entität tatsächlich der Terminus der ewigen Ur-

---

[105] Freilich ist es möglich, von der Selbsterfahrung sowie von der Erfahrung des interpersonalen Mitseins her eine Phänomenologie der Person zu schreiben. Es bleibt dabei allerdings ein Desiderat, die Phänomenologie der personalen Erfahrung in Richtung auf eine Metaphysik der Person zu vertiefen und die ontologischen Konstanten des Personbegriffs freizulegen.

[106] Vgl. Abschn. 3.4.

[107] Vgl. Hünermann, 393.

[108] Vgl. ebd.

[109] Vgl. ebd., 386.

sprungsrelation des Vaters sein kann, ohne daß Gott selbst in einen Werdeprozeß hineingerät.[110]

Die Zugrundlegung eines auf Locke zurückgehenden empirischen oder rein phänomenologischen Personbegriffs führt in der Christologie zu vielfältigen Aporien, die unlösbar bleiben, solange keine metaphysische Vertiefung des Begriffs der Person angestrebt wird. Die Anwendung des oben umschriebenen, am Thomanischen Ansatz orientierten Personbegriffs auf das christologische Grundgeheimnis führt nicht dazu, Jesus Christus in seinem Menschsein ein individuelles kreatürlich-endliches Ich-Bewußtsein mit seinen Momenten der freiheitlichen Selbstbestimmung, der sukzessiven Entwicklung, der Lernfähigkeit, des empirischen Nicht-Wissens etc. abzusprechen. Gerade wegen der Vollständigkeit der zu ihrer höchsten Möglichkeit gelangten menschlichen Natur darf ein psychologisches Aktzentrum mit Bewußtsein und Willen nicht von ihm negiert werden. Jesus hat tatsächlich ein psychologisches "Ich" besessen. Zu bedenken bleibt dabei allerdings, daß das empirische Ich-Bewußtsein Jesu von der Person des Logos aktualisiert wird und damit, genauso wie seine gegenständliche Welterfahrung von Anfang an in der organischen Einheit mit den Willens- und Erkenntnishandlungen des ewigen Sohnes steht. Die konstitutiven Momente des Menschsein gehören auf die Seite der Natur und nicht der sie tragenden Hypostase. Es ist ja gerade die Hypostase des Logos, die auch die menschliche Natur mit ihrem kreatürlichen Bewußtsein und Willen trägt.

Zugegeben werden muß, daß auch unter den Voraussetzungen eines metaphysischen Personbegriffs im Hinblick auf das konkrete gnoseologische Miteinander von göttlicher und menschlicher Natur viele Probleme entstehen, vor allem, wenn man mit dem Zustand der Kenose in Leiden und Tod ernst macht, der ja beides, die menschliche Natur und die Person betrifft. Zu zeigen, wie eine materiale Christologie, die nach den Zuständlichkeiten Christi in der Kenose fragt und der paulinischen "*similitudo carnis peccati*" Rechnung trägt, widerspruchsfrei möglich ist, wäre das Thema einer eigenen Studie.

---

[110] Es scheint, als ginge Gott erst durch seinen Hin-Bezug auf den geschichtlichen Lebensweg Jesu, der damit zum konstitutiven Moment des göttlichen Lebensprozesses wird, als Vater hervor. Vgl. ebd. 395: "Es ist der Geist, in dem Gott in seiner sich entbergenden Zuwendung zu Jesus Christus sich als Vater konstituiert." Vgl. ebd., 399: "Unter solchen begrifflichen Voraussetzungen aber wird es theologisch nun denkbar und zugleich 'sach-logisch' erforderlich, daß Tod und Erhöhung Jesu Christi in jenes vordenkliche und alles Da-Sein der Welt entspringen lassende Geschehen hineingehören, in dem der Vater sich zum Vater bestimmt und seinen vielgeliebten Sohn zeugt, worin zugleich das Da-Sein Gottes selbst in und für die Welt – im Geist – konstituiert ist."

2. Schlußreflexion: Die Wirklichkeit der Trinität als notwendiger Verstehensrahmen für die Sendung des Sohnes

2.1. Gottes Erkenntnis als Selbstaussage im ewigen Wort

Zu Beginn dieser Studie stand das Wort Gottes im johanneischen Schrifttum als Höhepunkt eines ungeheuren Umbruchs im Denken, der in Jesus Christus geschehen ist: Wer wie Johannes die Einheit von Vater und Sohn betont, ist in nuce bei einer Trinitätslehre. Dies sei hier erinnert. Er ist von Anfang an das Wort, das in Gott ist, das Gott selbst ist. Und als solches gehört er mit in das Wesen Gottes selbst hinein. Der Sohn richtet uns aus auf den Vater: Verstehen wir, daß der Vater nichts von sich wüßte und vor allem wir nichts von ihm wüßten, wenn es in ihm nicht ein Wort gäbe, in dem er für sich und für uns hell wäre?

Die Wesenheiten der geschaffenen Dinge, wiewohl dem göttlichen Verstand proportioniert, bedürfen eines anderen Lichtes, um *actu intelligibiles* zu werden. Gott aber ist sich selbst Licht. Er erkennt sein Wesen auf vollkommene Weise und aus diesem Erkennen, seiner immer aktualen Selbstdurchlichtung, geht in Gott das Wort hervor.

Wir sind durch Jesu Wort, durch die Annahme an Kindes statt, also durch die Taufe und durch die sakramentale Lebensgemeinschaft mit ihm in der Eucharistie in ihm. Wir haben teil an seiner Erkenntnis, an seiner Liebe, an seiner Hingabe. Und dadurch sind wir in seine Beziehung zum Vater hineingenommen, wir haben darin das Leben. Und dieses Leben ist Erkennen und Lieben. Wir werden dort mitgezeugt, wo der Sohn, das Wort, aus dem Erkennen des Vaters als vollkommener Ausdruck seines Wesens gezeugt wird. Als Kinder Gottes nehmen wir in Gott die Stelle des Sohnes ein. Die innergöttliche Wesensgemeinschaft setzt sich zu uns hin fort, nicht als Teilnahme an einer abstrakten göttlichen Natur, sondern als dynamischer Mitvollzug von Gottes eigenem, ewig-fruchtbarem Erkennen und Wollen, in dem sich die drei göttlichen Personen je neu und unausschöpflich einander schenken und hingeben.

Um die Dynamik des innergöttlichen Lebens zu beschreiben, meidet Thomas eher den Ansatz Richards, der die göttliche Liebesvollkommenheit in Richtung der Dreipersonalität expliziert, sondern greift auf die Analogie des Erkenntnisvorgangs zurück. Es ist nicht von der Hand zu weisen, daß man in seiner Konzeption, nach der sich Gott, da er sich vollkommen erkennt, in seinem einen ewigen Wort ganz und vollständig aussagt, d. h. sein Sein völlig seinem Wort mitteilt, so daß sich sein unendliches Sein im Modus des Erkennens und des ausgesagten Wortes vollzieht[111], einen auch für heutiges trinitätstheologisches Denken fruchtbaren Ansatz vor sich hat.

2.2. Die Relevanz des Personbegriffs für die Christologie

Erst mit einer differenzierten Ontologie und einem präziseren begrifflichen Instrumentarium, wie sie das Mittelalter hervorgebracht hat, lassen sich die verschiedenen Aspekte des Personseins genauer erheben. Es kam mir darauf an zu zeigen, daß die im Personbegriff hervortretende Spannung von Substantialität und Relationalität mit ihrer gegenseitigen Zuordnung in der trinitätstheologischen Herkunft des Begriffs begründet ist. Warum wurden die Momente des Entstehens und die Nuancen im Personbegriff in dieser Weise gewichtet? Die Verwendung eines aus der empirischen Bewußtseinsphilosophie abgeleiteten Personbegriffs, der die personale Identität auf das empirische Ich-Bewußtsein, also auf das Bewußtsein von Identität, zurücknimmt, läuft in der Christologie auf den Grundsatz hinaus, daß die menschliche Natur unfähig ist, von einer göttlichen Hypostase getragen zu sein. Bei den konziliaren Aussagen über das Ineins von Gott und Mensch in der Person Jesu kann es sich dann nur um die Absolutsetzung eines Endlichen im Bereich endlicher Wesenheiten handeln. Inkarnationschristologie hätte die Vergottung der menschlichen Natur Jesu zum zentralen Inhalt.

Bei allem für postchristliches Denken signifikanten Überdruß an der Kategorie des Personalen in ihrem unaufhebbaren Gegenüber zur naturhaften Wirklichkeit zeigt die Handhabe eines nuancierten, in der Seinsmetaphysik verwurzelten Personbegriffs[112] zum einen an, daß die Menschwerdung des Sohnes Gottes nicht mythologisch als Verwandlung von Gott und Mensch mißverstanden werden darf, bei der letztlich auch der Mensch Gott gegenüber seine Würde verlieren würde. Auf der anderen Seite ist es in der Personalität des Menschen begründet, daß das endliche Menschsein Jesu das Medium der geschichtlichen Selbstvergegenwärtigung des Sohnes Gottes in der Zeit werden kann. Aus diesen Gründen kommt die Christologie nicht ohne einen Personbegriff aus, der tiefer reicht als jener der analytischen Bewußtseinsphilosophie.

---

[111] Vgl. Oeing-Hanhoff, Trinitarische Ontologie, 160f.

[112] Der aktuierende Seinsakt ist die Ermächtigung des geistigen Selbstvollzugs der Person in Erkennen und liebendem Wollen.

2.2. Die Umgestaltung des Seinsdenkens im Raum der Offenbarung

Wo Christus als der Mittler zum transzendenten Gott, der die Fülle des Seins ist, geglaubt wird, vollzieht sich bei der spekulativen Vermittlung dieses Geheimnisses ein Umbruch im Denken: Das Grundereignis im *esse ipsum* leitet eine Revolution im Seinsbegriff und im Denken des Seins selbst ein. Solange das Sein in unterschiedsloser Identität mit sich selbst gedacht wird, führt die Konfrontation mit dem Christusereignis in unlösbare Aporien. Zu einem "Umsturz" im Seinsbegriff kommt es erst durch das, was mit "relatio subsistens" ausgesagt wird. Daß es in Gott Identität und Differenz – ein in der absoluten Einfachheit des Seins und Wesens einbehaltenes Gegenüber von distinkten Personen – gibt, das wird von der Offenbarung in das Denken eingebracht. Im trinitarischen Sein hat die Person nicht eine Relation, sondern sie ist Relation. Der Vater ist nur Person, insofern er das Woraufhin des Sohnes ist und umgekehrt. Der Vater ist als subsistenter Selbstand (Hypostase) zugleich Relation, die Relationen in Gott sind zugleich substantiell. Der Vater ist, sofern er "Vater" ist, die "generatio", die Zeugung des Sohnes, also derjenige, der andere sein läßt. Er ist der Akt der Hingabe, nicht bloß der Sprechende, sondern der Akt des Sprechens selbst. Der Sohn ist der sich in eucharistischer Verdankung dem Vater im Heiligen Geist zurück Schenkende.[113] Was Sohn und Geist durch Zeugung und Hauchung besitzen, das hat der Vater vom Ursprung her. Indem sie ihren ganzen Selbstbesitz, die Fülle des göttlichen Seins, so besitzen, daß sie ihn immer zugleich wegschenken, und sich in dieser Bewegung der Hingabe selbst haben, machen die drei göttlichen Personen das Sein Gottes als "Liebe" identifizierbar (1 Joh 4, 8.16).

Die Christusoffenbarung eröffnet eine neue Sicht auf das Problem von Einheit und Vielheit, von Substanz und Relation. Dem antiken Denken galt nur die Einheit als göttlich. Vielheit erschien als Minderung des Seins, als Zerstörung der Einheit. Gegenüber der traditionellen (klassischen) Metaphysik, bei der das letzte Sein die Substanz ist, zeigt sich in dem "Gehabtwerden" der Substanz durch ein je verschiedenes *distinctum subsistens* eine neue, unableitbare Weise dessen, was ist. Christliches Bekenntnis zum dreieinen Gott führt die Überzeugung mit sich, daß Gott jenseits der Kategorien von Einheit und Vielheit und daß auch die Vielheit etwas Göttliches ist. Es entspricht der unendlichen Fülle

[113] Vgl. Balthasar, Theodramatik, Bd. 3, 301; vgl. auch Wallner, 154–156 ("Der Sohn als eucharistische Rückverdankung").

Gottes, daß Einheit und Vielheit in Gott vereint sind. Durch diese Vermittlung von Einheit und Vielheit im trinitarischen Sein ist im letzten jeder metaphysische Dualismus überwunden.

Neuere Theologie versucht dem Autonomiebewußtsein des neuzeitlichen Menschen Rechnung zu tragen. Aus diesem Denken entsteht das von Jüngel sehr deutlich gesehene, im neuzeitlichen Bewußtsein entwickelte Gottesproblem: Wenn es Gott gibt, dann erdrückt er meine Freiheit, dann würgt er mich in meiner Autonomie ab. Deshalb wird der biblische Gottesglaube durch die rationalistische Aufklärung im Kampf gegen den Atheismus auf seinen natürlichen Gehalt (metaphysische Gotteslehre) reduziert. Trinitätslehre wird dabei auf Gottesmetaphysik enggeführt, für die man im modernen Sinn den Begriff "Theismus" bereit hält. Dieser Theismus ist das aufklärerische Gegenstück zu einem Willkürgott positivistischer Offenbarung, der das Heil des Menschen an Bedingungen knüpft, die er einlösen muß, d. h. an die Annahme einer positiven Offenbarung. Der "theistische Gott" ist der, den man durch philosophische Demonstration beweisen kann. Er ist begabt mit höchster Unveränderlichkeit und Mitleidlosigkeit als Ausfluß seiner absoluten Transzendenz. Es ist der Gott, der sich als absolut Seiender selbst genügt und keine Relation zum Menschen und zur Welt besitzt. Gott wird hier von der Metaphysik "überwältigt".

Wegen des Versagens dieses Gottes angesichts des Leids und Unrechts in der Welt betont Jüngel daher, der "Theismus" sei nicht Bundesgenosse der christlichen Theologie, und der Atheismus sei durchaus nicht das "Schreckgespenst" des Glaubens, er sei vielmehr gewissermaßen der Zwillingsbruder des christlichen Glaubens.[114] Als Angelpunkt seiner eigenen Theologie wählt Jüngel deshalb den Einsatz beim Gekreuzigten: Unser Glaube müsse so sein, daß er offen ist für den beim Menschen ankommenden Gott, der in Christus gekreuzigt worden ist. Jüngel entwickelt eine Genese des neuzeitlichen Atheismus, den er mit einem rein offenbarungstheologisch gewonnenen Gottesbegriff überwinden will. Den immer neuen Gott der Liebe vermag Jüngel nur zu denken als einen Gott, der stets neue Möglichkeiten vor sich hat. Vom philosophischen Gottesbegriff "actus purus" befreie nur der Primat des positiv verstandenen Möglichen als des Je-Neuen. Dagegen habe ein Gott "im Sinne des Sich-schon-immer-verwirklicht-Habens"[115] keine Zukunft mehr: Ihm fehle die Möglichkeit, sich selber hinzugeben.[116] Für Jüngel steht

---

[114] Vgl. Jungel, Gott als Geheimnis, 128ff.

[115] Vgl. ebd., 290.

[116] Vgl. ebd., 464.

fest, daß heute betonter Gottes Menschlichkeit herauszuheben ist, d. h. es ist auf den sich in Jesus Christus (am Kreuz) offenbarenden Gott zu schauen. Darum ist Christologie für ihn die Bedingung der Möglichkeit von Theologie überhaupt. Im Kreuzestod ist Gott in seiner Vollgestalt zur Sprache gekommen. Das Kreuz ist damit die letzte Selbstdefinition Gottes. Im Gekreuzigten erweist sich Gott selbst als Liebe.

Im Durchgang durch die auf einer Metaphysik des Seinsaktes basierenden Gottesbeweise und die Lehre von den Gottesattributen habe ich eine Position entwickelt, die sich von derjenigen Jüngels[117] durch eine stärkere Gewichtung der natürlichen Theologie abhebt: Der authentische Theismus ist notwendige Voraussetzung auch für den christlichen Gottesglauben, aber er ist nicht vollkommen; er bringt Paradoxe mit sich und wirft schwierige Fragen auf, die ohne Offenbarung unlösbar wären. So bleibt es ohne die Trinitätsoffenbarung unerfindlich, wie Gott sich auf ein anderes seiner selbst (die Schöpfung) beziehen kann, ohne einen endlichen Referenzpunkt für seine Relationalität zu haben und dadurch selbst verendlicht zu werden. Allerdings, dies sollte der ganze Abschnitt 3.3. (Die Möglichkeit einer philosophischen Gotteserkenntnis) explizieren, ist der Weg über die Christusoffenbarung nicht der erste und einzige Zugang zu Gott, jedenfalls nicht in der Theologie.[118] Vielmehr setzt das Christusmysterium das Gottesgeheimnis voraus.[119] Der unveränderliche Gott der Liebe ist der Garant dafür, daß unsere Hoffnung, aus dem todverfallenen Dasein erlöst zu werden, nicht ins Leere geht. Gegen Jüngel muß herausgestellt werden, daß die Unveränderlichkeit der göttlichen Positivität in der Fülle des Seins die Voraussetzung dafür ist, daß es soteriologisch überhaupt Sinn macht, Gott und Vergänglichkeit zusammenzudenken.[120]

Für Jüngel, so wurde gesagt, ist Christus die Voraussetzung für den Zugang zum trinitarischen Gott. Aber wie kommt man dazu, Jesus mit Gott in Verbindung zu bringen, wenn man nicht vorher weiß, daß es

[117] Ein Gleiches gilt für K. Barth, auf den sich Jüngel in dieser Frage immer wieder bezieht.

[118] Vgl. Stobbe, 139: "Das in den biblischen Schriften zur Sprache gebrachte Existenzverständnis, der biblische Glaube, kann für den heutigen Menschen überhaupt nur dann zu einer existentiellen Herausforderung werden, wenn das Reden von Gott für ihn mehr beinhaltet als eine (sinn-) leere Sprechblase. Genau diese Möglichkeit bestreitet jedoch die sprachorientierte Religionskritik empiristischer oder positivistischer Prägung."

[119] Obwohl gilt: "Niemand kommt zum Vater außer durch mich" (Joh 14,6), so bleibt doch auch eine Erkenntnis Gottes vom letzten Seinsgrund her.

[120] Vgl. M. Schulz, 532f.

Gott geben muß und was man eigentlich meint, wenn man "Gott" sagt? Wenn der irdische Jesus von Gott spricht, dann setzt er voraus, daß seine Hörer eine Notion von Gott, dem Gott Jahwe, dem Gott der Schöpfung, des Bundes und der prophetischen Verheißungen haben. Wenn Jesus eine Antwort sein soll, dann setzt er eine Frage voraus, nämlich die Frage nach dem Grund und Sinn des Daseins, die Frage nach dem transzendenten Gott. Wie im ersten Teil gezeigt wurde, ist die Trinität im Glaubensbewußtsein der frühen Kirche anwesend, insofern Gott sich in Jesus Christus geoffenbart hat. Ohne Referenz auf den Vater, der mit dem in souveräner Seinsfülle handelnden transzendenten Gott und Schöpfer identisch ist, wären die Sendungsvollmacht Jesu und sein Anspruch, der definitive Mittler des Heils zu sein, nicht einlösbar. Göttersöhne gab es im antiken Kulturraum viele. Deshalb war es für die apostolische Kirche, als sie den Glauben im hellenistischen Kontext zu verkündigen begann, klar, daß die Rede vom "Sohn" nicht so verstanden werden dürfte, als beziehe sich Jesus damit auf Zeus oder eine andere mythologische Gottheit.[121] Ganz zu recht hat man den Gott und Vater Jesu Christi mit dem absoluten Seinsgrund der Dinge identifiziert, der nach der Götterkritik der Philosophie dem Denken als der "unbekannte Gott" aufgeht. Deshalb können wir sagen: Die geschichtlich nachweisbare Verbindung des christlichen Trinitätsglaubens mit der Metaphysik ist kein Abfall vom Glauben (Hellenisierungsthese), sondern notwendiges Erfordernis der Reflexion auf die Christusoffenbarung. Deshalb haben auch die Väter gut daran getan, diese Verbindung zwischen dem Besten der griechischen Philosophie und dem christlichen Glauben zu suchen.

Einzig der christliche Trinitätsglaube vermag das Anliegen des Atheismus und A-Theismus aufzugreifen, denn nur weil Gott subsistenter Selbstand und Bezogenheit auf den anderen ist, kann er einem anderen, von ihm Unterschiedenen, Raum geben, damit dieser er selbst sein kann. Weil Gott freie Liebe ist, ist er auch imstande, neben sich ein Subjekt zu setzen, das frei ist. Er bedarf nicht der Welt, weil er in sich selbst personstiftende Gemeinschaft ist. Aber weil er einen anderen in sich selbst sein läßt, um selbst zu sein, ist Gott die Garantie dafür, daß auch der Mensch am meisten er selbst sein kann, wenn er auf Gott bezogen lebt. Der Mensch kann seine Existenz als Liebe und Selbstübereignung in der Beziehung zu Gott vollziehen, weil Gott sich zuvor in Schöpfung und Erlösung auf ihn bezogen hat.

---

[121] Darum sagt Jüngel mit Recht, daß das Kerygma des NT nach dem Begriff des dreieinigen Gottes verlangt, wenn es vor der "Verwechslung mit mythologischer Göttergeschichte" bewahrt werden soll. Vgl. oben, 333, Anm. 571.

Gott aktuiert sein Wesen in einem dreipersonalen Selbstvollzug. Wenn es neben Gott noch anderes, endliches Seiendes gibt, dann nicht, weil Gott sich notwendig auf etwas Nichtgöttliches bezieht – dies wäre der Verlust seiner Souveränität und Unabhängigkeit –, sondern weil er geschaffene Geistnaturen (Engel und Menschen) in Schöpfung und Erlösung, dem freien Akt liebender Teilgabe, mit in die ewigen, realen Relationen des trinitarischen Lebens hineinnimmt.[122] Alles, was ist, ist im Wort und durch das Wort (Joh 1,3) geworden. Die logosmäßige Schöpfung[123] hat ihren ideellen "Ort" im ewigen Gegenüber des Sohnes zum Vater. Schöpfung, Nichtgöttliches kann nur werden, weil es in Gott den zeitlosen Hervorgang des Sohnes aus dem Vater gibt, in dem sie ihr Vorbild hat.[124] Gott der Vater erkennt die Schöpfung und liebt die geschaffenen Wesen, insofern er den Sohn und in ihm alle Dinge erkennt und liebt.[125] Die heilshafte Erhöhung der geschaffenen Geistwesen bewirkt darüber hinaus eine solche Gleichgestaltung mit dem Sohn, daß die begnadeten Geschöpfe im Heiligen Geist real in die Beziehung des Sohnes zum Vater, die eine Erkenntnis- und Liebesrelation ist, eintreten. Die unüberbietbare Selbstoffenbarung Gottes an die Welt muß der sein, der schon innertrinitarisch "Sohn" ist. Durch ihn können endliche kontingente Geschöpfe Teilhaber am göttlichen Leben, der ewigen Selbstaktuierung der unendlichen göttlichen Natur in dreipersonaler Hingabe, werden.

Alle Glaubensaussagen über Jesus Christus und seine Bedeutung für uns Menschen erhalten Struktur und Sinn von der Aussage her, daß Gott selbst in seinem unendlichen Sein dreipersonales Leben und der Mensch in seiner personalen Natur als Ebenbild Gottes zu begreifen ist. Im philosophisch-theologischen Dialog mit den anderen, besonders den polytheistischen und nicht-theistischen Religionen, wird von daher das Subjekt- und Leib-Person-Sein des Menschen den Drehpunkt der Verständigung bilden müssen, wenn man wirklich aufeinander eingehen will.[126]

Aus der trinitätstheologischen Perspektive wird auch die soteriologische Bedeutung der Inkarnation deutlich: Die personale Verbindung von

---

[122] Dies wird spekulativ entfaltet bei M. J. Scheeben, Mysterien 172ff.

[123] Vgl. Kol 1,15ff; Röm 11,36; Offb 21,5.6.

[124] Vgl. S.Th. I 34, 3: "In Verbo importatur respectus ad creaturam. Deus enim, cognoscendo se, cognoscit omnem creaturam. Verbum autem in mente conceptum, est repraesentativum omnis eius quod actu intelligitur. Unde in nobis sunt diversa verba secundum diversa quae intelligimus. Sed quia Deus uno actu et se et omnia intelligit, unicum Verbum eius est expressivum non solum Patris, sed etiam creaturarum."

[125] Vgl. Kol 1,15b; Eph 1,4.

[126] Vgl. oben, 662, Anm. 87.

Gottheit und Menschheit in der hypostatischen Union führt uns selbst an die "Stelle", wo in Gott der Sohn steht, und lässt uns diese Stelle einnehmen. Durch die mit der Menschwerdung gesetzte Relation Christi gewinnen wir einen realen Zugang zum innergöttlichen Leben, das ein Leben in Beziehung von Erkennen und liebender Hingabe ist: Teilhabe an der realen Sohnesrelation. "Die geschichtlich sich ereignende Annahme der Menschennatur durch den Sohn eröffnet uns also einen Relationsraum, in dem wir als Menschen und Brüder Christi in den Raum der Vater-Sohn-Beziehung eintreten und so zum kontingenten Teilhaber des trinitarischen Lebens werden."[127] Das liebende Erkennen, wodurch der Vater sich im Heiligen Geist auf den Sohn bezieht, schließt aufgrund der heilsökonomischen Sendungen die an der Gestalt des Sohnes teilhabenden, ihm ähnlich gewordenen Menschen mit ein. Die tatsächliche Koinzidenz von Gott und Mensch, die Wahrheit des Glaubensurteils, daß Gott Mensch *ist*, verbürgt uns die tatsächliche Teilhabe an der innergöttlichen Relationalität und unsere neue Identität als Kinder Gottes.

Die heilsgeschichtliche Durchsetzung des Erlösungswerkes entspringt also der liebenden Selbstbewegung Gottes als trinitarischem Leben und geschieht nur so, daß geschaffene Personen zur frei geschenkten Teilnahme an der innertrinitarischen communio, d. h. an den realen innergöttlichen Relationen, die sich in Erkennen und Lieben vollziehen, erhoben werden. Nach den Aussagen der hl. Schrift kommt es für den Menschen durch die Gnade Christi zur Erlangung der Sohnschaft[128], was nichts Geringeres bedeutet als ein Hineingenommen werden in das ewige Gegenüber des Sohnes zum Vater im Heiligen Geist.

---

[127] Schmidbaur, 413.

[128] Vgl. Röm 8,9–10; vgl. Mk 3,34f; Eph 1,5.11; Phil 3,10f.

Bibliographie

Die im Literaturverzeichnis verwendeten Abkürzungen richten sich nach S. Schwertner, Internationales Abkürzungsverzeichnis für Theologie und Grenzgebiete. Zeitschriften, Serien, Lexika, Quellenwerke mit bibliographischen Angaben, 2., überarb. u. erw. Auflage. Berlin/New York 1992 (= IATG²).

Zu ergänzen ist:

CPG = Geerard, M., Clavis patrum graecorum I/II, Turnhout 1974/83.

HPhG = Handbuch philosophischer Grundbegriffe, hrsg. von H. Krings/H.M. Baumgartner/Chr. Wild, 3 Bde., München 1973.

I. ANTIKE QUELLEN

ARISTOTELES, Kategorien (Organon I), griech.-dt., übers. u. hrsg. von H.G. Zekl, Hamburg 1998, 1–93.

–, Lehre vom Beweis oder Zweite Analytik (*Analytica Posteriora*), übers. von E. Rolfes, hrsg. von O. Höffe, Hamburg 1976.

–, Lehre vom Satz. *Peri hermeneias* (Organon II), griech.-dt., übers. u. hrsg. von H.G. Zekl, Hamburg 1998, 94–151.

–, Metaphysica (Ed. W. Jaeger), Oxford ³1963. Dt. Text nach der Übersetzung von F. Schwarz, Stuttgart 1974.

–, Physik. Vorlesung über Natur, griech.-dt., übers. u. hrsg. von H.G. Zekl, 2 Bde., Hamburg 1987–88.

–, Über die Seele (*De anima*), griech.-dt., übers. von W. Theiler, hrsg. von H. Seidl, Hamburg 1995.

BOETHIUS, De consolatione philosophiae (CChr 94).

–, Die theologischen Traktate. Übersetzt, eingeleitet und mit Anmerkungen versehen von M. Elsässer, Hamburg 1988, 64–115.

PARMENIDES, Fragmente (Ed. h. Diels/W. Kranz: Fragmente der Vorsokratiker, 3 Bde.), Frankfurt 1974.

PLATO, Opera Omnia, hrsg. von J. Burnet, Oxford 1899–1906. Dt. Text nach der Übersetzung von F. Schleiermacher, hrsg. von W.F. Otto/E. Grassi/G. Plamböck, Hamburg ³1981.

PLOTIN, Opera (Ed. P. Henry/H. R. Schwyzer, Bd. 1–3), Oxford 1977–³1984.

PORPHYRIUS, Isagoge et in Aristotelis Categorias Commentarium (Ed. Busse), Berlin 1887.

PROCLUS, In Platonis Theologiam, griech.-franz. (Ed. Saffrey/Westerink), Paris 1968.

II. VÄTER UND SCHOLASTISCHE AUTOREN

ALEXANDER VON ALEXANDRIEN, Epistola ad Alexandr. Thessal. (Ed. h.-G. Opitz: Athanasius' Werke 3/1, Urk. 14, Berlin/Leipzig 1934).

–, Depositio Arii (Ed. h.-G. Opitz: Athanasius' Werke 3/1, Urk. 4b, Berlin/Leipzig 1934).

ARIUS, Fragmente (Ed. h.-G. Opitz, UKK. z. Geschichte des arianischen Streites, 318–328: Athanisius' Werke 3,1, Lfg. 1 u.2.), Berlin/Leipzig 1934.
ATHANASIUS, Opera (Ed. Opitz, Athanasius' Werke 2,1–3,1; PG 25–28), Berlin 1934.
–, De incarnatione Verbi (SC 199).
–, Orationes contra Arianos (PG 26, 9–467).
AUGUSTINUS, Enarrationes in Psalmos (PL 37; CChr 40).
–, In Joannis Evangelium tractatus (CChr 36).
–, Contra Sermonem Arianorum (PL 42, 683–708).
–, De Trinitate (CChr 50/50A).
–, Sermo Arianorum (PL 42, 677–682).
–, Sermones (PL 38).
BASILIUS, De Spiritu Sancto (SC 17bis).
–, Epistulae (Ed. Y. Courtonne, 3 Bde, Paris 1957–66).
CLEMENS VON ALEXANDRIEN, Paedagogus (SC 70.108.158).
–, Protreptikos (SC 2).
–, Stromateis (SC 30.38.278.279.428). Dt.-Übers: O. Stählin (BKV^2 II 17/19/20), München 1936–1938.
CYRILL VON ALEXANDRIEN, Commentarius in Joannis Evangelium (PG 73–74).
–, Epistula ad Ioann. Ant. de pace (Laetentur): ACO I 1,4 p. 18,22–19,1.
CYRILL VON JERUSALEM, Mystagogicae Catecheses (Übers. u. Einl. v. G. Röwekamp, Fontes Christiani, Bd. 7; Text nach SC 126).
EUSEBIUS VON CAESAREA, Epistulae (Ed. Opitz, A.W. III 1,2 Urk. 22, 42–47).
GREGOR VON NAZIANZ, Orationes 27–43 (SC 250.358.384).
–, Epistula ad Cledonium (SC 208, 36–95).
GREGOR VON NYSSA, Oratio catechetica (Ed. Jäger, Bd. 3/4), Leiden/New York/Köln 1996.
–, Epistula Ad Theophilum adv. Apol. (Ed. Jäger, Bd. 3/1, 126–127).
–, Epistulae (SC 363).
–, Opera, (Ed. W. Jäger/H. Langerbeck/u. a., Bde. 1–17), Berlin/Leiden 1921ff.
HIPPOLYT, Contra Noetum (Ed. Nautin, Paris 1949 = R. Butterworth, London 1977 [TeU]).
IRENÄUS, Adversus haereses (Ed. Brox, Fontes Christiani, Bde. 8/1–5; Buch 5: SC 152.153).
–, Epideixis (Transl. Brox, Fontes Christiani, Bd. 8/1, 32–97)
JOHANNES CHRYSOSTOMUS, In Joannem Homilia (PG 59, 1–482).
JOHANNES DAMASCENUS, De fide orthodoxa (PG 94, 789–1228).
–, Fragm. De unione (PG 95, 232–233).
JOHANNES VON ANTIOCHEN, Ep. ad Cyrillum: ACO I 1,4, p. 8–9.
JUSTIN, Apologia (Ed. Ch. Munier, Paradosis 39: Text u. Übers., Freiburg/Schweiz 1995).
–, Dialogus cum Tryphone (Ed. E.J. Goodspeed, Die ältesten Apologeten. Texte mit kurzen Einleitungen), Göttingen 1914, 90–265.
LEO D. GROSSE, Sermones De Passione (SC 74bis).

–, Ep. 28, Tomus ad Flavianum (Ed. C. Silva-Tarouca, Textus et Documenta ser. Th. 9, PUG, Rom 1932).
LEONTIUS VON BYZANZ, Contra Nestorianos et Eutychianos (PG 86, 1273–1316).
–, Epilyseis (PG 86, 1916–1945).
–, Deprehensio et Triumphus super Nestorianos (PG 86, 1357–96).
LEONTIUS VON JERUSALEM, Adversus Nestorianos (PG 86, 1400–1768).
MAXIMUS CONFESSOR, Ambigua (PG 91, 1031–1418).
–, Disputatio cum Pyrrho (PG 91, 288–353).
–, Epistulae (PG 91, 362–648).
–, Expositio Orationis Dominicae [super Pater noster] (PG 90, 872–909).
–, Mystagogia (PG 91, 657–717).
–, Opuscula Theologica (PG 91, 9–285).
NESTORIUS, Fragmente (Ed. F. Loofs: *Nestoriana*. Die Fragmente des Nestorius, Halle 1905).
–, Liber Heraclidis (Ed. P. Bedjan: Le Livre d'Héraclide de Damas, Leipzig/ Paris 1910; franz. Übers. v. F. Nau, Paris 1910).
ORIGENES, Contra Celsum I–IV (Ed. Koetschau, GCS 2 u. 3,1/2).
–, De principiis = Werke, Bd. 5,1 u. 2, (Ed. Koetschau, GCS 22,1/2).
–, In Jeremian 1–4, Klageliedkommentar = Werke, Bd. 3 (Ed. Klostermann, GCS 6/1).
–, In Joannem Commentarius = Werke, Bd. 4 (Ed. Preuschen, GCS 40).
–, In Matteum Commentarius = Werke, Bd. 10 (Ed. Klostermann, GCS 40).
PROCLUS, Patriarch v. Konstantinopel, Tomus ad Armenios (ACO IV 2, 187–195; PG 65, 856–873).
PS. ATHANASIUS, Contra Apollinarium (PG 26).
PS. DIONYSIUS AREOPAGITA, De divinis nominibus (PG 3,586–994).
–, De mystica theologia (PG 3,997–1064).
RICHARD VON ST. VIKTOR, De trinitate (SC 63).
THEODOR VON MOPSUESTIA, Homilia Catechetica (Ed. R. Tonneau/R. Devresse, Les homélies catéchétiquees de Théodore de Mopsueste [SteT 145], Vatikan 1949. Dt.-Übers: P. Bruns, Fontes Christiani, Bde. 17,1/2.).
THEOPHILUS VON ANTIOCHIEN, Ad Autolycum (Ed. R.M. Grant, Text u. Übers.), Oxford 1970.
THOMAS VON AQUIN, De differentia verbi divini et humani, in: Opuscula Philosophica (Ed. Marietti), Turin/Rom 1954.
–, De ente et essentia, in: Opera omnia, iussu Leonis XIII edita cura et studio Fratrum Praedicatorum (Ed. Leonina), Bd. 43, Rom 1976 (Lat.-dt. Ausgabe übers. u. hrsg. von F.L. Beeretz), Stuttgart 1979.
–, De spiritalibus creaturis, in: Quaestiones disputatae, 2 Bde. (Ed. Marietti), Rom/Turin ^{3}1977.
–, In De anima (Ed. Marietti), Rom/Turin 1959.
–, In De divinis nominibus expositio (Ed. Marietti), Rom/Turin 1950.
–, In duodecium libros Metaphysicorum Aristotelis Expositio (Ed. Marietti), Rom/ Turin 1950.
–, In libros Perihermeneias et Posteriorum Analyticorum Expositio (Ed. Marietti), Rom/Turin ^{2}1964.

–, In Boethii de Trinitate (Ed. Decker), Leiden 1955.
–, In octo libros Physicorum Aristotelis Expositio (Ed. Marietti), Rom/Turin 1965.
–, Quaestiones Quodlibetales I–XII (Ed. Marietti), Rom/Turin ^{9}1956.
–, Questio disputata De anima (Ed. Marietti), Rom/Turin ^{10}1965.
–, Quaestiones disputatae De potentia, in: Quaestiones disputatae, 2 Bde. (Ed. Marietti), Turin/Rom ^{3}1977.
–, Quaestiones disputatae De malo (Ed. Leonina, Bd. 23), Rom 1982.
–, Quaestiones disputatae De veritate (Ed. Leonina, Bd. 22), Rom 1970 (Lat.-dt. Ausgabe der ersten Quaestio übers. u. hrsg. von A. Zimmermann, Hamburg 1986).
–, Scriptum super libros Sententiarum (Ed. Mandonnet), Paris 1929.
–, Summa contra Gentiles (Ed. Leonina, Bd. 13/14), Rom 1918/26 (Lat.-dt. Ausgabe übers. u. hrsg. von K. Albert und P. Engelhardt, 3 Bde., Darmstadt 1974–1990).
–, Summa Theologiae (Ed. Leonia, Bd. 4/5), Rom 1888/89 (Lat.-dt. Ausgabe übers. von Dominikanern und Benediktinern, hrsg. vom Katholischen Akademikerverband, Graz/Wien/Köln 1934ff).
–, Super Epistulas Pauli Apostoli (Ed. Marietti), Rom/Turin ^{8}1953.
–, Super librum de causis expositio (Ed. Saffrey), Freiburg/Schw. 1954.

III. ANDERE QUELLEN

ACTA CONCILIORUM OECUMENICORUM (ACO), hrsg. von E. Schwartz, Straßburg 1914; Berlin/Leipzig 1922–1940.
ARENHOEVEL, D./DEISSLER, A./VÖGTLE, A., Die Jerusalemer Bibel, Freiburg ^{17}1968. Bibelstellen werden in der Regel nach der Deutschen Einheitsübersetzung wiedergegeben, wobei aus Gründen der Genauigkeit auch die Übersetzung der Jerusalemer Bibel (17. Aufl.) herangezogen wird.
DENZINGER, H., Enchiridion symbolorum, definitionum et declarationum de rebus fidei et morum. Kompendium der Glaubensbekenntnisse und kirchlichen Lehrentscheidungen (Abk.: DH). Lat.-dt., übers. u. hrsg. von P. Hünermann, Freiburg ^{37}1991.
VATIKANUM II, Dokumente und Kommentare, in: LThK 12–14, hrsg. von H.S. Brechter u. a., Freiburg ^{2}1986.

IV. LITERATUR

ADICKES, E., Kants Kritik der reinen Vernunft, Berlin 1889.
AERTSEN, J.A., Die Transzendentalienlehre bei Thomas von Aquin in ihren historischen Hintergründen und philosophischen Motiven, in: Thomas von Aquin. Werk und Wirkung im Licht neuerer Forschungen (Miscellanea Mediaevalia, Bd. 19), hrsg. von A. Zimmermann, Berlin/New York 1988, 82–102.
–, Medieval Philosophy and the Transcendentals. The Case of Thomas Aquinas (Studien und Texte zur Geistesgeschichte des Mittelalters, Bd. 52), Leiden/New York/Köln 1996.
AMATO, A., Gesù il Signore. Saggio di Christologia, Bologna 1988.
ANDRESEN, C., Logos und Nomos, Berlin 1955.

–, Zur Entstehung und Geschichte des trinitarischen Personbegriffs in: ZNW 52 (1961) 1–39.
ARIAS-REYERO, A., Thomas von Aquin als Exeget, Einsiedeln 1971.
ARMSTRONG, A.H./MARKUS, R.A., Christian Faith and Greek Philosophy, London 1960.
ARMSTRONG, G.T., Die Genesis in der alten Kirche (BGBH, 4), Tübingen 1962.
ARROYABE, E., Das reflektierende Subjekt. Zur Erkenntnislehre des Thomas von Aquin, Frankfurt a. M. 1988.
AUER, J., Jesus Christus – Gottes und Mariä "Sohn" (Kleine Katholische Dogmatik IV/1), Regensburg 1986.
AYER, A., Ludwig Wittgenstein, London 1986.
BALTHASAR, H.U. v., Kosmische Liturgie. Das Weltbild Maximus' des Bekenners, Einsiedeln ^{2}1961.
–, Theodramatik, Bd. 3: Die Handlung, Einsiedeln 1980.
BARDY, G., Recherches sur S. Lucien d'Antiochie et son école, Paris 1936.
BARTH, K., Kirchliche Dogmatik (Abk.: KD), Bde. I/1–IV/4, Zürich 1932–1967.
BAUSENHART, G., "In allem uns gleich außer der Sünde." Studien zum Beitrag Maximos' des Bekenners zur altkirchlichen Christologie. Mit einer kommentierenden Übersetzung der "Disputatio cum Pyrrho" (TSTP, Bd. 5), Mainz 1992.
BECKER, W.M., The Historical Jesus in the Face of his Death. His Comprehension of its Salvific Meaning in the Writings of Edward Schillebeeckx and Hans Urs von Balthasar, Rom 1994.
BEIERWALTES, W., Identität und Differenz, Frankfurt 1980.
–, Platonismus im Christentum, Frankfurt 1998.
–, Plotin. Über Ewigkeit und Zeit (Enneade III 7), Frankfurt ^{3}1981.
–, Proklus. Grundzüge seiner Metaphysik, Frankfurt ^{2}1979.
BENOIT, A., Saint Irénée. Introduction à l'étude de sa théologie, Paris 1960.
BIETENHARD, "onoma" C. Altes Testament, in: ThWNT, Bd. 5, 252–258.
BIRI, P., Materialismus (Einleitung), in: Ders. (Hg.), Analytische Philosophie des Geistes, Bodenheim ^{2}1993, 31–55.
BITTNER, W.J., Jesu Zeichen im Johannesevangelium. Die Messias-Erkenntnis im Johannesevangelium vor ihrem jüdischen Hintergrund, Tübingen 1987.
BLANK, J., Paulus und Jesus. Eine theologische Grundlegung (Studien zum Neuen Testament 18), München 1968.
BLANK, R., Analyse und Kritik der formgeschichtlichen Arbeiten von Martin Dibelius und Rudolf Bultmann (Bd. 16 der Theologischen Dissertationen, hrsg. von B. Reicke), Basel 1981.
BOEDER, H., Das Bauzeug der Geschichte. Aufsätze und Vorträge zur griechischen und mittelalterlichen Philosophie, hrsg. von G. Meier, Würzburg 1994.
–, Die Dimension der Submoderne, in: Abhandlungen der Braunschweigischen Wissenschaftlichen Gesellschaft, Bd. 4 (1955) 139–150.
BÖHM, T., Die Christologie des Arius. Dogmengeschichtliche Überlegungen unter besonderer Berücksichtigung der Hellenisierungsfrage (Stud. zur Theol. u. Gesch., Bd. 7), St. Ottilien 1991.

BONGARD, W., Zu den philosophisch-theologischen Grundlagen des Personbegriffs, in: SJPH 23/24 (1978/79) 167–181.
BORNKAMM, G., Zum Verständnis des Christus-Hymnus Phil 2,6–11, in: Studien zu Antike und Christentum (Ges. Aufsätze 2), München 1959, 177–187.
BOUYER, L., Das Wort ist der Sohn. Der Weg der Christologie, Einsiedeln 1976.
BRAMBILLA, F.G., La Christologia di Schillebeeckx. La singolarità di Gesù come problema di ermeneutica teologica, Brixen 1989.
BREUNING, W., Die trinitarische Christologie der frühen Konzilien: Plädoyer für ihre Verwurzelung im Christusereignis selbst, in: Gottes ewiger Sohn. Die Präexistenz Christi, hrsg. von R. Laufen, Paderborn 1997, 179–198.
BREUER, C., Person von Anfang an? Der Mensch aus der Retorte und die Frage nach dem Beginn des menschlichen Lebens (Abhandlungen zur Sozialethik, Bd. 36), Paderborn/München 1995.
BROWN, R.E., The Gospel according to St John, hrsg. von B.A. Mastin, London 1968.
BRUAIRE, C., L'être e l'esprit, Paris 1983.
BRÜCK, M. V., Buddhismus. Grundlagen, Geschichte, Praxis, Gütersloh 1998.
BRUGGER, W., "Mitsein", in: Scholastik 31 (1956) 370–385.
–, "Substanz", in: HPhG, Bd. 3, 1449–1457.
BÜRKLE, H., Der Mensch auf der Suche nach Gott – die Frage der Religionen, Paderborn 1996.
BULTMANN, R., Allgemeine Wahrheiten und christliche Verkündigung, in: Ders. Glauben und Verstehen, Bd. 3, Tübingen 1962, 166–177.
–, Das Evangelium des Johannes, Göttingen 1941, Neubearb. 1957.
–, Das Wesen der Geschichte. B: Geschichte und menschliche Existenz, in: Ders., Geschichte und Eschatologie, Tübingen 1958, 138–163.
–, Das Urchristentum als synkretistisches Phänomen, in: Ders., Das Urchristentum im Rahmen der antiken Religionen, Zürich 1949, 195–200.
–, Die Bedeutung der 'dialektischen Theologie' für die neutestamentliche Wissenschaft, in: Glauben und Verstehen, Bd. 1, Tübingen ^{6}1966, 114–133.
–, Die Bedeutung des geschichtlichen Jesus für die Theologie des Paulus, in: Ders., Glauben und Verstehen, Bd. 1, Tübingen ^{6}1966, 188–213.
–, Die Christologie des Neuen Testaments, in: Ders., Glauben und Verstehen, Bd. 1, 245–267.
–, Die Geschichte der synoptischen Tradition, Göttingen ^{9}1979.
–, /Jaspers, K., Die Frage der Entmythologisierung, München 1954.
–, Die liberale Theologie und die jüngste theologische Bewegung, in: Ders., Glauben und Verstehen, Bd. 1, Tübingen ^{6}1966, 1–25.
–, Glauben und Verstehen, Bd. 1, Tübingen ^{6}1966.
–, Glauben und Verstehen, Bd. 3, Tübingen 1962, 166–177.
–, Glauben und Verstehen, Bd. 4, Tübingen ^{2}1967.
–, Jesus Christus und die Mythologie. Das Neue Testament im Licht der Bibelkritik, Hamburg 1964 (dt. Ausgabe).
–, Neues Testament und Mythologie. Das Problem der Entmythologisierung der neutestamentlichen Verkündigung (Nachdruck der Ed. 1941), hrsg. von E. Jüngel, München ^{2}1985.

–, Religion u. Kultur, in: Die Anfänge der dialektischen Theologie, Bd. 2, hrsg. von J. Moltmann, München 1963, 11–29.

–, Theologische Enzyklopädie, hrsg. von E. Jüngel u. K. Müller, Tübingen 1984.

–, Theologie des Neuen Testaments, Tübingen ^{9}1984.

–, Welchen Sinn hat es, von Gott zu reden?, in: Ders., Glauben und Verstehen, Bd. 1, 26–37.

–, Zum Problem der Entmythologisierung, in: Glauben und Verstehen, Bd. 4, Tübingen ^{2}1967, 128–137.

BULTMANN-LEMKE, A., "Bultmanns Briefe", in: Bultmann, Retrospect and Prospect. The Centenary Symposium at Wellesley, hrsg. von E. Hobbs, Philadelphia 1985, 1–12.

BURGER, M., Personalität im Horizont absoluter Prädestination. Untersuchungen zur Christologie des Johannes Duns Scotus und ihrer Rezeption in modernen theologischen Ansätzen (BGPhThMA.NF, Bd. 10), Münster 1994.

CABADA CASTRO, M., Die Suarezische Verbegrifflichung des Thomasischen Seins, in: ThPh 49 (1974) 324–342.

CARNAP, R., Logische Syntax der Sprache, Wien/New York ^{2}1968.

–, Überwindung der Metaphysik durch logische Analyse der Sprache, in: Erkenntnis 2 (1931) 219–241.

CASSIRER, E., Das Erkenntnisproblem in der Philosophie und Wissenschaft der neueren Zeit, Bd. 2, New Haven, Conn. ^{3}1922, repr. Darmstadt 1994.

CAVALCOLI, G., Il Mistero dell'Impassibilità Divina, in: Divinitas 39 (1995) 111–167.

CAVALLIN, A., Studien zu den Briefen des hl. Basilius, Lund 1944.

CERFAUX, L., Les miracles, signes messianiques de Jésus et oeuvres de Dieu selon l'Évangile de Saint Jean, in: Recueil L. Cerfaux, Bd. 2, Löwen 1954, 41–50.

CHRIST, F., Jesus Sophia. Die Sophia-Christologie bei den Synoptikern (AThANT 57), Tübingen 1970.

COBB, JR., J.B., Beyond "Pluralism", in: Christian Uniqueness Reconsidered. The Myth of a Pluralistic Theology of Religions, hrsg. von G. D'Costa, New York 1992, 81–95.

COHEN, H., Logik der reinen Erkenntnis, Berlin 1902.

COLPE, C./HAENCHEN, E./KRETSCHMAR, G., "Gnosis", in: RGG, Bd. 2, 1648–1661.

CONZE, E., Der Buddhismus, Stuttgart ^{10}1995.

CONZELMANN, H., Grundriß der Theologie des Neuen Testamentes, München 1968.

COOPER, D., Metaphor, Oxford 1986.

CORETH, E., Metaphysik, Innsbruck 1961.

COTE, R.G., Christologie und österliche Imagination, in: Conc 33 (1997) 74–82.

COURTH, F., Die Geschichte Jesu für uns. Zum neuen Jesus-Buch von E. Schillebeeckx, in: TThZ 87 (1978) 116–135.

–, Trinität in der Schrift und Patristik (HDG Bd. 2, 1a), Freiburg/Basel/Wien 1988.

CULLMAN, O., Christologie des Neuen Testaments, Tübingen 1957.

CUNNINGHAM, F.A., Judgement in St. Thomas, in: The Modern Schoolman 31 (1953/54) 185–212.

CUYPERS, S.E., Das Problem der personalen Identität in der analytischen Philosophie, in: ZPhF 52 (1988) 568–588.
DEICHGRÄBER, M.R., Gotteshymnus und Christushymnus in der frühen Christenheit. Untersuchungen zu Form, Sprache und Stil der frühchristlichen Hymnen (= Stud. z. Umwelt d. NT 5), Göttingen 1967.
DERRIDA, J., Die différance, in: Postmoderne und Dekonstruktion. Texte französischer Philosophen der Gegenwart, hrsg. von P. Engelmann, Stuttgart 1990, 76–113.
–, Finis hominis, in: Ders., Randgänge der Philosophie, Frankfurt/ M./Berlin/ Wien 1976, 119–142.
–, Heidegger et la question de l'esprit, Paris 1987.
–, Wie nicht sprechen. Verneinungen, Wien 1989.
DESCARTES, R., Discours de la méthode, Texte et Commentaire, hrsg. von E. Gilson, Paris 1976.
–, Meditationes de prima philosophia, lat.-dt., hrsg. v. L. Gäbe, Hamburg 1992.
DIBELIUS, M., Die Formgeschichte des Evangeliums, Tübingen [3]1959.
DODDS, M.-J., The Unchanging God of Love, Freiburg/Schw. 1986.
DUNN, J., Christology in the Making. A New Testament Inquiry into the Origins of the Doctrine of the Incarnation, Philadelphia 1980.
DÜSING, K., Selbstbewußtseinsmodelle. Moderne Kritiken und systematische Entwürfe zur konkreten Subjektivität, München 1997.
DUPONT, J., Essais sur la christologie de saint Jean, Bruges 1951.
DVORAK, R., Gott ist Liebe. Eine Studie zur Grundlegung der Trinitätslehre bei Eberhard Jüngel, Würzburg 1999.
EBELING, G., Jesus und der Glaube, in: Ders., Wort und Glaube, Bd. 1, Tübingen [3]1967, 203–254.
ELDERS, L., Die Metaphysik des Thomas von Aquin in historischer Perspektive, 2 Bde., Salzburg 1985–87.
–, L'accès à Dieu dans l'époque post-moderne, in: Sedes Sapientiae 58 (1996) 1–25.
–, The Philosophy of Nature of St. Thomas Aquinas. Nature, the Universe, Man, Frankfurt 1997.
ELSÄSSER, M., Das Personverständnis des Boethius. Phil. Diss., Münster 1973.
EMERY, G., L'immutabilité du Dieu d'amour es les problèmes du discours sur la 'souffrance de Dieu', in: Nova et vetera 74 (1995) 5–37.
ENDRES, J., Thomasischer Personbegriff und neuzeitlicher Personalismus, in: Thomas von Aquino. Interpretation und Rezeption. Studien und Texte, hrsg. von W.P. Eckert, Mainz 1974, 117–143.
ERDMANN, B., Kants Kritizismus in der 1. Und 2. Auflage der Kritik der reinen Vernunft, Leipzig 1878.
ERNST, J., Anfänge der Christologie (SBS 57), Stuttgart 1972.
–, Propheten II. Biblisch, in: LThK, Bd. 8, [3]1999, 628–633.
ESCRIBANO-ALBERCA, I., Glaube und Gotteserkenntnis in der Schrift und Patristik (HDG Bd. 1, 2a), Freiburg 1973.
FEUILLET, A., Le Christ sagesse de Dieu d' après les épîtres pauliennes, Paris 1966.
–, Les egò eimí christologiques du quatrième évangile, in: RSR 54 (1966) 5–22; 213–240.

FICHTE, J.G., Werke. Auswahl in sechs Bänden, hrsg. von F. Medicus, Leipzig 1912–1922.

FITZMYER, J., Abba and Jesus' Relation to God, in: A cause de l'évangile (FS für J. Dupont), Paris 1985, 15–38.

FOUCAULT, M., Hermeneutik des Subjekts (1982), in: Ders., Freiheit und Selbstsorge, übers. von H. Becker, hrsg. von H. Becker/L. Wolfstetter/A. Gomez-Mueller/R. Fornet-Betancourt, Frankfurt 1985, 32–60.

–, Les mots et les choses, Paris 1966.

–, Sexualität und Wahrheit 1: Der Wille zum Wissen, Frankfurt/M. 1983.

FRANK, M. (Hg.), Analytische Theorien des Selbstbewußtseins, Frankfurt 1994.

FREGE, G., Dialog mit Pünger über Existenz, in: Nachgelassene Schriften, Bd. 1, hrsg. von H. Hermes/F. Kambartet/F. Kaulbach, Hamburg 1969.

–, Logische Untersuchungen, hrsg. von G. Patzig, Göttingen ^{4}1993.

FRICKEL, J., Hippolyts Schrift *Contra Noetum*: ein Pseudo-Hippolyt, in: Logos (FS für L. Abramowski – BZNW 67), hrsg. von H.Ch. Brennecke/E.L. Gramück/Ch. Markschies, Berlin 1993, 87–123.

FROITZHEIM, F., Christologie und Eschatologie bei Paulus (Forschung zur Bibel 35), Würzburg 1979.

GÄDE, G., Eine andere Barmherzigkeit. Zum Verständnis der Erlösungslehre Anselms von Canterbury, Würzburg 1989.

–, Viele Religionen – ein Wort Gottes. Einspruch gegen John Hicks pluralistische Religionstheologie, Gütersloh 1998.

GARCEAU, B., Judicium. Vocabulaire, sources, doctrine de Saint Thomas d'Aquin, Montreal/Paris 1968.

GARRIGUES, J.-M., La Personne composée du Christ d'après Maxime le Confesseur, in: RThom 74 (1974) 181–204.

GERHARDSSON, B., Der Weg der Evangelientradition, in: Das Evangelium und die Evangelien (WUNT 28), hrsg. von P. Stuhlmacher, Tübingen 1983, 79–102.

–, Memory and Manuscript. Oral Tradition and Written Transmission in Rabbinic Judaism and Early Christianity, Lund/Kopenhagen ^{2}1964.

–, Tradition and Transmission in Early Christianity (CNT 20), Lund/Kopenhagen 1964.

GESE, H., Die Herkunft des Herrenmahles, in: Ders., Zur biblischen Theologie, Tübingen 1983, 107–127.

–, "Natus ex Virgine". Probleme biblischer Theologie, in: Vom Sinai zum Zion. Alttestamentliche Beiträge zur biblischen Theologie, München 1974, 130–146.

–, Zur biblischen Theologie. Alttestamentliche Vorträge (BEvT, Bd. 78), München 1978.

GILLIS, CH., An Interpretation of *An Interpretation of Religion*, in: Problems in the Philosophy of Religion. Critical Studies of the Work of John Hick, hrsg. v. H. Hewitt, New York 1991, 28–46.

GILSON, E., Being and Some Philosophers, Toronto 1952.

–, L'être et l'essence, Paris 1948.

GISEL, P., Die Grenzen der Christologie oder die Versuchung der Absolutheit, in: Conc 33 (1997) 63–73.

GLÄSSER, A., Religionskritik, Glaubensbegründung und interreligiöser Dialog. Vom deutschen Idealismus zu Nietzsche und zur Postmoderne (ESt.NF. 42), Regensburg 2000.
GNILKA, J., Das Evangelium nach Markus (EKK II/2 Bde.), Freiburg [3]1989.
–, Jesus von Nazaret. Botschaft und Geschichte, Freiburg [3]1993.
–, Das Matthäusevangelium I–II (HThKNT, 9) 2 Bde., Freiburg/Basel/Wien 1986–1988.
–, Theologie des Neuen Testaments (HThKNT, Suppl. 5), Freiburg 1994.
GOPPELT, L., Theologie des Neuen Testaments, Bd. 1: Jesu Wirken in seiner theologischen Bedeutung, Göttingen 1975.
GORIS, H., Free Creature of an Eternal God, Leuven 1997.
GRESHAKE, G., Der dreieine Gott. Eine trinitarische Theologie, Freiburg 1997.
GRILLMEIER, A., Jesus der Christus im Glauben der Kirche, Bd. 1: Von der Apostolischen Zeit bis zum Konzil von Chalcedon (451), Freiburg/Basel/ Wien [3]1990.
–, Jesus der Christus im Glauben der Kirche, Bd. 2/1: Das Konzil von Chalcedon (451) – Rezeption und Widerspruch (451–518), Freiburg/Basel/Wien 1986.
–, Jesus der Christus im Glauben der Kirche, Bd. 2/2: Die Kirche von Konstantinopel im 6. Jahrhundert, Freiburg/Basel/Wien 1989.
–, Mit ihm und in ihm. Christologische Forschungen und Perspektiven, Freiburg/Basel/Wien [2]1978.
–, Das Scandalum oecumenicum des Nestorius in kirchlich-dogmatischer und theologiegeschichtlicher Sicht, in: Ders., Mit ihm und in ihm, 245–282.
GROTH, K.J., Die Diktatur der Guten. Political Correctness, München 1996.
GUILLET, J., La lumière intellectuelle d'après S. Thomas, in: AHDLMA 2 (1927) 79–88.
HABERMANN, J., Präexistenzchristologische Aussagen im Johannesevangelium. Annotationes zu einer angeblich 'verwegenen Synthese', in: Gottes ewiger Sohn. Die Präexistenz Christi, hrsg. von R. Laufen, Paderborn 1997, 115–142.
–, Präexistenzaussagen im Neuen Testament, Frankfurt 1990.
HAHN, F., Christologische Hoheitstitel. Ihre Geschichte im frühen Christentum (FRLANT, Bd. 83), Göttingen 1963.
–, Methodologische Überlegungen zur Rückfrage nach Jesus, in: Rückfrage nach Jesus, hrsg. von K. Kertelge (QD 63), Freiburg 1974, 11–27.
HALLEUX, A. de, La définition christologique à Chalcédoine, in: RTL 7 (1976) 3–23.155–170.
HARNACK, A. v., Das Wesen des Christentums, Leipzig 1900.
–, Lehrbuch der Dogmengeschichte, Bd. 1, Tübingen [4]1909.
HATTRUP, D., Theologie der Erde, Paderborn 1994.
HEDWIG, K., "Akt. Philosophisch", in: LThK, Bd. 1, [3]1993, 295–299.
–, Die philosophischen Voraussetzungen der Postmoderne, in: IKaZ 19 (1990) 307–318.
–, "Urteil, Urteilskraft", in: HWPh, Bd. 8, 1337–1339.
HEGEL, G.W.F., Grundlinien der Philosophie des Rechts (Theorie-Werkausgabe, Bd. 7, hrsg. von E. Moldenhauer/K.M. Michel), Frankfurt 1970.

–, Vorlesungen über die Philosophie der Religion I–II (Theorie-Werkausgabe, Bd. 16/17, hrsg. von E. Moldenhauer/K.M. Michel), Frankfurt 1969.

HEIDEGGER, M., Die Technik und die Kehre, Pfullingen 1962.

–, Identität und Differenz, Pfullingen [6]1978.

–, Sein und Zeit, Gesamtausgabe, Bd. 2, hrsg. von F.-W. von Hermann, Frankfurt [16]1984.

HEIMSOETH, H., Transzendentale Dialektik. Ein Kommentar zu Kants KrV, Berlin 1966–1971.

HENGEL, M., Die Schriftausleung des 4. Evangeliums auf dem Hintergrund der urchristlichen Exegese, in: JBTh 4 (1989) 249–288.

–, Der Sohn Gottes, Tübingen 1975.

HENRICH, D., Selbstbewußtsein. Kritische Einleitung in eine Theorie, in: Hermeneutik und Dialektik, hrsg. von R. Bubner/K. Cramer/R. Wiehl, Tübingen 1970, 257–284.

HICK, J., A Christian Theology of Religions. The Rainbow of Faiths, Louisville, Kentucky 1995.

–, An Interpretation of Religion. Human Responses to the Transcendent, New Hagen, 1989 (dt.: Religion. Die menschlichen Antworten auf die Frage nach Leben und Tod, hrsg. v. A. Kreiner, München 1996).

–, Disputed Questions in Theology and the Philosophy of Religion, London 1993.

–, Faith and Knowledge A Modern Introduction to the Problem of Religious Knowledge, New York [2]1966.

–, God and the Universe of Faiths. Essays in the Philosophy of Religion, London 1973.

–, God has Many Names, Philadelphia [2]1982 (deutsch: Gott und seine vielen Namen, Altenberge 1985).

–, Jesus and the World Religions, in: Ders. (Hg.), The myth of God Incarnate, Philadelphia 1977, 167–185.

–, Reply to Ch. Gillis, in: Problems in the Philosophy of Religion, hrsg. von H. Hewitt, New York 1991, 51–53.

–, The Metaphor of God Incarnate. Christology in a Pluralistic Age, Louisville 1993.

–, The Logic of the Incarnate, in: RelSt 25 (1989) 409–323.

–, (Hg.), The Myth of God Incarnate, London 1977 (deutsch: Wurde Gott Mensch? Der Mythos vom fleischgewordenen Gott, Gütersloh 1979).

–, The Non-Absoluteness of Christianity, in: Ders./P.E. Knitter, The Myth of Christian Uniqueness. Towards a Pluralistic Theology of Religion, New York 1987, 16–36.

–, Towards a Philosophy of Religious Pluralism, in: Neue Zeitschrift für Systematische Theologie und Religionsphilosophie 22 (1980) 131–149.

HILBERATH, B.J., Der Personbegriff der Trinitätstheologie in Rückfrage von Karl Rahner zu Tertullians "Adversus Praxean" (ITS 17), Innsbruck 1986.

HOCHSTAFFL, J., "Negative Theologie", in LThK, Bd. 7, [3]1998, 723–725.

HOENEN, P., La théorie du jugement d'après S. Thomas, Rom 1953.

HÖDL, L., Die philosophische Gotteslehre des Thomas von Aquin OP in der Diskussion der Schulen um die Wende des 13. zum 14. Jahrhundert, in: RFN, Fasc. I–II 1978, 113–135.

HÖSLE, V., Die Krise der Gegenwart und die Verantwortung der Philosophie. Transzendentalpragmatik, Letztbegründung, Ethik, München 1990.
–, Sein und Subjektivität. Zur Metaphysik der ökologischen Krise, in: Ders., Praktische Philosophie in der modernen Welt, München [2]1995, 166–198.
–, Warum ist die Technik ein philosophisches Schlüsselproblem geworden?, in: Ders., Praktische Philosophie, 87–108.
HOFIUS, O., Der Christushymnus Philipper 2,6–11, 3–17 (= WUNT, Bd. 17), Tübingen 1976.
HOLTE, R., Logos Spermatikos, Christianity and Ancient Philosophy according to St. Justin's Apologies (StTh 12), Lund 1958, 109–168.
HOMANN, H.-TH., Das funktionale Argument. Konzepte und Kritik funktionslogischer Religionsbegründung, Paderborn 1997.
HONECKER, M., Der Lichtbegriff in der Abstraktionslehre des Thomas von Aquin. Eine ideengeschichtliche Studie, in: PhJ 48 (1935) 268–288.
HONNEFELDER, L., Ens inquantum ens. Der Begriff des Seienden als solchen als Gegenstand der Metaphysik nach der Lehre des Johannes Duns Scotus (BGPhThMA.NF, Bd. 16), Münster 1979.
–, "Natura communis", in: HWPh Bd. 6, 493–503.
HORDERN, W., Speaking of God, The Nature and Purpose of Theological Language, New York 1964.
HÜBNER, R., Der Gott der Kirchenväter und der Gott der Bibel. Zur Frage der Hellenisierung des Christentums (Eichstätter Hochschulreden), München 1979.
–, Die Schrift des Apolinarius von Laodicea gegen Photin (Pseudo-Athanasius, Contra Sabellianos) und Basilius von Caesarea (PTS, 30), Berlin/New York 1989.
HÜNERMANN, P., Jesus Christus, Gottes Wort in der Zeit. Eine systematische Christologie, Münster 1994.
HUFNAGEL, A., Thomas von Aquin. Das Geheimnis der Person, Stuttgart 1949.
HUGHES, G.J., Aquinas and the Limits of Agnosticism, in: Ders. (Hg.), The Philosophical Assessment of Theology. Essays in honour of Frederick C. Copleston, Tunbridge Wells 1987, 37–63.
–, On a complex theory of a simple God. An Investigation in Aquina's philosophical Theology, Ithaca 1989.
HUME, D., An Enquiry concerning Human Understanding (The philosophical Works, Bd. 3), hrsg. von T.H. Green/T.H. Grose, London 1874/1875, Nachdr. Aalen 1964.
–, A Treatise of Human Nature, hrsg. von D.F. Norton, Oxford 2000.
HUSSERL, E., Cartesianische Meditationen und Pariser Vorträge (Husserliana, Bd. 1, hrsg. von S. Strasser), Den Haag 1950.
–, Ideen zu einer reinen Phänomenologie und phänomenologischen Philosophie (Husserliana Bde. 3–5, hrsg. von W. u. M. Biemel), Den Haag 1950–1952.
–, Logische Untersuchungen, Halle [4]1928.
HUTCHISON, J.A., Language and Faith, Philadelphia 1963.
IVANKA, E. V., Plato Christianus. Übernahme und Umgestaltung des Platonismus durch die Väter, Einsiedeln 1964.

IWASHIMA, T., Menschheitsgeschichte und Heilserfahrung. Die Theologie von Edward Schillebeeckx als methodisch reflektierte Soteriologie, Düsseldorf 1982.

JAMES, W., Pragmatism, Havard 1975.

JEREMIAS, J., Jesus und seine Botschaft, Stuttgart 1976.

–, Neutestamentliche Theologie. Erster Teil: Die Verkündigung Jesu, Göttingen [4]1988.

JOHANNES PAUL II, Enzyklika Fides et ratio vom 14. September 1998, in: AAS 91 (1999) 1–88; dt.-Übers. in: VApSt 135.

JOHNSON, R., The Origins of Demythologizing. Philosophy and Historiography in the Theology of Rudolf Bultmann, Leiden 1974.

JONSSON, U., Foundations for Knowing God. Bernhard Lonergan's Foundations for Knowledge of God and the Challenge from Antifoundationalism, Frankfurt/Berlin/New York 1999.

JÜNGEL, E., Barth-Studien (Ökumenische Theologie, Bd. 9), Zürich/Köln/Gütersloh, 1982.

–, Das dunkle Wort vom Tode Gottes, in: EK 2 (1969) 133–138; 198–202.

–, Das Evangelium von der Rechtfertigung des Gottlosen als Zentrum des christlichen Glaubens. Eine theologische Studie in ökumenischer Absicht, Tübingen 1998.

–, Das Sein Jesu Christi als Ereignis der Versöhnung Gottes mit einer gottlosen Welt: Die Hingabe des Gekreuzigten, in: Ders., Entsprechungen. Gott-Wahrheit-Mensch. Theologische Erörterungen (BEvTh 88), München [2]1986, 276–284.

–, Der Gott entsprechende Mensch. Bemerkungen zur Gottebenbildlichkeit des Menschen als Grundfigur theologischer Anthropologie, in: Ders., Entsprechungen, 178–192.

–, Der Tod als Geheimnis des Lebens, in: Ders., Entsprechungen, 327–354.

–, Die Freiheit der Theologie (ThSt [B] 88), Zürich 1967.

–, Die Welt als Möglichkeit und Wirklichkeit. Zum ontologischen Ansatz der Rechtfertigungslehre, in: Unterwegs zur Sache. Theologische Bemerkungen (BEvTh 61), München [2]1988, 206–233.

–, Extra Christum nulla salus – als Grundsatz natürlicher Theologie? Evangelische Erwägungen zur "Anonymität" des Christenmenschen, in: Ders., Entsprechungen, 179–192.

–, Gelegentliche Thesen zum Problem der natürlichen Theologie, in: Ders., Entsprechungen, 198–201.

–, Gott als Geheimnis der Welt. Zur Begründung der Theologie des Gekreuzigten im Streit zwischen Theismus und Atheismus, Tübingen [6]1992.

–, Gottes Sein ist im Werden. Verantwortliche Rede vom Sein Gottes bei Karl Barth. Eine Paraphrase, Tübingen [4]1986.

–, Entsprechungen. Gott-Wahrheit-Mensch. Theologische Erörterungen (BEvTh 88), München [2]1986.

–, Leben aus Gerechtigkeit. Gottes Handeln und menschliches Tun (Teil 1), in: EK 21 (1988) 696–701.

–, Jesu Wort und Jesus als Wort Gottes. Ein hermeneutischer Beitrag zum christologischen Problem, in: Ders., Unterwegs, 126–144.

–, ... keine Menschenlosigkeit Gottes ... zur Theologie Karl Barths zwischen Theismus und Atheismus, in: Ders., Barth-Studien, 332–347.

–, "Meine Theologie" kurzgefaßt, in: Entwürfe der Theologie, hrsg. von J.B. Bauer, Graz/Wien/Köln 1985, 163–179.

–, Menschwerdung des Menschen, in: EK 17 (1984) 446–448.

–, Metaphorische Wahrheit. Erwägungen zur theologischen Relevanz der Metapher als Beitrag zur Hermeneutik einer narrativen Theologie, in: Ders., Entsprechungen, 103–157.

–, Paradigma. Antwort an Josef Blank, in: Das neue Paradigma von Theologie. Strukturen und Dimensionen (Ökumenische Theologie, Bd. 13), hrsg. von H. Küng/D. Tracy, Zürich/Gütersloh 1986, 66–71.

–, Person und Gottebenbildlichkeit, in: Christlicher Glaube in moderner Gesellschaft. Enzyklopädische Bibliothek, hrsg. von F. Böckle u. a., Bd. 24, Freiburg 1981, 57–99.

– /Trowitzsch, M., Provozierendes Denken. Bemerkungen zur theologischen Anstößigkeit der Denkwege Martin Heideggers, in: Neue Hefte für Philosophie 23 (1984) 59–74.

–, Quae supra nos, nihil ad nos. Eine Kurzformel der Lehre Luthers vom verborgenen Gott – im Anschluß an Luther interpretiert, in: Ders., Entsprechungen, 202–251.

– /Käsemann, E., Sackgassen im Streit um den historischen Jesus, in: Exegetische Versuche und Besinnungen, Bd. 2 (1964), hrsg. von E. Käsemann, Göttingen ³1970, 31–68.

–, Thesen zur Grundlegung der Christologie, in: Ders., Unterwegs, 274–295.

–, Tod (ThTh 8), Gütersloh ³1985.

–, Vom Tod des lebendigen Gottes. Ein Plakat, in: Ders., Unterwegs, 246–256.

–, Unterwegs zur Sache. Theologische Bemerkungen (BEvTh 61), München ²1988.

–, Zur Freiheit eines Christenmenschen. Eine Erinnerung an Luthers Schrift (KT 30), München ²1981.

KÄSEMANN, E./BULTMANN, R., Sackgassen im Streit um den historischen Jesus, in: Ders. (Hg.), Exegetische Versuche und Besinnungen, Bd. 2 (1964), Göttingen ³1970, 31–68.

KALTER, A., Kants vierter Paralogismus, Meisenheim 1975.

KALTENBRUNNER, G.-K., Dionysius vom Areopag. Das Unergründliche. Die Engel. Und das Eine, Kusterdingen 1996.

KAMPER, D., Die Auflösung der Ich-Identität. Über einige Konsequenzen des Strukturalismus für die Anthropologie, in: Die Austreibung des Geistes aus den Geisteswissenschaften. Programme des Poststrukturalismus, hrsg. von F.A. Kittler, Paderborn 1980, 79–86.

KANT, I., Der einzig mögliche Beweisgrund zu einer Demonstration des Daseins Gottes, hrsg. von W. Weischedel (Werke in 10 Bde.), Darmstadt 1956, Bd. 2, 621–738. Ich zitiere Kant nach der Original-Paginierung. Bei den nach der Akademie-Ausgabe (Gesammelte Schriften) zitierten Schriften werden die Seitenzahlen mit angeführt.

–, Die Religion innerhalb der Grenzen der bloßen Vernunft, hrsg. von W. Weischedel (Werke in 10 Bde.), Darmstadt 1956, Bd. 7.

–, Gesammelte Schriften, begonnen von der Königlich-Preußischen Akademie der Wissenschaften (Akademie-Ausgabe), Berlin 1902ff (Für die "Kritik der Urteilskraft", "Preisschrift", "Logik", die "Träume eines Geistersehers", Briefe, "Reflexionen", den "Streit der Fakultäten", "Von einem ... Ton" und die Nachlaß-Schriften).

–, Kritik der praktischen Vernunft, hrsg. von W. Weischedel (Werke in 10 Bde.), Darmstadt 1956, Bd. 6

–, Kritik der reinen Vernunft, hrsg. von W. Weischedel (Werke in 10 Bde.), Darmstadt 1956, Bde. 3 u. 4, Abk.: KrV.

–, Prolegomena zu einer jeden künftigen Metaphysik, die als Wissenschaft wird auftreten können, hrsg. von W. Weischedel (Werke in 10 Bde.), Darmstadt 1956, Bd. 5, 113–264.

–, Über eine Entdeckung, nach der alle neue Kritik der reinen Vernunft durch eine ältere entbehrlich gemacht werden soll, hrsg. von W. Weischedel (Werke in 10 Bde.), Darmstadt 1956, Bd. 5, 293–373.

KASPER, W., Das Wahrheitsverständnis der Theologie, in: Wahrheit in Einheit und Vielheit, hrsg. von E. Coreth, Düsseldorf 1987, 170–193.

–, Der Gott Jesu Christi, Mainz [2]1983.

–, Jesus der Christus, Mainz [10]1986.

KELLY, J.N.D., Altchristliche Glaubensbekenntnisse. Geschichte u. Theologie, Göttingen 1972.

–, Early Christian Doctrines, London [4]1958.

KEMP SMITH, N., A Commentary to Kant's 'Critique of pure Reason', London 1930.

KENNEDY, PH., Deus Humanissimus. The Knowability of God in the Theology of Edward Schillebeeckx (Ökumenische Beihefte zur FZPhTh, 22), Freiburg/Schw., 1993.

KERTELGE, K., Die Vollmacht des Menschensohnes zur Sündenvergebung (Mk 2,10), in: Ders. (Hg.), Orientierung an Jesus. Zur Theologie der Synoptiker (FS für J. Schmid), Freiburg 1973, 205–213.

KESSLER, H., "Auferstehung", in: LThK, Bd. 1, [3]1993, 1185–1190.

–, Christologie (HDG Bd. 1), hrsg. von T. Schneider, Düsseldorf 1992, 241–444.

KIBLE, B.TH., "Person", in: HWPh, Bd. 7, 283–300.

KITTEL, G., "abba", in: ThWNT, Bd. 1, 4ff.

KLEBA, E., Die Anthropologie des hl. Irenäus (KGS 2,3), Münster 1894.

KLIMEK, N., Der Gott – der Liebe ist. Zur trinitarischen Auslegung des Begriffs "Liebe" bei Eberhard Jüngel, Essen 1986.

KLUBERTANZ, G.P., St. Thomas and the Knowledge of the Singular, in: The New Scholasticism 26 (1952) 135–165.

KLUXEN, W., "Analogie", in: HWPh, Bd. 1, 214–227.

–, Das Seiende und seine Prinzipien, in: Grundprobleme der großen Philosophen, Göttingen, hrsg. von J. Speck [2]1982, 184–189.

–, Der Übergang von der Physik zur Metaphysik im thomistischen Gottesbeweis, in: FZPhTh 40 (1993) 44–54.

–, Seele und Unsterblichkeit bei Thomas von Aquin, in: Seele. Ihre Wirklichkeit, ihr Verhältnis zum Leib und zur menschlichen Person, hrsg. von K. Kremer, Leiden/Köln 1984, 66–83.

KONGREGATION FÜR DIE GLAUBENSLEHRE, Erklärung *Dominus Jesus*. Über die Einzigkeit und die Heilsuniversalität Jesu Christi und der Kirche vom 6. August 2000, in: Osser. Rom. 36 vom 8. September 2000, 7–12; VApSt 148.

KOPPEHL, T., Der wissenschaftliche Standpunkt der Theologie Isaak August Dorners (TBT 78), Berlin/New York 1997.

KREINER, A., Die Relevanz der Wahrheitsfrage für die Theologie der Religionen, in: MThZ 41 (1990) 21–42.
KRINGS, H., Moderne oder Postmoderne? Weinheim 1986.
KÜMMEL, W.G., Einleitung in das Neue Testament, Heidelberg [19]1978.
KÜNG, H., Christentum und Weltreligionen. Hinführung zum Dialog mit Islam, Hinduismus und Buddhismus, München 1984.
–, Weltethos für Weltpolitik und Weltwirtschaft, München 1997.
KUSCHEL, K.-J., Geboren vor aller Zeit? Der Streit um Christi Ursprung, München/Zürich 1990.
KUTSCHERA, F. v., Vernunft und Glaube, Berlin/New York 1990.
LAMPE, G., God as Spirit, Oxford 1977.
LACAN, J., Subversion des Subjektes und Dialektik des Begehrens im Freudschen Unbewußten, in: Schriften, Bd. 2, Olten 1975, 165–230.
LAUFEN, R., Der anfanglose Sohn. Eine christologische Problemanzeige, in: Ders., Gottes ewiger Sohn. Die Präexistenz Christi, Paderborn/München/Wien/Zürich 1997, 9–29.
LEON-DUFOUR, X., Les évangiles et l'histoire de Jésus, Paris 1963.
LEHMANN, K., "Hermeneutik", in: SM, Bd. 2, 676–684.
LEVINAS, E., Totalität und Unendlichkeit. Versuch über die Exteriorität, Freiburg/ München 1987.
LIBERA, A. de, Les sources gréco-arabes de la théorie médiévale de l'analogie de l'être, in: EPh (1989) 319–345.
LIÉBART, J., Christologie. Von der Apostolischen Zeit bis zum Konzil von Chalcedon (451) (HDG III 1a), Freiburg/Basel/Wien 1965.
LOCKE, J., En Essay concerning Human Understanding, hrsg. von P.H. Nidditch, Oxford 1975.
LÖHR, W.A., "Eudoxius", in: LThK, Bd. 3, [3]1995, 978–979.
LÖSER, W., Christologie zwischen kirchlichem Glauben und modernem Bewußtsein, in: ThPh 51 (1976) 257–266.
–, "Jesus Christus – Gottes Sohn, aus dem Vater geboren vor aller Zeit", in: IKaZ 6 (1977) 31–45.
LONERGAN, B., Die Einsicht. Eine Untersuchung über den menschlichen Verstand, 2 Bde., übers. u. hrsg. von H. Fluri u. G. Sala, Dartford 1995.
–, Cognitional Structure, Collected Works of Bernhard Lonergan, Bd. 4, hrsg. von F.E. Crowe/R.M. Doran, Toronto 1988, 203–221.
–, Methode in der Theologie, übers. u. hrsg. von J. Bernard, Nachwort von G. Sala, Leipzig 1991.
–, Verbum. Word and Idea in Aquinas, Collected Works of Bernhard Lonergan, Bd. 2, hrsg. von F.E. Crowe/R.M. Doran, Toronto 1997.
LOOFS, F., Leontius von Byzanz und die gleichnamigen Schriftsteller der griechischen Kirche. I. Das Leben und die polemischen Werke des Leontius von Byzanz (TU 3,1.2), Leipzig 1887.
LOTZ, J.B., Martin Heidegger und Thomas von Aquin. Mensch-Zeit-Sein, Pfullingen 1975.
LUIBHEID, C., The Arianism of Eusebius of Nicomedia, in: IThQ 43 (1976) 3–23.
LUTHER, M., Kritische Gesamtausgabe, hrsg. von H. Böhlau, Weimar 1883ff.
LYOTARD, J.-F., Der Widerstreit, München 1987.

–, La condition postmoderne, Paris 1979.
–, Le postmoderne expliqué aux enfants, Paris 1986.
MAAS, W., Unveränderlichkeit Gottes, München 1974.
MacDONALD, S., Theory of Knowledge, in: The Cambridge Companion to Aquinas, hrsg. von N. Kretzmann/E. Stump, Cambridge 1993, 160–195.
MACKIE, J., Problems from Locke, Oxford 1976.
MAGGIONI, B., Il Vangelo di Giovanni, in: I Vangeli, hrsg. von M. Serenthà, Assisi 1975, 1301–1713.
MALCOLM, N., Wittgenstein: A Religious Point of View?, Cornell 1994.
MARECHAL, J., Le point de départ de la metaphysique, Paris 1944ff.
MANSFELD, J., Compatible Alternatives: Middle Platonist Theology and the Xenophanes Reception, in: Knowledge of God in the Graeco-Roman World (Études prélimniaires aux religions orientales dans l'empire Romain, Bd. 12), hrsg. von R. van den Broek/T. Baarda/J. Mansfeld, Leiden 1988, 92–117.
MARITAIN, J., Réflexions sur la natur blessée et sur l'intuition de l'être, in: Revue thomiste (1968) 5–40.
MARXSEN, W., Die Auferstehung Jesu von Nazareth, Gütersloh 1968.
McINERNY, R., Aquinas and Analogy, Washington 1996.
–, Being and Predication, Washington 1986.
–, Studies in Analogy, Den Haag 1968.
–, The Logic of Analogy. An Interpretation of St Thomas, Den Haag 1961.
MENKE, K.-H., Die Einzigkeit Jesu Christi, Einsiedeln 1998.
–, Stellvertretung. Schlüsselbegriff christlichen Lebens und theologische Grundkategorie, Einsiedeln 1991.
MENSCHING, G. (Hg.), Der Katholizismus – sein Stirb und Werde, Leipzig 1937.
MERKI, H., Ὁμοιωσις Θεω..Von der platonischen Angleichung an Gott zur Gottähnlichkeit bei Gregor von Nyssa, Freiburg/Schw., 1952.
MILANO, A., Persona in Teologia. Alle origini del significato di persona nel christianesimo antico, Rom 1996.
MIRANDA, J.P., Die Sendung Jesu im vierten Evangelium. Religions- u. theologiegeschichtliche Untersuchungen zu den Sendungsformeln (SBS 87), Stuttgart 1977.
MOINGT, J., Die Christologie der jungen Kirche – und der Preis für die kulturelle Vermittlung, in: Conc 33 (1997) 56–62.
MONDIN, B., Gesù Christo salvatore dell'uomo. Christologia storica e sistematica (Edizioni Studio Domenicano), Bologna 1993.
MOODY, D., God´s Only Son: The Translation of John 3,16 in the Revised Standard Version, in: JBL 72 (1953) 213–219.
MORRIS, TH., The Logic of God Incarnate, Ithaca N.Y. u. London 1986.
MÜLLER, G.L., Katholische Dogmatik, Freiburg/Basel/Wien 1995.
–, Christologie – Die Lehre von Jesus dem Christus, in: Glaubenszugänge. Lehrbuch der Katholischen Dogmatik, Bd. 2, hrsg. v. W. Beinert, Paderborn 1995, 3–297.
–, "Enhypostasie", in: LThK, Bd. 3, [3]1995, 673–674.
–, Erkenntnistheoretische Grundprobleme einer Theologie der Religionen, in: FKTh 15 (1999) 162–179.

–, Hebt das Sola-fides-Prinzip die Möglichkeit einer natürlichen Theologie auf?, in: Catholica 40 (1986) 59–96.

MÜLLER, K., Wieviel Vernunft braucht der Glaube?, in: Ders. (Hg.), Fundamentaltheologie. Fluchtlinien und gegenwärtige Herausforderungen, Regensburg 1998, 77–100.

NATORP, P., Religion innerhalb der Grenzen der Humanität, Leipzig 1894.

NEUGEBAUER, F., Die Entstehung des Johannesevangeliums, Stuttgart 1968.

NEUNER, R., Der Glaube als subjektives Prinzip der theologischen Erkenntnis, in: Handbuch der Fundamentaltheologie, hrsg. v. W. Kern/H.J. Pottmeyer/M. Seckler, Bd. 4, Freiburg 1988, 51–67.

–, Der Modernismus und die Frage nach Gott, in: Catholica 32 (1978) 299–309.

–, Lebendige Tradition. Katholische Theologen im 19. Jahrhundert, in: Stimmen der Zeit 195 (1977) 206–208.

NICOLAS, J.-H., Aspects épistemologique de la révélation, in: La doctrine de la révélation divine de saint Thomas d'Aquin. Actes du symposium sur la pensée de saint Thomas d'Aquin tenu à Rolduc, les 4 et 5 novembre 1989 (Studi Tomistici 37), hrsg. v. L. Elders, Rom 1990, 151–170.

NISHITANI, K., Die religiös-philosophische Existenz im Buddhismus, in: Sinn und Sein. Ein philosophisches Symposion, hrsg. von R. Weiser, Tübingen 1960, 381–398.

–, Was ist Religion?, Frankfurt/Main 1982.

NIEWIADOMSKI, J., Begegnung von Religionen im weltzivilisatorischen Kontext, in: Christus allein? Der Streit um die pluralistische Religionstheologie (QD 160), hrsg. von R. Schwager, Freiburg/Basel/Wien 1996, 83–94.

OEING-HANHOFF, L., Mensch und Natur bei Thomas von Aquin, in: ZkTh 101 (1979) 300–315.

–, Methoden der Metaphysik im Mittelalter, in: Die Metaphysik im Mittelalter. Ihr Ursprung und ihre Bedeutung (Miscellanea Mediaevalia, Bd. 2), hrsg. von A. Zimmermann, Berlin 1963, 71–91.

–, Trinitarische Ontologie und Metaphysik der Person, in: Trinität. Aktuelle Perspektiven der Theologie (QD 101), hrsg. v. W. Breuning, Freiburg/Basel/Wien 1984, 143–182.

–, Wesen und Formen der Abstraktion nach Thomas von Aquin, in: PhJ 71 (1963) 14–37.

OGDEN, S., The Point of Christology, London 1982.

OHLIG, K.-H., Fundamentalchristologie. Im Spannungsfeld von Christentum und Kultur, München 1986.

ORTEGA Y GASSET, J., Gesammelte Werke, übers. von H. Flessa/A. Horst/U. Weber/H. Weyl, Augsburg 1996.

–, Betrachtungen über die Technik, in: Gesammelte Schriften, Bd. 4, 7–69.

–, Schriften zur Phänomenologie, übers. von A. Campos/J. Uscatescu, hrsg. von J. San Marin, München 1998.

OTTO, ST., Person und Subsistenz. Die philosophische Anthropologie des Leontius von Byzanz, München 1968.

OWENS, J., An Elementary Christian Metaphysics, Texas ^{2}1963.

–, "Judgement and Truth in Aquinas", in: Ders., St. Thomas Aquinas on the Existence of God. Collected Papers, hrsg. von J.R. Catan, New York 1980.

–, The Doctrine of Being in the Aristotelian Metaphysics, Toronto 1951.
PANNENBERG, W., Grundzüge der Christologie, Gütersloh [6]1982.
–, Systematische Theologie, 2 Bde., Göttingen 1991.
PARENT, J.M., La doctrine de la création dans l'école de Chartres, Paris/ Ottawa 1938.
PARFIT, D., Reasons and Persons, Oxford 1984.
PATON, H.J., Kant's Metaphysics of Experience, Bd. 1, London 1936.
PAULSEN, F., Immanuel Kant. Sein Leben und seine Lehre, Stuttgart [6]1920.
PAULUS, E., Liebe – das Geheimnis der Welt. Formale und materiale Aspekte der Theologie Eberhard Jüngels (Bonner Dogmatische Studien 7), Würzburg 1990.
PHELAN, G., St. Thomas and Analogy, Milwaukee 1943.
PHILIPS, D.Z., Faith after Foundationalism, Macmillan 1988.
PIEPER, J., Kreatürlichkeit. Bemerkungen über die Elemente eines Grundbegriffs, in: Thomas von Aquin 1274/1974, hrsg. von L. Oeing-Hanhoff, München 1974, 47–70.
–, Was ist Interpretation, in: Gesammelte Werke, hrsg. von B. Wald, Bd. 3, Hamburg 1995, 212–235.
PIEPMEIER, R., Religionsbegriff und Vernunftbegriff, in: Wiederkehr der Religionen?, hrsg. von W. Oelmüller, Paderborn 1984, 74–92.
PLANTINGA, A., Ist der Glaube an Gott berechtigterweise basal?, in: Analytische Religionsphilosophie, hrsg. von C. Jäger, Paderborn 1998, 317–330.
POLLAQ, A., Die Christologie der Logienquelle (WissMonaANT 45), Neukirchen-Vluyn 1977.
POLLARD, T.E., Johannine Christology and the Early Church, Cambridge 1970.
POTTERIE, I. de la, Het Passieverhaal volgens Johannes (Schrift en Liturgie, 4), Brugge 1983.
–, La vérité dans saint Jean I–II (Analecta Biblica 73/74), Rom 1977.
–, Studi di cristologia giovannea ("Dabar": Studi biblici e giudaistici 4), Genua [3]1992.
POTTMEYER, H.J., Sinnfrage und Gottesfrage, in: Tendenzen der katholischen Theologie nach dem zweiten Vatikanischen Konzil, hrsg. von G. Kaufmann, München 1979, 158–180.
PRAUSS, G., Kant und das Problem der Dinge an sich, Bonn [3]1989.
PREUSS, H.D., Theologie des Alten Testaments, 2 Bde., Bd. 1: Jahwes erwählendes und verpflichtendes Handeln, Stuttgart 1991.
PRÖPPER, TH., Erlösungsglaube und Freiheitsgeschichte. Eine Skizze zur Soteriologie, München [3]1991.
PUNTEL, B., Wahrheitstheorien in der neueren Philosophie, Darmstadt [3]1993.
PUTNAM, H., Für eine Erneuerung der Philosophie, Stuttgart 1997.
QUINE, W.V.O., On what there is. From a Logical Point of View, Cambridge/ Massachusetts 1961.
QUINTON, A., "The Soul", in: Personal Identity, hrsg. von J. Perry, Berkeley 1975, 51–72.
RAHNER, K., Die Christologie innerhalb einer evolutiven Weltanschauung, in: Ders., Schriften zur Theologie, Bd. 5, Einsiedeln 1962, 183–221.

–, Neuer Modernismus? Zu dem Buch: Der Katholizismus. Sein Stirb und Werde (herausgegeben von G. Mensching), in: Ders., Sämtliche Werke, Bd. 4 (Hörer des Wortes. Schriften zur Religionsphilosophie und zur Grundlegung der Theologie), hrsg. von K. Lehmann/J.-B. Metz/K.-H. Neufeld/A. Raffelt/H. Vorgrimmler, Freiburg 1997, 313–323.

–, Schriften zur Theologie, Bd. 5, Einsiedeln 1962.

–, Schriften zur Theologie, Bd. 6, Einsiedeln 1965.

RATZINGER, J., Der angezweifelte Wahrheitsanspruch. Die Krise des Christentums am Beginn des dritten Jahrtausends, in: FAZ 8.1. 2000, Nr. 6/1–2.

–, Einführung in das Christentum. Vorlesungen über das Apostolische Glaubensbekenntnis, München 1968.

–, Schriftauslegung im Widerstreit. Zur Frage nach Grundlagen und Weg der Exegese heute, in: Ders. (Hg.), Schriftauslegung im Widerstreit (QD 117), Freiburg 1989, 15–44.

–, Theologische Prinzipienlehre. Bausteine zur Fundamentaltheologie, München 1982.

–, Zur Lage von Glaube und Theologie heute, in: IKaZ 25 (1996) 359–372.

REUSS, J., Johannes-Kommentare aus der griechischen Kirche (TU 89), Berlin 1966.

RICHTER, H.E., Der Gotteskomplex, Hamburg 1979.

RICKEN, F., Nikaia als Krisis des altchristlichen Platonismus, in: ThPh 44 (1969) 324–325.

RIESENFELD, H., The Gospel Tradition and its Beginnings. A Study in the Limits of "Formgeschichte", London 1957.

RIESNER, R., Jesus als Lehrer. Eine Untersuchung zum Ursprung der Evangelienüberlieferung (WUNT 7), Tübingen ³1988.

RISCH, F.X., "Eunominos", in: LThK, Bd. 3, ³1995, 989–990.

ROCCA, G.P., Aquinas on God-talk: hovering over the abyss, in: Theological Studies 54 (1993) 641–661.

ROES, M., Leeres Viertel. Rub'Al-Khali, Frankfurt ²1998.

ROMPE, E.M., Die Trennung von Ontologie und Metaphysik. Der Ablösungsprozeß und seine Motivierung bei Benedictus Pererius und anderen Denkern des 16. und 17. Jahrhunderts, Bonn 1968.

RORTY, R., Conseguenze del pragmatismo, Mailand 1986.

ROSS, D., Plato's Theory of Ideas, Oxford ²1953.

RUSSELL, B., Introduction to Mathematical Philosophy, London 1953.

SALA, G.B., Der Gott der Philosophen. Eine Alternative zum Gott der christlichen Offenbarung?, in: Mein Vater – euer Vater, hrsg. v. A. Ziegenaus, Buttenwiesen 2000, 33–57.

–, Intentionalität contra Intuition, in: ThPh 59 (1984) 249–264.

–, Kants antithetisches Problem und Lonergans rationale Auffassung von der Wirklichkeit, in: Gregorianum 67 (1986), 471–516.

–, Kants Lehre von der menschlichen Erkenntnis: eine sensualistische Version des Intuitionismus. Historische Untersuchung und systematische Überlegungen zum zweihundertjährigen Jubiläum der Veröffentlichung der Kritik der reinen Vernunft, in: ThPh 57 (1982) 202–224; 321–347.

–, Kant und die Frage nach Gott. Gottesbeweise und Gottesbeweiskritik in den Schriften Kants, Berlin/New York 1990.

–, Kants Transzendentalphilosophie – eine Hinwendung zum Subjekt auf halbem Weg, in: Erfahrung – Geschichte – Identität. Zum Schnittpunkt von Philosophie und Theologie, hrsg. von M. Laarmann/T. Trappe, Freiburg 1997, 221–237.
–, Lonergan and Kant. Five Essays on Human Knowledge, übers. von J. Spoerl, hrsg. von R.M. Doran, Toronto 1994.
SAND, A., Das Verständnis der Offenbarung in den Schriften des Alten Testaments und das Judentum (HDG, Bd. 1, 1a), Freiburg 1971.
SARTRE, J.-P., L'être et le néant, Paris 1943.
–, L'Existentialisme est un humanisme, Paris 1946.
SCHEEBEN, M.J., Die Mysterien des Christentums (Gesammelte Schriften, Bd. 2), hrsg. von J. Höfer, Freiburg ²1951.
–, Handbuch der Katholischen Dogmatik. Erstes Buch: Theologische Erkenntnislehre (Gesammelte Schriften, Bd. 3), hrsg. v. M. Grabmann, Freiburg 1948.
SCHEFFCZYK, L., Der Gott der Offenbarung. Gotteslehre (KD 2), hrsg. von L. Scheffczyk/A. Ziegenaus, Aachen 1996.
–, Grundlagen des Dogmas. Einleitung in die Dogmatik (KD 1), Aachen 1997.
–, Jesus für Philanthropen. Zum Jesus-Buch von E. Schillebeeckx, in: Entscheidung. Blätter katholischen Glaubens 69 (1976) 3–11.
SCHELBERT, G., Abba, Vater! Stand der Frage, in: FZPhTh 40 (1993) 257–281.
SCHELKLE, K.-H., Theologie des Neuen Testaments II, Düsseldorf 1973.
SCHENK, R., Die Gnade vollendeter Endlichkeit. Zur transzendentaltheologischen Auslegung der thomanischen Anthropologie, (FThS 135), Freiburg/Basel/Wien 1989.
SCHERER, G., "Person" III. Neuzeit, in: HWPh, Bd. 7, Basel 1989, 300–318.
SCHIERSE, F., Die Neutestamentliche Trinitätsoffenbarung, in: Mysal, Bd. 2, Einsiedeln 1967, 85–131.
SCHILLEBEECKX, E., Christus und die Christen. Die Geschichte einer neuen Lebenspraxis, Freiburg 1977.
–, De toegang tot Jezus van Nazaret, in: TvT 12 (1972) 28–60.
–, Die Auferstehung Jesu als Grund der Erlösung. Zwischenbericht über die Prolegomena zu einer Christologie (QD 78), Freiburg 1979.
–, Gott – die Zukunft des Menschen, Mainz 1969.
–, Erfahrung und Glaube, in: Christlicher Glaube in moderner Gesellschaft, Bd. 25, hrsg. von F. Böckle u. a., Freiburg 1982, 74–116.
–, Persoonlijke openbaringsgestalte van de Vader, in: TvT 6 (1966) 274–288.
–, Het bewustzijnsleven van Christus, in: TvT 1 (1961) 227–251.
–, Jesus: An Experiment in Christology, London 1979.
–, Jesus. Die Geschichte von einem Lebenden, Freiburg ²1992.
–, Erfahrung aus Glauben. Edward Schillebeeckx-Lesebuch, hrsg. von R.J. Schreiter, Freiburg 1984.
SCHMID, H., Die Entwicklung der Technik als Phase der Wandlung des Menschen, in: VDI-Zeitschrift 96 (1954) 111–128.
SCHMID, W., Philosophie der Lebenskunst. Eine Grundlegung, Frankfurt 2000.
–, Menschen. Die Geschichte von Gott, Freiburg 1990.

SCHMIDBAUR, H.-C., Personarum Trinitas. Die trinitarische Gotteslehre des heiligen Thomas von Aquin, MThSt II/52, St. Ottilien 1996.

SCHMIDT, R.W., The Domain of Logic according to Saint Thomas Aquinas, Den Haag 1966.

SCHMUCKER, J., Das Weltproblem in Kants Kritik der reinen Vernunft. Kommentar und Strukturanalyse des ersten Buches und des zweiten Hauptstücks des zweiten Buches der transzendentalen Dialektik (Conscientia. Studien zur Bewußtseinsphilosophie, Bd. 18), Bonn 1990.

SCHNACKENBURG, R., Christologie des Neuen Testamentes, in: MySal 3/1, 227–383.

–, Das Johannesevangelium I–II–III (HThK IV, 1–3) I. Teil, Freiburg 1965, [7]1992 (mit Nachträgen 1971 und 1978); II. Teil 1971, [4]1985 (mit Nachtrag 1977), III. Teil 1975, [6]1992 (mit Nachtrag 1982), IV. Teil: Ergänzende Auslegungen und Exkurse, 1984, [2]1990.

–, Die Kirche im Neuen Testament, Freiburg 1961.

–, Die Person Jesu Christi im Spiegel der vier Evangelien (HThKNT.S. 4), Freiburg 1993.

SCHNEIDER, G., Präexistenz Christi. Der Ursprung einer neutestamentlichen Vorstellung und das Problem ihrer Auslegung, in: Neues Testament und Kirche (FS für R. Schnackenburg), hrsg. von J. Gnilka, Freiburg 1974, 36–45.

SCHNELLE, M., Antidoketische Christologie im Johannesevangelium. Eine Untersuchung zur Stellung des 4. Evangeliums in der johanneischen Schule (FRLANT 144), Göttingen 1987.

SCHNIERTSHAUER, M., Consummatio Caritatis. Eine Untersuchung zu Richard von St. Viktors De trinitate (Tübinger Studien zur Theologie und Philosophie, 10), Tübingen 1994.

SCHÖNBERGER, R., Die Transformation des klassischen Seinsverständnisses. Studien zur Vorgeschichte des neuzeitlichen Seinsbegriffs im Mittelalter (QSP 21), Berlin/New York 1986.

SCHOLTISSEK, K., Der Sohn Gottes für das Reich Gottes. Zur Verbindung von Christologie und Eschatologie bei Markus, in: Der lebendige Gott. Studien zur Theologie des Neuen Testaments (FS für W. Thüsing), hrsg. von Th. Söding, Münster 1996, 63–90.

–, Die Vollmacht Jesu. Traditions- und redaktionsgeschichtliche Analysen zu einem Leitmotiv markinischer Christologie (NTA, N.F., 25), Münster 1992.

–, "Er ist nicht ein Gott der Toten, sondern der Lebenden" (Mk 12,27). Grundzüge der markinischen Theologie, in: Der lebendige Gott. Studien zur Theologie des Neuen Testaments (FS für W. Thüsing), hrsg. von Th. Söding, Münster 1996, 71–100.

–, In ihm Sein und Bleiben. Die Sprache der Immanenz in den johanneischen Schriften (Herders Biblische Studien 21), Freiburg/Basel/Wien 2000.

–, Ursprünge und Prozesse der Jesusüberlieferung. Wegmarken der neueren Forschungsgeschichte, in: Schrift und Tradition (FS für J. Ernst), hrsg. von K. Backhaus/F.G. Untergaßmair, Paderborn 1996, 175–198.

SCHOONENBERG, P., Ein Gott der Menschen, Einsiedeln 1969.

–, Geloof bij kenternd getij. Pijlingen in een seculariserend christendom, in: Jezus Christus – Vandaag dezelfde, hrsg. v. H. van der Linde/H.A.M. Fiolet, Roermond [2]1970, 163–184.

SCHOTTROFF, L., Der Glaubende und die feindliche Welt. Beobachtungen zum gnostischen Dualismus und seine Bedeutung für Paulus und Johannes, Neukirchen 1970.

SCHÜRMANN, H., Jesus – Gestalt und Geheimnis, hrsg. von K. Scholtissek, Paderborn 1994.

–, Versuch eines formgeschichtlichen Zugangs zum Leben Jesu (Die vorösterlichen *Anfänge* der Logientradition II), in: Ders., Jesus – Gestalt und Geheimnis, 380–397.

–, Zur Kompositionsgeschichte der Redequelle. Beobachtungen an der lukanischen Q-Vorlage, in: Ders., Jesus – Gestalt und Geheimnis, 398–419.

SCHULZ, G., Veritas est Adaequatio Intellectus et Rei. Untersuchungen zur Wahrheitslehre des Thomas von Aquin und zur Kritik Kants an einem überlieferten Wahrheitsbegriff (Studien und Texte zur Geistesgeschichte des Mittelalters, Bd. 36), Leiden/New York/Köln 1993.

SCHULZ, H.-J., Die apostolische Herkunft der Evangelien (QD 145), Freiburg 1993.

SCHULZ, M., Sein und Trinität. Systematische Erwägungen zur Religionsphilosophie G.W.F. Hegels im ontologiegeschichtlichen Rückblick auf J. Duns Scotus und I. Kant und die Hegel-Rezeption in der Seinsauslegung und Trinitätstheologie bei W. Pannenberg, E. Jüngel, K. Rahner und H.U. v. Balthasar (MThSt II/53), St. Ottilien 1997.

SCHWANZ, P., Imago Dei als christologisch-anthropologisches Problem in der Geschichte der Alten Kirche von Paulus bis Clemens von Alexandrien (Arbeiten zur Kirchengeschichte und Religionswissenschaft, Bd. 2), Halle (Aalen) 1970.

SCHWEIZER, O, Person und hypostatische Union bei Thomas von Aquin, Freiburg/Schw. 1957.

SEDMAK, C., Wittgensteins Sprachspielmodelle und die PRT, in: ZKTh 117 (1995) 393–415.

SEIDL, H., Über die Erkenntnis erster, allgemeiner Prinzipien nach Thomas von Aquin, in: Thomas von Aquin. Werk und Wirkung im Licht neuerer Forschung (Miscellanea Mediaevalia, Bd. 19), hrsg. von A. Zimmermann, Berlin/New York 1988, 103–139.

SEGALLA, G., San Giovanni, Fossano 1972.

SEIGFRIED, A., "Gott-ist-tot-Theologie", in: LThK, Bd. 4, [3]1995, 953–954.

SELLIN, G., "Gattung" und "Sitz im Leben" auf dem Hintergrund der Problematik von Mündlichkeit und Schriftlichkeit synoptischer Erzählungen, in: EvTh 50 (1990) 311–331.

SERENTHA, M., Gesù Christo ieri, oggi e sempre. Saggio di cristologia, Turin [4]1991.

SERTILLANGES, A., Der heilige Thomas von Aquin, Köln 1953.

SHOTWELL, W.A., The Biblical Exegesis of Justin Martyr, London 1965.

SIEWERTH, G., Analogie des Seienden, Einsiedeln 1965.

–, Das Schicksal der Metaphysik von Thomas zu Heidegger, Einsiedeln 1959.

–, Die Metaphysik der Erkenntnis nach Thomas von Aquin. Erster Teil: Die sinnliche Erkenntnis, Darmstadt [2]1968.

–, Gott in der Geschichte (Gesammelte Schriften, Bd. 3), hrsg. v. W. Behler/A. v. Stockhausen, Düsseldorf 1971.

SKARSAUNE, O., A Neglected Detail in the Creed of Nicaea (325), in: VigC 41 (1987) 34–54.
SMULDERS, P., Dogmengeschichte und lehramtliche Entfaltung der Christologie, in: MySal Bd. 3/1, 389–476.
SILVAN, R., "Existence II: Existence and Non-Existens", in: Handbook of Metaphysics and Ontology, hrsg. von H. Burkhardt/B. Smith, München/ Philadelphia 1991, 261–263.
SÖDING, TH. (Hg.), Der Evangelist als Theologe: Studien zum Markusevangelium (SBS 163), Stuttgart 1995.
–, Der Evangelist in seiner Zeit. Voraussetzungen, Hintergründe und Schwerpunkte markinischer Theologie, in: Ders. (Hg.), Der Evangelist als Theologe, 11–62.
–, (Hg.), Der lebendige Gott. Studien zur Theologie des Neuen Testaments (FS für W. Thüsing; NTA, N.F. 31), Münster 1996.
–, Glaube bei Markus. Glaube an das Evangelium, Gebetsglaube und Wunderglaube im Kontext der markinischen Basileiatheologie und Christologie (SBB 12), Stuttgart [2]1987.
–, Gottes Sohn von Anfang an. Präexistenzchristologie bei Paulus und den Deuteropaulinen, in: Gottes ewiger Sohn. Die Präexistenz Christi, hrsg. von R. Laufen, Paderborn/München/Wien/Zürich 1997, 57–93.
SÖLLE, D., Das Recht, ein anderer zu werden, Neuwied/Berlin 1972.
–, Stellvertretung. Ein Kapitel Theologie nach dem "Tode Gottes", Stuttgart [2]1982.
SOKOLOWSKI, R., The God of Faith and Reason. Foundations of Christian Theology, Notre Dame/London 1982.
SPAEMANN, R., Die Frage Wozu? Geschichte und Wiederentdeckung des teleologischen Denkens, München [2]1991.
–, Funktionale Religionsbegründung und Religion, in: Philosophische Essays, Stuttgart 1994, 208–231.
–, /Koslowski, P./Löw, R. (Hg.), Moderne oder Postmoderne? (Civitas Resultate 10), Weinheim 1986.
–, Personen. Versuche über den Unterschied zwischen "etwas" und "jemand", Stuttgart 1996.
SPENGLER, O., Der Untergang des Abendlandes. Umrisse einer Morphologie der Weltgeschichte, 2 Bde., München [3]1972.
STANLEY, L.J., The Road of Science and the Ways to God, Chicago 1978.
STEAD, G.C., The Platonism of Arius, in: JTS 15 (1964) 16–31.
STEIN, E., Erkenntnis und Glaube (Edith Steins Werke, hrsg. von L. Gelber/M. Linssen, Bd. 15), Freiburg 1993.
STENIUS, E./SCHLEGEL, F., "Sprachspiel", in: HWPh, Bd. 9, Basel 1995, 1534–1536.
STOBBE, H.-G., Schädliche Einheit. Zur Wiederbelebung der hermeneutischen Debatte, in: Fundamentaltheologie. Fluchtlinien und gegenwärtige Herausforderungen, hrsg. von K. Müller, Regensburg 1998, 122–149.
STORK, H., Einführung in die Philosophie der Technik, Darmstadt 1977.
STRASSER, P., Journal der letzten Dinge, Frankfurt 1998.
STRAWSON, P.F., Einzelding und logisches Subjekt (Individuals), Stuttgart 1995.

STRAWSON, P.F., Einzelding und logisches Subjekt. Ein Beitrag zur deskriptiven Metaphysik, Stuttgart 1995 (engl.: Individuels. Essay in descriptive Metaphysics, London 1959).

STRUKER, A., Die Gottebenbildlichkeit des Menschen in der christlichen Literatur der ersten zwei Jahrhunderte, Münster 1913.

STUDER, B., Der Personbegriff in der frühen kirchenamtlichen Trinitätslehre, in: ThPh 57 (1982) 161–177.

–, Gott und unsere Erlösung im Glauben der Alten Kirche, Düsseldorf 1985.

–, Soteriologie in der Schrift und Patristik (HDG, Bd. 3, 2a), Freiburg 1978.

STUHLMACHER, P., Biblische Theologie, Bd. 1: Grundlegung. Von Jesus zu Paulus, Göttingen ^{2}1997; Bd. 2: Von der Paulusschule bis zur Johannesoffenbarung, Göttingen 1999.

STUMP, E./KRETZMANN, N., Ewigkeit, in: Analytische Religionsphilosophie, hrsg. v. C. Jäger, Paderborn/ München/ Wien/ Zürich 1998, 161–195.

SUAREZ, F., Disputationes metaphysicae, Opera Omnia, Bde. 25–26 (Ed. Vivès), hrsg. von C. Berton, Paris 1861.

SUGGS, M.J., Wisdom. Christology and Law in Matthew's Gospel, Cambridge 1970.

SZECZESNY, G., Ich und die anderen, in: Was die Menschen bewegt, hrsg. von Kinderhilfswerk e.V. München 1977, 9–13.

TEUWSEN, R., "Analogie", in: ^{3}LThK, Bd. 1, ^{3}1993, 577–579.

THEUNISSEN, M., Der Andere. Studien zur Sozialontologie der Gegenwart, Berlin/New York ^{2}1977.

THÜSING, W., Neutestamentliche Zugangswege zu einer transzendentaldialogischen Christologie, in: K. Rahner/W. Thüsing, Christologie – systematisch und exegetisch. Arbeitsgrundlagen für eine interdisziplinäre Vorlesung (QD 55), Freiburg 1972, 81–202.

TILLIETTE, X., Philosophische Christologie, Einsiedeln 1998.

TROELTSCH, E., Gesammelte Schriften, Bd. 2, Tübingen 1913.

TUGENDHAT, E., Die sprachanalytische Kritik der Ontologie, in: Das Problem der Sprache. 8. Deutscher Kongreß für Philosophie, hrsg. von H.G. Gadamer, München 1967, 483–494.

VAIHINGER, H., Kommentar zu Kants Kritik der reinen Vernunft, 2 Bde., Stuttgart ^{2}1922.

VARILLON, F., La souffrance de Dieu, Paris 1975.

VERWEYEN, H.J., Gottes letztes Wort. Grundriss der Fundamentaltheologie, Düsseldorf ^{2}1991.

WALDSTEIN, M., The foundations of Bultmann's work, in: Communio (engl.) 2 (1987) 116–145.

WALLNER, K., Gott als Eschaton. Trinitarische Dramatik als Voraussetzung göttlicher Universalität bei Hans Urs von Balthasar (Heiligenkreuzer Studienreihe 7), Wien 1992.

WEBSTER, J.B., Eberhard Jüngel. An Introduction to his Theology, Cambridge 1986.

WENDEL, S., Postmoderne Theologie? Zum Verhältnis von christlicher Theologie und postmoderner Philosophie, in: Fundamentaltheologie. Fluchtlinien und gegenwärtige Herausforderungen, hrsg. von K. Müller, Regensburg 1998, 193–214.

WEISCHEDEL, W., Der Gott der Philosophen. Grundlegung einer philosophischen Theologie im Zeitalter des Nihilismus, Bd. 1 (Wesen und Verfall der philosophischen Theologie), Darmstadt 1971.

WIENECKE, J., Luther und Petrus Lombardus. Martin Luthers Notizen anläßlich seiner Vorlesung über die Sentenzen des Petrus Lombardus – Erfurt 1509/11, St. Ottilien, 1994.

WILCKENS, V., "sophia" C. Judentum, in: ThWNT, Bd. 7, 497–510.

–, E. Neues Testament, in: ThWNT, Bd. 7, 514–526.

WILLIAMS, R. W., Arius. Heresy and Tradition, London 1987.

–, "Arius/Arianismus", in: LThK, Bd. 1, ^{3}1993, 981–989.

WIPPEL, J.F., Thomas Aquinas, Henry of Ghent, and Godfrey of Fontaines on the Reality of Nonexisting Possibles, in: Ders., Metaphysical Themes in Thomas Aquinas (Studies in Philosophy and the History of Philosophy, Bd. 10), Washington 1984, 163–189.

WITTGENSTEIN, L., Schriften, Frankfurt 1969.

–, Tractatus Logico-Philosophicus, hrsg. von B. McGuiness/J. Schulte, Frankfurt 1989.

WUCHTERL, K., Grundkurs: Geschichte der Philosophie, Stuttgart 1986.

ZIEGENAUS, A., Kanon. Von der Väterzeit bis zur Gegenwart (HDG Bd. 1, 3a), Freiburg 1990.

ZIMANY, R.D., Eberhard Jüngel's Synthesis of Barth and Heidegger, Duke University 1980.

ZIMMERMANN, A., Thomas v. Aquin über die Bedeutung der Kopula, in: Der Begriff der Repraesentatio im Mittelalter (MM, 8), hrsg. von A. Zimmermann, Berlin 1971, 282–295.

Namenregister